中国文化文物统计年鉴

（2001）

文化部计划财务司编著

北京图书馆出版社

图书在版编目(CIP)数据

中国文化文物统计年鉴.2001/文化部计划财务司编著.－北京:北京图书馆出版社,2001.10
ISBN 7－5013－1835－2

Ⅰ.中… Ⅱ.文… Ⅲ.①文化事业－统计资料－中国－2001－年鉴 ②文物工作－统计资料－中国－2001－年鉴 Ⅳ.G12－66

中国版本图书馆 CIP 数据核字(2001)第 063542 号

ZHONGGUO WENHUA WENWU TONGJI NIANJIAN
书名 中国文化文物统计年鉴(2001)
著者 文化部计划财务司编著

出版发行 北京图书馆出版社(原书目文献出版社)
(100034 北京西城区文津街 7 号)
经销 北京新华书店
印刷 河南省文化厅印刷厂

开本 787×1092(毫米) 1/16
印张 39.5
字数 961(千字)
版次 2001 年 10 月第 1 版 2001 年 10 月第 1 次印刷
印数 1－2200 册

书号 ISBN7－5013－1835－2/G·496
定价 100.00 元

《中国文化文物统计年鉴》编委会

江泽民总书记为歌剧《苍原》题字

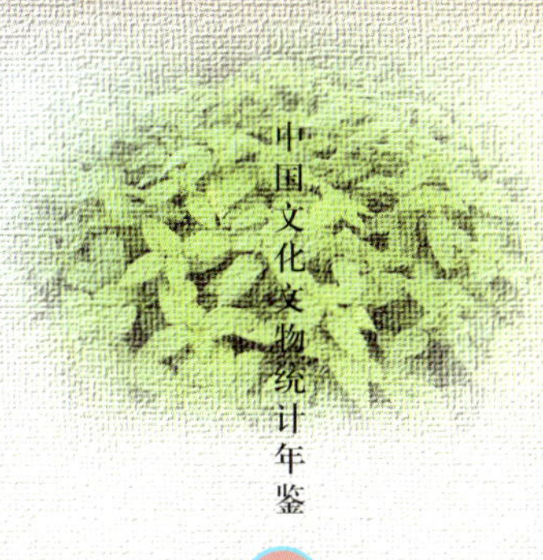

领导的关怀

1996年1月29日，国家主席江泽民观看《苍原》演出后，与演员合影留念。

新疆博物馆奠基

丁关根同志参观新疆博物馆

青岛天后宫

湖北省博物馆编钟馆位于风景秀丽的武汉市东湖之滨，建筑面积5717平方米，1999年1月对外开放。编钟馆由陈列厅和演奏厅两部分组成。观众可在陈列厅鉴赏以编钟为主的曾侯乙墓400余件出土文物精品，在演奏厅聆听用编钟、编磬等复制件演奏的古今名曲。

湖北省博物馆编钟馆

显陵

显陵，位于湖北钟祥，占地面积约600亩，"九五"期间先后投资500万元进行了维修，2000年11月被联合国教科文组织列为世界文化遗产。

江西省博物馆

江西省博物馆于1999年10月1日建成开馆，总投资1.7亿元，占地60亩，建筑面积3.5万平方米，是历史、自然、革命三馆合一的大型综合性现代博物馆。

陕西省美术博物馆

陕西省美术博物馆位于西安市南二环路朱雀广场内。建筑体造型为四层圆柱体穹窟透明玻璃顶。总建筑面积10710平方米，内设美术展览、陈列、收藏室，展线总长1000米。设有中央空调和箱式电梯，采用自然采光和人工照明相结合的采光照明方案。建筑造价3000万元。

文化艺术场馆

河北省艺术中心

文化館

湖北大剧院效果图

湖北大剧院总占地面积为6800平方米，总建筑面积为1.1万平方米，观众座席1200个，总投资6800万元。

绥阳县文化馆

贵州省遵义市绥阳县文化馆于1999年3月动工实施，建筑面积为3100平方米。2000年3月正式对外开放。

劇院

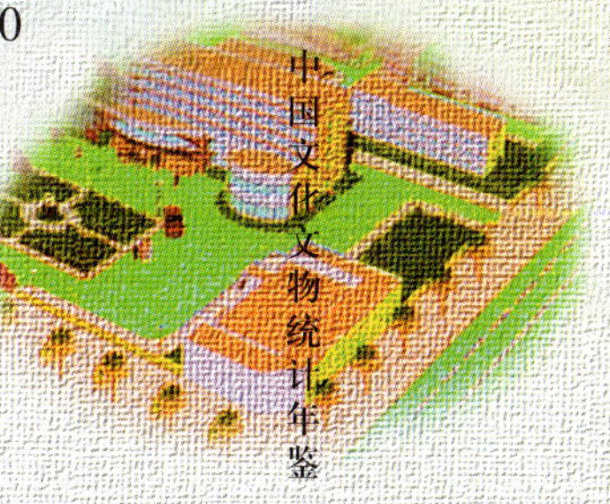

新落成的云南省图书馆效果图

青岛市图书馆效果图

武汉市图书馆新馆总占地面积为13300平方米，总建筑面积为32975平方米，图书总藏量为350万册，阅览席位2147个，总投资1.5亿元。

武汉市图书馆

山东省图书馆

山东省图书馆新馆位于山东大学果园南侧、东外环东侧、济南高新开发区内，现地址编号为"二环东路2912号"。征地65亩，总建筑面积52800平方米，总投资1.6亿元，阅览席位2000个，藏书量达到700余万册。

陕西省图书馆

陕西省图书馆位于西安市南二环朱雀广场内。建筑造型典雅大方，质感稳重，色彩明快。总建筑面积4000平方米，总投资1.5亿元。阅览席位3000个、藏书能力400万册。馆内设施配套，设备齐全，设有读者客梯和运书货梯、中央空调；设有先进的电子阅览室、音像、语言阅览室和自动化管理系统，以及功能强大的计算机局域网系统。

太原市图书馆

新建太原市图书馆累计完成投资3933万元。

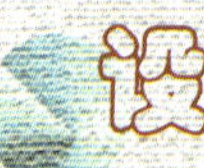

文化艺术设施

新建山西省晋城市文化艺术学校　累计完成投资2010万元

康有为故居效果图

青岛市文化博览中心

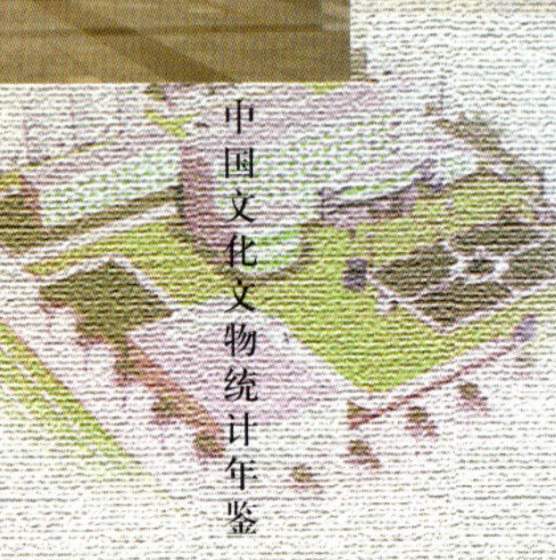

九一八纪念馆序厅

九一八纪念馆新馆浮雕

为进一步发挥“九一八”事变发生地作为爱国主义教育基地的作用，警示国人勿忘国耻，振兴中华，在社会各界的倡议下，1997年9月沈阳市委、市政府作出决定，在“九一八”事变发生地，扩建“九一八”历史博物馆。

扩建工程历时两年，新馆于1999年9月18日正式建成对外开放。展览面积9180平方米，总投资1.29亿元。馆内设有8个展厅，10余个大型场景。通过大量文献、史料及多种展示手段，反映“九一八”事变前后，东北人民遭受奴役、奋起抗争，在共产党的领导下浴血奋战，取得抗日战争胜利的历史画卷。新馆同时采用了现代科学技术，设有分区广播、影视报告厅、电子阅览室、多媒体电脑系统及国际互联网等设施，在建筑设计、展览陈列等方面达到国内先进水平，是一座大型的现代化历史博物馆。新馆由江泽民总书记题写馆名，并被评为全国百家爱国主义教育基地之一。

东北电影院金鸡厅

光陆电影院（观众后视效果）

首届江西艺术节

首届江西艺术节于1999年8月至10月在南昌举行。本届艺术节时间长、规模大、艺术门类广。共有省直和地市44支代表队，演出33台计270多个剧节目。展出少儿书画、摄影作品402件，参演人员达3000余人。代表着江西省近年来艺术创作的新成果和高水平。

文藝演出

燕赵群星奖

’99昆明世界园艺博览会开幕式大型文艺晚会《天地浪漫曲》

河北　彩色周末

贵州省国庆50周年文艺演出

首届河北省民间艺术节

青岛建国51周年文艺演出

贵州京剧团演出的京剧《吏治惊天》在2000年第六届中国艺术节上荣获优秀演出奖。

歌剧《苍原》剧照，渥巴锡汗举起火把，点燃帐篷，决心举族东归。

1994年5月，辽宁省交响乐团与世界指挥大师小泽征尔在沈阳合作演出了交响乐《新世界》等，获得极大成功。小泽征尔高兴地称赞乐团："在四天里，我和你们共同创造了奇迹。"

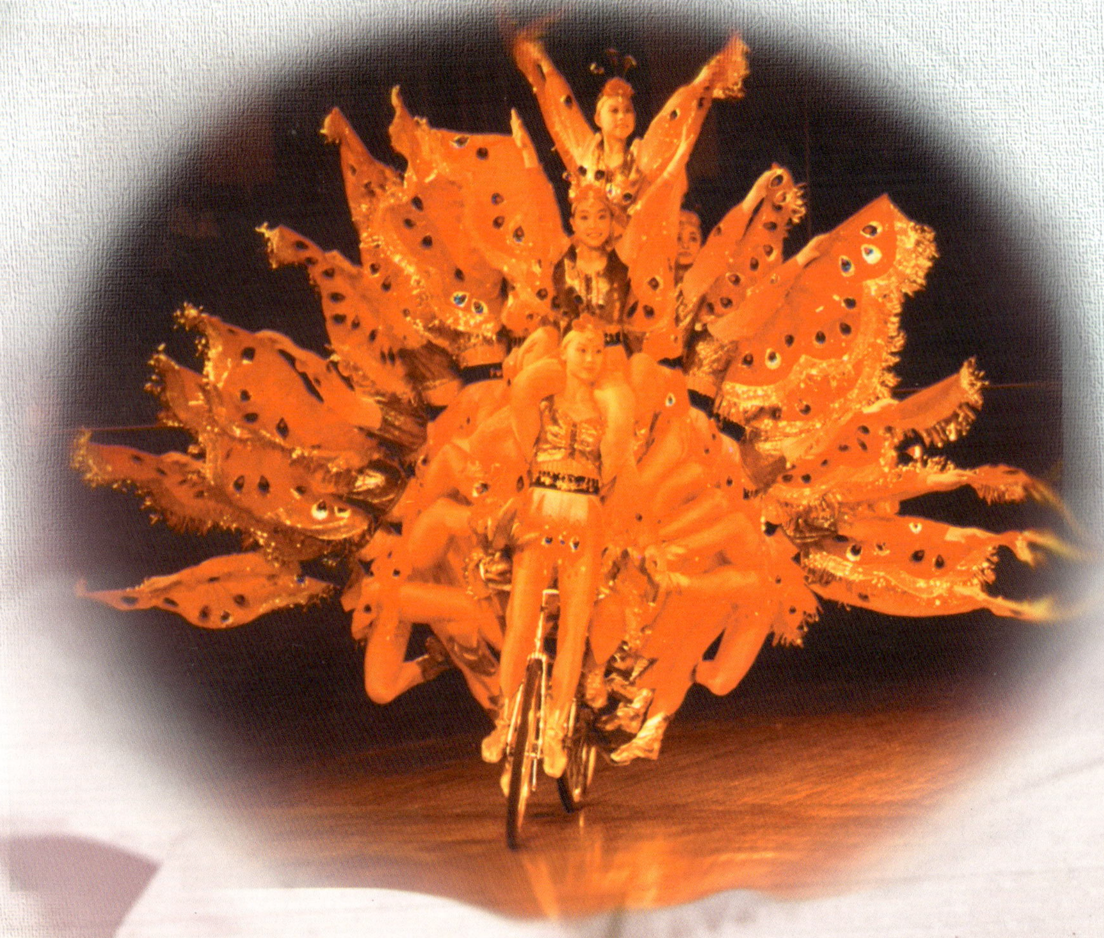

山东省杂技团《车技》节目
1993年，获第二届全国“新苗杯”杂技大赛金奖。
1994年，获第二届中国武汉国际杂技艺术节“黄鹤金奖”。
1995年，获第四届全国杂技比赛“金狮奖”。
1997年，获第二十一届摩纳哥蒙特卡洛国际杂技马戏节“金小丑”奖。
1998年，获文化部第八届“文华奖集体表演奖”和“创新节目奖”。
2000年，获第五届全国杂技比赛“金狮奖”。
同年获第四届中国武汉国际杂技艺术节“荣誉黄鹤金奖”。

说　　明

《中国文化文物统计年鉴(2001)》今天与读者见面了,这是一部最具权威性的有关文化产业的统计资料。

本年鉴共分为两大部分:历史资料和年度资料。

历史资料是根据文化部历年统计年报以及各省、自治区、直辖市文化主管部门补报的1966年至1977年文化事业统计数据,并搜集有关部门的文化事业统计资料整理汇编而成。

年度资料是根据各省、自治区、直辖市及各计划单列、省辖市文化主管部门报送的2000年文化产业统计年报和文化部对外文化联络(港澳台)司的有关报表整理编印。本年鉴尚缺香港、台湾、澳门资料。

年鉴中"--"号表示数字为零,"…"号表示缺资料。

本年鉴的出版发行工作,得到了各级文化主管部门以及有关部门的大力支持,在此我们表示衷心的感谢!

年鉴中若有遗漏和不足之处,请同志们批评、指正,以便在内容上不断得到完善和充实。

编　者

2001年10月

目　　录

各省市区概述

历史资料

(一)综合部分

(四)群众文化部分

(五)补充资料

年度资料

(一)综合部分

(二)文物业

(三)艺术业

(四)图书馆业

排序资料

附　　录

"九五"期间全国文化事业发展情况综述

李建军

2000年是第九个五年计划的最后一年，在过去的五年中，全国广大文化工作者在党的"一个中心，两个基本点"的路线指引下，坚持"双百"方针和"二为"方向，积极深化改革，扩大开放，通过勤奋的努力、辛勤的劳动，使文化事业在"九五"期间取得了较大的发展，特别是十四届六中全会以后，在各级党政领导和有关部门的积极支持与关怀下，文化投入也出现了较高的增长速度。

一、文化单位机构、人员情况

截止2000年底，全国共有各类文化单位机构28.5万个，比1995年增加22.6万个，从业人员147.2万人，比1995年增加104.6万人。机构与人员增加的主要原因是文化市场的迅猛发展，使统计对象范围扩大，从下面主要分类看：

2000年全国共有艺术表演团体2630个，从业人员14.1万人，分别比1995年减少52个，1.04万人，其中戏曲类剧团减少103个，1.19万人。

2000年全国共有各类艺术表演场所1912个，从业人员4.22万人，分别比1995年减少60个，3656人，其中剧场、影剧院减少55个，3872人。

2000年全国文化系统内共有艺术创作机构407个，从业人员3006人，分别比1995年减少4个，267人；艺术研究机构185个，从业人员3150人，分别比1995年增加8个，减少579人；艺术展览机构由1995年的15个增至49个，其中美术馆由15个增至26个。

2000年全国共有公共图书馆2677个，从业人员5.14万人，分别比1995年增加62个，6045人，其中县级公共图书馆（含县级市和市辖区）增加了2241个，2.8万人。

2000年全国共有群众艺术馆390个，从业人员1.16万人，分别比1995年增加17个，减少97人；文化馆为2907个，比1995年增加21个馆，从业人员4.3万人，比1995年减少1323人。2000年全国共有文化站42024个，从业人员7.36万人，比1995年减少了3014个，1003人。其中乡镇文化站3.9万个，从业人员6.17万人。

全国文物保护业共有机构3618个，从业人员6.8万人，分别比1996年增加301个，8136人，增长9.1%和13.6%。文物保护机构2109个，3.09万人。全国共有博物馆1392个，3.42万人，分别比1996年增加173个，4856人，增长14.2%和16.5%。

2000年，全国文化娱乐业（含歌舞厅、舞厅、卡拉OK厅、电子游艺厅、台球厅、保龄球、旱冰场、综合娱乐场所等）共有机构13.18万个，从业人员69.7万人，分别比1996年减少2.02万个，18.9万人，下降13.3%和21.4%。全国文化市场其他经营机构（包括文化艺术经纪代理业、音像制品批发零售业、录像放映业、录像带出租、画店画廊、美术公司、艺术品拍买公司、图书批发等机构）共有9.2万个，从业人员22.1万人，分别比1996年增加3.1万个，2.02万人，增长51.6%和10.1%。

二、"九五"期间各地加大对文化的投入，增幅仍低于同期财政支出增幅

2000年全国文化事业财政补助收入63.16亿元，比1995年增加29.77亿元，增长89.2%。若扣除中央财政补助收入，2000年地方财政共对文化投入57.61亿元，比1995年增加26.32亿元，增长84.1%。全国各省、区、市的文化事业费投入均不同程度增加。全国有10个省、区、市的文化事业费2000年比1995年增长幅度超过全国平均水平(89.2%)。文化事业费增加额较多或增幅较大的省、市主要集中在沿海和发达地区,北京市、上海市、广东省对文化投入从增加额和增幅看都居全国榜首。

"九五"期间的文化事业费比"八五"更是大幅度增加,"九五"全国文化事业费累计达254.51亿元,比"八五"增加了133.28亿元,增长109.9%,全国文化事业费以每年平均增长13.6%的速度增加,使文化事业发展有了可靠保证。"九五"期末全国人均文化事业费(按人均财政补助收入,下同)5.11元,比"八五"期末增加2.36元,增长85.8%。在全国文化事业费中,"九五"期间国家累计对艺术表演团体的投入达70.3亿元,比"八五"增加40.1亿元,增长132.5%,年均增长速度17.8%;对公共图书馆业的投入是53.24亿元,比"八五"增加29.14亿元,增长120.9%,年均增长速度16.2%;对群众文化业的投入为49.02亿元,比"八五"增加28.0亿元,增长133.2%,年均增长速度15.8%。

2000年全国文化事业单位总收入(含财政补助收入,下同)100.9亿元,比1999年增加8.51亿元,增长9.21%。在总收入中,事业收入(事业单位开展业务活动及其辅助活动取得的收入)为21.74亿元,比上年增加0.56亿元,增长2.6%;事业收入占全部总收入的21.5%,比上年减少1.4个百分点。经营收入4.04亿元,比上年减少4733万元,下降10.5%,经营收入占全部总收入的3.7%,比上年减少1.2个百分点。

2000年全国文化事业费总支出达100.44亿元,比1999年增加了8.24亿元,增长幅度为8.9%。在总支出中,事业支出90.58亿元,比上年增加8.18亿元,增长10.7%;事业支出占总支出的比重为90.2%,比上年增加1.5个百分点。经营支出2.83亿元,比上年减少7198万元,下降20.3%;经营支出占总支出的比重为2.8%,比上年减少1个百分点。全国文化事业单位的从业人员劳动报酬32.63亿元,比1995年增加9.54亿元,增长40.7%,占总支出的比重为32.5%。全国文化事业单位的人员劳动报酬均呈上升趋势。

尽管全国各地文化事业费2000年比1995年无论是从绝对数,还是从相对数看,都有明显的增加,但只有北京、上海两个市的文化事业费的增幅超过同期全国财政支出的增幅133.2%,其余地区的文化事业费的增幅均低于同期全国财政支出的增幅,再加上物价上涨和调整工资因素的影响,文化事业费仍然偏少,不利于文化事业的发展和繁荣。

三、"九五"期间全国文化事业基本建设形势喜人

1.国家对文化设施基建投入增幅较大。

在党中央、政府的关心支持下,"九五"期间文化事业基本建设投资又有较大进展,突出表现在国家投入的增加和多渠道集资等使年度投资额有较大幅度的增长。五年中累计当年计划投资额为125.54亿元,其中国家投资49.76亿元,分别比"八五"期间的累计投资额增加62.82亿元和31.69亿元,增长100.2%和175.3%;"九五"期间累计完成投资额为98.85亿元,比"八五"期间累计完成额增加45.68亿元,增长86%。五年中共完成基本建设项目1174个,竣工面积413.2万平方米,比"八五"期间的累计竣工面积增加113.9万平方米,增长38.1%。

2000年全国文化事业当年计划投资额为33.31亿元,其中,国家投资10.88亿元,分别比1995年增长62.5%和108.96%,年平均增长速度分别为10.2%和15.9%;全年完成投资额为22.95亿元,比1995年增长42.5%,年平均增长速度为26.1%;交付使用项目209个,比1995年减少66个,竣工面积93.6万平方米,比1995年增加27.1万平方米,增长40.8%,

竣工项目虽有减少，但由于大型建设项目比重加大，使竣工面积增幅较大。

虽然，文化事业基建投资增幅较大，但“九五”期间的文化事业基建投资占国家基建投资比重仍在0.21%左右徘徊(2000年只占0.17%)。因此，在“十五”计划期间，为落实江总书记关于三个代表的精神，希望各级党政领导和有关部门继续关注文化建设，加大对文化设施基础建设的投入力度。

2.2000年全国文化设施在建规模加大，竣工面积增幅较高。

2000年全国文化(物)系统固定资产投资项目略有调整。据统计，2000年全国文化(物)系统固定资产投资项目总数为1002个，比上年减少81个，计划总投资达226.79亿元，比上年增加24.55亿元，增长12.1%；计划施工面积(建筑面积)579.9万平方米；本年计划投资额为51.48亿元，比上年增加12.89亿元，增长33.4%；本年完成投资额为33.75亿元，比上年减少1.27亿元，下降3.6%，占全国投资实际完成额的比重由上年的0.28%下降到0.26%，减少了0.02个百分点。建成项目373个，比上年减少8个。竣工建筑面积133.2万平方米，比上年增加11.7万平方米，增长9.6%。

2000年全国文化事业基建项目总数为626个，比上年减少61个，计划总投资达165.16亿元，比上年增加21.32亿元，增长14.8%；计划施工面积(建筑面积)390.4万平方米，比上年增加20.1万平方米，增长5.4%；本年计划投资额为24.23亿元。其中国家投资10.88亿元，比上年减少2.07亿元，下降16.0%；本年完成投资额为22.95亿元，比上年减少0.98亿元，下降4.1%，占全国基建投资实际完成额的比重由上年的0.19%下降到0.17%，减少了0.02个百分点。建成项目209个，比上年减少8个。竣工建筑面积78.4万平方米，比上年增加15.2万平方米，增长19.4%。

2000年除中央有7个投资在亿元以上的筹建在建项目外，部分省、市还筹建、新开工了投资在亿元以上的大中型文化项目3个，它们是：江苏剧院、杭州大剧院、浙江省嘉兴市一院三馆综合楼。全国投资在5000万元以上的文化在建施工项目38个，其中有19个投资在亿元以上的文化在建施工项目，它们是南京市图书馆、浙江艺术学校、杭州剧院、河北艺术中心、辽宁文化艺术中心博物馆、黑龙江省图书馆新馆、上海马戏娱乐城、上海黄埔区图书馆、南京市文化艺术中心、浙江红星文化大厦、山东省图书馆业务楼、湖南大剧院、湖南省长沙田汉大剧院、广东演艺中心、广东新德文化广场、深圳音乐厅、深圳中心图书馆、汕头市图书馆、云南省图书馆。

2000年全国有10个投资5000万以上的较大文化工程竣工，它们是：首都图书新馆、武汉市图书馆、浙江图书馆、成都少儿宫音乐厅、卢湾区文化馆、江苏京剧院影剧场、无锡市图书馆、绍兴市鲁迅图书馆、江西艺术剧院、武汉市电影城。

四、“九五”期间全国文化产业单位增加值增幅较大

文化产业单位在“九五”期间为国民经济的发展做出了较大贡献，主要表现在所创造的增加值增幅较大。2000年全国文化产业单位新创增加值为205.95亿元，比1995年增长38.3%，“九五”期间全国文化产业单位新创增加值累计达1023.84亿元，年平均增长速度为6.7%。从主要行业增加值构成看：

“九五”期间艺术业(含表演团体和艺术表演场所)累计增加值为82.03亿元，占文化产业增加值总数的8%；公共图书馆累计增加值为30亿元，占文化产业增加值总数的2.9%；群众文化业累计增加值为46.61亿元，占文化产业增加值总数的4.6%；文化娱乐业累计增加值为502.51亿元，占文化产业增加值总数的48.9%。从以上增加值构成情况看文化娱乐业增加值所占份额最大，是目前全国文化产业增加值的重要组成部分，具有举足轻重的地位。

2000年艺术业（含表演团体和艺术表演场所）增加值为18.42亿元，比1995年增长了44.0%，年平均增长7.6%；公共图书馆增加值为7.59亿元，比1995年增长114.4%，年平均增长16.5%；

群众文化业增加值为10.86亿元，比1995年增长145.7%，年平均增长19.7%；文化娱乐业增加值为103.36亿元，比1995年下降15.8%，年平均递减3.5%。从以上情况看图书馆业和群众文化业增加值的大幅上升带动了全国文化产业的发展。

五、艺术表演团体演出场次下降，观众人次上升

"九五"期间全国文化部门艺术表演团体累计演出209万场，累计观众人次24.09亿人次，比"八五"增加2.15亿人次，增长9.8%；累计财政补助收入70.35亿元，比"八五"增加40.09亿元，增长132.3%；累计演出收入22.29亿元，比"八五"增加1.02亿元，增长84.6%。2000年全国文化系统的2619个艺术表演团体国内演出共计41万场次，平均每团演出场次为135场，比1995年减少19场；观众人次由1995年的4.3亿人次增至4.6亿人次，增长6.98%，年平均增长幅度为1.4%；艺术表演团体的经费收支情况比1995年有较大的改善，2000年全年财政补助收入17.28亿元，比1995年增长99.5%，年平均增长14.8%；演出收入5.17亿元，比1995年增长50.3%，年平均增长为8.5%，全年总支出26.89亿元，其中排练制作费1.49亿元，分别比1995年各增长67.0%和60.2%，年平均增长速度分别为10.8%和9.9%。2000年艺术表演团体经费自给率为31.5%，比1995年减少了8.8个百分点，"九五"期间的平均经费自给率为35.4%，比"八五"期间的平均经费自给率减少了4.3个百分点。

"九五"期间文化部门艺术表演场所现状不容乐观，机构的减少，业务服务活动水平下降，主要缘于资金困乏，使陈旧的设施和设备无法及时更新，营造不出好的环境吸引观众到剧场来。2000年全国文化系统有各类艺术表演场所1912个，比1995年减少6个机构，可向观众提供的座席数减少了25.7万个；全年演（映）出场次138.2万场，其中放映电影53.1万场次，分别比1995年下降34.3%和53.6%，只有艺术演出6.4万场次，是比1995年增长21%。观众由1995年的2.47亿人次减少到2000年的1.32亿人次，下降了46.6%，年平均下降12.5%。全年总收入8.55亿元，比1995年增长0.5%，年平均增长0.09%，总支出8.67亿元，比1995年增长9.2%，年平均增长1.8%。

2000年，文化部以党的十五大和江泽民总书记关于"三个代表"的重要讲话的精神为指针，繁荣文艺为根本目标，通过加大中直剧团的改革工作的力度以及开展多种大型活动来指导示范全国文化艺术活动开展。

首先，积极进行中直院团体制改革调研工作，针对中直院团目前的艺术生产情况，研究制定中直院团创作工作的具体措施，并起草制定演出补贴专项资金、培养艺术人才专项资金的管理使用办法，修订中直院团重点剧目创作专项资金的管理办法。

其次，组织举办各项全国性艺术活动，繁荣全国文艺。2000年共评出文华大奖11个，文华新剧目奖53个，文华新节目奖21个，文华单项奖140个。举办第六届中国艺术节。选拔参加艺术节的105台剧目，其中62台正式参评剧目。评出中国艺术节各项奖项。举办了首届中国昆剧艺术节。正式演出剧目12台，观众达4万余人次。这次整理改编演出的昆剧经典剧目，呈现了很高的舞台艺术水平，为昆剧剧目今后的挖掘、整理、改编和舞台表演，提供了很丰富的借鉴。同时，涌现出一些优秀剧目如《张协状元》等。在北京和长沙举办了全国儿童剧优秀剧目展演。共有23台，演出30余场，观众达4万余人次。组织第五届中国映山红民间戏剧节优秀剧目进京汇报演出。与河北省联合举办中国评剧艺术节。举办了第25届哈尔滨之夏音乐会和全国艺术歌曲比赛及全国艺术院校艺术歌曲比赛。继续抓好艺术歌曲的创作推广演出工作。完成组织专家选定的首批艺术歌曲的推荐，包括改编、演出、出版和音像制作。举行全国京剧青年演员比赛。举办施光南逝世10周年纪念音乐会。组织唐宋名篇诗歌朗诵音乐会赴港演出，引起轰动。香港许多著名人士观看了演出，香港新闻报刊及电视台作了大量宣传报道。举办金狮奖第五届全国杂技比赛总决赛。举办的全国评弹比赛，共有10个评弹专业团体，演出了7台36档书目，65名老、中、青演员参加了比赛。举办的元旦、春节茶话会、"五一"全国劳模大会等文艺演出和元宵节文艺晚会，突出了弘扬高雅艺术和有文化品格并喜闻乐见的特色，得到各界观众普遍肯定。

在中宣部、文化部领导下，组织中直院团参加三下乡慰问演出。中国歌剧舞剧院、中国儿童艺术剧院、中国京剧院、东方歌舞团、中国歌舞团和中国青年艺术剧院赴江西、陕西、河北、河南、海南、广东、内蒙、宁夏和新疆等省(区)农村及革命老区为农民群众演出百余场，慰问演出观众达几十万人次。

组织"20世纪中国油画展"。汇集百年来各历史时期有代表性艺术家的代表作品400余幅展出，是一次历史性、前瞻性、学术性大展。主办中青年著名画家赴西部地区采风创作活动，倡导文艺家深入现实生活，创作反映时代精神的优秀作品。在香港举办"当代中国画、油画、书法作品展"。

六、公共图书馆和群众文化事业稳步发展

"九五"期间全国公共图书馆稳步发展，累计流通人次8.49亿人次；累计图书流通人次7.79亿册次，比"八五"增加1.66亿册次，增长27.1%；全国图书馆累计购书费14.08亿元，比"八五"增加8.5亿元，增长153.4%；新购图书累计3327万册，比"八五"减少102万册，下降2.97%。

2000年全国公共图书馆总藏量4.1亿册(件)，比1995年增加8103万册(件)，增长24.7%，年平均增长4.5%，全国人均藏书由1995年的0.27册提高到0.28册。2000年图书流通为1.89亿人次，比1995年增加556万人次；书刊外借1.69亿册次，比1995年增加5099万册次。全年总收入16.38亿元，比1995年增加8.4亿元，增长100.3%，年平均增长15.5%，总支出15.71亿元，比1995年增长112.2%，年平均增长16.2%，在总支出中，购书费支出为3.7亿元，比1995年增加了2.04亿元，增长121.2%，年平均增长17.2%，全国人均购书费由1995年的13.9分提高到2000年的28.7分，增长106.5%，全年新购图书692万册。购书费占总支出的比重由1995年的22.6%升至23.6%，增加了1个百分点。

"九五"期间群众文化活动丰富多彩，累计举办展览43.71万个，组织文艺活动135万次，举办训练班65.79万班次。

2000年全国文化系统共有群众文化单位45321个，比1995年减少了2976个。全年共举办各种展览9.2万个，比1995年增加6.1万个；组织文艺活动27.66万次，比1995年增加16.6万次；群众文化单位共有藏书8562万册，比1995年增加5977万册，增长2倍多。全年总收入18.69亿元，比1995年增长109.1%，年平均增长15.9%，全年总支出18.84亿元，比1995年增长125.3%，年平均增长17.6%，在总支出中，业务费支出为2.79亿元，比1995年增长165.4%，年平均增长21.6%，业务费占总支出的比重由1995年的12.6%升为14.8%。

群星奖、孔雀奖、蒲公英奖的评奖活动，进一步丰富了群众文化生活，推出了一批优秀作品和人才。春节期间的“龙潭杯”花会邀请赛、“和平杯”京剧票友赛、九省市大河上下摄影展、“世纪民族之歌”征集活动、全国公共图书馆服务宣传周、“六一”少年儿童进京演出等示范性活动，在社会上产生了很好的社会效益。“世纪的歌声——2000 年夕阳红老年合唱电视大赛暨‘永远的辉煌——第二届老年合唱节晚会’”，吸引了 27 个省、自治区、直辖市的 300 多个代表队 4 万多名老年人报名参赛，其中 84 个代表队 5000 多位老年合唱团员参加了在无锡举办的现场比赛，在社会上引起强烈反响。

农村小戏的调演，引起各地对农村小戏创作和演出的重视，逐步推出一批反映当前农村生活、深受农民群众喜欢的短小精悍，思想性、知识性、趣味性都很强的优秀文艺作品，反映了当代农村的新面貌，使人们感受到了浓郁的乡土气息，受到了领导、专家和群众的好评。

七、全国文物业保修并举全面发展

“九五”期间全国文物工作者坚持“保护为主，抢救第一”的方针，保护、维修、应用工作并举，树立精品意识，取得了显著成绩。全国文物业累计举办陈列、展览 4.34 万个，参观人次达 12.3 亿人次；全国文物保护单位维修费累计 10.2 亿元，使文物保护单位维修有了资金保证。

2000 年，全国文物业有文物保护管理机构 1984 个，其他文物保护管理机构 68 个，博物馆 1392 个，文物商店 117 个。全国文物业共有文物保管品、藏品 1249 万件，其中一级品 5.2 万件，分别比上年增加 124 万件和 4000 件；共举办陈列 6478 个，展览 11274 个；参观人次达 1.27 亿人次，其中外宾参观人次达 544 万人次，比上年增加 106 万人次，增长 24.2%；门票收入 9.48 亿元，比上年增加 3574 万元，增长 3.9%。全年进行文物保护维修的单位 1003 个，维修面积 69.5 万平方米，比上年增加 1.2 万平方米；其中国家级 222 个，占总维修单位数的 22.1%，维修面积 15.9 万平方米，占总维修面积的 22.9%。新建和改建了一批博物馆及文物库房，一大批濒临毁坏的文物得到有计划、有重点的抢救和保护。

”九五”期间，全国文博系统实施的精品工程，特别是配合庆祝建国五十周年，推出一批具有较高水平和质量的文物展览，吸引了大量中外观众，取得良好的社会效果。

八、文化市场在调整中繁荣发展

“九五”期间，全国文化市场在清理整顿、优化结构中繁荣发展。文化市场管理部门面对迅猛崛起的文化市场经营出现的问题，加大文化市场立法工作力度，规范管理，健全稽查机构，调整优化结构，使文化市场健康有序发展。在“九五”期间文化市场经营单位累计利润 126.13 亿元，上缴各种税金 104.4 亿元，新创增加值 695.35 亿元。

2000 年，全国文化市场产业经营单位经过治理整顿，机构由上年的 27 万余家减少到 22 万余家，从业人员 95.5 万人；年实现利润 32.4 亿元，比上年增加 10.2 万元；创增加值 132.04 亿元。2000 年全国省、市、县三级文化市场管理稽查网络机构共有 3442 个，17622 人；其中稽查机构 1376 个，7893 人。

2000 年的文化市场管理工作，以电子游戏场所的专项治理和音像市场的结构调整及清理整顿为重点，推动整个文化市场工作的开展；以入世后面临的机遇和挑战为主题，认真搞好文化市场理论研究。

首先，压缩总量，堵疏并重，扎扎实实搞好电子游戏专项治理工作。针对由于电子游戏经营场所盲目发展，总量失控，导致了激烈的恶性竞争。出现了国家法定节假日外接待未成年人、中小学校周边 200 米内设立电子游戏经营场所、利用电子游戏机从事赌博和游戏项目中含有渲染淫秽、暴力等内容、以网吧、电脑屋等名目从事电脑游戏经营活动等问题。由文化部牵头，成立了全国电子游戏专项治理工作办公室；制定了专项治理行动方案，对行动的指导思想、工作目标和原则、重点整治地区等进行了具体部署和治理，大批违法和不符合重新审核登记条件的电子游戏经营场所被关闭。全国电子游戏经营场所数量从专项治理前的106949家减少到现在的35024家，压减率达66.6%，从根本上改变了电子游戏经营场所过多过滥的状况，绝大部分违法经营行为和违法经营者依法受到严惩，人民群众普遍关注的违法经营问题基本得到解决。

其次，调整音像市场经营结构，打击非法音像制品经营活动，净化音像市场经营环境，保护民族音像业的健康繁荣发展。全国共关闭音像制品集中经营场所45家，萎缩达标（萎缩到10户以下）39家。同时，积极扶持音像市场连锁经营、超市及专业店的发展，规范总经销、总代理、品牌经营等现代经营方式，不断巩固和扩大正版音像制品经营阵地，呈现出了良好的发展势头。

第三，积极采取应对措施，迎接入世带来的机遇和挑战。对加入世贸组织给我国文化建设带来机遇和挑战，尤其是近几年内会给我国文化市场的管理制度带来挑战，对我国优秀的民族文化产生冲击，给我国文化产业单位带来生存压力；为使加入世贸组织有利于丰富和活跃广大群众的文化生活，促进我国传统文化观念和文化制度的创新，有利于文化市场的整合和产业结构的升级，有利于社会主义文化市场体制的建立和完善。除积极参与文化市场准入等问题入世谈判，以争取主动。还召开了WTO与中国文化产业研讨会。并积极向有关部门和领导反映入世将给我国文化产业带来的机遇和挑战、我们的应对措施及准备工作情况等。

九、艺术教育、文化科技与文化艺术理论研究有了新的进展

2000年，全国文化部门共有各类教育机构220个，其中，高等艺术院校1所，中等专业学校137所，文化干部院校20所，其他教育机构62所。2000年，高等艺术院校招生96人，毕业79人，在校生254人；中等专业学校招生23080人，毕业18047人，在校生73895人。

2000年，全国共有文化（文物）科研机构242个，从业人员5950人，其中，具有中高级职称的科研人员2867人，比上年增加13人，占从业人员总数的48.2%，比上年减少0.2个百分点。本年完成科研项目436个，获国家奖80个，占科研项目总数的18.3%，比上年增加5.6个百分点；获省、部级奖126个，占科研项目总数的28.9%。

十、对外文化交流不断扩大并取得显著成果

截至2000年，我国与160多个国家和地区有不同形式的文化往来，与数千个外国和国际文化组织保持着各种形式的联系。“九五”期间，经文化部审批的对外文化交流项目共计5948起，82274人次，其中出访3585起，43710人次，来访2363起，38564人次。与港澳地区的文化交流项目共计2503起，31970人次，其中赴港澳2128起，27380人次，港澳来内地375起，4590人次。海峡两岸文化交流项目共计2412起，24062人次，其中赴台1641起，14510人次，台湾来大陆项目771起，9552人次。我国政府与外国共签订了13个文化协定，131个文化交流执行计划。我国艺术家在各类国际艺术比赛中共获得金奖51个、银奖34个、铜奖43个、其他奖项41个。

2000年经审批的对外文化交流项目总数约1433项，22427人次，比去年分别增长15%和20%；对港澳台地区交流项目720起，8288人次，全年交流项目共达2153项，30715人次。与南非等31个国家签订文化合作协定（纪要）和新的年度文化交流执行计划；出访政府文化代表团和文化官员代表团70起，33国，182人次，艺术表演团组391起，9950人次，艺术展览115起，874人次；接待外国政府文化代表团和文化官员代表团63起，168人次，艺术表演团组361起，9552人次，艺术展览161起，506人次。

派出参加国际艺术比赛40起，获奖55项，其中金奖13项，银奖8项，铜奖28项，其他奖14项，充分展示了我艺术领域取得的巨大成就。

2000年对外文化交流工作随着高层互访频繁，官方关系平稳发展，增进了了解和友谊，为双边文化交流进一步发展创造了良好的空间。大型活动有声有色。

2000年我国在国内外成功举办了大型活动，提高了声望和国际形象。其中“2000相约北京——五月大联欢”、“2000年中华文化美国行”、“2000年法国中国文化季”等活动，规模之大、内容之丰富、参加文艺团体之多、参与人数之众、影响所及之广是前所未有的。

“2000相约北京——五月大联欢”是继文化艺术系列主题年活动之后推出的又一大型国际文化艺术活动。在短短一个月的时间里，包括我国在内的25个国家的38个艺术团共演出109场，其间还举办了6个展览和4个国家的文化周。活动内容丰富，雅俗共赏，吸引了群众的广泛参与，观众总数达30万人次。江泽民主席、李岚清副总理等党和国家领导人亲自出席。在华访问的印度总统、丹麦首相等外国领导人也出席有关活动。

“2000年中华文化美国行”由文化部和国务院新闻办联合主办，历时24天，先后在纽约、华盛顿、芝加哥、旧金山、洛杉矶等美国9个城市展开，以主题演讲、文艺演出和文物展览的形式，向美国人民生动展示了古韵悠远而又朝气蓬勃和充满自信、热爱和平的当代中国形象。是我国在美举办的最大规模的综合性文化活动，得到了中美两国及联合国领导人的重视和支持，江泽民主席、克林顿总统、安南秘书长均为该活动题词。

孙家正部长在美传播界颇具影响的电视广播博物馆做了《面向21世纪的中国文化：抉择与承诺》的主题演讲，赢得了美国社会名流的赞誉和美媒体的广泛报道；中央民族乐团和深圳锦绣中华民族舞蹈团的演出突出了民族性和高水准，两团14场演出，场场精彩，场场爆满，吸引了约3万名观众，美媒体给予了大量报道，活动取得了巨大成功，扩大了我在美的文化影响。

“2000年法国中国文化季”是文化部首次在境外主动策划和直接参与的重大综合性文化活动。主要内容分为两个大型文物展（中国考古发现展和中国钟铃艺术展）、两个大型演出（中央民族乐团和中国京剧院）和两个当代绘画、书法和雕塑展。时间跨度近4个月。

文化季于10月28日在巴黎开幕，法国前总统德斯坦、前总理巴拉迪尔、巴黎市市长等法国政要出席了文化季开幕式活动。有近万人观看了京剧和民乐演出，“考古发现展”更是盛况空前，有近30万人参观。法主要媒体纷纷进行了大量、正面、集中和突出的报道，使活动直接进入了法国的主流社会。在运作机制上，采取政府支持和资助，公司直接运作的形式，为今后在境外举办大型文化活动积累了有益经验。

由文化部主办，上海市人民政府承办的第二届上海国际艺术节邀请了来自39个国家的表演团体、54台剧目参演，举行了演出交易会、艺术展览、大型群众文化活动和文化研讨会等，观众达30多万人次。此外，HEINEKEN节拍2000夏季音乐会、第三届北京国际音乐节、第六届中国艺术节、第四届中国武汉国际杂技节、广东国际声乐节等大型活动的规模和影响也都超过去年。

加强同发展中国家关系。通过高层互访、举办研讨会、艺术团访演、经济援助等形式，进一步扩大了与广大发展中国家的交流。

“新世纪中非文化交流研讨会”邀请了来自非统组织和十几个非洲国家的21位副部级

和司局级文化官员来京出席。李岚清副总理接见了非洲国家的与会代表。为配合会议,还邀请了刚果(布)和几内亚国家艺术团与中国歌舞剧院同台演出,举办了《中国与非洲》大型摄影图片展。会议提出了中非交流的六点建议和五项具体措施,获得了广大非洲国家的热烈响应和好评,为新世纪中非文化交流的进一步拓展开辟了广阔的空间。

积极邀请发展中国家在华举办文化日、文化周和艺术团来华参加大型活动。2000年发展中国家在华相继举办了"土耳其文化日"、"约旦文化周"、"突尼斯文化周"、"伊朗文化日"等综合性文化活动。"相约北京大联欢"、"上海国际艺术节"、"第三届亚洲艺术节"等国内大型艺术活动共邀请了亚洲、非洲等23个发展中国家的35个演出团参加,其规模和人数都是空前的,大大增进了广大发展中国家和中国人民的友谊。

组织高水平的演出和展览赴发展中国家演展,其中中央芭蕾舞团访问土耳其、中央民族乐团访问突尼斯、叙利亚、约旦,中国歌舞团访问白俄罗斯,海南歌舞团访问土耳其、摩洛哥、阿尔及利亚和突尼斯,江西歌舞团访问非洲六国,扬州木偶剧团访问拉美8国等均取得圆满成功,充分展现了我良好的艺术水准,得到了当地人民的广泛好评。

继续向非洲国家提供小额文化用品援助,全年共向12个非洲国家提供援助,支持该国的文化建设,巩固了传统友好关系。

保持正常交流,积极开拓对欧、美发达国家文化工作的新领域。

2000年为配合西班牙首相访华,在短时间内促成了"达利绘画原作展"和西班牙著名舞蹈家专场演出。孙家正部长和西班牙首相出席了展览开幕式,朱镕基总理和西班牙首相出席了专场演出。达利画展获得巨大成功,引起了社会和媒体的极大关注。

为庆祝中国与丹麦、芬兰、瑞典、瑞士建交周年,派出了中央芭蕾舞团、长春杂技团、黑龙江青少年杂技小组及手工艺表演者赴丹麦参加与丹方合作举办的"中国年"和艺术节活动;派出了昆曲《窦娥冤》,山东杂技团等赴芬参加庆祝建交和"亚洲艺术节"活动并举办了《明代艺术展》;昆曲《窦娥冤》和中央乐团民乐小组访问了瑞典;中国红星舞蹈团赴瑞士参加了建交庆典活动。邀请了在世界芭蕾舞台上独树一帜的丹麦皇家芭蕾舞团、芬兰城市现代舞团、瑞典流行音乐演唱组(举办"激情2000——瑞典流行音乐演唱会")、丹麦现代艺术展等来华。这些演展活动获得了当地人民的普遍赞誉,巩固了双边关系。

孙部长在美、英的两场演讲开拓了对发达国家文化交流的新领域。演讲直接面对主流社会和媒体,充分阐明了中国文化政策和发展战略,展示了我国领导人的自信、睿智和个人魅力,产生了极大的影响,争取了西方媒体上层人士。

美前国务卿基辛格博士、美三大电视网和五大有线电视网及最大出版机构豪森集团董事会主席、赫斯特娱乐集团总裁等各界名流350多人出席了孙部长在美国的演讲会,《纽约时报》、美联社、CNN、FOX等媒体进行了报道。

在伦敦召开的美国广播电视博物馆国际理事会第五届年会上,孙部长做了"文化媒体与数字化"的主旨演讲。来自25个国家和地区的全国性或跨国企业集团和媒体的主要领导人、社会名流等120多人出席了会议。孙部长的精彩演讲再次引起了与会者的强烈反响。

"中英论坛"文化组代表20余人就两国的文化产业合作、博物馆教育功能及实施、建立两国长期演出合作关系、数字图书馆的应用及合作等领域进行了充分讨论,为两国在新世纪的合作奠定了良好的基础。

美中部艺术联盟和中西部艺术联盟组成的13名艺术管理人员访华团2000年应邀在

上海和北京与我国艺术管理人员举办了圆桌会议。从不同角度介绍了我国艺术管理体制、文化资源，探讨了双方合作的途径，调动了美主流机构与我国开展合作的愿望和热情，为将来我在美中部和中西部地区广泛开展文化活动打下良好基础。

港澳台文化交流有了进一步发展。注重对港澳文化交流的特色和质量，加强三地青少年之间的直接交流，积极扶持港澳传统艺术的发展；保持对台交流的良好势头，大力推动祖国民族传统文化优秀项目访台。

截止11月中，与港澳交流425项，5211人次，与台湾交流295项，3077人次。对港澳的交流，根据回归后的状况，注重文化交流稳中求特色、求质量，在香港推出了“唐宋名篇——诗歌音乐朗诵会”、中国交响乐团125人的大型交响音乐会，在澳门举办了“共庆澳门回归祖国——中国艺术大展”，取得了很大成功，受到广大港澳同胞的热情赞誉。增强青少年之间的交流，组织了北京银帆乐团、中国音乐学院附中乐团、北京中学生民乐团、金帆管乐团、金帆童声合唱团、上海芭蕾艺术学校等赴港演出交流，协助香港钢琴学会成功举办了青少年第二届中国作品钢琴比赛，香港舞蹈学会举办国际舞蹈节等活动。培养香港的戏曲专门人才，推动香港演艺学院开设粤剧班，并协助聘请了中国戏曲学院、中国艺术研究院教授赴港任教。

充分利用两岸文化交流发展的良好势头，大力推动祖国优秀的民族传统文化项目赴台展演。2000年由13个省市自治区55个民族250名演艺人员组成的“中华少数民族民俗技艺展演团”在台春节期间举办了“中华少数民族民俗技艺博览会”，演展了60天，800余场，观众达80余万人次。另一大型活动“风云再现——《三国演义》文化艺术展”集历史、小说、文化艺术于一体，内容丰富，制作精细，当地媒体反响十分热烈，吸引了20多万观众。北京京剧团100多人的《宰相刘罗锅》演出及大陆昆剧联合艺术团200余人赴台演展轰动了台湾。

十一、“九五”期间文化事业发展中存在的问题

“九五”期间文化事业虽有较大的发展，但在发展中仍存在不少问题，亟待引起有关领导和部门予以足够重视，并加以解决。

1.投入不足仍是文化事业发展中的主要矛盾。

“九五”计划期间，各级政府部门对文化事业的投入较“八五”计划期末有较大的增长，尽管如此，文化事业的经费仍然是“捉襟见肘”，文化设施和设备仍然很难适应社会经济的发展、人民群众生活水平的提高对文化生活的需求。

“九五”期间，文化事业财政补助收入以平均每年13.6%的速度增长，低于财政年平均增长速度(23.5%)9.9个百分点，由于文化事业经费的基数低，虽然增长百分比高，但增加绝对额不多，2000年文化事业财政补助收入比1995年增加了29.77亿元，平均每年增加5.9亿元，而同期的财政支出增加了9055.72亿元，平均每年增加1811.14亿元，文化事业经费增加额仅占同期财政支出增加额的0.33%，文化事业经费占财政总支出的比重2000年为0.4%，比1995年减少了0.09个百分点。另一方面，在“九五”期间由于物价的上涨和工资水平的提高，使文化事业经费的实际增长幅度大打折扣；2000年文化系统的从业人员劳动报酬比1995年增加了9.54亿元，增长40.7%倍，年平均增长4.2%，低于文化事业费增长速度9.4个百分点。由此就不难理解为什么剧团的排练制作费占总支出的比重五年来均在5.0%左右徘徊，图书馆购书费占总支出的比重由1995年的22.7%仅增加到23.6%。据统计，2000年全国文化系统有1222个剧团无排练制作费，占文化系统剧团的46.7%；公共图书馆中有756个馆全年无购书费，占总数的28.2%；全国有799个文化馆全年无业务费支出，占文化馆总数的27.5%。

五年来，文化事业基本建设计划投资额逐年增加，年平均增幅达10.2%，但其中国家投资的增长幅度仅为15.9%，2000年国家投资占当年计划投资的比重由1995年的25.4%增至32.7%，增长了7.3个百分点。当年实际完成投资额虽然比1995年增长了42.5%，但由于建筑材料价格的上涨，各种税费的增加，真正能用于基建的投资增幅并不是很高，因此，2000年在实际完成投资额比1995年大幅度增长的同时，建成交付使用的项目个数却比1995年减少了66个。文化设施建设问题和困难，主要是：文化设施建设投入仍然偏少，比例偏低。许多大中型文化设施建设在纳入规划以后，由于投资没有保证得不到实施，文化事业基建投资占国家基建投资的比重近十年来在0.22%左右（低于“七五”期间的0.4%）。文化投入较少，使基层公共文化设施建设滞后，“六五”计划提出的“县县有图书馆、文化馆，乡乡有文化站”的目标至今尚未实现，文化事业建设落后于经济建设的发展和人民文化生活的需求。目前，全国仍有144个县无图书馆，108个县图书馆无馆舍，159个县图书馆馆舍面积低于300平方米；仍有57个县无文化馆，221个县文化馆无馆舍，143个县文化馆的馆舍面积小于300平方米。全国既无图书馆又无文化馆的县有51个。全国还有5000多个乡镇没有文化站。

建设资金缺少是困扰文化设施建设的关键问题。在文化设施建设中，拖欠工程款和银行贷款的现象十分突出，许多文化设施建设后期或建成后的尾部工程基建欠款无法落实，使一些文化设施停建或建成后不能投入使用。

全国现有文化设施陈旧简陋，面积狭小，普遍破旧的状况依然存在。一些省区的省级文化设施亟待改善。全国的剧场、影剧院建设滞后，大多数剧场、影剧院已投入使用几十年，年久失修，破旧不堪，许多成为危房亟待整修。许多省区图书馆、文化馆、群众艺术馆设施破旧、狭小，不达标的比例较大。特别在中西部地区，许多省区的图书馆和文化馆未达标的占很大比例，乡镇文化站没有独立业务用房的占50%左右。

文化设施维持费用不足的问题突出。一些省市建设的文化设施，由于正常的维持经费没有保证，造成初始投入的浪费，严重影响这些设施社会效益和经济效益的充分发挥。

一些政策不落实、不配套。近年来，新开发、新建设的城镇居民小区，应配套的文化设施未予以重视。开发商注重小区建设的经济效益而忽视社会效益，使小区配套文化设施有的在规划中有，而实际未建设，文化设施用地改作他用；有的预留了空地，但始终没有建设应配套的文化设施；有的虽然建成了文化设施，没有交给文化部门管理使用，而出租、出让、出售给其他单位，影响小区居民的文化活动和精神文明建设。在一些城市建设中，没有给文化设施建设留有必要的用地。公益性文化设施建设从数量和规模上，与人民的文化需求都有一定的差距。在建设文化设施中，免费提供建设用地或减收土地租金，免征各种市政建设配套费、水电增容费等各种税费；在城市改造、余地置换、商业合作中，保证文化设施地段的规划、国拨资金以及设施使用功能不受影响等有待进一步完善。

由于各地区经济条件的制约，文化设施建设发展不平衡。中西部地区发展滞后于东部沿海地区，广大农村的发展滞后于城市，城市中郊区和县的发展滞后于市区。中西部地区、少数民族地区的基层文化设施仍然十分落后。

2.文化单位的内部管理和自我发展机制有待进一步加强。

“九五”期间文化事业单位在开展有些业务活动方面较1995年有所下降，剧团演出场次不断减少；艺术表演场所的演(映)出场次和观众人次减少等等。诚然，党的十四届六中全会以来，广大群众的业余文化生活发生了深刻的变化，文化消费的取向也更趋多样化，这些都是不可否认的客观事实，同时我们也要充分正确地认识到，这种文化消费取向的多样化正是促进文化事业繁荣发展的一种积极因素，而不是一种消积因素。显而易见，广大群众的文化消费取向越多，对文化事业所能提供的精神产品及其服务质量的要求也就越高，如果要满足广大群众的这一标准越来越高的需求，文化事业单位就必须向社会提供为大多数群众所能接受的高质量的精神产品和优质的服务，也就是说要通过主观的不断努力去适应客观需求在发展中的变化。

“九五”全国文化系统艺术表演团体的演出场次在逐年减少，平均每团的年演出场次也在减少，五年中，每年都有占总数10%以上的剧团全年没有演出活动，2000年共有345个剧团全年无演出，占剧团总数的比重更高，达13.2%。此外，还有55个剧团全年演出场次在10场以内，占剧团总数的2.1%；与此成鲜明对照的是，2000年全国文化系统有350个剧团国内演出场次在300场以上，占总机构数的13.4%，全年演出场次共17.3万场，占总场次的42.2%，观众1.59亿人次，占总观众人次的34.4%，演出收入共1.44亿元，占全国总数的27.9%。这样一种对比所能得出的结论只能是，只要剧团为社会提供的精神产品“适销对路”，演出市场就不存在萎缩的问题。在艺术表演场所，公共图书馆和群众文化单位，除要向社会提供能满足市场需求的精神产品外，更重要的是要提供优质的服务，但在我们相当一部分剧场、公共图书馆和群众文化单位，虽能向社会提供较好的精神产品，但服务质量却并不如人意，当我们大多数文化单位的硬件水平不是很高或还不够完善的时候，应该通过提高服务质量来吸引众多的群众参加到有益的文化活动中来，因此，在文化单位如何提高服务质量应引起有关领导的充分重视。

文化事业单位同任何一个行业一样，没有钱什么事也办不成，钱从何而来？一是靠国家的投入，二是靠赞助或资助，三是靠创收。从国家投入上看，可以说各级财政部门在经费相当紧张的情况下，已经尽了很大的努力增加对文化事业的投入，但仍与文化事业的发展对经费的需求相距甚远；而社会各界对文化事业的赞助或资助是很有限的，而且是很不稳定的；由此看来，要想在最大程度上解决文化事业单位经费不足，只能是靠不断提高文化事业单位自我创收能力，也就是说要不断强化文化事业单位的自我发展机制。

纵观文化事业“九五”期间的发展，成绩是很大的，存在的问题也是不容忽视的，随着我国社会主义市场经济体制的逐步确立发展，文化事业改革的不断深入，以及各项管理工作的不断规范化和细化，在“十五”计划期间，文化事业必将进入一个新的繁荣发展的阶段。

文化设施建设回顾与展望

张宪辉

文化设施是文化事业赖以生存的基础，是文化事业发展的阵地和载体。随着人民物质生活水平的提高，人们对精神文化生活需求也日益提高。近年来，增加文化投入，加快建设各类文化设施，为广大群众提供更多的文化宣传阵地和休闲娱乐场所，已成为各级政府的共识。2000年是“九五”计划的最后一年。在这一年中，全国文化(文物)当年基本建设计划投资额为33.31亿元，其中国家投资15.39亿元；全年完成投资额为30.43亿元；交付使用项目272个，竣工面积122.7万平方米。

2000年，举世瞩目的国家大剧院开始建设；天桥剧场翻扩建工程已经竣工。部分省、市投资在亿元以上新开工的大型文化设施项目有江苏剧院、杭州大剧院、浙江省嘉兴市一院三馆综合楼。全国投资在5000万元以上的在建项目38个，其中投资在亿元以上的有：河北艺术中心、辽宁文化艺术中心博物馆、黑龙江省图书馆新馆、上海马戏娱乐城、上海黄埔区图书馆、南京市图书馆、南京市文化艺术中心、杭州剧院、浙江红星文化大厦、山东省图书馆业务楼、湖南大剧院、河南省长沙田汉大剧院、广东演艺中心、广东新德文化广场、深圳音乐厅、深圳中心图书馆、汕头市图书馆、云南省图书馆。

2000年，全国投资5000万元以上的文化设施竣工项目有：首都图书馆新馆、武汉市图书馆、浙江图书馆、成都少儿宫音乐厅、卢湾区文化馆、江苏京剧院影剧场、无锡市图书馆、绍兴市鲁迅图书馆、江西艺术剧院、武汉市电影城。

“九五”期间，文化设施建设成绩回顾

“九五”期间，全国文化设施建设取得了很大成绩，主要有以下几个特点：

一、投资规模和建设规模有了较大的增长。

五年间，全国文化(文物)基本建设当年计划累计投资152、1亿元，其中国家投资66、7亿元；累积完成投资135亿元，竣工项目1479个，竣工面积533、1万平方米。全国文化事业当年计划累计投资125.54亿元，其中国家投资49.76亿元，分别比“八五”期间增加62.82亿元和31.69亿元，增长100.2%和175.3%；“九五”期间累计完成投资额为98.85亿元，比“八五”期间增加45.68亿元，增长86%；五年中共完成基本建设项目1174个；竣工面积413.2万平方米，比“八五”期间增加113.9万平方米，增长38.1%。

在一些省区，“九五”期间文化设施建设项目之多，投资规模之大，投资效果之好，是前几个五年计划中没有的。如北京市区县2000年财政拨款比1996年增加171%，“九五”期间平均每年比上年增加1000万元。湖北省比“八五”期间增加投资4.7亿元，增长139.82%，大中型项目建成交付使用率为77.3%。广东省“九五”期间建设项目894个，其中新建项目占75%，建设总投资64.12亿元，建筑面积达343.38万平方米。浙江省完成建设项目121个，比“八五”增加42个，完成基建投资10.38亿元，比“八五”增长217.5%，竣工面积43.7万平方米，增长183.8%。福建省1996年以前的几十年间，公共文化设施建筑总面积为70万平方米，而“九五”期间建成使用的文化设施

总面积达到 32 万平方米，呈现文化设施建设投入最多，设施面积增幅最大，设施改造建设最快的鲜明特点。

二、建设了一大批代表当地文化风貌的标志性大型文化建筑，各省区省会城市和大城市的龙头地位突现。

如北京市重点文化设施总建筑面积达到10万平方米，投资总额 7.6 亿元，其中市重点工程有首都图书馆新馆、长安大戏院，建成的大型文化设施还有中山公园音乐堂改建工程、中国评剧剧场、东城区图书馆、东方国际文化交流中心、西城区图书馆、西城区青少年儿童图书馆、朝阳区文化馆等。上海的文化设施与城市的建设得到同步发展，大型文化设施建设总投入 24.9 亿元，建筑面积 23.5 万平方米。建成的项目主要有上海大剧院、上海图书馆、上海马戏城、上海美术馆新馆、上海艺海大厦，以及上海话剧艺术中心和上海美琪大戏院扩建工程等。天津市建设的标志性大型文化设施项目有平津战役纪念馆、周恩来邓颖超纪念馆、自然博物馆。江苏省建设了南京文化艺术中心、南京博物院展厅、省群众艺术馆、影视百花苑、图书音响城、古楼文化艺术中心；还建设了无锡大会堂、无锡市图书馆、苏州市图书馆新馆、苏州工业园区文化中心、张家港市图书馆、南通市人民剧场、镇江艺术中心、扬州剧院、徐州市博物馆、徐州市图书馆、宿迁市文化综合馆、泰兴市文化艺术中心、姜堰市图书馆等大型文化设施。广东省建设的大型文化项目有广东省星海音乐厅、广东演艺中心（在建）、深圳书城、深圳文化中心（在建）、深圳关山月美术馆、珠海市图书馆新馆（在建）、东莞市文化广场、东莞市海战博物馆、湛江市图书馆、汕尾市文化中心等。浙江省建成的标志性重点文化项目有浙江图书馆新馆、浙江自然博物馆陈列馆、浙江音乐厅、浙江西湖美术馆等。湖北省武汉市在“九五”完工交付使用的大中型文化建设项目约占全省的三分之一，完成投资 5.52 亿元，占全省的 62.9%。其中包括标志性建筑武汉市图书馆，全省建设的大型文化设施有湖北剧场、武汉市博物馆、武汉影城、武汉市民众乐园、黄冈市文化活动中心、十堰市文化活动中心、十堰市东风剧场等。四川省相继建成了成都艺术中心、绵阳市博物馆和群众艺术馆、攀枝花市群众艺术馆、乐山市艺术馆、自贡市图书馆、宜宾酒都剧场、大邑县艺术中心、广汉三星堆博物馆、绵竹年画博物馆等标志性工程。河北省建设了河北省艺术中心、石家庄市群艺馆、沧州市艺术中心、保定市图书馆等。辽宁省建设了省艺术中心博物馆工程、“九、一八”历史博物馆、锦州市博物馆、铁岭市博物馆、大连现代博物馆、大连艺术大厦、旅顺博物馆、大连市图书馆、抚顺市图书馆等。湖南省建设的大型文化设施项目有湖南大剧院、湖南省博物馆陈列楼、长沙市田汉大剧院、刘少奇纪念馆、娄底市文化艺术中心等。安徽省新建了安徽省图书馆、合肥市图书馆、芜湖市大众影都等。陕西省建成了陕西省图书馆、陕西省美术博物馆、西安市图书馆、西北电影城、延安文化艺术中心等重点标志性文化项目。云南省建设了省图书馆改扩建工程、昆明市博物馆、玉溪市博物馆等大型文化设施。江西省建成了由革命博物馆、历史博物馆和自然博物馆馆组成的省博物馆新馆。广西自治区建成了南宁市图书馆、北海市图书馆、桂林市美术馆、柳州市艺术中心等大型文化设施。河南省建成了河南博物院、郑州博物馆、巩义博物馆、三门峡虢国博物馆、新郑市文化艺术中心、新乡市图书馆等。贵州省建设了贵州省图书馆改扩建工程、贵阳市图书馆、黔东南影乐大厦。海南省的三亚市图书馆。新疆自治区建设了新疆自治区图书馆、新疆自治区博物馆。其他省区的大型文化设施还有青海省的青海省博物馆，西藏的自治区博物馆，内蒙古的自治区图书馆新馆。

三、结合创建文化先进县,文化先进乡镇活动,基层文化设施建设特别是县级图书馆、文化馆建设有了长足的进展。万里边疆文化长廊建设取得了可喜的成绩。

为实现"县县有图书馆、文化馆"的建设目标,各级政府采取措施加快了县级图书馆和文化馆的建设步伐。"九五"期间,国家增加对县级图书馆、文化馆建设和边疆地区文化设施建设专项补助资金,进一步推动各省区县级图书馆、文化馆的建设。五年间,省地市县投资县级图书馆、文化馆建设资金约 12 亿元,新建、改建扩建县级图书馆、文化馆 650 多个。基层图书馆、文化馆、站已经成为社区和广大农村精神文明建设的主要场所。地市级文化设施建设也取得了很大的成绩。"九五"期间,北京市区县文化设施总投资 7 亿元,竣工交付使用的文化设施建筑面积达 21.7 万平方米。其中文化馆、图书馆两馆投资约 2.7 亿元,增加建筑面积 7 万平方米。全市在加快文化馆、图书馆建设同时,也加强了街道、乡镇等基层文化设施建设,"九五"期间对基层文化站的投资约 3.8 亿,建筑总面积 12.21 万平方米。上海市区县文化建设项目共 105 个,投资 19.7 亿元,建筑面积 53.57 万平方米。形成了包括市级 2 个、区县级 33 个、街道乡镇级 311 个、里弄(村)图书馆 2、8 万个的四级公共图书馆网络体系;由 39 个文化馆,302 个街道、乡镇文化站组成的公共文化馆、站网络。天津市区级文化设施总投资 9786 万元,建筑面积 5.1 万平方米。相继建成河东区图书馆、河西图书大厦、南开区文化馆、塘区文化馆、南区图书馆、武清区图书馆文化馆、泰达青年宫青年园等建设项目。

"九五"期间实施的万里边境文化长廊工程,建设各类文化设施数百个,边疆各级政府和有关部委及文化单位投入资金十多亿元,极大地改善了边疆地区文化基础设施落后状况,增进了民族团结,防止了境外腐朽文化的渗透,宣传扩大了社会主义中国的影响,稳固了边防,对于加强两个文明建设,丰富活跃边疆各族人民的文化生活,起到了极大的促进作用,成效十分显著。如云南省以边疆文化长廊工程为主要内容开展的文化基础设施建设,是建国以来数量最多、规模最大的时期,五年中建成图书馆 49 个,文化馆 44 个,乡镇文化站 36 个,边境口岸文化站 12 个,影剧院 13 个,博物馆 4 个,竣工面积 24.7 万平方米,总投资 3.15 亿元,有 10 个群众艺术馆,100 个文化馆,577 个乡镇文化站达到省级规范化建设要求,89 个图书馆达到国家规范化建设要求。云南省实施的千里边疆文化长廊工程,共安排基础设施建设及部分原有设施的维修项目 269 项,建成投入使用 136 项,改扩建完成 48 项,在建 27 项,建设规模达 21.5 万平方米,总投资 2.92 亿元。吉林省新建、改扩建县(市)级图书馆 14 个,县(市)文化馆 6 个,县(市)文化活动中心 3 个,乡镇文化中心 12 个;全省初步实现了县县有图书馆、文化馆,乡乡有文化站的目标。边境文化长廊工程的实施,使边境地区一线的文化设施进一步完善。广西自治区建设基层文化设施 130 多个,其中边境乡镇文化站 70 多个。内蒙古自治区筹措资金 5800 余万元,新建、改建和完善乡镇文化站 1300 多个。西藏自治区新建 29 个县级综合文化馆图书馆,建设 36 个乡级文化站,350 个农村文化室。

文化设施建设中的经验

一、领导重视,政策得力是文化设施建设取得成绩的有力保证。

"九五"期间,各级党委政府按照党的十五大要求,认真贯彻落实国务院一系列文化经济政策,并根据各地实际情况,制定并出台当地的文化经济政策文件。计委、财政和城市规划等有关部门也给予大力支持。一些省区的省委、省政府提出"建设文化大省,发展文化产业",强化中心城市的文化集聚和辐射功能,将文化建设与历史文化名城建设、文化旅游资源开发利用及城市文化环境建设相结合,加强了公益性文化基础设施建设,推动了文化设施建设和整个文化艺术的繁荣与发展。如江苏省各级党委、政府高度重视文化设施建设,选择当地有代表性的文化设施列入政府实事工程和"九五"规划,认真组织实施。在各级政府关心重视下,由有关部门安排建设资金、调拨建设用地、规划立项并明确建设周期,保证了全省一批重要的文化设施顺利开工和建成。湖北省的湖北剧场工程建设,省政府为此两次召开省长办公会,专题研究立项、资金、设计等问题,省委书记办公会集体审定其建筑设计方案,省计委将其列为全省重点工程,省市有关部门为其减免了1000多万元税费等。

二、多渠道,多方式筹集资金是文化设施建设的有效举措。

"九五"期间,一些省区尝试拓宽资金来源渠道,取得了新的突破。在完成的文化设施建设投资中,政府拨款性文化建设投资比例进一步缩小,土地级差调整进行的投资比率增加,多元组合(政府之间、中外资之间、社会其他合作之间以及职工个人集资、参股)的合作性投资项目增加,银行借贷方式运作项目增加。如北京市采取联合开发的办法,建设了长安大戏院、中国评剧院和北京戏校排演场,合作建设资金共计3、66亿元。湖北省武汉市民众乐园同新加坡亮阁私人投资有限公司合作,引进外资3.15亿元(包括部分"八五"期间完成投资),对老民众乐园进行投资改造;省电影公司同香港鑫乐娱乐有限公司合作,投入5511万元,兴建了设施一流,设备一流,6个豪华立体声小厅的湖北鑫乐银兴电影城。仅此两项外资投入达3.7亿元。四川省拓宽多渠道社会集资的路子,"九五"期间,银行贷款达2330万元,通过社会广泛筹资6877万元。福建省利用毗邻港澳台地上和著名侨乡的优势,积极鼓励与海外各界人士的沟通联系,争取了一批侨、台港澳、外资兴建文化设施,投入资金约占基建投资总数的三分之一。吉林省敦化市几年来策划和包装的招商项目60多个,重点项目聘请权威人士和专家论证,面向社会进行方案招标。骨干产业以商招商吸引和利用外来资金总额达到1125万元,追加投入到工程建设、内部装修和设备购置,增强了基础设施建设的资金实力。安徽省由省国债服务部独家赞助了省图书馆新馆扩建工程;马鞍山市图书馆引入私企"宝石娱乐总汇"230万元,建设了1700平方米的儿童图书馆;滁州市由文化部门出地皮,社会力量投资,按比例分成建成了群众艺术馆。青海省建造的省博物馆工程,获得外资捐助5500万元,占投资总额的65%。

三、加强管理,开拓创新,是促进文化设施建设发展的根本保证。

"九五"期间,全国各级文化部门在建设文化设施过程中,严格管理,注重质量,在实践中创造和取得了不少新的经验和做法。如江苏省文化设施建设,坚持按基建程序办事原则,建筑工程的设计、监理、施工队伍的确定,以及主要工程设备、材料,必须通过建筑有形市场招投标;工程预、决算由各级财政、审计部门全过程跟踪审计;工程质量必须通过当地质检部门的监督检查把关。湖北省武汉市博物馆全面实行了"交钥匙工程"。湖北剧场扩建工程全面推行项目业主负责制、工程监理制、招投标、标准合同管理制。招投标一在省里创出了第一。如省保密局全程监控标编制工作,还专门召开新闻发布会,省、市新闻单位对工程实行"四个监督"质量监督、工期、管理监督、廉政,成为省招标投标中心的样板,也成为其他单位借鉴的对象。云南省坚持实事求是,因地制宜的原则，严格控制建设规模，量力而行，尽力而为，省级补助的重点是扶持积极性高、项目配套资金落实的贫困地区，同时在项目实施过程中，省文化厅与各地政府签订项目实施责任书，明确双方责任，使文化建设成为县市长工程。这样既集中了精力和资金，投资又发挥了效益。促使全省的文化设施建设基本上按规划实施。福建省在文化设施建设过程中强化内控制度，单位纪检监察部对工程项目的各个阶段、各项招标均进行全过程的跟踪监督，各单位的财物为工程建设资金制定出明确使用办法和规定，工程建设的各个环节透明，实行民主决策。在建设中，严格各项资金审批制度。建设单位、监理单位、施工单位三家明确共同的工程质量目标，建立良好的协作关系，甲乙双方尽最大的努力寻求各自利益的最佳结合点。如福建省博物馆工程，在大宗材料采购上采取在与乙方协调一致的基础上，切割出来实行各方厂家相互竟价的办以，最大限度地降低工程造价。

许多地方在文化设施建设中，开拓创新，探索文化建筑的新和美，突出了文化建筑和区域文化的特性。如：上海市文化建设采取软硬件并举发展，建筑设施标准(外观、装修、空调、消防、保卫设施)得到较大提高；环境要求(化、交通、泛光照明等)进一步优化；技术含量大幅度增强，计算机、互联网、多媒体技术为代表的手段大量应用；资源共享和资产综合利用率进一步提升。为充分发挥文化设施的总体效益奠定了基础。在突出“特色”方面，文化设施建设规模定位进一步明确以人为本，并和市场经济定位结合起来。上海的剧场建设以剧定位，大剧院高档综合性定位，美琪大戏院音舞定位，杂技和动物表演，上海艺海大厦戏曲定位，话剧艺术中心话剧定位，剧院发展，有利于观摩效果和演出成本。同时为充分吸引观众，增加滞留时间，设计安排有娱乐、休闲、接待的场地和活动内容。

一些省市的文化设施建设依据当地的人文历史、商业状况和居民现状，发展了地区特色的文化建设。如北京市宣武区提出了文化兴区的口号，提出把文化产业作为第三产业中的主要产业，适度超前的发展战略目标，并规划开发琉璃厂文化旅游园区、大栅栏古都风貌街区，开发了文物艺术品市场，开拓北京南城商演市场等重点工程。此外，文化广场的建设成为文化设施建设中的一个亮点，延庆的妫川文化广场、平谷的世纪文化广场、大兴的康庄文化广场、通州的运河文化广场等相继建成并投入使用。上海建设了虹口区的“多伦路历史文化名人一条街”、徐汇区的“徐家汇商圈广场文化”、黄浦区的“福州路文化街”等。

文化设施建设中存在的问题和困难

“九五”期间，文化设施建设虽然有了一定的发展，但仍存在许多问题和困难，主要是：文化设施建设投入仍然偏少，比例偏低。近年来，全国文化事业费逐年有所增加，但相对于财政收入的增长，其增幅仍然较小，比例仍然过低。文化事业费占国家财政支出的比例长期在0.45%左右徘徊；许多大中型文化设施建设在纳入规划以后，由于投资没有保证得不到实施，文化事业基建投资占国家基建投资的比重近十年来在0.22%左右(低于“七五”期间的0.4%)。文化投入较少，使基层公共文化设施建设滞后，“六五”计划提出的“县县有图书馆、文化馆，乡乡有文化站”的目标至今尚未实现，文化事业建设落后于经济建设的发展和人民文化生活的需求。目前，全国仍有159个县无图书馆，99个县图书馆有机构无馆舍，169个县图书馆馆舍面积低于300平方米；仍有90个县无文化馆，215个县文化馆无馆舍，139个县文化馆的馆舍面积小于300平方米。全国既无图书馆又无文化馆的县有66个。全国还有5000多个乡镇没有文化站。

建设资金缺少是困扰文化设施建设的关键问题。在文化设施建设中，拖欠工程款和银行贷款的现象十分突出，许多文化设施建设后期或建成后的尾部工程基建欠款无法落实，使一些文化设施停建或建成后不能投入使用。

全国现有文化设施陈旧简陋，面积狭小，普遍破旧的状况依然存在。一些省区的省级文化设施亟待改善。全国的剧场、影剧院建设滞后，大多数剧场、影剧院已投入使用几十年，年久失修，破旧不堪，许多成为危房亟待整修。许多省区图书馆、文化馆、群众艺术馆设施破旧、狭小，不达标的比例较大。特别在中西部地区，许多省区的图书馆和文化馆未达标的占很大比例，乡镇文化站没有独立业务用房的占50%左右。

文化设施维持费用不足的问题突出。一些省市建设的文化设施，由于正常的维持经费没有保证，造成初始投入的浪费，严重影响这些设施社会效益和经济效益的充分发挥。

一些政策不落实、不配套。近年来，新开发、新建设的城镇居民小区，应配套的文化设施未予以重视。开发商注重小区建设的经济效益而忽视社会效益，使小区配套文化设施有的在规划中有，而实际未建设，文化设施用地改作他用；有的预留了空地，但始终没有建设应配套的文化设施；有的虽然建成了文化设施，没有交给文化部门管理使用，而出租、出让、出售给其他单位，影响小区居民的文化活动和精神文明建设。在一些城市建设中，没有给文化设施建设留有必要的用地。公益性文化设施建设从数量和规模上，与人民的文化需求都有一定的差距。在建设文化设施中，免费提供建设用地或减收土地租金，免征各种市政建设配套费、水电增容费等各种税费；在城市改造、余地置换、商业合作中，保证文化设施地段的规划、国拨资金以及设施使用功能不受影响等有待进一步完善。

由于各地区经济条件的制约，文化设施建设发展不平衡。中西部地区发展滞后于东部沿海地区，广大农村的发展滞后于城市，城市中郊区和县的发展滞后于市区。中西部地区、少数民族地区的基层文化设施仍然十分落后。

“十五”期间文化设施建设展望

“十五”计划的实施，将给文化设施建设带来新的机遇和希望。全国文化设施建设将坚持实事求是，量力而行，优先安排，填遗补缺的原则，达到既有高起点、高科技、高标准的大型文化设施，又有规模适当、标准适宜、满足群众文化活动基本要求的基础文化设施。形成省、市、县、乡多层次、布局合理、功能先进的文化设施网络。

“十五”期间，将继续建设一批标志性的文化设施，发挥大中城市文化中心的辐射作用。其中在北京、上海、广州、深圳、南京、武汉、成都、西安等大城市建设与国际大都市相适应的文化设施，提高城市文化设施建设的品位，发挥作为全国和区域文化中心的辐射作用。在西部大开发的同时，12个西部省、市、自治区将建设省级大中型文化设施50余个，建设规模约100万平方米，计划总投资75亿元。

在北京，将建成国家大剧院，将进行国家数字图书馆工程建设，进行国家博物馆的建设准备。北京市将建设北京市少年儿童图书馆、齐白石现代艺术馆、北京市群众艺术馆(社会文化活动中心)、首都图书馆新馆二期工程，还将利用引资合资等方式完成西单、吉祥、双井、广和等剧场、影院建设，筹建马戏演出中心、电影城等。上海市将建设上海文化艺术中心、上海东方艺术中心。广东省将完成广东演艺中心、深圳文化中心(图书馆和音乐厅工程)建设，将进行广东省博物馆(二期)、广东省中山图书馆改造、友谊剧院改造等工程以及深圳博物馆、深圳多功能影城、当代艺术博览馆的建设。天津市将建设天津博物馆、元明清天妃宫遗址博物馆、天津文化艺术中心。江苏省将完成南京图书馆新馆、南京中国近代史遗址博物馆的建设,将建设江苏剧院、现代美术馆、金陵图书馆新馆、朝天宫古代艺术博物馆;还将建设苏州图书馆新馆、苏州博物馆新馆、无锡市博物馆新馆、常州市博物馆新馆、常州市群众艺术馆新馆、徐州汉画像二期工程、徐州彭城剧场、扬州市博物馆新馆、南通更俗剧场、南通少儿图书馆、淮阴市图书馆新馆、盐城市群众艺术馆、连云港市博物馆新展厅、连云港市文化活动中心、泰州市博物馆新馆、宿迁市文化综合馆等。重庆市将建设中国三峡博物馆、国泰大戏院、重庆图书馆、重庆自然博物馆等大型文化设施。湖北省将进行省博物馆(二期工程)、红楼环境整治工程、湖北省美术馆、省图书馆(二期工程)、江汉剧场改造、湖北省艺术宫的建设。四川省将兴建四川博物馆,续建四川省图书馆,建设四川省艺术中心,三星堆遗址二期工程。陕西省将重点建设省图书馆现代信息化工程,建设陕西音乐厅、陕西民间艺术博物馆、陕西美术博物馆、陕西戏曲大剧院、扩建西安人民剧场等。浙江省以承办 2003 年中国艺术节为契机,加大剧院的建设力度,将完成杭州剧院改扩建、建设浙江儿童艺术中心、杭州大剧院,萧山歌剧院,宁波大剧院、绍兴大剧院,金华大剧院,嘉兴市文化中心,台州市文化艺术中心,丽水文化艺术中心等。还将进行浙江社会文化大厦、浙江小百花艺术中心、良渚国家遗址公园、浙江京昆.剧院、浙江自然博物馆新馆等项目的建设。福建省将建成福建省博物馆、昙石山遗址博物馆(二期),进行福建大剧院和艺术中心的前期立项工作,并在一些中心城市建设一批现代化、标志性的文化设施,主要有福州市海峡文化艺术交流中心、福州现代影城、厦门市博物馆、厦门市图书馆、漳州大戏院、漳州市图书馆、泉州市图书馆、泉州海洋交通馆、三明大剧院、莆田艺术馆、南平大戏院、南平博物馆、龙岩市闽西大剧院、宁德市文化艺术中心等。内蒙古自治区将建设内蒙古民族博物馆、内蒙古民族文化中心、内蒙古马文化博物馆,进行内蒙古博物馆维修改造工程。山西省将兴建山西文化艺术活动中心、山西博物馆。辽宁省将建设辽宁艺术大厦、辽西博物馆。吉林省将建设省东方大剧院、省自然博物馆和革命博物馆,扩建省图书馆。河南省将建设河南大剧院、开封市文化艺术中心、商丘市图书馆、鹤壁市文化艺术中心、漯河市图书馆和群艺馆、安阳市图书馆、周口市群艺馆、洛阳市群艺馆、濮阳市艺术中心。江西省将建设江西省美术馆。湖南省将建成湖南大剧院、湖南省博物馆陈列楼、长沙市田汉大剧院。海南省将建设海南省数字图书馆、海南省博物馆。广西自治区将建设广西文化艺术中心、广西自治区数字化图书馆、广西自治区图书馆、广西自治区群众艺术馆、河池地区民族图书馆等。云南省将完成省重点文化标志性工程云南省图书馆的建设,将建设云南民族文化活动中心、云南省博物馆、云南民族大剧院。贵州省将完成贵州省图书馆改扩建项目,将建设贵阳大剧院、河滨文化娱乐中心、贵阳电影城、贵州龙博物馆,进行贵州省博物馆和贵阳历史博物馆改扩建工程。青海省将建设青海大剧院、中国藏传佛教博物馆、青海彩陶博物馆、青海都兰吐谷浑邦国博物馆。西藏将建设西藏大剧院、西藏展览中心、西藏自治区图书馆数字化工程、拉萨市群众艺术馆等。甘肃省将建设甘肃大剧院、《四库全书》藏书楼。宁夏自治区将建设宁夏文化艺术中心、宁夏民族博物馆、宁夏图书馆、宁夏展览馆、宁夏自治区群众艺术馆。新疆自治区将完成新疆自治区博物馆建设,将建设新疆文化艺术活动中心、新疆美术馆、新疆自治区群众艺术馆、新疆音乐厅、团结剧场等。

“十五”期间，继续加强基层文化设施建设，县级文化馆、图书馆和乡镇、街道文化站的建设将有一个更大的发展，以进一步改善群众文化活动的服务设施和环境，提高水平。五年间，力争完成“县县有图书馆、文化馆，乡乡有文化站”的建设目标，全国将建设县级图书馆和文化馆800余个，乡镇文化站5000个，初步形成县乡文化基础设施网络。

北京市提出普遍建立街道、乡镇文化站，建成50个特色文化广场和文化公园，10至20个艺术特色村。河北省将继续建设以图书馆、文化馆为主体的基层综合文化设施，“十五”期间，建设70个图书馆，80个文化馆，使全省80%县级以上公共图书馆和70%的文化馆达到部颁标准。吉林省将新建县图书馆9个，文化馆13个，同时改善建筑面积小于1000平方米的17个县图书馆和10个县文化馆达到1500平方米以上。福建省将在填补图书馆、文化馆、文化站空白基础上，使80%以上的行政村有文化室(中心)。海南省将建设县级图书馆和文化馆11个，全面完成县县有图书馆、文化馆的建设目标。四川省将在汉族地区完成县有图书馆、文化馆的建设目标，民族地区大力推广文化馆、图书馆、文管所两馆一所的文化中心，建筑总面积6万平方米，总投资6000万元。陕西省将完成20个县级图书馆，22个县级文化馆，100个镇和500个乡文化站建设；同时在中小城市，改造和扩建电影院、影剧院、综合性剧场50个。贵州将新建、改扩建县级图书馆和文化馆43个，新建乡镇文化站800个。内蒙古自治区将继续实施“边境文化长廊建设规划”和“彩虹文化计划”。广西自治区将建设县图书馆、文化馆38个，建筑总面积7.4万平方米，总投资7000万元；将实施广西乡村电子信息馆工程，在1363个乡村配置乡村电子信息馆设备，总投资5500万元；将建设500个乡镇文化站，建筑总面积20万平方米，总投资1.05亿元。云南省将建设地州县图书馆36个，文化馆22个，乡镇文化站875个，总建筑面积52.35万平方米，总投资约4.6亿元。其中千里边疆文化长廊将进入二期工程，准备建设昆水线、滇黔线、滇藏线、滇川线、昆罗线，建设规模17.7万平方米，总投资2.1亿元。西藏自治区将新建、改扩建36个县级综合文化馆图书馆，487乡级文化站，基本实现地市有群艺馆、图书馆，县县有多功能文化馆图书馆，牧业县、边境县有文化流动车，四分之三的乡镇有文化站，三分之二的行政村有文化活动室。

展望未来，中国的文化事业，将进入一个快速的发展时期，让我们迎接文化设施建设新的高潮！

“九五”时期北京市文化事业发展概述

北京市文化局

北京作为全国政治、经济、文化中心，拥有丰富的文化资源。尤其是在党的十五大基本路线指引下，坚持“二为”方向和“双百”方针，积极、稳妥地推进文化体制改革，“九五”期间我市文化事业呈现出欣欣向荣的大好局面。

一、艺术事业

1.艺术表演团体

北京市现有艺术表演团体20个，包括了京剧、评剧、昆曲、话剧、曲剧、河北梆子、儿童剧、交响乐、歌舞、曲艺、杂技、木偶等12个艺术品种。

2000年国内演出场次6162场，比“九五”初期增加了1244场；国外演出场次1712场，比“九五”初期增加了1253场；演出收入2264.6万元，比“九五”初期增加了1048.9万元；增长幅度86.3%；实现增加值3656.8万元，是“九五”初期的1.47倍。

在改革的推动下，艺术表演团体积极解放思想，转变观念，探索艺术自身的发展。“九五”时期涌现出一批思想性、艺术性、观察性比较完美统一，受到广泛好评的作品，如京剧《风雨同仁堂》、《宰相刘罗锅》、《圣洁的心灵》，话剧《风月无边》、《阮玲玉》，曲剧《茶馆》、《烟壶》，儿童剧《山那边》、《想变蜜蜂的孩子》、《雪童》，杂技《唐人百戏》，现代舞《红与黑》等剧节目分别荣获“文华奖”、“文华新剧目奖”、“五个一工程奖”、“北京市文学艺术奖”，杂技《顶碗》、《空竹》、《软钢丝》等节目名扬国内外。同时还拥有一批在全国享有较高知名度的优秀人才。

2.艺术表演场所

北京市现有艺术表演场所25个，拥有一批老字号戏院及长安戏院、评剧剧院、七色光儿童剧场等具有现代装备的多功能剧场、影剧院。

2000年艺术演出场次2088场，观众112.6万人，艺术演出收入765.3万元，分别比“九五”初期增加了677场、23.1万人、287.9万元。

二、公共图书馆事业

2000年底我市共有公共图书馆25个，其中：少儿图书馆5个，比“九五”初期增加了3个。从业人员共计1080人，馆舍建筑面积10万平方米，其中有3个图书馆建筑面积达到万平方米以上，现有藏书767.1万册，全市平均每人拥有藏书0.59册，图书流通次数320.2万人次，为读者举办各种活动1395次，61.7万人参加，财政补助拨款8682.5万元，比“九五”初期增加了6414.1万元，增长了282.2%。购书费由“九五”初期的391.7万元，增加到2000年的914.1万元，增加了522.4万元。

三、群众文化

“九五”期间我市已形成了有群众艺术馆、文化馆、文化站、农村集镇文化站、图书室等比较健全的活动体系。全市文化馆22个、文化站255个，其中：乡镇文化站184个，举办展览798个，组织文艺活动5382次。我市已形成了“五月鲜花”、“夏日文化广场”、“金秋十月”、“春节庙会”等覆盖全市的系列群众文化活动，其中《迷人的秧歌》、《红扇》、《快乐小丫》、《欢天喜地》等荣获文化部颁发的“群星奖”金奖，为北京市赢得了荣誉。少儿京昆、独唱、合唱、民间工艺、书法、摄影节目等不但在全国占有优势，还走出国门，参与国际比赛和交流，成为传播友谊的民间使者。

四、电影事业

2000年底我市共有电影放映单位236个，电影院77个，其中：专业电影院19个，票房收入9566万元,观众人次873万人,人均票价15.14元,上座率0.09%。1996年组建了新型电影发行机构——“北京新影联影业有限责任公司”,改变了过去由市电影公司一家实行垄断发行的状况,1997年又组建了新型制片机构——“北京紫禁城影业有限责任公司”,结束了我市没有制片机构的历史。相继推出了《离开雷锋的日子》、《国歌》、《背起爸爸上学》、《共和国之旗》、《红色恋人》,贺岁片《甲方乙方》、《不见不散》、《没完没了》,其中《甲方乙方》创当年国产影片全国最高票房收入,《离开雷锋的日子》获中宣部“五个一工程”等多项大奖,受到广泛好评,在社会上引起强烈反响。

北京文化艺术音像出版社在“九五”期间走出了一条适应市场经济的独特发展道路,集音像、影视、广告、期刊、演出于一身。自1996年起推出了《东边日出西边雨》、《宰相刘罗锅》、《红岩》等一批颇受各界好评的作品。

五、文化市场

党的十四大以来,我市文化市场迅猛发展起来,为丰富群众文化生活,促进经济发展,推动社会进步发挥了十分重要的作用。2000年底拥有文化娱乐场所1564个,其他文化经营机构306个,文化稽查机构22个。为了规范文化市场,使之健康有序的发展,市政府颁布了《北京市文化市场管理条例》,文化市场正在逐步走上活泼、健康、有序、繁荣的发展之路。21世纪已经向我们招手,在江泽民同志“三个代表”重要思想引导下,北京市文化事业的明天必将更加美好。

河北省“九五”文化部门固定资产投资回顾

“九五”以来,在党和政府的关心支持下,河北省文化系统的文化基础设施建设及设备购置等固定资产投资增长速度明显加快,固定资产规模迅速扩大,固定资产投资建设取得了令人瞩目的巨大成就,极大地支持了河北省文化事业建设。

河北省文化系统的固定资产基础一直非常薄弱,1995年末,全省文化系统可计价固定资产原值仅3.06亿元。在河北省委五届三次会议通过的《河北省1996-2000年社会主义精神文明建设实施纲要》中,提出加强宣传文化事业单位基本建设后,全省文化系统固定资产投资建设得到了突飞猛进的发展。“九五”期间,共完成固定资产投资4.82亿元,新增固定资产2.44亿元,并建成了河北省艺术中心、石家庄市群艺馆等6个投资规模在500万元以上、建筑面积5000平方米以上的大型文化基础设施。

一、艺术表演团体

到2000年末,全省艺术表演团体共完成固定资产投资2843.6万元,固定资产原值达到1.07亿元,比1996年初的7051.6万元净增2662.9万元,增长了37.76%,是建国以来固定资产增加速度最快的一个时期。其中,完成基本建设投资1153万元,主要是职工住宅建设和对办公楼的改造,投资建设的业务用房只有河北省杂技团新排练场,实际完成投资300万元。

全省艺术表演团体用于购置服装设备的固定资产投资为1690.6万元,占固定资产净增加额的63%以上,其中省直7个艺术表演团体新购服装设备615万元,占总购置额的36%以上。这些新型演出器材的投入,较大地改善了艺术表演团体的生产演出条件,艺术生产能力得到了进一步提高。

二、艺术表演场所

艺术表演场所建设进一步向综合化和规模化发展，更加注重质量和现代化水平的提高，许多剧场、影剧院进行了改造装修，全省艺术表演场所单位完成固定资产投资2亿元，固定资产原值从7918万元到1.1亿元，净增固定资产3098万元，增长39%。从1996年开始筹建的河北省艺术中心是河北省到目前为止规模最大的多功能现代化艺术表演场所，计划总投资规模超过2.5亿元，建筑规模近2.5万平方米，可以同时接待两场不同门类的高规格演出。河北省艺术中心已经累计完成投资1.98亿元，并成功地接待了第七届中国吴桥国际杂技艺术节和多次高规格演出活动，它的投入使用，使省会的文化基础设施得到明显改观。

三、公共图书馆

从1996年到2000年，全省各级公共图书馆的基本建设、设备及图书购置等固定资产投资都取得了较大发展。在国家计委和各级政府的大力支持下，累计完成基本建设投资4127万元，建成交付使用24个，竣工建筑面积63万平方米，使基层公共图书馆建设情况得到了很大改观。全省的各级公共图书馆发展到145个，比“九五”初期净增加了11个；公用房屋面积、书库面积和阅览室面积分别达到22.6平方米、5.5平方米和4.7平方米，与1996年初相比，分别增加了5.3平方米、1平方米和1.1平方米；阅览室座席数从1.4万个到1.8万个，增加了4000个。用于设备和图书购置的固定资产投资累计达到3512万元，其中购书费2014.6万元，总藏书量达到1080.8万册件，比1996年初增加了136.1万册件，增长了16%；单层书架总长度达到了35.4万米，增加了14.3万米，是1996年初的1.68倍。

在“九五”期间新建和更新改造的公共图书馆，建筑规模和建筑质量都有很大程度的提高，尤其是县级公共图书馆基本上都达到了文化部部颁标准。从1997年到2000年新建成了保定市图书馆，建筑投资1600万元，建筑面积达到10752平方米。

各级公共图书馆的科技含量不断提高，多数图书馆投入大量资金购置了微机等现代化管理设备，12个县级图书馆绝大部分采用了ILAS软件建立了微机自动集成系统。省图书馆的网络化建设已初具规模，作为首批加盟馆，取得了中国数字图书馆河北分馆的资格。

四、群众艺术馆及文化馆站

“九五”以来，党和政府对群众文化基础设施建设给予了极大关注，各级群众艺术馆、文化馆和文化站的建设规模和质量都有了长足的发展。五年间，全省群众文化业共完成基本建设固定资产投资7849.2万元，用于购置设备的固定资产投资为681.6万元，共计8530.8万元，在文化系统所占投资比重最大。固定资产原值从4404.3万元上升到12338.6万元，净增固定资产7934.3万元，是1996年初的2.8倍；公用房屋面积从15.2万平方米增加到44.2万平方米，增长了290%，基础文化设施条件得到了极大改善。

全省12个群众艺术馆和166个文化馆，1996年初的固定资产原值和公用房屋建筑面积分别为4397.1万元和15.2万平方米，到2000年底分别增加到6471.7万元和18.8万平方米。各地的群众艺术馆和文化馆建设逐渐向多功能、规模化发展，1997年开始筹建的沧州市文化艺术活动中心，计划投资规模为2500万元，建筑面积达到1.5万平方米；1998年开工建设的石家庄市群众艺术馆，计划投资规模为3400万元，建筑面积达到9049平方米，新建的各级文化馆也均达到了文化部部颁标准。

经过1996年的乡镇合并后，2000年底，全省共有文化站2079个，在合并之前，文化站几乎没有自己的固定资产。在各级政府的关怀下，经过五年的发展，各级文化站拥有固定资产原值5867万元，公用房屋建筑面积2.3万多平方米，极大地支持了各地乡村文化事业的发展。

五、艺术教育单位

“九五”以来，河北省艺术教育的设施建设和办学规模都取得了较大发展，现有的7所中专艺术学校累计完成基本建设投资965万元，新建成校舍面积1.6万平方米。1997年，河北省艺术学校对教学楼进行了扩建，投入建设资金210多万元，新扩建教学楼面积1720多平方米。新建的石家庄市艺术学校校址全面完工，投入建设资金724万元，竣工建筑面积1.28万平方米。同时，各艺术学校投入资金386.7万元对教学设备等条件进行了改善，师生的教学、学习和生活条件得到大幅度改善。

六、其他文化单位及职工住宅建设

各演出公司和画院等其他文化单位累计完成固定资产投资2000多万元，竣工交付使用固定资产2974万元，固定资产规模和生产能力都得到了大幅度提高。

全省文化系统在加速事业发展的同时，职工生活条件也得到大幅度改善。“九五”期间累计完成职工住宅建设投资7062万元，竣工交付使用建筑面积6.9万平方米，系统内职工人均新增住宅面积3.4平方米，大大改善了广大文化干部职工的生活条件。其中，省直文化单位累计完成职工住宅建设投资1530万元，建成职工住宅面积2.23万平方米。

“九五”以来，在党和政府的关怀、支持下，全省文化系统固定资产投资建设取得了可喜成就，全省文化事业生产规模、生产能力和职工生活条件都得到了大幅度提高和改善。但是，仍然存在着文化建设固定资产投资不足和文化基础设施水平低下的问题：一是剔出河北省艺术中心工程的因素外，文化基础设施建设投资较少，尤其是艺术表演场所、艺术表演团体排演场和艺术学校公用房屋的面积等都有不同程度的减少；二是多数的文化设施是改革开放以前建成的，设施设备陈旧落后，部分县区至今没有公共图书馆、文化馆，或是有馆无舍，没有必要的文化设施。进入新的世纪，党和政府各部门越来越关注和支持文化事业的发展，文化系统将抓住机遇，改革发展，在各级政府部门大力扶持的同时，积极争取社会各界资金投资支持文化设施建设，使全省文化设施状况得到进一步改善。

“九五”期间山西文化产业发展概述

山西省文化厅计财处　李栖改

“九五”期间，山西省文化工作在党的十五大精神和“三个代表”思想指引下，紧紧围绕繁荣社会主义文化这个中心，努力服务于省委、省政府的工作大局，各个方面都取得了令人欣喜的成绩。

一、机构人员情况

截至2000年末，山西文化部门共有产业机构2251个，从业人员19337人。其中文化产业机构2228个，19050人；非文化产业机构23个，287人。在文化产业机构中艺术表演团体159个，9670人，比1995年减少机构3个，1267人；剧场、影剧院49个，1034人，比1995年减少机构4个，104人；公共图书馆121个，1527人，比1995年增加机构2个，157人；群众艺术馆12个，458人；文化馆118个，1752人；国家“六五”计划中提出的“地市有群艺馆，县县有图书馆、文化馆”的目标基本实现；文化站1721个，2026人，比1995年增加机构16个，

151人，其中乡镇文化站1640个，1927人，目前，仍有144个乡镇无文化站，“六五”计划提出的“乡乡有文化站”的目标仍未实现；文化事业教育机构18个，1663人，比1995年增加机构4个，223人；文化艺术科技科研机构13个，194人；其他文化产业11个，605人。

2000年山西共有娱乐业机构2385个，12125人；文化市场其他经营机构3000余个。

二、经费收支情况

2000年全省文化事业单位收入合计22897.7万元，比1995年增长48.6%，年平均增长速度8.2%；全年支出合计23127.3万元，比1995年增长57.1%，年平均增长速度9.5%；年平均增速支出高于收入1.3个百分点。在收入合计中财政补助收入14354.4万元，比1995年增加5139.4万元，增长55.8%，年平均增长速度9.3%，财政补助收入占收入合计的比重62.7%，比1995年仅增长2.9个百分点。在支出合计中，人员费用13204万元，比1995年增长5740万元，增长76.9%，年平均增长速度12.1%，比全省文化事业财政补助收入的年均增长速度高2.8个百分点，人员费用占支出合计的比重为57.1%，比1995年增长6.4个百分点。

从分事业的经费收支看：

艺术表演团体2000年收合计8169.4万元，比1995年增长31.8%，年均增长速度5.7%；支出合计8330.2万元，比1995年增长37.6%，年均增速6.6%；支出合计的年均增速略高于收入的增速。在收入合计中财政补助收入4891.2万元，比1995年增长65.6%，年均增长速度10.6%，占收入合计的比重59.9%，比1995年增长12.2个百分点。在支出合计中，人员费用5670.5万元，比1995年增长53%，年均增速8.9%，占支出合计的比重68.1%，比1995年增长6.9个百分点。

公共图书馆2000年收入合计2267.1万元，比1995年增长80.6%，年均增长速度12.6%；支出合计2270.2万元，比1995年增长94.1%，年均增速14.2%；年均增速支出高于收入1.6个百分点。在收入合计中财政补助收入2149.6万元，比1995年增长81.6%，年均增速12.7%，占收入合计的比重94.8%，比1995年略有增长。在支出合计中，人员费用1265万元，比1995年增长82.2%，年均增速12.7%，占支出合计的比重55.7%，比1995年下降3.7个百分点。购书费291.8万元，比1995年增长160.4万元，增长1.2倍。

群众文化事业（包括群艺馆、文化馆、文化站）2000年收入合计3095万元，比95年增长56.7%，年均增速9.4%；支出合计3150.5万元，比1995年增长65.7%，年均增速10.6%；年均增速支大于收入1.2个百分点。在收入合计中财政补助收入2673.5万元，比1995年增长59.1%，年均增速9.7%，占收入合计的比重86.4%，比1995年增长1.3个百分点。在支出合计中人员费用2302.7万元，比1995年增长91%，年均增速13.8%，占支出合计的比重73.1%，比1995年增长9.7个百分点。

从总收支情况和几个主要事业收支情况均可看出：各事业支出合计的增速高于收入合计的增速，全部存在入不敷出的矛盾；各事业的财政补助收入增幅较高，体现了国家在财力紧张的情况下，增加了文化事业的投入，为文化事业的发展提供了财力保证；各事业人员费用增幅较高，虽然财政补助收入年年增长，但增长部分大都补贴了人员费用，再除去必要的公务水电等费用，真正用于发展事业的经费还是十分有限。

三、基本建设情况

“九五”期间，山西省文化事业基本建设资金来源合计18071万元，其中国家投资2292万元，比“八五”时期增长1.7倍；地方自筹6190万元，增长1.9倍；其他资金来源7263万元（其中集资5224万元），增长13倍。“九五”时期实际完成投资16877万元，比“八五”时期增长2.8倍。各项投资都在成倍增长，其他资金来源增速最高。从“九五”时期各项投资来源占资金来源合计的比重看,国家投资占资金来源合计的比重为12.7%,比“八五”时期低3.6个百分点;地方自筹占34.3%,低6个百分点;其他资金来源(包括集资)占40.2%,比“八五”时期高30.3个百分点。国家投资比重下降,其他资金来源比重大幅度增长。“九五”期间完成建设项目54个,竣工面积14.4万平方米,比“八五”时期增加14个,5万平方米。其中仅职工住宅就占到22项、7.2万平方米。完成项目中,实际完成投资超过千万元的业务设施有:新建太原市图书馆,累计完成投资3933万元;新建晋城市文化艺术学校,累计完成投资2010万元;仅此两项即占到全部投资的三分之一。

2000年建设项目35个,比1995年增加14个。本年资金来源合计3999.4万元,其中国家投资60万元,比1995年降低71.9%,年平均下降速度22.4%;地方自筹1655万元,比1995年增长9.7倍,年平均增长速度60.8%;其他资金来源2052.3万元(其中集资889.7万元),比1995年增长35.6倍,年平均增长速度1.1倍。本年完成投资3729.5万元(其中职工住宅占40%),比1995年增长4.8倍,年平均增长速度42.3%。本年完成投资仅占全省基本建设投资总额的0.115%,比1995年的0.043%增长0.072个百分点。山西省基本建设各项投资额均在成倍增长,而国家投资反下降,主要的增长因素仍为其他资金来源增幅较大。2000年当年建成交付使用项目16个,竣工面积5.6万平方米,虽然比1995年增长11个和4.1倍,但交付使用项目仅职工住宅即占到7项、2.9万平方米,原因是随着国家住房制度货币化的改革,住房建设进一步加快。

上述分析可看出,由于政府的关心重视,增加了对文化事业基本建设投资,以及文化事业多渠道积极筹措资金,使各项基建投资都有了较大增长,文化设施有了明显改善,但投资增长最快的是其他资金来源(包括集资建房),国家投资比重仍然偏低。

四、业务活动情况

(一)艺术事业:“九五”期间,山西省全面推进艺术表演团体体制改革,狠抓艺术创作和精品生产,在全省剧团668个新排上演剧目中,新创作并首次演出的剧目就有186个,其中不少剧目获得了国家的各种奖项,话剧《孔繁森》、歌舞诗剧《黄河水长流》、晋剧《丁果仙》、《石角凹》、舞剧《傲雪花红》、上党梆子《初定中原》、京剧《大脚皇后》等七台剧目分别获得第六、七、九届文华新剧目奖;同时《孔繁森》、《黄河水长流》、《大脚皇后》还获得1996、1997、1998年度中宣部“五个一工程”奖;《傲雪花红》还获得第六届中国艺术节优秀剧目奖及中国舞蹈“荷花奖”银奖两项全国性的大奖,《初定中原》还获得第六届中国戏剧节银奖。

全省各级剧团带着编创的优秀剧目上山下乡,积极演出,2000年全省剧团共演出34561场(其中农村场次31653场,占全部场次的92%,国外演出352场),平均每团演出217场,比1995年下降19%,年平均下降速度4.1%;全省剧团演出国内观众4912.6万人次,平均每场1436人,与1995年基本持平;场次下降,观众并未减少,说明只要剧目优秀,演技精湛,就能吸引广大观众。2000年全省剧团演出收入2683万元,平均每场776元,比1995年增长33.3%,年平均增长速度5.9%;全省剧团年人均演出收入2775元,比1995年增长20.1%,年平均增长速度3.7%。演出收入逐年增长反映了剧目和演出质量不断提高,从而取得了较好的社会效益和经济效益,同时也存在票价上涨因素。2000年全省剧团经费自给率38.9%,比1995年降低14.7个百分点,年平均下降速度6.2%。演出收入增长,自给率反下降,原因一为经营收入和其他收入比1995年下降,二为支出合计比1995年增长,特别是人员费用增长较高所至。演出场次、观众人次、经费自给率等主要效益指标若和全国各省市相比，多年来山西省一直在全国名列前茅。

山西省艺术表演团体在参加本省和全国性各项艺术活动中，以及在五年的艺术创作演出活动中发现和推出了一大批优秀艺术人才，“九五”期间，山西省有31人次获得文华单项奖，8人获得中国戏曲表演最高奖“梅花奖”。迄今为止，山西省已有31人夺得“梅花奖”，山西是全国拥有梅花奖最多的省区之一。

配合省委、省政府的中心工作，省文化厅积极组织举办大型文艺庆典活动，如1997年为庆祝香港回归，组织了大型文艺活动《金色七月》晚会，讴歌了中国共产党领导中国人民建设新中国和建设有中国特色社会主义现代化的丰功伟绩；1999年为欢庆祖国50华诞，组织了国庆献礼展演，全省各级剧团的20多部新创剧(节)目参加了演出，其中11台剧目获得山西省委宣传部“五个一工程奖”；2000年为迎接21世纪举办的大型文艺晚会《胜利迈向新世纪》，阵容强大，内容丰富，热情讴歌了新中国50年特别是改革开放20年来的辉煌成就，社会反响强烈；各种庆典活动，极大地丰富了城乡人民群众的文化生活，展现了山西省文艺事业的繁荣景象。

2000年山西省剧场、影剧院演映出场次30547场，其中艺术演出847场，比1995年增长40%，年平均增长速度7%，平均每场观众688人，比1995年下降35.9%，年平均下降速度8.5%。艺术演出场次增加说明剧目和演出质量在不断提高，而且观众虽下降，但演出场次的增幅与观众下降的幅度基本一致，观众的绝对数并未减少，说明只要有广大人民群众喜闻乐见的好剧目，就能增加场次，并把观众吸引到剧场中来。2000年全省剧场、影剧院艺术演出收入144.1万元，比1995年增长14.9%，年平均增长速度2.8%，艺术演出虽取得较好效益，但电影和录像放映仍存在滑坡现象。

(二)公共图书馆事业：2000年全省公共图书馆总藏量866.8万册(件)，其中图书850.6万册，比1995年增长11.1%；缩微制品19062件，比95年增长9.1%；视听文献11025件，比1995年增长1.7倍。全省公共图书馆平均每馆藏书7万册，比1995年增长9.4%，年平均增长速度1.8%。2000年新购图书12万册，平均每馆992册，比1995年增长74.3%，年平均增长速度11.8%。新购图书虽有了较高的增长幅度，但由于新购图书基数低，购书的绝对量仍不多，若与全国平均水平相比，购书量和藏书的增长速度历年来都大大低于全国平均水平。另一方面，山西省公共图书馆虽然购书总量呈增长趋势，但具体分析，由于各地经济状况的差异，购书量的增长不够均衡，只有少数公共图书馆的购书量增长较多，多数则非但未增长，反而下降，仅全年未购一册书的图书馆就由1995年的57个增至2000年的66个，占机构总数的55%，特别是五台县图书馆连续9年、静乐县图书馆连续10年未购一册书，上述数据充分反映了山西省多数图书馆购书经费仍然短缺。

各级公共图书馆工作人员利用馆藏书刊等资料，努力为广大读者服务，2000年全省公共图书馆总流通260.8万人次，平均每馆2.2万人次，比1995年增长15.8%，年平均增长速度3%；书刊外借149.9万人次，平均每馆1.2万人次，比1995年增长9.1%，年平均增长速度1.8%；书刊外借册次207.4万册次，平均每馆1.7万册次，与1995年持平。流通人次增长，图书流通册次并未增长，说明藏书不足，供不应求。全省公共图书馆还在不断的管理体制改革中，积极发挥其社会服务的功能，特别是为星火计划和科技研究服务，以及开展多种辅导培训等方面做了大量工作。如2000年全省公共图书馆为读者举办各种活动514次，有33.2万人参加了活动，并大力开展信息服务，为读者解答咨询98547条，代检索课题276项，编制二、三次文献27种。

从1997年开始，各级图书馆积极开展了由中宣部、文化部等九部委联合组织实施的全国“知识工程”活动，每年都举办图书馆服务宣传周活动，促进了图书馆工作的开展。在1999年文化部组织的全国县以上图书馆评估定级工作中，山西省曲沃县图书馆被评为一级图书馆，还评出二级图书馆7个，三级20个。公共图书馆事业在社会主义建设中发挥着愈来愈重要的作用。

（三）群众文化事业：2000年全省群众艺术馆、文化馆为广大群众举办展览503个；组织文艺活动1599个，比1995年增长9.4%；举办训练班641班次，2.5万人次，分别比1995年增长23.7%和24.2%；开展录像放映活动2375场，观众8万人，分别比1995年下降64.6%和62.4%。全省群艺馆、文化馆负责指导的单位有农村集镇文化中心740个，文化俱乐部（室）8914个，图书室4890个，文化户21582个，群众业余演出团（队）1058个。2000年全省文化站举办展览1204个（无1995年数据）；组织文艺活动2928个；举办训练班764班次，4.3万人次；开展录像放映5919场，35.7万人次。上述活动不仅使人民群众的文化生活丰富多彩，而且有力地促进了两个文明建设的发展。

山西省从1995年开始抓的三项重点文化工程，取得了突出进展，在创建文化先进县活动中，省级文化先进县已达64个，其中国家级10个；与创建文化先进县相配套，1997年群众文化工作提出了“千里文化长廊建设计划”，通过“抓好一条线，辐射一大片”，目前已基本形成了点线连动发展的可喜局面；山西省在实施“蒲公英计划”中主要抓了蒲公英农村儿童文化园的创建和命名工作，至今，全省已命名16所省级蒲公英农村儿童文化园，其中2所被文化部命名为国家级蒲公英农村儿童文化园，省文化厅被评为执行计划第一周期二星级单位。

“九五”期间，山西省群众文艺创作喜获丰收。在一年一届的全国“群星奖”比赛中连年取得好成绩。第六届（1996年）获3金3铜，金奖是三人舞《复活》、双人舞《走西口》、群舞《筑路哥哥》，获金奖数居全国第一；第七届获2金2铜，金奖是小戏《车夫》和《换鸡》；第八届获1金3银1铜，金奖是韩少辉的篆隶书法作品；第九届获3金2银1铜4优秀，金奖是晋城市阳城县的《上党八音鱼鼓韵》、绛州鼓乐《拉呱》和《老鼠娶亲》，山西省获奖总分居全国第一；第十届获3金4银1铜，金奖是群舞《秧歌情》、《娶亲》、《晋南花鼓》。2000年山西省组织参加了全国首届“蒲公英奖”暨全国新苗杯第四届少儿京剧邀请赛，山西省获“蒲公英奖”1金4银8铜，金奖是曲艺《卖火柴的小男孩》；京剧《夜奔》荣获全国新苗杯第四届少儿京剧邀请赛二等奖，《巡营》和《醉酒》同获三等奖；连年获奖，展示了山西省群众文化艺术的魅力，并为山西争得了荣誉。

（四）文化艺术教育与文化艺术科技科研事业：2000年全省有中等艺术学校13个，文化干部院校1个，其他教育机构4个。“九五”期间，我省艺术教育以培养社会适用的一流人才为目的，以全面深化改革为动力，实现了由面向文化系统到面向社会大市场的转变，专业数目增加，结构渐趋合理，招生规模不断扩大，2000年各类艺术院校共计招生2939人，比1995年增长1.6倍，创山西省艺术院校招生人数历史最高纪录，在校生7635人，比1995年增长71.1%。艺术教育教学质量稳步提高，山西省戏曲学校和山西省文化艺术学校保持了国家级和省部级重点称号，不少优秀学生在各项国家级音乐、舞蹈、戏曲大赛中获奖。“九五”期间全省艺术院校累计为国家培养各类艺术人才5666人，比“八五”时期增长25.7%，这些人员大都已成为全省各级文化部门乃至各行各业的文化艺术骨干。

2000年全省文化艺术科技科研单位中具有中高级职称的人员101人，占总人数的

52%。"九五"时期累计完成科研项目 91 个，其中获国家奖 11 个，省部奖 58 个，地市奖 20 个，科研工作取得了突出成果。如由省文化厅组织编撰的中国戏曲音乐、民族民间器乐曲、曲艺音乐、民歌、民族民间舞蹈集成山西卷及中国戏曲志山西卷获得了文化部编撰成果集体奖；山西省图书馆研制的《计算机文献资料数据库》、太原市艺科舞台技术研究所开发的 WZ—VI 型舞台电脑字幕机分别获文化部文化科技进步二等奖和文化科技成果推广奖。这些科研成果的取得有力地推动了文化事业的发展。

(五)文化市场："九五"期间，山西的文化市场体系已初具规模，至 2000 年底，全省的文化市场产业单位已达近万个，从业人员 12 万多人，其中有歌舞厅 342 个，舞厅 96 个，卡拉 OK 厅 1804 个，综合娱乐场所 20 个，音像出版社 3 个，音像制品经营户 1891 个，互联网上网服务营业场所近 1000 个。2000 年仅娱乐业机构的主营营业收入就达 27503.8 万元，上缴各项税费 3311.6 万元，实现利润 7030.8 万元，创增加值 22320.7 万元，文化市场已成为第三产业中新的经济增长点。随着文化市场的发展，全省文化市场的管理也初步形成省、地(市)、县(区)三级文化市场管理稽查网络，目前已有各级文化市场管理稽查机构 131 个，826 人，在文化市场的管理上，坚持"一手抓繁荣，一手抓管理"的方针，使山西文化市场繁荣有序健康发展。

省文化厅将繁荣农村演出市场和提高娱乐场所演出节目质量作为繁荣文化市场的突破口，通过采取简化审批手续，调控演出布局等措施，鼓励外地演出团体到农村及偏远地区进行演出；通过开展全省演出经纪机构的达标、定级活动，调动了演出经纪机构的积极性，山西省演出公司、太原市演出公司在文化厅重点扶持下，积极主动开展对高雅剧节目的引进，满足了城乡群众文化生活需求；通过鼓励创办"健康活泼、雅俗共赏"的综艺节目，培育出了社会效益、经济效益俱佳的娱乐场所，其中焦点演歌台综艺节目荣获首届全国娱乐场所演出节目交流会大奖；努力开展了"充分利用文化市场开展精神文明建设活动"，推荐优秀民族歌曲经典激光视盘进入娱乐场所，开展希望工程献爱心、向老区募捐、救灾义演、文化夜市、歌乐手大赛等活动，并组织了青少年专场、老干部专场、公益场等电影放映活动，推行百部爱国主义影片，既繁荣了文化市场，又推进了精神文明建设。

在努力繁荣文化市场的同时不断加强文化市场管理。省文化厅把提高人员素质作为管理文化市场的保证，常抓不懈，全省累计培训文化市场管理稽查人员 1200 多人次，基本做到人人懂法，持证上岗。在加强队伍建设的同时狠抓法制建设，并认真及时贯彻落实国家的有关政策法规，加强和规范文化市场管理。完成了《山西省文化市场管理暂行条例》的修改起草任务；陆续出台了廉政建设"十不准"、"五公开"制度等各种规章制度，规范执法行为，加强依法行政；编印了《文化市场法规文件选编》第 1、2 册，并作为执法、经营人员培训上岗的教材；制定并颁布实施了《山西省文化行政执法责任制》及相关配套制度，太原市文化局在落实执法责任制的同时还出台了《太原市文化娱乐市场管理条例》，推动了依法行政的进程；为贯彻执行国务院颁布的《娱乐场所管理条例》，省文化厅领导高度重视，在全省范围内开展了条例宣传活动，此次工作受到全国人大贯彻国务院娱乐场所管理条例检查组的好评。

在文化市场的日常管理上坚持监督检查和治理整顿相结合的原则，对文化市场中的重点、难点、热点问题进行集中整顿，有力地打击了不法行为，维护了文化市场的正常秩序。配合全省的"扫黄打非"行动，对全省文化市场中的违法违规行为进行严厉打击，取得阶段性成果;对走私盗版电影、VCD、录像带问题进行集中整顿,遏制了走私盗版活动的曼延;全省各级文化市场管理部门共出动稽查人员1.1万多人次,对卡拉OK歌厅进行集中整顿,经整顿仅太原市卡拉OK歌厅就由原来的3000多户下降到1300多户,卡拉OK歌厅过多过滥,一证多厅,无证经营,布局失衡,资源浪费等问题基本解决,变相色情服务得到有效遏制;在1998年文化市场法制年系列活动中,省文化厅抽调各地市市场科长、稽查科长、省稽查总队成员组成4个检查组,分赴11个地市的文化市场进行交叉检查,查处违法违纪案件102起;省文化厅在贯彻《营业性管理条例》过程中,组织力量对全省的演出市场进行了集中治理,查处了20多起非法演出事件,净化了全省演出市场;调动各级文化市场稽查人员1800多人次,组织了全省性三次集中清查治理统一行动,严厉打击电子游戏经营场所中的无证经营和利用电脑屋、网吧等进行电子游戏经营活动,共查处取缔违法违规经营的电子游戏经营场所2100多家,受到省委、省政府领导和全国专项治理领导小组办公室的表扬。

五、存在的主要问题

(一)山西省文化事业财政补助收入占全省财政支出的比重持续下降,文化事业的发展滞后于经济建设和社会其他领域的发展。2000年山西省文化事业财政补助收入14354.4万元,比1995年增加5139.4万元,增长55.8%,年平均增长速度为9.3%;2000年全省财政支出223.24亿元,比1995年增加109.31亿元,增长95.9%,年平均增长速度14.4%;文化事业财政补助收入的年平均增长速度仅为财政支出增速的64.6%。财政补助收入"九五"时期虽有了较高的增长速度,但其增速仍大大低于全省财政支出的增长速度,反映了文化事业的发展远远落后于经济和社会其他领域的发展。同时也应看到文化事业经费长期以来基数低,虽然增长的百分比较高,但增长的绝对额不多,全省文化事业财政补助收入"九五"时期平均每年增长1028万元,仅占全省财政支出平均每年增长21.9亿元的0.47%,并且"九五"期间山西省文化事业财政补助收入占全省财政支出的比重在逐年下降,该比重最好时期是"恢复时期",为1.35%,至"八五"时期降为0.88%,1996年降为0.83%,1997年降为0.80%,1998年降为0.74%,1999年降为0.70%,2000年又降为0.64%。文化事业财政补助收入占全省财政支出的比重持续下降,反映了山西省文化事业经费投入仍严重不足,致使文化事业的发展与飞速发展的经济建设相比明显滞后。2000年32个剧团因经费拮据无力开展演出活动;占机构总数27%的13个剧场、影剧院终年偃旗息鼓;全省121个公共图书馆中有64个无分文购书费,全年未购一册书;644个文化站因无经费全年未开展业务活动;经费不足仍严重影响着山西省文化事业的发展。

(二)山西省文化事业基本建设国家投资占全省文化事业基本建设投资来源合计比重偏低,文化设施缺乏,破旧落后。"九五"期间政府加大了对山西省的文化基本建设投资,上马了大中型基建项目,使山西省文化设施建设有了较大发展。但由于山西省文化设施基础差,底子薄,长期以来基建投资欠账太多,使多年来存在的文化设施缺乏、破旧问题积重难返,"九五"统计数据也表明:国家投资占全部投资来源的比重偏低(12.7%),其他资金来源(包括集资建房)比例较大(40.2%),这是"九五"期间投资增长较高的主要因素。目前,文化事业有机构无房舍以及房舍破旧落后狭小问题仍然十分严重,2000年27个剧团、9个剧场、影剧院、18个公共图书馆、21个群艺馆、文化馆、80%以上的文化站、4个艺术院校、9个艺术科研单位无房舍,这些单位不得不租、借房屋,或长期寄人篱下和其他单位合署办公。2000年500平方米以下的剧团22个、图书馆

45个、文化馆18个。在现有文化设施中，还有不少破旧落后，有些因经费缺乏，长年失修，已成危房。上述种种都严重影响业务活动和服务质量。省会太原至今无一座与全省政治、经济、文化中心相适应的具有现代化水平的综合性大剧场，1982年开始筹建的山西大剧院至今19年尚未开工，原因就是投资不落实。山西省文化设施落后状况亟待改变。

"九五"期间，山西各项文化事业都取得了显著成绩，但面临的困难和问题也比较突出，望引起有关部门的重视，应随着经济的发展增加文化事业经费投入和基本建设投资，以使山西文化建设和经济建设能够同步发展；文化事业要继续深化体制改革，不断增强在市场经济中的发展能力；大力发展文化产业，加强管理，努力创收，以使山西文化事业在新世纪中再创辉煌。

山西省文物业2000年度收支情况浅析

2000年度全省文物业总收入10612.2万元，其中财政补助收入4488.1万元，上级补助收入2.9万元，事业收入5520.9万元，其他收入600.3万元。

在事业收入中，门票收入为5042.3万元，扭转了几年来门票收入徘徊在2000多万元的局面，成为本年度文物统计数据中的"亮点"。"九五"期间门票收入情况详见附表二。

导致门票收入大幅增长的原因，主要是"假日经济"的推动作用。人民群众物质生活水平的提高，双休日的实行，春节、五一、国庆节假期的延长，为人们的出游提供了基础和条件，参观人次的急速增长，是导致门票收入增加的主要原因。另一原因是门票价格的上调。近几年，省物价局对旅游景点的门票价格逐年稳步上调，即使参观人次不变，门票收入还是呈上升趋势的。

从近几年的统计数字可以看出，著名的文物景点，即文物价值高、宣传力度大、家喻户晓的景点，成为旅游产业中的王牌。从本年度的情况看，晋祠、浑源恒山、云冈石窟、乔家大院、王家大院和解州关帝庙的门票收入合计为3882.6万元，占全省门票收入的80%。1999年度陕西省的统计数字也印证了这一点。秦俑博物馆、陕西历史博物馆和西安碑林博物馆三家门票收入11567.5万元，占该省当年门票收入的80%。以王牌景点带动周边景点，会拉动整个市地门票收入的增长，较为典型的是晋中市。晋中市交通便利，景点集中，乔家大院和王家大院带动太谷三多堂博物馆（曹家大院）、祁县晋商文化博物馆和双林寺，成为近几年门票收入居全省一、二位的市地。还应该看到，王牌景点吸引来的众多游客，会促进当地餐饮、住宿、购物、娱乐等行业的发展。如何让游客在参观景点的同时，尽可能多地消费，以增加当地旅游收入，促进经济发展，是各级政府需考虑的问题。

本年度财政补助收入为4488.1万元，比上年增加489.7万元，其占总收入的比重为50%，与上年持平。国家重点文物保护专项经费1053万元，省级重点文物保护专项经费1029.4万元，均比上年有不同程度的增长。

本年支出合计10119.7万元，在支出合计中，从业人员劳动报酬2168.1万元，人员支出比率为20%。这个比率在"九五"期间始终保持相对稳定。全省用于文物保护维修和考古发掘方面的支出为1798.2万元，占总支出的20%；业务费支出（包括文物征集、藏品保护、陈列展览和宣传出版等)699.8万元,占总支出的10%。宣传出版方面投入较大的有:王家大院97万元,祁县民俗馆49.7万元,省博物馆29万元,定襄县河边民俗馆10万元。

大部分市地经费自给率均比上年有所增长,其中晋中、大同、太原三市,在自行组织收入的规模和经费自给率方面,在全省都是突出的。但是,附表四中所列为各市地的平均经费自给率,只能反映各市地的总体情况,而不能反映各个填报单位的具体情况。有些县级单位的人员支出比率为100%、经费自给率为零,这些单位完全依靠财政,当地财政拨款仅能满足工资性支出,无力进行业务活动。这种状况已持续多年。

山西省文物业收入、支出规模本年度首次突破1亿元大关,说明山西文物事业又上了一个台阶。但是,与其他省份相比,无论政府投入,还是自行组织收入方面,都存在着一定的差距,与文物大省的地位很不相称。越是经济发达的省市,政府对文物业的投入越大;旅游业发达的省市,其经营收入也是相当可观的。山西经济落后,国家和地方政府的投入不够大,门票收入虽突破5000万元,但经营收入几乎为零。山西文物人应开拓思路,勇于创新,"两条腿走路",在积极争取政府资金的同时,努力增加收入,这样,文物事业的发展才有物质保证。可以说,文物是山西旅游业的主打品牌,没有文物,山西旅游业的腾飞就无从谈起;而随着旅游业的发展,只要我们抓住机遇,广开财路,增加经营收入,反过来,又会为文物的保护和利用注入资金,步入良性发展的轨道。

内蒙古自治区"九五"文化设施建设情况回顾及"十五"文化设施建设构想

内蒙古自治区文化厅

"九五"期间,在自治区党委、政府的领导下,在文化部的指导和帮助支持下,全区文化系统广大干部职工进一步解放思想,更新观念,积极探索市场经济条件下繁荣发展文化事业的新路子,取得了可喜成绩,文化设施建设也有了较大发展,为自治区经济发展与社会进步做出了应有的贡献。

一、"九五"期间文化设施建设情况

(一)"九五"期间全区文化设施建设投资较"八五"时期有所增加,各级政府加大了对基层文化设施建设的投入。据统计,"九五"期间全区文化设施建设共计完成新改建项目67个,建筑总面积116438平方米,累计完成投资总额16217万元,其中国家投资10670万元,占总投资的69.7%。地方投资和自筹5547万元。在已完成的项目中,新建公共图书馆13个,其中内蒙古图书馆新馆是自治区"九五"期间惟一的一座大中型文化设施,1995年5月立项,1998年10月竣工,总投资7582万元,建筑面积2万平方米。新建文化馆11个,博物馆7个,剧团办公楼3座,职工住宅楼7栋;改扩建、维修博物馆4个,艺术表演团体排练厅3个,艺术学校办公及排练用房3座,改扩建影剧院2座;维修与保护文物遗址6处,文物古建筑8座。此外,"九五"期间,在自治区党委、政府关心支持下,自治区投入600万元专款,采取层层匹配的办法筹措资金5800余万元,用于新建、改建和完善苏木乡镇文化站1300多个,使我区基层文化设施有了较大改善和发展。多数文化站实现了有设施、有经费、有人员、有活动的"四有"目标,从而大大改善了基层各族人民群众开展文化生活的条件,对推动"两个文明"建设共同发展,起到了积极作用。

(二)总结"九五"期间内蒙古自治区文化设施建设工作中存在的主要问题和困难有以下几个方面:1.有的地方领导对加大文化设施建设投入认识不够高,考虑经济建设多,忽略文化建设。2.地方财政相当困难。由于自然条件和历史的原因,我区大部分旗县经济发展相对落后,财政能够自给的旗县较少,一些地方存在拖欠教师及干部职工工资的情况。加上我区气候寒冷,可施工期较短,建筑标准要求高,文化设施建设的成本相对较高,有些项目虽已立项,由于资金不到位而不能及时完工。3.文化设施的建设没有法律保障,投入与否、投入多少,随意性大。4."九五"期间虽然中央对自治区文化设施建设的投入有所增长,但与实际需求还相差甚远。截止 2000 年底,全区仍有 18 个旗县无公共图书馆、21 个旗县无文化馆馆舍、107 个乡苏木无文化站。还有相当数量的文化馆、图书馆、文化站,面积较小,面积达不到标准。绝大多数影剧院设备陈旧不堪,其中相当数量的已不能使用。

二、"十五"期间文化设施建设的构想

订好"十五"期间我区文化设施建设规划,对今后我区文化事业的发展至关重要。"十五"期间我区文化设施建设总体思路是:以邓小平理论和江泽民同志"三个代表"重要思想为指导,以实施西部大开发战略为契机,以提高全社会文化生活质量为根本出发点,按照国家和自治区"十五"国民经济和社会发展计划的精神,依据与我区经济建设和社会发展相适应的根本原则,建设一批具有时代特色、民族特色和地区特色的标志性文化设施,实现"县县有图书馆、文化馆,乡乡有文化站"的目标,使全区文化基础设施建设再上一个新台阶。

1.建设一批标志性文化设施。近年来,虽然全区陆续建设了一些文化设施,但大型的、代表民族特点的项目基本没有。因此,"十五"期间,拟在呼和浩特市建设内蒙古民族博物馆、内蒙古民族文化中心,在二连浩特市建设恐龙遗址博物馆,在赤峰市改建红山和辽文化博物馆,在呼盟建设森林狩猎民族博物馆,在通辽市建设科尔沁博物馆。对内蒙古博物馆进行维修改造、使其能适应时代的要求。

2.继续实施"边境文化长廊建设规划"和"彩虹文化计划"。真正实现"县县有图书馆、文化馆,乡乡有文化站"的目标。在人口较少的旗县,建设集文化馆、图书馆、艺术馆、展览馆于一体的综合文化中心。使文化场馆真正成为丰富群众精神文化生活的场所,传播社会主义精神文明的阵地。

3.请国家制定文化设施建设投资法规。从长远看,只有制定文化设施建设投资法规才能从根本上解决边疆和少数民族地区文化设施建设落后问题。投资法规中应明确规定各级财政对文化设施建设的投资比例,从而改变目前投资总量偏少,比例偏低的问题。

辽宁省"九五"时期文化事业发展回顾

"九五"期间,在省委、省政府的领导下,全省广大文艺工作者认真贯彻党的"十五大"精神,坚持"二为"方向和"双百"方针,弘扬主旋律,发展多样化,积极推进文化体制改革,各项文化事业都得到全面发展。

"九五"期末,全省文化部门机构总数 2 万余个，从业人员近2万余人。其中：艺术表演团体77个；艺术表演场所71个；公共图书馆128个（少儿图书馆14个）；艺术馆、文化馆125个，文化站1395个；电影发行及35毫米放映单位136个；文博机构109个（博物馆30个，文物保护管理机构67个，文物商店9个）；文化艺术院校及科研单位17个。另外，全国重点文物保护单位26个，省级文物保护单位154个；文化市场各类经营单位约1.5万个。

"九五"时期，全省文化事业总收入实现20.7亿元，平均增长速度为6.2%，其中财政补助收入实现13.4亿元，平均增长速度为10.9%；事业收入达5亿元。2000年，全省文化事业总收入达到4.4亿元。"九五"期间，全省文化事业总支出完成20.4亿元，平均增长速度为7.2%。全省文化事业投入占全省财政总支出的比重由"八五"期末的0.7%，增加到1999年的0.9%，增加0.2个百分点。

"九五"期间，全省文化事业基本建设在建项目50余个，其中完工项目28个，共完成投资7.4亿元。

文化事业管理体制改革取得突破性进展。对艺术表演团体重新确定办团目标，重新核定团内编制，重新考核择优聘任专业人员。省直6个院团编制由943人减少到803人，精简率为14.8%；实有人数由831人减少到563人，精简率为32.3%。文化事业单位内部的管理制度、人事制度、工资制度改革初见成效，拉开了分配档次。辽宁省率先在全国省级电影发行系统推出了以市场为依托，以资本为纽带，用股份制投入方式组建跨地区的辽宁北方电影股份有限公司，建立起"产权清晰、责权明确、政企分开、管理科学"的现代企业制度。对市级电影发行放映管理体制进行了改革，有11个市电影公司进行了所有制结构调整，目前全省电影发行人员由原1300人精简到180人。

艺术创作取得丰硕成果。"九五"期间，创作、改编上演新剧（节）目80多个，年均演出1万余场，观众1000万人次。以《苍原》、《父亲》、《二泉映月》、《白鹿额娘》为代表的一批艺术精品，受到省委省政府的表彰。辽宁省有3个剧目获中宣部"五个一工程奖"，9个剧目获文化部文华奖，《苍原》、《父亲》获"文华大奖"，《苍原》并获10个单项奖。杂技《少林晨练》获第20届"明日杯"暨"未来杯"世界杂技比赛金奖第一名。4个剧目参加了第6届中国艺术节。辽艺话剧《父亲》、沈阳舞剧《月牙五更》获艺术节大奖（金奖），辽宁歌剧院歌剧《沧海》、大连京剧《西门豹》获优秀剧目奖，辽宁省是除东道主江苏外，获奖数量最多的省份。成功地举办了辽宁省第四届文化艺术节、第四届沈阳音乐周，承办了全国舞剧观摩演出、第五届全国杂技比赛、第六届中国戏剧节，组织参与了上海国际艺术节、昆明世博会以及各专业艺术门类的全国性展演比赛活动，均取得了优异成绩。沈阳杂技团采取新的市场运作机制，推出了大型杂技晚会《天幻》，赴巴西、香港等地演出，受到国内外广泛关注和好评，开拓了进军国际演出市场的新途径。

群众文化事业获得新的发展。"九五"期间，积极拓宽群众文化活动领域，大力普及社区文化、村镇文化、企业文化、校园文化、广场文化、家庭文化等，活跃了城乡人民业余文化生活。全省有14个县进入全国文化先进县行列，有5个市、县获全国"万里边疆文化长廊"建设成绩显著地区称号，省文化厅两次被文化部评为实施"蒲公英"计划"三星级奖"，有9个业余文艺作品获"群星奖"金奖，有14个县、乡被文化部命名为"画乡"、"艺术之乡"基地。

公共图书馆事业全面发展。"九五"期间，全省公共图书馆已达128个[省级馆1个、市级馆14个、市级少儿图书馆10个、县（县级市）级馆44个、区级馆55个、区级少儿馆4个]，少儿图书馆的数量及公共图书馆的覆盖率均位居全国各省份之首。全省公共图书馆的建筑面积达26万平方米，较"八五"期末的22万平方米增加了18.2%，总藏量达1970万册(件),较“八五”期末的1786万册(件)增加了10.3%。在全国公共图书馆第二次评估定级工作中,有87个图书馆达到三级以上标准,其中一级图书馆17个,居全国第四位。

电影发行放映成效显著。“九五”期间,农村电影滑坡的现象得到逐步控制。为落实广电总局提出的“2131工程”(21世纪初实现一村一月放映一场电影),70%的农村县区党委或政府制定了有关政策,在册的3694个16毫米放映队中开展活动的队已达1925个,占总数的52.1%,较1993年增加了一倍。11部电影大篷车已开向农村,每年为农村放映35毫米电影近2000场。

文物事业成就空出。“九五”期间,文物、博物馆事业有了进一步发展。田野考古工作成绩显著,连续五年均有项目被评为全国十大考古新发现或提名荣誉奖。省级以上文物保护单位总数达到180处。全省博物馆馆藏文物194431件。对沈阳故宫、绥中九门口长城、新宾清永陵等30余处省级以上文物保护单位进行了重点维修。省文物考古研究所、省文物总店等5个单位的防盗、报警工程完成。全省连续五年实现馆藏文物安全年。

文化市场逐步纳入法制化管理轨道。“九五”期间,文化市场法制建设取得了显著进展,形成了以国务院《音像制品管理条例》等法规为主干,以地方立法《辽宁省文化市场管理条例》和政府部门的规章相配套的法规体系,健全了省、市、县三级文化市场管理机构,组建了市、县两级文化稽查队伍。几年来,不间断地开展文化市场专项治理和“扫黄打非”集中行动,取得了显著成效。演出、娱乐市场进一步净化,音像市场逐步好转,艺术品市场开始兴起,电子游戏经营场所率先实行“总量控制、限制发展”,受到全国人大和文化部的肯定。

艺术教育及人才培养有了新的进步。“九五”期间,文化部门所属的6所学校共招生4174人,向社会输送各类艺术人才3405人。其中,2000年招生708人,在校生2326人,毕业生653人。辽宁艺术学校被文化部确定为全国重点艺术中专。目前,全省文化系统共有38人享受国务院颁发的政府特殊津贴,7人获文化部优秀专家称号,2人获省优秀专家称号,3人被评为省拔尖人才。

对外文化交流日益扩大。“九五”期间,进一步加强对外及港澳台文化交流的归口管理,努力拓宽交流渠道,挖掘辽宁省的文化资源,全省共派出团组238个,接待来访团队165个,出国演出1852场。辽宁歌剧院大型歌剧《苍原》参加香港回归演出和澳门艺术节,受到海内外有关人士的赞誉。

文化产业框架开始形成。文化产品在市场中已占有一定的份额。1999年全省文化部门所属及其管理的文化产业增加值11亿元,年平均增长速度为2.6%,列全国第四位,占全省GDP的比重为0.3%。

文化基础设施建设有了新的进展。“九五”期间,辽宁省建设了一批示范性的文化标志工程,如辽宁大剧院及省博物馆新馆工程概算总投资达4.59亿元,建筑面积达5.1万平方米。沈阳市“九·一八”历史博物馆总投资1.3亿元,建筑面积1.3万平方米。大连现代博物馆投资1.5亿元,大连电影城投资9000万元。大连市图书馆、旅顺博物馆经过扩建改造,将成为国内一流的花园式文化设施。抚顺、本溪、朝阳等市图书馆、文化馆,葫芦岛市博物馆、岫岩满族博物馆、铁岭市博物馆相继建成并投入使用。

“九五”期间,全省文化事业在全面发展的同时,也存在着一些矛盾和问题,主要表现在:

1.文化事业费投入总量偏少,比例偏低。

2.一些文化基础设施陈旧落后。全省尚有27个县图书馆、36个县文化馆达不到文化部部颁标准,公共图书馆年购书费明显不足,乡镇文化站能坚持活动的仅有600个左右,约占50%。有的地区文化设施逐年减少。城市社区缺乏相应的文化设施配套措施。

3.人才仍在流失。由于一些优秀人才对

工资、住房、福利待遇等方面的不满足和自身发展环境的局限,流失的情况仍然存在。

4.文化市场管理队伍建设亟待加强,管理装备及执法手段亟待改善。自“费改税”实施以后,一些地方管理经费得不到保证,难于开展工作。

5.文化产业的发展还相对滞后。思想认识不到位,政策措施不得力,有的地区呈现负增长趋势。

6.地区文化发展不平衡。沈阳、大连等大城市与贫困地区文化建设的差距拉大,部分少数民族县区和贫困县区文化经费短缺,制约了文化事业的发展。

上海市“九五”文化建设

上海市文化广播影视管理局

一、概况

“九五”期间,在注重两个文明的建设中,上海的文化设施与城市的建设得到同步发展,一批代表上海城市地位的标志性文化设施不断涌现,呈现上海文化建设事业一系列瞩目成就。

“九五”期间,上海文化建设总投入44.2亿元,新建、改造面积共77.09万平方米。其中:市属文化设施建设总投入24.5亿元,新建、改造了23.5万平方米,建成了上海大剧院、上海马戏城、上海美术馆新馆等标志性设施,扩建和改造了上海美琪大戏院、新办了上师大表演艺术学院等。区县所属文化建设共105项(新建项目87.6%),投资19.7亿元,新建、改造面积53.57万平方米,也取得巨大成绩。

二、特点和成就

1.公共文化的发展:

图书馆事业:形成了第一个拥有四级公共图书馆网络体系的城市。其中:市级(2个)、区县级(33个)、街道乡镇级(311个)以及里弄(村)图书馆,中心城区的里弄(村)图书馆的建成比例达到55%,总数达2.8万多个,使四级(里弄、村)公共图书馆网络体系初具规模。1998年公共图书馆考核评估,市区31个公共图书馆参加,考评结果90%以上达到一级馆标准。首家实行图书资料和科技情报合一服务的上海图书馆,成为改革的典范。

图书馆现代化进程成效显著,自动化管理普及率高,设施条件进一步完善;市级和区县级公共图书馆94%实现了计算机集成管理。30余家区县级公共图书馆统一使用了ILAS系统,为全市文献资源共享和网络建设提供了较好的基础。市、区县公共图书馆50%接入因特网建立了自己的网站或网页,以及OPAC检索,建立了电子阅览室。“九五”期间,全市各类图书馆之间都建立了协作网,积极推进文献资源共建共事工作,在理论研究和实质性运行都位居国内前列,形成上海地区文献资源共享协作网。

博物馆事业:至1999年末,上海的博物馆、纪念馆和陈列馆已达60个。其中:艺术类博物馆1个,科技类博物馆1个,地志类博物馆8个,革命类纪念馆7个,人物类纪念馆20个,其他类博物馆(含行业博物馆)23个。文物史料及标本的藏品总量约112.5万余件。

上海博物馆以其丰富的典藏体现了上海对历史的尊重。

文化馆事业：截止到 1999 年末，全市文化馆共有 39 个，街道、乡镇文化站 302 个，初步形成公共文化馆、站网络结构；业内年末固定资产原值近 3.83 亿元；从业人员 4119 人；设施建筑面积近 36 万平方米；对文化馆事业政府财政拨付和补助经费近 5200 万元，其他收入逾 4000 万元。部分地区正向第四级的“文化活动室”延伸，目前全市文化活动室的总设置率为 59%。区、县文化馆、文化站已经成为社区精神文明建设的主体。

2.标志性文化设施涌现：

上海是我国最大的经济城市、东西文化交流频繁的中心城市之一，市级文化职能部门，重点抓好标志性文化设施建设。“九五”期间，以上海大剧院、上海马戏城、上海美术馆新馆为代表的标志性设施相继建成，并投入使用；上海话剧艺术中心和上海艺海大厦的初具规模；上海美琪大戏院得到了扩建；新办了上海文化直属的表演艺术学院等。

3.综合性商业文化的兴起：

由所在区文化主管部门依据当地的人文历史、商业状况和居民现状，发展了以地区特色的文化建设。其中：虹口区的“多伦路历史文化名人一条街”、徐汇区的“徐家汇商圈广场文化”、黄浦区的“福州路文化街”等。

三、“九五”上海文化投资的特点

1.资金筹集向多元化发展：

“九五”期间，政府拨款性的文化建设投资比例进一步缩小；以土地级差调整进行的投资比例增加；多元组合（市区政府之间、中外资之间、社会其他合作之间）的合作性投资项目增加；银行业对上海文化前途信心增加，促进了通过借贷方式运作使上海文化设施建设得到推动。

2.“软硬件”并举发展：

“九五”文化建设，软硬件并举。建筑设施标准（外观，装修，空调、消防、保安设施等）得到较大提高；环境要求（绿化、交通、泛光照明等）进一步优化；技术含量大幅度增强，以计算机、互联网、多媒体技术为代表的手段大量应用；资源共享和资产综合利用率进一步提高；为文化的综合提高提供了基础。

3.“特色”性：

“九五”文化设施建设的规模定位进一步明确，以人为本的考虑和市场经济定位进一步深入和研究；剧场建设以剧种定位；大剧院以高档综合性定位、美琪大戏院以音舞定位、马戏城以杂技和动物表演定位、上海艺海大厦以戏曲定位、话剧艺术中心以话剧定位，形成专业性强的剧场；影剧院向多厅发展。有利于观摩效果和演出成本。

综合性：充分吸引观众和滞留时间，有娱乐、休闲、接待的场地和活动内容，为市民提供多种消费途径和创建营收的前景。

4.文化建设人才形成：

通过“八五”、“九五”期间的建设，形成了一批稳定的、有经验的、能抓进度管质量的建设管理队伍，对实施文化建设起到极大的促进。

四、“九五”期间的成就

1.上海大剧院：

上海大剧院是由上海市广播电影电视局自筹资金 12 亿元人民币新建。由法国夏邦达建筑事务所设计，上海第四建筑工程公司承建施工。

该项目占地面积 11528 平方米，建筑总面积为 7 万平方米，建筑高度为 40 米，整个建筑为地下 2 层、地面 6 层、顶部 2 层，共 10 层。

该院坐落在市人民广场西侧，剧院内共有 3 个剧场：

第一个剧场是具有 1820 座位的主剧场，剧场前排到最后排高低差 5 米，使人的视线大为扩展。另外还设有双层排台及三层侧包厢。每个座位底下都安装了一个空调出风口，使整个观众厅的气流更加均匀舒适。波浪型的大吊顶上,两道面光灯和一道追光灯配合台口外的一千回路灯光,制造出变幻莫测的舞台效果,用于上演芭蕾舞歌剧和交响乐演出。

第二个剧场具有600座位的中剧场,适合地方戏曲和室内乐演出。

第三个剧场具有200座位的小剧场,可以进行小话剧和歌舞剧表演。院内还建有12个大小不同的排练厅、练功房、练声房和各类制景室、化装间,可以适合国际上人数最多、档次最高的歌剧团、交响乐团进行排练。

大剧院的核心是它拥有当前国际上面积最大、动作变换最多的全自动机械舞台,此舞台由一个728平方米的前舞台和一个360平方米的后舞台及两个257平方米的侧舞台组成。

舞台内带有转台、乐池自动布置吊杆,这些舞台可以全方位的平移升降,同步更换6-8组布景,均由电脑自动控制,是目前亚洲最大的也是世界上最先进的舞台之一,可以满足国际、国内一流水准的芭蕾舞团、歌舞团、交响乐团演出国内一流水准的芭蕾舞团、歌舞团、交响乐团演出。

该建筑的冠冕、弧形的钢屋架屋顶长100米,宽91米,总重量为6075吨。如大鹏展翅般横卧空中,似乎欲腾空飞去。为展示开放式的立体氛围,采用独特的钢索结构,拉伸起整体透明幕墙,晶莹的彩轴玻璃烁发着淡淡的光泽,其花纹能反射30%的紫外线,从而在自然采光的基础上避免室内温度过高,这是亚洲建筑史上的首创。

大剧院专门设有贵宾休息厅,在这里既可召开高标准的接待会议,又可接见各级领导及来自全国乃至世界各地的表演艺术家。顶层有多功能餐厅,底层设文化商场和咖啡厅等。地下室还设有能容纳170余辆小汽车的停车场。这座用音符串织而成的水晶宫殿,是一座融新技术、新工艺、新材料于一体的艺术殿堂。

该项目1994年9月份破土开工,1998年8月份基本建成正式投入使用。成为上海国际大都市又一个标志性的文化设施。

2.上海马戏城:

位于上海闸北共和新路的上海马戏城,是上海市文化局和闸北区人民政府合作投资的股份制新建项目。建筑占地35亩,总建筑面积3.3万平方米,建设总投资2.4亿元,闸北区政府以土地入股(1750万元,占12%)、市文化局用位于南京西路的木偶剧团、仙乐剧场和杂技场地块的批租收入投资该项目2.25亿元(占88%)。由上海现代设计集团设计,上海建工集团第四建筑公司承建的上海市重大工程项目。该项目被评为上海优秀建筑称号和建设工程"白玉兰"奖。

马戏城主体建筑为地下一层,球顶高度28.11米、最大直径51.25米,采用大跨度铝钛合金屋顶、外裹金色的假性立面的金色大菠萝球建筑。杂技表演场,设1650个座位,净空高度17米,拥有12根23米长的弧形吊杆,高空3圈马道和4个随意调节的灯光吊笼、中心表演区升降旋转舞台、3块扇形升降舞台和后部景框式舞台布置,改变了传统杂技表演使用圆形场地的单一模式,为杂技综合表演提供了发展空间。

为马戏城配套,设计安排杂技排练房2个,舞蹈排练房1个,野兽训练房1个以及相应的兽房。为集中马戏娱乐的活动,设计配套的娱乐场地四层共12468平方米,地下设7279平方米的停车库,是一个集杂技表演、娱乐休闲为一体的综合性公共文化场所,也是远东地区最大的专业杂技场地。

上海马戏城的建成改善了市区北部地区文化设施相对滞后的局面,自1999年投入运营以来,已经组织演出600场,日最高人流量6500人次,票房收入2500万元。并积极与世界马戏团体交流,成为世界顶级马戏团体的指定合作场所。

3.上海美术馆新馆：

位于市中心南京西路325号的上海美术馆新馆，是原上海跑马场旧址。自1996年上海图书馆迁往新馆之后，市政府即确定该地用作美术馆新馆。1998年在确定该近代保护建筑的改造方案之后，由上海现代设计集团设计，上海建工集团第二建筑公司承建，预算投资1亿元进行的大规模修缮改造工程。

改造后的上海美术馆新馆，总建筑面积17326平方米，设地下1层(设备用房)、地上4层。实际改造资金总投入1.19亿元。拥有大小展厅共12个，可供展览的使用面积4203.43平方米，设120座学术交流会议厅1个，集收藏、展览、交流和图书阅览等一应俱全。

上海美术馆的改造，得到市领导、建筑专家、文物保护专家的极大重视，外貌进行了整新、内装修典雅华贵，设计上充分尊重近代保护建筑的原有风貌。外部环境总体与周边新建的上海大剧院、市中心人民公园取得合理的统筹协调，为上海近代建筑的保护和改造作出典范。

4.上海话剧艺术中心：

位于徐汇区安福路288号的上海话剧艺术中心，建筑总高63.8米，共18层。建筑总面积1.5万平方米、投资约7500万元，是由上海话剧艺术中心与安普房地产发展有限公司合作、上海市住总集团住益公司承建的文化建设项目。

上海话剧艺术中心是集演出、娱乐、办公为一体的综合性大楼，内含艺术剧院、戏曲沙龙、多功能厅等三个大中小剧场以及提供2个设备齐全的排练厅。

艺术剧院建筑台口宽度14米、高度6.7米，舞台纵深15.5米，设42道电动吊杆，配先进的音响和灯光设备，设计上对建筑声学极其重视，使得无需使用麦克风即可将声音送达剧场任何角落。观众席15排530座，包括7个豪华包厢，正厅前排至后排由2米高度的高差形成了极好的视觉效果，是目前上海话剧艺术的专业演出剧场。

戏剧沙龙被称为“黑匣子”，面积450平方米，设计上安排288个可在三个侧面随意安排的移动式坐席，设可任意移动的灯光、音响设施，并可按演出需要组成中心舞台或单面舞台等多种形式。为舞台表演提供了多角度、全方位、立体式的操作空间。

此外，功能齐全、设施豪华的多功能会场和接待场所为艺术家、文艺活动提供真正的心与心、面对面交流的机会。

5.多伦路文化名人街：

位于上海虹口区四川北路旁的多伦路，全长550米，是一条近代文化历史的小路。在这条路上有“中国左翼作家联盟”成立大会会址，有鲁迅、郭沫若、茅盾、叶圣陶等近代文学巨匠的寓所和文化活动的旧址，有多国建筑风格的公馆，也有中国特色的民居，是上海城市历史风貌保护区之一。

1998年虹口区政府听取了专家提出的以鲁迅公园为轴心，以多伦路一带名人故居和文化旧址为内涵的“雅文化圈”构想的基础上，拟自筹资金1.2亿元建设多伦路文化名人街。

工程分二期进行，首期投资6000万元作为启动和基础设施，至1999年末，引进建成民间收藏馆、画廊、展馆及文博网点50余家，初步建立“名人故居”、“上海故里”、“文博街市”、“休闲社区”等，一举称为沪上名街。

据不完全统计，已经接待参观人数100余万人次，海内外相关媒体进行了报道，是上海新的旅游景点和青少年爱国主义教育的基地之一。

五、问题和展望

“九五”上海的文化建设取得了巨大发展，任重道远，但与上海城市发展要求还有差距。其中：

1.发展不平衡：在“两级政府、两级财政”的管理下；受各区经济条件的制约文化设施建设发展并不平衡;郊区和县的发展滞后于市区;文化投资的总体力度仍嫌不足。

2.设施布局:城区新型居民中心的迁移和兴起,社区对文化设施的需求,相邻地段又分属不同所在地管辖的文化设施需要共建和共享;城市副中心的市属文化设施与区属文化设施建设的共建等问题需要研究和协调。

3.原有文化设施的改造利用:上海整个城区文化水平的提高,对原有文化设施利用、修缮和改造,都将在设施布局的前提下重点给予研究。

4.迎接我国加入世贸组织,上海文化事业将进一步发展,"十五"期间正在研究、规划和提出设想的项目,例如:文化广场的开发、浦东音乐厅、数码技术影院等。

5.面对加入 WTO 的形势,我局正积极研究市场准入以后对文广影视事业的影响;研究对文化演出市场的影响;研究网络传媒对文化娱乐的影响,并制定与之相适应的对策。

6.进一步深化体制改革,着力管理、改革体制、提升效能,组建文化广播影视的大型集团公司,实行"管办分离",促进文广影视进一步走向市场。

"九五"时期江苏省文化事业发展状况统计简要回顾与建议

江苏省文化厅　艾　涛

一、艺术创作演出和剧场建设改造呈现佳绩

"九五"期末,江苏省文化部门共有 133 个艺术表演团体。在"九五"时期,国内演出累计 23300 万场,年均增长 1.3%;观众 9002.7 万人次,年均增长 2.6%。与"八五"时期国内演出场次和观众人次相比,分别增长 2.4%和 8.9%。另有国外演出 2800 场,年均减少 17.8%,但比"八五"时期增长 21.7%。

"九五"时期,全省剧团共获财政和上级补助 31655.6万元,年均增长 28.4%;比"八五"时期增长近一倍,为 97.8%。剧团事业收入累计 23545.2 万元,年均减少 2.9%;但是其中的演出收入累计 13611.58 万元,年均增长 12.2%;与"八五"同比分别增长 37.1%和 69.3%。因支大于收,全省剧团经费平均自给率为 42%,比"八五"时期回落 10.8 个百分点。

"九五"时期,江苏省在剧目创作、艺术演出方面成绩突出,观众人数回升。南京、苏州、无锡、扬州等地,在艺术表演场所设施建设方面得到较大改善,圆满完成了文化部举办第六届中国艺术节的接待任务。

"九五"时期,江苏省有国画、油画、版画、雕塑、水彩画、粉画、漆画、宣传画、设计艺术等多种类艺术作品参加全国性美术展览,其中共有 66 件作品获奖;其中金奖 4 个、一等奖 1 个、银奖 7 个,共占获奖作品的 18.2%。

二、公共图书馆的读者增速高于馆藏量增幅

"九五"期末,全省共有 101 个公共图书馆,总藏量 2668.76 万册(件),比"八五"期末增长 10.3%。

总藏量中,古籍、现代书刊等共 2662.96 万册,年均分别增长 0.4%和 2.2%;共比"八五"期末增长 10.2%。藏书外借率 51.8%,比"八五"期末增加 16.4 个百分点。藏书外借率增幅比藏书量增幅高 6.2 个百分点。

总藏量中,缩微制品、视听文献共 5.8 万册(件),年均分别增长 2.8%和 10%;共比"八五"期末增长 43.9%。馆藏量的科技产品含

量不断提高。

“九五”时期，公共图书馆总流通人次累计6020.6万人次，年均增长15.6%；比“八五”时期增长19.8%。公共图书馆各类藏量的增速，均低于到馆流通人次的增速。

馆藏量虽有增长，但仍不能满足读者的求知需求；因书价涨幅大，购书经费不足，导致馆藏量增长缓慢。改善图书馆落后的管理手段，缺乏专项建设资金，这些问题制约着公共图书馆的发展，在县级图书馆问题尤为突出。

“九五”时期，为读者举办活动次数、发放借书证数，分别以年均8.4%和0.9%的速度增长。藏书开架率18.4%，比“九五”期初增加4.8个百分点。

随着时代往信息化方向发展，尚需有足够的经费和足够的文化科技人才，开发创造网络化管理模式，把传播知识的公共图书馆办成没有围墙的大学。

三、文物展览外宾参观者明显增多

“九五”期末，全省文博单位共145个(含博物馆、文管会和其他文物机构，不含文物商店)共藏文物80.3万件，比“八五”期末增长4%；其中一级品1982件。

“九五”时期，全省文博单位除固定陈列之外，累计举办文物展览1585个，比“八五”时期增长63.4%；参观者2844.6万人次，比“八五”时期增长17.4%；参观者中，内宾2784.4万人次，外宾60.2万人次，比“八五”时期分别增长16.9%和52.4%，外宾比内宾增幅高出35.5个百分点。

“九五”时期，全省文博单位的财政补助和上级补助收入累计27324.6万元，比“八五”时期增长161.1%。因门票价格翻番，获门票收入3786.4万元，比“八五”时期增长118.8%。

剔除门票涨价因素，门票收入和参观人次的增幅基本持平。但参观者中，内宾明显低于外宾人次的增幅。

博物馆发展，亟需借助不断更新的现代科技手段，保护并展示古代文化艺术珍品。增加人们对中国的悠久历史、江苏丰富的文化底蕴、南京辉煌的六朝文化的了解，使人们热爱、珍视中华民族的优秀传统文化；提高各类决策人和人民群众保护文物的意识。在外国游客饶有兴致地走进博物馆参观赞赏中国悠久历史文化的同时，应更多地吸引国内人们看祖先历史的兴趣，使人们增强继承并发展中华民族优秀传统文化的意识。

四、群众文化业有广泛的发展空间

“九五”期末，全省群众艺术馆和文化馆共120个，文化站1650个。与“九五”期初相比，文化站减少510个，降幅近四分之一。主要因行政区划调整，撤并乡镇机构所致。文化站从业人员也随之减少15.9%。

“九五”时期，全省群众文化业发展基本好于“八五”时期。共举办展览3.85万个，举办文艺活动9.71万人次，举办培训班3.88万个，结业人数134.79万人，与“八五”时期相比，分别增长12.2%、26.4%、94%和91.1%。放映录像188.78万场，观众6654.5万人次，与“八五”时期同比呈下降趋势，分别为-12.2%和-45.7%。

财政和上级补助收入共计38219.8万元，比“八五”时期增长159.8%。群文单位的各类创收42162.4万元，比“八五”期间增长87.6%。经费平均自给率为50.1%，比“八五”时期回落16.3个百分点。

群众文化活动状况，在“九五”时期呈下滑势头，不容忽视。以“九五”期末与期初数相比，举办展览减少10.7%；举办文艺活动减少16.3%；放映录像减少67.7%，录像观众减少73.5%；举办培训班减少27%，但参加学习的结业人数增长13.9%。

群众文化在满足基层群众精神需求方面具有特殊作用，并有广泛的发展空间，须有足够的人才为开展群众文化活动服务。基层群众文化活动经费和文化设施建设费投入不足，文化站人员待遇偏低等问题有待进一步落实解决。近两年江苏各地进行乡镇布局调整，乡镇文化站相应减少。在当前加快发展小城镇经济建设的同时，需要各地政府重视群众文化配套设施的规划建设。

五、文化企业、事业创收效益有待提高

“九五”期末，江苏省文化部门事业、企业单位共有18679个，从业人员94429人。全省文化部门事业单位的经费收入合计为8.3亿元，支出合计为8.21亿元，与“九五”期初同比分别增长34.6%和73.2%。收入合计中：财政补助收入4.8亿元，占当年收入合计的57.8%；“九五”期间年均增幅17.5%。事业单位的各类创收收入下降，为3.22亿元，占当年收入合计的38.8%；比“九五”期初下降8.6%，“九五”期间年均降幅为2.2%。

全省电影业的发行放映总收入为0.89亿元，与“九五”期初同比降幅较大，为63.8%。文化市场各类经营企业和文化部门其他企业共实现利润0.95亿元；上缴各类税、费1.7亿元。文化部门企、事业单位实现增加值11.13亿元(未含电影业)。

六、展望未来任重道远

为响应江苏省委、省政府关于加快江苏文化建设，促进文化与经济同步发展的要求，全省文化艺术工作者尤须加倍努力。

建设文化大省，加快文化建设的各项经济政策须得到切实落实。

文化体制改革滞后状况亟需加紧变革，调整布局、结构；改善用人机制，不拘一格选人才，使真正懂专业、有学识、思维先进、有创造性的人才能得到合理使用。

理顺文化管理体制，强化宏观管理；打破部门条块界隔，共创文化发展环境。才能有效促进文化繁荣，力争与经济同步发展。

随着我国即将加入WTO和市场经济的进一步开放发展，在接受国外先进科学技术知识的同时，外来文化将更多地渗入我国。建设文化大省，需要把握好中西方多元文化的沟通、融合契机，有远见学识地规划建设人文环境。

七、关于弘扬优秀传统文化的几点建议

南京从古代东吴、东晋、宋、齐、梁、陈、南唐、明，至太平天国和中华民国，曾为十朝故都，是具有独特历史文化传统的古老都城。从大行宫以东到中山门的这条街道，如今尚存明代遗迹和古建筑风貌。即将新建的南京图书馆和江苏现代美术馆，选址定在这条大街边真是可喜之事。企盼此二项大型文化建筑，设施条件与时共进，引用国内、国外现代科技成果的同时，在建筑设计上能力求独创性，以建成建筑风格独具南京历史文化特色，被旅游者们赞美于口的建筑物。此外，江苏省书画家和雕塑家人才济济，在全国美术界占有重要地位。还企盼高造诣的艺术家，能参与城市艺术雕塑的规化建设方案的共同决策，使江苏文化设施建筑和城市艺术雕塑风格更美、更具独创性，在保护和改善人文环境、继承并发展中华民族优秀传统文化方面，起到表率作用；从特色旅游角度看也是很有利的。

刚刚进入二十一世纪，又欣闻联合国教科文组织向全世界宣布首批“人类口述和非物质遗产代表作”名单，昆曲艺术名列榜首！真正精美的艺术，是超越时空界隔的。昆剧不是静止的文物古董，它是动的、还在活泼泼不断发展的传统文化。大师出则艺术兴。江苏省昆剧院出了一位杰出的表演艺术家张继青，她是当代各剧种戏曲艺术家中真正的艺术大家之一。一九八三年，首届中国戏剧“梅花奖”评选，张继青以满票名列获奖者榜首。高级的欣赏趣味，要求高级的艺术表现。江苏省现代艺人们在为传统艺术的生存发展，做着种种尝试和努力。昆剧，因为有了张继青和她的后继者张寄蝶、石小梅、胡锦芳、林继凡、黄小午等等，这样一些真正的表演艺术家，昆剧仍在继续不倦地提高与发展。这是南京艺术史之幸，中国艺术史之幸。艺术价值极高的昆曲艺术已名扬世界。曲高和寡，不是艺术的衰落，是国内观众的萎缩。

让优秀传统艺术摆脱濒危命运，必须重新寻回观众。使喜欢欣赏国外优秀交响乐、芭蕾、戏剧和现代舞蹈、通俗歌曲的国内观众，以及国际互联网的国内网迷们，也能成为本民族高雅艺术的知音者。这是需要文化艺术工作者和学校教育工作者，不断拓展思路去共同行动的目标。

此外,抢救名艺人、老艺人的优秀文化艺术成果刻不容缓,收集、整理、保存传统文化艺术资料档案,建立江苏省文化艺术优秀作品资料库,提供研究和借鉴利用是不容忽视的事。利用现代网络科技手段,让国内群众和年轻人、让世界人民了解中华民族的优秀文化艺术成果。这些均需得到各级政府和有关部门的扶持。

浙江省"九五"文化发展情况简析

浙江省文化厅计财处　李　俏

"九五"期间,是浙江省文化事业稳步发展、文化产业结构调整并取得阶段性成果的五年。文化事业由于财政投入逐年增加等一系列政策利好,正步入良性循环的轨道,值此一些标志性的文化基础设施相继得以建立,与"八五"期间比,文化事业各领域无论在质上或量上都有了明显的提高;文化产业经过五年的发展和调整,已初具规模,形成了一定的市场开拓力和竞争力。

一、"九五"期间文化事业、产业机构数总量虽有所减少,但已由过去单纯追求机构数量成长为追求机构布局合理、有文化品格和发展潜力的历史阶段。"九五"期间,文化主管部门加强了对文化市场的科学管理和整治,部分文化经营户被依法取缔或遭市场淘汰,文化市场经营单位数量有明显减少,质量却明显提高,文化市场朝着有利于实现资源优化配置的方向健康发展。至2000年,全省有各类文化事业、产业机构21876个,从业人员95635人,分别较1996年减少2677个、26227人,其中:娱乐业较1996年减少2418个、16589人;电影业减少689个、2671人;但一些主要文化行业和领域的从业人员却有所壮大,如艺术业、图书馆业、文物业的从业人员都比1996年有所增加,他们日益成为新的产业力量。

二、"九五"期间文化设施建设有了突破进展。浙江图书馆、浙江自然博物馆陈列馆、西湖美术馆、浙江音乐厅等重点文化设施相继建成,杭州剧院改扩建、浙江职业艺术学院、浙江儿童艺术中心、杭州大剧院等项目正在筹划建设中,西湖文化广场等标志性建设项目也即将动工,为文化产业的发展营造了良好的硬件环境。五年来,全省文化系统共建成项目121个,建成面积295.7万平方米,完成投资额10.4亿元,分别较"八五"期间增加42个项目、141.7万平方米、7.1亿元,无论在规模、水平上都较"八五"有了显著的提高。统计显示,2000年度浙江省筹建、在建、竣工的投资额在亿元以上的大中型文化设施就有6个,数量居全国之首。另一方面从投资渠道看,国家投入文化基本建设力度不断加大,但多元化的投融资格局尚未有效形成。据统计,2000年全省文化文物基本建设本年计划投资额为5.6亿元,在全国当年文化文物基本建设计划投资额(32.8亿元)中的份额较高,为17.1%;另外,从资金来源看,自筹资金、国家投资仍占绝对比重,占本年资金来源的69.7%,较1996年上升13.9个百分点;国内贷款也有较大提高,占24.2%,较1996年上升21.6个百分点;集资等其他资金则有所下降,占6.0%,较1996年下降33.4个百分点。

三、"九五"期间浙江省文化产业为国民经济的发展做出了积极贡献,但与全省GDP相比,因起步晚,有滞后于经济发展的现象,表现在比重仍偏低,速度过缓,未完全摆脱基础薄、竞争力弱的状况。五年间文化产业增加值(不含电影)共达74.1亿元,占全省GDP的0.3个百分点,占"九五"期间全国文化产业新创增加值1020.9亿元的7.3%;文化产业增加值的年均增长速度为5.7个百分点,低于GDP增长速度4个百分点,与浙江省经济发展情况不相符。但在全国32个省市中,浙江省文化产业显得相对发达,其增加值为14.1亿元,总量位广东、上海之后,占全国文化产业增加值203.1亿元的6.9%。今后随着浙江省"建设文化大省"步伐的加快,文化产业增加值占GDP、全国文化产业增加值的比重会不断提高,文化产业的地位和作用将得到进一步凸现。

四、"九五"期间财政对文化、文物的投入力度有所增强,较好地满足了公益性文化事业发展的需要。五年间全省文化、文物单位财政补助收入累计达15.63亿元,占全省财政总支出的1.03个百分点,年均增长速度为22.4%,高于财政总支出年均增长速度3.2个百分点。政府对文化、文物事业投入的持续增长,是浙江省"建设文化大省"战略目标的有效举措,据统计,2000年全省文化、文物财政补助收入为4.3亿元,较1996年增加2.4亿元,增长幅度为124.7%,增长幅度列全国第二位(居北京之后),人均文化事业费9.9元,若扣除文物事业费,人均文化事业费为7.99元,列全国第五位(居上海、北京、西藏、天津之后),比全国人均文化事业费5.11元(未含文物)高2.88元,表明了"九五"期间浙江省财政对文化的投资力度明显加大,在全国位居前列。另分专业看,公共图书馆平均每馆财政补助收入78.4万元,比全国平均数高28.1万元;群艺(文化)馆、文化站平均每馆(站)财政补助收入达4.9万元,比全国平均数高2.3万元;博物馆平均每馆财政补助收入58.2万元,比全国平均数高10.7万元,因此强有力的财政支持政策为浙江省文化、文物事业的持续健康发展提供了坚实的物质基础。

五、"九五"期间,艺术事业积极创新、文艺活动精彩纷呈,较好地满足了人民群众对文艺欣赏的需要。五年间艺术表演团体演出场次、观众人次稳步提高,分别由1996年的12316场、12507千人次上升到2000年的12695场、15117千人次;至2000年,艺术表演团体平均每团演出达161场,平均每场有1191人观看。期间,一批优秀文艺作品和个人在全国性评奖活动中取得了优异成绩,送戏下乡活动如火如荼,展现了"百花齐放"、"大众文艺"的风貌。

六、"九五"期间,社会文化活动成绩斐然,公共图书馆在修练内功的基础上不断推进信息化、网络化、数字化建设,尤其在加强人们文化修养、提高综合素质等方面起了积极作用。至2000年,全省公共图书馆总藏量达1715万册,房屋建筑面积27万平方米,人均藏书0.4册,比全国平均数高0.3册,人均购书费35分,比全国平均数多6分,人均建筑面积0.01平方米,比全国平均数高一倍;群艺馆、文化馆、文化站公用房屋建筑面积89.2万平方米,人均建筑面积0.02平方米,为开展文化活动提供良好的硬件环境。五年间,全省群艺(文化)馆、文化站共举办展览36619个,组织文艺活动97896次,占全国的7.3%;举办训练班54772个,占全国的8.4%;图书馆总流通人次3889万人次,占全国的4.3%,均高于全国平均水平,这表明有越来越多的人关注和参与到文化生活中来;同时,通过开展社区文化、企业文化、校园文化、广场文化,一些规模大、范围广、内容丰富、群众参与性强、富有浓郁乡土气息和民间地方特色的群众性文化艺术活动异彩纷呈,也调动了广大群众参与群文活动的积极性。

七、"九五"期间文物保护工作取得突破性进展,大批文物资源得到妥善保护和开发,多处博物馆、纪念馆、名人故居相继建成或在筹划中,各地掀起了文物保护和旅游开发的热潮。五年间,全省文化系统文博机构增加了17个,文物藏品量也由1997年的39万件上升到了2000年的49万件,共举办陈列展览1843个,占全国的4.1%;接待观众3354万人次,占全国的2.7%,基本上处于全国平均水平。

此外,"九五"期间电影业有关业务指标持续滑坡,放映场次由1996年的57万场次下降到2000年的21万场次,观众人次由1.2亿人次(平均每人每年看电影2.7次)下降到0.2亿人次(平均每人每年看电影0.5次),放映收入由1.9亿元下降到0.8亿元,发行收入由0.9亿元下降到0.4亿元。

总之,世纪之交的"九五",是浙江省文化事业、产业蓬勃发展,结构调整,继往开来的五年。展望"十五",在省委、省政府的重视和领导下,全省十几万文化工作者共同努力,通过深化文化体制改革、机制创新,继续加大投入、开拓市场、调整结构,坚持有所为、有所不为,推进浙江省的文化事业、产业沿着"建设文化大省"的目标健康发展。

安徽省"九五"期间文化设施情况综述

安徽省文化厅计财处

一、"九五"期间安徽省文化设施建设回顾

1.文化设施建设基本概况

"九五"期间,在各级党委、政府的关心和重视下,安徽省加大文化设施建设投入力度,文化设施建设呈现出良好的发展态势,建设规模和建设数量均达到历史最好水平,文化设施长期落后的局面有了较大的改观,有力地促进了文化事业的发展。据统计,"九五"期间,全省新建、改扩建文化设施项目110个,建筑总面积达41300平方米,总投资34600万元,其中国家投资约19000万元,占总投资额的55%(含政府交钥匙工程),呈现出国家投资有所增加,且向公益性设施建设倾斜的趋势。

2.文化设施建设的基本做法及经验

(1)围绕地方特色文化,加大对重点历史文化资源的保护和开发建设力度。例如:为了大力弘扬和发展黄梅戏艺术,安徽省投资兴建了安徽省黄梅戏艺术馆,寿县投资兴建了寿春博物馆,合肥市投资兴建了李鸿章故居陈列馆(李府);马鞍山市的李白墓和巢湖市的放王岗汉墓等也相继建成完工。

(2)构筑城市文明景观,加大对城市标志性文化设施的建设力度。近年来,全省先后新建了合肥市图书馆、芜湖市大众影都、宣城市文化中心、宁国市文化大世界等一批具有时代气息的大中型文化设施。

(3)拓宽筹资渠道,利用社会力量兴办文化设施。由安徽省国债服务中心独家赞助的安徽省图书馆新馆扩建工程已经竣工;马鞍山市图书馆引入私企"宝石娱乐总汇"230万元,建成1700平方米三层楼房,交给未来的儿童图书馆使用;由文化部门出地皮,社会力量投资兴建,按比例分成的滁州市群众艺术馆现已交付使用等。

(4)抓住机遇,推进基层文化设施建设。"九五"以来,在中央大力倡导加强精神文明建设的精神指引下,安徽省以创建"文化先进县"为纽带,在加大基层图书馆、文化馆和博物馆建设力度的同时,还重视农村文化站的硬件建设,以实施"杜鹃花"工程为龙头,带动农村文化站的全面建设。

(5)加大工作力度,努力营造全社会关注文化设施建设的良好氛围。通过对有关领导、有关部门的汇报,邀请他们参观先进文化设施,争取人大代表和政协委员提出有关文化设施方面的建议或提案,并在新闻媒体上进行呼吁和宣传,以引起各级领导和社会各界对文化设施建设的普遍关注和重视。

3.文化设施建设面临的主要问题和困难

"九五"期间,安徽省文化设施建设取得了长足的发展,但总体上,与全国兄弟省份相比,特别是与发达省份相比,还存在相当差距,主要表现在以下几个方面:

(1)各级政府对文化设施建设的重视程度

和支持力度有待加强。虽然中央早在“七五”时期就提出“县县有图书馆、文化馆，乡乡有文化站”的奋斗目标，但由于受经济条件的制约和其他人为因素的影响，至今仍有部分县(区)级图书馆、文化馆只有机构而无馆舍，或虽有馆舍但场地狭小、破旧，与经济和其他社会事业相比，文化设施建设始终难以放到应有的位置上。

(2)文化部门基建投资占全省基建投资总额的比例偏低、投资总量过小。“九五”期间，全省文化部门基建投资完成额占全省基建投资总额的比重仅0.2%，其中国家投资比例更低。文化事业的特殊性决定了文化设施建设仍然要以政府投入为主，政府投入比例偏低势必会制约文化事业的发展。

(3)文化设施的配套服务功能较差，特别是农村文化站设施、设备落后，已不能适应新时期农村精神文明建设的需要。

(4)标志性文化设施较少，没有形成有一定影响的现代化城市文化景观。

(5)现有的文化经济政策在文化设施建设方面无硬性和量化规定，操作上弹性较大，难以落实。

二、“十五”期间文化设施建设的思路和对策

“十五”期间，安徽省文化设施建设按照“统筹规划、选择重点、体现特色、分步实施”的总体思路，以建设标志性文化建筑为重点，努力改造一批落后、陈旧的文化设施，加强乡镇和社区文化设施建设，力争到“十五”期末，使各级文化设施做到布局合理、功能齐全，能够满足人民群众日益增长的文化需求。

为实现这一目标，在实际工作中，我们拟主要采取以下措施：

(1)将文化设施建设纳入当地国民经济和社会发展的总体规划，充分发挥以政府投入为主体的主渠道作用。

(2)通过招商引资、联合建房、股份合作的方式，新建一批文化设施。

(3)积极寻求社会赞助、支持，以求得文化设施建设资金的多渠道筹措。

几点建议：

(1)在推进文化设施建设方面，建议中央明确规定，文化设施建设在纳入各地总体规划的同时，必须纳入各级地方政府的任期目标，纳入财政预算，纳入考核内容，纳入奖惩制度。

(2)建议中央和省制定文化设施建设方面的有关政策、法规，在规划、立项、选址、建设、资金投入等方面给予必要的政策倾斜，以保证地方政府对公益性文化设施建设的正常投入。

(3)继续加大对地方文化设施建设的投入力度。随着生活水平的提高，人民群众对文化设施的需求将进一步增强。为改善文化设施的落后面貌，国家计委、文化部在“八五”设立的文化馆、图书馆、文物库房等文化设施建设专项，对引导、带动各地建设资金的投入起到了重要作用。建议中央继续保留文化(文物)专项补助，并扩大规模、增加数额、增强力度，结合“十五”专项建设规划，加快建设，使基层文化设施建设面貌得到根本性改变。

(4)建议国家能否发行“文化彩票”，争取群众参与，从中提取一部分用于文化设施建设。

(5)建议从城市建设维护费中提取一定比例用于文化设施建设。

繁荣发展的福建文化艺术事业

“九五”期间，全省文化市场从小到大，发展很快，现已初具规模。据统计，截至2000年初，福建省文化主管部门主管的各类文化经营单位为8899家，其中：歌舞厅486家，舞厅674家，卡拉OK厅1122个，餐饮卡拉OK厅675家，电子游艺厅2771家，桌台球厅674家，保龄球馆74家，综合娱乐场所254家，旱冰场74家，文化艺术经纪与代理8家，民间职业剧团345家，时装表演队15个，画廊、画店33家，美术公司3家，艺术品拍卖行8家，图书批发190家，文化系统审批管理的音像制品批发、零售、出租、放映经营单位1265家，从业人员207630人，文化经营单位拥有固定资产14.6亿元，年度主营收入8.62亿元，主营营业税金及附加0.96亿元，主营业务利润1.67亿元。各级文化市场管理部门遵循"一手抓繁荣，一手抓管理"的方针，切实加强文化市场管理，加大对违法违规经营行为的打击力度，针对不同时期文化市场存在的热点、焦点、难点问题，突出重点地开展专项治理整顿工作，先后对电子游戏机市场、歌舞娱乐市场、城郊录像放映市场、营业性演出活动及校园周边环境等进行了清理整顿，积极配合有关部门开展"扫黄打非"，加大了对歌舞娱乐场所及城乡结合部的庸俗表演，利用电子游戏机赌博、变相赌博和非节假日接待未成年人，电影市场放映走私影片等行为的打击力度。通过采取日常监督检查与专项治理整顿相结合的办法，扫除了大批精神文化垃圾，遏制了不良经营行为的滋生蔓延，有效地净化了社会文化环境。

"九五"期间，全省文化系统坚持用邓小平理论和党的十五大精神统一广大文化工作者的思想，围绕福建跨世纪发展的基本目标和基本任务，把力量凝聚到建设有中国特色社会主义文化上来，专业文艺、社会文化、文博事业、文化交流、文化设施建设等各个方面，在世纪之交都呈现出生机勃勃、繁荣发展的态势。

全省在对外、对台港澳文化交流工作中，充分发挥面对台湾，毗邻港澳、东南亚的地理优势及八闽地域的人文优势，把握政策、拓宽渠道，多方位地开展对外、对台文化交流工作，呈现出多品种、多形式、多层次、多渠道、全方位的格局，并形成了自己的特色，取得了丰硕成果。"九五"期间，经福建省文化部门审批办理成行出访的文化项目共317批，4185人次，出访了48个不同的国家和地区。来访交流的有28个国家和地区共150批，约3450人次。在众多的文化交往中，福建省许多表演艺术团组走上了国际演出舞台，并且陆续推出具有浓郁地方风格的艺术精品，加之漆画、书画、工艺品、民俗风情、花灯等民间文化艺术作品也都走出国门，让世界人民领略了五彩斑斓的八闽艺术。特别值得一提的是，闽台文化交流已经从原先单向、自由的、分散式朝着有双向、有计划、有目的、高层次、多方位方向发展。其中我省赴台交流有74批，616人次；台湾来闽交流有33批，538人次，居全国对台文化交流第四位。例如，福建历史悠久的闽剧、莆仙戏、高甲戏、梨园戏、芗剧等五大地方剧种相继访台，它们都以浓郁的乡土气息、原汁原味的表演程式、优秀的传统剧节目、现代化的灯光、新颖的导演手法传递了乡音乡情，在台湾全岛引起热烈的反响。这些文化交流活动为建设海峡两岸文化走廊，推动两岸经贸联系和两岸关系的发展，促进祖国统一大业产生了积极的作用。

在文物保护方面，按照"保护为主、抢救第一"和"有效保护、合理利用、加强管理"的方针和原则，逐步形成政府保护为主、动员全社会参与的文物保护新机制，维修保护了泉州洛阳桥、天后宫、上杭蛟洋文昌阁、泰宁尚书第、仙游蔡襄墓、福清弥勒石造像、晋江草庵、漳州石牌坊等一批重要文物史迹。文物考古发掘和研究有了新进展，1999年底在三明市万寿岩发现的旧石器时代遗址，经国家级专家论证，不但是福建史前考古的首次发现，更是国内少见的重要史前遗存，具有很高的学术价值。在博物馆（纪念馆）建设方面，先后建成我省首座"国"字号博物馆——中国近代海军博物馆、第一座省级革命历史纪念馆——省革命历史纪念馆、福建闽越王城博物馆、福州市博物馆、连江县博物馆等一批颇具特色和一定规模的博物馆（纪念馆），向社会开放。作为建国以来福建省最大的社会事业项目之一,总投资2.7亿元的福建省博物馆新馆工程已于2000年底封顶。全省现有世界文化与自然遗产1处,国家历史文化名城4座,全国重点文物保护单位计29处,省级历史文化名城4座,省级文物保护单位达204处,省级历史文化名镇(乡)6个,省级历史文化名村5个,县(市、区)级文物保护单位2300多处,形成国家、省、县(市、区)三级文物保护有效管理体系。

经过几年的努力,福建省以创建文化先进县为龙头,结合"海峡两岸文化走廊"、"芳草计划"、"蒲公英计划"等文化建设项目的实施,从队伍、设施、活动诸方面整体性推进福建省城乡文化建设。全省已有南安、建瓯、连江、福鼎、福州仓山区、龙岩新罗区、厦门同安区、建阳市、尤溪县、邵武市、古田县、泰宁县等12个县(市、区)被评为福建省首批文化先进县,第二批的鼓楼、闽侯、武夷山、沙县、上杭、晋江、石狮、福清、漳浦等9个县(市、区)也已通过考评,待省政府命名公布。其中,南安、建瓯、连江、福鼎、福州仓山区、厦门同安区、泰宁县等7个县(市、区)还荣获全国文化先进县称号。各地在认真总结经验的基础上,纷纷加大了创建力度,使创建活动向乡镇、街道、村居等基层单位延伸。通过文化先进县的示范带动作用,各地依据自身的基础和条件,广泛发动、精心组织了形式多样、各具特色的社区文化、村镇文化、广场文化、企业文化、校园文化活动,努力丰富人民群众的精神文化生活。在此基础上,省里相继数度举办"福建艺术节"、"福建省音乐舞蹈节"、"福建书画节"、"福建曲艺节"、"福建少儿节"以及全省民间职业剧团调演,全省少数民族文艺调演等一系列导向性的大型文化活动,有力加强和巩固了社会文化阵地,促进了人们艺术鉴赏水平的提高。此外,全省还有莆田县(农民画)、仙游县(民间戏曲)、莆田涵江区(民间音乐)、松溪县(版画)、永春县(纸织画)、柘荣县(剪纸)、石狮市蚶江镇(灯谜)、华安县(玉雕)、漳州芗城区(灯谜)、东山县(民间音乐)、诏安县(农民画)、漳平市新桥镇(农民画)、同安县(农民画)、建阳县(工笔画)、晋江市(民间绘画)、漳浦县(剪纸)、龙海市(农民画)、晋江磁灶钱陂村(书法艺术)、福州晋安区(寿山石)等19个县(市、区)镇被评为"中国民间艺术之乡"。

随着文化地位的提升,各级政府加大了对文化基础设施的投入,促使福建省文化设施建设长足发展。截至1999年底,全省公共文化设施面积达102.5万平方米,其中"九五"期间建成使用的为32.3万平方米,占总面积的31.5%,总投资逾3.84亿元。特别是1998年省委、省政府把扶持基层文化建设列入"为民办实事"项目,拨款1000万元,扶持3个地市艺术馆,24个县级文化馆、图书馆,100个乡镇文化站建设,从而进一步促进了各级党委、政府加大基层文化设施建设。到目前为止,全省有地级艺术馆9个;图书馆6个;县(市、区)级文化馆81个;图书馆76个;少儿图书馆3个;文化站1051个;初步达到县县有文化馆、图书馆,乡乡有文化站的要求。一批代表福建省经济社会发展总体水平的标志性文化设施如省图书馆、省博物馆、福建大剧院等重点项目相继建成或开工投(筹)建,各地也有一批重点文化设施相继建成或即将建成,这就为福建省跨世纪文化事业的发展和繁荣提供坚实的基础。

精心规划和组织艺术生产和艺术活动,促进文化艺术的全面繁荣,始终是全省文化工作的一项中心任务。"九五"期间,全省专业艺术舞台共创作上演了100多部新剧目,并产生了话剧《沧海争流》、闽剧《贬官记》、高甲戏《金魁星》、梨园戏《皂隶与女贼》、歌剧《阿美姑娘》、《素馨花》、木偶剧《少年岳飞》、《五里长虹》等一批思想性、艺术性和观赏性兼备,深受广大人民群众喜爱的艺术精品;音乐舞蹈美术杂技方面,创作了舞蹈《戏痴》、《高原云踪》、歌曲《数鸭子》、漆画《花季》、杂技《命运——倒立技巧》、《蝶恋花——柔术转毯》等数百件比较优秀的作品。省文化厅先后在北京组织了'97福建剧展、福建省古老剧种晋京汇报演出、福建当代书画展等重大艺术活动。以及福建省

“普天同庆香港回归”、庆祝中华人民共和国成立50周年《祖国万岁》、第三届福建艺术节和庆祝澳门回归祖国《莲花翩翩》等规模大、科技含量比较高的大型综合性文艺晚会和文艺活动。“九五”期间，在“五个一工程”建设、“文华奖”、“曹禺戏剧文学奖”等全国性重大文艺比赛、评奖和“中国艺术节”等全国性重大艺术活动中，福建省共有10多部作品获奖，特别是话剧《沧海争流》囊括了“五个一工程”奖、“文华大奖”和“中国艺术节大奖”等全国最高奖项，标志着福建“戏剧强省”的地位进一步巩固。同时，在“九五”期间举办的全国社会文化最高奖“群星奖”、“全国美术展览”、全国少数民族文艺“孔雀奖”、全国少儿文艺“蒲公英奖”、全国杂技“金狮奖”等国内重大文艺赛事中，福建省参赛作品斩金夺银，屡创佳绩，在全国产生较好影响，充分展示了世纪之交八闽文苑精品迭出、异彩纷呈的景象

* *

山东文化事业“九五”期间基本情况简析

山东省文化厅计财处　张芳兰

“九五”期间在山东省委、省政府的正确领导下，认真贯彻江总书记的“三个代表”，尤其是代表中国先进文化前进方向的重要思想。坚持为人民服务、为社会主义服务的方向，贯彻百花齐放、百家争鸣的方针。弘扬主旋律，坚持多样化，以发展为主线，改革创新为动力，经过全省文化工作者的共同努力，山东文化事业得到了长足的发展。截止2000年底全省共有各类文化机构3145个(不包括文化娱乐经营单位)，全部职工21358人，年财政拨款32731万元，基建拨款8224万元。各项文化事业发展和现状的具体情况是：

一、文化事业基本情况

1. 艺术事业

艺术表演团体：2000年底文化部门艺术表演团体118个，全部演职人员5943人，与1996年比机构数基本持平，全部演职人员比1996年6090人减少147人。主要剧种有：话剧团3个，歌剧、歌舞团26个，戏曲剧团82个(其中京剧团20个)，杂技团7个。2000年国内外演出场次2.3万场，国内观众达2.5万人次，平均年每团演出190场，比1996年1.9万场增加0.4万场，增长0.83%。演出场次增加的主要原因，主要是部分市地相继出台了演出场次与财政补助挂钩的管理办法，极大地调动了广大演职员人员积极性。并以多种形式拓宽演出渠道，挖掘市场潜力，一改过去被动等待演出的做法，主动走出去，千方百计地去适应市场，开拓市场，占领市场，增加演出场次，提高演出收入，演出市场进一步活跃，在不断满足人民群众日益增长的文化需求的同时，取得了较好的社会效益和经济效益。

艺术表演场所：2000年底文化部门艺术表演场所105个，全部职工2473人，座席数10.5万个。与1996年比机构数111个减少6个，人数2727人减少254人。2000年全年事业收入2290万元，艺术演出、电影放映、录像放映9.5万场，观众达1051万人次。剧场、影剧院减少的主要原因，是由于近几年电视冲击力日趋加大，部分影片质量不理想，戏剧演出不够景气，剧场、影剧院演戏及放映电影上座率低。有的剧场、影剧院建成年份时间较早，由于受当时经济条件的限制，建筑结构单一，行同礼堂，部分设备落后，已不能适应目前演出的需要，又因资金短缺，不能及时地更新改造等种种原因所致。

艺术创作研究机构：2000年底艺术创作机构55个，全部职工人数485人。

山东文化艺术事业“九五”期间紧紧围绕着繁荣创作这个中心，艺术创作繁荣似锦，硕果累累。文艺舞台上好戏连台，群星荟萃。思想性、艺术性、观赏性相统一的优秀剧目不断涌现。2000年全省共完成剧本创作70部，其中，话剧11部，戏曲48部，歌舞、音乐剧6部，儿童剧5部。山东省吕剧院《苦菜花》获“文华大奖”，青岛市话剧院《工人世家》、济南市儿童剧《宝贝儿》获文化部“文华新剧目奖”。《工人世家》还获中宣部“五个一工程奖”。《苦菜花》、《工人世家》、济宁市《儒乡鼓韵》参加了第六届中国艺术节演出，《苦菜花》获艺术节大奖，《工人世家》获优秀剧目奖。山东省杂技团节目《车技》、《草帽》、《转碟》分别荣获全国杂技比赛最高奖——“金狮奖”和八个单项奖，聊城市《小飞叉》获“银狮奖”。山东省杂技团《车技》节目还曾多次获奖，最高奖项为1997年获第二十一届摩纳哥蒙特卡洛国际杂技马戏节“金小丑”奖。济南市《宝贝儿》、淄博市五音戏《腊八姐》获得第八届“中国人口文化奖大奖”。

2. 公共图书馆

截止2000年全省共有公共图书馆133个，其中少儿馆1个，全部职工2506人。比1996年图书馆131个增加2个，全部职工2359人增加147人，基本上是稳步增长。目前全省已有89个图书馆进入国家级馆行列。除武城县、禹城县、临邑县没有图书馆外，基本达到了县县有图书馆。2000年馆舍面积24万平方米，其中达到1000平方米以上的有83个。拥有藏书1988.6万册，其中图书1501.4万册，全省平均每人拥有藏书0.22册，为读者举办各种业务活动1042次，有45.2万人参加。

3. 群众文化事业

截止2000年全省群众艺术馆、文化馆159个，从业人员3055人，与1996年比机构数基本持平，人数3237人减少182人。2000年举办各种展览1032个，组织文艺活动4156次，举办各种训练班2348次。群众文艺创作进一步活跃，2000年在全国第十届“群星奖”评选中，获得1金2银5铜的成绩，在全国首届少儿文艺“蒲公英奖”比赛中，获得9个金奖，成绩居全国第一。

4.艺术教育事业

截止2000年全省文化部门有9所艺术中专学校，全部教职人员达1084人。有5所艺术学校被评为省部级重点中专，其中1所被评为国家级重点中专。近几年来，各艺术学校积极进行教育改革的探索，拓宽办学路子，提高办学效益，使艺术教育事业迅速发展，多年来全省艺术学校向社会输送了万余名毕业生。

5.文化市场管理

“九五”期间文化市场迅速发展，全省文化市场已行成了从省到乡镇的四级管理网络。2000年省、市、县(市)的专职文化市场管理机构和稽查机构191个，专职管理人员843人。在文化市场管理上，坚持“一手抓繁荣，一手抓管理”，制定了《山东省文化市场管理条例》，并在全省实行了全国统一的《文化经营许可证》和《中华人民共和国文化市场稽查证》，实行持证上岗制度，全省文化市场繁荣有序，健康发展。

二、文化事业经费的基本情况

“九五”期间，山东省文化事业经费虽然有一定的增长，但增长速度缓慢。全省文化事业财政拨款1996年20683万元，1997年25746万元，1998年28177万元，1999年32550万元，2000年32731万元。分别增加了5063万元、2431万元、4373万元、181万元，增长了24.5%、9.5%、15.5%、0.6%。各项文化事业财政拨款的情况是：

1. 艺术表演团体财政拨款1996年5052万元，1997年6140万元，1998年6272万元，1999年6850万元，2000年7952万元。分别增加了1088万元、132万元、578万元、1102万元，增长了21.5%、2.2%、9.2%、16.1%。

2. 公共图书馆财政拨款1996年3137万元，1997年4791万元，1998年5192万元，1999年5254万元，2000年6129万元。分别增加了1654万元、401万元、62万元、875万元，增长了52.7%、8.3%、1.2%、16.7%。

3. 群众文化事业财政拨款1996年4906

万元,1997 年 5681 万元,1998 年 6267 万元,1999 年 6985 万元,2000 年 7294 万元。分别增加了 775 万元、586 万元、718 万元、309 万元,增长了 15.8%、10.3%、11.5%、4.5%。

从以上财政拨款的情况看,经费增长比例基本趋于平稳上升的局面,但由于受物价上涨的影响,文化事业单位的水电费、取暖费、办公费、差旅费等支出都相应增加,而且财政拨款大部分都用于人员经费方面的开支,实质上是现有的经费只能维持人员经费方面的开支,业务活动由于资金所限难已开展。目前山东省经费最为突出的矛盾是艺术表演团体经费问题,由于近几年来工资增幅较快,差不多每年都有增资项目,因为剧团是部分财政补助单位,所以每次增资财政都不能保证按增资数额核拨经费,造成剧团经费差额部分越来越大,有的剧团连工资都不能足额发放,由于经费不足的原因,严重地制约了文化艺术事业的发展。鉴于以上原因,建议山东省各级财政部门应加大对文化事业经费的投入,对文化事业经费的增长比例不应低于财政增长比例,同时还应考虑到物价上涨等因素,逐步提高山东省的文化事业经费占财政总支出的比重。

三、文化基建投资

"九五"期间山东文化设施取得了重大进展,省里投资 1.2 亿元建设了山东省图书馆(一期工程),建筑面积 3.58 万平方米,二期工程已开工投资 0.5 亿元,翻建了山东省艺术馆业务综合楼,投资 0.5 亿元翻建改造了山东剧院演出楼。烟台市投资 0.8 亿元建设了烟台市图书馆,建筑面积 1.6 万平方米。十四届六中全会后,各级政府更加注重文化事业的发展,加大了对文化设施的投入,建成了一批条件较好的文化设施,增强了文化事业的物资基础。但是也应该看到目前山东省现有的文化设施已经远远落后于上海、浙江、江苏等省市。省会城市济南没有一处剧场能接纳演出阵容较大的剧团,大型晚会一般都在省体育馆演出,与建设齐鲁文化大省的要求相差甚远。望各级政府加大对文化设施的投入,把山东省建设成与山东经济发展相适应的,具有齐鲁文化特色的文化大省、强省。

"九五"期间,山东文化成就辉煌,硕果累累。在新的世纪里,山东要充分发挥艺术创作演出、公共图书馆、群众文化、文化市场、对外文化交流等多方面的优势,不断创造出更好更多的文化产品,满足人民群众日益增长的文化需求,勇于探索,开拓创新,努力做先进文化的建设者和传播者,再创山东文化艺术事业新的辉煌。

青岛市文化局"九五"文化事业概述

"九五"是我市文化事业极不平凡的五年。在党的十四届六中全会和十五大精神指引下,全市文化工作紧紧依靠市委、市政府的领导,高举邓小平理论伟大旗帜,坚持"二为"方向和"双百"方针,解放思想,开拓创新,按照"六个三"的工作思路,团结一致,扎实工作,取得了显著的成绩和长足的发展,进一步增强了文化事业的生机和活力,实现了文化建设的全面推进,较好地满足了人民群众日益增长的多方面的文化需求,为全市改革开放和经济建设提供了良好的文化环境和精神动力,为实现在新世纪初把我市建设成为现代文化强市的宏伟目标奠定了坚实的基础,积累了初步的经验。

一、"九五"期间文化工作的回顾

(一)以文企联姻为重点,继续深化文化体制改革,艺术生产力得到初步解放,精品创作成绩斐然。

“以高尚的精神塑造人,以优秀的作品鼓舞人”是文化建设的首要任务。能否不断解放艺术生产力,多演戏,演好戏,多出精品力作,是检验一个地区文化工作质量的重要标志。近年来,我们根据中央和省、市委关于深化文化体制改革的批示精神,联系青岛实际,率先实施了以文企联姻为重点的市直专业院团改革。自1993年起,市直各院团在与海尔集团、海信集团联姻的基础上,1996年又相继与澳柯玛集体、海天大酒店等著名企业联姻,发展成四院十团的新格局。全市企业每年资助专业院团的固定经费达200多万元。联姻后的院团,原隶属关系不变,编制不变,市财政拨款不变,对外演出时冠以企业名称,既缓解了经费困难的矛盾,又为企业培训了艺术人才,协助开展了文化活动,为企业塑造了良好的社会形象。在文企联姻的基础上,1999年市文化局又与市财政共同制订了《市直艺术表演团体财务管理办法》,改革了市直专业院团经费划拨办法,使国拨经费大幅度增长,初步达到了养艺术事业不养闲人的目的。同时,在各院广泛推行全员聘任和职称评聘分开的人事管理办法,加强内部管理,调动了艺术工作者的积极性。我市文企联姻的经验和做法,得到了中宣部、文化部领导的充分肯定,并在《人民日报》等中央媒体多次报道。文企联姻,深化改革,推动了文艺团体艺术生产力的解放,各院团连续创作演出了一大批优秀作品。如:市话剧院创作演出的话剧《我爱我班》荣获中宣部1996年度“五个一工程”奖、山东省实施五个一工程突出贡献奖、文化部1996年全国儿童剧调演一等奖及1997年度文化部“文华奖”新剧目奖。市民族艺术剧院创作演出的现代吕剧《无品芝麻官》荣获山东省吕剧调演一等奖,并被改编成电视剧,荣获1997年度中国电视金鹰奖二等奖。1998年市话剧院创作演出的《工人世家》荣获山东省第六届艺术节数项大奖,入选1999年度中宣部“五个一工程奖”和2000年第六届中国艺术节银奖。市歌舞剧院李永昌创作演唱的歌曲《不屈的尊严》荣获1999年中宣部“五个一工程奖”。2000年市京剧院的新编儿童京剧《生死峡谷》应文化部邀请,分别参加了在北京和长沙举办的全国优秀儿童剧节目调演,获优秀演出奖。

(二)以唱好“文化四季歌”为主线,以创建社会文化先进市(区)为总抓手,城乡文化活动丰富多彩,为青岛的现代化建设营造了良好氛围。

为更好地繁荣人民群众的文化生活,为青岛的经济建设和对外开放提供精神动力,我们自1998年起连续三年推出文化活动“四季歌”,即“樱之春”音乐舞蹈周、“青岛之夏”艺术节、“金秋十月”合唱周、“个十百千万”迎新春系列文化活动,使青岛城乡文化“月月有活动,季季有高潮”,形成制度化、规范化。全市广场文化、社区文化、校园文化、企业文化、专业文化交相辉映,大大提升了青岛的城市文化品位,营造了安定、欢乐、祥和的文化氛围。2000年的“四季歌”更是丰富多彩。新年春节期间,在八大关小礼堂组织了2000青岛市中外友人“龙之春”民族音乐会,在天后宫举行了“世纪金钟”揭幕敲钟仪式;正月初五至初七,在市人民会堂和天后宫举行了“新正”民俗文化庙会,正月十五在汇泉广场组织了青岛市“龙腾狮舞闹元宵”活动;“五一”前后,为了给放长假的市民和来青游客营造一个浓郁的文化氛围,组织了第三届“樱之春”音乐舞蹈周,共组织5场室内演出和50多场广场文艺演出,每天活跃在舞台上的演职人员达千人,观众5万余人;市民俗博物馆还组织了“少儿民俗工艺巧制作活动”和“天后民俗文化旅游活动月”活动。同时,启动了2000年“发达商厦露天影院”;8月4日至15日,组织了第十二届“青岛之夏”艺术节,组织文艺演出22场,文化广场演出40场,露天电影达50场,各类展览比赛15项,共计100多项，创历届艺术节之最。国庆节期间，我们组织了庆祝建国51周年文艺晚会暨“金秋十月”合唱周开幕式、“祖国颂”专题电影展、2000中外摄影家聚焦青岛摄影优秀作品展、天后宫重阳敬老同乐会等50多场次的丰富多彩的文化活动。另外，自4月26日至10月底，为适应市民和外地客人假日旅游的文化需求，与市委宣传部联合举办了“欢乐假日——广场文化系列主题活动”，共组织广场演出369场，观众达530万人次。截止10月份，市及各市区共组织广场文艺演出2650场，受到社会各界的广泛好评。为了迎接新世纪到来，我局与市委宣传部、青岛晚报共同组织了“百姓眼中的家乡巨变”——迎接新世纪“九五”回顾摄影大赛；与市委宣传部、市新闻出版局、生活导报共同发起了“把今天留给未来——2000.12.31全天候大追踪摄影纪实活动”；与有关部门一起精心组织了2001年新年音乐会、艺术巡游、拥抱新世纪大型笔会等各项重大活动。

“九五”期间，在专业艺术表演创作取得辉煌成绩的同时，其他艺术门类和群众文艺创作也有了新的进展。1996年，刘元鸣同志创作的戏剧小品《同在蓝天下》获中央电视台主办的第三届全国戏剧小品大赛演出银奖和编剧金奖，即墨市的小品《心的呼唤》和莱西市的小品《今晚不谈那个》在山东省农民文化艺术节上分别获得金奖和银奖。1998年，纪宇创作的长诗《97诗韵》在全国引起较大反响，获山东省精品工程奖，王伟的国画《祈盼》获文化部“群星奖”金奖。刘元鸣的小品《入静》获98中国曹禺戏剧文学奖一等奖。1999年市爱乐合唱团演唱的《海鸥回来了》获文化部第九届“群星奖”银奖；杨越、陈锡岩、王迪的美术作品获第九届全国美展铜奖。2000年度，市歌舞剧院业余合唱团的《赶牲灵》、《沂蒙远眺》获2000年中国合唱节金奖；市艺术馆辅导推荐的舞蹈《鼓韵》、曲艺《压岁钱》分别荣获文化部组织的全国首届“蒲公英奖”创作、表演、辅导的五个金奖一个银奖，舞蹈《鱼水情深》获第十届全国“群星奖”铜奖，舞蹈《尘缘》获第十届全国“群星奖”优秀奖。市少儿合唱团获第五届中国国际合唱节铜奖。王伟的国画《硕果》荣获全国美展银奖。张京的文章荣获省委宣传部“刘勰杯”文艺评论奖。

“九五”期间，我们继续以创建全国、全省社会文化先进市区活动为总抓手，协调各市区文化主管部门不断提高文化建设水平，继平度市、四方区跨入全国先进文化市区之后，市北区于1997年、胶南市于1998年、李沧区于2000年先后跨入全国先进行列。莱西市于1998年被省委省政府命名为省级社会文化先进市。其他市区也加大了创建力度。在搞好市区文化活动的同时，还开展了市直专业剧团与农村乡镇“文农联姻”活动。组织文化下乡、文化扶贫、“为农村儿童送戏捐书”、“文化大篷车”等广大农民喜闻乐见的活动，使农村群众的文化生活需求也得到较好的满足。为解决农民看电影难的问题，认真实施“2131”目标，自1998年起连续三年举办农民电影节。1999年，在进行调查研究，报请市政府办公厅转发了《报告》。2000年5月25日，召开了现场会，组织了“农行情”第三届青岛农民电影节，一个半月的时间，就为全市农民放映10300余场，观众达550万人次。李沧区还荣获文化部授予的全国万里边疆文化长廊先进区称号。胶州市、胶南市还被文化部命名为“民间艺术之乡”。2000年，崂山区还被文化部命名为“民间文学之乡”。

“九五”期间，我市对外文化交流活动日益频繁，取得了突破性进展。我们认真加强对外文化交流归口管理。特别是2000年，先后承办了奥地利维也纳施特劳斯交响乐团、摩纳哥蒙特卡罗现代芭蕾舞团、丹麦现代设计艺术展等十余项国外高水平的访青演出和展览。我市民族艺术剧院参加2000汉城国际鼓乐节获得第二名；市民族艺术剧院、市歌舞剧院、崂山农民舞狮队、四方少儿舞蹈队等也先后出访克罗地亚和日本、韩国。11 月 20 日至 12 月 20 日，我们还成功举办了 2000 青岛国际版画双年展。这次展览是经文化部批准的大型国际文化交流活动，也是我国第一次承办的国际性版画展览。文化部已将其作为跨世纪的文化活动之一，于 12 月 27 日调到北京炎黄艺术馆展出。中央、北京 40 余家新闻媒体作了广泛报道，扩大了青岛的对外影响。每年对外文化交流活动达 30 余项，有力地提高了青岛的知名度，扩大了青岛文化的对外影响。

（三）文化设施建设发展迅速，一批标志性文化设施相继建成，为青岛文化的现代化奠定了物质基础。

“九五”期间，青岛市委、市政府为改变文化设施落后的状况，加大投资，建设了一批标志性文化设施。先后投资 1.2 亿元建成了占地 105 亩、建筑面积近 3 万平方米的青岛市文化博览中心（含市博物馆、市美术馆），其中美术馆于 1998 年 8 月 8 日正式对外开放，先后承办了第四届全国水彩粉画展、98 山东省油画作品展、99 青岛国际美术邀请展、中国优秀版画展、2000 青岛国际版画双年展等大型展览，在国际和全国美术界产生了一定影响。投资 1500 万元改造了市人民会堂，投资 700 万元修复了天后宫（市民俗博物馆）。2000 年 9 月 30 日，投资 800 万元的康有为故居也正式对外开放。投资 20 万元的棚户区陈列馆工程已基本结束。目前尚在筹建中的市属文化设施还有：投资 6500 万元的市图书馆扩建改造，同时，各区市也加快了文化设施建设步伐。黄岛区投资 3700 万元建成了建筑面积 1.5 万平方米，包括图书馆、文化馆在内的科技文化大厦；市南区投资 1500 万元新建了文化馆和社区文化中心；城阳区投资 2500 万元建设了一个园林式文化广场和一座集图书馆、文化馆为一体的文化娱乐中心；即墨市吸引外资兴建了即墨市文化娱乐中心和大家乐娱乐城；莱西市建成并开放了 2 万平方米的崔子范纪念馆和 2300 平方米的图书馆。

（四）文化法制建设不断加强，文化市场逐步进入繁荣有序的轨道，为青岛文化的现代化创造了有利的外部环境。

改革开放以来，青岛的文化市场日趋活跃。我们始终坚持“一手抓繁荣，一手抓管理”，不断加强法制建设和队伍建设。在认真贯彻国务院《娱乐场所管理条例》、《山东省文化市场管理条例》等法规的同时，还联系青岛实际，争取市政府和市人大常委会相继出台了《青岛市文物保护暂行规定》、《青岛市文化娱乐市场管理条例》等地方性法规，较好地处理了经济建设和文物保护的关系，规范了文化市场经营行为和管理行为。另外，为进一步加大文化市场管理的力度，根据国有和省、市的统一部署，建立了文化市场稽查制度、违法违规经营行为举报奖励制度，不定期进行文化市场稽查，打击不法经营行为，促进了文化市场的繁荣有序发展。2000 年 3 月 22 日至 4 月底，与市公安、工商、新闻出版、教育等部门联合开展了对学校周边环境的清理整顿，加大了对博彩型电子游戏场所的查处力度，并会同环保等部门开展了“给考生送安静”噪声扰民联合大检查，配合团市委等部门开展了“让未成年人远离‘三厅一台’活动”。2000 年 7 月至 9 月，我们根据国务院办公厅和省政府电视电话会议精神，认真组织开展了加强娱乐服务场所管理和电子游戏经营场所专项治理工作，取得显著成果。全市共检查电子游戏经营场所 419 家次，从事经营性电脑游戏的电脑房、网吧 85 家次，录像放映厅 55 家，共查扣、没收不同机型、机种的游戏机 1067 台，电路板 76 块，查扣电脑主机 91 台，没收主机 16 台，责令停业 13 家，罚款 22420 元，并分别在黄岛区和平度市召开现场会，公开销毁了博彩型电子游戏机 530 台，电路板 289 块。经重新审核，取缔无证和证照不全电子游戏、电脑游戏业户137家，压减47家，压减比例为54%，得到全国和省检查组的充分肯定。

在加强文化市场管理的同时，进一步加强了队伍建设和行政执法制度建设，不断提高执法人员的政治素质、业务素质和执法水平。2000年承办了山东省电子游戏机经营场所经理青岛片培训班，培训人员80余名。为了加强社会监督，制定了《青岛市举报文化娱乐市场违法违规经营行为奖励办法》，聘请了一批娱乐场所义务监督员，推动了我市文化娱乐市场的繁荣发展。

(五)解放思想，树立产业观念，文化产业开始了破题研究与起步。

随着社会主义市场经济体制的逐步完善，文化产业作为世界共认的“朝阳产业”，逐步成为第三产业的支柱产业的趋势日益明显。我们紧紧抓住这一有利时机，1999年上半年，在局直单位和各市区文化部门中广泛开展了“如何发展文化产业”的大讨论。通过讨论，广大干部职工深刻认识到加强文化产业发展是形势的需要，是文化事业自身发展的迫切需要，增强了发展文化产业的紧迫感。在大讨论的基础上，召开了“青岛市文化产业发展研讨会”，在广泛研讨、统一思想的基础上，市文化局从青岛社会发展的总体目标出发，制订了《青岛市文化产业发展规划》，理清了近期我市文化产业的发展思路，提出了奋斗目标和具体措施。各市区文化主管部门也结合本地实际，研究制订本地区的文化产业发展思路。我们坚持边讨论边实践，按照文化产业发展的思路，首先调整了市直专业剧团结构，将市曲艺团整建制并入市歌舞剧院，实现了设施资源的合理配置，进一步解放了艺术生产力。其次将市广告公司与美术设计公司合并，实施规模经营，抢占市场份额，仅1999年完成广告经营额达700万元，实现利税30万元。再次对青岛民俗博物馆和各剧院等企事业单位实行了经济责任目标管理办法，并坚持奖惩兑现。市电影系统成立了电影广告、影视文化器材分公司和银星文化旅游公司，走出了“以影为主、多种经营”的发展路子。2000年，出资290万元买回了永安大楼使用权，成立了青岛市艺术品市场和青岛文化画廊。市歌舞剧院筹款200万元，完全按照市场化运作模式，推出了大型舞蹈诗《大海梦幻》，走出文艺创作和演出产业化运作的路子。为了加强对全市文化产业发展的协调，抽调专门人员成立了“文化产业处”。

(六)统筹兼顾，认真做好图书、文博工作，文化工作总体质量有较大提高。

各级公共图书馆认真实施“金图工程”、“知识工程”，广泛开展了服务宣传周活动。市图书馆发挥全市文献信息中心优势，提高服务质量。每年接待读者25万余人次，借阅图书66万册次。各市区图书馆不断提高服务水平，扩大服务网络，在全国第二次公共图书馆评估定级中取得好成绩。平度、胶州、四方图书馆被评为一级馆，李沧、胶南图书馆被评为二级馆，市北、莱西图书馆被评为三级馆，我市评估成绩列全省首位。为推动村镇街道图书阅览工作的开展，市文化局还评选命名了18个先进基层阅览室。

文物工作继续贯彻“保护第一，抢救为主”的方针，进一步强化了保护与管理工作。1997年市委、市政府充实调整了青岛市文物管理委员会，成立了由市政府主要领导任主任的新的文管会。1998年，对胶州宋代古钱币城、城阳法海寺、华严寺等重点文物进行抢救性修复，完成了博物馆新馆北魏大佛石像的搬迁工程，召开了全市田野文物保护工作会议。1999年加强历史文化名城宣传，公布了青岛市第六批文物保护单位，协助有关部门开放并合理利用了迎宾馆、天主教堂、基督教堂等一批文保单位，抓好了文物地图集的编撰工作，对天柱山魏碑、康有为墓等进行了保护性维修。2000年，认真落实了市人大1号议案，完成了康有为故居的修复和布展,于9月30日正式对外开放。另外,加强文物执法和文物鉴定工作。在加强文物保护和管理的同时,注意发挥文博部门的社会教育作用,每年各级博物馆、文管所共举办展览近百个,吸引观众40余万人次。市博物馆于2000年完成了大型基本陈列《青岛历史文明之光》,正式对外开放,并组织展览30余个,观众达10余万人次。市民俗博物馆成功举办了“民藏瓷器珍品展”、天后宫“新正”民俗文化庙会等民俗活动和展览,受到社会各界的欢迎。

为进一步扩大文化工作的影响,树立文化人的良好形象,加大新闻宣传力度,加强与中央、省、市新闻单位的沟通与联系,主动通报情况,围绕不同时期文化工作的重点,搞好文化工作的评论与宣传。配合市委宣传部协调市各大新闻单位组织了每年一次的青岛市十大文化新闻评选。在《通俗文艺报》开辟《青岛文化专版》,及时反映了全市文化工作的情况,编印出版了《青岛文化五十年》大型画册。

二、“九五”期间文化工作的基本经验

“九五”期间,我市文化工作在以往的基础上取得了长足的进步,许多工作在国内处于前列,在省内外产生了一定的影响。同时,多年来文化工作的实践,使我们初步积累了一些在新的历史条件下做好文化工作的基本经验。这些经验既是文化系统广大干部职工集体智慧的结晶,又是今后我们工作所应遵循的基本要求。

(一)繁荣文化事业,必须有一个明确清晰、切实可行的工作思路。

随着社会主义市场经济体制的逐步确立和不断完善,文化事业的繁荣和发展面临着许多新的矛盾和问题。在这种情况下,能否在坚持“二为”方向、“双百”方针的前提下,紧密联系本地实际,理清找出一个既符合中央、省、市委指示精神,又能满足广大群众日益增长的精神文化需求的文化工作发展思路,对于全市文化事业的可持续性发展有着十分重要的意义。根据市委、市政府的要求,从1996年开始,市文化局在认真研究、反复论证的基础上,确定了“九五”期间“六个三”的工作思路,即“实现三个目标、抓好三个重点、拓宽三条渠道、发挥三个优势、达到三化要求、做到三个适应”。然后又根据每年的不同情况,确定不同的工作重点。1997年重点抓了“两建”、“两创”、“两树”工作,即全力以赴抓好文化设施建设,集中精力搞好文化队伍建设;上下努力搞创建,千方百计抓创收;牢固树立精品意识,进一步树立文化人的良好形象。1998年提出以繁荣文艺为中心,“抓硬件、促软件、出精品、育人才”的工作重点。1999年,提出了牢牢依靠一个中心,紧紧围绕两大任务,切实抓好三个重点,进一步唱好文化四季歌,努力实现“五新”目标的工作思路。2000年,又提出了努力完成文化事业“八大工程”的工作思路。思路出效益,思路出成果,思路决定出路。可以说,近几年我市文化事业之所以能取得很大的进步,与我们始终有一个明确清晰、切实可行的工作思路是分不开的,好的工作思路往往可以达到事半功倍的效果。

(二)繁荣文化事业,必须使文化系统全体干部职工保持良好的精神状态,开拓进取,争创一流。

工作思路确定之后,人的因素就是首要的决定因素。在新形势下,如果没有一支高素质的文化工作者队伍,文化事业的发展和提高只能是一句空话。因此,“九五”以来,我们一直把文化队伍的组织建设和思想作风建设摆在重要位置,以“三建一带”活动为载体,坚持不懈地抓了领导班子建设和党员队伍建设,使整个队伍的精神面貌发生了深刻变化。这些年,我们反复强调“增强责任意识,发扬主动精神,提倡协作态度,注重效能观念,树立服务思想”五句话要求,同时,在领导干部中积极倡导“认真学习的风气,积极探索的风气,求真务实的风气,勇于负责的风气"。要求牢固树立政治意识、责任意识、大局意识、服务意识。我们坚持了各区市文化局长例会制度,做到上情下达,下情上达,上下形成合力。对市文化局机关处级干部和部分文化单位的领导班子实行了竞争上岗和轮岗,先后表彰树立了海尔儿童艺术剧团、"十佳青年演员"、"新时期文化工作八大员"、群众文化先进工作者等先进典型,使大家学有方向,赶有榜样。1999 年 10 月,市文化局党委班子、班子成员和机关副处级以上干部,认真开展了以"讲学习、讲政治、讲正气"为重要内容的"三讲"教育。经过群众评议和测评,对局党委和党委成员的思想剖析,满意率分别为 93.2% 和 94.9%。党中央关于反对"法轮功"邪教组织的通知发出后,局党委在全系统进行了认真传达学习,通过深入细致的思想工作,较好地维护了全系统干部职工的思想稳定。我们还在全系统广泛开展了"如何树立文化人形象"、"解放思想、更新观念"、"如何发展文化产业"大讨论,增强了广大干部职工的事业心和责任感,进一步调动了广大干部职工的积极性,在全社会树立了文化人的良好形象。

(三)繁荣文化事业,必须增强创新意识,坚持创造性地开展工作。

创新是一个民族进步的灵魂。创新是文化事业兴旺发达的永恒动力。改革开放 20 年来,社会生活的各个层面都发生了深刻的变化,文化事业作为上层建筑的重要组成部分,如果不能随着经济基础的变化而变化,在工作方式上仍然因循守旧,墨守成规,就会丧失自身的生命力,也不可能有所作为。因此,近几年来,我们始终注意积极探索,鼓励创新,坚持创造性地开展工作,取得了显著成效。在剧团改革方面,针对剧团经费困难、影响艺术生产力发展这一突出问题,大规模开展文企联姻活动,使全市十家专业剧团都找到了固定的经济后援单位,大大缓解了艺术创作经费不足的矛盾,争取财政增加投入,改革经费拨付办法,极大地促进了艺术生产力的发展。在开展群众文化活动方面,近几年创新不断,好戏连台。从'96 东方文化年——免费送戏进校园活动,到 1997 年的"文化大篷车"、"露天影院"活动,以及 1998 年的"周末京剧公益场"、唱好"文化四季歌",1999 年的"文农联姻"、第九届青岛国际啤酒节开幕式大型文艺晚会,2000 年的"欢乐假日——广场文艺演出"、第三届"农行情"农民电影节等等,一年到头,富有新意、丰富多彩的群众文化活动不断线,基本做到月月有活动,季季有高潮,受到广大群众的热烈欢迎。创新使我们尝到了开辟文化工作新天地的甜头。2000 年,我们开展设立"创新奖"。

(四)繁荣文化事业,必须积极争取和紧紧依靠党和政府的领导,自觉服从、服务于大局,紧紧围绕党的中心开展工作。

文化事业作为社会主义精神文明的一个重要组成部分,要繁荣发展,仅仅依靠文化系统自身的力量是不够的,最重要的是要紧紧依靠党和政府的领导和支持。党的十四届六中全会和十五大的召开,各级党委政府对文化的高度重视,为文化事业的发展提供了极好的机遇。近几年来,市委、市政府对文化事业非常重视,不断加大了对文化事业的投入,先后设立了高雅艺术奖励基金,开征了文化事业建设费。市人大常委会和市政协领导对文化工作也十分关心,每年坚持听取文化工作汇报,经常组织专题视察,并不断提出一些建设性的建议、意见和提案。如天后宫的修复、农民看电影难问题的初步解决、康有为故居的修复开放等等,无一不包含着人大代表和政协委员的辛勤劳动和汗水。市委、市政府研究部门也对市区影剧院布局调整改造维修、十五期间文化发展思路等进行了大量的调查研究,有力地推动了我们的工作。在这种形势下,我市各级文化工作者抓住有利机遇,乘势而上,积极争取和紧紧依靠党的领导,注意充分发挥参谋助手作用,先后成功举办了“纪念中国共产党建党75周年文艺晚会”、“庆祝新中国成立50周年大型文艺演出”、喜迎澳门回归广场文艺展演、2000年新年军民联欢大会、“崇尚科学,反对迷信”批判法轮功曲艺专场、“世纪之光”大型文艺晚会、“百姓眼中的家乡巨变——迎接新世纪‘九五’回顾摄影大赛”等大型文化活动,使文化工作开展得有声有色、生动活跃。另外,我们还积极参与创建国家文明城市、国家环保模范城市的有关工作,完成了国际啤酒节艺术巡游和2000世界华人论坛的文艺演出任务,先后被市委、市政府授予“创建国家文明城市工作突出贡献单位”等先进称号。

(五)繁荣文化事业,必须牢固树立大文化的观念,积极争取社会的支持,并努力使文化融入社会的各个方面。

党的十五大提出,建设有中国特色社会主义的文化,要以马列主义为指导,以培养有理想、有道德、有文化、有纪律的公民为目标,发展面向现代化、面向世界、面向未来的民族的科学的大众的社会主义文化。这对文化事业的繁荣发展提出了更新更高的要求。文化工作者不能把文化事业只看作一个部门一个局部的工作来做,必须解放思想,开阔视野,把文化工作置于整个社会发展的全局中去思考,牢固树立大文化的观念。从这一点出发,近年来我们反复强调文化局作为全市文化工作的职能部门,不仅要管理好本系统的文化单位,而且要把工作的触角伸展到社会的方方面面,凡是与文化有关的活动都要给予积极支持和协调。企业文化、校园文化、店堂文化、社区文化、军队文化等,都在我们的服务范围之内。在这种大文化观念的指导下,我们坚持主动出击,自觉服务于社会,不断加强与社会各界的联系,既推动了社会文化的发展,又主动争取了社会各方面的支持,提高了文化工作的社会地位和影响。现在,社会赞助文化在我市已逐步成为一种独特的时尚。1996年,在海信集团的资助下,我们与中央电视台联合摄制了海信交响乐团演奏的专题音乐节目《乐圣——贝多芬》,6月22日晚在中央电视台黄金时间播出,扩大了青岛文化工作的对外影响。1997年,与青岛华夏文化艺术中心联合举办了’97香港回归百家艺术瓷画大展,1998年协调明珠监理公司出资10万元为我市十名作家赠送了十部电脑,协调梦都娱乐有限公司给青岛市的近百名书画家每人赠送了一个特制的工具箱。1999年,我局提出了发展“文化旅游,辟建欧洲风情文化旅游区”的建议,引起了市领导及有关部门的高度重视。2000年,我们争取城建等部门,筹备修复“德人监狱陈列馆”。

另外,我们每年都坚持组织文化下乡、文化下基层活动,如到海信立交桥工地慰问演出,到海泊河清淤现场组织“祖国颂”诗歌朗诵会,到外商投资企业送戏等等,还配合学校素质教育,常年坚持开展京剧小花朵普及演出和中学生交响音乐会等等,都产生了很好的社会反响。

(六)繁荣文化事业,必须坚持用发展的办法解决前进中的困难和问题。

“九五”期间,随着社会主义市场经济体制的逐步完善,我市文化事业在取得飞速发展的同时,也面临着许多前所未有的困难和挑战。其中比较突出的是由于近年来电影、戏剧市场萎缩,影剧院等经营单位干部职工收入减少,生活比较困难。面对这些问题,我们不等不靠,帮助困难单位查找原因,开拓市场,并提出要用发展的办法解决前进中的困难和问题。在电影工作方面,我们在深入调查研究的基础上,认为市区影剧院设施陈旧,布局不合理是困挠我市影剧市场发展的关键,争取市政府将调整影剧院布局,改造市区影剧院纳入工作日程,并将“改造红星电影院、四方影剧院”列入2001年市政府要办的十二件实事之一的一个重要组成部分。同时,还用发展的办法逐步解决一些历史遗留的问题。如永安戏院于1994

年与港商合作,准备将其改造成一处综合娱乐设施。港商在投入部分资金后,无力再投,工程停了四年多。永安大戏院几十名职工没有生活来源。我们经过认真研究,筹资290万元将永安大楼的使用权通过法律程序买回来,一方面解决了市群众艺术馆馆舍长期租赁的问题,一方面又投入200万元开辟了"青岛市艺术品市场"和"青岛文化画廊",吸纳了原永安大戏院的职工,使他们获得了比较稳定的生活来源。

总之,"九五"期间,随着我市经济建设和改革开放的整体推进,通过全市文化工作者的共同努力,我市文化事业在文化体制改革、文化设施建设、精品创作、组织重大文化活动、文化市场管理和队伍建设等方面都取得了长足的进步,许多方面走在了全国的前列,成为历史上青岛文化事业发展最快最好的时期。同时,我们也清醒地认识到当前我市文化事业发展尚存在许多矛盾和问题,主要是:文艺产品质量的提高滞后于数量的增长,专业人才后继乏人,精品创作后劲不足;城乡文化发展不平衡,农村特别是贫困乡镇的文化生活仍然比较贫乏;文化设施功能单一,规模小,影响了文化事业的可持续发展;文化产业刚刚起步,规模小,产业化程度低;文化市场不够繁荣,不够规范。所有这些,都需要我们在"十五"期间认真思考,切实加以解决。我们相信,有市委、市政府的领导和支持,有全市文化工作者的团结奋斗,"十五"期间只要我们继续解放思想,锐意进取,就一定能够在"九五"的基础上再创辉煌,实现把我市建设成为现代文化强市的宏伟目标。

"九五"期间河南文化设施建设概述

河南省文化厅

20世纪90年代以来,随着有中国特色的社会主义理论的提出和建设的成功,社会主义公益文化事业自身的建构和创新就自然地摆在文化建设的重要位置上了。社会主义公益文化事业,是集宣传、教育、娱乐于一体的先进文化载体,具有提高全社会、全民族综合素质,肩负"以文化人"的重任。社会主义初级阶段的文化、由于我国历史上曾经历有封建社会、半殖民地半封建社会,反映在文化领域,就是封建文化、资本主义文化、社会主义文化等多元文化并存的文化形态。社会主义文化是这一文化形态中的主流文化和主导文化。我们建设先进文化载体,就是要通过社会主义主流文化来影响引导各种非主流文化,力求实现社会主义主流文化与多元文化的协调统一,以维护社会安定,促进社会和谐、健康有序发展。在这一文化建设历程中,我们走过了以"立"社会主义文化为建设方针的探索之路。

一、"九五"文化设施建设的回顾

站在21世纪的门坎上,置身于政治、经济、文化的三维空间之中,反思"九五"河南全省文化设施建设,虽有为新世纪河南文化大厦奠基的自豪,但也不乏宏观决策与微观操作的艰辛。马克思主义认为,精神文明与物质文明相伴发展的规律是人类文明发展的一般规律。改革开放的总设计师邓小平反复地强调:"两个文明一起抓"、"两手抓、两手都要硬"的指示,道出了两个文明建设相伴而来,相伴而成的关系。"九五"期间的1997年统计,河南省169个影剧院中60%的影剧院设施陈旧,急需维修改造;132个公共图书馆中,仅有郑州、洛阳、南阳三个地市级馆符合国家文化部规定的标准，其中116个县(市)级图书馆仅建设筑面积能达到国家规定标准的也只占13.19%，绝大多数图书馆建筑面积狭小，尚有7个图书馆有建制无馆址，1个县没有图书馆；17个市、地的群艺馆中，只有安阳、郑州、新乡三个馆符合国家规定标准，另有6个市的群艺馆有馆无址；116个县(市)的文化馆的建筑面积符合国家规定标准的仅占17.3%，还有5个县(市)有馆无址；1997年全省有博物馆67个，其中省级馆1个，地市级馆26个，县(市)级馆40个，还有7个市急需建设博物馆。这一时期以反映全省各地精神文明建设的文化设施建设与市政建设中的反映物质文明的工程建设，不仅不能相伴而行而成，而是一高一低不成比例，是一手软、一手硬的真实写照。为此，我们在"九五"期间的后几年中，首先积极参与了文化是资源，文化是资本，文化是生产力的学术研究活动，宣传文化建设是"硬"任务的道理，改变人们思维中文化是软任务的传统观念；其次，集中人力、财力举办了宏扬社会主义主流文化的"河南省百日广场文化艺术节"、"文物保护世纪行"等大型文化活动，创建"以文化人"的文化大环境；发扬艰苦奋斗的革命传统，采取积极措施，争取国家支持，省里分类重点帮助，调动地方积极性办法，建设了一批设施先进、功能齐全的文化载体，建设了88个项目，其中新建62个，建设总面积为34.1平方米，总投资57673万元；其中中央投资11602万元，占总投资的20.1%；省补助750万元，占总投资1.30%；地方投资37639万元，占总投资65.3%；世界银行贷款1500万元，占总投资2.60%；其他6114万元，占总投资10.6%，新建项目所占建设项目的比例为70.46%.新建项目中，建筑面积在5000平方米以上、投资额在800万元以上的有"河南博物院"等20个项目。为新世纪河南城市建设走"以人为本"的建设之路，开了个好头。

二、高起点地建成了"河南博物院"

河南是个文物大省，历史文明的现代载体。"河南的文博事业"九五期间有了快速的发展，2000年统计，全省拥有省级、市级、县级博物馆70余个，1998年建成开馆的河南博物院，成为著名的全国八大博物馆之一。

河南博物院位于郑州市农业路东段，占地10余万平方米，院内园林错落，九座建筑布局对称，风格文雅，寓意九鼎定中原。高45.5米的主体建筑，锥体大平面造型，高耸深厚，充分体现了中原文化的源远流长，博大精深。院内设展厅19个共1万余平方米，是一座集文物收藏、陈列展览、宣传教育、科学研究、休闲娱乐的现代化多功能的文化建筑群体，被国内专家学者誉为"跨世纪的大型文化设施"。现代社会，博物馆是衡量社会进步和人类文明的重要标志，是现代化国家的一个重要组成部分。河南博物院荟集全省馆藏文物精品3000余件，首批推出的8个陈列，现代科技的布展形式，古诗化的文字表述，高科技的自动化讲解，录音录像，电脑资询等展出模式，满足了不同年龄、不同文化层次观众的欣赏需求，成为河南人民、外地游客领略中原历史文明与现代文明、文化消费、休闲娱乐的首选之地。同时也为省会郑州市的市政建设增加了一处经典式的文化建筑群体。

三、郑州市创建多功能的文化设施

省会郑州市"九五"期间，有政府投资、单位筹资、引进外资，创建了功能齐全的城市文化设施群体。郑州市图书馆为国家1998年命名的一级图书馆，该馆的自动化规模居全国省会城市图书馆之首。郑州市博物馆位居郑州市绿城广场西侧，地理位置优越，占地14.8亩，主体建筑为仿郑州出土的商代铜方鼎造型，与郑州商城宫殿遗址相呼应，融历史文明与现代文明为一体，成为中原文化的一项标志性建筑。郑州美术馆、升达艺术馆的建成开放，填补了河南省没有艺术馆的空白。改建后的郑州艺术宫格调高雅，设施先进，功能齐全，可接待国内一流演出团体和国际演出团体，也是郑州市民欣赏高雅艺术的殿堂。

郑州市的文化设施，布局合理，是郑州市市政建设中含金量最高的形象工程，它大大提高了郑州市商贸城的文化品位和商贸城的知名度。

四、林州市的文化设施建设与市政建设共搭一班车

位于豫北太行山区的林州市，发扬“红旗渠”精神，将文化设施建设与市政建设同步规划，共搭一班车。“九五”期间，林州市的文化设施建设共投入资金1200多万元，建成了群艺馆、图书馆、博物馆，为河南省县级城市的文化建设树立了一个典范。林州市的文化设施建设能搭上市政建设这班车，林州市文化局走过了在“找市长上下功夫，找市场上做文章”的建设之路。

林州市委书记曾告诉林州市文化局的领导，“文化建设要在找市长上下功夫，要在找市场上做文章”。市委书记的话，朴实得让文化人情暖心动。听了书记的话，文化局长、群艺馆长、图书馆长、博物馆长，跟着市长转，市长下乡，找到乡下；市长到省里开会，他们跟到省里。市长忙，总不能让市长找局长。市长手里没钱，但市长可以给政策。就这样，林州市的文化三馆建设不仅列入了林州市“九五”规划的十件大事之中，并与主管文化的副市长签订了目标责任状。搭上林州市“九五”市政建设规划的林州市文化三馆建设，市政府在政策上又给予了倾斜，免除了由政府收取的城建配套费、绿化费等项开支；经济上又给予优惠，市政府将全市农转非指标优先批准三馆建设，农转非收取的城市建设费中的60%至70%用于三馆建设，仅此项优惠政策就筹资273.47万元；市政府还批准文化系统招收捐资工31名收入款90万元；拍卖原图书馆旧址获资金150万元，使三馆建设顺利起步。此后，文化局长又带领三位馆长再次走上继续筹资的艰辛路程。写报告请求上级拨款，动员各文物景点投资，发动文化部门职工自愿捐助，说服施工队垫资，呼吁被征地的村委会给予特殊优惠等共筹资900多万元。漫漫筹资路，播下文明种，培育了社会共建文化事业的公德，巍巍山城，在红旗渠精神普照下，林州市的三馆建设终于在1997年的7月1日完工并投入使用。

五、全省公共图书馆建设达标过半

公共图书馆是社会主义文化公益机构，具有提高全民综合素质功能。河南省公共图书馆始建于50年代，其建制分别为省级图书馆、市级图书馆、县级图书馆及图书分馆。2000年统计，全省有公共图书馆134个，有馆无舍的图书馆尚有7个。1998年全省公共图书馆评估达标中，被评为一级馆的有郑州市图书馆、洛阳市图书馆、三门峡市图书馆、偃师市图书馆、陕县图书馆等5个图书馆，占全省公共图书馆总数的3.7%；本次达标中被评为二级图书馆的共15个，占公共图书馆总数的12%；本次达标中被评为三级图书馆的56个，占公共图书馆总数的42%。本次达标中的无等级图书馆共55个，占公共图书馆总数的42%。2000年统计，全省城市区的建制共50个，其中46个区的公共图书馆事业还处于无建制、无馆址的零级事业。“九五”期间，河南省的公共图书馆事业发展极不平衡，被评为国家一级馆的图书馆，已基本步入了自动化、网络化和数字化的建设周期，但全省的区级图书馆尚未走出无建制、无馆址的零级事业的大门。

六、艺术表演团体的设施建设有了新的突破

2000年全省有艺术表演团体205个，其中省级剧团8个，地市级38个，县（市）级159个。艺术表演团体是艺术生产的基地，但由于历史的原因，我们的艺术表演团体多数是未建设生产基地，部分艺术表演团体仅仅是建了排演厅、艺术生产设施的落后，制约了艺术生产的发展。“九五”期间省歌舞剧院共投资1220万元建设了排练综合楼，使歌舞剧院成为国内艺术生产条件较好的艺术表演团体之一。

省歌舞剧院，是省内惟一的国办大型综合艺术表演团体，全院拥有交响乐、民族器乐、声乐、舞蹈、曲艺、木偶等艺术门类的专业艺术人才300余人，但在剧院设施落后，只能借台演出的年代里，制约了剧院艺术生产的发展。“九五”期间，省歌舞剧院在省委、省政府的关心支持下，建成了一座多功能的创作排练综合楼,设有小剧场、排练厅、舞蹈练功厅、录音厅、舞美制作间、办公室、会议室等,投入使用不到一年时间,就多次举办了交响音乐会、民族音乐会、综艺晚会等,并先后接待了英国、德国、美国、日本、香港、台湾等国家和地区的友好人士,专家和文艺界人士来观看演出并进行文化交流。并且也成为省内艺术表演团体赴省外、国外演出的彩排基地。

七、安阳市建成了高标准的艺术中专学校

河南省有艺术中专学校16所,由于艺术中专的招生对象与培养目标的特殊性,决定了建设一所好的艺术中专较其他类中专投资要高得多。因此,河南省的艺术中专学校,尽管各自都有较长的建校历史,但都缺乏比较完善的教学设施。安阳市艺术中专从1996年起,在安阳市委、市政府的高度重视下,启用名人效益,由著名表演艺术家张宝英校长奔波筹款,于1997年立项投资建设安阳艺术中专新校舍,1999年建成,2000年被评为省部级重点学校。

新建成的安阳艺术中专学校占地31.57亩,校内建有文化及专业理论课标准教室36个,排练厅7个,书画室和练乐室等专业标准用房32间,专用琴房24间,电教、微机、语音、化妆等特殊用途教室6个,供演出实践用的小型剧场和演出的服装、道具、灯光、音响等设备。还有图书馆、阅览室、办公楼、运动场,学生宿舍、餐厅等配套设施。院内绿树、红花、凉亭、长廊,并初步实现了教学管理科学化、学生学习实践系统化的艺术中专教育规范。

八、"十五"期间加快全省文化设施建设的意见

随着20世纪高新技术的发展,21世纪将是文化产业兴起辉煌的时代,"十五"期间我们必须为高新技术文化产业的兴起提供相关的服务行业。因此,"十五"期间,各级文化主管部门要积极争取各级政府切实加大对公益性文化设施的投入,把未达标的图书馆、文化馆列入各级政府的"十五"规划之中,尤其对1500平方米以下的和有馆无址的两馆要作为"十五"期间建设的重点,提出要求,按期完成。力争当地政府在土地、规划、建设配套费用方面给予政策性减免和政策优惠,以促进文化基础建设的快速发展。

党的十五大及《中共中央关于制定国民经济和社会发展第十个五年计划的建议》中,把加强社会主义文化建设摆到了重要位置。《建议》明确提出"加强科技馆、文化馆、博物馆、图书馆和青少年活动场所等文化设施建设","继续实行支持文化事业发展的有关政策,增加对重要新闻媒体和公益文化事业的投入"。河南省的十五规划。也对加大文化投入及文化设施的建设提出了很高的要求,我们要在总结"九五"重大设施建设经验的基础上,保证"十五"期间,再建设一批大型的文化设施,为新世纪文化事业的发展创建示范工程。

"九五"期间湖北省文化事业概况

湖北省文化厅

"九五"时期是20世纪的结束,也是21世纪的基础,湖北省文化事业在这期间有机遇、有发展,取得了很大成绩,但也面临诸多困难与问题。认真总结"九五"文化事业的特点和情况,对"十五"时期和21世纪开创文化事业的建设和发展新局面都具有重要意义和作用。"九五"期间,通过湖北省全体文化工作者的共同努力,各级文化主管部门认真贯彻落实党的十四届六中全会精神,坚持十五大党的基本路线,坚持"二为"方向,贯彻落实"三个代表"的思想,积极推进文化体制改革,各项事业都得到了全面的发展。

一、"九五"期间文化事业机构数、人数情况

"九五"期间,湖北省的文化事业机构数和人数在改革的推动下,都有了一定的减少和调整。1995年,湖北省文化(物)部门共有文化事业机构数2589个,从业人数为24005人。至2000年,文化事业机构数为2231个,从业人员人数为23702人,机构数比1995年减少358个,人数比1995年减少303人。

从主要事业机构看:艺术表演业,艺术表演团体1995年为105个,2000年为99个,从业人员1999年为6566人,2000年为6381人。机构数比1995年减少6个;人数比1995年减少175人,主要是为了适应剧团机构改革,对有些地方剧团进行了合并。艺术表演场所1995年为87个,2000年为78个,机构数比1995年减少9个。从业人员1995年为2698人,2000年为2274人,人数比1995年减少424人。

图书馆事业,公共图书馆1995年为100个,2000年为103个。从业人员1995年为2054人,2000年为2299人。机构数比1995年增加3个,人数比1995年增加245人。

群众文化业,机构数1995年为2048个,2000年为1695个,机构数比1995年减少了533个。从业人员1995年为6718人,2000年为5928人,人数比1995年减少了790人。

文物业机构数1995年为128个,2000年为141个,机构数比1995年增加了13个;从业人员1995年为2351人,2000年为2924人,人数比1995年增加了573人。其中:博物馆1995年为88个,2000年为94个,机构数比1995年增加了6个;从业人员1995年为1452人,2000年为1707人,人数比1995年增加了255人。

二、"九五"期间文化事业收支情况

湖北省文化事业经费收支在"九五"期间有较大的发展,增长的幅度也较快。

文化事业总收入1995年为16749万元,2000年达42808万元,2000年比1995年增加26059万元,五年平均增长速度为20.6%。"八五"期间总收入为55695万元,而"九五"期间总收入为190045万元,是"八五"期间的2.4倍。

财政补助收入(文化事业费)1995年为13644万元,2000年达24093万元,2000年比1995年增加10449万元,五年平均增长速度12.0%。"八五"期间财政补助收入为53780万元,"九五"期间财政补助收入为96479万元,"九五"期间比"八五"期间增加42699万元,增长率为79.4%。人均事业费1995年为2.30元,2000年为4.06元,提高了0.76倍。

但文化事业费占全省财政支出的比重仍呈下降趋势。1995年文化事业费占全省财政支出的比重为0.84%,2000年文化事业费占全省财政支出的比重为0.68%,2000年还低于1995年0.16个百分点。

文化事业总支出2000年为43079万元,1995年为29384万元,2000年比1995年增加13695万元,五年平均增长8.0%。"八五"期间文化事业总支出为103697万元,而"九五"期间文化事业总支出为189095万元,"九五"期间比"八五"期间增加85398万元,比"八五"期间增长近1倍。

三、"九五"期间文化设施建设情况

"九五"期间,全省文化(物)系统固定资产投资项目喜人。文化设施建设项目达251个,其中新建项目为158个,建筑面积达45.7万平方米,实际完成投资8.058亿元,其中国家投资1.03亿元,新增固定资产3.76亿元。"八五"期间,实际完成投资3.36亿元,其中国家投资0.42亿元。"九五"期间实际完成投资比"八五"的3.36亿元净增加4.698亿元,增长140%。

"九五"期间,各地主要是加大对大中型项目建设的投入力度,突出重点兴建了一批设计新颖,影响较大,在当地具标志性的文化设施项目,如武汉市图书馆、湖北剧场、武汉市博物馆等项目。截止"九五"末,全省共有227个大

中型文化设施项目,其中有 17 个完工交付使用(含 7 个从"八五"开始建的项目),5 个项目在建,实际完成总投资 8.78 亿元,总建筑面积达 25.34 万平方米。总之,"九五"期间是新项目多、大项目多、投资多、资金渠道多;是建国以来湖北省文化设施建设力度最大,成果最丰盛的时期。

展望新世纪,我们任重而道远,一个充满机遇又极富挑战的新时代已经到来。2001 年是进入新世纪实施"十五"计划的第一年,是我国经济和社会发展的重要时期。随着社会物质生活水平的不断提高,人们对精神文化的需要也更加迫切,深入贯彻江总书记的"三个代表"的重要思想,建设有中国特色的社会主义文化,深化文化体制改革,完善文化经济政策,推动文化事业的发展,加强图书馆、文化馆、博物馆等文化设施的建设,是我们每一个文化工作者刻不容缓的责任。我们必须高举邓小平的理论的伟大旗帜,坚持党的基本路线,以"三个代表"的重要思想为指导,振奋精神,扎实工作,为使我们的文化事业更加繁荣兴旺而不懈努力 。

* *

二〇〇〇年度湖北省文物统计概况

湖北省文物局综合处

有"文物大省"之誉的湖北,建国后,文物、博物馆事业得到迅速发展,尤其是"九五"期间,在国家文物局和省委、省政府的领导下,经过广大文物工作者的努力,全省文物事业又有了长足的进步。截止目前,全省已发现有价值的文物点 1.5 万余处,其中国务院已公布的全国重点文物保护单位 29 处,省政府审定公布的省级文物保护单位 365 处,市县级文物保护单位 3000 余处。全省国有文物收藏单位收藏的各类文物藏品约 61.5 万件,其中一级文物 2826 件。全省拥有荆州、武汉、襄樊、随州、钟祥等全国历史文化名城 5 座,和省级历史文化名城 10 座。1994 年,武当山被列入《世界文化遗产名录》。2000 年,钟祥显陵作为《明清皇家陵寝》的组成部分申报世界文化遗产获得成功。

全省文物事业机构也有较快的发展。1987 年,湖北省文物管理委员会恢复,1996 年湖北省文物事业管理局成立。全省现有文物事业单位 151 个,其中文物保护管理机构 41 个,博物馆 94 个,文物商店 2 个,文物科研机构 2 个,其他文物机构 4 个,文物主管部门 8 个。"八五"计划末期,全省文物队伍不到 2000 人,目前已增至 3049 人。

建国以来,湖北省境内的考古发掘取得丰硕成果:长阳人与郧县人的发现;旧石器时代的鸡公山遗址;新石器时代的石家河、门板湾等遗址;商代盘龙城城址;楚郢都纪南故城;龙湾楚国宫殿遗址群;楚墓内出土的越王勾践剑、吴王夫差矛及有"丝绸宝库"之称的丝织品;铜绿山的古矿冶遗址;擂鼓墩曾侯乙墓;睡虎地秦简;西汉墓的简牍、古尸等。文物维修保护也取得显著成效,先后维修了数百处文物建筑,并陆续开放了一批文物景点,形成了具有湖北特色的"三二一"格局,即以武当山古建筑群、钟祥显陵、荆州古城墙三处为龙头;以鄂州吴王城、赤壁古战场、荆州三国遗址、当阳关帝陵、襄樊城墙及古隆中等三国文物建筑和利川大水井、鱼木寨、咸丰土司王城、来凤仙佛寺等少数民族建筑为两条线;以黄梅四祖寺、五祖寺、当阳玉泉寺、襄樊广德寺、武汉宝通寺、归元寺等佛教建筑和武当山古建筑群、长春观等道教建筑为代表的宗教建筑为一个重点,并辅以秭归屈原故里、汉阳古琴台、东湖行吟阁等楚文物纪念建筑的格局。文物科研工作研究成果丰硕,多项文物保护技术获得国家重大科研成果奖。同时,出版了一大批考古专著和学术论文,解决了诸多学术难题。

2000年度,继省博物馆编钟馆建成开放后,省博物馆第二期工程已正式启动;省文物考古研究所配合襄荆、京珠、三峡等重点工程建设考古发掘工作进展顺利,取得了一系列考古科研成果;辛亥革命武昌起义军政府旧址整治维修工程已全面展开,即将为纪念辛亥革命90周年献上一份厚礼;省文物总店自筹资金改造中南文物大楼,工程竣工并投入使用。同时,进一步加强了全省文物抢救保护力度,武当山玉虚宫、钟祥显陵、随州擂鼓墩、荆州城墙、洪湖瞿家湾革命旧址、蕲春李时珍墓、通山李自成墓等30多处国家级、省级文物保护单位得到了重点维修和保护;襄樊、蕲春、老河口、武当山、宜城、英山等地文物库房进入建设和收尾阶段;加强了文物安全和古墓葬的保护工作,重点打击了文物犯罪活动;协调处理了有关市县文物保护与经济建设的矛盾;举办了三峡田野考古培训班;进一步加强了重点文物专项经费的财务管理和检查监督力度,保证了文物经费的专款专用和抢救保护工作的顺利进行,使重点文物专款发挥了较好的效益。

改革开放以来,湖北省文物工作者遵循“保护为主、抢救第一”的新时期文物工作方针和“有效保护,合理利用,加强管理”的工作原则,积极探索和实践“国家保护为主,并动员全社会参与的文物保护新体制”,目前,湖北省的文物保护法规体系、管理体系日臻完善,文物保护、管理、研究、利用等各项工作全面发展,在湖北省两个文明建设和对外开放中正发挥着越来越大的作用。

蓬勃发展的湖南文化事业

湖南省文化厅

“九五”期间,我国发生了一系列重大政治历史事件,党的十四届六中全会和十五大召开,香港和澳门胜利回归,等等,这些都为文化事业发展提供了前所未有的发展机遇,使整个文化事业不断繁荣,文化界思想也空前活跃。湖南的文化事业也乘势而上,在省委省政府的领导下,以改革为动力,以繁荣为中心,通过全省广大文化工作者的共同努力,较好地完成了各项工作任务。

——艺术创作全面丰收,演出活动色彩斑斓

繁荣文化艺术、多出优秀作品是文化工作的根本任务,“九五”期间,湖南省产生了一大批深受人民群众欢迎的优秀艺术作品,巴陵戏《弃花翎》、小品《求诀》,湘剧《子血》,花鼓戏《乡里警察》、皮影戏《三只老鼠》获文化部新剧(节)目奖;花鼓戏《红藤草》、舞蹈诗《扎花女》获中宣部“五个一工程”奖;舞剧《边城》、湘剧《马陵道》获文华大奖;杂技《转毯》、《爬杆》分获全国少儿杂技比赛金奖、银奖。

三年一届的全省新剧(节)目会演是我们抓繁荣的重要手段,“九五”期间共举办了两届全省新剧(节)目会演,2000年举行的第三届全省新剧(节)目会演,成果超过任何一届会演,是近几年来我省戏剧创作的一次全面丰收,整个会演历时45天,22台新剧(节)目参加了演出,参演剧种达10多个,题材丰富多彩,样式异彩纷呈。这次会演采取巡回演出的方式,行程4000多公里,辗转十四个市(州),数万观众观看了演出。既服务于基层,又节约了经费,是一次低投入高回报的成功艺术实践,为今后大型艺术活动提供了新的经验,会演不仅得到了省委省政府的高度评价,也受到各市(州)文艺工作者的一致赞扬,产生了强烈的社会反响。此外,我省还举办了全省首届"田汉戏剧理论成果评奖",对近五年来我省优秀戏剧理论成果进行评比和表彰,有7本戏剧理论专著和35篇戏剧理论文章参评,共评出优秀专著3本,优秀论文10篇,对我省戏剧理论研究和文艺评论工作起到了促进作用。

在艺术创作全面丰收的同时,湖南省演出活动色彩斑斓。五年来,全省专业剧团年平均演出15000多场,其中三分之二以上的演出是在农村进行。各地民间剧团更是常年上山下乡,年演出达数万场。各级文化主管部门、专业剧团每年都要配合党和国家中心工作、重大节日、纪念活动举办数十台具有示范性、导向性的大型演出活动,活跃群众文化生活。

2000年,我省除日常演出活动外,还承办2000年"全国儿童剧优秀剧目展演",来自全国15个省市(区)的16个儿童艺术院(团)为展演献上了16台丰富多彩、受少年儿童欢迎的优秀剧(节)目;主办了全省首届"洞庭杯"民族器乐系列大赛,全省各地1784名选手参赛,265名选手分获金银铜奖;花鼓戏《乡里警察》赴南京参加第六届中国艺术节并荣获艺术节优秀剧目奖;尤其是在下半年,我厅与省高校工委等单位联合主办了湖南省高校文化艺术活动月,省直4个院(团)400多名演职人员参加了演出活动,舞剧《边城》、湘剧《马陵道》、话剧《水下村庄》、京剧《红灯记》以及交响乐名曲等一批优秀剧(节)目,走进了省会高校舞台,为13所高校共演出44场,观众达6万多人次,从演出质量到工作作风均受到高校师生的赞许,这是我省文化艺术界首次与教育界联手在省会高校举办规模大、时间长、反响强的文化艺术活动。

——社会文化基础渐实,群文活动日趋活跃

农村文化工作一直是我省文化工作的重中之重。为满足广大农民群众的文化生活需求,全省文化工作者倾注了大量的心血,得到了省委省政府的高度重视,省委、省政府召开了全省农村文化工作会议,下发了省委、省政府《关于进一步繁荣文化艺术事业的若干意见》和省委、省政府两办《关于加强农村文化工作的意见》。我厅召开了文化工作现场会。全省农村文化工作逐步走出底谷。

我省通过文化先进县、"三百工程"等创建活动,以及农村"五个一工程"(每乡一个文化站、一个广播站、一个电影队、一个图书室、一个文艺演出队)建设,带动了整个社会文化事业的全面发展。全省继临乡市、炎陵县等县(市)之后又有浏阳市、南县、衡东县、湘乡市、衡阳县、石门县、沅江市、湘潭雨湖区被授予"全国文化先进县(市、区)"称号,8个乡镇被授予"中国民间艺术之乡"称号。全省新命名"百强集镇文化站"94个,"百优群众文化艺术之乡"88个,"百佳民间剧团"52个。在"群星奖"的评比中,我省共获4个金奖、8个银奖、17个铜奖。2000年,我省组织节目参加文化部首届"蒲公英奖"评选活动并获1金1银4铜的好成绩。农村县、乡群众文化活动网络基本形成。

在文化部全国公共图书馆第二次评估中,我省共有95个馆上等级,其中一级馆13个,二级馆47个,三级馆35个。湖南图书馆、省少儿图书馆在国际互联网均开辟了自己的网站,走出了我省公共图书馆数字化的第一步,省少儿图书馆成为全国青少年科普教育基础,"九五"期间,全省公共图书馆总流通人次达2千多万。

我们还采取了多种措施解决人民群众特

别是农村群众看电影难的问题，举办了农民电影节等系列电影展映及送电影下乡活动，使农村电影工作上了新台阶。全省中小学生每年能看到6场爱国主义教育影片，50%以上县(市)实现了“2131”目标，1999年全国农村电影工作会议在长沙召开，我省有11个单位受到广电总局表彰奖励。

目前，我省群众文化活动势头较好，2000年，省委宣传部和我厅联合召开了全省社会文化工作暨广场文化经验交流会，对全省社会文化工作进行了部署，交流了开展社区文化、企业文化、广场文化工作经验，现场观摩了株洲市“周周乐”广场文化活动。会后，全省广场文化活动蓬勃开展，带动和活跃了全省群众文化活动。

——文物工作全面发展，考古发现成绩突出

我省文物工作坚持“保护为主、抢救第一”的方针和“有效保护、合理利用，加强管理”的原则，严格按照《国务院关于加强和改善文物工作的通知》和《湖南省人民政府关于加强文物保护有关问题的通知》精神，以文物保护“五纳人”为中心，各项工作都取得了较大成绩。“九五”期间，完成了100余处重点文物保护单位的维修，完成县市级、省级、国家级重点文物保护单位的“四有”(有保护范围和建设控制地带，有文字说明，有专人或专门机构负责，有科学的记录档案)工作。经批准，新增国家级文物保护单位10处，省级文物保护单位61处。对全省文博单位文物藏品进行了清库建档，确认我省有国宝级文物12件，一级文物约1000件(套)，二、三级文物约30000件(套)，一般文物约30万件(套)。

“长沙走马楼三国孙吴纪年简牍发掘”、“澧县城头山新石器时期遗址发掘”、“沅陵虎溪山西汉沅陵侯墓发掘”均被评为当年“全国十大考古发现”。2000年4月，在凤凰县发现建于明万历年间的“苗疆边墙”，为我国文物调查的重要发现，我省文物部门组成调查组在180多公里的遗址线上展开调查，目前，我省正着手进行“边墙”申报为全国重点文物保护单位和凤凰古城申报为全国历史文化名城的工作。

“长沙走马楼三国吴简暨长沙历年出土文物精品展览”，“彭德怀生年业绩陈列”均被评为“全国十大精品陈列”

在文物征集方面有较大展，仅去年全省共征集了近万件新建文物和民俗文物，且质量比以前有较大提高。去年还结合抗美援朝50周年，征集了数千件有关文物。

2000年3月，湖南省人民政府首次召开全省文物保护“五纳人”工作先进县(市)表彰大会，南岳区、中方县、绥宁县、宁远县四县(区)获得政府奖励。10月，省人大教科文卫委员会组织全体委员会同文化、文物部门一起赴各市州进行执法调研，解决了近几年来一直制约我省文物保护工作的一些难题。

——市场管理逐步规范

“九五”期间，我省大力加强文化市场法制建设，逐步理顺了文化市场管理体制，建立和健全了管理机构和稽查队伍，促进了文化市场健康有序的发展，全省有文化市场经营单位(户)12000余家，从业人员近20万人，年主营收入超过10亿元，已形成多种经济形式并存，协调发展的格局，文化市场已成为第三产业中一个重要的经济增长点。通过专项治理，我省电子游戏经营场所由原来的6463家压减为2319家，压减比率达64.1%，

——对外文化交流卓有成效

对外文化交流成绩突出，交流规模、项目不断扩大，引进境外优秀表演艺术团体70多个，派出访问团(组)65个。仅2000年，我省先后派遣各类艺术团体25个，共计2514人次赴国外及港、澳、台等地区进行商业性演出、学术交流、文物展览及民间艺术节等，向各国人民展示湖湘艺术的风采，受到国内外各界人士的高度赞扬。如：省木偶皮影艺术剧院在出访捷克和斯洛文尼亚两国期间，力挫台独分子的阻挠和干扰，为促进我国与捷克、斯洛文尼亚人民的友谊做出了贡献，该团被称赞为“具有较

高的艺术水平和综合素质,是一支能打硬仗的队伍。"湖南省杂技团先后派出5支队伍赴国外进行商业性演出,成为湖南演艺界一支常驻国外的团队。由湖南省博物馆牵头举办的《汉代文物大展》在台北故宫博物馆展出,受到台湾人民的热烈欢迎,观众人数达到26万之多。

2000年还引进国外及港、台艺术团队52个,专场演出近200场。其中俄罗斯国家红军歌舞团、格鲁吉亚国家芭蕾舞团等一批高品味、高档次、高水准艺术表演团体的精彩演出受到广大观众的热烈欢迎。

通过多层次、多渠道的对外文化交流活动,为宣传湖南、宣传湖湘文化,推介湖南文化精品,传播湖南人民的友谊起到了重要的作用。

——文化产业粗具规模,设施建设上新台阶

全省文化产业进入新的发展阶段,县级以上的文化单位开展以文补文活动覆盖率达100%,文化系统经营创收占文化事业支出的比例逐年增加,去年上升到58%,省直文化单位达到63%。我省在发展文化产业问题上,始终坚持了分类指导原则,区别对待不同类型的文化事业单位,繁荣文化事业主要靠政府,发展文化产业主要靠市场,通过深化改革,繁荣文化事业,发展文化产业,通过产业的发展,带动和促进事业的繁荣,把大力发展文化产业作为深化文化体制改革的突破口,促进文化产业上规模,上档次,出效益,目前,省直已形成以湖南大剧院为龙头的,集电影业、演出业、娱乐业、艺术培训业等多业为一体的支柱产业,并已产生了良好的效益。文化设施建设上了台阶,"九五"期间新建了湖南大剧院、省博物馆新陈列大楼、田汉大剧院等一批标志性文化设施以及株洲、岳阳、永州、衡阳、常德、娄底等一大批市、县博物馆(纪念馆)和图书馆、文化馆、影剧院及其他综合性文化设施,"九五"期间全省新建成文化项目380多个,投入6.75亿元,建筑面积60多万平方米,较大地改变了我省文化设施落后的状况。

——文化科技与教育成果突出

在文化部首届优秀社会科学成果奖评选中,省艺研究承担的《湖南地方剧种志》获得一等奖,《目连戏、南戏源流及声腔形态研究》和《中西宗教文学》获三等奖,我省获奖数量和质量在全国各省市文化厅(局)中名列前茅。衡阳市艺术学校、邵阳市艺术学校、常德市艺术学校均实现了搬迁重建,办学条件得到明显改善,省艺术学校晋升为国家级重点中专学校,省电影学校已完成由职工中专向普通中专的转制,已被列为全省合格中专学校,各校根据社会需求对专业方向作出适当调整与拓展,办学规模扩大,教学质量有显著提高,为社会培养了一大批艺术人才。

"九五"文化事业发展主要目标经全省文化工作者的共同努力已基本实现。

广东省"九五"文化事业发展概述

广东省文化厅

"九五"期间,在各级党委、政府的正确领导下,各级职能部门努力开拓,全省文化建设有长足发展,不少项目指标处于国内前列。

一、标志性文化设施建设成绩显著

以星海音乐厅、广东美术馆、广东华侨博物馆、红线女艺术中心、关山月美术馆、潮剧艺术中心、孙中山故居陈列大楼、虎门海战博物馆、广州艺术博物院、番禺博物馆、梅州客家博物馆、湛江博物馆等为标志,全省各地相继建起了一批设施较为先进、功能比较齐全的标志性文化设施。

二、艺术生产取得丰硕成果

全省创作和演出了一批植根改革热土、讴歌时代精神、艺术性与欣赏性俱佳的获奖作品。话剧《浪淘碧海》、舞剧《星海黄河》、《深圳故事·追求》、歌曲《走进新时代》、电影歌曲《花季雨季》等获"五个一工程奖"。话剧《新居》、粤剧《情系中英街》、粤曲《雏凤新声颂伟人》等获文华奖。五年中,全省共获得国际、全国性奖项240个。第七届省艺术节、第六届羊城音乐花会、国际潮剧节以及大型文艺晚会《百年梦圆》、《共和国礼赞》等,均显示出较高思想艺术水准。

三、群众文化事业兴旺发达

至2000年底,全省共建成市级群艺馆21个,县级文化馆119个,乡镇、街道文化站1902个。此外,全省还共投入资金12.05亿元,建成文化广场163个,面积达244.03万平方米。依托这些设施阵地,群文活动蓬勃开展。先后命名了3批86个民族民间艺术之乡。成功举办了第二、第三届广东群众戏剧花会、第四、第五届广东省少儿艺术花会、首届广东省群众音乐舞蹈花会和第一、第二届广东省老年文化艺术节。丰富多彩的群众文化活动,促进了业余文艺创作演出水平不断提高。在参加群星奖、蒲公英奖等全国性比赛、展演中,有70件作品(节目)获奖。东莞石排镇中坑明德醒狮队表演的《醒狮踩高桩》在1996年举行的第六届群星奖中,夺得该奖项设置以来迄今为止的惟一的一个大奖。1999年,由群众文艺队伍担纲主演的、广东省各界庆祝澳门回归大型文艺演出《同奔五彩路》,以较高的艺术水准博得各界好评。

珠江三角洲地区的城乡一体化文化建设发展模式,被国家文化部誉为代表中国特色社会主义文化的发展方向。1998年5月,经国务院批准,文化部以广州、佛山、东莞、深圳为现场,召开了全国文化先进县经验交流会,组织观摩推广。

四、公共图书馆事业稳中有升

至2000年底,全省公共图书馆发展至125所。有72所公共图书馆使用计算机管理,初步建立了全省公共图书馆的自动化网络。广告省中山图书馆、深圳图书馆的自动化管理水平处于国内先进行列。全省有28个图书馆被文化部评定为一级馆,数量之多居全国之首。

五、文博事业成就突出

五年中,省财政每年拨出200万元专款,抢救各级文物保护单位70多处。全省投资过千万元的文物修缮和复原工程有虎门炮台旧址、佛山梁园、东莞可园、肇庆古城墙、广州黄埔军校和中山纪念堂等。公布了第二批省级历史文化名城9处。广州、潮州、肇庆、佛山、梅州、雷州、罗定等已完成了文物保护专项规划。配合大型基本建设项目发掘了一大批古遗址、古墓葬,其中南越国宫署御苑遗址被评为1997年度全国十大考古发现之一。初步摸清了全省馆藏文物资源,完成了全省馆藏文物的定级鉴定。建设了一批爱国主义教育基地。其中,孙中山故居纪念馆、林则徐纪念馆(含虎门炮台旧址)、三元里抗英斗争纪念馆和广州起义烈士陵园等被中宣部评为"全国爱国主义教育示范基地"。《近代深圳》、《羊城文物珍藏展》和《孙中山先生生平事迹陈列》被国家文物局评为全国十大陈列精品。积极配合公安、海关、工商等执法机关打击文物盗窃、盗掘、非法贩运与交易、走私等犯罪活动,接收执法机关移交的文物2万多件。加强了对文物拍卖行业的管理,审核文物拍卖活动300多场,标的4万多件。

六、文化市场日趋繁荣,初步纳入法制化管理轨道

至2000年,全省文化产业单位达1.84万个,从业人员15.81万人。一个项目齐全、覆盖城乡、结构趋向合理、与广东省社会经济相适应的文化市场体系基本形成。高雅艺术和民族文化在市场的份额进一步增大,高雅艺术和民族优秀艺术演出空前繁荣。电影经营四项指标稳居全国前列,国产优秀影片放映成绩连年居全国首位。

文化市场管理进一步得到加强,初步形成了以国务院法规为主干,以地方立法和部门规章相配套的较完整的法律法规体系。随着机构改革的深化,全省文化市场管理体制基本理顺,省、市、县、乡镇四级管理网络日趋完善,有一支总数达800多人的专职文化市场管理稽查队伍。几年来,不间断地开展文化市场专项整治和"扫黄打非"集中行动,取得显著成效。至2000年10月止,全省共打掉地下非法光盘生产线94条。电子游戏、娱乐市场进一步净化,市场秩序逐步好转。

七、对外文化交流逐年扩大

2000年进出各类文化团体736批,8568人次,较"八五"期间的年均进出467批、7302人次,分别增长57.60%和17.34%,进出总批次与总人数历年来均为全国之首,交流层次和质量有了较大提高。成功举办了"98国际童声合唱节"、"98国际艺术博览会"、"广东国际民间艺术节"、"国际潮剧艺术节"、"亚洲少儿艺术节"、第一届"中国(广东)国际音乐(声乐)比赛"、"2000小剧场戏剧展暨学术研讨会"等大型活动,影响面涉及到欧亚地区,为广东走向世界起到了桥梁作用。

"九五"期间,广东文化发展建设也还存在着一些值得重视的问题。主要是:文化事业投入总量偏少,比例偏低,文化经济政策有待进一步落实。21个地级市中,政府财政对文化事业拨款达到省人大常委会《关于发展文化事业的决议》所规定的标准占当地财政总支出1%的,只有广州、深圳等少数几个市;省直公共文化设施建设如:图书馆、博物馆、影剧院等的规模、档次及其保障经费总体上明显落后于北京、上海,发展势头落后于江苏、浙江等省市。文化设施建设发展不平衡,占全省陆地面积三分之二、占全省人口总数47%的山区以及东西两翼7个市、34个县、546个乡镇的文化设施建设总体上滞后于珠江三角洲地区。实施山区文化建设工程后,东西两翼又落后于山区。此外,艺术精品创作演出的数量和质量不能满足人民群众日益增长的欣赏需求,文艺体制改革至今未有突破性进展,艺术尖子人才匮乏。对外文化交流的档次水平仍未有质的提高。文化市场管理任务艰巨,形势依然严峻。广东至今仍是境内外非法音像制品的走私通道和主要集散地。文化市场总量过大,结构不合理的情况仍比较突出,管理执法机制仍需进一步健全和完善。

改革开放的广西文化事业

广西壮族自治区文化厅

改革开放20年来的历程,是一幅新奇壮美的画卷,是一部灿烂辉煌的诗篇。

作为中国社会主义改革开放和现代化建设进程中的一个重要组成部分,文化在与经济、政治的协调发展中,不断增强壮大自身,也为人民群众提供了强大的精神动力和智力支持,对推进社会主义物质文明和精神文明建设发挥着独特的积极作用。

改革开放使文化人的思想观念获得了空前的解放。文化秉承了她那一份执着和追求,沐浴着邓小平文艺理论的光辉,从自我封闭的樊篱中走出来,翩然迈上了社会转型时代的大舞台。

广西文化事业从此迎来了明媚的春天。

一、舞台艺术创新发展,弘扬优秀民族文化,实施精品战略,一批作品问鼎全国顶尖奖项

广西壮族自治区拥有积淀深厚、多姿多彩的民族、地方艺术。在漫长的历史发展中，产生了桂剧、彩调剧、粤剧等地方戏曲，壮剧、壮师剧、侗戏、苗戏、毛南戏、佤佬戏等少数民族剧种，师公戏、采茶戏、牛娘戏、客家戏等民间小戏，文场、渔鼓、春锣、末伦、石牌话、唱哈等地方、民族曲艺，12个民族的歌舞艺术更是色彩斑斓，多种多样，而全国流行的话剧、京剧、杂技、木偶艺术等，也在广西的舞台艺术中占有一席之地。

随着改革开放的日益深入，观众的审美情趣发生很大变化，文化娱乐活动的空间又大大拓宽，戏剧、特别是戏曲观众人数锐减。面对这一历史变迁，1986年11月举行的广西第二届戏剧展览会提出以“革新”为主题，“面向群众，跟上时代，立足革新，振兴戏剧”为宗旨。在其筹备阶段，开展了更新戏剧观念的大讨论。同时，针对参展剧目达38个，参展单位众多，有6个自治区直属剧团、12个地、市级艺术团体、11个县（市）级艺术团体和1个市群众艺术馆的庞大阵容，对剧展运作方式作了改革，采取“就地展演，巡回观摩，集中评奖”的做法。参展剧目题材广泛，形式多样，风格各异，琳琅满目，有现代剧、新编历史剧，也有整理改编的传统戏；有桂、壮、彩调、粤、京等戏曲剧种，话剧、歌剧、舞剧、歌舞剧、音乐剧、木偶剧等戏剧形式，也有苗戏、牛娘戏、客家戏等民族民间戏曲，有正剧、喜剧，也有荒诞剧，所有参展剧目从内容到形式，引进了不少新观念，新手法，在不同程度上作了革新尝试，出现了桂剧《泥马泪》、《深宫棋怨》、壮剧《羽人梦》、彩调剧《山风》等优秀剧目。《羽人梦》被推荐参加1987年第一届中国艺术节演出，剧本获第二届全国少数民族题材剧本评选金奖。《泥马泪》同年应邀晋京为首届中国戏曲艺术国际学术讨论会演出，得到高度评价。以“改革创新，适应时代需要；团结竞争，发展民族艺术”为主题，1988年4月在柳州举行广西第二届“三月三”音乐舞蹈节，全自治区13个地、市和广西艺术学院、自治区歌舞团、金秀瑶族自治县瑶族艺术团共16个代表队800多人分批参加，包括壮、汉、瑶、苗、侗、佤佬、毛南、京等民族的音乐、舞蹈作品214个（其中舞蹈87个、歌曲102首、器乐曲25首），组成10台晚会，共演出27场，还组织小型演出队送戏上门。壮族歌舞乐《骆越神韵》、《民族乐舞》（河池，包含乐器改革）获优秀演出奖一等奖；苗族独舞《裙韵》、瑶族独舞《瑶山之鼓》、瑶族舞蹈《觅》、壮族歌舞乐《骆越神韵》中的舞段《蚂虫另稻仙舞》、大型舞剧《山恋》中的舞段《双人舞》、舞蹈《莫一大王赶山》，获舞蹈创作优秀奖一等奖；《红水河图腾》等15首歌曲获音乐作品优秀创作奖；宁林等5人获声乐表演奖一等奖；李平等2人获器乐演奏奖一等奖；傅志良等23人获优秀演员奖，《骆越神韵》获舞台美术设计奖一等奖。1986年，古典舞蹈《打棍出箱》和苗族舞蹈《扭》参加全国第二届舞蹈比赛，获创作三等奖。大型歌舞乐《骆越神韵》于1989年参加在广州举行的第二届中国艺术节（中南片），得到“上乘之作”的评价；1990年11月，为前来广西视察工作的江泽民等中央领导人作专场演出，得到肯定。

杂技艺术方面，1986年创作的《钻地圈》、《抖杠》分别获美国灵玲马戏团特别奖和全国第二届杂技比赛银狮奖。《抖杠》又于1989年获法国第12届世界明日杂技比赛金奖。同年，《小跳板》在中国吴桥国际杂技比赛中为中国赢得唯一的银狮奖。音乐创作方面，在1982～1986年全国少年儿童歌曲评奖中，《槟榔树下摇网床》获一等奖，《节日的礼物》、《雨中》、《放心吧，爸爸》获二等奖，获奖作品之多，在全国各省（自治区）中名列前茅。

如果说，改革开放的前10年中，广西的舞台艺术从复苏走向创新发展，艺术作品的创作方法和风格样式从一元走向多元，更好地满足着人民群众不同层次的审美需求，那么，在随后的10年中，通过树立“精品意识”，实施“精品战略”，艺术创作的质量有了显著提高，一批作品问鼎“文华奖”、“五个一工程”奖等全国文艺创作最高奖项，努力实现与全国艺术创作的先进水平接轨。

从1993年起，"三月三"音乐舞蹈节改为广西国际民歌节，每年举办。国际民歌节以弘扬民族优秀文化、振奋民族精神，扩大改革开放，兴旺经贸往来，让世界了解广西，促进广西走向世界为宗旨，集文化艺术活动和经济贸易科技旅游活动于一体，以歌会友、以歌传情，以歌招商，吸引了大批中外艺术家和企业家前来参与盛会，对民族民间音乐舞蹈的挖掘整理和创新是个有力的推动。与此同时，1990年、1994年举办全自治区第一、第二次舞蹈比赛，1997年举办全自治区民族音乐舞蹈调演，推出了一批优秀的音乐舞蹈作品。第一次舞蹈比赛中，各地、市和区直单位选送了85个作品，有6个作品获一等奖，其中《壮乡山水情》、《挑》、《海恋》、《扁担舞》等4个作品还获第二届广西文艺创作铜鼓奖，《挑》和《海恋》1990年12月参加全国少数民族舞蹈"独、双、三人舞"比赛获编导三等奖。第二次舞蹈比赛中，《桥》、《打磨秋》、《瑶山孕》、《摆嘎摆》获编导一等奖。大型民族舞剧《漓江情韵》获特别奖，后应中华民族20世纪舞蹈经典评展组委会和文化部艺术局邀请进京演出获得成功。《桥》、《打磨秋》、《漓江情韵》、《摆嘎摆》获第三届广西文艺创作铜鼓奖。《打磨秋》参加1995年全国第三届舞蹈比赛，获民间舞创作三等奖。1997年全自治区民族音乐舞蹈调演中，《走出深山》、《出寨》、《结》、《荒原》等4部舞蹈作品获编导一等奖。在1997年第七届孔雀杯全国舞蹈比赛中，《出寨》获编导二等奖，《瑶山孕》获编导三等奖。

广西第三、四、五届戏剧展览会，分别于1991年12月、1995年11月、1998年12月～2000年1月举行。第三届剧展以小戏为主，大戏、小戏并举，有桂剧、壮剧、彩调剧、话剧、采茶戏、仫佬戏等13个剧种的大小53个剧目组成24台戏参加展演，桂剧《瑶妃传奇》获桂花奖大戏一等奖，彩调剧《双上吊》、桂剧《怪诞县官荒唐案》、壮剧《酒醉英雄》获桂花奖小戏一等奖，还出现了木偶剧《红孩儿》、桂剧《血丝玉镯》、独幕彩调剧《人情债》等一批优秀剧目。第四届剧展围绕"突出主旋律、坚持多样化；增强精品意识，面向广大观众；以现代题材为主，大戏、小戏并重；提倡民族题材，提倡雅俗共赏"的宗旨，分为参展剧目就地展演和优秀剧目集中展演两阶段进行。全部参展剧目46个，组成26台戏，从中评出7台13个剧目调南宁参加"桂花金奖"角逐。最终，桂剧《风采壮妹》、彩调剧《哪嗬咿嗬嗨》、桂剧《商海搭错船》、风情壮剧《歌王与将军》获大戏类演出桂花金奖，客家山歌剧《赶圩》获小戏类演出桂花金奖，话剧小品《站岗》获小品类演出桂花金奖。还出现了粤剧《月到中秋》、舞蹈诗《咕哩美》等一批优秀剧目。第五届剧展以"面向观众，走向市场"为宗旨，首次把演出场次、演出收入作为评奖条件，参展剧目接受了数十万观众的检验，参展剧目涵盖彩调、桂剧、壮剧、粤剧、瑶剧、牛娘剧、采茶戏等地方剧种和话剧、歌剧、舞剧、音乐剧等多种艺术门类，共推出37台大戏、41台小戏、60个小品，从规模、形式、产生的影响看，本届剧展堪称跨世纪的广西戏剧艺术盛会。大型民族音乐剧《白莲》、大型儿童音乐剧《太阳童谣》、大型现代桂剧《漓江燕》、大型现代彩调剧《大山小村官》、大型舞剧《妈勒访天边》获"桂花金奖"，小品《呼唤》、《山风轻轻吹》、《奇特的竞赛》、小戏《陶铸放牛》、《弃婴谣》获小戏、小品一等奖。经过反复修改加工，精益求精，《瑶妃传奇》于1992年获文化部第三届文华新剧目奖、1项文华表演奖，开创广西获文华奖的先例。《红孩儿》1992年参加全国木偶、皮影戏会演获优秀剧目一等奖和5个单项奖。《血丝玉镯》1993年参加全国地方戏曲展演获优秀剧目奖和4个单项奖。《人情债》参加全国话剧小品、戏曲小喜剧比赛获优秀编剧奖。《哪嗬咿嗬嗨》1995年10月参加第四届中国戏剧节获演出奖和8个单项奖；1995年12月参加'95全国戏曲现代戏交流演出，获优秀剧目奖和7个单项奖；1996年5月获第六届文华新剧目奖和3个单项奖，继又荣获'97中国曹禺戏剧文学奖，被誉为继《刘三姐》之后彩调剧演出史上的又一里程碑。风情壮剧《歌王》(原名《歌王与将军》)参加第五届中国艺术节，获中宣部第五届"五个一工程"奖、获第七届文华大奖和5个单项奖，获'97中国曹禺戏剧文学奖。1997年《风采壮妹》获中宣部第六届"五个一工程"奖。《月到中秋》1997年11月参加第五届中国戏剧节演出，获曹禺戏剧奖和4个单项奖。1998年《商海搭错船》获第八届文华奖和2个单项奖，《咕哩美》获第八届文华新剧目奖和2个单项奖，小品《呼唤》获中国曹禺戏剧小戏小品类一等奖。1999年《白莲》获第九届文华新剧目奖。2000年舞剧《妈勒访天边》获第二届中国舞蹈"荷花奖""金荷花奖"，舞蹈《姑娘不穿鞋》、《担》分别获第十届"孔雀奖"全国少数民族舞蹈比赛表演一等奖、编导一等奖。

二、创建社会文化先进县，三级网络初具规模；构筑边疆文化长廊，设施、活动力求配套成龙

创建社会文化先进县，是改革开放以来国家文化部在全国实施的一项旨在推动农村基层文化事业发展的系统工程。广西是较早开始实施的省(自治区)之一。1982年，广西群众文化工作者从区情出发，在实践中寻找农村文化工作的新路子，开展了"建设城乡文化中心"的创建、评选活动，拉开了创建社会文化先进县的序幕。1985年，这一由自治区文化厅、财政厅发起的创建活动，开始演变为政府行为，自治区、各地、市的党政领导亲自出席有关会议，看设施、听经验、评估效益，极大地推动了创建活动的开展。1987年，自治区文化厅又分别制定了《广西县城文化中心评估计分细则》、《广西乡镇文化中心评估计分细则》。这两个细则从设施、队伍、活动、网络、管理、经费、效益等方面对农村文化工作做出了量化规定，使创建活动走上了科学化、规范化、系统化的轨道，创建活动的名称也改为创建群众文化先进县(社会文化先进县的前身)。1990年，又以构建文化长廊的模式将若干个县联动发展，进一步加快了群众文化先进县创建步伐，从最初的每年1~2个，发展到每年3~5个，最多的一年有7个县同时进入先进行列。1994年，全自治区共有45个(市、区)被命名为群众文化先进县。1995年根据形势的发展，为更好地与全国创建工作接轨同步，创建活动从单一的群众文化扩展为群众文化、文化市场、图书馆、文物四体合一的创建社会文化先进县活动，并由自治区人民政府下文，使得这项活动成为了名符其实的政府行为。这样，不仅使各级党委政府更加重视，也极大地激发了广大文化工作者的积极性，效果极为明显。仅1995、1997年两次评选，全自治区就有21个县(市、区)通过验收，其中有10个县(市、区)进入全国文化先进县的行列。在创建活动中，由于实现了从"小文化"向"大文化"的过渡，农村文化工作天地变得更加宽广，更能体现文化的社会价值；由于开展了"以文补文、多业助文"，增强了文化部门的自身活力；由于提倡社会办文化，调动了社会各界的积极性，弥补了国办文化的不足，较好地满足了群众日益增长的文化需求。通过多年的努力，除个别新设县、乡外，广西已经基本实现了国家要求达到的"县县有文化馆、图书馆、乡乡有文化站"的目标，县、乡、村三级文化网络初具规模。全自治区县(市、区)文化馆设施达标率(三级以上)为70%，图书馆设施达标率超过90%，乡镇文化站的设施达标率为21%左右。三级文化网络的逐步完善，文化设施的逐年改善，不但为广大文化工作者开辟了施展身手、展现才华的广阔天地，更为广泛开展群众性文化活动创造了条件。

在全自治区普遍开展创建社会文化先进县的过程中，自治区文化厅根据中越边境形势的发展变化，从加强边境文化建设、推进边境地区改革开放的需要出发，1990年提出了构建"广西千里边境文化长廊"的思路，并着手建设。这一活动得到国家文化部的赞赏和肯定，1991年文化部和国家计委有关负责同志两次到广西边境地区考察调研，并把它确定为文化部民族文化司与广西联系的重要工作项目。1992年6月，文化部在南宁召开全国农村文化工作暨首届边境文化长廊建设现场会。会上，高占祥副部长代表文化部正式提出，在全国9个陆地边境省(自治区)建设“万里边境文化长廊”的实施意见。1994年，文化部又决定将这一活动向9个沿海省(市)延伸，改称“全国万里边疆文化长廊”。这项文化工程作为建设社会主义精神文明的一件实事和大事，受到党中央、国务院的肯定和重视，1996年正式纳入《国民经济和社会发展“九五”计划和2010年远景目标纲要》，由中央20个部委、人民团体联合共建。建设边疆文化长廊成为由广西首创、文化部倡导、国家计委连年立项拨款的一项国家重点文化建设跨世纪工程。

广西边疆文化长廊全长2615公里，其中陆地边境线1020公里，海岸线1595公里，跨越5个地、市的14个县(市、区)的46个沿边和34个沿海乡镇，12个国家级口岸和6个自治区级口岸，以及一批边疆农场、林场、公路管理所(道班)、边海防军营(哨所)等，是一项跨越行政区域、牵涉到方方面面的社会系统工程。它的总体目标是：在边疆地区建立和完善比较齐全的文化设施，培养和造就一支由专业文艺工作者、群众文化骨干、文化经营管理者等各种文化艺术人才组成的优秀文化队伍，能经常开展内容健康、丰富多彩的文化艺术、宣传教育、科技普及和体育活动，形成文化设施有较高密度、文化活动有地域民族特色、充满社会主义时代气息、基本满足人民群众文化生活需求、适应改革开放和经济建设需要的布局合理、功能完善的社会文化网络，使边疆文化长廊成为培育“四有”新人的基地，成为社会主义精神文明建设的重要窗口，成为宣传线、文化线、旅游线和巩固的国防线。在自治区党委、自治区人民政府的领导下，在国家计委、文化部、财政部以及各有关自治区直属部门的大力支持下，在广西边疆各级党委、政府的重视和广大文化工作者的共同努力下，10年来，广西边疆文化长廊建设进展良好，成效显著，取得了阶段性的成果。

早在1992年9月，自治区人民政府就以桂政发(1992)72号文件下发了《广西壮族自治区文化长廊建设规划》。1996年5月，根据中央20个部委联合共建边疆文化长廊有关文件精神，结合广西实际，自治区的21个部、委、办、厅、局又共同下发了《印发“关于共建广西千里边疆文化长廊的意见”的通知》，制定了《广西千里边疆文化长廊建设“九五”规划》，成立了“广西千里边疆文化长廊共建领导小组”，以加强对共建的组织领导和协调工作。在宏观布局上按步骤分三步走：1990年至1995年为打基础和主体建设阶段，现已基本完成。从1996年至2000年为口岸建设攻坚和填平补齐阶段，不定期举办“广西边疆文化长廊口岸文化建设展示会”。从2001年至2010年进入成龙配套和全面提高阶段。2000年8月，根据自治区党委、自治区政府的部署，利用两年时间，集中人力、财力和物力，开展边境大会战，为边境8个县市(区)搞好交通、教育、水电、医疗卫生、文化等基础设施建设，努力完成三大任务：第一，每个县都要通二级公路，从东兴市到那坡县沿边境线要建成三级路相连贯通，把边境口岸进一步建设好，由县城到边防站、边贸站要通三级公路，每个县市要按规定的标准和规模改造，扩建、完善好一所完全中学。第二，每个乡镇都要办好以下9件事：按照国家标准建设好一所初中；按照寄宿制的要求建设好一所中心小学；配套完善好一所卫生院；解决好乡镇所在地的自来水问题；搞好乡镇所在地的规划；建设好一所邮电所；建设好一所文化站；建设一个农贸市场；努力实现县城到乡镇通柏油路；进一步解决好乡镇机关干部的住房问题。第三，每个村公所都要办好以下10件事：村村通公路；结合电网改造村村通电；村村通电话；村村通广播电视扩大覆盖屯；村村解决人畜饮水问题；村村建设好村公所；村村建设好一所小学；村村建设好一所卫生室和计生服务站；彻底消灭茅草房，让村民安居乐业。概括起来是要办好24件事，总建设项目17646

个,总投资资金182893万元,其中:乡镇文化站建设项目57个,每个站建设面积400平米,建设资金981.45万元,其中:自治区财政681.45万元,部门配套300万元,预计2001年10月全部竣工并进行验收,从而使我区边境文化基础设施建设获得突破性进展。自1992年起在文化部召开的全国边疆文化长廊建设现场会上,广西先后有3个边疆地市、7个边疆县(市、区)荣获"全国万里边疆文化长廊建设先进地区"的称号。目前,广西边疆文化长廊已基本上形成了"馆、站、室、户、点、车"初步配套的社会文化网络。除北海、钦州、防城港3个市新设立的辖区外,边疆县(市)基本上都建有"三馆二院",其中有10个县(市、区)的文化馆、图书馆、电影院、影剧院以及6个县(市)的博物馆进入广西先进行列。边境乡镇基本上都建立有文化站,其中有近85个文化站的设施达到自治区的先进水平。据不完全统计,沿边、沿海的14个县(市、区)共有文化娱乐室387个,卡拉OK厅347个,舞厅(场)33个,录像厅124个,桌球厅333个,个体书摊124个,农村文化室410个,农村业余演出团队304个,农村民间零散艺人499人。有国家级文物保护单位3处,自治区级35处,自治区级以上旅游景点16处。另有流动文化服务车4辆。部队、武警、公路、海关、农垦、林业等各系统也根据各自的建设规划加大了文化建设的投入。沿边、沿海的部队每个连队都有了"四室三场";公路道班基本上都有了学习室、娱乐室;较大型的农场分别建设或改建了档次、规模不等的文化活动中心;驻凭祥市的中国林科院热带林业实验中心,先后共投资850多万元,建成功能齐全、设备完善的职工文化娱乐中心;海关也投资300多万元,建设了科技文化中心。总之,由县城文化中心、乡镇文化站、村屯文化室、农村文化户,各系统的文化活动设施,以及各种文化娱乐活动点,文物旅游景点和流动文化服务车等社会文化网络构成的广西边疆文化长廊初具雏型。10年来的实践说明,边疆文化长廊建设,对于提高劳动者素质,促进经济建设,对于加强民族团结,维护社会稳定;对于弘扬民族优秀文化,推动文化事业发展;对于增进中越边民的友谊,扩大对外开放;对于加强国防教育、军民共建精神长城等,都发挥了积极的作用。

三、公共图书馆规模扩大,设施、服务更优化;"知识工程"声势浩大,科技文化下乡形成制度

"文化大革命"中,公共图书馆事业受到严重冲击,1966年全自治区已拥有公共图书馆36所,到1970年仅剩18所,业务工作一度处于瘫痪状态。十一届三中全会以后,各级图书馆的建设春潮涌动。1985年建成21019平方米的自治区图书馆新馆,1988年建成3669平方米的南宁市少儿图书馆新馆,1990年建成1077平方米的桂林图书馆新馆,1992年建成11670平方米的柳州市图书馆新馆,1998年建成11700平方米的南宁市图书馆新馆,1999年建成18719平方米的北海市图书馆新馆。县(市)图书馆也有飞跃性发展。1978年至1980年上半年,建立县(市)图书馆50所,提前实现"六·五"计划所规定的县县有图书馆的要求。1980年至1990年,有65个县(市)先后建成结构合理、外型美观的新馆舍。据1993年统计,全自治区99所公共图书馆馆舍总面积168516平方米;县级图书馆馆均建筑面积达1055平方米,成为馆均面积超过全国水平的先进省(自治区)之一。

1994年开始,乡镇图书馆大幅度发展。此前,全自治区1361个乡镇仅建有7所图书馆,加上乡镇文化站所设不规范的图书馆(室),总共不过50所左右。1995年开始进行"百家企业与乡镇结对子建图书馆"活动,先后有165家企业出资150万元与116个乡镇结对共建。随后,又开展了党政机关与乡镇结对子建设图书馆活动,并积极引进海外力量建"爱华图书馆"11所。据截止2000年12月的统计,全自治区各种类型的乡镇图书馆(室)已达到1351个,75%的乡镇填补了没有图书馆的空白。

同时,全自治区公共图书馆的藏书、经费、人员等条件也比十一届三中全会前翻了几番。据统计,2000年全自治区公共图书馆事业经费2922.2万元,藏书总量达1312.2万册,比1980年158.2万元、643.6万册增长17倍、103.9%。图书馆自动化建设也得到新发展。北海、北流、百色、河池等20余家图书馆参加了广西图书馆采编中心,在数据库建设上迈出了可喜的一步;继1997年建立17所图书馆电脑网络之后,2000年止已有35所图书馆入网,实现了30%县级以上图书馆入网的第一步目标。各级各类型图书馆的电脑联网活动,提高了图书馆的文献开发和利用效益,加快了广西文献资源共享的进程。

自治区文化厅制订了各级图书馆的评估标准,从1988年至1992年共开展3次评估检查和定级工作,极大地促进了图书馆工作的发展,也得到文化部的肯定。1994年、1998年,文化部两次在全国开展评估工作。在1994年的评估中,柳州市图书馆、玉林市图书馆被文化部评为一级图书馆,还评出二级馆18个,三级馆28个。为树立乡镇图书馆的标板及示范馆,1997年广西在全国率先开展乡镇图书馆评估活动。在评估工作推动下,广西各级图书馆的业务工作向规范化、标准化迈进。

改革开放以来,全自治区公共图书馆事业规模扩大,馆舍条件改善,业务建设和读书工作也相应发展。但是,在商品经济大潮的冲击下,"读书无用论"再次回潮,全社会的读书风气下降,走进图书馆的人数锐减。图书馆事业的发展还受到国家经费投入的制约,图书馆的普及率不高,读书难的问题依然存在。有鉴于此,自治区图书馆于1994年3月提出并实施"知识工程"的构想。1997年中央9部委在全国推广实施。

实施"知识工程",就是要形成一种社会氛围,引导人们爱书、读书,增强图书馆意识,从而促进整个民族文化素质的提高;就是要形成一种共识,使政府与社会共同重视理解图书馆,融各方力量为一体,发展图书馆事业;就是要造成一种声势,重塑图书馆社会形象,使图书馆工作增强活力,使图书馆介入社会经济生活;就是要坚持一个做法,"捐书助农献爱心",把图书馆建到农村,提倡人人关心农村,为振兴农村经济出力。这也是到2000年,广西实施"知识工程"的四大目标。

"知识工程"领导小组先后组织了"读书、用书、图书馆知识竞赛"、"百本好书征文"、"一月一书"、"每周一书"、"农业科普知识竞赛"、高校大学生演讲比赛、农民读书成果报告会等活动,通过竞赛、征文、导读、书评、讲座、演讲等方式,激发人们的求知热情,营造良好的读书氛围。"知识工程"采取企业、机关与乡镇结对子方式,促进全自治区乡镇图书馆的发展,对乡镇图书馆建设做出了有益的探索。1998年,乘全国"知识工程"工作经验交流会的东风,"知识工程"领导小组与各级政府逐级签订了到2000年在全自治区1361个乡镇普遍建立图书馆(室)的责任状,并狠抓措施、抓落实。1994年以来,"知识工程"开展了4次较大规模的"捐书助农献爱心"活动,有百万群众踊跃参与,共收到捐书275万册,捐款近百万元,充实基层图书馆(室)的藏书,改善办馆条件。1997年发起的"百万图书下乡"活动,通过各机关单位送一点、各界群众捐一点、出版系统出一点等形式,展开了一场轰轰烈烈的"知识下乡"热潮。并且一改过去成片撒网的办法,有重点地扶持乡镇图书馆。"知识工程"的实施,也促使全自治区图书馆服务工作的进一步深化。每年5月的"知识工程"宣传服务周(月)期间,各级、各类型图书馆开展一条街服务和宣传活动,以发放各种信息、传授实用技术、播放科教录像、开展咨询活动等方式,让图书馆走入社会。还通过"百日优质图书馆竞赛"等活动,改进服务方式,提高服务质量。广西图书馆增加上架量,延长开放时间;桂林图书馆通过"科技查新",介入科技活动;梧州市图书馆下乡举办科技集市,帮助农民读书用书,科技致富。各级图书馆特别是乡镇图书馆,开展各种形式优质的科技服务活动,充分发挥图书馆在“科教兴国”中的作用。

四、纳入法制化、规范化、科学化轨道，文博事业蓬勃发展

改革开放以来，广西的文物工作逐步纳入法制轨道，加强文物保护和博物馆建设，充分发挥文物的作用。1982年《中华人民共和国文物保护法》颁布实施后，广西即采用各种手段向社会宣传、普及这一法规，以增强全社会的文物保护意识。90年代，宣传的力度不断加大。1992年在广西电视台举办了“文物保护知识电视大奖赛”，1995年在《广西日报》、《广西文化报》上开展’95文物保护有奖征答活动，1996年广西电视台播出《如何保护文物》的系列讲座，1997年～2000年全自治区文博单位均开展“国际博物馆日”宣传活动。通过这一系列活动，丰富了人们的文物知识，增强了保护文物的法律意识。同时，自治区和一些市、县也积极制订相应的地方性法规。《广西壮族自治区文物保护管理条例》于1993年颁布实施，《桂林市贯彻（文物保护法）的实施办法》也已出台，这些都为保护文物提供了法律依据和社会保证。1989年以来，陆续成立了各级文物管理委员会，各级人大、政协也经常视察、检查文物执法情况，为协调、督促、推动各地文物保护管理工作，处理文物违法事件提供了组织保障。

1987年至1989年10月，广西开展了建国以来时间最长、规模最大、范围最广、投入人力物力最多、成果也最为丰硕的文物普查工作，清查了各个历史时期的不可移动文物1万余处，收集各类文物及标本2.35万件，调查登记入册的不可移动文物点8427处，其中新发现的7231处，填补了不少文物年代序列的缺环和文物分布的空白。改革开放20年来，国务院分3批公布全国重点文物保护单位，广西共有13处16点。自治区人民政府分2批公布自治区文物保护单位166处，各地、市、县人民政府也公布了一批县（市）级文物保护单位。广西各级文物保护单位达1937处。文物保护单位的“四有”（保护范围及建设控制地带、标志说明、记录档案、专门机构和专人管理）工作也全面开展，建立了自治区、地（市）、县三级文物保护管理网络。为广西的文物保护、管理、科研、利用以及在基本建设中保护文物，避免建设性破坏提供了基本资料和组织保障。20年来，国家和自治区财政投人文物维修专项补助经费3500万元，抢救维修文物点300余处，国家重点文物保护单位普遍维修了1至2次，自治区级、县级文物保护单位也得到较好保护，有重点地进行了维修。

长期以来，由于历史的原因和经济条件的制约，广西38个各类博物馆、66个各级文物管理所、5家文物商店、2个文物工作队，共110个文物管理机构的文物基础设施普遍较差，近三分之二的馆（所）没有标准的博物馆、库房，功能不全，不符合《博物馆建筑设计规范》标准，馆舍简陋、残破漏雨、设备落后，安全系数低。从90年代初开始，多方筹集资金，改善文物保护的基础设施建设。在国家发展计划委员会、国家财政部和国家文物局的支持下，国家和地方共投入2500多万元新建、扩建、改建或维修各级文物保护管理机构，现有13个地区的18个市县的中心文物库房已经建成。自治区博物馆的陈列大楼也全面进行内部改造，焕然一新。广西各级文物单位现已拥有业务用房10万多平方米，保管和陈列条件极大改善。

广西文博单位按照《博物馆工作条例》、《博物馆藏品管理办法》的要求，从1990年起，先后组织文物鉴定专家组分赴全自治区各市县文博单位对藏品进行鉴定定级。经过一年多的努力，1992年完成了全自治区文物收藏单位的清库、分级、鉴定、登记工作。截止1996年，国家文物局先后两次派专家组到广西鉴定确认国家一级文物。现已查明，各级文物单位收藏各类文物23.04万件（套），其中属国家一级文物的有285件（套）。反映广西馆藏文物清库建档工作成果的《广西壮族自治区馆藏文物珍品目录》已于1998年出版，还完成了自治区博物馆藏品管理电脑软件的制作，为广西文物藏品管理向科学化、规范化迈进奠定了基础。

20年来,广西的文物考古发掘工作取得显著成绩,除配合基本建设进行大量抢救发掘外,国家和自治区财政投入200万元,抢救发掘、保护各级文物50多项,其中百色盆地旧石器时代遗址、桂林甑皮岩新石器时代遗址、那坡县感驮岩新石器时代遗址、平乐银山岭战国墓、贵港市罗泊湾汉墓等的发掘成果在国内外均产生一定的影响,尤其是邕宁县顶蛳山新石器时代遗址考古发掘获得"1997年全国十大考古发现之一"殊荣,已被学术界命名为"顶蛳山文化",这是广西解放以来原始文化考古成果第一次列入重要的地位。从这些遗址、墓葬中出土了大量的陶器、瓷器、铜器、玻璃器等文物,其中一些文物参加了赴日本、挪威等国家的展出。

20年来,全自治区各馆(所)的陈列展览整体水平有了较大的提高,观众人数明显增加。广西民族文物苑仅1997年春节期间参观人数就达数万人次;百色右江民族博物馆开放后的短短几天参观人数多达3万人次;修葺一新的自治区博物馆陈列展览展出一星期,参观人数达到10余万人次。同时,还选择一些具有广泛影响和重大纪念意义的博物馆、纪念馆、开放的文物保护单位作为爱国主义、革命传统的重要宣传教育阵地。1995年公布了自治区博物馆等40处为第一批自治区级爱国主义教育基地,其中文博单位就有28处。中国工农红军第七军军部旧址、钦州刘永福故居被中央六部委命名为"全国百家中小学爱国主义教育基地";中国工农红军第七军军部旧址被中宣部公布为"百个爱国主义教育示范基地"。在实施《爱国主义教育实施纲要》过程中,一批优秀的教育基地受到表彰。1994年国家文物局授予八路军桂林办事处纪念馆"全国优秀地县博物馆和优秀社会主义教育基地"称号,百色右江革命文物馆和李宗仁文物管理处分别获1995年、1996年度"全国文物系统优秀爱国主义教育基地"称号。

五、对外文化交流拓宽渠道、扩大项目、提升层次

随着改革开放的逐步深化,广西的对外文化交流根据广西区情,突出民族特色,发挥地方优势,渠道拓宽、项目扩大、层次提升,为中国人民和世界人民的友谊架起五彩鹊桥。据不完全统计,从1980年至2000年,广西对外文化交流活动共456起,4325人次,涉及38个国家和地区,成为展示广西优秀民族文化和社会发展进步的一个窗口,吸收、借鉴世界优秀文化成果的纽带。

文艺演出是对外文化交流的重要项目。1980年组成广西《刘三姐》歌剧团出访香港、新加坡,是改革开放以后广西的首次对外文化交往。其后,以杂技、歌舞节目组团的出访演出日益增多,1983年,广西友好艺术团(杂技)出访意大利、瑞士;1984年,中国广西艺术团(杂技、歌舞)出访非洲象牙海岸等5国;1985年,中国广西艺术团(歌舞、杂技)出访美国;1986年右江民族风情歌舞在塞浦路斯、土耳其2国4市的国际文化艺术节和国际民间舞蹈节演出;1987年,苗族舞剧《灯花》赴缅甸演出,1990年,壮族歌舞乐《骆越神韵》赴香港演出。进入90年代以来,除了继续推出杂技、歌舞节目出访演出,还推出了民族文物、民间工艺、民族服饰等方面的展示活动。如1992年至2000年,连续9年,广西文化代表团参加日本熊本县为广西与熊本结为友好区县而举办的"大中国展"活动,不仅有杂技、歌舞演出,还有民族工艺制作演示和展销。除在熊本县展示外,还到宫崎县的宫崎市、都城市、鹿儿岛,福岗县的大牟田市等地巡回展示。广西与香港地区的文化艺术交流卓有成效,除民族歌舞外,粤剧、桂剧等地方戏曲也不断应邀赴港演出。1998年广西派出苗族民俗技艺团到台湾台北市巡回展演。从中不难看出交流项目的扩大。

同时,对外学术交流活动日益增多,提升了广西对外文化交流的层次。1992年成功地举办了广西傩戏国际学术讨论会,有美国、德国、日本、韩国等外国学者出席。1994年，越南人文及社会研究中心民间文化研究院代表团来访；1995年，广西艺术研究所代表团回访越南。其后互访不断，并签订了联合开展学术考察与学术研究协议。1995年广西学者顾建国研究员与澳大利亚墨尔本大学贺大卫教授，合作编辑《广西壮族傩文化丛书》。1995年与法国进行文化科技交流，1996年广西文化科技考察团赴美国洛杉矶等城市进行考察。广西与香港在少数民族音乐研究、文物考古研究、图书资料研究等方面，有着长期有效的合作。1998年广西博物馆派出考古队赴香港特别行政区合作进行文物考古发掘和整理研究。广西的文博专家学者还与日本专家合作开展古代铜鼓研究，土司制度研究，与美国专家合作进行百色旧石器研究，与越南考古研究院、历史博物馆、香港古物研究所开展学术互访。

广西的对外文化交流活动已从被动地等待上级委派，转为主动申报、广泛联系，通过一切驻外使馆人士和经纪人多方联络，拓宽渠道。形式也由单一的杂技歌舞演出向研究、展演、讲学、学术交流的全方位展开。既有交流性活动，也有营业性演出，有个人行为也有团体行为。既有传情达意形式的政府性互访演出，也有民间组织的到乡间、学校的交流，以让世界了解广西，使广西走向世界。

改革开放20年来，广西的文化事业取得巨大成就，其经验主要是：

1.高举邓小平理论的伟大旗帜，贯彻实事求是的思想路线，从区情出发，大力弘扬广西12个民族的优秀传统文化；

2.树立发展是硬道理的意识，勇敢面对社会主义市场经济带来的机遇和挑战，不断解放思想，找寻新的发展思路，锐意开拓进取，实施新的发展战略，“知识工程”、“构建边疆文化长廊”这两项系统文化工程，由广西首倡，在全国推广；

3.落实依法治国的基本方略，积极执行国家文化法规，不断完善广西的地方性文化法规，使文化工作纳入法制化轨道；

4.文化工作自觉服务于以经济建设为中心这一国家的大局，能动地发挥文化知识库、精神加油站、经贸促销队等多种社会功能；

5.尊重知识、尊重人才，努力培养各类文化专业人才，并为他们发挥聪明才智营造良好环境；引进国内高素质专家学者，帮助广西推出文化精品；

6.形成激励机制，通过制度化的专业技术职称评定和各类评比、评奖、表彰活动，调动广大从业人员的工作积极性和创造性，使各类人才脱颖而出，使优秀成果不断涌现；

7.推进量化管理，细化业务规范，明晰岗位责职，树立投入与产出相比配的观念，积极创造条件推进文化事业产业化进程；

8.服务于全社会的文化事业，除了保证国家、地方财政的足额投入，还要动员全社会力量多方集资兴办；除了发挥文化主管部门的管理职能，还要跟各类相关行政管理部门形成合力齐抓共管，以更好满足全社会日益增长的文化需求，保证文化事业持续健康发展。

改革开放20年，是广西文化工作不断开拓奋进的20年，是广西文化工作硕果累累的20年。

回眸改革开放20年的广西文化事业，我们充满着自豪感。展望21世纪广西整个文化产业的发展前景，我们有理由满怀胜利的信心，因为江泽民总书记在党的十五大报告中为我们建设有中国特色社会主义文化描绘了美好的蓝图，因为改革开放和社会主义市场经济体制的建立为我们艺术家、文化人提供了施展才华的良好条件。无疑，我们仍会面临着严峻的挑战，我们也会遇到诸多的困难，我们还会在改革攻坚的艰难攀登中碰到种种的障碍，但是，我们的心头依然葆有对明天热切的憧憬和希望。

憧憬跨世纪文化的更大辉煌，我们应加倍努力！

希望在远方闪烁，我们当奋然前行！

四川文化"九五"回顾

四川省文化厅

"九五"期间，在文化部的正确指导下，在省委、省人大、省政府、省政协的重视和支持下，在各级文化主管部门和广大文艺工作者的共同努力下，四川省文化事业呈现出全面繁荣、整体推进的良好发展势头。

一、艺术创作演出繁荣活跃，四川文艺舞台异彩纷呈

"九五"期间，四川省成功地举办第五届中国艺术节、首届中国川剧节、2000 年四川省舞蹈大赛等重大文艺演出活动。全省新排上演剧(节)目 1383 个，其中重点剧(节)目 125 个，在全国获奖剧(节)目达 58 个。1996 年以来，四川省创作演出的川剧《山杠爷》、《变脸》、舞剧《远山的花朵》荣获中宣部"五个一工程"奖，川剧《山杠爷》、《死水微澜》、《变脸》、话剧《辛亥潮》、《船过山峡》、音乐剧《未来组合》、舞剧《远山的花朵》、木偶剧《哪吒》、《红地球、蓝地球》、舞蹈《阿惹妞》、《漫漫草地》、戏剧小品《红霞》、四川清音《蜀绣姑娘》荣获文化部文华大奖及新剧目奖。四川省还推出了一批优秀文艺创作表演人才，其中近 30 人获单项奖，3 人获戏剧梅花奖。川剧《变脸》、方言喜剧《抓壮丁》在第六届中国艺术节上受到国内外专家的一致好评。刚刚降下帷幕的 2000 年四川省舞蹈大赛第一阶段的比赛，推出了一批新人新作。全省广大文艺工作者坚持文艺的"二为"方向，以优秀的作品鼓舞人，送戏下乡下基层，启动文化列车，不断满足人民群众的文化生活需求，1996 年以来全省艺术表演团体共演出剧(节)目 4.7 万多场，观众达 3152 万人次。

二、社会文化事业全面发展

"九五"期间，创建文化先进县工作成效明显。全省有 14 个县(市、区)进入全国文化先进县和文化模范地区行列，省级文化先进县已达 52 个；被文化部命名为中国民间艺术之乡的县(乡、镇)达到 21 个，省级文化先进乡(镇)373 个。基层文化设施建设进一步加强，现有文化(艺术)馆 196 个，其中一级馆 50 个；有文化站 3666 个，一级站 467 个；有公共图书馆 129 个，其中 72 个达到部颁标准。公共图书馆事业获得新的发展，读者服务宣传周的活动落实到了基层，每年都有 68 万册的流动图书走村窜户；自动化、网络化建设有了良好的开端，全省 10% 公共图书馆在馆内管理和读者服务方面实行了自动化，全省公共图书馆文献信息资源共建共享网络建设已经启动，旅游资源、农村实用科技等数据库建设取得了成效。群众文化活动不断普及。"九五"期间全省各级艺术馆、文化馆、文化站(中心)共举办业余文化艺术培训计数 3.9 万次，培训音乐、舞蹈、美术、书法、摄影等门类群众文化活动积极分子达 138.1 万人次，举办各类文艺作品演出及展览达 12.1 万次。创作水平也有显著提高，参加了四届全国"群星奖"比赛，共获金奖 4 个、银奖 10 个、铜奖 8 个、优秀奖 24 个。在今年举行的黄河流域九省区大河上下摄影作品参展评选中，四川省参展作品 34 幅，获一等奖 1 个、二等奖 3 个、三等奖 5 个、优秀奖 26 个。

三、文化市场健康有序

"九五"期间，加大了文化市场执法力度，使文化市场的管理和经营有法可依，有章可循，保证了四川省文化市场沿着规范、健康、有序的方向发展。严格执法，加大对非法经营活动的打击力度，坚持不懈地开展了各种文化市场集中整治。据统计，5 年来，文化市场大检查 20 余次，局部检查 100 余次，有力地打击了文化市场中存在的"黄、毒、赌"等社会丑恶现象。积极发挥国办文化的主渠道作用，扶持健康的文化产品，大力倡导健康有益的群众性文化活动，全省文化市场在结构、布局、数量上趋

于合理。截止2000年底,四川省有文化娱乐业从业人员46888人,主营业收入达6.2亿元。

四、艺术教育蓬勃发展,艺术科研成果丰硕

"九五"期间,四川省文化系统艺术教育积极适应社会主义市场经济的要求和社会对艺术人才的迫切需要,全面深化四川省川剧学校(省艺术学校)、四川省舞蹈学校教育改革,实施素质教育,开展了以高速课题设置、更新教学内容、改革教学方法、加强实践教育、突出能力培养为核心的教学改革,增设了21个社会适用的新型专业;与大专院校联办本科专业,与联合国教科文组织国际舞蹈理事会肯博基金会联合培养硕士、博士舞蹈人才,提高了办学层次;加大艺术实践力度,成立了"四川省青年川剧团"、"四川省青少年艺术团"、"四川省青年歌舞团"实习基地,缩短了教学与舞台的距离,提高了表演水平和综合素质,为四川省文化艺术事业培养输送了一批跨世纪的艺术新人。"九五"期间,两校硬件建设取得突破性进展,占地72亩的省舞校新址全面竣工,占地280亩,投资1.5亿元的省川校扩校工程已立项。经国家和教育部、文化部评估,省舞蹈学校、省川剧学校确认为首批国家级重点中专。

艺术科研成果显著。"九五"期间,完成了《中国民间歌曲集成》、《中国民族民间器乐曲集成》、《中国曲艺志》(四川卷)等国家艺术科研重点项目;国家社会科学基金学科重点课题及省重点科研项目《川剧剧目词典》、《川剧艺术论》、《面向新世纪的思考》出版;5年中全省共有25项文化艺术科研成果荣获国家级或省部级文化艺术科学优秀成果奖和科技进步奖。

五、文物保护抢救工作成绩显著

"九五"期间,《文物法》在全省范围内得到了进一步的贯彻和落实。省政府办公厅下发了《关于进一步加强文物工作》的通知(川办发[1999]40号)和《关于不得随意改变文物保护单位用途和管理体制的通知》(川办发行[1998]33号)。遵照"保护为主、抢救第一"的方针和"有效保护、合理利用、加强管理"的原则,四川省加大了对文物维修经费的投入,"九五"期间,全省平均每年完成40个以上抢救维护项目,其中重点维修工程在10处以上,使一大批地面不可移动文物得到了妥善有效的保护。积极配合基本建设,抢救发掘整理了华蓥安丙墓、成都平原史前城址群、成都市井街老烧坊遗址、三峡库区中坝遗址,取得重大成果,分别进入1998、1999年度全国十大考古发现之列。充分发挥博物馆、纪念馆优势,举办丰富多彩、生动活泼的展览,对广大群众,特别是青少年进行爱国主义、革命传统和社会主义教育。《古城古国古蜀文化》陈列、《巴蜀寻根——四川50年成就展》分别被评为1997、1999年度全国十大精品陈列奖,《少数民族文物精品展》被评为1998年度全国十大精品陈列提名奖。利用文物优势,积极开展对外文化交流。三星堆文物、遂宁窖藏瓷器、省博物馆龙泉窑瓷器先后赴日本、台湾、澳门展出,获得圆满成功。特别是三星堆文物赴台湾展出,对促进两岸文化交流做出了积极贡献。至2000年12月底,四川省共有全国重点文物保护单位40处,省级重点文物保护单位269处。博物馆50个,文物保护管理机构141个。全省共有文物藏品45.2件。一级古代文物1569件,其中国宝12件,四川省作为文物大省的地位进一步确立。

六、对外文化交流不断拓展

"九五"期间,四川省拓展形式,拓宽渠道,全方位、多层次地开展对外和对港澳台文化交流。一是交流数量和范围逐年上升和扩大,交流项目及参与人数幅度增加,交流的范围进一步扩大;二是交流形式不断增多,涉及传统的民间歌舞、杂技、书画展、声乐器乐比赛、学术交流、考察及观摩外,尤其在川剧表演、文物展览、话剧演出、友好访问及执行文化部对外文化交流计划等方面取得了突出成绩;三是交流渠道不断拓宽,交流主体不断扩大。通过多层面、多渠道的对外和对港澳台文化交流宣传,增进了四川省与世界各国(地区)人民之间的相互了解和友谊,为促进四川省对外开放和经济建设发挥了积极的作用。"九五"期间,经我厅申报批准和各类出访团(组)共338批,3277人(次),涉及31个国家和地区;来川进行文化交流的国外团(组)185批,2083人(次),涉及23个国家和地区。2000年共办理赴国(境)外文化交流项目74个,涉及16个国家和地区,办理来川进行文化交流的项目56个,涉及25个国家和地区。

七、文化基础设施建设迈上新台阶

"九五"期间,政府财政对文化的投入逐年增加。全省人均文化事业费由1995年的1.73元,上升到2000年的2.44元。文化经济政策进一步落实,省文化厅与省财政厅、省地税局出台了《文化事业单位修购资金提取管理办法》和《对文化事业单位捐赠管理办法》。文化基础设施建设迈上新台阶。"九五"期间,全省加大了对文化基础设施工程投入,固定资产资金投入5.3亿元,建成交付使用项目106个,竣工面积35.6万平方米。建成了成都市少儿艺术宫音乐厅、广汉三星堆博物馆、绵竹年画博物馆、乐山市艺术馆、自贡市图书馆、四川省舞蹈学校新址等一批文化、文物标志工程。1996年至2000年,全省新建改建公共图书馆、文化馆67个,完成全省246处文化设施的维修工作,维修面积近12万平方米。1996年至2000年维修国家级、省级重点文物保护单位366项(个),投入资金5068万元。新建、改建博物馆12个,面积达2.9万平方米。

贵州"九五"文化事业发展概述

"九五"期间,在党和政府的关心支持下,在马克思主义、毛泽东思想、邓小平理论指导下,贵州省各级文化部门认真贯彻落实十四届六中全会精神,坚持十五大党的基本路线,深入贯彻执行文艺的"二为"方向和"双百"方针,从本省实际出发,努力探索出一条地方特色、民族精神与时代精神相结合的发展文化艺术事业之路,贵州文化事业在各个方面得以不断发展。

一、主要机构人员及业务活动状况

1.全省现有艺术表演团体28个,从业人员2134人。"九五"期间新排上演剧目共391个,其中:黔剧《姊妹崖》、京剧《水西遗恨》、《范仲淹》、地方戏《秦娘美的后代们》、话剧《黑山汉子》、《巧妇可为》、川剧《红军妹》等获得全国及本省较高奖次。京剧《史治惊天》在第六届中国艺术节上获得优秀演出奖,被称为"戏剧舞台的《生死抉择》"。2000年度国内演出2379场(其中到农村演出1100场次);国内观众460.6万人次;到国外演出804场。

2.艺术表演场所14个,从业人员322人。座席数12336个;2000年度共演出9568场,其中:电影放映6067场,艺术演出161场;观众人次67.7万人次,其中:电影放映观众36.3万人次,艺术演出观众13.6万人次。

3.全省有公共图书馆89个,从业人员876人。其中省级1个,123人;地(州、市)级8个,245人;县级(含县级市)80个,508人(包括少儿图书馆1个,10人)。全省图书总藏量680.9万册(较1996年627.5万册增加53.4万册),其中古籍19.1万册;发放借书证11.4万个,总流通人次为333.9万人次;书刊外借189.3万册次;为读者举办各种活动282次,参加人员达14.6万人次;在馆外设服务点453个。

4.全省有群众文化机构1030个,从业人员2142人。其中:群众艺术馆8个,183人;文化馆85个，736人；文化站937个，1223人，(其中：乡镇文化站913个，1161人)。2000年度共举办展览986个，组织文艺活动4202次，举办培训班991次，结业5万人次，录像放映2.6万场次，观众205.4万人次。

针对贵州省地处内陆山区和经济发展相对落后的现状，1995年制定了《文化带建设总体布局方案》，经过五年的具体实施，已先后建成了5个全国文化先进县，20个省级文化先进县，28个文化先进乡镇；在全省50个艺术之乡中有4个被文化部授予“中国民间艺术之乡”称号。

5.贵州省在文化市场管理方面，始终坚持“一手抓繁荣，一手抓管理”的方针，认真贯彻国务院《娱乐场所管理条例》。坚持每年对音像制品批发、零售、出租、放映等单位进行重新审核登记和换发许可证制度。逐步建立健全了全省95个地、州、市、县的文化市场稽查队伍，并通过对这支队伍的培训，加强了对文化市场的执法和管理力度。“九五”期间，全省共出动近万人次对各类文化经营单位进行了检查，收缴了大批非法音像制品及具有博彩、色情性质的游戏机电路板、电脑、非法音像制作设备等，并进行了集中统一销毁。

2000年，贵州省文化市场整体发展呈健康有序、稳步上升的发展态势，但赌博、色情等活动时有发生。为此，省文化厅与公安、工商等部门配合，在全省范围内开展了为期三个月的电子游戏经营场所专项治理行动，出动人员6870人次，取缔无证经营305家、学校周围200米内场所259家，利用电脑从事经营374家、赌博机经营746家，收缴赌博机板4662块、赌博整机3932台。通过治理，对全省经营户的压减比例达56.5%。

二、全省文化事业经费收支情况

1.2000年全省文化事业总收入11404.3万元。其中财政补助收入为9071.2万元，占总收入的79.5%(比1996年6145.7万元增加2925.5万元，年均增加585.1万元，年均增长9.5%)。2000年度全省人均占文化事业费2.43元，比1996年的1.74元增加0.69元，年均增加0.14元。全省文化事业费占全省财政总支出的0.45%。

2.2000年全省文化事业费分项收支情况

(1)艺术表演团体总收入3333.3万元。其中财政补助收入2546万元，占总收入的76.4%(比1996年的1723.5万元增加822.5万元，年均增加164.5万元，年均增长9.5%)；总支出3420.6万元(比1996年的2334.2万元增加1086.4万元，年均增加217.28万元，年均增长9.3%)；其中事业支出3418.2万元，占总支出的99.9%(比1996年的2228.1万元增加1190.1万元，年均增长10.7%)；从业人员劳动报酬1649.8万元，占总支出的48.2%(比1996年的1195.9万元增加453.9万元，年均增长7.6%)。

(2)艺术表演场所总收入640.9万元(比1996年的425.9万元增加215万元)。其中，财政补助收入62.6万元；事业收入225.8万元(比1996年增加69.8万元)。总支出711.2万元，其中事业支出653.6万元，占总支出的91.9%；从业人员劳动报酬275万元(比1996年的144.7万元增加130.3万元)，占总支出的38.7%。

(3)公共图书馆总收入1468.8万元。其中财政补助收入1258.5万元，占总收入的85.7%(其中：新增藏量购置费243.6万元，占图书馆财政补助收入的19.4%。全省人均购书费为0.07元)，比1996年的990.8万元增加267.7万元，年均增加53.5万元，年均增长5.4%。总支出1428.1万元(比1996年的1022.4万元增加405.7万元)，其中事业支出1422万元，占总支出的99.6%，从业人员劳动报酬725.4万元(比1996年的449万元增加276.4万元)，占总支出的50.8%。

(4)群众文化业总收入1973.4万元。其中财政补助收入为1656.8万元(比1996年的902.3万元增加754.5万元，年平均增加150.9

万元,年均增长16.7%),占总收入的84%;总支出1975.7万元(比1996年的1265.6万元增加710.1万元),其中事业支出1941.9万元,占总支出的98.3%,从业人员劳动报酬1238.1万元(比1996年的691.5万元增加546.6万元),占总支出的62.7%。

3.2000年度全省文物事业总收入1636.7万元(比1996年的973.6万元增加663.1万元,年平均增加132.6万元,年均增长13.6%)。其中财政补助收入1063.6万元(比1996年的781.7万元增加281.9万元),占总收入的65%;事业收入306.9万元(比1996年的54.3万元增加252.6万元),占总收入的18.8%。总支出1375.2万元(比1996年的930.2万元增加445万元),其中事业支出1249万元,占总支出的90.8%。从业人员劳动报酬384.7万元(比1996年的334.7万元增加50万元),占总支出的28%。

三、基本建设投资情况

1996——2000年全省文化(文物)产业单位共完成基本建设投资5186.4万元,新增固定资产1460.1万元,已交付使用的11个,竣工面积2.2万平方米。

(2000年年平均人口数3732.89万人计算;2000年全省财政总支出数为199.73亿元。)

2000年甘肃省文化发展概述

甘肃省文化厅计划财务处

甘肃位于祖国的西北部,地处黄河上游,辖14个地州市、86个县市区,全省面积45万平方公里,2800多万人口,地处黄土高原、青藏高原交汇处,由于其独特的地理位置,使其成为多种文化形态的交汇地,在政治地理和经济地理上占有十分重要的位置。这样一来就给甘肃留下无数的历史文化瑰宝,其中著名的丝绸之路横贯甘肃全境,历史上曾是我国经济、文化的繁荣昌盛和中华文化的发祥地。

经过50多年的努力,甘肃的文化事业在省委、省政府的正确领导下,在各级领导和主管部门的大力支持下,经过全省广大文化工作者的辛勤耕耘,文化产业有了很大的发展,出现了可喜的局面。

一、人员机构情况

截止2000年底,全省共有产业机构4096个,从业人员22876人,其中职工12964人。

文化部门直属产业机构663个,从业人员人员10674,其中职工9002人,直属文化产业660个,从业人员10625人,非文化产业3个,从业人员49人。在艺术业中,艺术表演团体76个,从业人员4185人;艺术表演场所46个,从业人员750人。艺术创作机构16个。

全省共有图书馆91个,从业人员1110人,其中职工1049人,群众艺术馆15个,从业人员369人,文化馆15个,从业人员369人,文化站1334个,从业人员3773人,其中乡镇文化站1311个。

全省文化娱乐业共有机构1919个,从业人员8406人,其中,歌舞厅622个,舞厅130个,卡拉OK厅609个,台球厅61个,保龄球厅6个,旱冰场9个。文化市场其他经营机构407个,从业人员1094人。其中,音像制品批发零售机构46个,录像放映厅25个,画店、画廊11个。全省文物保护业共有机构33个,891人,文物保护管理机构28个,260人,文物科研机构4个,625人,其他文物机构1个。全省共有博物馆65个,842人,文物商店1个,31

人。

二、文化事业经费收支情况

全省文化产业单位总收入18472万元，其中财政补助收入11619万元，事业收入5401万元。其中财政补助收入比上年增长5%。总支出18715万元，比上年增长9%。

三、艺术事业繁荣发展

2000年，甘肃省文化艺术队伍，认真贯彻党的十五大精神，紧紧抓住繁荣文艺创作的工作，全面推动有中国特色的社会主义文化艺术事业的建设，使文化艺术工作在新世纪更加繁荣发展。

1. 文化厅在不断深入研究的基础上，继续为繁荣创作打好基础。充分发挥广大文艺工作者的主观能动性和创造性，从而激发创作热情，推出一批高品位且广大群众喜闻乐见的优秀作品来推动我们的两个文明建设。

2. 以"敦煌为源泉，以丝路为背景，以多民族为色彩"的艺术创作思想和特色。甘肃的戏曲艺术历史悠久，根深叶茂，如秦腔、陇剧、花儿剧、眉户剧、藏剧、兰州鼓子等一批优秀地方戏曲深受各族人民群众的喜爱，以及京剧、豫剧、舞剧、歌剧、话剧使得甘肃省的文艺舞台不断丰富多彩，并且推出了一批优秀剧(节)目。

2000年全省76个艺术表演全年共创排上演剧137个，全年演出1.4万场，观众2064万人次。下农村演出1.1万场，占演出场次的78%，充分体现了文艺面向基层、面向群众的宗旨。

艺术表演场所全年演出3.2万场，其中文艺演出1000场，观众211.6万人次，文艺演出收入75万元。

四、公共图书馆建设

公共图书馆，由于其所具有的社会职能使其在市场经济和信息时代中有着不可替代的作用。甘肃省2000年共有图书馆91个，其中省级1个，地市级8个，县、市级82个。总藏书量745万册，总流通人次185万人次，其中：外借数5万人次，153万册次。人均藏书0.3册，人均购书费11.40元。为读者举办各种活动707次，参加人次3.7万人次。在信息时代，各项事业都在向数字化发展，公共图书馆也在向数字化发展，甘肃省正在不断投入资金、人才建设甘肃省的数字化图书馆。

五、群众文化事业的发展

群众文化工作是丰富群众业余生活的重要方式，是两个文明建设的重要组成部分。2000年全省群众艺术馆、文化馆(站)共举办展览2038个；组织文艺活动5105次；举办训练班4533次，结业11.1万人次；放映录像3.2万场次，观众达117991万人次。群众艺术馆和文化馆负责指导的农村文化中心493个，文化俱乐部(室)1828个，图书室777个，文化户626户，群众业余演出(团)队661个，群众文化机构举办的各项业务活动较上年都有所增加，不仅繁荣了群众文化生活，而且提高了业余人员的创作水平，涌现了一批业余骨干力量。

六、文物事业

甘肃文物资源十分丰富，现已查明的文物遗存13300多处，其中国家重点文物保护单位23处，省级文物保护单位445处，县级文物保护单位2950处。全省馆藏文物37万多件。馆藏文物中国宝级文物30件，一级文物1754件。文物机构藏品28万件，其中博物馆28万件；陈列、展览1119个；观众110万人次，其中博物馆59万人次；门票收入894万元，其中博物馆189万元。

七、存在的问题

从总体水平看，甘肃的文化事业发展仍然落后于其他领域的发展，文化投入总量不能和经济增长水平相适应，远远低于经济增长水平。

全省文化事业虽然比以前有较大发展，但"县县有图书馆"的目标仍然没有实现，目前全省有5县(市、区)没有图书馆。数字化图书馆由于甘肃省财力有限不能得到大力发展，希望国家能够给予资助，加快甘肃省数字化图书馆建设。艺术表演团体由于在管理体制上的原因,使得大多数剧团实行的是差额补助或自收自支的经费形式,许多单位的财政补助收入和取得的演出收入只能用于支付人员工资,根本无力将较多资金投入到演出中。在目前经济快速发展的今天,由于多元化娱乐方式的形成,造成艺术场所的门庭冷落。虽然从表演团体和表演场所上都进行了改进,但是由于经济基础较弱,文化设施的陈旧已经不能满足现在演出的需要,这样一来就需要对表演团体和表演场所的硬件和软件都进行补充,才能满足现今演出的需要。

随着时代的步伐,社会已经迈进21世纪,甘肃的文化事业取得了一定的发展。但为了使甘肃省的文化事业有更大发展,为圆满完成"十五"规划,利用国家开发西部的有利时机,加大对文化建设的投资力度,使文化事业的发展能够和经济发展水平相适应,更加促进党的两个精神文明建设。

"九五"文化事业回顾

青海省文化厅财务产业处

"九五"期间,青海省文化系统深入贯彻党的十四届六中全会和十五大精神,认真学习江泽民同志"三个代表"重要思想,在省委、省政府的正确领导下,紧紧围绕党和国家的中心工作,积极贯彻党的路线、方针、政策,始终如一地坚持"二为"方向和"双百"方针,积极探索文艺改革发展之路,艺术渐趋繁荣,事业蓬勃发展,文化工作取得了较大的成就。

一、截止2000年,全省共有文化事业各类机构2044个,其中,艺术表演团体14个,专业剧场2座,省、州、县三级公共图书馆38座,群艺馆9个,县级文化馆43个,城乡农村文化站198个,文化艺术学校1所,文化、文物科研单位各1所,综合性博物馆12个,文物保护单位23个,文化市场娱乐业经营及管理机构2014个,开展正常业务活动的电影放映、发行、管理机构63个,民族语译制机构1个等。文化单位从业人数达6920人,其中文化市场娱乐业经营、管理人员为5339人。

二、"九五"期间,全省文化事业投入逐年增长,人均文化事业经费名列全国前茅。2000年全省文化事业财政补助收入为3699万元,比1995年的2574万元,增加1125万元,增长43.7%。人均文化事业经费也逐年增长,1998年青海省人均文化事业经费占有额为7.41元,比全国人均4.18元高出3.23元,居全国第5位。"九五"期间,文化事业财政补助投入逐年增长,累积补助17259万元,比"八五"累积增加7071万元,增长69.4%。

三、"九五"期间,文化事业设施建设发展较快,文化事业设施建设投入有较大幅度增加,一批展示地区形象的标志性文化设施相继建成。"九五"期间,全省文化部门共投入建设资金近1.5亿元,完成了总建筑面积约3.5万平方米的各类文化设施建设,省图书馆一期工程已竣工,并于1997年开馆投入使用,由日本友人小岛先生捐助7亿日元(人民币4900万元),投资近1亿人民币、占地面积1.7万平方米、建筑面积20800平方米的,青海省博物馆新馆已于1999年10月建成,并于2000年4月30日向社会开放,开馆一周内,近16.5万人次到馆参观;建成了一批基层文化设施,如:海北州文化中心、格尔木市文化综合楼、尖扎县文化综合楼、黄南州热贡艺术馆、同德县文化综合楼、平安县文化综合楼、西海郡博物馆、海西州博物馆、大通县图书馆、民和县文化综合楼等；一些设施陈旧的乡镇文化站进行了修缮和改造；1998 年以来，投资 300 万元，为全省 30 个牧业县先后配备了流动文化服务车。文化设施的改善为繁荣文化事业打下了坚实的物质基础。

四、艺术事业繁荣兴旺，创作演出硕果累累。“九五”期间，全省广大艺术工作者在党和政府正确领导下，大力倡导改革创新精神，以艺术创作和演出为中心，创作并排新剧目 150 台，创作了一批具有民族特色、地方特色、时代气息的戏剧、音乐、舞蹈和杂技等剧（节）目，其中，大型歌舞《七彩江河源》、儿童童话剧《大山国与红领巾》获中宣部全国精神产品“五个一”工程提名奖；《大山国与红领巾》还获得文化部 96 全国儿童剧新剧目展演综合二等奖和编剧、表演奖；藏戏现代戏《金色的黎明》荣获全国少数民族题材戏剧创作“金孔雀”奖；民族舞蹈《金鼓》、《袖》分别获第七届全国少数民族“孔雀奖”舞蹈比赛创作三等奖、优秀作品奖，两个节目均获表演奖；大型交响乐《西海风》还被文化部选定参加“第六届中国艺术节”，成为整个艺术节中惟一的一台交响音乐。“九五”期间，全省艺术表演团体加大改革力度，开拓演出市场，强化营销意识，演出场次逐年上升，演出效益不断提高，取得了可喜成绩，共演出各类剧（节）目 9089 场次，观众达 1102 万人次。

五、社会文化事业蓬勃发展，群众文化活动十分活跃。“九五”期间，青海省实施了“高原流动文化服务工程”、“建设特色文化乡”、“小康文化村工程”、“草原之夜文化工程”，开展了“六月六花儿演唱会”和正月元宵节前的“社火展演”活动，丰富了广大群众的文化生活，提高了业余文化艺术水平，推动了社会文化事业的全面发展，1998 年以来，为暂无条件建立文化馆的农牧业县配发“流动文化服务车”；建成了 68 个“特色文化乡”，240 个“小康文化村”，大通回族自治县、互助土族自治县东沟乡被文化部命名为“中国民间艺术之乡”；近两年来，出现了文化与旅游相结合的同仁县“同仁热贡艺术节”、兴海、同得两县“民间艺术节”、门源县“油菜花艺术节”、贵德县“梨花艺术节”；译制了 100 部民族语的爱国主义影片和 100 部科技教育影片，为活跃青海省藏区及其他地区藏族同胞的文化生活、宣传党的政策，起了十分重要的作用；全省初步形成了省、州（地、市）、县、乡、村文化网络。民间业余文化活动十分活跃，群众业余演出团队 360 个活跃在全省基层。广大群文工作者和业余文艺骨干，立足当地，植根民间，创作了大量具有浓郁民族、地方特色的群众喜闻乐见的文艺作品，有些作品还获得“第五届中国人口文化奖”、“第六届中国人口文化奖”、文化部“群星奖”、中国西北“沙湖杯”花儿歌手大赛奖、“大河上下”艺术摄影展作品奖等奖项。

六、公共图书馆事业稳步发展，开始向资源共享网络化迈进。截止 2000 年，全省除海东地区外，其余各州、县、市均有了自己的公共图书馆，现有县级公共图书馆 30 个，州级公共图书馆 7 个，省级公共图书馆 1 个。2000 年全省各级公共图书馆总藏量达 286 万册（件），比 1995 年增加 2.1%，总藏量中，缩微制品、录像带、录音带、光盘等视听文献资料均系 1998 年起开始购置并收藏，馆舍面积比“八五”末增加 16%，2000 年总流通人次为 48.8 万人次。省图书馆加快改革步伐，进行科学管理，1999 年在全省率先建立电子阅览室，增加了视听设备，在各有关部门的大力支持下，网络信息工程建设即将实施，建设资金大部已到位，工程将于 2001 年上半年建成并投入使用。

七、文物事业起步较晚，但发展很快。青海省广大文物工作者坚持“保护为主，抢救第一”和“有效保护，合理利用，加强管理”的原则，坚持保护、维修与利用并举，推动文物事业的发展。截止 2000 年，全省文物机构已达 39 个，其中：博物馆 14 个，文物保护机构 23 个，文物研究机构1个,文物商店1个。文物机构较"八五"末增加34%,人数增加19.6%,馆藏文物97052件,其中一级品200件。都兰热水墓葬、宗日遗址、民和喇家遗址等发掘项目,取得了举世瞩目的成果。国家级文物保护单位——乐都瞿昙寺的全面维修已告结束,另一国保单位——同仁县隆务寺的维修准备工作正在加紧进行,2000年已开始施工。一些省、县级的保护单位也进行了抢救性的保护措施。省博物馆新馆已建成并投入使用,当今全国最大的专业性彩陶博物馆——中国柳湾彩陶博物馆已开工建设,工程总投资450万元,建筑总面积2600平方米,年内即可建成,他们的建成,将对青海省文物的保护、利用、管理等方面发挥更大的作用。

八、艺术教育稳步发展。青海省只有一所文化部门管理的中等艺术学校,截止2000年,该校有教职工91人,在校学生444名(其中:舞蹈234名,音乐111名)。"九五"期间,该校为青海省艺术团体和厂矿企业,培养了一批艺术新人,相当一部分已成为剧团的业务骨干和企业的文艺骨干。学校通过改革、面向社会、注重实际,根据社会需求设置专业,培养人才。并挖掘潜力,准备扩大招生,培养更多的优秀人才,为西部大开发作贡献。

九、文化市场依法管理,繁荣发展。截止2000年,全省文化娱乐机构达747个,从业人员2139人;其他文化经营机构868个,专业人员1262人。从经济成分划分,国有经济27个,从业人员463人;集体经济81个,从业人员131人;其他经济1507个,从业人员2807人。2000年文化市场实现利润1799万元。与2000年相比,文化娱乐业机构增加171个,增长29.7%,其他文化经营机构增加320个,增长58.4%。初步形成了多门类、多层次、多形式、多体制的文化市场体系和覆盖全省城乡的文化经营网络。

十、对外文化交流日益活跃。"九五"期间,青海省的对外文化交流从单一的文化艺术演出领域逐步涉入民间民俗、文物考古、历史文化研究等领域,对外文化交流的领域日益拓宽,对外文化活动日益活跃。青海省的专业艺术表演团体先后赴美国、孟加拉、墨西哥、斯里兰卡、巴基斯坦、尼泊尔、日本、台湾、香港、澳门等国家和地区进行了访问和商业演出;青海省的民间民族艺术团赴台湾进行了长达三个月的民俗演出;青海省玉树民间艺术团成功地进行了首次赴香港演出;青海省的文物考古工作者还同日本、美国、澳大利亚、意大利、香港等国家和地区进行了学术交流;青海省的文学艺术研究者还与100多位来自台湾、新加坡、韩国等地区和国家的学者共同对昆仑文化进行了交流和学术研讨。这些对外文化交流活动的开展,进一步宣传了青海,扩大了影响,促进了了解,增进了友谊,加强和拓宽了青海省与外界的联系。

十一、"九五"时期,青海省文化事业发展中存在的主要问题:

1.文化事业经费投入不足。尽管青海省各级财政对文化的投入逐年有所增加,人均文化事业费的比重较高,但由于青海省人口太少,文化经费的总量也太少。加之青海省总体经济发展滞后,地方财政困难,积存的问题多,缺口大,基数低,财政拨款的80%以上均用于人头费开支,造成事业发展所需资金不足。如:全省图书馆购书经费严重不足。2000年全省图书馆购书经费53.6万元,除省馆48.9万元外,其余37个馆每馆平均不足0.1万元,大部分图书馆未能添置一本图书。

2.文化设施建设缓慢。由于青海省文化设施基础薄弱,欠账太多,且投入总量太少,文化设施建设缓慢,严重滞后于经济建设的发展和人民文化生活的需要。截止2000年,全省只有2座建于50年代的土木结构的丙级剧场;尚有37个县(市、区)需新建或改造图书馆,33个县(区、市)需新建或改造文化馆;有1个州(地)需新建群艺馆,有3个州(地、市)需新建图书馆;有4个州(地、市)需新建博物馆;

有240个乡(镇)需新建文化站。

3.人才流失严重,艺术人才青黄不接。因种种原因,人才流失严重,特别是艺术人才青黄不接,人才断层严重。剧团普遍存在行当不全,声部不全,角色不全等问题,严重影响艺术生产。

4.文物保护矛盾突出,盗掘古墓葬、盗卖走私文物等活动猖獗。

5.文化经济政策没有得到全面落实。如:国务院国发(1996)37号文规定的文化事业建设费没有真正用于文化事业。

新疆维吾尔自治区文化事业“九五”文化产业回顾

新疆维吾尔自治区文化厅

改革开放以来的20年,是我区文化事业迅速发展的一个重要时期。“九五”期间在自治区党委、政府的正确领导下,通过认真贯彻党和国家的文艺方针政策,特别是贯彻落实党的十四届六中全会《决议》和十五大精神,重在建设,重在发展,已在全区建成了较为完整的文化事业体系,促进了自治区文化事业的整体发展与繁荣。

一、到“九五”末,全区文化部门艺术事业机构共有112个,其中专业艺术表演团体88个,艺术表演场所23个,艺术研究机构1个;全区群众文化事业机构共有1125个,其中群众艺术馆16个(自治区级1个、地州级15个),文化馆92个(县级),文化站952个(其中乡镇文化站863个),全区公共图书馆共有80个(自治区级1个、地州级16个、县级63个),总藏量578.8万册(件);文化艺术教育机构共有3所,其中中等专业学校2所,文化干部学校1所;全区文物保护机构共有101个,文物藏品共计72977件(其中一级品570件),其中:文物研究机构2所,文物维修机构1所,文物商店1所,文物保护管理机构75个(地州级18个、县级57个),拥有文物藏品45132件(其中一级品110件);博物馆23个(自治区级1个、地州级16个、县级6个),拥有文物藏品42143件(其中一级品456件);文物古遗址列入全国重点文物保护单位的有14处,自治区级239处,县级2000处。

二、艺术创作通过实施“精品战略”,创作和演出了一大批反映时代精神,群众喜闻乐见的优秀剧(节)目。“九五”期间累计新创剧目377个,在国内外各类比赛展演中获各种奖励达60多项。年平均演出9000余场次,其中在农牧区演出场次占47%。

1997年举办了第三届新疆文化艺术节;1998年文化厅又主办了’98新疆声乐新人新作比赛和第三届新疆舞蹈(独、双、三)比赛。大型民族音乐歌舞《天山彩虹》荣获文化部第五届文华奖的“文华新剧目奖”、“文华音乐奖”、“文华表演奖”;维吾尔剧《古兰木罕》荣获1996年度“五个一工程奖”和文化部第七届“文华新剧目奖”、“文华音乐创作奖”、“文华表演奖”;歌剧《木卡姆先驱》荣获第三届全国歌剧观摩调演7项奖励和文化部“文华发掘古典音乐奖”;克拉玛依市歌舞团演出的《大漠女儿》1998年又荣获文化部第八届“文华奖新剧目奖”和“表演奖”。由海里倩姆·司的克创作的《顶碗舞》获首届中国舞蹈比赛“金荷花奖”、集体表演获“银荷花奖”。乌鲁木齐市京剧团演出的京剧《红柳滩》获第二届中国京剧节“新剧目奖”，杂技团《高空达瓦孜》和舞蹈《少女》获第八届“文华新节目奖”；杂技《高空钢丝》和《小钻筒》分获第三届全国少儿杂技比赛“金狮奖”和“银狮奖”；话剧《罗布村的情祭》参加“中国话剧运动九十周年优秀剧目展演”，荣获9个单项奖；话剧《吴登云》在区内外演出受到广大群众的热烈欢迎。1999年3月，我区的大型民族歌舞《我们新疆好地方》晋京演出，江泽民总书记等中央领导和“两会”代表观看了演出，使我们受到了巨大的鼓舞；各族文艺工作者圆满完成了在国庆50周年和澳门回归庆典、昆明世博会活动中的各项任务。

三、“九五”期间，党和政府高度重视各民族文化遗产和传统艺术的抢救整理工作，使各民族优秀传统文化得到了继承和发展。维吾尔木卡姆艺术得到了有效的抢救和保护，成为中华民族艺术宝库中的一朵奇葩。维吾尔木卡姆艺术先后在英国、美国、巴基斯坦、瑞典、德国、波兰、比利时、摩洛哥、土耳其、奥地利、日本、韩国和中亚等十几个国家和香港、澳门、台湾等地演出，受到了广大观众的热烈欢迎，并引起了世界音乐界专家学者的关注。近年来，《且比亚特木卡姆》、《潘吉尕木卡姆》和木卡姆歌舞《楼兰美女》等一批优秀的剧(节)目，多次登上国内外高雅的艺术殿堂。1997年中国新疆木卡姆艺术团赴日演出荣获“东京国际丝绸之路艺术节艺术奖”，同年赴台演出也取得圆满成功。同年7月份又在乌鲁木齐举办了“新疆维吾尔木卡姆艺术成就展”。1998年新建的木卡姆艺术团业务办公大楼已竣工落成投入使用。国家重点科研项目文艺集成志书中的《中国戏曲志·新疆卷》、《中国戏曲音乐集成·新疆卷》、《中国民族民间器乐曲集成·新疆卷》三部集成志书已出版，受到国家文化部的表彰。《中国曲艺志·新疆卷》、《中国舞蹈志·新疆卷》也已编纂待审定后即出版。

维吾尔族民间杂技《达瓦孜》，在中央、自治区有关领导同志的关怀重视下，得到了扶植保护。1995年“达瓦孜”节目荣获第四届全国杂技比赛“金狮奖”，1998年又获得文化部“文华奖”。1997年6月22日“达瓦孜”青年演员阿迪力·吾守尔以13分48秒7的成绩横跨长江夔门三峡，创下了新的吉尼斯纪录，自治区人民政府隆重表彰并授予阿迪力·吾守尔“高空王”称号。1999年我区达瓦孜《高空钢丝》节目又荣获吴桥国际杂技艺术节“金狮奖”。2000年10月6日，阿迪力又以52分22秒的成绩横跨南岳衡山，再次创造了新的纪录，为祖国争得了荣誉，为新疆各族人民争得了荣誉。

四、在自治区党委、人民政府领导下，先后在全区开展了建设“丝绸之路边疆文化长廊”、创建“文化建设先进县(市、区)”和实施“知识工程”三大重点文化工程，使社会文化共建行为，得到有效落实和很大推进。边疆文化长廊建设和创建文化建设先进县这两大工程有机结合，在建设目标上以完善城乡文化网络建设为重点，截止1998年，全区累计投入2.4亿元，完成80个三馆建设(维修)项目和一大批文化站、室建设项目，总建筑面积达20.8万平方米。目前，全区已有29个县(市、区)被自治区人民政府命名为自治区“文化建设先进县(市、区)”，有30个地、县或单位荣获自治区人民政府授予的“边疆文化长廊建设先进地区(单位)”光荣称号，其中有10个县(市、区)跨入了“全国文化先进县”行列，有10个地、县荣获“全国万里边疆文化长廊建设成绩显著地区”光荣称号。“知识工程”围绕在全社会形成爱书、读书、用书良好风尚的目标，广泛开展了内容和形式丰富多彩的读书活动和图书馆建设活动，坚持每年开展“图书馆宣传周”活动，实施“万村书库”建设工程，已在全区建立农村文化室书库600多个，丰富了广大农牧民的文化活动。建筑面积达24700平方米，设备先进，藏书可达300万册的新疆维吾尔自治区图书馆新馆，于1999年10月23日正式落成开馆。江泽民总书记为自治区图书馆亲笔题写馆名，充分体现了江总书记对边疆人民，对少数民族文化事业,尤其是图书馆事业发展的亲切关怀。

社区文化、村镇文化、广场文化、企业文化、校园文化等都有较大发展,具有民族、地域特色的民间文化艺术活动较为广泛、普及,丰富了各族群众的文化生活,促进了城乡基层社会主义文化阵地的建设。同时,各级各类文化单位积极面向基层扩大服务,坚持开展送文化下乡活动。近年来全区共送演出下乡1万余场,送图书下乡1万余次,送电影下乡1.5万场次,实施文化扶贫捐书10万余册;自治区文化厅先后举办了农牧区业余文艺调演、群众书画展、农民画展、声乐新人新作比赛、舞蹈(独舞、双人舞、三人舞)比赛、少儿文艺汇演、职工合唱比赛、京剧票友选拔赛、迎回归征歌赛、"天山特产杯"有奖征文等一系列大型文艺活动,推出了一批新人新作,展示了自治区社会文化的发展水平。我区的群众文艺在历届全国"群星奖"评选中,获得了一金四银六铜的好成绩。我区麦盖提县的农民画进京展出;我区职工合唱团、少儿合唱团参加全国和国际合唱节获得优秀成绩;我区哈密市回城乡、麦盖提县库木克萨尔乡和央塔克乡被文化部命名为"中国民间艺术之乡"。

五、按照中央"保护为主,抢救第一"的文物工作方针和"有效保护,合理利用,加强管理"的原则,先后完成了交河故城、克孜尔千佛洞、苏图克·博格拉汗陵墓等一批重点文物的抢救维修工程,同时,充分重视在经济开发建设中的文物保护问题,制定了地方的文物保护法规,加强了重点文物保护单位的"四有"建设(即有保护范围、有保护标志、有保护人员、有文物档案),"四有"率达80%以上。

文物、考古发掘工作取得了显著成绩。1996年尼雅考古获重大发现,被列入全国文物考古十大成果之一。"新疆丝路考古珍品展"1998年4月在上海博物馆展出,取得了很大的成功,扩大了新疆文物的对外宣传和交流。为充分发挥文物在社会主义精神文明建设和反对民族分裂主义斗争中的作用,自治区各地所建的一批博物馆已成为当地的"爱国主义教育基地"。1998年8月江总书记来疆视察工作还到全国重点文物保护单位交河故城视察,对新疆做好文物工作做了很重要的指示。2000年在自治区机构改革中,自治区文物局升格为二级局,仍隶属自治区文化厅领导。自治区博物馆新馆建设工程预计投资6000万元,已于2000年10月破土动工。

六、在文化市场培育和管理方面,各级文化部门认真履行政府赋予的主管文化市场的职能,坚持"一手抓繁荣,一手抓管理",在规划布局、培育市场、建立队伍、完善法规、加强管理,特别是配合公安等部门坚持开展"扫黄打非"专项斗争中,取得了显著的成效。全区现有文化经营单位7127家,从业人员1.97万人,初步形成了文化娱乐、音像制品、书报刊、演出、文物和艺术品等六大市场,年创增加值5328万元(比1998年减少294万元),上缴税金1942万元(比1998年减少445万元)。各级文化行政部门已在全区初步建立三级文化市场管理队伍,其中:文化市场管理机构103个(区级1个,地级14个,县级88个),文化市场稽查队34个(地级2个,县级32个),管理人员587人。通过理顺管理体制,完善管理制度,加强执法人员培训,取得了明显成效,推动文化市场朝着依法经营、依法管理、健康有序的方向发展。

七、截止"九五"期末,全区共有各类电影放映单位537个,其中,电影发行放映管理机构92个,城市电影院98座、影剧院50座,可放映电影的礼堂和俱乐部有80多所,农村放映队217个,基本上形成了遍布各地、市、县和乡镇的电影发行网络。"九五"期间,电影发行放映总收入约8132万元,观众人次2711万人次。近年来电影发行放映行业努力克服电影市场严重滑坡的不利局面,加快改革步伐,在加强对基层调研的基础上,通过对农村购买电影拷贝实行分类补贴,向贫困乡村配发16毫米电影放映设备,增加少数民族语言译制片等有效措施,使城乡电影市场的状况有所好转,全区电影发行放映工作取得了可喜的成绩。由自治区电影公司译制的维语故事片1部和科教片2部,荣获第三届全国少数民族题材电影“骏马奖”。

八、对外文化交流工作以弘扬中华民族优秀文化为中心,有计划地把代表我区高水平的艺术精品推向世界。“九五”期间。全区(含兵团)完成对外文化交流项目共计294项、2940人次,其中:派出项目190项、1630人次,前往97个国家和地区;接待来访项目104个、1310人次,来自57个国家和地区。文化交流范围涉及我区文学艺术、文物博物、图书、新闻出版、广播电视、教育科技等诸多方面,展示了新疆改革开放以来所取得的成就,增进了世界各国对新疆的了解,通过积极吸收和借鉴外国优秀文化成果,丰富了我区的文艺舞台。

目前,我区文化事业发展面临的突出矛盾和问题主要有:

1.文化事业经费和文化基建投入不足,总量偏少、比例偏低的问题普遍存在,在基层、农村尤为突出。国家和自治区已出台的文化经济政策未得到很好落实,尤其是图书馆购书经费严重短缺,有三分之一的县级图书馆连续几年不能购置新书;文化事业建设费至今未能用于直接为群众服务的主体文化事业建设。

2.适应改革开放和社会主义市场经济体制要求的文艺运行机制还未建立,文艺产品的数量和质量同人民群众日益增长的需求不相适应。艺术表演团体布局不尽合理,艺术品种单一,艺术尖子人才缺乏,文艺精品不多。

3.公益性文化设施基础薄弱,欠账较多,其建设发展仍落后于经济建设的发展和人民生活水平的提高。国家和自治区自“六五”就提出的“县县有图书馆、文化馆,乡乡有文化站”的建设目标仍未实现。全区还有33个县(市、区)未建立图书馆,152个乡镇街道未建立文化站;还有5个县无影剧院,18个县文化馆和6个县图书馆有馆无舍,20个县文化馆和24个县图书馆馆舍面积不足自治区标准下限。

4.农牧区特别是边远、贫困的山区、牧区,文化建设发展缓慢,乡村文化站、室的设施建设、设备配置、服务功能等都比较落后。全区有三分之一的乡镇文化站面积不足国家标准下限200平方米;三分之一的文化站无站舍或站舍已成危房;三分之一的文化站由于经费无保证,处于瘫痪半瘫痪状态。60%的村文化室基本上没有什么设备和文化内涵,服务功能很弱。乡镇文化站人员编制问题仍未能根本解决,人员队伍不稳。

5.生态环境破坏,开发大中型经济建设项目同文物保护之间的矛盾日渐突出;盗掘古墓葬、走私盗卖文物的犯罪活动时有发生;一些极具价值的历史文物不能有效保护,受自然侵蚀和人为破坏的情况比较严重。

6.文化市场发展区域性失衡,结构布局不合理的问题比较突出;经营中色情陪侍、非法出版、盗版等违法行为屡禁不止;电影市场持续滑坡,特别是农村电影市场严重萎缩,全区已有近80%的农村电影队停止了放映活动。

这些矛盾和问题,有些是由于历史的、经济的原因而长期积累形成的;有的是在改革、转型中由于不适应而产生的;有的是由于主观努力不够或主客观不相符造成的。归根到底,是人民群众日益增长的精神文化需求同落后的文化艺术生产之间的基本矛盾的反映。

展望新世纪发展前景,新疆各族文艺工作者更加意气风发,豪情激荡。知识经济时代的到来和国家实施西部大开发战略,是新疆文化事业发展的难得机遇。我们要在自治区党委、自治区人民政府正确领导下,扬新疆文化资源优势之长,拓新疆歌舞之乡、文物大省之利,以优秀民族文化形成新的凝聚力和创造力,融入西部大开发格局,服务新疆经济开发建设,聚文化产业、文化市场之发展而成新的经济增长点,为新疆的两个文明建设做出更大贡献。

历 史 资 料

全国文化事业机构数

单位:个

年份	艺术表演团体	艺术表演场所	博物馆	公共图书馆	群众艺术馆	文化馆	文化站	中等艺术学校
1949年	1 000	891	21	55	--	896	--	1
1952年	2 084	1 510	35	83	--	2 430	4 107	4
1957年	2 884	2 296	72	400	--	2 748	--	29
1962年	3 320	2 249	230	541	61	2 514	1 192	46
1965年	3 458	2 943	214	562	62	2 598	2 125	51
1970年	2 541	1 432	182	323	29	2 303	1 794	14
1975年	2 836	1 464	242	629	81	2 589	2 717	49
1976年	2 906	1 458	263	768	80	2 609	2 886	54
1977年	2 941	1 448	300	851	87	2 644	3 012	64
1978年	3 150	1 095	349	1 218	92	2 748	1 729	71
1979年	3 482	1 255	344	1 651	144	2 892	22 304	71
1980年	3 533	1 444	365	1 732	218	2 912	25 273	69
1981年	3 483	2 302	383	1 787	257	2 893	28 417	79
1982年	3 460	2 469	409	1 889	264	2 925	35 832	80
1983年	3 444	1 818	467	2 038	270	2 946	41 830	85
1984年	3 397	1 779	618	2 217	315	3 016	50 247	95
1985年	3 317	1 756	711	2 344	335	2 965	52 858	102
1986年	3 195	2 058	777	2 406	337	2 993	53 519	113
1987年	3 094	2 148	827	2 440	348	2 973	52 867	116
1988年	2 985	2 081	903	2 485	358	2 975	52 923	116
1989年	2 850	2 050	967	2 512	366	2 955	51 910	121
1990年	2 805	2 055	1 013	2 527	366	2 955	52 435	111
1991年	2 772	2 068	1 075	2 535	371	2 894	51 959	122
1992年	2 753	2 037	1 106	2 558	372	2 900	48 375	126
1993年	2 707	2 024	1 130	2 572	370	2 886	46 212	129
1994年	2 698	1 998	1 161	2 589	374	2 887	46 619	129
1995年	2 684	1 972	1 194	2 608	373	2 886	45 038	131
1996年	2 664	1 934	1 219	2 620	392	2 892	41 969	130
1997年	2 663	1 947	1 282	2 628	385	2 901	42 163	137
1998年	2 652	1 929	1 339	2 652	386	2 901	42 547	135
1999年	2 632	1 911	1 363	2 669	389	2 905	42 543	141
2000年	2 630	1 912	1 392	2 677	390	2 907	42 024	137

注:因广西调整 1992 - 2000 年公共图书馆上报数,故全国公共图书馆机构数调整。

全国艺术表演团体分剧种机构数

单位:个

年份	总计	话剧、儿童剧、滑稽剧团	歌剧、舞剧、歌舞剧团	歌舞团、轻音乐团	乐团	文工团、文宣队、乌兰牧骑	戏曲剧团		曲、杂、木、皮团
								京剧	
1949年	1 000	--	--	--	--	--	860	--	--
1952年	2 084	--	--	--	--	255	1 706	350	123
1957年	2 884	100	103	--	--	13	2 406	--	262
1962年	3 320	78	113	--	15	91	2 450	249	647
1965年	3 458	94	102	--	14	212	2 318	230	725
1970年	2 541	52	93	--	7	932	1 293	226	156
1975年	2 836	58	113	--	4	1 225	1 253	243	183
1976年	2 906	58	117	--	3	1 246	1 282	240	198
1977年	2 941	60	124	--	3	1 232	1 326	232	196
1978年	3 150	76	116	--	7	959	1 726	239	266
1979年	3 482	89	137	--	10	775	2 100	235	371
1980年	3 533	100	143	--	11	669	2 224	231	386
1981年	3 483	104	152	--	10	605	2 272	221	340
1982年	3 460	5	165	--	11	584	2 269	215	326
1983年	3 444	105	170	--	12	558	2 271	209	328
1984年	3 397	105	184	--	16	530	2 231	191	331
1985年	3 317	103	204	--	18	517	2 167	181	308
1986年	3 195	100	226	--	20	502	2 061	163	286
1987年	3 094	97	261	--	22	490	1 954	154	270
1988年	2 985	94	283	--	21	466	1 861	138	260
1989年	2 850	91	289	--	24	445	176	126	234
1990年	2 805	90	298	--	22	440	1 722	122	233
1991年	2 772	92	41	252	21	432	1 707	121	227
1992年	2 753	94	43	250	21	432	1 695	120	218
1993年	2 707	90	42	254	18	421	1 667	119	215
1994年	2 698	90	44	258	20	427	1 647	116	212
1995年	2 682	89	45	261	19	425	1 634	116	209
1996年	2 664	92	61	283	17	415	1 587	114	209
1997年	2 663	93	59	283	19	432	1 573	113	204
1998年	2 652	88	65	286	17	424	1 562	112	210
1999年	2 632	86	74	295	17	410	1 541	110	209
2000年	2 630	86	79	289	17	419	1 531	109	209

全国文化事业占国家财政总支出、文教科学卫生事业费支出的比重

单位:亿元、%

年份	文化事业费	国家财政总支出	占国家财政比重
一五时期	4.97	1 345.6	0.37
二五时期	7.99	2 288.7	0.35
三年调整	4.49	1 204.9	0.37
三五时期	10.36	2 518.6	0.41
四五时期	15.36	3 919.6	0.39
五五时期	22.04	5 247.3	0.42
1978年	4.44	1 111.0	0.40
1980年	5.58	1 212.7	0.46
六五时期	36.03	6 952.0	0.52
1985年	9.32	1 844.8	0.51
七五时期	62.45	13 978.3	0.45
1986年	10.74	2 330.8	0.46
1987年	10.77	2 448.5	0.44
1988年	12.18	2 706.6	0.45
1989年	13.57	3 040.2	0.45
1990年	15.19	3 452.2	0.44
八五时期	121.23	26 092.5	0.46
1991年	17.28	3 813.6	0.45
1992年	19.46	4 389.7	0.44
1993年	22.37	5 287.4	0.42
1994年	28.83	5 792.6	0.50
1995年	33.39	6 809.2	0.49
九五时期			
1996年	38.77	7 914.4	0.49
1997年	46.19	9 197.1	0.50
1998年	50.78	10 771.0	0.47
1999年	55.61	13 136.0	0.42
2000年	63.16	15 879.44	0.40

说明:1.资料来源:国家财政总支出、文教科学卫生事业费均系国家财政决算数。文化事业费:1953——1980年系国家财政决算数("一五"至"四五"时期含文物、出版经费,"五五"时期不含文物、出版经费);1981年以后系文化事业统计年报数(不含文物、出版及科学研究费)。

2.文教科学卫生事业费包括:文化、出版、文物、教育、卫生、体育、科学、广播电影电视、计划生育、其他文教等事业费。

3.1995年的文教科学卫生事业费系财政的"事业发展和社会保障支出"数。

全国文化事业费总支出分项情况

单位：万元

年　份	总　计	艺术表演团团　体	艺术表演场场　所	公　共图书馆	群　众文化事业	中等专业学　校	干部训练	其　他
六五时期	459 316	213 563	30 046	47 760	74 866	16 421	940	75 720
1981年	69 232	38 897	...	6 145	12 140	2 797	...	9 253
1982年	79 318	39 693	6 169	252	11 957	2 827	...	11 420
1983年	89 282	42 861	6 653	9 121	13 631	3 114	261	13 641
1984年	103 885	44 820	7 705	1 184	16 798	3 540	335	18 838
1985年	117 599	47 292	9 519	13 393	20 340	4 143	344	22 568
七五时期	980 847	294 857	138 074	116 300	168 619	29 521	5 122	228 353
1986年	151 892	53 238	16 912	17 242	27 118	4 640	1 160	31 582
1987年	163 618	54 334	21 887	19 030	28 222	483	958	34 350
1988年	193 954	57 834	27 420	23 021	32 385	5 967	872	46 454
1989年	226 748	61 937	33 601	26 737	3 818	6 720	1 000	58 335
1990年	244 635	67 514	38 254	30 270	42 470	7 357	1 132	57 632
八五时期	2 090 837	559 130	302 037	261 106	334 861	78 076	8148	547 478
1991年	287 937	76 065	45 634	34 388	48 674	8 610	1 228	73 338
1992年	328 295	87 797	49 738	41 132	55 330	10 483	1 217	82 598
1993年	398 478	100 106	58 860	48 211	63 172	13 717	1 489	112 922
1994年	502 210	134 508	68 389	63 295	78 794	21 113	1 985	134 126
1995年	574 193	160 654	79 416	74 080	88 891	24 153	2 229	144 769
九五时期	4 522 682	1 121 883	447 005	622 921	835 808	220 970	10 103	1 262 994
1996年	741 671	183 534	88 947	88 963	137 775	31 477	1 573	208 402
1997年	848 548	202 789	93 125	113 927	158 861	39 561	2 186	238 100
1998年	899 877	223 877	92 580	127 032	173 207	43 820	2 084	237 277
1999年	973 733	242 797	85 653	135 826	177 528	51 690	1 486	278 754
2000年	1 058 853	268 886	86 700	157 173	188 437	54 422	2 774	300 461

全国文化事业费总支出构成情况

单位：%

年份	总计	艺术表演团团体	艺术表演场所	公共图书馆	群众文化事业	中等专业学校	干部训练	其他
六五时期	100.0	46.5	6.5	10.4	16.3	3.6	0.2	16.5
1981年	100.0	56.2	--	8.9	17.5	4.0	--	13.4
1982年	100.0	50.0	7.8	9.1	15.1	3.6	--	14.4
1983年	100.0	48.0	7.5	10.2	15.3	3.5	0.3	15.3
1984年	100.0	43.1	7.4	11.4	16.2	3.4	0.3	18.1
1985年	100.0	40.2	8.1	11.4	17.3	3.5	0.3	19.2
七五时期	100.0	30.1	14.1	11.9	17.2	3.0	0.5	23.3
1986年	100.0	35.0	11.1	11.4	17.9	3.1	0.8	20.8
1987年	100.0	33.2	13.4	11.6	17.2	3.0	0.6	21.0
1988年	100.0	29.8	14.1	11.9	16.7	3.1	0.4	24.0
1989年	100.0	27.3	14.8	11.8	16.9	3.0	0.4	25.7
1990年	100.0	27.6	15.6	12.4	17.4	3.0	0.5	23.6
八五时期	100.0	26.7	14.4	12.5	16.0	3.7	0.4	26.2
1991年	100.0	26.4	15.8	11.9	16.9	3.0	0.4	25.5
1992年	100.0	26.7	15.1	12.5	16.9	3.2	0.3	25.2
1993年	100.0	25.1	14.8	12.1	15.9	3.4	0.4	28.3
1994年	100.0	26.8	13.6	12.6	15.7	4.2	0.4	26.7
1995年	100.0	28.0	13.8	12.9	15.5	4.2	0.4	25.2
九五时期	100.0	24.8	9.9	13.8	18.5	4.9	0.2	27.9
1996年	100.0	24.7	12.0	12.0	18.6	4.2	0.2	28.3
1997年	100.0	23.9	11.0	13.4	18.7	4.7	0.3	28.0
1998年	100.0	24.9	10.3	14.1	19.2	4.9	0.2	26.4
1999年	100.0	24.9	8.8	13.6	18.2	5.3	0.2	29.0
2000年	100.0	25.3	8.2	14.8	17.8	5.1	0.3	28.4

全国文化产业增加值情况

单位:亿元

年　　份	总计	艺术业	图书馆业	群众文化业	文化娱乐业
九五期间	1 020.97	82.03	30.00	46.61	499.64
1996	211.84	15.05	4.22	7.43	138.28
1997	207.14	15.65	4.91	8.87	127.31
1998	207.62	16.00	6.47	9.21	121.25
1999	191.29	16.91	6.54	10.24	101.99
2000	205.95	18.42	7.59	10.86	100.33

全国文化产业增加值主要行业构成情况

单位:%

年　　份	总计	艺术业	图书馆业	群众文化业	文化娱乐业
九五期间	100.00	8.03	2.94	4.57	48.94
1996	100.00	7.10	1.99	3.51	65.28
1997	100.00	7.56	2.37	4.28	61.46
1998	100.00	7.71	3.12	4.44	58.40
1999	100.00	8.84	3.42	5.35	53.32
2000	100.00	9.07	3.74	5.35	51.38

全国文化事业基本建设投资占全国基本建设投资的比重

单位:亿元、%

年　份	文化事业基建投资	国家基建投资	文化事业基建投资占国家基建投资比重
一五时期	2.58	531.19	0.49
二五时期	1.97	944.38	0.21
三年调整	0.40	371.74	0.11
三五时期	2.38	871.28	0.27
四五时期	2.67	1 454.72	0.18
五五时期	3.77	1 696.40	0.22
六五时期	25.68	3 410.09	0.75
1981年	3.63	442.91	0.82
1982年	4.62	555.53	0.83
1983年	4.94	594.13	0.83
1984年	6.04	743.15	0.81
1985年	6.45	1 074.37	0.60
七五时期	28.83	7 286.00	0.40
1986年	6.32	1 176.11	0.54
1987年	6.14	1 343.10	0.46
1988年	6.42	1 574.31	0.41
1989年	4.81	1 551.74	0.31
1990年	5.14	1 703.81	0.30
八五时期	53.13	23 545.69	0.23
1991年	5.78	2 115.80	0.27
1992年	7.85	3 012.65	0.26
1993年	9.18	4 615.50	0.20
1994年	14.22	6 436.74	0.22
1995年	16.10	7 365.00	0.22
九五时期	98.79	56 547.00	0.17
1996年	14.43	8 399.00	0.17
1997年	20.48	10 500.00	0.20
1998年	17.01	11 904.00	0.14
1999年	23.92	12 619.00	0.19
2000年	22.95	13 125.00	0.17

说明:1.资料来源:①国家基建投资均摘自国家统计局统计年鉴。其中1953——1980年系国家预算内投资;1981年以后系国家基本建设投资(包括国家预算内投资、自筹投资和银行贷款等)。②文化事业基建投资:1953——1980年系国家预算内投资;1981—1984年以后系国家基本建设投资(包括国家预算内投资、自筹投资和银行贷款等)。1985——1989年系文化事业统计年报中文化事业基建实际完成投资额(包括国家预算内投资、自筹投资和银行贷款等)。

2.文化事业基建投资:1953——1984年包括文化系统内所属文化、出版、文物的基建投资;1985年以后仅为文化部系统的基建投资,不含文物、出版的基建投资。

全国文化事业基本建设情况

单位:万元、个、万平方米

年　份	本年计划投资		实际完成投资额	交付使用	
		国家投资		项　目	面　积
1982年	46 244	--	37 090	1 187	--
1983年	53 170	18 063	42 381	1 292	--
1984年	58 589	22 517	48 479	1 024	--
1985年	73 267	32 150	64 460	986	--
七五时期	320 139	152 369	288 287	2 419	520.6
1986年	69 939	32 864	63 197	74	117.6
1987年	69 692	34 951	61 383	622	121.0
1988年	69 918	31 594	64 186	581	97.0
1989年	51 964	24 680	48 124	542	97.9
1990年	58 626	28 280	51 397	476	87.1
八五时期	627 173	180 715	531 208	1 540	299.3
1991年	67 112	23 214	57 781	325	62.8
1992年	89 707	28 348	78 488	358	65.6
1993年	110 843	28 170	91 766	314	56.3
1994年	154 649	48 912	142 171	268	48.1
1995年	204 862	52 071	161 002	275	66.5
九五时期	1 255 378	497 573	988 048	1 174	413.2
1996年	187 692	58 225	144 433	287	94.1
1997年	223 963	98 845	204 774	285	74.1
1998年	230 649	119 561	170 079	176	73.0
1999年	280 005	112 130	239 269	217	78.4
2000年	333 069	108 812	229 493	209	93.6

全国文化事业基本建设增长情况

(以上一年为100)

单位:%

年　份	本年计划投资		实际完成投资额	项　目	面　积
		国家投资			
1982年	--	--	--	--	--
1983年	15.0	--	14.3	8.8	--
1984年	10.2	24.7	30.7	-20.7	--
1985年	25.1	42.8	33.0	-3.7	--
七五时期					
1986年	-0.5	2.2	-2.0	-24.9	--
1987年	-0.4	6.4	-2.9	-15.9	2.9
1988年	0.3	-9.6	4.6	-6.6	-19.8
1989年	-25.7	-21.9	-25.0	-6.7	0.9
1990年	12.8	14.6	6.8	-12.2	-11.0
八五时期					
1991年	14.5	-17.9	12.4	-31.7	-27.9
1992年	33.7	22.1	35.8	10.2	4.5
1993年	23.6	-0.6	16.9	-12.3	-14.2
1994年	39.5	73.6	54.9	-14.6	-14.6
1995年	32.5	6.5	13.2	2.6	38.3
九五时期					
1996年	-8.4	11.8	-10.3	4.4	41.5
1997年	19.3	69.8	41.8	-0.7	-21.3
1998年	3.0	21.0	-16.9	-38.2	-1.4
1999年	21.4	-6.2	40.7	23.3	7.4
2000年	19.0	-3.0	-4.1	-3.7	19.4

全国文化部门艺术表演团体演出及收支情况

年份	机构数(个)	演出场次(万场次)	农村演出	观众人次(万人次)	平均每团演出场次(场)	总收入(万元)	财政补助收入	演出收入	总支出(万元)	排练制作费	经费自给率(%)
1949年	1 000	30	--	--	300	--	--	--	--	--	--
1952年	2 084	66	--	2 312	317	--	--	--	--	--	--
1957年	2 884	137	--	79 245	474	--	--	--	--	--	--
1958年	3 181	205	--	120 290	644	--	--	--	--	--	--
1964年	3 302	171	82	84 293	518	19 030	5 290	--	19 817	--	68.0
1978年	3 143	65	22	79 395	206	32 086	19 644	11 079	30 049	7 393	41.4
1980年	2 183	54	20	61 519	245	34 687	22 503	10 685	29 524	5 953	41.3
1985年	3 295	74	49	72 322	226	48 568	30 942	13 091	47 292	6 007	37.3
1986年	3 173	63	40	60 012	198	53 638	35 562	13 278	53 238	3 815	34.0
1990年	2 788	49	32	51 012	176	71 535	43 759	18 041	67 514	3 952	41.1
1991年	2 760	45	29	46 411	162	71 756	42 638	17 798	76 065	4 566	38.3
1992年	2 744	43	28	46 338	155	80 959	46 617	19 559	87 797	4 843	39.1
1993年	2 698	41	26	42 530	151	92 770	51 093	21 756	100 106	4 762	41.6
1994年	2 691	40	26	40 935	149	127 628	75 583	27 276	134 508	6 608	38.7
1995年	2 676	41	26	43 166	154	151 388	86 620	34 382	160 654	9 302	40.3
1996年	2 656	42	27	47 934	158	184 240	109 781	39 870	183 534	8 090	40.1
1997年	2 651	42	26	46 361	157	206 794	125 300	40 716	202 789	10 161	37.9
1998年	2 640	42	26	53 486	161	218 546	139 913	41 730	223 877	11 215	34.5
1999年	2 622	42	26	46 904	161	242 645	155 609	48 967	242 797	16 423	33.2
2000年	2 619	41	26	46 168	157	263 664	172 864	51 650	268 886	14 926	31.5

全国文化部门剧场、影剧院演出及收支情况

年份	机构数（个）	演出场次（万场次）			观众人次（万人次）	收入合计（万元）				总支出（万元）
			艺术场次	电影场次			财政补助收入	艺术演出收入	电影放映收入	
1985年	1 377	99	12	87	--	11 630	1 506	1 776	5 206	9 519
1986年	1 928	203	15	155	88 670	19 547	2 233	2 488	8 201	16 786
1990年	1 995	302	9	209	89 157	43 491	2 865	3 375	16 560	37 402
1991年	2 009	367	9	196	77 613	47 406	1 682	3 760	18 208	44 260
1992年	1 987	288	7	173	53 188	51 123	1 545	4 487	16 747	48 185
1993年	1 972	245	6	132	43 278	60 204	1 596	4 635	17 291	56 846
1994年	1 947	221	5	121	27 552	68 000	2 375	5 268	17 568	66 234
1995年	1 918	205	5	114	24 252	79 507	2 793	6 481	22 492	77 134
1996年	1 892	256	5	97	59 057	86 147	5 034	7 611	21 958	87 204
1997年	1 898	231	5	91	16 572	88 540	6 559	8 387	18 513	89 732
1998年	1 882	206	5	75	15 368	84 956	6 800	8 869	17 735	88 735
1999年	1 864	168	6	61	11 581	75 675	7 588	10 187	11 160	80 731
2000年	1 863	136	6	53	12 982	81 081	8 643	10 735	11 438	82 040

全国公共图书馆业务活动情况

年份	机构数（个）	总藏量（万册、件）		总流通人次（万人次）		图书流通册次（万册次）	书架单层总长度（万米）	发放借书证数（万个）
			书刊		外借人次			
1979年	1 651	18 353	18 353	7 787	--	9 625	--	--
1980年	1 732	19 904	19 904	9 045	--	11 830	--	--
1985年	2 344	25 573	25 573	11 614	--	18 942	--	--
1986年	2 406	26 133	26 133	11 722	--	16 205	504	523
1990年	2 527	29 064	29 064	12 435	--	20 242	772	603
1991年	2 535	30 614	29 877	20 496	7 949	13 325	758	631
1992年	2 558	31 175	30 493	18 495	7 653	12 625	748	563
1993年	2 572	31 410	30 737	16 973	6 970	11 685	797	562
1994年	2 589	32 332	31 683	14 451	7 232	11 852	776	552
1995年	2 608	32 850	32 171	18 298	7 160	11 814	899	540
1996年	2 620	33 686	32 913	14 793	7 731	13 544	967	527
1997年	2 628	37 549	33 514	16 114	8 561	15 685	817	556
1998年	2 662	38 514	34 443	17 058	8 910	15 422	873	582
1999年	2 669	39 539	35 418	18 040	9 075	16 290	934	596
2000年	2 677	40 953	36 550	18 854	9 600	16 913	978	623

注：因广西调整 1992 – 2000 年公共图书馆上报数，故全国公共图书馆机构数调整。

全国公共图书馆经费收支及设施情况

年份	收入合计(万元)	财政补助收入	支出合计(万元)	购书费	新购图书(万册)	公用房屋建筑面积(万平方米)	书库	阅览室	座席数(万个)
1979年	5 040	5 040	5 206	2 163	--	86.6	38.1	21.1	--
1980年	5 476	5 476	5 486	2 273	--	92.0	42.1	23.5	--
1985年	15 272	15 272	13 393	4 164	1 343	172.0	64.1	46.1	23.1
1986年	19 891	19 070	17 242	5 300	1 359	210.0	73.0	53.4	33.7
1990年	32 328	29 292	30 271	8 474	895	326.0	98.4	76.1	32.1
1991年	36 764	32 593	34 388	8 927	771	349.1	104.3	80.0	34.0
1992年	45 354	39 010	41 132	9 916	740	363.6	105.3	84.3	34.4
1993年	50 917	42 975	48 211	10 698	631	368.0	108.0	85.0	34.3
1994年	74 586	60 639	63 295	9 252	556	409.1	113.6	85.7	34.8
1995年	79 685	65 829	74 080	16 788	551	415.5	117.8	88.3	35.2
1996年	93 235	76 582	88 963	19 626	577	441.4	120.8	94.0	35.6
1997年	114 004	93 177	113 927	25 527	680	471.5	124.9	98.0	37.4
1998年	129 082	107 521	127 032	28 067	700	492.5	131.7	101.8	39.9
1999年	137 430	115 830	135 826	30 473	678	506.0	137.4	105.7	41.6
2000年	163 799	139 321	157 123	37 141	692	598.2	139.0	109.7	41.6

全国群众文化事业业务活动、经费收支及设施情况

年份	机构数(个)	举办展览个数(个)	组织文艺活动次数(次)	举办训练班次(次)	藏书(万册)	收入合计(万元)	财政补助收入	支出合计(万元)	业务费	公用房屋建筑面积(万平方米)
1979年	3 965	13 001	114 307	--	4 241	10 114	10 114	10 114	3 439	--
1980年	7 723	23 553	202 828	20 359	--	11 270	11 270	11 376	4 138	--
1985年	8 746	30 998	118 888	31 842	3 294	20 835	20 835	17 686	4 186	308.5
1986年	8 906	32 803	106 726	30 576	1 830	29 573	25 505	23 751	4 918	354.8
1990年	9 087	34 292	99 068	37 017	1 915	49 763	36 985	37 475	6 556	457.8
1991年	10 507	35 498	116 618	39 568	1 852	45 874	31 066	43 559	7 250	484.5
1992年	9 564	32 095	96 481	40 707	1 801	53 735	35 577	49 798	7 060	496.1
1993年	10 155	29 636	86 680	34 279	1 855	62 098	37 840	57 877	7 764	538.6
1994年	11 276	30 224	92 167	39 296	2 014	79 167	48 906	73 174	8 598	560.3
1995年	13 487	31 070	110 509	46 023	2 585	89 411	56 826	83 628	10 517	614.1
1996年	45 253	76 397	247 357	130 592	8 675	139 090	74 434	137 775	18 143	1 110.0
1997年	43 738	87 795	278 782	119 873	7 126	160 117	92 275	158 861	20 245	1 176.0
1998年	45 834	86 960	267 351	125 872	7 948	178 165	96 416	173 207	21 827	1 195.3
1999年	45 837	94 270	280 373	138 195	8 251	111 089	108 656	177 528	24 703	1 195.2
2000年	45 321	91 670	276 574	143 370	8 562	186 896	118 430	118 437	27 909	1 229.9

注:1996－1998年群众文化事业机构包括其他部门文化站。

按年份各地区文化事业财政补助收入情况

单位:万元

地　　区	1980 年	1985 年	1986 年	1990 年	1991 年	1995 年	1996 年	2000 年
总　　计	56 073	107 188	127 269	179 376	181 010	333 853	387 654	631 591
中　　央	2 389	5 609	5 991	11 021	13 326	20 973	20 283	55 498
地　　方	53 684	101 579	121 278	168 355	167 684	312 880	367 371	576 093
北　　京	1 146	2 333	2 700	4 592	3 827	8 427	9 832	24 008
天　　津	851	1 586	2 114	2 813	3 073	5 098	6 676	9 796
河　　北	2 286	3 740	4 789	6 243	5 659	11 393	12 703	18 984
山　　西	1 931	3 334	4 174	6 020	5 278	9 215	10 920	12 347
内 蒙 古	1 816	3 670	4 546	5 861	5 751	8 624	11 938	14 515
辽　　宁	3 022	5 748	6 390	9 417	11 433	17 525	17 039	26 790
吉　　林	2 199	3 899	4 894	5 911	5 712	10 613	10 992	15 711
黑 龙 江	2 264	4 008	4 720	6 358	6 080	10 722	11 435	16 598
上　　海	1 568	3 717	4 361	6 426	6 642	15 431	23 270	42 608
江　　苏	2 329	4 319	5 615	7 657	8 286	18 234	21 072	38 527
浙　　江	1 834	4 282	5 540	6 774	6 903	14 764	16 473	35 334
安　　徽	1 891	3 318	3 564	5 136	5 017	8 836	10 104	15 849
福　　建	1 472	2 627	3 078	5 073	5 620	11 023	12 959	22 174
江　　西	1 832	3 174	3 920	4 112	4 259	7 404	11 112	10 696
山　　东	2 709	4 704	5 914	9 016	9 789	16 315	20 683	30 944
河　　南	2 455	4 528	5 005	6 883	6 550	12 447	14 830	20 948
湖　　北	2 541	4 801	5 560	6 349	6 116	11 268	13 011	19 367
湖　　南	2 467	4 658	5 139	5 989	6 171	10 525	11 886	16 564
广　　东	2 437	5 112	6 433	11 547	9 500	27 486	33 520	58 321
广　　西	1 525	2 677	3 250	4 701	4 438	8 617	8 455	14 608
海　　南	…	…	…	1 241	1 496	2 965	2 732	3 468
重　　庆	…	…	…	…	…	…	…	9 151
四　　川	3 501	6 135	7 755	10 037	10 157	16 905	19 472	20 500
贵　　州	898	2 016	2 480	3 364	3 060	4 785	6 142	9 131
云　　南	1 682	3 534	4 304	7 247	9 581	14 563	17 162	23 945
西　　藏	797	1 416	1 379	1 733	1 153	2 124	2 973	4 264
陕　　西	1 990	3 269	3 968	5 758	5 360	8 583	9 782	13 976
甘　　肃	1 283	2 502	2 830	4 101	3 627	6 935	6 614	9 130
青　　海	749	1 425	1 478	1 730	1 513	2 574	3 240	3 696
宁　　夏	784	1 783	1 739	1 888	1 781	2 108	2 006	3 625
新　　疆	1 425	3 263	3 639	4 378	3 852	7 371	8 240	10 518

按年份各地区文化事业费占财政支出比重情况

单位:%

地区	1995年		1996年		1997年		1998年		1999年		2000年	
	比重	位次	比重	位次	比重	位次	比重	位次	比重	位次	比重	位次
北京	0.55	21	0.52	24	0.55	23	0.54	16	0.50	18	0.54	12
天津	0.55	21	0.59	18	0.62	17	0.54	16	0.54	15	0.53	13
河北	0.60	18	0.55	22	0.56	22	0.52	18	0.53	16	0.46	20
山西	0.82	7	0.82	4	0.80	7	0.64	9	0.61	9	0.55	11
内蒙古	0.84	5	0.94	2	0.87	6	0.75	4	0.68	6	0.59	8
辽宁	0.64	15	0.54	23	0.65	14	0.60	11	0.52	17	0.52	14
吉林	0.88	3	0.76	8	0.77	8	0.69	7	0.63	8	0.90	1
黑龙江	0.61	17	0.55	22	0.61	18	0.53	17	0.43	22	0.45	21
上海	0.59	19	0.70	11	0.71	12	0.73	5	0.82	2	0.68	5
江苏	0.72	10	0.68	12	0.75	9	0.71	6	0.71	5	0.61	6
浙江	0.82	8	0.77	7	0.90	5	0.87	1	0.87	1	0.82	2
安徽	0.65	14	0.57	20	0.58	21	0.52	18	0.49	19	0.49	17
福建	0.64	15	0.65	14	0.95	3	0.78	2	0.80	3	0.69	4
江西	0.67	13	0.84	3	0.53	24	0.47	21	0.44	21	0.48	18
山东	0.59	19	0.58	19	0.63	16	0.55	15	0.56	13	0.51	15
河南	0.60	18	0.58	19	0.55	23	0.50	19	0.49	19	0.47	19
湖北	0.69	12	0.66	13	0.62	17	0.54	16	0.50	18	0.53	13
湖南	0.61	17	0.55	22	0.59	20	0.48	20	0.49	19	0.49	17
广东	0.52	22	0.56	21	0.64	15	0.57	13	0.59	10	0.55	11
广西	0.61	17	0.54	23	0.58	21	0.42	22	0.56	13	0.57	10
海南	0.70	11	0.60	17	0.60	19	0.62	10	0.57	12	0.51	15
重庆	--		--		0.58	21	0.42	23	0.42	23	0.49	17
四川	0.61	17	0.60	17	0.63	16	0.54	16	0.48	20	0.45	21
贵州	0.56	20	0.62	16	0.49	25	0.53	17	0.43	22	0.46	20
云南	0.62	16	0.63	15	0.60	19	0.59	12	0.55	14	0.58	9
西藏	0.61	17	0.81	5	1.10	1	0.65	8	0.76	4	0.71	3
陕西	0.84	6	0.80	6	0.68	13	0.59	12	0.53	16	0.51	15
甘肃	0.85	4	0.73	9	0.72	11	0.56	14	0.57	12	0.50	16
青海	0.89	2	0.99	1	0.91	4	0.76	3	0.65	7	0.55	11
宁夏	0.92	1	0.68	12	1.01	2	0.64	9	0.63	8	0.60	7
新疆	0.76	9	0.72	10	0.73	10	0.57	13	0.58	11	0.51	15

按年份各地区人均

地区	1980年		1985年		1990年		1991年		1995年	
	人均经费	位次	人均经费	位次	人均经费	位次	人均经费	位次	人均经费	位次
总计	0.56	--	0.89	--	1.33	--	1.49	--	2.75	--
北京	1.29	5	2.05	6	3.07	4	3.75	3	8.74	2
天津	1.14	6	1.79	7	2.63	6	3.63	4	7.56	3
河北	0.44	21	0.51	29	0.81	28	0.91	26	1.78	25
山西	0.78	11	1.07	12	1.57	12	1.77	13	3.12	15
内蒙古	0.97	9	1.78	9	2.19	8	2.64	7	4.13	9
辽宁	0.87	10	1.45	10	2.06	10	2.58	8	4.31	6
吉林	0.99	8	1.68	9	2.14	9	2.25	10	4.21	8
黑龙江	0.71	12	1.07	11	1.56	13	1.66	15	2.95	16
上海	1.36	4	2.67	4	4.55	1	5.30	1	13.10	1
江苏	0.39	24	0.63	23	0.99	22	1.11	21	2.62	8
浙江	0.48	9	0.91	15	1.42	16	0.62	16	3.26	13
安徽	0.39	25	0.55	27	0.78	29	0.82	29	1.48	28
福建	0.58	15	0.82	18	1.45	15	1.68	14	3.27	12
江西	0.56	16	0.71	19	0.97	23	1.03	23	1.94	22
山东	0.37	26	0.58	25	1.01	21	1.13	20	1.93	23
河南	0.34	28	0.51	28	0.70	30	0.75	30	1.34	30
湖北	0.54	17	0.91	16	1.05	20	1.11	22	2.04	21
湖南	0.46	20	0.67	20	0.84	26	0.94	25	1.67	26
广东	0.42	23	0.64	21	1.16	19	1.43	19	3.93	10
广西	0.43	22	0.64	22	0.90	24	1.01	24	1.93	24
海南	...	...	...	...	1.48	14	2.04	12	2.50	19
重庆	...	...	...	...	...	...	...	...	...	...
四川	0.36	27	0.56	26	0.85	25	0.89	28	1.56	27
贵州	0.32	29	0.59	24	0.83	27	0.91	27	1.36	29
云南	0.53	18	0.90	17	1.57	11	2.15	11	3.47	11
西藏	4.31	1	6.43	1	4.40	2	5.05	2	3.22	14
陕西	0.70	13	0.93	14	1.34	18	1.52	18	2.42	20
甘肃	0.67	14	1.03	13	1.40	17	1.57	17	2.93	17
青海	1.99	3	2.96	2	3.03	5	3.25	5	5.30	5
宁夏	2.10	2	2.73	3	3.18	3	2.88	6	4.23	7
新疆	1.11	7	2.06	5	3.32	7	2.56	9	5.39	4

文化事业费及位次

单位:元

1996年		1997年		1998年		1999年		2000年	
人均经费	位次	人均经费	位次	人均经费	位次	人均经费	位次	人均经费	位次
3.24	--	**3.83**	--	**4.18**	--	**4.54**	--	**5.11**	--
9.08	3	11.98	3	14.80	2	16.09	3	21.56	2
7.4	4	8.38	4	8.83	4	9.22	4	10.66	4
1.97	23	2.33	23	2.55	23	2.83	22	2.85	25
3.57	16	3.71	17	3.98	17	3.57	18	3.86	19
5.25	6	5.44	10	5.70	10	5.87	9	6.31	11
4.2	11	5.45	9	5.86	9	5.76	11	6.48	10
4.26	10	4.95	12	5.21	12	5.69	12	5.98	12
3.17	17	3.69	18	3.34	18	4.02	17	4.49	17
22.0	1	22.38	1	27.31	1	33.42	1	32.24	1
3.05	18	3.93	16	4.54	16	4.89	15	5.45	15
3.74	15	4.91	13	5.87	8	6.69	8	7.85	5
1.67	28	1.98	27	2.14	24	2.29	26	2.52	28
4.03	12	6.58	6	6.30	7	6.82	7	6.71	8
1.68	27	1.98	27	2.09	27	2.20	27	2.57	26
2.36	21	2.92	20	3.18	19	3.48	19	3.45	21
1.61	29	1.69	30	1.90	29	2.00	31	2.20	31
2.25	22	2.37	22	2.67	22	2.83	22	3.26	22
1.86	24	2.11	25	2.11	26	2.34	25	2.54	27
4.86	8	6.19	8	6.95	6	7.82	5	7.78	6
1.86	24	2.16	24	1.89	30	2.68	24	3.09	23
3.83	14	3.98	15	5.03	13	4.37	16	4.56	16
...	...	1.92	29	1.74	31	2.05	30	2.96	24
1.73	26	2.11	26	2.13	25	2.10	28	2.44	30
1.78	25	1.58	31	1.99	28	2.06	29	2.48	29
4.41	9	4.75	14	4.97	14	5.13	14	5.87	13
12.4	2	17.23	2	12.73	3	16.35	2	16.97	3
2.83	19	2.61	21	2.94	20	3.09	21	3.91	18
2.72	20	3.04	19	2.94	20	3.35	20	3.60	20
7.00	5	7.14	5	7.41	5	7.70	6	7.69	7
3.85	13	6.41	7	5.54	11	5.78	10	6.54	9
4.92	7	5.29	11	4.78	15	5.47	13	5.87	13

按年份各地区文化事业费总支出情况

单位:万元

地　区	1985年	1986年	1990年	1991年	1995年	1996年	2000年
总　计	119 106	151 893	250 231	287 937	574 196	741 671	1 004 432
中　央	5 125	6 043	12 224	11 425	26 007	28 639	68 996
地　方	113 981	145 850	238 007	276 512	548 189	713 032	935 436
北　京	2 783	3 206	6 729	8 021	18 039	22 477	40 313
天　津	1 873	2 764	3 946	8 906	10 008	13 026	16 565
河　北	4 165	5 274	8 522	9 575	17 366	20 693	27 056
山　西	4 672	5 326	12 784	8 267	14 724	18 312	18 774
内蒙古	3 676	4 251	5 703	6 534	10 720	14 391	19 200
辽　宁	6 714	8 602	14 313	18 197	28 705	28 501	37 177
吉　林	4 994	6 609	8 102	9 109	16 706	18 021	20 204
黑龙江	4 103	5 221	6 983	7 913	15 890	16 669	44 298
上　海	4 599	7 265	14 586	18 044	49 623	62 051	97 643
江　苏	5 174	6 335	15 445	17 715	43 011	70 445	68 696
浙　江	4 980	6 398	11 546	16 421	34 097	39 459	61 855
安　徽	3 286	4 636	6 540	7 407	13 798	16 876	22 848
福　建	3 268	5 227	7 513	8 234	16 835	22 342	32 134
江　西	2 995	3 866	5 039	5 445	10 094	25 419	14 766
山　东	5 393	7 366	12 879	15 189	26 333	33 044	43 198
河　南	5 984	7 870	11 257	12 485	22 947	27 692	32 718
湖　北	5 535	6 717	9 908	11 136	25 424	29 268	35 023
湖　南	4 971	5 726	8 643	10 092	19 554	24 667	28 972
广　东	6 059	8 305	14 285	17 919	44 643	70 589	98 294
广　西	2 884	3 986	6 613	6 783	13 253	16 920	20 179
海　南	...	...	1 264	1 723	4 146	5 866	5 083
重　庆	...	...	...	...	...	...	14 876
四　川	7 483	9 566	13 773	14 954	29 144	38 903	34 608
贵　州	2 090	2 563	3 655	3 699	6 537	8 134	11 778
云　南	3 244	4 186	7 354	10 903	17 508	20 752	28 646
西　藏	1 304	845	1 063	1 253	2 386	3 169	4 299
陕　西	3 609	4 742	7 356	7 174	12 724	15 314	20 242
甘　肃	2 497	2 966	4 095	4 579	9 023	9 597	11 681
青　海	1 270	1 244	1 599	1 724	2 853	3 664	5 248
宁　夏	1 261	1 401	2 168	2 121	2 971	2 662	4 962
新　疆	3 115	3 387	4 344	4 990	9 127	11 286	14 099

按年份各地区文化事业实际完成基建投资情况

单位:万元

地区	1985 年	1986 年	1990 年	1991 年	1995 年	1996 年	2000 年
总计	64 460	63 197	53 983	57 781	161 004	144 433	229 493
中央	10 940	13 417	12 241	11 713	17 876	9 853	46 779
地方	53 520	49 780	41 742	46 068	143 128	134 580	182 714
北京	1 799	3 085	1 248	2 126	2 646	3 734	6 679
天津	1 078	551	2 512	957	1 167	- -	328
河北	1 691	1 067	933	841	1 904	2 834	6 235
山西	1 166	1 443	1 606	1 141	640	2 260	3 730
内蒙古	898	2 303	678	961	1 587	2 707	392
辽宁	2 601	2 468	1 872	4 777	2 807	2 312	11 835
吉林	597	669	984	1 291	1 207	222	1 643
黑龙江	868	1 144	495	1 328	1 008	841	2 270
上海	1 482	1 659	2 586	2 104	18 635	17 638	5 943
江苏	1 825	1 829	3 017	2 022	12 241	12 628	36 346
浙江	2 334	2 396	1 366	1 237	12 759	9 265	34 259
安徽	847	581	467	721	1 762	1 003	1 168
福建	2 032	1 240	1 479	1 476	4 598	2 789	3 339
江西	1 454	1 417	1 258	1 492	4 279	1 521	947
山东	2 354	2 263	2 292	3 276	7 173	13 310	3 086
河南	2 310	3 293	1 695	1 525	4 018	3 201	1 570
湖北	2 181	2 102	1 887	2 564	8 590	17 785	21 835
湖南	2 257	1 730	1 234	1 745	4 755	5 479	5 410
广东	8 213	6 871	5 483	4 634	18 800	18 534	18 881
广西	592	892	1 478	2 052	2 722	1 387	411
海南	...	...	481	341	1 967	1 263	110
重庆	...	...	...	...	...	...	254
四川	2 904	2 554	2 211	2 363	18 240	6 409	6 996
贵州	839	509	127	329	1 429	722	1 635
云南	2 026	1 779	1 674	1 653	3 678	2 664	3 220
西藏	2 468	259	85	505	125	430	- -
陕西	2 150	1 929	1 427	859	1 059	906	183
甘肃	1 166	860	659	1 028	406	1 164	2 908
青海	486	295	113	145	838	360	120
宁夏	947	1 077	- -	104	270	- -	279
新疆	1 955	1 515	395	471	1 818	1 214	700

按年份各地区文化事业实际完成基建投资额占本地区基建投资总额的比重情况

单位：%

地　　区	1985 年	1986 年	1990 年	1991 年	1995 年	2000 年
总　　计	0.60	0.54	0.30	0.27	0.22	0.17
北　　京	0.36	0.57	0.15	0.25	0.10	0.15
天　　津	0.35	0.22	0.63	0.15	0.07	0.01
河　　北	0.49	0.27	0.15	0.12	0.07	0.10
山　　西	0.24	0.28	0.27	0.16	0.05	0.13
内 蒙 古	0.34	1.05	0.20	0.19	0.13	0.02
辽　　宁	0.47	0.37	0.18	0.37	0.09	0.26
吉　　林	0.27	0.29	0.34	0.32	0.08	0.06
黑 龙 江	0.18	0.20	0.07	0.17	0.05	0.06
上　　海	0.26	0.23	0.24	0.19	0.34	0.08
江　　苏	0.40	0.32	0.41	0.22	0.36	0.48
浙　　江	0.89	0.76	0.31	0.24	0.42	0.43
安　　徽	0.31	0.18	0.12	0.15	0.10	0.04
福　　建	0.76	0.43	0.57	0.31	0.21	0.10
江　　西	0.88	0.80	0.48	0.47	0.42	0.05
山　　东	0.48	0.36	0.24	0.29	0.19	0.04
河　　南	0.64	0.89	0.32	0.19	0.13	0.03
湖　　北	0.55	0.52	0.36	0.40	0.24	0.37
湖　　南	0.98	0.70	0.31	0.32	0.24	0.15
广　　东	0.80	0.63	0.32	0.22	0.21	0.16
广　　西	0.37	0.47	0.69	0.71	0.17	0.02
海　　南	...	...	0.22	0.14	0.16	0.01
重　　庆	...	...	...	...	...	0.01
四　　川	0.57	0.47	0.25	0.20	0.52	0.11
贵　　州	0.68	0.39	0.06	0.13	0.22	0.11
云　　南	0.95	0.91	0.62	0.44	0.25	0.10
西　　藏	0.23	0.63	0.13	0.53	0.04	- -
陕　　西	0.88	0.68	0.35	0.18	0.09	0.01
甘　　肃	0.77	0.48	0.23	0.30	0.06	0.15
青　　海	0.41	0.21	0.08	0.10	0.26	0.01
宁　　夏	1.24	1.17	0.00	0.08	0.10	0.03
新　　疆	0.73	0.62	0.08	0.08	0.10	0.02

按年份各地区艺术表演团体机构数

单位:个

地　　区	1958年	1965年	1978年	1980年	1985年	1990年	1995年	2000年
总　　计	3 181	3 458	3 150	3 533	3 317	2 805	2 682	2619
中　　央	...	34	19	18	19	20	18	11
地　　方	3 181	3 424	3 131	3 515	3 298	2 785	2 664	2 608
北　　京	36	29	11	24	23	23	22	20
天　　津	26	29	21	19	25	23	19	16
河　　北	289	264	205	206	181	143	138	138
山　　西	172	136	147	162	175	169	162	159
内 蒙 古	49	86	70	176	148	124	118	116
辽　　宁	81	119	116	132	120	97	89	77
吉　　林	72	106	103	107	99	74	68	65
黑 龙 江	62	129	112	120	122	94	92	89
上　　海	65	73	16	48	44	36	31	29
江　　苏	224	233	143	157	147	137	136	133
浙　　江	139	146	127	170	126	90	83	79
安　　徽	153	140	129	137	126	99	92	92
福　　建	126	115	101	107	104	91	91	96
江　　西	103	126	118	118	105	86	81	79
山　　东	175	176	155	156	158	119	118	118
河　　南	281	390	250	280	264	231	216	205
湖　　北	148	151	117	127	118	108	105	100
湖　　南	118	134	141	138	115	91	89	90
广　　东	197	171	172	195	171	130	134	138
广　　西	39	54	118	121	117	115	117	118
海　　南	...	...	...	...	...	22	23	21
重　　庆	...	...	...	...	...	...	...	38
四　　川	197	246	254	244	207	155	140	98
贵　　州	70	41	31	32	33	33	30	28
云　　南	85	72	149	154	156	137	134	129
西　　藏	...	5	9	10	29	25	25	26
陕　　西	104	105	132	137	139	119	117	118
甘　　肃	69	36	82	98	97	85	78	76
青　　海	19	12	21	23	18	14	14	14
宁　　夏	17	15	17	23	25	20	15	15
新　　疆	65	85	64	94	106	95	87	88

按年份各地区艺术表演团体演出场次

单位：千场

地区	1964年	1978年	1980年	1985年	1990年	1995年	2000年
总计	1 709.2	647.4	1 112.3	743.9	491.0	412.3	410
中央	2.6	1.8	4.3	3.2	1.5	1.0	1
地方	1 706.6	645.6	1 108.0	740.7	489.5	411.3	409
北京	21.5	2.6	10.0	6.5	4.0	4.2	6
天津	...	3.2	8.2	6.9	3.6	2.9	2
河北	125.2	44.5	63.9	49.3	36.1	29.3	27
山西	52.4	37.0	51.4	56.9	47.5	43.5	34
内蒙古	49.1	8.6	23.6	18.3	16.5	13.2	14
辽宁	97.1	21.8	37.3	24.6	15.8	10.4	9
吉林	59.1	13.8	25.5	23.2	14.9	10.9	7
黑龙江	31.8	16.7	30.1	22.4	14.2	13.9	12
上海	75.6	6.4	48.9	33.4	21.3	10.3	13
江苏	261.4	54.0	140.8	93.2	47.4	37.6	40
浙江	112.4	27.9	82.2	37.8	17.7	11.0	13
安徽	64.8	21.4	42.2	28.7	9.6	7.3	13
福建	43.4	15.6	31.6	26.0	15.2	14.6	14
江西	40.4	23.3	29.8	15.5	9.7	6.7	9
山东	68.7	42.8	57.6	36.7	18.7	16.5	21
河南	158.3	66.9	100.6	74.2	56.5	50.3	37
湖北	84.3	25.5	39.1	18.8	13.1	13.1	15
湖南	60.7	35.4	44.6	21.9	13.4	11.8	15
广东	57.1	31.8	45.2	29.5	23.7	17.1	18
广西	11.5	14.7	17.4	9.8	14.0	10.9	13
海南	...	...	...	...	1.5	1.6	2
重庆	...	...	...	...	...	...	2
四川	129.8	72.3	91.6	34.2	11.5	9.3	10
贵州	20.4	3.7	4.1	3.2	2.8	2.1	2
云南	19.3	6.8	16.1	9.1	9.1	14.5	10
西藏	0.4	0.4	0.6	0.9	1.2	1.9	2
陕西	33.3	21.9	32.7	29.2	24.9	22.6	22
甘肃	13.3	19.7	19.3	14.2	13.1	13.1	14
青海	0.7	1.8	1.9	1.8	1.6	1.9	2
宁夏	3.0	1.6	3.4	4.5	3.7	2.0	2
新疆	11.6	3.6	8.4	9.9	7.2	6.8	9

按年份各地区文化部门艺术表演团体财政补助收入情况

单位:万元

地区	1964年	1978年	1980年	1985年	1986年	1990年	1991年	1995年	2000年
总计	5 290	19 644	22 503	30 942	35 562	43 759	51 422	86 619	172 864
中央	342	743	658	954	1 136	974	1 835	2 960	6 265
地方	...	18 902	21 847	29 988	34 426	42 785	49 588	83 659	166 599
北京	118	465	664	847	1061	1 384	1 398	2 137	7 119
天津	...	242	335	502	578	646	653	1 625	2 973
河北	176	1 069	1 002	985	1 054	1 107	1 381	2 416	4 704
山西	124	680	648	813	1 078	1 419	1 591	2 341	4 891
内蒙古	157	447	764	1 227	1 300	1 698	1 951	2 913	5277
辽宁	261	1 219	1 203	1 785	1 900	2 166	2 800	4 138	6 683
吉林	269	649	815	1 151	1 300	1 637	1 789	2 938	5 073
黑龙江	277	936	1 043	1 583	1 749	2 310	2 340	4 553	7 524
上海	215	421	606	945	1 105	1 298	1 607	4 207	7 011
江苏	222	737	816	1 105	1 433	1931	2 361	4 050	9 911
浙江	125	551	624	889	1 013	1 210	1 517	2 501	7 431
安徽	234	805	784	932	1 141	1 335	1 580	2 554	5 161
福建	133	465	632	756	887	1 313	1 547	2 258	7 607
江西	155	679	816	874	1 086	1 076	1 107	1 736	3 529
山东	179	967	1 036	1 607	1 868	2 197	1 245	3 817	7 952
河南	129	1 036	745	1 134	1 194	1 542	1 737	2 803	5 435
湖北	229	906	1 066	1 462	1 608	1 962	1 992	3 459	6 610
湖南	143	579	754	962	1 123	1 187	1 529	2 040	3 842
广东	145	905	1 076	1 393	1 517	1 998	2 371	6 533	12 701
广西	141	552	590	754	912	1 265	1 519	2 237	4 913
海南	...	...	...	...	...	290	488	962	1 390
重庆	...	...	...	...	...	...	...	...	2 355
四川	287	1 272	1 702	2 163	2 599	3 009	3 162	5 065	6 610
贵州	153	287	318	610	712	842	898	1 475	2 546
云南	194	633	645	1 074	1 220	1 547	2 292	3 783	7 270
西藏	80	161	231	398	439	625	678	1 130	2 341
陕西	173	899	1 037	1 213	1 438	2 078	2 446	2 995	6 125
甘肃	187	468	648	857	984	1 211	1 420	1 958	3 514
青海	81	253	276	486	487	503	570	1 068	1 500
宁夏	97	217	285	391	430	476	710	646	1 279
新疆	348	404	686	1 092	1 210	1 523	1 811	3 321	5 325

注:1996 年以前为拨入差额补助费。

按年份各地区文化部门艺术表演团体演出收入情况

单位:万元

地区	1978年	1980年	1985年	1986年	1990年	1991年	1995年	2000年
总计	11 079	17 767	13 092	13 278	18 041	17 798	34 385	51 650
中央	56	221	204	257	403	377	1 394	2 630
地方	11 023	17 546	12 888	13 021	17 638	17 421	32 991	49020
北京	70	271	231	232	295	311	1 068	2 265
天津	78	211	226	186	209	226	347	547
河北	779	1 068	875	878	1 148	1 202	1 754	2 279
山西	574	1 041	1 316	1 283	1 742	1 636	2 528	2 683
内蒙古	63	233	182	156	275	253	606	497
辽宁	456	776	660	701	887	884	1 209	2 185
吉林	236	381	387	347	554	513	778	1 051
黑龙江	347	439	287	256	245	443	866	959
上海	151	614	561	857	1 639	1 330	3 023	4 527
江苏	744	1 155	866	804	1 149	1 247	2 332	4 142
浙江	367	735	430	460	626	731	1 648	2 768
安徽	302	600	457	494	298	290	507	993
福建	225	552	596	646	869	951	1 953	2 382
江西	398	551	222	209	276	260	381	438
山东	737	956	579	440	640	742	1 500	2 963
河南	1 263	1 932	1 518	1 555	1 910	1 682	2 647	3 104
湖北	403	618	319	336	427	412	1 075	1 610
湖南	595	835	322	282	405	308	630	1 137
广东	857	1 292	1 108	1 188	1 659	1 656	3 861	6 282
广西	183	290	147	161	365	310	507	717
海南	…	…	…	…	142	154	476	367
重庆	…	…	…	…	…	…	…	433
四川	1 160	1 387	502	456	303	394	604	732
贵州	70	71	40	29	69	23	119	142
云南	88	173	67	54	167	112	353	455
西藏	…	2	1	2	8	10	27	12
陕西	436	761	563	540	679	746	1 245	1 804
甘肃	375	379	215	252	244	284	446	579
青海	16	25	17	23	46	26	63	71
宁夏	22	62	63	62	108	69	52	122
新疆	30	140	131	133	254	219	386	775

按年份各地区文化部门艺术表演团体总支出情况

单位:万元

地区	1964年	1978年	1980年	1985年	1986年	1990年	1995年	2000年
总计	19 817	30 049	41 184	47 292	53 238	67 514	160 653	268 886
中央	478	820	906	1 349	1 501	1 771	6 635	11 794
地方	19 339	29 229	40 278	45 934	51 737	65 743	154 018	257 092
北京	429	537	940	1 193	1 266	1 566	5 062	15 566
天津	…	331	539	785	874	962	2 570	4 525
河北	1 358	1 782	2 156	1 951	2 075	2 472	5 302	8 505
山西	952	1 383	1 800	2 341	2 596	3 462	6 054	8 330
内蒙古	462	477	1 034	1 341	1 514	1 953	3 861	6 053
辽宁	963	1 633	1 943	2 246	2 692	3 236	6 727	10 198
吉林	655	934	1 265	1 604	1 782	2 305	4 735	6 848
黑龙江	759	1 392	1 564	1 999	2 330	2 760	6 318	9 313
上海	760	585	1 021	1 699	2 185	3 450	10 162	15 257
江苏	1 061	1 425	1 979	2 282	2 526	3 482	9 742	17 384
浙江	754	871	1 348	1 483	1 613	1 940	6 574	12 513
安徽	738	1 042	1 405	1 380	1 600	1 717	3 787	6 867
福建	618	659	1 117	1 451	1 626	2 292	5 107	10 354
江西	626	1 024	1 427	1 192	1 519	1 533	2 974	4 423
山东	930	1 641	2 030	2 331	2 442	3 090	7 026	12 594
河南	1 495	2 133	2 729	2 710	2 973	3 519	6 587	9 735
湖北	764	1 302	2 251	2 007	2 252	2 774	6 368	9 808
湖南	660	1 152	1 596	1 512	1 621	1 956	4 565	6 552
广东	1 175	1 638	2 332	2 672	2 955	3 960	12 955	22 365
广西	267	715	872	949	1 156	1 727	3 670	6 492
海南	…	…	…	…	…	396	1 728	1 957
重庆	…	…	…	…	…	…	…	4 020
四川	1 305	2 344	3 158	3 259	3 489	4 320	8 638	9 657
贵州	279	363	408	725	806	986	1 960	3 421
云南	341	684	869	1 246	1 290	1 886	4 974	8 442
西藏	85	161	233	398	446	636	1 333	2 380
陕西	743	1 297	1 794	1 824	2 243	2 930	5 657	8 991
甘肃	404	827	1 023	1 093	1 330	1 485	3 211	4 413
青海	93	263	300	486	543	559	1 190	1 699
宁夏	176	221	345	441	508	574	779	1 421
新疆	489	415	802	1 346	1 485	1 815	4 402	7 011

按年份各地区文化部门艺术表演团体平均每团演出场次及位次

单位:场

地区	1964年		1978年		1980年		1985年		1990年		1995年		2000年	
	场次	位次	场次	位次	场次	位次	场次	位次	场次	位次	场次	位次	场次	位次
总计	498	--	206	--	316	--	226	--	176	--	154	--	156	--
中央	134	--	127	--	333	--	246	--	115	--	77	--	90	--
地方	...	--	206	--	316	--	226	--	176	--	154	--	156	--
北京	741	5	232	9	418	5	282	5	182	11	200	6	299	3
天津	...	...	154	17	429	4	276	7	164	13	153	10	124	19
河北	574	7	217	12	310	11	272	8	252	4	212	5	195	5
山西	354	17	252	6	317	10	325	3	281	3	269	3	213	4
内蒙古	506	9	123	21	134	22	123	22	133	19	112	18	120	20
辽宁	742	4	188	14	282	14	205	14	163	14	117	17	116	21
吉林	591	6	134	19	238	17	235	10	201	7	160	9	107	24
黑龙江	254	23	151	18	255	15	191	15	151	17	151	11	134	16
上海	1 007	2	398	1	1 064	1	796	1	592	1	332	1	448	1
江苏	1 094	1	378	2	897	2	634	2	346	2	276	2	300	2
浙江	745	3	220	10	484	3	300	4	197	8	133	14	164	11
安徽	453	12	166	16	308	12	228	12	97	24	79	23	145	22
福建	362	16	154	17	295	13	250	9	167	12	160	9	166	13
江西	323	19	198	13	253	16	148	20	113	23	83	21	113	15
山东	391	15	176	4	369	7	233	11	157	15	140	12	177	9
河南	429	13	267	5	359	8	281	6	245	5	233	4	180	8
湖北	469	11	218	11	308	12	158	19	121	21	125	16	149	12
湖南	427	14	251	7	323	9	191	15	147	18	133	14	166	10
广东	300	21	185	15	232	18	175	17	184	10	128	15	130	18
广西	226	24	124	20	143	21	84	25	122	20	93	20	110	23
海南	...	...	...	...	...	...	...	...	68	28	70	25	95	27
重庆	...	...	...	...	...	...	...	...	...	...	...	...	52	31
四川	505	10	284	3	375	6	165	18	74	27	66	26	101	25
贵州	523	8	119	22	128	23	98	24	85	25	70	25	71	30
云南	275	22	46	27	105	24	58	26	66	29	108	19	77	28
西藏	80	27	49	26	58	27	31	27	48	30	76	24	76	29
陕西	320	20	166	16	238	17	210	13	209	6	193	7	186	6
甘肃	333	18	240	8	197	19	146	21	154	16	168	8	184	7
青海	54	28	85	24	83	26	98	24	114	22	136	13	142	14
宁夏	203	25	94	23	147	20	178	16	185	9	133	4	133	17
新疆	194	26	57	25	90	25	100	23	82	26	78	22	102	26

按年份各地区文化部门艺术表演团体经费自给率情况

单位:%

地区	1964年		1978年		1980年		1985年		1990年		1995年		2000年	
	自给率	位次	自给率	位次	自给率	位次	自给率	位次	自给率	位次	自给率	位次	自给率	位次
总计	68.0	– –	41.4	– –	48.7	– –	37.3	– –	41.1	– –	40.3	– –	31.5	– –
中央	30.0	– –	9.6	– –	28.3	– –	23.9	– –	51.2	– –	45.7	– –	48.3	– –
地方	68.9	– –	42.3	– –	49.2	– –	37.7	– –	40.9	– –	40.1	– –	30.7	– –
北京	70.5	11	14.2	24	29.8	21	22.3	22	28.2	19	34.2	16	20.9	22
天津	...	...	28.2	20	40.8	16	37.7	10	36.9	10	32.5	17	32.4	11
河北	75.5	5	45.7	9	51.9	9	51.0	5	58.9	4	48.0	7	45.1	2
山西	77.4	3	58.6	3	70.3	3	61.1	2	57.3	6	53.6	3	39.1	6
内蒙古	58.9	20	13.4	26	25.3	23	17.9	25	17.3	27	19.7	23	11.3	29
辽宁	69.7	13	29.2	19	41.5	15	36.2	11	38.0	9	35.2	15	31.4	12
吉林	56.4	21	33.2	16	34.9	19	30.5	16	35.4	13	28.7	19	25.0	16
黑龙江	64.7	18	33.3	15	35.8	18	25.7	20	21.4	23	27.3	20	16.1	26
上海	66.3	17	30.3	17	72.9	2	44.8	7	68.6	1	64.0	1	48.2	1
江苏	72.0	8	62.5	1	67.5	4	52.4	4	57.5	5	52.9	4	36.3	9
浙江	76.2	4	50.3	7	59.3	5	43.7	8	52.4	7	54.1	2	37.0	8
安徽	59.9	19	29.4	18	47.8	12	35.3	12	27.2	20	25.8	21	21.9	23
福建	71.7	9	36.4	14	52.2	8	53.8	3	48.0	8	50.4	6	28.9	15
江西	69.0	14	42.9	11	43.4	14	29.2	17	31.1	18	29.0	18	20.7	21
山东	71.0	10	47.3	8	50.2	10	31.5	15	32.7	17	42.8	11	35.7	10
河南	85.7	1	59.3	2	83.7	1	65.5	1	63.3	2	50.8	5	42.0	4
湖北	70.0	12	37.5	13	32.1	20	28.8	18	33.9	15	40.0	12	31.2	13
湖南	72.5	7	54.6	4	57.3	7	34.2	13	36.2	12	44.9	9	39.5	5
广东	83.2	2	54.1	5	58.5	6	48.7	6	62.1	3	47.4	8	39.1	7
广西	50.9	22	27.1	21	35.9	17	22.9	21	35.4	13	33.2	16	23.7	18
海南	...		...		...		...		34.6	14	44.6	10	24.1	17
重庆	...		...		...		...		...		...		42.2	3
四川	74.7	6	53.3	6	49.2	11	33.6	14	36.8	11	39.9	13	22.9	19
贵州	48.5	24	21.7	23	21.2	24	16.9	26	21.2	25	25.5	21	22.5	20
云南	67.1	15	24.3	22	25.8	22	21.6	23	20.8	26	15.0	24	14.1	27
西藏	5.6	28	...	– –	10.7	27	0.1	29	2.8	29	6.8	27	0.9	31
陕西	66.9	16	42.4	12	49.2	11	43.0	9	33.5	16	36.5	14	30.5	14
甘肃	49.7	23	45.4	10	45.5	13	26.0	19	23.8	21	20.3	22	18.8	28
青海	11.9	27	6.1	27	8.3	28	7.9	28	10.6	28	9.7	26	7.9	30
宁夏	22.0	26	14.2	24	21.0	25	16.2	27	21.3	24	11.0	25	13.0	28
新疆	28.9	25	14.0	25	20.0	26	18.7	24	22.4	22	17.3	24	20.5	24

按年份各地区文化部门艺术表演团体平均每场演出经费补贴情况

单位:元

地区	1964年	1978年	1980年	1985年	1990年	1995年	2000年
总计	31	303	202	416	891	2 101	4 216
中央	1 342	4 174	1 521	2 982	6 493	29 595	62 652
地方	29	293	197	405	874	2 034	4 073
北京	55	1 821	662	1 305	3 460	5 087	11 864
天津	…	746	411	726	1 794	5 605	14 864
河北	14	240	157	181	307	825	1 742
山西	24	184	126	143	299	538	1 439
内蒙古	32	518	324	672	1 029	2 207	3 769
辽宁	27	560	323	725	1 371	2 275	7 426
吉林	46	470	319	495	1 099	2 695	7 247
黑龙江	87	562	347	707	1 627	3 276	6 270
上海	28	662	124	283	609	4 085	5 393
江苏	8	137	58	119	407	1 077	2 478
浙江	11	198	76	235	684	2 273	5 716
安徽	36	376	186	325	1 391	3 499	3 970
福建	30	299	200	290	864	1 752	5 433
江西	38	291	274	564	1 109	2 591	3 921
山东	26	226	180	437	1 175	2 313	3 787
河南	8	155	74	153	273	557	1 469
湖北	27	355	272	778	1 498	2 641	4 406
湖南	24	164	169	439	886	1 729	2 561
广东	25	285	238	472	843	3 820	7 056
广西	122	377	340	766	904	2 053	3 779
海南	…	…	…	…	1 933	6 012	6 952
重庆	…	…	…	…	…	…	11 776
四川	22	176	186	633	2 617	5 446	6 610
贵州	67	779	775	1 887	3 007	7 024	12 730
云南	57	930	400	1 180	1 700	2 609	7 270
西藏	2 000	3 611	4 003	4 472	5 208	5 949	11 707
陕西	52	411	318	415	835	1 325	2 784
甘肃	140	237	337	605	924	1 495	2 510
青海	1 165	1 420	1 450	2 762	3 143	5 622	7 500
宁夏	319	1 354	842	875	1 286	3 232	6 393
新疆	299	1 114	816	1 104	2 115	4 884	5 917

按年份各地区文化部门剧场、影剧院机构数

单位:个

地　　区	1952年	1965年	1978年	1980年	1985年	1990年	1995年	2000年
总　　计	1 510	2 943	1 095	1 444	1 377	1 995	1 918	1 863
中　　央	4	8	6	5	2	2	3	3
地　　方	1 506	2 935	1 089	1 439	1 375	1 993	1 915	1 860
北　　京	18	30	28	30	32	24	22	22
天　　津	33	28	13	9	9	29	27	30
河　　北	152	274	29	84	94	101	99	96
山　　西	27	52	25	29	44	51	53	49
内 蒙 古	23	43	8	19	12	30	33	30
辽　　宁	71	81	55	60	70	83	79	71
吉　　林	24	57	33	50	60	64	59	51
黑 龙 江	24	60	39	50	56	53	48	53
上　　海	96	68	18	43	43	39	35	38
江　　苏	216	587	33	23	21	125	129	134
浙　　江	78	124	85	107	89	93	93	88
安　　徽	106	196	95	169	12	107	109	103
福　　建	32	81	--	24	55	75	77	79
江　　西	53	79	53	49	80	77	69	61
山　　东	89	128	74	71	62	117	115	105
河　　南	66	356	81	97	87	175	169	165
湖　　北	79	116	55	75	75	90	86	77
湖　　南	87	120	66	106	108	110	104	94
广　　东	38	70	5	21	26	75	79	74
广　　西	23	33	21	27	35	39	34	31
海　　南	...	...	...	...	...	3	3	18
重　　庆	...	...	...	...	...	...	...	25
四　　川	99	162	141	159	159	150	124	92
贵　　州	16	3	3	7	17	14	15	14
云　　南	19	34	3	26	16	46	44	40
西　　藏	--	--	--	--	1	9	9	20
陕　　西	20	77	89	70	68	111	108	111
甘　　肃	11	38	26	24	27	56	47	46
青　　海	3	6	4	3	3	3	3	2
宁　　夏	3	10	...	...	2	16	17	19
新　　疆	--	16	7	7	12	28	26	22

按年份各地区剧场、影剧院演(映)出场次

单位:千场

地区	1985年	1990年	1991年	1995年	2000年
总计	988.3	3 020	3 665.7	2 047.7	1 355
中央	1.0	--	1.1	0.8	--
地方	987.3	3 020	3 664.6	2 046.9	1 355
北京	30.5	49	44.9	28.3	23
天津	10.7	65	60.4	68.4	40
河北	38.4	82	86.6	81.8	64
山西	49.7	35	47.0	36.3	31
内蒙古	11.0	29	37.1	19.4	18
辽宁	78.1	205	680.6	66.3	49
吉林	71.0	132	125.0	32.0	27
黑龙江	26.9	36	50.3	14.8	19
上海	58.2	73	88.3	47.7	39
江苏	14.1	340	354.4	265.8	126
浙江	7.0	171	179.8	141.7	73
安徽	3.7	170	173.5	169.1	82
福建	60.5	130	135.7	64.4	49
江西	50.5	91	94.8	49.0	20
山东	15.3	133	145.2	116.3	95
河南	45.8	222	237.6	164.0	103
湖北	63.7	161	153.8	118.1	89
湖南	90.7	166	183.9	109.4	76
广东	24.5	181	219.2	156.0	90
广西	12.8	68	72.8	36.8	18
海南	...	4	3.7	2.5	8
重庆	...	...	...	...	16
四川	72.4	150	166.1	59.7	24
贵州	25.8	36	40.1	13.8	10
云南	6.0	71	62.1	63.1	48
西藏	0.05	4	4.4	21.0	21
陕西	29.9	98	92.3	39.1	42
甘肃	11.8	49	47.8	29.3	32
青海	6.5	11	10.5	4.2	2
宁夏	5.4	33	36.8	21.6	12
新疆	2.8	25	30.0	7.3	9

注:剧场、影剧院演(映)出场次包括录像放映的场次。

按年份各地区剧场、影剧院艺术演出场次

单位：千场

地　　区	1985 年	1990 年	1991 年	1995 年	2000 年
总　　计	116.1	89	87.9	49.1	59
中　　央	0.5	--	0.5	0.3	--
地　　方	115.6	89	87.4	48.8	59
北　　京	2.9	1	1.1	0.7	2
天　　津	1.1	1	0.7	0.4	1
河　　北	5.7	4	3.1	2.0	2
山　　西	3.6	1	1.1	0.6	1
内 蒙 古	0.4	1	0.6	0.3	--
辽　　宁	6.5	5	4.0	1.2	1
吉　　林	4.6	7	14.5	0.5	1
黑 龙 江	5.1	3	1.1	1.0	1
上　　海	4.7	4	4.0	4.4	3
江　　苏	1.9	6	5.9	7.2	5
浙　　江	6.7	5	4.0	4.1	6
安　　徽	1.3	3	2.4	1.8	1
福　　建	3.1	1	4.0	1.8	6
江　　西	4.0	2	1.7	0.7	1
山　　东	6.6	5	6.1	3.5	2
河　　南	13.2	10	8.0	4.5	3
湖　　北	7.2	9	5.3	2.2	2
湖　　南	7.7	4	3.7	1.9	3
广　　东	3.7	3	2.7	2.6	6
广　　西	2.3	1	1.3	0.8	2
海　　南	...	--	0.1	0.1	1
重　　庆	...	...	...	...	--
四　　川	13.0	5	5.5	2.6	3
贵　　州	0.6	1	0.1	--	--
云　　南	1.1	1	1.2	0.9	--
西　　藏	0.03	--	--	--	--
陕　　西	5.7	4	2.9	1.5	3
甘　　肃	1.4	1	0.9	0.7	1
青　　海	0.3	--	0.2	0.1	--
宁　　夏	0.2	--	0.3	0.4	--
新　　疆	1.0	1	0.9	0.3	--

按年份各地区文化部门剧场、影剧院财政补助收入情况

单位:万元

地区	1984年	1985年	1986年	1990年	1991年	1995年	2000年
总计	1 892	1 506	2 233	2 865	5 505	5 723	8 643
中央	24	--	10	8	--	--	--
地方	1 864	1 506	2 223	2 857	5 505	5 723	8 643
北京	24	12	10	2	132	40	387
天津	--	--	2	2	8	13	70
河北	36	44	51	65	165	134	392
山西	51	75	123	258	103	151	93
内蒙古	5	14	71	72	99	156	232
辽宁	67	114	93	103	260	200	253
吉林	136	258	328	242	241	366	615
黑龙江	10	4	48	29	56	23	124
上海	--	--	6	11	13	54	189
江苏	12	32	13	27	69	191	89
浙江	87	83	132	112	202	325	768
安徽	3	3	81	259	295	338	517
福建	9	28	55	114	351	381	672
江西	113	58	155	114	113	301	334
山东	67	105	--	330	483	439	730
河南	76	76	163	229	225	444	337
湖北	424	99	60	40	732	81	135
湖南	36	40	163	99	209	264	543
广东	4	1	15	97	218	324	650
广西	50	20	21	28	22	59	18
海南	--	--	--	--	--	--	11
重庆	…	…	…	…	…	…	81
四川	66	196	162	138	120	255	210
贵州	24	--	12	6	8	93	63
云南	286	6	81	76	1 614	146	187
西藏	--	22	33	--	28	81	261
陕西	108	37	97	109	208	226	288
甘肃	119	86	158	222	112	402	180
青海	--	16	17	--	11	--	--
宁夏	32	56	4	4	37	21	45
新疆	24	23	69	69	32	217	173

按年份各地区文化部门剧场、影剧院总支出情况

单位：万元

地区	1984年	1985年	1986年	1990年	1991年	1995年	2000年
总计	7 705	9 519	16 786	37 402	44 260	77 139	82 040
中央	39	44	56	81	103	185	232
地方	7 666	9 475	16 730	37 321	44 158	76 954	81 808
北京	414	472	399	785	823	1 690	3 567
天津	93	143	390	566	666	1 311	1 464
河北	282	371	547	1 096	1 372	2 405	2 847
山西	284	344	490	672	850	1 620	1 403
内蒙古	89	131	365	485	500	666	648
辽宁	694	906	1 312	2 881	3 171	3 481	2 767
吉林	621	682	928	1 244	1 638	2 308	1 999
黑龙江	75	131	266	511	655	560	819
上海	586	599	657	1 398	2 236	5 056	7 344
江苏	68	65	129	3 743	3 735	8 848	9 270
浙江	544	708	861	2 108	2 670	4 672	5 471
安徽	18	26	846	1 533	1 825	3 250	3 295
福建	292	344	533	1 438	1 645	3 629	3 905
江西	251	228	368	533	670	1 227	1 421
山东	199	243	916	2 120	2 498	4 271	4 530
河南	394	450	1 413	2 688	2 968	5 146	4 156
湖北	539	492	797	1 525	1 878	4 476	3 043
湖南	527	683	805	1 655	1 852	3 325	4 883
广东	487	749	1 892	4 069	4 853	8 148	7 986
广西	181	202	244	1 036	1 028	1 480	1 203
海南	...	...	...	136	132	354	453
重庆	...	...	...	...	...	...	546
四川	419	650	708	1 554	1 477	2 676	1 861
贵州	118	222	221	311	309	489	711
云南	5	21	350	577	2 216	1 337	1 503
西藏	1	24	56	68	97	313	357
陕西	208	219	485	976	978	1 521	2 124
甘肃	127	166	448	766	546	1 456	1 221
青海	35	66	49	157	163	275	121
宁夏	68	80	150	290	352	499	436
新疆	47	58	105	400	353	465	452

按年份各地区公共图书馆机构数

单位:个

地　　区	1949年	1957年	1965年	1978年	1980年	1985年	1990年	1995年	2000年
总　　计	52	400	562	1 218	1 732	2 344	2 527	2 615	2 675
中　　央	1	1	1	1	1	1	1	1	1
地　　方	51	399	561	1 217	1 731	2 343	2 526	2 614	2 674
北　　京	2	7	6	17	20	22	22	22	24
天　　津	2	5	10	19	18	26	30	31	31
河　　北	2	14	12	42	80	104	121	134	145
山　　西	--	5	17	61	72	103	111	119	121
内 蒙 古	--	15	12	24	83	94	104	107	108
辽　　宁	--	22	30	71	85	121	123	127	128
吉　　林	2	11	18	60	48	39	47	51	60
黑 龙 江	--	12	26	78	80	87	96	96	97
上　　海	20	21	24	17	23	46	51	31	31
江　　苏	--	25	35	78	82	90	91	94	101
浙　　江	2	31	35	63	69	76	80	81	83
安　　徽	--	16	34	36	80	82	84	83	84
福　　建	--	10	12	23	26	65	74	78	81
江　　西	2	11	20	38	49	105	104	104	104
山　　东	3	40	27	80	88	99	115	130	133
河　　南	1	10	17	36	71	118	127	132	134
湖　　北	3	15	7	47	101	99	101	100	103
湖　　南	1	15	37	72	77	110	116	116	115
广　　东	2	19	46	76	97	117	103	114	124
广　　西	--	10	29	84	87	89	90	92	94
海　　南	...	...	...	...	...	...	19	19	19
重　　庆	...	...	...	...	...	...	...	...	42
四　　川	--	26	44	78	98	115	148	166	129
贵　　州	--	9	16	25	44	76	84	87	89
云　　南	--	10	16	16	80	149	148	148	148
西　　藏	--	1	1	1	1	18	18	18	1
陕　　西	7	9	13	43	69	113	113	114	114
甘　　肃	1	12	8	6	39	75	83	86	91
青　　海	--	1	1	13	23	27	41	41	38
宁　　夏	--	3	3	8	14	20	20	20	22
新　　疆	1	14	5	5	27	58	62	60	80

按年份各地区公共图书馆总藏量情况

单位:万册(件)

地　　区	1979 年	1980 年	1985 年	1990 年	1991 年	1995 年	2000 年
总　　计	18 353	19 904	25 573	29 064	30 614	32 850	40 953
中　　央	1 020	1 060	1 310	1 598	1 687	1 959	2 249
地　　方	17 333	18 844	2 426	27 466	28 927	30 891	38 704
北　　京	483	548	560	607	632	670	767
天　　津	547	550	584	664	644	677	786
河　　北	384	423	504	707	726	845	1 081
山　　西	427	444	588	662	719	777	867
内 蒙 古	401	367	482	550	581	621	683
辽　　宁	1 391	1 487	1 521	1 557	1 631	1 786	1 970
吉　　林	651	665	834	831	879	921	1 030
黑 龙 江	535	613	848	1 009	1 028	1 094	1 186
上　　海	1 107	1 138	1 430	1 585	1 803	1 586	5 500
江　　苏	1 364	1 433	1 816	2 110	2 186	2 420	2 669
浙　　江	814	843	1 038	1 266	1 325	1 511	1 715
安　　徽	556	563	651	681	707	752	787
福　　建	395	431	709	845	853	902	985
江　　西	513	768	916	1 003	1 041	1 070	1 122
山　　东	1 070	1 159	1 234	1 469	1 598	1 724	1 989
河　　南	660	708	975	1 022	1 084	1 062	1 239
湖　　北	650	771	1 032	1 220	1 319	1 445	1 678
湖　　南	732	808	1 120	1 239	1 291	1 362	1 514
广　　东	689	798	1 065	1 260	1 327	1 651	2 316
广　　西	581	644	935	1 102	1 161	1 243	1 312
海　　南	...	...	...	100	100	137	154
重　　庆	...	...	...	...	...	...	811
四　　川	1 471	1 502	1 880	2 125	2 236	2 356	1 722
贵　　州	229	292	451	527	576	616	681
云　　南	420	503	906	1 034	1 064	1 104	1 254
西　　藏	--	17	46	54	46	51	60
陕　　西	482	480	645	658	706	733	837
甘　　肃	323	338	586	579	616	670	745
青　　海	195	220	287	260	266	280	286
宁　　夏	156	185	300	328	342	338	380
新　　疆	107	147	321	412	440	489	579

注:本年鉴的总藏量,1991 年以前只包括图书。

按年份各地区公共图书馆总流通人次

单位:万人次

地区	1979年	1980年	1985年	1986年	1990年	1995年	2000年
总计	7 787	9 045	11 614	11 722	12 435	18 298	18 854
中央	48	53	72	73	169	133	381
地方	7 739	8 992	11 542	11 649	12 266	18 165	18 473
北京	126	157	142	136	180	272	320
天津	209	214	291	251	245	265	461
河北	135	242	289	334	390	473	736
山西	200	251	247	291	330	227	261
内蒙古	139	195	190	188	179	282	270
辽宁	432	544	606	671	686	829	1 184
吉林	133	132	182	226	314	385	409
黑龙江	241	327	514	509	619	631	608
上海	439	544	797	743	660	687	1 225
江苏	575	640	883	818	909	883	1 227
浙江	446	464	482	511	589	555	1 140
安徽	274	487	358	341	402	372	561
福建	142	130	405	806	384	466	647
江西	279	319	778	508	490	413	485
山东	701	707	494	398	504	509	795
河南	323	555	442	519	440	650	713
湖北	263	316	370	391	548	559	714
湖南	396	375	616	556	498	618	808
广东	524	504	739	804	903	1 447	2 235
广西	320	239	452	441	461	809	927
海南	...	...	...	...	52	94	121
重庆	...	...	...	...	...	...	266
四川	740	814	850	819	933	776	554
贵州	113	129	275	277	320	462	228
云南	206	289	463	466	517	559	654
西藏	--	--	3	3	5	--	2
陕西	217	236	258	205	207	242	275
甘肃	65	71	166	170	222	225	185
青海	33	35	73	42	43	39	58
宁夏	40	38	101	154	131	140	142
新疆	28	38	76	71	105	140	263

按年份各地区公共图书馆图书总流通册次

单位:万册次

地　　区	1979 年	1980 年	1985 年	1990 年	1991 年	1995 年	2000 年
总　　计	9 625	11 830	18 942	20 242	13 325	11 814	16 913
中　　央	110	129	177	654	37	29	217
地　　方	9 515	11 701	18 765	19 588	13 288	11 785	16 697
北　　京	279	361	367	366	277	283	442
天　　津	485	471	581	467	273	237	274
河　　北	133	234	358	504	454	379	673
山　　西	228	310	403	467	290	204	207
内 蒙 古	116	202	246	294	239	239	233
辽　　宁	726	957	1 321	1 197	897	856	1 119
吉　　林	165	165	474	338	333	332	259
黑 龙 江	268	533	1346	1 239	635	500	527
上　　海	673	862	1 143	1 045	638	507	970
江　　苏	720	837	1 758	1 557	1 180	967	1 269
浙　　江	513	600	926	1 068	683	550	1 054
安　　徽	289	588	497	463	443	343	455
福　　建	179	217	633	610	494	517	779
江　　西	326	364	987	726	577	383	543
山　　东	932	872	753	807	728	573	718
河　　南	401	614	652	796	528	517	695
湖　　北	293	371	661	954	537	543	769
湖　　南	457	388	1 081	953	443	562	735
广　　东	374	488	952	1 439	663	687	1 192
广　　西	251	287	338	546	414	528	688
海　　南	...	...	...	39	33	49	64
重　　庆	...	...	...	...	...	...	435
四　　川	960	953	1 328	1 370	820	691	564
贵　　州	115	141	372	289	242	133	189
云　　南	218	338	540	705	519	529	680
西　　藏	--	--	3	10	10	10	11
陕　　西	209	299	366	311	237	238	305
甘　　肃	89	94	220	398	294	173	153
青　　海	36	40	136	86	54	51	52
宁　　夏	47	62	197	372	249	125	265
新　　疆	33	53	126	172	104	91	251

注:1995 年、1996 年、2000 年图书流通册次只包括外借册次。

按年份各地区公共图书馆财政补助收入情况

单位:万元

地区	1979年	1980年	1985年	1990年	1991年	1995年	2000年
总计	5 040	5 467	15 272	29 296	32 592	65 838	139 321
中央	470	489	1 292	3 420	3 960	9 421	15 293
地方	4 570	4 978	13 980	25 876	28 632	56 417	124 028
北京	144	127	322	743	717	1 683	8 734
天津	159	162	321	409	1 191	1 295	2 751
河北	108	111	569	741	820	1 827	2 980
山西	154	124	331	517	604	1 184	2 150
内蒙古	131	167	420	876	875	1 432	2 452
辽宁	344	368	973	1 841	2 360	3 737	6 822
吉林	194	193	530	876	913	1 707	3 364
黑龙江	281	234	625	1 068	1 162	2 088	3 104
上海	399	433	990	2 159	2 387	5 558	22 871
江苏	226	297	741	1 403	1 600	3 620	6 729
浙江	121	146	725	1 195	1 430	2 356	6 509
安徽	125	149	313	519	559	1 165	2 054
福建	84	131	411	879	836	1 778	3 681
江西	121	111	451	700	693	1 184	2 022
山东	254	283	543	1 284	1 317	2 814	6 129
河南	143	119	429	819	879	1 766	3 591
湖北	168	211	768	941	921	1 649	2 896
湖南	199	176	771	884	955	1 816	2 550
广东	219	286	844	2 157	2 204	6 110	11 868
广西	138	174	456	793	776	1 563	2 851
海南	...	...	...	123	154	378	322
重庆	...	...	...	...	...	...	1 491
四川	254	291	690	1 545	1 581	2 591	2 877
贵州	91	101	241	479	475	746	1 259
云南	97	140	401	944	1 122	2 178	5 134
西藏	--	--	13	11	17	72	111
陕西	118	132	253	566	658	934	2 038
甘肃	93	85	217	482	507	985	1 752
青海	69	70	164	227	231	724	678
宁夏	67	85	178	264	279	408	786
新疆	69	72	290	431	409	1 062	1 476

按年份各地区公共图书馆总支出情况

单位:万元

地　　区	1979年	1980年	1985年	1986年	1990年	1991年	1995年	2000年
总　　计	5 206	5 486	13 393	17 242	30 271	34 388	74 080	157 173
中　　央	511	490	1 325	1 577	3 550	4 132	9 460	21 155
地　　方	4 695	4 996	12 068	15 665	26 721	30 256	64 620	136 018
北　　京	142	130	284	398	733	775	1 851	5 326
天　　津	164	160	323	397	643	1 207	2 128	3 074
河　　北	125	135	306	505	758	882	2 044	3 458
山　　西	148	126	287	375	527	593	1 170	2 270
内 蒙 古	143	150	370	475	734	872	1 458	2 536
辽　　宁	348	375	846	1 043	2 099	2 485	4 392	7 783
吉　　林	192	176	474	597	871	923	1 835	3 520
黑 龙 江	290	286	518	653	1 132	1 229	2 139	3 409
上　　海	402	379	897	1 215	2 484	2 695	7 021	24 425
江　　苏	219	259	695	958	1 514	1 723	4 046	8 400
浙　　江	130	135	624	955	1 237	1 485	3 082	8 500
安　　徽	134	137	254	361	521	577	1 384	2 641
福　　建	91	90	335	403	777	801	1 710	3 916
江　　西	114	137	372	446	744	746	1 323	2 343
山　　东	275	269	496	675	1 268	1 424	2 968	6 881
河　　南	161	168	371	449	815	955	2 140	3 902
湖　　北	166	225	636	811	1 109	1 235	2 372	3 952
湖　　南	199	207	548	599	982	1 059	2 329	3 399
广　　东	201	259	691	1 055	2 011	2 318	6 807	14 597
广　　西	148	165	431	395	749	828	1 769	3 077
海　　南	…	…	…	…	118	149	369	355
重　　庆	…	…	…	…	…	…	…	2 026
四　　川	258	287	618	916	1 789	1 733	3 245	3 462
贵　　州	83	95	241	303	417	439	810	1 428
云　　南	108	142	398	454	843	982	2 234	3 928
西　　藏	--	3	31	26	15	17	61	110
陕　　西	126	133	214	277	482	629	951	2 263
甘　　肃	107	99	200	283	441	516	1 011	1 799
青　　海	81	89	165	178	237	235	424	780
宁　　夏	69	82	153	164	265	258	430	783
新　　疆	71	98	290	299	406	486	1 119	1 677

按年份各地区公共图书馆购书费支出情况

单位:万元

地　　区	1979 年	1980 年	1985 年	1986 年	1990 年	1995 年	2000 年
总　　计	2 163	2 273	4 164	5 300	8 474	16 788	37 141
中　　央	297	297	735	1 029	2 200	6 036	9 000
地　　方	1 866	1 975	3 429	4 271	6 274	10 752	28 141
北　　京	42	42	102	116	163	251	914
天　　津	67	67	104	108	106	318	563
河　　北	63	68	76	137	161	302	428
山　　西	50	49	68	85	93	131	292
内 蒙 古	45	51	66	95	85	86	166
辽　　宁	115	117	205	245	454	768	948
吉　　林	98	61	104	117	152	250	459
黑 龙 江	79	91	128	144	251	235	395
上　　海	172	187	431	556	1 079	2 204	11 210
江　　苏	98	99	284	376	458	732	1 780
浙　　江	68	68	191	255	374	578	1 577
安　　徽	57	60	62	76	121	262	297
福　　建	42	47	111	134	170	311	716
江　　西	44	58	67	113	129	98	302
山　　东	87	85	113	147	237	506	978
河　　南	62	65	80	111	165	255	413
湖　　北	55	94	120	168	256	299	699
湖　　南	68	73	115	156	177	207	415
广　　东	74	83	251	296	465	1 186	2 832
广　　西	71	82	96	114	159	291	520
海　　南	…	…	…	…	21	59	41
重　　庆	…	…	…	…	…	…	330
四　　川	107	109	168	207	289	431	485
贵　　州	48	46	79	80	128	100	166
云　　南	49	63	110	154	207	441	538
西　　藏	－－	2	5	5	3	14	16
陕　　西	62	42	61	56	88	1 041	117
甘　　肃	41	51	61	72	108	170	289
青　　海	38	37	40	41	39	33	54
宁　　夏	29	32	42	39	59	41	68
新　　疆	35	46	89	68	77	91	136

按年份各地区公共图书馆人均购书费情况

单位:元

地区	1984年	1985年	1990年	1991年	1995年	2000年
总计	0.023	0.040	0.074	0.077	0.139	0.287
北京	0.049	0.106	0.150	0.152	0.239	0.661
天津	0.089	0.129	0.120	0.198	0.360	0.562
河北	0.013	0.014	0.026	0.027	0.048	0.063
山西	0.020	0.026	0.032	0.027	0.045	0.089
内蒙古	0.027	0.033	0.039	0.052	0.039	0.070
辽宁	0.034	0.056	0.114	0.127	0.194	0.224
吉林	0.028	0.045	0.061	0.058	0.101	0.168
黑龙江	0.029	0.039	0.070	0.058	0.067	0.107
上海	0.163	0.354	0.807	0.901	1.710	6.697
江苏	0.017	0.046	0.068	0.079	0.108	0.239
浙江	0.018	0.047	0.090	0.089	0.135	0.337
安徽	0.012	0.012	0.021	0.017	0.045	0.050
福建	0.019	0.041	0.056	0.063	0.101	0.206
江西	0.018	0.019	0.034	0.029	0.026	0.073
山东	0.012	0.015	0.028	0.031	0.059	0.108
河南	0.009	0.011	0.019	0.016	0.029	0.045
湖北	0.020	0.024	0.047	0.042	0.054	0.116
湖南	0.014	0.020	0.029	0.026	0.033	0.064
广东	0.016	0.040	0.073	0.068	0.183	0.328
广西	0.023	0.025	0.037	0.038	0.067	0.116
海南	...	...	0.032	0.049	0.088	0.052
重 0.107 庆	...	...	...	...	...	...
四川	0.011	0.016	0.027	0.028	0.039	0.058
贵州	0.017	0.027	0.039	0.033	0.030	0.047
云南	0.020	0.032	0.052	0.055	0.117	0.125
西藏	0.011	0.030	0.014	0.001	0.061	0.063
陕西	0.015	0.021	0.027	0.028	0.031	0.033
甘肃	0.027	0.030	0.048	0.048	0.074	0.113
青海	0.098	0.098	0.087	0.084	0.074	0.103
宁夏	0.086	0.086	0.126	0.102	0.084	0.120
新疆	0.036	0.065	0.050	0.046	0.058	0.071

注:本表所用人口数,均为当年《中国统计年鉴》数字。

按年份各地区公共图书馆购书费占总支出比重

单位：%

地　　区	1979年	1980年	1985年	1990年	1991年	1995年	2000年
中　　央	58.1	60.8	55.5	62.0	59.2	63.8	23.6
地　　方	39.7	39.5	28.4	23.5	21.4	16.6	20.7
北　　京	29.4	32.7	36.0	22.2	21.4	13.6	17.2
天　　津	40.7	41.5	32.1	16.5	14.9	14.9	18.3
河　　北	50.0	50.3	24.7	21.2	19.1	14.8	12.4
山　　西	34.0	38.8	23.9	17.6	11.8	11.2	12.9
内 蒙 古	31.5	33.8	17.8	11.6	13.0	5.9	6.5
辽　　宁	33.0	31.2	24.3	21.6	20.4	17.5	12.2
吉　　林	50.9	34.7	21.9	17.5	15.8	13.6	13.0
黑 龙 江	27.3	32.0	24.6	22.2	16.8	11.0	11.6
上　　海	42.9	49.4	48.1	43.4	44.8	31.4	45.9
江　　苏	44.7	38.1	40.9	30.3	31.2	18.1	21.2
浙　　江	52.4	50.4	30.6	30.2	25.1	18.7	18.5
安　　徽	42.6	44.1	24.3	23.2	17.0	18.9	11.2
福　　建	46.0	52.1	33.1	21.9	24.3	18.2	18.3
江　　西	39.0	41.9	17.9	17.3	15.1	7.4	12.9
山　　东	31.6	31.6	22.8	18.7	18.7	17.0	14.2
河　　南	38.9	38.8	21.7	20.2	14.7	11.9	10.6
湖　　北	33.0	42.1	18.9	23.1	18.6	12.6	17.7
湖　　南	34.1	35.3	21.0	18.0	15.1	8.9	12.2
广　　东	36.5	32.1	36.3	23.1	18.9	17.4	19.4
广　　西	47.8	49.7	22.2	23.1	19.8	16.4	16.9
海　　南	...	...	...	17.8	22.3	16.0	11.5
重　　庆	...	...	...	...	...	...	16.3
四　　川	41.5	37.8	27.2	16.2	17.4	13.3	14.0
贵　　州	58.5	47.9	32.7	30.7	25.3	12.4	11.1
云　　南	45.7	44.4	27.6	24.6	20.0	19.7	13.7
西　　藏	--	57.6	17.5	20.0	1.1	22.5	14.9
陕　　西	49.3	31.3	28.7	18.3	14.8	10.9	5.2
甘　　肃	38.8	51.9	30.5	24.5	21.1	16.8	16.0
青　　海	46.7	41.7	24.2	16.5	16.1	7.8	6.9
宁　　夏	41.9	39.6	27.3	22.3	18.9	9.4	8.6
新　　疆	48.9	47.2	30.5	19.0	14.6	8.1	8.1

按年份各地区地市级公共图书馆购书费占总支出比重

单位:%

地区	1979年	1980年	1985年	1990年	1991年	1995年	2000年
总计	36.7	31.8	28.0	20.3	17.7	14.8	16.0
北京	24.0	25.5	26.2	20.0	16.9	9.0	14.2
天津	32.1	31.6	19.0	10.5	9.7	7.5	7.9
河北	41.4	45.3	26.5	19.0	18.2	6.4	9.4
山西	32.9	53.1	24.3	20.2	12.5	10.1	6.3
内蒙古	25.5	32.5	19.3	8.9	12.6	7.4	8.3
辽宁	29.5	28.8	27.3	18.2	18.2	18.2	17.1
吉林	34.8	31.7	20.4	14.8	13.4	17.2	15.2
黑龙江	21.8	20.8	28.4	23.9	21.7	14.7	12.0
上海	40.5	25.4	27.4	17.4	19.2	11.8	14.5
江苏	38.7	32.9	41.5	31.5	26.4	17.7	21.5
浙江	40.4	45.7	27.7	25.4	22.8	19.4	19.1
安徽	35.4	37.5	22.9	21.0	18.6	21.5	14.0
福建	33.1	50.1	21.4	16.6	20.9	19.7	23.7
江西	38.6	35.5	21.1	17.9	12.4	5.8	10.5
山东	35.4	34.1	26.7	21.5	16.0	17.4	15.4
河南	37.7	42.2	26.9	22.5	14.7	12.0	15.0
湖北	41.4	42.4	24.4	23.7	18.6	15.1	16.0
湖南	37.3	33.3	14.8	14.1	12.8	8.4	12.8
广东	25.7	26.8	45.7	24.5	16.0	20.6	21.6
广西	43.3	45.9	16.7	26.1	18.8	18.9	16.1
海南	...	...	...	21.1	28.3	15.7	9.7
重庆	...	...	...	...	...	...	12.8
四川	44.2	37.6	34.1	15.8	16.2	15.2	14.2
贵州	55.8	52.4	21.2	38.3	30.2	7.2	14.5
云南	50.8	49.8	35.4	38.3	17.9	13.6	15.9
西藏	--	57.6	--	--	--	--	14.9
陕西	57.6	34.9	33.3	14.7	14.1	11.4	5.9
甘肃	44.8	41.4	23.2	26.8	20.3	13.4	12.5
青海	55.4	36.1	14.1	12.2	10.6	3.7	0.6
宁夏	53.1	46.7	22.1	20.0	18.2	12.2	20.3
新疆	70.0	49.2	29.8	21.6	12.3	11.3	11.3

按年份各地区县级公共图书馆购书费占总支出比重

单位：%

地区	1979年	1980年	1985年	1990年	1991年	1995年	2000年
总计	37.0	35.3	17.2	15.1	13.5	10.3	9.9
北京	39.1	34.7	19.2	13.5	14.7	8.6	6.9
天津	31.5	51.3	22.8	7.2	4.3	8.6	4.2
河北	46.9	40.7	16.7	14.6	8.7	13.6	4.6
山西	33.8	32.1	16.6	13.0	11.9	4.8	5.4
内蒙古	35.6	32.0	14.4	10.9	11.7	4.9	4.2
辽宁	32.9	24.4	16.6	13.9	11.6	14.1	11.4
吉林	34.4	28.8	12.3	9.6	10.0	7.2	4.0
黑龙江	23.6	23.9	16.7	14.6	11.8	7.8	6.4
上海	40.5	39.4	26.8	27.1	28.4	15.8	18.4
江苏	41.8	34.0	19.3	19.5	17.7	11.4	13.9
浙江	51.4	47.1	19.7	25.1	19.9	14.2	14.7
安徽	39.2	37.1	18.0	17.6	12.7	8.8	5.1
福建	36.4	50.9	23.8	22.0	16.4	11.6	9.5
江西	31.6	39.8	12.8	9.5	13.0	7.5	12.5
山东	24.1	23.9	9.6	8.3	9.5	10.0	6.7
河南	36.2	36.8	12.9	12.7	8.9	5.8	6.3
湖北	35.9	41.9	8.3	15.0	15.4	10.7	14.2
湖南	29.4	31.5	17.2	14.2	10.7	8.4	8.4
广东	31.0	29.8	19.4	18.0	15.5	13.3	13.5
广西	45.0	45.4	19.5	16.3	15.0	11.1	8.0
海南	...	...	...	16.3	19.2	16.3	12.5
重庆	...	...	...	...	...	...	12.7
四川	38.1	34.3	17.7	11.3	14.1	10.5	10.1
贵州	66.7	43.6	35.0	18.9	13.5	7.0	6.5
云南	48.0	44.1	21.5	20.6	15.9	14.2	10.5
西藏	--	--	17.5	20.0	2.0	--	--
陕西	52.4	22.3	19.3	8.9	6.2	3.6	2.4
甘肃	37.1	84.0	18.8	14.5	12.7	7.1	4.5
青海	48.9	44.0	17.4	10.8	9.5	2.8	1.6
宁夏	32.9	39.5	19.8	13.7	10.3	6.2	5.9
新疆	55.8	55.9	16.9	14.4	12.3	6.3	5.8

按年份各地区地市级公共图书馆平均每馆购书费情况

单位:万元

地　　区	1979 年	1980 年	1985 年	1990 年	1991 年	1995 年	2000 年
总　　计	1.8	1.9	3.3	5.7	5.4	10.0	19.4
北　　京	1.4	1.8	3.2	7.8	5.4	7.2	25.6
天　　津	1.9	1.6	1.4	1.6	1.6	2.7	4.9
河　　北	2.5	2.8	3.4	5.1	6.2	6.0	12.2
山　　西	1.2	1.3	1.9	3.2	2.2	3.4	6.1
内 蒙 古	1.2	1.5	2.2	1.8	3.2	3.1	5.4
辽　　宁	3.5	4.2	5.0	8.7	9.5	18.1	27.6
吉　　林	2.1	2.1	3.1	6.3	5.9	16.7	23.4
黑 龙 江	2.0	3.1	3.5	10.3	10.2	12.9	15.8
上　　海	2.1	2.1	2.9	5.6	8.4	14.7	30.3
江　　苏	2.7	2.8	8.1	13.5	11.9	17.5	49.5
浙　　江	2.5	2.9	4.3	8.0	8.8	15.0	38.8
安　　徽	1.5	1.1	2.3	3.3	3.0	10.2	9.1
福　　建	1.7	2.1	1.9	3.3	4.2	7.7	39.6
江　　西	1.1	1.5	2.7	3.5	2.5	3.0	3.2
山　　东	1.8	1.9	3.1	6.5	5.2	12.3	20.1
河　　南	2.0	1.9	2.7	4.0	3.2	5.7	14.6
湖　　北	2.2	1.9	2.8	5.4	4.8	6.8	9.3
湖　　南	1.1	1.3	1.8	3.1	2.8	4.1	8.5
广　　东	1.2	1.4	12.5	15.3	11.1	33.3	69.4
广　　西	1.8	2.4	2.6	6.0	5.3	13.3	16.1
海　　南	...	...	...	4.0	7.5	11.8	6.2
重　　庆	...	...	...	...	...	...	5.9
四　　川	2.7	2.0	3.8	7.1	6.5	9.5	9.2
贵　　州	1.8	2.0	2.2	5.2	4.3	2.0	10.1
云　　南	1.0	1.2	1.9	3.4	2.6	4.6	13.1
西　　藏	--	1.9	--	--	--	--	16.4
陕　　西	1.7	1.8	1.3	1.8	1.7	3.0	6.5
甘　　肃	1.0	0.9	1.2	3.2	2.5	3.4	6.5
青　　海	1.3	1.4	1.0	1.3	1.0	0.6	0.1
宁　　夏	3.8	2.8	2.7	1.3	4.0	5.4	12.3
新　　疆	1.0	1.7	1.8	2.6	1.8	3.4	5.1

按年份各地区县级公共图书馆平均每馆购书费情况

单位：万元

地区	1979年	1980年	1985年	1990年	1991年	1995年	2000年
总计	0.5	0.5	0.5	0.8	1.0	1.2	1.9
北京	1.3	1.3	1.3	3.3	2.7	3.2	5.9
天津	0.7	1.0	2.0	0.8	0.9	2.2	1.8
河北	0.3	0.3	0.2	0.4	0.4	0.9	0.4
山西	0.4	0.4	0.3	0.4	0.4	0.3	0.5
内蒙古	0.3	0.3	0.4	0.5	0.8	0.5	0.6
辽宁	0.6	0.6	0.7	1.0	1.2	2.2	2.8
吉林	0.5	0.5	0.9	0.9	1.2	1.2	1.0
黑龙江	0.6	0.5	0.5	0.7	0.8	0.7	1.0
上海	1.7	1.9	1.8	3.0	8.1	11.6	31.2
江苏	0.6	0.5	0.7	1.7	2.1	2.8	5.6
浙江	0.6	0.6	1.1	2.4	2.6	3.3	7.8
安徽	0.4	0.3	0.3	0.7	0.7	0.8	0.8
福建	0.6	0.7	0.6	1.0	1.3	1.3	1.8
江西	0.4	0.5	0.3	0.5	0.7	0.6	2.2
山东	0.5	0.5	0.3	0.6	0.8	1.5	1.7
河南	0.4	0.4	0.3	0.5	0.5	0.5	0.9
湖北	0.3	0.5	0.4	1.0	1.2	1.4	4.0
湖南	0.5	0.5	0.6	0.7	0.8	1.0	1.3
广东	0.4	0.5	0.5	1.5	1.9	3.2	7.2
广西	0.5	0.6	0.5	0.9	1.1	0.9	1.0
海南	...	...	...	0.8	1.2	2.1	1.7
重庆	...	...	...	...	...	...	2.0
四川	0.5	0.5	0.6	0.8	1.0	1.2	1.3
贵州	0.7	0.5	0.7	0.5	0.6	0.4	0.4
云南	0.4	0.5	0.4	0.7	0.9	1.4	1.7
西藏	--	--	0.2	0.5	--	--	--
陕西	0.6	0.2	0.2	0.2	0.3	0.2	0.2
甘肃	0.6	0.9	0.3	0.4	0.5	0.4	0.4
青海	1.1	0.8	0.5	0.3	0.3	0.1	0.1
宁夏	0.9	1.2	0.8	1.2	1.1	0.8	1.3
新疆	1.0	1.0	0.5	0.5	0.7	0.6	0.7

按年份各地区公共图书馆新购图书册数

单位:万册

地　　区	1983 年	1985 年	1990 年	1991 年	1995 年	2000 年
总　　计	1 541	1 343	895	771	551	692
中　　央	41	70	71	70	17	21
地　　方	1 500	1 273	824	701	534	671
北　　京	44	30	23	21	11	33
天　　津	39	31	13	15	14	17
河　　北	38	45	22	20	26	15
山　　西	32	30	25	11	7	12
内 蒙 古	33	31	18	19	7	11
辽　　宁	97	94	66	55	41	39
吉　　林	50	34	17	17	14	14
黑 龙 江	43	48	32	30	17	17
上　　海	90	67	49	38	44	67
江　　苏	108	68	54	51	41	57
浙　　江	73	67	50	45	33	54
安　　徽	33	27	17	13	9	11
福　　建	49	40	23	25	18	25
江　　西	44	61	19	21	9	15
山　　东	52	44	28	27	23	32
河　　南	73	40	25	15	16	21
湖　　北	70	64	43	38	23	28
湖　　南	76	62	26	23	19	24
广　　东	64	54	58	62	69	77
广　　西	55	38	66	24	16	20
海　　南	…	…	4	6	6	3
重　　庆	…	…	…	…	…	12
四　　川	86	74	46	37	25	21
贵　　州	34	36	20	14	5	8
云　　南	83	69	33	27	22	15
西　　藏	5	3	1	--	0.1	0.3
陕　　西	33	28	10	9	5	6
甘　　肃	30	26	15	10	7	7
青　　海	20	13	4	4	1	2
宁　　夏	25	24	7	12	2	3
新　　疆	21	25	10	12	6	5

按年份各地区地市级公共图书馆平均每馆新购图书册数

单位:万册

地　　区	1983年	1985年	1990年	1991年	1995年	2000年
总　　计	1.8	1.3	0.8	0.7	0.6	0.7
北　　京	2.7	1.6	1.5	1.0	0.4	1.3
天　　津	1.3	0.9	0.3	0.3	0.3	0.3
河　　北	1.4	1.4	1.0	1.1	0.5	0.6
山　　西	1.0	0.9	0.7	0.3	0.1	0.1
内 蒙 古	1.5	1.1	0.4	0.4	0.2	0.3
辽　　宁	3.1	2.2	1.3	1.1	1.0	0.8
吉　　林	2.1	1.1	0.7	0.6	0.8	0.9
黑 龙 江	0.9	1.3	1.3	1.5	0.8	0.8
上　　海	2.1	1.6	0.9	1.0	0.9	1.0
江　　苏	3.3	2.8	1.7	1.4	1.3	1.6
浙　　江	2.4	1.8	1.2	1.4	0.8	1.8
安　　徽	1.0	0.9	0.6	0.4	0.2	0.3
福　　建	3.3	1.1	0.7	0.7	0.5	1.6
江　　西	2.0	1.3	0.5	0.5	0.3	0.2
山　　东	1.8	1.4	0.6	0.6	0.4	0.7
河　　南	5.1	1.3	0.7	0.4	0.4	0.7
湖　　北	1.7	1.5	0.9	0.6	0.5	0.4
湖　　南	1.4	1.2	0.6	0.4	0.3	0.4
广　　东	1.9	1.8	0.9	1.9	1.7	1.4
广　　西	1.8	1.3	1.0	1.0	0.5	0.9
海　　南	...	...	0.5	1.0	1.2	0.3
重　　庆	...	...	...	...	...	0.2
四　　川	2.1	1.7	1.0	0.7	0.5	0.4
贵　　州	2.4	1.2	0.5	0.7	0.1	0.5
云　　南	1.1	1.1	0.4	0.4	0.3	0.2
西　　藏	--	--	--	--	--	0.3
陕　　西	1.1	0.6	0.3	0.1	0.2	--
甘　　肃	1.8	0.6	0.8	0.2	0.2	0.2
青　　海	0.5	0.4	0.1	0.1	0.02	--
宁　　夏	2.7	1.4	1.0	1.0	0.5	0.5
新　　疆	0.8	0.6	0.3	0.3	0.3	0.2

按年份各地区县级公共图书馆平均每馆新购图书册数

单位:万册

地　　区	1983 年	1985 年	1990 年	1991 年	1995 年	2000 年
总　　计	0.44	0.32	0.17	0.15	0.10	0.11
北　　京	1.39	0.88	0.56	0.50	0.33	0.28
天　　津	0.78	0.68	0.17	0.17	0.18	0.10
河　　北	0.35	0.19	0.08	0.08	0.13	0.04
山　　西	0.26	0.22	0.13	0.07	0.03	0.07
内 蒙 古	0.20	0.21	0.12	0.13	0.05	0.05
辽　　宁	0.54	0.45	0.27	0.22	0.14	0.13
吉　　林	0.49	0.61	0.23	0.24	0.15	0.06
黑 龙 江	0.34	0.27	0.14	0.11	0.08	0.07
上　　海	1.54	0.92	0.55	1.30	0.72	1.17
江　　苏	0.64	0.44	0.38	0.35	0.25	0.34
浙　　江	0.71	0.57	0.49	0.37	0.25	0.31
安　　徽	0.28	0.20	0.11	0.09	0.07	0.04
福　　建	0.91	0.33	0.18	0.20	0.11	0.09
江　　西	0.35	0.47	0.13	0.15	0.07	0.14
山　　东	0.40	0.23	0.12	0.10	0.12	0.13
河　　南	0.36	0.20	0.12	0.07	0.06	0.07
湖　　北	0.30	0.23	0.26	0.26	0.13	0.21
湖　　南	0.54	0.41	0.15	0.15	0.12	0.12
广　　东	0.34	0.26	0.27	0.26	0.25	0.33
广　　西	0.45	0.29	0.21	0.16	0.09	0.08
海　　南	...	...	0.18	0.24	0.21	0.12
重　　庆	...	...	...	...	...	0.10
四　　川	0.53	0.35	0.15	0.12	0.09	0.11
贵　　州	0.36	0.36	0.13	0.09	0.03	0.04
云　　南	0.40	0.33	0.15	0.13	0.10	0.07
西　　藏	--	0.14	0.06	--	--	--
陕　　西	0.27	0.16	0.05	0.04	0.02	0.04
甘　　肃	0.29	0.22	0.05	0.06	0.04	0.03
青　　海	0.71	0.26	0.06	0.03	0.01	--
宁　　夏	1.26	1.02	0.18	0.47	0.05	0.06
新　　疆	0.35	0.30	0.09	0.11	0.04	0.02

按年份各地区群众文化事业机构数

单位:个

地区	1964年	1978年	1980年	1985年	1986年	1990年	1995年	2000年
总计	4 467	6 893	28 403	56 158	56 849	55 756	58 525	45 321
北京	36	22	162	392	399	396	356	278
天津	--	18	200	524	364	367	362	306
河北	186	175	351	3 916	3 847	3 587	3 194	2 257
山西	103	124	628	1 785	1 906	1 803	1 835	1 851
内蒙古	98	61	572	1 708	1 752	1 622	2 122	1 712
辽宁	171	910	1 348	1 732	1 839	2 479	3 327	1 520
吉林	256	445	870	1 105	1 079	1 072	1 420	894
黑龙江	179	194	1 200	1 337	1 360	1 372	1 546	1 201
上海	68	20	367	369	403	410	334	340
江苏	665	1 042	2 265	2 427	2 429	2 287	3 401	1 771
浙江	230	372	1 671	3 610	3 629	3 623	3 877	1 932
安徽	403	825	1 820	3 196	3 387	3 328	2 178	1 898
福建	120	117	1 006	1 115	1 089	1 160	1 321	1 085
江西	188	106	750	2 050	2 131	2 096	1 999	2 000
山东	139	155	2 272	2 355	2 435	2 641	2 521	2 581
河南	178	173	2 209	2 351	2 462	2 452	2 435	2 479
湖北	222	876	1 477	2 991	2 647	1 849	3 136	1 695
湖南	225	182	3 628	3 286	3 180	3 333	2 788	2 667
广东	135	139	1 892	2 127	2 184	1 926	3 057	2 042
广西	88	86	1 085	1 256	1 299	1 422	1 527	1 408
海南	...	...	...	...	...	326	328	327
重庆	...	...	...	...	...	...	...	1 248
四川	227	234	1 003	7 294	7 676	7 041	4 964	3 865
贵州	85	89	229	2 187	2 199	1 858	1 556	1 030
云南	140	145	536	1 605	1 607	1 661	3 254	1 734
西藏	--	5	17	27	39	56	104	94
陕西	114	117	279	2 857	2 850	2 785	2 370	2 065
甘肃	75	95	240	1 181	1 238	1 310	1 363	1 432
青海	30	43	71	305	315	307	358	250
宁夏	23	36	109	297	304	318	465	309
新疆	83	87	146	773	800	869	1 023	1 060

按年份各地区群众艺术馆机构数

单位:个

地　　区	1959年	1965年	1978年	1980年	1985年	1990年	1995年	2000年
总　　计	51	62	92	218	335	366	373	390
北　　京	1	1	--	1	1	1	1	1
天　　津	1	1	1	1	1	1	1	1
河　　北	3	1	14	17	20	18	12	12
山　　西	1	--	--	5	11	12	12	12
内 蒙 古	1	--	4	10	13	13	13	13
辽　　宁	6	3	9	13	16	16	23	23
吉　　林	3	4	7	7	10	12	13	13
黑 龙 江	4	3	15	18	17	16	16	15
上　　海	1	1	--	1	1	1	3	3
江　　苏	--	2	--	1	11	12	12	14
浙　　江	2	2	1	12	12	12	12	12
安　　徽	1	1	1	2	12	14	14	14
福　　建	2	8	6	9	10	10	10	10
江　　西	1	8	--	11	12	12	12	12
山　　东	4	8	8	13	13	17	18	19
河　　南	2	11	10	12	17	22	23	23
湖　　北	2	2	1	15	17	16	13	18
湖　　南	1	--	--	1	16	14	15	15
广　　东	2	--	--	13	15	19	21	21
广　　西	1	--	--	4	14	14	14	15
海　　南	...	...	...	...	...	3	3	3
重　　庆	...	...	...	...	...	...	...	4
四　　川	3	2	5	5	16	24	24	27
贵　　州	2	2	2	3	7	7	8	8
云　　南	1	1	1	18	18	19	19	20
西　　藏	--	--	2	6	7	7	7	7
陕　　西	3	--	2	9	11	11	11	11
甘　　肃	1	--	1	8	14	15	15	15
青　　海	2	1	1	2	8	9	9	9
宁　　夏	--	--	1	1	2	4	4	4
新　　疆	--	--	--	--	13	15	15	16

按年份各地区文化馆机构数

单位:个

地　　区	1952年	1965年	1978年	1980年	1985年	1990年	1995年	2000年
总　　计	2 430	2 598	2 748	2 912	2 960	2 955	2 886	2 907
北　　京	24	18	19	19	22	22	22	22
天　　津	21	13	17	18	18	18	18	18
河　　北	168	166	161	165	172	170	169	166
山　　西	116	108	124	121	117	118	118	118
内 蒙 古	70	81	54	105	104	103	102	104
辽　　宁	109	97	118	125	161	161	105	102
吉　　林	64	62	72	62	36	43	45	89
黑 龙 江	85	86	100	129	132	122	121	118
上　　海	2	20	20	23	42	48	40	45
江　　苏	108	99	110	111	108	109	110	107
浙　　江	90	83	75	78	93	85	83	84
安　　徽	100	93	96	100	101	101	99	103
福　　建	72	73	76	76	78	80	80	80
江　　西	92	97	106	102	103	101	101	101
山　　东	166	133	147	142	144	142	140	140
河　　南	134	151	150	213	210	203	201	191
湖　　北	112	138	176	173	188	182	179	129
湖　　南	102	121	119	142	127	127	122	125
广　　东	117	118	124	113	123	113	115	119
广　　西	77	87	86	88	92	96	98	99
海　　南	- -	- -	- -	- -	- -	17	17	18
重　　庆	...	...	...	...	...	...	...	43
四　　川	198	215	220	220	214	209	212	171
贵　　州	61	83	87	87	86	84	85	85
云　　南	65	140	144	130	130	128	128	127
西　　藏	- -	- -	3	11	10	23	26	52
陕　　西	127	110	115	111	112	113	111	111
甘　　肃	94	75	94	85	83	84	83	83
青　　海	21	30	30	47	43	42	42	43
宁　　夏	- -	18	19	20	20	19	22	22
新　　疆	35	83	86	96	91	92	92	92

按年份各地区文化站机构数

单位:个

地　　区	1978年	1980年	1985年	1986年	1990年	1995年	2000年
总　　计	17 297	25 273	52 858	53 519	52 435	45 038	42 024
北　　京	87	142	369	376	373	321	255
天　　津	--	181	505	345	348	343	287
河　　北	133	169	3 724	3 656	3 399	3 011	2 079
山　　西	--	502	1 657	1 777	1 673	1 705	1 721
内 蒙 古	3	457	1 591	1 635	1 506	1 575	1 595
辽　　宁	1 542	1 210	1 555	1 660	2 302	1 805	1 395
吉　　林	950	801	1 059	1 030	1 017	1 010	792
黑 龙 江	565	1 053	1 183	1 204	1 234	1 280	1 068
上　　海	344	343	326	356	361	289	292
江　　苏	2 093	2 153	2 308	2 310	2 166	2 221	1 650
浙　　江	1 182	1 581	3 505	3 522	3 526	1 891	1 836
安　　徽	1 448	1 718	3 083	3 273	3 213	1 827	1 781
福　　建	914	921	1 027	1 001	1 070	1 072	995
江　　西	347	637	1 935	2 016	1 983	1 886	1 887
山　　东	2 103	2 117	2 198	2 276	2 482	2 363	2 422
河　　南	1 260	1 984	2 124	2 236	2 227	2 211	2 265
湖　　北	321	1 289	2 786	2 436	1 651	1 856	1 548
湖　　南	3 590	3 485	3 143	3 038	3 192	2 651	2 527
广　　东	15	1 766	1 989	2 046	1 794	1 957	1 902
广　　西	332	993	1 150	1 190	1 312	1 412	1 294
海　　南	...	...	...	...	306	301	306
重　　庆	...	...	...	...	...	...	1 201
四　　川	9	778	7 064	7 446	6 808	4 718	3 667
贵　　州	--	139	2 094	2 106	1 767	863	937
云　　南	2	388	1 457	1 459	1 514	1 567	1 587
西　　藏	--	--	10	17	26	44	35
陕　　西	28	159	2 734	2 726	2 661	2 237	1 933
甘　　肃	--	147	1 084	1 139	1 211	1 265	1 334
青　　海	12	22	254	265	256	219	198
宁　　夏	16	88	275	282	295	266	283
新　　疆	1	50	669	696	762	862	952

按年份各地区文化部门文化站机构数

单位:个

地区	1952年	1965年	1978年	1980年	1986年	1990年	1991年	1995年	2000年
总计	4 107	2 125	4 068	4 598	5 583	5 766	7 242	10 228	26 047
北京	68	20	3	37	29	29	24	12	16
天津	12	--	--	--	--	--	--	--	254
河北	408	11	--	15	2	2	2	2	2
山西	--	--	--	--	--	--	--	--	1 601
内蒙古	43	31	3	114	217	268	391	432	621
辽宁	301	163	786	1 210	1 321	1 417	1 386	1 394	1 381
吉林	177	204	366	322	400	392	400	352	623
黑龙江	174	85	79	83	125	128	128	129	129
上海	--	--	--	9	5	3	3	2	2
江苏	651	609	932	960	1 003	1 009	1 008	1 058	2 160
浙江	164	147	296	330	408	374	394	1 891	2 031
安徽	615	560	728	726	805	737	800	238	1 495
福建	152	40	35	55	140	145	128	159	1 036
江西	164	--	--	--	--	--	--	--	--
山东	139	6	--	--	--	--	--	--	--
河南	235	48	13	4	--	--	--	--	--
湖北	308	135	711	426	146	139	145	1 088	1 535
湖南	38	13	63	--	--	--	--	--	2 508
广东	202	4	15	16	14	13	12	964	1 563
广西	61	13	--	8	3	3	3	3	1 303
海南	...	...	...	...	...	1	1	1	304
重庆	...	...	...	...	...	...	...	...	
四川	170	21	9	22	16	13	12	10	4 572
贵州	--	--	--	90	493	548	571	600	751
云南	--	--	--	101	186	238	1 509	1 540	1 527
西藏	--	--	--	--	16	16	17	27	35
陕西	9	3	--	42	12	11	11	11	10
甘肃	16	1	--	--	--	--	--	--	--
青海	--	--	12	1	42	61	62	88	196
宁夏	--	11	16	18	168	178	179	173	24
新疆	--	--	1	9	32	41	56	54	368

按年份各地区群众文化事业财政补助收入情况

单位:万元

地区	1978年	1980年	1985年	1986年	1990年	1991年	1995年	2000年
总计	11 520	11 270	20 835	25 505	36 985	31 066	56826	118 430
北京	142	126	281	373	812	551	661	2 594
天津	187	139	279	495	415	443	691	1 422
河北	594	513	740	1 192	1 819	1 279	2 362	5 161
山西	512	486	621	739	1 207	960	1 603	2 674
内蒙古	354	324	759	869	1 320	1 123	1 723	3 388
辽宁	599	700	1 426	1 521	2 047	2 156	3 488	5 054
吉林	359	336	732	929	1 043	1 042	1 986	3 384
黑龙江	431	461	832	1 020	1 399	1 206	1 972	3 541
上海	184	178	667	847	1 006	887	1 492	5 020
江苏	542	584	1 079	1 401	1 852	1 744	3 959	8 521
浙江	401	416	1 050	1 280	1 989	1 273	4 660	9 446
安徽	369	433	591	676	1 052	1 048	1 430	3 609
福建	281	306	573	648	932	879	1 794	2 895
江西	402	346	504	667	960	790	1 182	2 504
山东	637	722	1 067	1 427	2 151	1 805	2 622	7 295
河南	572	654	818	1 097	1 377	1 182	2 282	4 630
湖北	475	492	994	1 050	1 229	967	1 965	3 832
湖南	648	636	1 050	1 111	1 352	1 012	1 620	3 571
广东	495	440	891	1 159	1 909	1 487	4 518	12 113
广西	347	348	637	764	1 225	793	1 231	2 639
海南	...	...	...	...	210	205	363	645
重庆	...	...	...	...	...	...	...	2 202
四川	841	710	1 391	1 772	2 544	1 984	3 149	4 730
贵州	307	231	297	439	558	533	895	1 657
云南	368	360	843	1 011	2 061	2 138	3 551	5 950
西藏	21	42	133	119	209	180	454	556
陕西	521	416	673	957	1 455	1 068	1 448	3 027
甘肃	307	266	471	626	1 139	760	1 116	1 980
青海	172	142	298	336	373	333	520	829
宁夏	146	170	234	308	410	354	504	879
新疆	306	293	904	672	930	884	1 586	2 683

按年份各地区群众文化事业总支出情况

单位:万元

地区	1978年	1980年	1985年	1990年	1991年	1995年	2000年
总计	10 114	11 376	20 340	42 476	48 674	83 628	188 437
北京	107	176	281	782	944	1 566	4 681
天津	146	174	289	695	780	1 376	2 633
河北	689	561	788	1 686	1 811	2 713	5 714
山西	482	522	637	1 075	1 202	1 824	3 151
内蒙古	201	359	733	1 173	1 338	1 932	3 799
辽宁	542	662	1 324	2 706	3 093	4 552	6 172
吉林	349	337	711	1 106	1 214	2 101	3 748
黑龙江	499	467	814	1 407	1 493	2 219	3 804
上海	220	253	674	2 333	2 829	6 752	14 985
江苏	328	471	1 072	3 778	4 109	8 509	16 394
浙江	306	417	1 011	2 629	2 877	7 101	17 194
安徽	388	419	572	1 323	1 548	1 934	4 302
福建	251	309	517	1 094	1 189	2 199	4 135
江西	337	374	515	1 055	1 121	1 493	3 167
山东	653	705	987	2 369	2 776	3 317	8 909
河南	674	695	914	1 469	1 655	2 737	5 647
湖北	442	480	981	1 706	1 774	3 885	7 841
湖南	542	572	941	1 702	1 957	2 575	5 696
广东	361	510	887	1 709	2 195	5 937	27 213
广西	279	278	656	1 235	1 282	1 877	3 425
海南	...	...	...	200	263	364	887
重庆	...	...	...	...	...	...	4 889
四川	636	740	1 313	3 108	3 625	5 327	8 927
贵州	274	268	359	585	604	989	1 976
云南	314	424	692	1 832	2 713	4 191	7 312
西藏	21	47	137	172	201	429	607
陕西	459	346	597	988	1 221	1 569	3 648
甘肃	310	267	506	861	909	1 189	2 251
青海	84	157	290	340	371	537	870
宁夏	108	115	260	418	446	651	1 202
新疆	112	271	882	940	1 134	1 785	3 261

历年对外文化交流情况

单位:起

年　份	签订文化协　定	签订文化协定执行计　划	文化交流来往项目		
			总　计	来　华	出　国
1985	5	17	804	381	423
1986	2	16	1 075	456	619
1987	8	32	880	378	502
1988	5	19	707	282	425
1989	4	18	484	182	302
1990	1	14	733	263	470
1991	4	29	736	227	509
1992	13	11	1 181	413	768
1993	8	31	1 534	480	1 054
1994	7	22	1 176	401	775
1995	1	28	1 647	500	1 147
1996	4	22	1 580	859	721
1997	1	27	1 446	527	919
1998	2	23	1 871	672	1 199
1999	4	31	1 366	534	832
2000	2	27	1 433	595	838

按年份各地区总人口数

单位:万人

地区	1980年	1985年	1986年	1990年	1991年	1995年	2000年
总计	98 705	104 532	105 721	114 333	115 823	121 121	126 583
北京	886	960	975	1 086	1 094	1 251	1 382
天津	749	808	819	884	909	942	1 001
河北	5 168	5 548	5 617	6 159	6 220	6 437	6 744
山西	2 476	2 627	2 655	2 899	2 942	3 077	3 297
内蒙古	1 876	2 007	2 029	2 163	2 184	2 284	2 376
辽宁	3 487	3 686	3 726	3 967	3 990	4 092	4 238
吉林	2 211	2 298	2 315	2 483	2 509	2 592	2 728
黑龙江	3 204	3 311	3 332	3 543	3 575	3 701	3 689
上海	1 147	1 217	1 232	1 337	1 340	1 415	1 674
江苏	5 938	6 213	6 270	6 767	6 844	7 066	7 438
浙江	3 827	4 030	4 070	4 168	4 202	4 319	4 677
安徽	4 893	5 156	5 217	5 675	5 761	6 013	5 986
福建	2 518	2 713	2 749	3 037	3 079	3 237	3 471
江西	3 270	3 460	3 509	3 810	3 865	4 063	4 140
山东	7 296	7 695	7 776	8 493	8 570	8 705	9 079
河南	7 285	7 713	7 808	8 649	8 763	9 100	9 256
湖北	4 684	4 931	4 989	5 439	5 512	5 772	6 028
湖南	5 281	5 622	5 696	6 128	6 209	6 392	6 440
广东	5 228	6 253	6 346	6 346	6 439	6 868	8 642
广西	3 538	3 873	3 946	4 261	4 324	4 543	4 489
海南	552	--	--	663	674	724	787
重庆	...	...	...	...	...	...	3 090
四川	9 820	10 188	10 320	10 804	10 897	11 325	8 329
贵州	2 777	2 968	3 008	3 268	3 315	3 508	3 525
云南	3 173	3 406	3 456	3 731	3 782	3 990	4 288
西藏	185	199	203	222	226	240	262
陕西	2 831	3 002	3 043	3 316	3 363	3 514	3 605
甘肃	1 918	2 041	2 071	2 255	2 285	2 438	2 562
青海	377	407	412	448	454	481	518
宁夏	374	415	424	470	480	513	562
新疆	1 283	1 361	1 384	1 529	1 555	1 661	1 925

注:资料取自当年的《中国统计年鉴》。

年度资料

全国文化产业机

	总计			文化					
				合计			国有经济		
	机构数	从业人员数		机构数	从业人员数		机构数	从业人员数	
			职工			职工			职工
总计	**285 347**	**1 471 658**	**838 725**	**79 160**	**621 291**	**494 989**	**41 827**	**464 462**	**413 675**
文化产业	**284 572**	**1 456 199**	**825 829**	**78 428**	**606 419**	**482 427**	**41 332**	**454 459**	**404 986**
艺术业	5 120	190 032	179 694	5 097	189 404	179 079	4 291	159 870	151 127
图书馆业	2 677	51 368	46 604	2 675	51 342	46 578	2 673	51 275	46 513
群众文化业	45 321	128 420	104 171	32 622	106 569	90 423	24 561	91 663	80 747
艺术教育业	220	15 578	13 879	220	15 578	13 879	213	15 466	13 812
娱乐业	131 881	713 931	297 031	13 462	82 268	33 220	1 136	13 025	8 144
文艺科研	185	3 150	3 098	185	3 150	3 098	185	3 150	3 098
文物业	3 618	68 038	57 381	3 600	66 209	57 008	3 586	65 936	56 847
其他文化产业	95 550	285 682	123 971	20 567	91 899	59 142	4 687	54 074	44 698
非文化产业	**775**	**15 459**	**12 896**	**732**	**14 872**	**12 562**	**495**	**10 003**	**8 689**

全国文化部门直属产业

	总计			文化		
				合计		
	机构数	从业人员数		机构数	从业人员数	
			职工			职工
总计	**60 241**	**540 892**	**459 653**	**60 241**	**540 892**	**459 653**
文化产业	**59 832**	**530 352**	**450 214**	**59 832**	**530 352**	**450 214**
艺术业	5 091	189 379	179 054	5 091	189 379	179 054
图书馆业	2 675	51 342	46 578	2 675	51 342	46 578
群众文化业	32 622	106 569	90 423	32 622	106 569	90 423
艺术教育业	220	15 578	13 879	220	15 578	13 879
娱乐业	4 861	29 656	11 455	4 861	29 656	11 455
文艺科研	185	3 150	3 098	185	3 150	3 098
文物业	3 600	66 209	57 008	3 600	66 209	57 008
其他文化产业	10 578	68 469	48 719	10 578	68 469	48 719
非文化产业	**409**	**10 540**	**9 439**	**409**	**10 540**	**9 439**

构 数 、从 业 人 员 数

单位:个、人

部门						其他部门		
集体经济			其他经济					
机构数	从业人员数	职工	机构数	从业人员数	职工	机构数	从业人员数	职工
18 629	**83 192**	**57 075**	**18 704**	**73 637**	**24 239**	**206 187**	**850 367**	**343 736**
18 442	**80 019**	**54 679**	**18 654**	**71 941**	**22 762**	**206 144**	**849 780**	**343 402**
801	29 233	27 706	5	301	246	23	628	615
1	3	1	1	64	64	2	26	26
8 036	14 802	9 600	25	104	76	12 699	21 851	13 748
5	74	54	2	38	13	– –	– –	– –
2 574	17 602	8 293	9 752	51 641	16 783	118 419	631 663	263 811
– –	– –	– –	– –	– –	– –	– –	– –	– –
10	169	62	4	104	99	18	1 829	373
7 015	18 136	8 963	8 865	19 689	5 481	74 983	193 783	64 829
187	**3 173**	**2 396**	**50**	**1 696**	**1 477**	**43**	**587**	**334**

机 构 数 、从 业 人 员 数

单位:个、人

部门								
国有经济			集体经济			其他经济		
机构数	从业人员数	职工	机构数	从业人员数	职工	机构数	从业人员数	职工
39 777	**451 115**	**405 301**	**12 871**	**60 730**	**45 999**	**7 593**	**29 047**	**8 353**
39 500	**443 546**	**398 516**	**12 762**	**58 943**	**44 381**	**7 570**	**27 863**	**7 317**
4 285	159 845	151 102	801	29 233	27 706	5	301	246
2 673	51 275	46 513	1	3	1	1	64	64
24 561	91 663	80 747	8 036	14 802	9 600	25	104	76
213	15 466	13 812	5	74	54	2	38	13
569	6 906	4 730	1 054	6 314	2 911	3 238	16 436	3 814
185	3 150	3 098	– –	– –	– –	– –	– –	– –
3 586	65 936	56 847	10	169	62	4	104	99
3 428	49 305	41 667	2 855	8 348	4 047	4 295	10 816	3 005
277	**7 569**	**6 785**	**109**	**1 787**	**1 618**	**23**	**1 184**	**1 036**

全国艺术表演业机

	总计			文化					
				合计			国有经济		
	机构数	从业人员数		机构数	从业人员数		机构数	从业人员数	
			职工			职工			职工
总计	**4 542**	**183 617**	**173 585**	**4 519**	**182 989**	**172 970**	**3 717**	**153 486**	**145 049**
一.艺术表演团体	**2 630**	**141 440**	**134 723**	**2 619**	**140 933**	**134 216**	**1 891**	**112 475**	**107 264**
1.话剧、儿童剧、滑稽剧团	86	7 160	7 015	86	7 160	7 015	80	6 823	6 682
其中:儿童剧团	10	982	959	10	982	959	10	982	959
2.歌剧、舞剧、歌舞剧	79	9 038	8 705	78	8 827	8 494	68	8 352	8 026
3.歌舞团、轻音乐团	289	22 025	21 255	287	21 990	21 220	254	20 396	19 754
4.乐团	17	1 793	1 683	16	1 793	1 683	16	1 793	1 683
5.文工团、文宣队、乌兰牧骑	419	12 335	11 836	414	12 123	11 624	390	11 245	10 775
6.戏曲剧团	1 531	79 120	74 807	1 530	79 071	74 758	958	55 858	52 754
其中:京剧	109	9 583	9 311	109	9 583	9 311	88	8 750	8 492
7.曲、杂、木、皮团	209	9 969	9 422	208	9 969	9 422	125	8 008	7 590
二.艺术表演场所	**1 912**	**42 177**	**38 862**	**1 900**	**42 056**	**38 754**	**1 826**	**41 011**	**37 785**
1.剧场、影剧院	1 877	41 187	38 272	1 865	41 066	38 164	1 797	40 052	37 225
其中:儿童剧场	2	64	35	2	64	35	2	64	35
2.书场、曲艺场	20	198	189	20	198	189	14	167	159
3.杂技、马戏场	3	74	67	3	74	67	3	74	67
4.音乐厅	12	718	334	12	718	334	12	718	334

全国图书馆业、群众文化

	总计			文化					
				合计			国有经济		
	机构数	从业人员数		机构数	从业人员数		机构数	从业人员数	
			职工			职工			职工
图书馆业	**2 677**	**51 368**	**46 604**	**2 675**	**51 342**	**46 578**	**2 673**	**51 275**	**46 513**
其中:少儿图书馆	84	1 546	1 479	84	1 546	1 479	84	1 546	1 479
群众文化业	**45 321**	**128 420**	**104 171**	**32 622**	**106 569**	**90 423**	**24 561**	**91 663**	**80 747**
一.群众艺术馆	390	11 620	11 176	390	11 620	11 176	390	11 620	11 176
二.文化馆	2 907	43 246	40 823	2 905	43 212	40 789	2 900	43 096	40 674
三.文化站	42 024	73 554	52 172	29 327	51 737	38 458	21 271	36 947	28 897
其中:乡镇文化站	39 348	61 675	- -	27 471	45 103	- -	20 001	32 425	- -

构 数 、从 业 人 员 数

单位:个、人

部门						其他部门		
集体经济			其他经济					
机构数	从业人员数		机构数	从业人员数		机构数	从业人员数	
		职工			职工			职工
797	**29 202**	**27 675**	**5**	**301**	**246**	**23**	**628**	**615**
727	**28 438**	**26 932**	**1**	**20**	**20**	**11**	**507**	**507**
6	337	333	--	--	--	--	--	--
--	--	--	--	--	--	--	--	--
10	475	468	--	--	--	1	211	211
33	1 594	1 466	--	--	--	2	35	35
--	--	--	--	--	--	1	--	--
23	858	829	1	20	20	5	212	212
572	23 213	22 004	--	--	--	1	49	49
21	833	819	--	--	--	--	--	--
83	1 961	1 832	--	--	--	1	--	--
70	**764**	**743**	**4**	**281**	**226**	**12**	**121**	**108**
64	733	713	4	281	226	12	121	108
--	--	--	--	--	--	--	--	--
6	31	30	--	--	--	--	--	--
--	--	--	--	--	--	--	--	--
--	--	--	--	--	--	--	--	--

业 机 构 数 、从 业 人 员 数

单位:个、人

部门						其他部门		
集体经济			其他经济					
机构数	从业人员数		机构数	从业人员数		机构数	从业人员数	
		职工			职工			职工
1	**3**	**1**	**1**	**64**	**64**	**2**	**26**	**26**
--	--	--	--	--	--	--	--	--
8 036	**14 802**	**9 600**	**25**	**104**	**76**	**12 699**	**21 851**	**13 748**
--	--	--	--	--	--	--	--	--
3	44	43	2	72	72	2	34	34
8 033	14 758	9 557	23	32	4	12 697	21 817	13 714
7 466	12 669	--	4	9	--	11 877	16 572	--

全国艺术教育业、其他文化产业和

	总计			文化					
				合计			国有经济		
	机构数	从业人员		机构数	从业人员数		机构数	从业人员数	
			职工			职工			职工
艺术教育业	**220**	**15 578**	**13 879**	**220**	**15 578**	**13 879**	**213**	**15 466**	**13 812**
一、高等院校	1	88	88	1	88	88	1	88	88
二、中等专业学校	137	13 371	11 901	137	13 371	11 901	135	13 342	11 872
三、文化干部院校	20	631	603	20	631	603	20	631	603
四、其他教育机构	62	1 488	1 287	62	1 488	1 287	57	1 405	1 249
其他文化产业	**228 194**	**1 008 948**	**430 209**	**34 792**	**183 722**	**101 569**	**6 582**	**76 633**	**66 882**
一、艺术创作机构	407	3 006	2 940	407	3 006	2 940	404	2 997	2 931
其中:剧目创作室、组	204	1 081	1 067	204	1 081	1 067	204	1 081	1 067
二、艺术科研机构	185	3 150	3 098	185	3 150	3 098	185	3 150	3 098
文化科技研究	13	402	390	13	402	390	13	402	390
综合性艺术研究	128	2 336	2 308	128	2 336	2 308	128	2 336	2 308
地方戏艺术研究	23	197	194	23	197	194	23	197	194
其它艺术研究	21	215	206	21	215	206	21	215	206
三、艺术展览机构	49	1 380	1 280	49	1 380	1 280	49	1 380	1 280
其中:美术馆	26	799	715	26	799	715	26	799	715
四、文化艺术经纪与代理业	264	2 307	1 872	217	1 891	1 743	197	1 800	1 674
五、其他	227 289	999 105	421 019	33 934	174 305	92 508	5 747	67 306	53 035
非文化产业	**775**	**15 459**	**12 896**	**732**	**14 872**	**12 562**	**495**	**10 003**	**8 689**

非文化产业机构数、从业人员数

单位:个、人

部门						其他部门		
集体经济			其他经济					
机构数	从业人员数		机构数	从业人员数		机构数	从业人员数	
		职工			职工			职工
5	**74**	**54**	**2**	**38**	**13**	**--**	**--**	**--**
--	--	--	--	--	--	--	--	--
1	16	16	1	13	13	--	--	--
--	--	--	--	--	--	--	--	--
4	58	38	1	25	--	--	--	--
9 593	**35 769**	**17 287**	**18 617**	**71 330**	**22 264**	**193 402**	**825 216**	**328 640**
3	9	9	--	--	--	--	--	--
--	--	--	--	--	--	--	--	--
--	--	--	--	--	--	--	--	--
--	--	--	--	--	--	--	--	--
--	--	--	--	--	--	--	--	--
--	--	--	--	--	--	--	--	--
--	--	--	--	--	--	--	--	--
--	--	--	--	--	--	--	--	--
--	--	--	--	--	--	--	--	--
9	39	39	11	52	30	47	416	129
9 581	35 721	17 239	18 606	71 278	22 234	193 355	824 800	328 511
187	**3 173**	**2 396**	**50**	**1 696**	**1 477**	**43**	**587**	**334**

全国文物保护业机

	总计			文化					
				合计			国有经济		
	机构数	从业人员	职工	机构数	从业人员数	职工	机构数	从业人员数	职工
总计	**3 618**	**68 038**	**57 381**	**3 600**	**66 209**	**57 008**	**3 586**	**65 936**	**56 847**
文物机构合计	**2 109**	**30 902**	**25 801**	**2 099**	**29 309**	**25 636**	**2 094**	**29 161**	**25 594**
1.文物保护管理机构	1 984	24 051	19 567	1 976	22 459	19 402	1 972	22 320	19 369
2.文物科研机构	57	2 800	2 270	57	2 800	2 270	57	2 800	2 270
3.其它文物机构	68	4 051	3 964	66	4 050	3 964	65	4 041	3 955
博物馆合计	**1 392**	**34 199**	**28 918**	**1 384**	**33 963**	**28 710**	**1 381**	**33 865**	**28 617**
1.综合性	829	17 998	15 848	828	17 989	15 841	828	17 989	15 841
2.专门性	283	10 352	8 402	281	10 334	8 384	279	10 253	8 308
3.纪念性	280	5 849	4 668	275	5 640	4 485	274	5 623	4 468
文物商店合计	**117**	**2 937**	**2 662**	**117**	**2 937**	**2 662**	**111**	**2 910**	**2 636**

全国民族自治地方主要文化

	总计			文化					
				合计			国有经济		
	机构数	从业人员	职工	机构数	从业人员数	职工	机构数	从业人员数	职工
总计	**9 839**	**63 088**	**61 635**	**7 469**	**58 346**	**58 857**	**7 068**	**57 425**	**58 231**
艺术业	**830**	**26 081**	**24 870**	**828**	**26 078**	**24 867**	**811**	**25 691**	**24 525**
1.艺术表演团体	511	21 327	20 508	511	21 327	20 508	498	20 968	20 192
其中:少数民族歌舞团	58	4 224	4 125	58	4 224	4 125	58	4 224	4 125
2.艺术表演场所	182	3 000	2 671	180	2 997	2 668	177	2 974	2 647
其中:剧场、影剧院	182	3 000	2 671	180	2 997	2 668	177	2 974	2 647
3.其他	137	1 754	1 691	137	1 754	1 691	136	1 749	1 686
图书馆业	**564**	**9 204**	**7 075**	**564**	**9 204**	**7 075**	**564**	**9 204**	**7 075**
群众文化业	**7 828**	**19 449**	**17 450**	**5 464**	**16 160**	**14 698**	**5 081**	**15 728**	**14 418**
1.群众艺术馆	79	1 910	1 839	79	1 910	1 839	79	1 910	1 839
2.文化馆	656	7 522	7 195	656	7 522	7 195	656	7 522	7 195
3.文化站	7 093	10 017	8 416	4 729	6 728	5 664	4 346	6 296	5 384
文物保护业	**617**	**8 354**	**12 240**	**613**	**6 904**	**12 217**	**612**	**6 802**	**12 213**
其中:文物保护管理机构	444	4 567	2 422	440	3 117	2 399	439	3 015	2 395
博物馆	151	2 426	2 206	151	2 426	2 206	151	2 426	2 206

构 数 、从 业 人 员 数

单位:个、人

部门						其他部门		
集体经济			其他经济					
机构数	从业人员数	职工	机构数	从业人员数	职工	机构数	从业人员数	职工
10	**169**	**62**	**4**	**104**	**99**	**18**	**1 829**	**373**
4	**145**	**39**	**1**	**3**	**3**	**10**	**1 593**	**165**
3	136	30	1	3	3	8	1 592	165
--	--	--	--	--	--	--	--	--
1	9	9	--	--	--	2	1	--
1	**3**	**3**	**2**	**95**	**90**	**8**	**236**	**208**
--	--	--	--	--	--	1	9	7
1	3	3	1	78	73	2	18	18
--	--	--	1	17	17	5	209	183
5	**21**	**20**	**1**	**6**	**6**	**--**	**--**	**--**

产业机构数、从业人员数

单位:个、人

部门						其他部门		
集体经济			其他经济					
机构数	从业人员数	职工	机构数	从业人员数	职工	机构数	从业人员数	职工
399	**896**	**601**	**2**	**25**	**25**	**2 370**	**4 742**	**2 778**
15	**362**	**317**	**2**	**25**	**25**	**2**	**3**	**3**
12	339	296	1	20	20	--	--	--
--	--	--	--	--	--	--	--	--
3	23	21	--	--	--	2	3	3
3	23	21	--	--	--	2	3	3
--	--	--	1	5	5	--	--	--
--	**--**	**--**	**--**	**--**	**--**	**--**	**--**	**--**
383	**432**	**280**	**--**	**--**	**--**	**2 364**	**3 289**	**2 752**
--	--	--	--	--	--	--	--	--
--	--	--	--	--	--	--	--	--
383	432	280	--	--	--	2 364	3 289	2 752
1	**102**	**4**	**--**	**--**	**--**	**4**	**1 450**	**23**
1	102	4	--	--	--	4	1 450	23
--	--	--	--	--	--	--	--	--

全国文化部门文化产业单位经费收支情况

单位：千元

	本年收入合计	财政补助收入	上级补助收入	事业收入	经营收入	附属单位上缴收入	其他收入	本年支出合计	事业支出	经营支出
总计	**13 988 130**	**7 856 175**	**408 815**	**3 626 747**	**635 294**	**77 660**	**1383 439**	**13 560 447**	**12 244 913**	**399 300**
1.文化合计	**10 090 141**	**6 315 911**	**240 642**	**2 174 324**	**403 538**	**65 793**	**889 933**	**10 044 313**	**9 058 043**	**282 621**
艺术表演团体	2 636 639	1 728 642	65 531	607 202	22 933	9 382	202 949	2 688 859	2 649 034	25 376
艺术表演场所	855 414	95 217	18 395	404 287	139 471	16 648	181 396	867 000	758 983	87 508
图书馆	1 637 993	1 393 205	15 632	112 163	33 128	9 969	73 896	1 571 733	1 523 220	19 413
群众文化	1 868 963	1 184 298	101 460	259 268	161 949	24 750	137 238	1 884 371	1 747 586	105 319
干部培训	29 654	15 715	24	11 876	687	--	1 352	27 740	26 507	383
其它文化	3 061 478	1 898 834	39 600	779 528	45 370	5 044	293 102	3 004 610	2 352 713	44 622
2.文物合计	**3 340 377**	**1 272 809**	**151 104**	**1 222 206**	**222 655**	**10 352**	**461 251**	**2 968 131**	**2 659 851**	**114 836**
博物馆经费	1 507 916	661 190	99 528	615 124	23 203	8 777	100 094	1 445 426	1 253 843	21 161
文物事业机构	1 147 870	258 857	51 576	607 082	199 452	1 575	29 328	1 135 360	1 018 663	93 675
干部训练	2 322	2 322	--	--	--	--	--	2 322	2 322	--
文物保护	178 659	178 659	--	--	--	--	--	163 065	163 065	--
其它文物	503 610	171 781	--	--	--	--	331 829	221 958	221 958	--
3.教育合计	**557 612**	**267 455**	**17 069**	**230 217**	**9 101**	**1 515**	**32 255**	**548 003**	**527 019**	**1 843**
高等院校	3 790	2 560	--	1 230	--	--	--	3 780	3 780	--
中等专业学校	553 822	264 895	17 069	228 987	9 101	1 515	32 255	544 223	523 239	1 843

	在支出合计中							年末固定资产原值	当年提取修购基金
	对附属单位补助支出	从业人员劳动报酬	工资总额	税金支出	社会保障费	修缮费	设备购置费		
总计	**46 453**	**4 075 541**	**3 635 499**	**164 909**	**1 179 277**	**619 977**	**871 005**	**59 635 687**	**193 459**
1.文化合计	**27 727**	**3 263 171**	**2 910 984**	**106 370**	**983 221**	**375 394**	**768 636**	**53 191 512**	**165 826**
艺术表演团体	4 714	1 135 477	1 059 819	19 607	458 678	102 481	100 974	2 915 332	11 968
艺术表演场所	7 105	268 881	249 502	40 024	89 574	50 827	27 647	3 778 263	26 557
图书馆	620	499 108	477 786	11 313	126 070	71 242	499 518	6 207 029	12 933
群众文化	14 312	875 207	823 576	18 927	159 621	101 471	77 374	4 793 223	101 637
干部培训	--	8 861	8 587	150	3 404	4 119	1 717	83 059	663
其它文化	976	475 637	291 714	16 349	145 874	45 254	61 406	35 414 606	12 068
2.文物合计	**16 864**	**630 661**	**567 283**	**57 250**	**134 202**	**191 216**	**64 518**	**5 613 938**	**25 295**
博物馆经费	10 896	370 527	327 961	10 254	92 395	126 850	40 047	2 806 720	6 630
文物事业机构	5 968	260 134	239 322	46 996	41 807	64 366	24 471	1 360 279	18 665
干部训练	--	--	--	--	--	--	--	--	--
文物保护	--	--	--	--	--	--	--	--	--
其它文物	--	--	--	--	--	--	--	1 446 939	--
3.教育合计	**1 862**	**181 709**	**157 232**	**1 289**	**61 854**	**53 367**	**37 851**	**830 237**	**2 338**
高等院校	--	1 224	1 224	--	611	88	220	3 097	--
中等专业学校	1 862	180 485	156 008	1 289	61 243	53 279	37 631	827 140	2 338

全国文化产业增加值情况

单位:千元

	总产出	中间消耗	增加值	劳动者报酬	生产税净额	固定资产折旧	营业盈余
总计	**34 236 634**	**15 111 604**	**20 437 809**	**8 939 531**	**2 340 395**	**2 647 700**	**6 363 902**
艺术业	3 978 683	2 136 948	1 841 735	1 484 886	62 215	281 696	12 943
其中:艺术表演团体	2 766 777	1 493 732	1 273 045	1 135 477	19 607	116 615	1 329
艺术表演场所	910 151	438 518	471 633	268 881	40 024	151 131	11 605
图书馆业	1 771 569	1 012 799	758 770	499 108	11 313	248 284	65
群众文化业	1 938 756	852 371	1 086 385	875 207	18 927	191 730	700
出版业	103 501	61 921	41 580	13 605	5 033	7 010	15 931
文化艺术经纪及代理业	106 844	76 286	30 558	17 460	2 809	2 836	7 452
娱乐业	15 613 357	5 579 957	10 033 400	2 893 634	1 739 972	1 352 471	4 040 043
文物保护业	2 696 101	1 367 553	1 490 809	843 204	72 008	177 962	258 450
其他艺术业	8 027 823	4 023 769	5 154 572	2 312 427	428 118	385 711	2 028 318

全国文化部门增加值情况

单位:千元

	总产出	中间消耗	增加值	劳动者报酬	生产税净额	固定资产折旧	营业盈余
总计	**17 339 012**	**8 305 174**	**10 346 617**	**6 288 629**	**581 771**	**1 367 275**	**1 969 957**
第一产业合计	--	--	--	--	--	--	--
第二产业合计	153 346	96 369	56 977	25 885	8 666	4 731	17 695
其中:制造业	81 435	43 266	38 169	17 662	6 080	3 553	10 874
建筑业	71 911	53 103	18 808	8 223	2 586	1 178	6 821
第三产业合计	17 185 666	8 208 805	10 289 640	6 262 744	573 105	1 362 544	1 952 262
其中:文化产业	15 915 493	7 449 147	9 779 125	6 151 025	520 319	1 283 685	1 683 581
批、零、餐饮业	646 501	451 089	195 412	45 332	23 063	25 949	101 068
房地产业	14 080	7 804	6 276	1 552	566	740	3 418
社会服务业	268 183	140 217	127 966	28 372	15 499	27 468	56 627

全国文化部门文化产业增加值情况

单位:千元

	总产出	中间消耗	增加值	劳动者报酬	生产税净额	固定资产折旧	营业盈余
总计	**15 915 493**	**7 449 147**	**9 779 125**	**6 151 025**	**520 319**	**1 283 685**	**1 683 581**
艺术业	3 978 683	2 136 948	1 841 735	1 484 886	62 215	281 696	12 943
其中:艺术表演团体	2 766 777	1 493 732	1 273 045	1 135 477	19 607	116 615	1 329
艺术表演场所	910 151	438 518	471 633	268 881	40 024	151 131	11 605
图书馆业	1 771 569	1 012 799	758 770	499 108	11 313	248 284	65
群众文化业	1 938 756	852 371	1 086 385	875 207	18 927	191 730	700
出版业	103 501	61 921	41 580	13 605	5 033	7 010	15 931
文化艺术经纪及代理业	99 774	74 489	25 285	15 982	2 397	858	4 516
娱乐业	2 606 511	822 102	1 784 409	684 381	240 843	260 845	598 337
文物保护业	2 696 101	1 367 553	1 490 809	843 204	72 008	177 962	258 450
其他艺术业	2 720 598	1 120 964	2 750 152	1 734 652	107 583	115 300	792 639

全国文化、文物部门产业

	项目个数	计划总投资	建筑面积	本年计划投资		本年资				
						上年结余资金		本年资		
								国家投资	国内贷款	债券
总计	**1 002**	**22 679 196**	**5 799**	**3 710 649**	**5 148 329**	**1 499 517**	**3 648 812**	**1 747 313**	**289 983**	**18 980**
文化合计	**762**	**18 207 930**	**4 377**	**2 767 387**	**3 953 555**	**1 301 428**	**2 652 127**	**1 247 886**	**161 053**	**1 480**
剧团业务用房	69	603 447	244	110 504	156 494	45 041	111 453	65 857	170	80
艺术表演场所	51	5 464 020	535	371 189	479 862	133 277	346 585	221 583	51 160	- -
公共图书馆	133	4 144 785	941	683 716	840 865	296 896	543 969	276 188	19 100	- -
群众艺术馆	19	121 922	72	23 762	17 318	723	16 595	11 610	- -	400
文化馆	96	342 879	309	106 126	103 091	7 015	96 076	27 796	1 950	1 000
中等艺术学校校舍	29	316 825	202	68 499	67 366	15 685	51 681	15 920	10 290	- -
职工住宅	71	752 118	448	126 361	254 829	91 476	163 353	27 857	447	- -
其他	294	6 461 934	1 626	1 277 230	2 033 730	711 315	1 322 415	601 075	77 936	- -
文物合计	**240**	**4 471 266**	**1 426**	**943 262**	**1 194 774**	**198 089**	**996 685**	**499 427**	**128 930**	**17 500**
文物保护管理机构	54	562 363	209	153 364	223 981	44 831	179 150	102 955	3 600	- -
其他文物机构	3	21 100	5	1 477	10 827	9 350	1 477	1 360	- -	- -
博物馆	120	3 584 779	975	656 465	831 405	131 802	699 603	363 783	99 000	17 500
文物商店	1	1 600	- -	1 600	1 200	- -	1 200	- -	- -	- -
职工住宅	2	10 808	12	1 581	4 389	43	4 346	- -	- -	- -
其他	60	290 616	226	128 775	122 972	12 063	110 909	31 329	26 330	- -

单位固定资产投资情况

单位:个、千平方米、千元

金来源总计							累计完成投资		新增固定资产		本年全部建成交付使用的项目个数及竣工面积	
金来源合计												
利用外资	自筹资金				其他资金来源			本年完成投资		本年新增固定资产	建成项目	竣工面积
		中央	地方	单位		集资						
50 320	**1234 453**	**1 900**	**923 102**	**254 395**	**307 763**	**109 950**	**10269 972**	**3 374 750**	**1 592 387**	**1 370 503**	**373**	**1 332**
27 820	**958 812**	**1 900**	**703 877**	**224 545**	**255 076**	**89 976**	**7 711 767**	**2 533 472**	**1 296 322**	**1 087 501**	**283**	**1 018**
150	9 937	--	550	8 527	35 259	8 910	365 060	102 797	61 548	60 398	34	93
--	61 983	--	42 147	19 242	11 859	1 819	1 248 513	230 085	199 075	195 956	21	97
--	215 239	--	198 075	12 664	33 442	2 715	1 837 505	610 476	342 219	206 974	44	300
--	2 675	--	1 140	1 535	1 910	1 110	77 542	46 822	44 010	15 310	6	15
720	34 214	--	28 846	3 858	30 396	4 876	222 331	93 375	47 648	33 851	42	97
--	20 995	--	6 300	14 695	4 476	2 000	158 979	40 543	10 567	10 567	12	71
--	73 388	--	1 952	67 950	61 661	47 348	395 151	165 688	50 268	46 189	33	101
26 950	540 381	1 900	424 867	96 074	76 073	21 198	3 406 686	1 243 686	540 987	518 256	91	249
22 500	**275 641**	**--**	**219 225**	**29 850**	**52 687**	**19 974**	**2 558 205**	**841 278**	**296 065**	**283 002**	**90**	**311**
21 800	48 305	--	44 073	4 022	2 490	1 189	196 986	129 890	30 754	30 601	22	22
--	117	--	--	--	--	--	5 964	2 679	--	--	1	3
700	181 027	--	162 213	17 464	37 593	8 255	2 196 966	610 614	219 445	210 384	47	224
--	1 200	--	--	1 200	--	--	1 200	1 200	--	--	--	--
--	1 496	--	--	1 496	2 850	2 850	13 252	4 426	--	--	2	12
--	43 496	--	12 939	5 668	9 754	7 680	143 837	92 469	45 866	42 017	18	52

全国文化、文物部门产业

	项目个数	计划总投资	建筑面积	本年计划投资	本年资					
						上年结余资金	本年资			
								国家投资	国内贷款	债券
总　计	**742**	**20 785 365**	**5 149**	**3 276 057**	**4 422 606**	**1 231 534**	**3 191 072**	**1 539 496**	**249 238**	**17 980**
文化合计	**565**	**16 516 882**	**3 904**	**2 423 326**	**3 330 692**	**1 038 271**	**2 292 421**	**1 088 115**	**136 608**	**480**
剧团业务用房	51	562 036	222	98 914	139 990	41 249	98 741	58 393	- -	80
艺术表演场所	31	4 993 650	428	276 247	244 782	54 660	190 122	135 680	27 810	- -
公共图书馆	112	4 118 982	920	674 893	833 922	296 796	537 126	273 273	19 100	- -
群众艺术馆	17	104 915	59	18 862	12 818	723	12 095	7 110	- -	400
文化馆	75	325 897	280	92 885	88 859	6 865	81 994	24 774	1 350	- -
中等艺术学校校舍	29	316 825	202	68 499	67 366	15 685	51 681	15 920	10 290	- -
职工住宅	61	676 193	383	103 621	228 563	89 926	138 637	27 497	447	- -
其他	189	5 418 384	1 413	1 089 405	1 714 392	532 367	1 182 025	545 468	77 611	- -
文物合计	**177**	**4 268 483**	**1 244**	**852 731**	**1 091 914**	**193 263**	**898 651**	**451 381**	**112 630**	**17 500**
文物保护管理机构	36	552 203	204	148 214	218 505	44 411	174 094	102 495	3 600	- -
其他文物机构	3	21 100	5	1 477	10 827	9 350	1 477	1 360	- -	- -
博物馆	97	3 469 232	911	612 962	769 506	127 769	641 737	321 683	99 000	17 500
文物商店	1	1 600	- -	1 600	1 200	- -	1 200	- -	- -	- -
职工住宅	2	10 808	12	1 581	4 389	43	4 346	- -	- -	- -
其他	38	213 540	113	86 897	87 487	11 690	75 797	25 843	10 030	- -

单位基本建设投资情况

单位:个、千平方米、千元

金来源总计							累计完成投资		新增固定资产		本年全部建成交付使用的项目个数及竣工面积	
金来源合计												
利用外资	自筹资金				其他资金来源			本年完成投资		本年新增固定资产	建成项目	竣工面积
		中央	地方	单位		集资						
25 880	**1085 056**	**1 900**	**821 715**	**213 385**	**273 422**	**91 168**	**9 286 122**	**3 042 808**	**1 390 796**	**1 177 620**	**272**	**1 227**
3 380	**841 655**	**1 900**	**628 201**	**188 064**	**222 183**	**71 594**	**6 835 017**	**2 294 928**	**1 138 982**	**937 763**	**209**	**936**
150	9 330	--	--	8 470	30 788	8 910	337 137	87 300	37 029	35 879	25	82
--	19 281	--	14 947	3 740	7 351	1 619	1 031 270	168 226	161 262	161 143	10	73
--	211 644	--	195 325	11 819	33 109	2 715	1 820 996	602 707	334 976	200 731	38	293
--	2 675	--	1 140	1 535	1 910	1 110	72 455	42 342	43 610	14 910	5	13
720	27 850	--	22 567	3 773	27 300	1 880	204 757	81 045	42 267	28 570	28	82
--	20 995	--	6 300	14 695	4 476	2 000	158 979	40 543	10 567	10 567	12	71
--	64 177	--	1 952	58 739	46 516	32 562	374 516	148 079	41 173	37 094	27	91
2 510	485 703	1 900	385 970	85 293	70 733	20 798	2 834 907	1 124 686	468 098	448 869	64	233
22 500	**243 401**	**--**	**193 514**	**25 321**	**51 239**	**19 574**	**2 451 105**	**747 880**	**251 814**	**239 857**	**63**	**290**
21 800	43 739	--	43 023	506	2 460	1 189	189 053	125 251	29 488	29 335	12	20
--	117	--	--	--	--	--	5 964	2 679	--	--	1	3
700	166 005	--	148 191	16 464	36 849	7 855	2 134 720	554 983	196 176	188 115	34	206
--	1 200	--	--	1 200	--	--	1 200	1 200	--	--	--	--
--	1 496	--	--	1 496	2 850	2 850	13 252	4 426	--	--	2	12
--	30 844	--	2 300	5 655	9 080	7 680	106 916	59 341	26 150	22 407	14	51

全国文化部门艺术表演

	剧团数		从业人员		本团新排上演剧目		国内演出场次			国内观众人次	
		补贴团数		职工		本团创作首演剧目		本剧种演出场次	农村演出场次		本剧种观众人次
总　　计	**2 619**	**2 464**	**140 933**	**134 216**	**4 855**	**2 228**	**410**	**317**	**258**	**461 675**	**357 837**
其中:国有剧团	1 891	1 839	112 475	107 264	3 942	1 913	259	181	144	309 460	220 510
集体剧团	727	624	28 438	26 932	913	315	149	136	114	152 125	137 327
按隶属关系分:											
中　　央	11	11	2 840	2 755	141	15	1	1	--	2 473	2 095
省、区、市	206	202	28 859	28 097	392	252	39	33	5	41 909	29 183
地　　市	735	708	50 496	48 814	1 411	758	118	95	54	131 733	104 977
县（市）	1 667	1 543	58 738	54 550	2 911	1 203	253	191	192	285 560	221 582
按剧种分:											
话剧、儿童剧、滑稽剧团	86	83	7 160	7 015	134	88	10	8	--	11 622	9 656
歌剧、舞剧、歌舞剧团	78	72	8 827	8 494	284	196	8	6	3	12 594	9 776
歌舞团、轻音乐团	287	279	21 990	21 220	696	386	35	18	9	50 821	28 339
乐　　团	16	15	1 793	1 683	126	14	--	--	--	1 849	1 690
文工团,文宣队,乌兰牧骑	414	399	12 123	11 624	567	347	40	15	21	39 165	17 484
戏曲剧团	1 530	1 435	79 071	74 758	2 831	1 080	238	200	183	314 652	266 392
其中:京剧	109	106	9 583	9 311	197	71	10	8	3	14 583	12 205
曲、杂、木、皮团	208	181	9 969	9 422	217	117	67	61	29	30 972	24 500

团体演出及收支情况(一)

单位:个、人、千场、千人次、千元、千平方米

国外演出场次(场)	平均每团演出场次(场)	本年收入合计								平均每团演出收入
			财政补助收入	上级补助收入	事业收入	演出收入	经营收入	附属单位上缴收入	其他收入	
21 089	**156**	**2 636 639**	**1 728 642**	**65 531**	**607 202**	**516 497**	**22 933**	**9 382**	**202 949**	**197.2**
18 558	136	2 330 460	1 572 626	61 234	498 226	413 689	18 768	7 870	171 736	218.7
2 531	204	305 998	155 896	4 297	108 976	102 808	4 165	1 512	31 152	141.4
145	90	126 306	62 652	6 579	37 683	26 298	– –	581	18 811	2 388.5
6 985	189	909 289	610 731	28 683	188 422	154 927	7 256	3 538	70 659	752.0
10 596	160	1 043 681	723 002	20 669	209 303	178 853	7 517	3 291	79 899	243.3
3 363	151	557 363	332 257	9 600	171 794	156 419	8 160	1 972	33 580	93.8
5	116	210 894	143 954	6 422	37 100	28 073	1 582	1 500	20 336	326.3
525	102	233 705	151 247	5 034	59 441	40 011	3 071	1 580	13 332	512.8
1 428	121	471 712	321 459	18 234	101 813	88 476	2 071	1 550	26 585	308.2
53	– –	97 161	55 563	2 335	25 350	22 009	– –	162	13 751	1 374.7
591	96	128 861	107 988	915	13 406	11 784	1 028	167	5 357	28.4
2 785	155	1 241 761	814 570	23 571	281 237	242 239	13 789	4 416	104 178	158.3
676	91	243 877	175 423	3 406	38 092	26 660	1 938	579	24 439	244.5
15 702	322	252 545	133 861	9 020	88 855	83 905	1 392	7	19 410	403.3

全国文化部门艺术表演

	本年支出合计									
		事业支出	经营支出	对附属单位补助支出	在支出合					
					从业人员劳动报酬	职工工资总额	税金支出	社会保障费	修缮费
总　计	**2 688 859**	**2 649 034**	**25 376**	**4 714**	**1 135 477**	**1 059 819**	**19 607**	**458 678**	**102 481**
其中:国有剧团	2 383 796	2 349 452	21 548	4 648	988 780	922 179	18 105	404 029	91 969
集体剧团	304 882	299 462	3 828	5	146 587	137 536	1 502	54 649	10 512
按隶属关系分:									
中　央	117 935	117 935	--	--	51 292	47 473	2 291	7 782	5 392
省、区、市	956 176	944 582	5 811	2 554	329 612	301 990	7 699	189 134	44 896
地　市	1 055 789	1 039 282	12 032	1 776	453 408	428 392	7 379	175 197	36 923
县(市)	558 959	547 235	7 533	384	301 165	281 964	2 238	86 565	15 270
按剧种分:									
话剧、儿童剧、滑稽剧团	211 534	210 456	639	304	76 380	71 300	1 950	47 675	8 577
歌剧、舞剧、歌舞剧团	236 629	230 102	2 200	3 047	99 749	91 097	2 063	34 382	13 233
歌舞团、轻音乐团	481 754	470 940	9 386	404	200 346	190 892	2 602	60 338	24 249
乐　团	89 896	89 896	--	--	40 397	35 658	1 758	6 893	2 358
文工团,文宣队,乌兰牧骑	128 185	126 532	608	116	81 331	78 828	539	15 045	3 315
戏曲剧团	1 242 337	1 225 211	11 440	838	545 372	509 502	8 899	247 563	41 037
其中:京剧	243 688	241 899	995	210	97 626	92 660	2 638	62 195	7 071
曲、杂、木、皮团	298 524	295 897	1 103	5	91 902	82 542	1 796	46 782	9 712

团体演出及收支情况(二)

单位:千元、千平方米

计	中		演出收入与演出费比重(%)	年末固定资产原值	经费自给率(%)	劳动报酬占总支出比重(%)	当年提取修购基金	增加值	劳动生产率(元/人)	公用房屋建筑面积	
设备购置费	排练制作费	演出费									排练练功用房
100 974	**149 256**	**249 881**	**206.6**	**2 915 332**	**31.5**	**42.2**	**11 968**	**1 273 045**	**9 032**	**4 218**	**679**
89 596	135 324	222 027	186.3	2 600 461	29.3	41.4	9 736	1 111 629	9 883	3 537	590
11 378	13 929	27 847	369.1	314 574	48.0	48.0	2 232	161 294	5 671	679	87
4 390	5 830	17 745	148.1	388 479	48.3	43.4	1 214	69 123	24 338	198	14
35 804	54 301	90 155	171.8	866 494	28.3	34.4	4 274	371 976	12 889	1 154	193
38 219	64 277	98 950	180.7	1 031 505	28.5	42.9	3 688	502 094	9 943	1 503	268
22 561	24 848	43 031	363.5	628 854	38.8	53.8	2 792	329 852	5 615	1 365	204
8 705	12 768	18 607	150.8	230 585	28.6	36.1	425	87 566	12 229	418	34
7 611	11 857	31 266	127.9	287 535	33.3	42.1	1 545	113 345	12 840	369	74
21 528	38 646	50 574	174.9	577 050	27.4	41.5	1 323	226 372	10 294	586	125
7 947	2 212	15 711	140.0	113 693	43.6	44.9	427	46 702	26 046	65	4
3 819	4 385	4 931	238.9	166 149	15.6	63.4	36	88 524	7 302	341	66
42 082	60 704	108 080	224.1	1 298 954	32.6	43.8	6 097	606 750	7 673	2 144	313
8 759	10 737	16 850	158.2	334 462	26.7	40.0	847	113 646	11 859	376	42
9 282	18 684	20 712	405.1	241 366	36.9	30.7	2 115	103 786	10 410	295	66

全国文化部门国有艺术表

	剧团数	补贴团数	从业人员	职工	本团新排上演剧目	本团创作首演剧目	国内演出场次	本剧种演出场次	农村演出场次	国内观众人次	本剧种观众人次
总　　计	**1 891**	**1 839**	**112 475**	**107 264**	**3 942**	**1 913**	**259**	**181**	**144**	**309 460**	**220 510**
按隶属关系分：											
中　　央	11	11	2 840	2 755	141	15	1	1	－－	2 473	2 095
省、区、市	206	202	28 859	28 097	392	252	39	33	5	41 909	29 183
地　　市	606	590	43 814	42 325	1 220	681	86	63	34	105 892	81 150
县（市）	1 068	1 036	36 962	34 087	2 189	965	134	85	97	159 186	108 082
按剧种分：											
话剧、儿童剧、滑稽剧团	80	77	6 823	6 682	128	82	6	4	－－	10 280	8 414
歌剧、舞剧、歌舞剧团	68	66	8 352	8 026	281	194	7	5	2	10 680	7 862
歌舞团、轻音乐团	254	247	20 396	19 754	637	378	32	15	7	46 270	24 176
乐　　团	16	15	1 793	1 683	126	14	－－	－－	－－	1 849	1 690
文工团,文宣队,乌兰牧骑	390	378	11 245	10 775	539	331	36	14	20	35 997	15 110
戏曲剧团	958	936	55 858	52 754	2 077	841	135	106	95	184 367	148 232
其中：京剧	88	86	8 750	8 492	171	64	7	6	2	10 709	8 733
曲、杂、木、皮团	125	120	8 008	7 590	154	73	31	24	7	20 017	15 026

演团体演出及收支情况(一)

单位:个、人、千场、千人次、千元、千平方米

国外演出场次(场)	平均每团演出场次(场)	本年收入合计	财政补助收入	上级补助收入	事业收入	演出收入	经营收入	附属单位上缴收入	其他收入	平均每团演出收入
18 558	**136**	**2 330 460**	**1 572 626**	**61 234**	**498 226**	**413 689**	**18 768**	**7 870**	**171 736**	**218.7**
145	90	126 306	62 652	6 579	37 683	26 298	- -	581	18 811	2 388.5
6 985	189	909 289	610 731	28 683	188 422	154 927	7 256	3 538	70 659	752.0
9 364	141	919 713	648 685	19 448	177 480	149 438	6 736	3 163	64 201	246.5
2 064	125	375 152	250 558	6 524	94 641	83 026	4 776	588	18 065	77.7
5	74	201 156	139 357	5 946	32 976	24 250	1 582	1 416	19 879	303.0
525	102	231 095	149 702	5 034	58 401	39 145	3 067	1 580	13 311	575.5
1 368	125	447 985	306 721	18 144	96 470	84 305	1 506	1 506	23 638	331.8
53	- -	97 161	55 563	2 335	25 350	22 009	- -	162	13 751	1 374.7
491	92	121 745	103 238	843	11 840	10 218	1 012	167	4 645	26.1
1 904	140	1 014 757	701 057	20 387	199 325	163 668	10 317	3 039	80 632	170.8
676	79	227 636	165 322	3 365	34 785	24 460	1 938	579	21 647	277.9
14 212	247	216 561	116 988	8 545	73 864	70 094	1 284	- -	15 880	560.7

全国文化部门国有艺术表

	本年支出合计	事业支出	经营支出	对附属单位补助支出	在支出合：从业人员劳动报酬	职工工资总额	税金支出	社会保障费	修缮费
总计	**2 383 796**	**2 349 452**	**21 548**	**4 648**	**988 780**	**922 179**	**18 105**	**404 029**	**91 969**
按隶属关系分:									
中央	117 935	117 935	--	--	51 292	47 473	2 291	7 782	5 392
省、区、市	956 176	944 582	5 811	2 554	329 612	301 990	7 699	189 134	44 896
地市	932 908	917 696	11 566	1 776	397 991	375 241	6 564	149 858	33 464
县(市)	376 777	369 239	4 171	318	209 885	197 475	1 551	57 255	8 217
按剧种分:									
话剧、儿童剧、滑稽剧团	201 402	200 339	639	304	72 764	67 705	1 884	45 914	8 430
歌剧、舞剧、歌舞剧团	234 023	227 500	2 196	3 047	98 257	89 629	2 050	34 059	13 205
歌舞团、轻音乐团	457 636	447 306	8 907	404	187 952	178 948	2 348	57 920	23 796
乐团	89 896	89 896	--	--	40 397	35 658	1 758	6 893	2 358
文工团,文宣队,乌兰牧骑	121 150	119 733	596	55	77 526	75 269	425	14 004	3 238
戏曲剧团	1 015 814	1 003 184	8 239	838	434 282	405 459	8 070	204 989	32 795
其中:京剧	226 778	225 248	995	210	90 407	85 561	2 624	58 028	6 190
曲、杂、木、皮团	263 875	261 494	971	--	77 602	69 511	1 570	40 250	8 147

演团体演出及收支情况(二)

单位:千元、千平方米

计中 设备购置费	计中 排练制作费	计中 演出费	演出收入与演出费比重(%)	年末固定资产原值	经费自给率(%)	劳动报酬占总支出比重(%)	当年提取修购基金	增加值	劳动生产率(元/人)	公用房屋建筑面积	公用房屋建筑面积 排练练功用房
89 596	**135 324**	**222 027**	**186.3**	**2 600 461**	**29.3**	**41.4**	**9 736**	**1 111 629**	**9 883**	**3 537**	**590**
4 390	5 830	17 745	148.1	388 479	48.3	43.4	1 214	69 123	24 338	198	14
35 804	54 301	90 155	171.8	866 494	28.3	34.4	4 274	371 976	12 889	1 154	193
35 395	60 211	85 774	174.2	913 707	27.0	42.6	3 371	441 149	10 068	1 271	240
14 007	14 982	28 353	292.8	431 781	31.6	55.7	877	229 381	6 205	917	147
8 564	12 389	16 663	145.5	224 116	27.7	36.1	421	83 626	12 256	411	32
7 430	11 801	31 030	126.1	283 521	33.2	41.9	1 545	111 680	13 371	357	73
20 408	37 675	48 726	173.0	537 267	26.9	41.0	1 301	212 126	10 400	537	120
7 947	2 212	15 711	140.0	113 693	43.6	44.9	427	46 702	26 046	65	4
3 537	4 289	4 624	220.9	157 080	14.6	63.9	36	84 241	7 491	312	61
33 844	50 557	88 262	185.4	1 067 250	29.0	42.7	4 105	485 382	8 689	1 607	250
8 291	10 220	15 774	155.0	311 941	26.0	39.8	847	105 512	12 058	328	39
7 866	16 401	17 011	412.0	217 534	34.6	29.4	1 901	87 872	10 973	249	58

全国文化部门集体艺术表

	剧团数		从业人员		本团新排上演剧目		国内演出场次			国内观众人次	
		补贴团数		职工		本团创作首演剧目		本剧种演出场次	农村演出场次		本剧种观众人次
总计	**727**	**624**	**28 438**	**26 932**	**913**	**315**	**149**	**136**	**114**	**152 125**	**137 327**
按隶属关系分:											
省、区、市	--	--	--	--	--	--	--	--	--	--	--
地市	129	118	6 682	6 489	191	77	30	28	18	25 841	23 827
县(市)	598	506	21 756	20 443	722	238	118	105	94	126 284	113 500
按剧种分:											
话剧、儿童剧、滑稽剧团	6	6	337	333	6	6	3	3	--	1 342	1 242
歌剧、舞剧、歌舞剧团	10	6	475	468	3	2	1	1	1	1 914	1 914
歌舞团、轻音乐团	33	32	1 594	1 466	59	8	3	3	2	4 551	4 163
乐团	--	--	--	--	--	--	--	--	--	--	--
文工团,文宣队,乌兰牧骑	23	20	858	829	28	16	2	1	1	3 078	2 374
戏曲剧团	572	499	23 213	22 004	754	239	101	89	86	130 285	118 160
其中:京剧	21	20	833	819	26	7	2	2	1	3 874	3 472
曲、杂、木、皮团	83	61	1 961	1 832	63	44	36	34	19	10 955	9 474

演团体演出及收支情况(一)

单位:个、人、千场、千人次、千元、千平方米

国外演出场次(场)	平均每团演出场次(场)	本年收入合计	财政补助收入	上级补助收入	事业收入	演出收入	经营收入	附属单位上缴收入	其他收入	平均每团演出收入
2 531	**204**	**305 998**	**155 896**	**4 297**	**108 976**	**102 808**	**4 165**	**1 512**	**31 152**	**141.4**
– –	– –	– –	– –	– –	– –	– –	– –	– –	– –	– –
1 232	232	123 968	74 317	1 221	31 823	29 415	781	128	15 698	228.0
1 299	197	182 030	81 579	3 076	77 153	73 393	3 384	1 384	15 454	122.7
– –	499	9 738	4 597	476	4 124	3 823	– –	84	457	636.1
– –	99	2 610	1 545	– –	1 040	866	4	– –	21	86.5
60	90	23 727	14 738	90	5 343	4 171	565	44	2 947	126.3
– –	– –	– –	– –	– –	– –	– –	– –	– –	– –	– –
100	86	6 935	4 630	72	1 566	1 566	16	– –	651	68.0
881	176	227 004	113 513	3 184	81 912	78 571	3 472	1 377	23 546	137.3
– –	95	16 241	10 101	41	3 307	2 200	– –	– –	2 792	104.7
1 490	433	35 984	16 873	475	14 991	13 811	108	7	3 530	166.3

全国文化部门集体艺术表

	本年支出合计	事业支出	经营支出	对附属单位补助支出	在支出合 从业人员劳动报酬	职工工资总额	税金支出	社会保障费	修缮费
总计	**304 882**	**299 462**	**3 828**	**5**	**146 587**	**137 536**	**1 502**	**54 649**	**10 512**
按隶属关系分:									
省、区、市	--	--	--	--	--	--	--	--	--
地市	122 881	121 586	466	--	55 417	53 151	815	25 339	3 459
县(市)	182 001	177 876	3 362	5	91 170	84 385	687	29 310	7 053
按剧种分:									
话剧、儿童剧、滑稽剧团	10 132	10 117	--	--	3 616	3 595	66	1 761	147
歌剧、舞剧、歌舞剧团	2 606	2 602	4	--	1 492	1 468	13	323	28
歌舞团、轻音乐团	24 118	23 634	479	--	12 394	11 944	254	2 418	453
乐团	--	--	--	--	--	--	--	--	--
文工团,文宣队,乌兰牧骑	6 854	6 679	12	--	3 695	3 455	114	1 041	77
戏曲剧团	226 523	222 027	3 201	--	111 090	104 043	829	42 574	8 242
其中:京剧	16 910	16 651	--	--	7 219	7 099	14	4 167	881
曲、杂、木、皮团	34 649	34 403	132	5	14 300	13 031	226	6 532	1 565

演团体演出及收支情况(二)

单位:千元、千平方米

计	中		演出收入与演出费比重(%)	年末固定资产原值	经费自给率(%)	劳动报酬占总支出比重(%)	当年提取修购基金	增加值	劳动生产率(元/人)	公用房屋建筑面积	
设备购置费	排练制作费	演出费									排练练功用房
11 378	**13 929**	**27 847**	**369.1**	**314 574**	**48.0**	**48.0**	**2 232**	**161 294**	**5 671**	**679**	**87**
– –	– –	– –	– –	– –	– –	– –	– –	– –	– –	– –	– –
2 824	4 066	13 176	223.2	117 798	39.6	45.0	317	60 945	9 120	229	29
8 554	9 863	14 671	500.2	196 776	53.7	50.0	1 915	100 349	4 612	449	57
141	379	1 944	196.6	6 469	46.1	35.6	4	3 940	11 691	7	3
181	56	236	366.9	4 014	40.8	57.2	– –	1 665	3 505	12	2
1 120	971	1 848	225.7	39 783	36.9	51.3	22	14 246	8 937	49	5
– –	– –	– –	– –	– –	– –	– –	– –	– –	– –	– –	– –
282	93	300	521.9	8 772	33.3	53.9	– –	4 161	4 849	28	6
8 238	10 147	19 818	396.4	231 704	48.9	49.0	1 992	121 368	5 228	540	63
468	517	1 076	204.4	22 521	36.6	42.6	– –	8 134	9 764	49	3
1 416	2 283	3 701	373.1	23 832	53.9	41.2	214	15 914	8 115	44	9

全国文化部门艺术表演

	机构数(个)	从业人员(人)		座席数(个)	演(映)出场次合计(千场)				观众人次
			职工			艺术演出场次	电影放映场次	录像放映场次	
总计	**1 900**	**42 056**	**38 754**	**1 611 604**	**1 382**	**64**	**531**	**783**	**132 493**
其中:团属剧场	210	1 917	1 424	133 452	70	5	36	31	7 226
按经济类型分									
其中:国有	1 826	41 011	37 785	1 558 483	1 342	62	516	759	129 739
集体	70	764	743	49 738	20	1	8	10	2 222
按隶属关系分									
中央	4	503	92	3 370	1	1	- -	- -	414
省、区、市	110	3 887	3 255	82 073	121	3	67	49	10 341
地市	610	16 682	15 384	425 468	749	21	268	458	64 546
县、市及以下	1 176	20 984	20 023	1 100 693	508	36	198	273	57 192

	本年支出合计				在	
					从业人员劳动报酬	
		事业支出	经营支出	对附属单位补助支出		职工工资总额
总计	**867 000**	**758 983**	**87 508**	**7 105**	**268 881**	**249 502**
其中:团属剧场	34 602	31 073	2 480	165	11 507	10 279
按经济类型分						
其中:国有	850 798	745 627	84 843	7 071	264 460	245 424
集体	7 975	5 986	1 808	34	2 926	2 901
按隶属关系分						
中央	10 655	10 655	- -	- -	3 139	2 593
省、区、市	172 670	150 288	17 463	814	38 751	32 604
地市	432 588	377 315	43 819	4 742	128 784	119 995
县、市及以下	251 087	220 725	26 226	1 549	98 207	94 310

场所演出及收支情况

合计(千人次)			本年收入合计(千元)									
艺术演出观众人次	电影放映观众人次	录像放映观众人次		财政补助收入	上级补助收入	事业收入				经营收入	附属单位上缴收入	其他收入
							艺术演出	电影放映	录像放映			
37 375	**54 903**	**40 215**	**855 414**	**95 217**	**18 395**	**404 287**	**114 328**	**115 555**	**46 146**	**139 471**	**16 648**	**181 396**
4 573	1 944	709	32 820	2 584	1 397	14 528	3 523	5 380	1 638	11 038	127	3 146
35 965	53 902	39 872	839 623	94 138	18 195	398 466	113 335	113 256	44 450	134 148	16 648	178 028
1 409	621	192	7 619	1 079	50	3 464	963	1 535	133	1 949	- -	1 077
408	6	- -	10 656	- -	- -	2 140	1 120	18	- -	7 543	117	856
5 593	3 792	956	167 800	20 964	5 114	101 385	29 450	15 846	4 784	19 226	6 507	14 604
11 707	24 329	28 510	434 535	39 879	9 869	181 322	41 186	57 849	29 976	81 706	7 968	113 791
19 667	26 776	10 749	242 423	34 374	3 412	119 440	42 572	41 842	11 386	30 996	2 056	52 145

(千元)				年末固定资产原值(千元)	经费自给率(%)	劳动报酬占总支出比重(%)	当年提取修购基金(千元)	增加值(千元)	公用房屋建筑面积(千平方米)
支出合计中									
税金支出	社会保障费	修缮费	设备购置费						
40 024	**89 574**	**50 827**	**27 647**	**3 778 263**	**87.6**	**31.0**	**26 557**	**471 633**	**4 638**
1 324	3 113	868	1 675	168 165	85.9	33.2	626	20 115	263
39 172	88 663	50 057	27 154	3 735 914	87.5	31.0	24 298	464 429	4 542
388	769	420	441	35 917	83.2	36.6	159	4 988	80
416	24	15	46	16 591	100.0	29.4	194	4 224	16
9 771	14 314	13 135	13 081	716 614	84.4	22.4	4 935	80 539	457
20 879	47 214	24 673	9 030	1 528 606	91.3	29.7	13 981	215 428	1 730
8 958	28 022	13 004	5 490	1 516 452	82.8	39.1	7 447	171 442	2 434

全国文化部门剧场、

	机构数(个)	从业人员(人)		座席数(个)	演(映)出场次合计(千场)				观众人次
			职工			艺术演出场次	电影放映场次	录像放映场次	
总计	**1 863**	**41 002**	**38 129**	**1 595 942**	**1 355**	**59**	**525**	**768**	**129 819**
其中:团属剧场	200	1 405	1 294	128 853	61	3	34	27	5 909
按经济类型分									
其中:国有	1 795	39 988	37 190	1 543 248	1 314	58	511	744	127 772
集体	64	733	713	49 311	19	--	8	9	1 515
按隶属关系分									
中央	3	99	63	2 223	--	--	--	--	143
省、区、市	101	3 598	3 004	75 543	111	2	63	44	9 319
地市	593	16 484	15 194	421 461	739	18	268	452	63 433
县、市及以下	1 166	20 821	19 868	1 096 715	503	35	197	270	56 924

	本年支出合计					
		事业支出	经营支出	对附属单位补助支出	在	
					从业人员劳动报酬	
						职工工资总额
总计	**820 396**	**715 931**	**84 398**	**6 943**	**259 304**	**240 584**
其中:团属剧场	23 535	20 631	2 017	3	8 095	6 930
按经济类型分						
其中:国有	804 529	702 910	81 733	6 909	255 019	236 642
集体	7 640	5 651	1 808	34	2 790	2 765
按隶属关系分						
中央	2 320	2 320	--	--	793	247
省、区、市	144 983	125 182	15 324	652	34 792	29 150
地市	426 606	371 712	43 440	4 742	127 089	118 404
县、市及以下	246 487	216 717	25 634	1 549	96 630	92 783

影剧院演出及收支情况

合计(千人次)			本年收入合计(千元)									
艺术演出观众人次	电影放映观众人次	录像放映观众人次		财政补助收入	上级补助收入	事业收入				经营收入	附属单位上缴收入	其他收入
							艺术演出	电影放映	录像放映			
35 306	**54 546**	**39 967**	**810 812**	**86 429**	**17 832**	**383 512**	**107 353**	**114 376**	**45 412**	**128 798**	**16 587**	**177 654**
3 436	1 799	674	21 666	2 217	1 397	12 643	3 037	4 533	1 272	3 497	127	1 785
34 595	53 545	39 632	795 345	85 404	17 641	377 871	106 515	112 077	43 741	123 475	16 587	174 367
710	621	184	7 295	1 025	41	3 284	808	1 535	108	1 949	- -	996
137	6	- -	2 346	- -	- -	2 140	1 120	18	- -	2	117	87
4 989	3 475	855	141 316	13 580	4 864	85 164	24 155	14 799	4 428	17 387	6 507	13 814
10 704	24 318	28 411	429 450	39 074	9 569	179 089	40 179	57 847	29 803	81 188	7 968	112 562
19 476	26 747	10 701	237 700	33 775	3 399	117 119	41 899	41 712	11 181	30 221	1 995	51 191

(千元)				年末固定资产原值(千元)	经费自给率(%)	劳动报酬占总支出比重(%)	当年提取修购基金(千元)	增加值(千元)	公用房屋建筑面积(千平方米)
支出合计中									
税金支出	社会保障费	修缮费	设备购置费						
37 878	**86 947**	**46 847**	**25 182**	**3 670 267**	**88.2**	**31.6**	**26 125**	**455 431**	**4 576**
860	2 395	715	1 630	151 619	79.7	34.3	545	15 418	245
37 036	86 137	46 078	24 690	3 628 975	88.2	31.6	23 866	448 415	4 478
378	668	419	440	34 860	83.5	36.5	159	4 800	79
62	24	15	46	4 263	101.1	34.1	194	1 031	6
8 587	13 126	9 963	10 859	685 146	87.4	23.9	4 697	73 978	443
20 617	46 248	24 219	8 937	1 511 897	91.7	29.7	13 981	212 803	1 708
8 612	27 549	12 650	5 340	1 468 961	82.7	39.2	7 253	167 619	2 417

全国文化部门其他艺术

	机构数(个)	从业人员(人)		座席数(个)	演(映)出场次合计(千场)				观众人次
			职工			艺术演出场次	电影放映场次	录像放映场次	
总计	**37**	**1 054**	**625**	**15 662**	**25**	**4**	**5**	**15**	**2 674**
其中:团属剧场	10	512	130	4 599	8	1	2	4	1 317
按经济类型分									
其中:国有	31	1 023	595	15 235	24	4	5	15	1 967
集体	6	31	30	427	1	1	--	--	707
按隶属关系分									
中央	1	404	29	1 147	--	--	--	--	271
省、区、市	9	289	251	6 530	10	--	4	5	1 022
地市	17	198	190	4 007	9	2	--	6	1 113
县、市及以下	10	163	155	3 978	6	--	1	4	268

	本年支出合计					
		事业支出	经营支出	对附属单位补助支出	在	
					从业人员劳动报酬	职工工资总额
总计	**46 604**	**43 052**	**3 110**	**162**	**9 577**	**8 918**
其中:团属剧场	11 067	10 442	463	162	3 412	3 349
按经济类型分						
其中:国有	46 269	42 717	3 110	162	9 441	8 782
集体	335	335	--	--	136	136
按隶属关系分						
中央	8 335	8 335	--	--	2 346	2 346
省、区、市	27 687	25 106	2 139	162	3 959	3 454
地市	5 982	5 603	379	--	1 695	1 591
县、市及以下	4 600	4 008	592	--	1 577	1 527

表演场所演出及收支情况

合计(千人次)			本年收入合计(千元)									
艺术演出观众人次	电影放映观众人次	录像放映观众人次		财政补助收入	上级补助收入	事业收入	艺术演出	电影放映	录像放映	经营收入	附属单位上缴收入	其他收入
2 069	**357**	**248**	**44 602**	**8 788**	**563**	**20 775**	**6 975**	**1 179**	**734**	**10 673**	**61**	**3 742**
1 137	145	35	11 154	367	– –	1 885	486	847	366	7 541	– –	1 361
1 370	357	240	44 278	8 734	554	20 595	6 820	1 179	709	10 673	61	3 661
699	– –	8	324	54	9	180	155	– –	25	– –	– –	81
271	– –	– –	8 310	– –	– –	– –	– –	– –	– –	7 541	– –	769
604	317	101	26 484	7 384	250	16 221	5 295	1 047	356	1 839	– –	790
1 003	11	99	5 085	805	300	2 233	1 007	2	173	518	– –	1 229
191	29	48	4 723	599	13	2 321	673	130	205	775	61	954

(千元) 支出合计中				年末固定资产原值(千元)	经费自给率(%)	劳动报酬占总支出比重(%)	当年提取修购基金(千元)	增加值(千元)	公用房屋建筑面积(千平方米)
税金支出	社会保障费	修缮费	设备购置费						
2 146	**2 627**	**3 980**	**2 465**	**107 996**	**76.3**	**20.5**	**432**	**16 202**	**64**
464	718	153	45	16 546	98.9	30.8	81	4 697	19
2 136	2 526	3 979	2 464	106 939	76.3	20.4	432	16 014	63
10	101	1	1	1 057	77.9	40.5	– –	188	1
354	– –	– –	– –	12 328	99.6	28.1	– –	3 193	10
1 184	1 188	3 172	2 222	31 468	69.1	14.2	238	6 561	14
262	966	454	93	16 709	66.5	28.3	– –	2 625	24
346	473	354	150	47 491	89.3	34.2	194	3 823	17

全　国　公　共　图　书

	机构数（个）	从业人员（人）	职工	总藏量（千册（件））	古籍	善本	图书	报刊
总　计	**2 675**	**51 342**	**46 578**	**409 528**	**27 988**	**2 217**	**280 827**	**56 683**
其中少儿图书馆	84	1 546	1 479	10 051	32	－－	9 099	561
按隶属关系分：								
中　　央	1	1 698	1 378	22 491	2 034	274	6 828	11 183
省、区、市	36	7 386	6 603	131 578	14 061	1 220	67 908	13 293
地　　市	394	14 297	13 577	110 218	6 375	339	88 535	12 565
县　、　市	2 244	27 961	25 020	145 237	5 519	382	117 562	19 638

	总流通人次（千人次）	书刊外借人次	书刊外借册次（千册次）	为读者举办各种活动 次数（次）	参加人次（千人次）	信息服务 解答咨询（条）	代检索课题（项）	编制二、三次文献（种）
总　计	**188 541**	**95 996**	**169 130**	**40 448**	**18 022**	**2 325 874**	**145 416**	**96 986**
其中少儿图书馆	9 928	5 573	9 826	4 923	3 236	19 657	802	4 918
按隶属关系分：								
中　　央	3 811	722	2 165	47	3	56 836	2 513	1 006
省、区、市	21 628	7 456	15 078	6 953	3 683	1 221 618	78 889	750
地　　市	63 576	31 086	59 224	8 371	6 698	614 930	35 948	56 411
县　、　市	99 526	56 732	92 663	25 077	7 638	432 490	28 066	38 819

	在支出合计中（千元） 从业人员劳动报酬	职工工资总额	税金支出	社会保障费	修缮费	设备购置费	新增藏量购置费	图书购置费	经费自给率（%）	劳动报酬占总支出比重（%）	本年新购藏量（千册（件））	新购图书
总　计	**499 108**	**477 786**	**11 313**	**126 070**	**71 242**	**499 518**	**405 745**	**371 410**	**14.8**	**31.7**	**9 746**	**6 918**
其中少儿图书馆	20 137	18 166	801	4 761	3 571	18 975	12 378	11 033	22.0	32.2	738	660
按隶属关系分：												
中　　央	24 581	24 581	2 426	7 564	13 373	97 534	90 000	90 000	20.3	11.6	551	208
省、区、市	85 070	80 840	3 363	27 722	10 455	207 896	168 784	161 802	14.5	19.1	2 710	1 529
地　　市	173 545	164 697	3 880	46 147	22 737	123 533	94 269	76 588	15.2	36.2	3 285	2 686
县　、　市	215 912	207 668	1 644	44 637	24 677	70 555	52 692	43 020	12.3	49.4	3 199	2 495

馆 基 本 情 况

缩微制品	视听文献	其它	总藏量中:(千册) 外文书刊	开架书刊	平均每馆总藏量(千册(件))	书架单层总长度(千米)	发放借书证数(千个)
13 737	**1 082**	**29 212**	**22 236**	**106 773**	**153**	**9 781**	**6 228**
1	111	247	80	4 448	119	270	351
1 124	57	1 267	9 142	1 875	22 268	333	192
12 531	422	23 356	10 386	30 998	3 372	2 835	981
11	480	2 254	2 187	32 637	279	3 318	2 189
67	113	2 334	526	41 268	64	3 297	2 875

服务点(个)	本年收入合计(千元)	财政补助收入	上级补助收入	事业收入	经营收入	附属单位上缴收入	其他收入	本年支出合计(千元)	事业支出	经营支出	对附属单位补助支出
24 591	**1637 993**	**1393 205**	**15 632**	**112 163**	**33 128**	**9 969**	**73 896**	**1571 733**	**1523 220**	**19 413**	**620**
935	67 708	52 213	1 830	5 383	2 923	— —	5 359	62 372	59 555	2 327	— —
68	191 960	152 930	— —	23 557	7 705	6 532	1 236	211 550	190 350	1 353	— —
672	513 860	448 020	1 736	31 123	11 455	2 377	19 149	444 220	431 941	8 657	— —
4 398	500 493	421 487	6 375	34 771	8 143	634	29 083	479 373	472 043	5 211	419
19 453	431 680	370 768	7 521	22 712	5 825	426	24 428	436 590	428 886	4 192	201

年末固定资产原值(千元)	新增藏量购置费占总支出比重(%)	平均每馆购置费(千元)	购书费占购置费的比重(%)	新购图书比上年增减(+ -)(千册)	本年提取修购基金(千元)	增加值(千元)	公共房屋建筑面积(千平方米)	书库	阅览室	阅览室座席数(千个)	少儿阅览室座席数
6 207 029	**25.8**	**151**	**91.5**	**134**	**12 933**	**758 770**	**5 982**	**1 390**	**1 097**	**416**	**128**
138 558	19.8	147	89.1	61	52	26 476	144	21	36	15	14
970 465	42.5	89 108	99.9	-3	3 126	65 826	164	69	20	3	— —
2 120 128	37.9	4 326	95.8	150	1 117	173 238	787	302	166	30	2
1 655 064	19.6	239	81.2	100	4 407	243 615	1 595	396	355	112	28
1 461 372	12.0	23	81.6	-110	4 283	276 091	3 434	625	554	274	93

全国群众艺术馆、文

	机构数(个)	从业人员(人)		举办展览个数(个)	组织文艺活动次数(次)	举办训练班		录像放映	
			职工			班次(次)	结业人次(千人次)	场次(场次)	观众人次(千人次)
总计	**45 321**	**128 420**	**104 171**	**91 670**	**276 574**	**143 370**	**4 939**	**2 815 725**	**212 702**
群众艺术馆	390	11 620	11 176	1 837	8 462	7 045	210	17 561	977
文化馆	2 907	43 246	40 823	14 440	60 157	29 432	890	275 803	31 314
文化站	42 024	73 554	52 172	75 393	207 955	106 893	3 839	2 522 361	180 411
其中乡镇文化站	39 348	61 675	44 554	61 636	160 846	91 759	3 136	2 205 887	158 344

	本年支出合计(千元)										
		事业支出	经营支出	对附属单位补助支出	在支出合计中						
					从业人员劳动报酬	工资总额	税金支出	社会保障费	修缮费	设备购置费	业务费
总计	**1 884 371**	**1 747 586**	**105 319**	**14 312**	**875 207**	**823 576**	**18 927**	**159 621**	**101 471**	**77 374**	**279 092**
群众艺术馆	330 098	320 861	7 553	156	123 918	119 383	3 000	46 468	15 713	12 843	69 862
文化馆	788 706	755 515	26 632	1 015	385 060	367 160	8 571	94 463	37 310	21 573	100 649
文化站	765 567	671 210	71 134	13 141	366 229	337 033	7 356	18 690	48 448	42 958	108 581
其中乡镇文化站	621 768	544 966	56 271	12 019	310 663	287 200	5 518	15 870	36 917	32 191	81 440

化馆（站）基本情况

藏书（千册）	藏文物（件）	本年收入合计（千元）						
			财政补助收入	上级补助收入	事业收入	经营收入	附属单位上缴收入	其他收入
85 617	**81 988**	**1 868 963**	**1 184 298**	**101 460**	**259 268**	**161 949**	**24 750**	**137 238**
654	457	329 094	235 195	8 365	47 427	9 206	5 113	23 788
5 093	81 531	783 049	544 845	26 422	105 559	36 389	5 490	64 344
79 870	– –	756 820	404 258	66 673	106 282	116 354	14 147	49 106
66 545	– –	613 101	346 048	47 896	86 312	79 825	12 030	40 990

年末固定资产原值（千元）	经费自给率（%）	劳动报酬占总支出比重（%）	当年提取修购基金（千元）	增加值（千元）	劳动生产率（元/人）	公用房屋建筑面积（千平方米）	群众艺术馆、文化馆负责指导的单位的基本情况				
							农村集镇文化中心（个）	文化俱乐部（室）（个）	图书室（个）	文化户（个）	群众业余演出团（队）（个）
4 793 223	**31.4**	**46.4**	**101 637**	**1 086 385**	**8 459**	**12 299**	**22 171**	**104 587**	**59 312**	**180 470**	**36 151**
488 674	26.0	37.5	12 376	146 465	12 604	820	1 613	3 200	1 471	4 622	1 892
1 729 744	27.0	48.8	34 824	463 037	10 707	3 363	20 558	101 387	57 841	175 848	34 259
2 574 805	38.5	47.8	54 437	476 883	6 483	8 116	– –	– –	– –	– –	– –
2 196 131	36.4	49.9	50 944	404 175	6 553	6 907	– –	– –	– –	– –	– –

全国文化部门教

	机构数（个）	从业人员（人）		毕业生数（人）	招生数（人）	在	校			
			职工				戏剧类	戏曲类	舞蹈类	音乐类
总计	**220**	**15 578**	**13 879**	**20 773**	**27 116**	**83 931**	**4 485**	**7 165**	**23 067**	**19 334**
高等院校	1	88	88	79	96	254	－－	86	70	98
中等专业学校	137	13 371	11 901	18 047	23 080	73 895	3 673	6 620	20 201	17 135
文化干部学校	20	631	603	724	1 202	1 793	161	－－	184	298
其他教育机构	62	1 488	1 287	1 923	2 738	7 989	651	459	2 612	1 803

	本年支出合								
					在支出合计				
		事业支出	经营支出	对附属单位补助支出	从业人员劳动报酬	职工工资总额	税金支出	社会保障费	修缮费
总计	**614 381**	**590 506**	**2 624**	**1 911**	**203 826**	**177 333**	**1 658**	**68 647**	**60 474**
高等院校	3 780	3 780	－－	－－	1 224	1 224	－－	611	88
中等专业学校	544 223	523 239	1 843	1 862	180 485	156 008	1 289	61 243	53 279
文化干部学校	27 740	26 507	383	－－	8 861	8 587	150	3 404	4 119
其他教育机构	38 638	36 980	398	49	13 256	11 514	219	3 389	2 988

育 机 构 基 本 情 况

生	数(人)		培训干部(人)	本 年 收 入 合 计 (千元)						
美术类	电影放映	其他			财政补助收入	上级补助收入	事业收入	经营收入	附属单位上缴收入	其他收入
15 122	**1 202**	**13 556**	**7 277**	**626 764**	**304 482**	**17 404**	**257 531**	**10 093**	**1 654**	**35 600**
- -	- -	- -	3	3 790	2 560	- -	1 230	- -	- -	- -
13 682	1 182	11 402	63	553 822	264 895	17 069	228 987	9 101	1 515	32 255
412	- -	738	4 540	29 654	15 715	24	11 876	687	- -	1 352
1 028	20	1 416	2 671	39 498	21 312	311	15 438	305	139	1 993

计 (千元)			年末固定资产原值(千元)	经费自给率(%)	劳动报酬占总支出比重(%)	当年提取修购基金(千元)	增加值(千元)	劳动生产率(元/人)	公用房屋建筑面积	
中										
设备购置费	业务费	助学金							(千平方米)	教学用房
41 650	**78 692**	**12 773**	**958 623**	**51.4**	**33.1**	**3 040**	**243 932**	**15 658**	**1 578**	**915**
220	- -	- -	3 097	32.5	32.3	- -	1 348	15 316	7	2
37 631	70 177	12 051	827 140	51.7	33.1	2 338	214 862	16 069	1 403	811
1 717	2 298	- -	83 059	51.7	31.9	663	12 333	19 544	75	45
2 082	6 217	722	45 327	47.8	34.3	39	15 389	10 342	95	54

全国文化、(文物)科

	机构数(个)	从业人员(人)						本年完成科研项目(个)			
			职工						获国家奖	获省、部奖	获地、市奖
				科研人员总数							
					高级职称	中级职称	初级职称				
总　计	**242**	**5 950**	**5 368**	**3 913**	**1 270**	**1 597**	**984**	**436**	**80**	**126**	**106**
按行业分类:											
1.文化科技研究	13	402	390	214	57	84	73	12	2	--	2
2.综合性艺术研究	128	2 336	2 308	1 806	678	761	328	275	54	77	80
3.地方戏艺术研究	23	197	194	155	59	59	29	36	12	12	4
4.文　物　研　究	57	2 800	2 270	1 595	427	631	522	65	3	17	10
5.其它艺术研究	21	215	206	143	49	62	32	48	9	20	10
按类型分类:											
1.独立研究机构	231	5 905	5 323	3 876	1 262	1 582	973	434	80	125	105
2.非独立研究机构	11	45	45	37	8	15	11	2	--	1	1

	本年支出合计(千元)							
		事业支出	经营支出	对附属单位补助支出	在支出合计中			
					从业人员劳动报酬		税金支出	社会保障费
						职工工资总额		
总　计	**315 722**	**312 882**	**763**	**--**	**68 261**	**61 934**	**1 381**	**28 742**
按行业分类:								
1.文化科技研究	39 205	39 140	65	--	4 775	4 763	33	1 809
2.综合性艺术研究	79 231	78 701	470	--	26 261	25 117	112	15 756
3.地方戏艺术研究	5 337	5 203	--	--	2 627	2 154	2	1 444
4.文　物　研　究	181 147	179 036	228	--	31 648	27 886	1 056	8 643
5.其它艺术研究	10 802	10 802	--	--	2 950	2 014	178	1 090
按类型分类:								
1.独立研究机构	314 084	311 244	763	--	67 742	61 421	1 381	28 615
2.非独立研究机构	1 638	1 638	--	--	519	513	--	127

技、科研单位基本情况

所办刊物(种)	本年收入合计(千元)						
		财政补助收入	上级补助收入	事业收入	经营收入	附属单位上缴收入	其他收入
61	**319 914**	**134 054**	**10 416**	**165 030**	**763**	**146**	**9 505**
2	40 633	8 902	1 026	30 419	65	95	126
40	71 592	60 325	4 649	865	468	42	5 243
3	5 543	5 195	113	- -	38	9	188
12	191 230	54 067	4 368	128 736	192	- -	3 867
4	10 916	5 565	260	5 010	- -	- -	81
61	318 290	132 550	10 306	165 020	763	146	9 505
- -	1 624	1 504	110	10	- -	- -	- -

修缮费	设备购置费		新产品开发费	年末固定资产原值(千元)	经费自给率(%)	劳动报酬占总支出比重(%)	当年提取修购基金(千元)	增加值(千元)	劳动生产率(元/人)	公用房屋建筑面积(千平方米)	
		科研仪器设备									科研房屋
2 468	**13 745**	**758**	**367**	**307 450**	**55.9**	**21.6**	**1 224**	**274 166**	**46 078**	**285**	**16**
783	1 183	6	- -	7 724	78.3	12.1	878	5 119	12 733	12	- -
1 643	2 515	684	360	46 787	8.3	33.1	12	28 240	12 088	57	11
7	54	7	- -	4 833	4.5	49.2	1	2 822	14 324	4	- -
- -	9 493	- -	- -	242 787	74.0	17.4	333	234 644	83 801	204	- -
35	500	61	7	5 319	47.1	27.3	- -	3 341	15 538	7	4
2 468	13 729	758	367	307 331	56.2	21.5	1 224	273 219	46 269	284	16
- -	16	- -	- -	119	0.6	31.6	- -	947	21 039	- -	- -

全国文化事业费列支的文化

	机构数（个）	从业人员（人）	职工	科研人员总数	高级职称	中级职称	初级职称	本年完成科研项目（个）	获国家奖	获省、部奖	获地、市奖
总计	**185**	**3 150**	**3 098**	**2 318**	**843**	**966**	**462**	**371**	**77**	**109**	**96**
按行业分类：											
1.文化科技研究	13	402	390	214	57	84	73	12	2	－－	2
2.综合性艺术研究	128	2 336	2 308	1 806	678	761	328	275	54	77	80
3.地方戏艺术研究	23	197	194	155	59	59	29	36	12	12	4
4.文物研究	21	215	206	143	49	62	32	48	9	20	10
按类型分类：											
1.独立研究机构	176	3 114	3 062	2 289	836	955	454	369	77	108	95
2.非独立研究机构	9	36	36	29	7	11	8	2	－－	1	1

	本年支出合计（千元）	事业支出	经营支出	对附属单位补助支出	在支出合计中：从业人员劳动报酬	职工工资总额	税金支出	社会保障费
总计	**134 575**	**133 846**	**535**	**－－**	**36 613**	**34 048**	**325**	**20 099**
按行业分类：								
1.文化科技研究	39 205	39 140	65	－－	4 775	4 763	33	1 809
2.综合性艺术研究	79 231	78 701	470	－－	26 261	25 117	112	15 756
3.地方戏艺术研究	5 337	5 203	－－	－－	2 627	2 154	2	1 444
4.文物研究	10 802	10 802	－－	－－	2 950	2 014	178	1 090
按类型分类：								
1.独立研究机构	133 256	132 527	535	－－	36 183	33 624	325	20 035
2.非独立研究机构	1 319	1 319	－－	－－	430	424	－－	64

科技、科研单位基本情况

所办刊物(种)	本年收入合计(千元)	财政补助收入	上级补助收入	事业收入	经营收入	附属单位上缴收入	其他收入
49	**128 684**	**79 987**	**6 048**	**36 294**	**571**	**146**	**5 638**
2	40 633	8 902	1 026	30 419	65	95	126
40	71 592	60 325	4 649	865	468	42	5 243
3	5 543	5 195	113	--	38	9	188
4	10 916	5 565	260	5 010	--	--	81
49	127 374	78 677	6 048	36 294	571	146	5 638
--	1 310	1 310	--	--	--	--	--

修缮费	设备购置费	科研仪器设备	新产品开发费	年末固定资产原值(千元)	经费自给率(%)	劳动报酬占总支出比重(%)	当年提取修购基金(千元)	增加值(千元)	公用房屋建筑面积(千平方米)	科研房屋
2 468	**4 252**	**758**	**367**	**64 663**	**31.7**	**27.2**	**891**	**39 522**	**79**	**16**
783	1 183	6	--	7 724	78.3	12.1	878	5 119	12	--
1 643	2 515	684	360	46 787	8.3	33.1	12	28 240	57	11
7	54	7	--	4 833	4.5	49.2	1	2 822	4	--
35	500	61	7	5 319	47.1	27.3	--	3 341	7	4
2 468	4 242	758	367	64 631	32.0	27.1	891	39 091	78	16
--	10	--	--	32	--	32.6	--	431	--	--

全国文物科研

	机构数(个)	从业人员(人)	职工	科研人员总数	高级职称	中级职称	初级职称	本年完成科研项目(个)	获国家奖	获省、部奖	获地、市奖
总计	**57**	**2 800**	**2 270**	**1 595**	**427**	**631**	**522**	**65**	**3**	**17**	**10**
1.考古研究	41	1 711	1 498	1 065	320	445	285	54	3	17	6
2.古建研究	9	854	573	389	72	133	184	2	--	--	--
3.其他文物研究	7	235	199	141	35	53	53	9	--	--	4

	本年支出合计(千元)	事业支出	经营支出	对附属单位补助支出	在支出合计中：从业人员劳动报酬	职工工资总额	税金支出	社会保障费
总计	**181 147**	**179 036**	**228**	**--**	**31 648**	**27 886**	**1 056**	**8 643**
1.考古研究	121 387	121 051	104	--	20 052	17 131	386	5 137
2.古建研究	49 024	48 250	114	--	8 575	7 861	595	2 615
3.其他文物研究	10 736	9 735	10	--	3 021	2 894	75	891

单 位 基 本 情 况

所办刊物(种)	文物保管品(件)	一级品	本年收入合计(千元)	财政补助收入	上级补助收入	事业收入	配合经济建设考古收入	经营收入	附属单位上缴收入	其他收入
12	**570 276**	**1 208**	**191 230**	**54 067**	**4 368**	**128 736**	**69 963**	**192**	**- -**	**3 867**
8	563 895	1 120	129 321	37 687	2 985	87 259	69 869	142	- -	1 248
1	5 410	76	50 072	9 583	971	36 971	- -	- -	- -	2 547
3	971	12	11 837	6 797	412	4 506	94	50	- -	72

设备购置费	业务费	考古发掘费	文物保护单位维修费	年末固定资产原值(千元)	当年提取修购基金(千元)	增加值(千元)	公用房屋建筑面积(平方米)	业务用房	文物库房
9 493	**32 504**	**38 554**	**3 890**	**242 787**	**333**	**234 644**	**204**	**106**	**40**
7 109	12 256	38 498	2 022	113 905	329	160 277	143	69	38
1 015	18 035	- -	1 766	115 403	- -	57 833	51	36	2
1 369	2 213	56	102	13 479	4	16 534	8	2	- -

全　国　文　化　娱

	机构数	从业人员	职工	资本金合计	国家资本金	固定资产合计	固定资产原价	本年提取折旧	主营业收入	主营营业成本及费用	主营营业税金及附加	主营业务利润	其他业务利润
总　计	131 881	713 701	297 031	43 226 676	2 740 493	27 056 049	38 370 802	1 352 471	15 561 904	10 194 335	1 663 191	3 704 378	46 434
歌舞厅	22 290	174 365	82 041	23 744 654	552 811	6 944 824	17 795 681	371 304	4 194 980	2 785 913	449 881	959 186	7 275
舞　厅	7 073	54 565	23 369	1 209 992	102 883	1 193 006	1 035 809	34 088	772 911	478 621	100 163	194 127	2 846
卡拉OK厅	33 659	194 974	66 449	6 076 323	258 598	5 881 702	5 702 465	272 554	4 294 559	2 752 582	224 170	1 087 801	10 429
电子游艺厅	35 024	74 506	22 451	2 117 099	105 985	2 044 082	2 088 808	71 650	1 489 239	791 478	224 170	473 591	1 798
台球厅	11 248	23 029	8 233	709 423	16 159	399 119	434 712	26 807	366 726	243 207	37 561	85 958	2 779
保龄球	881	11 076	6 234	1 499 116	74 384	1 413 459	1 551 353	102 678	356 554	275 544	40 624	40 386	543
旱冰场	1 390	4 961	1 821	117 168	3 245	120 530	108 700	884	80 875	46 810	7 630	26 435	26
综合娱乐场所	5 790	93 914	49 650	6 434 490	1 455 542	7 477 659	8 195 319	403 353	2 666 026	1 901 394	224 771	539 861	18 228
其　他	14 526	82 311	36 783	1 318 411	170 886	1 581 668	1 457 955	69 153	1 340 034	918 786	124 215	297 033	2 510

全　国　文　化　部　门　文

	机构数	从业人员	职工	资本金合计	国家资本金	固定资产合计	固定资产原价	本年提取折旧	主营业收入	主营营业成本及费用	主营营业税金及附加	主营业务利润	其他业务利润
总　计	13 462	82 268	33 220	3 500 823	355 790	4 514 291	4 887 047	260 845	2 594 399	1 813 951	233 338	547 110	12 112
歌舞厅	2 473	18 308	8 731	1 313 593	74 442	1 856 006	2 310 659	172 800	781 035	642 805	70 557	67 673	1 840
舞　厅	901	5 658	2 587	133 683	19 630	166 472	161 850	1 560	86 824	53 480	12 182	21 162	1 260
卡拉OK厅	2 954	23 954	7 183	879 362	43 536	868 392	922 689	34 304	819 232	537 505	71 429	210 298	1 103
电子游艺厅	3 870	9 326	3 072	242 199	11 891	211 357	228 239	8 295	206 139	120 547	28 445	57 147	812
台球厅	1 255	3 502	1 021	97 765	1 145	69 176	72 790	481	106 627	85 402	8 391	12 834	570
保龄球	172	882	446	86 056	500	69 251	69 459	2 776	24 943	18 674	2 921	3 348	15
旱冰场	146	797	323	11 089	375	23 508	14 854	290	18 788	11 463	1 615	5 710	1
综合娱乐场所	810	11 876	6 938	520 758	192 016	941 536	673 601	31 158	329 390	182 340	20 176	126 874	6 024
其　他	881	7 965	2 919	216 318	12 255	308 593	432 906	9 181	221 421	161 735	17 622	42 064	487

乐 业 基 本 情 况

单位：个、人、千元、元/人、千平方米

损益及分配									其他			增加值	劳动生产率	房屋建筑面积
管理费用	税金	劳动待业保险	财务费用	补贴收入	投资收益	营业外收支净额	应交所得税	利润	从业人员劳动报酬	上交主办单位费用	上交文化市场管理费			
1 356 196	**76 481**	**60 211**	**220 058**	**13 411**	**21 419**	**47 155**	**71 858**	**2 184 685**	**2 893 634**	**182 888**	**106 194**	**10 033 400**	**14 058**	**105 637**
464 258	25 245	13 614	46 820	3 024	9 267	15 584	20 554	462 704	654 235	121 735	32 268	2 624 604	15 052	9 927
43 293	3 018	5 226	5 073	433	1 287	681	10 996	140 012	134 547	10 556	6 230	485 549	8 898	1 363
244 143	16 782	17 644	88 942	1 945	4 830	7 168	21 077	758 011	724 008	22 613	25 592	2 614 090	13 407	85 031
41 744	9 748	2 302	2 753	78	1 165	77	2 932	429 280	251 890	4 803	24 719	1 062 599	14 261	2 267
21 840	1 141	1 617	1 952	132	78	1 172	2 610	63 717	73 496	2 441	3 746	233 867	10 155	843
62 705	1 936	1 266	7 715	--	7	828	936	-29 592	68 657	2 984	851	262 895	23 735	499
2 563	151	36	116	1	22	18	202	23 621	18 032	841	968	55 008	11 088	275
380 535	12 738	11 905	56 768	6 233	3 564	20 270	8 046	142 807	759 694	8 126	5 855	1 972 633	21 004	3 677
95 115	5 722	6 601	9 919	1 565	1 199	1 357	4 505	194 125	209 075	8 789	5 975	722 155	8 773	1 752

化 娱 乐 业 基 本 情 况

单位：个、人、千元、元/人、千平方米

损益及分配									其他			增加值	劳动生产率	房屋建筑面积
管理费用	税金	劳动待业保险	财务费用	补贴收入	投资收益	营业外收支净额	应交所得税	利润	从业人员劳动报酬	上交主办单位费用	上交文化市场管理费			
194 142	**7 505**	**3 921**	**26 543**	**4 958**	**1 441**	**6 317**	**7 410**	**343 843**	**684 381**	**19 235**	**19 812**	**1 784 409**	**21 690**	**2 586**
82 802	1 505	884	10 291	446	1 723	2 452	3 404	-22 363	76 096	7 950	8 602	407 054	22 233	531
4 139	493	187	506	146	102	182	127	18 080	16 047	1 027	503	54 231	9 584	182
36 656	2 874	891	8 501	330	162	1 731	1 073	167 394	107 014	1 402	4 333	432 771	18 066	755
4 156	713	226	364	19	237	146	535	53 306	30 518	1 186	3 902	131 026	14 049	270
725	108	136	67	105	19	4	102	12 638	6 047	223	1 484	30 134	8 604	98
6 318	3	36	30	--	--	-8	--	-2 993	6 420	200	101	15 784	17 895	33
472	99	1	12	1	7	3	7	5 231	3 054	33	129	10 931	13 715	35
54 800	1 247	1 523	3 610	3 297	-1 708	1 379	1 471	75 985	402 707	1 026	350	589 568	49 643	444
4 074	463	37	3 162	614	899	428	691	36 565	36 478	6 188	412	112 910	14 175	238

全国文化市场其他

	机构数	从业人员	职工	资本金合计	国家资本金	固定资产合计	固定资产原价	本年提取折旧	主营业收入	主营营业成本及费用	主营营业税金及附加	主营业务利润	其他业务利润
总计	**92 909**	**238 726**	**85 233**	**4 523 406**	**388 526**	**4 080 166**	**5 842 662**	**286 044**	**5 813 369**	**4 098 865**	**381 867**	**1 332 637**	**71 874**
1.文化艺术经纪代理业	102	1 025	665	39 784	18 899	44 120	39 337	677	23 431	16 449	1 397	5 585	640
2.音像制品批发零售业	27 371	60 541	21 616	1 591 112	71 261	997 534	2 875 031	131 035	1 996 843	1 609 020	86 275	301 548	17 767
3.录像放映业	13 605	36 714	16 324	606 611	79 860	773 954	797 575	21 425	504 126	278 618	102 792	122 716	3 408
4.录像带出租	27 626	45 763	13 841	413 788	15 924	381 547	344 381	5 114	455 799	230 209	51 203	174 387	1 066
5.画店、画廊	1 521	5 800	3 300	95 169	16 482	69 199	74 882	9 363	143 678	113 544	5 378	24 756	2 601
6.美术公司	424	1 444	419	32 548	4 746	15 464	16 505	573	17 063	8 902	1 692	6 469	29
7.艺术品拍卖公司	75	719	409	195 039	49 916	93 710	61 722	2 777	120 144	100 826	2 904	16 414	4 856
8.图书批发	10 127	27 456	7 818	582 884	39 584	602 648	638 207	39 700	1 642 101	1 158 500	68 029	415 572	38 316
9.其他	12 058	59 264	20 841	966 471	91 854	1 101 990	995 022	75 380	910 184	582 797	62 197	265 190	3 189

全国文化部门文化市场其

	机构数	从业人员	职工	资本金合计	国家资本金	固定资产合计	固定资产原价	本年提取折旧	主营业收入	主营营业成本及费用	主营营业税金及附加	主营业务利润	其他业务利润
总计	**17 940**	**47 629**	**20 578**	**1 194 242**	**118 107**	**826 764**	**668 917**	**23 699**	**811 890**	**454 286**	**75 176**	**282 428**	**10 774**
1.文化艺术经纪代理业	55	609	536	19 970	12 512	30 097	27 672	230	16 381	12 682	1 005	2 694	620
2.音像制品批发零售业	4 522	10 652	5 190	673 030	14 221	257 942	83 599	1 729	209 588	149 895	16 156	43 537	531
3.录像放映业	4 385	14 232	7 403	208 373	55 926	259 081	279 435	10 649	148 845	77 976	14 242	56 627	3 100
4.录像带出租	5 635	10 012	3 248	71 906	2 120	64 634	61 437	1 121	92 724	47 611	10 570	34 543	177
5.画店、画廊	128	530	360	6 906	3 031	11 702	16 962	5 204	20 813	14 664	1 493	4 656	- -
6.美术公司	42	106	29	6 736	4 650	5 688	7 343	478	4 556	1 770	713	2 073	- -
7.艺术品拍卖公司	18	66	35	990	- -	459	455	- -	309	80	31	198	- -
8.图书批发	2 118	5 346	1 213	111 240	2 476	75 948	73 324	1 718	229 236	90 894	24 947	113 395	5 463
9.其他	1 036	6 076	2 564	95 091	23 171	121 213	118 690	2 570	89 438	58 714	6 019	24 705	883

经营单位基本情况

单位：个、人、千元、元/人、千平方米

损益及分配									其他			增加值	劳动生产率	房屋建筑面积
管理费用	税金	劳动待业保险	财务费用	补贴收入	投资收益	营业外收支净额	应交所得税	利润	从业人员劳动报酬	上交主办单位费用	上交文化市场管理费			
365 092	**11 095**	**15 675**	**21 159**	**1 000**	**2 449**	**3 445**	**33 847**	**991 305**	**679 441**	**18 607**	**232 057**	**3 012 960**	**12 620**	**3 882**
3 097	32	151	45	68	--	31	294	2 888	4 253	5	29	12 619	12 311	58
103 688	2 277	3 581	3 109	129	318	1 790	6 219	208 536	143 784	1 932	149 088	833 473	13 767	690
26 490	1 281	1 765	3 906	309	1 074	1 105	1 690	96 526	98 121	5 030	56 351	411 046	11 195	1 108
11 449	1 265	843	944	141	401	212	3 033	160 781	98 418	2 462	14 455	348 732	7 620	542
13 625	386	349	338	--	165	-226	3 214	10 119	13 746	488	219	56 909	9 811	69
1 936	693	266	269	--	--	4	471	3 826	3 152	49	100	12 759	8 835	57
8 838	726	441	833	130	124	150	2 673	9 330	3 207	80	53	31 018	43 139	15
138 974	2 300	6 055	3 948	21	362	-986	13 067	297 296	105 656	3 800	2 810	675 886	24 617	276
56 995	2 135	2 224	7 767	202	5	1 365	3 186	202 003	209 104	4 761	8 955	630 518	10 639	1 054

他经营单位基本情况

单位：个、人、千元、元/人、千平方米

损益及分配									其他			增加值	劳动生产率	房屋建筑面积
管理费用	税金	劳动待业保险	财务费用	补贴收入	投资收益	营业外收支净额	应交所得税	利润	从业人员劳动报酬	上交主办单位费用	上交文化市场管理费			
51 268	**4 835**	**3 468**	**2 755**	**322**	**1 134**	**245**	**6 456**	**234 424**	**128 300**	**3 982**	**162 708**	**691 685**	**14 522**	**831**
2 470	12	150	45	68	--	29	288	608	2 775	1	9	7 346	12 062	50
7 295	1 106	801	676	21	194	114	1 532	34 894	23 542	376	139 188	226 207	21 236	92
14 934	560	1 252	1 481	210	623	408	416	44 137	36 165	2 020	13 950	137 294	9 646	393
4 122	564	271	251	20	128	33	354	30 174	17 524	1 000	4 497	69 809	6 972	88
4 387	96	126	-423	--	47	-312	2 936	-2 509	2 344	32	27	13 849	26 129	6
878	628	249	257	--	--	--	467	471	608	--	35	4 538	42 807	2
50	1	--	5	--	--	--	--	143	54	--	27	311	4 711	5
8 964	1 449	133	138	-3	--	38	183	109 608	26 646	274	712	174 549	32 650	52
8 168	419	486	325	6	142	-65	280	16 898	18 642	279	4 271	57 782	9 509	142

全国文化市场管

	机构数（个）	从业人员（人）		本年收入合计（千元）						本年			
			职工		财政补助收入	上级补助收入	事业收入		其他收入		事业支出	从业人员劳动报酬	
								管理费收入					职工工资总额
总计	**3 442**	**17 622**	**13 104**	**588 319**	**158 604**	**16 832**	**394 525**	**324 680**	**18 358**	**635 932**	**257 998**	**114 599**	**91 544**
中央	3	8	8	76	--	--	76	49	--	76	--	56	--
省区市	50	444	376	32 208	17 046	1 620	12 267	9 749	1 275	29 573	19 922	3 215	2 584
地市	531	3 735	2 866	121 124	51 035	8 726	52 807	32 038	8 556	115 368	88 974	33 334	26 397
县市	2 858	13 435	9 854	434 911	90 523	6 486	329 375	282 844	8 527	490 915	149 102	77 994	62 563

	文化市场管理								
	文化艺术经纪与代理	民间职业剧团	个体演职人员	时装表演队	音像制品批发、零售单位	录像放映	录像带出租	歌舞厅	舞厅
总计	**216**	**2 940**	**27 658**	**398**	**32 948**	**19 551**	**29 147**	**23 418**	**7 183**
中央	17	--	--	--	140	--	--	2	--
省区市	91	82	1 121	81	564	4 589	225	218	49
地市	50	493	6 460	224	8 314	3 467	7 973	6 267	1 881
县市	58	2 365	20 077	93	23 930	11 495	20 949	16 931	5 253

理 机 构 基 本 情 况

支出合计（千元）					设备情况		固定资产原值（千元）	经费自给率（%）	劳动报酬占总支出比重（%）	当年提取修购基金（千元）	增加值（千元）
税金支出	社会保障费	设备购置费	业务费	补助下级支出	车辆（辆）	移动电话（部）					
3 204	**16 455**	**24 885**	**222 216**	**26 794**	**1 641**	**1 158**	**304 902**	**160.0**	**18.0**	**1 133**	**395 231**
--	--	3	15	2	2	2	--	--	73.6	--	132
8	308	2 972	8 986	3	72	52	18 749	67.9	10.8	542	6 848
740	4 760	8 068	28 216	1 178	449	438	73 400	68.9	28.8	16	52 469
2 456	11 387	13 842	184 999	25 611	1 118	666	212 753	226.6	15.8	575	335 782

支出合计（千元）					设备情况		固定资产原值（千元）	经费自给率（%）	劳动报酬占总支出比重（%）	当年提取修购基金（千元）	增加值（千元）
税金支出	社会保障费	设备购置费	业务费	补助下级支出	车辆（辆）	移动电话（部）					
31 135	**13 348**	**34 650**	**12 263**	**912**	**1 138**	**5 474**	**1 950**	**572**	**118**	**12 601**	**32 093**
--	--	23	--	2	--	8	--	6	--	--	16
91	110	38	13	18	2	241	55	9	66	23	9 391
6 739	2 346	5 431	2 058	384	182	2 286	823	175	11	1 358	3 931
24 305	10 892	29 158	10 192	508	954	2 939	1 072	382	41	11 220	18 755

全国文化市场行政

	机构数（个）	从业人员(人)		本年收入合计(千元)					
			职工		财政补助收入	上级补助收入	事业收入		其他收入
								管理费收入	
总计	**2 066**	**9 729**	**6 931**	**255 800**	**101 278**	**8 043**	**136 572**	**94 748**	**9 907**
中央	2	--	--	--	--	--	--	--	--
省区市	32	231	193	23 482	10 062	1 620	10 667	9 432	1 133
地市	326	2 080	1 529	74 185	32 710	3 605	32 915	21 811	4 955
县市	1 706	7 418	5 209	158 133	58 506	2 818	92 990	63 505	3 819

	文化市场管理								
	文化艺术经纪与代理	民间职业剧团	个体演职人员	时装表演队	音像制品批发、零售单位	录像放映	录像带出租	歌舞厅	舞厅
总计	**166**	**2 092**	**20 398**	**224**	**21 271**	**13 998**	**17 403**	**15 222**	**4 908**
中央	17	--	--	--	140	--	--	--	--
省区市	80	82	772	80	533	4 522	215	162	46
地市	36	376	4 759	122	5 441	2 535	5 043	4 668	1 299
县市	33	1 634	14 867	22	15 157	6 941	12 145	10 392	3 563

全国文化市场稽

	机构数（个）	从业人员(人)		本年收入合计(千元)						本年			
			职工		财政补助收入	上级补助收入	事业收入		其他收入		事业支出	从业人员劳动报酬	
								管理费收入					职工工资总额
总计	**1 376**	**7 893**	**6 173**	**332 519**	**57 326**	**8 789**	**257 953**	**229 932**	**8 451**	**385 637**	**100 255**	**50 204**	**40 863**
中央	1	8	8	76	--	--	76	49	--	76	--	56	--
省区市	18	213	183	8 726	6 984	--	1 600	317	142	8 582	8 277	2 173	1 844
地市	205	1 655	1 337	46 939	18 325	5 121	19 892	10 227	3 601	43 672	37 235	14 816	11 341
县市	1 152	6 017	4 645	276 778	32 017	3 668	236 385	219 339	4 708	333 307	54 743	33 159	27 678

管理机构基本情况

本年支出合计（千元）									设备情况	
	事业支出	从业人员劳动报酬	职工工资总额	税金支出	社会保障费	设备购置费	业务费	补助下级支出	车辆（辆）	移动电话（部）
250 295	**157 743**	**64 395**	**50 681**	**2 213**	**7 843**	**14 787**	**65 318**	**8 944**	**965**	**867**
— —	— —	— —	— —	— —	— —	— —	— —	— —	2	2
20 991	11 645	1 042	740	8	115	1 699	7 320	3	41	27
71 696	51 739	18 518	15 056	648	2 774	5 079	18 121	946	258	377
157 608	94 359	44 835	34 885	1 557	4 954	8 009	39 877	7 995	664	461

机构登记单位（个、人）											
卡拉OK厅	餐饮卡拉OK	电子游艺厅	台球厅	保龄球	旱冰场	综合娱乐场所	画店、画廊	美术公司	艺术品拍卖公司	图书批发	其他
20 115	**8 839**	**22 924**	**8 436**	**658**	**782**	**3 850**	**1 568**	**280**	**93**	**9 359**	**14 484**
— —	— —	— —	— —	2	— —	8	— —	6	— —	— —	— —
89	89	29	7	13	2	155	33	8	59	1	257
4 790	1 411	3 641	1 479	294	123	1 589	698	59	5	977	2 621
15 236	7 339	19 254	6 950	349	657	2 098	837	207	29	8 381	11 606

查机构基本情况

支出合计（千元）					设备情况		固定资产原值（千元）	经费自给率（%）	劳动报酬占总支出比重（%）	当年提取修购基金（千元）	增加值（千元）
税金支出	社会保障费	设备购置费	业务费	补助下级支出	车辆（辆）	移动电话（部）					
991	**8 612**	**10 098**	**156 898**	**17 850**	**676**	**291**	**167 856**	**265.7**	**13.0**	**241**	**267 569**
— —	— —	3	15	2	— —	— —	— —	— —	73.6	— —	132
— —	193	1 273	1 666	— —	31	25	7 753	21.0	25.3	— —	2 718
92	1 986	2 989	10 095	232	191	61	25 643	63.0	33.9	— —	20 017
899	6 433	5 833	145 122	17 616	454	205	134 460	440.4	9.9	241	244 702

全国其他文化产业和非

	机构数	从业人员		资本金合计		固定资产合计	固定资产原价	本年提取折旧	主营业收入	主营营业成本及费用	主营营业税金及附加	主营业务利润	其他业务利润
			职工		国家资本金								
总　计	**1 016**	**20 308**	**17 360**	**1 295 939**	**1 040 659**	**1 381 460**	**1 682 634**	**111 276**	**1 632 729**	**1 341 014**	**40 305**	**251 410**	**97 156**
第一产业	--	--	--	--	--	--	--	--	--	--	--	--	--
第二产业	115	3 339	2 704	102 000	64 884	67 942	78 687	4 731	151 169	129 983	6 530	14 656	2 177
其中:制造业	65	2 192	2 118	60 303	29 285	50 023	57 743	3 553	79 656	66 859	4 273	8 524	1 779
建筑业	49	1 147	586	41 697	35 599	17 919	20 944	1 178	71 513	63 124	2 257	6 132	398
第三产业	901	16 969	14 656	1 193 939	975 775	1 313 518	1 603 947	106 545	1 481 560	1 211 031	33 775	236 754	94 979
其中:批、零和餐饮业	239	4 124	3 518	186 822	141 077	408 923	477 218	25 949	619 376	547 040	5 107	67 229	27 125
房地产业	14	147	130	114 325	106 041	52 419	74 821	740	13 632	10 224	548	2 860	448
社会服务业	254	3 996	3 310	210 903	160 138	253 407	268 668	27 468	253 161	202 696	12 088	38 377	15 022

全国文化部门附营非文

	机构数	从业人员		资本金合计		固定资产合计	固定资产原价	本年提取折旧	主营业收入	主营营业成本及费用	主营营业税金及附加	主营业务利润	其他业务利润
			职工		国家资本金								
总　计	**312**	**3 649**	**3 100**	**207 752**	**167 716**	**164 560**	**230 962**	**23 245**	**319 643**	**252 747**	**12 978**	**53 918**	**4 634**
第一产业	--	--	--	--	--	--	--	--	--	--	--	--	--
第二产业	35	376	359	21 720	17 245	4 450	7 601	518	21 029	18 060	394	2 575	429
其中:制造业	18	282	275	7 581	4 819	2 780	4 952	305	13 968	11 507	215	2 246	145
建筑业	17	94	84	14 139	12 426	1 670	2 649	213	7 061	6 553	179	329	284
第三产业	277	3 273	2 741	186 032	150 471	160 110	223 361	22 727	298 614	234 687	12 584	51 343	4 205
其中:批、零和餐饮业	103	1 174	1 001	56 154	46 701	70 943	94 879	9 425	106 277	89 947	2 711	13 619	2 265
房地产业	5	6	3	20 350	19 850	5 179	5 512	7	350	445	19	- 114	2
社会服务业	90	1 193	991	62 356	46 349	64 494	95 983	10 359	97 996	77 952	6 765	13 279	1 185

文化产业单位基本情况(企 业)

单位:个、人、千元、元/人、千平方米、%

损益及分配									其他			上交主办单位	劳动生产率	增加值
管理费用	税金	劳动待业保险	财务费用	补贴收入	投资收益	营业外收支净额	应交所得税	利润	从业人员劳动报酬	本年应付福利费总额	本年应交增值税			
327 630	**9 273**	**22 073**	**18 063**	**2 649**	**9 512**	**13 353**	**23 161**	**5 226**	**177 875**	**23 278**	**31 672**	**20 309**	**36 403**	**739 276**
--	--	--	--	--	--	--	--	--	--	--	--	--	--	--
25 478	351	2 534	1 687	40	63	- 414	586	- 11 229	25 885	2 815	1 785	862	17 064	56 977
16 125	217	2 189	1 665	40	54	-30	368	-7 791	17 662	1 922	1 590	571	17 412	38 169
9 353	134	345	22	--	9	- 384	218	-3 438	8 223	893	195	291	16 397	18 808
302 152	8 922	19 539	16 376	2 609	9 449	13 767	22 575	16 455	151 990	20 463	29 887	19 447	40 208	682 299
84 056	1 831	2 805	1 310	14	2 106	2 568	5 311	8 365	45 332	4 426	16 125	6 714	47 383	195 412
4 970	18	154	36	33	15	-9	26	-1 685	1 552	292	--	110	42 690	6 276
58 360	2 256	1 916	5 521	166	4 383	1 185	1 278	-6 026	28 372	3 617	1 155	3 228	32 023	127 966

化产业单位基本情况(企 业)

单位:个、人、千元、元/人、千平方米、%

损益及分配									其他			上交主办单位	劳动生产率	增加值
管理费用	税金	劳动待业保险	财务费用	补贴收入	投资收益	营业外收支净额	应交所得税	利润	从业人员劳动报酬	本年应付福利费总额	本年应交增值税			
52 648	**977**	**1 095**	**352**	**--**	**642**	**1 384**	**6 751**	**827**	**28 585**	**2 895**	**5 923**	**3 199**	**36 574**	**133 459**
--	--	--	--	--	--	--	--	--	--	--	--	--	--	--
4 795	49	394	772	--	8	- 492	63	-3 110	3 263	312	673	411	22 105	8 312
3 095	20	393	785	--	--	-3	16	-1 508	2 313	250	574	410	22 084	6 228
1 700	29	1	-13	--	8	- 489	47	-1 602	950	62	99	1	22 167	2 084
47 853	928	701	- 420	--	634	1 876	6 688	3 937	25 322	2 583	5 250	2 788	38 236	125 147
15 131	479	214	370	--	346	540	906	363	9 264	784	1 111	830	33 819	39 704
78	--	--	-11	--	--	--	--	- 179	1	--	--	--	14 143	-85
21 079	382	356	- 333	--	83	998	279	-5 480	9 205	808	627	1 015	35 889	42 817

全国其他文化产业和非

	机构数（个）	从业人员（人）	职工	本年收入合计（千元）	财政补助收入	上级补助收入	事业收入	经营收入	附属单位上缴收入	其他收入	本年	事业支出	经营支出
总　计	**1 135**	**14 464**	**13 343**	**837 747**	**371 913**	**16 409**	**333 271**	**44 494**	**4 759**	**66 901**	**821 864**	**773 371**	**43 689**
一、其他艺术业	578	6 415	6 109	303 609	218 557	3 258	41 066	12 514	732	27 482	297 570	287 815	8 858
1.艺术创作机构	407	3 006	2 940	95 452	84 871	616	3 222	2 811	1	3 931	93 107	90 022	3 058
2.艺术展览机构	49	1 380	1 280	84 937	46 282	2 166	20 794	4 158	6	11 531	83 888	79 440	4 218
其中：美术馆	26	799	715	62 912	36 271	2 106	17 703	412	6	6 414	60 767	60 104	435
3.其他艺术	122	2 029	1 889	123 220	87 404	476	17 050	5 545	725	12 020	120 575	118 353	1 582
二、其　他	557	8 049	7 234	534 138	153 356	13 151	292 205	31 980	4 027	39 419	524 294	485 556	34 831

全国文物部门附营产

	机构数	从业人员	职工	资本金合计	国家资本金	固定资产合计	固定资产原价	本年提取折旧	主营业收入	主营营业成本及费用	主营营业税金及附加	主营业务利润	其他业务利润
总　计	**48**	**999**	**369**	**21 192**	**13 475**	**12 588**	**15 573**	**1 345**	**38 992**	**32 532**	**1 138**	**5 322**	**371**
第一产业	--	--	--	--	--	--	--	--	--	--	--	--	--
第二产业	8	639	122	8 752	5 500	4 442	5 703	733	20 882	17 125	691	3 066	17
其中：制造业	3	50	41	652	200	1 012	1 440	428	610	560	16	34	--
建筑业	5	589	81	8 100	5 300	3 430	4 263	305	20 272	16 565	675	3 032	17
第三产业	40	360	247	12 440	7 975	8 146	9 870	612	18 110	15 407	447	2 256	354
其中：批、零和餐饮业	27	260	187	7 033	5 178	4 606	5 329	389	10 739	9 043	258	1 438	354
房地产业	--	--	--	--	--	--	--	--	--	--	--	--	--
社会服务业	4	7	4	1 790	180	1 516	1 788	114	2 696	2 697	12	-13	--

文化产业单位基本情况(事业)

支出合计(千元)								年末固定资产原值(千元)	经费自给率%	劳动报酬占总支出比重(%)	当年提取修购基金(千元)	增加值(千元)	劳动生产率(元/人)	公用房屋建筑面积(千平方米)
对附属单位补助支出	在支出合计中													
	从业人员劳动报酬	职工工资总额	税金支出	社会保障费	修缮费	设备购置费	业务费							
927	**170 640**	**154 608**	**12 601**	**105 931**	**39 798**	**30 187**	**287 826**	**815 138**	**55.0**	**20.7**	**10 005**	**221 402**	**15 307**	**683**
83	80 528	74 092	2 584	65 810	18 875	16 010	50 286	348 726	27.5	27.0	4 095	97 057	15 129	297
--	36 852	34 134	439	13 934	5 722	2 643	19 228	72 157	10.7	39.5	71	40 181	13 366	77
--	20 311	17 525	1 285	7 602	7 411	10 749	13 717	179 001	43.6	24.2	1 536	28 753	20 835	146
--	13 936	11 402	362	5 540	6 022	9 144	10 422	129 389	40.5	22.9	1 245	19 471	24 368	78
83	23 365	22 433	860	44 274	5 742	2 618	17 341	97 568	29.4	19.3	2 488	28 123	13 860	76
844	90 112	80 516	10 017	40 121	20 923	14 177	237 540	466 412	70.6	17.1	5 910	124 345	15 448	383

业单位基本情况(企业)

单位:个、人、千元、元/人、千平方米

损益及分配									其他			上交主办单位	劳动生产率
管理费用			财务费用	补贴收入	投资收益	营业外收支净额	应交所得税	利润	从业人员劳动报酬	本年应付福利费总额	本年应交增值税		
	税金	劳动待业保险											
5 590	**34**	**41**	**-30**	**6**	**51**	**-50**	**148**	**-8**	**7 399**	**808**	**259**	**1 027**	**16 911**
--	--	--	--	--	--	--	--	--	--	--	--	--	--
3 569	29	5	-18	--	--	-28	55	-551	5 011	623	21	210	15 301
447	--	--	-3	--	--	--	4	-414	105	21	21	--	12 077
3 122	29	5	-15	--	--	-28	51	-137	4 906	602	--	210	15 575
2 021	5	36	-12	6	51	-22	93	543	2 388	185	238	817	19 768
1 065	3	36	1	5	--	-20	90	621	1 942	144	237	734	20 595
--	--	--	--	--	--	--	--	--	--	--	--	--	--
182	1	--	-3	--	--	--	--	-192	111	16	--	--	32 097

全国各地区主要文化产

地区	艺术表演团体	比上年增减	艺术表演场所	比上年增减	剧场、影剧院	比上年增减	图书馆	比上年增减	文化馆	比上年增减
全国	**2 619**	**-3**	**1 900**	**-2**	**1 863**	**-1**	**2 675**	**-92**	**2 907**	**2**
北京	20	1	24	--	22	--	24	1	22	--
天津	16	1	32	--	30	--	31	--	18	--
河北	138	-1	96	-3	96	-3	145	--	166	-2
山西	159	--	49	-2	49	-2	121	--	118	--
内蒙古	116	-1	30	-1	30	-1	108	--	104	--
辽宁	77	-2	71	1	71	3	128	-1	102	-1
其中:大连	8	--	10	--	10	--	12	--	10	--
吉林	65	-1	52	-5	51	-5	60	--	89	-6
黑龙江	89	1	56	7	53	7	97	--	118	--
上海	29	--	43	-1	38	-1	31	-1	45	2
江苏	133	1	142	4	134	4	101	--	107	--
浙江	79	-1	95	-2	88	-2	83	--	84	--
其中:宁波	8	--	10	--	10	--	9	--	11	--
安徽	92	-1	104	-1	103	-1	84	1	103	1
福建	96	3	80	1	79	1	81	-1	80	--
其中:厦门	6	--	8	--	7	--	7	-1	7	--
江西	79	--	61	-2	61	-2	104	--	101	--
山东	118	1	105	-2	105	-2	133	--	140	1
其中:青岛	11	--	10	--	10	--	11	--	12	--
河南	205	-1	166	-1	165	-1	134	1	191	-2
湖北	100	-1	78	1	77	1	103	1	129	--
湖南	90	2	94	1	94	1	115	--	125	1
广东	138	-2	75	-1	74	-1	124	3	119	2
其中:深圳	5	--	5	--	5	--	8	2	5	--
广西	118	-1	31	2	31	2	94	-100	99	1
海南	21	--	18	--	18	--	19	--	18	--
重庆	38	-1	25	--	25	--	42	--	43	--
四川	98	-1	94	-2	92	-3	129	--	171	--
贵州	28	--	14	1	14	1	89	--	85	--
云南	129	-1	40	1	40	1	148	1	127	--
西藏	26	1	20	1	20	1	1	--	52	4
陕西	118	--	112	--	111	--	114	1	111	--
甘肃	76	--	46	1	46	1	91	--	83	--
青海	14	--	2	--	2	--	38	--	43	1
宁夏	15	--	19	2	19	2	22	1	22	--
新疆	88	--	22	-2	22	-2	80	1	92	--

业机构比上年增减情况

单位：个

文物保护管理机构	比上年增减	博物馆	比上年增减	歌舞厅	比上年增减	舞厅	比上年增减	卡拉OK厅	比上年增减	台球厅	比上年增减	电子游戏厅	比上年增减
1 976	**39**	**1 384**	**28**	**22 164**	**-4 058**	**7 031**	**-952**	**33 558**	**-7 153**	**11 229**	**-4 094**	**34 976**	**-24 685**
23	--	25	-1	271	39	40	-39	486	-149	331	-12	77	-187
8	--	14	-1	536	-471	15	-50	64	-210	198	-157	5	-251
160	1	43	2	1 887	-249	358	-95	1 290	-199	21	-7	1 261	-778
82	1	76	4	342	102	96	24	1 804	-385	49	18	--	-37
69	1	25	3	330	-67	159	-26	428	-220	197	-114	306	-734
67	-1	30	--	746	-295	336	-140	3 034	-707	1 414	-795	916	-234
3	--	4	--	84	--	103	-45	1 042	-59	440	-424	176	-28
43	--	16	--	31	-23	97	-24	974	290	461	-88	1 251	-249
84	--	41	1	875	-39	331	-46	1 466	7	997	-342	1 785	-359
2	--	11	--	119	-32	69	-11	671	-36	222	65	193	-94
58	1	86	2	2 789	-643	762	-279	628	-326	788	-359	3 294	-616
81	-7	65	-4	1 868	-222	505	-157	1 881	-326	234	-479	3 367	-3 175
17	--	7	1	440	-214	116	-31	147	-62	3	-67	617	-560
85	-1	37	2	926	-44	127	34	314	-203	39	4	1 590	-186
34	1	81	4	412	-53	488	-64	932	-106	665	-35	1 750	-1 367
2	--	3	--	32	-3	15	-1	56	-3	6	--	115	-11
44	4	81	-3	428	-30	201	-34	425	-40	239	-147	1 293	-566
79	6	59	2	663	20	114	-13	481	-692	329	-31	296	-1 337
5	1	6	--	107	66	16	11	198	-157	8	-3	21	-24
125	3	70	--	855	-388	201	-41	534	-406	104	-147	458	-1 817
41	5	94	--	957	150	287	121	1 744	-450	139	-73	627	-1 949
125	5	66	3	498	-12	306	-45	1 745	-256	217	-129	1 941	-1 691
22	11	128	1	627	-81	113	-26	2 122	-398	627	-500	4 349	-1 633
3	1	7	1	--	-21	--	-16	--	-103	--	-24	--	-20
65	--	39	1	456	130	167	42	1 911	24	955	-125	1 637	-1 059
6	--	15	--	170	-5	139	-10	222	32	79	-8	74	-668
39	-1	14	--	711	-64	126	-18	1 422	-112	229	-209	1 048	-1 363
141	3	50	3	1 357	-687	245	-104	4 953	-1 095	1 380	-120	3 298	-933
84	1	8	2	214	83	77	3	496	-15	209	26	527	6
96	-1	30	3	1 444	-685	1 017	179	1 735	-1 051	621	-229	1 920	-1 541
9	1	2	--	--	--	--	--	--	--	--	--	--	--
155	6	67	--	1 135	-316	181	-76	448	-31	92	-40	394	-829
29	--	65	2	622	-28	130	-23	609	-110	61	-51	177	-327
23	--	14	2	77	11	39	-15	160	50	143	30	142	-148
22	--	4	--	490	-81	35	-28	134	11	44	-14	246	-121
75	--	23	--	328	-78	270	9	445	-44	145	-26	754	-442

全国各地区文化部门文化

地区	本年收入合计	财政补助收入	上级补助收入	事业收入	经营收入	附属单位上缴收入	其他收入		事业支出
总计	**13 988 130**	**7 856 175**	**408 815**	**3 626 747**	**635 294**	**77 660**	**1 383 439**	**13 560 447**	**12 244 913**
中央	1 323 781	592 835	53 400	316 226	42 957	13 735	304 628	1 061 887	878 732
地方	12 664 349	7 263 340	355 415	3 310 521	592 337	63 925	1 078 811	12 498 560	11 366 181
北京	769 236	381 942	17 307	209 618	119 391	1 637	39 341	731 747	709 976
天津	206 153	120 880	1 654	49 555	4 569	3 865	25 630	204 013	191 820
河北	503 596	285 946	10 947	152 609	15 566	1 787	36 741	514 589	446 645
山西	337 738	190 668	1 195	122 409	4 322	40	19 104	335 222	323 768
内蒙古	206 882	165 459	1 694	24 301	3 312	29	12 087	222 484	195 907
辽宁	458 815	315 325	14 048	101 994	11 802	925	14 721	459 353	404 804
其中:大连	82 029	51 618	1 949	23 178	3 387	2	1 895	79 595	71 311
吉林	230 658	175 919	445	34 828	9 620	745	9 101	227 017	218 607
黑龙江	439 022	194 013	4 457	224 420	855	185	15 092	477 541	242 736
上海	1 287 315	545 837	71 430	464 096	31 306	13 258	161 388	1 162 853	1 093 965
江苏	831 194	481 202	27 847	182 426	46 897	6 735	86 087	820 761	760 441
浙江	789 773	436 740	40 268	181 526	41 909	5 604	83 726	785 400	698 958
其中:宁波	117 573	66 513	5 960	22 765	7 415	2 009	12 911	112 918	99 884
安徽	267 203	184 919	5 535	43 719	9 068	2 280	21 682	273 123	246 042
福建	382 855	260 067	12 045	79 317	11 702	309	19 415	366 111	333 522
其中:厦门	68 453	50 241	2 416	11 495	1 591	26	2 684	59 491	57 728
江西	205 189	134 216	2 680	42 210	4 438	128	21 517	200 958	189 504
山东	618 285	379 792	10 446	174 947	9 585	904	42 611	623 927	604 338
其中:青岛	80 481	55 009	2 046	11 157	1 701	110	10 458	80 668	80 027
河南	523 072	298 976	11 349	145 502	11 059	1 009	55 177	510 773	487 721
湖北	445 907	244 695	10 643	103 783	36 105	2 761	47 920	448 463	409 538
湖南	370 699	198 834	8 758	99 292	33 321	313	30 181	365 454	325 258
广东	1 240 576	752 860	49 450	266 162	59 206	14 730	98 168	1 247 237	1 137 702
其中:深圳	261 090	178 821	11 371	32 946	12 231	1 652	24 069	256 023	244 183
广西	254 462	172 422	3 072	46 239	12 330	619	19 780	244 639	229 367
海南	64 999	41 939	1 985	14 841	1 294	70	4 870	66 834	64 216
重庆	243 352	118 833	1 926	59 011	18 247	719	44 616	242 049	222 680
四川	513 916	249 860	16 648	164 192	25 173	1 711	56 332	516 866	453 141
贵州	132 904	101 950	2 993	12 722	1 508	64	13 667	131 535	117 833
云南	355 967	274 434	10 092	46 084	9 567	1 266	14 524	340 105	323 072
西藏	58 271	48 585	164	8 124	516	- -	882	55 036	52 920
陕西	446 258	185 692	7 452	136 645	50 524	1 621	64 324	440 366	427 527
甘肃	184 717	116 191	2 150	54 008	3 294	6	9 068	187 146	179 265
青海	60 590	43 884	241	14 435	244	214	1 572	61 449	49 728
宁夏	58 305	42 452	1 454	8 362	3 532	- -	2 505	58 997	53 868
新疆	176 440	118 808	5 040	43 144	2 075	391	6 982	176 512	171 312

产业单位经费收支情况

单位:千元

本年支出合计								年末固定资产原值	当年提取修购基金
经营支出	对附属单位补助支出	在支出合计中							
		从业人员劳动报酬		税金支出	社会保障费	修缮费	设备购置费		
			职工工资总额						
399 300	**46 453**	**4 075 541**	**3 635 499**	**164 909**	**1 179 277**	**619 977**	**871 005**	**59 635 687**	**193 459**
23 970	– –	152 266	142 587	8 973	85 815	48 530	110 368	2 792 174	8 104
375 330	46 453	3 923 275	3 492 912	155 936	1 093 462	571 447	760 637	56 843 513	185 355
8 116	826	134 573	120 423	39 198	45 549	37 129	29 313	1 693 314	5 144
794	260	77 467	69 558	2 799	31 472	5 296	14 502	1 383 724	2 180
60 709	138	179 686	156 987	6 618	42 030	16 983	17 446	1 904 648	4 345
2 783	– –	127 978	115 665	2 782	29 425	15 440	16 098	1 577 068	354
3 435	25	105 860	99 860	1 746	19 097	8 863	9 430	1 519 178	34
8 607	956	146 723	134 928	2 958	46 948	19 453	28 867	1 954 985	12 385
77	568	21 087	19 743	425	5 337	1 496	6 472	1 227 617	254
5 504	– –	97 502	93 024	1 558	37 145	5 781	12 922	1 463 801	3 884
404	114	104 650	99 048	1 624	49 503	14 631	10 524	1 701 824	427
15 097	11 190	232 192	194 525	16 455	65 933	53 193	164 376	3 310 275	53 304
42 094	1 002	259 836	234 931	5 189	90 993	38 429	45 315	3 179 252	6 349
33 167	3 531	201 103	188 011	5 459	58 689	42 994	60 597	2 439 804	9 839
5 713	456	31 654	28 642	844	6 919	4 761	6 245	1 275 872	1 242
10 745	472	104 569	91 880	2 557	48 178	8 350	10 660	1 449 855	6 289
9 451	502	115 339	105 627	4 392	35 993	12 827	21 753	1 672 232	6 567
1 096	– –	17 755	17 335	1 090	6 679	2 477	5 719	1 202 803	159
2 461	80	89 719	83 344	2 408	23 490	7 419	9 378	1 528 310	4 450
3 621	210	239 276	213 163	3 497	58 358	32 261	41 743	2 211 997	1 796
492	49	30 534	27 213	892	10 186	1 820	4 507	1 174 836	249
7 227	1 140	181 012	158 529	4 028	58 059	19 982	22 865	1 916 113	5 013
18 841	3 673	163 480	134 271	3 616	43 232	25 480	21 026	2 042 287	4 802
27 021	491	135 975	112 881	4 857	33 296	22 185	16 803	2 007 232	794
44 935	16 242	317 789	272 935	13 686	61 802	67 250	97 483	3 407 204	18 562
4 059	4 773	64 041	60 081	3 078	6 359	10 762	23 999	1 561 154	1 353
7 304	183	92 041	81 080	4 544	23 513	10 209	13 238	1 675 504	1 644
1 966	12	30 063	24 193	467	5 956	1 724	1 817	1 271 753	3 679
13 223	918	62 383	50 138	2 716	23 884	16 242	12 036	1 532 423	5 818
26 989	845	159 386	131 083	6 306	47 927	36 074	25 052	2 272 351	7 992
1 776	10	48 674	45 526	1 737	17 773	2 930	3 937	1 330 660	1 136
6 849	1 257	132 807	123 847	3 560	16 130	13 870	17 979	1 723 678	4 558
318	27	32 499	30 030	19	3 347	1 212	936	1 220 509	817
3 781	20	137 306	125 829	6 463	24 539	18 206	12 378	2 067 643	9 072
3 508	137	73 379	69 429	2 056	15 008	5 791	8 813	1 540 315	1 338
168	– –	26 796	25 548	290	10 353	1 142	1 908	1 202 089	443
3 728	131	26 060	23 626	479	7 821	2 890	3 579	1 227 880	1 279
708	2 061	87 152	82 993	1 872	18 019	7 211	7 863	1 415 605	1 061

全国各地区文化

地区	本年收入合计								
		财政补助收入	上级补助收入	事业收入	经营收入	附属单位上缴收入	其他收入		事业支出
总计	**10 090 141**	**6 315 911**	**240 642**	**2 174 324**	**403 538**	**65 793**	**889 933**	**10 044 313**	**9 058 043**
中央	720 706	554 981	11 591	91 083	18 388	7 580	37 083	689 956	666 621
地方	9 369 435	5 760 930	229 051	2 083 241	385 150	58 213	852 850	9 354 357	8 391 422
北京	393 925	240 083	13 019	95 762	10 175	1 637	33 249	403 130	385 213
天津	167 852	97 956	1 651	36 993	4 510	3 745	22 997	165 651	153 807
河北	270 196	189 836	1 067	45 481	4 881	461	28 470	270 561	260 210
山西	186 619	123 466	1 166	46 195	4 322	40	11 430	187 735	177 903
内蒙古	175 268	145 147	1 314	15 772	3 016	--	10 019	191 999	166 256
辽宁	363 784	267 903	7 150	63 011	11 554	925	13 241	371 769	318 535
其中:大连	64 732	44 022	1 942	13 770	3 387	2	1 609	65 127	57 688
吉林	205 160	157 114	416	28 346	9 501	745	9 038	202 039	193 707
黑龙江	401 957	165 978	3 606	218 028	855	165	13 325	442 982	208 177
上海	1 058 123	426 076	38 696	403 890	25 067	10 493	153 901	976 425	918 663
江苏	693 327	385 274	25 760	152 242	45 835	6 411	77 805	686 959	637 445
浙江	625 405	353 341	31 490	140 213	25 323	5 367	69 671	618 547	549 527
其中:宁波	97 155	57 377	5 765	16 731	3 490	2 009	11 783	90 775	81 689
安徽	224 847	158 485	3 548	32 523	8 675	2 174	19 442	228 483	202 575
福建	333 286	221 743	9 194	72 416	11 371	309	18 253	321 338	289 346
其中:厦门	57 319	40 712	2 151	10 567	1 591	26	2 272	50 991	49 228
江西	146 602	106 963	1 957	21 924	3 289	128	12 341	147 660	139 770
山东	425 945	309 440	4 303	70 071	7 693	904	33 534	431 980	425 838
其中:青岛	72 961	49 829	1 291	10 820	1 621	110	9 290	73 482	72 922
河南	326 075	209 475	3 217	70 876	9 461	829	32 217	327 184	307 106
湖北	345 747	193 674	7 206	66 494	31 828	2 737	43 808	350 233	316 403
湖南	293 929	165 643	5 026	66 912	30 174	312	25 862	289 719	254 148
广东	963 576	583 207	40 110	181 874	55 632	14 620	88 133	982 935	883 757
其中:深圳	222 614	148 624	9 301	29 820	12 144	1 652	21 073	223 572	211 817
广西	207 784	146 080	1 957	30 027	11 541	619	17 560	201 787	187 398
海南	49 238	34 684	1 775	6 934	1 294	--	4 551	50 832	48 214
重庆	152 507	91 509	864	26 355	17 669	674	15 436	148 763	130 356
四川	343 898	205 003	9 261	58 308	24 305	1 573	45 448	346 077	293 604
贵州	116 537	91 314	1 050	9 653	1 462	64	12 994	117 783	105 343
云南	299 588	239 448	7 701	28 668	9 023	1 266	13 482	286 455	270 293
西藏	44 295	42 641	164	529	514	--	447	42 993	40 877
陕西	200 075	139 756	1 937	37 236	8 606	1 404	11 136	202 422	193 243
甘肃	113 419	91 301	160	14 308	1 723	6	5 921	116 813	112 089
青海	52 123	36 955	61	13 155	244	214	1 494	52 484	41 085
宁夏	48 580	36 254	1 247	5 211	3 532	--	2 336	49 624	44 737
新疆	139 768	105 181	2 978	23 834	2 075	391	5 309	140 995	135 797

事 业 费 收 支 情 况

单位:千元

本年支出合计								年末固定资产原值	当年提取修购基金
经营支出	对附属单位补助支出	在支出合计中							
		从业人员劳动报酬	职工工资总额	税金支出	社会保障费	修缮费	设备购置费		
282 621	**27 727**	**3 263 171**	**2 910 984**	**106 370**	**983 221**	**375 394**	**768 636**	**53 191 512**	**165 826**
2 638	--	103 816	98 343	5 833	62 991	25 957	106 104	2 628 760	7 967
279 983	27 727	3 159 355	2 812 641	100 537	920 230	349 437	662 532	50 562 752	157 859
7 087	266	85 279	75 640	5 474	40 511	29 007	26 142	1 508 514	4 790
754	222	61 850	57 568	2 528	25 747	3 610	12 815	1 302 514	1 577
3 517	138	123 059	103 332	2 461	28 786	12 107	15 614	1 584 598	4 328
2 783	--	90 847	81 738	1 686	21 737	6 030	8 999	1 364 871	211
3 139	24	93 382	87 392	1 060	17 388	5 993	7 954	1 397 860	34
8 174	956	119 606	112 177	2 706	39 977	12 553	25 198	1 713 597	11 775
77	568	18 692	17 778	425	4 930	920	5 619	1 171 223	254
5 426	--	87 947	83 584	1 478	34 187	4 426	12 468	1 387 378	2 223
404	114	92 930	88 278	1 500	45 312	11 011	10 149	1 510 793	427
14 492	1 670	193 091	163 800	15 891	55 669	29 107	157 181	3 042 606	37 963
41 109	973	218 721	198 704	5 093	75 657	26 074	40 414	2 707 132	6 042
17 674	3 337	169 202	158 319	5 244	49 573	27 293	54 151	2 086 222	8 339
1 765	456	26 579	24 415	748	5 903	2 739	5 653	1 191 817	743
9 884	472	89 457	77 576	2 317	42 646	5 689	9 507	1 342 239	5 992
9 115	325	102 240	93 543	4 355	32 706	9 540	18 750	1 561 184	6 392
1 096	--	15 530	15 143	1 089	6 080	1 800	4 959	1 144 828	159
1 977	25	70 888	65 888	1 771	18 899	3 623	6 727	1 370 827	2 335
2 992	138	182 579	165 025	3 196	45 432	17 125	35 161	1 818 420	1 612
411	49	28 393	25 380	869	9 233	1 707	4 480	1 126 237	249
5 876	259	131 440	113 388	3 540	47 522	10 101	16 210	1 666 546	3 694
16 586	1 355	134 895	107 665	3 381	37 537	16 353	18 556	1 813 347	4 455
24 763	417	114 111	93 836	4 608	27 867	13 916	13 947	1 792 729	794
40 115	12 232	263 551	224 750	11 824	51 877	45 879	85 985	3 043 119	18 236
3 974	4 773	56 674	52 714	2 810	5 948	8 196	22 185	1 466 856	1 353
6 613	131	78 769	69 390	3 063	20 159	5 710	11 441	1 573 402	1 558
1 966	12	22 594	18 713	446	4 961	1 223	1 577	1 206 416	3 679
12 779	917	49 092	40 545	2 233	21 397	5 552	9 890	1 359 454	5 648
25 569	421	124 110	103 547	4 582	38 588	20 080	18 108	1 833 609	6 967
962	10	44 827	42 015	1 681	16 782	2 403	3 739	1 253 114	1 086
6 300	1 035	120 277	111 973	3 445	14 844	11 524	17 117	1 604 754	4 294
318	27	28 462	25 993	19	2 913	572	775	1 176 286	817
3 053	12	86 650	78 145	2 454	17 339	5 952	6 946	1 521 117	8 725
1 952	57	55 769	52 851	875	11 318	1 563	5 322	1 354 380	1 190
168	--	22 808	21 825	290	9 101	904	1 764	1 151 201	390
3 728	121	22 981	21 144	478	7 255	979	2 833	1 175 506	1 275
708	2 061	77 941	74 297	858	16 543	3 538	7 092	1 339 017	1 011

全国各地区文物

地区	本年收入合计								
		财政补助收入	上级补助收入	事业收入	经营收入	附属单位上缴收入	其他收入		事业支出
总计	**3 340 377**	**1 272 809**	**151 104**	**1 222 206**	**222 655**	**10 352**	**461 251**	**2 968 131**	**2 659 851**
中央	603 075	37 854	41 809	225 143	24 569	6 155	267 545	371 931	212 111
地方	2 737 302	1 234 955	109 295	997 063	198 086	4 197	193 706	2 596 200	2 447 740
北京	353 679	129 126	3 788	106 487	108 232	- -	6 046	306 417	303 459
天津	24 120	14 649	3	7 682	59	120	1 607	24 450	24 101
河北	213 915	84 876	9 783	99 080	10 685	1 326	8 165	224 551	167 358
山西	106 122	44 881	29	55 209	- -	- -	6 003	101 197	101 197
内蒙古	23 935	17 197	380	4 534	296	29	1 499	24 050	23 216
辽宁	76 537	39 278	900	34 631	248	- -	1 480	68 680	67 689
其中:大连	14 273	5 396	7	8 584	- -	- -	286	11 051	10 206
吉林	25 498	18 805	29	6 482	119	- -	63	24 978	24 900
黑龙江	28 995	25 148	851	1 742	- -	20	1 234	27 649	27 649
上海	180 300	98 324	24 635	52 599	838	1 401	2 503	145 306	135 181
江苏	99 856	74 016	1 883	15 099	967	324	7 567	88 956	87 545
浙江	134 019	66 216	8 428	31 580	16 586	237	10 972	137 457	120 035
其中:宁波	18 780	8 435	195	5 288	3 925	- -	937	20 518	16 570
安徽	26 909	19 317	1 832	3 672	393	- -	1 695	29 303	28 130
福建	34 319	28 791	2 533	1 976	239	- -	780	29 925	29 328
其中:厦门	7 453	6 532	171	446	- -	- -	304	5 050	5 050
江西	41 974	22 270	698	15 926	1 149	- -	1 931	36 762	35 803
山东	153 170	52 478	6 143	87 263	1 892	- -	5 394	152 228	138 781
其中:青岛	7 520	5 180	755	337	80	- -	1 168	7 186	7 105
河南	155 981	67 496	7 129	57 230	1 511	180	22 435	144 180	141 286
湖北	78 871	42 932	3 337	26 560	2 945	24	3 073	75 787	73 070
湖南	50 865	27 896	3 572	15 391	2 807	1	1 198	49 666	47 270
广东	224 718	144 560	9 335	57 986	2 846	110	9 881	216 055	205 752
其中:深圳	26 390	19 714	2 070	1 523	87	- -	2 996	20 696	20 611
广西	31 688	21 448	1 113	6 145	789	- -	2 193	28 557	27 674
海南	10 569	4 030	210	5 940	- -	70	319	10 810	10 810
重庆	85 816	26 109	1 062	28 887	578	- -	29 180	89 322	88 360
四川	148 990	34 022	7 334	97 662	826	138	9 008	151 770	140 518
贵州	16 367	10 636	1 943	3 069	46	- -	673	13 752	12 490
云南	50 057	30 336	2 391	15 890	544	- -	896	47 450	46 579
西藏	13 976	5 944	- -	7 595	2	- -	435	12 043	12 043
陕西	233 142	41 029	5 515	92 018	41 918	217	52 445	224 903	221 243
甘肃	66 995	21 642	1 990	38 654	1 571	- -	3 138	65 291	62 134
青海	5 894	5 380	180	256	- -	- -	78	6 202	5 880
宁夏	7 234	4 481	207	2 380	- -	- -	166	7 275	7 033
新疆	32 791	11 642	2 062	17 438	- -	- -	1 649	31 228	31 226

事 业 费 收 支 情 况

单位:千元

本年支出合计		在支出合计中						年末固定资产原值	当年提取修购基金
经营支出	对附属单位补助支出	从业人员劳动报酬	职工工资总额	税金支出	社会保障费	修缮费	设备购置费		
114 836	**16 864**	**630 661**	**567 283**	**57 250**	**134 202**	**191 216**	**64 518**	**5 613 938**	**25 295**
21 332	- -	48 450	44 244	3 140	22 824	22 573	4 264	163 414	137
93 504	16 864	582 211	523 039	54 110	111 378	168 643	60 254	5 450 524	25 158
133	560	41 792	40 553	33 498	2 053	6 728	1 600	113 355	346
40	38	9 798	7 157	191	2 930	650	1 063	71 748	139
57 192	- -	49 122	46 154	4 157	9 822	4 250	1 092	289 648	17
- -	- -	21 681	19 896	1 067	2 442	5 677	3 645	149 044	4
296	1	9 959	9 949	686	1 207	1 483	798	105 431	- -
109	- -	19 913	17 757	95	4 821	5 052	2 663	196 971	610
- -	- -	1 815	1 385	- -	355	158	789	45 981	- -
78	- -	9 555	9 440	80	2 958	1 355	454	76 423	1 661
- -	- -	9 442	8 610	124	2 255	3 291	237	190 219	- -
605	9 520	26 416	22 575	33	7 299	19 661	4 426	224 560	15 341
940	29	27 139	24 172	85	8 571	8 823	2 955	416 127	307
15 493	194	25 649	23 609	146	6 057	9 414	3 167	321 488	1 221
3 948	- -	4 466	3 787	27	869	1 783	542	81 111	484
861	- -	9 630	8 945	182	2 770	1 617	224	90 564	296
336	177	8 689	8 201	36	1 358	1 935	1 597	85 864	159
- -	- -	1 255	1 222	- -	314	519	257	44 561	- -
484	55	13 519	12 724	637	2 917	1 983	1 271	122 856	2 115
629	72	43 397	35 598	301	8 957	10 494	3 852	308 456	6
81	- -	2 141	1 833	23	953	113	27	48 599	- -
1 271	881	35 889	32 747	462	5 895	6 304	4 291	197 662	1 134
2 111	456	20 935	19 359	228	3 371	7 152	613	181 635	347
1 958	74	15 028	12 942	219	2 966	3 435	921	170 598	- -
4 766	4 010	36 416	31 886	1 798	6 747	17 225	6 693	300 519	231
85	- -	4 209	4 209	268	114	2 038	745	71 343	- -
691	52	8 114	7 435	1 481	1 741	3 219	726	92 235	86
- -	- -	3 874	3 862	21	500	243	211	57 754	- -
444	1	12 309	8 717	483	2 189	10 032	1 767	163 105	170
1 420	424	30 759	23 024	1 724	7 325	14 222	5 746	416 329	153
814	- -	3 847	3 511	56	991	527	198	77 546	50
549	222	10 036	9 405	115	966	1 835	524	106 804	264
- -	- -	4 037	4 037	- -	434	640	161	44 223	- -
728	8	47 100	44 270	4 009	6 774	11 818	4 919	532 281	347
1 556	80	15 462	14 562	1 181	2 761	3 995	3 037	181 083	148
- -	- -	2 856	2 833	- -	742	127	89	46 813	2
- -	10	1 914	1 690	1	216	1 906	650	49 661	4
- -	- -	7 934	7 419	1 014	1 343	3 550	664	69 522	- -

全国各地区省级文化产业

地区	合计	文化合				
			艺术表演团体	艺术表演场所	图书馆	群艺馆
全国	**2 158 509**	**1 540 222**	**612 797**	**21 097**	**450 446**	**54 771**
北京	287 301	153 457	66 841	60	61 968	– –
天津	76 810	55 487	27 777	280	14 132	1 359
河北	75 523	39 774	19 802	2 081	5 930	2 179
山西	57 367	26 869	12 934	– –	5 777	1 512
内蒙古	29 856	24 608	12 428	– –	4 344	924
辽宁	64 082	45 374	17 180	– –	11 638	1 716
吉林	43 519	35 209	13 467	1 397	7 988	1 656
黑龙江	44 035	26 731	17 349	– –	4 133	990
上海	299 940	278 503	68 496	300	167 066	1 968
江苏	102 928	76 935	29 102	100	14 935	1 029
浙江	105 401	69 228	30 453	2 500	16 776	3 560
安徽	40 010	29 099	14 232	240	3 768	834
福建	63 126	50 041	28 335	– –	9 320	1 230
江西	30 549	20 169	10 693	80	3 693	778
山东	71 975	57 195	18 063	2 850	16 990	3 840
河南	72 074	35 488	14 679	60	7 820	1 446
湖北	53 683	27 851	13 275	– –	4 712	1 648
湖南	51 089	41 080	13 409	1 150	6 833	1 703
广东	127 737	102 806	29 495	7 017	14 131	940
广西	48 756	36 184	11 859	– –	10 170	1 301
海南	21 078	15 587	10 059	– –	– –	901
重庆	88 779	63 082	19 742	301	9 588	13 988
四川	38 305	28 702	14 423	– –	6 719	1 234
贵州	30 227	25 406	9 455	246	2 680	1 276
云南	55 106	46 538	14 506	– –	23 303	1 060
西藏	4 777	2 251	– –	– –	– –	– –
陕西	63 290	47 964	33 139	– –	3 783	1 565
甘肃	46 928	29 109	13 062	1 093	6 221	1 389
青海	20 090	15 967	8 046	– –	2 795	1 297
宁夏	18 635	14 816	6 704	236	2 097	753
新疆	25 533	18 712	13 792	1 106	1 136	695

单位财政补助收入情况

单位:千元

计	文物合计				教育合计	
其他文化		博物馆经费	文物保护费	其他文物事业费		中等教育
391 595	**463 819**	**178 708**	**166 647**	**76 655**	**154 468**	**154 468**
24 224	121 111	20 632	75 330	24 389	12 733	12 733
11 715	13 048	12 006	- -	- -	8 275	8 275
9 782	30 595	4 537	21 780	1 757	5 154	5 154
6 525	23 323	3 307	18 245	- -	7 175	7 175
6 404	5 248	2 129	1 890	95	- -	- -
13 297	13 916	5 936	6 764	- -	4 792	4 792
10 701	8 310	4 373	1 620	146	- -	- -
3 127	15 001	8 611	310	4 291	2 303	2 303
40 673	- -	- -	- -	- -	21 437	21 437
31 769	14 954	12 158	- -	2 164	11 039	11 039
15 939	21 883	18 227	115	3 541	14 290	14 290
10 025	5 512	2 047	2 000	1 465	5 399	5 399
11 156	6 549	3 879	- -	2 371	6 536	6 536
4 925	8 219	3 749	- -	3 886	2 161	2 161
15 452	8 430	5 315	- -	1 235	6 350	6 350
10 758	29 738	16 158	13 410	80	6 848	6 848
8 216	22 952	3 039	14 920	3 929	2 880	2 880
17 985	6 623	3 238	- -	1 205	3 386	3 386
47 688	20 264	7 516	2 000	8 407	4 667	4 667
12 419	8 263	2 809	- -	5 454	4 309	4 309
4 627	2 266	2 042	- -	224	3 225	3 225
19 463	24 482	16 956	- -	5 238	1 215	1 215
6 326	3 373	2 203	- -	700	6 230	6 230
11 749	4 821	1 372	- -	3 191	- -	- -
7 236	4 246	1 603	- -	1 007	4 322	4 322
2 251	2 526	1 768	- -	- -	- -	- -
9 477	12 098	3 267	6 600	- -	3 228	3 228
7 344	14 571	3 290	- -	1 585	3 248	3 248
3 829	2 574	1 239	13	158	1 549	1 549
5 026	2 102	1 613	- -	- -	1 717	1 717
1 487	6 821	3 689	1 650	137	- -	- -

全国各地区文化产业单位总收入情况

单位:千元

地区	合计	文化合计					文物合计				
			艺术表演团体	艺术表演场所	图书馆	群众文化		博物馆经费	文物事业机构经费	文物保护费	其他文物事业费
总计	**13 988 130**	**10 090 141**	**2 636 639**	**855 414**	**1 637 993**	**1 868 963**	**3 340 377**	**1 507 916**	**1 147 870**	**178 659**	**503 610**
中央	1 323 781	720 706	126 306	10 656	191 960	- -	603 075	293 548	33 159	- -	274 352
地方	12 664 349	9 369 435	2 510 333	844 758	1 446 033	1 868 963	2 737 302	1 214 368	1 114 711	178 659	229 258
北京	769 236	393 925	106 674	44 292	98 326	47 007	353 679	35 228	215 635	75 330	27 486
天津	206 153	167 852	44 397	16 287	33 204	26 302	24 120	21 321	2 799	- -	- -
河北	503 596	270 196	86 190	27 173	33 283	57 338	213 915	36 709	128 863	22 280	25 863
山西	337 738	186 619	81 694	14 030	22 671	30 950	106 122	40 076	39 837	18 695	7 514
内蒙古	206 882	175 268	59 867	5 828	25 549	38 383	23 935	10 634	11 196	1 890	215
辽宁	458 815	363 784	101 447	26 011	77 554	61 558	76 537	43 036	24 363	8 250	888
其中:大连	82 029	64 732	13 583	5 868	18 210	12 404	14 273	4 753	8 197	1 067	256
吉林	230 658	205 160	67 900	20 020	35 896	37 351	25 498	15 615	8 117	1 620	146
黑龙江	439 022	401 957	92 756	9 148	33 511	37 851	28 995	15 122	9 260	310	4 303
上海	1 287 315	1 058 123	157 897	116 694	265 183	148 128	180 300	145 116	35 184	- -	- -
江苏	831 194	693 327	173 891	82 872	82 600	164 682	99 856	74 937	14 896	1 530	8 490
浙江	789 773	625 405	124 481	54 644	84 575	175 672	134 019	69 254	49 724	2 555	12 483
其中:宁波	117 573	97 155	13 644	9 750	10 553	33 596	18 780	11 451	7 329	- -	- -
安徽	267 203	224 847	67 378	29 944	25 031	42 741	26 909	10 889	12 555	2 000	1 465
福建	382 855	333 286	107 983	41 022	44 072	41 304	34 319	25 776	3 772	1 000	3 771
其中:厦门	68 453	57 319	16 765	12 929	12 615	7 473	7 453	6 643	810	- -	- -
江西	205 189	146 602	45 120	14 105	23 846	31 509	41 974	30 160	7 928	- -	3 886
山东	618 285	425 945	126 471	42 392	66 379	86 745	153 170	53 293	91 062	260	8 555
其中:青岛	80 481	72 961	24 593	6 634	9 327	16 067	7 520	4 516	512	- -	2 492
河南	523 072	326 075	95 866	39 254	40 286	56 693	155 981	74 503	62 337	13 460	5 591
湖北	445 907	345 747	97 823	31 479	39 141	76 133	78 871	30 539	24 185	15 875	8 272
湖南	370 699	293 929	65 159	42 511	34 058	56 394	50 865	29 551	19 132	- -	2 182
广东	1 240 576	963 576	216 893	84 353	144 483	264 140	224 718	151 083	40 866	2 636	30 123
其中:深圳	261 090	222 614	37 933	24 566	35 733	66 320	26 390	18 694	5 746	- -	1 950
广西	254 462	207 784	65 031	11 449	33 609	34 313	31 688	17 915	5 978	- -	7 795
海南	64 999	49 238	19 146	3 612	3 577	8 862	10 569	3 228	7 037	- -	304
重庆	243 352	152 507	40 754	5 181	20 202	47 286	85 816	68 127	12 348	- -	5 341
四川	513 916	343 898	90 069	18 604	34 112	88 317	148 990	74 997	70 661	230	3 102
贵州	132 904	116 537	33 333	6 409	14 686	19 734	16 367	3 945	8 300	220	3 902
云南	355 967	299 588	86 644	14 809	57 156	72 476	50 057	16 848	28 716	1 190	3 303
西藏	58 271	44 295	23 669	3 418	1 108	6 073	13 976	2 234	8 985	379	2 378
陕西	446 258	200 075	89 433	19 716	21 256	37 939	233 142	87 816	88 997	7 286	49 043
甘肃	184 717	113 419	43 459	10 568	18 304	21 848	66 995	14 744	50 661	- -	1 590
青海	60 590	52 123	16 348	1 081	7 368	8 657	5 894	2 578	2 621	13	682
宁夏	58 305	48 580	14 724	3 313	8 203	11 480	7 234	1 979	5 255	- -	- -
新疆	176 440	139 768	67 836	4 539	16 804	31 097	32 791	7 115	23 441	1 650	585

全国各地区文化产业单位财政补助收入情况

单位：千元

地　区	合　计	文化合计					文物合计				
			艺术表演团　体	艺术表演场　所	图书馆	群众文化		博物馆经　费	文物事业机构经费	文　物保护费	其他文物事业费
总　计	**7 856 175**	**6 315 911**	**1 728 642**	**95 217**	**1 393 205**	**1 184 298**	**1 272 809**	**661 190**	**258 857**	**178 659**	**171 781**
中　央	592 835	554 981	62 652	--	152 930	--	37 854	21 921	525	--	13 392
地　方	7 263 340	5 760 930	1 665 990	95 217	1 240 275	1 184 298	1 234 955	639 269	258 332	178 659	158 389
北　京	381 942	240 083	71 186	3 867	87 339	25 942	129 126	23 107	6 300	75 330	24 389
天　津	120 880	97 956	29 728	697	27 513	14 215	14 649	13 205	1 444	--	--
河　北	285 946	189 836	47 041	3 923	29 800	51 614	84 876	19 236	22 993	22 280	20 167
山　西	190 668	123 466	48 912	932	21 496	26 735	44 881	12 124	11 158	18 695	2 904
内蒙古	165 459	145 147	52 770	2 320	24 516	33 876	17 197	8 356	6 856	1 890	95
辽　宁	315 325	267 903	66 832	2 533	68 220	50 536	39 278	21 441	8 711	8 250	876
其中:大连	51 618	44 022	7 786	544	16 337	9 304	5 396	2 580	1 493	1 067	256
吉　林	175 919	157 114	50 726	6 520	33 637	33 836	18 805	11 726	5 313	1 620	146
黑龙江	194 013	165 978	75 242	1 727	31 042	35 407	25 148	12 432	8 115	310	4 291
上　海	545 837	426 076	70 107	2 126	228 701	50 198	98 324	94 064	4 260	--	--
江　苏	481 202	385 274	99 107	912	67 286	85 210	74 016	53 512	11 273	1 530	7 698
浙　江	436 740	353 341	74 313	8 100	65 090	94 462	66 216	37 876	18 416	2 555	7 366
其中:宁波	66 513	57 377	9 192	2 884	8 553	13 938	8 435	3 126	5 309	--	--
安　徽	184 919	158 485	51 612	5 186	20 535	36 094	19 317	7 307	8 545	2 000	1 465
福　建	260 067	221 743	76 067	6 799	36 811	28 954	28 791	20 835	3 185	1 000	3 771
其中:厦门	50 241	40 712	13 369	3 675	11 580	6 003	6 532	5 722	810	--	--
江　西	134 216	106 963	35 287	3 338	20 218	25 042	22 270	14 827	3 557	--	3 886
山　东	379 792	309 440	79 518	7 298	61 288	72 946	52 478	27 691	18 073	260	6 454
其中:青岛	55 009	49 829	17 702	72	8 207	11 090	5 180	3 068	438	--	1 674
河　南	298 976	209 475	54 346	3 368	35 908	46 298	67 496	35 401	15 283	13 460	3 262
湖　北	244 695	193 674	66 095	1 471	28 956	38 316	42 932	14 292	4 931	15 875	7 834
湖　南	198 834	165 643	38 416	5 427	25 495	35 711	27 896	15 491	10 223	--	2 182
广　东	752 860	583 207	127 006	13 512	118 681	121 131	144 560	99 097	14 194	2 636	28 623
其中:深圳	178 821	148 624	30 889	5 057	31 397	29 677	19 714	14 547	3 617	--	1 550
广　西	172 422	146 080	49 130	180	28 514	26 388	21 448	9 763	3 898	--	7 787
海　南	41 939	34 684	13 903	110	3 215	6 454	4 030	2 880	886	--	264
重　庆	118 833	91 509	23 552	806	14 913	22 023	26 109	17 901	2 970	--	5 238
四　川	249 860	205 003	66 097	2 104	28 771	47 299	34 022	18 584	12 180	230	3 028
贵　州	101 950	91 314	25 460	626	12 585	16 568	10 636	2 384	4 130	220	3 902
云　南	274 434	239 448	72 698	1 868	51 336	59 497	30 336	11 103	14 885	1 190	3 158
西　藏	48 585	42 641	23 414	2 606	1 108	5 564	5 944	1 929	1 438	379	2 198
陕　西	185 692	139 756	61 253	2 882	20 377	30 274	41 029	13 942	14 805	7 286	4 996
甘　肃	116 191	91 301	35 138	1 800	17 523	19 800	21 642	9 840	10 212	--	1 590
青　海	43 884	36 955	15 000	--	6 783	8 293	5 380	2 406	2 279	13	682
宁　夏	42 452	36 254	12 785	451	7 859	8 785	4 481	1 791	2 690	--	--
新　疆	118 808	105 181	53 249	1 728	14 759	26 830	11 642	4 726	5 129	1 650	137

全国各地区文化部门

地　区	本年收入合计								
		财政补助收入	上级补助收入	事业收入	经营收入	附属单位上缴收入	其他收入		事业支出
总　计	**557 612**	**267 455**	**17 069**	**230 217**	**9 101**	**1 515**	**32 255**	**548 003**	**527 019**
北　京	21 632	12 733	500	7 369	984	- -	46	22 200	21 304
天　津	14 181	8 275	- -	4 880	- -	- -	1 026	13 912	13 912
河　北	19 485	11 234	97	8 048	- -	- -	106	19 477	19 077
山　西	44 997	22 321	- -	21 005	- -	- -	1 671	46 290	44 668
内蒙古	7 679	3 115	- -	3 995	- -	- -	569	6 435	6 435
辽　宁	18 494	8 144	5 998	4 352	- -	- -	- -	18 904	18 580
其中:大连	3 024	2 200	- -	824	- -	- -	- -	3 417	3 417
吉　林	- -	- -	- -	- -	- -	- -	- -	- -	- -
黑龙江	8 070	2 887	- -	4 650	- -	- -	533	6 910	6 910
上　海	48 892	21 437	8 099	7 607	5 401	1 364	4 984	41 122	40 121
江　苏	38 011	21 912	204	15 085	95	- -	715	44 846	35 451
浙　江	30 349	17 183	350	9 733	- -	- -	3 083	29 396	29 396
其中:宁波	1 638	701	- -	746	- -	- -	191	1 625	1 625
安　徽	15 447	7 117	155	7 524	- -	106	545	15 337	15 337
福　建	15 250	9 533	318	4 925	92	- -	382	14 848	14 848
其中:厦门	3 681	2 997	94	482	- -	- -	108	3 450	3 450
江　西	16 613	4 983	25	4 360	- -	- -	7 245	16 536	13 931
山　东	39 170	17 874	- -	17 613	- -	- -	3 683	39 719	39 719
其中:青岛	- -	- -	- -	- -	- -	- -	- -	- -	- -
河　南	41 016	22 005	1 003	17 396	87	- -	525	39 409	39 329
湖　北	21 289	8 089	100	10 729	1 332	- -	1 039	22 443	20 065
湖　南	25 905	5 295	160	16 989	340	- -	3 121	26 069	23 840
广　东	52 282	25 093	5	26 302	728	- -	154	48 247	48 193
其中:深圳	12 086	10 483	- -	1 603	- -	- -	- -	11 755	11 755
广　西	14 990	4 894	2	10 067	- -	- -	27	14 295	14 295
海　南	5 192	3 225	- -	1 967	- -	- -	- -	5 192	5 192
重　庆	5 029	1 215	- -	3 769	- -	45	- -	3 964	3 964
四　川	21 028	10 835	53	8 222	42	- -	1 876	19 019	19 019
贵　州	- -	- -	- -	- -	- -	- -	- -	- -	- -
云　南	6 322	4 650	- -	1 526	- -	- -	146	6 200	6 200
西　藏	- -	- -	- -	- -	- -	- -	- -	- -	- -
陕　西	13 041	4 907	- -	7 391	- -	- -	743	13 041	13 041
甘　肃	4 303	3 248	- -	1 046	- -	- -	9	5 042	5 042
青　海	2 573	1 549	- -	1 024	- -	- -	- -	2 763	2 763
宁　夏	2 491	1 717	- -	771	- -	- -	3	2 098	2 098
新　疆	3 881	1 985	- -	1 872	- -	- -	24	4 289	4 289

教育经费收支情况

单位：千元

本年支出合计								年末固定资产原值	当年提取修购基金
经营支出	对附属单位补助支出	在支出合计中							
		从业人员劳动报酬	职工工资总额	税金支出	社会保障费	修缮费	设备购置费		
1 843	1 862	181 709	157 232	1 289	61 854	53 367	37 851	830 237	2 338
896	－－	7 502	4 230	226	2 985	1 394	1 571	71 445	8
－－	－－	5 819	4 833	80	2 795	1 036	624	9 462	464
－－	－－	7 505	7 501	－－	3 422	626	740	30 402	－－
－－	－－	15 450	14 031	29	5 246	3 733	3 454	63 153	139
－－	－－	2 519	2 519	－－	502	1 387	678	15 887	－－
324	－－	7 204	4 994	157	2 150	1 848	1 006	44 417	－－
－－	－－	580	580	－－	52	418	64	10 413	－－
－－	－－	－－	－－	－－	－－	－－	－－	－－	－－
－－	－－	2 278	2 160	－－	1 936	329	138	812	－－
－－	－－	12 685	8 150	531	2 965	4 425	2 769	43 109	－－
45	－－	13 976	12 055	11	6 765	3 532	1 946	55 993	－－
－－	－－	6 252	6 083	69	3 059	6 287	3 279	32 094	279
－－	－－	609	440	69	147	239	50	2 944	15
－－	－－	5 482	5 359	58	2 762	1 044	929	17 052	1
－－	－－	4 410	3 883	1	1 929	1 352	1 406	25 184	16
－－	－－	970	970	1	285	158	503	13 414	－－
－－	－－	5 312	4 732	－－	1 674	1 813	1 380	34 627	－－
－－	－－	13 300	12 540	－－	3 969	4 642	2 730	85 121	178
－－	－－	－－	－－	－－	－－	－－	－－	－－	－－
80	－－	13 683	12 394	26	4 642	3 577	2 364	51 905	185
144	1 862	7 650	7 247	7	2 324	1 975	1 857	47 305	－－
300	－－	6 836	6 103	30	2 463	4 834	1 935	43 905	－－
54	－－	17 822	16 299	64	3 178	4 146	4 805	63 566	95
－－	－－	3 158	3 158	－－	297	528	1 069	22 955	－－
－－	－－	5 158	4 255	－－	1 613	1 280	1 071	9 867	－－
－－	－－	3 595	1 618	－－	495	258	29	7 583	－－
－－	－－	982	876	－－	298	658	379	9 864	－－
－－	－－	4 517	4 512	－－	2 014	1 772	1 198	22 413	872
－－	－－	－－	－－	－－	－－	－－	－－	－－	－－
－－	－－	2 494	2 469	－－	320	511	338	12 120	－－
－－	－－	－－	－－	－－	－－	－－	－－	－－	－－
－－	－－	3 556	3 414	－－	426	436	513	14 245	－－
－－	－－	2 148	2 016	－－	929	233	454	4 852	－－
－－	－－	1 132	890	－－	510	111	55	4 075	51
－－	－－	1 165	792	－－	350	5	96	2 713	－－
－－	－－	1 277	1 277	－－	133	123	107	7 066	50

全国各地区文化产业单位事业收入情况

单位：千元

地区	合计	文化合计	艺术表演团体	艺术表演场所	图书馆	群众文化	文物合计	博物馆经费	文物事业机构经费
总计	**3 626 747**	**2 174 324**	**607 202**	**404 287**	**112 163**	**259 268**	**1 222 206**	**615 124**	**607 082**
中央	316 226	91 083	37 683	2 140	23 557	- -	225 143	221 739	3 404
地方	3 310 521	2 083 241	569 519	402 147	88 606	259 268	997 063	393 385	603 678
北京	209 618	95 762	23 748	29 888	4 005	9 946	106 487	7 045	99 442
天津	49 555	36 993	5 950	9 745	1 746	4 235	7 682	6 705	977
河北	152 609	45 481	23 323	12 929	1 131	2 757	99 080	13 104	85 976
山西	122 409	46 195	27 209	7 261	537	1 352	55 209	27 207	28 002
内蒙古	24 301	15 772	5 179	2 103	327	1 245	4 534	904	3 630
辽宁	101 994	63 011	27 209	14 652	2 869	4 765	34 631	20 347	14 284
其中：大连	23 178	13 770	5 782	1 795	455	1 607	8 584	2 132	6 452
吉林	34 828	28 346	12 816	6 313	947	1 334	6 482	3 760	2 722
黑龙江	224 420	218 028	9 994	3 729	1 288	831	1 742	1 544	198
上海	464 096	403 890	62 183	45 657	21 115	51 302	52 599	25 501	27 098
江苏	182 426	152 242	45 351	45 954	7 221	31 437	15 099	12 812	2 287
浙江	181 526	140 213	31 214	22 401	11 195	25 982	31 580	18 826	12 754
其中：宁波	22 765	16 731	3 383	2 766	715	8 446	5 288	3 929	1 359
安徽	43 719	32 523	10 788	10 895	1 149	2 237	3 672	1 546	2 126
福建	79 317	72 416	27 124	20 198	793	4 814	1 976	1 872	104
其中：厦门	11 495	10 567	2 748	5 473	52	942	446	446	- -
江西	42 210	21 924	6 484	7 113	1 147	2 699	15 926	12 113	3 813
山东	174 947	70 071	33 200	22 895	2 676	4 529	87 263	17 186	70 077
其中：青岛	11 157	10 820	4 150	3 549	652	1 005	337	323	14
河南	145 502	70 876	32 354	19 711	1 525	5 219	57 230	17 167	40 063
湖北	103 783	66 494	19 563	15 980	2 902	12 728	26 560	9 665	16 895
湖南	99 292	66 912	13 837	25 497	2 875	8 577	15 391	9 258	6 133
广东	266 162	181 874	69 317	40 463	11 505	44 216	57 986	33 794	24 192
其中：深圳	32 946	29 820	2 957	8 468	1 535	13 906	1 523	1 523	- -
广西	46 239	30 027	8 735	3 505	1 642	4 106	6 145	5 394	751
海南	14 841	6 934	3 772	1 787	11	413	5 940	63	5 877
重庆	59 011	26 355	10 260	1 835	3 489	7 090	28 887	20 684	8 203
四川	164 192	58 308	9 577	5 462	1 592	15 173	97 662	48 152	49 510
贵州	12 722	9 653	2 586	2 258	678	1 184	3 069	1 096	1 973
云南	46 084	28 668	6 823	6 244	2 863	4 483	15 890	4 366	11 524
西藏	8 124	529	150	303	- -	76	7 595	305	7 290
陕西	136 645	37 236	21 039	7 669	572	2 472	92 018	68 495	23 523
甘肃	54 008	14 308	6 772	5 129	207	719	38 654	2 505	36 149
青海	14 435	13 155	751	576	57	190	256	3	253
宁夏	8 362	5 211	1 339	2 179	225	521	2 380	96	2 284
新疆	43 144	23 834	10 872	1 816	317	2 636	17 438	1 870	15 568

全国各地区文化产业单位经营及附属单位上缴收入情况

单位:千元

地区	合计	文化合计					文物合计		
			艺术表演团体	艺术表演场所	图书馆	群众文化		博物馆经费	文物事业机构经费
总计	**712 954**	**469 331**	**32 315**	**156 119**	**43 097**	**186 699**	**233 007**	**31 980**	**201 027**
中央	56 692	25 968	581	7 660	14 237	--	30 724	6 367	24 357
地方	656 262	443 363	31 734	148 459	28 860	186 699	202 283	25 613	176 670
北京	121 028	11 812	706	5 024	2 069	2 967	108 232	560	107 672
天津	8 434	8 255	895	1 238	1 273	4 635	179	59	120
河北	17 353	5 342	126	3 113	551	1 172	12 011	1 604	10 407
山西	4 362	4 362	762	1 676	395	889	--	--	--
内蒙古	3 341	3 016	61	811	25	372	325	325	--
辽宁	12 727	12 479	792	5 611	2 121	2 459	248	8	240
其中:大连	3 389	3 389	--	3 384	--	5	--	--	--
吉林	10 365	10 246	1 734	5 178	461	1 776	119	74	45
黑龙江	1 040	1 020	324	401	15	115	20	20	--
上海	44 564	35 560	1 136	12 601	677	20 759	2 239	1 069	1 170
江苏	53 632	52 246	1 416	18 779	740	24 615	1 291	1 115	176
浙江	47 513	30 690	2 119	9 861	1 507	12 303	16 823	5 195	11 628
其中:宁波	9 424	5 499	212	1 443	179	3 585	3 925	3 786	139
安徽	11 348	10 849	529	7 344	295	1 048	393	381	12
福建	12 011	11 680	47	5 793	4 151	1 382	239	239	--
其中:厦门	1 617	1 617	--	1 326	--	291	--	--	--
江西	4 566	3 417	31	1 679	445	879	1 149	800	349
山东	10 489	8 597	108	6 157	101	2 019	1 892	1 041	851
其中:青岛	1 811	1 731	--	1 015	--	659	80	80	--
河南	12 068	10 290	299	4 288	952	1 938	1 691	1 490	201
湖北	38 866	34 565	5 626	5 706	2 419	17 822	2 969	1 478	1 491
湖南	33 634	30 486	4 986	8 555	3 629	7 408	2 808	2 551	257
广东	73 936	70 252	1 135	19 080	2 632	43 144	2 956	2 956	--
其中:深圳	13 883	13 796	213	5 574	246	7 763	87	87	--
广西	12 949	12 160	74	6 428	984	919	789	582	207
海南	1 364	1 294	--	794	--	500	70	70	--
重庆	18 966	18 343	2 528	1 155	189	14 152	578	572	6
四川	26 884	25 878	2 036	6 159	1 389	14 561	964	861	103
贵州	1 572	1 526	45	826	104	551	46	--	46
云南	10 833	10 289	1 950	2 784	908	3 900	544	541	3
西藏	516	514	42	121	--	351	2	--	2
陕西	52 145	10 010	1 396	6 158	40	2 291	42 135	466	41 669
甘肃	3 300	1 729	95	692	55	629	1 571	1 556	15
青海	458	458	311	--	100	47	--	--	--
宁夏	3 532	3 532	--	41	9	365	--	--	--
新疆	2 466	2 466	425	406	624	731	--	--	--

全国各地区文化产业单位总支出情况

单位:千元

地区	合计	文化合计					文物合计				
			艺术表演团体	艺术表演场所	图书馆	群众文化		博物馆经费	文物事业机构经费	文物保护费	其他文物事业费
总计	**13 560 447**	**10 044 313**	**2 688 859**	**867 000**	**1 571 733**	**1 884 371**	**2 968 131**	**1 445 426**	**1 135 360**	**163 065**	**221 958**
中央	1 061 887	689 956	117 935	10 655	211 550	--	371 931	272 290	32 518	--	65 107
地方	12 498 560	9 354 357	2 570 924	856 345	1 360 183	1 884 371	2 596 200	1 173 136	1 102 842	163 065	156 851
北京	731 747	403 130	155 664	42 727	53 262	46 806	306 417	35 567	209 408	43 972	17 470
天津	204 013	165 651	45 246	16 374	30 739	26 326	24 450	21 825	2 625	--	--
河北	514 589	270 561	85 051	28 467	34 577	57 141	224 551	32 693	143 563	20 880	27 215
山西	335 222	187 735	83 302	14 028	22 702	31 505	101 197	40 157	38 567	14 889	7 584
内蒙古	222 484	191 999	60 533	6 479	25 357	37 987	24 050	12 352	11 503	130	65
辽宁	459 353	371 769	101 977	27 672	77 831	61 718	68 680	40 302	20 686	6 805	887
其中:大连	79 595	65 127	13 582	5 940	18 181	12 267	11 051	4 692	5 258	845	256
吉林	227 017	202 039	68 483	20 824	35 197	37 481	24 978	15 762	7 350	1 500	366
黑龙江	477 541	442 982	93 131	9 542	34 090	38 042	27 649	14 230	8 935	2 740	1 744
上海	1 162 853	976 425	152 569	78 722	244 251	149 845	145 306	115 375	29 931	--	--
江苏	820 761	686 959	173 842	94 828	84 004	163 943	88 956	68 988	15 139	854	3 972
浙江	785 400	618 547	125 133	56 376	85 004	171 937	137 457	71 193	49 849	4 327	12 085
其中:宁波	112 918	90 775	13 405	9 666	10 538	33 323	20 518	12 631	7 887	--	--
安徽	273 123	228 483	68 666	32 979	26 410	43 016	29 303	11 038	11 752	4 425	2 088
福建	366 111	321 338	103 540	39 639	39 159	41 345	29 925	21 432	3 722	672	4 099
其中:厦门	59 491	50 991	16 637	11 153	9 722	7 254	5 050	4 243	807	--	--
江西	200 958	147 660	44 228	14 214	23 425	31 673	36 762	25 831	8 519	--	2 412
山东	623 927	431 980	125 939	45 295	68 808	89 094	152 228	55 781	89 421	1 100	5 926
其中:青岛	80 668	73 482	24 726	6 937	9 237	16 205	7 186	4 268	522	--	2 396
河南	510 773	327 184	97 353	41 962	39 018	56 474	144 180	67 555	62 589	6 914	7 032
湖北	448 463	350 233	98 078	32 681	39 521	78 411	75 787	31 044	24 602	16 170	3 971
湖南	365 454	289 719	65 522	48 833	33 992	56 956	49 666	29 229	19 510	4	923
广东	1 247 237	982 935	223 647	94 822	145 968	272 129	216 055	164 533	32 629	14 406	4 477
其中:深圳	256 023	223 572	37 864	26 144	35 725	68 048	20 696	13 871	4 875	900	1 050
广西	244 639	201 787	64 918	12 030	30 769	34 254	28 557	18 524	5 318	1 768	2 947
海南	66 834	50 832	19 573	4 527	3 552	8 871	10 810	3 276	6 996	--	538
重庆	242 049	148 763	40 196	5 456	20 258	48 891	89 322	71 870	14 426	273	2 753
四川	516 866	346 077	96 565	18 614	34 617	89 265	151 770	69 855	78 492	1 850	1 573
贵州	131 535	117 783	34 206	7 112	14 281	19 757	13 752	4 074	7 929	1 024	725
云南	340 105	286 455	84 419	15 031	39 279	73 116	47 450	19 315	25 174	320	2 641
西藏	55 036	42 993	23 799	3 569	1 101	6 069	12 043	2 121	7 215	1 424	1 283
陕西	440 366	202 422	89 910	21 237	22 632	36 479	224 903	83 409	87 152	14 872	39 470
甘肃	187 146	116 813	44 128	12 205	17 985	22 510	65 291	14 897	48 804	--	1 590
青海	61 449	52 484	16 990	1 214	7 796	8 698	6 202	2 561	2 595	587	459
宁夏	58 997	49 624	14 209	4 362	7 833	12 020	7 275	1 994	5 281	--	--
新疆	176 512	140 995	70 107	4 524	16 765	32 612	31 228	6 353	23 160	1 159	556

全国各地区文化产业单位事业支出分项情况

单位：千元

地　区	合　计	文化合计					文物合计				
			艺术表演团体	艺术表演场所	图书馆	群众文化		博物馆经费	文物事业机构经费	文物保护费	其他文物事业费
总　计	**12 244 913**	**9 058 043**	**2 649 034**	**758 983**	**1 523 220**	**1 747 586**	**2 659 851**	**1 253 843**	**1 018 663**	**163 065**	**221 958**
中　央	878 732	666 621	117 935	10 655	190 350	- -	212 111	133 802	11 186	- -	65 107
地　方	11 366 181	8 391 422	2 531 099	748 328	1 332 870	1 747 586	2 447 740	1 120 041	1 007 477	163 065	156 851
北　京	709 976	385 213	155 351	39 048	49 207	43 871	303 459	32 707	209 310	43 972	17 470
天　津	191 820	153 807	45 246	15 487	30 739	25 928	24 101	21 476	2 625	- -	- -
河　北	446 645	260 210	84 923	24 062	34 177	56 184	167 358	31 616	87 447	20 880	27 215
山　西	323 768	177 903	81 955	12 517	22 633	30 453	101 197	40 157	38 567	14 889	7 584
内蒙古	195 907	166 256	60 490	5 979	25 288	37 392	23 216	12 056	10 965	130	65
辽　宁	404 804	318 535	101 361	23 654	75 633	59 711	67 689	40 293	19 704	6 805	887
其中：大连	71 311	57 688	13 582	4 972	18 181	12 258	10 206	4 692	4 413	845	256
吉　林	218 607	193 707	67 711	16 392	35 105	36 589	24 900	15 684	7 350	1 500	366
黑龙江	242 736	208 177	92 705	9 537	34 089	38 020	27 649	14 230	8 935	2 740	1 744
上　海	1 093 965	918 663	152 567	74 557	243 232	135 380	135 181	105 705	29 476	- -	- -
江　苏	760 441	637 445	172 430	76 119	83 561	144 638	87 545	67 835	14 881	854	3 972
浙　江	698 958	549 527	124 009	51 598	84 244	163 176	120 035	64 601	39 019	4 327	12 085
其中：宁波	99 884	81 689	13 110	9 041	10 488	31 639	16 570	8 849	7 721	- -	- -
安　徽	246 042	202 575	65 758	23 558	24 578	42 019	28 130	10 136	11 481	4 425	2 088
福　建	333 522	289 346	102 062	34 995	36 829	39 806	29 328	20 836	3 721	672	4 099
其中：厦门	57 728	49 228	16 637	10 326	9 670	7 037	5 050	4 243	807	- -	- -
江　西	189 504	139 770	44 158	13 748	22 815	31 007	35 803	24 947	8 444	- -	2 412
山　东	604 338	425 838	125 868	43 665	68 769	87 773	138 781	51 149	80 606	1 100	5 926
其中：青岛	80 027	72 922	24 726	6 937	9 237	15 800	7 105	4 187	522	- -	2 396
河　南	487 721	307 106	96 595	39 758	38 169	55 298	141 286	66 404	60 846	6 914	7 032
湖　北	409 538	316 403	92 995	30 159	36 854	71 038	73 070	30 181	22 748	16 170	3 971
湖　南	325 258	254 148	60 667	39 593	30 599	52 192	47 270	27 277	19 066	4	923
广　东	1 137 702	883 757	222 467	82 429	143 235	232 397	205 752	160 064	26 795	14 406	4 477
其中：深圳	244 183	211 817	37 864	25 555	35 725	59 770	20 611	13 786	4 875	900	1 050
广　西	229 367	187 398	64 426	10 163	30 199	33 315	27 674	17 893	5 066	1 768	2 947
海　南	64 216	48 214	19 573	2 753	3 537	8 681	10 810	3 276	6 996	- -	538
重　庆	222 680	130 356	38 745	3 677	19 878	38 689	88 360	71 057	14 277	273	2 753
四　川	453 141	293 604	86 126	12 613	34 048	79 177	140 518	58 989	78 106	1 850	1 573
贵　州	117 833	105 343	34 182	6 536	14 220	19 419	12 490	4 035	6 706	1 024	725
云　南	323 072	270 293	82 841	12 340	38 199	69 924	46 579	18 769	24 849	320	2 641
西　藏	52 920	40 877	23 789	3 270	1 101	6 033	12 043	2 121	7 215	1 424	1 283
陕　西	427 527	193 243	89 114	18 967	22 301	35 213	221 243	82 603	84 298	14 872	39 470
甘　肃	179 265	112 089	43 955	11 501	17 798	21 692	62 134	13 358	47 186	- -	1 590
青　海	49 728	41 085	16 843	1 214	7 796	8 677	5 880	2 239	2 595	587	459
宁　夏	53 868	44 737	14 209	4 040	7 772	11 727	7 033	1 994	5 039	- -	- -
新　疆	171 312	135 797	67 978	4 399	16 265	32 167	31 226	6 353	23 158	1 159	556

全国各地区文化产业单位经费自给率分项情况

单位:%

地区	合计	文化合计					文物合计			中等专业学校
			艺术表演团体	艺术表演场所	图书馆	群众文化		博物馆	文物事业管理机构	
总计	**45.2**	**37.8**	**31.5**	**87.6**	**14.8**	**31.4**	**69.0**	**58.6**	**75.2**	**51.7**
中央	75.0	23.0	48.3	100.0	20.3	--	224.2	173.7	92.1	--
地方	42.9	38.9	30.7	87.4	14.0	31.4	54.8	45.1	74.7	51.7
北京	51.5	35.8	20.9	94.5	16.7	35.5	72.7	31.2	99.0	37.8
天津	43.4	44.1	32.4	90.7	18.4	44.8	39.2	37.7	51.5	42.4
河北	40.7	30.0	45.1	88.1	10.0	9.6	53.1	50.6	67.5	42.7
山西	44.6	34.3	39.1	96.0	4.8	12.1	60.4	69.5	74.3	50.7
内蒙古	19.9	17.0	11.3	54.1	4.0	9.3	27.0	16.1	38.6	70.9
辽宁	31.3	27.1	31.4	88.6	10.9	13.5	53.6	52.9	75.7	23.0
其中:大连	39.8	32.4	42.6	102.7	7.7	14.8	86.9	46.1	151.8	24.1
吉林	24.2	23.9	25.0	66.8	6.2	9.4	26.6	24.6	37.7	--
黑龙江	98.9	111.4	16.1	74.9	6.2	5.6	10.8	18.6	3.7	74.9
上海	60.4	63.5	48.2	141.8	14.2	62.1	42.2	26.9	96.0	48.2
江苏	40.1	41.6	36.3	87.7	16.6	43.8	27.0	29.2	20.5	44.7
浙江	42.7	42.4	37.0	81.9	22.2	34.5	43.8	39.3	54.2	43.5
其中:宁波	42.7	40.7	30.4	67.9	18.0	46.7	49.4	65.6	23.6	57.6
安徽	29.8	29.5	21.9	77.2	16.4	14.9	19.8	22.3	28.7	53.2
福建	32.2	34.2	28.9	79.8	17.2	22.2	10.0	13.2	4.9	36.3
其中:厦门	26.8	28.7	18.2	67.7	10.6	19.6	14.8	17.6	--	17.0
江西	35.5	26.5	20.7	75.6	13.4	18.7	52.3	58.0	50.2	83.2
山东	37.5	26.1	35.7	77.1	7.3	14.0	67.8	40.3	88.5	53.6
其中:青岛	29.0	29.7	25.7	94.5	12.1	26.7	22.0	17.5	3.6	--
河南	42.9	36.2	42.0	86.3	10.7	17.4	57.0	53.4	70.4	45.6
湖北	44.4	43.5	31.2	87.3	24.3	44.7	43.3	43.2	77.9	64.8
湖南	46.3	44.1	39.5	76.9	23.8	33.6	39.4	43.0	35.6	84.7
广东	37.0	36.8	39.1	75.1	17.0	42.5	33.6	27.2	88.5	58.3
其中:深圳	28.5	29.9	18.6	67.3	12.0	46.5	22.2	29.3	2.6	13.6
广西	33.3	30.7	23.7	94.4	14.2	21.7	32.1	43.5	20.4	70.6
海南	31.8	25.4	24.1	77.3	5.2	15.0	58.5	4.2	87.9	37.8
重庆	51.9	42.0	42.2	94.3	25.8	51.4	66.0	69.8	60.0	96.1
四川	51.5	40.6	22.9	89.0	12.5	43.7	75.8	89.8	68.2	53.3
贵州	23.3	22.7	22.5	81.3	13.3	12.9	28.4	30.4	34.0	--
云南	21.6	18.9	14.1	84.6	12.3	13.9	36.7	26.0	48.8	26.9
西藏	17.8	3.6	0.9	20.5	--	7.5	66.6	14.3	104.5	--
陕西	58.6	29.7	30.5	78.8	3.8	19.6	84.0	87.4	82.6	62.3
甘肃	36.3	19.2	18.8	72.3	4.1	8.6	68.0	31.5	81.8	20.9
青海	32.9	36.6	7.9	88.9	7.5	4.0	5.6	1.8	11.2	37.0
宁夏	24.9	22.8	13.0	70.3	4.3	14.2	36.1	7.8	47.4	36.8
新疆	30.5	23.1	20.5	63.3	7.4	12.7	61.1	37.5	70.1	44.1

全国各地区文化产业单位劳动生产率分项情况

单位:元/人

地区	合计	文化合计					文物合计		中等专业学校
			艺术表演团体	艺术表演场所	图书馆	群众文化		博物馆经费	
总计	**13 433**	**18 079**	**9 032**	**11 214**	**14 778**	**8 459**	**16 069**	**21 911**	**18 572**
中央	55 737	57 634	24 339	8 397	38 766	– –	– –	92 215	73 545
地方	13 083	17 273	8 718	11 248	13 958	8 459	16 069	18 956	14 523
北京	14 834	29 727	16 259	22 640	19 603	11 308	27 424	42 514	16 796
天津	12 094	15 170	12 683	13 306	15 396	10 749	11 170	20 474	13 284
河北	11 975	18 476	6 550	7 410	12 561	7 349	11 626	21 832	14 131
山西	11 555	8 895	5 025	8 174	8 762	5 128	11 233	15 595	9 448
内蒙古	8 587	9 292	7 518	7 592	9 280	6 333	12 768	12 248	10 662
辽宁	11 194	10 136	8 972	6 219	7 880	7 462	22 959	15 653	14 904
其中:大连	13 508	13 250	10 278	10 188	14 715	11 425	22 150	19 902	8 973
吉林	9 781	9 988	8 489	5 910	11 315	7 162	– –	15 775	10 886
黑龙江	18 016	38 598	7 968	8 416	11 910	8 399	11 004	17 031	22 315
上海	24 270	37 953	22 896	24 194	33 348	19 560	33 800	29 901	26 540
江苏	13 832	19 492	11 055	15 264	20 378	13 211	23 015	24 483	22 579
浙江	16 223	26 912	11 855	18 178	19 545	13 395	19 600	25 672	18 277
其中:宁波	15 686	23 901	16 480	21 273	23 688	15 793	21 507	22 776	24 198
安徽	10 236	10 099	6 562	7 542	10 825	5 564	15 289	14 297	10 631
福建	14 062	17 209	11 088	19 990	16 426	9 419	14 725	17 450	11 458
其中:厦门	21 144	30 046	21 123	27 285	31 888	19 704	39 673	22 624	15 312
江西	9 065	9 661	7 362	8 810	10 626	5 040	13 420	12 626	12 582
山东	9 916	16 570	11 032	10 611	13 969	8 990	15 409	22 470	16 692
其中:青岛	15 226	25 196	17 770	12 086	20 233	12 548	– –	28 984	17 022
河南	8 861	9 135	3 834	5 111	9 648	5 790	11 505	13 781	10 035
湖北	11 202	11 528	7 564	9 380	10 211	7 350	13 080	13 240	9 739
湖南	10 858	11 085	7 847	12 927	11 450	6 004	14 416	11 729	12 073
广东	22 827	42 553	14 661	17 577	24 114	13 979	28 267	25 430	18 729
其中:深圳	32 385	32 392	35 170	57 293	43 172	33 217	27 538	32 090	30 869
广西	8 632	13 828	7 559	22 320	11 966	7 218	18 509	12 114	13 800
海南	9 539	11 507	9 743	3 433	11 780	8 630	34 492	20 022	16 214
重庆	11 115	14 064	8 924	16 060	13 982	7 896	13 239	15 936	14 305
四川	10 425	12 827	8 271	13 858	12 583	6 149	15 920	23 604	16 511
贵州	13 418	13 499	8 525	16 562	11 484	6 551	– –	11 952	10 768
云南	8 755	16 532	11 483	20 269	15 459	10 927	13 180	17 456	13 545
西藏	10 516	16 542	18 206	15 019	39 214	17 511	– –	2 993	16 796
陕西	12 760	11 705	5 415	9 658	8 141	5 097	11 002	15 298	13 583
甘肃	10 244	13 986	5 882	10 453	10 495	3 554	14 916	31 806	10 176
青海	12 080	16 301	11 311	27 074	14 851	8 638	12 820	18 501	11 624
宁夏	12 573	8 361	6 741	10 189	9 975	8 044	11 373	8 672	5 961
新疆	10 989	12 846	10 803	12 645	11 443	8 493	13 108	16 711	15 801

全国各地区文化产业增加值情况(总计)

单位:千元

地区	总产出	中间消耗	增加值	劳动者报酬	生产税净额	固定资产折旧	营业盈余
总计	**34 236 634**	**15 111 604**	**20 437 809**	**8 939 531**	**2 340 395**	**2 647 700**	**6 363 902**
中央	1 020 687	589 644	656 588	391 226	16 305	70 590	175 258
地方	33 215 947	14 521 960	19 781 221	8 548 305	2 324 090	2 577 110	6 188 644
北京	1 029 860	610 250	459 327	253 643	75 304	77 889	43 120
天津	367 270	179 731	194 440	117 668	19 221	26 560	30 987
河北	713 404	140 023	635 477	275 599	44 672	35 347	278 617
山西	554 285	167 107	410 320	183 496	33 752	88 696	89 201
内蒙古	399 860	149 877	264 506	159 904	25 149	19 676	58 051
辽宁	1 530 017	625 115	927 348	352 005	109 193	133 305	329 068
其中:大连	536 016	210 488	327 768	96 657	34 878	88 580	107 652
吉林	478 974	168 355	323 917	165 423	29 744	17 372	107 712
黑龙江	983 827	279 314	718 011	176 651	60 855	29 285	451 217
上海	2 836 389	1 437 509	1 445 411	562 462	134 034	391 952	356 975
江苏	1 625 421	679 503	1 033 362	512 823	128 283	143 603	241 337
浙江	2 248 136	931 237	1 385 923	558 862	187 501	120 648	516 477
其中:宁波	291 128	134 128	169 932	74 718	21 913	14 926	58 373
安徽	528 620	171 068	387 370	176 662	37 417	40 622	129 462
福建	1 243 178	538 906	750 646	362 774	100 752	88 111	198 873
其中:厦门	327 424	161 364	168 774	71 928	37 289	41 506	18 051
江西	421 079	148 646	292 195	154 992	35 867	21 964	78 788
山东	1 363 935	657 130	776 722	428 173	64 328	94 295	180 926
其中:青岛	291 463	158 147	146 864	76 469	20 559	13 971	35 864
河南	786 171	333 849	508 146	295 863	38 267	40 949	121 905
湖北	1 098 644	381 476	772 666	348 400	86 219	65 538	267 839
湖南	893 024	324 342	611 484	281 539	65 236	64 685	197 054
广东	8 186 791	4 360 598	3 968 243	1 433 606	560 127	723 633	1 242 581
其中:深圳	3 402 088	2 160 198	1 272 969	310 721	180 210	131 268	650 773
广西	705 893	331 645	402 148	204 315	59 804	33 172	104 896
海南	145 698	44 526	111 869	60 613	8 563	8 532	34 159
重庆	557 466	267 064	309 630	144 752	42 624	27 958	94 304
四川	1 240 905	399 288	889 454	387 788	117 613	71 029	289 142
贵州	240 446	47 134	211 881	95 460	13 975	12 574	89 742
云南	811 707	266 492	593 719	244 661	65 989	87 488	194 369
西藏	51 011	14 823	41 868	36 510	19	4 570	769
陕西	1 059 958	482 616	606 544	218 836	110 407	48 461	223 286
甘肃	282 137	59 936	234 619	112 911	21 187	24 059	50 710
青海	99 983	24 628	77 314	36 981	3 625	4 071	32 062
宁夏	202 187	59 190	144 117	58 626	12 673	5 492	67 119
新疆	529 671	240 582	292 544	146 307	31 690	25 574	87 896

全国各地区文化产业总产出分项情况

单位:千元

地区	合计	艺术业		图书馆业	群众文化业	出版业	文化艺术经纪及代理业	娱乐业	文物保护业	其他文化艺术业
		艺术表演团体	艺术表演场所							
总计	**34 236 634**	**2 766 777**	**910 151**	**1 771 569**	**1 938 756**	**103 501**	**106 844**	**15 613 357**	**2 696 101**	**8 027 823**
中央	1 020 687	133 475	11 154	229 169	--	56 461	47 320	--	274 561	172 048
地方	33 215 947	2 633 302	898 997	1 542 400	1 938 756	47 040	59 524	15 613 357	2 421 540	7 855 775
北京	1 029 860	159 583	44 073	53 409	46 752	7 302	736	205 585	290 708	213 506
天津	367 270	45 807	17 442	35 073	27 965	4 463	3	144 723	39 599	52 195
河北	713 404	89 209	28 434	40 753	61 117	1 240	1 488	192 280	160 488	131 040
山西	554 285	85 562	14 958	25 382	32 786	--	317	247 701	78 772	66 416
内蒙古	399 860	63 589	7 219	27 959	41 525	8	288	99 231	24 277	127 368
辽宁	1 530 017	105 275	27 797	86 810	64 030	374	1 623	738 727	67 402	433 310
其中:大连	536 016	13 795	5 720	20 016	13 437	--	--	223 994	12 970	243 215
吉林	478 974	70 319	18 905	39 740	38 761	254	--	170 128	22 512	106 765
黑龙江	983 827	96 640	11 227	38 922	40 587	--	386	385 013	29 254	379 175
上海	2 836 389	156 271	79 910	291 430	154 252	--	--	1 607 112	170 515	347 588
江苏	1 625 421	177 497	93 824	96 333	166 497	8 833	4 235	726 452	113 657	209 433
浙江	2 248 136	128 184	59 828	96 296	177 326	4 756	14 278	1 127 282	128 895	509 316
其中:宁波	291 128	13 608	10 056	11 502	33 893	--	92	171 204	19 724	31 049
安徽	528 620	68 275	28 474	27 290	43 416	1 025	591	219 875	26 192	107 050
福建	1 243 178	105 167	42 544	41 994	43 089	634	2 006	807 365	27 502	170 507
其中:厦门	327 424	16 930	11 388	10 729	7 431	--	240	252 025	6 595	22 086
江西	421 079	46 429	15 485	27 063	34 196	2 692	733	162 991	42 780	87 230
山东	1 363 935	132 672	52 422	76 688	93 034	120	2 543	710 494	150 662	127 515
其中:青岛	291 463	25 201	7 274	9 981	16 469	120	1 181	215 357	5 463	10 037
河南	786 171	100 317	46 944	44 687	60 312	2 959	2 069	198 687	136 451	193 745
湖北	1 098 644	98 089	36 854	43 216	81 204	--	1 371	545 440	57 867	228 333
湖南	893 024	64 678	50 302	36 799	57 434	216	5 929	445 277	53 236	174 609
广东	8 186 791	228 432	98 396	163 694	266 296	9 013	1 776	4 331 250	206 422	2 849 709
其中:深圳	3 402 088	38 836	30 095	39 684	65 347	67	1 197	1 346 732	21 345	1 841 373
广西	705 893	67 381	16 918	35 375	37 350	355	6 558	318 756	26 215	195 516
海南	145 698	21 065	4 568	4 545	9 513	--	--	40 691	11 065	54 251
重庆	557 466	40 676	4 640	23 621	43 395	--	2 597	305 156	90 642	46 097
四川	1 240 905	91 871	18 651	40 988	89 543	--	2 717	623 739	136 991	231 339
贵州	240 446	35 259	7 883	17 007	20 967	402	1 374	89 225	13 555	51 968
云南	811 707	86 600	15 506	43 918	77 487	509	--	288 229	46 067	248 757
西藏	51 011	24 865	3 566	2 031	7 950	--	--	--	10 275	--
陕西	1 059 958	93 879	24 917	25 323	39 116	1 070	--	507 697	184 939	180 631
甘肃	282 137	46 333	14 775	19 642	24 964	--	27	122 461	32 605	16 927
青海	99 983	17 603	1 276	9 479	9 235	745	126	21 138	4 871	34 320
宁夏	202 187	14 641	5 496	8 692	12 780	--	4 460	85 341	7 430	60 196
新疆	529 671	71 134	5 763	18 241	35 877	70	1 293	145 311	29 694	220 963

全国各地区文化产业增加值分项情况

单位:千元

地区	合计	艺术业		图书馆业	群众文化业	出版业	文化艺术经纪及代理业	娱乐业	文物保护业	其他文化艺术业
		艺术表演团体	艺术表演场所							
总计	**20 437 809**	**1 273 045**	**471 633**	**758 770**	**1 086 385**	**41 580**	**30 558**	**10 033 400**	**1 490 809**	**5 154 572**
中央	656 588	69 123	4 224	65 826	- -	18 313	1 675	- -	253 038	227 781
地方	19 781 221	1 203 922	467 409	692 944	1 086 385	23 267	28 883	10 033 400	1 237 771	4 926 791
北京	459 327	36 568	16 731	21 172	17 618	1 349	258	133 022	114 661	115 915
天津	194 440	22 247	8 942	17 106	14 695	1 830	32	81 602	18 161	29 825
河北	635 477	42 923	14 687	21 492	43 730	458	707	133 051	120 385	254 416
山西	410 320	48 600	8 452	13 381	21 724	- -	144	212 503	56 550	47 622
内蒙古	264 506	40 075	4 905	17 011	28 247	122	707	62 030	17 111	89 892
辽宁	927 348	44 179	13 839	38 739	32 162	662	678	461 479	36 489	297 532
其中:大连	327 768	5 756	3 189	5 783	5 827	- -	- -	141 679	5 334	159 520
吉林	323 917	36 207	9 988	19 508	24 382	365	- -	123 103	17 810	88 436
黑龙江	718 011	42 417	5 639	21 986	26 602	- -	121	280 284	16 912	322 708
上海	1 445 411	62 119	30 993	83 806	75 779	- -	- -	1 019 227	40 666	126 160
江苏	1 033 362	68 874	53 165	42 632	88 448	3 110	1 831	523 330	55 479	184 526
浙江	1 385 923	44 210	28 685	37 840	81 471	1 542	6 117	732 706	57 224	395 694
其中:宁波	169 932	5 142	5 212	4 643	14 167	- -	57	100 015	6 628	34 068
安徽	387 370	30 254	17 620	13 434	27 516	686	452	170 197	19 145	104 964
福建	750 646	51 785	22 869	19 252	21 240	268	717	449 435	16 770	167 241
其中:厦门	168 774	7 499	5 348	3 731	2 148	- -	58	133 861	2 828	13 301
江西	292 195	29 076	8 097	15 536	22 340	1 041	427	112 840	25 644	76 250
山东	776 722	65 567	26 243	35 008	57 173	613	909	359 438	87 344	135 636
其中:青岛	146 864	11 462	2 647	4 674	7 416	613	519	97 135	5 478	16 712
河南	508 146	39 132	26 217	25 337	39 607	1 057	971	160 798	67 324	147 703
湖北	772 666	48 266	21 332	23 476	43 571	- -	1 194	394 772	38 714	198 188
湖南	611 484	35 040	26 087	22 043	37 217	- 65	1 604	292 925	26 099	168 377
广东	3 968 243	88 422	42 080	68 412	123 899	8 768	825	2 540 081	72 426	1 016 254
其中:深圳	1 272 969	11 782	11 917	14 765	28 999	197	554	676 757	6 771	518 177
广西	402 148	34 155	10 937	18 428	24 449	151	4 755	174 433	13 096	120 999
海南	111 869	11 069	4 096	2 945	5 705	- -	- -	40 155	5 226	42 673
重庆	309 630	16 047	3 453	10 976	24 249	- -	689	194 263	20 606	39 113
四川	889 454	46 229	13 360	21 631	52 406	- -	1 328	482 825	83 677	185 930
贵州	211 881	18 193	5 333	10 060	14 033	- 43	329	51 668	7 243	102 868
云南	593 719	53 629	9 547	24 287	47 536	188	- -	259 806	18 958	177 493
西藏	41 868	19 117	3 079	1 647	5 954	- -	- -	- -	6 507	4 447
陕西	606 544	43 355	16 245	12 799	26 426	888	- -	324 661	98 841	82 058
甘肃	234 619	24 617	7 840	11 650	17 977	- -	36	91 281	56 106	22 013
青海	77 314	10 961	731	5 614	6 090	207	51	20 606	5 421	26 832
宁夏	144 117	6 479	2 904	5 357	8 793	- -	3 760	61 552	3 122	50 054
新疆	292 544	44 110	3 313	10 379	25 346	70	241	89 327	14 054	104 972

全国各地区文化部门增加值情况(总计)

单位:千元

地区	总产出	中间消耗	增加值	劳动者报酬	生产税净额	固定资产折旧	营业盈余
总　计	**17 339 012**	**8 305 174**	**10 346 617**	**6 288 629**	**581 771**	**1 367 275**	**1 969 957**
中　央	1 168 009	648 214	745 340	405 226	24 376	81 673	230 856
地　方	16 171 003	7 656 960	9 601 277	5 883 403	557 395	1 285 602	1 739 101
北　京	778 478	494 194	324 001	190 339	50 517	36 380	37 394
天　津	273 362	136 434	143 829	96 791	7 966	12 806	26 263
河　北	480 666	60 109	482 653	234 474	12 407	35 026	199 505
山　西	329 310	137 219	215 233	154 370	5 151	19 801	20 737
内蒙古	254 033	94 823	173 733	131 498	10 347	18 852	11 312
辽　宁	467 353	250 959	238 840	174 115	5 501	35 972	19 474
其中:大连	123 029	75 929	49 340	27 485	2 476	6 198	13 179
吉　林	229 148	103 824	138 622	112 847	2 366	15 005	4 739
黑龙江	818 010	271 569	559 939	142 873	36 967	26 153	353 943
上　海	1 612 058	1 029 751	628 838	373 745	35 813	119 938	99 353
江　苏	1 111 715	639 406	559 753	385 344	25 633	97 854	50 850
浙　江	1 595 193	704 293	959 924	419 555	106 922	91 498	339 516
其中:宁波	175 891	77 421	111 402	56 754	7 104	16 224	31 318
安　徽	275 942	122 713	183 047	136 425	8 831	15 653	18 931
福　建	399 778	206 144	240 008	179 485	12 855	33 108	14 423
其中:厦门	83 369	46 842	39 241	26 246	3 779	5 041	4 175
江　西	221 574	88 111	153 225	114 205	5 202	18 481	14 756
山　东	631 258	301 712	399 463	307 747	7 761	49 060	25 894
其中:青岛	80 532	40 614	53 466	43 770	1 788	4 664	3 243
河　南	543 936	261 513	338 247	247 481	14 076	34 329	31 201
湖　北	473 525	201 800	327 223	221 255	11 387	46 298	43 616
湖　南	364 239	158 250	248 791	178 835	8 805	39 839	18 343
广　东	2 570 222	1 174 221	1 538 051	907 336	120 073	303 368	198 981
其中:深圳	526 154	306 749	250 484	118 383	16 705	37 385	78 014
广　西	277 587	128 301	177 186	127 370	10 226	23 411	16 224
海　南	60 329	25 398	45 628	37 955	467	6 618	586
重　庆	323 607	184 376	158 459	90 527	7 341	25 593	35 006
四　川	498 256	213 572	332 521	208 845	12 027	48 713	39 065
贵　州	124 698	43 050	100 217	69 004	3 424	9 108	18 551
云　南	343 409	150 961	240 952	186 504	8 462	29 231	15 558
西　藏	51 011	14 823	41 868	36 510	19	4 570	769
陕　西	526 055	275 825	279 432	175 549	16 612	42 345	39 371
甘　肃	168 937	30 421	150 934	88 214	4 390	17 857	14 722
青　海	78 847	24 374	56 432	31 170	1 106	7 260	16 321
宁　夏	88 730	47 818	42 032	29 809	1 723	5 968	4 325
新　疆	199 737	80 996	122 196	93 226	3 018	15 507	9 372

全国各地区文化部门总产出分项情况

单位:千元

地区	合计	第一产业合计	第二产业合计	制造业	建筑业	第三产业合计	文化产业	批、零、餐饮业	房地产业	社会服务业
总计	**17 339 012**	--	**153 346**	**81 435**	**71 911**	**17 185 666**	**15 915 493**	**646 501**	**14 080**	**268 183**
中央	1 168 009	--	18 531	162	18 369	1 149 478	919 266	36 475	--	95 070
地方	16 171 003	--	134 815	81 273	53 542	16 036 188	14 996 227	610 026	14 080	173 113
北京	778 478	--	18 854	1 490	17 364	759 624	715 556	3 326	--	7 456
天津	273 362	--	12 999	8 208	4 791	260 363	242 399	11 733	350	5 881
河北	480 666	--	--	--	--	480 666	480 088	403	--	175
山西	329 310	--	--	--	--	329 310	319 341	3 943	--	5 712
内蒙古	254 033	--	--	--	--	254 033	254 033	--	--	--
辽宁	467 353	--	2 962	1 249	1 713	464 391	426 720	37 293	--	352
其中:大连	123 029	--	--	--	--	123 029	87 628	35 191	--	184
吉林	229 148	--	4 515	546	3 969	224 633	223 026	776	--	831
黑龙江	818 010	--	--	--	--	818 010	817 915	95	--	--
上海	1 612 058	--	1 970	1 270	700	1 610 088	1 493 297	67 862	1 024	33 059
江苏	1 111 715	--	37 071	35 679	1 392	1 074 644	857 320	143 468	11 161	47 994
浙江	1 595 193	--	19 007	6 474	12 533	1 576 186	1 508 475	38 911	--	27 594
其中:宁波	175 891	--	--	--	--	175 891	163 479	132	--	12 280
安徽	275 942	--	--	--	--	275 942	275 622	--	--	--
福建	399 778	--	14 313	14 313	--	385 465	361 406	6 536	--	287
其中:厦门	83 369	--	--	--	--	83 369	83 369	--	--	--
江西	221 574	--	--	--	--	221 574	220 185	--	--	83
山东	631 258	--	9 557	216	9 341	621 701	614 510	1 870	--	572
其中:青岛	80 532	--	--	--	--	80 532	80 532	--	--	--
河南	543 936	--	--	--	--	543 936	542 721	615	--	600
湖北	473 525	--	1 220	820	400	472 305	447 177	71	--	3 601
湖南	364 239	--	3 904	3 793	111	360 335	359 361	515	--	459
广东	2 570 222	--	1 773	1 773	--	2 568 449	2 194 228	258 042	--	10 793
其中:深圳	526 154	--	--	--	--	526 154	232 440	255 042	--	4 989
广西	277 587	--	--	--	--	277 587	277 099	--	--	--
海南	60 329	--	--	--	--	60 329	60 329	--	--	--
重庆	323 607	--	1 954	1 954	--	321 653	288 582	1 531	1 038	7 589
四川	498 256	--	3 488	3 488	--	494 768	486 692	5 999	33	1 875
贵州	124 698	--	--	--	--	124 698	124 698	--	--	--
云南	343 409	--	--	--	--	343 409	336 257	--	--	6 248
西藏	51 011	--	--	--	--	51 011	51 011	--	--	--
陕西	526 055	--	--	--	--	526 055	526 055	--	--	--
甘肃	168 937	--	--	--	--	168 937	167 497	1 440	--	--
青海	78 847	--	1 228	--	1 228	77 619	72 750	--	--	4 869
宁夏	88 730	--	--	--	--	88 730	57 807	25 521	474	1 884
新疆	199 737	--	--	--	--	199 737	194 070	76	--	5 199

全国各地区文化产业增加值分项情况

单位:千元

地区	合计	第一产业合计	第二产业合计			第三产业合计				
				制造业	建筑业		文化产业	批、零、餐饮业	房地产业	社会服务业
总计	**10 346 617**	**– –**	**56 977**	**38 169**	**18 808**	**10 289 640**	**9 779 125**	**195 412**	**6 276**	**127 966**
中央	745 340	– –	3 040	303	2 737	742 300	622 279	19 657	– –	41 708
地方	9 601 277	– –	53 937	37 866	16 071	9 547 340	9 156 846	175 755	6 276	86 258
北京	324 001	– –	8 617	1 046	7 571	315 384	302 357	1 186	– –	3 021
天津	143 829	– –	6 118	4 459	1 659	137 711	125 494	6 773	-91	5 535
河北	482 653	– –	– –	– –	– –	482 653	482 197	16	– –	440
山西	215 233	– –	– –	– –	– –	215 233	212 065	2 079	– –	663
内蒙古	173 733	– –	– –	– –	– –	173 733	173 733	– –	– –	– –
辽宁	238 840	– –	905	94	811	237 935	225 940	11 381	– –	399
其中:大连	49 340	– –	– –	– –	– –	49 340	38 095	10 799	– –	231
吉林	138 622	– –	1 014	516	498	137 608	136 635	501	– –	472
黑龙江	559 939	– –	– –	– –	– –	559 939	560 104	-165	– –	– –
上海	628 838	– –	630	314	316	628 208	592 105	14 720	1 245	13 953
江苏	559 753	– –	17 476	17 006	470	542 277	497 123	16 390	4 387	15 841
浙江	959 924	– –	6 578	4 083	2 495	953 346	924 403	10 019	– –	18 376
其中:宁波	111 402	– –	– –	– –	– –	111 402	99 406	25	– –	11 971
安徽	183 047	– –	– –	– –	– –	183 047	182 739	– –	– –	– –
福建	240 008	– –	5 186	5 186	– –	234 822	227 574	1 982	– –	125
其中:厦门	39 241	– –	– –	– –	– –	39 241	39 241	– –	– –	– –
江西	153 225	– –	– –	– –	– –	153 225	153 017	– –	– –	156
山东	399 463	– –	1 702	380	1 322	397 761	392 063	1 374	– –	260
其中:青岛	53 466	– –	– –	– –	– –	53 466	53 466	– –	– –	– –
河南	338 247	– –	– –	– –	– –	338 247	337 586	309	– –	352
湖北	327 223	– –	414	330	84	326 809	315 785	19	– –	1 930
湖南	248 791	– –	499	421	78	248 292	247 876	182	– –	234
广东	1 538 051	– –	1 485	1 485	– –	1 536 566	1 367 186	95 589	– –	10 452
其中:深圳	250 484	– –	– –	– –	– –	250 484	114 700	94 648	– –	4 432
广西	177 186	– –	– –	– –	– –	177 186	177 087	– –	– –	– –
海南	45 628	– –	– –	– –	– –	45 628	45 628	– –	– –	– –
重庆	158 459	– –	1 926	1 926	– –	156 533	136 668	430	535	5 585
四川	332 521	– –	620	620	– –	331 901	326 606	3 782	23	1 222
贵州	100 217	– –	– –	– –	– –	100 217	100 217	– –	– –	– –
云南	240 952	– –	– –	– –	– –	240 952	237 759	– –	– –	2 493
西藏	41 868	– –	– –	– –	– –	41 868	41 868	– –	– –	– –
陕西	279 432	– –	– –	– –	– –	279 432	279 432	– –	– –	– –
甘肃	150 934	– –	– –	– –	– –	150 934	149 637	1 297	– –	– –
青海	56 432	– –	767	– –	767	55 665	51 171	– –	– –	4 494
宁夏	42 032	– –	– –	– –	– –	42 032	33 262	7 710	177	54
新疆	122 196	– –	– –	– –	– –	122 196	121 529	181	– –	201

全国各地区文化部门文化产业增加值分项情况(总计)

单位:千元

地区	总产出	中间消耗	增加值	劳动者报酬	生产税净额	固定资产折旧	营业盈余
总计	**15 915 493**	**7 449 147**	**9 779 125**	**6 151 025**	**520 319**	**1 283 685**	**1 683 581**
中央	919 266	522 532	622 279	386 040	14 098	69 154	149 349
地方	14 996 227	6 926 615	9 156 846	5 764 985	506 221	1 214 531	1 534 232
北京	715 556	452 916	302 357	182 620	48 517	33 628	28 215
天津	242 399	123 806	125 494	91 679	6 121	11 611	16 077
河北	480 088	59 987	482 197	234 047	12 336	34 717	199 813
山西	319 341	130 418	212 065	153 029	4 902	19 617	19 355
内蒙古	254 033	94 823	173 733	131 498	10 347	18 686	11 312
辽宁	426 720	223 226	225 940	171 602	3 876	35 107	11 546
其中:大连	87 628	51 773	38 095	25 499	941	5 460	6 194
吉林	223 026	99 689	136 635	111 732	2 112	14 520	4 605
黑龙江	817 915	271 309	560 104	142 676	36 964	26 152	354 308
上海	1 493 297	947 723	592 105	364 425	31 117	112 843	83 732
江苏	857 320	447 641	497 123	366 726	15 587	88 723	26 127
浙江	1 508 475	653 096	924 403	407 219	103 445	84 191	327 290
其中:宁波	163 479	77 005	99 406	53 819	6 789	11 979	26 811
安徽	275 622	122 701	182 739	136 282	8 820	15 493	18 937
福建	361 406	180 206	227 574	171 668	9 259	32 066	14 373
其中:厦门	83 369	46 842	39 241	26 246	3 779	5 028	4 175
江西	220 185	86 930	153 017	114 132	5 037	18 473	14 786
山东	614 510	292 364	392 063	305 496	7 102	47 359	23 029
其中:青岛	80 532	40 614	53 466	43 770	1 788	4 657	3 243
河南	542 721	260 959	337 586	247 175	14 018	34 199	30 998
湖北	447 177	186 890	315 785	218 511	10 997	44 614	36 994
湖南	359 361	154 287	247 876	178 570	8 692	39 545	17 852
广东	2 194 228	969 092	1 367 186	872 930	102 808	277 985	105 164
其中:深圳	232 440	148 819	114 700	93 446	3 176	18 180	– 113
广西	277 099	127 912	177 087	127 370	10 135	22 836	16 220
海南	60 329	25 398	45 628	37 955	467	6 618	586
重庆	288 582	171 142	136 668	86 194	5 912	21 859	22 669
四川	486 692	207 923	326 606	207 180	11 343	47 639	36 501
贵州	124 698	43 050	100 217	69 004	3 424	9 114	18 551
云南	336 257	147 002	237 759	184 705	7 899	28 428	15 530
西藏	51 011	14 823	41 868	36 510	19	4 570	769
陕西	526 055	275 825	279 432	175 549	16 612	42 347	39 371
甘肃	167 497	30 278	149 637	88 214	4 141	17 350	14 154
青海	72 750	23 538	51 171	30 523	827	4 071	15 176
宁夏	57 807	25 665	33 262	26 910	513	4 866	766
新疆	194 070	75 996	121 529	92 854	2 872	15 304	9 426

全国各地区文化部门文化产业总产出分项情况

单位：千元

地区	合计	艺术业		图书馆业	群众文化业	出版业	文化艺术经纪及代理业	娱乐业	文物保护业	其他文化艺术业
		艺术表演团体	艺术表演场所							
总计	**15 915 493**	**2 766 777**	**910 151**	**1 771 569**	**1 938 756**	**103 501**	**99 774**	**2 606 511**	**2 696 101**	**2 720 598**
中央	919 266	133 475	11 154	229 169	--	56 461	47 320	--	274 561	70 627
地方	14 996 227	2 633 302	898 997	1 542 400	1 938 756	47 040	52 454	2 606 511	2 421 540	2 649 971
北京	715 556	159 583	44 073	53 409	46 752	7 302	736	1 806	290 708	102 981
天津	242 399	45 807	17 442	35 073	27 965	4 463	3	19 865	39 599	52 182
河北	480 088	89 209	28 434	40 753	61 117	1 240	1 488	7 642	160 488	82 362
山西	319 341	85 562	14 958	25 382	32 786	--	317	16 155	78 772	63 018
内蒙古	254 033	63 589	7 219	27 959	41 525	8	258	27 715	24 277	53 087
辽宁	426 720	105 275	27 797	86 810	64 030	374	1 623	1 896	67 402	66 844
其中:大连	87 628	13 795	5 720	20 016	13 437	--	--	1 284	12 970	17 537
吉林	223 026	70 319	18 905	39 740	38 761	254	--	410	22 512	20 535
黑龙江	817 915	96 640	11 227	38 922	40 587	--	386	254 704	29 254	343 572
上海	1 493 297	156 271	79 910	291 430	154 252	--	--	264 991	170 515	346 617
江苏	857 320	177 497	93 824	96 333	166 497	8 833	4 235	40 654	113 657	127 130
浙江	1 508 475	128 184	59 828	96 296	177 326	4 756	13 309	549 867	128 895	348 039
其中:宁波	163 479	13 608	10 056	11 502	33 893	--	92	56 782	19 724	17 822
安徽	275 622	68 275	28 474	27 290	43 416	1 025	426	28 158	26 192	45 934
福建	361 406	105 167	42 544	41 994	43 089	634	2 006	23 083	27 502	73 017
其中:厦门	83 369	16 930	11 388	10 729	7 431	--	240	9 808	6 595	20 248
江西	220 185	46 429	15 485	27 063	34 196	2 692	733	12 161	42 780	37 166
山东	614 510	132 672	52 422	76 688	93 034	120	2 463	10 502	150 662	78 162
其中:青岛	80 532	25 201	7 274	9 981	16 469	120	1 181	5 703	5 463	8 760
河南	542 721	100 317	46 944	44 687	60 312	2 959	2 069	48 104	136 451	100 878
湖北	447 177	98 089	36 854	43 216	81 204	--	881	42 497	57 867	80 299
湖南	359 361	64 678	50 302	36 799	57 434	216	5 929	18 501	53 236	67 722
广东	2 194 228	228 432	98 396	163 694	266 296	9 013	1 776	1 041 487	206 422	146 909
其中:深圳	232 440	38 836	30 095	39 684	65 347	67	1 197	--	21 345	18 457
广西	277 099	67 381	16 918	35 375	37 350	355	5 769	13 190	26 215	73 077
海南	60 329	21 065	4 568	4 545	9 513	--	--	--	11 065	9 573
重庆	288 582	40 676	4 640	23 621	43 395	--	2 510	65 089	90 642	17 367
四川	486 692	91 871	18 651	40 988	89 543	--	2 717	32 654	136 991	68 211
贵州	124 698	35 259	7 883	17 007	20 967	402	1 374	2 194	13 555	23 251
云南	336 257	86 600	15 506	43 918	77 487	509	--	13 267	46 067	48 269
西藏	51 011	24 865	3 566	2 031	7 950	--	--	--	10 275	--
陕西	526 055	93 879	24 917	25 323	39 116	1 070	--	51 373	184 939	103 052
甘肃	167 497	46 333	14 775	19 642	24 964	--	27	13 119	32 605	11 629
青海	72 750	17 603	1 276	9 479	9 235	745	126	3 515	4 871	24 710
宁夏	57 807	14 641	5 496	8 692	12 780	--	--	132	7 430	5 485
新疆	194 070	71 134	5 763	18 241	35 877	70	1 293	1 780	29 694	28 893

全国各地区文化事业单位

地区	项目个数	计划总投资	建筑面积	本年计划投资	本年资金						
						上年结余资金		本年资			
								国家投资	国内贷款	债券	利用外资
总计	**762**	**18 207 930**	**4 377**	**2 767 387**	**3 953 555**	**1 301 428**	**2 652 127**	**1 247 886**	**161 053**	**1 480**	**27 820**
中央	53	6 248 440	673	539 501	984 024	422 939	561 085	488 155	--	--	--
地方	709	11 959 490	3 704	2 227 886	2 969 531	878 489	2 091 042	759 731	161 053	1 480	27 820
北京	5	282 417	45	57 817	121 847	65 980	55 867	55 477	--	--	--
天津	4	6 400	4	2 638	4 888	650	4 238	3 100	--	--	--
河北	42	415 544	142	37 127	35 569	3 054	32 515	11 170	--	--	--
山西	35	174 990	140	41 518	50 594	10 600	39 994	600	--	--	--
内蒙古	7	16 270	13	7 629	9 307	78	9 229	2 550	--	--	--
辽宁	9	587 240	111	79 640	145 010	990	144 020	124 640	3 840	--	--
其中:大连	2	50 640	11	50 640	50 640	--	50 640	50 640	--	--	--
吉林	7	34 995	26	20 331	20 331	--	20 331	1 440	--	--	--
黑龙江	6	126 600	49	11 240	23 950	8 100	15 850	11 080	--	--	--
上海	11	793 590	131	131 660	133 600	63 540	70 060	15 660	15 500	--	--
江苏	61	1 762 878	508	374 681	558 363	228 187	330 176	178 493	36 850	--	--
浙江	48	1 654 390	455	366 272	468 713	42 176	426 537	50 510	52 500	--	--
其中:宁波	2	35 650	14	18 500	19 942	8 242	11 700	4 800	--	--	--
安徽	17	90 530	56	23 969	28 175	3 736	24 439	4 010	--	--	--
福建	39	264 095	171	50 335	78 368	1 786	76 582	24 325	12 500	--	--
其中:厦门	1	--	--	203	203	--	203	203	--	--	--
江西	26	118 792	87	19 425	36 785	16 506	20 279	14 408	151	--	1 710
山东	21	400 974	134	95 071	120 840	25 650	95 190	79 040	--	--	1 000
其中:青岛	1	10 000	10	1 000	1 000	--	1 000	1 000	--	--	--
河南	21	129 988	91	31 565	23 555	4 730	18 825	8 165	--	--	--
湖北	59	478 473	232	214 325	268 085	52 903	215 182	52 720	5 800	--	--
湖南	32	388 152	186	52 741	52 453	533	51 920	21 125	11 957	400	310
广东	65	3 083 319	424	383 847	533 288	291 313	241 975	5 860	15 465	--	22 440
其中:深圳	9	1 696 844	118	173 344	272 623	116 109	156 514	--	14 350	--	--
广西	10	21 200	33	6 720	12 535	4 401	8 134	2 294	--	--	--
海南	1	12 289	10	7 250	7 250	5 650	1 600	--	--	--	--
重庆	12	104 764	116	7 469	10 035	2 500	7 535	2 330	--	--	--
四川	35	352 298	148	86 590	79 509	9 853	69 656	29 100	500	--	--
贵州	5	133 360	56	22 460	22 910	410	22 500	22 300	--	--	--
云南	70	249 594	139	55 649	80 190	33 498	46 692	33 574	3 290	80	2 360
西藏	1	450	--	450	450	--	450	300	--	--	--
陕西	6	17 460	8	3 215	3 755	390	3 365	280	100	--	--
甘肃	18	120 548	92	17 253	19 450	810	18 640	1 180	2 600	1 000	--
青海	1	2 400	4	2 400	1 200	--	1 200	--	--	--	--
宁夏	13	14 322	5	2 350	3 498	85	3 413	2 853	--	--	--
新疆	22	121 168	88	14 249	15 028	380	14 648	1 147	--	--	--

固定资产投资情况(总计)

单位:个、千平方米、千元

来源总计						累计完成投资		新增固定资产		本年全部建成交付使用的项目个数及竣工面积	
金来源合计											
自筹资金				其他资金来源			本年完成投资		本年新增固定资产	建成项目	竣工面积
	中央自筹	地方自筹	单位自筹		集资						
958 812	**1 900**	**703 877**	**224 545**	**255 076**	**89 976**	**7 711 767**	**2 533 472**	**1 296 322**	**1 087 501**	**283**	**1 018**
72 930	- -	102	72 828	- -	- -	1 765 074	504 337	113 701	112 502	4	8
885 882	1 900	703 775	151 717	255 076	89 976	5 946 693	2 029 135	1 182 621	974 999	279	1 010
390	- -	- -	390	- -	- -	214 646	71 673	817	817	5	45
1 138	- -	800	338	- -	- -	3 281	3 281	5 520	5 520	2	1
13 993	- -	5 291	8 702	7 352	6 174	326 576	63 546	50 794	17 234	15	36
18 871	- -	16 550	2 321	20 523	8 897	140 084	37 295	5 945	5 758	16	56
4 779	- -	1 870	2 909	1 900	- -	10 093	7 993	8 929	6 829	3	3
15 540	- -	900	14 640	- -	- -	301 449	118 350	51 600	51 600	5	37
- -	- -	- -	- -	- -	- -	50 000	50 000	50 000	50 000	2	11
4 554	- -	150	750	14 337	4 337	29 448	17 931	8 555	6 155	1	- -
3 520	- -	3 520	- -	1 250	1 056	57 490	22 700	20 000	2 000	2	6
14 592	- -	10 100	4 492	24 308	- -	470 388	69 528	14 868	14 868	5	21
78 524	- -	56 790	15 344	36 309	11 064	759 472	397 464	247 164	247 164	20	129
286 983	400	269 405	9 928	36 544	4 255	669 456	357 482	63 804	63 399	19	126
3 000	- -	3 000	- -	3 900	- -	20 660	16 236	- -	- -	1	7
1 718	- -	140	1 578	18 711	13 853	32 392	12 084	20 273	20 273	8	21
27 497	1 500	16 037	7 360	12 260	12 060	124 157	57 843	9 265	4 473	10	23
- -	- -	- -	- -	- -	- -	203	203	203	203	- -	- -
2 908	- -	970	1 738	1 102	2	105 622	9 821	3 059	2 042	14	52
15 150	- -	14 750	400	- -	- -	194 261	40 931	22 850	22 850	6	30
- -	- -	- -	- -	- -	- -	4 450	1 000	- -	- -	- -	- -
8 480	- -	7 350	1 130	2 180	2 000	75 574	19 884	14 520	6 250	7	35
135 036	- -	90 955	43 281	21 626	8 686	398 309	247 603	310 216	196 156	39	150
11 342	- -	4 896	5 460	6 786	5 336	327 213	54 099	33 584	33 584	16	32
184 877	- -	168 369	15 814	13 333	1 040	1 069 447	229 219	61 290	58 710	22	38
142 164	- -	142 164	- -	- -	- -	230 743	144 197	8 205	7 205	3	- -
4 950	- -	300	4 650	890	890	15 552	6 811	15 450	15 450	3	4
1 100	- -	1 100	- -	500	- -	6 970	1 100	- -	- -	- -	- -
1 110	- -	550	560	4 095	- -	21 724	6 755	4 876	4 876	3	6
17 361	- -	13 774	1 637	22 695	4 301	254 945	77 426	161 157	160 398	10	54
200	- -	- -	- -	- -	- -	35 118	16 450	100	100	1	1
4 658	- -	2 250	2 348	2 730	2 580	135 277	38 672	16 708	12 381	25	49
150	- -	150	- -	- -	- -	450	450	450	450	1	- -
2 295	- -	295	2 000	690	490	10 345	1 830	770	670	2	1
13 060	- -	9 360	3 680	800	800	56 649	29 744	24 500	10 920	2	3
- -	- -	- -	- -	1 200	- -	1 200	1 200	- -	- -	- -	- -
560	- -	560	- -	- -	- -	3 806	2 791	30	30	6	3
10 546	- -	6 593	267	2 955	2 155	95 299	7 179	5 527	4 042	11	48

全国各地区文化事业单位

地区	项目个数	计划总投资	建筑面积	本年计划投资	本年资金						
						上年结余资金		本年资			
								国家投资	国内贷款	债券	利用外资
总计	**565**	**16 516 882**	**3 904**	**2 423 326**	**3 330 692**	**1 038 271**	**2 292 421**	**1 088 115**	**136 608**	**480**	**3 380**
中央	33	6 189 184	669	496 771	925 243	409 270	515 973	449 265	--	--	--
地方	532	10 327 698	3 235	1 926 555	2 405 449	629 001	1 776 448	638 850	136 608	480	3 380
北京	1	260 000	37	50 000	115 890	65 890	50 000	50 000	--	--	--
天津	4	6 400	4	2 638	4 888	650	4 238	3 100	--	--	--
河北	35	413 801	136	35 819	34 361	3 054	31 307	11 070	--	--	--
山西	35	174 990	140	41 518	50 594	10 600	39 994	600	--	--	--
内蒙古	4	11 500	9	3 559	5 237	78	5 159	2 050	--	--	--
辽宁	8	586 600	107	79 000	144 370	990	143 380	124 000	3 840	--	--
其中:大连	1	50 000	7	50 000	50 000	--	50 000	50 000	--	--	--
吉林	4	28 595	23	16 431	16 431	--	16 431	840	--	--	--
黑龙江	6	126 600	49	11 240	23 950	8 100	15 850	11 080	--	--	--
上海	6	679 980	106	112 250	59 470	11 110	48 360	11 660	15 500	--	--
江苏	50	1 701 608	486	344 631	519 442	221 903	297 539	161 333	36 850	--	--
浙江	39	1 438 310	397	358 537	437 748	41 246	396 502	30 200	52 500	--	--
其中:宁波	2	35 650	14	18 500	19 942	8 242	11 700	4 800	--	--	--
安徽	15	89 180	54	23 569	27 775	3 586	24 189	4 010	--	--	--
福建	18	128 170	74	24 820	35 266	1 746	33 520	17 290	3 500	--	--
其中:厦门	--	--	--	--	--	--	--	--	--	--	--
江西	22	109 992	70	17 825	34 665	16 506	18 159	14 108	151	--	710
山东	16	306 404	104	36 001	61 770	25 650	36 120	26 370	--	--	--
其中:青岛	1	10 000	10	1 000	1 000	--	1 000	1 000	--	--	--
河南	16	102 278	79	27 410	19 100	4 040	15 060	7 750	--	--	--
湖北	42	438 277	201	182 585	237 298	51 803	185 495	52 320	5 800	--	--
湖南	32	388 152	186	52 741	52 453	533	51 920	21 125	11 957	400	310
广东	46	2 311 150	368	297 868	312 921	125 723	187 198	4 920	620	--	--
其中:深圳	5	1 683 000	118	161 000	246 009	116 009	130 000	--	--	--	--
广西	6	16 354	28	4 830	9 710	2 810	6 900	1 500	--	--	--
海南	1	12 289	10	7 250	7 250	5 650	1 600	--	--	--	--
重庆	8	36 454	62	6 814	5 330	2 500	2 830	1 730	--	--	--
四川	26	335 570	133	78 930	73 256	9 667	63 589	28 150	150	--	--
贵州	4	133 260	56	22 460	22 810	310	22 500	22 300	--	--	--
云南	39	216 636	122	48 907	52 483	13 191	39 292	26 524	3 040	80	2 360
西藏	--	--	--	--	--	--	--	--	--	--	--
陕西	6	17 460	8	3 215	3 755	390	3 365	280	100	--	--
甘肃	16	120 238	89	17 148	18 140	810	17 330	1 180	2 600	--	--
青海	1	2 400	4	2 400	1 200	--	1 200	--	--	--	--
宁夏	5	14 062	5	2 090	3 038	85	2 953	2 393	--	--	--
新疆	21	120 988	88	14 069	14 848	380	14 468	967	--	--	--

基本建设投资情况（总计）

单位：个、千平方米、千元

来源总计 金来源合计 自筹资金	中央自筹	地方自筹	单位自筹	其他资金来源	集资	累计完成投资	本年完成投资	新增固定资产	本年新增固定资产	本年全部建成交付使用的项目个数及竣工面积：建成项目	竣工面积
841 655	**1 900**	**628 201**	**188 064**	**222 183**	**71 594**	**6 835 017**	**2 294 928**	**1 138 982**	**937 763**	**209**	**936**
66 708	--	102	66 606	--	--	1 727 596	467 792	90 234	89 045	2	8
774 947	1 900	628 099	121 458	222 183	71 594	5 107 421	1 827 136	1 048 748	848 718	207	928
--	--	--	--	--	--	200 043	66 786	--	--	1	37
1 138	--	800	338	--	--	3 281	3 281	5 520	5 520	2	1
13 688	--	5 141	8 547	6 549	5 759	325 131	62 351	42 060	8 600	11	33
18 871	--	16 550	2 321	20 523	8 897	140 084	37 295	5 945	5 758	16	56
3 009	--	100	2 909	100	--	5 323	3 923	4 159	2 759	2	3
15 540	--	900	14 640	--	--	301 449	118 350	51 600	51 600	4	34
--	--	--	--	--	--	50 000	50 000	50 000	50 000	1	7
1 254	--	--	--	14 337	4 337	25 548	16 431	5 155	5 155	--	--
3 520	--	3 520	--	1 250	1 056	57 490	22 700	20 000	2 000	2	6
--	--	--	--	21 200	--	353 628	59 428	11 768	11 768	3	21
65 178	--	44 490	14 298	34 178	9 133	706 774	363 460	229 176	229 176	17	124
277 458	400	262 980	6 828	36 344	4 105	654 312	342 593	63 024	62 874	15	123
3 000	--	3 000	--	3 900	--	20 660	16 236	--	--	1	7
1 718	--	140	1 578	18 461	13 653	31 992	11 684	19 873	19 873	7	20
11 630	1 500	7 510	2 620	1 100	1 000	78 492	33 388	8 080	3 288	6	18
--	--	--	--	--	--	--	--	--	--	--	--
2 088	--	150	1 738	1 102	2	105 272	9 471	3 031	2 014	13	48
9 750	--	9 750	--	--	--	183 691	30 861	16 870	16 870	5	29
--	--	--	--	--	--	4 450	1 000	--	--	--	--
5 310	--	4 350	960	2 000	2 000	68 650	15 699	11 520	6 250	5	26
112 515	--	79 055	32 660	14 860	4 600	366 534	218 354	278 750	164 690	28	130
11 342	--	4 896	5 460	6 786	5 336	327 213	54 099	33 584	33 584	16	32
168 725	--	155 595	12 436	12 933	1 040	596 812	188 814	36 998	35 418	11	33
130 000	--	130 000	--	--	--	205 291	120 135	--	--	1	--
4 700	--	50	4 650	700	700	11 069	4 111	--	--	1	2
1 100	--	1 100	--	500	--	6 970	1 100	--	--	--	--
560	--	550	10	540	--	11 812	2 543	1 376	1 376	2	3
14 944	--	11 514	1 480	20 345	3 951	238 559	69 956	155 798	155 039	6	47
200	--	--	--	--	--	35 018	16 350	--	--	1	1
4 558	--	2 150	2 348	2 730	2 580	105 815	32 204	14 491	10 301	17	46
--	--	--	--	--	--	--	--	--	--	--	--
2 295	--	295	2 000	690	490	10 345	1 830	770	670	2	1
12 750	--	9 360	3 370	800	800	55 989	29 084	23 840	10 260	2	3
--	--	--	--	1 200	--	1 200	1 200	--	--	--	--
560	--	560	--	--	--	3 806	2 791	13	13	2	3
10 546	--	6 593	267	2 955	2 155	95 119	6 999	5 347	3 862	10	48

全国各地区主要文化产业

地区	艺术表演团体						图书馆				
	项目个数		建筑面积		资金来源	完成投资	项目个数		建筑面积		资金来源
	（个）	竣工	（千平方米）	竣工	（千元）	（千元）	（个）	竣工	（千平方米）	竣工	（千元）
全　国	**46**	**25**	**178**	**82**	**109 977**	**65 798**	**112**	**38**	**920**	**293**	**833 922**
北　京	－－	－－	－－	－－	－－	－－	1	1	37	37	115 890
天　津	－－	－－	－－	－－	－－	－－	1	1	1	1	1 138
河　北	2	－－	4	－－	3 000	4 500	6	2	19	12	3 200
山　西	3	2	5	3	500	500	5	1	31	1	20 267
内蒙古	－－	－－	－－	－－	－－	－－	－－	－－	－－	－－	－－
辽　宁	－－	－－	－－	－－	－－	－－	2	2	22	22	54 000
其中:大连	－－	－－	－－	－－	－－	－－	1	1	7	7	50 000
吉　林	－－	－－	－－	－－	－－	－－	1	－－	15	－－	10 000
黑龙江	－－	－－	－－	－－	－－	－－	4	1	46	4	21 510
上　海	－－	－－	－－	－－	－－	－－	3	2	28	8	7 260
江　苏	5	2	38	13	37 113	11 023	12	4	171	48	138 254
浙　江	3	2	24	24	9 442	3 054	5	3	54	47	22 131
其中:宁波	1	1	7	7	5 942	3 036	－－	－－	－－	－－	－－
安　徽	4	1	19	2	14 000	2 818	3	1	13	1	140
福　建	3	1	8	5	3 000	1 547	3	1	13	1	2 780
其中:厦门	－－	－－	－－	－－	－－	－－	－－	－－	－－	－－	－－
江　西	2	1	2	1	5	195	4	1	6	1	14 713
山　东	1	1	2	2	－－	－－	5	1	52	10	44 280
其中:青岛	－－	－－	－－	－－	－－	－－	－－	－－	－－	－－	－－
河　南	－－	－－	－－	－－	－－	－－	6	2	30	11	3 450
湖　北	5	5	13	13	11 413	9 504	7	4	62	48	52 570
湖　南	5	3	10	4	7 720	7 202	5	2	12	3	2 479
广　东	5	1	35	1	8 744	10 625	12	3	177	3	243 005
其中:深圳	1	－－	6	－－	664	135	3	1	109	－－	236 720
广　西	－－	－－	－－	－－	－－	－－	－－	－－	－－	－－	－－
海　南	－－	－－	－－	－－	－－	－－	1	－－	10	－－	7 250
重　庆	－－	－－	－－	－－	－－	－－	2	2	3	3	160
四　川	2	1	5	3	13 420	13 420	6	－－	13	－－	11 810
贵　州	－－	－－	－－	－－	－－	－－	1	－－	22	－－	22 440
云　南	2	2	2	2	1 020	810	9	3	42	7	33 390
西　藏	－－	－－	－－	－－	－－	－－	－－	－－	－－	－－	－－
陕　西	－－	－－	－－	－－	－－	－－	3	－－	5	－－	1 285
甘　肃	－－	－－	－－	－－	－－	－－	3	－－	10	－－	420
青　海	－－	－－	－－	－－	－－	－－	－－	－－	－－	－－	－－
宁　夏	－－	－－	－－	－－	－－	－－	－－	－－	－－	－－	－－
新　疆	4	3	11	9	600	600	2	1	26	25	100

单位基本建设投资情况

完成投资（千元）	文化馆						博物馆					
	项目个数（个）	竣工	建筑面积（千平方米）	竣工	资金来源（千元）	完成投资（千元）	项目个数（个）	竣工	建筑面积（千平方米）	竣工	资金来源（千元）	完成投资（千元）
602 707	**75**	**28**	**280**	**82**	**88 859**	**81 045**	**97**	**34**	**911**	**206**	**769 506**	**554 983**
66 786	- -	- -	- -	- -	- -	- -	- -	- -	- -	- -	- -	- -
1 138	3	1	3	- -	3 750	2 143	- -	- -	- -	- -	- -	- -
3 200	7	3	24	8	2 171	2 171	1	- -	3	- -	4 100	4 100
16 790	2	1	7	1	- -	- -	2	- -	58	- -	26 120	26 164
- -	- -	- -	- -	- -	- -	- -	3	3	8	8	9 080	9 080
54 010	- -	- -	- -	- -	- -	- -	4	2	32	10	121 500	121 000
50 000	- -	- -	- -	- -	- -	- -	1	- -	22	- -	120 000	120 000
10 000	- -	- -	- -	- -	- -	- -	- -	- -	- -	- -	- -	- -
20 260	- -	- -	- -	- -	- -	- -	4	1	158	2	34 425	6 800
26 228	1	1	13	13	25 600	33 200	4	1	58	2	46 081	20 260
129 102	6	4	34	22	13 344	13 447	8	2	35	7	26 018	29 520
23 315	2	- -	8	- -	4 550	3 321	9	4	40	19	150 768	47 924
- -	- -	- -	- -	- -	- -	- -	- -	- -	- -	- -	- -	- -
120	1	1	1	1	220	220	2	1	20	10	140	140
2 780	2	1	5	3	640	594	3	- -	37	- -	64 140	1 037
- -	- -	- -	- -	- -	- -	- -	- -	- -	- -	- -	- -	- -
6 065	4	3	12	11	2 070	670	5	4	38	36	24 930	12 924
16 268	- -	- -	- -	- -	- -	- -	6	3	59	24	10 367	6 697
- -	- -	- -	- -	- -	- -	- -	- -	- -	- -	- -	- -	- -
3 450	6	1	23	1	3 570	2 070	4	1	88	6	29 490	29 696
51 970	- -	- -	- -	- -	- -	- -	6	2	31	20	3 100	16 100
2 360	4	1	7	2	1 471	1 471	2	- -	19	- -	28 509	25 958
123 990	4	- -	9	- -	920	1 320	13	1	101	1	81 737	70 763
120 000	- -	- -	- -	- -	- -	- -	- -	- -	- -	- -	- -	- -
- -	- -	- -	- -	- -	- -	- -	2	1	6	5	25 097	25 097
1 100	- -	- -	- -	- -	- -	- -	- -	- -	- -	- -	- -	- -
160	3	- -	51	- -	3 640	1 633	3	2	19	14	2 292	4 208
11 920	4	2	12	8	6 840	6 540	7	2	41	16	30 762	37 237
16 280	2	1	3	1	370	70	- -	- -	- -	- -	- -	- -
13 885	15	7	16	8	3 913	3 141	1	1	2	2	3 950	600
- -	- -	- -	- -	- -	- -	- -	- -	- -	- -	- -	- -	- -
1 010	1	- -	2	- -	1 600	- -	3	1	13	1	2 640	10 333
420	4	- -	31	- -	9 790	9 034	2	- -	5	- -	918	821
- -	- -	- -	- -	- -	- -	- -	1	1	20	20	40 672	45 854
- -	- -	- -	- -	- -	- -	- -	1	1	3	3	870	870
100	4	1	19	3	4 400	- -	1	- -	17	- -	1 800	1 800

全国各地区文化部门机关事业费收支情况

地区	机构数(个)	本年收入合计(千元)				实际支出(千元)					
			财政补助收入	下级上缴收入	其他收入		事业支出	1.本机关支出	事业编制人员劳动报酬	2.补助本级、下级支出	3.其他外拨
总计	**2 349**	**1 467 230**	**1 267 018**	**32 248**	**167 964**	**1 373 601**	**1 150 518**	**1 079 658**	**140 529**	**275 595**	**18 348**
中央	1	205 234	205 234	- -	- -	160 438	160 438	160 438	- -	- -	- -
地方	2 348	1 261 996	1 061 784	32 248	167 964	1 213 163	990 080	919 220	140 529	275 595	18 348
北京	20	41 653	31 121	2 552	7 980	44 252	37 952	35 325	2 364	7 579	1 348
天津	13	11 544	9 304	285	1 955	11 315	6 901	10 072	612	1 243	- -
河北	158	45 581	43 442	357	1 782	44 661	42 384	41 055	14 269	2 536	1 070
山西	94	16 422	15 375	150	897	16 160	15 858	15 224	4 255	936	- -
内蒙古	67	18 772	18 263	78	431	17 030	14 458	14 307	4 825	2 703	20
辽宁	87	55 308	54 653	178	477	55 824	21 587	24 671	1 577	31 153	- -
其中:大连	11	6 553	6 279	178	96	6 568	1 984	5 463	22	1 105	- -
吉林	69	16 308	15 861	10	437	13 191	13 111	11 370	588	1 213	608
黑龙江	80	12 442	11 976	- -	466	14 707	12 580	14 706	1 298	1	- -
上海	21	83 136	37 442	17 107	28 587	84 482	46 531	62 161	1 576	21 656	665
江苏	98	100 942	83 485	732	16 725	84 160	84 160	62 549	3 830	21 208	403
浙江	95	99 983	84 934	2 935	12 114	93 505	57 075	74 562	4 415	15 907	3 036
其中:宁波	11	22 063	17 366	2 357	2 340	16 452	12 932	13 550	847	1 731	1 171
安徽	83	34 061	30 154	1 100	2 807	32 295	28 535	29 561	5 910	2 188	546
福建	88	59 680	55 317	141	4 222	58 314	42 613	32 678	1 936	24 518	1 118
其中:厦门	2	3 608	3 608	- -	- -	2 714	2 714	1 121	- -	1 573	20
江西	111	18 170	15 193	639	2 338	19 193	17 350	11 874	2 182	6 952	367
山东	142	67 924	62 624	28	5 272	64 686	63 991	59 111	13 717	5 176	399
其中:青岛	13	11 321	9 399	- -	1 922	11 252	11 152	9 694	2 685	1 558	- -
河南	147	57 272	50 482	999	5 791	54 964	51 303	47 983	11 906	5 496	1 485
湖北	102	57 396	43 455	1 677	12 264	57 680	52 179	53 866	15 476	3 304	510
湖南	127	53 079	44 089	792	8 198	43 937	42 239	35 891	8 893	7 867	179
广东	133	167 021	141 887	522	24 612	163 746	139 517	113 664	12 086	48 254	1 828
其中:深圳	7	32 332	30 094	- -	2 238	30 029	30 029	23 318	2 308	6 631	80
广西	90	34 577	30 252	44	4 281	31 285	27 203	25 074	3 183	3 902	2 309
海南	23	9 906	8 021	5	1 880	10 176	10 159	9 711	2 805	465	- -
重庆	45	24 395	21 803	474	2 118	18 746	16 845	14 752	3 246	3 741	253
四川	154	61 735	45 514	1 393	14 828	60 381	47 186	42 616	10 544	17 316	449
贵州	41	29 033	25 830	50	3 153	29 251	18 449	17 433	1 796	11 743	75
云南	139	45 059	41 546	- -	3 513	50 254	45 933	38 799	2 164	9 793	1 662
西藏	6	7 776	7 698	- -	78	6 218	4 447	3 791	1 891	2 427	- -
陕西	36	15 074	14 774	- -	300	15 094	13 131	8 662	1 508	6 415	17
甘肃	30	10 803	10 532	- -	271	11 077	10 828	3 261	778	7 816	- -
青海	6	2 450	2 450	- -	- -	1 892	1 556	596	46	1 296	- -
宁夏	23	1 595	1 575	- -	20	1 788	1 120	1 244	364	543	1
新疆	20	2 899	2 732	- -	167	2 899	2 899	2 651	489	248	- -

全国各地区文化部门省级机关事业费收支情况

地区	机构数(个)	本年收入合计(千元)	财政补助收入	下级上缴收入	其他收入	实际支出(千元)	事业支出	1.本机关支出	事业编制人员劳动报酬	2.补助本级、下级支出	3.其他外拨
总计	**34**	**252 463**	**209 622**	**10 853**	**31 988**	**212 224**	**152 905**	**170 151**	**2 770**	**38 826**	**3 247**
北京	1	8 791	8 791	--	--	9 692	9 692	9 692	260	--	--
天津	1	3 276	3 276	--	--	3 202	--	3 202	--	--	--
河北	1	5 863	5 863	--	--	6 264	6 264	4 564	--	1 700	--
山西	1	2 713	2 453	--	260	2 711	2 711	2 711	--	--	--
内蒙古	1	4 023	3 905	78	40	1 763	1 763	1 395	--	368	--
辽宁	1	6 031	5 968	--	63	6 536	--	--	--	6 536	--
吉林	1	5 835	5 744	--	91	3 158	3 158	1 616	--	934	608
黑龙江	1	--	--	--	--	2 350	2 350	2 350	--	--	--
上海	1	25 768	7 123	10 528	8 117	28 770	8 106	28 770	--	--	--
江苏	1	18 522	17 098	--	1 424	4 007	4 007	4 007	--	--	--
浙江	1	11 993	11 323	--	670	10 994	--	10 994	--	--	--
安徽	1	8 018	7 932	10	76	6 840	6 840	6 708	--	132	--
福建	1	7 053	7 053	--	--	7 053	--	7 053	--	--	--
江西	5	4 947	4 236	207	504	5 519	5 264	1 907	151	3 612	--
山东	1	7 671	7 327	--	344	5 547	5 547	5 052	--	245	250
河南	1	8 593	7 826	--	767	8 272	8 272	8 272	--	--	--
湖北	1	4 331	3 632	--	699	6 304	6 304	6 304	--	--	--
湖南	1	17 491	14 044	--	3 447	7 131	7 131	1 268	--	5 863	--
广东	1	49 315	35 476	--	13 839	41 695	34 120	34 120	168	7 575	--
广西	1	8 169	8 135	--	34	5 385	5 385	1 951	--	1 198	2 236
海南	1	4 325	2 921	--	1 404	4 386	4 386	4 386	1 738	--	--
重庆	1	10 475	10 382	30	63	4 927	4 927	3 445	79	1 329	153
四川	1	3 040	3 040	--	--	3 040	--	--	--	3 040	--
贵州	1	8 323	8 274	--	49	8 468	8 468	8 468	65	--	--
云南	1	3 933	3 858	--	75	5 028	5 028	5 028	--	--	--
西藏	--	--	--	--	--	--	--	--	--	--	--
陕西	1	5 027	5 005	--	22	5 027	5 027	5 027	--	--	--
甘肃	1	5 700	5 700	--	--	5 853	5 853	787	--	5 066	--
青海	1	1 786	1 786	--	--	1 228	1 228	--	--	1 228	--
宁夏	1	1 341	1 341	--	--	964	964	964	199	--	--
新疆	1	110	110	--	--	110	110	110	110	--	--

全国各地区文化部门地市级机关事业费收支情况

地区	机构数(个)	本年收入合计(千元)				实际支出(千元)					
			财政补助收入	下级上缴收入	其他收入		事业支出	1.本机关支出	事业编制人员劳动报酬	2.补助本级、下级支出	3.其他外拨
总计	**350**	**460 640**	**383 233**	**14 496**	**62 911**	**453 121**	**370 014**	**306 248**	**28 491**	**143 405**	**3 468**
北京	14	27 149	16 894	2 552	7 703	28 621	22 427	21 160	1 230	7 461	– –
天津	8	4 325	2 760	85	1 480	4 170	4 167	3 000	304	1 170	– –
河北	10	15 536	14 881	352	303	14 373	14 373	13 250	2 464	123	1 000
山西	7	4 300	3 752	100	448	4 084	4 084	3 684	428	400	– –
内蒙古	9	5 164	5 072	– –	92	5 394	4 844	3 894	1 238	1 500	– –
辽宁	23	29 967	29 929	– –	38	29 967	12 881	11 984	305	17 983	– –
其中:大连	1	1 028	1 028	– –	– –	1 028	– –	1 028	– –	– –	– –
吉林	9	4 540	4 417	10	113	4 100	4 100	4 096	89	4	– –
黑龙江	14	5 154	5 036	– –	118	5 025	4 675	5 025	490	– –	– –
上海	17	55 499	28 726	6 551	20 222	53 736	36 706	31 583	609	21 488	665
江苏	13	37 499	30 754	55	6 690	36 910	36 910	30 090	560	6 601	219
浙江	11	27 909	26 163	– –	1 746	22 291	15 636	19 523	461	2 768	– –
其中:宁波	1	10 325	10 325	– –	– –	4 347	4 347	4 347	– –	– –	– –
安徽	12	7 807	6 338	1 003	466	7 291	6 294	6 728	692	451	112
福建	12	30 156	28 314	26	1 816	29 307	26 272	9 683	487	19 512	112
其中:厦门	1	3 380	3 380	– –	– –	2 486	2 486	963	– –	1 523	– –
江西	8	4 249	3 539	416	294	4 628	4 206	4 167	228	461	– –
山东	16	19 977	17 796	– –	2 181	19 246	19 246	15 989	1 254	3 257	– –
其中:青岛	1	5 377	3 854	– –	1 523	5 377	5 377	3 819	– –	1 558	– –
河南	15	18 177	15 560	642	1 975	16 528	16 422	15 567	2 696	927	34
湖北	14	12 516	9 113	131	3 272	12 516	11 264	11 712	3 772	602	202
湖南	15	11 297	9 392	481	1 424	12 360	12 034	11 116	1 038	1 219	25
广东	22	47 887	45 858	437	1 592	53 336	47 714	25 822	2 348	26 811	703
其中:深圳	1	8 169	8 169	– –	– –	7 171	7 171	4 802	– –	2 369	– –
广西	16	14 549	10 933	11	3 605	14 245	11 014	12 899	849	1 273	73
海南	3	1 252	1 148	5	99	1 427	1 427	1 427	374	– –	– –
重庆	17	7 983	6 129	444	1 410	7 844	7 826	7 250	1 926	594	– –
四川	18	23 869	18 844	1 195	3 830	21 757	13 057	11 404	1 747	10 244	109
贵州	9	15 939	14 119	– –	1 820	15 694	5 935	5 447	293	10 247	– –
云南	13	13 926	13 830	– –	96	15 664	15 664	12 986	276	2 464	214
西藏	6	7 776	7 698	– –	78	6 218	4 447	3 791	1 891	2 427	– –
陕西	4	2 111	2 111	– –	– –	2 131	2 131	549	112	1 582	– –
甘肃	5	2 497	2 497	– –	– –	2 628	2 628	1 040	146	1 588	– –
青海	– –	– –	– –	– –	– –	– –	– –	– –	– –	– –	– –
宁夏	4	20	20	– –	– –	20	20	20	20	– –	– –
新疆	6	1 610	1 610	– –	– –	1 610	1 610	1 362	74	248	– –

全国各地区文化部门县级机关事业费收支情况

地区	机构数(个)	本年收入合计(千元)				实际支出(千元)					
			财政补助收入	下级上缴收入	其他收入		事业支出	1.本机关支出	事业编制人员劳动报酬	2.补助本级、下级支出	3.其他外拨
总计	**1 964**	**548 893**	**468 929**	**6 899**	**73 065**	**547 818**	**467 161**	**442 821**	**109 268**	**93 364**	**11 633**
北京	5	5 713	5 436	--	277	5 939	5 833	4 473	874	118	1 348
天津	4	3 943	3 268	200	475	3 943	2 734	3 870	308	73	--
河北	147	24 182	22 698	5	1 479	24 024	21 747	23 241	11 805	713	70
山西	86	9 409	9 170	50	189	9 365	9 063	8 829	3 827	536	--
内蒙古	57	9 585	9 286	--	299	9 873	7 851	9 018	3 587	835	20
辽宁	63	19 310	18 756	178	376	19 321	8 706	12 687	1 272	6 634	--
其中:大连	10	5 525	5 251	178	96	5 540	1 984	4 435	22	1 105	--
吉林	59	5 933	5 700	--	233	5 933	5 853	5 658	499	275	--
黑龙江	65	7 288	6 940	--	348	7 332	5 555	7 331	808	1	--
上海	3	1 869	1 593	28	248	1 976	1 719	1 808	877	168	--
江苏	84	44 921	35 633	677	8 611	43 243	43 243	28 452	3 270	14 607	184
浙江	83	60 081	47 448	2 935	9 698	60 220	41 439	44 045	3 954	13 139	3 036
其中:宁波	10	11 738	7 041	2 357	2 340	12 105	8 585	9 203	847	1 731	1 171
安徽	70	18 236	15 884	87	2 265	18 164	15 401	16 125	5 218	1 605	434
福建	75	22 471	19 950	115	2 406	21 954	16 341	15 942	1 449	5 006	1 006
其中:厦门	1	228	228	--	--	228	228	158	--	50	20
江西	98	8 974	7 418	16	1 540	9 046	7 880	5 800	1 803	2 879	367
山东	125	40 276	37 501	28	2 747	39 893	39 198	38 070	12 463	1 674	149
其中:青岛	12	5 944	5 545	--	399	5 875	5 775	5 875	2 685	--	--
河南	131	30 502	27 096	357	3 049	30 164	26 609	24 144	9 210	4 569	1 451
湖北	87	40 549	30 710	1 546	8 293	38 860	34 611	35 850	11 704	2 702	308
湖南	111	24 291	20 653	311	3 327	24 446	23 074	23 507	7 855	785	154
广东	110	69 819	60 553	85	9 181	68 715	57 683	53 722	9 570	13 868	1 125
其中:深圳	6	24 163	21 925	--	2 238	22 858	22 858	18 516	2 308	4 262	80
广西	73	11 859	11 184	33	642	11 655	10 804	10 224	2 334	1 431	--
海南	19	4 329	3 952	--	377	4 363	4 346	3 898	693	465	--
重庆	27	5 937	5 292	--	645	5 975	4 092	4 057	1 241	1 818	100
四川	135	34 826	23 630	198	10 998	35 584	34 129	31 212	8 797	4 032	340
贵州	31	4 771	3 437	50	1 284	5 089	4 046	3 518	1 438	1 496	75
云南	125	27 200	23 858	--	3 342	29 562	25 241	20 785	1 888	7 329	1 448
西藏	--	--	--	--	--	--	--	--	--	--	--
陕西	31	7 936	7 658	--	278	7 936	5 973	3 086	1 396	4 833	17
甘肃	24	2 606	2 335	--	271	2 596	2 347	1 434	632	1 162	--
青海	5	664	664	--	--	664	328	596	46	68	--
宁夏	18	234	214	--	20	804	136	260	145	543	1
新疆	13	1 179	1 012	--	167	1 179	1 179	1 179	305	--	--

综合部分主要指标解释

国有经济:指生产资料归国家所有的一种经济类型。包括由国有单位使用自有资金投资举办的企业。

集体经济:指生产资料归公民集体所有的一种经济类型。

私营经济:指生产资料归公民个人所有、以雇佣劳动为基础的一种经济类型。包括所有按照《中华人民共和国私营企业暂行条例》规定注册的私营独资企业、私营合伙企业和私营有限责任公司。

个体经济:指生产资料归劳动者个人所有,以个体劳动为基础,劳动成果归劳动者个人占有和支配的一种经济类型。包括所有按照《民法通则》和《城乡个体工商户管理暂行条例》规定登记注册的个体工商户和个人合伙。

联营经济:指不同所有制性质的企业之间或者企业、事业单位之间共同投资组成新的经济实体的一种经济类型。联营经济只包括具备法人条件的紧密型联营单位,不具备法人条件的半紧密型联营单位和松散型联营单位,仍按各自的所有制性质划归经济类型。相同所有制性质的企业之间或者企业、事业之间共同投资组成的紧密型联营单位,不列此类,按其所有制性质划归相应的经济类型。

股份制经济:指全部注册资本由全体股东共同出资,并以股份形式投资举办企业而形成的一种经济类型。股份制经济主要有股份有限公司和有限责任公司两种组织形式。

股份有限公司是指全部注册资本由等额股份构成并通过发行股票(或股权证)筹集资本,股东以其认购的股份对公司承担有限责任,公司以其全部资产对其债务承担责任的企业法人。

有限责任公司是指由两个以上股东出资,每个股东以其所认购的出资额对公司承担有限责任,公司以其全部资产对其债务承担责任的企业法人。

国有、集体、联营、私营企业等经济组织虽以股份制形式经营,但不以股份有限公司或有限责任公司登记注册的,仍按原所有制性质划归经济类型。

虽以有限责任公司名义注册,但由一个国有经济或集体经济股东投资的有限责任公司,暂按其股东的所有制性质划归经济类型。

外商投资经济:指外国投资者根据中华人民共和国有关涉外经济的法律、法规,以合资、合作或独资的形式在中国大陆境内开办企业而形成的一种经济类型。外商投资经济包括中外合资经营企业、中外合作经营企业和外资企业三种形式。

港、澳、台投资经济:指港、澳、台地区投资者参照中华人民共和国有关涉外经济的法律、法规,以合资、合作或独资的形式在大陆开办企业而形成的一种经济类型。港、澳、台投资经济参照外商投资经济可以分为合资经营企业、合作经营企业和独资企业三种形式。

其他经济:指上述各种经济类型之外的其他经济类型。

一、机构、人员类

1.文化产业机构的基本概念

文化产业机构:指专门从事文化工作具有法人资格、独立核算的事业、企业单位,以及单独核算、附属于事业单位的经营性专业文化活动单位。包括艺术业、图书馆业、群众文化业、文物业、文化艺术教育业、出版业、娱乐业、文化经纪与代理业,以及不属于以上分类的其他文化产业。

2.非文化产业机构的基本概念

非文化产业机构:指不属于以上"文化产业机构"的、直属于各级文化主管部门的事业、企业单位,以及文化系统内各事业单位办的各类经营性的非文化产业活动单位。

3.机构的部门分类

全部产业机构按隶属关系,分为"文化部门"和"其他部门"两种。

4.机构的经济类型分类

全部产业机构按经济类型分为国有经济,集体经济,私营经济,个体经济,联合经济,股份经济,外商投资经济,港、澳、台投资经济,其他经济等9种。

5.机构的经济性质分类

全部产业机构按经济性质分为"事业单位"和"企业单位"两类:

事业单位:指财务上执行事业会计制度单位。

企业单位:指财务上执行企业会计制度单位。

6.机构的隶属关系分类

产业机构的隶属关系按其主管部门的行政级别分为"中央"、"省、区、市"、"地、市"、"县、市及以下"四级。

中央:指中央党政机关或人民团体直接领导的文化产业机构。

省、区、市:指省、自治区、直辖市的党政机关或人民团体直接领导的文化产业机构。

地、市:指地区、自治州、盟、省辖市及直辖市的城区的党政机关或人民团体直接领导的文化产业机构。

县、市及以下:指县、县级市、旗及省辖市的区和直辖市的郊区的党政机关或人民团体直接领导的文化产业机构,以及县级以下的党政机关或人民团体直接领导的文化产业机构。

7.机构、人员具体指标涵义

(1)**机构类**

艺术业:包括戏剧、舞蹈、音乐、美术等各种艺术团体及艺术家的活动,如演员、音乐家、作家、雕刻家、画家、漫画家、雕塑家等。也包括剧场、音乐厅、美术展览馆等演出、展出设施的管理。

在本年鉴中,将"艺术业"分为"艺术表演团体"、"艺术表演场所"和"其他艺术"三类。

艺术表演团体:指话剧团、方言话剧团、滑稽剧团、儿童剧团、歌剧团、舞剧团、歌舞剧团、歌舞团、轻音乐团、乐团、合唱团、文工团、文宣队、乌兰牧骑、戏曲剧团、曲剧团、说唱团、杂技团、马戏团、木偶团、皮影团等专业艺术表演团体。不包括半工半艺、半农半艺和民间职业剧团。各类专业艺术表演团体,除部队系统外,均应统计。

艺术表演场所:指由各级文化主管部门或文化单位举办的,除部队系统外的其他部门举办的,具有观众厅、舞台、灯光设备,经常供专业艺术表演团体演出,在工商、税务部门登记,公开售票的营业场所。艺术表演场所分为两类,第一类为剧场、影剧院,包括独立核算的专业剧场和属文化部门主管的能演出戏剧的影剧院、兼映电影的剧场,以及附属在剧院、团公开营业的非独立核算的剧场、排演场;第二类为其他艺术表演场所,包括不论是否独立核算的书场、曲艺场、杂技场、马戏场、音乐厅等。

图书馆业:包括公共图书馆和除部队系统外的、各类单位内部举办的或单独举办的图书馆。不包括群众艺术馆、文化馆、文化站内设的图书室。目前本年鉴仅统计公共图书馆。

公共图书馆:指文化部门举办的面向社会服务的图书馆。

群众文化业:包括群众艺术馆、文化馆、文化站、文化宫、少年宫等群众文化活动。在本年鉴中,目前暂不统计文化系统外的文化宫和少年宫。

群众艺术馆、文化馆、文化站:指从事群众文化工作的专业机构。不包括临时抽调人员组成、没有编制的农村和街道文化工作队、服务站等。

文化艺术教育业:包括高等艺术院校、中等艺术学校、文化干部院校和其他教育机构。

高等艺术院校:指按国家规定的设置标准和审批程序批准举办的,纳入国家招生计划,通过国家统一招生考试,招收高中毕业生和具有同等学历者为主要培养对象,实施高等艺术教育、培养高等艺术人才的全日制、独立设置的学院和高等专科艺术学校。高等艺术院校均应填报国家教委统一印发的学年度"普通高等学校基层报表",各高等艺术院校举办的分校(教学点)或大专班不计校数。其机构、学生人数应与向各级教委填报的学年度"普通高等学校基层报表"的数字相一致。职工人数应填报年末时点数;培训干部应填报当年累计结业人数。

中等艺术学校:指文化系统内由文化部或省、自治区、直辖市人民政府批准举办的,纳入国家招生计划,按国家规定组织入学考试,招收小学或初中(或部分高中)毕业生和具有同等学历者为主要培养对象,实施中等艺术教育、培养中等艺术人才的全日制专业学校。中等艺术学校均应填报国家教委统一印发的学年度"中等专业学校基层报表",各中等艺术学校举办的分校(或校外班)不计校数。其机构、学生人数应与向各级教委填报的学年度"中等专业学校基层报表"的数字相一致。职工人数和培训干部人数的填报同"高等艺术院校"。

文化干部院校:指各级文化行政部门领导的培养和训练文化干部的院校。

其他教育机构:指不填报国家教委统一印发的"教育事业基层报表"的非正规的艺术学校、训练班等教育机构。不包括随团的学员班。

科技、科研机构:指有明确的研究方向和任务,有一定水平的学术带头人和一定数量、质量的研究人员,有开展工作的基本条件,主要进行文化艺术科技、科研的机构。在研究机构中,凡财务上独立核算盈亏的为独立研究机构,财务上非独立核算的为非独立研究机构。

文化市场经营单位由以下统计调查对象组成:

文化艺术经纪与代理业:包括各级文化主管部门直属的演出管理机构,以及在文化市场管理机构登记注册的,主要从事演出、展览等艺术活动组织工作的经营性机构。

个体演职人员:指在文化市场管理部门登记办证的个体演职人员。

娱乐业:包括卡拉OK歌舞厅、电子游艺厅(室)、游乐园(场)、夜总会等活动。具体划分如下:

歌舞厅:指以消费者欣赏歌手等演艺人员表演,并可伴着音乐跳舞为主的娱乐场所。

舞厅:指消费者伴着音乐(音响或乐队)跳舞的娱乐场所。

卡拉OK厅:指带有录放音响设备伴奏进行演唱歌曲的娱乐场所。

餐饮卡拉OK:指在餐饮厅(室)内设有录放音响设备伴奏歌曲功能的饭店、酒家等。

旱冰场:指具有一定范围的场地和使用专用冰鞋进行活动的场所。

保龄球:指按规定标准和技术要求建造,进行保龄球活动的专门场所。

台球厅、电子游艺厅:指借助台球娱乐工具或电子游艺机开展经营活动的场所。

综合性娱乐场所:除以上分类外的多功能娱乐机构,如夜总会、游乐园(场)等。

画店、画廊、美术公司、艺术品拍卖公司:指从事美术品或艺术品经营活动的机构。

音像制品批发、零售单位、图书批发:指从事音像制品批发、零售和图书批发的单位。

时装表演队:指在文化市场管理部门登记,从事时装表演的单位。

本制度对文化市场经营单位实行行业性统计。各级文化市场管理部门依法对文化市场经营单位进行统计调查,在将全部数据完成录入、审核和汇总后,送本级计划财务部门进行综合汇总。

其他文化产业:包括不属于以上分类的文化系统内其他文化产业,如艺术创作机构、艺术展览机构、出版社等。

艺术创作机构:指有专职创作人员、独立建制的剧目创作室(组)、美术创作室(组)及各类画院等专门从事艺术创作的机构。不包括业余性质的文艺创作单位。

艺术展览机构:指各级文化主管部门直属的、具有一定的展出面积、展出设备,专门供艺术作品展览用的场所。不包括群众艺术馆、文化馆内设的非独立核算的展览场所。

出版业:包括书、报、杂志、音像制品的出版活动,如报社、杂志社、音像出版社、图书出版社等。

在本年鉴中,目前仅统计文化主管部门直属的独立核算的出版单位,以及文化单位办的独立核算的出版单位。

(2)**人员类**

从业人员:指在文化产业单位或县以上文化单位办的非文化产业单位中工作,并取得劳动报酬的全部人员。包括职工、再就业的离退休人员、民办教师,以及在各单位中工作的外方人员和港、澳、台方人员。其具体指标涵义同政府统计部门"劳动情况统计"指标解释。

职工:指"从业人员"中的合同制职工、长期职工、临时职工。

二、财务状况类

1.事业单位财务指标

(1)**本年收入合计**:该指标包括财政补助收入、上级补助收入、事业收入、经营收入、附属单位上缴收入和其他收入等六部分。

财政补助收入:指事业单位当年从财政部门取得的各类事业经费,包括事业单位收到财政部门指定用途的专项资金,不包括用于基本建设投资的拨款。

上级补助收入:指事业单位从主管部门和上级单位取得的非财政补助收入,不包括直拨款和周转金。

事业收入:指事业单位开展专业业务活动及其辅助活动取得的收入。其中按规定应上缴财政预算的资金和应缴入财政专户的预算外资金不计入事业收入,从财政专户核拨的预算外资金和部分核准不上缴财政专户管理的预算外资金计入事业收入。

经营收入:指事业单位在专业业务活动及其辅助活动之外开展非独立核算经营活动取得的收入。

附属单位上缴收入:指事业单位附属独立核算单位按有关规定上缴的收入。

其他收入:指上述范围外的各项收入。包括投资收益、利息收入、捐赠收入等。

(2)**本年支出合计**:指事业单位在业务活动中发生的各项资产耗费和损失。本年支出合计及其中数中均不包括直拨款和周转金支出。

事业支出:指事业单位开展专业业务活动及辅助活动发生的支出,包括工资、补助工资、职工福利费、社会保障费、助学金、公务费、设备购置费、修缮费、业务费和其他费用。

经营支出:指事业单位开展专业业务活动及其辅助活动之外开展非独立核算经营活动发生的支出。事业单位在经营活动中应正确归集实际发生的各项费用数,无法归集的,应按规定的比例合理分摊。

对附属单位补助支出:指事业单位用财政补助收入之外的收入对附属单位补助发生的支出。

从业人员劳动报酬:指劳动者从事生产活动而从生产单位得到的各种形式的报酬。劳动者报酬有三种基本形式:一是货币工资及收入,包括单位支付给劳动者的工资、薪金、奖金、各种津贴和补贴;二是实物工资,包括单位以免费或低于成本价提供给劳动者的各种物质产品和服务;三是由单位为劳动者个人支付的社会保险,具体包括单位向政府和保险公司支付的劳动、待业、人身、医疗、家庭财产等保险。

社会保障费:包括职工医疗、养老、待业、住房等方面的开支。

设备购置费:指事业单位不够基本建设投资额度,按固定资产管理的办公一般设备、车辆等购置费,“车辆购置附加费”,教学、科研医疗单位的专业设备购置费,专业图书馆、文化馆、站的图书购置费,以及一般事业单位的图书购置费,档案设备购置费等。

修缮费:指事业单位的公用房屋、建筑物及附属设备的修缮费,公房租金。

税金支出:指事业单位向国家交纳的各种税金,如房产税、营业税、车船使用税、土地使用税、城市维护建设税、印花税、教育费附加费、养路费、排污费等;从基本建设支出、结余和收益中支付的税金不包括在内。

本年结余:指事业单位年度各项收入与支出相抵后的余额。包括事业收支结余和经营收支结余。

当年提取修购基金:指事业单位按有关规定从设备购置费和修缮费中提取的修购基金。

2.企业单位财务指标

(1)**资本金合计**:指企业在工商行政管理部门登记的注册资金。企业资本金按投资主体可分为国家资本金、法人资本金、个人资本金和外商资本金等。企业注册的资本金可能是由单一投资主体形成的,也可能是由多种投资主体形成的。资本金合计应包括企业各种投资主体注册的全部资本金。

国家资本金:指有权代表国家投资的政府部门或机构以国有资产投入企业形成的资本金。

(2)**固定资产合计**:指企业固定资产净值、固定资产清理、在建工程、待处理固定资产净损失所占用的资金合计。该指标根据会计"资产负债表"中"固定资产合计"项的期末数填列。

(3)**固定资产原价**:反映企业报告期末全部固定资产按原价计算的合计数。是指企业在建造、购置、安装、改建、扩建、技术改造某项固定资产时所支出的全部货币总额。该指标取自会计"资产负债表"中"固定资产原价"项的期末数填列。

(4)**本年提取折旧**:指企业在报告期末提取的固定资产折旧。

(5)**损益及分配**

主营营业收入:指企业从事某种主要业务活动所取得的营业收入。工业企业为"产品销售收入";交通运输业为"营运业务收入";建筑业为"工程结算收入";商业企业为"商品销售收入";服务企业为"服务收入"等。

主营营业成本及费用:包括营业成本和营业费用两项。营业成本指企业主营产品的生产成本,即企业为生产产品所发生的制造成本。工业企业为"产品销售成本";交通运输业为"营运业务成本";建筑业为"工程结算成本";商业企业为"商品销售成本";服务企业为"营业成本"。营业费用指企业为取得本期的销售收入或营业收入所发生的有关费用。工业企业为"产品销售费用";交通运输业为"营运费用";商业企业为"经营费用"。

主营营业税金及附加:指企业销售产品或提供劳务等主营业务活动应负担的税金及各种附加。工业企业为"产品销售税金及附加";交通运输业为"营运税金及附加";建筑业为"工程结算税金及附加";商业企业为"商品销售税金及附加"。

主营业务利润:指企业经营的主要业务所产生的利润。工业企业为"产品销售利润";交通运输业为"营运业务利润";建筑企业为"工程结算利润";服务企业为"经营利润"。

其他业务利润:指企业从事主要业务以外的业务活动所产生的利润。

管理费用:指企业管理部门为组织或管理生产经营活动所发生的各项费用支出。

税金:指企业按规定从管理费用中支付的各种税金,包括房产税、车船使用税、土地使用税和印花税等。

劳动、待业保险:指企业支付的劳动保险和待业保险费。包括支付给离退休职工的退休金、价格补贴、医药费、退职金、抚恤金和企业按规定支付给离休干部的各项经费等;待业保险费是指企业按国家规定交纳的待业保险基金。

财务费用:指企业为筹集生产经营所需资金等所发生的费用。

补贴收入:指企业按规定应收取的政策性亏损补贴和其他补贴。

投资收益:指企业以各种方式对外投资所取得的收益,即投资收入扣除投资所发生的损失后的余额。

营业外收支净额:指经营外收入减去营业外支出后的余额。

营业外收入:主要包括固定资产的盘赢和出售净收益,罚款收入,因债权人原因确实无法支付的应付款项，教育附加返还款等。

营业外支出：主要包括固定资产的盘亏、报废、毁损和出售的净损失，非季节性和非修理期间的停工损失、职工子弟学校经费和技术工学校经费，非常损失，公益救济性捐赠、赔偿金、违约金等。

应交所得税：指企业按照国家规定应计算交纳的所得税。

利　　润：指盈利企业当年实现的利润和亏损企业当年发生的亏损。（在填报时用“－”号表示）

利润＝利润总额－应交所得税－应交增值税

利润总额＝营业利润＋补贴收入＋投资收益＋营业外收入－营业外支出

营业利润＝主营业务利润＋其他业务利润－管理费用－财务费用

（6）**其他**

从业人员劳动报酬：指标涵义同事业型单位。

应交增值税：指企业按照国家规定应计算交纳的增值税。

上交主办单位数：指企业按有关规定上交给主管部门或主办单位的费用。

三、三次产业及其增加值、总产出和中间消耗

1.三次产业的划分及第三产业的分类

第一产业：包括农业、林业、牧业、渔业等。

第二产业：包括采掘业、制造业、自来水、电力、蒸气、热水、煤气和建筑业等。

第三产业：除上述第一、第二产业以外的的其他各业。

第三产业包括的范围非常广泛，按其在社会经济发展中的不同作用，目前可分为四个层次：

第一层次为流通部门，包括交通运输业，邮电通讯业，商业饮食业，物资供销和仓储业。

第二层次是为生产和生活服务的部门，包括金融、保险业，地质普查业，房地产业，公用事业，居民服务业，旅游业，咨询信息服务业和各类技术服务业。

第三层次是为提高科学文化水平和居民素质服务的部门，包括教育、文化、广播电影电视事业，科学研究事业，卫生、体育和社会福利事业等。

第四层次是为社会公共需要服务的部门，包括国家机关，党政机关，社会团体，以及军队和警察等。

2.增加值、总产出和中间消耗的计算方法

（1）**增加值**：指产业单位向社会提供服务而增加的价值。反映一定时期内生产经营活动的最终成果。一个生产单位的增加值代表了这个单位对整个国民经济的贡献份额。

本制度对增加值的统计，仅限于本制度规定的调查对象。增加值的计算与汇总完全由计算机完成。

增加值的计算方法因产业单位的经济性质不同而有所区别：

事业单位的增加值计算方法

增加值＝从业人员劳动报酬＋生产税净额＋固定资产折旧＋营业盈余

生产税净额＝税金支出—补贴收入

固定资产折旧＝当年提取折旧或虚拟折旧

补贴收入 = 财政补贴收入

营业盈余:该指标仅对事业收入大于事业支出的单位进行计算,其余单位不计算。计算公式如下:

营业盈余 = 事业收入 - 事业支出 - 虚拟折旧

企业单位增加值计算方法

增加值 = 从业人员劳动者报酬 + 生产税净额 + 固定资产折旧 + 营业盈余

生产税净额 = 主营营业税金及附加 + 税金 + 应交增值税

营业盈余 = 主营业务利润 + 上交管理费 + 上交主办单位数 + 其他业务利润

(2)**总产出和中间消耗的计算方法**

总产出的计算方法

总产出:指产业单位全部生产活动的总成果或总规模,也称总产品。它既包括转移价值,也包括新增价值,因此,它是中间投入与增加值之和。总产出包括事业单位的总产出和企业单位的总产出两种。

事业单位的总产出分两种类型计算:

第一种类型为事业收入大于事业支出的单位:

总产出 = 事业收入

第二种类型为除以上类型的单位:

总产出 = 经费支出 - 助学金 + 虚拟折旧

企业单位的总产出计算:

总产出 = 主营营业收入 + 其他业务利润

中间消耗的计算方法

中间消耗:指产业单位在生产过程中消耗或转换的物质产品和服务价值。是总产出中的转移价值,消耗或转移的物质产品称物质产品投入;消耗或转换的服务称服务投入。中间消耗包括事业单位和企业单位的中间消耗,其计算公式均为:

中间消耗 = 总产出 - 增加值

四、设施类

公用房屋建筑面积:指本部门或房产部门所有的本单位使用的各种办公和业务用房,包括职工单身宿舍、学生宿舍和暂被家属、职工或学生挤占了的非居住用房。不包括职工家属宿舍。其建筑面积均按总的建筑面积(指从外墙算起的各房屋面积相加之和)填报到"公用房屋建筑面积"栏内。此栏下面的其中数,如"书库"、"阅览室"、"教学用房"等凡属独立建筑的,均按建筑面积统计;凡属非独立建筑的,均按使用面积统计;二者兼有的,可按两种方法统计加总。

全　国　文　物　业

	机构数（个）合计	机构数（个）其中国有机构	从业人员（人）合计	从业人员（人）其中职工	收入与支出（千元）总收入	收入与支出（千元）总支出	固定资产合计（千元）合计	固定资产合计（千元）本年新增
总　　计	**3 604**	**3 590**	**66 209**	**57 008**	**3 551 770**	**3 246 518**	**4 449 070**	**－－**
文物保护管理机构	1 976	1 972	22 459	19 402	847 118	847 588	972 547	－－
其他文物机构	70	69	4 050	3 964	847 263	542 589	196 557	－－
博　物　馆	1 384	1 381	33 963	28 710	1 507 916	1 445 426	2 806 720	－－
其中:综合性博物馆	828	828	17 989	15 841	691 043	659 566	1 627 779	－－
专门性博物馆	281	279	10 334	8 384	574 920	556 882	739 675	－－
纪念性博物馆	275	274	5 640	4 485	241 953	228 978	439 266	－－
文　物　商　店	117	111	2 937	2 662	158 243	229 768	230 459	－－
文物科研机构	57	57	2 800	2 270	191 230	181 147	242 787	－－
总　　计	**3 604**	**3 590**	**66 209**	**57 008**	**3 551 770**	**3 246 518**	**4 449 070**	**－－**
中　　央	10	10	2 744	2 542	609 385	377 111	137 089	－－
省、区、市	178	178	11 757	9 508	871 368	808 022	1 211 494	－－
地、(市)	905	902	23 219	19 816	1 145 655	1 114 654	1 577 318	－－
县、(市)	2 511	2 500	28 489	25 142	925 362	946 731	1 523 169	－－

全国文物业机构数、从

	总计 机构数	总计 从业人员	总计 从业人员 职工	文物业合计 机构数	文物业合计 从业人员	文物业合计 从业人员 职工
总　　计	**3 624**	**68 038**	**57 381**	**3 604**	**66 209**	**57 008**
一、中央合计	10	2 744	2 542	10	2 744	2 542
二、地方合计	3 614	65 294	54 839	3 594	63 465	54 466
省、区、市	181	11 846	9 588	178	11 757	9 508
地　、　市	913	24 700	19 866	905	23 219	19 816
县　、　市	2 520	28 748	25 385	2 511	28 489	25 142

注:总计数中有部分其他部门的有关数字。

基 本 情 况

文物藏品及文物保管品(件) 合计	文物藏品及文物保管品(件) 其中一级品	业务活动(个) 陈列	业务活动(个) 展览	参观人次(千人次) 合计	参观人次(千人次) 其中外宾人次	业务用房(千平方米) 合计	业务用房(千平方米) 其中:展览用房	业务用房(千平方米) 其中:文物库房	文物保护单位维修项目情况 维修单位(个) 合计	文物保护单位维修项目情况 维修单位(个) 其中:国家级	文物保护单位维修项目情况 本年实际支出(千元) 合计	文物保护单位维修项目情况 本年实际支出(千元) 其中:国家级
12 491 531	**51 683**	**6 478**	**11 274**	**128 592**	**7 440**	**5 752**	**2 180**	**615**	**– –**	**– –**	**– –**	**– –**
2 038 940	6 377	– –	– –	43 192	2 273	1 060	280	85	– –	– –	– –	– –
68 392	159	– –	– –	– –	– –	59	35	8	– –	– –	– –	– –
9 813 923	43 939	6 478	11 274	85 400	5 167	4 268	1 705	416	– –	– –	– –	– –
6 740 006	23 151	4 503	9 391	33 651	1 335	2 242	918	278	– –	– –	– –	– –
2 668 592	17 826	1 236	1 458	27 541	3 502	1 229	469	110	– –	– –	– –	– –
405 325	2 962	739	425	24 208	330	796	315	27	– –	– –	– –	– –
– –	– –	– –	– –	– –	– –	161	54	66	– –	– –	– –	– –
570 276	1 208	– –	– –	– –	– –	204	106	40	– –	– –	– –	– –
12 491 531	**51 683**	**6 478**	**11 274**	**128 592**	**7 440**	**5 752**	**2 180**	**615**	**1 003**	**222**	**255 557**	**100 031**
1 461 199	13 990	29	52	9 320	2 010	308	45	48	1	1	7 968	7 968
4 461 727	16 917	270	449	15 645	1 566	1 318	514	223	51	22	11 338	6 213
3 235 460	9 394	2 823	2 269	44 408	2 456	1 915	834	177	250	83	94 815	39 780
3 333 145	11 382	3 356	8 504	59 219	1 406	2 213	790	163	701	116	141 436	46 070

业人员数(按经济类型分)

单位:个、人

国有经济 机构数	国有经济 从业人员	国有经济 从业人员 职工	集体经济 机构数	集体经济 从业人员	集体经济 从业人员 职工	其他经济 机构数	其他经济 从业人员	其他经济 从业人员 职工	其他部门 机构数	其他部门 从业人员	其他部门 从业人员 职工
3 590	**65 936**	**56 847**	**10**	**169**	**62**	**4**	**104**	**99**	**20**	**1 829**	**373**
10	2 744	2 542	– –	– –	– –	– –	– –	– –	– –	– –	– –
3 580	63 192	54 305	10	169	62	4	104	99	18	1 829	373
178	11 757	9 508	– –	– –	– –	– –	– –	– –	3	89	80
902	23 203	19 801	1	7	6	2	9	9	6	1 481	50
2 500	28 232	24 996	9	162	56	2	95	90	9	259	243

全国文物业机构数、

	总计			中央		
	机构数	从业人员		机构数	从业人员	
			职工			职工
总　　计	**3 624**	**68 038**	**57 381**	**10**	**2 744**	**2 542**
文物机构合计	2 114	30 902	25 801	5	414	406
1.文物保护管理机构	1 985	24 051	19 567	－－	－－	－－
2.文物科研机构	57	2 800	2 270	1	97	95
3.其它文物机构	72	4 051	3 964	4	317	311
博物馆合计	1 393	34 199	28 918	5	2 330	2 136
1.综合性	829	17 998	15 848	1	321	288
2.专门性	283	10 352	8 402	3	1 934	1 775
3.纪念性	280	5 849	4 668	1	75	73
文物商店合计	117	2 937	2 662	－－	－－	－－

注:该表总计中含其他部门上报的部分数字。

全国文物业收入与

	机构数	本年收入合计									
			财政补助收入	上级补助收入	事业收入		经营收入	附属单位上缴收入	其他收入		事业支出
						门票收入					
总　　计	**3 604**	**3 551 770**	**1 293 305**	**152 602**	**1 252 708**	**947 963**	**380 948**	**10 352**	**461 855**	**3 132 328**	**2 623 338**
文物保护管理机构	1 976	847 118	202 359	39 911	469 586	411 648	113 012	837	21 413	847 588	765 438
文物科研机构	57	191 230	54 067	4 368	128 736	－－	192	－－	3 867	181 147	179 036
其他文物机构	70	847 263	375 689	8 795	39 262	－－	86 298	738	336 481	542 589	425 021
博物馆	1 384	1 507 916	661 190	99 528	615 124	536 315	23 203	8 777	100 094	1 445 426	1 253 843
其中:综合性博物馆	828	691 043	431 854	59 657	159 396	106 265	9 240	1 389	29 507	659 566	633 825
专门性博物馆	281	574 920	145 971	33 941	346 418	331 068	6 909	7 121	34 560	556 882	407 964
纪念性博物馆	275	241 953	83 365	5 930	109 310	98 982	7 054	267	36 027	228 978	212 054
文物商店	117	158 243	－－	－－	－－	－－	158 243	－－	－－	115 578	－－
总　　计	**3 604**	**3 551 770**	**1 293 305**	**152 602**	**1 252 708**	**947 963**	**380 948**	**10 352**	**461 855**	**3 132 328**	**2 623 338**
中央	50	732 396	75 541	44 794	312 402	209 169	24 711	6 155	268 793	493 318	286 102
省、区、市	156	786 109	437 659	2 706	157 679	91 544	91 672	1 233	95 160	671 484	591 614
地、(市)	888	1 108 509	492 202	59 238	386 351	289 899	105 385	2 122	63 211	1 025 056	902 995
县、(市)	2 510	924 756	287 903	45 864	396 276	357 351	159 180	842	34 691	942 470	842 627

从业人员数(按级别分)

单位:个、人

省级			地级			县级		
机构数	从业人员		机构数	从业人员		机构数	从业人员	
		职工			职工			职工
181	**11 846**	**9 588**	**911**	**24 700**	**19 866**	**2 520**	**28 748**	**25 385**
65	2 925	2 430	423	10 199	7 469	1 620	17 364	15 496
16	348	181	368	7 728	5 261	1 600	15 975	14 125
31	2 028	1 712	24	663	454	1	12	9
18	549	537	31	1 808	1 754	19	1 377	1 362
87	7 564	5 921	415	13 092	11 131	885	11 213	9 730
35	4 094	3 354	230	7 397	6 645	563	6 186	5 561
32	2 353	1 630	91	2 861	2 383	157	3 204	2 614
20	1 117	937	94	2 834	2 103	165	1 823	1 555
29	1 357	1 237	73	1 409	1 266	15	171	159

支出基本情况

单位:个、千元

本年支出合计														
经营支出	对附属单位补助支出	在支出合计中												
		从业人员劳动报酬		税金支出	社会保障费	修缮费	设备购置费	业务费					考古发掘费	文物保护单位维修费
			职工工资总额						宣传、出版费	文物征集费	藏品保护费	陈列、展览费		
230 424	**16 864**	**654 000**	**590 078**	**73 064**	**136 904**	**191 216**	**66 788**	**351 043**	**47 305**	**29 502**	**44 012**	**15 734**	**64 937**	**292 141**
60 861	5 968	207 648	191 458	41 618	29 383	47 245	14 173	- -	- -	- -	- -	- -	12 296	56 302
228	- -	31 648	27 886	1 056	8 643	- -	9 493	32 504	- -	- -	- -	- -	38 554	3 890
32 596	- -	44 177	42 773	4 453	6 483	17 121	3 075	61 983	5 275	- -	- -	- -	6 437	170 343
21 161	10 896	370 527	327 961	10 254	92 395	126 850	40 047	256 556	42 030	29 502	44 012	15 734	7 650	61 606
8 231	10 530	197 550	174 581	5 490	46 815	48 003	20 454	141 703	34 444	5 688	28 603	7 101	7 222	37 815
7 083	193	118 249	107 422	3 911	33 463	51 910	14 031	84 469	6 079	22 184	8 444	6 559	399	12 163
5 847	173	54 728	45 958	853	12 117	26 937	5 562	30 384	1 507	1 630	6 965	2 074	29	11 628
115 578	- -	- -	- -	15 683	- -	- -	- -	- -	- -	- -	- -	- -	- -	- -
230 424	**16 864**	**654 000**	**590 078**	**73 064**	**136 904**	**191 216**	**66 788**	**351 043**	**47 305**	**29 502**	**44 012**	**15 734**	**64 937**	**292 141**
21 436	- -	68 502	61 375	3 526	27 961	22 573	11 373	35 187	1 626	165	3 522	404	40 798	9 990
59 629	560	101 465	87 965	13 931	28 456	33 403	13 624	122 603	11 013	3 487	16 191	2 916	7 244	134 500
84 434	10 334	243 770	217 875	15 200	52 683	90 593	27 669	152 349	31 198	24 031	20 196	5 948	11 943	66 907
64 925	5 970	240 263	222 863	40 407	27 804	44 647	14 122	40 904	3 468	1 819	4 103	6 466	4 952	80 744

全 国 文 物 保 护

	机构数(个)	从业人员(人)	职工	文物藏品(件)	一级品	参观人次(千人次)	外宾参观人次
总计	**1 976**	**22 459**	**19 402**	**2 038 940**	**6 377**	**43 192**	**2 273**
中央	--	--	--	--	--	--	--
省、区、市	16	348	181	23 379	--	424	54
地、市	364	6 278	5 238	726 826	1 060	12 997	1 148
县、市	1 596	15 833	13 983	1 288 735	5 317	29 771	1 071

	本年支出合计(千元)	事业支出	经营支出	对附属单位补助支出	在支出合计中:从业人员劳动报酬	职工工资总额	税金支出	社会保障费
总计	**847 588**	**765 438**	**60 861**	**5 968**	**207 648**	**191 458**	**41 618**	**29 383**
中央	--	--	--	--	--	--	--	--
省、区、市	13 555	13 495	--	--	3 692	3 408	3	881
地、市	245 023	238 468	2 448	560	64 952	59 791	5 886	13 328
县、市	589 010	513 475	58 413	5 408	139 004	128 259	35 729	15 174

管理机构基本情况

本年收入合计(千元)	财政补助收入	上级补助收入	事业收入	门票收入	经营收入	附属单位上缴收入	其他收入
847 118	**202 359**	**39 911**	**469 586**	**411 648**	**113 012**	**837**	**21 413**
- -	- -	- -	- -	- -	- -	- -	- -
15 925	8 753	50	6 830	6 396	3	120	169
246 506	72 991	12 385	152 151	118 773	1 926	121	6 932
584 687	120 615	27 476	310 605	286 479	111 083	596	14 312

修缮费	设备购置费	考古发掘费	文物保护单位维修费	年末固定资产原值(千元)	当年提取修购基金(千元)	增加值(千元)	公用房屋建筑面积(千平方米)	陈列展览用房	文物库房
47 245	**14 173**	**12 296**	**56 302**	**972 547**	**3 133**	**342 639**	**1 060**	**280**	**85**
- -	- -	- -	- -	- -	- -	- -	- -	- -	- -
1 496	583	120	394	7 582	30	4 730	9	1	- -
25 857	6 707	8 908	19 254	231 662	1 521	84 454	248	84	19
19 892	6 883	3 268	36 654	733 303	1 582	253 455	803	198	65

全国文物科研

	机构数(个)	从业人员(人)						本年完成科研项目(个)			
			职工								
				科研人员总数							
					高级职称	中级职称	初级职称		获国家奖	获省、部奖	获地、市奖
总计	**57**	**2 800**	**2 270**	**1 595**	**427**	**631**	**522**	**65**	**3**	**17**	**10**
1.考古研究	41	1 711	1 498	1 065	320	445	285	54	3	17	6
2.古建研究	9	854	573	389	72	133	184	2	--	--	--
3.其他文物研究	7	235	199	141	35	53	53	9	--	--	4

	本年支出合计(千元)							
					在支出合计中			
		事业支出	经营支出	对附属单位补助支出	从业人员劳动报酬	职工工资总额	税金支出	社会保障费
总计	**181 147**	**179 036**	**228**	**--**	**31 648**	**27 886**	**1 056**	**8 643**
1.考古研究	121 387	121 051	104	--	20 052	17 131	386	5 137
2.古建研究	49 024	48 250	114	--	8 575	7 861	595	2 615
3.其他文物研究	10 736	9 735	10	--	3 021	2 894	75	891

单 位 基 本 情 况

所办刊物(种)	文物保管品(件)	一级品	本年收入合计(千元)	财政补助收入	上级补助收入	事业收入	配合经济建设考古收入	经营收入	附属单位上缴收入	其他收入
12	**570 276**	**1 208**	**191 230**	**54 067**	**4 368**	**128 736**	**69 963**	**192**	**- -**	**3 867**
8	563 895	1 120	129 321	37 687	2 985	87 259	69 869	142	- -	1 248
1	5 410	76	50 072	9 583	971	36 971	- -	- -	- -	2 547
3	971	12	11 837	6 797	412	4 506	94	50	- -	72

设备购置费	业务费	考古发掘费	文物保护单位维修费	年末固定资产原值(千元)	当年提取修购基金(千元)	增加值(千元)	公用房屋建筑面积(千平方米)	业务用房	文物库房
9 493	**32 504**	**38 554**	**3 890**	**242 787**	**333**	**234 644**	**204**	**106**	**40**
7 109	12 256	38 498	2 022	113 905	329	160 277	143	69	38
1 015	18 035	- -	1 766	115 403	- -	57 833	51	36	1
1 369	2 213	56	102	13 479	4	16 534	8	2	- -

全 国 其 他 文 物

	机构数(个)	从业人员(人)		文物藏品(件)	
			职工		一级品
总　　计	**70**	**2 405**	**2 319**	**68 392**	**159**
中　　央	4	257	251	－－	－－
省、区、市	18	298	286	4 569	2
地　、市	31	1 205	1 151	56 829	147
县　、市	17	645	631	6 994	10

	本年支出合计(千元)							
		事业支出	经营支出	对附属单位补助支出	在支出合计中:			
					从业人员劳动报酬		税金支出	社会保障费
						职工工资总额		
总　　计	**155 244**	**122 648**	**32 596**	**－－**	**29 287**	**27 883**	**4 453**	**6 483**
中　　央	32 518	11 186	21 332	－－	4 072	3 371	2 176	2 293
省、区、市	11 404	11 290	114	－－	3 274	3 033	28	696
地　、市	67 395	56 503	10 892	－－	14 279	13 848	428	2 711
县　、市	43 927	43 669	258	－－	7 662	7 631	1 821	783

基 本 情 况

本年收入合计（千元）	财政补助收入	上级补助收入	事业收入	经营收入	附属单位上缴收入	其他收入
162 672	**22 927**	**8 795**	**39 262**	**86 298**	**738**	**4 652**
33 159	525	2 660	3 404	24 069	288	2 213
11 550	5 846	193	1 538	3 797	－－	176
72 958	14 983	5 723	32 926	16 880	450	1 996
45 005	1 573	219	1 394	41 552	－－	267

修缮费	设备购置费	业务费	考古发掘费	文物保护单位维修费	年末固定资产原值（千元）	当年提取修购基金（千元）	增加值（千元）	公用房屋建筑面积（千平方米）	陈列展览用房	文物库房
17 121	**3 075**	**10 464**	**428**	**13 287**	**196 557**	**15 447**	**43 774**	**59**	**35**	**8**
145	345	3 463	－－	－－	8 545	137	6 589	－－	－－	－－
122	653	814	160	65	13 150	22	3 829	5	1	3
15 889	1 310	5 575	195	8 312	120 714	15 288	21 629	40	24	3
965	767	612	73	4 910	54 148	－－	11 727	15	11	1

全　国　博　物　馆

	机构数（个）	从业人员（人）	职工	文物藏品（件）	一级品	业务活动 陈列（个）	展览（个）	参观人次（千人次）	外宾人次
总　计	**1 384**	**33 963**	**28 710**	**9 813 923**	**43 939**	**6 478**	**11 274**	**85 400**	**5 167**
按性质分									
综合性	828	17 989	15 841	6 740 006	23 151	4 503	9 391	33 651	1 335
纪念性	275	5 640	4 485	405 325	2 962	739	425	24 208	330
专门性	281	10 334	8 384	2 668 592	17 826	1 236	1 458	27 541	3 502
按隶属关系分									
中　央	5	2 330	2 136	1 461 199	13 990	29	52	9 320	2 010
省、区、市	84	7 475	5 841	3 965 653	16 082	270	449	15 221	1 512
地　、市	413	13 061	11 104	2 349 655	7 812	2 823	2 269	31 411	1 308
县　、市	882	11 097	9 629	2 037 416	6 055	3 356	8 504	29 448	335

	在支出合计中：从业人员劳动报酬	职工工资总额	税金支出	社会保障费	修缮费	设备购置费	业务	文物征集费	藏品保护费
总　计	**370 527**	**327 961**	**10 254**	**92 395**	**126 850**	**40 047**	**256 556**	**42 030**	**29 502**
按性质分									
综合性	197 550	174 581	5 490	46 815	48 003	20 454	141 703	34 444	5 688
纪念性	54 728	45 958	853	12 117	26 937	5 562	30 384	1 507	1 630
专门性	118 249	107 422	3 911	33 463	51 910	14 031	84 469	6 079	22 184
按隶属关系分									
中　央	44 378	40 873	964	20 531	22 428	3 919	17 452	1 626	165
省、区、市	83 414	71 153	3 846	24 264	31 785	11 373	58 462	5 866	3 487
地　、市	154 606	134 430	2 652	35 753	48 847	18 283	141 911	31 133	24 031
县　、市	88 129	81 505	2 792	11 847	23 790	6 472	38 731	3 405	1 819

基　本　情　况

本年收入合计（千元）	财政补助收入	上级补助收入	事业收入	事业收入：门票收入	经营收入	附属单位上缴收入	其他收入	本年支出合计（千元）	事业支出	经营支出	对附属单位补助支出
1 507 916	**661 190**	**99 528**	**615 124**	**536 315**	**23 203**	**8 777**	**100 094**	**1 445 426**	**1 253 843**	**21 161**	**10 896**
691 043	431 854	59 657	159 396	106 265	9 240	1 389	29 507	659 566	633 825	8 231	10 530
241 953	83 365	5 930	109 310	98 982	7 054	267	36 027	228 978	212 054	5 847	173
574 920	145 971	33 941	346 418	331 068	6 909	7 121	34 560	556 882	407 964	7 083	193
293 548	21 921	39 149	221 739	209 169	500	5 867	4 372	272 290	133 802	- -	- -
331 643	169 885	1 492	112 340	85 148	6 246	1 113	40 567	320 375	312 087	5 126	560
632 815	338 865	40 718	196 768	171 126	13 370	1 551	41 543	586 737	549 410	12 465	9 774
249 910	130 519	18 169	84 277	70 872	3 087	246	13 612	266 024	258 544	3 570	562

（千元）费：陈列、展览费	宣传、出版费	考古发掘费	文物保护单位维修费	年末固定资产原值（千元）	当年提取修购基金（千元）	增加值（千元）	公用房屋建筑面积（千平方米）	陈列展览用房	文物库房
44 012	**15 734**	**7 650**	**61 606**	**2 806 720**	**6 630**	**630 778**	**4 268**	**1 705**	**416**
28 603	7 101	7 222	37 815	1 627 779	2 632	268 420	2 242	918	278
6 965	2 074	29	11 628	439 266	2 624	85 449	796	315	27
8 444	6 559	399	12 163	739 675	1 374	276 909	1 229	469	110
3 522	404	2 300	7 968	116 854	- -	171 362	308	45	48
16 191	2 916	1 099	1 784	847 311	3 578	124 278	1 040	392	146
20 196	5 948	2 718	18 850	1 110 999	2 208	211 845	1 532	684	127
4 103	6 466	1 533	33 004	731 556	844	123 293	1 390	581	94

全　国　文　物　商

	机构数（个）	从业人员（人）		周转金总额（千元）		上年末库存	
			职　工		银行贷款	件　数（件）	金　额（千元）
总　　计	**117**	**2 937**	**2 662**	**117 081**	**14 137**	**11 594 341**	**216 327**
中　　央	－－	－－	－－	－－	－－	－－	－－
省、区、市	29	1 357	1 237	43 902	7 157	7 001 508	104 982
地　、　市	73	1 409	1 266	62 990	6 830	4 360 191	104 236
县　、　市	15	171	159	10 189	150	232 642	7 109

	本年末库存		本年销售费用（千元）			各种税金（千元）
	件　数（件）	金　额（千元）		从业人员劳动报酬		
					工资总额	
总　　计	**11 443 842**	**238 405**	**99 895**	**41 833**	**38 582**	**15 683**
中　　央	－－	－－	－－	－－	－－	－－
省、区、市	6 968 782	127 729	44 816	17 884	17 454	9 459
地　、　市	4 244 077	104 091	52 460	22 094	19 283	6 159
县　、　市	230 983	6 585	2 619	1 855	1 845	65

店 基 本 情 况

本年收购 件数（件）	本年收购 金额（千元）	本年销售 件数（件）	本年销售 金额（千元）	本年销售中：外销件数	外销金额	内销件数	内销金额	新制品件数	新制品金额
590 132	**114 190**	**740 631**	**158 243**	**70 611**	**90 810**	**110 059**	**45 350**	**525 274**	**22 081**
— —	— —	— —	— —	— —	— —	— —	— —	— —	— —
281 474	57 581	314 200	81 626	31 544	60 683	59 875	16 578	222 772	4 365
300 364	52 704	416 478	73 159	37 550	28 451	42 747	27 458	301 503	17 248
8 294	3 905	9 953	3 458	1 517	1 676	7 437	1 314	999	468

本年盈亏（千元）	年末固定资产原值（千元）	当年提取修购基金（千元）	增加值（千元）	公用房屋建筑面积（千平方米）	营业用房	文物库房
9 978	**230 459**	**1 839**	**76 713**	**161**	**54**	**66**
— —	— —	— —	— —	— —	— —	— —
11 750	130 583	1 094	44 317	91	23	39
－1 778	95 714	740	30 304	64	31	22
6	4 162	5	2 092	5	— —	3

全国文物部门附营

	机构数(个)	从业人员(人)		资本金合计		固定资产合计(千元)	固定资产原价(千元)	本年提取折旧(千元)	损				
			职工	(千元)	国家资本金				主营业收入	主营营业成本及费用	主营营业税金及附加	主营业务利润	其他业务利润
总　　计	**48**	**999**	**369**	**21 192**	**13 475**	**12 588**	**15 573**	**1 345**	**38 992**	**32 532**	**1 138**	**5 322**	**371**
第一产业	--	--	--	--	--	--	--	--	--	--	--	--	--
第二产业	8	639	122	8 752	5 500	4 442	5 703	733	20 882	17 125	691	3 066	17
其中:制 造 业	3	50	41	652	200	1 012	1 440	428	610	560	16	34	--
建 筑 业	5	589	81	8 100	5 300	3 430	4 263	305	20 272	16 565	675	3 032	17
第三产业	40	360	247	12 440	7 975	8 146	9 870	612	18 110	15 407	447	2 256	354
其中:批、零餐饮业	27	260	187	7 033	5 178	4 606	5 329	389	10 739	9 043	258	1 438	354
房地产业	--	--	--	--	--	--	--	--	--	--	--	--	--
综合服务业	4	7	4	1 790	180	1 516	1 788	114	2 696	2 697	12	-13	--

全国文物主管部门机关

	机构数(个)	事业编制人数(人)	本年收入合计(千元)							
				财政补助收入	国家重点文物保护专项资金	地方重点文物保护专项资金	下级上缴收入	其他收入		事业支出
总　　计	**262**	**1 645**	**684 591**	**352 762**	**58 594**	**120 065**	**297 587**	**34 242**	**387 345**	**302 373**
中　　央	1	60	276 368	15 408	--	--	260 318	642	67 123	20 063
省、区、市	29	251	295 293	243 592	56 608	110 039	35 150	16 551	222 851	206 492
地　、　市	91	603	71 234	58 566	1 529	7 422	800	11 868	56 546	48 879
县　、　市	141	731	41 696	35 196	457	2 604	1 319	5 181	40 825	26 939

单位基本情况（企业）

益及分配（千元）									其他（千元）			上交主办单位数（千元）	增加值（千元）
管理费用			财务费用	补贴收入	投资收益	营业外收支净额	应交所得税	利润	从业人员劳动报酬	本年应付福利费总额	本年应交增值税		
	税金	劳动待业保险											
5 590	**34**	**41**	**-30**	**6**	**51**	**-50**	**148**	**-8**	**7 399**	**808**	**259**	**1 027**	**16 895**
- -	- -	- -	- -	- -	- -	- -	- -	- -	- -	- -	- -	- -	- -
3 569	29	5	-18	- -	- -	-28	55	-551	5 011	623	21	210	9 778
447	- -	- -	-3	- -	- -	- -	4	-414	105	21	21	- -	604
3 122	29	5	-15	- -	- -	-28	51	-137	4 906	602	- -	210	9 174
2 021	5	36	-12	6	51	-22	93	543	2 388	185	238	817	7 117
1 065	3	36	1	5	- -	-20	90	621	1 942	144	237	734	5 355
- -	- -	- -	- -	- -	- -	- -	- -	- -	- -	- -	- -	- -	- -
182	1	- -	-3	- -	- -	- -	- -	-192	111	16	- -	- -	225

事业编制及事业费收支情况

本年支出合计（千元）										省文物行政部门会同省财政部门一次性下拨的补助经费全年合计（千元）
1.本机关支出		2.补助本级、下级支出								
合计	事业编制人员劳动报酬	合计	文物保护单位维修费	考古发掘费	文物收购费	干部训练费	补助未设文博机构地方	拨给文物商店周转金	其他费用	
162 261	**14 890**	**225 084**	**157 056**	**6 009**	**5 275**	**2 322**	**669**	**- -**	**43 253**	**51 810**
65 107	- -	2 016	- -	- -	- -	2 016	- -	- -	- -	- -
41 203	2 510	181 648	130 491	5 865	5 147	290	- -	- -	39 855	49 325
29 978	6 912	26 568	20 389	66	65	13	135	- -	2 437	2 180
25 973	5 468	14 852	6 176	78	63	3	534	- -	961	305

各地区文物业机构数、从

	总计			合计		
	机构数	从业人员		机构数	从业人员	
			职工			职工
总　　计	**3 624**	**68 006**	**57 294**	**3 604**	**66 177**	**56 921**
中　　央	10	2 712	2 455	10	2 712	2 455
地　　方	3 614	65 294	54 839	3 594	63 465	54 466
北　　京	53	2 697	2 421	53	2 697	2 421
天　　津	23	887	747	23	887	747
河　　北	215	5 514	4 559	215	5 514	4 559
山　　西	170	3 626	2 976	170	3 626	2 976
内 蒙 古	103	1 397	1 326	103	1 397	1 326
辽　　宁	109	2 331	2 046	109	2 331	2 046
其中:大连	9	247	187	9	247	187
吉　　林	63	1 129	1 039	63	1 129	1 039
黑 龙 江	130	993	917	130	993	917
上　　海	24	1 360	970	24	1 360	970
江　　苏	157	2 266	2 249	157	2 266	2 249
浙　　江	170	2 229	1 861	170	2 229	1 861
其中:宁波	26	288	225	26	288	225
安　　徽	132	1 339	1 229	131	1 337	1 227
福　　建	119	961	839	119	961	839
其中:厦门	6	120	120	6	120	120
江　　西	133	2 031	1 839	133	2 031	1 839
山　　东	150	3 887	3 731	150	3 887	3 731
其中:青岛	11	195	163	11	195	163
河　　南	210	4 885	4 175	210	4 885	4 175
湖　　北	144	2 924	2 743	141	2 898	2 718
湖　　南	200	2 225	2 022	194	1 916	1 738
广　　东	167	2 848	2 376	164	2 815	2 346
其中:深圳	10	193	191	10	193	191
广　　西	109	1 081	967	109	1 081	967
海　　南	21	261	241	21	261	241
重　　庆	59	1 293	1 019	59	1 293	1 019
四　　川	196	3 545	2 908	196	3 545	2 908
贵　　州	95	606	511	95	606	511
云　　南	129	1 086	944	129	1 086	944
西　　藏	16	2 174	266	12	724	243
陕　　西	245	6 461	5 189	244	6 452	5 180
甘　　肃	100	1 764	1 382	100	1 764	1 382
青　　海	39	293	274	39	293	274
宁　　夏	29	360	331	29	360	331
新　　疆	102	841	742	102	841	742

注:总计中的数字含部分上报的其他部门机构数。

业人员数(按经济类型分)

单位:个、人

国有经济			集体经济			其他经济			其他部门		
机构数	从业人员	职工	机构数	从业人员	职工	机构数	从业人员	职工	机构数	从业人员	职工
3 590	**65 904**	**56 760**	**10**	**169**	**62**	**4**	**104**	**99**	**18**	**1 829**	**373**
10	2 712	2 455	--	--	--	--	--	--	--	--	--
3 580	63 192	54 305	10	169	62	4	104	99	18	1 829	373
53	2 697	2 421	--	--	--	--	--	--	--	--	--
23	887	747	--	--	--	--	--	--	--	--	--
215	5 514	4 559	--	--	--	--	--	--	--	--	--
170	3 626	2 976	--	--	--	--	--	--	--	--	--
103	1 397	1 326	--	--	--	--	--	--	--	--	--
109	2 331	2 046	--	--	--	--	--	--	--	--	--
9	247	187	--	--	--	--	--	--	--	--	--
63	1 129	1 039	--	--	--	--	--	--	--	--	--
130	993	917	--	--	--	--	--	--	--	--	--
24	1 360	970	--	--	--	--	--	--	--	--	--
154	2 247	2 230	3	19	19	--	--	--	--	--	--
165	2 205	1 837	3	4	4	2	20	20	--	--	--
25	285	223	1	3	2	--	--	--	--	--	--
131	1 337	1 227	--	--	--	--	--	--	1	2	2
119	961	839	--	--	--	--	--	--	--	--	--
6	120	120	--	--	--	--	--	--	--	--	--
133	2 031	1 839	--	--	--	--	--	--	--	--	--
150	3 887	3 731	--	--	--	--	--	--	--	--	--
11	195	163	--	--	--	--	--	--	--	--	--
210	4 885	4 175	--	--	--	--	--	--	--	--	--
141	2 898	2 718	--	--	--	--	--	--	3	26	25
194	1 916	1 738	--	--	--	--	--	--	6	309	284
162	2 806	2 337	1	3	3	1	6	6	3	33	30
9	185	183	--	--	--	1	8	8	--	--	--
109	1 081	967	--	--	--	--	--	--	--	--	--
21	261	241	--	--	--	--	--	--	--	--	--
59	1 293	1 019	--	--	--	--	--	--	--	--	--
196	3 545	2 908	--	--	--	--	--	--	--	--	--
95	606	511	--	--	--	--	--	--	--	--	--
129	1 086	944	--	--	--	--	--	--	--	--	--
11	622	239	1	102	4	--	--	--	4	1 450	23
241	6 333	5 075	2	41	32	1	78	73	1	9	9
100	1 764	1 382	--	--	--	--	--	--	--	--	--
39	293	274	--	--	--	--	--	--	--	--	--
29	360	331	--	--	--	--	--	--	--	--	--
102	841	742	--	--	--	--	--	--	--	--	--

各地区文物业收入

	机构数	本年收入合计	财政补助收入	上级补助收入	事业收入	其中：门票收入	经营收入	附属单位上缴收入	其他收入		事业支出
总　计	**3 604**	**3 551 770**	**1 293 305**	**152 602**	**1 252 708**	**947 963**	**380 948**	**10 352**	**461 855**	**3 132 328**	**2 623 338**
中　央	10	609 385	42 664	41 809	226 553	209 169	24 619	6 155	267 585	377 111	170 221
地　方	3 594	2 942 385	1 250 641	110 793	1 026 155	738 794	356 329	4 197	194 270	2 755 217	2 453 117
北　京	53	405 797	134 345	3 788	112 042	103 568	149 542	- -	6 080	331 353	313 948
天　津	23	39 155	14 649	3	7 682	5 778	15 094	120	1 607	34 883	24 101
河　北	215	215 082	84 876	9 783	99 080	94 830	11 852	1 326	8 165	226 108	159 563
山　西	170	115 371	47 214	29	61 913	43 330	212	- -	6 003	112 253	111 600
内蒙古	103	24 169	17 197	380	4 534	3 291	530	29	1 499	25 641	23 216
辽　宁	109	78 858	39 278	900	34 631	25 114	2 569	- -	1 480	72 215	61 044
其中:大连	8	15 669	5 396	7	8 584	6 679	1 396	- -	286	11 778	9 361
吉　林	63	25 510	18 805	29	6 482	3 724	131	- -	63	25 123	24 900
黑龙江	130	29 016	25 148	851	1 742	1 364	21	20	1 234	28 265	27 649
上　海	24	207 464	98 324	24 635	52 599	19 119	28 002	1 401	2 503	156 639	135 181
江　苏	157	117 243	74 016	1 983	15 193	8 713	18 149	324	7 578	107 504	87 644
浙　江	170	150 348	67 762	8 428	33 681	23 019	29 236	237	11 004	145 743	120 467
其中:宁波	26	20 281	8 435	195	5 288	4 434	5 426	- -	937	20 924	16 570
安　徽	131	32 228	20 884	1 832	6 031	2 510	1 786	- -	1 695	34 137	30 773
福　建	119	35 897	28 791	2 533	1 976	1 438	1 817	- -	780	33 218	26 644
其中:厦门	6	8 858	6 532	171	446	446	1 405	- -	304	7 582	5 050
江　西	133	45 784	22 270	698	15 926	14 606	4 959	- -	1 931	38 331	35 803
山　东	150	159 078	52 478	6 143	87 263	71 963	7 800	- -	5 394	159 524	138 181
其中:青岛	12	7 863	5 180	755	337	228	423	- -	1 168	7 718	7 105
河　南	210	172 693	70 886	8 219	67 329	30 828	3 623	180	22 456	159 526	150 922
湖　北	141	83 307	43 072	3 337	26 560	9 021	6 775	24	3 539	79 632	65 293
湖　南	194	56 334	27 896	3 572	15 391	9 297	8 276	1	1 198	53 682	47 270
广　东	164	235 963	144 560	9 335	57 986	35 184	14 091	110	9 881	228 510	204 332
其中:深圳	12	27 742	19 714	2 070	1 523	1 463	1 439	- -	2 996	21 399	20 611
广　西	109	32 828	21 448	1 113	6 145	1 829	1 929	- -	2 193	29 737	27 564
海　南	21	10 569	4 030	210	5 940	5 918	- -	70	319	10 810	10 810
重　庆	59	86 048	26 109	1 062	28 887	21 677	810	- -	29 180	89 891	88 360
四　川	196	153 243	35 102	7 334	99 842	72 667	1 819	138	9 008	158 741	142 574
贵　州	95	17 538	10 636	1 943	3 069	2 284	1 217	- -	673	14 555	11 615
云　南	129	50 371	30 336	2 391	15 890	13 352	858	- -	896	48 732	45 970
西　藏	12	14 026	5 944	- -	7 595	6 441	52	- -	435	12 790	11 758
陕　西	244	235 289	41 440	5 823	92 018	80 493	43 346	217	52 445	226 840	220 821
甘　肃	100	67 086	21 642	1 990	38 654	8 938	1 662	- -	3 138	65 461	62 134
青　海	39	5 903	5 380	180	256	6	9	- -	78	6 368	5 880
宁　夏	29	7 298	4 481	207	2 380	2 148	64	- -	166	7 448	7 033
新　疆	102	32 889	11 642	2 062	17 438	16 344	98	- -	1 649	31 557	30 067

与支出基本情况

单位:个、千元

本年支出合计														
经营支出	对附属单位补助支出	在支出合计中												
		从业人员劳动报酬		税金支出	社会保障费	修缮费	设备购置费	业务费					考古发掘费	文物保护单位维修费
			职工工资总额						文物征集费	藏品保护费	陈列、展览费	宣传、出版费		
230 424	**16 864**	**654 000**	**590 078**	**73 064**	**136 904**	**191 216**	**66 788**	**351 043**	**47 305**	**29 502**	**44 012**	**15 734**	**64 937**	**292 141**
21 342	- -	49 945	45 739	3 150	23 404	22 573	5 074	23 881	1 626	165	3 522	404	2 300	7 968
209 082	16 864	604 055	544 339	69 914	113 500	168 643	61 714	327 162	45 679	29 337	40 490	15 330	62 637	284 173
14 430	560	43 602	42 363	39 009	2 367	6 728	1 890	23 543	87	255	1 150	147	6 532	46 641
10 473	38	9 798	7 157	1 754	2 930	650	1 063	1 880	430	48	562	195	43	62
58 749	- -	53 277	50 309	4 235	9 822	4 250	1 092	8 621	1 836	115	257	124	2 549	28 507
653	- -	25 117	22 968	1 094	3 204	5 677	4 023	14 252	309	96	914	1 968	1 596	17 092
1 887	1	9 959	9 949	756	1 207	1 483	798	2 225	288	25	363	20	1 620	369
3 644	- -	20 215	18 059	327	4 821	5 052	2 663	5 398	897	203	1 147	534	2 809	9 047
727	- -	2 071	1 641	62	355	158	789	568	223	5	106	168	8	1 791
223	- -	9 555	9 440	81	2 958	1 355	454	4 605	134	2	290	122	4	1 625
616	- -	9 742	8 910	206	2 255	3 291	237	1 963	147	9	379	16	266	4 052
11 938	9 520	26 416	22 575	1 066	7 299	19 661	4 426	46 222	22 754	138	4 651	1 800	284	5 803
19 389	29	27 307	24 340	1 812	8 571	8 823	2 957	12 119	2 003	1 010	2 362	1 479	1 985	5 943
20 346	194	26 934	24 890	726	6 213	9 414	3 167	22 308	1 524	586	5 136	738	4 426	11 639
4 354	- -	4 466	3 787	40	869	1 783	542	5 985	14	15	166	247	- -	915
1 769	- -	10 324	9 463	204	3 136	1 617	375	2 740	779	302	115	35	3 090	5 492
3 629	177	8 774	8 286	505	1 358	1 935	1 597	3 489	313	102	392	191	337	2 507
2 532	- -	1 255	1 222	383	314	519	257	412	164	- -	17	- -	- -	953
2 053	55	13 519	12 724	871	2 917	1 983	1 271	3 907	67	195	914	573	282	1 678
7 925	72	45 141	37 342	894	8 957	10 494	3 852	10 449	1 016	510	4 494	396	2 631	6 377
613	- -	2 404	2 096	54	953	113	27	780	4	62	370	56	15	2
6 216	881	38 485	35 343	954	6 184	6 304	4 755	18 090	2 266	287	4 013	795	13 133	10 899
5 600	456	21 964	20 388	305	3 379	7 152	613	6 814	123	1 348	1 582	51	1 357	18 940
5 974	74	15 052	12 966	468	2 966	3 435	921	6 440	225	222	1 308	68	1 464	3 456
17 221	4 010	36 715	32 185	3 706	6 747	17 225	6 693	47 458	5 057	20 615	3 196	1 184	3 753	45 400
788	- -	4 209	4 209	283	114	2 038	745	3 781	5	5	630	14	20	1 392
1 871	52	8 276	7 597	1 547	1 741	3 219	726	1 366	112	70	214	16	669	2 826
- -	- -	4 039	4 027	21	500	243	211	509	4	- -	21	3	13	453
1 013	1	12 309	8 717	517	2 189	10 032	1 767	11 740	711	549	2 002	1 825	461	1 172
5 131	424	31 486	23 751	2 050	7 515	14 222	5 916	11 727	388	1 554	2 333	1 018	8 242	18 237
1 617	- -	3 904	3 568	183	991	527	198	2 134	173	50	101	2	234	3 971
1 831	222	10 258	9 627	306	966	1 835	524	2 822	517	16	436	54	1 629	3 914
747	- -	4 700	4 700	- -	434	640	161	30	- -	- -	- -	- -	- -	1 847
1 743	8	48 886	46 056	4 030	6 811	11 818	4 924	36 924	3 233	668	1 207	1 790	2 095	20 086
1 726	80	15 462	14 562	1 201	2 761	3 995	3 037	16 370	212	249	815	154	18	1 474
166	- -	2 893	2 870	8	742	127	89	299	- -	11	- -	- -	615	723
173	10	1 914	1 690	13	216	1 906	650	100	39	3	5	- -	260	719
329	- -	8 032	7 517	1 065	1 343	3 550	664	618	35	99	131	32	240	3 222

各地区文物保护管理

	机构数(个)	从业人员(人)		文物藏品(件)		参观人次(千人次)	
			职工		一级品		外宾参观人次
总　计	**1 976**	**22 459**	**19 402**	**2 038 940**	**6 377**	**43 192**	**2 273**
北　京	23	1 580	1 540	16 847	2	5 683	557
天　津	8	102	98	2 368	--	54	1
河　北	160	3 631	2 897	102 356	258	4 737	129
山　西	82	1 263	1 051	34 572	136	1 871	49
内蒙古	69	621	610	153 917	148	1 126	76
辽　宁	67	757	607	20 563	78	1 424	13
其中:大连	3	89	51	1 002	7	600	10
吉　林	43	268	268	18 904	34	7	--
黑龙江	84	401	379	16 293	32	279	1
上　海	2	23	20	531	--	28	--
江　苏	58	247	244	36 544	78	552	6
浙　江	81	553	475	104 024	255	4 355	476
其中:宁波	17	127	114	20 511	49	383	4
安　徽	85	583	543	76 462	420	585	10
福　建	34	113	90	1 405	1	74	5
其中:厦门	2	2	2	--	--	--	--
江　西	44	242	223	13 324	29	505	1
山　东	79	1 740	1 708	208 559	581	1 077	85
其中:青岛	5	20	20	3 452	1	48	1
河　南	125	2 047	1 761	585 486	256	1 656	79
湖　北	41	795	695	38 358	814	2 393	27
湖　南	125	697	671	63 277	75	829	4
广　东	22	142	130	8 600	--	852	54
其中:深圳	3	11	11	--	--	--	--
广　西	65	306	289	40 755	48	475	10
海　南	6	118	110	1 449	7	687	40
重　庆	39	343	288	40 527	52	1 482	63
四　川	141	1 462	1 268	170 587	479	3 270	55
贵　州	84	415	346	13 451	35	824	10
云　南	96	519	464	61 966	27	1 267	36
西　藏	9	606	131	64 262	2 179	436	60
陕　西	155	1 944	1 739	68 533	109	4 704	191
甘　肃	29	260	168	3 599	24	511	16
青　海	23	90	80	9 444	45	25	--
宁　夏	22	178	159	16 845	65	476	1
新　疆	75	413	350	45 132	110	948	218

机 构 基 本 情 况(一)

	本年收入合计（千元）						
	财政补助收入	上级补助收入	事业收入	门票收入	经营收入	附属单位上缴收入	其他收入
847 118	**202 359**	**39 911**	**469 586**	**411 648**	**113 012**	**837**	**21 413**
212 093	6 300	1 930	99 442	97 756	104 130	– –	291
2 799	1 444	– –	977	896	– –	120	258
115 085	17 104	6 458	85 276	83 762	5 456	333	458
28 859	8 670	– –	19 591	17 549	– –	– –	598
9 352	5 666	100	3 222	2 775	– –	– –	364
19 920	7 246	653	11 416	6 643	140	– –	465
8 197	1 493	– –	6 452	4 547	– –	– –	252
2 788	2 663	29	43	– –	45	– –	8
7 328	6 193	813	188	176	– –	– –	134
1 073	1 011	– –	58	23	– –	– –	4
13 101	9 957	518	2 018	1 374	– –	– –	608
33 867	17 501	3 207	11 539	7 903	316	– –	1 304
7 329	5 309	157	1 359	796	139	– –	365
12 555	8 545	711	2 126	1 620	12	– –	1 161
3 511	2 924	402	104	53	– –	– –	81
810	810	– –	– –	– –	– –	– –	– –
6 232	2 496	48	3 596	3 547	– –	– –	92
80 875	12 792	1 220	65 303	55 974	851	– –	709
512	438	55	14	7	– –	– –	5
54 689	14 287	3 752	34 180	17 185	36	165	2 269
17 108	3 809	359	11 055	4 979	1 490	1	394
15 725	9 720	2 087	3 233	1 505	256	1	428
19 212	5 271	2 000	11 598	11 055	– –	– –	343
5 746	3 617	2 000	– –	– –	– –	– –	129
5 730	3 898	958	751	605	29	– –	94
7 037	886	– –	5 877	5 877	– –	– –	274
12 338	2 960	801	8 203	7 362	6	– –	368
50 669	11 937	5 111	29 809	27 829	103	– –	3 709
8 042	3 872	1 611	1 973	1 188	46	– –	540
26 501	13 249	1 684	10 953	9 573	3	– –	612
8 985	1 438	– –	7 290	6 136	2	– –	255
34 840	10 580	3 684	15 357	14 701	76	217	4 926
10 976	2 840	780	7 315	7 050	15	– –	26
1 207	1 115	49	3	3	– –	– –	40
4 433	2 201	175	2 052	2 052	– –	– –	5
20 188	3 784	771	15 038	14 497	– –	– –	595

各地区文物保护管理

	本年支出合计(千元)							
		事业支出	经营支出	对附属单位补助支出	在支出合计中:			
					从业人员劳动报酬	职工工资总额	税金支出	社会保障费
总　　计	**847 588**	**765 438**	**60 861**	**5 968**	**207 648**	**191 458**	**41 618**	**29 383**
北　　京	205 507	205 409	13	－－	30 900	30 542	33 143	330
天　　津	2 625	2 625	－－	－－	1 242	1 228	34	331
河　　北	128 428	72 312	56 115	－－	32 079	30 678	3 704	6 625
山　　西	27 394	27 394	－－	－－	7 420	6 940	502	537
内 蒙 古	9 021	8 483	－－	1	4 367	4 357	397	309
辽　　宁	16 243	15 361	－－	－－	5 876	5 080	13	765
其中:大连	5 258	4 413	－－	－－	926	650	－－	197
吉　　林	2 789	2 789	－－	－－	1 854	1 751	24	283
黑 龙 江	7 290	7 290	－－	－－	3 471	3 354	24	715
上　　海	1 177	1 177	－－	－－	337	279	2	102
江　　苏	13 394	13 393	－－	－－	3 310	2 818	3	1 190
浙　　江	34 506	34 113	326	67	7 112	6 565	17	1 792
其中:宁波	7 887	7 721	166	－－	2 228	2 053	10	454
安　　徽	11 752	11 481	9	－－	4 752	4 489	92	971
福　　建	3 461	3 460	－－	－－	1 024	943	－－	325
其中:厦门	807	807	－－	－－	32	32	－－	25
江　　西	6 796	6 761	－－	35	2 330	2 211	17	389
山　　东	79 551	70 736	302	－－	23 755	18 791	141	4 272
其中:青岛	522	522	－－	－－	323	323	－－	52
河　　南	54 529	52 786	165	838	14 509	13 414	122	2 324
湖　　北	19 139	17 285	1 334	396	6 888	6 603	146	1 131
湖　　南	16 005	15 561	56	74	5 188	4 778	59	899
广　　东	16 758	10 924	1 070	4 010	1 465	1 394	10	193
其中:深圳	4 875	4 875	－－	－－	475	475	－－	67
广　　西	5 159	4 985	－－	52	2 139	2 047	10	226
海　　南	6 996	6 996	－－	－－	1 980	1 973	21	144
重　　庆	14 406	14 258	6	1	2 746	2 319	202	294
四　　川	55 225	54 839	121	254	11 950	9 805	1 391	2 094
贵　　州	7 671	6 448	814	－－	2 489	2 220	56	281
云　　南	23 302	22 977	3	222	4 891	4 836	68	344
西　　藏	7 215	7 215	－－	－－	3 113	3 113	－－	305
陕　　西	35 029	32 175	524	8	13 116	12 561	136	1 461
甘　　肃	10 427	10 424	3	－－	1 821	1 318	294	391
青　　海	1 207	1 207	－－	－－	756	749	－－	45
宁　　夏	4 459	4 449	－－	10	1 084	881	1	58
新　　疆	20 127	20 125	－－	－－	3 684	3 421	989	257

机构基本情况(二)

修缮费	设备购置费	考古发掘费	文物保护单位维修费	年末固定资产原值(千元)	当年提取修购基金(千元)	增加值(千元)	公用房屋建筑面积(千平方米)	陈列展览用房	文物库房
47 245	**14 173**	**12 296**	**56 302**	**972 547**	**3 133**	**342 639**	**1 060**	**280**	**85**
2 525	263	278	2 669	20 583	119	64 866	12	4	1
19	59	43	52	1 566	- -	1 339	6	6	- -
1 836	418	539	5 677	132 379	- -	75 085	61	15	7
1 917	1 656	249	784	19 940	4	10 115	59	8	3
843	530	393	273	21 023	- -	5 605	35	10	2
931	762	106	1 762	18 062	29	8 936	29	18	2
7	80	- -	939	2 923	- -	3 338	13	12	- -
26	- -	4	52	2 787	600	1 989	5	1	- -
177	101	100	1 301	6 846	- -	3 767	15	6	4
43	164	- -	40	1 171	- -	386	- -	- -	- -
885	227	691	2 529	37 611	- -	4 819	25	7	2
2 174	573	2 251	4 226	27 957	307	8 247	67	24	7
1 411	225	- -	890	9 967	199	2 637	24	11	2
1 199	139	263	1 362	22 554	296	5 752	44	19	4
22	65	- -	1 011	2 222	33	1 113	9	6	- -
- -	15	- -	650	- -	- -	32	- -	- -	- -
746	726	6	58	9 014	15	2 706	15	1	1
3 804	767	96	1 312	77 486	- -	35 131	79	26	9
- -	27	- -	2	2 669	- -	430	3	1	- -
2 438	1 427	4 301	4 035	69 595	940	18 298	97	15	17
4 607	322	30	1 365	46 178	273	9 202	34	8	1
1 663	269	1 189	1 210	22 065	- -	6 126	31	8	4
1 135	291	- -	2 741	6 599	- -	7 896	18	2	- -
1 003	179	- -	- -	1 374	- -	530	- -	- -	- -
317	197	34	780	6 661	64	2 412	19	10	2
145	129	10	453	10 737	- -	2 434	9	2	- -
687	235	255	461	45 299	85	4 759	40	10	2
6 448	1 166	567	10 487	231 057	3	22 580	110	30	8
289	133	116	2 747	28 165	50	3 982	44	10	2
1 120	318	269	2 499	15 566	264	5 582	39	12	2
640	- -	- -	423	4 594	- -	4 028	1	- -	- -
2 453	1 073	90	1 919	59 192	- -	15 638	118	11	3
3 216	1 012	- -	1 291	10 607	49	2 621	15	2	- -
- -	17	208	82	817	2	788	3	1	1
1 596	619	28	709	3 011	- -	1 204	8	1	- -
3 344	515	180	1 992	11 203	- -	5 233	13	7	1

各地区文物科研

	机构数(个)	从业人员(人)						本年完成科研项目(个)			
			职工								
				科研人员总数							
					高级职称	中级职称	初级职称		获国家奖	获省、部奖	获地、市奖
总计	**57**	**2 800**	**2 270**	**1 595**	**427**	**631**	**522**	**65**	**3**	**17**	**10**
中央	1	97	95	82	31	31	20	3	--	--	--
地方	56	2 703	2 175	1 513	396	600	502	62	3	17	10
北京	2	70	66	50	13	16	21	5	--	--	--
天津	--	--	--	--	--	--	--	--	--	--	--
河北	2	123	112	88	20	32	36	--	--	--	--
山西	5	317	219	148	39	58	51	--	--	--	--
内蒙古	2	63	63	45	11	23	11	--	--	--	--
辽宁	3	67	67	42	12	17	13	--	--	--	--
其中:大连	--	--	--	--	--	--	--	--	--	--	--
吉林	2	74	57	42	12	18	12	--	--	--	--
黑龙江	--	--	--	--	--	--	--	--	--	--	--
上海	--	--	--	--	--	--	--	--	--	--	--
江苏	1	3	3	--	--	--	--	4	--	--	4
浙江	2	60	59	18	18	--	--	--	--	--	--
其中:宁波	--	--	--	--	--	--	--	--	--	--	--
安徽	1	49	43	43	15	16	7	4	--	4	--
福建	1	8	8	4	1	1	2	--	--	--	--
其中:厦门	--	--	--	--	--	--	--	--	--	--	--
江西	2	47	47	32	7	17	8	--	--	--	--
山东	3	60	60	51	16	16	16	--	--	--	--
其中:青岛	--	--	--	--	--	--	--	--	--	--	--
河南	6	309	253	158	35	72	50	23	3	5	1
湖北	2	79	76	58	31	15	12	--	--	--	--
湖南	1	35	35	29	9	11	9	--	--	--	--
广东	2	56	56	36	10	20	6	--	--	--	--
其中:深圳	--	--	--	--	--	--	--	--	--	--	--
广西	--	--	--	--	--	--	--	--	--	--	--
海南	--	--	--	--	--	--	--	--	--	--	--
重庆	--	--	--	--	--	--	--	--	--	--	--
四川	3	170	102	73	20	33	20	10	--	2	5
贵州	1	13	13	13	4	5	2	--	--	--	--
云南	1	37	32	24	12	10	2	7	--	2	--
西藏	--	--	--	--	--	--	--	--	--	--	--
陕西	6	222	215	157	31	83	43	2	--	--	--
甘肃	4	625	397	266	51	85	130	3	--	--	--
青海	1	50	50	45	6	14	25	4	--	4	--
宁夏	1	44	40	15	4	9	2	--	--	--	--
新疆	2	122	102	76	19	29	24	--	--	--	--

单 位 基 本 情 况(一)

所办刊物(种)	文物保管品(件)	一级品	本年收入合计(千元)	财政补助收入	上级补助收入	事业收入	配合经济建设考古收入	经营收入	附属单位上缴收入	其他收入
12	**570 276**	**1 208**	**191 230**	**54 067**	**4 368**	**128 736**	**69 963**	**192**	**－－**	**3 867**
1	－－	－－	6 310	4 810	－－	1 410	－－	50	－－	40
11	570 276	1 208	184 920	49 257	4 368	127 326	69 963	142	－－	3 827
－－	1 876	5	10 808	5 219	－－	5 555	－－	－－	－－	34
－－	－－	－－	－－	－－	－－	－－	－－	－－	－－	－－
－－	245 894	132	2 979	2 130	－－	686	－－	－－	－－	163
－－	1 217	120	17 846	3 050	－－	14 785	5 626	－－	－－	11
1	3 890	62	1 844	1 190	－－	408	－－	－－	－－	246
－－	－－	－－	4 443	1 465	－－	2 868	500	100	－－	10
－－	－－	－－	－－	－－	－－	－－	－－	－－	－－	－－
2	241	－－	5 329	2 650	－－	2 679	2 526	－－	－－	－－
－－	－－	－－	－－	－－	－－	－－	－－	－－	－－	－－
－－	－－	－－	－－	－－	－－	－－	－－	－－	－－	－－
1	110	－－	205	－－	100	94	94	－－	－－	11
－－	－－	－－	3 679	1 546	－－	2 101	1 880	－－	－－	32
－－	－－	－－	－－	－－	－－	－－	－－	－－	－－	－－
1	1 657	3	3 926	1 567	－－	2 359	1 313	－－	－－	－－
－－	－－	－－	261	261	－－	－－	－－	－－	－－	－－
－－	－－	－－	－－	－－	－－	－－	－－	－－	－－	－－
－－	729	3	1 224	906	58	217	217	42	－－	1
－－	15 000	－－	10 187	5 281	110	4 774	10	－－	－－	22
－－	－－	－－	－－	－－	－－	－－	－－	－－	－－	－－
1	117 212	109	18 720	4 098	1 339	13 228	13 181	－－	－－	55
－－	1 084	－－	7 466	1 204	－－	5 796	5 796	－－	－－	466
1	803	15	3 407	503	－－	2 900	2 900	－－	－－	4
－－	－－	－－	13 924	2 447	－－	11 410	10 427	－－	－－	67
－－	－－	－－	－－	－－	－－	－－	－－	－－	－－	－－
－－	－－	－－	－－	－－	－－	－－	－－	－－	－－	－－
－－	－－	－－	－－	－－	－－	－－	－－	－－	－－	－－
－－	－－	－－	－－	－－	－－	－－	－－	－－	－－	－－
1	－－	－－	23 252	1 323	4	21 881	19 701	－－	－－	44
－－	－－	－－	258	258	－－	－－	－－	－－	－－	－－
－－	1 700	15	2 215	1 636	－－	571	508	－－	－－	8
－－	－－	－－	－－	－－	－－	－－	－－	－－	－－	－－
2	119 036	231	8 667	2 865	623	5 168	5 052	－－	－－	11
1	1 300	360	39 140	6 827	971	28 834	－－	－－	－－	2 508
－－	55 199	93	1 414	1 164	－－	250	－－	－－	－－	－－
－－	－－	－－	822	489	－－	232	232	－－	－－	101
－－	3 328	60	2 904	1 178	1 163	530	－－	－－	－－	33

各地区文物科研

	本年支出合计（千元）	事业支出	经营支出	对附属单位补助支出	在支出合计中：从业人员劳动报酬	职工工资总额	税金支出	社会保障费
总计	**181 147**	**179 036**	**228**	**– –**	**31 648**	**27 886**	**1 056**	**8 643**
中央	5 180	5 170	10	– –	1 495	1 495	10	580
地方	175 967	173 866	218	– –	30 153	26 391	1 046	8 063
北京	10 639	10 489	– –	– –	1 208	1 208	121	314
天津	– –	– –	– –	– –	– –	– –	– –	– –
河北	3 010	3 010	– –	– –	1 184	1 143	– –	753
山西	19 163	19 163	– –	– –	3 364	2 434	– –	986
内蒙古	2 482	2 482	– –	– –	519	519	– –	144
辽宁	4 443	4 343	100	– –	185	184	24	231
其中：大连	– –	– –	– –	– –	– –	– –	– –	– –
吉林	4 561	4 561	– –	– –	771	771	– –	325
黑龙江	– –	– –	– –	– –	– –	– –	– –	– –
上海	– –	– –	– –	– –	– –	– –	– –	– –
江苏	99	99	– –	– –	14	14	– –	– –
浙江	3 433	3 433	– –	– –	861	857	– –	156
其中：宁波	– –	– –	– –	– –	– –	– –	– –	– –
安徽	3 926	3 926	– –	– –	571	395	– –	366
福建	261	261	– –	– –	103	103	– –	6
其中：厦门	– –	– –	– –	– –	– –	– –	– –	– –
江西	1 206	1 202	4	– –	464	445	– –	151
山东	9 870	9 870	– –	– –	758	758	– –	284
其中：青岛	– –	– –	– –	– –	– –	– –	– –	– –
河南	14 240	14 240	– –	– –	2 974	2 776	146	440
湖北	5 615	5 615	– –	– –	882	842	– –	8
湖南	3 505	3 505	– –	– –	373	373	– –	136
广东	10 036	10 036	– –	– –	1 766	1 718	155	243
其中：深圳	– –	– –	– –	– –	– –	– –	– –	– –
广西	– –	– –	– –	– –	– –	– –	– –	– –
海南	– –	– –	– –	– –	– –	– –	– –	– –
重庆	– –	– –	– –	– –	– –	– –	– –	– –
四川	26 527	26 527	– –	– –	2 562	1 048	– –	359
贵州	258	258	– –	– –	128	128	– –	– –
云南	1 872	1 872	– –	– –	407	407	31	50
西藏	– –	– –	– –	– –	– –	– –	– –	– –
陕西	7 900	7 900	– –	– –	1 976	1 778	1	703
甘肃	37 969	36 354	114	– –	6 514	6 153	568	1 783
青海	1 388	1 388	– –	– –	739	739	– –	162
宁夏	822	590	– –	– –	364	350	– –	104
新疆	2 742	2 742	– –	– –	1 466	1 248	– –	359

单 位 基 本 情 况(二)

设备购置费	业务费	考古发掘费	文物保护单位维修费	年末固定资产原值(千元)	当年提取修购基金(千元)	增加值(千元)	公用房屋建筑面积(千平方米)		
								业务用房	文物库房
9 493	**32 504**	**38 554**	**3 890**	**242 787**	**333**	**234 644**	**204**	**106**	**40**
810	950	－－	－－	11 690	－－	9 980	－－	－－	－－
8 683	31 554	38 554	3 890	231 097	333	224 664	204	106	40
290	1 368	6 254	－－	3 905	203	15 958	2	2	－－
－－	－－	－－	－－	－－	－－	－－	－－	－－	－－
104	42	250	110	14 608	－－	5 150	15	3	5
794	6 954	875	1 649	16 604	－－	22 248	20	7	4
5	22	1 171	－－	7 425	－－	3 719	7	2	2
75	26	2 541	468	11 875	－－	5 909	3	－－	3
－－	－－	－－	－－	－－	－－	－－	－－	－－	－－
14	2 854	－－	73	3 005	－－	7 211	1	－－	－－
－－	－－	－－	－－	－－	－－	－－	－－	－－	－－
－－	－－	－－	－－	－－	－－	－－	－－	－－	－－
2	－－	56	2	1	4	101	－－	－－	－－
－－	65	1 880	－－	5 385	31	5 054	6	3	3
－－	－－	－－	－－	－－	－－	－－	－－	－－	－－
151	462	2 091	－－	5 577	10	5 577	5	1	－－
－－	40	64	－－	593	－－	525	－－	－－	－－
－－	－－	－－	－－	－－	－－	－－	－－	－－	－－
－－	70	239	－－	3 616	－－	2 118	2	－－	－－
1 759	1 084	2 434	663	5 249	－－	15 248	4	3	－－
－－	－－	－－	－－	－－	－－	－－	－－	－－	－－
713	672	7 495	7	9 566	85	18 638	29	10	7
－－	－－	234	－－	2 174	－－	6 828	7	7	－－
176	2 374	－－	－－	4 451	－－	4 008	2	2	－－
847	112	3 447	788	2 029	－－	12 621	26	17	9
－－	－－	－－	－－	－－	－－	－－	－－	－－	－－
－－	－－	－－	－－	－－	－－	－－	－－	－－	－－
－－	－－	－－	－－	－－	－－	－－	－－	－－	－－
－－	－－	－－	－－	－－	－－	－－	－－	－－	－－
2 433	121	7 520	－－	9 545	－－	28 151	7	－－	－－
－－	30	100	－－	－－	－－	520	－－	－－	－－
86	85	1 033	－－	6 109	－－	3 549	2	1	－－
－－	－－	－－	－－	－－	－－	－－	－－	－－	－－
360	713	231	30	9 116	－－	10 774	13	8	4
825	14 182	－－	100	102 310	－－	43 181	42	33	2
－－	80	407	－－	2 145	－－	2 568	2	－－	1
1	9	232	－－	740	－－	1 088	1	－－	－－
48	189	－－	－－	5 069	－－	3 920	8	7	－－

各地区其他文物

	机构数(个)	从业人员(人)		文物藏品(件)	
			职工		一级品
总　计	**70**	**2 405**	**2 319**	**68 392**	**159**
中　央	4	257	251	－－	－－
地　方	66	2 148	2 068	68 392	159
北　京	1	37	37	－－	－－
天　津	－－	－－	－－	－－	－－
河　北	6	345	345	－－	－－
山　西	6	56	56	－－	－－
内蒙古	－－	－－	－－	－－	－－
辽　宁	－－	－－	－－	－－	－－
其中:大连	－－	－－	－－	－－	－－
吉　林	1	－－	－－	－－	－－
黑龙江	3	63	59	5 215	9
上　海	10	220	180	3 640	11
江　苏	1	21	21	6 766	8
浙　江	5	178	169	7 062	107
其中:宁波	－－	－－	－－	－－	－－
安　徽	－－	－－	－－	－－	－－
福　建	－－	－－	－－	－－	－－
其中:厦门	－－	－－	－－	－－	－－
江　西	2	292	290	－－	－－
山　东	－－	－－	－－	－－	－－
其中:青岛	－－	－－	－－	－－	－－
河　南	6	75	75	33 760	20
湖　北	2	25	25	－－	－－
湖　南	－－	－－	－－	－－	－－
广　东	2	31	27	320	－－
其中:深圳	－－	－－	－－	－－	－－
广　西	1	11	11	－－	－－
海　南	－－	－－	－－	－－	－－
重　庆	4	4	4	38	－－
四　川	－－	－－	－－	－－	－－
贵　州	－－	－－	－－	－－	－－
云　南	－－	－－	－－	－－	－－
西　藏	－－	－－	－－	－－	－－
陕　西	14	769	748	11 591	4
甘　肃	1	6	6	－－	－－
青　海	－－	－－	－－	－－	－－
宁　夏	－－	－－	－－	－－	－－
新　疆	1	15	15	－－	－－

机 构 基 本 情 况(一)

本年收入合计（千元）						
	财政补助收入	上级补助收入	事业收入	经营收入	附属单位上缴收入	其他收入
162 672	**22 927**	**8 795**	**39 262**	**86 298**	**738**	**4 652**
33 159	525	2 660	3 404	24 069	288	2 213
129 513	22 402	6 135	35 858	62 229	450	2 439
3 542	- -	- -	- -	3 542	- -	- -
- -	- -	- -	- -	- -	- -	- -
10 799	3 759	2 408	14	4 618	- -	- -
2 169	1 771	- -	330	- -	- -	68
- -	- -	- -	- -	- -	- -	- -
- -	- -	- -	- -	- -	- -	- -
- -	- -	- -	- -	- -	- -	- -
- -	- -	- -	- -	- -	- -	- -
1 932	1 922	- -	10	- -	- -	- -
34 111	3 249	2 164	27 040	720	450	488
1 795	1 316	- -	269	176	- -	34
15 857	915	1 091	1 215	11 312	- -	1 324
- -	- -	- -	- -	- -	- -	- -
- -	- -	- -	- -	- -	- -	- -
- -	- -	- -	- -	- -	- -	- -
- -	- -	- -	- -	- -	- -	- -
472	155	- -	- -	307	- -	10
- -	- -	- -	- -	- -	- -	- -
- -	- -	- -	- -	- -	- -	- -
3 528	288	100	2 754	- -	- -	386
217	58	115	44	- -	- -	- -
- -	- -	- -	- -	- -	- -	- -
7 730	6 476	- -	1 184	- -	- -	70
- -	- -	- -	- -	- -	- -	- -
248	- -	70	- -	178	- -	- -
- -	- -	- -	- -	- -	- -	- -
10	10	- -	- -	- -	- -	- -
- -	- -	- -	- -	- -	- -	- -
- -	- -	- -	- -	- -	- -	- -
- -	- -	- -	- -	- -	- -	- -
- -	- -	- -	- -	- -	- -	- -
46 209	1 771	64	2 998	41 376	- -	- -
545	545	- -	- -	- -	- -	- -
- -	- -	- -	- -	- -	- -	- -
- -	- -	- -	- -	- -	- -	- -
349	167	123	- -	- -	- -	59

各地区其他文物

	本年支出合计(千元)							
		事业支出	经营支出	对附属单位补助支出	在支出合计中:			
					从业人员劳动报酬	职工工资总额	税金支出	社会保障费
总　　计	**155 244**	**122 648**	**32 596**	**－－**	**29 287**	**27 883**	**4 453**	**6 483**
中　　央	32 518	11 186	21 332	－－	4 072	3 371	2 176	2 293
地　　方	122 726	111 462	11 264	－－	25 215	24 512	2 277	4 190
北　　京	3 901	3 901	－－	－－	457	457	－－	－－
天　　津	－－	－－	－－	－－	－－	－－	－－	－－
河　　北	12 125	12 125	－－	－－	4 525	4 525	275	69
山　　西	2 413	2 413	－－	－－	414	410	－－	113
内 蒙 古	－－	－－	－－	－－	－－	－－	－－	－－
辽　　宁	－－	－－	－－	－－	－－	－－	－－	－－
其中:大连	－－	－－	－－	－－	－－	－－	－－	－－
吉　　林	－－	－－	－－	－－	－－	－－	－－	－－
黑 龙 江	1 645	1 645	－－	－－	905	711	－－	286
上　　海	28 754	28 299	455	－－	5 618	5 434	26	1 742
江　　苏	1 745	1 488	257	－－	288	286	15	27
浙　　江	15 343	4 906	10 437	－－	1 923	1 895	22	511
其中:宁波	－－	－－	－－	－－	－－	－－	－－	－－
安　　徽	－－	－－	－－	－－	－－	－－	－－	－－
福　　建	－－	－－	－－	－－	－－	－－	－－	－－
其中:厦门	－－	－－	－－	－－	－－	－－	－－	－－
江　　西	517	481	36	－－	281	270	5	－－
山　　东	－－	－－	－－	－－	－－	－－	－－	－－
其中:青岛	－－	－－	－－	－－	－－	－－	－－	－－
河　　南	4 221	4 221	－－	－－	770	763	－－	157
湖　　北	204	204	－－	－－	112	103	－－	6
湖　　南	－－	－－	－－	－－	－－	－－	－－	－－
广　　东	5 835	5 835	－－	－－	675	583	18	222
其中:深圳	－－	－－	－－	－－	－－	－－	－－	－－
广　　西	159	81	78	－－	81	81	8	7
海　　南	－－	－－	－－	－－	－－	－－	－－	－－
重　　庆	20	19	1	－－	19	19	－－	－－
四　　川	－－	－－	－－	－－	－－	－－	－－	－－
贵　　州	－－	－－	－－	－－	－－	－－	－－	－－
云　　南	－－	－－	－－	－－	－－	－－	－－	－－
西　　藏	－－	－－	－－	－－	－－	－－	－－	－－
陕　　西	45 145	45 145	－－	－－	9 006	8 834	1 908	1 016
甘　　肃	408	408	－－	－－	－－	－－	－－	4
青　　海	－－	－－	－－	－－	－－	－－	－－	－－
宁　　夏	－－	－－	－－	－－	－－	－－	－－	－－
新　　疆	291	291	－－	－－	141	141	－－	30

机构基本情况(二)

修缮费	设备购置费	业务费	考古发掘费	文物保护单位维修费	年末固定资产原值（千元）	当年提取修购基金（千元）	增加值（千元）	公用房屋建筑面积（千平方米）	陈列展览用房	文物库房
17 121	**3 075**	**10 464**	**428**	**13 287**	**196 557**	**15 447**	**43 774**	**59**	**35**	**8**
145	345	3 463	- -	- -	8 545	137	6 589	- -	- -	- -
16 976	2 730	7 001	428	13 287	188 012	15 310	37 185	59	35	8
- -	- -	26	- -	- -	171	- -	464	- -	- -	- -
- -	- -	- -	- -	- -	- -	- -	- -	- -	- -	- -
289	23	1 147	- -	3 600	5 194	- -	5 008	8	3	- -
122	185	314	- -	- -	1 218	- -	463	- -	- -	- -
- -	- -	- -	- -	- -	- -	- -	- -	- -	- -	- -
- -	- -	- -	- -	- -	- -	- -	- -	- -	- -	- -
- -	- -	- -	- -	- -	- -	- -	- -	- -	- -	- -
- -	- -	- -	- -	- -	- -	- -	- -	- -	- -	- -
- -	5	62	160	- -	5 712	- -	1 133	2	- -	2
15 474	311	2 408	- -	- -	20 026	15 282	8 540	16	10	2
68	18	200	15	933	979	- -	421	3	2	1
155	162	262	- -	1 404	93 216	6	5 673	6	3	- -
- -	- -	- -	- -	- -	- -	- -	- -	- -	- -	- -
- -	- -	- -	- -	- -	- -	- -	- -	- -	- -	- -
- -	- -	- -	- -	- -	- -	- -	- -	- -	- -	- -
- -	- -	- -	- -	- -	- -	- -	- -	- -	- -	- -
- -	- -	4	- -	- -	1 026	- -	327	2	1	1
- -	- -	- -	- -	- -	- -	- -	- -	- -	- -	- -
- -	- -	- -	- -	- -	- -	- -	- -	- -	- -	- -
62	401	414	- -	198	6 108	- -	1 014	2	2	1
2	- -	26	58	- -	232	- -	121	- -	- -	- -
- -	- -	- -	- -	- -	- -	- -	- -	- -	- -	- -
- -	489	658	- -	3 110	1 803	- -	765	5	5	- -
- -	- -	- -	- -	- -	- -	- -	- -	- -	- -	- -
- -	- -	4	- -	- -	133	22	94	- -	- -	- -
- -	- -	- -	- -	- -	- -	- -	- -	- -	- -	- -
- -	- -	1	- -	- -	- -	- -	19	- -	- -	- -
- -	- -	- -	- -	- -	- -	- -	- -	- -	- -	- -
- -	- -	- -	- -	- -	- -	- -	- -	- -	- -	- -
- -	- -	- -	- -	- -	- -	- -	- -	- -	- -	- -
- -	- -	- -	- -	- -	- -	- -	- -	- -	- -	- -
804	1 068	1 281	195	3 977	50 558	- -	12 936	15	9	1
- -	68	194	- -	- -	1 338	- -	54	- -	- -	- -
- -	- -	- -	- -	- -	- -	- -	- -	- -	- -	- -
- -	- -	- -	- -	- -	- -	- -	- -	- -	- -	- -
- -	- -	- -	- -	65	298	- -	153	- -	- -	- -

各地区博物

	机构数(个)	从业人员(人)	职工	文物藏品(件)	一级品	业务活动 陈列(个)	展览(个)	参观人次(千人次)	外宾人次
总计	**1 384**	**33 963**	**28 710**	**9 813 923**	**43 939**	**6 478**	**11 274**	**85 400**	**5 167**
中央	5	2 330	2 136	1 461 199	13 990	29	52	9 320	2 010
地方	1 379	31 633	26 574	8 352 724	29 949	6 449	11 222	76 080	3 157
北京	25	727	495	163 141	360	389	403	1 344	135
天津	14	686	574	551 316	1 232	49	54	1 032	15
河北	43	1 109	899	319 847	681	70	103	2 201	77
山西	76	1 704	1 364	361 584	838	108	86	3 329	21
内蒙古	25	641	581	210 040	587	62	68	506	2
辽宁	30	1 270	1 160	194 431	979	59	60	1 560	129
其中:大连	4	117	76	37 360	197	15	15	172	--
吉林	16	758	685	149 831	241	26	27	1 191	6
黑龙江	41	481	436	144 607	247	309	336	1 025	16
上海	11	994	687	264 813	1 218	31	46	1 626	171
江苏	86	1 583	1 583	759 646	1 896	221	332	6 190	157
浙江	65	1 268	993	383 120	1 066	123	303	4 446	59
其中:宁波	7	145	112	71 757	55	8	20	447	23
安徽	37	551	492	354 266	797	64	87	1 973	20
福建	81	777	687	262 182	562	155	185	5 361	113
其中:厦门	3	89	83	9 100	73	9	8	266	6
江西	81	1 324	1 155	227 186	796	139	115	1 794	13
山东	59	1 633	1 516	569 204	3 288	250	472	3 718	81
其中:青岛	6	126	126	103 191	166	13	42	241	35
河南	70	2 260	1 894	523 556	1 408	154	231	4 476	163
湖北	94	1 707	1 642	575 720	2 017	97	113	1 819	66
湖南	66	1 092	960	213 761	652	90	152	2 852	33
广东	128	2 364	1 917	489 182	1 843	2 857	6 800	8 169	387
其中:深圳	7	171	171	5 849	25	43	36	819	6
广西	39	667	599	170 336	293	69	102	1 802	205
海南	15	139	127	47 282	43	19	11	37	--
重庆	14	915	699	196 848	919	29	29	3 399	58
四川	50	1 800	1 439	287 354	1 376	506	129	4 903	67
贵州	8	143	126	28 128	127	1	27	483	1
云南	30	480	410	180 809	529	63	82	1 066	23
西藏	2	55	55	4 388	271	--	--	--	--
陕西	67	3 159	2 133	334 032	3 429	107	81	8 941	1 064
甘肃	65	842	789	275 913	1 463	366	753	593	45
青海	14	136	130	32 409	62	11	9	34	--
宁夏	4	131	126	31 775	227	9	14	47	1
新疆	23	237	221	46 017	502	16	12	163	29

馆基本情况(一)

本年收入合计（千元）								本年支出合计（千元）			
	财政补助收入	上级补助收入	事业收入	门票收入	经营收入	附属单位上缴收入	其他收入		事业支出	经营支出	对附属单位补助支出
1 507 916	**661 190**	**99 528**	**615 124**	**536 315**	**23 203**	**8 777**	**100 094**	**1 445 426**	**1 253 843**	**21 161**	**10 896**
293 548	21 921	39 149	221 739	209 169	500	5 867	4 372	272 290	133 802	- -	- -
1 214 368	639 269	60 379	393 385	327 146	22 703	2 910	95 722	1 173 136	1 120 041	21 161	10 896
35 228	23 107	1 858	7 045	5 812	560	- -	2 658	35 567	32 707	120	560
21 321	13 205	3	6 705	4 882	59	- -	1 349	21 825	21 476	40	38
36 709	19 236	917	13 104	11 068	611	993	1 848	32 693	31 616	1 077	- -
40 076	12 124	29	27 207	25 781	- -	- -	716	40 157	40 157	- -	- -
10 634	8 356	280	904	516	296	29	769	12 352	12 056	296	- -
43 036	21 441	247	20 347	18 471	8	- -	993	40 302	40 293	9	- -
4 753	2 580	7	2 132	2 132	- -	- -	34	4 692	4 692	- -	- -
15 615	11 726	- -	3 760	3 724	74	- -	55	15 762	15 684	78	- -
15 122	12 432	38	1 544	1 188	- -	20	1 088	14 230	14 230	- -	- -
145 116	94 064	22 471	25 501	19 096	118	951	2 011	115 375	105 705	150	9 520
74 937	53 512	1 365	12 812	7 339	791	324	6 133	68 988	67 835	683	29
69 254	37 876	4 130	18 826	15 116	4 958	237	3 227	71 193	64 601	4 730	127
11 451	3 126	38	3 929	3 638	3 786	- -	572	12 631	8 849	3 782	- -
10 889	7 307	1 121	1 546	890	381	- -	534	11 038	10 136	852	- -
25 776	20 835	2 131	1 872	1 385	239	- -	699	21 432	20 836	336	177
6 643	5 722	171	446	446	- -	- -	304	4 243	4 243	- -	- -
30 160	14 827	592	12 113	11 059	800	- -	1 828	25 831	24 947	444	20
53 293	27 691	4 813	17 186	15 989	1 041	- -	2 562	55 781	51 149	327	72
4 516	3 068	700	323	221	80	- -	345	4 268	4 187	81	- -
74 503	35 401	3 028	17 167	13 643	1 475	15	17 417	67 555	66 404	1 106	43
30 539	14 292	2 863	9 665	4 042	1 455	23	2 241	31 044	30 181	777	60
29 551	15 491	1 485	9 258	7 792	2 551	- -	766	29 229	27 277	1 902	- -
151 083	99 097	7 335	33 794	24 129	2 846	110	7 901	164 533	160 064	3 696	- -
18 694	14 547	70	1 523	1 463	87	- -	2 467	13 871	13 786	85	- -
17 915	9 763	85	5 394	1 224	582	- -	2 091	18 524	17 893	613	- -
3 228	2 880	210	63	41	- -	70	5	3 276	3 276	- -	- -
68 127	17 901	261	20 684	14 315	572	- -	28 709	71 870	71 057	437	- -
74 997	18 584	2 219	48 152	44 838	723	138	5 181	69 855	58 989	1 299	170
3 945	2 384	332	1 096	1 096	- -	- -	133	4 074	4 035	- -	- -
16 848	11 103	707	4 366	3 779	541	- -	131	19 315	18 769	546	- -
2 234	1 929	- -	305	305	- -	- -	- -	2 121	2 121	- -	- -
87 816	13 942	1 452	68 495	65 792	466	- -	3 461	83 409	82 603	204	- -
14 744	9 840	239	2 505	1 888	1 556	- -	604	14 897	13 358	1 439	80
2 578	2 406	131	3	3	- -	- -	38	2 561	2 239	- -	- -
1 979	1 791	32	96	96	- -	- -	60	1 994	1 994	- -	- -
7 115	4 726	5	1 870	1 847	- -	- -	514	6 353	6 353	- -	- -

各地区博物

	在支出合计中								
	从业人员劳动报酬		税金支出	社会保障费	修缮费	设备购置费	业务		
		职工工资总额						文物征集费	藏品保护费
总计	**370 527**	**327 961**	**10 254**	**92 395**	**126 850**	**40 047**	**256 556**	**42 030**	**29 502**
中央	44 378	40 873	964	20 531	22 428	3 919	17 452	1 626	165
地方	326 149	287 088	9 290	71 864	104 422	36 128	239 104	40 404	29 337
北京	10 435	9 554	355	1 723	4 203	1 337	6 444	87	255
天津	8 556	5 929	157	2 599	631	1 004	1 880	430	48
河北	11 334	9 808	178	2 375	2 125	547	6 051	1 236	115
山西	12 167	11 432	565	1 568	3 638	1 388	6 684	309	96
内蒙古	5 073	5 073	289	754	640	263	2 203	288	25
辽宁	13 852	12 493	58	3 825	4 121	1 826	5 344	897	203
其中:大连	889	735	- -	158	151	709	568	223	5
吉林	6 930	6 918	56	2 350	1 329	440	1 572	134	2
黑龙江	5 066	4 545	100	1 254	3 114	131	1 075	10	9
上海	20 461	16 862	5	5 455	4 144	3 951	43 814	22 754	138
江苏	23 541	21 068	67	7 354	7 870	2 710	11 228	2 000	1 010
浙江	16 614	15 149	107	3 754	7 085	2 432	21 842	1 524	586
其中:宁波	2 238	1 734	17	415	372	317	5 985	14	15
安徽	4 878	4 456	90	1 799	418	85	1 473	179	302
福建	7 562	7 155	36	1 027	1 913	1 532	3 111	313	102
其中:厦门	1 223	1 190	- -	289	519	242	412	164	- -
江西	10 444	9 798	615	2 377	1 237	545	3 833	67	195
山东	18 884	16 049	160	4 401	6 690	1 326	9 365	1 016	510
其中:青岛	1 818	1 510	23	901	113	- -	780	4	62
河南	19 426	17 584	194	3 263	3 804	2 214	14 403	1 066	287
湖北	13 167	11 925	82	2 234	2 543	291	6 136	123	1 348
湖南	9 467	7 791	160	1 931	1 772	476	3 706	225	222
广东	32 510	28 191	1 615	6 089	16 090	5 066	45 216	5 045	20 615
其中:深圳	3 734	3 734	268	47	1 035	566	3 781	5	5
广西	5 894	5 307	1 463	1 508	2 902	529	1 117	112	70
海南	1 894	1 889	- -	356	98	82	509	4	- -
重庆	9 544	6 379	281	1 895	9 345	1 532	11 369	711	549
四川	16 810	12 734	333	5 062	7 774	2 317	10 686	387	1 554
贵州	1 230	1 163	- -	710	238	65	1 499	120	50
云南	4 738	4 162	16	572	715	120	2 667	517	16
西藏	924	924	- -	129	- -	161	- -	- -	- -
陕西	23 151	21 246	1 964	3 631	8 561	2 423	13 200	564	668
甘肃	7 127	7 091	319	583	779	1 132	1 994	212	249
青海	1 361	1 345	- -	535	127	72	163	- -	11
宁夏	466	459	- -	54	310	30	91	39	3
新疆	2 643	2 609	25	697	206	101	429	35	99

馆 基 本 情 况(二)

(千元)				年末固定资产原值(千元)	当年提取修购基金(千元)	增加值(千元)	公用房屋建筑面积(千平方米)		
费		考古发掘费	文物保护单位维修费					陈列展览用房	文物库房
陈列、展览费	宣传、出版费								
44 012	**15 734**	**7 650**	**61 606**	**2 806 720**	**6 630**	**630 778**	**4 268**	**1 705**	**416**
3 522	404	2 300	7 968	116 854	- -	171 362	308	45	48
40 490	15 330	5 350	53 638	2 689 866	6 630	459 416	3 960	1 660	368
1 150	147	- -	- -	35 262	227	12 211	75	35	5
562	195	- -	10	9 948	139	9 113	74	41	11
257	124	- -	- -	98 952	17	15 672	198	102	13
914	1 968	22	220	84 206	- -	16 100	178	65	13
363	20	16	6	36 850	- -	6 835	94	32	7
1 147	534	162	12	125 495	581	18 929	115	66	11
106	168	8	7	4 027	- -	1 050	9	3	1
290	122	- -	- -	31 702	1 061	8 252	74	30	4
379	16	6	11	139 228	- -	10 734	60	36	5
4 651	1 800	284	5 763	147 910	59	26 382	66	21	6
2 362	1 479	1 223	1 625	303 427	307	35 744	250	138	49
5 136	738	266	1 711	154 506	908	23 176	193	71	21
166	247	- -	25	31 347	285	3 509	38	9	2
115	35	1	440	22 201	- -	5 858	81	22	15
392	191	273	824	32 077	126	8 903	130	47	4
17	- -	- -	303	3 510	- -	1 363	11	2	- -
914	573	37	1 620	61 788	2 100	16 659	163	47	8
4 494	396	101	3 302	172 949	6	27 259	247	105	26
370	56	15	- -	7 597	- -	2 145	12	5	1
4 013	795	12	1 070	76 457	109	22 681	192	120	25
1 582	51	1 005	1 435	84 323	74	16 626	171	69	21
1 308	68	275	2 242	85 660	- -	13 184	179	78	15
3 196	1 184	306	24 355	236 527	231	44 277	358	182	25
630	14	20	492	31 927	- -	5 279	36	24	2
214	16	635	278	46 302	- -	9 205	90	34	7
21	3	3	- -	9 002	- -	2 254	14	3	1
2 002	1 825	206	438	79 210	85	13 090	150	29	6
2 333	1 018	115	5 940	135 294	150	29 721	232	83	17
101	2	18	200	7 747	- -	1 540	18	11	3
436	54	327	1 095	43 712	- -	6 502	74	39	10
- -	- -	- -	- -	- -	- -	924	- -	- -	- -
1 207	1 790	9	858	375 627	347	42 909	336	84	20
815	154	18	83	28 104	99	8 569	88	39	15
- -	- -	- -	54	5 479	- -	1 581	14	4	- -
5	- -	- -	10	7 874	4	781	16	10	2
131	32	30	36	12 047	- -	3 745	30	17	3

各地区文物商

	机构数(个)	从业人员(人)		周转金总额(千元)		上年末库存	
			职工		银行贷款	件数(件)	金额(千元)
总计	**117**	**2 937**	**2 662**	**117 081**	**14 137**	**11 594 341**	**216 327**
北京	2	262	262	70	– –	2 729 266	34 560
天津	1	99	75	4 980	1 350	399 799	16 737
河北	4	17	17	3 872	2 980	189 705	7 986
山西	1	23	23	3 045	– –	147 359	2 774
内蒙古	7	72	72	869	– –	51 078	947
辽宁	9	148	123	8 064	– –	327 436	8 058
其中:大连	1	51	43	300	– –	59 058	2 176
吉林	1	29	29	2 711	– –	90 117	987
黑龙江	2	25	20	– –	– –	39 724	626
上海	1	123	83	29 663	– –	1 233 217	36 866
江苏	11	395	381	12 711	600	1 302 017	18 360
浙江	17	115	110	2 090	308	599 446	4 534
其中:宁波	2	19	19	413	– –	137 079	603
安徽	8	133	128	795	– –	216 769	4 234
福建	3	58	49	3 604	130	103 257	2 411
其中:厦门	1	34	27	1 630	– –	78 154	1 423
江西	4	126	124	3 880	– –	186 919	3 072
山东	9	297	290	5 806	1 210	824 173	10 220
其中:青岛	1	25	23	166	– –	122 359	4 303
河南	3	113	111	407	– –	237 646	1 951
湖北	2	164	152	12 399	– –	269 304	6 421
湖南	2	89	69	2 261	– –	612 343	2 204
广东	10	202	196	5 179	1 502	762 012	34 114
其中:深圳	2	11	11	945	800	3 631	5 786
广西	4	75	46	344	– –	63 592	3 033
海南	– –	– –	– –	– –	– –	– –	– –
重庆	2	31	28	256	– –	143 511	1 158
四川	2	84	70	7 095	5 800	622 200	4 704
贵州	2	27	18	2 116	7	150 653	2 451
云南	2	47	35	3 390	150	110 761	2 806
西藏	1	15	9	– –	– –	5 205	478
陕西	2	69	56	857	– –	52 906	1 159
甘肃	1	31	22	– –	– –	41 236	1 446
青海	1	12	9	– –	– –	1 999	68
宁夏	2	7	6	542	100	5 571	445
新疆	1	49	49	75	– –	75 120	1 517

店基本情况(一)

本年收购		本年销售							
件数(件)	金额(千元)	件数(件)	金额(千元)	本年销售中:					
				外销件数	外销金额	内销件数	内销金额	新制品件数	新制品金额
590 132	**114 190**	**740 631**	**158 243**	**70 611**	**90 810**	**110 059**	**45 350**	**525 274**	**22 081**
5 324	41 026	28 701	41 310	10 940	39 509	16 811	1 682	950	119
5 021	4 357	8 051	15 035	7 553	14 868	– –	– –	498	167
75	83	1 457	1 167	– –	– –	1 457	1 167	– –	– –
9	16	637	212	– –	– –	637	212	– –	– –
1 658	362	1 197	234	613	– –	584	234	– –	– –
517	626	4 880	2 321	3 279	1 472	1 601	849	– –	– –
398	66	1 963	1 396	387	562	1 576	834	– –	– –
3	2	182	12	– –	– –	182	12	– –	– –
115	72	122	21	– –	– –	122	21	– –	– –
21 975	25 033	22 018	27 164	10 263	13 433	1 050	9 557	10 705	4 172
146 795	9 575	243 667	17 182	4 554	4 430	14 140	9 561	190 295	3 191
3 574	4 259	12 267	12 650	4 717	3 439	7 207	3 344	343	5 867
897	668	2 067	1 501	1 782	1 380	285	121	– –	– –
180	193	3 301	1 393	– –	– –	902	149	2 399	1 244
5 128	1 626	3 769	1 578	1 577	1 255	417	101	1 775	222
4 262	1 584	3 082	1 405	1 546	1 230	73	13	1 463	162
991	1 804	4 105	3 810	3 113	3 487	762	240	230	83
32 810	5 064	32 473	5 908	5 782	135	16 501	5 633	10 190	140
22 450	198	22 452	343	5 762	130	6 780	113	9 910	100
4 695	2 132	8 121	2 112	5 934	1 679	2 057	413	130	20
677	3 101	7 082	3 830	1 861	1 724	4 071	1 660	1 150	446
167 542	2 628	168 895	5 469	– –	– –	15 769	3 597	153 126	1 872
30 363	7 701	37 744	11 245	9 374	5 171	7 125	3 592	21 245	2 482
319	686	440	1 352	279	978	158	367	3	7
43 576	659	42 377	1 140	91	39	944	156	41 342	945
– –	– –	– –	– –	– –	– –	– –	– –	– –	– –
4 329	238	6 591	232	– –	– –	1 087	218	5 504	14
51 728	351	37 041	993	– –	– –	12 088	876	24 953	117
60 766	1 230	59 959	1 171	5	12	914	544	59 040	615
214	1 288	83	314	– –	– –	83	314	– –	– –
8	25	91	50	– –	– –	91	50	– –	– –
1 403	686	2 372	1 428	130	79	1 563	1 042	679	307
– –	– –	1 307	91	512	22	795	69	– –	– –
14	1	172	9	– –	– –	172	9	– –	– –
611	36	1 402	64	12	9	920	40	461	15
31	16	567	98	301	47	7	8	259	43

各 地 区 文 物 商

	本年末库存		本年销售费用(千元)			各种税金(千元)
	件数(件)	金额(千元)		从业人员劳动报酬	工资总额	
总　计	**11 443 842**	**238 405**	**99 895**	**41 833**	**38 582**	**15 683**
北　京	2 705 889	55 463	8 907	5 908	5 908	5 390
天　津	396 769	18 404	8 870	2 448	2 267	1 563
河　北	188 323	7 926	1 479	121	110	78
山　西	146 731	2 578	626	272	272	27
内蒙古	51 539	1 044	1 521	618	617	70
辽　宁	323 073	7 539	3 303	1 414	1 328	232
其中:大连	57 493	2 022	665	521	484	62
吉　林	89 938	978	144	139	136	1
黑龙江	39 717	677	534	251	242	82
上　海	1 233 174	36 822	10 300	3 400	2 641	1 033
江　苏	1 205 145	17 588	16 722	6 868	5 438	1 727
浙　江	590 753	5 128	4 273	1 769	1 722	580
其中:宁波	135 909	822	393	347	347	13
安　徽	213 648	4 148	886	556	556	22
福　建	104 616	2 459	2 824	1 123	1 021	469
其中:厦门	79 334	1 602	2 149	864	762	383
江　西	183 805	3 448	1 335	848	827	234
山　东	824 510	11 217	6 703	3 723	3 691	593
其中:青岛	122 357	4 712	501	455	431	31
河　南	234 220	1 971	4 453	1 413	1 399	492
湖　北	262 899	6 182	3 412	2 078	2 069	77
湖　南	610 990	2 568	3 767	1 031	886	249
广　东	754 631	32 705	10 547	4 603	4 583	1 908
其中:深圳	3 510	5 245	688	347	347	15
广　西	64 791	3 122	1 114	550	505	66
海　南	--	--	--	--	--	--
重　庆	141 249	1 164	535	286	285	34
四　川	636 887	4 072	3 385	534	440	326
贵　州	151 460	2 510	676	263	227	127
云　南	110 892	3 780	1 091	388	388	191
西　藏	5 122	430	747	222	171	--
陕　西	51 937	1 215	994	537	383	21
甘　肃	39 929	1 354	150	80	80	20
青　海	1 841	60	158	74	74	8
宁　夏	4 780	417	161	38	38	12
新　疆	74 584	1 436	278	278	278	51

店　基　本　情　况(二)

本年盈亏(千元)	年末固定资产原值(千元)	当年提取修购基金(千元)	增加值(千元)	公用房屋建筑面积(千平方米)		
					营业用房	文物库房
9 978	**230 459**	**1 839**	**76 713**	**161**	**54**	**66**
7 326	19 324	--	19 397	17	3	14
2 809	22 219	--	7 709	10	1	9
- 461	500	--	- 242	1	--	1
- 29	1 762	--	340	5	--	2
115	2 118	--	887	2	1	1
69	3 524	240	1 856	4	1	1
66	1 016	--	690	1	--	--
- 6	914	--	171	1	--	--
10	418	--	360	--	--	--
227	17 438	--	5 358	7	3	4
1 070	36 095	48	11 110	20	11	6
465	7 794	155	3 125	8	2	4
51	1 782	--	482	2	--	2
- 215	7 794	7	675	6	1	1
358	12 957	115	2 468	6	2	1
65	3 036	--	1 433	2	1	1
- 36	9 397	--	1 422	4	2	2
- 1 125	14 757	72	3 780	10	4	4
8	318	--	507	1	--	1
71	4 920	82	2 172	9	1	1
35	10 713	--	2 618	13	9	5
122	20 407	--	2 218	11	2	4
- 2 800	15 546	--	4 334	13	6	4
- 451	27	--	- 88	1	1	--
27	1 124	20	688	2	1	1
--	--	--	--	--	--	--
12	581	--	355	1	1	--
1 445	6 718	913	2 574	5	1	--
546	3 619	180	1 081	2	1	1
39	3 402	--	754	1	--	--
35	1 614	--	322	--	--	--
- 79	827	--	513	--	--	--
- 37	709	--	91	1	1	--
- 15	357	7	81	--	--	--
- 2	21	--	49	--	--	--
2	2 890	--	447	2	--	--

各地区文物部门附营

	机构数(个)	从业人员(人)		资本金合计		固定资产合计(千元)	固定资产原价(千元)	本年提取折旧(千元)	损				
			职工	(千元)	国家资本金				主营业收入	主营营业成本及费用	主营营业税金及附加	主营业务利润	其他业务利润
总计	**48**	**999**	**369**	**21 192**	**13 475**	**12 588**	**15 573**	**1 345**	**38 992**	**32 532**	**1 138**	**5 322**	**371**
北京	14	653	132	12 270	9 063	8 287	9 970	684	21 804	18 415	648	2 741	49
天津	5	30	18	440	140	780	337	15	2 741	1 955	57	729	84
河北	--	--	--	--	--	--	--	--	--	--	--	--	--
山西	--	--	--	--	--	--	--	--	--	--	--	--	--
内蒙古	--	--	--	--	--	--	--	--	--	--	--	--	--
辽宁	2	--	--	--	--	--	--	--	--	--	--	--	--
其中:大连	--	--	--	--	--	--	--	--	--	--	--	--	--
吉林	--	--	--	--	--	--	--	--	--	--	--	--	--
黑龙江	--	--	--	--	--	--	--	--	--	--	--	--	--
上海	3	45	33	1 284	284	653	1 177	141	3 412	3 020	105	287	--
江苏	9	55	51	1 180	570	1 156	1 530	105	1 806	1 579	33	194	56
浙江	6	90	48	3 003	503	956	1 252	142	3 497	2 851	112	534	12
其中:宁波	--	--	--	--	--	--	--	--	--	--	--	--	--
安徽	--	--	--	--	--	--	--	--	--	--	--	--	--
福建	--	--	--	--	--	--	--	--	--	--	--	--	--
其中:厦门	--	--	--	--	--	--	--	--	--	--	--	--	--
江西	--	--	--	--	--	--	--	--	--	--	--	--	--
山东	1	5	5	50	--	--	--	--	72	75	3	-6	--
其中:青岛	--	--	--	--	--	--	--	--	--	--	--	--	--
河南	--	--	--	--	--	--	--	--	--	--	--	--	--
湖北	--	--	--	--	--	--	--	--	--	--	--	--	--
湖南	--	--	--	--	--	--	--	--	--	--	--	--	--
广东	2	25	22	1 516	1 516	692	1 201	216	2 193	2 223	8	-38	5
其中:深圳	--	--	--	--	--	--	--	--	--	--	--	--	--
广西	--	--	--	--	--	--	--	--	--	--	--	--	--
海南	--	--	--	--	--	--	--	--	--	--	--	--	--
重庆	--	--	--	--	--	--	--	--	--	--	--	--	--
四川	6	96	60	1 449	1 399	64	106	42	3 467	2 414	172	881	165
贵州	--	--	--	--	--	--	--	--	--	--	--	--	--
云南	--	--	--	--	--	--	--	--	--	--	--	--	--
西藏	--	--	--	--	--	--	--	--	--	--	--	--	--
陕西	--	--	--	--	--	--	--	--	--	--	--	--	--
甘肃	--	--	--	--	--	--	--	--	--	--	--	--	--
青海	--	--	--	--	--	--	--	--	--	--	--	--	--
宁夏	--	--	--	--	--	--	--	--	--	--	--	--	--
新疆	--	--	--	--	--	--	--	--	--	--	--	--	--

单位基本情况（企业）

益及分配（千元）									其他（千元）			上交主办单位数（千元）	增加值（千元）
管理费用	税金	劳动待业保险	财务费用	补贴收入	投资收益	营业外收支净额	应交所得税	利润	从业人员劳动报酬	本年应付福利费总额	本年应交增值税		
5 590	**34**	**41**	**－30**	**6**	**51**	**－50**	**148**	**－8**	**7 399**	**808**	**259**	**1 027**	**16 895**
3 300	27	5	－26	－－	51	－5	59	－497	5 005	595	26	200	9 380
852	－	－－	－6	－－	－－	4	－－	－29	221	－－	57	261	1 424
－－	－－	－－	－－	－－	－－	－－	－－	－－	－－	－－	－－	－－	－－
－－	－－	－－	－－	－－	－－	－－	－－	－－	－－	－－	－－	－－	－－
－－	－－	－－	－－	－－	－－	－－	－－	－－	－－	－－	－－	－－	－－
－－	－－	－－	－－	－－	－－	－－	－－	－－	－－	－－	－－	－－	－－
－－	－－	－－	－－	－－	－－	－－	－－	－－	－－	－－	－－	－－	－－
－－	－－	－－	－－	－－	－－	－－	－－	－－	－－	－－	－－	－－	－－
－－	－－	－－	－－	－－	－－	－－	－－	－－	－－	－－	－－	－－	－－
348	－－	－－	－2	1	－－	－2	－－	－60	168	5	1	83	785
274	3	30	12	－－	－－	－2	8	－46	370	41	51	10	822
594	3	7	－8	－－	－－	24	5	－21	676	101	40	65	1 584
－－	－－	－－	－－	－－	－－	－－	－－	－－	－－	－－	－－	－－	－－
－－	－－	－－	－－	－－	－－	－－	－－	－－	－－	－－	－－	－－	－－
－－	－－	－－	－－	－－	－－	－－	－－	－－	－－	－－	－－	－－	－－
－－	－－	－－	－－	－－	－－	－－	－－	－－	－－	－－	－－	－－	－－
－－	－－	－－	－－	－－	－－	－－	－－	－－	－－	－－	－－	－－	－－
5	－－	－－	－－	－－	－－	11	－－	－－	29	4	3	－－	29
－－	－－	－－	－－	－－	－－	－－	－－	－－	－－	－－	－－	－－	－－
－－	－－	－－	－－	－－	－－	－－	－－	－－	－－	－－	－－	－－	－－
－－	－－	－－	－－	－－	－－	－－	－－	－－	－－	－－	－－	－－	－－
－－	－－	－－	－－	－－	－－	－－	－－	－－	－－	－－	－－	－－	－－
161	－－	－－	－－	－－	－－	2	1	－193	395	41	77	100	763
－－	－－	－－	－－	－－	－－	－－	－－	－－	－－	－－	－－	－－	－－
－－	－－	－－	－－	－－	－－	－－	－－	－－	－－	－－	－－	－－	－－
－－	－－	－－	－－	－－	－－	－－	－－	－－	－－	－－	－－	－－	－－
－－	－－	－－	－－	－－	－－	－－	－－	－－	－－	－－	－－	－－	－－
56	1	－1	－－	5	－－	－82	75	838	535	21	4	308	2 108
－－	－－	－－	－－	－－	－－	－－	－－	－－	－－	－－	－－	－－	－－
－－	－－	－－	－－	－－	－－	－－	－－	－－	－－	－－	－－	－－	－－
－－	－－	－－	－－	－－	－－	－－	－－	－－	－－	－－	－－	－－	－－
－－	－－	－－	－－	－－	－－	－－	－－	－－	－－	－－	－－	－－	－－
－－	－－	－－	－－	－－	－－	－－	－－	－－	－－	－－	－－	－－	－－
－－	－－	－－	－－	－－	－－	－－	－－	－－	－－	－－	－－	－－	－－
－－	－－	－－	－－	－－	－－	－－	－－	－－	－－	－－	－－	－－	－－
－－	－－	－－	－－	－－	－－	－－	－－	－－	－－	－－	－－	－－	－－

各地区文物主管部门机关

	机构数（个）	事业编制人数（人）	本年收入合计（千元）							
				财政补助收入			下级上缴收入	其他收入		事业支出
					国家重点文物保护专项资金	地方重点文物保护专项资金				
总　计	**262**	**1 645**	**684 591**	**352 762**	**58 594**	**120 065**	**297 587**	**34 242**	**387 345**	**302 373**
中　央	1	60	276 368	15 408	－－	－－	260 318	642	67 123	20 063
地　方	261	1 585	408 223	337 354	58 594	120 065	37 269	33 600	320 222	282 310
北　京	1	21	102 816	99 719	4 450	70 880	－－	3 097	61 442	61 442
天　津	－－	－－	－－	－－	－－	－－	－－	－－	－－	－－
河　北	12	289	48 343	42 647	11 200	11 080	－－	5 696	48 295	40 500
山　西	20	263	26 209	21 599	10 370	8 325	－－	4 610	22 473	22 473
内蒙古	1	－－	2 105	1 985	1 660	230	100	20	195	195
辽　宁	13	89	9 138	9 126	2 330	5 920	－－	12	7 692	1 047
其中：大连	1	11	1 323	1 323	－－	1 067	－－	－－	1 101	256
吉　林	1	－－	1 766	1 766	1 620	－－	－－	－－	1 866	1 866
黑龙江	1	23	4 613	4 601	310	－－	－－	12	4 484	4 484
上　海	－－	－－	－－	－－	－－	－－	－－	－－	－－	－－
江　苏	26	17	10 023	9 231	480	1 050	－－	792	4 829	4 829
浙　江	6	55	15 041	9 924	115	2 440	600	4 517	16 415	13 414
其中：宁波	－－	－－	－－	－－	－－	－－	－－	－－	－－	－－
安　徽	1	21	3 465	3 465	－－	2 000	－－	－－	6 513	5 230
福　建	6	5	4 771	4 771	－－	1 000	－－	－－	4 771	2 087
其中：厦门	－－	－－	－－	－－	－－	－－	－－	－－	－－	－－
江　西	1	－－	3 886	3 886	－－	－－	－－	－－	2 412	2 412
山　东	12	157	8 815	6 714	－－	260	－－	2 101	7 026	6 426
其中：青岛	1	18	2 492	1 674	－－	－－	－－	818	2 396	2 396
河　南	13	81	19 141	16 812	10 830	2 630	1 019	1 310	14 036	13 271
湖　北	8	128	24 147	23 709	12 925	2 950	20	418	20 141	12 008
湖　南	2	3	2 182	2 182	－－	－－	－－	－－	927	927
广　东	16	20	32 769	31 269	－－	2 636	400	1 100	18 893	17 473
其中：深圳	1	－－	1 950	1 550	－－	－－	400	－－	1 950	1 950
广　西	11	22	7 795	7 787	－－	－－	－－	8	4 715	4 605
海　南	20	4	304	264	－－	－－	－－	40	538	538
重　庆	1	－－	5 341	5 238	－－	－－	50	53	3 026	3 026
四　川	34	29	3 332	3 258	－－	230	－－	74	3 423	2 219
贵　州	5	8	4 122	4 122	220	－－	－－	－－	1 749	874
云　南	14	3	4 493	4 348	50	1 140	－－	145	2 961	2 352
西　藏	4	48	2 757	2 577	89	290	－－	180	2 707	2 422
陕　西	24	289	56 329	12 282	282	7 004	35 080	8 967	54 342	52 998
甘　肃	3	－－	1 590	1 590	－－	－－	－－	－－	1 590	1 590
青　海	2	5	695	695	13	－－	－－	－－	1 046	1 046
宁　夏	2	－－	－－	－－	－－	－－	－－	－－	－－	－－
新　疆	1	5	2 235	1 787	1 650	－－	－－	448	1 715	556

事业编制及事业费收支情况

本年支出合计（千元）										省文物行政部门会同省财政部门一次性下拨的补助经费全年合计（千元）
1.本机关支出		2.补助本级、下级支出								
合计	事业编制人员劳动报酬	合计	文物保护单位维修费	考古发掘费	文物收购费	干部训练	补助未设文博机构地方	拨给文物商店周转金	其他费用	
162 261	**14 890**	**225 084**	**157 056**	**6 009**	**5 275**	**2 322**	**669**	**– –**	**43 253**	**51 810**
65 107	– –	2 016	– –	– –	– –	2 016	– –	– –	– –	– –
97 154	14 890	223 068	157 056	6 009	5 275	306	669	– –	43 253	51 810
1 765	602	59 677	43 972	– –	– –	– –	– –	– –	15 705	445
– –	– –	– –	– –	– –	– –	– –	– –	– –	– –	– –
19 712	4 155	28 583	19 120	1 760	600	200	– –	– –	581	11 040
7 284	1 752	15 189	14 439	450	– –	– –	– –	– –	300	– –
65	– –	130	90	40	– –	– –	– –	– –	– –	810
859	302	6 833	6 805	– –	– –	– –	– –	– –	28	3 280
256	256	845	845	– –	– –	– –	– –	– –	– –	30
187	– –	1 679	1 500	– –	– –	– –	– –	– –	179	– –
918	300	3 566	2 740	– –	137	– –	– –	– –	689	– –
– –	– –	– –	– –	– –	– –	– –	– –	– –	– –	– –
3 284	154	1 545	854	– –	3	3	530	– –	155	5 990
11 949	424	4 466	4 298	29	– –	3	40	– –	96	6 480
– –	– –	– –	– –	– –	– –	– –	– –	– –	– –	– –
1 283	123	5 230	3 690	735	600	– –	– –	– –	205	3 500
3 761	85	1 010	672	– –	– –	– –	– –	– –	338	– –
– –	– –	– –	– –	– –	– –	– –	– –	– –	– –	– –
2 412	– –	– –	– –	– –	– –	– –	– –	– –	– –	1 600
5 926	1 744	1 100	1 100	– –	– –	– –	– –	– –	– –	300
2 396	263	– –	– –	– –	– –	– –	– –	– –	– –	– –
4 521	806	9 515	5 589	1 325	1 200	90	– –	– –	1 311	5 140
3 319	915	16 822	16 140	30	– –	– –	– –	– –	652	1 805
563	24	364	4	– –	– –	– –	– –	– –	360	3 290
2 533	299	16 360	14 406	– –	12	10	– –	– –	1 450	90
1 050	– –	900	900	– –	– –	– –	– –	– –	– –	– –
697	162	4 018	1 768	– –	– –	– –	– –	– –	245	– –
538	165	– –	– –	– –	– –	– –	– –	– –	– –	– –
2 383	– –	643	273	– –	– –	– –	– –	– –	370	– –
651	164	2 772	1 810	40	1	– –	96	– –	823	4 230
120	57	1 629	1 024	– –	53	– –	– –	– –	552	– –
2 571	222	390	320	– –	– –	– –	– –	– –	70	3 000
1 233	663	1 474	1 424	– –	– –	– –	– –	– –	30	– –
16 071	1 637	38 271	13 302	1 570	2 669	– –	3	– –	19 058	810
1 590	– –	– –	– –	– –	– –	– –	– –	– –	– –	– –
403	37	643	587	– –	– –	– –	– –	– –	56	– –
– –	– –	– –	– –	– –	– –	– –	– –	– –	– –	– –
556	98	1 159	1 129	30	– –	– –	– –	– –	– –	– –

各地区文物业基本建

地区	项目个数	计划总投资	建筑面积	本年计划投资	本年资金						
						上年结余资金		本年资			
								国家投资	国内贷款	债券	利用外资
总计	**177**	**4 268 483**	**1 244**	**852 731**	**1 091 914**	**193 263**	**898 651**	**451 381**	**112 630**	**17 500**	**22 500**
中央	1	377 550	113	97 100	125 150	28 050	97 100	97 100	--	--	--
地方	176	3 890 933	1 131	755 631	966 764	165 213	801 551	354 281	112 630	17 500	22 500
北京	1	5 919	12	5 919	5 919	--	5 919	--	--	--	--
天津	--	--	--	--	--	--	--	--	--	--	--
河北	7	44 835	21	25 570	21 870	--	21 870	19 170	1 500	--	--
山西	3	330 710	58	3 560	26 120	--	26 120	26 120	--	--	--
内蒙古	3	10 550	8	9 080	9 080	--	9 080	750	--	--	--
辽宁	5	176 800	37	121 500	122 100	--	122 100	121 600	--	--	--
其中:大连	--	--	--	--	--	--	--	--	--	--	--
吉林	--	--	--	--	--	--	--	--	--	--	--
黑龙江	5	216 800	160	34 500	34 525	25	34 500	26 900	--	--	--
上海	5	683 700	62	31 500	71 161	33 281	37 880	12 800	--	--	--
江苏	13	128 720	49	43 479	30 477	4 088	26 389	15 124	--	--	--
浙江	16	220 098	66	196 690	195 669	18 319	177 350	3 830	94 000	--	--
其中:宁波	2	12 500	3	--	3 650	1 800	1 850	150	--	--	--
安徽	11	57 550	47	2 844	3 724	580	3 144	894	390	--	--
福建	3	273 000	37	21 320	64 140	7 230	56 910	56 410	--	--	200
其中:厦门	--	--	--	--	--	--	--	--	--	--	--
江西	5	164 360	38	120	24 930	24 030	900	570	--	--	--
山东	9	140 160	69	19 595	18 262	70	18 192	2 500	--	--	--
其中:青岛	1	2 760	2	195	195	--	195	--	--	--	--
河南	7	345 870	103	29 460	30 660	120	30 540	18 630	--	--	--
湖北	11	106 250	39	19 100	4 620	--	4 620	3 500	140	--	--
湖南	7	111 560	32	5 300	45 869	33 669	12 200	10 100	--	--	--
广东	15	371 280	101	49 490	82 067	23 974	58 093	383	--	--	500
其中:深圳	1	11 300	2	4 000	4 000	--	4 000	--	--	--	--
广西	8	41 990	19	31 745	28 772	2 060	26 712	905	--	--	--
海南	--	--	--	--	--	--	--	--	--	--	--
重庆	5	44 439	29	2 650	7 032	-38	7 070	2 730	3 600	--	--
四川	15	136 210	62	51 819	47 069	10 557	36 512	15 000	5 000	--	--
贵州	1	4 000	1	--	--	--	--	--	--	--	--
云南	3	7 530	7	7 530	6 095	3 480	2 615	915	500	--	--
西藏	--	--	--	--	--	--	--	--	--	--	--
陕西	8	81 338	24	2 320	26 643	730	25 913	1 530	--	--	20 000
甘肃	5	32 011	7	3 670	14 418	248	14 170	6 300	7 500	--	--
青海	1	79 670	20	32 000	40 672	2 790	37 882	5 000	--	17 500	--
宁夏	1	5 783	3	870	870	--	870	420	--	--	--
新疆	3	69 800	20	4 000	4 000	--	4 000	2 200	--	--	1 800

设投资情况综合情况

单位:个、千平方米、千元

来源总计						累计完成投资		新增固定资产		本年全部建成交付使用的项目个数及竣工面积	
金来源合计											
自筹资金				其他资金来源			本年完成投资		本年新增固定资产	建成项目	竣工面积
	中央自筹	地方自筹	单位自筹		集资						
243 401	**- -**	**193 514**	**25 321**	**51 239**	**19 574**	**2 451 105**	**747 880**	**251 814**	**239 857**	**63**	**290**
- -	- -	- -	- -	- -	- -	101 000	82 150	- -	- -	- -	- -
243 401	- -	193 514	25 321	51 239	19 574	2 350 105	665 730	251 814	239 857	63	290
5 919	- -	- -	1 030	- -	- -	4 901	4 901	4 901	4 901	1	12
- -	- -	- -	- -	- -	- -	- -	- -	- -	- -	- -	- -
200	- -	- -	200	1 000	- -	27 130	19 570	13 130	9 670	3	2
- -	- -	- -	- -	- -	- -	31 394	26 164	- -	- -	- -	- -
8 330	- -	7 400	930	- -	- -	10 680	9 080	10 680	9 080	3	8
500	- -	500	- -	- -	- -	142 970	121 600	120 300	120 300	2	10
- -	- -	- -	- -	- -	- -	- -	- -	- -	- -	- -	- -
- -	- -	- -	- -	- -	- -	- -	- -	- -	- -	- -	- -
- -	- -	- -	- -	7 600	7 600	8 800	6 800	- -	- -	1	2
18 000	- -	- -	- -	7 080	7 080	561 943	22 655	2 283	2 212	1	2
9 265	- -	7 750	1 265	2 000	- -	103 405	34 120	21 165	21 165	3	14
79 520	- -	79 303	100	- -	- -	130 312	74 749	2 900	190	6	31
1 700	- -	1 700	- -	- -	- -	11 000	1 000	30	- -	1	1
1 860	- -	1 760	100	- -	- -	9 082	2 566	2 417	971	3	11
300	- -	200	- -	- -	- -	2 237	1 037	536	536	- -	- -
- -	- -	- -	- -	- -	- -	- -	- -	- -	- -	- -	- -
330	- -	310	20	- -	- -	134 344	12 924	- -	- -	4	36
14 692	- -	14 692	- -	1 000	- -	136 563	14 552	1 656	6	5	28
195	- -	195	- -	- -	- -	2 630	195	- -	- -	1	2
11 860	- -	11 550	100	50	- -	283 301	30 646	720	500	2	6
300	- -	300	- -	680	600	74 587	18 650	1 300	500	3	21
1 150	- -	1 150	- -	950	- -	126 017	28 371	5 760	5 760	3	4
57 210	- -	47 750	8 460	- -	- -	250 649	71 093	- -	- -	1	1
4 000	- -	4 000	- -	- -	- -	9 000	4 000	- -	- -	1	2
16 574	- -	16 574	- -	9 233	339	40 329	28 393	7 600	7 600	3	11
- -	- -	- -	- -	- -	- -	- -	- -	- -	- -	- -	- -
40	- -	- -	40	700	500	37 461	4 508	8 371	8 371	3	22
14 076	- -	2 650	11 426	2 436	647	99 202	51 419	45 165	45 165	8	33
- -	- -	- -	- -	- -	- -	3 739	- -	- -	- -	1	1
1 200	- -	- -	1 200	- -	- -	6 095	2 745	2 930	2 930	2	7
- -	- -	- -	- -	- -	- -	- -	- -	- -	- -	- -	- -
1 255	- -	1 255	- -	3 128	2 808	18 999	14 142	- -	- -	2	5
370	- -	370	- -	- -	- -	14 972	14 321	- -	- -	- -	- -
- -	- -	- -	- -	15 382	- -	83 744	45 854	- -	- -	1	20
450	- -	- -	450	- -	- -	3 249	870	- -	- -	1	3
- -	- -	- -	- -	- -	- -	4 000	4 000	- -	- -	1	- -

各地区文物保护

	文物保护维修单位(个)	其中:国家级	建筑面积(千平方米)	其中:国家级	维修面积	其中:国家级
总计	**1 003**	**222**	**2 094**	**1 048**	**695**	**159**
中央	1	1	217	217	32	32
地方	1 002	221	1 877	831	663	127
北京	8	3	9	1	9	1
天津	5	--	22	--	8	--
河北	59	21	79	54	21	9
山西	75	20	28	9	16	3
内蒙古	8	3	29	10	11	2
辽宁	27	4	21	--	5	--
其中:大连	--	--	--	--	--	--
吉林	2	2	--	--	--	--
黑龙江	5	2	--	--	--	--
上海	28	3	7	1	7	1
江苏	44	12	99	16	38	3
浙江	120	11	570	467	63	14
其中:宁波	11	--	6	--	5	--
安徽	50	8	40	11	17	2
福建	25	3	32	11	13	1
其中:厦门	--	--	--	--	--	--
江西	33	7	31	12	17	4
山东	23	8	46	7	21	5
其中:青岛	2	--	4	--	3	--
河南	45	13	55	15	33	12
湖北	28	10	27	7	14	5
湖南	39	11	73	40	26	11
广东	70	5	240	15	185	5
其中:深圳	1	--	--	--	--	--
广西	14	4	7	4	6	4
海南	3	3	8	8	4	4
重庆	18	4	26	6	17	2
四川	89	19	154	77	52	20
贵州	32	4	130	7	18	4
云南	54	5	21	2	17	2
西藏	6	1	--	--	--	--
陕西	62	24	54	5	21	1
甘肃	16	7	19	15	4	2
青海	1	--	--	--	--	--
宁夏	7	3	43	30	16	10
新疆	6	1	7	1	4	--

单位维修基本情况

本年收入合计（千元）					本年支出合计（千元）					
	财政补助收入			其他		其中：国家级	人工费		材料费	
		中央财政补助	省级财政补助					其中：国家级		其中：国家级
264 862	**169 022**	**42 246**	**56 596**	**69 500**	**255 557**	**100 031**	**43 892**	**17 159**	**95 592**	**37 613**
8 000	– –	– –	– –	– –	7 968	7 968	– –	– –	– –	– –
256 862	169 022	42 246	56 596	69 500	247 589	92 063	43 892	17 159	95 592	37 613
2 877	2 877	4	2 873	– –	2 877	514	636	191	2 196	323
798	268	– –	168	237	798	– –	60	– –	458	– –
21 284	19 953	7 267	6 645	1 326	19 806	16 614	4 401	2 960	4 466	2 914
8 905	8 905	3 870	4 595	– –	8 859	4 176	1 473	886	2 404	1 387
854	754	– –	20	100	850	420	152	80	351	115
4 926	3 603	1 450	1 950	1 103	4 780	500	1 817	90	2 963	410
– –	– –	– –	– –	– –	– –	– –	– –	– –	– –	– –
300	300	300	– –	– –	300	300	50	50	250	250
– –	– –	– –	– –	– –	– –	– –	– –	– –	– –	– –
10 677	5 072	– –	5 072	5 605	10 117	1 735	– –	– –	– –	– –
12 916	11 493	1 050	1 620	1 175	16 986	3 847	4 120	527	7 946	890
25 614	13 421	1 470	3 151	11 594	21 471	3 822	4 980	893	11 774	2 469
471	363	– –	– –	78	503	– –	95	– –	101	– –
13 961	11 707	1 250	4 881	1 850	12 269	2 302	1 386	567	1 579	490
4 379	2 726	1 220	200	1 653	3 423	80	166	1	312	9
– –	– –	– –	– –	– –	– –	– –	– –	– –	– –	– –
3 566	2 658	1 800	372	643	2 649	764	832	189	1 437	544
10 061	2 944	300	720	7 117	10 031	2 051	995	425	3 014	1 004
210	210	– –	– –	– –	210	– –	100	– –	110	– –
13 797	12 176	3 240	2 610	841	12 770	4 269	1 890	875	4 112	2 194
9 857	4 575	2 485	1 287	5 012	9 516	2 874	2 022	582	6 536	1 373
6 156	5 370	2 370	1 403	786	5 437	3 193	1 131	776	2 986	1 789
37 898	14 889	2 400	999	12 981	38 253	12 442	3 878	417	18 787	11 131
– –	– –	– –	– –	– –	– –	– –	– –	– –	– –	– –
2 676	2 386	850	220	40	2 144	600	424	55	1 600	545
453	20	– –	20	433	453	453	150	150	303	303
9 801	2 113	1 700	413	7 688	11 877	1 019	634	94	2 127	446
16 148	10 221	2 560	2 125	4 628	15 078	9 412	5 380	3 148	9 483	6 114
3 759	3 664	600	1 965	– –	3 198	672	595	19	1 719	211
6 836	6 237	450	2 059	595	5 661	1 090	669	131	2 759	380
120	120	120	– –	– –	120	– –	24	– –	96	– –
17 585	14 201	1 380	9 628	2 950	17 777	11 668	4 477	3 091	3 513	1 470
7 261	3 809	2 300	1 400	346	7 117	6 115	504	412	601	302
80	– –	– –	– –	80	80	– –	40	– –	40	– –
1 653	1 613	1 350	200	– –	1 228	950	561	500	592	450
1 664	947	460	– –	717	1 664	181	445	50	1 188	100

文物业主要指标解释

文物藏品:指报告期末,该单位已经整理并登记入账的文物藏品数。尚未整理或正在整理的文物藏品,应在整理造册入帐后列入下年统计。本指标以件为计量单位,单件藏品编一个号者按一件计算;成套藏品按整体编一个号者,也按一件计算(其组成部分即使有分号,也按一件计)。不以数计的文物,如:粮食、药材及液体等,不论数量多少,均按一件计算。

举办陈列、展览:陈列指在博物馆内设置,由本馆布置,内容较为固定,时间较长的展出。在一个博物馆内通常称基本陈列。

展览指内容专题性较强,展出时间较短,形式比较活泼,地点可不固定的展出。展览可由一个博物馆举办,也可由几个文物机构合办。

同一内容的陈列或展览,不论时间多长,展览在几地展出,均按一个计算。凡已作为陈列统计的,就不能再作为展览统计。另外,陈列和展览的计量单位不是指每次展出的文物藏品件数。与系统外单位合办的展览,由本馆统计,与系统内单位合办的,由主办馆统计,另一馆(或几馆)可附加说明。

参观人次和外宾参观人次:参观人次指本报告期末,向社会开放的文物保护管理机构和博物馆当年接待的所有参观人次的累计数。

外宾是指外国人以及港、澳、台胞和华侨。

考古发掘费:指在当年业务费“目”中列支的考古发掘费用。

文物保护单位维修费:指列入文博机构本单位决算维修费“目”级科目中开支的各级文物保护单位维修经费支出数。

公用房屋建筑面积:指本部门或房产部门所有本单位使用的各种办公和业务用房,包括职工单身宿舍和暂被家属、职工挤占的非居住用房。不包括职工家属宿舍。其建筑面积均按总的建筑面积(指外墙算起的各房屋面积相加之和)计算。

业务用房、陈列展览用房和文物库房均按上述要求分别予以统计。

以各级文物保护单位为馆、所址的文博机构,只统计该单位实际使用部分的建筑面积。

“九五”期间全国艺术事业发展概述

李 建 军

“九五”期间，全国广大文化艺术工作者以党的十五大和江泽民总书记关于“三个代表”的重要讲话的精神为指针，繁荣文艺为根本目标，深入生活，推出了一批思想深刻、艺术精湛、风格多样的优秀作品，繁荣了文艺舞台，取得了较好的社会效益和一定的经济效益，推动了艺术事业的发展。

一、机构、人员情况

(一)“九五”期间，我国文化部门艺术表演团体的机构、人员均有精简。

剧团从1995年2676个减少到2000年的2619个，减少57个，下降2.1%。其中国营剧团2000年1891个，比1995年增加10个，增长0.5%；集体经营剧团727个，比1995年减少68个，减少8.6%。分剧种情况看，2000年与1995年相比，只有歌剧、舞剧、歌舞剧团78个，增加33个，歌舞团、轻音乐团287个，增加27个，其他剧种均呈不同程度的减少，尤以戏曲剧团减少最多，2000年为1530个，比1995年减少104个，减少6.4%。其次依次为：(1)文工团、文宣队、乌兰牧骑414个，比1995年减少7个。(2)乐团16个，比1995年减少3个。(3)话剧、儿童剧、滑稽剧团86个，比1995年减少2个。(4)曲、杂、木、皮团208个，比1995年减少1个。文化部门剧团从业人员，2000年为14.09万人，比1995年减少1.09万人，下降7.2%，平均递减1.5%。

(二)艺术表演场所减少58个，平均递减0.6%。

2000年末，我国文化部门艺术表演场所1900个，比1995年减少58个，年均递减0.6%。其中剧场、影剧院从1995年的1918个减少到2000年的1863个，减少55个，下降2.9%.全民所有制剧场、影剧院1795个，比1995年减少47个，下降2.6%。集体所有制剧场、影剧院64个，比1995年减少8个，下降15.8%。从各级剧场、影剧院看，2000年与1995年相比，地市级剧场、影剧院减少最多，减少37个，下降5.9%；县级及县以下剧场、影剧院减少29个，下降2.4%；省级增加11个，增长12.2%。

二、演出及观众需求情况

“九五”期间，我国文化部门艺术表演团体和艺术表演场所为广大人民群众提供了丰富多彩的艺术产品和活动，演出场次和观众人次均达到了一定的规模和水平。“九五”期间，我国文化部门艺术表演团体和场所的演出场次达1206万场.其中：艺术表演团体的演出场次为209万场，占总场次的17.3%；艺术表演场所的演出场次达997万场，占总场次的82.7%。从观众需求来看，“九五”期间，我国文化部门艺术表演团体和场所的观众人次达35.6亿人次.其中艺术表演团体的观众人次为24.09亿人次，占总人次的67.7%；艺术表演场所的观众人次为11.56亿人次，占总人次的32.3%。

2000年，全国文化系统的2619个艺术表演团体，全年共新排上演剧目4855

个,比上年增加276个剧目。全国有16个省(区、市)的艺术表演团体,新排上演剧目比上年增加,湖北新排上演剧目增加最多,比上年增加92个,广西增幅最大,达86.4%。分级别看,县级剧团新排上演剧目增加最多,增加了101个,地级剧团增幅达6.6%;分剧种看,歌舞团轻音乐的新排上演剧目数居首,比上年增加138个,歌剧舞剧歌舞剧团增幅达78.6%。全国新创作并首演的剧目2258个,国有剧团和县级剧团增加最多。戏曲剧团新排上演2831个剧目,其中有1080个是新创作并首演的剧目,占新排上演剧目总数的38.1%;话剧、儿童剧、滑稽剧团新排上演134个剧目,其中有88个是新创作并首演的剧目。全国艺术表演团体的国内演出场次共41万场,平均每团演出156场。其中本剧种演出32万场,占总演出场次的77.3%;到农村演出26万场,占总演出场次62.9%,比上年增加了1.9个百分点。国内观众达到4.62亿人次。演出收入5.2亿元,比上年增加0.3亿元,增长6.1%。演出收入占事业收入达85.1%。

2000年全国文化系统的2619个艺术表演团体,全年共在国内演出41万场,比上年减少1.3万场,分级别看,各级的艺术表演团体演出场次均比上年有不同程度的减少,其中县级剧团比上年少演出4千场,下降幅度最小,仅为1.6%。全国有17个省(区、市)的剧团演出场次与上年持平,只有安徽、广西、西藏、新疆4个省(区)的演出场次比上年增加,且均增加0.1万场,西藏增幅最大,达50%。全国平均每团演出156场,比上年减少5场。其中本剧种演出32万场,占总演出场次的77.3%;到农村演出26万场,占总演出场次62.9%,比上年增加了1.9个百分点。国内观众达到4.62亿人次,比上年减少736万人次,下降1.6%,全国有17个省、区、市的观众人次比上年有不同程度的增加,湖北增加最多,为463万人次,西藏增幅最大,达155.9%。分剧种看,话剧、儿童剧、滑稽剧团86个,国内演出1.2万场,平均每团演出135场,比上年减少5场。其中演出最多的是浙江省杭州市滑稽剧团,全年共演出2412场;歌剧、舞剧、歌舞剧团78个,国内演出场次0.8万场,平均每团演出103场,比上年增加11场。其中演出最多的是黑龙江省鸡西市人民艺术剧院,全年共演出604场;文工团、文宣队、乌兰牧骑414个,国内演出场次4.0万场,平均每团演出97场,比上年增加2场。其中演出最多的是内蒙古自治区库伦旗乌兰牧骑,全年共演出600场;戏曲剧团1530个,国内演出场次23.8万场,比上年减少0.9万场,平均每团演出156场,比上年减少4场。其中演出最多的是河北省香河县评剧团,全年共演出1200场;曲艺、杂技、木偶、皮影剧团208个,国内演出场次6.7万场,比上年增加0.3万场,平均每团演出322场,比上年减少15场。其中演出最多的是江苏省苏州市评弹团,全年共演出7254场。

三、经费收支情况

"九五"期间,我国艺术表演团体和场所的财政补助收入和总支出均有所增长。艺术表演团体的演出收入低于财政补助收入的增长速度。艺术表演场所财政补助收入的增长幅度略高演出收入的增幅:

——从总收入看,"九五"期间我国文化部门艺术表演团体和场所有较大幅度增长。2000年我国文化部门艺术表演场所的总收入为8.55亿元,比1995年增加502万元,增长5.9%,平均递增0.12%。艺术表演团体的总收入为26.37亿元,比1995年增加11.23亿元,增长74.2%,平均递增11.7%。2000年与1995年相比,艺术表演团体的演出收入有一定幅度的增长,2000年为5165万元,比1995年增加1727万元,增长50.2%,年均递增8.5%。平均每场国内演出收入,2000年为1260元,比1995年增加421元,增长50.2%。但演出收入占总收入的比重却由1995年的22.7%,下降到2000年的19.6%,下降3.1个百分点。分剧种看:2000年演出收入排在前三位的剧团依次是:戏曲剧团;曲、杂、木、皮团;歌舞团、轻音乐团。2000年和1995年相比,艺术表演场所的艺术演出收入增加较多。2000年为1.14亿元,比1995年增加4530万元,增长65.8%,年均递增10.6%;而电影放映收入却大幅度减少,2000年为1.16亿元,比1995年减少1.12亿元,下降49.3%。

——从财政补助收入看,文化部门艺术表演团体和场所的财政补助收入,2000年和1995年相比,均有大幅度增长。截至2000年底,艺术表演团体和场所的财政补助收入分别为17.29亿元和9522万元,比1995年增加8.62亿元和3678万元,增长99.6%和63.2%,年均递增14.8%和10.3%。剧团平均每场国内演出经费补贴422元,比1995年增加211元,增长1.0倍。分剧种看,2000年财政补助收入排在前三位的剧团依次是:戏曲剧团;歌舞团、轻音乐团;话剧、儿童剧及滑稽剧团。分地区情况看,2000年剧团财政补助收入排在前10位的省、市依次是:广东、江苏、山东、福建、浙江、云南、北京、上海、辽宁、四川。2000年与1995年相比,各地剧团的财政补助收入均不同程度的增长,江苏以增加5338万元为最多,广东次之增加5102万元,第三是福建增加4633万元;福建增幅最高,为138.9%,浙江增幅次之,为133.4%,第三是江苏,为116.8%。

——从总支出看,2000年与1995年相比,艺术表演团体和场所的增幅较大,尤以艺术表演团体的增幅最大。我国文化部门艺术表演团体的总支出,2000年为26.89亿元,比1995年增加1.08亿元,增长79.8%,年均递增12.5%。2000年,人员费用占总支出的42.2%,修缮费占总支出的3.8%,排练制作费占总支出的9.3%。分剧种情况看,总支出排在前三位的剧团依次为:戏曲剧团;歌舞团、轻音乐团;曲、杂、木、皮团。文化部门艺术表演场所的总支出2000年为8.67亿元,比1995年增加7504万元,增长9.5%,年均递增1.8%。

——从艺术表演团体的自给率情况看,剧团自给率从1995年的40.3%下降到2000年的31.5%,下降8.8个百分点。

四、固定资产及公用房屋建筑面积增减情况

2000年末,文化部门艺术表演团体固定资产原值为29.15亿元,比1995年增加9.43亿元,增长47.8%。公用房屋建筑面积421.8万平方米,比1995年减少39.9万平方米,下降8.6%。2000年,文化部门艺术表演场所公用房屋建筑面积463.8万平方米,比1995年增加1.6万平方米,增长0.3%。其中剧场、影剧院457.6万平方米,比1995年增加0.1万平方米,增长0.02%。

五、问题和建议

(一)"九五"期间,我国文化部门表演

场所发展滞后。如前所述,2000年全国文化部门艺术表演场所公用房屋建筑面积虽略有所增加,但座席数却从1995年的186.9万个,减少到2000年的161.2万个,减少135.3万个,下降13.8%,平均递减3%。而且大多数建筑是五六十年代建设的,面积狭小,设备陈旧,不适应现代化的演出需要。

(二)鉴于大众文化消费方式的多样化,"九五"期间,我国艺术表演团体和场所的演出场次和观众人次呈逐年递减的趋势。一些剧团的创作严重滞后于演出,缺乏精品;或名存实亡,没有正常的演出活动。剧团排练制作费甚少,只占总支出的9.3%。五年中,每年都有占总数10%以上的剧团全年没有演出活动,2000年更有345个剧团全年无演出,占剧团总数的比重高达13.2%。其中省级团7个,比上年增加1个,占总数的2.0%,比上年增长0.2个百分点;地市级65个,比上年减少4个,占总数的18.8%,比上年下降2.1个百分点;县及县以下273个,比上年增加18个,占总数的79.1%,比上年增加1.8个百分点;分剧种来看,戏曲剧团全年无演出的机构最多,高达245个,比上年增加15个,占总数的71.0%,比上年增加1.3个百分点;文工团、文宣队、乌兰牧骑42个,比上年增加2个,占12.2%;曲艺、杂技、木偶、皮影剧团34个,比上年减少2个,占9.9%,比上年减少1个百分点;其它剧种全年无演出剧团机构有24个,占6.9%左右。此外,还有55个剧团全年演出场次在10场以内,占剧团总数的2.1%;与此成鲜明对照的是,2000年全国文化系统有350个剧团国内演出场次在300场以上,占总机构数的13.4%,全年演出场次共17.3万场,占总场次的42.2%,观众1.59亿人次,占总观众人次的34.4%,演出收入共1.44亿元,占全国总数的27.9%。这样一种对比所能得出的结论只能是,只要剧团为社会提供的精神产品"适销对路",演出市场就不存在萎缩的问题。艺术表演团体和场所应面向市场,改变目前这种拥有一定规模的队伍,也生产一定数量的产品,但观众却逐年递减的局面。应了解观众、了解当前观众的审美心理趋势、审美爱好、审美兴趣,创造并提供给与观众审美需求相适应的艺术产品来。

各地区艺术表演团体机构数、从业人员数

单位:个、人

地区	总计		文化部门						其他部门	
			合计		国有经济		集体经济			
	机构数	从业人员数	机构数	从业人员数	机构数	从业人员数	机构数	从业人员数	机构数	从业人员数
总计	**2 630**	**141 440**	**2 619**	**140 933**	**1 891**	**112 475**	**727**	**28 438**	**11**	**507**
中央	18	2 840	11	2 840	11	2 840	--	--	7	--
地方	2 612	138 600	2 608	138 093	1 880	109 635	727	28 438	4	507
北京	20	2 249	20	2 249	14	2 157	6	92	--	--
天津	16	1 754	16	1 754	15	1 754	1	--	--	--
河北	138	6 553	138	6 553	13	1 524	125	5 029	--	--
山西	159	9 670	159	9 670	14	1 972	145	7 698	--	--
内蒙古	116	5 330	116	5 330	114	5 261	2	69	--	--
辽宁	77	4 924	77	4 924	73	4 874	4	50	--	--
其中:大连	8	560	8	560	8	560	--	--	--	--
吉林	65	4 265	65	4 265	61	4 216	4	49	--	--
黑龙江	91	5 746	89	5 323	86	5 275	3	48	2	423
上海	29	2 713	29	2 713	25	2 644	4	69	--	--
江苏	133	6 230	133	6 230	29	2 775	104	3 455	--	--
浙江	79	3 729	79	3 729	66	3 506	13	223	--	--
其中:宁波	8	312	8	312	6	311	2	1	--	--
安徽	92	4 610	92	4 610	56	3 334	36	1 276	--	--
福建	96	4 670	96	4 670	80	4 181	16	489	--	--
其中:厦门	6	355	6	355	4	263	2	92	--	--
江西	79	3 949	79	3 949	79	3 949	--	--	--	--
山东	118	5 943	118	5 943	53	3 636	65	2 307	--	--
其中:青岛	11	645	11	645	5	409	6	236	--	--
河南	205	10 206	205	10 206	177	8 993	28	1 213	--	--
湖北	101	6 430	100	6 381	100	6 381	--	--	1	49
湖南	91	4 500	90	4 465	68	3 807	22	658	1	35
广东	138	6 031	138	6 031	125	5 692	13	339	--	--
其中:深圳	5	335	5	335	5	335	--	--	--	--
广西	118	4 518	118	4 518	114	4 434	3	64	--	--
海南	21	1 136	21	1 136	12	808	9	328	--	--
重庆	38	1 798	38	1 798	25	1 512	13	286	--	--
四川	98	5 589	98	5 589	71	4 800	27	789	--	--
贵州	28	2 134	28	2 134	28	2 134	--	--	--	--
云南	129	4 670	129	4 670	127	4 610	2	60	--	--
西藏	26	1 050	26	1 050	26	1 050	--	--	--	--
陕西	118	8 005	118	8 005	36	4 158	82	3 847	--	--
甘肃	76	4 185	76	4 185	76	4 185	--	--	--	--
青海	14	969	14	969	14	969	--	--	--	--
宁夏	15	961	15	961	15	961	--	--	--	--
新疆	88	4 083	88	4 083	88	4 083	--	--	--	--

各地区文化部门艺术表演团体分剧种机构数

单位:个

地区	总计	话剧、儿童剧、滑稽剧团	儿童剧	歌剧、舞剧、歌舞剧团	歌舞团、轻音乐团	乐团	文工团、文宣队、乌兰牧骑	戏曲剧团	京剧团	曲、杂木、皮团
总计	**2 619**	**86**	**10**	**78**	**287**	**16**	**414**	**1 530**	**109**	**208**
中央	11	3	1	3	2	2	- -	1	1	- -
地方	2 608	83	9	75	285	14	414	1 529	108	208
北京	20	2	1	- -	1	1	- -	11	2	5
天津	16	2	1	1	- -	1	2	7	2	3
河北	138	2	- -	- -	8	1	7	109	5	11
山西	159	3	- -	10	6	- -	6	131	1	3
内蒙古	116	2	- -	1	11	- -	70	30	1	2
辽宁	77	8	1	3	17	1	9	30	7	9
其中:大连	8	1	- -	- -	3	- -	2	1	1	1
吉林	65	4	- -	1	5	- -	16	36	1	3
黑龙江	89	5	1	6	9	- -	23	40	8	6
上海	29	4	- -	2	2	2	- -	11	1	8
江苏	133	7	- -	- -	16	1	2	85	9	22
浙江	79	3	- -	- -	5	- -	- -	57	2	14
其中:宁波	8	- -	- -	- -	1	- -	- -	5	- -	2
安徽	92	3	- -	1	9	- -	1	73	7	5
福建	96	1	- -	2	8	- -	4	67	2	14
其中:厦门	6	- -	- -	- -	2	- -	- -	3	- -	1
江西	79	2	- -	3	7	- -	9	56	4	2
山东	118	3	1	2	24	- -	- -	82	20	7
其中:青岛	11	1	- -	1	2	- -	- -	6	1	1
河南	205	1	- -	- -	9	- -	3	171	4	21
湖北	100	3	1	10	10	1	15	57	9	4
湖南	90	1	- -	8	2	- -	7	69	1	3
广东	138	7	- -	10	20	3	4	77	- -	17
其中:深圳	5	- -	- -	- -	3	1	- -	1	- -	- -
广西	118	1	- -	- -	23	- -	53	33	- -	8
海南	21	- -	- -	- -	6	- -	2	12	- -	1
重庆	38	1	- -	1	3	- -	4	21	3	8
四川	98	3	- -	2	13	- -	5	62	3	13
贵州	28	1	- -	1	5	- -	3	15	6	3
云南	129	2	1	- -	29	1	65	30	2	2
西藏	26	1	- -	- -	3	- -	21	1	- -	- -
陕西	118	4	1	3	5	1	11	88	2	6
甘肃	76	1	- -	2	10	- -	11	50	1	2
青海	14	1	- -	1	5	- -	2	4	1	1
宁夏	15	1	- -	- -	1	- -	4	6	2	3
新疆	88	4	1	5	13	1	55	8	2	2

各地区文化部门艺术表演团体分剧种新排上演剧目数

单位:个

地区	总计	话剧、儿童剧、滑稽剧团	儿童剧	歌剧、舞剧、歌舞剧团	歌舞团、轻音乐团	乐团	文工团、文宣队、乌兰牧骑	戏曲剧团	京剧团	曲、杂木、皮团
总计	**4 855**	**134**	**7**	**284**	**696**	**126**	**567**	**2 831**	**197**	**217**
中央	141	12	--	5	4	114	--	6	6	--
地方	4 714	122	7	279	692	12	567	2 825	191	217
北京	15	2	2	--	1	--	--	10	2	2
天津	35	1	--	1	--	10	--	13	7	10
河北	99	5	--	--	1	--	3	89	17	1
山西	135	--	--	4	--	--	8	120	--	3
内蒙古	123	1	--	1	15	--	41	64	1	1
辽宁	154	8	--	24	37	--	10	58	31	17
其中:大连	7	--	--	--	3	--	4	--	--	--
吉林	269	18	--	--	48	--	71	126	--	6
黑龙江	17	2	--	2	1	--	4	8	4	--
上海	48	18	--	1	1	--	--	21	3	7
江苏	155	7	--	--	10	--	7	115	3	16
浙江	119	2	--	--	20	--	--	94	2	3
其中:宁波	10	--	--	--	1	--	--	9	--	--
安徽	234	1	--	--	65	--	--	167	16	1
福建	311	1	--	45	12	--	16	202	10	35
其中:厦门	18	--	--	--	4	--	--	13	--	1
江西	316	--	--	13	15	--	82	204	6	2
山东	217	7	2	3	93	--	--	112	30	2
其中:青岛	16	4	2	--	--	--	--	12	1	--
河南	200	--	--	--	64	--	2	125	--	9
湖北	397	3	2	69	3	1	78	240	33	3
湖南	93	2	--	2	1	--	3	80	2	5
广东	520	29	--	73	120	1	9	231	--	57
其中:深圳	5	--	--	--	2	--	--	3	--	--
广西	110	1	--	--	4	--	1	104	--	--
海南	17	--	--	--	--	--	--	14	--	3
重庆	37	2	--	1	1	--	--	26	4	7
四川	297	1	--	27	97	--	7	147	1	18
贵州	112	2	--	--	30	--	13	67	16	--
云南	97	2	--	--	17	--	20	58	1	--
西藏	95	1	--	--	9	--	72	13	--	--
陕西	274	4	1	2	13	--	34	217	1	4
甘肃	137	2	--	2	2	--	53	78	1	--
青海	28	--	--	--	9	--	11	8	--	--
宁夏	22	--	--	--	--	--	16	6	--	--
新疆	31	--	--	9	3	--	6	8	--	5

各地区文化部门艺术表演团体分剧种国内演出场次

单位:千场

地区	总计	话剧、儿童剧、滑稽剧团		歌剧、舞剧、歌舞剧团	歌舞团、轻音乐团	乐团	文工团、文宣队、乌兰牧骑	戏曲剧团		曲、杂木、皮团
			儿童剧						京剧团	
总计	**410**	**10**	**3**	**8**	**35**	--	**40**	**238**	**10**	**67**
中央	1	--	--	--	--	--	--	--	--	--
地方	409	10	3	8	35	--	40	238	10	67
北京	6	--	--	--	--	--	--	2	1	3
天津	2	--	--	--	--	--	--	1	--	1
河北	27	--	--	--	1	--	1	23	--	2
山西	34	--	--	1	--	--	--	32	--	--
内蒙古	14	--	--	--	1	--	8	4	--	--
辽宁	9	2	--	--	2	--	--	4	2	1
其中:大连	1	--	--	--	--	--	--	--	--	--
吉林	7	--	--	--	1	--	2	3	--	--
黑龙江	12	1	1	2	1	--	3	5	1	1
上海	13	1	--	--	--	--	--	2	--	10
江苏	40	1	--	--	4	--	--	10	1	24
浙江	13	3	--	--	1	--	--	7	--	2
其中:宁波	1	--	--	--	--	--	--	1	--	--
安徽	13	--	--	--	1	--	--	6	--	6
福建	14	--	--	--	1	--	1	11	--	2
其中:厦门	1	--	--	--	--	--	--	1	--	--
江西	9	--	--	1	1	--	1	6	--	--
山东	21	1	--	--	3	--	--	15	4	1
其中:青岛	2	--	--	--	--	--	--	1	--	--
河南	37	--	--	--	1	--	--	32	--	4
湖北	15	--	--	1	2	--	2	9	1	--
湖南	15	--	--	1	--	--	1	12	--	--
广东	18	1	--	1	2	--	1	11	--	3
其中:深圳	--	--	--	--	--	--	--	--	--	--
广西	13	--	--	--	2	--	6	4	--	2
海南	2	--	--	--	--	--	--	1	--	--
重庆	2	--	--	--	--	--	--	1	--	1
四川	10	--	--	--	2	--	--	5	--	2
贵州	2	--	--	--	--	--	--	1	--	--
云南	10	--	--	--	2	--	4	2	--	--
西藏	2	--	--	--	1	--	1	--	--	--
陕西	22	--	--	--	2	--	2	16	--	1
甘肃	14	--	--	--	1	--	2	11	--	--
青海	2	--	--	--	1	--	--	1	--	--
宁夏	2	--	--	--	--	--	--	1	--	--
新疆	9	--	--	1	2	--	5	--	--	1

各地区文化部门艺术表演团体分剧种国内观众人次

单位：千人次

地区	总计	话剧、儿童剧、滑稽剧团		歌剧、舞剧、歌舞剧团	歌舞团、轻音乐团	乐团	文工团、文宣队、乌兰牧骑	戏曲剧团		曲、杂木、皮团
			儿童剧						京剧团	
总计	**461 675**	**11 622**	**2 381**	**12 594**	**50 821**	**1 849**	**39 165**	**314 652**	**14 583**	**30 972**
中央	2 473	258	154	369	1 434	269	－－	143	143	－－
地方	459 202	11 364	2 227	12 225	49 387	1 580	39 165	314 509	14 440	30 972
北京	6 797	185	185	－－	4 000	120	－－	862	265	1 630
天津	2 418	229	187	380	－－	96	30	1 231	221	452
河北	37 277	111	－－	－－	1 271	300	788	32 408	1 012	2 399
山西	49 126	128	－－	1 914	880	－－	528	45 569	264	107
内蒙古	11 473	130	－－	138	1 988	－－	4 738	4 384	36	95
辽宁	11 692	1 606	－－	526	3 369	－－	404	4 624	1 479	1 163
其中：大连	1 330	7	－－	－－	1 003	－－	81	234	234	5
吉林	9 582	883	－－	210	707	－－	1 947	5 631	50	204
黑龙江	9 930	711	266	1 610	787	－－	2 514	3 720	821	588
上海	5 007	578	－－	505	551	358	－－	1 085	215	1 930
江苏	18 178	995	－－	－－	3 666	4	182	9 104	560	4 227
浙江	15 117	885	－－	－－	658	－－	－－	12 834	693	740
其中：宁波	1 087	－－	－－	－－	122	－－	－－	965	－－	－－
安徽	8 408	94	－－	6	949	－－	320	5 571	627	1 468
福建	17 730	90	－－	326	1 055	－－	190	15 420	39	649
其中：厦门	956	－－	－－	－－	237	－－	－－	712	－－	7
江西	10 581	77	－－	448	969	－－	499	8 398	613	190
山东	24 382	613	309	434	4 100	－－	－－	18 100	5 268	1 135
其中：青岛	2 059	145	309	216	400	－－	－－	1 105	127	193
河南	50 729	50	－－	－－	553	－－	278	46 973	30	2 875
湖北	21 211	369	214	1 061	1 529	87	4 068	13 648	1 213	449
湖南	10 961	111	－－	1 347	272	－－	1 097	7 985	49	149
广东	24 270	931	－－	2 070	2 224	463	309	15 272	－－	3 001
其中：深圳	544	－－	－－	－－	359	80	－－	105	－－	－－
广西	16 184	69	－－	－－	3 534	－－	5 583	5 733	－－	1 265
海南	2 827	－－	－－	－－	435	－－	10	2 182	－－	200
重庆	3 469	45	－－	216	1 176	－－	－－	957	175	1 075
四川	7 818	284	－－	255	2 466	－－	191	2 179	65	2 443
贵州	4 606	40	－－	50	1 099	－－	635	2 520	301	262
云南	13 292	317	174	－－	4 851	57	5 013	2 924	65	130
西藏	3 052	147	－－	－－	2 223	－－	632	50	－－	－－
陕西	30 458	949	783	151	1 117	60	4 000	23 596	49	585
甘肃	20 644	87	－－	153	606	－－	1 325	18 301	100	172
青海	1 856	170	－－	15	553	－－	63	980	140	75
宁夏	3 183	72	－－	－－	102	－－	451	2 128	80	430
新疆	6 944	408	109	410	1 697	35	3 370	140	10	884

各地区文化部门艺术表演团体分剧种财政补助收入

单位:千元

地区	总计	话剧、儿童剧、滑稽剧团		歌剧、舞剧、歌舞剧团	歌舞团、轻音乐团	乐团	文工团、文宣队、乌兰牧骑	戏曲剧团		曲、杂木、皮团
			儿童剧						京剧团	
总计	**1 728 642**	**143 954**	**17 895**	**151 247**	**321 459**	**55 563**	**107 988**	**814 570**	**175 423**	**133 861**
中央	62 652	13 640	4 770	19 462	7 880	12 020	--	9 650	9 650	--
地方	1 665 990	130 314	13 125	131 785	313 579	43 543	107 988	804 920	165 773	133 861
北京	71 186	3 115	3 115	--	8 793	5 108	--	44 549	22 142	9 621
天津	29 728	4 419	1 676	5 260	--	1 624	682	13 221	6 528	4 522
河北	47 041	3 386	--	--	8 090	1 877	801	29 100	5 606	3 787
山西	48 912	3 929	--	5 299	3 749	--	3 089	31 171	2 195	1 675
内蒙古	52 770	1 485	--	1 658	18 652	--	14 113	14 703	2 405	2 159
辽宁	66 832	12 137	--	9 543	17 928	--	2 350	20 612	12 167	4 262
其中:大连	7 786	920	--	--	2 977	--	826	1 872	1 872	1 191
吉林	50 726	4 854	--	6 398	7 225	--	10 070	18 890	2 893	3 289
黑龙江	75 242	9 480	2 196	10 838	3 102	--	8 665	38 217	17 009	4 940
上海	70 107	6 645	--	13 588	5 273	13 004	--	27 281	9 952	4 316
江苏	99 107	9 478	--	--	21 769	615	331	57 388	12 330	9 526
浙江	74 313	7 503	--	--	10 781	--	--	49 944	4 919	6 085
其中:宁波	9 192	--	--	--	1 115	--	--	8 062	--	15
安徽	51 612	2 719	--	700	9 103	--	328	34 147	6 367	4 615
福建	76 067	3 785	--	920	19 499	--	520	41 903	4 086	9 440
其中:厦门	13 369	--	--	--	6 134	--	--	5 493	--	1 742
江西	35 287	2 664	--	1 076	7 852	--	1 766	19 960	4 331	1 969
山东	79 518	6 635	760	9 453	13 024	--	--	42 592	15 670	7 814
其中:青岛	17 702	3 288	760	5 431	1 049	--	--	7 153	3 361	781
河南	54 346	1 350	--	--	3 597	--	495	44 444	1 999	4 460
湖北	66 095	4 946	1 390	17 481	4 000	1 894	2 871	31 305	8 762	3 598
湖南	38 416	1 210	--	7 485	2 074	--	1 522	22 796	1 811	3 329
广东	127 006	10 453	--	19 499	27 306	13 608	552	43 648	--	11 940
其中:深圳	30 889	--	--	--	18 577	6 439	--	5 873	--	--
广西	49 130	1 304	--	--	18 908	--	10 360	14 838	--	3 720
海南	13 903	--	--	--	4 876	--	394	8 450	--	183
重庆	23 552	1 519	--	1 762	4 031	--	202	10 910	2 647	5 128
四川	66 097	6 314	--	6 484	13 827	--	1 527	29 491	4 089	8 454
贵州	25 460	1 350	--	1 127	5 008	--	1 805	13 184	5 550	2 986
云南	72 698	3 731	2 078	--	23 721	1 831	16 242	25 209	3 123	1 964
西藏	23 414	3 659	--	--	8 565	--	7 621	3 569	--	--
陕西	61 253	3 425	518	1 135	10 498	2 275	1 844	38 109	2 087	3 967
甘肃	35 138	2 180	--	3 158	9 073	--	1 783	17 314	164	1 630
青海	15 000	1 331	--	1 202	6 205	--	1 157	4 581	1 688	524
宁夏	12 785	1 063	--	--	3 096	--	970	5 928	2 131	1 728
新疆	53 249	4 245	1 392	7 719	13 954	1 707	15 928	7 466	3 122	2 230

各地区文化部门艺术表演团体分剧种演出收入

单位:千元

地区	总计	话剧、儿童剧、滑稽剧团	其中:儿童剧	歌剧、舞剧、歌舞剧团	歌舞团、轻音乐团	乐团	文工团、文宣队、乌兰牧骑	戏曲剧团	其中:京剧团	曲、杂木、皮团
总计	**516 497**	**28 073**	**5 469**	**40 011**	**88 476**	**22 009**	**11 784**	**242 239**	**26 660**	**83 905**
中央	26 298	2 886	1 796	7 236	9 388	6 788	– –	– –	– –	– –
地方	490 199	25 187	3 673	32 775	79 088	15 221	11 784	242 239	26 660	83 905
北京	22 646	948	948	– –	1 700	2 430	– –	9 117	6 166	8 451
天津	5 467	766	238	1 549	– –	683	– –	1 016	705	1 453
河北	22 785	163	– –	– –	2 758	324	278	15 715	540	3 547
山西	26 830	32	– –	1 037	406	– –	486	24 291	815	578
内蒙古	4 965	133	– –	31	1 206	– –	1 076	1 769	24	750
辽宁	21 849	2 561	– –	3 003	6 067	– –	228	3 981	2 890	6 009
其中:大连	4 193	– –	– –	– –	596	– –	31	1 063	1 063	2 503
吉林	10 507	703	– –	1 879	2 094	– –	2 338	2 230	954	1 263
黑龙江	9 585	736	391	1 819	479	– –	534	3 404	1 713	2 613
上海	45 274	6 541	– –	6 023	3 525	4 419	– –	7 215	2 926	17 551
江苏	41 422	3 615	– –	– –	15 522	196	262	16 775	756	5 052
浙江	27 675	1 599	– –	– –	6 506	– –	– –	16 373	95	3 197
其中:宁波	2 713	– –	– –	– –	508	– –	– –	2 205	– –	– –
安徽	9 934	123	– –	– –	2 238	– –	64	3 650	101	3 859
福建	23 820	354	– –	175	4 314	– –	284	18 195	69	498
其中:厦门	2 602	– –	– –	– –	859	– –	– –	1 731	– –	12
江西	4 382	15	– –	257	1 236	– –	339	2 478	139	57
山东	29 634	1 418	490	1 493	5 072	– –	– –	16 859	5 968	4 792
其中:青岛	3 999	578	490	596	177	– –	– –	2 403	609	245
河南	31 044	539	– –	– –	1 879	– –	286	24 726	468	3 614
湖北	16 104	571	303	4 258	1 271	396	386	7 042	1 416	2 180
湖南	11 372	87	– –	2 139	265	– –	522	6 440	100	1 919
广东	62 817	1 366	– –	7 126	4 881	5 935	25	35 948	– –	7 536
其中:深圳	2 957	– –	– –	– –	571	1 406	– –	980	– –	– –
广西	7 169	– –	– –	– –	2 450	– –	969	2 637	– –	1 113
海南	3 671	– –	– –	– –	319	– –	– –	3 232	– –	120
重庆	4 334	140	– –	444	1 428	– –	– –	594	24	1 728
四川	7 320	142	– –	774	1 562	– –	36	2 054	87	2 752
贵州	1 422	3	– –	– –	106	– –	118	505	216	690
云南	4 546	371	217	– –	1 800	214	463	1 473	330	225
西藏	116	– –	– –	– –	– –	– –	96	20	– –	– –
陕西	18 044	959	825	14	5 529	132	1 196	9 669	15	545
甘肃	5 792	80	– –	262	813	– –	315	4 194	9	128
青海	703	18	– –	60	275	– –	– –	317	85	33
宁夏	1 219	191	– –	– –	180	– –	226	181	– –	441
新疆	7 751	1 013	261	432	3 207	492	1 257	139	49	1 211

各地区文化部门艺术表演团体分剧种事业支出

单位:千元

地区	总计	话剧、儿童剧、滑稽剧团		歌剧、舞剧、歌舞剧团	歌舞团、轻音乐团	乐团	文工团、文宣队、乌兰牧骑	戏曲剧团		曲、杂木、皮团
			儿童剧						京剧团	
总计	**2 649 034**	**210 456**	**25 782**	**230 102**	**470 940**	**89 896**	**126 532**	**1 225 211**	**241 899**	**295 897**
中央	117 935	22 318	6 670	33 737	21 670	26 650	- -	13 560	13 560	- -
地方	2 531 099	188 138	19 112	196 365	449 270	63 246	126 532	1 211 651	228 339	295 897
北京	155 351	4 137	4 137	- -	11 454	8 606	- -	60 699	30 874	70 455
天津	45 246	7 089	2 324	9 147	- -	3 150	776	18 164	9 535	6 920
河北	84 923	4 273	- -	- -	14 998	1 501	1 010	55 179	6 784	7 962
山西	81 955	4 266	- -	7 833	4 652	- -	3 724	58 717	3 515	2 763
内蒙古	60 490	1 701	- -	2 249	20 497	- -	15 388	17 324	2 553	3 331
辽宁	101 361	17 492	- -	14 354	27 032	- -	2 578	29 167	17 825	10 738
其中:大连	13 582	1 557	- -	- -	4 540	- -	857	2 934	2 934	3 694
吉林	67 711	6 490	- -	8 554	11 645	- -	12 655	23 485	4 464	4 882
黑龙江	92 705	13 705	3 238	14 066	3 739	- -	9 325	43 803	20 038	8 067
上海	152 567	19 380	- -	24 868	12 687	17 307	- -	50 316	18 935	28 009
江苏	172 430	15 724	- -	- -	52 401	719	594	86 101	15 036	16 891
浙江	124 009	11 043	- -	- -	21 041	- -	- -	80 963	7 970	10 962
其中:宁波	13 110	- -	- -	- -	1 884	- -	- -	11 211	- -	15
安徽	65 758	3 124	- -	700	11 521	- -	183	40 987	6 400	9 243
福建	102 062	4 189	- -	1 186	23 968	- -	909	62 754	3 100	9 056
其中:厦门	16 637	- -	- -	- -	7 006	- -	- -	7 984	- -	1 647
江西	44 158	3 107	- -	1 364	8 601	- -	2 411	25 980	5 052	2 695
山东	125 868	10 073	1 314	13 217	21 229	- -	- -	69 370	26 037	11 979
其中:青岛	24 726	4 618	1 314	6 950	1 263	- -	- -	10 840	4 154	1 055
河南	96 595	1 968	- -	- -	7 933	- -	1 088	77 003	3 235	8 603
湖北	92 995	6 292	1 979	22 504	6 983	2 553	3 899	44 691	12 243	6 073
湖南	60 667	1 617	- -	12 027	1 998	- -	2 613	36 713	3 217	5 699
广东	222 467	13 110	- -	32 706	33 031	23 002	979	96 250	- -	23 389
其中:深圳	37 864	- -	- -	- -	19 315	9 840	- -	8 709	- -	- -
广西	64 426	1 671	- -	- -	23 963	- -	11 921	20 812	- -	6 059
海南	19 573	- -	- -	- -	5 970	- -	396	12 877	- -	330
重庆	38 745	1 864	- -	4 268	6 704	- -	388	17 637	5 283	7 884
四川	86 126	6 804	- -	7 842	19 501	- -	1 653	37 533	4 680	12 793
贵州	34 182	1 670	- -	1 574	5 478	- -	2 929	17 366	6 770	5 165
云南	82 841	5 507	2 026	- -	26 569	1 787	17 066	29 784	3 857	2 128
西藏	23 789	3 680	- -	- -	8 599	- -	7 902	3 608	- -	- -
陕西	89 114	6 525	1 635	2 446	17 375	2 407	3 076	51 493	2 373	5 792
甘肃	43 955	2 608	- -	3 443	11 162	- -	2 370	22 512	167	1 860
青海	16 843	1 568	- -	1 262	6 881	- -	1 157	5 271	1 915	704
宁夏	14 209	1 339	- -	- -	3 251	- -	1 263	6 268	2 192	2 088
新疆	67 978	6 122	2 459	10 755	18 407	2 214	18 279	8 824	4 289	3 377

各地区文化部门艺术表演团体分剧种经费自给率情况

单位:%

地区	总计	话剧、儿童剧、滑稽剧团	其中:儿童剧	歌剧、舞剧、歌舞剧团	歌舞团、轻音乐团	乐团	文工团、文宣队、乌兰牧骑	戏曲剧团	其中:京剧团	曲、杂木、皮团
总计	**31.5**	**28.6**	**31.7**	**33.3**	**27.4**	**43.6**	**15.6**	**32.6**	**26.7**	**36.9**
中央	48.3	35.9	36.4	48.6	53.7	62.2	--	32.4	32.4	--
地方	30.7	27.8	30.1	30.7	26.2	35.8	15.6	32.6	26.4	36.9
北京	20.9	29.5	29.5	--	20.1	40.6	--	25.9	31.2	13.8
天津	32.4	37.6	27.8	40.1	--	51.6	12.1	23.1	23.6	34.6
河北	45.1	17.7	--	--	41.0	21.7	37.4	47.7	23.2	54.9
山西	39.1	10.0	--	19.3	20.0	--	19.7	46.7	38.5	37.9
内蒙古	11.3	10.3	--	2.7	8.1	--	8.7	13.7	5.7	37.3
辽宁	31.4	29.7	--	27.8	32.1	--	8.8	24.8	25.0	60.4
其中:大连	42.6	40.9	--	--	34.4	--	3.6	36.2	36.2	67.7
吉林	25.0	22.1	--	25.2	38.3	--	27.3	16.5	21.3	31.8
黑龙江	16.1	17.0	16.4	19.6	19.5	--	10.1	11.8	15.0	37.4
上海	48.2	66.8	--	37.8	36.6	42.5	--	38.4	36.4	70.6
江苏	36.3	35.1	--	--	40.5	28.3	44.2	32.9	20.9	41.8
浙江	37.0	24.3	--	--	40.4	--	--	36.9	41.1	44.2
其中:宁波	30.4	--	--	--	39.4	--	--	28.9	--	--
安徽	21.9	13.6	--	--	26.3	--	34.9	15.6	5.3	48.5
福建	28.9	10.4	--	25.8	19.3	--	38.8	35.2	2.4	19.3
其中:厦门	18.2	--	--	--	16.2	--	--	22.6	--	5.8
江西	20.7	16.5	--	23.8	17.3	--	25.1	21.0	13.6	28.4
山东	35.7	29.9	42.1	25.9	39.2	--	--	35.0	33.9	49.2
其中:青岛	25.7	20.8	42.1	20.8	25.9	--	--	30.8	16.8	25.9
河南	42.0	31.4	--	--	29.4	--	62.7	42.2	38.0	51.7
湖北	31.2	21.6	27.7	31.6	37.0	20.1	26.6	31.0	30.5	41.8
湖南	39.5	48.3	--	41.0	24.8	--	41.3	38.1	46.2	45.9
广东	39.1	15.8	--	33.5	19.6	36.0	32.9	51.3	--	40.5
其中:深圳	18.6	--	--	--	4.1	33.6	--	33.6	--	--
广西	23.7	13.1	--	--	21.8	--	15.6	27.3	--	37.4
海南	24.1	--	--	--	8.2	--	0.5	31.7	--	43.3
重庆	42.2	24.0	--	69.7	36.5	--	47.9	40.3	50.1	40.7
四川	22.9	9.9	--	18.9	21.5	--	10.9	22.9	11.7	36.6
贵州	22.5	19.1	--	38.0	8.7	--	33.1	23.8	19.1	23.3
云南	14.1	19.1	16.4	--	11.8	12.0	5.8	20.1	21.6	11.6
西藏	0.9	0.7	--	--	--	--	1.8	1.4	--	--
陕西	30.5	34.6	61.3	50.7	39.5	5.4	40.9	26.4	13.5	31.7
甘肃	18.8	16.3	--	7.9	14.4	--	24.1	23.4	8.9	7.0
青海	7.9	11.8	--	10.6	6.3	--	--	10.2	13.1	4.6
宁夏	13.0	20.6	--	--	5.7	--	19.7	11.0	2.7	21.7
新疆	20.5	27.6	37.2	26.6	23.8	22.8	10.1	15.0	27.1	40.4

各地区文化部门艺术表演团体分剧种劳动生产率情况

单位:元/人

地区	总计	话剧、儿童剧、滑稽剧团		歌剧、舞剧、歌舞剧团	歌舞团、轻音乐团	乐团	文工团、文宣队、乌兰牧骑	戏曲剧团		曲、杂木、皮团
			儿童剧						京剧团	
总计	**9 032**	**12 229**	**11 889**	**12 840**	**10 294**	**26 046**	**7 302**	**7 673**	**11 859**	**10 410**
中央	24 338	18 724	14 749	21 040	26 930	34 240	- -	27 207	27 207	- -
地方	8 718	11 576	11 139	11 897	9 926	23 317	7 302	7 586	11 275	10 410
北京	16 259	15 250	15 250	- -	15 415	40 392	- -	15 407	16 291	13 571
天津	12 683	13 630	13 535	12 557	- -	16 445	8 673	12 571	16 788	11 288
河北	6 550	10 747	- -	- -	10 037	4 477	3 114	5 840	9 821	8 330
山西	5 025	9 142	- -	5 693	8 152	- -	7 342	4 483	10 911	7 060
内蒙古	7 518	11 186	- -	10 927	8 541	- -	6 391	7 094	12 232	11 192
辽宁	8 972	9 921	- -	9 331	9 062	- -	10 327	8 810	11 461	7 282
其中:大连	10 278	9 514	- -	- -	10 803	- -	9 143	11 658	11 658	9 020
吉林	8 489	9 042	- -	14 857	8 769	- -	7 251	7 236	13 120	13 313
黑龙江	7 968	11 124	10 861	8 369	6 759	- -	6 962	7 658	9 319	8 398
上海	22 896	17 485	- -	22 880	24 748	39 513	- -	19 387	25 872	27 026
江苏	11 055	15 247	- -	- -	11 598	17 674	1 715	10 453	12 578	12 288
浙江	11 855	12 717	- -	- -	13 296	- -	- -	11 599	12 263	11 521
其中:宁波	16 480	- -	- -	- -	14 721	- -	- -	16 908	- -	9 900
安徽	6 562	7 243	- -	7 680	8 092	- -	3 767	6 187	8 342	6 360
福建	11 088	13 489	- -	8 476	16 075	- -	7 756	10 051	12 488	10 697
其中:厦门	21 123	- -	- -	- -	26 934	- -	- -	16 717	- -	20 448
江西	7 362	11 284	- -	4 873	7 332	- -	6 595	7 161	8 418	9 597
山东	11 032	15 052	10 597	18 320	10 816	- -	- -	9 677	11 919	14 467
其中:青岛	17 770	21 338	10 597	19 804	14 830	- -	- -	16 648	22 107	10 835
河南	3 834	5 621	- -	- -	4 852	- -	5 988	3 654	7 136	4 674
湖北	7 564	9 726	8 349	12 357	5 244	10 576	5 487	6 589	7 441	9 453
湖南	7 847	10 125	- -	10 481	8 876	- -	4 984	6 912	10 709	14 954
广东	14 661	13 187	- -	22 045	15 132	33 590	8 700	12 309	- -	12 077
其中:深圳	35 169	- -	- -	- -	29 592	35 321	- -	42 604	- -	- -
广西	7 559	10 908	- -	- -	8 334	- -	5 938	7 677	- -	9 856
海南	9 743	- -	- -	- -	11 321	- -	4 169	9 623	- -	4 393
重庆	8 924	11 491	- -	11 976	7 806	- -	8 648	8 578	10 763	9 211
四川	8 271	8 311	- -	10 341	9 772	- -	6 863	7 448	11 324	8 026
贵州	8 525	11 143	- -	7 412	8 794	- -	9 444	8 261	7 842	8 610
云南	11 483	11 284	10 468	- -	11 235	10 833	10 888	12 350	12 881	11 007
西藏	18 206	22 161	- -	- -	23 394	- -	13 431	21 440	- -	- -
陕西	5 415	9 270	6 146	3 474	4 897	8 171	2 006	5 558	7 049	7 828
甘肃	5 882	9 504	- -	9 057	7 075	- -	5 786	5 195	777	7 193
青海	11 311	14 122	- -	10 998	11 863	- -	9 553	10 812	10 069	11 338
宁夏	6 741	7 785	- -	- -	6 564	- -	6 160	5 461	7 512	17 397
新疆	10 803	11 531	11 735	12 200	11 867	15 082	8 764	12 655	17 528	12 084

文化部直属与省直属、文化部门国有经济与集体经济艺术表演团体对比情况

（平均每团）

	部直属与省直属对比		国有与集体经营对比	
	部　直　属	省　直　属	国　　有	集　　体
演职员人数(人)	258.2	140.1	59.7	39.1
全年演出场次(场)	131.6	187.4	138.1	207.3
其中:农村(场)	7.2	51.5	75.8	156.8
财政补贴收入(千元)	5 695.6	2 964.7	833.1	214.4
人均补贴收入(千元)	22.1	21.2	13.9	5.5
事业收入(千元)	3 425.7	914.7	263.7	149.9
其中:演出收入(千元)	2 390.7	752.1	218.9	141.4
人均收入(千元)	13.3	6.5	4.4	3.8
总支出(千元)	10 721.4	4 641.6	1 262.3	419.4
其中:排练制作费	530.0	263.6	71.6	19.2
人均支出(千元)	41.5	33.1	21.1	10.7
经费自给率(%)	48.4	28.4	29.4	48.1
劳动生产率(千元/人)	24.3	12.9	9.9	5.7

各地区文化部门艺术表演

地区	剧团数	补贴团数	从业人员	职工	本团新排上演剧目	本团创作首演剧目	国内演出场次	本剧种演出场次	农村演出场次	国内观众人次	本剧种观众人次
总计	**2 619**	**2 464**	**140 933**	**134 216**	**4 855**	**2 228**	**410**	**317**	**258**	**461 675**	**357 837**
中央	11	11	2 840	2 755	141	15	1	1	- -	2 473	2 095
地方	2 608	2 453	138 093	131 461	4 714	2 213	409	316	258	459 202	355 742
北京	20	17	2 249	2 091	15	10	6	6	- -	6 797	1 579
天津	16	16	1 754	1 698	35	17	2	2	1	2 418	1 317
河北	138	121	6 553	6 173	99	28	27	23	22	37 277	32 098
山西	159	130	9 670	9 652	135	45	34	33	32	49 126	48 170
内蒙古	116	114	5 330	5 330	123	73	14	3	9	11 473	3 911
辽宁	77	70	4 924	4 824	154	99	9	6	2	11 692	8 085
其中:大连	8	8	560	556	7	7	1	1	- -	1 330	1 166
吉林	65	60	4 265	4 223	269	137	7	4	4	9 582	5 599
黑龙江	89	88	5 323	5 284	17	15	12	9	5	9 930	7 717
上海	29	23	2 713	2 608	48	39	13	13	6	5 007	4 796
江苏	133	128	6 230	6 117	155	79	40	38	27	18 178	17 127
浙江	79	70	3 729	3 595	119	49	13	12	6	15 117	13 937
其中:宁波	8	6	312	310	10	6	1	1	- -	1 087	820
安徽	92	89	4 610	4 466	234	115	13	11	3	8 408	5 557
福建	96	93	4 670	4 251	311	154	14	10	10	17 730	12 402
其中:厦门	6	6	355	340	18	5	1	1	1	956	890
江西	79	77	3 949	3 731	316	176	9	6	6	10 581	6 714
山东	118	116	5 943	5 690	217	77	21	19	13	24 382	22 950
其中:青岛	11	11	645	627	16	3	2	2	- -	2 059	1 667
河南	205	190	10 206	9 394	200	51	37	34	31	50 729	46 049
湖北	100	97	6 381	6 003	397	168	15	9	9	21 211	14 324
湖南	90	87	4 465	4 344	93	34	15	12	10	10 961	9 183
广东	138	129	6 031	4 963	520	236	18	12	11	24 270	19 656
其中:深圳	5	5	335	324	5	2	- -	- -	- -	544	544
广西	118	115	4 518	4 233	110	26	13	6	6	16 184	7 318
海南	21	19	1 136	1 049	17	6	2	1	1	2 827	2 278
重庆	38	34	1 798	1 768	37	23	2	1	- -	3 469	2 426
四川	98	97	5 589	5 421	297	142	10	8	3	7 818	5 222
贵州	28	28	2 134	2 050	112	71	2	1	1	4 606	2 500
云南	129	122	4 670	4 563	97	50	10	4	4	13 292	5 908
西藏	26	23	1 050	880	95	87	2	1	1	3 052	2 971
陕西	118	107	8 005	7 622	274	92	22	17	18	30 458	25 712
甘肃	76	76	4 185	3 588	137	57	14	10	11	20 644	13 986
青海	14	14	969	946	28	24	2	- -	1	1 856	551
宁夏	15	15	961	897	22	14	2	- -	1	3 183	1 237
新疆	88	88	4 083	4 007	31	19	9	5	4	6 944	4 462

团体演出及收支情况 (一)

单位:个、人、千场、千人次、千元

国外演出场次(场)	平均每团演出场次(场)	本年收入合计								平均每团演出收入
			财政补助收入	上级补助收入	事业收入	演出收入	经营收入	附属单位上缴收入	其他收入	
21 089	**156**	**2 636 639**	**1 728 642**	**65 531**	**607 202**	**516 497**	**22 933**	**9 382**	**202 949**	**197.2**
145	90	126 306	62 652	6 579	37 683	26 298	- -	581	18 811	2 388.5
20 944	156	2 510 333	1 665 990	58 952	569 519	490 199	22 933	8 801	184 138	187.9
1 712	299	106 674	71 186	2 924	23 748	22 646	113	593	8 110	1 131.7
562	124	44 397	29 728	- -	5 950	5 467	- -	895	7 824	341.4
981	195	86 190	47 041	758	23 323	22 785	126	- -	14 942	165.0
352	213	81 694	48 912	413	27 209	26 830	762	- -	4 398	168.7
1 040	120	59 867	52 770	210	5 179	4 965	61	- -	1 647	42.7
2 277	116	101 447	66 832	2 648	27 209	21 849	294	498	3 966	283.7
713	124	13 583	7 786	- -	5 782	4 193	- -	- -	15	523.4
493	107	67 900	50 726	145	12 816	10 507	1 734	- -	2 479	161.6
1 792	134	92 756	75 242	2 465	9 994	9 585	324	- -	4 731	107.6
283	448	157 897	70 107	14 249	62 183	45 274	- -	1 136	10 222	1 560.6
341	300	173 891	99 107	11 793	45 351	41 422	644	772	16 224	311.4
426	164	124 481	74 313	4 042	31 214	27 675	637	1 482	12 793	350.2
12	124	13 644	9 192	435	3 383	2 713	- -	212	422	338.7
696	141	67 378	51 612	1 283	10 788	9 934	521	8	3 166	107.9
960	145	107 983	76 067	1 936	27 124	23 820	47	- -	2 809	248.0
10	166	16 765	13 369	356	2 748	2 602	- -	- -	292	432.9
248	113	45 120	35 287	663	6 484	4 382	31	- -	2 655	55.4
1 887	177	126 471	79 518	1 942	33 200	29 634	75	33	11 703	251.1
7	181	24 593	17 702	533	4 150	3 999	- -	- -	2 208	363.2
1 670	180	95 866	54 346	888	32 354	31 044	132	167	7 979	151.4
543	149	97 823	66 095	1 842	19 563	16 104	4 821	805	4 697	161.0
596	166	65 159	38 416	978	13 837	11 372	4 953	33	6 942	126.3
831	130	216 893	127 006	2 565	69 317	62 817	1 135	- -	16 870	455.1
8	- -	37 933	30 889	- -	2 957	2 957	213	- -	3 874	590.2
258	110	65 031	49 130	600	8 735	7 169	49	25	6 492	60.7
38	95	19 146	13 903	524	3 772	3 671	- -	- -	947	174.7
33	52	40 754	23 552	317	10 260	4 334	2 080	448	4 097	114.0
308	102	90 069	66 097	1 977	9 577	7 320	1 945	91	10 382	74.6
804	71	33 333	25 460	159	2 586	1 422	45	- -	5 083	50.7
811	77	86 644	72 698	2 050	6 823	4 546	1 342	608	3 123	35.2
17	76	23 669	23 414	30	150	116	42	- -	33	4.4
424	186	89 433	61 253	891	21 039	18 044	568	828	4 854	152.9
41	184	43 459	35 138	- -	6 772	5 792	89	6	1 454	76.2
11	142	16 348	15 000	- -	751	703	197	114	286	50.1
149	133	14 724	12 785	81	1 339	1 219	- -	- -	519	81.2
360	102	67 836	53 249	579	10 872	7 751	166	259	2 711	88.0

各地区文化部门艺术表演

	本年支出合计								
		事业支出	经营支出	对附属单位补助支出	在支出合				
					从业人员劳动报酬	职工工资总额	税金支出	社会保障费	修缮费
总　　计	**2 688 859**	**2 649 034**	**25 376**	**4 714**	**1 135 477**	**1 059 819**	**19 607**	**458 678**	**102 481**
中　　央	117 935	117 935	- -	- -	51 292	47 473	2 291	7 782	5 392
地　　方	2 570 924	2 531 099	25 376	4 714	1 084 185	1 012 346	17 316	450 896	97 089
北　　京	155 664	155 351	113	200	31 285	29 052	1 051	29 717	6 638
天　　津	45 246	45 246	- -	- -	21 296	21 048	390	11 070	478
河　　北	85 051	84 923	58	- -	37 845	34 415	792	12 864	5 864
山　　西	83 302	81 955	665	- -	44 747	41 509	218	11 958	1 643
内 蒙 古	60 533	60 490	36	- -	36 840	36 586	136	8 370	1 799
辽　　宁	101 977	101 361	365	- -	39 804	38 060	461	17 698	2 811
其中:大连	13 582	13 582	- -	- -	5 486	5 471	57	1 479	55
吉　　林	68 483	67 711	304	- -	33 261	32 745	338	15 306	1 007
黑 龙 江	93 131	92 705	376	50	38 321	37 466	161	27 063	6 694
上　　海	152 569	152 567	- -	- -	56 574	47 231	1 821	18 497	7 285
江　　苏	173 842	172 430	787	5	63 505	59 595	302	34 961	3 611
浙　　江	125 133	124 009	395	576	39 214	37 948	820	19 335	9 036
其中:宁波	13 405	13 110	83	212	4 530	4 518	114	1 369	971
安　　徽	68 666	65 758	373	8	27 597	25 469	140	18 920	1 109
福　　建	103 540	102 062	1 333	24	48 162	45 432	488	18 370	3 626
其中:厦门	16 637	16 637	- -	- -	7 206	7 199	- -	2 814	122
江　　西	44 228	44 158	50	- -	26 612	25 923	193	7 719	747
山　　东	125 939	125 868	71	- -	58 237	56 696	526	21 632	4 326
其中:青岛	24 726	24 726	- -	- -	10 789	10 621	198	4 347	475
河　　南	97 353	96 595	100	6	35 028	32 890	351	24 013	3 239
湖　　北	98 078	92 995	2 526	1 231	42 838	38 056	334	17 886	3 883
湖　　南	65 522	60 667	4 519	- -	30 257	27 297	748	10 554	2 872
广　　东	223 647	222 467	551	253	79 260	69 546	3 191	24 413	8 462
其中:深圳	37 864	37 864	- -	- -	9 895	9 343	915	1 533	570
广　　西	64 918	64 426	131	61	30 641	27 229	552	10 444	1 853
海　　南	19 573	19 573	- -	- -	9 508	8 982	69	3 139	745
重　　庆	40 196	38 745	1 203	248	13 597	12 099	519	13 314	636
四　　川	96 565	86 126	9 728	- -	39 685	37 695	799	21 541	10 756
贵　　州	34 206	34 182	24	- -	16 498	16 290	618	8 057	1 214
云　　南	84 419	82 841	1 130	5	49 366	45 831	504	7 181	2 420
西　　藏	23 799	23 789	10	- -	18 039	17 731	2	1 788	306
陕　　西	89 910	89 114	182	- -	37 346	33 466	1 173	10 251	1 640
甘　　肃	44 128	43 955	173	- -	22 141	21 009	98	6 164	707
青　　海	16 990	16 843	147	- -	10 015	9 916	186	4 625	380
宁　　夏	14 209	14 209	- -	- -	6 033	5 886	14	3 646	83
新　　疆	70 107	67 978	26	2 047	40 633	39 248	321	10 400	1 219

团体演出及收支情况（二）

单位：千元、千平方米

计	中		演出收入与演出费比重（%）	年末固定资产原值	经费自给率（%）	劳动报酬占总支出比重（%）	当年提取修购基金	增加值	劳动生产率（元/人）	公用房屋建筑面积	
设备购置费	排练制作费	演出费									排练练功用房
100 974	**149 256**	**249 881**	**206.6**	**2 915 332**	**31.5**	**42.2**	**11 9681**	**273 045**	**9 032**	**4 218**	**679**
4 390	5 830	17 745	148.1	388 479	48.3	43.4	1 214	69 123	24 338	198	14
96 584	143 426	232 136	211.1	2 526 853	30.7	42.1	10 7541	203 922	8 718	4 020	665
2 537	5 261	9 182	246.6	105 782	20.9	20.0	793	36 568	16 259	82	12
897	1 936	2 764	197.7	13 990	32.4	47.0	319	22 247	12 683	46	7
3 712	4 841	7 807	291.8	107 145	45.1	44.4	36	42 923	6 550	156	28
3 014	3 526	7 492	358.1	90 176	39.1	53.7	119	48 600	5 025	222	31
2 375	2 064	2 806	176.9	77 393	11.3	60.8	- -	40 075	7 518	132	40
4 193	8 401	9 802	222.9	97 836	31.4	39.0	375	44 179	8 972	97	27
580	1 332	442	948.6	5 286	42.6	40.3	- -	5 756	10 278	9	3
2 172	3 857	3 967	264.8	65 140	25.0	48.5	84	36 207	8 489	104	18
2 155	2 771	3 451	277.7	98 308	16.1	41.1	70	42 417	7 968	145	26
8 343	9 805	14 910	303.6	92 842	48.2	37.0	589	62 119	22 896	62	16
4 994	18 271	20 097	206.1	126 617	36.3	36.5	693	68 874	11 055	195	36
8 265	9 018	15 361	180.1	104 403	37.0	31.3	1 440	44 210	11 855	123	15
211	2 288	1 118	242.6	12 447	30.4	33.7	- -	5 142	16 480	13	5
2 348	3 544	6 080	163.3	53 267	21.9	40.1	1 809	30 254	6 562	85	20
2 927	4 791	10 992	216.7	65 889	28.9	46.5	538	51 785	11 088	115	18
370	693	2 498	104.1	7 297	18.2	43.3	39	7 499	21 123	4	- -
1 018	1 776	2 130	205.7	56 782	20.7	60.1	- -	29 076	7 362	135	12
5 337	5 237	13 543	218.8	169 957	35.7	46.2	342	65 567	11 032	256	47
1 712	1 209	2 114	189.1	11 864	25.7	43.6	202	11 462	17 770	31	3
5 993	3 889	11 226	276.5	90 742	42.0	35.9	436	39 132	3 834	193	29
3 892	3 538	9 612	167.5	127 348	31.2	43.6	167	48 266	7 564	254	38
2 559	3 334	5 281	215.3	100 251	39.5	46.1	21	35 040	7 847	125	24
14 069	20 051	40 308	155.8	148 455	39.1	35.4	1 560	88 422	14 661	192	43
4 118	9 390	6 163	47.9	24 312	18.6	26.1	- -	11 782	35 169	15	2
1 772	3 158	3 283	218.3	71 827	23.7	47.1	131	34 155	7 559	104	24
550	587	1 194	307.4	37 309	24.1	48.5	185	11 069	9 743	25	3
836	2 218	4 073	106.4	48 273	42.2	33.8	190	16 047	8 924	101	7
2 517	3 200	5 703	128.3	143 580	22.9	41.0	240	46 229	8 271	212	25
558	2 254	1 690	84.1	26 949	22.5	48.2	35	18 193	8 525	59	18
2 433	7 436	4 969	91.4	93 873	14.1	58.4	- -	53 629	11 483	123	27
514	350	66	175.7	26 897	0.9	75.7	- -	19 117	18 206	41	5
3 136	2 799	7 138	252.7	117 702	30.5	41.5	413	43 355	5 415	337	23
824	2 584	3 559	162.7	59 419	18.8	50.1	2	24 617	5 882	118	15
319	82	152	462.4	19 013	7.9	58.9	138	10 961	11 311	36	5
370	709	1 109	109.9	10 744	13.0	42.4	20	6 479	6 741	49	7
1 955	2 138	2 389	324.4	78 944	20.5	57.9	9	44 110	10 803	96	19

各地区文化部门省级艺术

地区	剧团数	补贴团数	从业人员	职工	本团新排上演剧目	本团创作首演剧目	国内演出场次	本剧种演出场次	农村演出场次	国内观众人次	本剧种观众人次
总计	**206**	**202**	**28 859**	**28 097**	**392**	**252**	**39**	**33**	**5**	**41 909**	**29 183**
北京	11	10	1 905	1 754	15	10	5	4	--	6 593	1 375
天津	10	10	1 617	1 564	30	17	2	2	--	1 553	1 237
河北	8	8	1 171	1 111	18	10	1	1	1	1 991	1 691
山西	5	5	950	937	5	5	1	1	--	570	570
内蒙古	6	6	728	728	8	8	1	1	--	915	687
辽宁	6	4	836	836	20	20	1	--	--	1 136	220
吉林	5	5	724	721	14	8	1	1	-	771	771
黑龙江	6	6	784	784	1	1	1	1	--	1 150	1 070
上海	16	16	2 428	2 333	35	29	6	6	2	3 665	3 505
江苏	6	6	1 048	1 048	7	5	2	2	1	1 736	1 736
浙江	7	6	823	795	11	10	3	3	--	2 012	2 012
安徽	6	6	874	850	30	19	--	--	--	637	287
福建	6	6	822	814	27	1	--	--	--	582	488
江西	8	8	947	861	8	3	1	1	--	1 613	1 330
山东	6	6	849	831	6	4	1	1	--	920	920
河南	8	8	950	929	5	5	1	1	--	850	790
湖北	5	5	749	749	1	--	1	--	--	516	--
湖南	7	7	1 038	993	16	8	1	1	--	758	729
广东	8	8	1 133	1 052	64	43	1	1	1	2 741	2 741
广西	8	8	688	682	5	4	1	1	--	1 826	872
海南	3	3	466	445	--	--	--	--	--	626	484
重庆	9	9	993	993	11	3	1	1	--	2 074	1 757
四川	4	4	800	791	22	20	1	1	--	675	540
贵州	6	6	595	591	4	4	--	--	--	352	272
云南	6	6	802	794	10	2	1	1	--	969	815
西藏	--	--	--	--	--	--	--	--	--	--	--
陕西	7	7	1 680	1 676	6	3	2	1	--	1 569	629
甘肃	8	8	800	798	6	4	1	--	--	733	304
青海	5	5	405	399	3	3	1	--	--	975	241
宁夏	4	4	532	525	2	1	--	--	--	266	12
新疆	6	6	722	713	2	2	1	1	--	1 135	1 098

表演团体演出及收支情况 （一）

单位：个、人、千场、千人次、千元

国外演出场次（场）	平均每团演出场次（场）	本年收入合计								平均每团演出收入
			财政补助收入	上级补助收入	事业收入	演出收入	经营收入	附属单位上缴收入	其他收入	
6 985	**189**	**909 289**	**610 731**	**28 683**	**188 422**	**154 927**	**7 256**	**3 538**	**70 659**	**752.0**
512	454	98 316	66 841	2 894	19 817	19 545	113	593	8 058	1 775.2
562	199	41 792	27 777	- -	5 570	5 414	- -	895	7 550	540.8
216	124	28 901	19 802	- -	4 953	4 773	- -	- -	4 146	595.8
160	199	16 491	12 934	- -	1 762	1 615	632	- -	1 163	322.3
588	166	14 601	12 428	- -	1 431	1 418	61	- -	681	235.9
- -	166	24 780	17 180	836	5 771	4 883	- -	480	513	812.4
169	199	17 868	13 467	- -	3 319	3 165	235	- -	847	631.7
1 514	166	21 483	17 349	- -	3 073	3 073	- -	- -	1 061	511.3
283	374	143 450	68 496	11 640	53 060	36 662	- -	1 036	9 218	2 289.9
53	332	48 632	29 102	8 628	7 813	7 213	118	- -	2 971	1 200.1
230	427	43 151	30 453	- -	7 540	6 439	626	- -	4 532	918.5
536	- -	19 112	14 232	382	3 600	3 379	- -	8	890	562.2
51	- -	32 154	28 335	935	2 664	2 325	- -	- -	220	386.8
239	124	15 307	11 739	- -	2 111	1 270	- -	- -	1 457	158.5
345	166	27 446	18 063	200	6 422	5 495	- -	33	2 728	914.3
- -	124	21 521	14 679	- -	5 258	5 215	- -	- -	1 584	651.0
- -	199	18 853	13 275	- -	3 596	3 252	798	- -	1 184	649.1
588	142	24 381	13 409	3	3 739	3 529	3 396	- -	3 834	503.4
272	124	54 680	29 495	1 423	18 116	14 734	179	- -	5 467	1 839.4
58	124	17 020	11 859	- -	2 272	2 240	- -	- -	2 889	279.6
38	- -	12 120	10 059	516	1 128	1 128	- -	- -	417	374.7
33	110	29 076	16 630	297	9 443	3 742	720	94	1 892	415.3
3	249	16 015	14 423	100	1 191	966	93	- -	208	240.8
- -	- -	10 562	9 455	- -	682	69	- -	- -	425	11.4
94	166	18 870	14 506	829	2 180	1 679	235	- -	1 120	279.3
- -	- -	- -	- -	- -	- -	- -	- -	- -	- -	- -
8	285	41 324	33 139	- -	5 427	5 303	- -	20	2 738	756.4
40	124	14 932	13 062	- -	1 128	1 084	- -	6	736	135.3
11	199	8 859	8 046	- -	363	363	50	114	286	72.4
29	- -	7 578	6 704	- -	417	397	- -	- -	457	99.0
353	166	20 014	13 792	- -	4 576	4 557	- -	259	1 387	758.2

各地区文化部门省级艺术

	本年支出合计								
		事业支出	经营支出	对附属单位补助支出	在支出合计				
					从业人员劳动报酬	职工工资总额	税金支出	社会保障费	修缮费
总计	**956 176**	**944 582**	**5 811**	**2 554**	**329 612**	**301 990**	**7 699**	**189 134**	**44 896**
北京	147 228	146 915	113	200	27 947	25 714	922	28 656	6 017
天津	42 657	42 657	- -	- -	20 354	20 108	385	9 964	478
河北	28 708	28 708	- -	- -	9 999	7 882	397	4 461	1 169
山西	17 726	17 094	632	- -	7 925	7 617	43	3 539	604
内蒙古	14 598	14 562	36	- -	7 384	7 379	69	4 177	595
辽宁	24 950	24 950	- -	- -	6 675	6 675	321	6 186	741
吉林	18 757	18 512	235	- -	9 412	9 322	80	4 420	296
黑龙江	22 355	22 355	- -	- -	6 816	6 074	52	5 047	4 905
上海	138 514	138 514	- -	- -	52 377	43 350	1 735	16 683	6 573
江苏	48 611	48 374	118	- -	14 448	12 743	- -	11 575	1 272
浙江	42 329	42 037	292	- -	9 094	9 024	438	7 748	6 780
安徽	19 978	18 433	- -	- -	4 818	4 749	29	4 196	636
福建	27 556	27 556	- -	- -	10 483	10 304	115	5 997	2 198
江西	14 336	14 336	- -	- -	7 664	7 603	61	3 288	209
山东	26 067	26 067	- -	- -	10 007	9 546	37	5 765	1 553
河南	23 378	23 378	- -	- -	6 191	5 746	249	5 851	1 872
湖北	18 826	17 443	233	- -	10 394	8 287	- -	4 468	63
湖南	24 335	21 041	3 189	- -	10 659	8 474	584	4 118	2 020
广东	56 834	56 355	156	203	22 372	20 453	879	6 605	1 482
广西	17 410	17 410	- -	- -	5 969	5 149	109	5 088	1 091
海南	12 330	12 330	- -	- -	5 209	5 182	32	2 484	544
重庆	28 320	27 409	807	104	8 674	7 603	407	9 887	319
四川	15 310	15 310	- -	- -	5 055	5 055	6	4 011	860
贵州	10 562	10 562	- -	- -	4 880	4 764	96	3 437	199
云南	19 227	19 047	- -	- -	9 821	8 942	347	483	678
西藏	- -	- -	- -	- -	- -	- -	- -	- -	- -
陕西	41 314	41 314	- -	- -	14 815	14 473	181	6 784	579
甘肃	15 369	15 369	- -	- -	4 705	4 427	42	2 733	91
青海	9 263	9 263	- -	- -	4 332	4 233	76	3 719	289
宁夏	7 339	7 339	- -	- -	2 763	2 742	7	2 531	38
新疆	21 989	19 942	- -	2 047	8 370	8 370	- -	5 233	745

表演团体演出及收支情况 （二）

单位：千元、千平方米

计	中		演出收入与演出费比重（%）	年末固定资产原值	经费自给率（%）	劳动报酬占总支出比重（%）	当年提取修购基金	增加值	劳动生产率（元/人）	公用房屋建筑面积	
设备购置费	排练制作费	演出费									排练练功用房
35 804	**54 301**	**90 155**	**171.8**	**866 494**	**28.3**	**34.4**	**4 274**	**371 976**	**12 889**	**1 154**	**193**
2 479	4 993	8 702	224.6	93 371	19.4	18.9	793	32 603	17 114	68	8
718	1 936	2 587	209.2	11 979	32.8	47.7	319	21 219	13 122	40	7
1 746	2 678	3 220	148.2	50 659	31.6	34.8	－－	12 423	10 608	35	9
392	684	742	217.6	21 242	20.0	44.7	－－	8 819	9 283	41	9
550	165	249	569.4	25 871	14.8	50.5	－－	8 488	11 659	23	9
877	915	4 565	106.9	21 009	27.1	26.7	－－	7 837	9 374	23	5
713	672	839	377.2	20 612	23.4	50.1	22	10 316	14 248	31	6
527	905	950	323.4	15 110	18.4	30.4	29	7 473	9 531	16	8
8 306	9 244	12 997	282.0	88 994	45.7	37.8	528	57 672	23 752	55	15
678	10 201	7 452	96.7	41 249	22.4	29.7	22	16 099	15 361	27	7
4 160	1 078	4 810	133.8	30 373	29.9	21.4	836	10 748	13 059	38	2
1 061	1 236	2 851	118.5	15 456	24.4	24.1	－－	5 465	6 252	12	4
761	2 170	1 861	124.9	20 170	10.4	38.0	80	11 404	13 873	30	4
262	474	1 034	122.8	17 265	24.8	53.4	－－	8 416	8 886	61	5
437	1 140	2 789	197.0	65 179	35.2	38.3	－－	12 651	14 900	76	19
2 346	763	3 010	173.2	19 509	29.2	26.4	161	7 221	7 600	31	5
396	162	1 773	183.4	22 670	31.5	55.2	－－	11 301	15 087	50	8
1 018	1 499	1 907	185.0	40 703	45.2	43.8	21	12 872	12 400	40	5
3 983	1 452	11 921	123.5	34 962	42.0	39.3	904	24 650	21 756	36	7
98	1 716	614	364.8	20 824	29.6	34.2	93	6 910	10 043	36	7
201	80	562	200.7	16 634	12.5	42.2	－－	5 906	12 673	8	1
598	1 804	3 341	112.0	22 751	43.0	30.6	46	9 991	10 061	58	6
602	932	1 285	75.1	20 192	9.7	33.0	172	5 869	7 336	18	2
87	749	285	24.2	9 219	10.4	46.2	－－	5 345	8 983	26	12
535	3 640	1 571	106.8	21 130	18.5	51.0	－－	11 013	13 731	11	4
－－	－－	－－	－－	－－	－－	－－	－－	－－	－－	－－	－－
1 017	1 016	4 651	114.0	29 620	19.8	35.8	103	16 181	9 631	179	5
162	1 247	2 263	47.9	20 693	12.1	30.6	－－	5 574	6 967	23	5
279	40	110	329.9	9 966	8.7	46.7	120	4 806	11 866	13	2
188	487	732	54.2	6 235	11.9	37.6	20	3 020	5 676	25	5
627	223	482	945.4	32 847	31.2	38.0	5	9 684	13 412	24	2

各地区文化部门地市级艺术

地区	剧团数		从业人员		本团新排上演剧目		国内演出场次			国内观众人次	
		补贴团数		职工		本团创作首演剧目		本剧种演出场次	农村演出场次		本剧种观众人次
总计	**735**	**708**	**50 496**	**48 814**	**1 411**	**758**	**118**	**95**	**54**	**131 733**	**104 977**
北京	9	7	344	337	--	--	1	1	--	204	204
天津	3	3	37	37	--	--	--	--	--	30	--
河北	38	37	2 320	2 263	29	9	8	8	6	10 824	9 839
山西	34	34	3 049	3 049	56	17	6	6	5	11 162	10 932
内蒙古	25	25	2 260	2 260	34	19	3	2	2	4 362	2 320
辽宁	36	34	3 269	3 183	76	50	7	4	1	7 048	5 094
其中:大连	4	4	477	473	--	--	--	--	--	1 146	1 141
吉林	17	16	1 600	1 588	65	48	2	--	--	1 907	956
黑龙江	28	28	2 520	2 513	9	8	4	4	1	3 420	2 806
上海	12	6	268	258	11	8	7	7	4	1 192	1 141
江苏	47	47	2 814	2 772	50	37	16	16	10	6 938	6 799
浙江	28	25	1 441	1 400	41	29	5	4	1	4 031	3 598
其中:宁波	3	3	206	204	3	3	--	--	--	349	82
安徽	39	37	2 165	2 094	104	61	3	2	1	3 536	2 346
福建	22	21	1 489	1 349	53	35	3	3	1	3 120	2 319
其中:厦门	5	5	303	300	15	5	1	1	--	780	714
江西	7	7	485	440	23	9	1	1	--	1 076	380
山东	40	40	2 703	2 615	81	19	8	8	4	10 035	9 566
其中:青岛	5	5	457	439	6	2	1	1	--	989	681
河南	38	37	2 214	2 094	37	18	6	5	3	10 604	9 381
湖北	18	18	1 549	1 458	59	10	3	3	2	4 447	3 916
湖南	24	24	1 592	1 567	23	7	3	2	2	2 524	2 025
广东	44	42	2 417	2 136	194	102	6	4	3	7 330	5 697
其中:深圳	3	3	310	300	4	1	--	--	--	394	394
广西	27	26	1 682	1 557	33	8	4	2	1	5 724	3 043
海南	2	2	93	89	1	--	--	--	--	109	99
重庆	12	9	410	397	17	17	1	1	--	791	565
四川	46	45	3 578	3 460	179	94	5	4	1	4 830	3 203
贵州	18	18	1 373	1 293	90	59	2	1	1	3 941	2 065
云南	28	28	1 821	1 821	20	14	2	1	1	4 557	3 182
西藏	10	10	816	815	29	27	1	1	--	2 825	2 795
陕西	25	24	2 218	2 128	23	10	3	3	2	7 105	6 152
甘肃	19	19	1 472	1 422	26	11	3	1	1	4 279	2 733
青海	9	9	564	547	25	21	1	--	--	881	310
宁夏	6	6	199	142	4	4	1	--	--	466	15
新疆	24	24	1 734	1 730	19	7	3	1	1	2 435	1 496

表演团体演出及收支情况 （一）

单位：个、人、千场、千人次、千元

国外演出场次（场）	平均每团演出场次（场）	本年收入合计	财政补助收入	上级补助收入	事业收入	演出收入	经营收入	附属单位上缴收入	其他收入	平均每团演出收入
10 596	**160**	**1 043 681**	**723 002**	**20 669**	**209 303**	**178 853**	**7 517**	**3 291**	**79 899**	**243.3**
1 200	110	8 358	4 345	30	3 931	3 101	– –	– –	52	344.1
– –	– –	1 210	1 116	– –	16	– –	– –	– –	78	– –
765	210	38 786	22 043	85	9 135	8 856	36	– –	7 487	232.9
192	176	43 227	29 636	213	10 173	9 941	130	– –	3 075	292.2
187	119	27 243	24 731	180	1 719	1 671	– –	– –	613	66.8
2 277	194	70 623	45 328	1 195	20 548	16 151	264	18	3 270	448.5
713	– –	11 876	6 211	– –	5 665	4 087	– –	– –	– –	1 019.2
322	117	31 491	21 865	130	7 647	5 649	1 093	– –	756	332.0
276	142	53 922	42 666	2 465	5 427	5 018	247	– –	3 117	179.1
– –	582	14 000	1 451	2 555	8 963	8 452	– –	100	931	703.7
266	340	80 472	47 949	2 339	21 589	19 979	76	3	8 516	424.9
190	178	50 040	26 063	3 728	13 706	12 792	– –	1 482	5 061	456.6
12	– –	10 499	6 965	435	2 667	1 997	– –	212	220	663.4
160	76	31 564	26 264	678	2 927	2 542	134	– –	1 561	65.1
259	136	42 084	32 640	705	7 737	6 635	– –	– –	1 002	301.4
10	199	15 540	12 589	331	2 328	2 182	– –	– –	292	435.5
9	142	5 453	4 262	– –	945	793	– –	– –	246	113.1
992	199	64 396	40 227	1 233	17 010	15 092	72	– –	5 854	377.2
7	199	20 340	15 315	531	2 495	2 495	– –	– –	1 999	498.0
1 360	157	38 076	23 307	785	9 057	8 105	– –	167	4 760	213.2
– –	166	22 585	14 631	294	4 320	3 325	1 249	571	1 520	184.6
8	124	23 945	16 350	172	4 387	3 129	926	33	2 077	130.3
531	136	126 845	85 097	414	30 682	28 245	743	– –	9 909	641.7
8	– –	35 632	28 858	– –	2 906	2 906	– –	– –	3 868	965.4
14	148	30 557	23 814	432	3 578	2 658	– –	25	2 708	98.4
– –	– –	2 727	1 792	8	578	477	– –	– –	349	237.3
– –	83	6 831	3 810	– –	742	557	1 071	– –	1 208	46.3
305	108	58 831	42 916	1 642	6 032	4 826	574	91	7 576	104.8
804	111	19 595	14 122	59	1 640	1 172	45	– –	3 729	65.0
318	71	38 563	34 275	352	2 292	1 613	59	– –	1 585	57.5
17	99	22 549	22 463	– –	53	25	– –	– –	33	2.4
16	119	29 039	19 039	610	6 450	4 017	511	801	1 628	160.6
1	157	18 447	15 640	– –	2 213	1 317	17	– –	577	69.2
– –	110	7 489	6 954	– –	388	340	147	– –	– –	37.7
120	166	4 972	4 317	31	586	486	– –	– –	38	80.8
7	124	29 761	23 889	334	4 832	1 889	123	– –	583	78.6

各地区文化部门地市级艺术

	本年支出合计	事业支出	经营支出	对附属单位补助支出	在支出合（计中）：从业人员劳动报酬	职工工资总额	税金支出	社会保障费	修缮费
总　计	**1 055 789**	**1 039 282**	**12 032**	**1 776**	**453 408**	**428 392**	**7 379**	**175 197**	**36 923**
北　京	8 436	8 436	－－	－－	3 338	3 338	129	1 061	621
天　津	1 210	1 210	－－	－－	286	286	5	803	－－
河　北	37 845	37 809	36	－－	17 342	16 166	370	6 505	2 044
山　西	43 244	42 601	33	－－	22 604	20 241	171	6 606	863
内蒙古	28 008	28 001	－－	－－	16 425	16 204	62	2 994	747
辽　宁	71 041	70 976	65	－－	29 990	28 311	139	10 648	2 026
其中:大连	11 875	11 875	－－	－－	4 745	4 730	57	1 177	50
吉　林	31 458	31 443	－－	－－	14 248	14 203	236	7 636	438
黑龙江	53 327	53 283	44	－－	20 279	20 218	77	18 430	1 400
上　海	13 608	13 606	－－	－－	3 967	3 651	86	1 707	696
江　苏	80 188	79 665	44	－－	31 266	30 207	249	13 974	1 551
浙　江	51 775	50 978	83	566	15 631	15 201	352	7 572	1 371
其中:宁波	10 355	10 060	83	212	3 201	3 189	114	1 080	971
安　徽	32 318	31 568	2	－－	15 251	14 525	25	9 657	250
福　建	41 581	41 487	－－	－－	19 579	18 898	－－	7 607	905
其中:厦门	15 412	15 412	－－	－－	6 635	6 628	－－	2 589	122
江　西	5 374	5 374	－－	－－	2 845	2 745	18	1 057	98
山　东	64 784	64 713	71	－－	29 890	29 260	355	9 847	1 835
其中:青岛	20 338	20 338	－－	－－	8 659	8 578	198	3 518	442
河　南	37 809	37 808	－－	－－	12 014	10 734	61	8 317	881
湖　北	22 901	20 371	1 249	1 210	7 375	6 560	25	2 712	1 762
湖　南	23 685	22 433	1 252	－－	10 486	10 122	43	3 584	349
广　东	131 092	130 950	142	－－	39 438	37 009	2 056	15 598	5 968
其中:深圳	35 631	35 631	－－	－－	8 971	8 435	915	1 533	480
广　西	30 301	30 085	－－	－－	13 556	11 376	381	3 912	392
海　南	2 863	2 863	－－	－－	1 740	1 441	32	303	86
重　庆	7 013	6 791	222	－－	3 029	2 984	75	1 713	200
四　川	65 414	57 183	8 231	－－	28 612	26 822	539	12 438	9 012
贵　州	20 502	20 478	24	－－	10 568	10 482	370	3 517	1 004
云　南	37 350	36 976	214	－－	19 691	18 197	86	4 415	850
西　藏	22 494	22 494	－－	－－	17 129	17 129	－－	1 754	300
陕　西	29 552	29 404	50	－－	11 357	8 197	960	2 503	441
甘　肃	18 489	18 392	97	－－	9 598	9 113	51	2 690	562
青　海	7 727	7 580	147	－－	5 683	5 683	110	906	91
宁　夏	4 703	4 703	－－	－－	1 558	1 438	4	986	5
新　疆	29 697	29 621	26	－－	18 633	17 651	312	3 745	175

表演团体演出及收支情况 （二）

单位：千元、千平方米

计	中		演出收入与演出费比重（%）	年末固定资产原值	经费自给率（%）	劳动报酬占总支出比重（%）	当年提取修购基金	增加值	劳动生产率（元/人）	公用房屋建筑面积	
设备购置费	排练制作费	演出费									排练练功用房
38 219	**64 277**	**98 950**	**180.7**	**1 031 505**	**28.5**	**42.9**	**3 688**	**502 094**	**9 943**	**1 503**	**268**
58	268	480	646.0	12 411	47.2	39.5	－－	3 965	11 525	14	5
－－	－－	29	－－	732	7.7	23.6	－－	321	8 673	3	－－
1 213	1 375	3 780	234.2	38 102	44.0	45.8	15	19 235	8 290	73	11
1 201	1 635	5 107	194.6	39 336	31.3	52.2	119	24 349	7 985	86	11
1 187	1 295	2 177	76.7	30 978	8.3	58.6	－－	17 726	7 843	57	14
3 200	6 755	4 920	328.2	72 036	33.9	42.2	15	33 011	10 098	60	18
557	1 012	398	1 026.8	4 491	47.7	39.9	－－	4 983	10 446	8	3
1 139	2 435	2 047	275.9	22 496	30.2	45.2	43	15 385	9 615	34	5
1 183	1 608	1 794	279.7	62 662	16.4	38.0	41	22 864	9 072	84	13
17	511	1 889	447.4	3 596	73.4	29.1	61	4 207	15 697	6	1
1 960	4 566	8 099	246.6	52 470	37.8	38.9	236	33 614	11 945	116	20
3 189	6 035	6 097	209.8	49 001	39.6	30.1	521	17 942	12 450	47	8
173	2 104	712	280.4	10 466	30.5	30.9	－－	3 734	18 125	11	4
413	1 594	2 775	91.6	25 519	14.6	47.1	929	16 296	7 526	36	12
1 176	1 049	4 510	147.1	24 811	21.0	47.0	122	20 572	13 815	30	5
370	651	2 111	103.3	6 376	16.9	43.0	－－	6 891	22 741	3	－－
112	176	532	149.0	7 527	22.1	52.9	－－	3 164	6 523	5	2
3 507	2 638	7 753	194.6	61 109	35.4	46.1	339	32 692	12 094	94	21
1 461	888	1 667	149.6	9 283	22.0	42.5	202	9 229	20 194	17	3
2 078	2 164	5 835	138.9	30 595	36.9	31.7	95	13 297	6 005	59	9
454	518	2 328	142.8	39 296	35.4	32.2	－－	8 971	5 791	76	7
1 036	1 041	2 094	149.4	26 732	31.3	44.2	－－	11 601	7 287	35	12
7 810	16 586	23 044	122.5	81 415	31.5	30.0	643	44 748	18 513	108	24
3 887	9 222	5 845	49.7	21 817	19.0	25.1	－－	10 758	34 702	15	2
940	857	1 419	187.3	28 441	20.9	44.7	37	15 075	8 962	21	6
21	151	280	170.3	12 070	32.3	60.7	－－	2 255	24 244	－－	－－
220	326	483	115.3	14 124	43.0	43.1	144	3 670	8 951	13	－－
1 646	2 019	3 579	134.8	91 950	21.8	43.7	65	32 827	9 174	123	17
396	1 212	1 279	91.6	15 420	26.4	51.5	35	11 554	8 415	30	6
1 345	3 029	1 977	81.5	37 142	10.5	52.7	－－	21 263	11 676	46	12
366	334	37	67.5	24 836	0.3	76.1	－－	18 122	22 208	38	4
1 477	1 322	1 766	227.4	61 823	31.8	38.4	210	14 821	6 682	75	8
136	1 113	918	143.4	22 641	15.1	51.9	－－	10 556	7 171	52	5
40	42	42	809.3	9 047	6.9	73.5	18	6 155	10 912	22	3
53	181	324	149.9	3 205	13.2	33.1	－－	1 691	8 497	20	2
646	1 442	1 556	121.4	29 982	18.6	62.7	－－	20 145	11 617	40	7

各地区文化部门县市级艺术

地区	剧团数		从业人员		本团新排上演剧目		国内演出场次			国内观众人次	
		补贴团数		职工		本团创作首演剧目		本剧种演出场次	农村演出场次		本剧种观众人次
总计	**1 667**	**1 543**	**58 738**	**54 550**	**2 911**	**1 203**	**253**	**191**	**192**	**285 560**	**221 582**
北京	--	--	--	--	--	--	--	--	--	--	--
天津	3	3	100	97	5	--	--	--	--	835	80
河北	92	76	3 062	2 799	52	9	18	15	16	24 462	20 568
山西	120	91	5 671	5 666	74	23	28	27	26	37 394	36 668
内蒙古	85	83	2 342	2 342	81	46	10	1	7	6 196	904
辽宁	35	32	819	805	58	29	2	1	1	3 508	2 771
其中:大连	4	4	83	83	7	7	--	--	--	184	25
吉林	43	39	1 941	1 914	190	81	4	3	3	6 904	3 872
黑龙江	55	54	2 019	1 987	7	6	7	5	4	5 360	3 841
上海	1	1	17	17	2	2	--	--	--	150	150
江苏	80	75	2 368	2 297	98	37	21	20	16	9 504	8 592
浙江	44	39	1 465	1 400	67	10	5	5	5	9 074	8 327
其中:宁波	5	3	106	106	7	3	1	1	--	738	738
安徽	47	46	1 571	1 522	100	35	9	8	2	4 235	2 924
福建	68	66	2 359	2 088	231	118	11	7	8	14 028	9 595
其中:厦门	1	1	52	40	3	--	--	--	--	176	176
江西	64	62	2 517	2 430	285	164	7	4	6	7 892	5 004
山东	72	70	2 391	2 244	130	54	12	11	9	13 427	12 464
其中:青岛	6	6	188	188	10	1	1	1	--	1 070	986
河南	159	145	7 042	6 371	158	28	31	28	28	39 275	35 878
湖北	77	74	4 083	3 796	337	158	11	7	7	16 248	10 408
湖南	59	56	1 835	1 784	54	19	11	8	8	7 679	6 429
广东	86	79	2 481	1 775	262	91	11	7	8	14 199	11 218
其中:深圳	2	2	25	24	1	1	--	--	--	150	150
广西	83	81	2 148	1 994	72	14	8	3	4	8 634	3 403
海南	16	14	577	515	16	6	1	1	1	2 092	1 695
重庆	17	16	395	378	9	3	--	--	--	604	104
四川	48	48	1 211	1 170	96	28	4	3	2	2 313	1 479
贵州	4	4	166	166	18	8	--	--	--	313	163
云南	95	88	2 047	1 948	67	34	7	2	3	7 766	1 911
西藏	16	13	234	65	66	60	1	--	--	227	176
陕西	86	76	4 107	3 818	245	79	17	14	15	21 784	18 931
甘肃	49	49	1 913	1 368	105	42	11	9	9	15 632	10 949
青海	--	--	--	--	--	--	--	--	--	--	--
宁夏	5	5	230	230	16	9	1	--	1	2 451	1 210
新疆	58	58	1 627	1 564	10	10	5	2	3	3 374	1 868

表演团体演出及收支情况 （一）

单位:个、人、千场、千人次、千元

国外演出场次（场）	平均每团演出场次（场）	本年收入合计	财政补助收入	上级补助收入	事业收入	演出收入	经营收入	附属单位上缴收入	其他收入	平均每团演出收入
3 363	151	557 363	332 257	9 600	171 794	156 419	8 160	1 972	33 580	93.8
－－	－－	－－	－－	－－	－－	－－	－－	－－	－－	－－
－－	－－	1 395	835	－－	364	53	－－	－－	196	17.6
－－	195	18 503	5 196	673	9 235	9 156	90	－－	3 309	99.5
－－	233	21 976	6 342	200	15 274	15 274	－－	－－	160	127.2
265	117	18 023	15 611	30	2 029	1 876	－－	－－	353	22.0
－－	57	6 044	4 324	617	890	815	30	－－	183	23.2
－－	－－	1 707	1 575	－－	117	106	－－	－－	15	26.4
2	93	18 541	15 394	15	1 850	1 693	406	－－	876	39.3
2	127	17 351	15 227	－－	1 494	1 494	77	－－	553	27.1
－－	－－	447	160	54	160	160	－－	－－	73	158.4
22	262	44 787	22 056	826	15 949	14 230	450	769	4 737	177.8
6	113	31 290	17 797	314	9 968	8 444	11	－－	3 200	191.8
－－	199	3 145	2 227	－－	716	716	－－	－－	202	142.9
－－	191	16 702	11 116	223	4 261	4 013	387	－－	715	85.3
650	161	33 745	15 092	296	16 723	14 860	47	－－	1 587	218.4
－－	－－	1 225	780	25	420	420	－－	－－	－－	415.8
－－	109	24 360	19 286	663	3 428	2 319	31	－－	952	36.2
550	166	34 629	21 228	509	9 768	9 047	3	－－	3 121	125.6
－－	166	4 253	2 387	2	1 655	1 504	－－	－－	209	250.2
310	194	36 269	16 360	103	18 039	17 724	132	－－	1 635	111.4
543	142	56 385	38 189	1 548	11 647	9 527	2 774	234	1 993	123.7
－－	186	16 833	8 657	803	5 711	4 714	631	－－	1 031	79.8
28	127	35 368	12 414	728	20 519	19 838	213	－－	1 494	230.6
－－	－－	2 301	2 031	－－	51	51	213	－－	6	25.3
186	96	17 454	13 457	168	2 885	2 271	49	－－	895	27.3
－－	62	4 299	2 052	－－	2 066	2 066	－－	－－	181	129.0
－－	－－	4 847	3 112	20	75	35	289	354	997	2.0
－－	83	15 223	8 758	235	2 354	1 528	1 278	－－	2 598	31.8
－－	－－	3 176	1 883	100	264	181	－－	－－	929	45.1
399	73	29 211	23 917	869	2 351	1 254	1 048	608	418	13.1
－－	62	1 120	951	30	97	91	42	－－	－－	5.6
400	197	19 070	9 075	281	9 162	8 724	57	7	488	101.4
－－	224	10 080	6 436	－－	3 431	3 391	72	－－	141	69.1
－－	－－	－－	－－	－－	－－	－－	－－	－－	－－	－－
－－	199	2 174	1 764	50	336	336	－－	－－	24	67.0
－－	86	18 061	15 568	245	1 464	1 305	43	－－	741	22.4

各地区文化部门县市级艺术

	本年支出合计								
		事业支出	经营支出	对附属单位补助支出	在支出合				
					从业人员劳动报酬		税金支出	社会保障费	修缮费
						职工工资总额			
总计	**558 959**	**547 235**	**7 533**	**384**	**301 165**	**281 964**	**2 238**	**86 565**	**15 270**
北京	- -	- -	- -	- -	- -	- -	- -	- -	- -
天津	1 379	1 379	- -	- -	656	654	- -	303	- -
河北	18 498	18 406	22	- -	10 504	10 367	25	1 898	2 651
山西	22 332	22 260	- -	- -	14 218	13 651	4	1 813	176
内蒙古	17 927	17 927	- -	- -	13 031	13 003	5	1 199	457
辽宁	5 986	5 435	300	- -	3 139	3 074	1	864	44
其中:大连	1 707	1 707	- -	- -	741	741	- -	302	5
吉林	18 268	17 756	69	- -	9 601	9 220	22	3 250	273
黑龙江	17 449	17 067	332	50	11 226	11 174	32	3 586	389
上海	447	447	- -	- -	230	230	- -	107	16
江苏	45 043	44 391	625	5	17 791	16 645	53	9 412	788
浙江	31 029	30 994	20	10	14 489	13 723	30	4 015	885
其中:宁波	3 050	3 050	- -	- -	1 329	1 329	- -	289	- -
安徽	16 370	15 757	371	8	7 528	6 195	86	5 067	223
福建	34 403	33 019	1 333	24	18 100	16 230	373	4 766	523
其中:厦门	1 225	1 225	- -	- -	571	571	- -	225	- -
江西	24 518	24 448	50	- -	16 103	15 575	114	3 374	440
山东	35 088	35 088	- -	- -	18 340	17 890	134	6 020	938
其中:青岛	4 388	4 388	- -	- -	2 130	2 043	- -	829	33
河南	36 166	35 409	100	6	16 823	16 410	41	9 845	486
湖北	56 351	55 181	1 044	21	25 069	23 209	309	10 706	2 058
湖南	17 502	17 193	78	- -	9 112	8 701	121	2 852	503
广东	35 721	35 162	253	50	17 450	12 084	256	2 210	1 012
其中:深圳	2 233	2 233	- -	- -	924	908	- -	- -	90
广西	17 207	16 931	131	61	11 116	10 704	62	1 444	370
海南	4 380	4 380	- -	- -	2 559	2 359	5	352	115
重庆	4 863	4 545	174	144	1 894	1 512	37	1 714	117
四川	15 841	13 633	1 497	- -	6 018	5 818	254	5 092	884
贵州	3 142	3 142	- -	- -	1 050	1 044	152	1 103	11
云南	27 842	26 818	916	5	19 854	18 692	71	2 283	892
西藏	1 305	1 295	10	- -	910	602	2	34	6
陕西	19 044	18 396	132	- -	11 174	10 796	32	964	620
甘肃	10 270	10 194	76	- -	7 838	7 469	5	741	54
青海	- -	- -	- -	- -	- -	- -	- -	- -	- -
宁夏	2 167	2 167	- -	- -	1 712	1 706	3	129	40
新疆	18 421	18 415	- -	- -	13 630	13 227	9	1 422	299

表演团体演出及收支情况 （二）

单位：千元、千平方米

计中			演出收入与演出费比重（%）	年末固定资产原值	经费自给率（%）	劳动报酬占总支出比重（%）	当年提取修购基金	增加值	劳动生产率（元/人）	公用房屋建筑面积	
设备购置费	排练制作费	演出费									排练练功用房
22 561	**24 848**	**43 031**	**363.5**	**628 854**	**38.8**	**53.8**	**2 792**	**329 852**	**5 615**	**1 365**	**204**
– –	– –	– –	– –	– –	– –	– –	– –	– –	– –	– –	– –
179	– –	148	35.8	1 279	40.6	47.5	– –	707	7 069	3	– –
753	788	807	1 134.5	18 384	68.5	56.7	21	11 265	3 678	49	8
1 421	1 207	1 643	929.6	29 598	69.3	63.6	– –	15 432	2 721	96	12
638	604	380	493.6	20 544	13.2	72.6	– –	13 861	5 918	51	16
116	731	317	257.0	4 791	19.2	52.4	360	3 331	4 067	15	4
23	320	44	240.8	795	7.7	43.4	– –	773	9 312	2	– –
320	750	1 081	156.6	22 032	17.5	52.5	19	10 506	5 412	38	7
445	258	707	211.3	20 536	12.2	64.3	– –	12 080	5 983	45	5
20	50	24	666.3	252	52.1	51.4	– –	240	14 109	1	– –
2 356	3 504	4 546	313.0	32 898	48.6	39.4	435	19 161	8 091	52	9
916	1 905	4 454	189.5	25 029	42.4	46.6	83	15 520	10 593	39	5
38	184	406	176.3	1 981	30.0	43.5	– –	1 408	13 281	2	– –
874	714	454	883.9	12 292	33.2	45.9	880	8 493	5 406	37	5
990	1 572	4 621	321.5	20 908	53.4	52.6	336	19 809	8 397	55	9
– –	42	387	108.5	921	34.2	46.6	39	608	11 690	1	– –
644	1 126	564	411.1	31 990	18.0	65.6	– –	17 496	6 951	69	5
1 393	1 459	3 001	301.4	43 669	36.7	52.2	3	20 224	8 458	85	7
251	321	447	336.4	2 581	42.4	48.5	– –	2 233	11 877	14	1
1 569	962	2 381	744.3	40 638	55.7	46.5	180	18 614	2 643	104	14
3 042	2 858	5 511	172.8	65 382	29.6	44.4	167	27 994	6 856	128	24
505	794	1 280	368.2	32 816	42.6	52.0	– –	10 567	5 758	51	6
2 276	2 013	5 343	371.2	32 078	62.7	48.8	13	19 024	7 667	47	12
231	168	318	16.0	2 495	12.0	41.3	– –	1 024	40 943	– –	– –
734	585	1 250	181.6	22 562	22.4	64.6	1	12 170	5 665	47	11
328	356	352	586.9	8 605	51.3	58.4	185	2 908	5 039	16	2
18	88	249	14.0	11 398	36.3	38.9	– –	2 386	6 040	30	1
269	249	839	182.1	31 438	41.1	37.9	3	7 533	6 220	71	5
75	293	126	143.6	2 310	37.9	33.4	– –	1 294	7 794	3	– –
553	767	1 421	88.2	35 601	15.9	71.3	– –	21 353	10 431	66	10
148	16	29	313.6	2 061	10.6	69.7	– –	995	4 251	3	1
642	461	721	1 209.9	26 259	52.4	58.6	100	12 353	3 007	83	10
526	224	378	897.0	16 085	35.4	76.3	2	8 487	4 436	44	5
– –	– –	– –	– –	– –	– –	– –	– –	– –	– –	– –	– –
129	41	53	633.8	1 304	16.6	79.0	– –	1 768	7 686	4	1
682	473	351	371.7	16 115	12.2	73.9	4	14 281	8 777	33	10

各地区文化部门艺术表

	机构数(个)	从业人员(人)	职工	座席数(个)	演(映)出场次合计(千场)	艺术演出场次	电影放映场次	录像放映场次	观众人次
总　计	**1 900**	**42 056**	**38 754**	**1 611 604**	**1 382**	**64**	**531**	**783**	**132 493**
中　央	4	503	92	3 370	1	1	－－	－－	414
地　方	1 896	41 553	38 662	1 608 234	1 381	63	531	783	132 079
北　京	24	739	612	19 766	26	2	15	9	2 729
天　津	32	672	623	23 280	47	1	20	26	1 727
河　北	96	1 982	1 871	97 606	64	2	24	39	4 930
山　西	49	1 034	1 030	51 734	31	1	13	17	3 285
内蒙古	30	646	646	27 562	18	－－	9	9	1 976
辽　宁	71	2 225	1 997	43 294	49	1	27	21	3 691
其中:大连	10	313	291	8 486	3	－－	1	2	452
吉　林	52	1 690	1 599	34 662	27	1	10	17	2 272
黑龙江	56	670	657	32 168	19	1	14	4	5 551
上　海	43	1 281	1 194	20 495	45	4	19	21	4 222
江　苏	142	3 483	3 442	122 609	132	6	64	62	13 363
浙　江	95	1 578	1 526	70 253	76	7	16	53	6 130
其中:宁波	10	245	241	7 373	4	－－	－－	3	389
安　徽	104	2 336	2 127	79 667	82	1	19	61	3 283
福　建	80	1 144	1 061	59 379	50	6	20	24	5 488
其中:厦门	8	196	169	5 224	10	－－	4	6	303
江　西	61	919	841	49 535	20	1	6	13	1 802
山　东	105	2 473	2 318	104 962	95	2	36	56	10 509
其中:青岛	10	219	219	6 262	9	－－	3	6	570
河　南	166	5 129	4 903	174 754	103	3	44	56	8 805
湖　北	78	2 274	1 934	68 288	89	2	11	76	22 091
湖　南	94	2 018	1 855	97 818	76	3	29	44	4 519
广　东	75	2 394	2 231	74 834	90	7	33	51	5 698
其中:深圳	5	208	204	4 966	4	－－	2	2	517
广　西	31	490	412	30 852	18	2	2	14	2 049
海　南	18	1 193	1 160	23 305	8	1	6	1	1 238
重　庆	25	215	213	9 247	16	－－	5	10	274
四　川	94	964	904	57 909	24	3	5	16	2 134
贵　州	14	322	306	12 336	10	－－	6	3	677
云　南	40	471	452	30 976	48	2	13	33	2 308
西　藏	20	205	128	11 878	21	－－	16	5	1 549
陕　西	112	1 682	1 532	103 781	42	3	15	24	5 136
甘　肃	46	750	628	43 449	32	1	17	13	2 116
青　海	2	27	22	876	2	－－	2	－－	88
宁　夏	19	285	210	13 911	12	－－	9	2	1 879
新　疆	22	262	228	17 048	9	－－	6	3	560

演场所演出及收支情况（一）

（千人次）			本年收入合计（千元）									
艺术演出观众人次	电影放映观众人次	录像放映观众人次		财政补助收入	上级补助收入	事业收入				经营收入	附属单位上缴收入	其他收入
							艺术演出	电影放映	录像收入			
37 375	**54 903**	**40 215**	**855 414**	**95 217**	**18 395**	**404 287**	**114 328**	**115 555**	**46 146**	**139 471**	**16 648**	**181 396**
408	6	－－	10 656	－－	－－	2 140	1 120	18	－－	7 543	117	856
36 967	54 897	40 215	844 758	95 217	18 395	402 147	113 208	115 537	46 146	131 928	16 531	180 540
1 126	1 325	278	44 292	3 867	280	29 888	7 653	5 913	660	4 638	386	5 233
484	851	392	16 287	697	1 222	9 745	1 034	3 423	2 185	1 238	－－	3 385
1 269	2 863	798	27 173	3 923	14	12 929	3 172	4 406	2 675	3 032	81	7 194
583	1 876	826	14 030	932	110	7 261	1 441	2 569	2 370	1 676	－－	4 051
255	1 069	652	5 828	2 320	－－	2 103	301	1 306	493	811	－－	594
582	2 576	533	26 011	2 533	695	14 652	2 354	5 157	1 386	5 611	－－	2 520
93	254	105	5 868	544	145	1 795	252	624	246	3 384	－－	－－
334	1 773	165	20 020	6 520	95	6 313	820	3 804	695	4 708	470	1 914
309	3 250	1 992	9 148	1 727	268	3 729	1 298	2 083	321	401	－－	3 023
2 197	1 728	297	116 694	2 126	4 809	45 657	10 320	5 342	1 260	7 785	4 816	51 501
4 061	7 966	1 336	82 872	912	167	45 954	16 405	19 793	3 511	17 246	1 533	17 060
3 613	1 138	1 379	54 644	8 100	1 215	22 401	11 928	2 977	2 163	9 213	648	13 067
319	47	23	9 750	2 884	467	2 766	1 638	171	71	1 443	－－	2 190
722	1 610	951	29 944	5 186	1 040	10 895	2 214	3 485	2 716	5 383	1 961	5 479
2 631	2 101	756	41 022	6 799	2 735	20 198	3 468	6 473	1 323	5 793	－－	5 497
57	219	27	12 929	3 675	1 692	5 473	193	1 053	110	1 326	－－	763
659	848	295	14 105	3 338	16	7 113	2 520	2 461	621	1 679	－－	1 959
1 717	5 401	3 391	42 392	7 298	177	22 895	5 798	6 641	3 437	5 584	573	5 865
308	148	114	6 634	72	－－	3 549	1 293	568	391	1 015	－－	1 998
3 127	4 031	1 647	39 254	3 368	50	19 711	6 364	7 163	3 537	3 727	561	11 837
1 709	1 153	19 229	31 479	1 471	1 472	15 980	3 696	2 412	4 892	5 706	－－	6 850
1 603	1 559	1 357	42 511	5 427	667	25 497	5 510	7 494	2 401	8 555	－－	2 365
2 032	2 703	963	84 353	13 512	1 901	40 463	17 861	10 333	4 483	13 605	5 475	9 397
242	197	78	24 566	5 057	1 901	8 468	4 633	3 025	810	5 574	－－	3 566
974	464	611	11 449	180	3	3 505	1 230	614	835	6 428	－－	1 333
279	900	59	3 612	110	－－	1 787	547	1 015	86	794	－－	921
64	142	68	5 181	806	50	1 835	－－	147	321	1 155	－－	1 335
1 517	461	156	18 604	2 104	191	5 462	1 383	736	322	6 132	27	4 688
136	363	178	6 409	626	－－	2 258	458	1 278	222	826	－－	2 699
857	677	774	14 809	1 868	833	6 244	1 163	1 348	1 049	2 784	－－	3 080
239	1 104	206	3 418	2 606	84	303	15	221	61	121	－－	304
2 645	1 906	585	19 716	2 882	286	7 669	2 678	2 640	780	6 158	－－	2 721
810	1 128	178	10 568	1 800	－－	5 129	750	1 846	1 079	692	－－	2 947
1	87	－－	1 081	－－	－－	576	11	165	－－	－－	－－	505
329	1 497	53	3 313	451	15	2 179	332	1 462	167	41	－－	627
103	347	110	4 539	1 728	－－	1 816	484	830	95	406	－－	589

各地区文化部门艺术表

	本年支出合计					
		事业支出	经营支出	对附属单位补助支出	在	
					从业人员劳动报酬	
						职工工资总额
总　计	**867 000**	**758 983**	**87 508**	**7 105**	**268 881**	**249 502**
中　央	10 655	10 655	－ －	－ －	3 139	2 593
地　方	856 345	748 328	87 508	7 105	265 742	246 909
北　京	42 727	39 048	3 388	11	9 110	8 000
天　津	16 374	15 487	352	162	5 772	5 558
河　北	28 467	24 062	2 292	22	8 896	8 602
山　西	14 028	12 517	1 001	－ －	5 094	4 674
内蒙古	6 479	5 979	500	－ －	3 532	3 532
辽　宁	27 672	23 654	2 048	878	9 091	8 529
其中:大连	5 940	4 972	68	568	2 285	2 264
吉　林	20 824	16 392	3 674	－ －	6 750	5 752
黑龙江	9 542	9 537	5	－ －	3 241	2 957
上　海	78 722	74 557	2 845	695	20 044	17 645
江　苏	94 828	76 119	17 072	119	28 443	27 852
浙　江	56 376	51 598	3 732	825	18 097	17 363
其中:宁波	9 666	9 041	381	141	3 815	3 756
安　徽	32 979	23 558	7 148	464	11 104	9 821
福　建	39 639	34 995	4 422	166	11 949	10 963
其中:厦门	11 153	10 326	827	－ －	2 980	2 769
江　西	14 214	13 748	466	－ －	5 421	5 197
山　东	45 295	43 665	1 608	12	14 944	14 842
其中:青岛	6 937	6 937	－ －	－ －	1 807	1 803
河　南	41 962	39 758	1 764	142	16 683	15 897
湖　北	32 681	30 159	2 522	－ －	12 555	11 173
湖　南	48 833	39 593	7 761	48	13 099	10 747
广　东	94 822	82 429	9 250	2 470	21 767	20 715
其中:深圳	26 144	25 555	589	－ －	6 779	6 549
广　西	12 030	10 163	1 767	－ －	3 157	2 950
海　南	4 527	2 753	1 773	－ －	1 853	1 687
重　庆	5 456	3 677	908	202	1 906	1 846
四　川	18 614	12 613	5 709	194	6 109	5 517
贵　州	7 112	6 536	576	－ －	2 750	2 634
云　南	15 031	12 340	1 955	544	5 114	4 910
西　藏	3 569	3 270	277	22	2 758	2 656
陕　西	21 237	18 967	2 025	8	8 934	8 102
甘　肃	12 205	11 501	621	－ －	3 886	3 659
青　海	1 214	1 214	－ －	－ －	599	200
宁　夏	4 362	4 040	8	121	1 386	1 311
新　疆	4 524	4 399	39	－ －	1 698	1 618

演场所演出及收支情况（二）

支出合计中（千元）税金支出	社会保障费	修缮费	设备购置费	年末固定资产原值（千元）	经费自给率（%）	劳动报酬占总支出比重（%）	当年提取修购基金（千元）	增加值（千元）	公用房屋建筑面积（千平方米）
40 024	**89 574**	**50 827**	**27 647**	**3 778 263**	**87.6**	**31.0**	**26 557**	**471 633**	**4 638**
416	24	15	46	16 591	100.0	29.4	194	4 224	16
39 608	89 550	50 812	27 601	3 761 672	87.4	31.0	26 363	467 409	4 622
1 763	1 379	4 885	1 202	110 518	94.6	21.3	1 837	16 731	88
931	1 800	309	1 554	46 288	90.7	35.2	544	8 942	84
1 138	3 280	2 706	2 350	104 904	88.1	31.2	574	14 687	246
694	1 499	534	388	64 777	96.0	36.3	72	8 452	130
133	756	279	87	30 986	54.1	54.5	33	4 905	67
445	2 766	904	615	99 301	88.6	32.8	306	13 839	166
15	341	92	6	18 570	102.7	38.4	– –	3 189	34
702	4 656	1 035	597	63 105	66.8	32.4	635	9 988	142
707	968	892	166	41 367	74.9	33.9	355	5 639	64
4 817	9 958	7 689	2 726	103 992	141.8	25.4	2 023	30 993	103
3 278	6 890	2 029	796	491 595	87.7	29.9	1 399	53 165	364
2 248	7 212	2 645	3 182	207 708	81.9	32.1	1 842	28 685	242
382	1 160	590	103	25 382	67.9	39.4	211	5 212	29
1 344	5 626	2 416	909	102 487	77.2	33.6	1 763	17 620	190
2 878	4 664	2 328	1 875	196 616	79.8	30.1	1 376	22 869	194
1 080	1 168	415	667	29 323	67.8	26.7	120	5 348	34
927	1 771	1 170	286	43 284	75.6	38.1	– –	8 097	109
2 135	4 876	3 172	981	223 148	77.1	32.9	529	26 243	298
464	922	139	4	9 131	94.5	26.0	41	2 647	23
2 088	7 788	2 265	1 108	181 163	86.3	39.7	1 557	26 217	394
1 538	3 270	1 932	628	165 810	87.3	38.4	2 817	21 332	216
1 891	4 282	4 641	1 561	268 290	76.9	26.8	619	26 087	282
3 458	4 558	4 530	3 305	404 584	75.1	22.9	4 773	42 080	238
598	560	391	408	113 513	67.3	25.9	723	11 917	61
984	1 058	261	161	168 412	94.4	26.2	1 394	10 937	93
194	485	109	24	50 038	77.3	40.9	– –	4 096	64
301	766	202	72	16 668	94.3	34.9	55	3 453	46
1 162	2 901	1 295	776	150 307	89.0	32.8	633	13 360	202
880	981	346	43	42 160	81.3	38.6	– –	5 333	40
1 126	1 838	563	426	78 260	84.7	34.0	314	9 547	78
7	212	28	20	7 697	20.5	77.2	– –	3 079	17
1 009	1 471	912	804	146 483	78.8	42.0	103	16 245	206
597	603	290	754	81 816	72.3	31.8	38	7 840	96
70	300	42	29	1 551	89.0	49.3	191	731	3
4	301	73	13	33 063	70.3	31.7	581	2 904	119
159	635	330	163	35 294	63.3	37.5	– –	3 313	41

各地区文化部门省级艺术

	机构数(个)	从业人员(人)	职工	座席数(个)	演(映)出场次合计(千场)	艺术演出场次	电影放映场次	录像放映场次	观众人次
总　计	**110**	**3 887**	**3 255**	**82 073**	**121**	**3**	**67**	**49**	**10 341**
北　京	9	277	200	4 884	5	1	3	1	917
天　津	11	221	185	7 108	22	- -	14	7	694
河　北	2	110	86	4 757	1	- -	1	- -	211
山　西	2	38	38	2 449	5	- -	1	3	158
内蒙古	1	26	26	1 188	1	- -	1	- -	123
辽　宁	2	54	54	2 260	5	- -	1	4	334
吉　林	3	261	261	3 115	- -	- -	- -	- -	301
黑龙江	3	68	56	2 470	- -	- -	- -	- -	241
上　海	9	364	312	5 551	2	2	1	- -	1 116
江　苏	4	101	101	2 774	1	- -	1	1	215
浙　江	5	123	123	1 533	3	- -	2	1	332
安　徽	3	211	122	3 061	3	- -	- -	3	61
福　建	2	92	70	1 274	1	- -	1	- -	1 044
江　西	5	163	122	3 114	2	- -	2	- -	355
山　东	3	282	282	3 975	1	- -	1	- -	367
河　南	2	139	133	2 161	9	- -	5	4	227
湖　北	3	148	88	560	7	- -	- -	7	63
湖　南	6	261	143	4 065	11	- -	8	3	714
广　东	2	128	125	3 315	- -	- -	- -	- -	306
广　西	3	46	46	1 851	1	- -	- -	1	50
海　南	- -	- -	- -	- -	- -	- -	- -	- -	- -
重　庆	3	30	30	803	4	- -	- -	4	44
四　川	2	138	123	2 600	3	- -	1	2	189
贵　州	4	163	147	3 471	1	- -	1	- -	178
云　南	5	131	120	3 379	11	- -	5	6	361
西　藏	- -	- -	- -	- -	- -	- -	- -	- -	- -
陕　西	4	34	34	2 331	2	- -	- -	1	665
甘　肃	5	111	78	3 422	9	- -	8	1	498
青　海	2	27	22	876	2	- -	2	- -	88
宁　夏	2	60	54	1 060	3	- -	3	- -	104
新　疆	3	80	74	2 666	6	- -	5	- -	385

表演场所演出及收支情况 （一）

（千人次）			本年收入合计（千元）									
艺术演出观众人次	电影放映观众人次	录像放映观众人次		财政补助收入	上级补助收入	事业收入				经营收入	附属单位上缴收入	其他收入
							艺术演出	电影放映	录像收入			
5 593	**3 792**	**956**	**167 800**	**20 964**	**5 114**	**101 385**	**29 450**	**15 846**	**4 784**	**19 226**	**6 507**	**14 604**
662	181	74	18 952	60	200	15 448	3 747	408	19	1 839	- -	1 405
153	462	79	6 972	280	1 222	4 848	621	2 403	766	260	- -	362
161	50	- -	4 515	2 081	- -	1 668	1 234	252	- -	- -	- -	766
20	63	75	2 223	- -	- -	2 193	111	624	1 098	- -	- -	30
17	21	85	241	- -	- -	241	141	53	47	- -	- -	- -
121	119	94	2 391	- -	- -	942	692	51	199	1 417	- -	32
70	231	- -	5 246	1 397	95	1 217	309	780	- -	1 468	470	599
131	110	- -	3 088	- -	- -	922	874	48	- -	241	- -	1 925
1 038	76	2	32 117	300	2 228	25 116	6 901	336	12	- -	3 902	571
131	70	14	3 005	100	- -	1 995	1 182	652	35	219	625	66
181	130	21	4 997	2 500	- -	1 572	416	493	412	418	- -	507
- -	19	42	4 401	240	- -	208	- -	168	40	2 443	1 510	- -
952	92	- -	3 802	- -	479	2 813	684	477	- -	465	- -	45
108	247	- -	4 754	229	- -	3 789	1 715	1 274	- -	400	- -	336
77	212	78	7 344	2 850	- -	4 494	428	462	122	- -	- -	- -
12	188	27	2 845	60	- -	1 615	309	1 060	246	882	- -	288
50	- -	13	2 271	- -	360	593	440	- -	153	- -	- -	1 318
82	566	66	14 027	1 150	- -	10 962	661	3 852	845	1 790	- -	125
299	7	- -	18 898	7 017	- -	10 210	6 542	59	- -	- -	- -	1 671
16	2	32	1 691	- -	- -	119	- -	- -	119	1 569	- -	3
- -	- -	- -	- -	- -	- -	- -	- -	- -	- -	- -	- -	- -
3	5	36	1 276	19	50	478	- -	44	138	707	- -	22
97	81	11	7 330	- -	- -	2 794	616	47	55	4 066	- -	470
103	66	9	2 856	246	- -	479	- -	311	45	- -	- -	2 131
90	172	99	4 410	- -	480	2 517	316	473	274	786	- -	627
- -	- -	- -	- -	- -	- -	- -	- -	- -	- -	- -	- -	- -
647	5	13	708	- -	- -	708	708	- -	- -	- -	- -	- -
290	175	33	2 708	1 093	- -	1 052	334	432	87	- -	- -	563
1	87	- -	1 081	- -	- -	576	11	165	- -	- -	- -	505
13	91	- -	528	236	- -	221	18	194	- -	- -	- -	71
68	264	53	3 123	1 106	- -	1 595	440	728	72	256	- -	166

各地区文化部门省级艺术

	本年支出合计					
		事业支出	经营支出	对附属单位补助支出	在	
					从业人员劳动报酬	职工工资总额
总　　计	**172 670**	**150 288**	**17 463**	**814**	**38 751**	**32 604**
北　　京	17 829	15 873	1 676	－－	3 115	2 904
天　　津	6 992	6 533	－－	162	2 264	2 094
河　　北	5 332	3 621	－－	－－	901	710
山　　西	2 345	2 307	37	－－	341	311
内 蒙 古	302	302	－－	－－	119	119
辽　　宁	2 274	1 261	703	310	515	456
吉　　林	5 244	3 354	1 478	－－	1 294	1 268
黑 龙 江	3 205	3 205	－－	－－	685	685
上　　海	27 528	27 364	－－	－－	5 946	4 613
江　　苏	4 200	3 578	112	99	1 181	1 129
浙　　江	6 310	6 221	89	－－	1 463	1 463
安　　徽	5 440	2 561	2 870	9	1 515	1 105
福　　建	4 020	3 960	60	－－	1 086	1 030
江　　西	5 042	4 731	311	－－	939	855
山　　东	8 184	8 184	－－	－－	1 923	1 923
河　　南	3 126	2 939	155	32	1 457	1 108
湖　　北	2 271	2 271	－－	－－	980	980
湖　　南	16 657	12 294	4 363	－－	3 107	1 147
广　　东	18 112	17 569	－－	－－	2 150	1 758
广　　西	1 834	678	1 101	－－	598	598
海　　南	－－	－－	－－	－－	－－	－－
重　　庆	1 361	938	221	202	363	345
四　　川	7 349	3 150	4 135	－－	1 716	1 603
贵　　州	3 550	3 550	－－	－－	1 353	1 292
云　　南	4 725	4 406	152	－－	1 127	1 098
西　　藏	－－	－－	－－	－－	－－	－－
陕　　西	1 215	1 215	－－	－－	446	446
甘　　肃	2 996	2 996	－－	－－	686	536
青　　海	1 214	1 214	－－	－－	599	200
宁　　夏	845	845	－－	－－	92	92
新　　疆	3 168	3 168	－－	－－	790	736

表演场所演出及收支情况 （二）

（千元）				年末固定资产原值（千元）	经费自给率（%）	劳动报酬占总支出比重（%）	当年提取修购基金（千元）	增加值（千元）	公用房屋建筑面积（千平方米）
支出合计中									
税金支出	社会保障费	修缮费	设备购置费						
9 771	**14 314**	**13 135**	**13 081**	**716 614**	**84.4**	**22.4**	**4 935**	**80 539**	**457**
616	641	1 144	101	34 253	106.5	17.4	1 479	6 472	28
306	904	264	1 191	10 466	83.7	32.3	252	3 321	32
126	109	1 730	2 099	5 753	67.2	16.8	－－	1 257	9
82	178	61	143	6 258	94.8	14.5	－－	674	5
13	37	－－	1	2 757	79.7	39.4	－－	242	4
－－	256	299	41	2 291	121.7	22.6	106	607	10
152	1 027	139	416	8 561	77.6	24.6	276	1 789	32
471	387	172	－－	9 743	96.3	21.3	340	1 546	11
2 329	3 050	967	1 456	33 181	108.1	21.5	1 083	11 139	41
105	456	45	－－	55 203	78.7	28.1	－－	3 606	18
83	780	203	2 211	52 052	39.5	23.1	184	3 628	6
419	14	87	20	17 776	76.6	27.8	600	2 645	19
329	387	232	78	59 370	82.6	27.0	－－	3 790	10
456	256	426	205	10 239	89.7	18.6	－－	1 804	8
488	220	1 086	350	34 299	54.9	23.4	－－	3 783	34
206	438	62	129	10 440	90.0	46.6	－－	2 080	12
17	432	60	72	6 028	84.1	43.1	－－	1 238	7
675	726	1 810	833	152 805	77.3	18.6	－－	9 895	53
808	138	2 997	2 256	9 213	67.6	11.8	－－	3 326	2
138	252	3	4	7 734	95.0	32.6	－－	1 045	12
－－	－－	－－	－－	－－	－－	－－	－－	－－	－－
67	161	41	20	3 317	104.1	26.6	35	562	12
874	651	713	467	69 796	100.6	23.3	332	5 382	18
481	559	201	8	11 559	73.5	38.1	－－	2 296	16
223	1 082	97	46	19 795	86.2	23.8	27	2 143	22
－－	－－	－－	－－	－－	－－	－－	－－	－－	－－
32	92	－－	－－	24 690	58.2	36.7	－－	1 466	－－
95	90	11	742	36 381	53.9	22.8	－－	2 236	19
70	300	42	29	1 551	89.0	49.3	191	731	3
－－	143	－－	－－	1 335	34.5	10.8	30	145	2
110	548	243	163	19 768	63.6	24.9	－－	1 691	12

各地区文化部门地市级艺术

	机构数（个）	从业人员（人）		座席数（个）	演（映）出场次合计（千场）				观众人次
			职工			艺术演出场次	电影放映场次	录像放映场次	
总　　计	**610**	**16 682**	**15 384**	**425 468**	**749**	**21**	**268**	**458**	**64 546**
北　　京	12	332	282	10 803	15	1	9	6	1 322
天　　津	17	347	340	10 339	24	--	6	18	640
河　　北	24	920	863	16 086	46	--	18	27	2 216
山　　西	18	562	559	13 904	14	--	6	8	728
内 蒙 古	12	366	366	12 236	8	--	5	2	809
辽　　宁	35	1 270	1 060	18 065	32	1	18	13	1 960
其中：大连	4	113	91	2 430	--	--	--	--	72
吉　　林	20	807	750	9 428	24	1	7	16	921
黑 龙 江	22	238	238	14 685	12	--	8	3	4 626
上　　海	32	882	847	13 574	41	3	18	20	2 899
江　　苏	38	1 270	1 261	29 129	71	2	32	37	6 338
浙　　江	25	499	472	13 654	26	2	10	14	1 963
其中：宁波	4	74	70	2 343	1	--	--	--	172
安　　徽	33	871	821	23 389	38	--	8	30	1 214
福　　建	20	357	326	12 180	21	1	9	12	1 358
其中：厦门	7	175	148	4 424	10	--	4	6	251
江　　西	13	297	289	9 747	9	--	2	7	259
山　　东	29	863	838	25 729	39	1	14	24	3 346
其中：青岛	6	151	151	3 856	7	--	3	4	400
河　　南	41	1 575	1 454	30 642	59	1	23	35	2 308
湖　　北	26	957	737	19 381	57	--	7	50	19 288
湖　　南	22	750	716	21 283	34	1	12	21	986
广　　东	25	980	953	22 343	63	2	19	42	2 481
其中：深圳	2	169	167	2 006	3	--	1	1	319
广　　西	12	334	259	11 499	12	1	1	10	1 270
海　　南	2	158	158	2 286	1	--	1	--	506
重　　庆	12	119	118	4 076	9	--	5	4	188
四　　川	39	456	417	22 530	13	1	3	9	1 119
贵　　州	7	110	110	6 852	8	--	5	3	440
云　　南	14	226	220	11 148	31	1	6	24	1 197
西　　藏	6	67	58	3 992	3	--	2	1	331
陕　　西	30	616	532	17 719	15	2	6	7	1 463
甘　　肃	12	289	230	10 801	17	--	6	10	845
青　　海	--	--	--	--	--	--	--	--	--
宁　　夏	3	79	32	2 084	4	--	2	2	1 364
新　　疆	9	85	78	5 884	3	--	--	3	161

表演场所演出及收支情况 （一）

（千人次）			本年收入合计（千元）									
艺术演出观众人次	电影放映观众人次	录像放映观众人次		财政补助收入	上级补助收入	事业收入				经营收入	附属单位上缴收入	其他收入
							艺术演出	电影放映	录像收入			
11 707	**24 329**	**28 510**	**434 535**	**39 879**	**9 869**	**181 322**	**41 186**	**57 849**	**29 976**	**81 706**	**7 968**	**113 791**
387	767	168	18 798	3 807	80	10 505	3 578	4 121	464	2 447	386	1 573
77	284	279	8 104	200	－－	4 072	259	838	1 207	978	－－	2 854
164	1 602	450	16 070	1 077	－－	8 168	762	3 060	2 394	1 857	45	4 923
115	309	304	7 718	338	－－	2 804	520	888	1 098	1 335	－－	3 241
116	591	102	3 819	1 718	－－	1 029	44	672	310	637	－－	435
338	1 387	235	15 849	1 323	695	9 554	1 525	3 039	678	2 685	－－	1 592
72	－－	－－	2 530	－－	145	176	176	－－	－－	2 209	－－	－－
153	611	157	10 439	3 733	－－	2 997	232	1 427	611	2 625	－－	1 084
125	2 536	1 965	4 187	1 222	118	1 831	332	1 229	243	158	－－	858
1 104	1 540	255	83 146	1 826	2 580	19 784	3 330	4 808	1 151	7 785	914	50 257
1 849	3 790	699	37 910	－－	76	19 386	3 959	10 073	2 488	12 216	149	6 083
1 075	627	261	18 022	983	482	7 938	3 605	1 697	672	4 227	60	4 332
150	21	1	3 587	720	452	1 124	314	78	1	427	－－	864
216	548	450	15 935	2 773	996	6 122	820	1 719	1 848	2 318	441	3 285
195	847	316	20 588	4 365	1 745	9 732	1 216	2 495	669	3 500	－－	1 246
56	168	27	12 038	3 675	1 692	5 218	186	805	110	1 226	－－	227
59	77	123	4 083	1 933	16	1 121	240	224	289	295	－－	718
483	1 742	1 121	16 349	361	145	9 297	1 974	3 444	1 671	3 801	361	2 384
216	98	86	3 779	－－	－－	2 575	355	555	368	780	－－	424
472	1 206	630	19 080	707	10	9 624	1 890	3 604	2 332	1 001	110	7 628
345	451	18 492	16 706	373	35	7 622	762	1 476	3 734	4 086	－－	4 590
267	448	271	16 200	1 260	404	9 231	3 427	2 001	782	4 169	－－	1 136
844	976	661	50 853	5 472	1 831	22 636	8 626	6 488	3 673	11 752	5 475	3 687
172	112	35	21 482	4 507	1 831	7 322	4 361	2 211	750	5 336	－－	2 486
587	275	408	8 454	－－	3	2 555	1 078	473	638	4 829	－－	1 067
153	353	－－	1 058	－－	－－	251	99	13	－－	389	－－	418
25	137	26	3 381	505	－－	1 327	－－	103	179	402	－－	1 147
724	309	86	6 884	1 056	150	1 306	249	328	246	774	27	3 571
23	248	169	2 178	50	－－	920	26	540	177	826	－－	382
488	256	453	9 280	1 540	348	3 229	789	497	751	1 904	－－	2 259
32	194	105	1 383	923	－－	161	13	111	37	－－	－－	299
790	556	117	10 664	1 683	155	3 775	1 301	1 063	489	4 478	－－	573
236	512	97	5 296	237	－－	3 350	288	866	955	70	－－	1 639
－－	－－	－－	－－	－－	－－	－－	－－	－－	－－	－－	－－	－－
231	1 080	53	1 202	50	－－	870	201	491	167	29	－－	253
34	70	57	899	364	－－	125	41	61	23	133	－－	277

各地区文化部门地市级艺术

	本年支出合计	事业支出	经营支出	对附属单位补助支出	在从业人员劳动报酬	职工工资总额
总计	**432 588**	**377 315**	**43 819**	**4 742**	**128 784**	**119 995**
北京	18 913	17 521	1 381	11	4 786	3 887
天津	8 171	7 743	352	--	2 881	2 837
河北	16 262	14 905	1 283	--	4 910	4 886
山西	7 555	6 526	664	--	3 030	2 690
内蒙古	4 195	3 854	341	--	2 411	2 411
辽宁	17 394	15 057	1 011	568	5 314	4 995
其中:大连	2 814	2 246	--	568	872	851
吉林	11 001	8 820	1 893	--	3 549	2 784
黑龙江	4 464	4 459	5	--	1 327	1 043
上海	49 782	45 781	2 845	695	13 520	12 516
江苏	45 341	35 659	9 250	--	12 664	12 421
浙江	18 345	15 923	2 212	--	5 911	5 759
其中:宁波	3 455	2 971	381	--	1 040	981
安徽	17 646	12 569	3 214	182	5 356	4 740
福建	18 652	17 494	1 157	--	5 147	4 503
其中:厦门	10 186	9 359	827	--	2 626	2 415
江西	4 167	4 062	105	--	2 248	2 185
山东	18 353	17 015	1 326	12	5 358	5 347
其中:青岛	4 186	4 186	--	--	968	965
河南	21 290	20 371	662	110	7 098	6 824
湖北	17 912	16 613	1 299	--	5 725	4 789
湖南	19 175	15 898	1 858	--	4 988	4 753
广东	60 116	50 567	7 005	2 470	13 459	13 124
其中:深圳	22 793	22 793	--	--	5 277	5 239
广西	8 882	8 277	599	--	1 844	1 641
海南	1 160	483	677	--	473	473
重庆	3 563	2 393	611	--	1 302	1 292
四川	6 706	6 198	358	150	2 816	2 360
贵州	2 256	1 680	576	--	884	884
云南	9 211	6 936	1 706	544	3 554	3 398
西藏	1 510	1 342	168	--	1 101	999
陕西	11 266	10 028	1 238	--	4 097	3 469
甘肃	6 633	6 549	23	--	1 867	1 844
青海	--	--	--	--	--	--
宁夏	1 828	1 828	--	--	596	586
新疆	839	764	--	--	568	555

表演场所演出及收支情况（二）

（千元）支出合计中：税金支出	社会保障费	修缮费	设备购置费	年末固定资产原值（千元）	经费自给率（%）	劳动报酬占总支出比重（%）	当年提取修购基金（千元）	增加值（千元）	公用房屋建筑面积（千平方米）
20 879	**47 214**	**24 673**	**9 030**	**1 528 606**	**91.3**	**29.7**	**13 981**	**215 428**	**1 730**
895	613	3 687	1 078	41 754	78.8	25.3	358	7 418	42
604	694	45	200	22 914	97.6	35.2	292	4 456	38
824	2 401	591	143	39 547	92.6	30.1	550	7 596	71
508	954	251	129	24 252	102.6	40.1	72	4 580	55
62	470	184	56	18 462	50.0	57.4	33	3 212	34
340	1 632	398	529	53 337	86.0	30.5	200	7 971	94
－－	9	－－	－－	6 322	106.1	30.9	－－	1 124	14
429	3 039	862	155	30 561	62.5	32.2	325	5 200	60
211	536	494	102	19 347	63.7	29.7	15	2 348	32
2 430	6 672	6 722	1 259	67 772	161.9	27.1	940	19 097	57
1 838	2 856	582	62	184 402	84.2	27.9	872	22 218	111
966	2 419	694	293	49 118	91.2	32.2	841	8 871	58
218	408	382	67	7 124	72.0	30.1	42	1 543	9
680	3 586	1 944	700	48 590	77.0	30.3	1 110	8 830	70
1 496	2 342	1 659	1 274	44 261	77.6	27.5	464	8 529	62
957	1 074	415	667	28 089	65.4	25.7	120	4 822	31
263	601	170	50	11 399	51.2	53.9	－－	2 968	27
721	2 283	598	156	86 203	86.3	29.1	103	9 567	95
82	657	111	4	4 535	90.2	23.1	－－	1 241	15
1 525	4 449	1 174	601	51 599	87.3	33.3	318	10 705	113
917	1 321	563	210	50 789	90.9	31.9	2 455	9 259	74
772	1 662	1 323	270	51 587	81.8	26.0	482	8 105	92
2 037	3 365	934	388	267 844	75.6	22.3	2 037	26 208	124
482	461	5	72	98 657	66.4	23.1	723	9 705	46
768	653	235	131	147 650	95.2	20.7	1 394	8 540	57
90	184	10	－－	8 813	91.2	40.7	－－	916	5
204	483	131	38	11 761	95.7	36.5	20	2 557	27
182	1 707	191	190	28 533	86.6	41.9	249	4 139	97
231	242	136	34	16 023	94.3	39.1	－－	1 756	10
866	678	451	253	37 282	85.5	38.5	287	6 086	32
3	－－	－－	－－	4 490	30.4	72.9	－－	1 284	7
661	964	508	729	56 155	78.3	36.3	22	7 332	58
336	382	43	－－	28 361	76.9	28.1	－－	3 420	30
－－	－－	－－	－－	－－	－－	－－	－－	－－	－－
－－	15	6	－－	16 210	63.0	32.6	542	1 245	81
20	11	87	－－	9 590	70.0	67.6	－－	1 015	17

各地区文化部门县市级艺术

	机构数(个)	从业人员(人)		座席数(个)	演(映)出场次合计(千场)				观众人次
			职工			艺术演出场次	电影放映场次	录像放映场次	
总　　计	**1 176**	**20 984**	**20 023**	**1 100 693**	**508**	**36**	**198**	**273**	**57 192**
北　　京	3	130	130	4 079	6	--	3	3	490
天　　津	4	104	98	5 833	1	--	1	--	393
河　　北	70	952	922	76 763	17	1	5	11	2 503
山　　西	29	434	433	35 381	12	1	6	6	2 399
内 蒙 古	17	254	254	14 138	9	--	3	6	1 044
辽　　宁	34	901	883	22 969	12	--	8	4	1 397
其中:大连	6	200	200	6 056	3	--	1	2	380
吉　　林	29	622	588	22 119	3	--	2	1	1 050
黑 龙 江	31	364	363	15 013	8	1	6	1	684
上　　海	2	35	35	1 370	1	--	--	1	207
江　　苏	100	2 112	2 080	90 706	60	4	31	25	6 810
浙　　江	65	956	931	55 066	46	5	4	37	3 835
其中:宁波	6	171	171	5 030	4	--	--	3	217
安　　徽	68	1 254	1 184	53 217	40	1	11	28	2 008
福　　建	58	695	665	45 925	28	5	10	12	3 086
其中:厦门	1	21	21	800	1	--	1	--	52
江　　西	43	459	430	36 674	9	1	2	6	1 188
山　　东	73	1 328	1 198	75 258	55	1	22	32	6 796
其中:青岛	4	68	68	2 406	2	--	--	2	170
河　　南	123	3 415	3 316	141 951	36	3	16	17	6 270
湖　　北	49	1 169	1 109	48 347	25	2	4	20	2 740
湖　　南	66	1 007	996	72 470	31	2	10	19	2 819
广　　东	48	1 286	1 153	49 176	27	5	13	9	2 911
其中:深圳	3	39	37	2 960	2	--	1	1	198
广　　西	16	110	107	17 502	4	1	1	3	729
海　　南	16	1 035	1 002	21 019	7	--	5	1	732
重　　庆	10	66	65	4 368	2	--	--	2	42
四　　川	53	370	364	32 779	8	1	1	5	826
贵　　州	3	49	49	2 013	--	--	--	--	59
云　　南	21	114	112	16 449	6	1	2	3	750
西　　藏	14	138	70	7 886	19	--	14	5	1 218
陕　　西	78	1 032	966	83 731	25	1	9	15	3 008
甘　　肃	29	350	320	29 226	6	--	4	1	773
青　　海	--	--	--	--	--	--	--	--	--
宁　　夏	14	146	124	10 767	4	--	4	--	411
新　　疆	10	97	76	8 498	1	--	1	--	14

表演场所演出及收支情况 （一）

（千人次）			本年收入合计（千元）									
艺术演出观众人次	电影放映观众人次	录像放映观众人次		财政补助收入	上级补助收入	事业收入				经营收入	附属单位上缴收入	其他收入
							艺术演出	电影放映	录像收入			
19 667	**26 776**	**10 749**	**242 423**	**34 374**	**3 412**	**119 440**	**42 572**	**41 842**	**11 386**	**30 996**	**2 056**	**52 145**
77	377	36	6 542	－－	－－	3 935	328	1 384	177	352	－－	2 255
254	105	34	1 211	217	－－	825	154	182	212	－－	－－	169
944	1 211	348	6 588	765	14	3 093	1 176	1 094	281	1 175	36	1 505
448	1 504	447	4 089	594	110	2 264	810	1 057	174	341	－－	780
122	457	465	1 768	602	－－	833	116	581	136	174	－－	159
123	1 070	204	7 771	1 210	－－	4 156	137	2 067	509	1 509	－－	896
21	254	105	3 338	544	－－	1 619	76	624	246	1 175	－－	－－
111	931	8	4 335	1 390	－－	2 099	279	1 597	84	615	－－	231
53	604	27	1 873	505	150	976	92	806	78	2	－－	240
55	112	40	1 431	－－	1	757	89	198	97	－－	－－	673
2 081	4 106	623	41 957	812	91	24 573	11 264	9 068	988	4 811	759	10 911
2 357	381	1 097	31 625	4 617	733	12 891	7 907	787	1 079	4 568	588	8 228
169	26	22	6 163	2 164	15	1 642	1 324	93	70	1 016	－－	1 326
506	1 043	459	9 608	2 173	44	4 565	1 394	1 598	828	622	10	2 194
1 484	1 162	440	16 632	2 434	511	7 653	1 568	3 501	654	1 828	－－	4 206
1	51	－－	891	－－	－－	255	7	248	－－	100	－－	536
492	524	172	5 268	1 176	－－	2 203	565	963	332	984	－－	905
1 157	3 447	2 192	18 699	4 087	32	9 104	3 396	2 735	1 644	1 783	212	3 481
92	50	28	2 855	72	－－	974	938	13	23	235	－－	1 574
2 643	2 637	990	17 329	2 601	40	8 472	4 165	2 499	959	1 844	451	3 921
1 314	702	724	12 502	1 098	1 077	7 765	2 494	936	1 005	1 620	－－	942
1 254	545	1 020	12 284	3 017	263	5 304	1 422	1 641	774	2 596	－－	1 104
889	1 720	302	14 602	1 023	70	7 617	2 693	3 786	810	1 853	－－	4 039
70	85	43	3 084	550	70	1 146	272	814	60	238	－－	1 080
371	187	171	1 304	180	－－	831	152	141	78	30	－－	263
126	547	59	2 554	110	－－	1 536	448	1 002	86	405	－－	503
36	－－	6	524	282	－－	30	－－	－－	4	46	－－	166
696	71	59	4 390	1 048	41	1 362	518	361	21	1 292	－－	647
10	49	－－	1 375	330	－－	859	432	427	－－	－－	－－	186
279	249	222	1 119	328	5	498	58	378	24	94	－－	194
207	910	101	2 035	1 683	84	142	2	110	24	121	－－	5
1 208	1 345	455	8 344	1 199	131	3 186	669	1 577	291	1 680	－－	2 148
284	441	48	2 564	470	－－	727	128	548	37	622	－－	745
－－	－－	－－	－－	－－	－－	－－	－－	－－	－－	－－	－－	－－
85	326	－－	1 583	165	15	1 088	113	777	－－	12	－－	303
1	13	－－	517	258	－－	96	3	41	－－	17	－－	146

各地区文化部门县市级艺术

	本年支出合计					
		事业支出	经营支出	对附属单位补助支出	在	
					从业人员劳动报酬	职工工资总额
总计	**251 087**	**220 725**	**26 226**	**1 549**	**98 207**	**94 310**
北京	5 985	5 654	331	– –	1 209	1 209
天津	1 211	1 211	– –	– –	627	627
河北	6 873	5 536	1 009	22	3 085	3 006
山西	4 128	3 684	300	– –	1 723	1 673
内蒙古	1 982	1 823	159	– –	1 002	1 002
辽宁	8 004	7 336	334	– –	3 262	3 078
其中:大连	3 126	2 726	68	– –	1 413	1 413
吉林	4 579	4 218	303	– –	1 907	1 700
黑龙江	1 873	1 873	– –	– –	1 229	1 229
上海	1 412	1 412	– –	– –	578	516
江苏	45 287	36 882	7 710	20	14 598	14 302
浙江	31 721	29 454	1 431	825	10 723	10 141
其中:宁波	6 211	6 070	– –	141	2 775	2 775
安徽	9 893	8 428	1 064	273	4 233	3 976
福建	16 967	13 541	3 205	166	5 716	5 430
其中:厦门	967	967	– –	– –	354	354
江西	5 005	4 955	50	– –	2 234	2 157
山东	18 758	18 466	282	– –	7 663	7 572
其中:青岛	2 751	2 751	– –	– –	839	838
河南	17 546	16 448	947	– –	8 128	7 965
湖北	12 498	11 275	1 223	– –	5 850	5 404
湖南	13 001	11 401	1 540	48	5 004	4 847
广东	16 594	14 293	2 245	– –	6 158	5 833
其中:深圳	3 351	2 762	589	– –	1 502	1 310
广西	1 314	1 208	67	– –	715	711
海南	3 367	2 270	1 096	– –	1 380	1 214
重庆	532	346	76	– –	241	209
四川	4 559	3 265	1 216	44	1 577	1 554
贵州	1 306	1 306	– –	– –	513	458
云南	1 095	998	97	– –	433	414
西藏	2 059	1 928	109	22	1 657	1 657
陕西	8 756	7 724	787	8	4 391	4 187
甘肃	2 576	1 956	598	– –	1 333	1 279
青海	– –	– –	– –	– –	– –	– –
宁夏	1 689	1 367	8	121	698	633
新疆	517	467	39	– –	340	327

表演场所演出及收支情况（二）

(千元) 支出合计中 税金支出	社会保障费	修缮费	设备购置费	年末固定资产原值(千元)	经费自给率(%)	劳动报酬占总支出比重(%)	当年提取修购基金(千元)	增加值(千元)	公用房屋建筑面积(千平方米)
8 958	**28 022**	**13 004**	**5 490**	**1 516 452**	**82.8**	**39.1**	**7 447**	**171 442**	**2 434**
252	125	54	23	34 511	109.3	20.2	- -	2 841	17
21	202	- -	163	12 908	82.0	51.7	- -	1 165	14
188	770	385	108	59 604	88.7	44.8	24	5 834	165
104	367	222	116	34 267	84.9	41.7	- -	3 198	71
58	249	95	30	9 767	58.8	50.5	- -	1 451	29
105	878	207	45	43 673	85.5	40.7	- -	5 261	62
15	332	92	6	12 248	99.9	45.2	- -	2 065	20
121	590	34	26	23 983	65.1	41.6	34	2 999	50
25	45	226	64	12 277	65.0	65.6	- -	1 745	21
58	236	- -	11	3 039	101.2	40.9	- -	757	4
1 335	3 578	1 402	734	251 990	92.0	32.2	527	27 341	236
1 199	4 013	1 748	678	106 538	85.0	33.8	817	16 186	179
164	752	208	36	18 258	65.6	44.6	169	3 669	19
245	2 026	385	189	36 121	77.8	42.7	53	6 145	101
1 053	1 935	437	523	92 985	81.7	33.6	912	10 550	122
123	94	- -	- -	1 234	92.1	36.6	- -	526	4
208	914	574	31	21 646	81.7	44.6	- -	3 325	74
926	2 373	1 488	475	102 646	77.7	40.8	426	12 893	169
382	265	28	- -	4 596	101.1	30.4	41	1 406	8
357	2 901	1 029	378	119 124	84.4	46.3	1 239	13 432	269
604	1 517	1 309	346	108 993	82.6	46.8	362	10 835	135
444	1 894	1 508	458	63 898	69.5	38.4	137	8 087	137
613	1 055	599	661	127 527	81.6	37.1	2 736	12 546	112
116	99	386	336	14 856	73.5	44.8	- -	2 212	15
78	153	23	26	13 028	88.1	54.4	- -	1 352	24
104	301	99	24	41 225	72.6	40.9	- -	3 180	59
30	122	30	14	1 590	57.3	45.2	- -	334	7
106	543	391	119	51 978	73.6	34.5	52	3 839	87
168	180	9	1	14 578	80.0	39.2	- -	1 281	14
37	78	15	127	21 183	71.7	39.5	- -	1 318	24
4	212	28	20	3 207	13.1	80.4	- -	1 795	10
316	415	404	75	65 638	82.4	50.1	81	7 447	149
166	131	236	12	17 074	81.9	51.7	38	2 184	46
- -	- -	- -	- -	- -	- -	- -	- -	- -	- -
4	143	67	13	15 518	102.0	41.3	9	1 514	35
29	76	- -	- -	5 936	51.1	65.7	- -	607	12

各地区文化部门剧场、

	机构数(个)	从业人员(人)	职工	座席数(个)	演(映)出场次合计(千场)	艺术演出场次	电影放映场次	录像放映场次	观众人次
总计	**1 863**	**41 002**	**38 129**	**1 595 942**	**1 355**	**59**	**525**	**768**	**129 819**
中央	3	99	63	2 223	--	--	--	--	143
地方	1 860	40 903	38 066	1 593 719	1 355	59	525	768	129 676
北京	22	675	577	18 580	23	2	13	9	2 380
天津	30	635	593	22 390	40	1	18	21	1 495
河北	96	1 982	1 871	97 606	64	2	24	39	4 930
山西	49	1 034	1 030	51 734	31	1	13	17	3 285
内蒙古	30	646	646	27 562	18	--	9	9	1 976
辽宁	71	2 225	1 997	43 294	49	1	27	21	3 691
其中:大连	10	313	291	8 486	3	--	1	2	452
吉林	51	1 639	1 548	33 807	27	1	10	17	2 272
黑龙江	53	618	605	30 923	19	1	14	4	5 488
上海	38	1 189	1 112	18 924	39	3	19	17	3 809
江苏	134	3 379	3 338	121 536	126	5	63	59	12 565
浙江	88	1 536	1 484	69 153	73	6	16	50	5 966
其中:宁波	10	245	241	7 373	4	--	--	3	389
安徽	103	2 332	2 124	79 667	82	1	19	61	3 283
福建	79	1 127	1 044	58 665	49	6	20	24	5 473
其中:厦门	7	179	152	4 510	10	--	4	6	288
江西	61	919	841	49 535	20	1	6	13	1 802
山东	105	2 473	2 318	104 962	95	2	36	56	10 509
其中:青岛	10	219	219	6 262	9	--	3	6	570
河南	165	5 109	4 883	174 754	103	3	44	56	8 805
湖北	77	2 200	1 867	65 184	89	2	11	76	21 938
湖南	94	2 018	1 855	97 818	76	3	29	44	4 519
广东	74	2 301	2 138	72 907	90	6	32	51	5 530
其中:深圳	5	208	204	4 966	4	--	2	2	517
广西	31	490	412	30 852	18	2	2	14	2 049
海南	18	1 193	1 160	23 305	8	1	6	1	1 238
重庆	25	215	213	9 247	16	--	5	10	274
四川	92	964	904	57 059	24	3	5	16	2 086
贵州	14	322	306	12 336	10	--	6	3	677
云南	40	471	452	30 976	48	2	13	33	2 308
西藏	20	205	128	11 878	21	--	16	5	1 549
陕西	111	1 682	1 532	103 781	42	3	15	24	5 136
甘肃	46	750	628	43 449	32	1	17	13	2 116
青海	2	27	22	876	2	--	2	--	88
宁夏	19	285	210	13 911	12	--	9	2	1 879
新疆	22	262	228	17 048	9	--	6	3	560

影剧院演出及收支情况（一）

（千人次）			本年收入合计（千元）									
艺术演出观众人次	电影放映观众人次	录像放映观众人次		财政补助收入	上级补助收入	事业收入				经营收入	附属单位上缴收入	其他收入
							艺术演出	电影放映	录像收入			
35 306	**54 546**	**39 967**	**810 812**	**86 429**	**17 832**	**383 512**	**107 353**	**114 376**	**45 412**	**128 798**	**16 587**	**177 654**
137	6	- -	2 346	- -	- -	2 140	1 120	18	- -	2	117	87
35 169	54 540	39 967	808 466	86 429	17 832	381 372	106 233	114 358	45 412	128 796	16 470	177 567
989	1 186	205	37 502	3 867	80	25 220	7 462	5 901	660	2 799	386	5 150
425	706	364	14 551	697	1 222	8 020	698	2 576	1 829	1 238	- -	3 374
1 269	2 863	798	27 173	3 923	14	12 929	3 172	4 406	2 675	3 032	81	7 194
583	1 876	826	14 030	932	110	7 261	1 441	2 569	2 370	1 676	- -	4 051
255	1 069	652	5 828	2 320	- -	2 103	301	1 306	493	811	- -	594
582	2 576	533	26 011	2 533	695	14 652	2 354	5 157	1 386	5 611	- -	2 520
93	254	105	5 868	544	145	1 795	252	624	246	3 384	- -	- -
334	1 773	165	19 078	6 153	95	6 313	820	3 804	695	4 708	470	1 339
249	3 247	1 992	7 959	1 237	160	3 403	1 001	2 081	321	401	- -	2 758
1 894	1 702	213	112 730	1 886	4 759	42 156	9 125	5 213	1 155	7 785	4 816	51 328
3 316	7 937	1 312	81 233	878	158	45 404	16 173	19 663	3 323	16 625	1 533	16 635
3 488	1 138	1 340	52 676	7 675	1 215	22 124	11 736	2 977	2 078	8 718	587	12 357
319	47	23	9 750	2 884	467	2 766	1 638	171	71	1 443	- -	2 190
722	1 610	951	29 918	5 166	1 040	10 895	2 214	3 485	2 716	5 383	1 961	5 473
2 624	2 093	756	40 478	6 724	2 543	20 098	3 468	6 473	1 323	5 616	- -	5 497
50	211	27	12 385	3 600	1 500	5 373	193	1 053	110	1 149	- -	763
659	848	295	14 105	3 338	16	7 113	2 520	2 461	621	1 679	- -	1 959
1 717	5 401	3 391	42 392	7 298	177	22 895	5 798	6 641	3 437	5 584	573	5 865
308	148	114	6 634	72	- -	3 549	1 293	568	391	1 015	- -	1 998
3 127	4 031	1 647	38 849	3 368	50	19 596	6 364	7 163	3 537	3 727	561	11 547
1 556	1 153	19 229	29 115	1 351	1 468	14 065	3 094	2 412	4 892	5 706	- -	6 525
1 603	1 559	1 357	42 511	5 427	667	25 497	5 510	7 494	2 401	8 555	- -	2 365
1 871	2 696	963	69 628	6 495	1 901	32 865	13 931	10 274	4 483	13 605	5 475	9 287
242	197	78	24 566	5 057	1 901	8 468	4 633	3 025	810	5 574	- -	3 566
974	464	611	11 449	180	3	3 505	1 230	614	835	6 428	- -	1 333
279	900	59	3 612	110	- -	1 787	547	1 015	86	794	- -	921
64	142	68	5 181	806	50	1 835	- -	147	321	1 155	- -	1 335
1 469	461	156	18 604	2 104	191	5 462	1 383	736	322	6 132	27	4 688
136	363	178	6 409	626	- -	2 258	458	1 278	222	826	- -	2 699
857	677	774	14 809	1 868	833	6 244	1 163	1 348	1 049	2 784	- -	3 080
239	1 104	206	3 418	2 606	84	303	15	221	61	121	- -	304
2 645	1 906	585	19 716	2 882	286	7 669	2 678	2 640	780	6 158	- -	2 721
810	1 128	178	10 568	1 800	- -	5 129	750	1 846	1 079	692	- -	2 947
1	87	- -	1 081	- -	- -	576	11	165	- -	- -	- -	505
329	1 497	53	3 313	451	15	2 179	332	1 462	167	41	- -	627
103	347	110	4 539	1 728	- -	1 816	484	830	95	406	- -	589

各地区文化部门剧场、

	本年支出合计					
		事业支出	经营支出	对附属单位补助支出	在	
					从业人员劳动报酬	职工工资总额
总　计	**820 396**	**715 931**	**84 398**	**6 943**	**259 304**	**240 584**
中　央	2 320	2 320	- -	- -	793	247
地　方	818 076	713 611	84 398	6 943	258 511	240 337
北　京	35 668	33 945	1 712	11	8 314	7 389
天　津	14 638	13 913	352	- -	5 147	4 996
河　北	28 467	24 062	2 292	22	8 896	8 602
山　西	14 028	12 517	1 001	- -	5 094	4 674
内蒙古	6 479	5 979	500	- -	3 532	3 532
辽　宁	27 672	23 654	2 048	878	9 091	8 529
其中:大连	5 940	4 972	68	568	2 285	2 264
吉　林	19 994	16 025	3 211	- -	6 397	5 399
黑龙江	8 191	8 186	5	- -	2 981	2 697
上　海	73 444	69 279	2 845	695	18 306	16 268
江　苏	92 698	74 561	16 500	119	27 638	27 047
浙　江	54 714	50 158	3 510	825	17 587	16 853
其中:宁波	9 666	9 041	381	141	3 815	3 756
安　徽	32 953	23 532	7 148	464	11 098	9 815
福　建	39 054	34 587	4 245	166	11 882	10 896
其中:厦门	10 568	9 918	650	- -	2 913	2 702
江　西	14 214	13 748	466	- -	5 421	5 197
山　东	45 295	43 665	1 608	12	14 944	14 842
其中:青岛	6 937	6 937	- -	- -	1 807	1 803
河　南	41 557	39 353	1 764	142	16 616	15 830
湖　北	30 431	27 909	2 522	- -	11 774	10 442
湖　南	48 833	39 593	7 761	48	13 099	10 747
广　东	79 865	67 472	9 250	2 470	20 544	19 492
其中:深圳	26 144	25 555	589	- -	6 779	6 549
广　西	12 030	10 163	1 767	- -	3 157	2 950
海　南	4 527	2 753	1 773	- -	1 853	1 687
重　庆	5 456	3 677	908	202	1 906	1 846
四　川	18 614	12 613	5 709	194	6 109	5 517
贵　州	7 112	6 536	576	- -	2 750	2 634
云　南	15 031	12 340	1 955	544	5 114	4 910
西　藏	3 569	3 270	277	22	2 758	2 656
陕　西	21 237	18 967	2 025	8	8 934	8 102
甘　肃	12 205	11 501	621	- -	3 886	3 659
青　海	1 214	1 214	- -	- -	599	200
宁　夏	4 362	4 040	8	121	1 386	1 311
新　疆	4 524	4 399	39	- -	1 698	1 618

影剧院演出及收支情况（二）

（千元）				年末固定资产原值（千元）	经费自给率（%）	劳动报酬占总支出比重（%）	当年提取修购基金（千元）	增加值（千元）	公用房屋建筑面积（千平方米）
支出合计中									
税金支出	社会保障费	修缮费	设备购置费						
37 878	**86 947**	**46 847**	**25 182**	**3 670 267**	**88.2**	**31.6**	**26 125**	**455 431**	**4 576**
62	24	15	46	4 263	101.1	34.1	194	1 031	6
37 816	86 923	46 832	25 136	3 666 004	88.2	31.5	25 931	454 400	4 570
1 471	1 352	4 880	1 190	90 852	94.1	23.3	1 827	14 856	83
830	1 449	156	1 509	45 297	88.5	35.1	463	8 017	80
1 138	3 280	2 706	2 350	104 904	88.1	31.2	574	14 687	246
694	1 499	534	388	64 777	96.0	36.3	72	8 452	130
133	756	279	87	30 986	54.1	54.5	33	4 905	67
445	2 766	904	615	99 301	88.6	32.8	306	13 839	166
15	341	92	6	18 570	102.7	38.4	- -	3 189	34
702	4 289	1 035	597	60 863	66.6	31.9	635	9 545	140
707	709	630	93	33 549	80.1	36.3	355	5 066	57
4 596	9 314	7 434	2 697	101 939	147.0	24.9	1 876	28 952	99
3 199	6 780	1 986	795	487 450	88.0	29.8	1 399	52 116	355
2 160	6 904	2 571	3 126	202 816	81.5	32.1	1 818	27 891	240
382	1 160	590	103	25 382	67.9	39.4	211	5 212	29
1 344	5 606	2 416	909	102 487	77.2	33.6	1 763	17 614	190
2 727	4 560	2 328	1 875	192 439	80.3	30.4	1 376	22 484	190
929	1 064	415	667	25 146	68.9	27.5	120	4 963	31
927	1 771	1 170	286	43 284	75.6	38.1	- -	8 097	109
2 135	4 876	3 172	981	223 148	77.1	32.9	529	26 243	298
464	922	139	4	9 131	94.5	26.0	41	2 647	23
2 088	7 633	2 257	1 090	179 813	86.1	39.9	1 557	26 096	393
1 307	3 095	1 658	533	124 758	86.4	38.6	2 647	18 678	203
1 891	4 282	4 641	1 561	268 290	76.9	26.8	619	26 087	282
2 829	4 451	1 624	1 169	397 302	79.8	25.7	4 773	39 937	238
598	560	391	408	113 513	67.3	25.9	723	11 917	61
984	1 058	261	161	168 412	94.4	26.2	1 394	10 937	93
194	485	109	24	50 038	77.3	40.9	- -	4 096	64
301	766	202	72	16 668	94.3	34.9	55	3 453	46
1 162	2 901	1 295	776	150 307	89.0	32.8	633	13 360	201
880	981	346	43	42 160	81.3	38.6	- -	5 333	40
1 126	1 838	563	426	78 260	84.7	34.0	314	9 547	78
7	212	28	20	7 697	20.5	77.2	- -	3 079	17
1 009	1 471	912	804	146 483	78.8	42.0	103	16 245	206
597	603	290	754	81 816	72.3	31.8	38	7 840	96
70	300	42	29	1 551	89.0	49.3	191	731	3
4	301	73	13	33 063	70.3	31.7	581	2 904	119
159	635	330	163	35 294	63.3	37.5	- -	3 313	41

各地区文化部门省级剧场、

	机构数（个）	从业人员（人）		座席数（个）	演（映）出场次合计（千场）				观众人次
			职工			艺术演出场次	电影放映场次	录像放映场次	
总　计	**101**	**3 598**	**3 004**	**75 543**	**111**	**2**	**63**	**44**	**9 319**
北　京	7	213	165	3 698	2	1	1	--	568
天　津	9	184	155	6 218	15	--	12	3	462
河　北	2	110	86	4 757	1	--	1	--	211
山　西	2	38	38	2 449	5	--	1	3	158
内蒙古	1	26	26	1 188	1	--	1	--	123
辽　宁	2	54	54	2 260	5	--	1	4	334
吉　林	2	210	210	2 260	--	--	--	--	301
黑龙江	3	68	56	2 470	--	--	--	--	241
上　海	8	320	270	4 429	2	1	1	--	908
江　苏	4	101	101	2 774	1	--	1	1	215
浙　江	4	123	123	983	3	--	2	1	267
安　徽	3	211	122	3 061	3	--	--	3	61
福　建	2	92	70	1 274	1	--	1	--	1 044
江　西	5	163	122	3 114	2	--	2	--	355
山　东	3	282	282	3 975	1	--	1	--	367
河　南	2	139	133	2 161	9	--	5	4	227
湖　北	3	148	88	560	7	--	--	7	63
湖　南	6	261	143	4 065	11	--	8	3	714
广　东	1	35	32	1 388	--	--	--	--	138
广　西	3	46	46	1 851	1	--	--	1	50
海　南	--	--	--	--	--	--	--	--	--
重　庆	3	30	30	803	4	--	--	4	44
四　川	2	138	123	2 600	3	--	1	2	189
贵　州	4	163	147	3 471	1	--	1	--	178
云　南	5	131	120	3 379	11	--	5	6	361
西　藏	--	--	--	--	--	--	--	--	--
陕　西	3	34	34	2 331	2	--	--	1	665
甘　肃	5	111	78	3 422	9	--	8	1	498
青　海	2	27	22	876	2	--	2	--	88
宁　夏	2	60	54	1 060	3	--	3	--	104
新　疆	3	80	74	2 666	6	--	5	--	385

影剧院演出及收支情况（一）

（千人次）			本年收入合计（千元）									
艺术演出观众人次	电影放映观众人次	录像放映观众人次		财政补助收入	上级补助收入	事业收入				经营收入	附属单位上缴收入	其他收入
							艺术演出	电影放映	录像收入			
4 989	**3 475**	**855**	**141 316**	**13 580**	**4 864**	**85 164**	**24 155**	**14 799**	**4 428**	**17 387**	**6 507**	**13 814**
525	42	1	12 162	60	－－	10 780	3 556	396	19	－－	－－	1 322
94	317	51	5 236	280	1 222	3 123	285	1 556	410	260	－－	351
161	50	－－	4 515	2 081	－－	1 668	1 234	252	－－	－－	－－	766
20	63	75	2 223	－－	－－	2 193	111	624	1 098	－－	－－	30
17	21	85	241	－－	－－	241	141	53	47	－－	－－	－－
121	119	94	2 391	－－	－－	942	692	51	199	1 417	－－	32
70	231	－－	4 304	1 030	95	1 217	309	780	－－	1 468	470	24
131	110	－－	3 088	－－	－－	922	874	48	－－	241	－－	1 925
856	50	2	29 826	300	2 178	22 886	6 063	207	12	－－	3 902	560
131	70	14	3 005	100	－－	1 995	1 182	652	35	219	625	66
116	130	21	4 997	2 500	－－	1 572	416	493	412	418	－－	507
－－	19	42	4 401	240	－－	208	－－	168	40	2 443	1 510	－－
952	92	－－	3 802	－－	479	2 813	684	477	－－	465	－－	45
108	247	－－	4 754	229	－－	3 789	1 715	1 274	－－	400	－－	336
77	212	78	7 344	2 850	－－	4 494	428	462	122	－－	－－	－－
12	188	27	2 845	60	－－	1 615	309	1 060	246	882	－－	288
50	－－	13	2 271	－－	360	593	440	－－	153	－－	－－	1 318
82	566	66	14 027	1 150	－－	10 962	661	3 852	845	1 790	－－	125
138	－－	－－	4 173	－－	－－	2 612	2 612	－－	－－	－－	－－	1 561
16	2	32	1 691	－－	－－	119	－－	－－	119	1 569	－－	3
－－	－－	－－	－－	－－	－－	－－	－－	－－	－－	－－	－－	－－
3	5	36	1 276	19	50	478	－－	44	138	707	－－	22
97	81	11	7 330	－－	－－	2 794	616	47	55	4 066	－－	470
103	66	9	2 856	246	－－	479	－－	311	45	－－	－－	2 131
90	172	99	4 410	－－	480	2 517	316	473	274	786	－－	627
－－	－－	－－	－－	－－	－－	－－	－－	－－	－－	－－	－－	－－
647	5	13	708	－－	－－	708	708	－－	－－	－－	－－	－－
290	175	33	2 708	1 093	－－	1 052	334	432	87	－－	－－	563
1	87	－－	1 081	－－	－－	576	11	165	－－	－－	－－	505
13	91	－－	528	236	－－	221	18	194	－－	－－	－－	71
68	264	53	3 123	1 106	－－	1 595	440	728	72	256	－－	166

各地区文化部门省级剧场、

	本年支出合计					
		事业支出	经营支出	对附属单位补助支出	在	
					从业人员劳动报酬	职工工资总额
总　　计	**144 983**	**125 182**	**15 324**	**652**	**34 792**	**29 150**
北　　京	10 770	10 770	--	--	2 319	2 293
天　　津	5 256	4 959	--	--	1 639	1 532
河　　北	5 332	3 621	--	--	901	710
山　　西	2 345	2 307	37	--	341	311
内 蒙 古	302	302	--	--	119	119
辽　　宁	2 274	1 261	703	310	515	456
吉　　林	4 414	2 987	1 015	--	941	915
黑 龙 江	3 205	3 205	--	--	685	685
上　　海	24 423	24 259	--	--	4 984	3 908
江　　苏	4 200	3 578	112	99	1 181	1 129
浙　　江	6 310	6 221	89	--	1 463	1 463
安　　徽	5 440	2 561	2 870	9	1 515	1 105
福　　建	4 020	3 960	60	--	1 086	1 030
江　　西	5 042	4 731	311	--	939	855
山　　东	8 184	8 184	--	--	1 923	1 923
河　　南	3 126	2 939	155	32	1 457	1 108
湖　　北	2 271	2 271	--	--	980	980
湖　　南	16 657	12 294	4 363	--	3 107	1 147
广　　东	3 155	2 612	--	--	927	535
广　　西	1 834	678	1 101	--	598	598
海　　南	--	--	--	--	--	--
重　　庆	1 361	938	221	202	363	345
四　　川	7 349	3 150	4 135	--	1 716	1 603
贵　　州	3 550	3 550	--	--	1 353	1 292
云　　南	4 725	4 406	152	--	1 127	1 098
西　　藏	--	--	--	--	--	--
陕　　西	1 215	1 215	--	--	446	446
甘　　肃	2 996	2 996	--	--	686	536
青　　海	1 214	1 214	--	--	599	200
宁　　夏	845	845	--	--	92	92
新　　疆	3 168	3 168	--	--	790	736

影剧院演出及收支情况 （二）

(千 元) 支出合计中 税金支出	社会保障费	修缮费	设备购置费	年末固定资产原值(千元)	经费自给率(%)	劳动报酬占总支出比重(%)	当年提取修购基金(千元)	增加值(千元)	公用房屋建筑面积(千平方米)
8 587	**13 126**	**9 963**	**10 859**	**685 146**	**87.4**	**23.9**	**4 697**	**73 978**	**443**
324	614	1 139	89	14 587	112.3	21.5	1 469	4 597	23
205	553	111	1 146	9 475	75.2	31.1	171	2 396	27
126	109	1 730	2 099	5 753	67.2	16.8	- -	1 257	9
82	178	61	143	6 258	94.8	14.5	- -	674	5
13	37	- -	1	2 757	79.7	39.4	- -	242	4
- -	256	299	41	2 291	121.7	22.6	106	607	10
152	660	139	416	6 319	79.4	21.3	276	1 346	30
471	387	172	- -	9 743	96.3	21.3	340	1 546	11
2 167	2 714	859	1 427	31 894	112.7	20.4	936	9 964	39
105	456	45	- -	55 203	78.7	28.1	- -	3 606	18
83	780	203	2 211	52 052	39.5	23.1	184	3 628	6
419	14	87	20	17 776	76.6	27.8	600	2 645	19
329	387	232	78	59 370	82.6	27.0	- -	3 790	10
456	256	426	205	10 239	89.7	18.6	- -	1 804	8
488	220	1 086	350	34 299	54.9	23.4	- -	3 783	34
206	438	62	129	10 440	90.0	46.6	- -	2 080	12
17	432	60	72	6 028	84.1	43.1	- -	1 238	7
675	726	1 810	833	152 805	77.3	18.6	- -	9 895	53
179	31	91	120	1 931	159.7	29.3	- -	1 183	2
138	252	3	4	7 734	95.0	32.6	- -	1 045	12
- -	- -	- -	- -	- -	- -	- -	- -	- -	- -
67	161	41	20	3 317	104.1	26.6	35	562	12
874	651	713	467	69 796	100.6	23.3	332	5 382	18
481	559	201	8	11 559	73.5	38.1	- -	2 296	16
223	1 082	97	46	19 795	86.2	23.8	27	2 143	22
- -	- -	- -	- -	- -	- -	- -	- -	- -	- -
32	92	- -	- -	24 690	58.2	36.7	- -	1 466	- -
95	90	11	742	36 381	53.9	22.8	- -	2 236	19
70	300	42	29	1 551	89.0	49.3	191	731	3
- -	143	- -	- -	1 335	34.5	10.8	30	145	2
110	548	243	163	19 768	63.6	24.9	- -	1 691	12

各地区文化部门地市级剧场、

	机构数(个)	从业人员(人)		座席数(个)	演(映)出场次合计(千场)				观众人次
			职工			艺术演出场次	电影放映场次	录像放映场次	
总　计	**593**	**16 484**	**15 194**	**421 461**	**739**	**18**	**268**	**452**	**63 433**
北　京	12	332	282	10 803	15	1	9	6	1 322
天　津	17	347	340	10 339	24	--	6	18	640
河　北	24	920	863	16 086	46	--	18	27	2 216
山　西	18	562	559	13 904	14	--	6	8	728
内蒙古	12	366	366	12 236	8	--	5	2	809
辽　宁	35	1 270	1 060	18 065	32	1	18	13	1 960
其中:大连	4	113	91	2 430	--	--	--	--	72
吉　林	20	807	750	9 428	24	1	7	16	921
黑龙江	19	186	186	13 440	11	--	8	3	4 563
上　海	28	834	807	13 125	35	2	18	16	2 694
江　苏	35	1 221	1 212	28 540	68	1	32	35	5 602
浙　江	22	487	460	13 494	26	1	10	14	1 917
其中:宁波	4	74	70	2 343	1	--	--	--	172
安　徽	33	871	821	23 389	38	--	8	30	1 214
福　建	19	340	309	11 466	21	1	9	12	1 343
其中:厦门	6	158	131	3 710	10	--	4	6	236
江　西	13	297	289	9 747	9	--	2	7	259
山　东	29	863	838	25 729	39	1	14	24	3 346
其中:青岛	6	151	151	3 856	7	--	3	4	400
河　南	40	1 555	1 434	30 642	59	1	23	35	2 308
湖　北	26	957	737	19 381	57	--	7	50	19 288
湖　南	22	750	716	21 283	34	1	12	21	986
广　东	25	980	953	22 343	63	2	19	42	2 481
其中:深圳	2	169	167	2 006	3	--	1	1	319
广　西	12	334	259	11 499	12	1	1	10	1 270
海　南	2	158	158	2 286	1	--	1	--	506
重　庆	12	119	118	4 076	9	--	5	4	188
四　川	37	456	417	21 680	13	1	3	9	1 071
贵　州	7	110	110	6 852	8	--	5	3	440
云　南	14	226	220	11 148	31	1	6	24	1 197
西　藏	6	67	58	3 992	3	--	2	1	331
陕　西	30	616	532	17 719	15	2	6	7	1 463
甘　肃	12	289	230	10 801	17	--	6	10	845
青　海	--	--	--	--	--	--	--	--	--
宁　夏	3	79	32	2 084	4	--	2	2	1 364
新　疆	9	85	78	5 884	3	--	--	3	161

影剧院演出及收支情况 (一)

(千人次)			本年收入合计(千元)									
艺术演出观众人次	电影放映观众人次	录像放映观众人次		财政补助收入	上级补助收入	事业收入				经营收入	附属单位上缴收入	其他收入
							艺术演出	电影放映	录像收入			
10 704	**24 318**	**28 411**	**429 450**	**39 074**	**9 569**	**179 089**	**40 179**	**57 847**	**29 803**	**81 188**	**7 968**	**112 562**
387	767	168	18 798	3 807	80	10 505	3 578	4 121	464	2 447	386	1 573
77	284	279	8 104	200	– –	4 072	259	838	1 207	978	– –	2 854
164	1 602	450	16 070	1 077	– –	8 168	762	3 060	2 394	1 857	45	4 923
115	309	304	7 718	338	– –	2 804	520	888	1 098	1 335	– –	3 241
116	591	102	3 819	1 718	– –	1 029	44	672	310	637	– –	435
338	1 387	235	15 849	1 323	695	9 554	1 525	3 039	678	2 685	– –	1 592
72	– –	– –	2 530	– –	145	176	176	– –	– –	2 209	– –	– –
153	611	157	10 439	3 733	– –	2 997	232	1 427	611	2 625	– –	1 084
65	2 533	1 965	2 998	732	10	1 505	35	1 227	243	158	– –	593
983	1 540	171	81 473	1 586	2 580	18 513	2 973	4 808	1 046	7 785	914	50 095
1 128	3 790	684	37 050	– –	76	19 126	3 767	10 073	2 420	11 875	149	5 824
1 029	627	261	17 608	983	482	7 777	3 444	1 697	672	4 227	60	4 079
150	21	1	3 587	720	452	1 124	314	78	1	427	– –	864
216	548	450	15 935	2 773	996	6 122	820	1 719	1 848	2 318	441	3 285
188	839	316	20 044	4 290	1 553	9 632	1 216	2 495	669	3 323	– –	1 246
49	160	27	11 494	3 600	1 500	5 118	186	805	110	1 049	– –	227
59	77	123	4 083	1 933	16	1 121	240	224	289	295	– –	718
483	1 742	1 121	16 349	361	145	9 297	1 974	3 444	1 671	3 801	361	2 384
216	98	86	3 779	– –	– –	2 575	355	555	368	780	– –	424
472	1 206	630	18 675	707	10	9 509	1 890	3 604	2 332	1 001	110	7 338
345	451	18 492	16 706	373	35	7 622	762	1 476	3 734	4 086	– –	4 590
267	448	271	16 200	1 260	404	9 231	3 427	2 001	782	4 169	– –	1 136
844	976	661	50 853	5 472	1 831	22 636	8 626	6 488	3 673	11 752	5 475	3 687
172	112	35	21 482	4 507	1 831	7 322	4 361	2 211	750	5 336	– –	2 486
587	275	408	8 454	– –	3	2 555	1 078	473	638	4 829	– –	1 067
153	353	– –	1 058	– –	– –	251	99	13	– –	389	– –	418
25	137	26	3 381	505	– –	1 327	– –	103	179	402	– –	1 147
676	309	86	6 884	1 056	150	1 306	249	328	246	774	27	3 571
23	248	169	2 178	50	– –	920	26	540	177	826	– –	382
488	256	453	9 280	1 540	348	3 229	789	497	751	1 904	– –	2 259
32	194	105	1 383	923	– –	161	13	111	37	– –	– –	299
790	556	117	10 664	1 683	155	3 775	1 301	1 063	489	4 478	– –	573
236	512	97	5 296	237	– –	3 350	288	866	955	70	– –	1 639
– –	– –	– –	– –	– –	– –	– –	– –	– –	– –	– –	– –	– –
231	1 080	53	1 202	50	– –	870	201	491	167	29	– –	253
34	70	57	899	364	– –	125	41	61	23	133	– –	277

各地区文化部门地市级剧场、

	本年支出合计				在	
		事业支出	经营支出	对附属单位补助支出	从业人员劳动报酬	职工工资总额
总　计	**426 606**	**371 712**	**43 440**	**4 742**	**127 089**	**118 404**
北　京	18 913	17 521	1 381	11	4 786	3 887
天　津	8 171	7 743	352	– –	2 881	2 837
河　北	16 262	14 905	1 283	– –	4 910	4 886
山　西	7 555	6 526	664	– –	3 030	2 690
内蒙古	4 195	3 854	341	– –	2 411	2 411
辽　宁	17 394	15 057	1 011	568	5 314	4 995
其中:大连	2 814	2 246	– –	568	872	851
吉　林	11 001	8 820	1 893	– –	3 549	2 784
黑龙江	3 113	3 108	5	– –	1 067	783
上　海	47 609	43 608	2 845	695	12 744	11 844
江　苏	44 279	34 799	9 048	– –	12 261	12 018
浙　江	17 939	15 517	2 212	– –	5 789	5 637
其中:宁波	3 455	2 971	381	– –	1 040	981
安　徽	17 646	12 569	3 214	182	5 356	4 740
福　建	18 067	17 086	980	– –	5 080	4 436
其中:厦门	9 601	8 951	650	– –	2 559	2 348
江　西	4 167	4 062	105	– –	2 248	2 185
山　东	18 353	17 015	1 326	12	5 358	5 347
其中:青岛	4 186	4 186	– –	– –	968	965
河　南	20 885	19 966	662	110	7 031	6 757
湖　北	17 912	16 613	1 299	– –	5 725	4 789
湖　南	19 175	15 898	1 858	– –	4 988	4 753
广　东	60 116	50 567	7 005	2 470	13 459	13 124
其中:深圳	22 793	22 793	– –	– –	5 277	5 239
广　西	8 882	8 277	599	– –	1 844	1 641
海　南	1 160	483	677	– –	473	473
重　庆	3 563	2 393	611	– –	1 302	1 292
四　川	6 706	6 198	358	150	2 816	2 360
贵　州	2 256	1 680	576	– –	884	884
云　南	9 211	6 936	1 706	544	3 554	3 398
西　藏	1 510	1 342	168	– –	1 101	999
陕　西	11 266	10 028	1 238	– –	4 097	3 469
甘　肃	6 633	6 549	23	– –	1 867	1 844
青　海	– –	– –	– –	– –	– –	– –
宁　夏	1 828	1 828	– –	– –	596	586
新　疆	839	764	– –	– –	568	555

影剧院演出及收支情况 （二）

（千元）支出合计中 税金支出	社会保障费	修缮费	设备购置费	年末固定资产原值（千元）	经费自给率（%）	劳动报酬占总支出比重（%）	当年提取修购基金（千元）	增加值（千元）	公用房屋建筑面积（千平方米）
20 617	**46 248**	**24 219**	**8 937**	**1 511 897**	**91.7**	**29.7**	**13 981**	**212 803**	**1 708**
895	613	3 687	1 078	41 754	78.8	25.3	358	7 418	42
604	694	45	200	22 914	97.6	35.2	292	4 456	38
824	2 401	591	143	39 547	92.6	30.1	550	7 596	71
508	954	251	129	24 252	102.6	40.1	72	4 580	55
62	470	184	56	18 462	50.0	57.4	33	3 212	34
340	1 632	398	529	53 337	86.0	30.5	200	7 971	94
－－	9	－－	－－	6 322	106.1	30.9	－－	1 124	14
429	3 039	862	155	30 561	62.5	32.2	325	5 200	60
211	277	232	29	11 529	72.4	34.2	15	1 775	25
2 371	6 364	6 575	1 259	67 006	166.4	26.7	940	18 231	57
1 797	2 856	547	62	182 139	84.3	27.6	872	21 684	102
955	2 279	692	291	48 783	91.0	32.2	841	8 725	58
218	408	382	67	7 124	72.0	30.1	42	1 543	9
680	3 586	1 944	700	48 590	77.0	30.3	1 110	8 830	70
1 345	2 238	1 659	1 274	40 084	78.6	28.1	464	8 144	58
806	970	415	667	23 912	66.5	26.6	120	4 437	27
263	601	170	50	11 399	51.2	53.9	－－	2 968	27
721	2 283	598	156	86 203	86.3	29.1	103	9 567	95
82	657	111	4	4 535	90.2	23.1	－－	1 241	15
1 525	4 294	1 166	583	50 249	87.0	33.6	318	10 584	112
917	1 321	563	210	50 789	90.9	31.9	2 455	9 259	74
772	1 662	1 323	270	51 587	81.8	26.0	482	8 105	92
2 037	3 365	934	388	267 844	75.6	22.3	2 037	26 208	124
482	461	5	72	98 657	66.4	23.1	723	9 705	46
768	653	235	131	147 650	95.2	20.7	1 394	8 540	57
90	184	10	－－	8 813	91.2	40.7	－－	916	5
204	483	131	38	11 761	95.7	36.5	20	2 557	27
182	1 707	191	190	28 533	86.6	41.9	249	4 139	96
231	242	136	34	16 023	94.3	39.1	－－	1 756	10
866	678	451	253	37 282	85.5	38.5	287	6 086	32
3	－－	－－	－－	4 490	30.4	72.9	－－	1 284	7
661	964	508	729	56 155	78.3	36.3	22	7 332	58
336	382	43	－－	28 361	76.9	28.1	－－	3 420	30
－－	－－	－－	－－	－－	－－	－－	－－	－－	－－
－－	15	6	－－	16 210	63.0	32.6	542	1 245	81
20	11	87	－－	9 590	70.0	67.6	－－	1 015	17

各地区文化部门县市级剧场、

	机构数(个)	从业人员(人)		座席数(个)	演(映)出场次合计(千场)				观众人次
			职工			艺术演出场次	电影放映场次	录像放映场次	
总　　计	**1 166**	**20 821**	**19 868**	**1 096 715**	**503**	**35**	**197**	**270**	**56 924**
北　　京	3	130	130	4 079	6	--	3	3	490
天　　津	4	104	98	5 833	1	--	1	--	393
河　　北	70	952	922	76 763	17	1	5	11	2 503
山　　西	29	434	433	35 381	12	1	6	6	2 399
内 蒙 古	17	254	254	14 138	9	--	3	6	1 044
辽　　宁	34	901	883	22 969	12	--	8	4	1 397
其中:大连	6	200	200	6 056	3	--	1	2	380
吉　　林	29	622	588	22 119	3	--	2	1	1 050
黑 龙 江	31	364	363	15 013	8	1	6	1	684
上　　海	2	35	35	1 370	1	--	--	1	207
江　　苏	95	2 057	2 025	90 222	57	3	30	24	6 748
浙　　江	62	926	901	54 676	44	5	4	35	3 782
其中:宁波	6	171	171	5 030	4	--	--	3	217
安　　徽	67	1 250	1 181	53 217	40	1	11	28	2 008
福　　建	58	695	665	45 925	28	5	10	12	3 086
其中:厦门	1	21	21	800	1	--	1	--	52
江　　西	43	459	430	36 674	9	1	2	6	1 188
山　　东	73	1 328	1 198	75 258	55	1	22	32	6 796
其中:青岛	4	68	68	2 406	2	--	--	2	170
河　　南	123	3 415	3 316	141 951	36	3	16	17	6 270
湖　　北	48	1 095	1 042	45 243	25	2	4	20	2 587
湖　　南	66	1 007	996	72 470	31	2	10	19	2 819
广　　东	48	1 286	1 153	49 176	27	5	13	9	2 911
其中:深圳	3	39	37	2 960	2	--	1	1	198
广　　西	16	110	107	17 502	4	1	1	3	729
海　　南	16	1 035	1 002	21 019	7	--	5	1	732
重　　庆	10	66	65	4 368	2	--	--	2	42
四　　川	53	370	364	32 779	8	1	1	5	826
贵　　州	3	49	49	2 013	--	--	--	--	59
云　　南	21	114	112	16 449	6	1	2	3	750
西　　藏	14	138	70	7 886	19	--	14	5	1 218
陕　　西	78	1 032	966	83 731	25	1	9	15	3 008
甘　　肃	29	350	320	29 226	6	--	4	1	773
青　　海	--	--	--	--	--	--	--	--	--
宁　　夏	14	146	124	10 767	4	--	4	--	411
新　　疆	10	97	76	8 498	1	--	1	--	14

影剧院演出及收支情况 （一）

（千人次）			本年收入合计（千元）									
艺术演出观众人次	电影放映观众人次	录像放映观众人次		财政补助收入	上级补助收入	事业收入	事业收入：艺术演出	事业收入：电影放映	事业收入：录像收入	经营收入	附属单位上缴收入	其他收入
19 476	**26 747**	**10 701**	**237 700**	**33 775**	**3 399**	**117 119**	**41 899**	**41 712**	**11 181**	**30 221**	**1 995**	**51 191**
77	377	36	6 542	- -	- -	3 935	328	1 384	177	352	- -	2 255
254	105	34	1 211	217	- -	825	154	182	212	- -	- -	169
944	1 211	348	6 588	765	14	3 093	1 176	1 094	281	1 175	36	1 505
448	1 504	447	4 089	594	110	2 264	810	1 057	174	341	- -	780
122	457	465	1 768	602	- -	833	116	581	136	174	- -	159
123	1 070	204	7 771	1 210	- -	4 156	137	2 067	509	1 509	- -	896
21	254	105	3 338	544	- -	1 619	76	624	246	1 175	- -	- -
111	931	8	4 335	1 390	- -	2 099	279	1 597	84	615	- -	231
53	604	27	1 873	505	150	976	92	806	78	2	- -	240
55	112	40	1 431	- -	1	757	89	198	97	- -	- -	673
2 057	4 077	614	41 178	778	82	24 283	11 224	8 938	868	4 531	759	10 745
2 343	381	1 058	30 071	4 192	733	12 775	7 876	787	994	4 073	527	7 771
169	26	22	6 163	2 164	15	1 642	1 324	93	70	1 016	- -	1 326
506	1 043	459	9 582	2 153	44	4 565	1 394	1 598	828	622	10	2 188
1 484	1 162	440	16 632	2 434	511	7 653	1 568	3 501	654	1 828	- -	4 206
1	51	- -	891	- -	- -	255	7	248	- -	100	- -	536
492	524	172	5 268	1 176	- -	2 203	565	963	332	984	- -	905
1 157	3 447	2 192	18 699	4 087	32	9 104	3 396	2 735	1 644	1 783	212	3 481
92	50	28	2 855	72	- -	974	938	13	23	235	- -	1 574
2 643	2 637	990	17 329	2 601	40	8 472	4 165	2 499	959	1 844	451	3 921
1 161	702	724	10 138	978	1 073	5 850	1 892	936	1 005	1 620	- -	617
1 254	545	1 020	12 284	3 017	263	5 304	1 422	1 641	774	2 596	- -	1 104
889	1 720	302	14 602	1 023	70	7 617	2 693	3 786	810	1 853	- -	4 039
70	85	43	3 084	550	70	1 146	272	814	60	238	- -	1 080
371	187	171	1 304	180	- -	831	152	141	78	30	- -	263
126	547	59	2 554	110	- -	1 536	448	1 002	86	405	- -	503
36	- -	6	524	282	- -	30	- -	- -	4	46	- -	166
696	71	59	4 390	1 048	41	1 362	518	361	21	1 292	- -	647
10	49	- -	1 375	330	- -	859	432	427	- -	- -	- -	186
279	249	222	1 119	328	5	498	58	378	24	94	- -	194
207	910	101	2 035	1 683	84	142	2	110	24	121	- -	5
1 208	1 345	455	8 344	1 199	131	3 186	669	1 577	291	1 680	- -	2 148
284	441	48	2 564	470	- -	727	128	548	37	622	- -	745
- -	- -	- -	- -	- -	- -	- -	- -	- -	- -	- -	- -	- -
85	326	- -	1 583	165	15	1 088	113	777	- -	12	- -	303
1	13	- -	517	258	- -	96	3	41	- -	17	- -	146

各地区文化部门县市级剧场、

	本年支出合计					
		事业支出	经营支出	对附属单位补助支出	在	
					从业人员劳动报酬	职工工资总额
总　计	**246 487**	**216 717**	**25 634**	**1 549**	**96 630**	**92 783**
北　京	5 985	5 654	331	– –	1 209	1 209
天　津	1 211	1 211	– –	– –	627	627
河　北	6 873	5 536	1 009	22	3 085	3 006
山　西	4 128	3 684	300	– –	1 723	1 673
内蒙古	1 982	1 823	159	– –	1 002	1 002
辽　宁	8 004	7 336	334	– –	3 262	3 078
其中:大连	3 126	2 726	68	– –	1 413	1 413
吉　林	4 579	4 218	303	– –	1 907	1 700
黑龙江	1 873	1 873	– –	– –	1 229	1 229
上　海	1 412	1 412	– –	– –	578	516
江　苏	44 219	36 184	7 340	20	14 196	13 900
浙　江	30 465	28 420	1 209	825	10 335	9 753
其中:宁波	6 211	6 070	– –	141	2 775	2 775
安　徽	9 867	8 402	1 064	273	4 227	3 970
福　建	16 967	13 541	3 205	166	5 716	5 430
其中:厦门	967	967	– –	– –	354	354
江　西	5 005	4 955	50	– –	2 234	2 157
山　东	18 758	18 466	282	– –	7 663	7 572
其中:青岛	2 751	2 751	– –	– –	839	838
河　南	17 546	16 448	947	– –	8 128	7 965
湖　北	10 248	9 025	1 223	– –	5 069	4 673
湖　南	13 001	11 401	1 540	48	5 004	4 847
广　东	16 594	14 293	2 245	– –	6 158	5 833
其中:深圳	3 351	2 762	589	– –	1 502	1 310
广　西	1 314	1 208	67	– –	715	711
海　南	3 367	2 270	1 096	– –	1 380	1 214
重　庆	532	346	76	– –	241	209
四　川	4 559	3 265	1 216	44	1 577	1 554
贵　州	1 306	1 306	– –	– –	513	458
云　南	1 095	998	97	– –	433	414
西　藏	2 059	1 928	109	22	1 657	1 657
陕　西	8 756	7 724	787	8	4 391	4 187
甘　肃	2 576	1 956	598	– –	1 333	1 279
青　海	– –	– –	– –	– –	– –	– –
宁　夏	1 689	1 367	8	121	698	633
新　疆	517	467	39	– –	340	327

影剧院演出及收支情况（二）

支出合计中（千元）税金支出	社会保障费	修缮费	设备购置费	年末固定资产原值（千元）	经费自给率（%）	劳动报酬占总支出比重（%）	当年提取修购基金（千元）	增加值（千元）	公用房屋建筑面积（千平方米）
8 612	**27 549**	**12 650**	**5 340**	**1 468 961**	**82.7**	**39.2**	**7 253**	**167 619**	**2 417**
252	125	54	23	34 511	109.3	20.2	－－	2 841	17
21	202	－－	163	12 908	82.0	51.7	－－	1 165	14
188	770	385	108	59 604	88.7	44.8	24	5 834	165
104	367	222	116	34 267	84.9	41.7	－－	3 198	71
58	249	95	30	9 767	58.8	50.5	－－	1 451	29
105	878	207	45	43 673	85.5	40.7	－－	5 261	62
15	332	92	6	12 248	99.9	45.2	－－	2 065	20
121	590	34	26	23 983	65.1	41.6	34	2 999	50
25	45	226	64	12 277	65.0	65.6	－－	1 745	21
58	236	－－	11	3 039	101.2	40.9	－－	757	4
1 297	3 468	1 394	733	250 108	92.6	32.1	527	26 826	235
1 122	3 845	1 676	624	101 981	84.8	33.9	793	15 538	176
164	752	208	36	18 258	65.6	44.6	169	3 669	19
245	2 006	385	189	36 121	78.0	42.8	53	6 139	101
1 053	1 935	437	523	92 985	81.7	33.6	912	10 550	122
123	94	－－	－－	1 234	92.1	36.6	－－	526	4
208	914	574	31	21 646	81.7	44.6	－－	3 325	74
926	2 373	1 488	475	102 646	77.7	40.8	426	12 893	169
382	265	28	－－	4 596	101.1	30.4	41	1 406	8
357	2 901	1 029	378	119 124	84.4	46.3	1 239	13 432	269
373	1 342	1 035	251	67 941	78.9	49.4	192	8 181	122
444	1 894	1 508	458	63 898	69.5	38.4	137	8 087	137
613	1 055	599	661	127 527	81.6	37.1	2 736	12 546	112
116	99	386	336	14 856	73.5	44.8	－－	2 212	15
78	153	23	26	13 028	88.1	54.4	－－	1 352	24
104	301	99	24	41 225	72.6	40.9	－－	3 180	59
30	122	30	14	1 590	57.3	45.2	－－	334	7
106	543	391	119	51 978	73.6	34.5	52	3 839	87
168	180	9	1	14 578	80.0	39.2	－－	1 281	14
37	78	15	127	21 183	71.7	39.5	－－	1 318	24
4	212	28	20	3 207	13.1	80.4	－－	1 795	10
316	415	404	75	65 638	82.4	50.1	81	7 447	149
166	131	236	12	17 074	81.9	51.7	38	2 184	46
－－	－－	－－	－－	－－	－－	－－	－－	－－	－－
4	143	67	13	15 518	102.0	41.3	9	1 514	35
29	76	－－	－－	5 936	51.1	65.7	－－	607	12

艺术业主要指标解释

本年新排上演剧目:指戏曲、话剧、歌剧、舞剧、歌舞剧、木偶、皮影剧团在本年新排并在本年上演的剧目。不包括音乐、舞蹈、曲艺、杂技等。

本团创作首演剧目:指上述剧团本团创作并在本年首演的剧目。

国内演出场次:指以场为计量单位的在国内的艺术表演的次数,包括售票、包场等有演出收入的演出场数和到老、少、边、山、穷地区免费演出的场数,以及参加汇演、调演等无演出收入的公开演出场次。不包括彩排审查和内部观摩演出等类无演出收入场数。

场数的计算,通常以售票、发票一次(或在其它地点进行一次艺术表演活动相当于剧场演出一场的时间)为一场。按时收费的,按日场、晚场或早场等一般习惯(约 2 至 3 小时)计算。评弹等曲艺演出计算场数,可按演出 2 至 3 小时为一场的原则进行折算。独幕剧或音乐、舞蹈、曲、杂、木、皮节目组成专场演出时,不论包括几个独幕剧或节目,一律按一场计算。

本剧种演出场次:指剧团演出和本团基本剧种相称的戏曲、话剧、歌剧、舞剧、歌舞剧、音乐及曲、杂、木、皮等剧(节)目的演出场次。

农村演出场次:指各级剧团到乡以下(含乡)农村和林区、牧区、渔区的演出。不论在本省或外省,凡到上述地区演出,均计入农村演出。

国内观众人次:指计入演出场数相关的观众人次。按时收费的,按进场观众人数计数,不论进场早晚,在场内时间多久,进一人,算一人次。

本剧种观众人次:指计入本剧种演出场次相关的观众人次。

国外演出场次:指艺术表演团体到境外的出访演出和商业演出场次。

排练制作费:指艺术表演团体在排练剧(节)目过程中所支付的一切费用,如服装、布景、道具等费用。

演出费:指艺术表演团体在演出剧(节)目过程中所支付的一切费用,如宣传费、场租费、旅运费、演出补助费等。

座席数:指艺术表演场所可向观众售票的实际座席数。

演出场次、观众人次:指艺术演出、放映电影、录像等全部有收入的场次和观众人次。

录像放映场次及观众人次:指由本艺术表演场所举办或联办的录像放映点的放映场数和售票的观众人数。

场数的计算以每部录像带放映一次为一场,连续放映则连续统计场次;连续剧按双场计价或多场计价的即按双场或多场计算场次。

“九五”期间全国公共图书馆发展概述

李 建 军

“九五”期间全国公共图书馆事业在党中央和国务院的领导下，在各级各地党政部门的支持下，经过图书馆战线的广大职工的辛勤努力，比“八五”期间有了明显的进展，具体表现在：

一、图书馆事业机构增长，人员增加

2000年全国共有公共图书馆2677个，比1995年增加62个，增长2.6%。其中地市级图书馆394个，比1995年增加35个，增长11%；县级图书馆2244个，比1995年增加20个，增长0.9%。全国公共图书馆共有从业人员5.14万人，比1995年增加6045人，增长13.2%，分级别看：国家图书馆1698人；省级图书馆7386人，比1995年增加1146人，增长18.4%；地市级图书馆14297人，比1995年增加1471人，增长11.5%；县级图书馆27691人，比1995年增加3650人，增长15%。

二、总藏量持续增长，平均每馆藏书略有增加

总藏量作为一个衡量图书馆服务能力的指标，在“九五”期间一直保持连续增长，截至2000年，全国公共图书馆总藏量共有4.095亿册(件)，比1995年增加8103万册(件)，增长24.7%，全国各省(区、市)公共图书馆的总藏量均比1995年增加。上海市的图书馆藏量增加最多，2000年比1995年增加3914万册(件)，其次是广东省的图书馆，增加666万册(件)，总藏量增长速度超过全国平均水平只有河北、上海、广东等3个省(市)，其中上海市的增长速度最高，2000年比1995年增长2倍多、广东增长40.3%、河北增长27.4%。

截至2000年，全国公共图书馆共有藏书3.66亿册，比1995年增加3700万册，增长11.3%，全国各省(区、市)的图书馆的藏书均有不同程度的增长。全国平均每馆藏书13.7万册，比1995年增加1.1万册，增长8.7%。全国人均藏书0.3册，比1995年增加0.1册，人均藏书超过全国平均水平的有北京、天津、辽宁、吉林、上海、江苏、浙江、四川、云南、青海、宁夏等11个省(区、市)，其中，云南省人均拥有藏书最多，达到5册。全国共有21个省(区、市)的人均藏书册数比1995年有不同程度的增加，有10个省(区)的人均拥有藏书册数与1995年持平。

分级别看，省级馆拥有总藏量1.32亿册(件)，比1995年增加4668万册(件)、增长55%，平均每馆总藏量365万册(件)，比1995年增加133万册(件)，增长50.7%。在总藏量中图书和报刊9526万册，缩微制品和视听文献1295万件。地市级馆拥有总藏量1.1亿册(件)，比1995年增加1284万册(件)，增长13.2%，平均每馆总藏量27.97万册(件)。有133个地市级馆的总藏量超过全国地市级馆平均水平。县级馆拥有总藏量1.45亿册(件)，比1995年增加1860万册(件)，增长

14.7%，平均每馆总藏量6.47万册(件)。有838个县级馆的总藏量超过全国县级平均水平，广东省四会市图书馆总藏量高达122万册(件)。

三、书架单层总长度增加，发放借书证略有上升

2000年全国公共图书馆书架单层总长度978.1万米，比1995年增加79.5万米，增长8.8%，书架的增加极大地改善了公共图书馆的藏书能力。书架单层总长度增长速度超过全国平均速度的有天津、河北、山西、内蒙古、辽宁、吉林、江苏、浙江、江西、山东、河南、湖北、湖南、广东、广西等15个省(区、市)。

分级别看，省级馆书架单层总长度为283.5万米，比1995年增加5.7万米，增长2.1%；地市级公共图书馆书架单层总长度为331.8万米；全国县级馆书架单层总长度为329.7万米，比1995年增加42.4万米，增长14.8%。

2000年全国公共图书馆共发放借书证622.8万个，比1995年增加82.4万个，增长15.2%。除内蒙古、黑龙江、上海、安徽、河南、广东、陕西、青海、宁夏等9个省(区、市)发放的借书证，比1995年减少外，其他省(区、市)均有不同程度的增加。全国平均每证拥有藏书59册，比1995年减少1册，下降1.7%，有14个省(区、市)平均每证拥有藏书数，比1995年有不同程度增加，江西增加最多，平均每证拥有藏书增加高达到84册。2000年末全国平均每千人拥有借书证为5个，与1995年持平。

分级别看，省级馆发放借书证98.1万个，比1995年增加33.9万个，增长52.8%；地市级馆发放借书证219万个；县级馆发借书证287.5万个，平均每证拥有藏书50册，有16个省(区、市)的县级馆每证拥有藏书册数超过全国平均水平。

四、图书馆服务水平略有提高

"九五"期间全国公共图书馆累计总流通人次8.5亿人次。其中累计外借为4.39亿人次和7.8亿册次，分别比"八五"增加691万人次和1.66亿册次，增长18.7%和27%。2000年，全国公图书馆图书流通总人次为1.89亿人次，比1995年增加556万人次，增长3.04%。全国有26个省(区、市)的图书馆总流通人次比1995年增加，增加最多的是广东省，高达788万人次，其次是浙江省，增加585万人次。图书流通总人次增长速度超过全国平均水平的有227个省(市、区)，其中浙江省增幅最大，为105.4%。

2000年，全国公共图书馆的外借人次9600万人次，比1995年增加2440万人次，增长34.1%。全国只有黑龙江、海南、甘肃等3个省(区)的外借人次比1995年减少，其余的省(区、市)均不同程度增加，浙江省外借人次增加最多，达337万人次，其次是广东，增加308万人次。外借人次增长幅度超过全国平均水平的有11个省(区、市)，新疆外借人次以增长165.2%居首。全国公共图书馆外借1.69亿册次，比1995年增加5099万册次，增长43.2%，分地区看仅有内蒙古、甘肃等2个省(区)的外借册次比1995年有所减少，其余29个省(区、市)的公共图书馆外借册次军不同程度增加。广东省增加最多，比1995年外借册次增加505万册次，其次浙江省增加504万册次。外借册次增长幅度高于全国平均水平的有北京、河北、上海、浙江、福建、广东、宁夏、新疆等8个省(区、市),新疆增长176.7%居首。

分级别看,省级馆图书流通总人次2163万人次,其中外借746万人次,1508万册次;地市级馆图书流通总人次6358万人次,其中外借3109万人次,5922万册次;县级馆图书流通总人次9953万人次,其中外借人次5673万人次,外借册次9266万册次。

2000年全国公共图书馆为读者服务共举办各种活动40448次,有1802万人次参加,分别比1995年增加19216次,888万人次;90.5%和93.3%。2000年,全国公共图书馆充分利用丰富的馆藏资料,为广大读者提供咨询服务,共解答咨询233.5万条,代检索课题4.5万项,编制二、三次文献9.7万种,还到图书馆所设的24591个服务点,直接为读者送书上门。其中,有764万人次参加县级馆举办的25077次为读者服务的活动。县级馆共有19453个服务点为读者提供服务。

五、总收入增幅大,财政补助收入增长速度快

随着我国社会主义市场经济的逐步确立,公共图书馆为了自身的发展,加强了有偿服务力度,但仍是以国家投入为主。"九五"期间全国公共图书馆总收入累计63.76亿元,比"八五"增加35亿元,增长121.9%。图书馆总收入2000年达到16.4亿元.比1995年增加8.4亿元,增105.5%,各地区图书馆均有不同程度的增加,总收入增长速度超过全国平均增长速度的有北京、上海、浙江、云南、陕西等5个省(市),北京增幅最高达3倍多。

"九五"期间全国公共图书馆财政补助收入累计53.24亿元,比"八五"增加29.1亿元,增长120.9%。"九五"期间公共图书馆累计财政补助收入占总收入比重高达83.5%,说明各地财政加大对图书馆的投入力度。2000年全国公共图书馆财政补助收入13.9亿元,比1995年增加7.3亿元,增长111.6%。分地区看,各地对图书馆投入均比1995年有不同程度的增加,上海市增加1.7亿元为最多,其次是北京市,增加7051万元。有6个省(市)的图书馆财政补助收入增长速度超过全国平均水平,北京市以增长4倍多的速度居第一,上海市增长3倍多次之。

分级别看,省级馆全年财政补助收入4.48亿元,比1995年增加1.73亿元,增长19.3%;地市级馆全年财政补助收入4.21亿元,比1995年增加2.16亿元,增长105.5%;县级馆全年财政补助收入3.7亿元,比1995年增加1.47亿元,增长66%。

六、总支出增幅高于财政补助收入增幅,人员费用占总支出比重居高不下

2000年全国公共图书馆总支出为15.7亿元,比1995年增加8.3亿元,增长112.2%,各地图书馆的总支出普遍增加,上海总支出增加最多为1.74亿元,广东次之为7790万元。有7个省(区、市)图书馆的增幅高于全国平均水平(112.2%),上海总支出以2倍的增长速度高居榜首。在总支出中,事业支出是15.23亿元,比1995年增加8.8亿元,增长138%,有4个省(市)的增幅高于全国平均水平。可同期的财政补助收入的增幅不仅低于总支出的增幅0.6个百分点,而且也低于事业

支出增幅26.4个百分点，这就造成多数图书馆经费紧张，开展活动有点捉襟见肘。

分级别看，省级馆总支出4.44亿元，比1995年增加2.89万元，增长186.9%；地市级馆总支出4.79亿元，比1995年增加2.41元，增长101%；县级馆总支出4.37亿元，比1995年增加1.84亿元，增长72.7%。

2000年总支出中的从业人员费用支出4.99亿元，比1995年增加1.99亿元，增长66.4%，各地的人员费用均成增长趋势，广东增加2461万元为最多，江苏增加1354万元次之。有11个省(区、市)的增幅高于全国平均增幅。人员费用占总支出比重31.8%，比1995年减少8.7个百分点，这说明图书馆经费的增长，主要是用于人员费用，开展业务活动经费并没有增加多少甚至下降，因而造成图书馆开展业务活动减少。

分级别看，省级馆人员费用支出8507万元，占总支出比重为19.2%；地市级馆人员费用支出1.74亿元，占总支出比重为36.2%；县级馆人员费用支出2.16亿元，占总支出比重为49.5%。

七、购书费持续增长，新购图书逐年增加

"九五"期间全国公共图书馆购书费累计14.08亿元，比"八五"增加8.5亿元，增长153.2%。2000年全国公共图书馆购书费3.7亿元，比1995年增加2.04亿元，增长121.2%，各地购书费比1995年有不同程度的增加，上海的增加最多为9007万元。有9个省(市)的购书费增幅高于全国平均水平，上海增加4倍多居首。2000年人均购书费0.287元，比1995年增加0.148元，增长106.5%。有5个省(市)的人均购书费高于全国平均水平，上海人均购书费最高，为8.48元。

分级别看，省级馆图书购置费1.62亿元，比1995年增加1.16亿元，增长252.2%。平均每馆购书费449万元，比1995年增加318万元，增长242.7%；地市级馆图书购置费7659万元，比1995年增加4117万元，增长116.3%。平均每馆购书费19.4万元；县级馆图书购置费4302万元，比1995年增加1685万元，增长64.4%，占总支出比重为9.9%，比1995年下降0.4个百分点。平均每馆购书费1.9万元，比1995年增加0.7万元，增长58.3%。

2000年，新购图书为692万册，比1995年增加了141万册，增长25.5%，全国只有河北、海南、云南、甘肃、新疆5个省(区)新购图书减少，其余各省(区、市)的新购图书均不同程度增加，浙江增加292万册为最多，有14个省(区、市)新购图书增长幅度高于全国平均水平，北京幅度最高为192.9%。平均每册新书单价为53.7元，比1995年增加23.3元，增长76.6%，使本来经费就拮据的图书馆只有望书兴叹，而新购图书的增幅缓慢，影响了图书馆入藏量无论品种还是册数、复本都有减少，很难以藏品吸引读者。

分级别看，省级馆全年新购图书153万册，比1995年增加55万册，增长56.2%；平均每馆新购图书4.2万册；地市级馆全年新购图书268.6万册，比1995年增加63.2万册，增长30.8%；平均每馆新购图书0.7万册；县级馆新购图书250

万册,比1995年增加19万册,增长8.2%;只有13个省(区、市)县级馆新购图书册数比1995年略有增加,1个省与上年持平。

2000年全国公共图书馆拥有固定资产62.07亿元。公用房屋建筑面积598.2万平方米,比1995年增加182.7万平方米,增长44%。其中书库139万平方米,阅览室109.7万平方米,全国平均每1181人拥有一平方米阅览室面积。阅览室座席41.6万个,其中,少儿阅览室座席12.8万个。全国图书馆阅览室每个座席服务人口高达3114人。

分级别看,省级馆共有建筑面积78.7万平方米,其中书库30.2万平方米,阅览室16.6万平方米,平均每馆面积21861平方米。阅览室座席共3万个,其中少儿阅览室座位2千个。地市级图书馆共有建筑面积159.5万平方米,其中书库39.6万平方米,阅览室35.5万平方米,平均每馆面积4048平方米。阅览室座席共11.2万个,其中少儿阅览室座位2.8万个。县级馆共有建筑面积343.3万平方米,其中书库62.5万平方米,阅览室55.4万平方米。平均每馆面积1530平方米,有583个县级馆面积超过全国县级平均水平,占县级馆总数的26%。阅览室座席共27.5万个。

八、目前图书馆面临的问题

1、图书馆经费仍然紧张。由于经费基数低,增幅小(扣除调整工资因素),尽管连年增长,但增加绝对数不多,且由于总支出的增幅高于财政补助收入的增幅,人员费用仍占图书馆经费的三分之一,势必挤占业务费,影响图书馆正常开展业务活动;购书费增幅不大,大多数地区的人均购书费增幅较小,如陕西省人均购书费仅为3分3厘,而且全国还有756个图书馆2000年无一分购书费,占图书馆总数的28.2%,图书馆在经费拮据情况下,如何开展业务活动?所以经费紧张仍然困扰图书馆事业发展。

2、"九五"期间新购图书册数虽在起伏中有所增加,但发展布局不均衡。2000年,全国新购图书为692万册,比1995年增加了141万册,增长25.5%,但全国仍有河北、海南、云南、甘肃、新疆5个省(区)新购图书减少,特别是有17个省(区、市)县级馆新购图书比1995年有不同程度的减少,而且还有738个图书馆全年没有购进一册新书,占总馆数的27.6%,使图书馆购进图书的数量、品种和复本减少,进而影响图书馆入藏量增长缓慢,难以丰富的图书资料吸引读者。

3、图书馆设施建设亟待加强。截止2000年底,全国仍有144个县无图书馆,108个县图书馆无馆舍,159个县图书馆馆舍面积低于300平方米;在有馆舍的图书馆中,48个馆无书库,34个馆无阅览室,46个馆既无书库也无阅览室,共占县级馆总数的5.7%;有287个馆无座席,占总馆数10.7%;一部分图书馆设施简陋,甚至列人危房而不能使用,严重影响了图书馆业务活动的开展。

各地区公共图书书

地区	机构数(个)	从业人员(人)		总藏量(千册(件))							
			职工		古籍		图书	报刊	缩、微制品	视听文献	其它
						善本					
总计	**2 675**	**51 342**	**46 578**	**409 528**	**27 988**	**2 217**	**280 827**	**56 683**	**13 737**	**1 082**	**29 212**
中央	1	1 698	1 378	22 491	2 034	274	6 828	11 183	1 124	57	1 267
地方	2 674	49 644	45 200	387 037	25 954	1 943	273 999	45 500	12 613	1 025	27 945
北京	24	1 080	982	7 671	485	34	6 671	388	3	34	89
天津	31	1 111	1 011	7 861	548	88	6 754	503	3	42	11
河北	145	1 711	1 579	10 808	590	27	8 791	1 157	63	23	184
山西	121	1 527	1 514	8 668	780	122	6 053	1 673	19	11	132
内蒙古	108	1 833	1 822	6 832	296	18	5 729	699	1	4	102
辽宁	128	4 916	2 951	19 702	1 059	150	15 286	1 950	6	70	1 331
其中:大连	12	393	376	3 844	264	23	2 998	272	1	12	298
吉林	60	1 724	1 692	10 296	588	40	8 496	1 002	110	48	52
黑龙江	97	1 846	1 769	11 861	451	20	9 134	1 917	1	12	346
上海	31	2 513	1 971	55 002	1 898	179	16 218	1 680	12 285	326	22 596
江苏	101	2 092	2 026	26 688	3 179	194	21 510	1 884	17	41	56
浙江	83	1 936	1 850	17 147	1 922	43	12 642	2 278	2	53	250
其中:宁波	9	196	176	1 781	171	3	1 314	225	--	2	68
安徽	84	1 241	1 191	7 874	710	35	5 801	1 297	2	2	62
福建	81	1 172	1 066	9 852	559	38	8 099	1 074	6	18	95
其中:厦门	7	117	114	1 334	143	2	1 102	83	--	5	2
江西	104	1 462	1 356	11 223	1 016	61	8 309	1 611	2	1	284
山东	133	2 506	2 486	19 886	1 401	157	15 104	2 855	38	25	464
其中:青岛	11	231	228	2 412	152	2	1 958	298	3	--	--
河南	134	2 626	2 471	12 393	1 334	86	9 055	1 891	3	19	91
湖北	103	2 299	2 249	16 779	967	82	12 623	2 799	3	25	362
湖南	115	1 925	1 828	15 143	1 393	68	11 594	1 970	2	16	170
广东	124	2 837	2 564	23 162	823	47	18 532	3 464	4	164	175
其中:深圳	8	342	342	2 173	15	1	1 623	511	2	18	4
广西	94	1 540	1 423	13 122	518	14	9 886	2 502	2	30	185
海南	19	250	225	1 535	12	--	1 343	168	9	--	3
重庆	42	785	753	8 105	837	69	6 255	932	3	9	68
四川	129	1 719	1 662	17 218	1 543	85	12 729	2 637	4	20	286
贵州	89	876	870	6 809	191	9	5 612	888	1	3	114
云南	148	1 571	1 554	12 534	945	63	9 503	1 864	4	7	211
西藏	1	42	42	598	100	30	463	35	--	--	--
陕西	114	1 572	1 476	8 365	711	74	6 411	1 181	1	2	58
甘肃	91	1 110	1 049	7 454	545	92	5 605	1 211	17	3	73
青海	38	378	360	2 859	129	12	2 325	357	1	2	44
宁夏	22	537	515	3 802	328	3	3 064	397	1	7	5
新疆	80	907	893	5 788	96	3	4 402	1 236	--	8	46

馆　基　本　情　况（一）

总藏量中:(千册)		人均拥有藏书(册)	书架单层总长度(千米)	发放借书证数(千个)	千人拥有借书证(个)	总流通(千人次)		书刊外借册次(千册次)	为读者举办各种活动		信息服务		
外文书刊	开架书刊						书刊外借人次		次数(次)	参加人次(千人次)	解答咨询(条)	代检索课题(项)	编制二、三次文献(种)
22 236	**106 773**	**0.33**	**9 781**	**6 228**	**5**	**188 541**	**95 996**	**169 130**	**40 448**	**18 022**	**2 325 874**	**145 416**	**96 986**
9 142	1 875	- -	333	192	- -	3 811	722	2 165	47	3	56 836	2 513	1 006
13 094	104 898	- -	9 448	6 036	- -	184 730	95 274	166 965	40 401	18 019	2 269 038	142 903	95 980
260	3 376	0.69	138	119	11	3 202	2 071	4 420	1 395	617	10 310	271	646
439	2 109	0.86	141	160	17	4 606	2 000	2 735	1 038	1 246	316 556	245	85
129	2 426	0.16	354	334	5	7 362	4 865	6 726	1 723	483	149 032	1 892	547
490	1 923	0.27	151	168	5	2 608	1 499	2 074	514	332	98 547	276	27
46	1 025	0.30	294	94	4	2 697	1 480	2 332	750	73	8 225	922	83
1 138	6 866	0.48	953	319	8	11 839	5 365	11 185	1 315	893	105 643	27 511	11 473
267	1 221	0.70	88	77	14	3 103	1 130	2 586	255	156	46 105	624	993
679	1 439	0.39	180	128	5	4 089	1 812	3 869	7 172	420	77 134	735	562
618	3 688	0.32	214	238	6	6 080	2 186	5 271	583	254	11 076	438	574
1 932	23 640	4.16	388	245	19	12 254	4 790	9 697	4 099	1 922	280 881	5 147	259
1 437	4 898	0.38	796	449	6	12 269	7 283	12 689	1 411	1 259	149 043	2 574	383
492	4 066	0.38	405	383	9	11 395	6 738	10 543	867	898	41 199	2 321	3 499
23	407	0.33	80	47	9	1 585	944	2 416	120	58	4 980	504	53
319	1 292	0.13	217	106	2	5 606	2 344	4 554	1 572	133	20 228	454	142
167	2 551	0.30	225	196	6	6 474	3 873	7 790	1 714	731	45 480	6 486	7 904
15	549	0.19	35	44	6	1 099	890	2 867	533	464	6 665	1	- -
53	1 848	0.27	204	138	3	4 854	3 046	5 429	1 900	269	18 690	1 914	121
569	3 681	0.22	432	378	4	7 946	5 134	7 180	1 042	452	62 663	1 172	1 108
97	520	1.93	38	76	61	879	553	800	86	165	14 150	80	30
242	2 809	0.13	275	217	2	7 133	4 361	6 950	4 135	249	40 534	1 332	630
816	4 032	0.28	1 085	412	7	7 138	4 760	7 685	1 222	1 146	70 996	1 593	770
407	4 213	0.23	326	410	6	8 089	4 129	7 353	1 786	946	62 931	996	297
501	11 171	0.31	402	442	6	22 349	8 120	11 924	1 277	1 763	265 179	73 464	45 057
49	1 825	1.66	36	26	20	3 201	445	859	186	194	96 301	1 264	43 204
300	3 429	0.28	725	177	4	9 268	4 117	6 878	1 030	1 065	273 516	5 201	14 524
15	806	0.20	28	15	2	1 205	344	636	102	116	2 158	313	9
203	1 665	0.10	155	68	1	2 661	1 684	4 348	439	503	12 388	294	122
393	2 998	0.47	301	176	5	5 538	2 980	5 638	798	744	22 674	1 064	5 601
36	739	0.17	101	114	3	2 279	1 350	1 893	282	146	7 662	2 115	123
244	2 000	4.99	355	216	86	6 544	3 834	6 803	545	471	29 671	634	964
3	99	0.02	23	- -	- -	16	16	105	2	- -	1	- -	- -
457	1 476	0.23	111	122	3	2 747	1 638	3 054	388	251	24 156	905	134
387	1 771	0.29	154	93	4	1 849	845	1 528	707	370	28 526	1 789	40
186	339	0.60	76	21	4	580	279	520	97	40	13 337	410	4
56	285	0.69	116	21	4	1 422	928	2 649	142	147	12 389	69	240
80	2 238	0.32	123	77	4	2 631	1 403	2 507	354	80	8 213	366	52

各地区公共图书

地区	本年收入合计(千元)	财政补助收入	上级补助收入	事业收入	经营收入	附属单位上缴收入	本年支出合计(千元)	事业支出	经营支出	对附属单位补助支出	从业人员劳动报酬	职工工资总额
总计	**1 637 993**	**1 393 205**	**15 632**	**112 163**	**33 128**	**9 969**	**1 571 733**	**1 523 220**	**19 413**	**620**	**499 108**	**477 786**
中央	191 960	152 930	--	23 557	7 705	6 532	211 550	190 350	1 353	--	24 581	24 581
地方	1 446 033	1 240 275	15 632	88 606	25 423	3 437	1 360 183	1 332 870	18 060	620	474 527	453 205
北京	98 326	87 339	2 650	4 005	2 069	--	53 262	49 207	472	--	16 523	15 913
天津	33 204	27 513	10	1 746	--	1 273	30 739	30 739	--	--	12 547	11 575
河北	33 283	29 800	3	1 131	551	--	34 577	34 177	363	--	14 784	14 599
山西	22 671	21 496	82	537	395	--	22 702	22 633	62	--	10 582	10 361
内蒙古	25 549	24 516	12	327	25	--	25 357	25 288	15	--	14 307	13 930
辽宁	77 554	68 220	840	2 869	2 109	12	77 831	75 633	2 142	--	26 972	25 826
其中:大连	18 210	16 337	471	455	--	--	18 181	18 181	--	--	3 845	3 532
吉林	35 896	33 637	46	947	431	30	35 197	35 105	92	--	14 819	13 879
黑龙江	33 511	31 042	325	1 288	15	--	34 090	34 089	1	--	16 966	16 415
上海	265 183	228 701	1 769	21 115	312	365	244 251	243 232	472	400	34 883	32 517
江苏	82 600	67 286	1 344	7 221	422	318	84 004	83 561	393	--	29 692	27 037
浙江	84 575	65 090	541	11 195	1 399	108	85 004	84 244	755	--	25 220	24 881
其中:宁波	10 553	8 553	98	715	179	--	10 538	10 488	50	--	3 560	3 487
安徽	25 031	20 535	406	1 149	249	46	26 410	24 578	296	--	10 579	9 985
福建	44 072	36 811	535	793	4 151	--	39 159	36 829	2 209	89	13 675	13 279
其中:厦门	12 615	11 580	2	52	--	--	9 722	9 670	52	--	2 672	2 672
江西	23 846	20 218	496	1 147	445	--	23 425	22 815	497	25	11 100	10 603
山东	66 379	61 288	60	2 676	20	81	68 808	68 769	20	--	26 942	26 544
其中:青岛	9 327	8 207	--	652	--	--	9 237	9 237	--	--	3 817	3 799
河南	40 286	35 908	176	1 525	952	--	39 018	38 169	782	--	18 579	18 135
湖北	39 141	28 956	737	2 902	2 310	109	39 521	36 854	1 900	--	16 806	16 148
湖南	34 058	25 495	521	2 875	3 629	--	33 992	30 599	3 096	--	15 263	14 505
广东	144 483	118 681	1 072	11 505	2 235	397	145 968	143 235	1 741	8	46 661	44 239
其中:深圳	35 733	31 397	15	1 535	--	246	35 725	35 725	--	--	10 640	10 640
广西	33 609	28 514	708	1 642	439	545	30 769	30 199	501	9	12 872	12 140
海南	3 577	3 215	175	11	--	--	3 552	3 537	15	--	1 913	1 872
重庆	20 202	14 913	92	3 489	189	--	20 258	19 878	208	6	6 961	5 851
四川	34 112	28 771	1 002	1 592	1 336	53	34 617	34 048	492	50	14 489	13 877
贵州	14 686	12 585	205	678	104	--	14 281	14 220	34	--	7 254	7 037
云南	57 156	51 336	984	2 863	908	--	39 279	38 199	894	13	17 258	16 979
西藏	1 108	1 108	--	--	--	--	1 101	1 101	--	--	717	717
陕西	21 256	20 377	10	572	40	--	22 632	22 301	13	--	9 757	9 047
甘肃	18 304	17 523	40	207	55	--	17 985	17 798	65	20	9 769	9 642
青海	7 368	6 783	--	57	--	100	7 796	7 796	--	--	3 931	3 863
宁夏	8 203	7 859	--	225	9	--	7 833	7 772	61	--	4 427	3 958
新疆	16 804	14 759	791	317	624	--	16 765	16 265	469	--	8 279	7 851

馆 基 本 情 况（二）

在支出合计中						本年新购藏量		年末固定资产原值	增加值	公共房屋建筑面积			阅览室座席数	
税金支出	社会保障费	修缮费	设备购置费	新增藏量购置费	图书购置费	（千册(件)）	新购图书	（千元）	（千元）	（千平方米）	书库	阅览室	（千个）	少儿阅览室座席
11 313	**126 070**	**71 242**	**499 518**	**405 745**	**371 410**	**9 746**	**6 918**	**6 207 029**	**758 770**	**5 982**	**1 390**	**1 097**	**416**	**128**
2 426	7 564	13 373	97 534	90 000	90 000	551	208	970 465	65 826	164	69	20	3	- -
8 887	118 506	57 869	401 984	315 745	281 410	9 195	6 710	5 236 564	692 944	5 818	1 321	1 077	413	128
447	2 917	3 954	15 809	10 687	9 141	388	334	105 042	21 172	104	23	18	8	3
225	3 738	773	7 347	6 161	5 625	205	174	108 484	17 106	100	23	16	7	2
132	3 808	2 516	7 522	5 393	4 281	180	154	164 338	21 492	226	55	47	18	5
50	2 068	2 750	3 797	3 268	2 918	131	120	68 676	13 381	113	32	19	11	4
33	2 658	942	3 306	2 656	1 655	128	110	66 763	17 011	126	32	32	13	4
590	8 066	2 171	17 845	10 205	9 481	501	391	279 378	38 739	261	54	51	20	6
103	1 078	400	4 630	4 341	4 261	138	130	45 867	5 783	71	13	14	4	2
54	4 291	1 234	7 883	4 897	4 592	152	139	115 781	19 508	108	30	26	12	4
187	5 115	1 452	5 655	4 773	3 947	220	174	120 775	21 986	135	34	29	11	4
725	6 862	2 366	128 219	115 692	112 100	1 563	666	1 204 968	83 806	222	84	43	15	3
168	9 673	3 715	23 683	19 993	17 798	726	569	319 276	42 632	264	88	56	22	7
568	7 612	2 824	27 767	17 586	15 766	625	535	301 311	37 840	270	67	46	16	4
69	923	138	3 598	2 499	2 417	75	72	25 357	4 643	27	6	6	2	1
143	5 794	404	4 805	4 161	2 968	132	110	67 827	13 434	95	25	16	8	3
412	3 488	1 818	10 817	8 317	7 157	335	249	129 049	19 252	165	49	34	13	4
- -	1 111	940	3 463	1 849	1 238	63	59	26 467	3 731	16	6	4	1	- -
188	3 007	1 020	4 442	3 644	3 017	189	147	104 965	15 536	165	48	42	16	5
147	6 303	4 092	23 541	10 843	9 784	400	318	197 898	35 008	244	53	44	20	6
113	1 634	165	1 959	1 846	1 710	45	35	18 562	4 674	25	7	6	2	1
240	4 574	2 256	6 187	5 135	4 133	293	206	162 914	25 337	240	58	41	16	5
308	4 017	2 181	8 876	7 668	6 987	360	284	159 047	23 476	237	65	49	21	7
580	3 698	2 032	6 389	5 419	4 145	298	243	154 845	22 043	249	70	64	25	8
1 292	10 479	10 856	43 463	34 956	28 324	997	776	511 515	68 412	1 142	80	87	30	8
166	2 014	2 422	10 481	8 116	6 382	144	137	98 982	14 765	50	5	16	3	- -
380	2 644	1 447	8 010	6 862	5 203	268	201	129 505	18 428	210	61	60	20	7
24	289	31	648	454	408	30	27	25 150	2 945	33	8	7	3	1
272	2 514	748	4 947	3 581	3 299	169	124	93 547	10 976	116	26	21	8	3
202	3 737	2 032	8 923	5 737	4 851	282	210	173 546	21 631	227	63	56	21	6
19	1 624	576	2 672	2 436	1 657	125	75	69 664	10 060	140	27	45	10	3
1 310	1 580	1 788	9 378	7 017	5 378	191	147	143 003	24 287	208	59	45	19	6
- -	- -	- -	164	164	164	3	3	23 240	1 647	16	4	3	- -	- -
20	1 643	578	2 163	1 640	1 174	91	58	75 598	12 799	122	26	20	9	3
37	1 829	166	3 280	3 028	2 885	88	70	46 134	11 650	112	28	29	8	3
- -	1 618	255	869	626	536	24	16	42 124	5 614	38	11	7	2	1
10	927	248	1 168	1 050	676	36	31	22 956	5 357	44	12	7	4	1
124	1 933	644	2 409	1 696	1 360	65	49	49 245	10 379	86	26	17	7	2

各地区少儿公共

地区	机构数(个)	从业人员(人)	职工	总藏量(千册(件))	古籍	善本	图书	报刊	缩微制品	视听文献	其它
总计	**84**	**1 546**	**1 479**	**10 051**	**32**	**－－**	**9 099**	**561**	**1**	**111**	**247**
北京	4	119	104	753	－－	－－	673	65	－－	13	2
天津	12	196	179	1 515	－－	－－	1 468	25	－－	12	10
河北	－－	4	4	17	－－	－－	17	－－	－－	－－	－－
山西	1	22	22	103	－－	－－	93	10	－－	－－	－－
内蒙古	2	27	27	147	－－	－－	133	14	－－	1	－－
辽宁	14	242	230	1 429	－－	－－	1 284	78	－－	10	57
其中:大连	1	52	42	380	－－	－－	349	3	－－	2	25
吉林	3	82	82	341	－－	－－	273	60	－－	4	4
黑龙江	1	20	20	43	－－	－－	18	9	－－	－－	16
上海	4	89	83	677	－－	－－	644	11	－－	22	－－
江苏	4	30	30	237	－－	－－	225	12	－－	－－	－－
浙江	3	77	74	465	－－	－－	422	38	1	4	－－
其中:宁波	－－	－－	－－	－－	－－	－－	－－	－－	－－	－－	－－
安徽	2	22	19	66	－－	－－	56	10	－－	1	－－
福建	4	63	62	493	－－	－－	461	26	－－	5	－－
其中:厦门	2	30	30	326	－－	－－	310	11	－－	4	－－
江西	－－	－－	－－	－－	－－	－－	－－	－－	－－	－－	－－
山东	1	8	8	30	－－	－－	29	－－	－－	－－	－－
其中:青岛	－－	－－	－－	－－	－－	－－	－－	－－	－－	－－	－－
河南	1	15	15	54	－－	－－	45	8	－－	－－	－－
湖北	5	93	90	653	－－	－－	501	16	－－	6	130
湖南	6	129	129	958	1	－－	885	62	－－	5	5
广东	4	123	123	1 031	7	－－	986	7	－－	23	8
其中:深圳	1	30	30	185	－－	－－	180	2	－－	3	－－
广西	3	61	56	381	－－	－－	344	35	－－	2	1
海南	－－	－－	－－	－－	－－	－－	－－	－－	－－	－－	－－
重庆	2	80	78	421	20	－－	336	62	－－	3	－－
四川	－－	－－	－－	－－	－－	－－	－－	－－	－－	－－	－－
贵州	1	10	10	59	－－	－－	47	10	－－	－－	2
云南	3	2	2	7	－－	－－	3	1	－－	－－	3
西藏	－－	－－	－－	－－	－－	－－	－－	－－	－－	－－	－－
陕西	2	17	17	145	4	－－	131	2	－－	－－	9
甘肃	2	15	15	26	－－	－－	25	－－	－－	－－	－－
青海	－－	－－	－－	－－	－－	－－	－－	－－	－－	－－	－－
宁夏	－－	－－	－－	－－	－－	－－	－－	－－	－－	－－	－－
新疆	－－	－－	－－	－－	－－	－－	－－	－－	－－	－－	－－

图书馆基本情况(一)

总藏量中:(千册)		人均拥有藏书(册)	书架单层总长度(千米)	发放借书证数(千个)	千人拥有借书证(个)	总流通(千人次)		书刊外借册次(千册次)	为读者举办各种活动		信息服务		
外文书刊	开架书刊						书刊外借人次		次数(次)	参加人次(千人次)	解答咨询(条)	代检索课题(项)	编制二、三次文献(种)
80	**4 448**	**119**	**270**	**351**	**28**	**9 928**	**5 573**	**9 826**	**4 923**	**3 236**	**19 657**	**802**	**4 918**
6	361	187	19	24	31	487	315	572	711	348	609	－－	37
4	559	126	10	31	48	1 125	723	949	515	911	650	36	5
－－	－－	1 700	－－	2	8	70	30	30	6	1	－－	－－	－－
－－	20	101	2	1	101	44	44	160	5	1	100	－－	－－
2	30	73	2	14	10	84	56	138	86	8	27	63	－－
3	807	101	161	56	25	1 213	665	1 596	344	117	268	128	12
1	194	376	6	28	13	482	177	424	78	7	186	3	6
50	205	113	8	9	37	209	153	227	70	15	127	42	120
－－	43	42	－－	2	21	73	27	35	10	2	48	－－	－－
－－	237	168	12	21	32	858	347	601	874	425	99	85	7
－－	118	59	2	13	18	335	191	283	68	13	369	97	－－
－－	174	154	3	23	20	1 477	1 086	1 279	52	351	12 002	212	－－
－－	－－	－－	－－	－－	－－	－－	－－	－－	－－	－－	－－	－－	－－
－－	23	32	1	4	16	47	24	24	19	5	260	30	6
－－	188	122	8	9	54	441	331	426	577	51	50	11	－－
－－	187	162	3	6	54	287	210	219	462	31	39	－－	－－
－－	－－	－－	－－	－－	－－	－－	－－	－－	－－	－－	－－	－－	－－
－－	－－	29	1	1	29	16	16	16	5	1	178	－－	－－
－－	－－	－－	－－	－－	－－	－－		－－	－－	－－	－－	－－	－－
－－	－－	53	－－	2	26	43	43	86	8	1	－－	－－	－－
－－	92	130	7	21	31	365	272	299	101	144	84	3	5
－－	618	159	11	84	11	733	202	567	1 036	359	1 271	13	4
15	536	257	10	17	60	1 261	459	787	160	131	2 816	4	19
14	43	183	1	3	61	250	150	280	10	100	160	4	6
－－	138	126	8	10	38	410	183	446	202	130	440	5	4 700
－－	－－	－－	－－	－－	－－	－－	－－	－－	－－	－－	－－	－－	－－
－－	284	209	4	4	104	447	337	1 111	48	214	86	73	3
－－	－－	－－	－－	－－	－－	－－	－－	－－	－－	－－	－－	－－	－－
－－	－－	58	1	－－	5 900	45	5	57	10	2	－－	－－	－－
－－	－－	2	－－	－－	700	－－	－－	－－	－－	－－	－－	－－	－－
－－	－－	－－	－－	－－	－－	－－	－－	－－	－－	－－	－－	－－	－－
－－	－－	72	－－	－－	14 500	105	50	83	10	2	56	－－	－－
－－	15	12	－－	3	8	40	14	54	6	4	117	－－	－－
－－	－－	－－	－－	－－	－－	－－	－－	－－	－－	－－	－－	－－	－－
－－	－－	－－	－－	－－	－－	－－	－－	－－	－－	－－	－－	－－	－－
－－	－－	－－	－－	－－	－－	－－	－－	－－	－－	－－	－－	－－	－－

各地区少儿公共

地区	本年收入合计(千元)	财政补助收入	上级补助收入	事业收入	经营收入	附属单位上缴收入	本年支出合计(千元)	事业支出	经营支出	对附属单位补助支出	从业人员劳动报酬	职工工资总额
总计	**67 708**	**52 213**	**1 830**	**5 383**	**2 923**	**－－**	**62 372**	**59 555**	**2 327**	**－－**	**20 137**	**18 166**
北京	7 720	5 597	1 151	318	566	－－	7 080	6 996	84	－－	1 813	1 694
天津	5 867	4 427	－－	428	－－	－－	5 612	5 612	－－	－－	2 618	2 344
河北	26	26	－－	－－	－－	－－	26	26	－－	－－	－－	－－
山西	380	380	－－	－－	－－	－－	380	380	－－	－－	231	231
内蒙古	344	322	－－	7	－－	－－	344	344	－－	－－	246	246
辽宁	7 691	6 286	356	240	33	－－	7 335	7 314	21	－－	2 434	2 323
其中:大连	2 374	1 935	－－	－－	－－	－－	2 374	2 374	－－	－－	482	400
吉林	1 614	1 522	3	55	－－	－－	1 617	1 617	－－	－－	869	419
黑龙江	217	217	－－	－－	－－	－－	217	217	－－	－－	199	199
上海	9 121	6 729	274	1 613	－－	－－	8 933	8 931	－－	－－	1 884	1 615
江苏	1 369	827	－－	320	－－	－－	1 450	1 450	－－	－－	434	434
浙江	3 502	2 806	－－	279	104	－－	3 424	3 345	79	－－	1 115	1 099
其中:宁波	－－	－－	－－	－－	－－	－－	－－	－－	－－	－－	－－	－－
安徽	437	278	－－	－－	－－	－－	419	419	－－	－－	153	143
福建	6 293	5 922	－－	－－	－－	－－	3 341	3 341	－－	－－	1 093	1 088
其中:厦门	5 372	5 009	－－	－－	－－	－－	2 420	2 420	－－	－－	747	747
江西	－－	－－	－－	－－	－－	－－	－－	－－	－－	－－	－－	－－
山东	376	310	－－	6	－－	－－	380	380	－－	－－	88	88
其中:青岛	－－	－－	－－	－－	－－	－－	－－	－－	－－	－－	－－	－－
河南	447	386	－－	13	－－	－－	447	447	－－	－－	162	162
湖北	3 209	1 822	26	166	600	－－	3 189	2 143	558	－－	699	699
湖南	4 050	2 404	20	282	1 237	－－	4 200	2 990	1 210	－－	1 471	1 373
广东	9 677	8 365	－－	300	－－	－－	8 671	8 671	－－	－－	2 583	2 367
其中:深圳	3 544	3 520	－－	－－	－－	－－	2 439	2 439	－－	－－	678	678
广西	1 675	1 297	－－	－－	366	－－	1 664	1 306	358	－－	639	639
海南	－－	－－	－－	－－	－－	－－	－－	－－	－－	－－	－－	－－
重庆	3 196	1 857	－－	1 322	17	－－	3 196	3 179	17	－－	1 081	678
四川	－－	－－	－－	－－	－－	－－	－－	－－	－－	－－	－－	－－
贵州	83	77	－－	4	－－	－－	83	83	－－	－－	73	73
云南	72	72	－－	－－	－－	－－	22	22	－－	－－	22	22
西藏	－－	－－	－－	－－	－－	－－	－－	－－	－－	－－	－－	－－
陕西	214	166	－－	30	－－	－－	214	214	－－	－－	112	112
甘肃	128	118	－－	－－	－－	－－	128	128	－－	－－	118	118
青海	－－	－－	－－	－－	－－	－－	－－	－－	－－	－－	－－	－－
宁夏	－－	－－	－－	－－	－－	－－	－－	－－	－－	－－	－－	－－
新疆	－－	－－	－－	－－	－－	－－	－－	－－	－－	－－	－－	－－

图书馆基本情况(二)

在支出合计中						本年新购藏量		年末固定资产原值	增加值	公共房屋建筑面积			阅览室座席数	
税金支出	社会保障费	修缮费	设备购置费	新增藏量购置费	图书购置费	(千册(件))	新购图书	(千元)	(千元)	(千平方米)	书库	阅览室	(千个)	少儿阅览室座席
801	**4 761**	**3 571**	**18 975**	**12 378**	**11 033**	**738**	**660**	**138 558**	**26 476**	**144**	**21**	**36**	**15**	**14**
23	231	373	3 091	1 485	1 197	93	89	14 339	2 409	12	1	3	1	1
55	637	339	956	878	772	61	56	9 990	3 070	11	2	2	1	1
— —	— —	— —	26	26	26	2	2	— —	— —	1	— —	1	— —	— —
— —	75	35	— —	— —	— —	— —	— —	180	238	— —	— —	— —	— —	— —
— —	24	15	37	26	22	4	4	874	281	1	— —	— —	— —	— —
140	695	201	1 964	1 398	1 297	77	68	14 149	3 140	21	3	5	2	2
75	244	74	880	880	800	23	21	5 624	782	7	1	1	1	1
— —	212	33	311	272	272	42	39	6 805	1 142	4	1	1	1	1
— —	— —	— —	15	15	7	1	— —	15	200	1	— —	— —	— —	— —
1	545	500	3 568	1 707	1 610	78	75	14 404	2 461	8	1	3	1	1
— —	138	121	459	158	147	15	12	2 048	516	3	1	1	1	1
56	636	59	797	794	588	81	57	7 210	1 459	11	— —	2	1	1
— —	— —	— —	— —	— —	— —	— —	— —	— —	— —	— —	— —	— —	— —	— —
— —	35	— —	183	183	155	1	1	5 625	378	2	— —	1	— —	— —
— —	274	322	1 050	621	615	35	32	4 473	1 271	6	1	1	1	1
— —	202	298	687	313	313	17	17	2 086	830	3	1	1	— —	— —
— —	— —	— —	— —	— —	— —	— —	— —	— —	— —	— —	— —	— —	— —	— —
— —	29	— —	34	30	30	6	6	306	100	2	— —	— —	— —	— —
— —	— —	— —	— —	— —	— —	— —	— —	— —	— —	— —	— —	— —	— —	— —
— —	47	40	120	120	120	7	7	470	181	— —	— —	— —	— —	— —
55	155	519	726	501	480	31	23	7 265	1 044	9	2	2	1	1
199	376	328	934	668	412	28	26	15 063	2 273	18	4	7	2	2
23	311	531	3 442	2 741	2 570	136	129	22 950	3 524	13	2	4	1	1
— —	69	452	850	500	480	15	15	4 205	846	1	— —	— —	— —	— —
55	32	105	547	265	223	17	15	6 000	934	6	1	1	1	— —
— —	— —	— —	— —	— —	— —	— —	— —	— —	— —	— —	— —	— —	— —	— —
192	269	29	701	476	476	21	17	4 459	1 451	10	1	2	1	1
— —	— —	— —	— —	— —	— —	— —	— —	— —	— —	— —	— —	— —	— —	— —
— —	1	— —	5	5	5	1	1	1 314	126	2	1	— —	— —	— —
— —	— —	— —	— —	— —	— —	— —	— —	9	22	— —	— —	— —	— —	— —
— —	— —	— —	— —	— —	— —	— —	— —	— —	— —	— —	— —	— —	— —	— —
— —	39	21	8	8	8	1	1	610	136	2	— —	— —	— —	— —
2	— —	— —	1	1	1	— —	— —	— —	120	1	— —	— —	— —	— —
— —	— —	— —	— —	— —	— —	— —	— —	— —	— —	— —	— —	— —	— —	— —
— —	— —	— —	— —	— —	— —	— —	— —	— —	— —	— —	— —	— —	— —	— —
— —	— —	— —	— —	— —	— —	— —	— —	— —	— —	— —	— —	— —	— —	— —

各地区省级公共

地区	机构数(个)	从业人员(人)		总藏量(千册(件))							
			职工		古籍		图书	报刊	缩微制品	视听文献	其它
						善本					
总计	**36**	**7 386**	**6 603**	**131 578**	**14 061**	**1 220**	**67 908**	**13 293**	**12 531**	**422**	**23 356**
北京	2	306	270	3 233	423	33	2 519	187	3	13	88
天津	2	420	353	4 303	501	88	3 482	290	3	27	1
河北	1	176	147	1 223	60	2	960	130	61	12	--
山西	1	204	204	2 191	289	50	1 094	779	19	9	--
内蒙古	1	171	171	1 499	180	4	1 171	60	1	--	87
辽宁	1	257	257	3 356	459	123	2 217	547	3	30	100
吉林	1	205	188	2 847	370	24	2 021	343	110	2	--
黑龙江	1	146	121	2 457	134	5	1 854	466	--	3	--
上海	2	1 367	932	47 309	1 839	179	8 900	1 530	12 284	208	22 549
江苏	1	318	318	7 268	1 413	103	5 426	386	16	20	7
浙江	1	295	295	4 216	842	--	2 493	878	--	3	--
安徽	1	135	135	2 267	409	24	1 391	464	2	--	--
福建	1	262	262	2 356	242	21	1 883	194	6	10	22
江西	1	152	152	2 025	560	10	1 318	127	--	--	20
山东	1	170	170	4 310	746	70	2 683	525	4	14	338
河南	1	203	183	2 506	704	43	1 581	216	2	3	--
湖北	1	192	180	3 976	434	56	2 495	1 004	2	4	36
湖南	2	309	289	4 027	797	50	2 861	355	2	11	1
广东	1	306	288	4 262	389	25	2 674	1 185	1	12	--
广西	3	383	323	3 510	272	8	2 753	433	2	19	32
海南	--	--	--	--	--	--	--	--	--	--	--
重庆	2	217	215	3 866	525	48	2 944	351	2	3	40
四川	1	240	217	4 747	687	61	3 351	694	3	8	3
贵州	1	123	123	2 173	127	1	1 808	235	1	--	1
云南	1	145	145	2 271	545	42	1 337	388	1	--	--
西藏	--	--	--	--	--	--	--	--	--	--	--
陕西	1	154	148	2 510	385	54	1 694	423	1	2	5
甘肃	1	178	178	2 649	316	60	1 869	460	1	2	--
青海	1	116	109	1 459	115	10	1 131	192	--	2	18
宁夏	1	102	98	1 357	137	1	1 164	50	1	5	--
新疆	1	82	82	944	80	3	511	353	--	--	--

图书馆基本情况（一）

总藏量中:(千册)		书架单层总长度(千米)	发放借书证数(千个)	千人拥有借书证(个)	总流通(千人次)		书刊外借册次(千册次)	为读者举办各种活动		信息服务		
外文书刊	开架书刊					书刊外借人次		次数(次)	参加人次(千人次)	解答咨询(条)	代检索课题(项)	编制二、三次文献(种)
10 386	**30 998**	**2 835**	**981**	**134**	**21 628**	**7 456**	**15 078**	**6 953**	**3 683**	**1 221 618**	**78 889**	**750**
251	209	27	17	190	227	159	439	143	195	769	4	37
439	706	77	70	61	2 033	771	1 160	205	918	309 300	70	21
75	875	34	82	14	702	237	454	74	20	86 003	692	10
461	307	23	71	30	497	208	289	30	150	80 700	200	5
37	--	84	7	213	465	103	149	6	6	--	--	--
634	1 454	80	70	47	1 179	548	1 311	40	158	7 364	113	13
476	143	41	12	237	191	38	173	43	9	230	13	10
121	--	31	4	612	404	82	169	6	--	248	119	7
1 917	19 416	242	101	468	3 298	940	2 109	2 920	938	203 646	4 858	112
1 184	312	119	16	453	854	291	348	55	135	52 377	257	6
423	480	55	80	52	1 373	685	685	4	--	2 323	25	5
243	17	56	3	753	156	71	141	4	--	4 454	2	1
146	398	36	34	69	1 071	502	503	574	63	23 572	117	10
--	--	--	2	1 007	404	202	202	5	3	110	32	2
417	130	152	14	307	531	361	974	6	2	874	521	8
136	240	43	6	416	499	139	521	17	15	3 676	83	69
693	1 150	752	88	45	255	162	573	43	25	42 897	28	3
366	1 134	69	95	42	1 437	279	875	1 038	310	19 307	199	7
334	928	50	13	327	2 834	269	474	20	280	101 252	70 213	11
250	813	508	36	97	1 243	345	774	126	173	234 485	1 018	295
--	--	--	--	--	--	--	--	--	--	--	--	--
202	371	40	20	193	594	355	916	85	158	1 231	82	45
287	286	41	5	947	74	19	380	36	32	830	3	63
25	--	--	--	300	100	78	81	2	1	--	--	--
215	250	89	67	33	127	116	236	3	2	3 363	5	2
--	--	--	--	--	--	--	--	--	--	--	--	--
399	400	23	31	80	52	51	180	9	3	10 339	13	--
383	400	60	18	147	382	133	242	27	46	17 498	22	4
184	174	37	6	242	285	77	168	30	7	12 274	200	4
55	30	25	3	450	90	65	259	2	25	708	--	--
33	300	10	7	134	206	124	235	40	7	--	--	--

各 地 区 省 级 公 共

地区	本年收入合计（千元）						本年支出合计（千元）					
		财政补助收入	上级补助收入	事业收入	经营收入	附属单位上缴收入		事业支出	经营支出	对附属单位补助支出	从业人员劳动报酬	职工工资总额
总　计	**513 860**	**448 020**	**1 736**	**31 123**	**11 455**	**2 377**	**444 220**	**431 941**	**8 657**	**- -**	**85 070**	**80 840**
北　京	62 713	61 968	- -	679	- -	- -	18 383	14 864	- -	- -	4 761	4 623
天　津	16 431	14 132	- -	937	- -	1 237	14 042	14 042	- -	- -	4 662	4 593
河　北	7 360	5 930	- -	274	- -	- -	8 615	8 615	- -	- -	1 643	1 643
山　西	6 432	5 777	- -	240	395	- -	6 470	6 408	62	- -	1 510	1 510
内蒙古	4 530	4 344	- -	- -	- -	- -	4 016	4 016	- -	- -	1 253	1 253
辽　宁	13 743	11 638	- -	390	1 692	- -	14 105	12 372	1 733	- -	3 192	3 192
吉　林	8 346	7 988	- -	248	62	30	7 856	7 794	62	- -	2 278	2 278
黑龙江	4 232	4 133	- -	- -	- -	- -	4 777	4 777	- -	- -	1 484	1 391
上　海	188 568	167 066	137	13 489	- -	212	184 748	184 746	- -	- -	14 739	14 549
江　苏	17 568	14 935	419	1 615	92	- -	18 889	18 819	70	- -	6 472	4 703
浙　江	22 348	16 776	- -	5 294	- -	- -	21 865	21 865	- -	- -	3 132	3 132
安　徽	5 279	3 768	118	86	- -	9	5 509	5 509	- -	- -	1 118	1 118
福　建	13 614	9 320	- -	- -	4 132	- -	10 960	8 860	2 100	- -	2 963	2 963
江　西	4 549	3 693	- -	- -	- -	- -	4 034	4 034	- -	- -	1 703	1 608
山　东	17 792	16 990	- -	287	- -	- -	21 469	21 469	- -	- -	2 229	2 035
河　南	8 693	7 820	- -	50	777	- -	7 396	6 619	777	- -	1 942	1 833
湖　北	5 609	4 712	- -	523	- -	100	5 598	5 598	- -	- -	1 863	1 827
湖　南	10 564	6 833	- -	1 026	2 537	- -	10 630	8 093	2 536	- -	3 405	3 169
广　东	19 252	14 131	- -	2 211	- -	151	19 158	19 158	- -	- -	6 186	6 059
广　西	12 576	10 170	436	616	- -	538	10 188	10 188	- -	- -	3 360	3 312
海　南	- -	- -	- -	- -	- -	- -	- -	- -	- -	- -	- -	- -
重　庆	9 153	6 478	- -	2 675	- -	- -	9 329	9 329	- -	- -	2 221	1 582
四　川	7 959	6 719	- -	327	619	- -	8 911	8 743	168	- -	2 720	2 720
贵　州	3 347	2 680	- -	- -	- -	- -	3 347	3 347	- -	- -	1 321	1 321
云　南	24 323	23 303	- -	- -	689	- -	4 775	4 086	689	- -	1 721	1 721
西　藏	- -	- -	- -	- -	- -	- -	- -	- -	- -	- -	- -	- -
陕　西	3 843	3 783	- -	2	- -	- -	3 843	3 743	- -	- -	1 754	1 472
甘　肃	6 454	6 221	- -	86	- -	- -	6 212	6 212	- -	- -	2 014	2 014
青　海	3 355	2 795	- -	32	- -	100	3 786	3 786	- -	- -	1 140	1 126
宁　夏	2 097	2 097	- -	- -	- -	- -	2 179	2 179	- -	- -	1 085	1 075
新　疆	2 326	1 136	626	- -	460	- -	2 326	1 866	460	- -	733	564

图书馆基本情况（二）

在支出合计中						本年新购藏量		年末固定资产原值	增加值	公共房屋建筑面积			阅览室座席数	
税金支出	社会保障费	修缮费	设备购置费	新增藏量购置费	图书购置费	(千册(件))	新购图书	(千元)	(千元)	(千平方米)	书库	阅览室	(千个)	少儿阅览室座席
3 363	**27 722**	**10 455**	**207 896**	**168 784**	**161 802**	**2 710**	**1 529**	**2 120 128**	**173 238**	**787**	**302**	**166**	**30**	**2**
58	1 422	638	6 601	5 368	4 489	107	95	40 451	6 437	10	4	1	--	--
85	1 436	251	4 948	4 494	4 402	110	91	59 891	7 142	33	13	4	2	--
--	498	1 654	3 744	2 912	2 394	56	42	41 482	3 302	28	10	11	1	--
--	610	282	2 266	2 150	1 984	43	39	31 875	2 785	28	11	4	1	--
24	390	234	997	900	444	33	32	8 443	1 615	21	7	3	1	--
260	1 232	401	5 261	--	--	73	51	122 267	8 343	34	5	6	1	--
18	984	464	3 107	1 773	1 773	29	22	24 091	3 260	13	6	2	1	--
--	908	90	1 285	1 188	1 188	31	23	18 230	2 213	10	5	1	--	--
497	284	378	113 141	105 468	103 278	1 240	360	1 085 309	58 648	122	58	20	4	--
--	2 029	568	6 473	6 473	6 473	154	63	82 198	9 760	32	26	5	1	--
--	1 006	349	10 426	5 343	5 343	82	82	57 370	5 427	43	19	10	2	--
--	2 189	19	1 784	1 437	975	46	40	18 789	1 870	14	8	1	--	--
161	876	391	2 395	2 340	2 340	46	46	24 567	4 107	15	5	--	1	--
--	637	61	1 002	700	654	5	5	37 257	3 193	26	12	8	1	--
--	858	879	16 084	5 019	5 019	89	64	48 078	4 152	11	1	1	1	--
149	708	1 171	1 117	1 056	778	20	18	35 921	3 528	42	10	11	1	--
74	1 050	93	2 157	2 157	2 000	42	36	38 076	3 460	27	11	7	1	--
428	1 350	385	2 845	2 413	1 829	79	71	44 772	5 624	38	13	19	2	1
663	2 140	748	6 205	5 560	5 215	130	127	68 604	9 593	26	8	8	2	--
166	1 131	255	3 413	3 158	2 746	72	54	45 958	5 364	41	14	16	2	--
--	--	--	--	--	--	--	--	--	--	--	--	--	--	--
226	1 285	499	2 387	1 927	1 916	75	62	65 574	4 269	30	8	3	1	--
100	989	49	3 828	1 800	1 800	39	20	29 341	3 994	26	13	5	--	--
--	492	--	700	700	500	6	5	12 264	1 812	1	--	--	--	--
387	--	52	1 247	1 001	1 001	17	17	28 623	3 253	12	5	4	1	--
--	--	--	--	--	--	--	--	--	--	--	--	--	--	--
--	878	28	813	470	458	13	9	18 507	2 494	12	--	--	--	--
--	755	65	2 029	2 027	2 027	45	35	--	2 014	33	11	7	1	--
--	743	239	724	489	489	19	12	33 158	2 466	19	6	2	1	--
--	387	157	280	254	80	7	6	10 340	1 499	9	3	1	--	--
64	367	3	561	131	131	--	--	6 110	1 041	25	8	4	1	--

各地区地市级公共

地区	机构数(个)	从业人员(人)		总藏量(千册(件))							
			职工		古籍	善本	图书	报刊	缩微制品	视听文献	其它
总计	**394**	**14 297**	**13 577**	**110 218**	**6 375**	**339**	**88 535**	**12 565**	**11**	**480**	**2 254**
北京	17	632	570	3 847	60	1	3 584	182	--	20	2
天津	23	529	506	3 047	39	--	2 798	185	--	15	10
河北	11	489	408	4 196	447	16	3 172	490	1	3	84
山西	6	201	197	1 511	164	17	1 068	278	--	--	1
内蒙古	12	501	494	2 090	64	9	1 819	199	--	1	8
辽宁	24	1 287	1 237	10 631	555	27	7 735	1 152	2	35	1 151
其中:大连	2	197	187	2 589	260	23	1 859	221	1	9	239
吉林	10	556	548	4 381	191	16	3 750	392	--	41	6
黑龙江	12	678	642	5 366	308	15	3 873	1 003	1	7	174
上海	26	1 035	929	6 794	32	--	6 469	127	1	118	47
江苏	13	679	669	9 405	1 224	65	7 491	669	1	9	10
浙江	13	609	575	4 919	587	21	3 558	523	1	31	219
其中:宁波	1	56	48	694	99	--	460	66	--	2	67
安徽	16	427	414	2 704	172	8	2 113	411	--	2	5
福建	9	271	262	2 716	109	6	2 286	274	--	8	39
其中:厦门	2	91	91	1 101	62	2	955	76	--	5	2
江西	8	165	147	1 607	74	6	1 363	119	--	--	52
山东	14	680	675	5 058	358	11	3 884	783	--	10	23
其中:青岛	1	101	98	1 098	143	1	764	191	--	--	--
河南	16	674	656	4 697	479	33	3 430	775	1	11	2
湖北	17	559	550	4 141	129	7	3 376	510	--	7	120
湖南	12	392	360	3 162	147	6	2 611	384	--	2	18
广东	23	1 125	1 045	8 983	203	8	7 389	1 170	2	124	95
其中:深圳	2	218	218	1 542	15	1	1 098	413	2	11	4
广西	10	350	341	2 348	81	2	1 797	434	--	9	27
海南	2	57	51	359	7	--	340	13	--	--	--
重庆	15	307	280	2 577	183	19	1 998	392	--	3	--
四川	17	495	472	5 408	410	11	4 238	676	--	7	76
贵州	8	245	245	1 459	20	3	1 215	221	--	3	--
云南	17	363	351	2 813	92	--	2 260	417	1	6	38
西藏	1	42	42	598	100	30	463	35	--	--	--
陕西	7	204	189	1 359	44	--	1 175	125	--	--	14
甘肃	8	221	206	1 155	79	1	922	154	--	1	--
青海	8	111	111	426	5	1	379	32	--	--	10
宁夏	3	95	91	562	2	--	472	87	--	2	--
新疆	16	318	314	1 899	10	--	1 507	353	--	5	23

图书馆基本情况(一)

总藏量中:(千册)		人均拥有藏书(册)	书架单层总长度(千米)	发放借书证数(千个)	千人拥有借书证(个)	总流通(千人次)		书刊外借册次(千册次)	为读者举办各种活动		信息服务		
外文书刊	开架书刊						书刊外借人次		次数(次)	参加人次(千人次)	解答咨询(条)	代检索课题(项)	编制二、三次文献(种)
2 187	**32 637**	**279**	**3 318**	**2 189**	**50**	**63 576**	**31 086**	**59 224**	**8 371**	**6 698**	**614 930**	**35 948**	**56 411**
9	2 808	226	94	95	40	2 594	1 628	3 468	1 183	394	8 617	267	196
1	1 054	132	54	84	36	2 181	935	1 266	786	284	6 384	171	57
37	432	381	187	120	34	2 258	1 360	1 713	173	228	39 479	469	36
20	24	251	41	13	116	100	87	226	20	6	780	– –	5
5	389	174	128	22	94	852	471	681	73	14	1 440	327	20
494	3 195	442	740	128	83	5 212	2 031	4 171	455	293	68 590	24 716	212
263	844	1 288	59	39	66	1 751	503	1 229	88	21	40 705	100	11
125	491	437	79	64	68	1 548	532	1 047	166	261	70 042	132	114
497	2 122	446	105	129	41	2 453	824	2 079	185	66	2 578	109	83
15	3 790	261	125	120	56	7 813	3 251	6 780	1 113	958	73 454	252	125
218	1 364	722	443	196	47	3 993	2 316	4 623	431	407	68 045	380	95
50	1 184	378	93	130	37	4 559	2 502	3 508	370	475	18 495	547	145
17	– –	687	12	15	46	265	130	197	23	7	– –	– –	6
74	523	168	112	41	65	1 356	796	1 827	154	32	5 002	92	56
17	845	301	74	64	42	1 742	1 426	3 939	721	485	9 276	151	21
15	488	547	31	34	32	859	793	2 742	511	450	6 315	1	– –
1	25	200	40	9	178	370	280	521	24	10	565	28	3
133	1 200	361	100	141	35	2 093	1 247	1 682	177	69	14 568	87	36
97	129	1 087	21	61	17	237	135	238	14	8	3 080	14	10
52	1 363	293	114	81	57	1 889	1 141	2 017	266	22	14 842	268	134
106	922	243	92	107	38	1 510	1 096	1 872	229	411	11 337	743	154
19	1 328	263	72	105	30	1 471	736	1 331	178	131	13 428	191	49
139	4 903	390	172	223	40	9 170	2 902	4 556	482	1 065	137 145	2 398	44 859
48	1 333	767	18	12	128	1 770	173	309	30	180	89 226	1 221	43 201
35	1 056	234	56	71	33	2 678	1 320	2 495	399	479	18 545	583	4 885
– –	45	178	4	2	178	548	89	160	9	12	– –	– –	– –
– –	830	171	44	17	151	758	469	1 692	218	169	3 736	143	32
92	703	317	92	54	100	1 507	776	1 355	153	161	6 084	360	4 909
1	216	182	42	68	21	845	400	571	58	37	2 124	1 676	87
22	388	165	65	46	61	1 582	931	2 242	140	143	10 392	101	63
3	99	592	23	– –	800	16	16	105	2	– –	1	– –	– –
8	19	193	12	11	123	487	330	557	22	9	1 658	20	2
– –	574	144	31	12	96	290	221	429	49	35	4 098	1 713	4
1	93	53	19	5	85	117	93	189	36	19	133	– –	– –
– –	9	186	13	3	186	394	346	1 111	23	2	234	19	– –
13	643	118	52	28	67	1 190	534	1 011	76	21	3 858	5	29

各地区地市级公共

地区	本年收入合计（千元）	财政补助收入	上级补助收入	事业收入	经营收入	附属单位上缴收入	本年支出合计（千元）	事业支出	经营支出	对附属单位补助支出	从业人员劳动报酬	职工工资总额
总　计	**500 493**	**421 487**	**6 375**	**34 771**	**8 143**	**634**	**479 373**	**472 043**	**5 211**	**419**	**173 545**	**164 697**
北　京	31 141	21 505	2 650	3 297	2 069	- -	30 617	30 081	472	- -	9 796	9 324
天　津	14 239	11 278	10	399	- -	36	14 163	14 163	- -	- -	6 506	5 719
河　北	14 247	12 835	- -	492	411	- -	14 291	13 969	322	- -	5 136	4 990
山　西	5 754	5 554	- -	197	- -	- -	5 758	5 758	- -	- -	1 839	1 706
内蒙古	7 722	7 232	- -	210	10	- -	7 895	7 885	10	- -	4 331	4 319
辽　宁	38 385	35 146	- -	1 410	178	12	38 619	38 402	217	- -	12 322	11 544
其中:大连	11 365	10 803	- -	123	- -	- -	11 365	11 365	- -	- -	2 082	1 850
吉　林	15 508	14 819	7	574	- -	- -	15 398	15 398	- -	- -	6 097	6 012
黑龙江	15 883	14 141	120	992	- -	- -	15 906	15 906	- -	- -	7 261	6 880
上　海	71 433	57 940	1 508	7 431	285	50	54 428	53 452	431	400	18 225	16 358
江　苏	29 762	24 894	31	2 416	325	70	29 886	29 563	323	- -	9 871	9 728
浙　江	25 626	18 238	60	3 185	1 059	86	26 490	25 813	677	- -	8 112	7 976
其中:宁波	4 031	2 956	30	490	- -	- -	3 922	3 922	- -	- -	851	811
安　徽	10 295	8 751	63	360	225	27	10 387	9 660	246	- -	4 121	3 884
福　建	17 417	16 258	- -	22	- -	- -	15 039	15 039	- -	- -	4 296	4 198
其中:厦门	11 643	10 662	- -	- -	- -	- -	8 773	8 773	- -	- -	2 293	2 293
江　西	2 458	1 995	2	97	88	- -	2 458	2 458	- -	- -	1 316	1 231
山　东	19 452	17 563	- -	1 138	- -	81	18 255	18 255	- -	- -	9 052	8 935
其中:青岛	4 457	4 040	- -	- -	- -	- -	4 423	4 423	- -	- -	1 627	1 612
河　南	15 561	14 089	- -	711	- -	- -	15 612	15 612	- -	- -	6 804	6 530
湖　北	9 799	7 914	220	390	522	9	9 880	9 273	536	- -	4 845	4 727
湖　南	7 860	6 426	74	904	61	- -	8 013	7 928	34	- -	3 539	3 257
广　东	75 656	63 031	535	5 238	1 863	246	73 718	71 798	1 296	8	21 757	20 701
其中:深圳	23 056	20 642	- -	- -	- -	246	22 623	22 623	- -	- -	7 072	7 072
广　西	10 421	8 869	- -	464	402	- -	10 021	9 628	393	- -	3 798	3 307
海　南	1 277	1 206	- -	- -	- -	- -	1 270	1 270	- -	- -	562	540
重　庆	6 953	5 325	55	668	128	- -	6 880	6 753	127	- -	2 814	2 442
四　川	11 322	9 211	737	600	353	17	11 049	10 948	101	- -	4 801	4 553
贵　州	5 977	4 854	100	623	- -	- -	5 561	5 561	- -	- -	2 413	2 222
云　南	12 011	9 096	203	2 452	34	- -	13 932	13 753	26	11	3 863	3 845
西　藏	1 108	1 108	- -	- -	- -	- -	1 101	1 101	- -	- -	717	717
陕　西	7 824	7 473	- -	306	- -	- -	7 829	7 699	- -	- -	1 679	1 679
甘　肃	4 238	4 013	- -	- -	- -	- -	4 137	4 137	- -	- -	2 081	2 053
青　海	1 793	1 774	- -	19	- -	- -	1 790	1 790	- -	- -	1 283	1 229
宁　夏	2 248	2 193	- -	22	- -	- -	1 826	1 826	- -	- -	821	807
新　疆	7 123	6 756	- -	154	130	- -	7 164	7 164	- -	- -	3 487	3 284

图书馆基本情况(二)

在支出合计中						本年新购藏量		年末固定资产原值	增加值	公共房屋建筑面积			阅览室座席数	
税金支出	社会保障费	修缮费	设备购置费	新增藏量购置费	图书购置费	(千册(件))	新购图书	(千元)	(千元)	(千平方米)	书库	阅览室	(千个)	少儿阅览室座席
3 880	**46 147**	**22 737**	**123 533**	**94 269**	**76 588**	**3 285**	**2 686**	**1 655 064**	**243 615**	**1 595**	**396**	**355**	**112**	**28**
372	1 040	2 792	8 636	4 940	4 356	262	226	52 984	12 286	79	16	15	6	2
136	1 899	268	2 123	1 527	1 117	88	77	38 484	8 177	50	9	10	4	1
110	1 829	717	2 888	1 848	1 346	69	63	55 020	7 446	66	20	13	4	1
38	513	2 078	636	398	364	6	5	7 439	2 174	7	3	1	--	--
3	702	296	1 327	1 016	652	35	33	29 732	5 521	45	12	13	4	1
164	3 721	703	9 014	7 222	6 623	236	202	96 145	16 333	131	27	28	7	2
75	347	74	2 880	2 880	2 800	81	75	25 106	3 161	49	9	11	2	1
1	1 680	403	3 355	2 556	2 337	87	86	67 242	8 788	51	16	11	3	1
183	2 603	366	3 038	2 428	1 901	117	94	65 201	10 052	59	14	9	3	1
226	5 951	1 984	14 005	9 278	7 887	283	271	102 806	22 562	87	22	20	9	3
131	3 199	1 369	8 857	7 724	6 432	229	210	119 224	14 770	81	28	19	6	1
364	2 531	547	8 720	6 161	5 048	298	239	118 309	13 208	88	14	12	5	1
57	285	85	1 717	901	901	23	23	11 985	1 387	8	2	2	--	--
105	1 611	189	2 068	1 948	1 452	49	41	30 526	5 448	37	9	7	3	1
204	1 500	1 018	6 024	4 149	3 564	175	140	50 972	6 538	38	14	8	2	1
--	1 041	940	3 161	1 562	1 051	49	46	26 003	3 333	11	4	3	1	--
29	292	25	411	277	259	18	16	9 650	1 731	4	2	1	1	--
69	2 106	371	4 144	3 225	2 811	115	101	62 008	11 603	91	20	20	6	1
69	768	--	1 501	1 499	1 499	30	23	9 014	2 057	9	3	2	--	--
77	2 037	704	3 357	2 839	2 339	136	110	66 254	9 532	66	19	8	4	1
33	880	352	2 329	1 763	1 584	100	67	49 756	6 867	58	19	15	5	1
66	866	566	1 527	1 311	1 023	60	47	39 979	5 206	52	16	10	5	1
349	5 489	4 956	24 350	20 730	15 952	470	317	282 166	33 390	119	27	33	8	2
78	1 881	694	7 635	6 549	4 982	79	79	57 661	9 456	14	2	5	1	--
161	716	411	2 791	2 285	1 611	100	86	41 343	5 612	63	13	11	4	1
11	169	8	123	123	123	6	6	5 532	794	5	1	1	1	--
29	666	162	1 836	1 000	883	46	35	23 772	3 795	43	10	10	3	1
54	1 090	992	2 558	1 972	1 565	78	67	64 239	7 424	57	18	17	4	1
16	510	387	1 377	1 217	809	86	42	40 200	4 037	74	11	30	3	1
861	578	532	4 722	3 371	2 219	58	36	36 949	6 201	45	14	9	4	1
--	--	--	164	164	164	3	3	23 240	1 647	16	4	3	--	--
16	205	246	684	637	458	4	3	18 364	2 430	17	3	4	2	--
25	551	37	690	589	518	13	12	23 255	3 035	25	4	9	2	--
--	307	--	65	61	11	3	2	4 435	1 460	6	2	2	--	--
--	268	1	578	516	370	15	15	4 976	1 020	7	1	1	1	--
47	638	257	1 136	994	810	40	34	24 862	4 528	28	8	5	3	1

各地区县市级公共

地区	机构数(个)	从业人员(人)		总藏量(千册(件))							
			职工		古籍		图书	报刊	缩微制品	视听文献	其它
						善本					
总　计	**2 244**	**27 961**	**25 020**	**145 237**	**5 519**	**382**	**117 562**	**19 638**	**67**	**113**	**2 334**
北　京	5	142	142	591	2	－－	569	19	－－	－－	－－
天　津	6	162	152	510	8	－－	475	28	－－	－－	－－
河　北	133	1 046	1 024	5 388	84	9	4 659	538	－－	7	100
山　西	114	1 122	1 113	4 965	327	55	3 891	615	－－	1	131
内蒙古	95	1 161	1 157	3 243	52	4	2 739	441	－－	3	8
辽　宁	103	3 372	1 457	5 715	45	－－	5 334	250	－－	5	81
其中:大连	10	196	189	1 255	4	－－	1 139	51	－－	2	59
吉　林	49	963	956	3 069	26	－－	2 725	267	－－	4	46
黑龙江	84	1 022	1 006	4 038	9	1	3 408	448	－－	1	173
上　海	3	111	110	899	27	－－	848	23	－－	－－	－－
江　苏	87	1 095	1 039	10 014	542	26	8 593	828	－－	12	39
浙　江	69	1 032	980	8 012	493	23	6 592	876	2	19	31
其中:宁波	8	140	128	1 086	72	2	854	158	－－	1	1
安　徽	67	679	642	2 903	128	2	2 297	421	－－	－－	57
福　建	71	639	542	4 779	209	12	3 931	606	－－	1	33
其中:厦门	5	26	23	234	80	－－	147	6	－－	－－	－－
江　西	95	1 016	925	6 607	267	22	4 872	1 260	2	1	205
山　东	118	1 656	1 641	10 518	297	76	8 537	1 546	33	1	103
其中:青岛	10	130	130	1 314	9	1	1 194	108	3	－－	－－
河　南	117	1 749	1 632	5 190	151	10	4 045	900	1	5	88
湖　北	85	1 548	1 519	8 663	404	19	6 752	1 285	1	14	206
湖　南	101	1 224	1 179	7 954	449	12	6 122	1 230	－－	2	151
广　东	100	1 406	1 231	9 916	231	14	8 468	1 109	－－	28	80
其中:深圳	6	124	124	631	－－	－－	525	99	－－	7	－－
广　西	81	807	759	7 263	165	4	5 337	1 635	－－	1	125
海　南	17	193	174	1 175	5	－－	1 003	156	9	－－	3
重　庆	24	252	249	1 631	128	2	1 283	189	－－	2	28
四　川	111	984	973	7 064	446	13	5 140	1 267	－－	4	207
贵　州	80	508	502	3 178	44	5	2 589	431	－－	－－	113
云　南	130	1 063	1 058	7 450	309	20	5 906	1 059	3	－－	173
西　藏	－－	－－	－－	－－	－－	－－	－－	－－	－－	－－	－－
陕　西	106	1 214	1 139	4 496	282	19	3 542	633	－－	－－	39
甘　肃	82	711	665	3 650	150	31	2 814	597	16	－－	72
青　海	29	151	140	974	9	1	815	133	－－	－－	16
宁　夏	18	340	326	1 882	189	2	1 428	260	－－	－－	5
新　疆	63	507	497	2 946	6	－－	2 385	531	－－	2	22

图书馆基本情况(一)

总藏量中:(千册) 外文书刊	开架书刊	人均拥有藏书(册)	书架单层总长度(千米)	发放借书证数(千个)	千人拥有借书证(个)	总流通(千人次)	书刊外借人次	书刊外借册次(千册次)	为读者举办各种活动 次数(次)	参加人次(千人次)	信息服务 解答咨询(条)	代检索课题(项)	编制二、三次文献(种)
526	**41 268**	**64**	**3 297**	**2 875**	**50**	**99 526**	**56 732**	**92 663**	**25 077**	**7 638**	**432 490**	**28 066**	**38 819**
－－	359	117	18	8	73	381	284	513	69	27	924	－－	413
－－	349	84	10	6	84	392	294	309	47	43	872	4	7
18	1 119	40	133	132	40	4 402	3 268	4 559	1 476	235	23 550	731	501
9	1 593	43	87	85	58	2 011	1 204	1 559	464	176	17 067	76	17
4	636	34	82	66	49	1 380	906	1 502	671	54	6 785	595	63
11	2 217	55	133	121	47	5 448	2 786	5 703	820	441	29 689	2 682	11 248
5	377	125	29	39	32	1 352	627	1 357	167	135	5 400	524	982
78	806	62	60	51	60	2 350	1 242	2 649	6 963	151	6 862	590	438
－－	1 566	48	79	106	38	3 223	1 280	3 023	392	188	8 250	210	484
－－	434	298	21	24	37	1 143	599	808	66	26	3 781	37	22
34	3 222	115	234	236	42	7 422	4 676	7 718	925	718	28 621	1 937	282
20	2 402	116	257	174	46	5 463	3 551	6 350	493	422	20 381	1 749	3 349
6	407	135	68	31	35	1 320	814	2 219	97	51	4 980	504	47
2	752	43	50	62	46	4 094	1 477	2 586	1 414	101	10 772	360	85
5	1 308	67	114	98	48	3 661	1 945	3 348	419	182	12 632	6 218	7 873
－－	61	46	4	11	21	240	97	125	22	14	350	－－	－－
49	1 689	148	118	3 896	2 446	4 595	510	230	1 782	1 852	17 837	1 854	111
20	2 351	89	180	223	47	5 322	3 526	4 524	859	381	47 221	564	1 064
－－	391	131	16	15	87	642	418	562	72	157	11 070	66	20
55	1 206	44	118	131	39	4 745	3 081	4 412	3 852	212	22 016	981	427
16	1 960	101	240	217	39	5 373	3 502	5 240	950	709	16 762	822	613
21	1 752	78	185	210	37	5 181	3 114	5 147	570	505	30 196	606	241
28	5 340	99	180	206	48	10 345	4 949	6 894	775	418	26 782	853	187
1	492	104	18	13	48	1 431	272	550	156	14	7 075	43	3
15	1 560	89	161	70	103	5 347	2 452	3 609	505	413	20 486	3 600	9 344
15	762	69	24	13	90	657	255	476	93	104	2 158	313	9
1	456	67	69	31	52	1 261	830	1 698	129	176	5 811	69	45
15	2 009	63	168	118	59	3 957	2 185	3 903	609	551	15 760	701	629
10	523	39	59	46	69	1 334	872	1 241	222	108	5 538	439	36
7	1 362	57	202	103	72	4 835	2 787	4 325	402	327	15 916	528	899
－－	－－	－－	－－	－－	－－	－－	－－	－－	－－	－－	－－	－－	－－
50	1 057	42	76	81	55	2 208	1 257	2 317	357	239	12 159	872	132
4	797	44	64	64	57	1 177	491	857	631	289	6 930	54	32
1	72	33	21	10	97	178	109	163	31	14	930	210	－－
1	247	104	77	16	117	938	517	1 279	117	120	11 447	50	240
34	1 294	46	61	42	70	1 235	745	1 261	238	53	4 355	361	23

各地区县市级公共

地区	本年收入合计(千元)						本年支出合计(千元)					
		财政补助收入	上级补助收入	事业收入	经营收入	附属单位上缴收入		事业支出	经营支出	对附属单位补助支出	从业人员劳动报酬	职工工资总额
总计	431 680	370 768	7 521	22 712	5 825	426	436 590	428 886	4 192	201	215 912	207 668
北京	4 472	3 866	- -	29	- -	- -	4 262	4 262	- -	- -	1 966	1 966
天津	2 534	2 103	- -	410	- -	- -	2 534	2 534	- -	- -	1 379	1 263
河北	11 676	11 035	3	365	140	- -	11 671	11 593	41	- -	8 005	7 966
山西	10 485	10 165	82	100	- -	- -	10 474	10 467	- -	- -	7 233	7 145
内蒙古	13 297	12 940	12	117	15	- -	13 446	13 387	5	- -	8 723	8 358
辽宁	25 426	21 436	840	1 069	239	- -	25 107	24 859	192	- -	11 458	11 090
其中:大连	6 845	5 534	471	332	- -	- -	6 816	6 816	- -	- -	1 763	1 682
吉林	12 042	10 830	39	125	369	- -	11 943	11 913	30	- -	6 444	5 589
黑龙江	13 396	12 768	205	296	15	- -	13 407	13 406	1	- -	8 221	8 144
上海	5 182	3 695	124	195	27	103	5 075	5 034	41	- -	1 919	1 610
江苏	35 270	27 457	894	3 190	5	248	35 229	35 179	- -	- -	13 349	12 606
浙江	36 601	30 076	481	2 716	340	22	36 649	36 566	78	- -	13 976	13 773
其中:宁波	6 522	5 597	68	225	179	- -	6 616	6 566	50	- -	2 709	2 676
安徽	9 457	8 016	225	703	24	10	10 514	9 409	50	- -	5 340	4 983
福建	13 041	11 233	535	771	19	- -	13 160	12 930	109	89	6 416	6 118
其中:厦门	972	918	2	52	- -	- -	949	897	52	- -	379	379
江西	13 320	11 172	494	892	357	- -	13 320	12 710	497	25	6 780	6 475
山东	29 135	26 735	60	1 251	20	- -	29 084	29 045	20	- -	15 661	15 574
其中:青岛	4 870	4 167	- -	652	- -	- -	4 814	4 814	- -	- -	2 190	2 187
河南	16 032	13 999	176	764	175	- -	16 010	15 938	5	- -	9 833	9 772
湖北	23 733	16 330	517	1 989	1 788	- -	24 043	21 983	1 364	- -	10 098	9 594
湖南	15 634	12 236	447	945	1 031	- -	15 349	14 578	526	- -	8 319	8 079
广东	49 575	41 519	537	4 056	372	- -	53 092	52 279	445	- -	18 718	17 479
其中:深圳	12 677	10 755	15	1 535	- -	- -	13 102	13 102	- -	- -	3 568	3 568
广西	10 612	9 475	272	562	37	7	10 560	10 383	108	9	5 714	5 521
海南	2 300	2 009	175	11	- -	- -	2 282	2 267	15	- -	1 351	1 332
重庆	3 901	2 992	37	146	61	- -	3 854	3 601	81	6	1 814	1 715
四川	14 831	12 841	265	665	364	36	14 657	14 357	223	50	6 968	6 604
贵州	5 362	5 051	105	55	104	- -	5 373	5 312	34	- -	3 520	3 494
云南	20 822	18 937	781	411	185	- -	20 572	20 360	179	2	11 674	11 413
西藏	- -	- -	- -	- -	- -	- -	- -	- -	- -	- -	- -	- -
陕西	9 589	9 121	10	264	40	- -	10 960	10 859	13	- -	6 324	5 896
甘肃	7 612	7 289	40	121	55	- -	7 636	7 449	65	20	5 674	5 575
青海	2 220	2 214	- -	6	- -	- -	2 220	2 220	- -	- -	1 508	1 508
宁夏	3 858	3 569	- -	203	9	- -	3 828	3 767	61	- -	2 521	2 076
新疆	7 355	6 867	165	163	34	- -	7 275	7 235	9	- -	4 059	4 003

图书馆基本情况(二)

在支出合计中						本年新购藏量		年末固定资产原值	增加值	公共房屋建筑面积			阅览室座席数	
税金支出	社会保障费	修缮费	设备购置费	新增藏量购置费			新购图书				书库	阅览室		少儿阅览室座席
					图书购置费	(千册(件))		(千元)	(千元)	(千平方米)			(千个)	
1 644	**44 637**	**24 677**	**70 555**	**52 692**	**43 020**	**3 199**	**2 495**	**1 461 372**	**276 091**	**3 434**	**625**	**554**	**274**	**93**
17	455	524	572	379	296	20	14	11 607	2 449	15	3	3	1	- -
4	403	254	276	140	106	7	6	10 109	1 787	16	2	3	1	- -
22	1 481	145	890	633	541	55	49	67 836	10 744	132	25	23	13	4
12	945	390	895	720	570	81	76	29 362	8 422	78	18	14	9	3
6	1 566	412	982	740	559	59	45	28 588	9 875	60	13	16	8	3
166	3 113	1 067	3 570	2 983	2 858	192	138	60 966	14 063	96	22	17	12	4
28	731	326	1 750	1 461	1 461	57	55	20 761	2 622	22	4	3	2	1
35	1 627	367	1 421	568	482	37	31	24 448	7 460	44	8	12	8	3
4	1 604	996	1 332	1 157	858	72	57	37 344	9 721	66	16	18	8	3
2	627	4	1 073	946	935	40	35	16 853	2 596	13	4	3	1	- -
37	4 445	1 778	8 353	5 796	4 893	343	297	117 854	18 102	151	34	32	15	6
204	4 075	1 928	8 621	6 082	5 375	245	214	125 632	19 205	139	34	23	10	3
12	638	53	1 881	1 598	1 516	52	49	13 372	3 256	19	5	4	2	1
38	1 994	196	953	776	541	38	29	18 512	6 116	44	8	9	5	2
47	1 112	409	2 398	1 828	1 253	114	63	53 510	8 607	112	29	26	10	4
- -	70	- -	302	287	187	13	13	464	398	6	2	1	- -	- -
146	1 793	632	1 700	1 556	1 144	101	66	44 677	8 762	124	30	31	14	5
78	3 339	2 842	3 313	2 599	1 954	196	152	87 812	19 253	142	32	23	14	5
44	866	165	458	347	211	15	12	9 548	2 617	15	4	4	2	1
14	1 829	381	1 713	1 240	1 016	137	78	60 739	12 277	132	29	23	11	4
201	2 087	1 736	4 390	3 748	3 403	218	181	71 215	13 149	151	35	27	16	6
86	1 482	1 081	2 017	1 695	1 293	159	125	70 094	11 213	158	40	35	17	6
280	2 850	5 152	12 908	8 666	7 157	397	332	160 745	25 429	997	46	46	20	6
88	133	1 728	2 846	1 567	1 400	65	59	41 321	5 309	35	3	11	2	- -
53	797	781	1 806	1 419	846	96	61	42 204	7 452	106	34	33	15	5
13	120	23	525	331	285	24	21	19 618	2 151	28	6	6	3	1
17	513	87	714	644	490	46	25	23 571	2 775	41	7	7	3	1
48	1 658	991	2 537	1 965	1 486	165	123	79 966	10 213	144	33	33	17	5
3	622	189	595	519	348	32	28	17 200	4 211	65	15	15	7	2
62	1 002	1 204	3 409	2 645	2 158	116	94	77 431	14 833	151	39	32	15	5
- -	- -	- -	- -	- -	- -	- -	- -	- -	- -	- -	- -	- -	- -	- -
4	560	304	666	533	258	74	46	38 727	7 875	93	23	16	7	3
12	523	64	561	412	340	30	23	22 879	6 601	55	14	12	6	2
- -	568	16	80	76	36	2	1	4 531	1 688	13	4	3	1	- -
10	272	90	310	280	226	13	10	7 640	2 838	28	8	5	3	1
13	928	384	712	571	419	25	15	18 273	4 810	33	11	8	4	1

各地区公共图书

地区	总计					省区	
	经费自给率(%)	劳动报酬占总支出比重(%)	新购图书比上年增减(%)	劳动生产率(元/人)	平均每册新书单价(元)	经费自给率(%)	劳动报酬占总支出比重(%)
总计	**14.8**	**31.7**	**1.9**	**14 778**	**53.6**	**14.5**	**19.1**
中央	20.3	11.6	-1.4	38 766	432.6	--	--
地方	14.0	34.8	2.0	13 958	41.9	14.5	19.1
北京	16.7	31.0	--	19 603	27.3	5.0	25.8
天津	18.4	40.8	-12.5	15 396	32.3	16.3	33.2
河北	10.0	42.7	6.2	12 561	27.7	16.5	19.0
山西	4.8	46.6	-19.4	8 762	24.3	10.1	23.3
内蒙古	4.0	56.4	4.7	9 280	15.0	4.6	31.2
辽宁	10.9	34.6	2.3	7 880	24.2	14.9	22.6
其中:大连	7.7	21.1	34.0	14 714	32.7	--	--
吉林	6.2	42.1	-30.4	11 315	33.0	4.5	28.9
黑龙江	6.2	49.7	2.3	11 910	22.6	2.0	31.0
上海	14.2	14.2	27.5	33 348	168.3	11.5	7.9
江苏	16.6	35.3	3.6	20 378	31.2	11.7	34.2
浙江	22.2	29.6	8.2	19 545	29.4	25.4	14.3
其中:宁波	18.0	33.7	12.4	23 687	33.5	--	--
安徽	16.4	40.0	-11.2	10 825	26.9	25.2	20.2
福建	17.2	34.9	2.0	16 426	28.7	39.1	27.0
其中:厦门	10.6	27.4	-11.9	31 886	20.9	--	--
江西	13.4	47.3	15.7	10 626	20.5	19.3	44.3
山东	7.3	39.1	11.5	13 969	30.7	3.7	10.3
其中:青岛	12.1	41.3	-28.5	20 232	48.8	--	--
河南	10.7	47.6	22.6	9 648	20.0	11.8	26.2
湖北	24.3	42.5	1.4	10 211	24.6	16.0	33.2
湖南	23.8	44.9	-6.1	11 450	17.0	35.1	32.0
广东	17.0	31.9	12.3	24 114	36.4	26.7	32.2
其中:深圳	12.0	29.7	65.0	43 171	46.5	--	--
广西	14.2	41.8	-36.5	11 966	25.8	19.3	32.9
海南	5.2	53.8	28.5	11 779	15.1	--	--
重庆	25.8	34.3	2.4	13 981	26.6	28.8	24.4
四川	12.5	41.8	1.9	12 583	23.0	13.9	30.5
贵州	13.3	50.7	-11.7	11 483	22.0	19.9	39.4
云南	12.3	43.9	-29.3	15 459	36.5	21.3	36.0
西藏	--	65.1	49.7	39 204	54.4	--	--
陕西	3.8	43.1	107.1	8 141	20.2	1.6	45.6
甘肃	4.1	54.3	--	10 495	41.2	3.7	32.4
青海	7.5	50.4	99.8	14 851	33.4	14.7	30.1
宁夏	4.3	56.5	54.9	9 975	21.7	--	49.7
新疆	7.4	49.3	-18.3	11 443	27.7	24.2	31.5

馆活动情况分析

市级			地市级					县市级				
新购图书比上年增减（%）	劳动生产率（元/人）	平均每册新书单价（元）	经费自给率（%）	劳动报酬占总支出比重（%）	新购图书比上年增减（%）	劳动生产率（元/人）	平均每册新书单价（元）	经费自给率（%）	劳动报酬占总支出比重（%）	新购图书比上年增减（%）	劳动生产率（元/人）	平均每册新书单价（元）
10.8	**23 454**	**105.8**	**15.2**	**36.2**	**3.8**	**17 039**	**28.5**	**12.3**	**49.4**	**－4.2**	**9 874**	**17.2**
－－	－－	－－	－－	－－	－－	－－	－－	－－	－－	－－	－－	－－
10.8	23 454	105.8	15.2	36.2	3.8	17 039	28.5	12.3	49.4	－4.2	9 874	17.2
37.6	21 035	47.2	22.8	31.9	－2.1	19 439	19.2	14.2	46.1	－57.5	17 245	21.1
－29.9	17 004	48.3	20.8	45.9	20.3	15 457	14.5	17.0	54.4	19.9	11 030	17.6
67.9	18 760	56.9	9.8	35.9	10.5	15 226	21.3	5.4	68.5	－22.2	10 271	11.0
21.8	13 651	50.8	3.4	31.9	－66.6	10 815	72.6	2.2	69.0	－25.4	7 506	7.4
33.3	9 443	13.8	6.2	54.8	－－	11 019	19.7	2.5	64.8	－6.2	8 505	12.4
－7.2	32 461	－－	8.3	31.9	2.0	12 690	32.7	12.5	45.6	6.1	4 170	20.7
－－	－－	－－	4.9	18.3	38.8	16 044	37.3	12.3	25.8	30.9	13 376	26.5
－11.9	15 901	80.5	4.4	39.5	－31.7	15 805	27.1	9.8	53.9	－36.7	7 746	15.5
53.2	15 156	51.6	10.1	45.6	－2.0	14 825	20.2	3.1	61.3	－3.3	9 511	15.0
50.6	42 902	286.8	22.2	33.4	10.6	21 798	29.1	26.8	37.8	－7.8	23 385	26.7
－21.2	30 690	102.7	16.1	33.0	28.0	21 752	30.6	19.6	37.8	－2.6	16 531	16.4
6.4	18 395	65.1	27.6	30.6	31.3	21 687	21.1	16.4	38.1	－8.9	18 609	25.1
－－	－－	－－	26.6	21.6	－17.8	24 763	39.1	12.9	40.9	36.1	23 255	30.9
－－	13 850	24.3	14.9	39.6	－4.6	12 758	35.4	12.8	50.7	－29.2	9 007	18.6
21.0	15 674	50.8	7.7	28.5	21.7	24 124	25.4	9.7	48.7	－30.7	13 469	19.8
－－	－－	－－	11.1	26.1	－13.2	36 622	22.8	5.4	39.9	－－	15 301	14.3
－61.4	18 609	143.7	18.7	53.5	－60.9	10 490	16.1	10.9	47.3	72.5	9 234	16.1
－14.6	24 422	78.4	10.3	49.5	26.2	17 062	27.8	8.0	53.8	16.9	11 626	12.8
－－	－－	－－	9.4	36.7	－7.9	20 364	65.1	14.6	45.4	－49.9	20 129	17.5
－14.2	17 378	43.1	9.4	43.5	61.7	14 142	21.2	11.6	61.4	－1.2	7 019	13.0
－12.1	18 019	55.5	16.9	49.0	－39.6	12 284	23.6	29.4	41.9	41.4	8 494	18.8
－21.1	18 200	25.7	17.0	44.1	4.4	13 280	21.7	19.5	54.1	0.8	9 160	10.3
71.6	31 348	41.0	16.5	29.5	－－	29 679	50.3	14.2	35.2	10.6	18 085	21.5
－－	－－	－－	10.6	31.2	113.4	43 374	63.0	14.5	27.2	28.2	42 811	23.7
－－	14 004	50.8	15.4	37.9	40.9	16 033	18.7	8.2	54.1	－69.7	9 234	13.8
－－	－－	－－	5.5	44.2	19.9	13 927	20.4	5.0	59.2	31.2	11 144	13.5
16.3	19 494	30.0	22.8	40.9	84.1	12 361	25.2	23.6	47.0	－46.7	11 011	19.5
－28.5	16 640	89.9	12.4	43.4	－8.2	14 997	23.3	11.8	47.5	17.1	10 378	12.0
－37.4	14 730	99.8	18.3	43.3	－12.4	16 476	19.2	3.8	65.5	－－	8 289	12.4
－31.9	22 432	58.8	19.6	27.7	－57.1	17 082	61.6	5.3	56.7	－4.0	13 953	22.9
－－	－－	－－	－－	65.1	49.7	39 204	54.4	－－	－－	－－	－－	－－
124.6	16 193	50.8	4.5	21.4	－62.4	11 911	152.1	4.2	57.7	187.3	6 486	5.6
2.9	11 313	57.8	5.4	50.3	－19.9	13 732	43.1	3.7	74.3	14.9	9 283	14.7
99.8	21 256	40.7	1.0	71.6	99.0	13 151	5.4	0.2	67.9	－－	11 178	35.6
199.0	14 694	13.3	3.0	44.9	149.7	10 735	24.6	7.5	65.8	－23.0	8 346	22.5
－－	12 693	－－	5.1	48.6	3.0	14 238	23.8	4.4	55.7	－42.2	9 486	27.9

公共图书馆业主要指标解释

总藏量:指本馆已编目的古籍、图书、期刊和报纸的合订本、小册子、手稿,以及缩微制品、录像带、录音带、光盘等视听文献资料数量之和。

对同一书名,但分若干册(卷)的图书,按每一册(卷)作为一册统计。期刊和报纸均以每一合订本为一册统计。至填报本表时,尚未装订成册的期刊和报纸不应统计在内。

古籍、善本:指实际成书和出版年代在1911年(含1911年)以前的线装、卷轴装、经折装、蝴蝶装、包背装等书籍为古籍;其中清乾隆六十年,即1795年(含1795年)以前的古籍为善本,1795年-1911年间的具有历史文献性、学术资料性和印刷装帧艺术代表性的也归为善本。

图书:指不少于49页并在"古籍"范围以外的图书。少儿读物、连环画49页以上的按图书统计,48页以下的按小册子统计到"其它"类中。

报纸:指刊登当前事件的专题或综合新闻,每周至少出版一张并按年、月、日顺序或按编号排列的连续出版物。

期刊:指同一刊名下,按顺序号或按年、月、日、出版的定期或不定期的一种连续出版物。

缩微制品:指本馆所有经过缩微处理制成缩微胶卷和缩微平片,使用时需要放大的文献资料。

视听文献:指要求使用专用设备阅读和(或)听声的非书型、非缩微制品型文献。包括声频文献(例如:唱片、录音带、盒式磁带等),视频文献(例如:幻灯片、透明正片等)和声频与视频混合文献(例如:有声电影、录像片等)。

其他:指手稿和48页以下的小册子等。

书架单层总长度:指按书架(包括书柜)每层(不包括书架顶部遮尘板)长度累计计算的长度,其中两面放书的书架每层应按两个长度计算。

发放借书证数:指图书馆发放并正在使用的有效的借书证累计数。

总流通人次:指包括在馆内阅读和借出阅读书、刊、缩微制品、视听文献等的读者人次。

外借人次:指由馆内借出阅读中外文书、刊的读者人次。

书刊外借册次:指读者通过借阅手续借出,在馆外阅读的书、刊册次,包括外文图书。

解答咨询:指利用图书馆学、文献学知识和工具解答读者的问题,包括电话、口头或简单书面咨询等,以问题的条数计算。

代检索课题:指通过手工和机检为读者完成的定题和回溯检索服务项目。

编制二、三次文献:指图书馆编辑的书目、索引、文摘、专题述评、综述、进展报告、书目指南等。

“九五”期间全国群众文化事业发展概述

李 建 军

“九五”期间，全国群众文化事业取得了一定成绩，群众文化活动丰富多彩，社区文化、村镇文化、企业文化、校园文化等蓬勃开展。从整体看，“九五”期间全国群众文化事业发展情况如下：

一、群众文化活动异彩纷呈

“九五”期间，全国群众文化事业，依托群艺馆、文化馆、文化站等单位，积极拓展群众文化活动的空间和范围，开展文学艺术、时政宣传、业余教育、艺术教育、群众体育、科学知识普及、文化娱乐等丰富多彩的文化活动，为精神文明建设做出了突出贡献。

“九五”期间，全国文化部门的群艺馆、文化馆、文化站举办展览43.7万个；组织文艺活动135万次；举办各类训练班65.8万班次，结业人次达2306万人次；组织录像放映1952万场，观众人次达56亿人次。截至2000年底，全国群艺馆、文化馆、文化站的藏书达8562万册，比1995年增加5977万册，增长2倍多；收藏文物81988件。

二、国家投入有所增长，业务费依然不足

目前全国的群艺馆、文化馆、文化站等群众文化单位大部分设施简陋、由于物价和工资增长等诸多因素，业务费拮据，开展业务活动越来越困难，但“九五”期间全国群众文化事业的财政补助收入、总支出及平均每馆(站)的财政补助收入和总支出均比“八五”期间有所增长：

——财政补助收入增长108.4%。“九五”期间，全国群众文化事业累计财政补助收入49.02.亿元，比“八五”增加28亿元，增长133.2%。2000年，全国群众文化事业的财政补助收入为11.8亿元，比1995年增加6.16亿元，增长108.4%。其中群艺馆、文化馆的财政补助收入分别为2.35亿元和5.44亿元，比1995年分别增加1.3亿元和1.95亿元，增长77.9%和55.9%。

——事业收入增幅低于财政补助收入的增幅，只增长60.3%。2000年，全国群众文化事业的事业收入为2.59亿元，比1995年增加9750万元，增长60.3%。其中群艺馆、文化馆的事业收入分别为4743万元和1.06亿元，比1995年增加3395万元和3012万元，增长251.8%和39.9%。

——总支出增长125.3%，其增幅高于财政补助收入的增幅16.9个百分点。2000年，全国群众文化事业的总支出为18.84亿元，比1995年增加10.48亿元，增长125.3%。其中群艺馆、文化馆、文化站的总支出分别为3.3亿元、7.8亿元和7.66亿元，比1995年增加1.3亿元、2.06

亿元和1.7亿元,增长65.3%、35.4%和28.5%。

——业务费虽有较大增幅,但其占总支出的比重仍远远低于人员费用占总支出比重31.6个百分点。"九五"期间全国群众文化事业费累计达11.28亿元,比"八五"增加7.16亿元,增长57.5%。2000年全国群众文化事业的业务费为2.79亿元,比1995年增加1.74亿元,增长165.3%。业务费占总支出比重由1995年的12.6%增至2000年的14.8%,增加了2.2个百分点。同期,全国群众文化事业的人员费用8.75亿元,比1995年增加4.37亿元,增长99.8%。人员费用占总支出比重高达46.4%,虽然比1995年减少了6个百分点,但仍超过业务费占总支出的比重31.6个百分点。"人头费"挤占业务费,影响群众文化机构开展业务活动现象依然存在。

——从平均每馆财政补助收入的增长来看,2000年来,群艺馆、文化馆分别为24.85万元和18.7万元,比1995年增加24.85万元和6.59万元,增长70.1%和54.4%。

——从平均每馆总支出增长来看,2000年,群艺馆、文化馆分别为84.6万元和27.1万元,比1995年增加37.17万元和8.99万元,增长138.6%和49.6%。

三、机构、人员达到一定规模,但呈递减趋势

"九五"期末,全国群众文化事业机构45321个。其中:群艺馆390个、文化馆2907个、文化站42024个。全部从业人员12.8万人。其中群艺馆11620人、文化馆43246人、文化站73554人。由文化部门群艺馆、文化馆负责指导的单位共计43.3万个。共有农村集镇文化中心22171个、文化俱乐部(室)104587个、图书室59312个、文化户180470个、民间职业剧团2940个、群众业余演出团(队)3615个、民间零散艺人27658人。全国群众文化事业机构,2000年比1995年减少2976个,下降6.2%,2000年从业人员比1995年减少2423人,下降1.8%。

尽管"九五"期间全国群众文化事业的机构、人员达到了一定规模,但与1995年末相比呈下降趋势,主要表现在:

(一)机构、人员均有减少,机构的递减速度快于人员的递减速度。

从各年度机构定基增减速度看,2000年与1995年相比,下降6.2%;从各年度人员定基增减速度来看,2000年与1995年相比,下降1.8%。

(二)群众艺术馆、文化馆、文化站的发展很不平衡,文化站的减少是群众文化事业机构、人员减少的决定因素。

2000年与1995年比,群众艺术馆的机构和人员是逐年略有增加,文化馆5年中在起伏中略有回升。文化站机构人员的减少,影响了群众文化事业机构人员总体指标的下滑,特别是乡镇文化站下降幅度最大。2000年,文化站机构比1995年减少3014个,下降6.6%,人员减少1003人,下降1.3%。其中,乡镇文化站减少2285个,下降5.5%。

四、问题和建议

2000年末，全国仍有57个县无文化馆，占县级行政区域单位总数的3.4%；221个县文化馆无馆舍，占文化馆总数的7.6%；43个县文化馆的馆舍面积小于300平方米，占文化馆总数的1.5%。全国还有5000多个乡镇没有文化站，占乡镇总数的9.6%。全国有799个文化馆全年无业务费支出，占文化馆总数的27.5%，群众文化事业务费占总支出的比重仍远远低于人员费用占总支出的比重，"人头费"挤占业务费的现象依然存在，业务费拮据困扰着群众文化事业的发展。总之，群众文化机构开展业务活动越来越困难，尤其乡镇文化站的减少应引起各级文化主管部门的关注。

各地区群众艺术馆、文

地　区	机构数（个）	从业人员（人）		举办展览个数（个）	组织文艺活动次数（次）	举办训练班		录像放映	
			职　工			班次（次）	结业人次（千人次）	场次（场次）	观众人次（千人次）
总　计	**45 321**	**128 420**	**104 171**	**91 670**	**276 574**	**143 370**	**4 939**	**2 815 725**	**212 702**
北　京	278	1 558	1 194	798	5 382	2 546	154	10 043	548
天　津	306	1 367	994	619	3 069	3 062	76	15 461	526
河　北	2 257	5 950	5 128	7 099	17 997	15 233	517	34 998	3 790
山　西	1 851	4 236	4 211	1 707	4 527	1 405	68	8 294	437
内蒙古	1 712	4 460	4 205	3 166	11 294	5 552	192	41 060	1 612
辽　宁	1 520	4 310	3 627	3 255	10 365	4 712	147	38 974	1 085
其中:大连	154	510	414	365	2 478	837	19	3 796	82
吉　林	894	3 404	3 082	1 191	3 745	1 586	72	9 276	760
黑龙江	1 201	3 167	3 029	2 036	8 149	3 109	153	16 712	705
上　海	340	3 874	2 892	1 154	7 629	3 007	68	59 062	2 174
江　苏	1 771	6 695	6 430	6 619	17 058	6 488	299	174 222	4 457
浙　江	1 932	6 082	5 545	7 908	20 121	9 960	305	306 355	12 099
其中:宁波	178	897	699	806	2 854	1 700	44	43 091	2 526
安　徽	1 898	4 945	3 846	2 791	5 181	2 132	70	26 824	901
福　建	1 085	2 255	1 767	2 657	7 689	4 885	113	33 570	21 906
其中:厦门	39	109	84	60	341	152	5	581	51
江　西	2 000	4 432	2 777	2 327	5 816	3 376	89	64 672	4 145
山　东	2 581	6 359	5 211	5 634	16 033	17 666	161	73 769	7 841
其中:青岛	212	591	455	1 095	2 569	888	37	10 946	1 156
河　南	2 479	6 840	5 945	4 183	9 203	5 552	249	44 960	2 745
湖　北	1 695	5 928	4 865	2 785	11 588	3 080	94	56 706	6 076
湖　南	2 667	6 198	5 523	1 715	9 352	2 810	93	133 326	4 213
广　东	2 042	8 863	5 729	6 918	22 969	11 932	558	992 064	110 235
其中:深圳	51	873	864	315	1 752	937	45	412 391	52 267
广　西	1 408	3 387	2 994	2 100	8 349	4 557	150	33 924	1 347
海　南	327	661	619	525	1 454	779	18	9 955	1 279
重　庆	1 248	3 071	2 036	3 480	10 491	2 236	51	53 472	2 333
四　川	3 865	8 522	5 873	7 259	17 536	8 693	284	163 561	4 765
贵　州	1 030	2 142	1 887	986	4 202	991	50	26 369	2 054
云　南	1 734	4 350	4 050	3 427	12 437	3 220	178	194 492	6 491
西　藏	94	340	237	28	346	25	– –	2 794	119
陕　西	2 055	5 184	3 959	3 814	8 612	6 320	236	99 295	4 599
甘　肃	1 432	5 058	2 235	2 038	5 101	4 533	111	31 790	1 191
青　海	250	705	600	150	1 043	290	108	3 580	108
宁　夏	309	1 093	974	1 250	4 247	994	140	6 833	731
新　疆	1 060	2 984	2 707	2 051	5 589	2 639	135	49 312	1 430

化馆（站）基本情况（一）

藏书（千册）	藏文物（件）	本年收入合计（千元）	财政补助收入	上级补助收入	事业收入	经营收入	附属单位上缴收入	其他收入
85 617	**81 988**	**1 868 963**	**1 184 298**	**101 460**	**259 268**	**161 949**	**24 750**	**137 238**
713	－－	47 007	25 942	4 441	9 946	2 967	－－	3 711
423	908	26 302	14 215	319	4 235	3 208	1 427	2 898
5 113	1 100	57 338	51 614	237	2 757	1 172	－－	1 558
1 075	25	30 950	26 735	463	1 352	884	5	1 511
1 376	10	38 383	33 876	995	1 245	372	－－	1 895
3 935	1 184	61 558	50 536	2 680	4 765	2 265	194	1 118
689	1 154	12 404	9 304	1 281	1 607	3	2	207
582	511	37 351	33 836	2	1 334	1 660	116	403
1 763	－－	37 851	35 407	289	831	115	－－	1 209
3 399	14	148 128	50 198	6 918	51 302	16 970	3 789	18 951
14 042	3 869	164 682	85 210	8 413	31 437	21 033	3 582	15 007
6 860	2 542	175 672	94 462	22 820	25 982	9 189	3 114	20 105
1 222	－－	33 596	13 938	4 291	8 446	1 788	1 797	3 336
652	－－	42 741	36 094	311	2 237	889	159	3 051
1 411	12 815	41 304	28 954	3 272	4 814	1 320	62	2 882
15	－－	7 473	6 003	41	942	265	26	196
1 853	2 871	31 509	25 042	531	2 699	835	44	2 358
5 248	1 213	86 745	72 946	1 267	4 529	1 875	144	5 984
703	－－	16 067	11 090	662	1 005	549	110	2 651
2 493	4 611	56 693	46 298	537	5 219	1 872	66	2 701
2 192	3 677	76 133	38 316	2 903	12 728	17 375	447	4 364
5 109	52	56 394	35 711	1 636	8 577	7 331	77	3 062
10 663	－－	264 140	121 131	33 418	44 216	34 441	8 703	22 231
1 049	－－	66 320	29 677	7 260	13 906	6 357	1 406	7 714
4 381	1	34 313	26 388	560	4 106	905	14	2 340
543	720	8 862	6 454	1 073	413	500	－－	422
737	885	47 286	22 023	171	7 090	13 926	226	3 850
2 833	3 804	88 317	47 299	2 716	15 173	13 298	1 263	8 568
526	87	19 734	16 568	603	1 184	487	64	828
2 197	3 239	72 476	59 497	2 967	4 483	3 257	643	1 629
172	－－	6 073	5 564	50	76	351	－－	32
1 391	26 150	37 939	30 274	592	2 472	1 812	479	2 310
1 565	10 266	21 848	19 800	120	719	629	－－	580
172	128	8 657	8 293	13	190	47	－－	114
217	665	11 480	8 785	985	521	365	－－	824
1 981	641	31 097	26 830	158	2 636	599	132	742

各地区群众艺术馆、文

地区	本年支出合计(千元)	事业支出	经营支出	对附属单位补助支出	在支出合计中：从业人员劳动报酬	工资总额	税金支出	社会保障费	修缮费	设备购置费	业务费
总计	**1 884 371**	**1 747 586**	**105 319**	**14 312**	**875 207**	**823 576**	**18 927**	**159 621**	**101 471**	**77 374**	**279 092**
北京	46 806	43 871	2 880	55	13 994	12 573	743	2 393	5 584	2 317	10 115
天津	26 326	25 928	338	60	12 260	11 170	398	3 704	922	524	3 806
河北	57 141	56 184	804	116	38 600	37 664	197	5 480	689	1 539	5 213
山西	31 505	30 453	480	--	19 195	18 845	196	3 832	744	436	2 962
内蒙古	37 987	37 392	331	2	24 009	23 961	105	3 302	1 931	1 254	2 944
辽宁	61 718	59 711	1 644	--	27 306	26 351	458	7 029	3 773	955	8 865
其中:大连	12 267	12 258	9	--	4 542	4 456	106	1 603	295	298	3 124
吉林	37 481	36 589	688	--	22 022	21 412	188	6 340	836	744	2 768
黑龙江	38 042	38 020	22	--	23 962	23 920	73	5 652	1 207	433	3 741
上海	149 845	135 380	11 175	573	53 105	46 090	3 802	13 438	5 977	7 508	18 854
江苏	163 943	144 638	17 250	822	64 955	58 720	1 108	15 241	13 958	8 000	27 316
浙江	171 937	163 176	5 953	1 936	66 280	63 503	1 041	11 205	11 252	9 710	35 238
其中:宁波	33 323	31 639	1 251	103	11 730	10 948	183	2 106	1 022	1 542	10 998
安徽	43 016	42 019	476	--	25 654	25 088	465	8 531	1 413	520	3 164
福建	41 345	39 806	1 073	14	17 637	16 678	279	3 853	1 523	1 097	10 847
其中:厦门	7 254	7 037	217	--	1 742	1 586	9	641	322	133	3 835
江西	31 673	31 007	605	--	18 820	18 150	331	4 493	632	707	3 555
山东	89 094	87 773	1 156	126	51 660	50 774	252	8 013	3 923	4 348	9 541
其中:青岛	16 205	15 800	356	49	6 696	6 654	51	1 929	577	566	2 591
河南	56 474	55 298	1 107	45	34 317	33 479	276	8 425	1 075	1 113	4 921
湖北	78 411	71 038	7 057	27	32 609	30 198	796	6 077	7 128	3 721	13 822
湖南	56 956	52 192	4 421	138	31 515	30 133	460	5 344	1 871	1 754	6 738
广东	272 129	232 397	25 054	9 501	86 297	74 941	3 321	9 214	15 790	18 448	46 264
其中:深圳	68 048	59 770	3 385	4 773	22 431	22 372	991	1 321	2 383	3 478	9 536
广西	34 254	33 315	553	40	19 740	18 903	663	2 756	1 479	603	4 585
海南	8 871	8 681	178	12	4 800	4 646	73	560	309	285	1 789
重庆	48 891	38 689	10 077	125	18 442	16 392	1 101	2 809	3 849	3 600	10 434
四川	89 265	79 177	8 301	177	40 365	36 051	1 669	6 906	5 494	2 950	15 819
贵州	19 757	19 419	328	10	12 381	12 272	104	1 742	209	315	3 853
云南	73 116	69 924	1 621	473	39 688	38 179	254	2 528	6 006	2 593	11 566
西藏	6 069	6 033	31	5	4 027	3 859	10	580	166	52	555
陕西	36 479	35 213	772	4	22 335	21 925	183	2 948	1 794	284	3 532
甘肃	22 510	21 692	523	37	14 625	14 384	80	1 564	376	376	2 048
青海	8 698	8 677	21	--	5 532	5 347	--	1 666	76	190	499
宁夏	12 020	11 727	278	--	7 588	7 084	152	1 404	191	162	1 487
新疆	32 612	32 167	122	14	21 487	20 884	149	2 592	1 294	836	2 251

化馆（站）基本情况（二）

年末固定资产原值（千元）	经费自给率（%）	劳动报酬占总支出比重（%）	当年提取修购基金（千元）	增加值（千元）	劳动生产率（元/人）	公用房屋建筑面积（千平方米）	群众艺术馆、文化馆负责指导的单位的基本情况				
							农村集镇文化中心（个）	文化俱乐部（室）（个）	图书室（个）	文化户（个）	群众业余演出团（队）（个）
4 793 223	**31.4**	**46.4**	**101 637**	**1 086 385**	**8 459**	**12 299**	**22 171**	**104 587**	**59 312**	**180 470**	**36 151**
72 056	35.5	29.8	155	17 618	11 308	111	89	492	108	11	367
50 869	44.8	46.5	127	14 695	10 749	139	137	724	119	629	567
123 386	9.6	67.5	3 718	43 730	7 349	422	1 215	11 964	6 926	27 628	6 890
58 362	12.1	60.9	--	21 724	5 128	176	740	8 914	4 890	21 582	1 058
103 106	9.3	63.2	--	28 247	6 333	343	1 992	3 722	1 902	9 109	457
110 042	13.5	44.2	9 601	32 162	7 462	335	584	4 602	1 897	11 241	648
29 483	14.8	37.0	254	5 827	11 425	85	130	634	148	4 737	152
54 421	9.4	58.7	1 218	24 382	7 162	115	316	2 510	2 448	1 979	274
64 131	5.6	62.9	--	26 602	8 399	142	1 030	3 092	2 904	4 018	1 195
471 926	62.1	35.4	33 194	75 779	19 560	362	203	57	84	16	140
557 503	43.8	39.6	2 649	88 448	13 211	1 254	1 459	9 361	2 820	11 519	978
353 760	34.5	38.5	2 314	81 471	13 395	892	734	3 304	887	3 734	1 074
56 348	46.7	35.2	378	14 167	15 793	186	106	485	94	1 245	223
34 973	14.9	59.6	1 402	27 516	5 564	141	672	1 268	545	1 962	1 229
82 006	22.2	42.6	4 111	21 240	9 419	343	674	2 736	1 226	3 613	956
9 574	19.6	24.0	--	2 148	19 704	16	12	201	178	416	34
79 820	18.7	59.4	2 320	22 340	5 040	330	946	5 723	3 137	9 809	1 146
131 639	14.0	57.9	697	57 173	8 990	379	1 573	7 896	5 054	16 072	2 367
16 761	26.7	41.3	6	7 416	12 548	56	151	2 106	1 637	1 758	983
125 568	17.4	60.7	1 493	39 607	5 790	361	1 300	4 738	4 281	8 619	3 453
253 989	44.7	41.5	1 326	43 571	7 350	901	1 318	2 062	1 774	4 293	726
130 984	33.6	55.3	--	37 217	6 004	410	986	4 011	2 525	12 031	964
851 747	42.5	31.7	11 722	123 899	13 979	1 922	966	6 349	4 885	3 415	1 073
139 474	46.5	32.9	630	28 999	33 217	149	17	7	--	--	25
99 081	21.7	57.6	2	24 449	7 218	343	758	2 237	1 904	12 366	2 884
20 765	15.0	54.1	3 494	5 705	8 630	68	167	1 357	707	817	153
117 743	51.4	37.7	2 323	24 249	7 896	307	276	2 333	598	4 046	348
255 699	43.7	45.2	3 870	52 406	6 149	899	1 352	5 260	2 222	6 584	911
38 688	12.9	62.6	989	14 033	6 551	101	347	253	475	309	260
190 618	13.9	54.2	3 933	47 536	10 927	541	583	2 089	743	1 035	3 214
48 000	7.5	66.3	817	5 954	17 511	43	33	17	10	52	260
97 346	19.6	61.2	8 201	26 426	5 097	285	893	2 917	1 736	2 494	1 138
81 776	8.6	64.9	620	17 977	3 554	264	493	1 828	777	626	661
13 979	4.0	63.6	5	6 090	8 638	50	30	102	41	18	477
26 388	14.2	63.1	356	8 793	8 044	96	21	127	18	76	55
92 852	12.7	65.8	980	25 346	8 493	224	284	2 542	1 669	767	228

各地区群众艺

地区	机构数(个)	从业人员(人)		举办展览个数(个)	组织文艺活动次数(次)	举办训练班		录像放映	
			职工			班次(次)	结业人次(千人次)	场次(场次)	观众人次(千人次)
总计	**390**	**11 620**	**11 176**	**1 837**	**8 462**	**7 045**	**210**	**17 561**	**977**
北京	1	29	29	2	60	10	1	--	--
天津	1	64	62	6	30	26	1	--	--
河北	12	608	604	90	442	442	12	300	6
山西	12	458	452	73	124	60	3	1 200	28
内蒙古	13	454	447	28	170	238	3	--	--
辽宁	23	737	712	92	400	189	16	471	3
其中:大连	2	54	54	13	21	23	2	2	1
吉林	13	490	489	24	288	74	2	--	--
黑龙江	15	406	381	71	553	231	5	290	18
上海	3	105	102	49	182	189	2	--	--
江苏	14	409	405	72	304	251	8	1 260	12
浙江	12	438	430	143	515	761	19	8 790	86
其中:宁波	1	67	67	33	50	126	3	--	--
安徽	14	337	336	58	348	225	5	--	--
福建	10	149	146	44	150	162	4	--	--
其中:厦门	1	26	23	4	33	41	1	--	--
江西	12	340	317	44	191	212	4	--	--
山东	19	627	620	155	663	560	8	--	--
其中:青岛	1	53	51	20	60	30	--	--	--
河南	23	660	599	129	732	186	6	--	--
湖北	18	776	720	60	202	139	4	360	36
湖南	15	474	464	38	160	226	7	600	12
广东	21	463	433	95	666	808	20	--	--
其中:深圳	1	68	68	8	35	120	5	--	--
广西	15	337	323	53	276	355	13	750	10
海南	3	69	69	22	42	69	1	--	--
重庆	4	146	141	25	115	104	2	--	--
四川	27	773	729	181	710	578	22	--	--
贵州	8	183	183	28	145	105	3	--	--
云南	20	465	464	75	247	258	25	3 540	766
西藏	7	183	179	3	25	4	--	--	--
陕西	11	390	345	28	103	66	3	--	--
甘肃	15	369	358	59	110	130	2	--	--
青海	9	165	165	11	218	81	2	--	--
宁夏	4	131	99	14	86	8	--	--	--
新疆	16	385	373	65	205	298	7	--	--

术 馆 基 本 情 况 (一)

藏书(千册)	藏文物(件)	本年收入合计(千元)						
			财政补助收入	上级补助收入	事业收入	经营收入	附属单位上缴收入	其他收入
654	**457**	**329 094**	**235 195**	**8 365**	**47 427**	**9 206**	**5 113**	**23 788**
– –	– –	4 466	4 221	155	86	– –	– –	4
– –	– –	2 430	1 359	– –	1 071	– –	– –	– –
53	– –	14 545	12 751	– –	372	439	– –	983
17	– –	8 204	7 111	20	284	329	– –	460
10	– –	6 696	5 881	– –	252	– –	– –	563
54	– –	19 107	15 497	60	1 372	1 587	192	399
12	– –	2 377	1 713	– –	480	– –	– –	184
19	– –	11 673	10 634	– –	297	613	116	13
18	– –	9 997	8 887	171	153	115	– –	671
– –	– –	9 384	4 195	826	2 725	– –	1 254	384
19	– –	20 545	10 796	581	6 763	352	287	1 766
20	– –	28 611	13 336	1 361	9 446	1 084	628	2 756
– –	– –	8 308	3 309	1 279	3 566	– –	– –	154
8	– –	8 437	6 015	34	731	4	137	1 516
7	49	9 021	7 061	847	396	159	27	531
1	– –	4 133	3 802	– –	146	159	26	– –
25	– –	5 645	4 643	13	426	84	– –	479
54	– –	17 746	14 121	447	1 077	– –	118	1 983
3	– –	3 797	2 008	447	– –	– –	90	1 252
45	– –	13 185	11 007	35	1 520	83	58	482
42	– –	14 162	8 208	471	1 765	2 588	129	1 001
– –	– –	12 214	7 759	522	3 072	175	– –	686
15	– –	26 005	20 001	1 092	2 771	5	144	1 992
– –	– –	6 455	5 082	– –	361	– –	– –	1 012
35	1	8 493	5 666	13	1 359	261	– –	1 194
4	– –	3 206	1 972	950	261	– –	– –	23
– –	– –	3 113	2 261	– –	395	– –	226	231
10	203	23 111	9 889	370	7 638	815	886	3 513
10	– –	3 616	3 012	50	18	– –	5	531
10	8	12 095	10 572	112	355	190	311	555
86	– –	4 550	4 437	50	13	50	– –	– –
21	– –	8 438	6 577	40	1 071	– –	463	287
64	– –	6 281	5 954	– –	271	– –	– –	56
7	34	3 405	3 207	13	97	– –	– –	88
– –	162	2 835	1 956	110	177	186	– –	406
1	– –	7 878	6 209	22	1 193	87	132	235

各 地 区 群 众 艺

地区	本年支出合计（千元）	事业支出	经营支出	对附属单位补助支出	在支出合计中：从业人员劳动报酬	工资总额	税金支出	社会保障费	修缮费	设备购置费	业务费
总计	**330 098**	**320 861**	**7 553**	**156**	**123 918**	**119 383**	**3 000**	**46 468**	**15 713**	**12 843**	**69 862**
北京	4 075	4 075	--	--	490	490	5	265	1 073	1	1 662
天津	2 444	2 444	--	--	894	876	37	639	38	38	270
河北	14 525	13 928	597	--	6 974	6 875	111	2 343	200	443	1 568
山西	8 646	8 300	321	--	4 178	4 107	51	1 724	511	151	481
内蒙古	6 663	6 447	68	--	3 914	3 907	63	931	152	31	418
辽宁	19 211	17 904	1 306	--	7 084	6 812	171	2 714	398	246	2 414
其中：大连	2 243	2 243	--	--	607	603	--	658	22	--	357
吉林	11 533	11 196	336	--	5 213	4 934	152	2 486	438	505	1 163
黑龙江	10 161	10 139	22	--	4 161	4 133	39	2 410	340	249	1 281
上海	8 138	8 138	--	--	2 472	1 809	--	601	461	689	3 280
江苏	20 589	20 333	121	135	5 888	5 679	102	2 961	1 094	1 233	6 528
浙江	27 590	26 475	1 075	--	6 320	6 272	310	2 096	1 131	1 147	13 569
其中：宁波	7 678	7 678	--	--	1 074	1 074	60	272	291	36	5 793
安徽	8 341	8 037	14	--	3 477	3 431	287	2 204	186	219	721
福建	8 806	8 697	109	--	1 958	1 835	10	1 323	393	174	4 205
其中：厦门	3 920	3 811	109	--	574	471	--	482	116	15	2 613
江西	5 613	5 539	74	--	2 866	2 858	78	1 044	59	128	766
山东	20 121	20 121	--	--	8 160	8 108	82	2 292	2 481	3 123	1 691
其中：青岛	3 797	3 797	--	--	943	934	49	667	483	173	853
河南	13 059	13 059	--	--	6 230	6 095	93	2 582	410	302	1 668
湖北	15 199	12 735	2 344	--	5 371	5 126	206	2 227	369	387	2 472
湖南	12 391	12 103	288	--	4 280	4 079	76	2 457	472	418	2 219
广东	25 841	25 822	12	7	6 949	6 769	117	1 986	1 727	1 117	8 292
其中：深圳	6 494	6 494	--	--	1 002	1 002	78	279	1 416	600	1 065
广西	8 767	8 512	255	--	3 637	3 589	354	1 338	319	237	1 376
海南	3 206	3 206	--	--	901	898	--	287	155	3	1 115
重庆	3 063	3 063	--	--	1 250	1 160	1	580	67	--	1 047
四川	23 617	22 728	150	--	7 025	5 885	287	2 512	829	1 055	5 671
贵州	3 595	3 595	--	--	1 731	1 731	30	634	73	47	521
云南	11 557	11 410	147	--	4 884	4 877	41	863	1 435	365	1 881
西藏	4 560	4 560	--	--	2 971	2 962	--	546	81	34	421
陕西	8 162	8 162	--	--	3 337	3 320	65	1 534	424	42	1 338
甘肃	6 408	6 244	--	--	3 578	3 508	17	693	109	99	804
青海	3 444	3 444	--	--	1 804	1 787	--	876	26	111	198
宁夏	2 860	2 633	227	--	1 484	1 305	80	459	53	29	418
新疆	7 913	7 812	87	14	4 437	4 166	135	861	209	220	404

术 馆 基 本 情 况（二）

年末固定资产原值（千元）	经费自给率（%）	劳动报酬占总支出比重（%）	当年提取修购基金（千元）	增加值（千元）	劳动生产率（元/人）	公用房屋建筑面积（千平方米）	群众艺术馆、文化馆负责指导的单位的基本情况				
							农村集镇文化中心（个）	文化俱乐部（室）（个）	图书室（个）	文化户（个）	群众业余演出团（队）（个）
488 674	**26.0**	**37.5**	**12 376**	**146 465**	**12 604**	**820**	**1 613**	**3 200**	**1 471**	**4 622**	**1 892**
822	2.2	12.0	– –	528	18 200	2	1	– –	– –	– –	3
1 165	43.8	36.5	76	978	15 278	– –	30	– –	– –	– –	15
14 231	12.3	48.0	– –	7 654	12 588	30	16	28	– –	8	100
16 950	12.4	48.3	– –	4 908	10 715	33	8	– –	– –	8	14
8 123	12.5	58.7	– –	4 303	9 477	20	1	1	– –	– –	10
26 720	18.4	36.8	– –	8 322	11 291	49	37	18	374	297	42
815	29.6	27.0	– –	639	11 831	2	12	3	1	– –	6
7 739	9.0	45.2	1 196	5 673	11 577	18	37	21	121	38	33
23 436	9.2	40.9	– –	5 138	12 654	29	276	491	155	567	143
4 226	53.6	30.3	– –	2 641	25 149	1	33	– –	– –	– –	14
14 538	44.8	28.5	2 599	6 568	16 058	21	302	160	105	2	26
23 079	50.5	22.9	146	7 552	17 241	36	49	314	33	911	323
3 191	48.4	13.9	72	1 262	18 833	4	– –	– –	– –	– –	– –
5 913	29.6	41.6	42	4 001	11 872	21	16	– –	– –	5	27
4 387	12.6	22.2	– –	2 144	14 388	11	175	– –	– –	2	151
1 247	8.4	14.6	– –	624	23 990	2	– –	– –	– –	– –	– –
11 156	17.6	51.0	– –	3 389	9 967	19	81	1 376	318	1 497	79
18 528	15.7	40.5	– –	8 985	14 329	32	58	1	– –	10	21
1 088	35.3	24.8	– –	1 036	19 543	2	– –	– –	– –	– –	– –
22 200	16.4	47.7	28	7 209	10 922	33	60	165	163	664	122
35 806	36.3	35.3	– –	7 012	9 035	111	29	106	69	247	60
15 515	31.7	34.5	– –	4 977	10 499	36	9	10	– –	– –	43
37 643	19.0	26.8	– –	8 572	18 513	36	53	14	3	8	239
12 169	21.1	15.4	– –	1 567	23 040	5	– –	– –	– –	– –	– –
26 476	32.0	41.4	– –	5 050	14 984	45	90	– –	– –	5	125
3 329	8.8	28.1	– –	1 034	14 983	12	8	22	17	20	24
6 172	27.8	40.8	– –	1 498	10 259	10	42	– –	– –	– –	28
43 124	56.1	29.7	247	9 038	11 691	55	50	395	64	281	108
6 408	15.4	48.1	– –	2 019	11 032	7	40	3	– –	23	34
17 354	12.2	42.2	– –	5 619	12 083	29	87	54	19	25	50
25 619	1.3	65.1	– –	3 995	21 829	22	1	3	1	– –	1
28 121	22.3	40.8	7 921	4 527	11 607	29	– –	6	– –	4	20
9 502	5.2	55.8	– –	3 976	10 774	22	24	12	29	– –	16
6 506	5.3	52.3	5	2 065	12 514	18	– –	– –	– –	– –	1
4 555	26.8	51.8	116	1 746	13 327	11	– –	– –	– –	– –	1
19 331	20.8	56.0	– –	5 344	13 880	22	– –	– –	– –	– –	19

各　地　区　文　化

地区	机构数（个）	从业人员（人）		举办展览个数（个）	组织文艺活动次数（次）	举办训练班		录像放映	
			职工			班次（次）	结业人次（千人次）	场次（场次）	观众人次（千人次）
总计	**2 907**	**43 246**	**40 823**	**14 440**	**60 157**	**29 432**	**890**	**275 803**	**31 314**
北京	22	961	815	131	1 749	1 116	63	5 642	178
天津	18	734	689	148	1 272	528	10	8 810	72
河北	166	2 351	2 191	1 078	5 362	2 153	55	3 976	129
山西	118	1 752	1 740	430	1 475	581	22	1 175	52
内蒙古	104	1 391	1 382	354	1 430	494	18	4 060	102
辽宁	102	1 752	1 682	657	2 643	1 360	38	10 629	106
其中:大连	10	228	214	97	687	189	5	360	4
吉林	89	1 896	1 872	325	1 487	804	38	2 676	101
黑龙江	118	1 531	1 514	475	2 893	1 188	35	3 758	47
上海	45	1 744	1 554	219	2 016	831	17	16 442	687
江苏	107	1 778	1 740	692	2 438	1 421	52	41 077	670
浙江	84	1 540	1 490	636	2 677	2 263	65	20 176	505
其中:宁波	11	256	244	69	361	730	15	1 045	16
安徽	103	1 380	1 341	543	1 280	587	18	5 855	146
福建	80	787	728	519	2 401	1 340	22	5 528	20 172
其中:厦门	7	43	36	16	147	82	2	1	1
江西	101	1 498	1 356	438	1 228	584	30	11 133	297
山东	140	2 428	2 355	877	3 493	1 788	44	8 065	707
其中:青岛	12	196	190	63	414	277	13	3 000	300
河南	191	3 038	2 836	806	2 826	1 106	46	2 977	94
湖北	129	2 106	1 928	571	2 595	1 048	34	12 896	4 036
湖南	125	1 888	1 808	358	1 619	782	28	10 657	387
广东	119	1 440	1 208	787	4 251	2 450	73	24 368	243
其中:深圳	5	78	78	72	311	222	10	10 388	63
广西	99	1 273	1 172	730	2 166	1 045	25	12 073	538
海南	18	196	180	84	194	87	2	--	--
重庆	43	808	700	251	2 671	549	13	2 280	32
四川	171	1 944	1 887	1 069	2 289	1 434	50	6 307	195
贵州	85	736	734	204	1 607	277	13	3 221	282
云南	127	1 391	1 351	477	1 640	613	33	24 757	515
西藏	52	122	58	25	305	21	--	2 784	118
陕西	111	1 917	1 760	579	1 412	2 153	15	11 370	337
甘肃	83	916	878	429	560	294	8	4 661	110
青海	43	346	308	57	426	53	3	775	35
宁夏	22	467	441	97	597	112	3	797	104
新疆	92	1 135	1 125	394	1 155	370	17	6 878	317

馆　基　本　情　况（一）

藏书（千册）	藏文物（件）	本年收入合计（千元）						
			财政补助收入	上级补助收入	事业收入	经营收入	附属单位上缴收入	其他收入
5 093	**81 531**	**783 049**	**544 845**	**26 422**	**105 559**	**36 389**	**5 490**	**64 344**
10	－ －	36 657	20 113	1 857	9 532	2 374	－ －	2 781
4	908	18 484	11 501	221	2 330	399	1 427	2 606
470	1 100	27 354	25 086	172	1 326	348	－ －	422
116	25	18 162	16 344	140	567	165	5	941
75	10	16 706	15 142	120	491	54	－ －	899
53	1 184	32 079	28 197	1 082	2 135	245	－ －	420
9	1 154	7 086	5 911	891	270	－ －	－ －	14
118	511	21 164	19 043	2	877	863	－ －	379
271	－ －	19 880	18 861	100	548	－ －	－ －	371
148	14	93 776	29 359	3 571	39 072	5 058	1 525	15 191
251	3 869	50 896	33 283	2 064	9 335	1 295	791	4 128
243	2 542	61 080	34 726	5 001	7 732	973	1 333	11 315
34	－ －	10 747	5 540	447	1 433	301	980	2 046
73	－ －	20 091	16 853	177	1 152	571	19	1 319
154	12 766	20 318	13 871	1 464	2 890	681	5	1 407
3	－ －	2 371	1 323	26	756	72	－ －	194
83	2 871	18 640	15 262	494	1 268	198	44	1 374
550	1 213	40 598	33 739	524	2 225	704	－ －	3 406
52	－ －	7 910	5 538	154	656	186	－ －	1 376
275	4 611	31 800	25 921	435	3 030	413	－ －	2 001
122	3 677	23 708	13 663	853	4 419	2 346	191	2 236
54	52	22 043	15 584	426	1 714	2 510	25	1 784
141	－ －	47 551	36 971	3 205	3 731	461	99	3 084
3	－ －	8 458	6 714	636	808	－ －	－ －	300
64	－ －	15 087	12 337	274	1 520	161	14	781
22	720	2 333	1 889	27	67	105	－ －	245
31	885	25 553	7 328	116	3 622	12 639	－ －	1 848
668	3 601	29 369	22 049	1 824	1 978	1 384	12	2 122
66	87	8 031	7 213	395	126	70	－ －	227
69	3 231	24 531	21 607	627	1 281	823	－ －	193
67	－ －	1 465	1 074	－ －	63	296	－ －	32
196	26 150	19 061	15 519	356	739	502	－ －	1 945
151	10 266	11 387	10 317	80	305	304	－ －	381
79	94	4 437	4 282	－ －	93	36	－ －	26
52	503	5 576	4 194	764	318	136	－ －	164
417	641	15 232	13 517	51	1 073	275	－ －	316

各地区文化

地区	本年支出合计(千元)										
		事业支出	经营支出	对附属单位补助支出	在支出合计中						
					从业人员劳动报酬	工资总额	税金支出	社会保障费	修缮费	设备购置费	业务费
总计	**788 706**	**755 515**	**26 632**	**1 015**	**385 060**	**367 160**	**8 571**	**94 463**	**37 310**	**21 573**	**100 649**
北京	36 618	34 264	2 354	- -	12 415	11 139	632	2 020	3 448	1 307	7 618
天津	18 564	18 499	65	- -	8 480	7 982	349	3 065	827	435	2 905
河北	27 270	27 225	29	16	19 824	19 164	81	2 966	377	504	1 868
山西	18 225	17 970	159	- -	11 829	11 582	145	2 108	233	142	2 014
内蒙古	16 432	16 381	51	- -	10 505	10 477	42	2 194	338	275	1 173
辽宁	32 130	31 796	208	- -	14 206	13 570	282	4 285	3 161	471	3 793
其中:大连	7 083	7 083	- -	- -	2 248	2 192	101	929	165	214	1 848
吉林	21 422	21 044	265	- -	12 796	12 548	36	3 846	388	234	1 348
黑龙江	19 907	19 907	- -	- -	12 690	12 682	34	3 195	803	131	1 993
上海	96 912	89 700	4 990	5	31 150	27 683	2 714	9 959	3 848	4 165	11 069
江苏	49 891	48 143	1 636	50	21 691	20 435	351	7 977	2 574	1 396	7 710
浙江	58 529	56 691	918	138	20 585	20 043	321	6 835	4 940	1 922	9 292
其中:宁波	10 705	10 256	169	- -	4 526	4 477	86	898	206	258	1 475
安徽	20 407	19 891	285	- -	11 177	10 812	155	5 500	384	150	1 779
福建	20 326	19 365	634	- -	9 075	8 686	238	2 311	646	542	4 363
其中:厦门	2 416	2 311	105	- -	970	917	9	158	202	88	711
江西	18 847	18 532	278	- -	10 514	10 117	162	3 363	458	311	2 059
山东	40 591	40 273	238	41	23 992	23 677	161	4 824	865	858	3 410
其中:青岛	8 063	8 063	- -	- -	2 840	2 830	- -	1 119	83	339	869
河南	31 705	31 335	315	34	18 771	18 389	112	5 812	519	530	2 272
湖北	24 709	23 784	872	18	12 303	11 857	277	3 367	1 342	317	4 022
湖南	22 196	20 979	998	105	12 876	12 241	208	2 591	1 040	186	1 825
广东	49 161	48 645	429	87	19 594	17 907	265	3 075	1 656	2 962	9 667
其中:深圳	9 217	9 217	- -	- -	3 924	3 924	56	131	209	780	2 267
广西	14 848	14 464	142	10	8 254	7 732	278	1 291	1 050	155	1 609
海南	2 337	2 337	- -	- -	1 408	1 382	58	196	101	18	356
重庆	27 262	17 994	9 143	125	7 845	6 530	1 027	2 123	1 613	2 597	5 492
四川	29 658	28 378	990	65	14 943	14 211	262	3 877	1 844	766	4 850
贵州	8 070	7 891	179	- -	5 151	5 082	34	1 059	95	99	1 133
云南	24 776	23 465	968	279	14 484	13 841	133	1 227	2 593	456	2 375
西藏	1 451	1 415	31	5	1 018	859	10	34	85	18	114
陕西	17 930	17 359	148	- -	11 507	11 139	95	1 369	974	97	1 460
甘肃	11 612	11 262	219	37	8 256	8 150	63	855	158	89	948
青海	4 437	4 419	18	- -	3 006	2 840	- -	789	10	44	282
宁夏	5 790	5 739	51	- -	3 610	3 510	33	736	102	91	722
新疆	16 693	16 368	19	- -	11 105	10 893	13	1 614	838	305	1 128

馆　基　本　情　况（二）

年末固定资产原值（千元）	经费自给率（%）	劳动报酬占总支出比重（%）	当年提取修购基金（千元）	增加值（千元）	劳动生产率（元/人）	公用房屋建筑面积（千平方米）	群众艺术馆、文化馆负责指导的单位的基本情况				
							农村集镇文化中心（个）	文化俱乐部（室）（个）	图书室（个）	文化户（个）	群众业余演出团（队）（个）
1 729 744	**27.0**	**48.8**	**34 824**	**463 037**	**10 707**	**3 363**	**20 558**	**101 387**	**57 841**	**175 848**	**34 259**
54 798	40.1	33.9	155	15 237	15 855	77	88	492	108	11	364
39 906	36.4	45.6	48	10 426	14 204	68	107	724	119	629	552
50 486	7.6	72.6	3 688	21 924	9 325	158	1 199	11 936	6 926	27 620	6 790
34 686	9.2	64.9	- -	13 361	7 626	112	732	8 914	4 890	21 574	1 044
26 241	8.7	63.9	- -	11 604	8 342	75	1 991	3 721	1 902	9 109	447
47 750	8.7	44.2	5 393	16 401	9 361	98	547	4 584	1 523	10 944	606
5 339	4.0	31.7	- -	2 564	11 245	14	118	631	147	4 737	146
40 712	9.9	59.7	22	14 459	7 626	60	279	2 489	2 327	1 941	241
36 462	4.6	63.7	- -	14 185	9 265	62	754	2 601	2 749	3 451	1 052
351 334	64.2	32.1	965	47 915	27 474	170	170	57	84	16	126
100 894	31.2	43.4	- -	26 165	14 715	179	1 157	9 201	2 715	11 517	952
72 353	37.0	35.1	84	23 801	15 455	136	685	2 990	854	2 823	751
13 664	45.6	42.2	- -	5 159	20 151	19	106	485	94	1 245	223
18 283	15.1	54.7	620	12 061	8 739	61	656	1 268	545	1 957	1 202
36 595	24.9	44.6	3 359	10 791	13 711	106	499	2 736	1 226	3 611	805
7 767	42.3	40.1	- -	1 304	30 318	10	12	201	178	416	34
42 263	15.3	55.7	2 316	12 364	8 253	136	865	4 347	2 819	8 312	1 067
69 110	15.6	59.1	680	26 919	11 086	167	1 515	7 895	5 054	16 062	2 346
12 312	27.5	35.2	- -	3 331	16 994	19	151	2 106	1 637	1 758	983
65 408	17.2	59.2	1 465	21 495	7 075	203	1 240	4 573	4 118	7 955	3 331
59 947	37.2	49.7	1 280	14 980	7 112	160	1 289	1 956	1 705	4 046	666
47 411	27.4	58.0	- -	14 981	7 934	149	977	4 001	2 525	12 031	921
88 857	15.0	39.8	3 852	23 411	16 257	148	913	6 335	4 882	3 407	834
46 176	12.0	42.5	- -	5 827	74 695	25	17	7	- -	- -	25
39 126	16.9	55.5	- -	10 199	8 011	120	668	2 237	1 904	12 361	2 759
4 984	17.8	60.2	- -	1 666	8 499	11	159	1 335	690	797	129
67 109	66.7	28.7	2 323	11 553	14 298	92	234	2 333	598	4 046	320
96 410	18.7	50.3	2 965	19 064	9 806	261	1 302	4 865	2 158	6 303	803
22 942	5.2	63.8	- -	6 101	8 289	55	307	250	475	286	226
44 178	9.4	58.4	3 252	16 399	11 789	124	496	2 035	724	1 010	3 164
21 929	27.0	70.1	757	1 906	15 621	20	32	14	9	52	259
44 015	18.1	64.1	- -	13 361	6 969	132	893	2 911	1 736	2 490	1 118
34 798	8.6	71.0	620	9 712	10 602	82	469	1 816	748	626	645
6 582	3.4	67.7	- -	3 269	9 447	15	30	102	41	18	476
14 080	10.6	62.3	- -	4 205	9 004	51	21	127	18	76	54
50 095	10.1	66.5	980	13 122	11 561	75	284	2 542	1 669	767	209

各 地 区 文 化

地区	机构数（个）	从业人员（人）	职工	举办展览个数（个）	组织文艺活动次数（次）	举办训练班 班次（次）	举办训练班 结业人次（千人次）	录像放映 场次（场次）	录像放映 观众人次（千人次）
总计	**42 024**	**73 554**	**52 172**	**75 393**	**207 955**	**106 893**	**3 839**	**2 522 361**	**180 411**
北京	255	568	350	665	3 573	1 420	90	4 401	370
天津	287	569	243	465	1 767	2 508	65	6 651	454
河北	2 079	2 991	2 333	5 931	12 193	12 638	450	30 722	3 655
山西	1 721	2 026	2 019	1 204	2 928	764	43	5 919	357
内蒙古	1 595	2 615	2 376	2 784	9 694	4 820	171	37 000	1 510
辽宁	1 395	1 821	1 233	2 506	7 322	3 163	93	27 874	976
其中：大连	142	228	146	255	1 770	625	12	3 434	77
吉林	792	1 018	721	842	1 970	708	32	6 600	659
黑龙江	1 068	1 230	1 134	1 490	4 703	1 690	113	12 664	640
上海	292	2 025	1 236	886	5 431	1 987	49	42 620	1 487
江苏	1 650	4 508	4 285	5 855	14 316	4 816	239	131 885	3 775
浙江	1 836	4 104	3 625	7 129	16 929	6 936	221	277 389	11 508
其中：宁波	166	574	388	704	2 443	844	26	42 046	2 510
安徽	1 781	3 228	2 169	2 190	3 553	1 320	47	20 969	755
福建	995	1 319	893	2 094	5 138	3 383	87	28 042	1 734
其中：厦门	31	40	25	40	161	29	2	580	50
江西	1 887	2 594	1 104	1 845	4 397	2 580	55	53 539	3 848
山东	2 422	3 304	2 236	4 602	11 877	15 318	109	65 704	7 134
其中：青岛	199	342	214	1 012	2 095	581	24	7 946	856
河南	2 265	3 142	2 510	3 248	5 645	4 260	197	41 983	2 651
湖北	1 548	3 046	2 217	2 154	8 791	1 893	56	43 450	2 004
湖南	2 527	3 836	3 251	1 319	7 573	1 802	58	122 069	3 814
广东	1 902	6 960	4 088	6 036	18 052	8 674	465	967 696	109 992
其中：深圳	45	727	718	235	1 406	595	30	402 003	52 204
广西	1 294	1 777	1 499	1 317	5 907	3 157	112	21 101	799
海南	306	396	370	419	1 218	623	15	9 955	1 279
重庆	1 201	2 117	1 195	3 204	7 705	1 583	36	51 192	2 301
四川	3 667	5 805	3 257	6 009	14 537	6 681	212	157 254	4 570
贵州	937	1 223	970	754	2 450	609	34	23 148	1 772
云南	1 587	2 494	2 235	2 875	10 550	2 349	120	166 195	5 210
西藏	35	35	--	--	16	--	--	10	1
陕西	1 933	2 877	1 854	3 207	7 097	4 101	218	87 925	4 262
甘肃	1 334	3 773	999	1 550	4 431	4 109	101	27 129	1 081
青海	198	194	127	82	399	156	103	2 805	73
宁夏	283	495	434	1 139	3 564	874	137	6 036	627
新疆	952	1 464	1 209	1 592	4 229	1 971	111	42 434	1 113

站　基　本　情　况（一）

藏书（千册）	藏文物（件）	本年收入合计（千元）						
			财政补助收入	上级补助收入	事业收入	经营收入	附属单位上缴收入	其他收入
79 870	**－－**	**756 820**	**404 258**	**66 673**	**106 282**	**116 354**	**14 147**	**49 106**
703	－－	5 884	1 608	2 429	328	593	－－	926
419	－－	5 388	1 355	98	834	2 809	－－	292
4 590	－－	15 439	13 777	65	1 059	385	－－	153
942	－－	4 584	3 280	303	501	390	－－	110
1 291	－－	14 981	12 853	875	502	318	－－	433
3 828	－－	10 372	6 842	1 538	1 258	433	2	299
668	－－	2 941	1 680	390	857	3	2	9
445	－－	4 514	4 159	－－	160	184	－－	11
1 474	－－	7 974	7 659	18	130	－－	－－	167
3 251	－－	44 968	16 644	2 521	9 505	11 912	1 010	3 376
13 772	－－	93 241	41 131	5 768	15 339	19 386	2 504	9 113
6 597	－－	85 981	46 400	16 458	8 804	7 132	1 153	6 034
1 188	－－	14 541	5 089	2 565	3 447	1 487	817	1 136
571	－－	14 213	13 226	100	354	314	3	216
1 250	－－	11 965	8 022	961	1 528	480	30	944
11	－－	969	878	15	40	34	－－	2
1 745	－－	7 224	5 137	24	1 005	553	－－	505
4 644	－－	28 401	25 086	296	1 227	1 171	26	595
648	－－	4 360	3 544	61	349	363	20	23
2 173	－－	11 708	9 370	67	669	1 376	8	218
2 028	－－	38 263	16 445	1 579	6 544	12 441	127	1 127
5 055	－－	22 137	12 368	688	3 791	4 646	52	592
10 507	－－	190 584	64 159	29 121	37 714	33 975	8 460	17 155
1 046	－－	51 407	17 881	6 624	12 737	6 357	1 406	6 402
4 282	－－	10 733	8 385	273	1 227	483	－－	365
517	－－	3 323	2 593	96	85	395	－－	154
706	－－	18 620	12 434	55	3 073	1 287	－－	1 771
2 155	－－	35 837	15 361	522	5 557	11 099	365	2 933
450	－－	8 087	6 343	158	1 040	417	59	70
2 118	－－	35 850	27 318	2 228	2 847	2 244	332	881
19	－－	58	53	－－	－－	5	－－	－－
1 174	－－	10 440	8 178	196	662	1 310	16	78
1 350	－－	4 180	3 529	40	143	325	－－	143
86	－－	815	804	－－	－－	11	－－	－－
165	－－	3 069	2 635	111	26	43	－－	254
1 563	－－	7 987	7 104	85	370	237	－－	191

各 地 区 文 化

地区	本年支出合计(千元)								
		事业支出	经营支出	对附属单位补助支出	在支出合计中				
					从业人员劳动报酬		税金支出	社会保障费	修缮费
						工资总额			
总计	**765 567**	**671 210**	**71 134**	**13 141**	**366 229**	**337 033**	**7 356**	**18 690**	**48 448**
北京	6 113	5 532	526	55	1 089	944	106	108	1 063
天津	5 318	4 985	273	60	2 886	2 312	12	- -	57
河北	15 346	15 031	178	100	11 802	11 625	5	171	112
山西	4 634	4 183	- -	- -	3 188	3 156	- -	- -	- -
内蒙古	14 892	14 564	212	2	9 590	9 577	- -	177	1 441
辽宁	10 377	10 011	130	- -	6 016	5 969	5	30	214
其中:大连	2 941	2 932	9	- -	1 687	1 661	5	16	108
吉林	4 526	4 349	87	- -	4 013	3 930	- -	8	10
黑龙江	7 974	7 974	- -	- -	7 111	7 105	- -	47	64
上海	44 795	37 542	6 185	568	19 483	16 598	1 088	2 878	1 668
江苏	93 463	76 162	15 493	637	37 376	32 606	655	4 303	10 290
浙江	85 818	80 010	3 960	1 798	39 375	37 188	410	2 274	5 181
其中:宁波	14 940	13 705	1 082	103	6 130	5 397	37	936	525
安徽	14 268	14 091	177	- -	11 000	10 845	23	827	843
福建	12 213	11 744	330	14	6 604	6 157	31	219	484
其中:厦门	918	915	3	- -	198	198	- -	1	4
江西	7 213	6 936	253	- -	5 440	5 175	91	86	115
山东	28 382	27 379	918	85	19 508	18 989	9	897	577
其中:青岛	4 345	3 940	356	49	2 913	2 890	2	143	11
河南	11 710	10 904	792	11	9 316	8 995	71	31	146
湖北	38 503	34 519	3 841	9	14 935	13 215	313	483	5 417
湖南	22 369	19 110	3 135	33	14 359	13 813	176	296	359
广东	197 127	157 930	24 613	9 407	59 754	50 265	2 939	4 153	12 407
其中:深圳	52 337	44 059	3 385	4 773	17 505	17 446	857	911	758
广西	10 639	10 339	156	30	7 849	7 582	31	127	110
海南	3 328	3 138	178	12	2 491	2 366	15	77	53
重庆	18 566	17 632	934	- -	9 347	8 702	73	106	2 169
四川	35 990	28 071	7 161	112	18 397	15 955	1 120	517	2 821
贵州	8 092	7 933	149	10	5 499	5 459	40	49	41
云南	36 783	35 049	506	194	20 320	19 461	80	438	1 978
西藏	58	58	- -	- -	38	38	- -	- -	- -
陕西	10 387	9 692	624	4	7 491	7 466	23	45	396
甘肃	4 490	4 186	304	- -	2 791	2 726	- -	16	109
青海	817	814	3	- -	722	720	- -	1	40
宁夏	3 370	3 355	- -	- -	2 494	2 269	39	209	36
新疆	8 006	7 987	16	- -	5 945	5 825	1	117	247

站　基　本　情　况（二）

设备购置费	业务费	年末固定资产原值（千元）	经费自给率（%）	劳动报酬占总支出比重（%）	当年提取修购基金（千元）	增加值（千元）	劳动生产率（元/人）	公用房屋建筑面积（千平方米）
42 958	**108 581**	**2 574 805**	**38.5**	**47.8**	**54 437**	**476 883**	**6 483**	**8 116**
1 009	835	16 436	30.4	17.8	– –	1 853	3 262	32
51	631	9 798	74.8	54.2	3	3 291	5 783	71
592	1 777	58 669	10.5	76.9	30	14 152	4 731	234
143	467	6 726	23.9	68.7	– –	3 455	1 705	31
948	1 353	68 742	8.4	64.3	– –	12 340	4 718	248
238	2 658	35 572	19.6	57.9	4 208	7 439	4 085	188
84	919	23 329	29.6	57.3	254	2 624	11 508	69
5	257	5 970	8.0	88.6	– –	4 250	4 174	37
53	467	4 233	3.7	89.1	– –	7 279	5 917	51
2 654	4 505	116 366	59.0	43.4	32 229	25 223	12 455	191
5 371	13 078	442 071	50.5	39.9	50	55 715	12 359	1 054
6 641	12 377	258 328	27.5	45.8	2 084	50 118	12 211	720
1 248	3 730	39 493	46.5	41.0	306	7 746	13 494	163
151	664	10 777	6.2	77.0	740	11 454	3 548	59
381	2 279	41 024	24.6	54.0	752	8 305	6 296	226
30	511	560	8.2	21.5	– –	220	5 498	4
268	730	26 401	28.6	75.4	4	6 587	2 539	175
367	4 440	44 001	10.6	68.7	17	21 269	6 437	180
54	869	3 361	17.5	67.0	6	3 049	8 914	35
281	981	37 960	19.4	79.5	– –	10 903	3 470	125
3 017	7 328	158 236	52.7	38.7	46	21 579	7 084	630
1 150	2 694	68 058	40.8	64.1	– –	17 259	4 499	225
14 369	28 305	725 247	53.3	30.3	7 870	91 916	13 206	1 738
2 098	6 204	81 129	56.7	33.4	630	21 605	29 717	119
211	1 600	33 479	19.7	73.7	2	9 200	5 177	178
264	318	12 452	19.1	74.8	3 494	3 005	7 588	45
1 003	3 895	44 462	33.0	50.3	– –	11 198	5 289	205
1 129	5 298	116 165	56.6	51.1	658	24 304	4 186	583
169	2 199	9 338	19.6	67.9	989	5 913	4 834	39
1 772	7 310	129 086	17.7	55.2	681	25 518	10 231	388
– –	20	452	8.6	65.5	60	53	1 513	1
145	734	25 210	20.0	72.1	280	8 538	2 967	124
188	296	37 476	13.6	62.1	– –	4 289	1 136	160
35	19	891	1.3	88.3	– –	756	3 896	17
42	347	7 753	9.6	74.0	240	2 842	5 741	34
311	719	23 426	9.9	74.2	– –	6 880	4 699	127

各 地 区 乡 镇 文

地　区	机构数（个）	从业人员（人）	职　工	举办展览个数（个）	组织文艺活动次数（次）	举办训练班 班次（次）	举办训练班 结业人次（千人次）	录像放映 场次（场次）	录像放映 观众人次（千人次）
总　计	**39 348**	**61 675**	**44 554**	**61 636**	**160 846**	**91 759**	**3 136**	**2 205 887**	**158 344**
北　京	184	357	251	492	1 718	886	55	3 578	162
天　津	220	327	173	296	713	2 284	48	2 730	219
河　北	2 005	2 854	2 241	5 477	11 042	12 044	422	27 015	3 429
山　西	1 640	1 927	1 688	1 060	2 364	573	39	5 322	308
内蒙古	1 509	2 490	2 157	2 515	9 127	4 252	141	35 566	1 338
辽　宁	1 187	1 427	942	1 872	4 587	2 244	75	24 335	920
其中:大连	110	150	70	66	281	155	4	560	28
吉　林	719	877	596	595	1 387	457	22	5 987	225
黑龙江	982	1 130	1 027	1 361	3 697	1 524	109	11 985	621
上　海	218	1 217	822	522	2 756	811	18	29 945	1 031
江　苏	1 503	3 998	3 652	5 279	11 339	3 678	116	109 217	3 158
浙　江	1 735	3 688	3 118	5 967	14 122	5 956	169	238 338	9 819
其中:宁波	148	465	241	438	1 681	583	18	38 251	2 406
安　徽	1 673	2 428	1 798	2 090	3 035	1 270	45	17 999	703
福　建	945	1 209	817	1 877	3 756	2 816	49	26 738	1 345
其中:厦门	19	22	13	2	79	10	— —	— —	— —
江　西	1 825	2 219	979	1 697	3 853	2 367	48	52 083	3 789
山　东	2 231	2 865	1 775	3 561	9 435	14 742	94	58 213	6 418
其中:青岛	134	208	86	377	846	298	17	4 020	560
河　南	2 164	2 950	2 250	2 539	4 824	3 741	185	40 922	2 591
湖　北	1 358	2 574	1 830	1 527	3 582	1 234	46	30 656	1 074
湖　南	2 362	3 475	2 714	1 014	5 848	1 323	40	92 617	2 523
广　东	1 707	5 319	3 579	5 260	13 511	7 187	400	901 945	98 601
其中:深圳	19	630	630	106	827	268	17	345 998	43 101
广　西	1 294	1 646	1 499	1 317	5 907	3 157	112	21 101	799
海　南	303	389	354	414	1 211	608	15	8 835	1 249
重　庆	1 145	2 006	971	1 359	5 255	1 285	31	47 488	2 248
四　川	3 467	5 041	2 328	4 407	10 991	5 125	157	126 149	3 549
贵　州	913	1 161	897	520	2 085	509	28	19 832	1 660
云　南	1 551	2 267	2 160	2 734	10 068	2 162	112	133 129	4 712
西　藏	20	20	— —	— —	16	— —	— —	10	1
陕　西	1 865	2 474	1 643	2 755	6 187	3 587	181	83 844	3 888
甘　肃	1 311	1 495	968	1 411	3 953	3 922	91	17 989	626
青　海	191	191	126	82	399	156	103	2 805	73
宁　夏	258	437	370	475	1 038	693	137	3 036	611
新　疆	863	1 217	829	1 161	3 040	1 166	48	26 478	654

化　站　基　本　情　况（一）

藏书（千册）	藏文物（件）	本年收入合计（千元）	财政补助收入	上级补助收入	事业收入	经营收入	附属单位上缴收入	其他收入
66 545	**－－**	**613 101**	**346 048**	**47 896**	**86 312**	**79 825**	**12 030**	**40 990**
392	－－	3 209	1 386	838	49	95	－－	841
344	－－	2 257	1 232	30	831	12	－－	152
4 342	－－	13 991	12 940	23	522	353	－－	153
869	－－	3 757	2 723	33	501	390	－－	110
1 155	－－	13 148	11 165	757	492	301	－－	433
2 774	－－	6 588	4 504	872	503	424	－－	285
246	－－	877	447	228	202	－－	－－	－－
342	－－	3 333	3 165	－－	20	137	－－	11
1 388	－－	7 974	7 659	18	130	－－	－－	167
1 907	－－	30 358	15 090	866	7 085	3 976	579	2 762
11 696	－－	74 379	34 672	3 453	13 144	13 576	1 806	7 728
5 297	－－	70 528	40 508	13 295	7 037	4 802	742	4 144
867	－－	11 500	4 009	1 624	3 324	1 087	612	844
490	－－	12 099	11 214	100	303	274	3	205
1 152	－－	9 977	6 333	944	1 276	450	30	944
4	－－	531	487	－－	38	4	－－	2
1 557	－－	6 244	4 344	24	910	553	－－	413
3 959	－－	21 608	19 282	201	824	900	6	395
402	－－	2 265	1 985	－－	140	130	－－	10
1 984	－－	10 563	8 400	13	570	1 361	5	214
1 187	－－	24 213	11 123	1 094	3 783	7 108	96	1 009
3 822	－－	18 331	10 119	416	3 107	4 153	32	504
9 141	－－	165 899	57 827	21 675	34 889	27 930	8 072	15 506
787	－－	43 372	16 493	2 904	12 292	4 798	1 304	5 581
4 282	－－	10 733	8 385	273	1 227	483	－－	365
494	－－	3 241	2 511	96	85	395	－－	154
479	－－	12 754	9 277	55	1 459	705	－－	1 258
1 557	－－	26 050	11 722	419	3 885	7 567	338	2 119
312	－－	6 644	6 071	158	59	257	59	40
1 994	－－	34 363	26 797	1 837	2 690	1 932	246	861
8	－－	58	53	－－	－－	5	－－	－－
1 084	－－	9 365	7 362	196	612	1 101	16	78
1 253	－－	3 594	3 053	40	73	325	－－	103
86	－－	805	794	－－	－－	11	－－	－－
151	－－	2 083	1 921	93	26	43	－－	－－
1 047	－－	4 955	4 416	77	220	206	－－	36

各地区乡镇文

地区	本年支出合计（千元）	事业支出	经营支出	对附属单位补助支出	在支出合计中：从业人员劳动报酬	工资总额	税金支出	社会保障费	修缮费
总计	**621 768**	**544 966**	**56 271**	**12 019**	**310 663**	**287 200**	**5 518**	**15 870**	**36 917**
北京	3 453	3 402	33	18	717	636	3	－－	576
天津	2 257	2 245	12	－－	1 668	1 668	－－	－－	14
河北	14 011	13 759	175	40	10 984	10 810	5	141	112
山西	3 807	3 356	－－	－－	2 665	2 665	－－	－－	－－
内蒙古	13 066	12 751	199	2	8 187	8 174	－－	177	1 422
辽宁	6 593	6 377	80	－－	3 922	3 881	－－	4	105
其中:大连	877	877	－－	－－	643	623	－－	2	100
吉林	3 333	3 203	40	－－	3 088	3 030	－－	－－	10
黑龙江	7 974	7 974	－－	－－	7 111	7 105	－－	47	64
上海	29 936	27 297	2 436	125	13 589	12 277	521	2 247	1 158
江苏	75 002	60 995	12 875	459	32 269	28 582	388	3 897	6 600
浙江	70 586	66 092	2 833	1 661	33 395	31 647	169	1 913	4 659
其中:宁波	11 731	10 836	792	103	4 112	3 433	37	701	321
安徽	12 147	11 990	157	－－	9 247	9 097	23	617	841
福建	10 281	9 818	330	14	5 668	5 221	31	180	337
其中:厦门	536	533	3	－－	158	158	－－	1	3
江西	6 255	5 978	253	－－	4 551	4 286	88	86	113
山东	21 588	20 969	609	10	14 766	14 371	9	796	512
其中:青岛	2 250	2 175	75	－－	1 499	1 499	2	96	5
河南	10 569	9 780	779	7	8 428	8 120	70	13	135
湖北	24 164	20 444	3 693	9	12 027	10 735	272	471	1 938
湖南	18 380	15 409	2 870	10	11 718	11 219	176	252	343
广东	172 143	136 049	21 569	9 348	55 492	46 556	2 591	3 848	10 899
其中:深圳	44 150	35 978	3 288	4 764	16 010	16 010	682	848	391
广西	10 639	10 339	156	30	7 849	7 582	31	127	110
海南	3 246	3 056	178	12	2 411	2 286	15	75	53
重庆	12 774	12 274	500	－－	7 088	6 753	56	61	1 967
四川	26 283	20 899	5 018	81	13 809	11 701	953	326	2 450
贵州	6 649	6 490	149	10	4 352	4 312	40	49	41
云南	35 178	33 463	503	179	19 853	19 000	60	423	1 784
西藏	58	58	－－	－－	38	38	－－	－－	－－
陕西	9 312	8 756	501	4	6 764	6 739	17	45	396
甘肃	3 904	3 600	304	－－	2 447	2 382	－－	6	109
青海	807	804	3	－－	712	710	－－	1	40
宁夏	2 399	2 384	－－	－－	2 107	1 882	－－	6	－－
新疆	4 974	4 955	16	－－	3 741	3 735	－－	62	129

化站基本情况（二）

设备购置费	业务费	年末固定资产原值（千元）	经费自给率（%）	劳动报酬占总支出比重（%）	当年提取修购基金（千元）	增加值（千元）	劳动生产率（元/人）	公用房屋建筑面积（千平方米）
32 191	**81 440**	**2 196 131**	**36.4**	**49.9**	**50 944**	**404 175**	**6 553**	**6 907**
460	590	9 831	28.6	20.7	－－	1 113	3 117	25
13	502	9 149	44.0	73.9	－－	2 035	6 223	51
493	1 566	52 509	7.3	78.3	30	13 089	4 586	220
143	173	4 703	29.8	70.0	－－	2 851	1 479	31
860	1 105	61 261	9.4	62.6	－－	10 637	4 271	228
49	1 735	27 807	18.7	59.4	1 639	5 032	3 526	124
－－	100	17 400	23.0	73.3	254	1 339	8 926	31
－－	60	5 435	5.1	92.6	－－	3 304	3 767	29
53	467	4 233	3.7	89.1	－－	7 279	6 441	51
2 143	2 790	98 895	48.4	45.3	32 143	18 065	14 843	151
3 873	8 717	348 341	49.0	43.0	50	46 591	11 653	893
5 225	10 923	193 367	24.2	47.3	2 046	41 298	11 197	578
1 202	3 622	33 925	50.4	35.0	306	5 505	11 838	136
133	559	9 101	6.4	76.1	740	9 634	3 967	50
273	1 654	38 350	26.6	55.1	735	7 263	6 007	216
22	178	560	8.2	29.4	－－	180	8 178	1
265	701	22 621	30.1	72.7	4	5 544	2 498	159
242	3 017	37 697	9.8	68.3	17	16 276	5 680	138
－－	543	1 926	12.4	66.6	6	1 578	7 586	19
231	912	36 160	20.3	79.7	－－	9 943	3 370	97
1 136	3 180	130 598	49.6	49.7	46	17 522	6 807	551
667	2 304	60 314	42.6	63.7	－－	14 308	4 117	182
11 735	22 677	676 029	54.8	32.2	7 260	85 336	16 043	1 548
1 252	3 250	66 647	61.0	36.2	30	19 356	30 723	91
211	1 600	33 479	19.7	73.7	2	9 200	5 589	178
264	318	12 452	19.6	74.2	3 494	2 925	7 519	42
521	1 808	29 953	26.7	55.4	－－	8 342	4 158	115
906	3 882	83 433	53.6	52.5	605	18 094	3 589	454
169	1 903	8 572	6.2	65.4	912	4 735	4 078	39
1 660	6 860	119 649	16.8	56.4	681	24 653	10 874	367
－－	20	331	8.6	65.5	60	52	2 598	1
128	659	21 020	19.5	72.6	240	7 619	3 079	115
188	141	36 207	12.8	62.6	－－	3 895	2 605	141
35	19	891	1.3	88.2	－－	746	3 905	16
15	223	5 902	2.8	87.8	240	2 342	5 359	27
100	375	17 841	9.2	75.2	－－	4 452	3 658	90

群众文化业主要指标解释

举办展览个数：指本馆(站)举办或与外单位联合举办的在馆内或者馆外展览的个数。个数按展览的内容计算。同一内容的展览不论在哪些地点展出和展出时间多久，只计算一个。

组织文艺活动次数：指本馆(站)组织或与外单位联合组织各种文艺演出(包括调演、汇演)和故事会次数，不论地点和内容，每组织一次算一次。

举办训练班班次及结业人次：指本馆(站)举办或与外单位联合举办的各种文化、艺术、科普(包括图书、讲演、创作、表演、音乐、舞蹈、美术、文学、摄影等)训练班，按截止到年底办完的班数计算班次，每结业一人算一人次。截止到年底未办完的班数和人数均在下一年度统计。

录像放映场次及观众人次：指由本馆(站)举办或联办的录像放映点的录像放映场数和售票的观众人数。

场数的计算以每部戏的录像带放映一次为一场，连续放映则连续统计场次；连续剧按双场计价或多场计价的即按双场或多场计算场次。

农村集镇文化中心：指在农村集镇有文化活动的组织领导机构、设施、场所、文艺骨干队伍，并有经常性文化活动，客观上已经形成当地的文化中心。

文化俱乐部(室)：指街道或村举办的经常开展群众性文化活动的文化俱乐部和文化室。

图书室：指拥有藏书，并经常开展借阅、图书阅览活动的文化站、农村集镇文化中心、文化俱乐部(室)中的图书室，以及文化户中的图书借阅文化户。

文化户：指业务上受群众艺术馆、文化馆指导，经常开展图书阅览、游艺、文艺演出、电视收看等活动或办讲座、艺校的个体户。包括有偿服务的专门职业文化户、亦农亦文文化户和纯义务服务性的农民家庭文化户。不包括个体电影放映队。

群众业余演出团(队)：指城镇和农村各种业余文艺演出团(队)，包括半农半艺、半工半艺的演出团(队)。凡在当年工余、节假日和农闲确有演出活动，具备一定规模、并有多人参加的演出团(队)均应统计。不具备上述条件的不统计。

“九五”期间全国文化市场发展概述

李 建 军

“九五”期间全国文化市场管理 以繁荣为目的，积极培育文化市场主体，扶持健康有益的文化活动，把繁荣社会主义文化事业，满足人民群众日益增长的精神文化需要，作为文化市场工作的根本任务；以管理促繁荣，加大对各类非法经营活动及不良文化现象的打击力度，为发展和壮大民族文化产业创造良好的市场环境，使全国文化市场在调整优化结构中进一步发展。

2000年全国省、市、县三级文化市场管理机构共有3442个，17622人；其中稽查机构1376个，7893人。从中央到地方的较为系统完整的管理稽查网络为规范文化市场管理提供了坚强的基础。

五年来，文化市场的健康有序发展，不仅活跃丰富了广大群众的文化生活，而且为解决社会就业、增加国家税收等方面，做出了很大的贡献。2000年，全国文化市场经营单位224790个，从业人员952427人，固定资产原价达到了442亿元的规模，利润31.8亿元。“九五”期间全国文化市场经营单位累计上交国家各种税金106.5亿元；累计新创增加值706.9亿元，占文化产业增加值总额的69%，在文化产业各行业中，为国民经济发展贡献份额最大，成为文化产业中的支柱行业。

一、文化市场发展不均衡，总体经营效益有所回升

据统计，2000年，全国文化市场经营单位224790个，比上年减少44866个，下降16.6%。从业人员95.24万人，比上年减少18.12万人，下降16%。固定资产原价442亿元，比上年增长40%。年实现利润31.8亿元，比上年增长13.8%。上缴各种税金22.38亿元，比上年增加2.86亿元，增长14.6%。创增加值130.5亿元，比上年增加6亿元，增长4.8%。

分行业看，只有音像业的机构和从业人员分别比上年增长3.9%和10.7%；书刊批发业的经营单位的机构下降幅度较大，达22.4%，但其人员增长19.4%，娱乐业的机构和从业人员下降幅度最大，分别比上年下降24.5%和21%最大；从经营规模看，只有其他文化市场经营单位比上年减少16.5%，其他行业都比上年增加，书刊批发业的经营规模增长幅度最大，比上年增长152.8%；文化市场经营单位的利润均比上年有不同程度增加，书刊批发业利润增加幅度最大，高达192.8%；文化市场经营单位的上缴各种税金均比上年增加，书刊批发业上缴各种税金比上年增加幅度最大，为142.4%；文化市场经营单位新创增加值除娱乐业和其他文化市场经营单位下降外，其他行业均不同程度增加，书刊批发业增加幅度最大，为166%。从行业构成看，娱乐业的各项指标(机构、人员、固定资产原价、利润、税金、增加值)均逐年下降。而音像业经营指标除利润减少外，均呈逐年上升趋势。书刊批发业的经营指标经过1999年的低谷，逐渐回升，比去年有所增加。

从经济成分看，私营和个体经济经营的文化市场场所，除上缴各项税金比上年增加外，其他各项指标均在“九五”期间的前4年呈逐年上升趋势，由于私营和个体经济以经营电子游戏厅较多，经过去年的治理整顿，私营和个体经济的经营单位、从业人员、经营规模均比上年有较大幅度减少。联营及其他经济的经营场所除增加值比上年增加外，其余各项指标都比上年有不同程度减少，呈连年下降趋势。国有和集体经济的经营场所各项指标五年来呈现出逐年减少态势，2000年各项指标同样比上年有不同程度减少。从经济类型构成看，国有、集体经济的经营场所，不论是机构、人员，还是上缴各种税金和新创增加值等主要指标，在经济类型构成中所占比重均呈逐年下降趋势；只有私营和个体经济的经营场所的各项主要指标，在经济类型构成中所占比重构成上升趋势。非国有制经济逐渐占主导地位，为文化市场管理提出新的课题。

附表一

全国文化市场主要经营指标发展情况表

单位:个,人,万元,%

	经营单位		从业人员		固定资产原价		利　润		各种税金		增加值	
	2000年	比上年(%)	2000年	比上年(%)	2000年	比上年(%)	2000年	比上年(%)	2000年	比上年(%)	2000年	比上年(%)
合　计	224 790	-16.6	952 427	-16	4 421 346	40	317 600	13.8	223 834	14.6	1 304 636	4.8
娱乐业	131 881	-24.5	713 701	-21	3 837 080	35.8	218 469	8	181 153	10.9	1 003 340	-1.6
音像业	68 602	3.9	143 018	10.7	401 699	144.7	46 584	5.2	25 604	26.4	159 325	31.7
书刊批发业	10 127	-22.4	27 456	19.4	63 821	152.8	29 730	192.8	8 340	142.4	67 589	166
其　他	14 180	-10.5	68 252	-12.4	118 746	-16.5	22 817	2.5	8 737	3.2	74 382	-5.6

附表二

全国文化市场主要经营指标的行业构成

单位:%

	经营单位			从业人员			固定资产原价			利　润			各种税金			增加值		
	1996年	1999年	2000年	1996年	1999年	2000年	1996年	1999年	2000年	1996年	1999年	2000年	1996年	1999年	2000年	1996年	1999年	2000年
合　计	100	100	100	100	100	100	100	100	100	100	100	100	100	100	100	100	100	100
娱乐业	71.5	64.8	58.7	81.5	79.7	74.9	91.6	89.5	86.8	78.7	72.5	68.8	89.3	83.5	80.9	88.5	81.9	76.9
音像业	16.7	24.5	30.5	9.4	11.4	15	3.8	5.2	9.1	14.2	15.9	14.7	5.8	10.4	11.4	5.6	9.7	12.2
书刊批发业	6	4.8	4.5	2.3	2	2.9	0.8	0.8	1.4	4.7	3.6	9.4	1.6	1.8	3.7	1.9	2	5.2
其　他	5.8	5.9	6.3	6.8	6.9	7.2	3.8	4.5	2.7	2.4	8	7.1	3.3	4.3	4	4.5	6.4	5.7

附表三

全国文化市场主要指标按所有制划分发展情况表

单位:%

	经营单位			从业人员			各种税金			增加值		
	1997年	1999年	2000年	1997年	1999年	2000年	1997年	1999年	2000年	1997年	1999年	2000年
合　计	257 378	269 656	224 790	1 160 385	1 133 683	952 427	187 001	195 390	223 834	1 485 673	1 245 113	1 304 636
国有集体经济	74 314	62 313	49 426	506 302	417 355	318 647	66 703	56 145	56 521	641 896	415 115	141 007
私营个体经济	168 491	197 181	166 058	474 254	546 900	492 876	79 837	100 541	118 137	521 625	602 142	592 248
联营及其他经济	14 573	10 162	9 306	79 829	169 428	140 904	40 461	38 704	49 176	322 152	227 856	571 381

附表四

全国文化市场主要指标按所有制划分构成情况表

单位:%

	经营单位			从业人员			各种税金			增加值		
	1997年	1999年	2000年	1997年	1999年	2000年	1997年	1999年	2000年	1997年	1999年	2000年
合　计	100	100	100	100	100	100	100	100	100	100	100	100
国有集体经济	28.9	23.1	22	43.6	36.8	33.5	35.7	28.7	25.3	43.2	33.3	10.8
私营个体经济	65.5	73.1	73.9	40.8	48.2	51.7	42.7	51.5	52.8	35.1	48.4	45.4
联营及其他经济	5.6	3.8	4.1	15.6	15	14.8	21.6	19.8	21.9	21.7	18.3	43.8

二、文化娱乐业调整结构，压缩经营规模

2000 年，全国文化市场的主体　文化娱乐业的机构已达到 131881 家，主营营业收入 166 亿元，比上年增加 21 亿元，增长 14.5%；创利润 21.85 亿元，比上年增加 1.65 亿元，增长 8.2%；上交各种税金 16.3 亿元，增加 1.8 亿元，增长 10.9；增加值 100.33 亿元。

近年来，由于电子游戏经营场所盲目发展，总量失控，导致了激烈的恶性竞争，2000 年文化娱乐业以电子游戏场所的专项治理为重点，加强管理，共清查电子游戏经营场所和电脑网吧 123198 家，收缴、销毁赌机 10 万余台，电路板 6 万余块，全国电子游戏经营场所数量从专项治理前的 106949 家减少到现在的 35699 家，压减率达 66.6%，从根本上改变了电子游戏经营场所过多过滥的状况，绝大部分违法经营行为和违法经营者依法受到严惩，人民群众普遍关注的违法经营问题基本得到解决。

从经营规模看：2000 年，全国文化娱乐业共有机构 17.47 万个，90.3 万人，分别上年减少 42846 个和 189798 人，下降 24.5%和 21.0%。在文化娱乐业中，除旱冰场和综合娱乐场所的机构比上年增加外，歌舞厅、舞厅、卡拉 ok 厅、电子游戏厅、台球厅、其他文化娱乐业的机构减少和结构比重下降外，下降幅度最大的电子游戏厅仅为 35024 个，比上年减少 24637 个，下降 41.3%，其占文化娱乐业机构总数的比重从 1999 年的 34%减到 2000 年的 26.4%，减少了 7.6 个百分点。从经济类型看，各种经济类型的文化市场营业场所比上年有不同程度的减少，从五年的构成趋势看，只有国营和集体经济的娱乐场所机构占文化娱乐业总数的比重呈逐年减少趋势；联营和其他经济的娱乐场所经过 4 年的下滑，2000 年有所回升；私营和个体经济的各项指标尽管 2000 年比上年大幅减少，但其占娱乐业的比重仍呈递增趋势，并占份额最大。全国文化娱乐业的固定资产原价 383.7 亿元，比上年增长 35.8%。主要是由于国有、集体经济、联营和其他经济投资的综合娱乐场所的固定资产原价增加幅度较大影响所至，只有私营和个体经济投资的娱乐场所的固定资产原价减少、经营规模萎缩，主要是私营个体经济的投资主要集中在电子游戏厅。

从经营效益看：尽管文化娱乐业调整压缩经营规模，全国文化娱乐业的利润仍达 21.8 亿元，只有联营及其他经济的娱乐场所利润增加，其他经济类型的娱乐场所利润均比上年减少。全国文化娱乐业新创增加值 100.33 亿元，比上年减少 1.7 亿元，下降 1.6%，只有歌舞厅、综合娱乐场所和其他娱乐场所的增加值是比上年增长的，其他行业和经济类型娱乐场所增加值均不同程度减少。尽管文化娱乐业的经济效益下滑，仍上缴国家各种税金 18.1 亿元，但比上年增长 10.9%，除保龄球、旱冰场上缴各种税金比上年减少外，其他类型娱乐场所的上缴各种税金均不同程度增加，增长幅度最大是歌舞厅，高达 25.5%。国有集体经济的增长幅度最大，为 13.6%，私营个体经济占文化娱乐业上缴税金总份额的比重高达 50.4%。

附表一

全国文化娱乐业主要指标发展情况表

	机构数(个)		从业人员(人)		固定资产合计(万元)		各种税金(万元)		增加值(万元)	
	2000 年	比上年(%)	2000 年	比上年(%)	2000 年	比上年(%)	2000 年	比上年(%)	2000 年	比上年(%)
合　计	131 881	-24.5	713 701	-21	2 705 605	-4	181 153	10.9	1 003 340	-1.6
歌舞厅	22 290	-15	174 365	-13.5	694 482	-9	49 568	25.5	262 460	16.5
舞　厅	7 073	-11.4	54 565	9.6	119 301	-18.3	11 418	25.4	48 555	-9.1
卡拉 OK	33 659	-17.3	194 974	-20.7	588 170	-9.4	49 204	4.6	261 409	-6
电子游戏厅	35 024	-41.3	74 506	33.8	204 408	-17.5	23 685	4.6	106 260	-27.2
台球厅	11 248	-26.6	23 029	-20.6	39 912	-10.2	4 131	0.3	23 387	-4.9
保龄球	881	-9.5	11 076	-21.9	141 346	-14.2	4 350	-30	26 290	-12.5
旱冰场	1 390	3.8	4 961	-14.2	12 053	-9.1	798	-9.8	5 501	-5.5
综合娱乐场所	5 790	17.7	93 914	-26.6	747 766	24.5	24 556	10.4	197 263	6.5
其　他	14 526	-6.2	82 311	-29.4	158 167	-16.2	13 444	17.1	72 216	0.59

附表二

全国文化娱乐业主要指标构成表

单位(%)

	机构数			从业人员			固定资产原价			各种税金			增加值		
	1996年	1999年	2000年	1996年	1999年	2000年	1996年	1999年	2000年	1996年	1999年	2000年	1996年	1999年	2000年
合　计	100	100	100	100	100	100	100	100	100	100	100	100	100	100	100
歌舞厅	15.2	15	16.9	26.3	22.3	24.4	23.4	27.1	25.7	21	24.2	27.4	27.2	22.1	26.1
舞　厅	5.4	4.6	5.4	7.5	5.5	7.6	5.9	5.2	4.4	5.8	5.6	6.3	4.8	5.2	4.8
卡拉OK	24.1	23.3	25.5	32.4	27.2	27.3	34	23	21.7	48.2	28.8	27.2	33.9	27.3	26.1
电子游戏厅	29	34	26.5	9.1	12.5	10.4	5.2	8.8	7.6	7.7	13.9	13.1	9.4	14.3	10.6
台球厅	16.1	8.8	8.5	5	3.2	3.2	9.4	1.6	1.5	3.2	2.5	2.3	6.7	2.4	2.3
保龄球	5.8	0.6	0.7	1.5	1.6	1.6	3	5.8	5.2	1.6	3.8	2.4	1.7	2.9	2.6
旱冰场	1.2	0.8	1.1	1.1	0.6	0.7	0.6	0.5	0.4	0.8	0.5	0.4	0.7	0.6	0.5
综合娱乐场所	2.9	4	4.4	9.5	14.2	13.6	15.4	21.3	27.6	8.1	13.6	13.6	13.1	18.2	19.7
其　他	0.3	8.9	-11	7.6	12.9	11.5	3.1	6.7	5.8	3.6	7.1	7.4	2.5	7	7.3

附表三

文化娱乐业主要经营指标按所有制划分发展情况表

	机构数		从业人员		固定资产原价(万元)		利润(万元)		各种税金(万元)		增加值(万元)	
	1999年	2000年	1999年	2000年	1999年	2000年	1999年	2000年	1999年	2000年	1999年	2000年
合　计	174 727	131 881	903 499	713 701	2 825 425	3 837 080	202 349	218 469	163 226	181 153	1 019 942	1 003 340
国有集体经济	32 854	23 482	318 605	227 784	1 003 331	1 177 623	46 307	24 390	44 072	50 049	321 559	315 802
私营个体经济	133 035	100 356	426 041	366 203	968 997	818 307	197 113	187 944	82 674	91 395	481 830	449 659
联营及其他经济	8 838	8 043	158 853	119 714	853 097	1 841 150	-41 071	6 135	36 480	39 709	216 553	237 879

附表四

文化娱乐业主要经营指标所有制构成表

单位：　%

	机构数			从业人员			固定资产原价			利　润			各种税金			增加值		
	1996年	1999年	2000年	1996年	1999年	2000年	1996年	1999年	2000年	1996年	1999年	2000年	1996年	1999年	2000年	1996年	1999年	2000年
合　计	100	100	100	100	100	100	100	100	100	100	100	100	100	100	100	100	100	100
国有集体经济	25.8	18.8	17.8	43.5	35.3	31.9	45.3	35.3	30.7	16.7	22.9	11.2	37	27	27.6	39.3	31.5	31.5
私营个体经济	61.3	76.1	76.1	35.1	47.1	51.3	19.5	33.3	21.3	125.4	99.7	86	39	50.7	50.4	34.8	47.2	44.8
联营及其他经济	12.9	5.1	6.1	21.4	17.6	16.8	35.2	31.2	48	-42.1	-22.6	2.8	24	22.3	22	25.9	21.3	23.7

三、其他文化市场持续发展

2000年,全国文化市场的重要组成部分　其他文化市场经营机构共有9.2万个,24万人,分别比上年减2020个,增8542人,下降2.1%和增长3.7%。固定资产原价33.16亿元,比上年增加25.27亿元,增长76.2%。上缴各种税金4.26亿元,比上年增加1.06亿元,增长33.1%。新创增加值22.5亿元,比上年增加7.6亿元,增长33.8%。

在其他文化市场经营机构中占73.8%的音像市场,2000年,有经营机构68602个,从业人员143018人,分别比上年增加2576个和13792人,增长3.9%和10.7%。其中,音像制品批发零售业27371个,6.1万人;录像放映业1.4万个,3.7万人;录像带出租2.8万个,4.6万人,只有录像放映机构人员减少,其他均比上年有所增加。

2000年,针对音像市场存在的盗版等问题,各级文化市场管理部门整顿音像制品集中经营场所,推进音像制品流通体制改革,有力地打击了非法音像制品经营活动,净化市场环境。音像市场的经营规模和效益得到有效控制,音像业固定资产原价达到40.2亿元,比上年增加23.8亿元,增长144.7%;主营营业收入29.6亿元,比上年增加11.6元,增长64.4%;利润4.66亿元,比上年增加0.26亿元,增长5.2%;上缴各种税金2.6亿元,比上年增加0.6亿元,增长26.4%;创增加值15.9亿元,比上年增加3.8亿元,增长31.7%。

2000年,文化市场管理部门加强了演出市场的管理,进一步规范了演出市场。全国文化艺术经纪与代理业经营机构有216个,其中具有一定规模的演出经纪机构102个,比上年增长30.7%,共有1025人;在文化市场管理机构登记的民间职业剧团有2940个,个体演职人员27658人,时装表演队398个。全国主要文化艺术经纪与代理业的主营营业收入2343万元,比上年增加883万元,增长60.4%;上缴各项税金172万元,比上年增加88万元,增长104.7%;创增加值735万元。

规范日益成熟的富有发展潜力的艺术品市场。2000年,艺术品市场有经营机构2020个,从业人员7963人。其中,画店画廊1521个,5800人;美术公司424个,1444人;艺术品拍买公司75个,719人。艺术品市场的主要经营指标均比上年有不同程度的增加,呈现良好的发展态势,固定资产原价1.5亿元。主营营业收入1.7亿元,比上年增加1.1亿元,增长64.7%。利润2328万元,比上年略有减少。各项税金1814万元,比上年增加439万元,增长31.9%。新创增加值1.01亿元。

全国文化部门管理的图书批发零售机构有10127个,2.7万人,分别比上年下降22.4%和增长19.4%。固定资产原价6.4亿元,比上年增长152.8%;主营营业收入16.4亿元,比上年增长2倍多;利润2.97亿元,增加1.95亿元,比上年增长192.8%;上缴各项税金8340万元,比上年增加27万元,增长166%;新创增加值6.8亿元。

总之,"九五"期间全国文化市场尽管整体效益欠佳,但仍为丰富群众文化生活、增加就业人口、增加国家税收、促进经济发展和推动社会进步等起到了十分重要的作用。同时,统计资料也表明,我国文化市场仍需解决高档的大型综合娱乐场所相对过剩与大众娱乐场所发展不足、总量发展相对超前发展与规划管理相对滞后、行业结构不合理等问题,加强管理,扶持大众化娱乐场所;合理控制总量,调整优化行业结构,使全国文化市场健康有序发展。

全 国 文 化 娱 乐 业 基

	机构数	从业人员	职工	资本金合计	国家资本金	固定资产合计	固定资产原价	本年提取折旧	主营业收入	主营营业成本及费用	主营营业税金及附加	主营业务利润	其他业务利润
总计	**6 916**	**83 724**	**49 184**	**3 350 169**	**1 616 894**	**4 649 171**	**4 331 491**	**216 948**	**1 874 119**	**1 334 535**	**158 474**	**381 110**	**14 003**
歌舞厅	2 066	23 158	13 435	1 037 952	393 561	906 288	1 064 154	47 655	501 126	330 612	47 466	123 048	1 298
舞厅	885	6 787	4 319	167 771	68 351	169 329	170 448	3 936	100 598	68 224	13 163	19 211	1 475
卡拉OK厅	1 259	13 317	6 546	373 300	157 026	420 325	505 834	47 425	322 411	234 221	28 871	59 319	1 704
电子游艺厅	464	2 560	1 597	57 237	18 403	86 244	98 160	6 118	39 445	26 691	3 445	9 309	507
台球厅	385	1 990	1 335	37 760	12 697	41 140	44 208	3 688	26 881	21 612	2 406	2 863	1 190
保龄球	107	1 287	737	85 415	42 195	80 688	75 564	2 542	31 252	19 882	3 065	8 305	13
旱冰场	70	380	255	5 417	2 385	7 172	7 859	215	2 669	1 965	165	539	- -
综合娱乐场所	1 013	24 216	14 680	1 361 223	803 063	2 621 639	2 048 600	79 160	658 929	504 011	45 969	108 949	7 626
其他	667	10 029	6 280	224 094	119 213	316 346	316 664	26 209	190 808	127 317	13 924	49 567	190

全 国 文 化 娱 乐 业 基

	机构数	从业人员	职工	资本金合计	国家资本金	固定资产合计	固定资产原价	本年提取折旧	主营业收入	主营营业成本及费用	主营营业税金及附加	主营业务利润	其他业务利润
总计	**16 566**	**144 060**	**70 709**	**5 147 791**	**367 728**	**6 055 485**	**7 444 737**	**362 896**	**3 211 894**	**2 389 739**	**287 706**	**534 449**	**8 325**
歌舞厅	4 714	39 349	21 651	1 991 249	93 056	2 457 880	3 008 701	199 376	1 140 156	887 238	111 720	141 198	1 532
舞厅	1 530	18 716	6 405	264 821	28 252	284 386	253 057	7 346	139 960	90 816	15 482	33 662	452
卡拉OK厅	3 741	35 992	15 212	1 187 495	63 980	1 355 853	1 456 847	90 660	934 127	709 302	72 857	151 968	3 114
电子游艺厅	1 929	6 559	3 259	140 865	8 110	156 214	162 025	5 313	89 614	50 625	9 792	29 197	124
台球厅	1 015	3 535	2 238	75 476	2 082	56 190	61 628	1 994	48 223	36 862	3 986	7 375	697
保龄球	166	2 092	956	179 395	14 320	182 580	191 659	3 588	52 561	28 775	4 895	18 891	30
旱冰场	195	770	438	16 383	860	14 990	14 851	246	8 602	5 252	889	2 461	- -
综合娱乐场所	1 546	21 210	12 130	1 076 295	129 559	1 345 914	2 013 327	45 450	514 796	360 301	46 379	108 116	2 232
其他	1 730	15 837	8 420	215 812	27 509	201 478	282 642	8 923	283 855	220 568	21 706	41 581	144

本情况（国有经济）

单位：个、人、千元、千平方米

损益及分配									其他			增加值	房屋建筑面积
管理费用	税金	劳动待业保险	财务费用	补贴收入	投资收益	营业外收支净额	应交所得税	利润	从业人员劳动报酬	上交主办单位费用	上交文化市场管理费		
258 933	**11 238**	**16 612**	**49 466**	**7 758**	**8 590**	**9 412**	**10 708**	**101 766**	**581 857**	**16 928**	**6 180**	**1 389 951**	**2 653**
104 590	4 065	3 028	8 058	2 657	3 746	3 056	2 744	18 413	72 694	4 638	2 072	306 154	608
8 108	426	1 218	723	207	1 017	667	1 972	11 774	19 842	1 418	261	59 732	242
26 977	1 299	2 692	6 550	350	188	2 033	2 215	27 852	40 635	3 737	671	183 658	316
3 227	377	151	251	1	- 113	59	73	6 212	8 930	1 104	236	30 028	80
3 563	205	164	172	7	2	-1	156	170	4 693	252	107	15 405	85
3 011	848	686	420	- -	7	10	629	4 275	3 521	1 000	109	19 401	61
53	8	1	12	- -	- -	- -	- -	474	577	20	39	1 563	21
88 287	3 143	6 281	29 819	3 931	3 741	3 096	2 174	7 063	399 218	4 496	2 505	651 070	984
21 117	867	2 391	3 461	605	2	492	745	25 533	31 747	263	181	122 940	256

本情况（集体经济）

单位：个、人、千元、千平方米

损益及分配									其他			增加值	房屋建筑面积
管理费用	税金	劳动待业保险	财务费用	补贴收入	投资收益	营业外收支净额	应交所得税	利润	从业人员劳动报酬	上交主办单位费用	上交文化市场管理费		
310 549	**17 583**	**6 671**	**96 716**	**2 014**	**5 627**	**13 770**	**14 782**	**142 138**	**509 937**	**31 907**	**15 207**	**1 768 068**	**8 775**
130 878	6 120	2 667	12 948	50	2 577	4 063	3 657	1 937	147 160	13 513	6 779	627 421	6 115
10 449	911	392	3 753	130	101	24	565	19 602	27 013	3 259	2 395	90 518	335
83 264	3 026	1 181	70 428	-36	2 162	2 334	7 435	-1 585	136 461	9 868	2 650	470 604	792
5 258	1 968	302	270	13	7	30	519	23 324	17 733	1 098	1 042	66 273	204
5 207	333	63	1 096	122	2	1 155	360	2 688	21 839	731	358	37 315	136
3 812	40	44	1 400	- -	- -	12	172	13 549	8 388	1 031	199	37 062	79
372	22	17	10	1	22	8	29	2 081	2 136	600	158	6 513	51
56 377	4 280	1 153	5 953	941	512	5 962	1 485	53 948	116 405	1 329	1 004	325 197	772
14 932	883	852	858	793	244	182	560	26 594	32 802	478	622	107 165	290

全国文化娱乐业基

	机构数	从业人员	职工	资本金合计	国家资本金	固定资产合计	固定资产原价	本年提取折旧	主营业收入	主营营业成本及费用	主营营业税金及附加	主营业务利润	其他业务利润
总计	**6 725**	**60 311**	**22 218**	**2 160 390**	- -	**2 093 943**	**1 807 869**	**54 683**	**1 476 673**	**1 060 985**	**137 120**	**278 568**	**1 201**
歌舞厅	1 586	15 365	6 553	496 927	- -	441 694	463 129	14 012	345 047	246 224	36 602	62 221	394
舞厅	515	3 983	1 834	118 919	- -	109 674	90 770	3 727	93 150	60 996	11 625	20 529	84
卡拉OK厅	2 172	19 906	6 100	800 571	- -	822 539	614 777	10 584	548 189	383 273	46 802	118 114	301
电子游艺厅	699	2 817	951	78 697	- -	74 442	62 992	2 263	44 511	26 396	4 757	13 358	47
台球厅	279	1 291	484	73 206	- -	44 193	50 281	3 044	64 510	58 268	4 285	1 957	22
保龄球	61	812	352	154 095	- -	151 720	111 080	4 313	24 976	16 401	2 390	6 185	45
旱冰场	76	390	161	11 379	- -	11 969	10 427	77	6 437	3 785	607	2 045	12
综合娱乐场所	414	7 092	2 922	326 581	- -	341 022	301 143	13 916	205 817	159 190	16 873	29 754	130
其他	923	8 655	2 861	100 015	- -	96 690	103 270	2 747	144 036	106 452	13 179	24 405	166

全国文化娱乐业基

	机构数	从业人员	职工	资本金合计	国家资本金	固定资产合计	固定资产原价	本年提取折旧	主营业收入	主营营业成本及费用	主营营业税金及附加	主营业务利润	其他业务利润
总计	**2 818**	**10 512**	**4 751**	**489 514**	**77 249**	**398 854**	**427 437**	**17 589**	**307 588**	**202 621**	**34 336**	**70 631**	**399**
歌舞厅	286	2 524	1 278	107 594	5 619	66 066	75 275	2 387	78 523	50 205	11 074	17 244	135
舞厅	80	817	288	71 977	570	31 728	28 137	1 400	26 852	17 597	3 259	5 996	- -
卡拉OK厅	720	2 624	976	100 602	13 840	94 679	88 674	1 089	74 678	41 414	10 183	23 081	- -
电子游艺厅	931	650	307	28 466	9 000	22 140	24 590	892	12 402	6 167	1 106	5 129	1
台球厅	317	402	115	17 905	1 000	16 521	11 431	120	16 274	7 441	1 931	6 902	6
保龄球	37	208	89	20 565	204	22 190	22 465	160	5 649	3 096	679	1 874	- -
旱冰场	12	63	36	2 096	- -	1 404	1 345	- -	832	697	90	45	- -
综合娱乐场所	96	2 118	917	106 965	39 225	124 529	151 082	6 765	66 983	54 541	3 942	8 500	- -
其他	339	1 106	745	33 344	7 791	19 597	24 438	4 776	25 395	21 463	2 072	1 860	257

本情况（私营经济）

单位：个、人、千元、千平方米

损益及分配									其他			增加值	房屋建筑面积
管理费用	税金	劳动待业保险	财务费用	补贴收入	投资收益	营业外收支净额	应交所得税	利润	从业人员劳动报酬	上交主办单位费用	上交文化市场管理费		
77 831	**4 985**	**2 128**	**8 867**	**370**	**1 573**	**2 866**	**6 017**	**191 863**	**253 507**	**3 959**	**5 362**	**739 408**	**1 553**
22 004	1 596	790	3 911	115	205	242	2 065	35 197	61 204	2 038	1 690	179 769	453
3 184	94	561	100	21	--	--	1 673	15 677	13 666	611	273	50 611	108
26 097	2 180	211	1 637	134	1 136	1 801	835	92 917	93 064	738	2 282	274 078	427
2 242	418	29	308	3	11	148	183	10 834	8 160	53	399	29 459	71
1 253	54	13	13	--	15	56	61	723	2 618	30	51	12 061	46
4 916	73	90	615	--	--	29	6	722	5 053	35	71	18 165	42
194	21	5	--	--	--	--	4	1 859	1 507	165	77	4 512	18
12 465	473	377	1 785	4	7	92	748	14 989	45 395	133	274	106 946	253
5 476	76	52	498	93	199	498	442	18 945	22 840	156	245	63 807	135

本情况（联营经济）

单位：个、人、千元、千平方米

损益及分配									其他			增加值	房屋建筑面积
管理费用	税金	劳动待业保险	财务费用	补贴收入	投资收益	营业外收支净额	应交所得税	利润	从业人员劳动报酬	上交主办单位费用	上交文化市场管理费		
36 182	**1 683**	**7 241**	**1 199**	**46**	**31**	**1 026**	**3 264**	**31 488**	**49 076**	**1 659**	**1 549**	**176 923**	**359**
13 723	447	373	478	--	30	916	238	3 886	12 775	611	894	45 570	68
3 761	601	891	4	--	--	10	587	1 654	4 453	72	239	16 019	23
8 055	219	5 258	463	--	--	-4	1 463	13 096	14 314	627	178	49 692	74
1 451	90	4	19	--	--	-39	-24	3 645	2 158	62	57	9 494	20
877	--	600	5	--	--	--	983	5 043	1 668	42	18	10 687	12
417	150	2	187	--	--	1	--	1 271	878	230	101	4 072	11
55	13	--	--	--	--	--	--	-10	261	5	12	425	5
6 957	58	113	30	--	1	144	-43	1 701	8 441	10	37	27 753	131
886	105	--	13	46	--	-2	60	1 202	4 128	--	15	13 211	15

全 国 文 化 娱 乐 业 基

	机构数	从业人员	职工	资本金合计	国家资本金	固定资产合计	固定资产原价	本年提取折旧	主营业收入	主营营业成本及费用	主营营业税金及附加	主营业务利润	其他业务利润
总　计	**93 631**	**305 892**	**96 077**	**6 881 157**	**- -**	**7 083 716**	**6 375 196**	**133 240**	**5 308 699**	**2 793 559**	**725 187**	**1 789 953**	**8 731**
歌舞厅	12 267	66 985	25 790	1 771 672	- -	1 839 519	1 582 411	14 425	1 097 196	570 506	142 455	384 235	1 720
舞　厅	3 843	21 204	8 822	398 506	- -	439 198	328 622	5 425	337 863	180 484	48 951	108 428	514
卡拉 OK 厅	24 414	100 011	28 622	2 231 110	- -	2 179 257	2 085 256	79 735	1 789 725	942 319	227 054	620 352	4 954
电子游艺厅	30 519	58 546	14 849	1 499 338	- -	1 440 969	1 363 958	20 491	1 215 719	611 047	195 296	409 376	418
台球厅	9 045	14 196	3 194	147 586	- -	167 434	161 213	1 883	165 354	80 990	21 207	63 157	104
保龄球	299	1 337	224	126 214	- -	132 253	113 939	378	33 014	15 432	3 760	13 822	47
旱冰场	1 014	2 868	688	60 539	- -	76 092	67 115	320	53 996	30 177	5 007	18 812	14
综合娱乐场所	1 846	9 066	3 122	237 385	- -	246 208	231 177	5 213	178 787	101 175	24 710	52 902	489
其　他	10 384	31 679	10 766	408 807	- -	562 786	441 505	5 370	437 045	261 429	56 747	118 869	471

全 国 文 化 娱 乐 业 基

	机构数	从业人员	职工	资本金合计	国家资本金	固定资产合计	固定资产原价	本年提取折旧	主营业收入	主营营业成本及费用	主营营业税金及附加	主营业务利润	其他业务利润
总　计	**2 919**	**44 497**	**21 976**	**2 403 109**	**466 857**	**2 427 168**	**2 519 648**	**106 728**	**1 135 915**	**807 464**	**114 342**	**214 109**	**2 190**
歌舞厅	784	11 949	5 561	627 174	29 418	549 521	590 320	14 256	348 264	242 584	33 029	72 651	341
舞　厅	126	1 509	658	59 232	500	48 937	52 987	1 509	31 016	24 736	3 488	2 792	139
卡拉 OK 厅	788	10 606	4 413	457 531	7 450	399 452	431 690	13 994	278 096	182 516	29 321	66 259	355
电子游艺厅	362	2 109	848	130 299	50 536	130 172	154 994	13 097	45 294	30 538	4 783	9 973	465
台球厅	126	790	405	17 517	280	20 859	26 208	3 575	23 813	20 842	2 053	918	3
保龄球	80	1 593	1 020	217 984	1 315	219 500	222 112	9 357	49 237	36 082	8 775	4 380	- -
旱冰场	16	280	88	4 980	- -	4 884	3 084	- -	6 404	2 352	690	3 362	- -
综合娱乐场所	390	10 037	5 712	799 703	372 158	898 624	874 585	47 101	270 815	206 624	26 674	37 517	580
其　他	247	5 624	3 271	88 689	5 200	155 219	163 668	3 839	82 976	61 190	5 529	16 257	307

本情况（个体经济）

单位：个、人、千元、千平方米

损益及分配									其他			增加值	房屋建筑面积
管理费用	税金	劳动待业保险	财务费用	补贴收入	投资收益	营业外收支净额	应交所得税	利润	从业人员劳动报酬	上交主办单位费用	上交文化市场管理费		
85 288	**21 326**	**9 887**	**11 690**	**1 312**	**2 244**	**1 633**	**19 315**	**1 687 580**	**980 940**	**26 112**	**71 509**	**3 757 177**	**88 789**
18 991	4 781	1 513	3 577	103	404	487	2 267	362 114	223 717	4 544	17 743	793 830	1 938
4 246	345	1 889	204	17	145	16	5 508	99 162	57 776	4 877	2 995	229 283	565
25 714	7 032	2 452	4 690	1 097	1 195	861	5 257	592 798	339 317	4 860	18 342	1 301 765	82 671
17 176	5 974	1 254	1 246	61	360	179	2 809	389 163	203 333	2 240	22 775	860 123	1 793
2 043	435	625	172	3	19	11	1 006	60 073	35 322	1 284	3 010	126 336	515
2 108	61	3	10	--	--	--	52	11 699	4 844	312	153	23 384	61
1 793	16	13	94	--	--	10	169	16 780	10 901	51	670	35 830	162
4 480	620	88	186	7	32	19	208	48 575	27 139	266	1 053	112 397	285
8 737	2 062	2 050	1 511	24	89	50	2 039	107 216	78 591	7 678	4 766	274 229	800

本情况（股份经济）

单位：个、人、千元、千平方米

损益及分配									其他			增加值	房屋建筑面积
管理费用	税金	劳动待业保险	财务费用	补贴收入	投资收益	营业外收支净额	应交所得税	利润	从业人员劳动报酬	上交主办单位费用	上交文化市场管理费		
132 437	**5 556**	**2 451**	**15 059**	**645**	**- 948**	**1 722**	**2 677**	**67 545**	**164 200**	**6 572**	**1 872**	**615 585**	**1 536**
39 171	2 231	799	4 380	81	1 029	990	1 498	30 043	51 755	3 650	818	178 738	305
2 655	192	32	58	58	24	13	33	280	4 680	79	46	12 926	46
36 683	1 502	225	3 280	137	130	- 141	1 286	25 491	47 227	581	509	159 751	516
6 233	520	409	677	--	--	- 218	- 696	4 006	5 500	160	122	34 621	65
1 598	105	58	485	--	40	7	43	-1 158	2 983	102	92	9 832	30
7 635	39	38	865	--	--	608	53	-3 565	6 221	290	34	29 097	81
96	71	--	--	--	--	--	--	3 266	1 360	--	13	5 496	11
28 330	554	582	5 233	368	-2 461	452	339	2 554	31 950	1 681	133	146 191	391
10 036	342	308	81	1	290	11	121	6 628	12 524	29	106	38 933	91

全国文化娱乐业基本

	机构数	从业人员		资本金合计		固定资产合计	固定资产原价	本年提取折旧	主营业收入	主营营业成本及费用	主营营业税金及附加	主营业务利润	其他业务利润
			职工		国家资本金								
总计	**706**	**24 399**	**11 025**	**2 389 556**	**82 144**	**1 520 765**	**1 897 787**	**189 596**	**703 250**	**497 143**	**55 381**	**150 726**	**4 747**
歌舞厅	180	5 963	2 761	746 012	16 694	210 885	287 350	33 333	269 952	182 958	18 795	68 199	1 793
舞厅	35	876	649	51 871	4 800	34 466	44 592	4 742	15 896	14 193	1 453	250	- -
卡拉OK厅	157	4 338	1 583	193 665	12 814	155 479	104 146	4 812	88 060	60 099	9 199	18 762	1
电子游艺厅	30	413	232	77 934	19 936	54 772	80 035	10 171	14 674	14 405	1 892	-1 623	38
台球厅	20	242	148	26 409	100	12 075	15 837	333	7 990	6 654	102	1 234	- -
保龄球	55	1 154	815	248 121	6 350	198 310	312 795	50 008	49 966	43 214	5 292	1 460	241
旱冰场	2	29	2	50	- -	400	400	- -	111	60	3	48	- -
综合娱乐场所	141	6 752	3 495	978 581	20 621	803 208	1 021 511	83 662	226 235	154 120	16 583	55 532	2 674
其他	86	4 632	1 340	66 913	829	51 170	31 121	2 535	30 366	21 440	2 062	6 864	- -

全国文化娱乐业基本情

	机构数	从业人员		资本金合计		固定资产合计	固定资产原价	本年提取折旧	主营业收入	主营营业成本及费用	主营营业税金及附加	主营业务利润	其他业务利润
			职工		国家资本金								
总计	**803**	**28 268**	**15 082**	**19 625 682**	**76 562**	**2 044 858**	**57 636 561**	**199 894**	**26 033 983**	**9 722 966**	**1 589 768**	**14 721 249**	**6 277**
歌舞厅	196	5 792	3 170	16 830 432	12 583	331 335	10 594 641	33 180	345 978	229 329	42 776	73 873	45
舞厅	24	345	188	66 288	60	51 283	41 072	1 517	20 848	18 039	2 051	758	182
卡拉OK厅	169	5 055	1 849	495 355	2 308	315 040	264 522	22 301	209 151	161 192	19 277	28 682	- -
电子游艺厅	35	787	334	55 854	- -	32 752	44 966 690	10 801	24 835 975	8 856 373	1 475 475	14 504 127	198
台球厅	33	441	222	310 826	- -	39 436	62 547	12 116	11 977	8 297	1 438	2 242	757
保龄球	59	2 284	1 841	454 027	3 000	418 285	482 355	28 753	103 478	107 352	10 974	-14 848	167
旱冰场	1	119	119	13 630	- -	929	929	26	268	1 260	15	-1 007	- -
综合娱乐场所	185	9 349	4 695	1 243 216	51 267	690 729	1 144 455	77 163	382 466	258 100	30 385	93 981	3 953
其他	101	4 096	2 664	156 054	7 344	165 069	79 350	14 037	123 842	83 024	7 377	33 441	975

情况（外商投资经济）

单位：个、人、千元、千平方米

损益及分配									其他			增加值	房屋建筑面积
管理费用	税金	劳动待业保险	财务费用	补贴收入	投资收益	营业外收支净额	应交所得税	利润	从业人员劳动报酬	上交主办单位费用	上交文化市场管理费		
156 247	**5 103**	**6 063**	**13 267**	**262**	**1 076**	**5 687**	**2 355**	**-9 371**	**120 406**	**2 624**	**1 731**	**530 319**	**541**
60 540	2 775	2 102	4 217	--	1 057	763	361	6 694	47 430	2 338	1 248	175 915	127
3 658	162	145	368	--	--	-17	--	-3 793	2 762	--	17	9 386	14
11 112	1 015	2 500	701	262	19	46	1 470	5 807	12 067	--	99	45 956	55
3 260	3	--	-15	--	--	8	8	-4 830	2 667	--	2	13 150	12
196	--	6	--	--	--	-1	--	1 037	1 095	--	--	2 764	4
22 135	283	152	1 224	--	--	176	--	-21 482	10 919	86	40	68 329	58
--	--	--	--	--	--	--	--	48	35	--	--	86	1
50 159	848	976	6 607	--	--	4 689	506	5 623	36 716	200	317	196 532	234
5 187	17	182	165	--	--	23	10	1 525	6 715	--	8	18 201	37

况（港、澳、台投资经济）

单位：个、人、千元、千平方米

损益及分配									其他			增加值	房屋建筑面积
管理费用	税金	劳动待业保险	财务费用	补贴收入	投资收益	营业外收支净额	应交所得税	利润	从业人员劳动报酬	上交主办单位费用	上交文化市场管理费		
233 718	**7 308**	**7 426**	**22 798**	**722**	**2 965**	**10 456**	**11 036**	**14 474 117**	**177 179**	**91 381**	**2 249**	**16 795 308**	**896**
63 027	2 679	1 874	8 958	18	38	4 934	7 310	- 387	26 259	90 070	862	269 746	227
2 431	85	86	304	--	--	-32	658	-2 485	2 749	240	--	7 582	16
20 749	256	2 756	957	--	--	252	1 098	6 130	28 969	925	653	101 063	92
2 586	130	128	-8	--	900	-90	60	14 502 497	2 799	51	80	15 993 661	16
6 744	--	30	3	--	--	-64	--	-3 812	2 835	--	105	19 493	9
18 068	433	251	2 996	--	--	-8	20	-35 773	28 085	--	132	53 696	96
--	--	--	--	--	--	--	--	-1 007	1 140	--	--	174	1
94 143	2 365	1 672	6 229	701	1 652	5 412	1 868	3 459	65 411	10	400	273 668	329
25 970	1 360	629	3 359	3	375	52	22	5 495	18 932	85	18	76 225	110

全国文化娱乐业基

	机构数	从业人员		资本金合计		固定资产合计	固定资产原价	本年提取折旧					
			职工		国家资本金				主营业收入	主营营业成本及费用	主营营业税金及附加	主营业务利润	其他业务利润
总　计	**797**	**12 268**	**6 009**	**779 308**	**53 059**	**782 089**	**820 959**	**70 897**	**326 534**	**223 040**	**34 308**	**69 186**	**561**
歌舞厅	211	3 280	1 842	135 642	1 880	141 636	129 700	12 680	68 738	46 257	5 964	16 517	17
舞　厅	35	328	206	10 607	350	24 005	26 124	4 486	6 728	3 536	691	2 501	--
卡拉OK厅	239	3 125	1 148	236 694	1 180	139 078	150 719	1 954	50 122	38 246	10 612	1 264	--
电子游艺厅	55	295	74	48 409	--	46 377	66 247	2 504	8 356	6 953	1 055	348	--
台球厅	28	142	92	2 738	--	1 271	1 359	54	1 704	2 241	153	- 690	--
保龄球	17	309	200	13 300	7 000	7 933	19 384	3 579	6 421	5 310	794	317	--
旱冰场	4	62	34	2 694	--	2 690	2 690	--	1 556	1 262	164	130	--
综合娱乐场所	159	4 074	1 977	304 541	39 649	405 786	409 439	44 923	161 198	103 332	13 256	44 610	544
其　他	49	653	436	24 683	3 000	13 313	15 297	717	21 711	15 903	1 619	4 189	--

全国文化市场其他经营单位

	机构数	从业人员		资本金合计		固定资产合计	固定资产原价	本年提取折旧					
			职工		国家资本金				主营业收入	主营营业成本及费用	主营营业税金及附加	主营业务利润	其他业务利润
总　计	**25 944**	**90 863**	**46 636**	**1 511 252**	**368 927**	**1 935 765**	**1 816 261**	**77 309**	**2 313 946**	**1 761 391**	**103 511**	**449 044**	**41 970**
1.文化艺术经纪代理业	59	737	560	26 418	17 399	36 603	33 756	220	18 479	13 829	1 132	3 518	640
2.音像制品批发零售业	4 778	16 697	7 780	291 859	70 271	348 922	347 778	13 037	806 395	705 316	20 813	80 266	15 783
3.录像放映业	8 317	26 947	14 062	435 514	79 348	485 114	506 008	17 612	307 649	164 457	29 573	113 619	3 009
4.录像带出租	9 142	17 219	7 958	139 268	15 924	135 734	126 499	3 109	156 951	89 072	15 497	52 382	561
5.画店、画廊	394	2 850	2 166	39 968	15 922	31 924	41 452	8 811	100 549	84 534	2 586	13 429	2 551
6.美术公司	38	228	141	10 259	4 746	6 636	8 525	487	7 144	4 236	711	2 197	--
7.艺术品拍卖公司	31	277	162	89 203	40 796	38 772	5 066	597	95 240	89 309	739	5 192	3 806
8.图书批发	1 418	5 327	2 955	145 094	37 045	358 155	264 260	10 436	502 804	392 102	12 170	98 532	13 705
9.其　他	1 767	20 581	10 852	333 669	87 476	493 905	482 917	23 000	318 735	218 536	20 290	79 909	1 915

本情况（其他经济）

单位：个、人、千元、千平方米

损益及分配									其他			增加值	房屋建筑面积
管理费用	税金	劳动待业保险	财务费用	补贴收入	投资收益	营业外收支净额	应交所得税	利润	从业人员劳动报酬	上交主办单位费用	上交文化市场管理费		
65 011	**1 699**	**1 732**	**996**	**282**	**261**	**583**	**1 704**	**3 162**	**56 532**	**1 746**	**537**	**239 695**	**533**
11 334	551	468	293	--	181	133	414	4 807	11 241	333	159	47 461	85
4 801	202	12	-441	--	--	--	--	-1 859	1 606	--	6	9 492	15
5 492	253	369	236	1	--	-14	18	-4 495	11 954	1 277	207	27 523	92
311	268	25	5	--	--	--	--	32	610	35	4	4 824	6
359	9	58	6	--	--	9	1	-1 047	443	--	5	-26	6
603	9	--	-2	--	--	--	4	-288	748	--	12	9 689	9
--	--	--	--	--	--	--	--	130	115	--	--	409	3
39 337	397	663	926	281	80	404	761	4 895	29 019	1	130	132 879	298
2 774	10	137	-27	--	--	51	506	987	796	100	14	7 444	18

基本情况（国有、集体经济）

单位：个、人、千元、千平方米

损益及分配									其他			增加值	房屋建筑面积
管理费用	税金	劳动待业保险	财务费用	补贴收入	投资收益	营业外收支净额	应交所得税	利润	从业人员劳动报酬	上交主办单位费用	上交文化市场管理费		
164 056	**5 901**	**13 055**	**11 014**	**671**	**1 657**	**4 420**	**15 078**	**307 614**	**241 131**	**13 052**	**162 726**	**1 094 265**	**1 759**
2 346	32	150	44	68	--	31	196	1 671	3 245	5	20	8 812	53
44 052	1 308	3 182	1 963	112	85	1 488	2 913	48 806	40 822	909	138 833	311 802	194
23 364	1 020	1 640	3 480	261	846	964	1 155	90 700	73 922	4 585	16 218	259 439	784
7 616	573	764	755	80	305	112	2 187	42 882	32 575	1 875	5 895	112 227	153
12 464	303	318	221	--	135	-226	3 148	56	7 398	437	73	35 595	33
991	645	266	265	--	--	--	467	474	678	35	3	4 756	3
4 416	13	102	84	--	--	3	624	3 877	1 181	80	15	11 624	4
41 990	614	5 046	1 690	19	343	1 375	3 993	66 301	20 789	2 272	387	158 875	78
26 817	1 393	1 587	2 512	131	-57	673	395	52 847	60 521	2 854	1 283	191 135	456

全国文化市场其他经营单位

	机构数	从业人员	职工	资本金合计	国家资本金	固定资产合计	固定资产原价	本年提取折旧	主营业收入	主营营业成本及费用	主营营业税金及附加	主营业务利润	其他业务利润
总　计	**65 702**	**126 673**	**30 969**	**1 641 650**	**- -**	**1 446 988**	**1 297 332**	**58 088**	**1 999 193**	**1 087 920**	**254 923**	**656 350**	**2 159**
1.文化艺术经纪代理业	21	135	32	2 528	- -	1 147	1 217	10	1 089	907	70	112	- -
2.音像制品批发零售业	22 186	37 956	11 247	489 948	- -	403 117	373 047	3 547	583 356	347 571	58 706	177 079	564
3.录像放映业	5 122	8 967	2 093	129 232	- -	119 081	114 620	2 128	188 573	108 415	72 527	7 631	149
4.录像带出租	18 356	28 289	5 750	271 589	- -	245 063	216 861	1 996	293 712	137 563	35 388	120 761	488
5.画店、画廊	1 038	2 217	593	43 417	- -	31 752	29 063	140	34 798	21 722	2 713	10 363	46
6.美术公司	378	1 080	178	7 389	- -	6 499	5 651	14	8 274	3 816	926	3 532	29
7.艺术品拍卖公司	19	65	40	6 191	- -	1 416	1 388	- -	516	207	50	259	- -
8.图书批发	8 550	14 359	2 581	223 279	- -	189 284	161 779	8 757	393 136	177 627	47 033	168 476	265
9.其　他	10 032	33 605	8 455	468 077	- -	449 629	393 706	41 496	495 739	290 092	37 510	168 137	618

全国文化市场其他经营单位基本

	机构数	从业人员	职工	资本金合计	国家资本金	固定资产合计	固定资产原价	本年提取折旧	主营业收入	主营营业成本及费用	主营营业税金及附加	主营业务利润	其他业务利润
总　计	**112**	**11 217**	**873**	**371 962**	**4 868**	**150 763**	**429 295**	**47 514**	**1 358 171**	**1 066 741**	**9 960**	**281 470**	**38 582**
1.文化艺术经纪代理业	- -	- -	- -	- -	- -	- -	- -	- -	- -	- -	- -	- -	- -
2.音像制品批发零售业	11	4 704	29	157 851	40	48 910	187 790	19 192	622 136	485 151	820	136 165	19 123
3.录像放映业	4	27	27	7 981	460	8 055	8 210	62	1 061	689	46	326	- -
4.录像带出租	2	19	16	150	- -	150	150	- -	2 416	1 679	229	508	- -
5.画店、画廊	12	59	55	53	- -	22	22	- -	45	31	2	12	- -
6.美术公司	1	10	10	- -	- -	- -	- -	- -	- -	- -	- -	- -	- -
7.艺术品拍卖公司	- -	- -	- -	- -	- -	- -	- -	- -	- -	- -	- -	- -	- -
8.图书批发	43	5 543	237	154 966	- -	39 535	186 372	20 247	693 332	545 448	7 568	140 316	19 124
9.其他	39	855	499	50 961	4 368	54 091	46 751	8 013	39 181	33 743	1 295	4 143	335

基本情况(私营、个体经济)

单位:个、人、千元、千平方米

损益及分配									其他			增加值	房屋建筑面积
管理费用			财务费用	补贴收入	投资收益	营业外收支净额	应交所得税	利润	从业人员劳动报酬	上交主办单位费用	上交文化市场管理费		
	税金	劳动待业保险											
40 770	**2 133**	**1 283**	**1 905**	**194**	**570**	**819**	**10 366**	**607 051**	**378 508**	**5 307**	**68 717**	**1 425 888**	**1 905**
191	--	1	--	--	--	--	1	-80	234	--	9	436	2
9 840	457	69	791	16	223	366	3 043	164 574	93 531	912	10 026	344 537	468
1 858	230	77	151	48	164	141	527	5 597	22 737	392	40 051	145 889	291
3 236	467	78	167	60	86	100	843	117 249	65 562	577	8 516	234 360	390
852	81	19	85	--	30	1	51	9 452	5 646	51	123	19 125	31
168	5	--	4	--	--	--	4	3 385	2 457	14	94	7 073	12
3	--	--	2	--	--	--	--	254	113	--	25	447	5
8 255	335	979	161	10	19	186	3 641	156 899	59 007	1 528	2 411	287 550	177
16 367	558	60	544	60	48	25	2 256	149 721	129 221	1 833	7 464	386 471	531

情况(外商、港、澳、台投资经济)

单位:个、人、千元、千平方米

损益及分配									其他			增加值	房屋建筑面积
管理费用			财务费用	补贴收入	投资收益	营业外收支净额	应交所得税	利润	从业人员劳动报酬	上交主办单位费用	上交文化市场管理费		
	税金	劳动待业保险											
160 747	**350**	**192**	**4 393**	**--**	**--**	**-2 439**	**10 769**	**141 704**	**30 275**	**--**	**60**	**408 211**	**39**
--	--	--	--	--	--	--	--	--	--	--	--	--	--
71 595	--	--	1 396	--	--	-379	5 282	76 636	3 070	--	8	178 378	11
122	27	48	15	--	--	--	--	189	188	--	14	663	3
222	221	--	--	--	--	--	--	286	90	--	--	1 048	--
--	--	--	--	--	--	--	--	12	6	--	2	22	--
--	--	--	--	--	--	--	--	--	--	--	--	--	--
--	--	--	--	--	--	--	--	--	--	--	--	--	--
81 786	--	26	1 973	--	--	-2 636	5 288	67 757	23 766	--	--	211 021	10
7 022	102	118	1 009	--	--	576	199	-3 176	3 155	--	36	17 079	14

各 地 区 文 化 娱

	机构数	从业人员		资本金合计		固定资产合计	固定资产原价	本年提取折旧	主营业收入	主营业成本及费用	主营营业税金及附加	主营业务利润	其他业务利润
			职工		国家资本金								
总计	**131 881**	**713 701**	**297 031**	**43 226 676**	**2 740 493**	**27 056 049**	**38 370 802**	**1 352 471**	**15 561 904**	**10 194 335**	**1 663 191**	**3 704 378**	**46 434**
北京	1 564	17 514	13 047	430 695	27 920	516 455	599 076	40 145	204 464	181 090	23 798	- 424	1 121
天津	865	7 931	4 585	320 459	22 677	354 287	324 479	15 207	144 146	114 462	13 448	16 236	577
河北	4 911	18 067	8 774	446 100	35 069	511 559	424 756	436	192 041	104 697	27 286	60 058	239
山西	2 385	11 495	6 695	317 989	15 746	371 329	393 263	69 349	247 700	139 116	30 296	78 288	1
内蒙古	1 586	7 075	1 553	168 008	14 164	180 645	164 893	2 428	99 183	61 537	12 373	25 273	48
辽宁	6 760	37 693	15 487	1 225 608	112 121	1 629 412	1 261 614	38 775	736 703	455 669	74 047	206 987	2 024
其中:大连	1 937	10 146	4 875	404 807	69 669	798 088	491 504	28 074	222 885	155 063	21 295	46 527	1 109
吉林	2 880	9 051	1 494	222 711	4 930	265 637	258 420	2 426	170 128	78 541	18 412	73 175	- -
黑龙江	5 822	17 559	1 971	306 466	1 014	314 000	224 452	1 485	384 731	167 006	44 320	173 405	282
上海	2 769	44 602	27 274	3 597 336	1 062 308	4 318 248	3 904 714	296 254	1 590 594	1 167 149	108 799	314 646	16 518
江苏	9 519	40 868	26 687	1 698 269	108 305	1 785 763	1 934 414	54 973	720 106	452 481	85 881	181 744	1 327
浙江	9 024	45 482	17 033	2 109 441	167 361	2 066 168	2 089 374	58 130	1 126 347	671 730	135 281	319 336	935
其中:宁波	1 419	6 285	3 046	347 930	13 753	319 335	296 462	7 192	170 648	105 578	16 882	48 188	556
安徽	3 117	13 617	7 715	260 524	13 486	333 051	402 490	24 834	219 535	111 340	25 680	82 515	340
福建	5 532	31 600	9 958	1 226 023	16 348	1 149 616	1 137 397	63 017	806 324	566 341	89 828	150 155	1 041
其中:厦门	416	6 581	5 641	359 477	15 048	383 784	433 337	36 647	251 232	202 410	34 321	14 501	793
江西	2 763	11 710	4 606	282 629	25 018	271 207	257 493	3 633	162 641	87 279	26 430	48 932	350
山东	4 817	45 693	26 651	901 732	237 886	1 044 196	1 137 634	47 615	707 422	515 736	51 075	140 611	3 072
其中:青岛	546	7 346	4 501	210 791	82 539	294 117	347 497	10 361	214 718	163 891	17 744	33 083	639
河南	2 369	14 925	6 393	454 328	19 382	455 954	418 054	6 869	198 578	97 394	24 909	76 275	109
湖北	5 137	33 496	13 418	1 598 522	140 972	1 193 663	1 195 171	26 762	541 816	302 011	61 277	178 528	3 624
湖南	5 103	26 237	8 907	817 060	141 522	843 234	865 559	26 948	444 825	258 487	47 924	138 414	452
广东	9 375	99 849	30 687	22 694 573	272 399	4 961 733	17 343 558	461 419	4 324 498	3 260 697	402 574	661 227	6 752
其中:深圳	382	16 177	3 702	1 419 865	98 320	646 543	773 827	67 799	1 345 172	901 704	136 330	307 138	1 560
广西	5 375	24 319	5 620	495 392	15 273	462 519	466 623	8 153	318 119	212 303	40 955	64 861	637
海南	700	5 438	4 506	127 510	765	87 606	54 986	698	40 684	16 809	4 153	19 722	7
重庆	4 907	18 318	8 642	474 452	44 004	466 076	580 917	10 298	304 842	189 569	36 287	78 986	314
四川	15 580	46 888	16 477	826 982	81 883	1 070 088	861 034	16 775	619 830	338 542	88 168	193 120	3 909
贵州	2 205	5 166	1 464	80 026	290	70 332	71 253	3 359	89 168	62 267	8 478	18 423	57
云南	8 542	39 855	13 905	698 508	19 101	1 042 965	858 799	54 319	286 933	144 219	41 585	101 129	1 296
西藏	2 764	5 365	- -	- -	- -	- -	- -	- -	- -	- -	- -	- -	- -
陕西	2 466	16 678	7 644	596 174	25 548	511 563	484 589	5 932	507 170	229 175	93 865	184 130	527
甘肃	1 919	8 406	2 942	412 286	77 382	377 463	392 402	6 670	122 091	67 687	18 252	36 152	370
青海	747	2 139	512	47 810	6 600	45 053	38 455	- -	20 911	7 025	2 278	11 608	227
宁夏	1 017	3 546	263	176 650	20 204	174 057	111 194	226	85 341	39 864	7 662	37 815	- -
新疆	2 125	8 484	2 121	212 413	10 815	182 170	113 739	5 336	145 033	94 112	17 870	33 051	278

乐　业　基　本　情　况

单位:个、人、千元、千平方米

损益及分配									其他			增加值	房屋建筑面积
管理费用	税金	劳动待业保险	财务费用	补贴收入	投资收益	营业外收支净额	应交所得税	利润	从业人员劳动报酬	上交主办单位费用	上交文化市场管理费		
1 356 196	76 481	60 211	220 058	13 411	21 419	47 155	71 858	2 184 685	2 893 634	182 888	106 194	10 033 400	105 637
71 097	1 539	859	8 771	9	355	1 275	1 093	－78 625	64 681	2 159	3	133 022	692
22 393	1 281	734	2 867	130	－－	482	169	－8 004	30 092	1 060	3 657	81 602	230
2 719	383	802	541	1 627	10	2	893	57 783	33 857	1 428	9 310	133 051	80 783
7 120	363	1	1 051	－－	－－	16	342	69 792	33 637	569	－－	212 503	320
8 204	25	－－	680	397	654	103	401	17 190	20 987	459	421	62 030	272
42 194	1 827	1 876	7 124	－150	174	3 038	1 621	161 134	130 226	7 593	－－	461 479	1 002
34 574	1 180	1 732	6 489	89	174	2 289	961	8 164	37 725	5 769	－－	141 679	259
297	2	－－	103	－－	－－	－－	3 485	69 290	28 953	58	47	123 103	297
2 750	143	20	117	117	113	63	299	170 814	44 346	713	15 536	280 284	381
252 638	5 043	8 430	32 155	4 130	3 296	9 290	3 598	59 489	274 976	2 991	－－	1 019 227	1 429
78 381	25 965	12 686	11 191	1 298	3 892	2 263	7 851	93 101	144 438	19 305	2 230	523 330	6 647
58 544	4 139	1 437	10 285	71	3 119	1 477	1 941	254 168	207 439	7 306	161	732 706	1 518
15 331	1 050	530	2 196	－－	－2 189	－170	638	28 220	25 096	1 051	－－	100 015	302
21 455	1 399	415	3 354	1	356	361	1 282	57 482	31 353	2 319	1 721	170 197	319
2 603	191	110	426	3	3	51	143	148 081	142 381	2 486	329	449 435	798
1 062	50	23	53	3	3	－－	43	14 142	47 442	107	－－	133 861	154
1 988	345	273	642	4	91	2	428	46 321	32 515	635	－－	112 840	396
62 181	3 549	3 631	9 276	451	484	2 013	1 447	73 727	111 991	1 525	－－	359 438	1 606
14 394	1 418	1 352	1 269	76	83	627	614	18 231	33 302	588	－－	97 135	604
12 943	115	38	1 383	328	－－	－30	259	62 097	49 739	518	2 193	160 798	423
16 751	2 548	1 117	6 380	102	3 287	1 882	1 671	162 621	108 482	3 797	9 646	394 772	833
10 439	227	129	875	339	28	47	785	127 181	77 460	1 500	－－	292 925	583
598 267	15 275	25 380	106 306	3 114	4 037	21 615	40 813	－48 641	862 995	110 843	18 968	2 540 081	2 524
246 150	4 024	19 263	9 684	－－	516	8 384	22 118	39 646	156 708	1 490	1 708	676 757	310
9 687	543	211	2 363	12	12	103	330	53 245	57 017	741	1 477	174 433	723
59	－－	－－	6	－－	－－	－－	38	19 626	13 940	109	1 522	40 155	157
9 334	2 798	212	3 645	1 187	1 433	672	135	69 478	62 936	1 226	1 404	194 263	467
16 265	5 914	704	4 313	20	－97	69	－169	176 612	156 232	2 440	16 067	482 825	1 226
1 914	137	23	386	－－	－－	61	113	16 128	18 031	254	2 944	51 668	107
16 510	1 703	655	2 981	8	28	－526	933	81 511	40 284	5 710	14 281	259 806	721
－－	－－	－－	－－	－－	－－	－－	－－	－－	－－	－－	－－	－－	－－
9 098	288	142	618	53	105	704	783	175 020	38 871	1 034	15	324 661	419
6 797	274	236	1 793	－－	15	－－	557	27 390	26 535	2 686	342	91 281	300
100	－－	－－	－－	－－	－－	－－	188	11 547	5 883	316	292	20 606	61
－－	－－	－－	－－	－－	－－	－－	－－	37 815	15 844	5	－－	61 552	122
13 468	465	90	426	160	24	2 122	429	21 312	27 513	1 103	3 628	89 327	281

各 地 区 歌 舞

	机构数	从业人员		资本金合计		固定资产合计	固定资产原价	本年提取折旧					
			职工		国家资本金				主营业收入	主营营业成本及费用	主营营业税金及附加	主营业务利润	其他业务利润
总　计	**22 290**	**174 365**	**82 041**	**23 744 654**	**552 811**	**6 944 824**	**17 795 681**	**371 304**	**4 194 980**	**2 785 913**	**449 881**	**959 186**	**7 275**
北　京	271	4 207	3 078	90 826	6 390	68 073	93 666	9 051	67 766	65 419	8 350	-6 003	-27
天　津	536	5 777	3 273	204 828	13 133	239 538	221 852	13 687	119 156	91 510	10 583	17 063	90
河　北	1 887	9 480	5 767	290 255	32 938	337 849	285 688	134	119 192	67 358	16 229	35 605	239
山　西	342	2 672	1 807	56 125	13 092	62 829	61 471	3 080	37 886	21 073	8 778	8 035	1
内蒙古	330	1 786	379	48 964	7 176	77 158	71 995	2 317	29 984	22 350	3 676	3 958	48
辽　宁	746	6 237	3 035	178 358	4 406	212 100	200 952	2 749	103 979	64 786	11 948	27 245	310
其中:大连	84	1 066	571	24 551	929	28 418	21 342	2 230	16 031	12 573	1 698	1 760	14
吉　林	31	204	78	2 313	- -	4 807	4 905	- -	8 960	6 713	374	1 873	- -
黑龙江	875	3 836	641	60 194	116	60 480	47 747	451	61 286	27 937	5 694	27 655	- -
上　海	119	1 416	980	83 171	16 466	58 171	85 894	15 253	70 154	57 945	3 740	8 469	75
江　苏	2 789	16 902	11 368	786 401	49 164	762 856	873 978	21 506	322 241	208 453	34 126	79 662	374
浙　江	1 868	14 408	6 169	761 592	80 505	683 261	674 610	18 079	363 578	210 442	37 681	115 455	615
其中:宁波	440	3 382	1 663	196 417	6 892	154 406	128 100	4 945	105 957	67 302	9 510	29 145	482
安　徽	926	6 554	3 909	143 464	11 625	151 203	123 045	4 302	88 641	44 640	9 766	34 235	258
福　建	412	2 448	763	84 200	50	79 412	76 826	1 293	69 238	46 357	7 017	15 864	1
其中:厦门	32	148	110	1 978	- -	7 737	7 805	33	2 159	1 821	319	19	- -
江　西	428	3 364	1 641	96 882	14 633	95 974	85 374	750	45 599	23 800	5 535	16 264	84
山　东	663	4 289	2 883	94 832	18 417	85 546	89 130	2 655	38 748	23 776	3 143	11 829	142
其中:青岛	107	654	282	15 250	520	11 132	11 591	402	9 677	6 255	1 030	2 392	42
河　南	855	5 611	2 681	207 309	6 460	205 839	203 085	3 817	78 414	43 037	11 189	24 188	21
湖　北	957	11 746	5 154	565 449	58 870	473 509	457 166	6 933	197 176	105 911	28 900	62 365	842
湖　南	498	5 791	1 951	225 872	15 198	225 495	233 496	6 392	127 779	81 931	9 831	36 017	8
广　东	753	24 081	9 117	18 404 344	124 748	1 824 954	12 889 969	242 248	1 496 908	1 152 930	129 216	214 762	2 884
其中:深圳	124	9 038	2 580	900 768	84 619	149 701	639 541	54 082	626 873	419 623	44 466	162 784	790
广　西	456	3 975	927	132 132	2 220	100 551	98 485	3 850	73 527	53 898	10 642	8 987	112
海　南	170	1 559	1 227	26 555	765	27 731	23 907	186	18 148	7 307	1 419	9 422	4
重　庆	711	4 328	2 149	142 703	19 061	73 651	87 578	1 788	71 521	50 796	7 738	12 987	61
四　川	1 357	8 531	3 530	166 674	12 518	159 256	145 193	1 115	128 143	72 558	22 021	33 564	201
贵　州	214	756	236	9 985	150	8 071	10 032	46	8 084	3 483	981	3 620	28
云　南	1 444	8 006	3 207	318 510	1 113	341 311	201 157	4 669	85 996	48 822	9 319	27 855	175
西　藏	488	- -	- -	- -	- -	- -	- -	- -	- -	- -	- -	- -	- -
陕　西	1 135	8 448	3 949	234 679	7 291	210 426	197 555	2 377	200 817	99 444	33 692	67 681	224
甘　肃	622	3 061	1 253	143 712	11 867	123 409	127 591	1 485	50 906	28 015	7 216	15 675	228
青　海	77	361	142	8 170	580	9 676	7 635	- -	5 129	1 075	286	3 768	143
宁　夏	490	2 460	136	120 830	18 753	120 828	71 857	146	64 302	29 473	6 233	28 596	- -
新　疆	328	2 071	611	55 325	5 106	60 860	43 842	945	41 722	24 674	4 558	12 490	134

厅　基　本　情　况

单位:个、人、千元、千平方米

损益及分配									其他			增加值	房屋建筑面积
管理费用			财务费用	补贴收入	投资收益	营业外收支净额	应交所得税	利润	从业人员劳动报酬	上交主办单位费用	上交文化市场管理费		
	税金	劳动待业保险											
464 258	25 245	13 614	46 820	3 024	9 267	15 584	20 554	462 704	654 235	121 735	32 268	2 624 604	9 927
24 581	547	203	3 802	- -	- -	246	454	-34 621	13 227	136	- -	25 281	141
19 584	1 172	600	2 454	124	- -	-14	133	-4 908	24 017	948	2 712	70 298	149
2 446	372	800	512	1 627	- -	2	889	33 626	20 147	1 334	5 785	79 870	281
5 817	328	1	756	- -	- -	-40	37	1 386	7 016	293	- -	27 531	69
3 418	15	- -	238	390	652	80	143	1 329	6 752	27	74	16 888	59
3 097	88	164	109	- -	123	465	201	24 736	19 255	1 690	- -	63 285	141
2 865	63	142	84	- -	123	464	147	- 735	2 859	1 551	- -	10 175	25
- -	- -	- -	- -	- -	- -	- -	199	1 674	465	- -	- -	2 712	12
217	- -	- -	- -	- -	- -	- -	27	27 411	10 429	24	6 581	50 854	81
5 312	25	43	- 369	- -	- -	193	40	3 754	9 585	184	- -	37 331	48
35 308	13 329	6 523	3 200	554	250	417	4 743	38 006	66 061	10 560	565	229 389	5 655
22 609	1 366	519	3 396	- -	4 374	158	1 151	93 446	60 646	4 524	- -	238 366	498
11 381	939	366	1 783	- -	292	173	520	16 408	13 456	916	- -	59 393	158
3 626	842	84	257	1	101	271	261	30 722	14 880	1 144	752	66 185	149
175	- -	- -	57	- -	- -	- -	12	15 621	11 573	436	77	36 262	83
26	- -	- -	- -	- -	- -	- -	- -	-7	802	- -	- -	1 173	6
367	84	22	277	1	3	1	153	15 556	9 640	283	- -	32 640	86
4 663	95	191	172	65	37	62	90	7 210	11 219	192	- -	29 275	136
647	56	10	8	65	37	59	90	1 850	1 760	- -	- -	5 682	25
6 292	30	12	1 108	- -	- -	-33	175	16 601	18 058	436	858	58 621	147
5 885	360	558	2 059	6	281	89	766	54 873	40 896	1 422	2 246	143 987	273
846	10	23	408	1	26	17	139	34 676	19 700	400	- -	72 358	96
299 418	4 857	3 447	24 009	132	3 248	13 445	9 768	-98 724	159 773	95 101	5 352	854 198	598
169 849	2 920	2 294	9 634	- -	437	8 843	1 766	-8 395	89 357	- -	1 143	355 542	190
4 194	45	40	166	12	12	113	38	4 838	12 021	140	301	36 095	168
59	- -	- -	6	- -	- -	- -	38	9 323	5 155	108	821	17 120	39
3 118	444	38	1 305	74	91	59	31	8 818	15 109	177	380	38 722	98
1 724	585	141	33	2	3	2	129	31 886	35 650	322	2 639	96 152	191
28	18	4	- -	- -	- -	- -	1	3 619	1 868	33	204	6 804	12
2 899	248	2	1 305	1	3	8	123	23 715	11 602	503	1 689	56 074	234
- -	- -	- -	- -	- -	- -	- -	- -	- -	- -	- -	- -	- -	- -
2 190	147	33	223	34	48	56	292	65 338	20 896	512	- -	125 529	202
2 804	210	133	1 275	- -	15	- -	412	11 427	9 368	513	131	34 832	115
24	- -	- -	- -	- -	- -	- -	36	3 851	1 142	101	30	5 470	10
- -	- -	- -	- -	- -	- -	- -	- -	28 596	11 066	- -	- -	46 041	82
3 557	28	33	62	- -	- -	-13	73	8 919	7 019	192	1 071	26 434	74

各地区舞厅

	机构数	从业人员	职工	资本金合计	国家资本金	固定资产合计	固定资产原价	本年提取折旧	主营收入	主营营业成本及费用	主营营业税金及附加	主营业务利润	其他业务利润
总计	7 073	54 565	23 369	1 209 992	102 883	1 193 006	1 035 809	34 088	772 911	478 621	100 163	194 127	2 846
北京	40	531	462	22 481	1 502	9 618	17 144	1 615	7 271	7 319	876	- 924	190
天津	15	121	31	7 260	1 750	6 763	4 900	19	359	300	53	6	- -
河北	358	1 285	790	18 239	481	22 740	16 443	- -	10 179	6 286	1 422	2 471	- -
山西	96	623	268	13 255	13	10 803	11 583	189	10 555	9 333	651	571	- -
内蒙古	159	1 095	490	17 076	2 568	16 148	14 421	55	15 278	9 729	2 251	3 298	- -
辽宁	336	3 407	1 850	79 307	10 483	89 943	83 825	3 169	45 099	31 250	4 853	8 996	13
其中:大连	103	1 152	700	30 126	7 296	40 166	40 173	2 950	12 080	10 968	1 348	- 236	13
吉林	97	649	219	16 605	560	19 640	19 970	1 119	11 645	6 671	692	4 282	- -
黑龙江	331	1 012	144	11 128	10	11 991	9 727	39	18 557	7 259	2 653	8 645	100
上海	69	732	413	15 689	1 170	17 185	19 494	3 344	19 511	13 214	1 346	4 951	90
江苏	762	5 286	3 880	193 089	15 578	186 620	164 829	8 196	76 031	54 517	8 372	13 142	458
浙江	505	2 731	1 025	108 380	4 176	118 299	125 115	1 344	50 817	31 549	5 406	13 862	5
其中:宁波	116	728	471	20 396	706	35 414	38 402	417	14 466	9 738	1 408	3 320	4
安徽	127	862	608	5 853	300	33 249	21 521	- -	18 567	9 134	3 647	5 786	28
福建	488	2 430	533	83 519	460	89 092	91 618	2 798	62 124	42 967	7 078	12 079	896
其中:厦门	15	162	134	16 085	- -	17 838	19 994	1 970	6 657	6 209	829	- 381	778
江西	201	1 295	655	26 411	4 770	25 629	24 918	1 231	14 486	8 780	2 166	3 540	20
山东	114	645	428	22 848	3 422	20 442	20 981	453	9 726	5 396	922	3 408	143
其中:青岛	16	108	49	2 761	200	1 021	1 152	90	2 176	1 684	149	343	- -
河南	201	1 006	392	22 671	150	22 918	22 003	98	14 627	7 356	1 572	5 699	2
湖北	287	2 131	834	68 654	8 055	60 973	62 552	1 071	22 329	11 975	2 358	7 996	91
湖南	306	2 544	1 114	67 834	8 888	72 730	68 074	870	35 236	20 487	4 497	10 252	303
广东	155	2 501	529	186 892	11 434	116 121	27 009	1 922	188 753	117 330	28 000	43 423	- -
其中:深圳	42	1 270	126	155 387	7 784	95 034	10 061	1 170	170 687	102 327	26 227	42 133	- -
广西	167	1 144	234	28 160	4 482	23 697	29 490	1 092	18 190	11 327	1 974	4 889	- -
海南	139	1 409	1 254	11 845	- -	14 620	13 676	- -	9 386	3 096	1 001	5 289	- -
重庆	126	802	370	11 920	1 565	12 696	13 502	170	10 058	6 770	1 453	1 835	27
四川	245	1 108	452	19 143	2 945	20 827	20 908	472	15 571	7 500	1 702	6 369	47
贵州	77	253	49	2 863	50	2 820	2 393	- -	2 837	1 590	512	735	- -
云南	1 017	15 154	4 695	59 523	10 402	79 782	61 721	2 958	32 569	14 612	7 746	10 211	185
西藏	- -	- -	- -	- -	- -	- -	- -	- -	- -	- -	- -	- -	- -
陕西	181	1 249	668	26 792	2 318	22 926	22 737	928	13 840	6 661	1 650	5 529	83
甘肃	130	743	328	16 952	4 255	22 768	21 180	37	8 153	4 732	1 395	2 026	42
青海	39	175	58	4 616	20	3 228	2 678	- -	1 402	522	144	736	30
宁夏	35	- -	- -	- -	- -	- -	- -	- -	- -	- -	- -	- -	- -
新疆	270	1 642	596	40 987	1 076	38 738	21 397	899	29 755	20 959	3 771	5 025	93

基　本　情　况

单位:个、人、千元、千平方米

损益及分配									其他			增加值	房屋建筑面积
管理费用	税金	劳动待业保险	财务费用	补贴收入	投资收益	营业外收支净额	应交所得税	利润	从业人员劳动报酬	上交主办单位费用	上交文化市场管理费		
43 293	3 018	5 226	5 073	433	1 287	681	10 996	140 012	134 547	10 556	6 230	485 549	1 363
3 377	22	147	-2	--	--	43	11	-4 077	1 742	80	--	3 601	25
1	--	--	--	--	--	--	--	5	113	--	15	206	6
149	8	--	9	--	10	--	2	2 321	1 257	--	87	5 246	32
6	2	--	5	--	--	--	--	560	1 858	60	--	3 331	24
964	--	--	311	--	--	23	124	1 922	2 373	219	78	8 274	61
2 355	164	89	-388	66	--	-1	57	7 050	9 489	242	--	26 926	91
2 329	160	87	-390	66	--	-1	57	-2 154	3 045	242	--	7 522	36
100	--	--	--	--	--	--	537	3 645	2 173	10	4	8 280	26
842	64	20	10	80	70	20	10	8 053	1 924	12	545	13 983	32
6 876	120	83	2	--	--	1	154	-1 990	3 711	--	--	13 562	26
9 624	800	501	4 088	20	1 018	340	467	799	12 984	2 690	392	47 033	164
1 165	209	19	150	--	--	--	48	12 504	11 937	457	--	33 220	108
755	38	18	100	--	--	--	42	2 427	3 291	40	--	8 518	33
345	1	--	--	--	24	2	230	5 265	1 709	488	55	11 712	14
115	23	3	12	--	--	--	--	12 848	12 382	291	25	35 572	95
--	--	--	--	--	--	--	--	397	1 456	6	--	4 658	4
124	14	6	25	--	--	--	25	3 386	4 226	111	--	11 308	52
2 520	16	241	72	53	13	35	18	1 042	2 622	75	--	7 639	27
156	4	--	31	2	4	2	7	157	353	--	--	939	3
782	8	--	--	--	--	--	--	4 919	3 422	14	484	11 304	38
522	227	19	310	16	2	6	11	7 268	5 818	162	427	18 152	67
319	77	53	44	--	--	--	103	10 089	6 310	508	--	22 817	50
7 382	717	3 958	23	--	79	28	8 687	27 438	15 985	472	556	91 075	66
6 826	657	3 954	2	--	79	28	8 668	26 744	11 873	460	526	83 046	22
175	24	15	1	--	--	--	25	4 688	5 439	30	37	13 496	44
--	--	--	--	--	--	--	--	5 289	3 327	--	128	9 753	41
190	53	22	187	22	28	19	5	1 549	2 652	24	16	6 231	25
510	129	24	15	16	8	6	56	5 865	5 094	109	367	14 297	36
23	--	--	--	--	--	--	--	712	1 678	63	69	3 057	7
2 134	266	15	127	--	12	159	204	8 102	4 415	4 003	2 401	32 111	82
--	--	--	--	--	--	--	--	--	--	--	--	--	--
114	17	5	9	--	23	--	16	5 496	1 762	277	--	10 246	43
701	--	--	56	--	--	--	106	1 205	2 309	64	14	5 887	29
3	--	--	--	--	--	--	8	755	587	11	17	1 524	6
--	--	--	--	--	--	--	--	--	--	--	--	--	--
1 875	57	6	7	160	--	--	92	3 304	5 249	84	513	15 706	46

各地区卡拉OK

	机构数	从业人员	职工	资本金合计	国家资本金	固定资产合计	固定资产原价	本年提取折旧	主营收入	主营营业成本及费用	主营营业税金及附加	主营业务利润	其他业务利润
总计	**33 659**	**194 974**	**66 449**	**6 076 323**	**258 598**	**5 881 702**	**5 702 465**	**272 554**	**4 294 559**	**2 752 582**	**224 170**	**1 087 801**	**10 429**
北京	486	4 985	3 478	96 346	7 196	91 822	105 364	10 110	56 020	43 907	6 665	5 448	494
天津	64	520	364	12 118	91	14 585	13 962	49	4 691	3 241	447	1 003	1
河北	1 290	4 679	1 504	80 618	1 300	94 494	82 566	34	36 158	16 752	4 921	14 485	- -
山西	1 804	6 984	3 774	171 441	- -	214 144	215 425	63 534	168 754	88 876	18 866	61 012	- -
内蒙古	428	1 729	194	21 974	- -	23 528	18 349	- -	18 957	11 520	2 407	5 030	- -
辽宁	3 034	16 920	5 333	432 662	16 400	726 570	394 070	4 747	322 806	193 549	32 379	96 878	2 182
其中:大连	1 042	4 312	1 750	80 669	5 336	397 680	96 255	2 949	71 615	45 198	8 012	18 405	1 729
吉林	974	3 523	799	133 658	4 370	143 764	145 376	840	92 267	42 225	9 663	40 379	- -
黑龙江	1 466	6 653	615	122 309	- -	124 916	97 293	310	196 349	90 573	20 727	85 049	157
上海	671	7 249	4 495	297 488	69 496	226 869	352 121	43 336	270 680	208 439	16 809	45 432	583
江苏	628	3 318	2 102	116 720	5 809	228 769	234 106	2 985	49 470	28 890	4 948	15 632	42
浙江	1 881	11 060	3 393	567 649	28 406	557 253	593 750	23 251	383 289	228 218	43 506	111 565	366
其中:宁波	147	360	175	12 828	- -	13 183	13 204	23	8 116	4 748	965	2 403	65
安徽	314	1 714	601	28 905	1 561	56 019	26 235	82	25 712	13 148	2 740	9 824	4
福建	932	5 607	1 904	262 195	7 870	226 237	202 436	5 233	194 333	130 476	20 362	43 495	- -
其中:厦门	56	1 190	1 061	46 277	7 500	42 457	59 133	3 070	51 098	43 072	6 922	1 104	- -
江西	425	1 563	556	24 872	340	22 449	22 403	331	21 770	11 836	3 521	6 413	23
山东	481	2 685	1 696	34 170	3 164	35 005	34 909	834	34 531	22 266	3 517	8 748	1 722
其中:青岛	198	1 070	638	13 307	1 774	11 367	13 133	558	18 541	12 601	2 491	3 449	21
河南	534	4 269	1 612	85 544	- -	82 152	81 190	705	57 535	25 879	5 447	26 209	- -
湖北	1 744	10 419	3 106	603 718	37 483	342 805	363 388	5 652	152 577	89 079	15 985	47 513	120
湖南	1 745	8 694	2 901	209 704	18 795	198 263	207 336	1 348	134 748	65 166	14 177	55 405	57
广东	2 223	38 099	9 164	1 829 106	36 178	1 516 728	1 633 232	95 833	1 383 172	1 038 404	130 774	213 994	1 309
其中:深圳	101	2 854	731	214 433	1 681	256 117	38 766	3 469	268 533	180 535	43 960	44 038	53
广西	1 911	12 821	3 286	184 384	2 272	196 481	194 952	1 548	140 584	91 105	16 053	33 426	517
海南	222	776	603	5 871	- -	7 037	6 455	18	5 484	2 416	525	2 543	- -
重庆	1 422	6 903	3 080	182 523	12 036	179 801	192 952	3 522	108 617	68 870	16 808	22 939	120
四川	4 953	18 208	7 152	237 548	2 000	271 768	209 627	1 273	226 291	116 027	37 150	73 114	2 234
贵州	496	2 298	716	42 771	20	24 507	22 687	1 017	49 980	38 341	4 108	7 531	27
云南	1 735	5 161	1 858	74 387	471	96 815	91 362	4 201	53 254	25 897	7 233	20 124	244
西藏	130	- -	- -	- -	- -	- -	- -	- -	- -	- -	- -	- -	- -
陕西	448	3 374	1 208	99 731	1 050	72 012	64 155	488	43 973	24 018	4 867	15 088	167
甘肃	609	2 228	548	73 685	1 890	65 391	71 513	279	29 935	14 526	4 898	10 511	27
青海	160	577	38	9 179	- -	8 833	8 402	- -	4 574	2 392	692	1 490	19
宁夏	134	218	24	3 431	- -	3 431	1 328	- -	1 957	809	198	950	- -
新疆	445	1 740	345	31 616	400	29 254	15 521	994	26 091	15 737	3 783	6 571	14

厅 基 本 情 况

单位：个、人、千元、千平方米

损益及分配									其他			增加值	房屋建筑面积
管理费用	税金	劳动待业保险	财务费用	补贴收入	投资收益	营业外收支净额	应交所得税	利润	从业人员劳动报酬	上交主办单位费用	上交文化市场管理费		
244 143	16 782	17 644	88 942	1 945	4 830	7 168	21 077	758 011	724 008	22 613	25 592	2 614 090	85 031
19 114	204	319	861	2	34	114	357	- 14 240	14 983	976	- -	38 880	194
361	1	- -	32	6	- -	- -	25	592	845	44	406	2 801	16
116	3	2	20	- -	- -	- -	2	14 347	7 575	80	2 612	29 718	80 400
129	31	- -	- -	- -	- -	- -	295	60 588	19 251	10	- -	162 704	160
1 763	7	- -	16	7	- -	- -	52	3 206	4 356	149	87	12 036	41
8 198	585	210	1 418	- 238	- -	445	583	89 068	55 143	5 144	- -	197 058	324
2 512	116	108	911	1	- -	3	382	16 333	11 989	3 658	- -	46 858	57
- -	- -	- -	- -	- -	- -	- -	1 785	38 594	15 201	37	12	66 143	129
293	- -	- -	98	31	35	37	128	84 790	16 658	412	2 761	126 092	132
39 776	1 111	1 365	2 245	517	- 6	428	979	3 954	54 484	381	- -	162 136	193
4 175	683	681	944	2	- -	1	256	10 302	13 581	1 287	91	39 249	262
15 326	1 885	563	4 730	67	94	1 494	412	93 118	73 552	700	19	254 844	327
25	- -	- -	7	- -	- -	- -	- -	2 436	1 486	30	- -	4 972	14
174	97	- -	2	- -	- -	20	25	9 647	3 854	117	223	16 946	39
347	88	- -	71	- -	- -	51	37	43 091	29 574	883	32	99 667	148
- -	- -	- -	- -	- -	- -	- -	- -	1 104	8 326	- -	- -	19 422	19
125	45	13	113	- -	- -	- -	84	6 114	4 490	64	- -	14 887	38
3 010	347	104	211	140	213	98	76	7 624	7 858	5	- -	23 031	74
958	58	77	50	- -	33	88	26	2 557	3 808	5	- -	10 390	38
814	10	2	24	- -	- -	- 2	23	25 346	16 383	59	348	49 171	94
5 085	870	176	1 729	80	2 965	1 873	718	45 019	31 597	1 791	2 409	105 987	202
1 814	83	8	148	2	1	- 19	233	53 251	27 042	461	- -	98 573	155
120 228	4 078	13 758	72 536	271	211	1 950	13 791	11 180	173 420	6 369	4 158	629 935	863
23 641	117	10 187	257	- -	- -	36	6 862	13 367	28 245	910	39	120 831	38
2 518	229	114	1 303	- -	- -	- 30	194	29 898	21 873	412	286	74 356	300
- -	- -	- -	- -	- -	- -	- -	- -	2 543	1 594	- -	356	5 027	23
3 799	1 257	37	1 765	1 057	1 270	569	87	20 304	25 167	251	408	70 473	152
8 216	4 336	78	121	1	1	13	374	66 652	65 267	547	6 306	190 322	393
884	119	19	265	- -	- -	52	112	6 349	7 792	41	1 916	22 542	45
1 701	537	141	88	- -	- -	74	211	18 442	9 686	110	2 238	44 291	111
- -	- -	- -	- -	- -	- -	- -	- -	- -	- -	- -	- -	- -	- -
4 136	66	54	196	- -	12	5	60	10 880	7 915	171	1	28 762	69
735	48	- -	2	- -	- -	- -	6	9 795	6 682	1 879	87	24 411	73
- -	- -	- -	- -	- -	- -	- -	- -	1 509	2 105	2	155	4 469	17
- -	- -	- -	- -	- -	- -	- -	- -	950	571	5	- -	1 724	6
1 306	62	- -	4	- -	- -	- 5	172	5 098	5 509	226	681	17 855	51

各 地 区 电 子 游

	机构数	从业人员	职工	资本金合计	国家资本金	固定资产合计	固定资产原价	本年提取折旧	主营业收入	主营营业成本及费用	主营营业税金及附加	主营业务利润	其他业务利润
总　计	35 024	74 506	22 451	2 117 099	105 985	2 044 082	2 088 808	71 650	1 489 239	791 478	224 170	473 591	1 798
北　京	77	491	354	13 344	50	12 249	14 258	820	3 905	4 227	551	- 873	8
天　津	5	29	26	975	- -	1 130	1 130	- -	809	702	51	56	- -
河　北	1 261	2 396	643	55 591	350	54 615	38 102	258	25 301	13 480	4 439	7 382	- -
山　西	- -	- -	- -	- -	- -	- -	- -	- -	- -	- -	- -	- -	- -
内蒙古	306	604	95	14 605	- -	16 005	13 338	24	10 413	6 386	1 597	2 430	- -
辽　宁	916	2 649	900	85 556	70	92 975	77 659	816	51 692	23 826	8 268	19 598	19
其中:大连	176	358	55	5 559	- -	7 299	6 963	146	4 609	2 751	2 323	- 465	- -
吉　林	1 251	3 071	265	41 092	- -	57 664	51 856	276	39 364	15 968	5 342	18 054	- -
黑龙江	1 785	2 923	283	63 419	838	60 427	46 320	142	55 660	21 439	9 062	25 159	16
上　海	193	1 332	844	54 590	12 912	51 688	71 469	3 901	26 794	20 011	2 628	4 155	210
江　苏	3 294	6 980	3 925	212 654	1 419	204 601	207 289	3 602	136 441	64 112	19 103	53 226	55
浙　江	3 367	6 872	1 482	181 515	75	194 563	212 876	3 616	146 007	83 073	23 979	38 955	24
其中:宁波	617	1 004	323	27 260	- -	34 303	35 149	337	18 232	11 023	2 658	4 551	5
安　徽	1 590	3 571	2 130	50 080	- -	59 635	47 225	2 894	48 243	20 189	6 788	21 266	35
福　建	1 750	2 733	386	56 174	10	53 502	51 149	627	56 586	32 864	5 599	18 123	18
其中:厦门	115	287	82	4 384	- -	3 989	4 252	93	5 951	3 949	611	1 391	8
江　西	1 293	3 480	1 041	80 787	815	75 470	71 866	735	51 431	25 332	10 244	15 855	38
山　东	296	1 805	1 200	35 039	4 496	51 156	55 188	2 748	19 227	11 305	1 813	6 109	23
其中:青岛	21	215	151	10 195	4 290	18 653	21 931	611	5 461	3 614	635	1 212	17
河　南	458	1 183	195	24 497	20	24 670	22 450	184	15 401	6 060	2 213	7 128	30
湖　北	627	2 190	606	62 685	1 070	60 337	60 506	777	41 247	20 508	4 201	16 538	- -
湖　南	1 941	3 892	593	92 629	1 600	111 612	104 908	128	63 488	31 574	7 277	24 637	35
广　东	4 397	9 400	1 603	452 404	24 466	363 192	444 311	35 980	259 302	191 998	33 244	34 060	214
其中:深圳	46	280	128	17 725	4 236	12 830	9 643	883	8 950	6 944	989	1 017	11
广　西	1 637	3 230	468	48 108	30	46 474	49 167	419	43 965	26 060	6 722	11 183	2
海　南	74	442	371	11 075	- -	8 451	7 918	43	5 443	2 505	986	1 952	3
重　庆	1 048	2 139	1 041	33 640	1 580	46 852	49 510	1 230	34 329	17 503	5 393	11 433	11
四　川	3 298	4 695	1 200	135 760	51 834	146 532	165 510	7 689	71 009	39 583	9 151	22 275	986
贵　州	527	381	93	5 400	- -	4 820	4 725	3	4 433	1 551	533	2 349	2
云　南	1 920	3 410	1 402	82 570	620	94 382	84 567	3 308	54 063	20 387	8 877	24 799	28
西　藏	- -	- -	- -	- -	- -	- -	- -	- -	- -	- -	- -	- -	- -
陕　西	394	1 873	820	151 944	10	82 938	80 807	189	181 517	70 526	40 292	70 699	28
甘　肃	177	736	188	32 857	800	28 997	29 012	578	9 881	5 133	1 612	3 136	- -
青　海	142	223	46	4 821	- -	5 010	4 714	- -	2 393	876	284	1 233	- -
宁　夏	246	470	8	11 732	- -	11 832	6 187	80	10 617	4 364	880	5 373	- -
新　疆	754	1 306	243	21 556	2 920	22 303	14 791	583	20 278	9 936	3 041	7 301	13

艺 厅 基 本 情 况

单位：个、人、千元、千平方米

损益及分配									其他			增加值	房屋建筑面积
管理费用			财务费用	补贴收入	投资收益	营业外收支净额	应交所得税	利润	从业人员劳动报酬	上交主办单位费用	上交文化市场管理费		
	税金	劳动待业保险											
41 744	**9 748**	**2 302**	**2 753**	**78**	**1 165**	**77**	**2 932**	**429 280**	**251 890**	**4 803**	**24 719**	**1 062 599**	**2 267**
348	78	1	6	--	--	--	9	-1 228	836	8	--	1 428	24
5	--	--	--	--	--	--	--	51	121	--	97	325	2
8	--	--	--	--	--	--	--	7 374	4 456	2	786	17 343	63
--	--	--	--	--	--	--	--	--	--	--	--	--	--
583	3	--	51	--	2	--	34	1 764	1 729	2	53	5 836	32
334	1	--	2	--	--	--	236	19 045	11 809	151	--	40 662	80
333	--	--	--	--	--	--	88	-886	3 143	65	--	5 212	9
139	2	--	56	--	--	--	600	17 259	7 665	11	23	31 388	82
564	--	--	13	6	8	6	116	24 502	7 525	65	4 076	46 055	62
2 521	125	12	37	--	8	165	45	1 935	4 403	188	--	15 610	57
11 805	6 405	1 407	218	26	939	-60	376	41 787	24 417	1 406	907	109 146	209
1 069	248	10	91	--	-15	2	195	37 611	27 621	239	107	94 792	274
329	--	--	73	--	--	--	1	4 153	3 132	31	--	10 714	57
1 267	378	17	32	--	231	43	706	19 570	9 410	570	654	42 021	81
545	25	--	159	3	3	4	42	17 405	9 232	128	128	33 881	68
62	16	--	3	3	3	4	6	1 338	1 271	5	--	3 395	5
270	90	--	11	--	--	1	136	15 477	8 570	156	--	35 688	127
1 215	28	125	57	--	--	85	33	4 912	4 008	95	--	14 824	62
791	28	115	16	--	--	83	29	476	479	35	--	3 017	14
656	48	--	2	--	--	--	27	6 473	3 088	1	280	13 006	53
340	68	--	106	--	--	--	17	16 075	8 325	23	2 516	32 463	72
69	37	--	40	--	--	--	306	24 257	13 498	61	--	45 673	132
14 235	910	278	1 015	23	63	89	417	18 782	52 138	514	5 700	162 782	253
948	30	50	160	--	--	-40	72	-192	3 132	120	--	6 182	7
334	185	1	351	--	--	--	35	10 465	8 295	52	622	27 507	78
--	--	--	--	--	--	--	--	1 955	2 183	--	132	5 302	14
1 329	605	15	185	--	--	2	12	9 920	8 495	40	167	27 373	62
2 305	389	346	102	--	-118	-300	-759	21 195	13 045	83	3 058	56 743	151
--	--	--	--	--	--	--	--	2 351	1 461	2	303	4 678	10
1 423	104	87	208	7	13	17	248	22 985	6 752	396	4 090	48 250	93
--	--	--	--	--	--	--	--	--	--	--	--	--	--
63	2	--	11	13	7	23	46	70 650	3 356	4	--	114 570	46
50	--	--	--	--	--	--	--	3 086	2 064	130	58	7 578	25
14	--	--	--	--	--	--	28	1 191	468	43	48	2 075	6
--	--	--	--	--	--	--	--	5 373	2 341	--	--	8 674	12
253	17	3	--	--	24	--	27	7 058	4 579	433	914	16 926	37

各 地 区 台 球

	机构数	从业人员		资本金合计		固定资产合计	固定资产原价	本年提取折旧	主营业收入	主营业成本及费用	主营业税金及附加	主营业务利润	其他业务利润
			职工		国家资本金								
总　计	**11 248**	**23 029**	**8 233**	**709 423**	**16 159**	**399 119**	**434 712**	**26 807**	**366 726**	**243 207**	**37 561**	**85 958**	**2 779**
北　京	331	1 515	1 149	18 944	2 462	13 510	17 532	2 574	10 832	8 687	1 451	694	67
天　津	198	753	457	11 409	503	15 647	16 049	473	7 706	7 549	1 047	- 890	486
河　北	21	38	8	309	- -	422	453	- -	424	297	105	22	- -
山　西	49	82	69	3 885	1 845	3 941	3 946	- -	835	807	104	-76	- -
内蒙古	197	436	134	5 428	- -	9 047	8 083	30	5 002	2 819	830	1 353	- -
辽　宁	1 414	3 001	1 158	63 072	1 724	59 786	56 299	584	58 130	30 981	5 368	21 781	178
其中:大连	440	923	282	25 630	210	20 980	21 707	388	22 024	11 321	1 279	9 424	31
吉　林	461	1 115	46	6 450	- -	9 018	8 094	46	9 446	3 333	1 419	4 694	- -
黑龙江	997	1 225	38	13 755	50	11 717	9 958	71	21 054	6 184	2 540	12 330	9
上　海	222	1 481	900	341 897	5 830	58 915	87 881	13 877	28 349	21 367	2 273	4 709	1 926
江　苏	788	1 756	1 105	19 132	254	33 479	39 265	1 312	14 938	7 927	1 872	5 139	- -
浙　江	234	328	171	10 843	- -	10 526	10 504	118	4 056	1 632	286	2 138	- -
其中:宁波	3	4	2	8	- -	21	5	15	31	11	5	15	- -
安　徽	39	24	8	323	- -	328	343	1	357	68	65	224	- -
福　建	665	1 329	280	29 599	30	25 007	27 014	510	31 529	22 269	3 056	6 204	- -
其中:厦门	6	32	20	673	- -	649	693	40	599	506	50	43	- -
江　西	239	384	121	2 300	157	2 238	1 889	46	2 328	956	330	1 042	14
山　东	329	621	253	5 737	5	13 500	13 653	83	4 570	2 318	559	1 693	16
其中:青岛	8	19	5	477	- -	615	675	40	186	114	47	25	- -
河　南	104	222	70	2 077	10	2 094	2 017	6	1 836	762	224	850	6
湖　北	139	501	226	3 714	- -	3 672	3 706	172	3 664	1 834	409	1 421	7
湖　南	217	344	76	2 965	- -	2 757	2 869	10	3 705	1 502	298	1 905	1
广　东	646	2 605	693	131 476	1 800	87 668	96 181	6 588	125 546	106 408	10 451	8 687	17
其中:深圳	19	112	- -	11 810	- -	10 209	1 420	52	19 141	9 849	2 947	6 345	- -
广　西	955	1 281	185	6 524	39	6 384	6 545	19	8 004	4 317	1 509	2 178	- -
海　南	79	145	104	1 677	- -	1 376	1 360	31	920	453	119	348	- -
重　庆	229	480	295	1 878	10	2 137	3 206	15	1 465	774	248	443	- -
四　川	1 380	1 418	217	10 820	820	8 254	8 129	22	8 490	4 888	938	2 664	7
贵　州	209	118	46	175	- -	225	159	- -	536	137	51	348	- -
云　南	621	820	255	6 962	260	9 918	4 309	209	5 484	2 307	1 118	2 059	27
西　藏	290	- -	- -	- -	- -	- -	- -	- -	- -	- -	- -	- -	- -
陕　西	92	192	78	1 014	- -	1 005	900	7	1 388	618	174	596	18
甘　肃	61	296	67	1 638	360	1 198	1 143	1	1 532	497	257	778	- -
青　海	143	186	8	606	- -	556	632	- -	1 055	366	172	517	- -
宁　夏	44	84	3	3 684	- -	3 674	1 888	- -	1 412	376	45	991	- -
新　疆	145	249	13	1 130	- -	1 120	705	2	2 133	774	243	1 116	- -

厅基本情况

单位:个、人、千元、千平方米

损益及分配									其他			增加值	房屋建筑面积
管理费用			财务费用	补贴收入	投资收益	营业外收支净额	应交所得税	利润	从业人员劳动报酬	上交主办单位费用	上交文化市场管理费		
	税金	劳动待业保险											
21 840	1 141	1 617	1 952	132	78	1 172	2 610	63 717	73 496	2 441	3 746	233 867	843
3 092	249	29	961	7	31	62	236	-3 428	15 120	279	3	20 437	63
570	86	117	28	--	--	-6	11	-1 019	2 242	57	246	3 758	33
--	--	--	--	--	--	--	--	22	93	12	31	263	2
14	--	--	--	--	--	--	--	-90	165	--	--	193	11
230	--	--	63	--	--	--	46	1 014	1 204	21	16	3 448	30
1 346	146	10	192	18	2	296	132	20 605	10 196	123	--	38 376	119
922	3	1	92	18	2	--	24	8 437	3 445	10	--	14 580	30
18	--	--	7	--	--	--	116	4 553	1 848	--	2	8 010	28
26	--	--	5	--	--	--	18	12 290	2 870	25	794	18 640	34
11 673	71	80	57	104	10	613	24	-4 392	7 306	25	--	30 187	50
1 508	349	282	12	--	--	1	25	3 595	4 751	235	39	13 697	69
15	1	--	5	--	--	--	1	2 117	762	19	--	3 324	11
4	1	--	--	--	--	--	--	11	11	--	--	47	--
40	--	--	--	--	--	--	--	184	127	--	2	419	1
14	--	--	--	--	--	--	--	6 190	5 107	386	23	15 288	70
14	--	--	--	--	--	--	--	29	225	--	--	358	2
37	8	2	9	--	--	--	5	1 005	717	2	--	2 159	17
67	17	--	1	--	1	--	4	1 638	1 376	17	--	3 761	20
--	--	--	--	--	--	--	--	25	60	--	--	172	1
28	16	--	--	--	--	--	--	828	610	--	23	1 731	9
277	8	3	2	--	--	--	4	1 145	1 014	8	144	3 184	14
1	--	--	1	1	1	1	4	1 903	1 065	22	--	3 301	9
2 597	166	1 085	605	--	25	199	1 913	3 813	7 349	537	745	34 542	99
1 036	--	1 030	--	--	--	40	1 760	3 589	987	--	--	10 331	5
--	--	--	--	--	--	--	--	2 178	2 701	6	106	6 518	50
--	--	--	--	--	--	--	--	348	254	1	54	804	6
8	3	--	--	--	--	--	--	435	455	1	73	1 239	8
29	10	2	--	--	--	--	--	2 642	2 621	13	299	6 571	35
--	--	--	--	--	--	--	--	348	258	--	25	668	3
39	10	7	1	--	--	--	51	1 995	732	614	1 017	5 738	25
--	--	--	--	--	--	--	--	--	--	--	--	--	--
6	--	--	3	2	8	6	14	607	344	26	--	1 165	4
197	1	--	--	--	--	--	2	579	493	7	4	1 538	6
2	--	--	--	--	--	--	4	511	325	5	10	1 025	4
--	--	--	--	--	--	--	--	991	687	--	--	1 723	2
6	--	--	--	--	--	--	--	1 110	704	--	90	2 160	11

各　地　区　保　龄

	机构数	从业人员	职工	资本金合计	国家资本金	固定资产合计	固定资产原价	本年提取折旧	主营业收入	主营营业成本及费用	主营营业税金及附加	主营业务利润	其他业务利润
总　计	**881**	**11 076**	**6 234**	**1 499 116**	**74 384**	**1 413 459**	**1 551 353**	**102 678**	**356 554**	**275 544**	**40 624**	**40 386**	**543**
北　京	79	1 694	1 533	159 735	--	230 371	259 473	12 773	32 610	29 854	4 103	-1 347	97
天　津	23	284	176	55 436	3 800	50 111	54 390	582	7 780	7 642	619	-481	--
河　北	1	--	--	--	--	--	--	--	--	--	--	--	--
山　西	19	314	257	41 441	--	43 373	56 010	--	6 008	2 428	380	3 200	--
内蒙古	18	218	13	17 945	--	25 426	25 571	--	14 012	5 889	846	7 277	--
辽　宁	23	649	237	92 343	10 000	56 859	61 344	5 357	14 490	11 413	1 158	1 919	--
其中:大连	11	172	18	38 513	--	34 101	35 006	1 778	5 457	2 746	585	2 126	--
吉　林	1	4	--	200	--	180	160	140	210	114	6	90	--
黑龙江	123	304	36	17 707	--	17 590	1 500	--	6 657	2 385	720	3 552	--
上　海	1	10	7	--	--	--	--	--	320	270	10	40	--
江　苏	130	1 513	1 117	161 474	21 300	186 538	215 016	12 908	44 039	44 972	5 666	-6 599	--
浙　江	36	314	152	32 410	3 100	26 428	28 342	1 325	11 787	6 770	670	4 347	--
其中:宁波	--	--	--	--	--	--	--	--	--	--	--	--	--
安　徽	--	--	--	--	--	--	--	--	--	--	--	--	--
福　建	44	1 324	773	234 889	--	177 432	154 962	14 518	82 011	56 307	8 439	17 265	7
其中:厦门	9	420	388	94 362	--	86 024	90 951	8 688	33 237	27 383	4 116	1 738	7
江　西	--	--	--	--	--	--	--	--	--	--	--	--	--
山　东	32	407	163	56 050	6 423	56 272	57 443	2 101	15 303	11 676	1 030	2 597	6
其中:青岛	--	--	--	--	--	--	--	--	--	--	--	--	--
河　南	27	297	170	64 682	--	74 547	53 661	1 774	8 680	4 765	1 045	2 870	45
湖　北	25	323	174	41 638	12 010	49 957	48 101	2 877	9 640	6 723	819	2 098	9
湖　南	13	146	87	6 870	--	6 598	6 458	--	2 391	1 337	304	750	--
广　东	48	1 191	478	237 326	--	138 587	202 563	30 313	44 609	45 813	5 211	-6 415	302
其中:深圳	--	--	--	--	--	--	--	--	--	--	--	--	--
广　西	27	326	68	45 032	--	38 035	30 636	411	11 394	9 133	1 369	892	--
海　南	4	19	18	250	--	250	250	--	170	112	66	-8	--
重　庆	4	40	26	3 350	2 700	3 180	3 250	96	1 295	1 053	127	115	--
四　川	121	551	209	32 838	--	34 016	28 779	353	6 979	4 626	527	1 826	20
贵　州	4	71	--	6 000	--	5 879	5 879	404	1 099	709	143	247	--
云　南	31	376	143	72 874	3 100	90 463	158 485	11 370	5 651	3 268	461	1 922	30
西　藏	--	--	--	--	--	--	--	--	--	--	--	--	--
陕　西	17	303	191	49 473	10 000	37 902	38 540	1 836	16 988	10 120	6 014	854	--
甘　肃	6	123	84	24 568	500	19 360	24 838	3 438	2 755	1 430	501	824	--
青　海	1	20	20	--	--	3 000	--	--	300	180	25	95	15
宁　夏	14	185	76	35 165	1 451	32 485	29 030	--	6 472	4 515	270	1 687	--
新　疆	9	70	26	9 420	--	8 620	6 672	102	2 904	2 040	95	769	12

球基本情况

单位：个、人、千元、千平方米

损益及分配									其他			增加值	房屋建筑面积
管理费用			财务费用	补贴收入	投资收益	营业外收支净额	应交所得税	利润	从业人员劳动报酬	上交主办单位费用	上交文化市场管理费		
	税金	劳动待业保险											
62 705	**1 936**	**1 266**	**7 715**	**--**	**7**	**828**	**936**	**-29 592**	**68 657**	**2 984**	**851**	**262 895**	**499**
17 746	358	145	2 888	--	--	29	16	-21 871	13 146	--	--	29 130	98
1 612	1	17	4	--	--	--	--	-2 097	2 029	1	11	2 762	13
--	--	--	--	--	--	--	--	--	--	--	--	--	--
320	--	--	289	--	--	46	10	2 627	438	--	--	4 018	14
525	--	--	--	--	--	--	2	6 750	3 603	--	7	11 733	8
803	17	19	240	--	--	277	1	1 152	4 842	--	--	13 293	28
669	12	19	244	--	--	277	1	1 489	4 144	--	--	8 645	10
--	--	--	--	--	--	--	--	90	--	--	--	236	--
--	--	--	--	--	--	--	--	3 552	40	--	76	4 388	5
--	--	--	--	--	--	--	--	40	--	--	--	50	--
5 594	1 236	889	1 054	--	--	-33	677	-13 957	6 250	1 352	73	25 117	70
520	--	--	--	--	--	--	--	3 827	2 180	855	--	9 377	25
--	--	--	--	--	--	--	--	--	--	--	--	--	--
--	--	--	--	--	--	--	--	--	--	--	--	--	--
115	--	--	29	--	--	--	6	17 122	13 163	230	3	53 625	49
--	--	--	--	--	--	--	--	1 745	6 085	--	--	20 634	16
--	--	--	--	--	--	--	--	--	--	--	--	--	--
1 257	55	6	35	--	--	--	--	1 311	2 051	30	--	7 870	16
--	--	--	--	--	--	--	--	--	--	--	--	--	--
3 290	--	24	90	--	--	5	20	-480	1 848	--	43	7 625	23
458	47	22	743	--	7	12	2	923	989	10	61	6 910	11
--	--	--	--	--	--	--	--	750	503	--	--	1 557	3
24 845	157	68	1 082	--	--	-117	156	-32 313	10 204	405	301	40 478	35
--	--	--	--	--	--	--	--	--	--	--	--	--	--
684	--	31	375	--	--	--	--	-167	1 152	--	8	3 832	18
--	--	--	--	--	--	--	--	-8	14	--	25	97	--
--	--	--	--	--	--	--	--	115	206	36	4	584	1
53	2	--	9	--	--	--	5	1 779	1 735	60	139	4 668	25
80	--	--	7	--	--	--	--	160	238	--	22	1 054	2
1 270	19	45	302	--	--	--	1	379	1 208	5	37	15 051	20
--	--	--	--	--	--	--	--	--	--	--	--	--	--
2 308	44	--	132	--	--	608	10	-988	1 118	--	--	9 866	10
1 094	--	--	423	--	--	--	--	-693	534	--	4	5 301	5
--	--	--	--	--	--	--	--	110	80	--	--	215	--
--	--	--	--	--	--	--	--	1 687	988	--	--	2 945	15
131	--	--	13	--	--	1	30	608	98	--	37	1 113	5

各 地 区 旱 冰

	机构数	从业人员	职工	资本金合计	国家资本金	固定资产合计	固定资产原价	本年提取折旧	主营业收入	主营营业成本及费用	主营营业税金及附加	主营业务利润	其他业务利润
总计	1 390	4 961	1 821	117 168	3 245	120 530	108 700	884	80 875	46 810	7 630	26 435	26
北京	5	19	12	- -	- -	- -	- -	- -	- -	- -	- -	- -	- -
天津	1	16	14	- -	- -	- -	- -	- -	- -	- -	- -	- -	- -
河北	6	12	- -	380	- -	360	360	- -	114	39	12	63	- -
山西	11	37	35	4 140	- -	3 900	3 910	- -	702	1 571	57	- 926	- -
内蒙古	20	62	8	2 744	- -	2 687	2 347	- -	1 205	463	113	629	- -
辽宁	85	463	180	7 462	20	13 835	13 979	- -	8 989	5 606	626	2 757	- -
其中:大连	15	48	2	1 656	20	2 763	2 753	- -	1 188	876	8	304	- -
吉林	6	16	6	450	- -	395	390	5	331	180	44	107	- -
黑龙江	39	123	4	1 598	- -	2 102	1 318	- -	4 017	1 892	387	1 738	- -
上海	- -	- -	- -	- -	- -	- -	- -	- -	- -	- -	- -	- -	- -
江苏	200	704	405	15 705	800	15 556	16 149	174	8 435	5 565	662	2 208	2
浙江	24	60	40	1 586	- -	1 474	1 448	57	966	598	34	334	- -
其中:宁波	4	10	6	240	- -	368	240	25	41	6	19	16	- -
安徽	44	111	90	730	- -	804	730	- -	1 614	510	295	809	- -
福建	66	341	163	22 366	- -	8 826	9 113	123	5 228	4 665	509	54	10
其中:厦门	5	17	11	300	- -	220	200	- -	105	47	15	43	- -
江西	40	148	66	3 005	- -	3 616	3 118	35	1 577	679	221	677	4
山东	40	120	71	724	- -	1 247	1 307	- -	938	280	97	561	- -
其中:青岛	1	2	1	- -	- -	30	10	- -	2	1	1	- -	- -
河南	33	119	48	1 376	- -	1 351	1 228	15	743	295	93	355	1
湖北	80	376	193	8 287	790	7 523	7 608	95	5 580	2 384	708	2 488	- -
湖南	51	173	46	3 876	60	4 342	4 206	15	3 001	1 570	279	1 152	4
广东	59	406	56	10 727	- -	19 547	12 056	76	10 351	8 734	580	1 037	- -
其中:深圳	1	8	- -	50	- -	- -	50	- -	548	352	8	188	- -
广西	18	59	14	1 275	- -	1 288	1 309	- -	890	441	171	278	- -
海南	1	6	5	20	- -	19	47	- -	15	8	4	3	- -
重庆	22	59	20	960	20	1 358	1 294	- -	890	502	177	211	- -
四川	440	1 252	215	18 579	60	20 353	19 618	144	22 122	9 471	2 232	10 419	5
贵州	11	17	1	84	- -	91	94	- -	139	25	7	107	- -
云南	31	63	27	3 420	100	4 177	4 170	65	1 208	533	92	583	- -
西藏	2	- -	- -	- -	- -	- -	- -	- -	- -	- -	- -	- -	- -
陕西	19	60	38	1 140	15	1 096	1 056	- -	509	275	63	171	- -
甘肃	9	31	23	614	80	670	670	- -	195	65	35	95	- -
青海	5	17	10	40	- -	46	40	- -	162	46	23	93	- -
宁夏	15	38	4	1 570	- -	1 570	755	- -	337	183	36	118	- -
新疆	9	53	27	4 310	1 300	2 297	380	80	617	230	73	314	- -

场　基　本　情　况

单位:个、人、千元、千平方米

损益及分配									其他			增加值	房屋建筑面积
管理费用			财务费用	补贴收入	投资收益	营业外收支净额	应交所得税	利润	从业人员劳动报酬	上交主办单位费用	上交文化市场管理费		
	税金	劳动待业保险											
2 563	151	36	116	1	22	18	202	23 621	18 032	841	968	55 008	275
--	--	--	--	--	--	--	--	--	--	--	--	--	2
--	--	--	--	--	--	--	--	--	--	--	--	--	--
--	--	--	--	--	--	--	--	63	35	--	--	110	1
4	2	--	--	--	--	--	--	-930	94	--	--	-773	7
305	--	--	--	--	--	--	--	324	181	--	7	929	6
1 132	--	9	3	--	9	10	154	1 487	1 487	120	--	4 990	26
63	--	--	--	--	9	--	5	245	370	120	--	802	8
--	--	--	--	--	--	--	--	107	38	--	--	194	2
--	--	--	--	--	--	--	--	1 738	533	--	107	2 766	4
--	--	--	--	--	--	--	--	--	--	--	--	--	--
284	22	24	--	--	--	1	18	1 909	2 461	295	5	5 829	40
--	--	--	--	--	--	--	--	334	291	257	--	973	5
--	--	--	--	--	--	--	--	16	38	1	--	99	1
205	2	--	--	--	--	--	5	599	414	--	13	1 533	5
12	--	--	--	--	--	--	--	52	2 059	--	7	2 762	20
--	--	--	--	--	--	--	--	43	29	--	--	87	2
2	--	--	--	--	--	--	11	668	255	8	--	1 200	10
--	--	--	--	--	--	--	--	561	288	4	--	950	10
--	--	--	--	--	--	--	--	--	--	--	--	1	--
46	2	--	--	--	--	--	--	310	188	3	17	676	7
199	11	1	20	--	--	--	--	2 269	1 169	12	153	4 640	20
6	--	--	1	--	--	--	--	1 149	676	46	--	2 172	10
147	13	--	81	--	6	4	4	815	2 205	60	88	4 059	28
--	--	--	--	--	--	--	--	188	58	--	--	254	--
--	--	--	--	--	--	--	--	278	178	--	--	627	4
--	--	--	--	--	--	--	--	3	5	--	--	12	--
--	--	--	--	--	--	--	--	211	200	--	11	599	4
180	96	1	4	1	7	3	5	10 246	4 592	28	516	18 068	44
--	--	--	--	--	--	--	--	107	83	--	4	201	1
1	--	--	--	--	--	--	2	580	147	--	25	911	6
--	--	--	--	--	--	--	--	--	--	--	--	--	--
--	--	--	5	--	--	--	1	165	101	2	--	337	3
13	3	--	--	--	--	--	--	82	35	6	--	174	2
--	--	--	--	--	--	--	--	93	60	--	--	176	--
--	--	--	--	--	--	--	--	118	101	--	--	255	4
27	--	1	2	--	--	--	2	283	156	--	15	638	4

各地区综合娱乐

	机构数	从业人员		资本金合计		固定资产合计	固定资产原价	本年提取折旧					
			职工		国家资本金				主营业收入	主营营业成本及费用	主营营业税金及附加	主营业务利润	其他业务利润
总计	5 790	93 914	49 650	6 434 490	1 455 542	7 477 659	8 195 319	403 353	2 666 026	1 901 394	224 771	539 861	18 228
北京	125	2 076	1 494	14 101	6 490	77 289	76 937	1 904	13 463	12 228	1 103	132	292
天津	6	153	63	11 000	3 000	11 000	3 000	- -	- -	- -	- -	- -	- -
河北	10	34	7	628	- -	1 004	1 069	10	540	371	139	30	- -
山西	20	540	367	23 485	620	22 495	31 232	2 482	21 071	14 295	1 335	5 441	- -
内蒙古	69	847	119	33 585	4 360	8 052	8 072	- -	2 290	1 524	412	354	- -
辽宁	147	3 960	2 570	279 904	66 721	368 162	363 887	20 786	128 009	92 682	9 115	26 212	- 678
其中:大连	61	2 023	1 413	195 821	53 936	262 965	263 077	17 126	88 846	68 263	5 987	14 596	- 678
吉林	22	338	68	17 204	- -	24 762	22 262	- -	4 159	2 022	540	1 597	- -
黑龙江	81	784	145	4 246	- -	14 695	647	3	8 098	2 243	716	5 139	- -
上海	1 258	23 422	13 901	2 608 288	925 598	3 704 626	3 032 698	191 372	835 801	591 220	60 521	184 060	12 254
江苏	260	2 534	2 097	143 716	13 900	125 201	141 212	4 226	35 542	21 888	5 320	8 334	346
浙江	521	6 795	3 758	380 114	50 370	410 717	380 104	9 835	132 803	90 943	18 695	23 165	-75
其中:宁波	64	650	352	87 654	6 055	78 778	77 392	1 315	22 543	11 830	2 115	8 598	- -
安徽	39	563	307	31 137	- -	30 139	182 927	17 543	35 232	23 290	2 248	9 694	5
福建	322	6 264	2 698	340 165	7 543	363 420	394 500	32 045	183 082	142 659	19 509	20 914	- -
其中:厦门	60	2 272	2 096	152 119	7 538	166 314	194 523	19 757	91 464	74 256	11 182	6 026	- -
江西	81	1 105	445	40 191	4 303	37 698	39 857	485	19 285	12 397	2 824	4 064	165
山东	473	13 378	7 355	410 689	146 913	477 324	577 435	18 533	351 639	280 197	20 500	50 942	837
其中:青岛	134	4 588	3 141	159 238	74 255	237 840	283 299	8 186	145 297	115 135	9 992	20 170	559
河南	96	1 715	1 005	40 565	11 492	35 741	27 114	260	18 397	7 556	1 969	8 872	- -
湖北	141	2 048	1 075	168 099	21 351	126 875	131 316	6 919	39 979	25 900	2 919	11 160	2 554
湖南	196	3 636	1 518	172 266	90 468	187 139	189 048	14 110	61 481	45 291	10 861	5 329	21
广东	473	13 642	6 297	1 336 609	73 484	753 911	1 877 529	46 555	579 916	414 676	43 601	121 639	1 446
其中:深圳	38	2 522	115	95 402	- -	92 791	71 831	7 843	205 489	152 767	11 756	40 966	706
广西	112	1 045	291	44 246	6 230	46 411	52 522	745	17 986	13 997	2 122	1 867	6
海南	2	13	8	160	- -	150	150	- -	52	33	3	16	- -
重庆	110	573	330	40 111	6 722	68 366	78 724	162	8 873	4 306	945	3 622	80
四川	599	3 559	1 491	117 310	9 769	229 188	208 716	4 925	55 511	33 227	5 931	16 353	368
贵州	127	675	212	8 969	- -	20 288	21 620	1 889	17 188	14 729	1 785	674	- -
云南	247	1 864	1 200	64 580	3 035	204 741	236 510	27 166	26 846	19 894	2 151	4 801	578
西藏	230	- -	- -	- -	- -	- -	- -	- -	- -	- -	- -	- -	- -
陕西	85	896	506	26 194	3 130	78 040	73 039	65	45 317	15 690	6 779	22 848	6
甘肃	75	358	130	30 358	30	29 855	29 874	202	7 104	3 945	921	2 238	3
青海	12	167	7	7 275	- -	7 585	7 285	- -	1 237	385	95	757	20
宁夏	- -	- -	- -	- -	- -	- -	- -	- -	- -	- -	- -	- -	- -
新疆	81	930	186	39 295	13	12 785	6 033	1 131	15 125	13 806	1 712	- 393	- -

场 所 基 本 情 况

单位:个、人、千元、千平方米

损益及分配：管理费用	损益及分配：管理费用：税金	损益及分配：管理费用：劳动待业保险	损益及分配：财务费用	损益及分配：补贴收入	损益及分配：投资收益	损益及分配：营业外收支净额	损益及分配：应交所得税	损益及分配：利润	其他：从业人员劳动报酬	其他：上交主办单位费用	其他：上交文化市场管理费	增加值	房屋建筑面积
380 535	**12 738**	**11 905**	**56 768**	**6 233**	**3 564**	**20 270**	**8 046**	**142 807**	**759 694**	**8 126**	**5 855**	**1 972 633**	**3 677**
1 471	--	6	187	--	--	781	--	-453	2 149	675	--	6 255	103
--	--	--	--	--	--	--	--	--	--	--	19	19	7
--	--	--	--	--	--	--	--	30	196	--	8	383	2
814	--	--	1	--	--	10	--	4 636	1 988	106	--	11 352	24
306	--	--	1	--	--	--	--	47	255	40	56	1 121	28
24 439	806	1 329	5 573	4	40	1 546	257	-3 145	17 034	123	--	73 398	157
24 439	806	1 329	5 573	4	40	1 546	257	-14 761	8 365	123	--	46 325	76
40	--	--	40	--	--	--	98	1 419	984	--	6	3 130	11
808	79	--	-9	--	--	--	--	4 340	1 373	--	140	7 453	15
126 851	2 081	4 286	26 393	2 929	2 903	7 647	1 501	55 048	156 644	2 208	--	609 140	910
6 638	1 652	932	1 675	696	1 672	1 578	1 241	3 072	7 813	1 291	53	29 034	122
17 720	425	326	1 905	4	-1 384	-177	125	1 783	21 581	226	--	73 852	202
2 826	72	146	233	--	-2 481	-343	75	2 640	3 117	33	--	15 250	34
15 724	79	314	3 063	--	--	25	--	-9 063	779	--	18	30 366	29
200	4	4	44	--	--	--	5	20 665	37 282	17	--	109 771	139
--	--	--	--	--	--	--	--	6 026	16 514	5	--	53 484	52
1 023	104	230	206	3	88	--	14	3 077	3 243	11	--	10 896	50
28 327	1 944	2 218	4 412	188	206	1 587	1 045	19 976	48 224	750	--	141 730	865
10 439	1 247	1 086	1 133	8	7	393	438	9 127	24 894	548	--	65 596	495
626	--	--	148	--	--	--	14	8 084	4 540	5	61	15 708	40
3 177	304	247	629	--	7	-113	125	9 677	6 892	335	319	31 414	92
7 176	20	27	230	--	--	48	--	-2 008	7 509	--	--	37 850	101
125 140	3 866	1 366	6 501	2 405	25	5 608	3 148	-3 666	410 306	1 167	1 764	630 344	428
42 531	300	448	-369	--	--	-523	822	-1 835	20 012	--	--	81 583	46
1 703	55	--	164	--	--	20	33	-7	4 045	97	84	9 022	31
--	--	--	--	--	--	--	--	16	18	--	6	43	--
427	208	100	127	--	--	--	--	3 148	1 915	600	47	7 578	27
2 915	342	112	4 023	--	--	345	--	10 128	11 805	79	628	40 426	121
899	--	--	114	--	--	9	--	-330	2 103	115	147	6 713	17
6 858	509	356	950	--	--	-784	80	-3 293	3 455	42	2 292	40 985	77
--	--	--	--	--	--	--	--	--	--	--	--	--	--
269	10	50	29	4	7	6	344	22 229	2 753	21	--	32 482	31
866	1	--	24	--	--	--	1	1 350	1 473	50	15	4 903	12
--	--	--	--	--	--	--	--	777	417	--	12	1 300	2
--	--	--	--	--	--	--	--	--	--	--	--	--	--
6 118	249	2	338	--	--	2 134	15	-4 730	2 918	168	180	5 965	34

各 地 区 其 他 文 化

	机构数	从业人员	职工	资本金合计	国家资本金	固定资产合计	固定资产原价	本年提取折旧	主营收入	主营业成本及费用	主营业税金及附加	主营业务利润	其他业务利润
总　计	**14 526**	**82 311**	**36 783**	**1 318 411**	**170 886**	**1 581 668**	**1 457 955**	**69 153**	**1 340 034**	**918 786**	**124 215**	**297 033**	**2 510**
北　京	150	1 996	1 487	14 918	3 830	13 523	14 702	1 298	12 597	9 449	699	2 449	- -
天　津	17	278	181	17 433	400	15 513	9 196	397	3 645	3 518	648	- 521	- -
河　北	77	143	55	80	- -	75	75	- -	133	114	19	- -	- -
山　西	44	243	118	4 217	176	9 844	9 686	64	1 889	733	125	1 031	- -
内蒙古	59	298	121	5 687	60	2 594	2 717	2	2 042	857	241	944	- -
辽　宁	59	407	224	6 944	2 297	9 182	9 599	567	3 509	1 576	332	1 601	- -
其中:大连	5	92	84	2 282	1 942	3 716	4 228	507	1 035	367	55	613	- -
吉　林	37	131	13	4 739	- -	5 407	5 407	- -	3 746	1 315	332	2 099	- -
黑龙江	125	699	65	12 110	- -	10 082	9 942	469	13 053	7 094	1 821	4 138	- -
上　海	236	8 960	5 734	196 213	30 836	200 794	255 157	25 171	338 985	254 683	21 472	62 830	1 380
江　苏	668	1 875	688	49 378	81	42 143	42 570	64	32 969	16 157	5 812	11 000	50
浙　江	588	2 914	843	65 352	729	63 647	62 625	505	33 044	18 505	5 024	9 515	- -
其中:宁波	28	147	54	3 127	100	2 862	3 970	115	1 262	920	202	140	- -
安　徽	38	218	62	32	- -	1 674	464	12	1 169	361	131	677	10
福　建	853	9 124	2 458	112 916	385	126 688	129 779	5 870	122 193	87 777	18 259	16 157	109
其中:厦门	118	2 053	1 739	43 299	10	58 556	55 786	2 996	59 962	45 167	10 277	4 518	- -
江　西	56	371	81	8 181	- -	8 133	8 068	20	6 165	3 499	1 589	1 077	2
山　东	2 389	21 743	12 602	241 643	55 046	303 704	287 588	20 208	232 740	158 522	19 494	54 724	183
其中:青岛	61	690	234	9 563	1 500	13 459	15 706	474	33 378	24 487	3 399	5 492	- -
河　南	61	503	220	5 607	1 250	6 642	5 306	10	2 945	1 684	1 157	104	4
湖　北	1 137	3 762	2 050	76 278	1 343	68 012	60 828	2 266	69 624	37 697	4 978	26 949	1
湖　南	136	1 017	621	35 044	6 513	34 298	49 164	4 075	12 996	9 629	400	2 967	23
广　东	621	7 924	2 750	105 689	289	141 025	160 708	1 904	235 941	184 404	21 497	30 040	580
其中:深圳	11	93	22	24 290	- -	29 861	2 515	300	44 951	29 307	5 977	9 667	- -
广　西	92	438	147	5 531	- -	3 198	3 517	69	3 579	2 025	393	1 161	- -
海　南	9	1 069	916	70 057	- -	27 972	1 223	420	1 066	879	30	157	- -
重　庆	1 235	2 994	1 331	57 367	310	78 035	150 901	3 315	67 794	38 995	3 398	25 401	15
四　川	3 187	7 566	2 011	88 310	1 937	179 894	54 554	782	85 714	50 662	8 516	26 536	41
贵　州	540	597	111	3 779	70	3 631	3 664	- -	4 872	1 702	358	2 812	- -
云　南	1 496	5 001	1 118	15 682	- -	121 376	16 518	373	21 862	8 499	4 588	8 775	29
西　藏	- -	- -	- -	- -	- -	- -	- -	- -	- -	- -	- -	- -	- -
陕　西	95	283	186	5 207	1 734	5 218	5 800	42	2 821	1 823	334	664	1
甘　肃	230	830	321	87 902	57 600	85 815	86 581	650	11 630	9 344	1 417	869	70
青　海	168	413	183	13 103	6 000	7 119	7 069	- -	4 659	1 183	557	2 919	- -
宁　夏	39	91	12	238	- -	237	149	- -	244	144	- -	100	- -
新　疆	84	423	74	8 774	- -	6 193	4 398	600	6 408	5 956	594	- 142	12

娱乐业基本情况

单位:个、人、千元、千平方米

损益及分配									其他			增加值	房屋建筑面积
管理费用	税金	劳动待业保险	财务费用	补贴收入	投资收益	营业外收支净额	应交所得税	利润	从业人员劳动报酬	上交主办单位费用	上交文化市场管理费		
95 115	**5 722**	**6 601**	**9 919**	**1 565**	**1 199**	**1 357**	**4 505**	**194 125**	**209 075**	**8 789**	**5 975**	**722 155**	**1 752**
1 368	81	9	68	--	290	--	10	1 293	3 478	5	--	8 010	42
260	21	--	349	--	--	502	--	- 628	725	10	153	1 433	4
--	--	--	--	--	--	--	--	--	98	--	1	118	--
16	--	--	--	--	--	--	--	1 015	2 827	100	--	4 147	10
110	--	--	--	--	--	--	--	834	534	1	44	1 765	6
490	20	46	- 25	--	--	--	--	1 136	971	--	--	3 491	35
442	20	46	- 25	--	--	--	--	196	365	--	--	1 560	8
--	--	--	--	--	--	--	150	1 949	579	--	--	3 010	6
--	--	--	--	--	--	--	--	4 138	2 994	175	456	10 053	16
59 629	1 510	2 561	3 790	580	381	243	855	1 140	38 843	5	--	151 211	143
3 445	1 489	1 447	--	--	13	18	48	7 588	6 120	189	107	24 836	58
120	5	--	8	--	50	--	9	9 428	8 869	29	34	23 958	68
11	--	--	--	--	--	--	--	129	565	--	--	1 022	6
74	--	--	--	--	--	--	55	558	180	--	4	1 015	2
1 080	51	103	54	--	--	- 4	41	15 087	22 009	115	36	62 607	126
960	34	23	50	--	--	- 4	37	3 467	12 734	91	--	30 650	48
40	--	--	1	--	--	--	--	1 038	1 374	--	--	4 062	16
21 122	1 047	746	4 316	5	14	146	181	29 453	34 345	357	--	130 358	397
1 403	25	64	31	1	2	2	24	4 039	1 948	--	--	11 338	26
409	1	--	11	328	--	--	--	16	1 602	--	80	2 956	12
808	653	91	782	--	25	15	28	25 372	11 782	34	1 372	48 035	82
208	--	18	3	335	--	--	--	3 114	1 157	2	--	8 624	27
4 275	511	1 420	454	283	380	409	2 929	24 034	31 615	6 218	303	92 668	155
1 319	--	1 300	--	--	--	--	2 168	6 180	3 044	--	--	18 988	3
79	5	10	3	--	--	--	5	1 074	1 313	4	33	2 980	30
--	--	--	--	--	--	--	--	157	1 390	--	--	1 997	33
463	228	--	76	34	44	23	--	24 978	8 737	97	297	41 464	88
333	25	--	6	--	2	--	21	26 219	16 423	1 199	2 116	55 578	231
--	--	--	--	--	--	--	--	2 812	2 550	--	255	5 951	11
185	10	2	--	--	--	--	13	8 606	2 287	37	493	16 395	72
--	--	--	--	--	--	--	--	--	--	--	--	--	--
12	2	--	10	--	--	--	--	643	626	21	14	1 704	11
337	11	103	13	--	--	--	30	559	3 577	37	29	6 657	34
57	--	--	--	--	--	--	112	2 750	699	154	21	4 352	16
--	--	--	--	--	--	--	--	100	90	--	--	190	1
195	52	45	--	--	--	5	18	- 338	1 281	--	127	2 530	20

各地区文化市场

	机构数(个)	从业人员(人)	职工	本年收入合计(千元)	财政补助收入	上级补助收入	事业收入	管理费收入	其他收入
总计	**3 442**	**17 622**	**13 104**	**588 319**	**158 604**	**16 832**	**394 525**	**324 680**	**18 358**
中央	2	- -	- -	- -	- -	- -	- -	- -	- -
地方	3 440	17 622	13 104	588 319	158 604	16 832	394 525	324 680	18 358
北京	22	132	109	9 743	6 395	319	1 904	- -	1 125
天津	19	157	123	17 283	6 760	- -	10 173	9 702	350
河北	180	898	560	6 815	2 805	19	3 663	2 149	328
山西	131	826	556	10 812	1 523	88	9 001	1 861	200
内蒙古	108	573	339	4 915	2 353	- -	2 555	1 862	7
辽宁	108	906	753	15 822	4 503	217	10 563	- -	539
其中:大连	12	148	126	4 561	501	45	3 942	- -	73
吉林	89	550	437	6 371	3 896	13	2 456	2 174	6
黑龙江	122	782	628	202 428	1 094	51	199 192	196 542	2 091
上海	14	137	107	9 393	3 240	4 150	1 143	550	860
江苏	163	690	649	27 805	15 246	513	10 516	7 704	1 530
浙江	183	705	591	35 314	17 100	1 645	15 624	7 061	945
其中:宁波	25	94	59	6 802	5 000	424	1 257	474	121
安徽	110	666	462	10 507	4 013	131	6 014	5 086	349
福建	104	497	261	22 555	7 766	249	14 228	11 243	312
其中:厦门	10	24	21	1 392	432	60	880	730	20
江西	222	731	582	7 196	2 738	181	3 756	1 306	521
山东	191	843	700	12 751	8 035	765	3 553	- -	398
其中:青岛	14	110	100	2 867	2 604	81	182	- -	- -
河南	160	1 517	997	17 454	7 988	1 527	7 376	4 940	563
湖北	114	753	547	17 679	3 630	182	13 467	11 047	400
湖南	154	1 049	798	15 399	8 079	1 060	4 581	1 690	1 679
广东	184	704	446	28 910	20 157	493	7 732	6 134	528
其中:深圳	12	76	40	4 372	4 372	- -	- -	- -	- -
广西	117	517	416	12 345	4 608	11	7 677	4 617	49
海南	20	133	110	2 011	1 054	3	887	769	67
重庆	49	294	232	8 261	5 335	234	1 404	931	1 288
四川	217	1 207	895	36 952	6 710	3 045	24 121	19 093	3 076
贵州	78	190	139	2 494	511	- -	1 974	1 294	9
云南	155	467	320	10 503	3 100	217	6 895	5 571	291
西藏	- -	- -	- -	- -	- -	- -	- -	- -	- -
陕西	127	554	372	5 511	1 482	61	3 878	2 852	90
甘肃	114	338	275	3 729	2 484	- -	1 213	1 120	32
青海	54	240	214	13 119	2 221	48	10 792	10 707	58
宁夏	27	156	141	1 707	1 282	160	155	1	110
新疆	104	410	345	12 535	2 496	1 450	8 032	6 674	557

管理机构基本情况（一）

本年支出合计（千元）	事业支出	在支出合计中：从业人员劳动报酬	职工工资总额	税金支出	社会保障费	设备购置费	业务费	补助下级支出	设备情况：车辆（辆）	移动电话（部）	固定资产原值（千元）	当年提取修购基金（千元）	增加值（千元）
635 932	**257 998**	**114 599**	**91 544**	**3 204**	**16 455**	**24 885**	**222 216**	**26 794**	**1 641**	**1 158**	**304 902**	**1 133**	**395 231**
— —	— —	— —	— —	— —	— —	— —	— —	— —	2	2	— —	— —	— —
635 932	257 998	114 599	91 544	3 204	16 455	24 885	222 216	26 794	1 639	1 156	304 902	1 133	395 231
10 940	10 539	1 938	1 397	— —	139	1 532	4 169	165	34	251	8 544	— —	2 279
16 885	10 804	2 207	1 639	— —	844	1 884	5 950	251	17	11	7 302	518	4 986
6 396	4 383	2 464	2 113	127	128	325	1 453	254	46	31	1 027	— —	3 964
9 768	4 822	2 562	2 228	279	311	1 054	1 526	165	43	15	3 153	— —	7 784
22 977	3 294	1 932	1 766	8	116	306	917	3	35	15	1 826	1	2 629
18 449	10 416	6 535	5 337	687	618	1 231	3 359	126	93	41	14 937	21	11 641
5 018	3 144	1 372	943	140	389	94	1 055	81	12	4	2 585	— —	2 517
6 013	4 617	3 082	2 492	— —	178	318	1 699	— —	38	27	5 545	10	3 798
239 778	7 835	3 958	2 956	366	3 610	1 079	127 748	15 160	75	59	100 847	2	200 425
8 962	8 962	2 747	2 287	8	667	344	1 349	— —	23	5	8 516	— —	3 097
27 844	26 184	9 935	8 646	27	1 397	1 100	6 212	1 023	85	29	13 135	34	10 947
34 804	24 476	9 027	7 892	125	1 290	3 231	9 204	562	116	76	16 643	64	14 435
6 694	3 782	1 836	1 445	— —	274	170	825	67	29	18	3 511	— —	2 011
9 671	4 692	2 805	2 008	67	112	368	2 726	207	53	21	1 415	18	6 794
22 807	16 711	4 268	2 729	175	601	886	5 811	1 865	54	11	6 660	18	8 817
1 252	585	290	290	— —	35	42	593	— —	7	1	1 419	— —	831
8 237	4 566	3 208	2 650	71	182	190	1 531	180	48	11	9 113	— —	4 885
13 893	11 648	6 032	5 589	17	782	643	3 176	4	120	56	8 718	— —	7 063
2 969	2 969	1 571	1 571	— —	201	239	591	— —	15	7	1 413	— —	1 627
17 329	9 164	6 729	5 392	106	750	778	2 505	2 385	84	16	8 073	5	10 453
17 534	9 528	6 703	5 139	234	751	568	5 678	491	82	53	5 280	20	13 613
14 235	7 985	6 358	4 662	75	521	811	2 944	21	85	48	8 018	80	9 397
28 055	12 710	5 639	3 930	18	489	2 065	6 983	741	106	159	18 900	— —	8 855
5 067	2 225	1 538	814	— —	148	606	1 310	— —	19	3	2 461	— —	1 636
12 206	9 479	3 445	2 647	38	483	249	4 959	749	81	31	7 262	— —	5 023
1 893	1 271	910	786	86	185	60	357	88	12	8	810	— —	1 562
8 328	6 437	2 684	2 252	8	264	293	2 680	389	22	11	7 467	— —	3 201
32 178	21 483	7 739	5 394	510	1 086	2 446	9 147	1 423	106	119	15 125	242	18 113
2 072	1 433	807	648	9	39	30	646	11	7	— —	1 810	43	1 676
10 740	8 140	2 251	1 942	94	105	632	4 484	470	52	8	6 681	47	4 573
— —	— —	— —	— —	— —	— —	— —	— —	— —	— —	— —	— —	— —	— —
5 609	3 117	1 733	1 080	14	60	196	1 493	31	41	16	1 617	— —	3 285
3 842	1 819	1 748	1 389	— —	241	38	1 099	6	19	14	2 673	— —	2 273
12 863	1 968	1 314	1 309	— —	166	326	225	21	13	— —	2 091	— —	12 090
1 608	1 446	755	641	5	52	298	108	— —	3	6	2 619	— —	865
10 016	8 069	3 084	2 604	50	288	1 604	2 078	3	46	8	9 095	10	6 708

各地区文化市场

	文化市场管理								
	文化艺术经纪与代理	民间职业剧团	个体演职人员	时装表演队	音像制品批发、零售单位	录像放映	录像带出租	歌舞厅	舞厅
总计	**216**	**2 940**	**27 658**	**398**	**32 948**	**19 551**	**29 147**	**23 418**	**7 183**
中央	17	--	--	--	140	--	--	--	--
地方	199	2 940	27 658	398	32 808	19 551	29 147	23 418	7 183
北京	--	--	--	--	--	79	--	271	40
天津	--	20	334	33	85	41	121	361	19
河北	1	29	319	97	1 870	186	68	1 886	365
山西	--	22	213	--	4	3	2	383	134
内蒙古	--	9	68	--	535	629	896	321	184
辽宁	--	41	267	1	2 820	1 343	2 633	1 131	434
其中:大连	--	2	--	--	452	800	694	406	64
吉林	--	--	60	--	808	157	1 717	31	88
黑龙江	6	29	460	9	757	369	1 460	582	298
上海	--	--	--	--	88	15	17	68	34
江苏	6	145	1 133	42	737	472	1 967	2 900	690
浙江	46	403	818	15	1 482	1 123	2 596	1 968	736
其中:宁波	2	57	151	4	435	221	468	621	176
安徽	1	624	6 540	2	830	300	967	795	96
福建	3	323	5 689	14	173	468	513	412	555
其中:厦门	--	1	302	--	39	101	17	46	14
江西	2	68	213	15	417	239	559	413	203
山东	4	13	783	2	2 161	601	455	691	127
其中:青岛	--	--	11	--	763	156	146	120	17
河南	15	254	1 089	58	1 942	449	970	1 110	218
湖北	15	96	1 855	5	1 714	888	3 039	1 036	257
湖南	17	268	2 256	13	1 472	859	1 354	561	416
广东	20	302	1 385	15	2 748	5 824	537	701	116
其中:深圳	1	1	226	--	287	728	114	222	9
广西	15	22	877	15	2 935	443	1 476	506	217
海南	--	71	521	--	472	69	152	167	122
重庆	14	35	382	10	230	8	--	717	149
四川	9	74	478	1	2 900	1 201	3 609	2 105	385
贵州	--	3	11	--	702	459	354	126	56
云南	6	37	250	--	2 745	1 840	1 331	1 565	609
西藏	--	--	--	--	--	--	--	--	--
陕西	2	41	319	41	746	459	748	1 136	181
甘肃	--	2	29	--	46	25	10	622	130
青海	1	--	41	--	122	228	369	78	26
宁夏	11	1	137	--	280	156	281	464	6
新疆	5	8	1 131	10	987	618	946	311	292

管理机构基本情况（二）

机构登记单位（个、人）											
卡拉OK厅	餐饮卡拉OK	电子游艺厅	台球厅	保龄球	旱冰场	综合娱乐场所	画店、画廊	美术公司	艺术品拍卖公司	图书批发	其他
31 135	**13 348**	**34 650**	**12 263**	**912**	**1 138**	**5 474**	**1 950**	**572**	**118**	**12 601**	**32 093**
– –	– –	– –	– –	2	– –	8	– –	6	– –	– –	– –
31 135	13 348	34 650	12 263	910	1 138	5 466	1 950	566	118	12 601	32 093
486	150	77	331	79	5	125	175	– –	– –	– –	52
234	23	20	172	30	3	6	5	– –	– –	287	5
765	662	1 071	25	5	9	10	17	4	– –	1	– –
1 724	23	– –	65	17	24	22	– –	1	– –	105	60
335	122	385	227	21	20	51	21	29	– –	282	1 307
2 981	1 855	1 032	1 575	49	49	55	220	45	17	774	772
868	941	248	539	14	6	21	22	– –	10	180	461
966	956	1 232	419	– –	5	22	5	13	– –	461	9 509
1 027	792	1 698	1 347	24	26	18	37	32	– –	567	920
323	72	93	135	– –	– –	698	– –	– –	– –	12	45
596	125	3 285	977	151	252	250	199	10	4	15	507
2 262	340	3 277	661	40	40	634	167	12	3	3 203	1 846
203	2	722	11	– –	4	74	14	1	1	84	82
226	118	1 458	89	1	6	69	23	3	1	134	328
748	578	1 973	557	57	78	324	20	2	12	223	616
27	84	132	6	11	5	59	– –	– –	– –	– –	110
414	151	1 006	280	48	48	63	86	8	– –	209	442
503	2 397	318	370	51	50	477	305	127	3	98	204
206	67	33	12	5	6	134	5	1	– –	– –	26
382	478	459	226	41	54	81	119	31	– –	60	109
1 399	398	848	247	29	81	150	38	– –	15	208	293
1 937	163	3 010	445	26	90	242	64	27	13	516	911
1 286	1 368	2 808	560	36	47	279	140	1	28	2 675	700
297	508	159	45	– –	– –	6	37	– –	– –	1 810	8
739	1 468	1 701	1 033	42	21	115	72	4	4	204	654
190	57	74	76	5	2	11	1	5	3	163	72
1 208	217	999	164	9	31	162	3	18	3	42	1 348
5 305	293	3 581	1 025	28	69	581	137	21	3	384	5 021
468	64	558	177	4	5	344	10	102	– –	147	535
2 964	148	1 954	645	70	71	356	22	25	1	1 039	2 820
– –	– –	– –	– –	– –	– –	– –	– –	– –	– –	– –	– –
418	30	394	92	17	19	85	2	8	4	61	411
609	184	177	61	6	9	75	11	12	2	179	312
95	39	147	125	2	5	69	14	– –	– –	35	270
81	– –	239	25	13	9	– –	28	– –	2	– –	708
464	77	776	132	9	10	92	9	26	– –	517	1 316

各地区文化市场行政

	机构数(个)	从业人员(人)		本年收入合计(千元)					
			职工		财政补助收入	上级补助收入	事业收入		其他收入
								管理费收入	
总　计	**2 066**	**9 729**	**6 931**	**255 800**	**101 278**	**8 043**	**136 572**	**94 748**	**9 907**
中　央	2	--	--	--	--	--	--	--	--
地　方	2 064	9 729	6 931	255 800	101 278	8 043	136 572	94 748	9 907
北　京	16	94	71	6 806	4 051	114	1 531	--	1 110
天　津	18	154	121	17 137	6 760	--	10 027	9 556	350
河　北	130	526	287	2 793	1 178	19	1 458	721	138
山　西	65	459	272	5 426	1 042	88	4 290	335	6
内蒙古	41	198	101	1 449	556	--	893	301	--
辽　宁	86	655	538	10 779	2 814	85	7 446	--	434
其中:大连	8	96	85	3 181	396	45	2 668	--	72
吉　林	39	276	207	2 904	1 692	3	1 208	1 018	1
黑龙江	93	511	431	12 390	407	51	11 123	9 697	809
上　海	10	100	71	7 503	2 046	3 737	861	268	859
江　苏	110	526	490	21 373	11 921	423	8 309	6 212	720
浙　江	91	303	240	22 705	11 663	259	10 326	5 387	457
其中:宁波	11	49	29	3 180	2 053	35	1 004	332	88
安　徽	69	377	257	6 309	2 518	75	3 536	2 888	180
福　建	50	235	87	15 380	6 347	94	8 797	5 911	142
其中:厦门	5	10	10	940	384	50	498	383	8
江　西	111	211	191	1 809	561	25	858	410	365
山　东	126	365	283	4 249	3 247	420	338	--	244
其中:青岛	3	16	13	559	453	81	25	--	--
河　南	114	1 083	749	14 793	7 402	1 118	5 800	3 882	473
湖　北	53	384	244	10 149	2 621	168	7 110	5 346	250
湖　南	47	313	202	5 109	1 905	142	2 508	547	554
广　东	146	478	290	21 569	13 888	282	6 998	6 100	401
其中:深圳	5	17	--	1 042	1 042	--	--	--	--
广　西	63	240	166	4 651	1 740	--	2 884	2 088	27
海　南	1	8	3	188	185	3	--	--	--
重　庆	31	176	139	6 838	4 354	25	1 182	818	1 277
四　川	133	736	536	16 802	4 291	219	11 918	9 418	374
贵　州	22	13	6	63	27	--	35	35	1
云　南	97	241	136	8 299	1 844	117	6 274	5 067	64
西　藏	--	--	--	--	--	--	--	--	--
陕　西	97	427	279	4 272	1 055	31	3 111	2 112	75
甘　肃	79	165	126	2 182	1 180	--	982	946	20
青　海	47	221	200	13 024	2 221	48	10 726	10 641	29
宁　夏	--	--	--	--	--	--	--	--	--
新　疆	79	254	208	8 849	1 762	497	6 043	5 044	547

管理机构基本情况（一）

本年支出合计（千元）									设备情况	
	事业支出	在支出合计中							车辆（辆）	移动电话（部）
		从业人员劳动报酬	职工工资总额	税金支出	社会保障费	设备购置费	业务费	补助下级支出		
250 295	**157 743**	**64 395**	**50 681**	**2 213**	**7 843**	**14 787**	**65 318**	**8 944**	**965**	**867**
— —	— —	— —	— —	— —	— —	— —	— —	— —	2	2
250 295	157 743	64 395	50 681	2 213	7 843	14 787	65 318	8 944	963	865
7 633	7 363	1 327	806	— —	117	578	3 010	165	24	251
16 478	10 414	2 190	1 639	— —	844	1 884	5 950	251	16	11
2 360	1 352	646	523	126	79	71	552	66	27	17
5 104	1 506	938	764	265	282	551	836	165	19	4
1 343	950	551	512	— —	20	134	287	— —	12	12
12 866	7 587	4 300	3 908	460	289	764	2 745	126	70	31
3 194	2 335	884	759	— —	195	94	788	81	11	4
2 912	1 884	1 578	1 011	— —	50	238	806	— —	18	11
11 762	6 572	2 810	2 065	352	184	894	3 295	160	60	50
7 052	7 052	1 933	1 735	8	525	320	1 204	— —	15	3
22 068	20 408	7 456	6 406	27	1 027	918	5 212	1 023	68	26
22 174	16 629	6 225	5 340	121	768	2 155	6 351	316	74	45
3 372	2 280	1 275	965	— —	154	125	335	— —	20	8
5 382	2 478	1 600	1 245	33	58	204	2 039	76	33	10
15 425	11 898	2 264	1 038	72	288	315	3 124	1 297	33	8
857	190	132	132	— —	12	11	522	— —	5	— —
2 285	791	805	615	21	63	39	282	156	17	2
5 218	3 859	2 455	2 197	17	314	278	1 425	4	50	24
688	688	249	249	— —	67	110	201	— —	3	— —
14 142	7 570	5 026	3 952	88	572	559	1 907	2 384	68	12
10 408	5 370	3 743	2 727	139	445	217	4 119	397	42	19
4 262	1 932	1 649	1 045	38	157	376	814	5	27	21
19 942	6 523	3 091	2 660	18	149	1 168	4 841	707	64	150
1 042	— —	410	410	— —	— —	— —	310	— —	6	— —
4 573	3 524	1 351	1 111	21	132	86	2 023	9	44	18
245	245	132	102	— —	39	— —	11	— —	— —	— —
6 865	5 343	1 728	1 372	8	180	282	2 460	389	18	11
15 727	9 970	4 035	2 800	281	592	775	4 378	747	48	97
43	— —	15	13	— —	— —	— —	2	— —	— —	— —
8 611	6 982	1 239	991	94	95	587	4 045	459	36	3
— —	— —	— —	— —	— —	— —	— —	— —	— —	— —	— —
4 348	2 352	1 169	580	14	6	79	1 218	12	32	10
2 291	900	806	508	— —	222	11	860	6	12	13
12 801	1 935	1 314	1 309	— —	166	321	181	21	12	— —
— —	— —	— —	— —	— —	— —	— —	— —	— —	— —	— —
5 975	4 354	2 019	1 707	10	180	983	1 341	3	24	6

各地区文化市场行政

	文化市场管理								
	文化艺术经纪与代理	民间职业剧团	个体演职人员	时装表演队	音像制品批发、零售单位	录像放映	录像带出租	歌舞厅	舞厅
总　　计	**166**	**2 092**	**20 398**	**224**	**21 271**	**13 998**	**17 403**	**15 222**	**4 908**
中　　央	17	--	--	--	140	--	--	--	--
地　　方	149	2 092	20 398	224	21 131	13 998	17 403	15 222	4 908
北　　京	--	--	--	--	--	69	--	271	34
天　　津	--	20	334	33	85	41	121	361	18
河　　北	1	12	232	7	1 201	124	62	1 083	260
山　　西	--	--	160	--	4	3	2	137	38
内 蒙 古	--	6	68	--	152	276	282	138	60
辽　　宁	--	39	267	1	2 454	1 048	1 927	698	309
其中:大连	--	--	--	--	314	586	490	186	21
吉　　林	--	--	--	--	556	51	481	10	30
黑 龙 江	5	25	340	9	583	297	1 257	465	246
上　　海	--	--	--	--	88	15	17	57	31
江　　苏	5	136	883	34	717	445	1 811	2 650	675
浙　　江	45	338	813	14	1 325	1 034	2 245	1 769	714
其中:宁波	2	38	148	3	413	189	411	616	175
安　　徽	--	543	6 442	2	514	157	370	417	66
福　　建	3	204	4 439	13	93	205	197	183	336
其中:厦门	--	1	302	--	23	62	16	26	11
江　　西	--	8	64	6	98	48	202	121	73
山　　东	1	10	434	1	1 010	244	98	412	84
其中:青岛	--	--	11	--	93	12	1	34	4
河　　南	10	218	654	30	1 505	288	754	690	149
湖　　北	5	17	669	--	932	417	1 345	362	103
湖　　南	4	44	953	--	697	330	415	240	148
广　　东	19	297	1 063	15	2 438	5 338	496	604	110
其中:深圳	--	--	--	--	184	326	82	180	4
广　　西	15	21	325	6	1 259	174	770	284	109
海　　南	--	--	--	--	110	9	--	--	--
重　　庆	14	31	367	10	230	5	--	593	116
四　　川	9	39	224	1	1 454	826	1 895	789	191
贵　　州	--	--	--	--	30	48	18	5	4
云　　南	6	37	250	--	2 275	1 435	1 068	1 229	521
西　　藏	--	--	--	--	--	--	--	--	--
陕　　西	2	37	319	32	624	399	514	878	152
甘　　肃	--	2	25	--	15	6	--	460	100
青　　海	--	--	30	--	57	180	308	68	18
宁　　夏	--	--	--	--	--	--	--	--	--
新　　疆	5	8	1 043	10	625	486	748	248	213

管理机构基本情况（二）

机构登记单位（个、人）											
卡拉OK厅	餐饮卡拉OK	电子游艺厅	台球厅	保龄球	旱冰场	综合娱乐场所	画店、画廊	美术公司	艺术品拍卖公司	图书批发	其他
20 115	**8 839**	**22 924**	**8 436**	**658**	**782**	**3 850**	**1 568**	**280**	**93**	**9 359**	**14 484**
– –	– –	– –	– –	2	– –	8	– –	6	– –	– –	– –
20 115	8 839	22 924	8 436	656	782	3 842	1 568	274	93	9 359	14 484
311	132	59	291	72	2	92	159	– –	– –	– –	51
181	23	20	172	29	3	6	2	– –	– –	269	5
377	492	717	18	2	8	6	9	2	– –	1	– –
1 369	1	– –	35	3	13	7	– –	1	– –	75	39
81	54	171	71	2	10	11	2	22	– –	51	414
2 237	1 317	841	1 170	40	35	47	210	45	17	538	439
353	531	153	262	10	2	13	22	– –	10	31	160
294	773	666	256	– –	1	14	5	– –	– –	323	280
716	600	1 268	930	23	21	18	26	13	– –	419	668
287	56	75	118	– –	– –	656	– –	– –	– –	12	45
561	125	3 096	951	143	243	244	199	10	4	14	432
1 972	282	2 833	635	38	38	586	162	12	3	2 968	1 177
184	2	551	11	– –	4	45	14	1	1	84	73
139	41	734	1	– –	1	25	17	3	1	65	135
321	388	1 110	342	33	55	263	5	1	4	25	339
23	49	63	6	8	1	57	– –	– –	– –	– –	80
119	37	243	61	33	9	27	35	– –	– –	38	73
151	1 403	188	241	30	31	200	270	52	– –	77	102
19	22	33	4	– –	– –	55	2	– –	– –	– –	3
306	383	342	174	20	41	55	104	22	– –	3	58
598	76	327	78	18	28	88	1	– –	13	104	176
914	15	1 243	120	14	21	139	31	3	8	190	192
1 220	1 367	2 632	555	36	47	273	137	1	28	2 250	700
231	508	78	40	– –	– –	– –	37	– –	– –	1 385	8
345	656	898	406	10	10	40	54	– –	4	98	326
27	1	– –	– –	– –	– –	– –	– –	– –	– –	45	– –
953	62	773	143	5	23	130	3	18	3	27	1 201
2 996	124	1 941	720	13	44	313	83	19	3	253	3 463
14	10	15	18	– –	– –	8	2	– –	– –	4	16
2 475	130	1 621	599	66	62	324	22	18	1	979	2 485
– –	– –	– –	– –	– –	– –	– –	– –	– –	– –	– –	– –
379	30	281	62	13	16	67	– –	8	2	36	259
339	161	138	52	4	9	61	10	11	2	156	263
62	24	97	103	2	4	66	11	– –	– –	19	206
– –	– –	– –	– –	– –	– –	– –	– –	– –	– –	– –	– –
371	76	595	114	7	7	76	9	13	– –	320	940

各地区音像批发、

	机构数	从业人员		资本金合计		固定资产合计	固定资产原价	本年提取折旧					
			职工		国家资本金				主营业收入	主营营业成本及费用	主营营业税金及附加	主营业务利润	其他业务利润
总　计	**27 371**	**63 041**	**21 616**	**1 691 037**	**71 261**	**997 534**	**3 030 197**	**146 870**	**2 542 471**	**2 030 528**	**86 448**	**425 495**	**35 479**
北　京	--	--	--	--	--	--	--	--	--	--	--	--	--
天　津	--	--	--	--	--	--	--	--	--	--	--	--	--
河　北	2 598	7 966	4 368	162 297	674	91 800	83 674	516	69 836	36 302	7 856	25 678	95
山　西	--	--	--	--	--	--	--	--	--	--	--	--	--
内蒙古	520	859	169	11 361	1 470	9 369	9 294	7	12 229	8 636	1 238	2 355	--
辽　宁	1 226	3 717	1 347	100 932	15 761	68 810	69 728	3 472	110 769	84 255	5 313	21 201	1 243
其中:大连	321	1 240	747	11 840	2 892	12 282	13 193	1 243	79 027	68 402	915	9 710	1 214
吉　林	879	2 124	255	11 910	1 350	19 046	16 002	188	23 172	11 858	3 017	8 297	--
黑龙江	778	1 288	428	6 492	33	7 170	5 205	8	17 706	6 685	3 290	7 731	9
上　海	--	--	--	--	--	--	--	--	--	--	--	--	--
江　苏	727	1 609	1 119	19 670	8 200	24 049	23 920	872	43 761	32 176	1 621	9 964	388
浙　江	1 452	2 656	910	34 108	672	27 442	27 802	153	33 381	16 709	3 850	12 822	146
其中:宁波	319	519	183	6 179	--	4 465	4 394	61	7 440	4 320	966	2 154	9
安　徽	910	1 818	1 053	14 370	2 152	18 922	10 944	71	16 421	7 990	1 866	6 565	87
福　建	170	301	78	5 231	510	6 068	6 458	354	4 072	2 026	401	1 645	171
其中:厦门	25	57	25	775	10	999	1 054	2	1 172	855	129	188	-6
江　西	420	661	209	7 146	473	6 893	4 847	14	6 506	3 043	728	2 735	145
山　东	1 336	2 427	1 002	27 657	640	19 315	18 548	32	24 208	15 208	2 208	6 792	69
其中:青岛	--	--	--	--	--	--	--	--	--	--	--	--	--
河　南	1 861	4 069	1 173	56 957	2 484	50 625	53 285	626	93 207	69 177	5 555	18 475	224
湖　北	1 296	2 812	556	62 383	53	37 408	34 208	121	75 563	45 973	7 954	21 636	--
湖　南	1 049	1 966	548	31 334	12 190	35 559	34 885	52	20 825	10 025	2 337	8 463	2
广　东	2 273	12 489	2 897	337 667	2 910	198 644	2 443 886	136 809	1 607 495	1 388 376	13 520	205 599	31 798
其中:深圳	175	8 532	2 108	178 930	2 480	158 028	304 569	26 058	1 088 354	923 860	2 279	162 215	31 683
广　西	2 748	4 323	1 173	48 654	3 316	51 776	55 786	729	97 263	75 296	6 571	15 396	274
海　南	484	951	613	13 665	--	10 848	10 619	42	22 861	15 547	2 418	4 896	87
重　庆	29	29	29	80	--	80	80	--	170	87	52	31	--
四　川	1 473	2 521	876	67 176	10 061	41 981	45 116	1 149	39 045	28 667	2 783	7 595	671
贵　州	202	245	60	2 133	12	1 884	1 974	3	1 968	823	236	909	--
云　南	2 697	4 110	1 738	44 380	2 632	49 163	41 748	1 366	51 796	29 239	5 541	17 016	14
西　藏	--	--	--	--	--	--	--	--	--	--	--	--	--
陕　西	746	1 944	667	590 292	1 908	188 084	18 425	250	102 682	92 388	4 409	5 885	49
甘　肃	46	77	38	536	--	514	534	--	842	313	122	407	4
青　海	143	164	60	587	--	710	570	--	915	256	70	589	--
宁　夏	284	538	2	11 800	2 152	11 847	7 831	--	13 022	6 993	909	5 120	--
新　疆	1 024	1 377	248	22 219	1 608	19 527	4 828	36	52 756	42 480	2 583	7 693	3

零 售 业 基 本 情 况

单位:个、人、千元、千平方米

损益及分配									其他			增加值	房屋建筑面积
管理费用	税金	劳动待业保险	财务费用	补贴收入	投资收益	营业外收支净额	应交所得税	利润	从业人员劳动报酬	上交主办单位费用	上交文化市场管理费		
172 738	**2 277**	**3 581**	**4 279**	**129**	**318**	**1 475**	**11 501**	**274 378**	**143 784**	**1 932**	**149 088**	**991 140**	**690**
--	--	--	--	--	--	--	--	--	--	--	--	--	--
--	--	--	--	--	--	--	--	--	--	--	--	--	--
797	27	60	25	8	22	9	884	24 106	10 503	26	136 887	181 619	59
--	--	--	--	--	--	--	--	--	--	--	--	--	--
1 242	--	--	43	--	8	--	19	1 059	3 788	97	321	7 820	14
3 555	35	68	1 517	100	38	483	93	17 900	9 203	215	--	40 682	31
3 485	27	68	1 513	100	38	479	90	6 453	4 387	104	--	17 600	8
1	1	--	--	--	--	--	372	7 924	3 562	28	441	15 710	21
197	3	2	2	2	4	3	2	7 548	1 312	12	658	13 037	14
--	--	--	--	--	--	--	--	--	--	--	--	--	--
3 834	1 041	1 113	423	1	1	21	650	5 468	4 942	81	877	19 640	31
378	22	15	9	--	5	--	54	12 532	9 368	55	805	27 187	24
210	--	--	7	--	--	--	--	1 946	1 313	21	147	4 683	7
192	102	3	8	--	105	33	122	6 468	2 564	265	1 532	13 079	13
86	--	--	12	--	--	--	22	1 696	856	2	--	3 429	3
--	--	--	--	--	--	--	--	182	374	2	--	689	1
40	7	3	5	--	--	--	6	2 829	1 423	23	231	5 298	10
293	8	--	15	--	--	--	50	6 503	5 963	25	--	15 097	32
--	--	--	--	--	--	--	--	--	--	--	--	--	--
3 227	64	11	322	1	11	10	232	14 940	9 379	257	142	34 741	63
445	6	1	14	--	--	--	30	21 147	9 510	47	534	39 916	31
5	2	--	2	--	2	--	1	8 459	4 993	32	--	15 881	25
147 101	728	1 361	638	2	21	565	8 416	81 830	24 378	142	1 938	414 914	95
102 720	592	1 302	329	--	--	494	6 960	84 383	10 520	8	--	233 355	45
3 276	80	351	331	--	8	31	272	11 830	13 935	94	1 562	38 502	57
489	--	32	63	--	--	--	--	4 431	3 526	--	219	11 158	15
--	--	--	--	--	--	--	--	31	90	--	--	173	--
2 771	44	437	745	--	--	209	91	4 868	7 172	32	946	20 390	38
--	--	--	--	--	--	--	--	909	572	4	85	1 807	2
1 171	64	87	56	2	73	73	79	15 872	4 731	274	911	29 682	66
--	--	--	--	--	--	--	--	--	--	--	--	--	--
3 614	41	37	49	13	20	23	91	2 236	4 524	172	480	15 803	19
--	--	--	--	--	--	15	--	426	141	--	5	675	1
5	--	--	--	--	--	--	8	576	147	8	22	819	3
--	--	--	--	--	--	--	--	5 120	2 461	--	--	8 490	9
19	2	--	--	--	--	--	7	7 670	4 741	41	492	15 591	14

各　地　区　音　像　出

	机构数	从业人员		资本金合计		固定资产合计	固定资产原价	本年提取折旧	主营业收入	主营业成本及费用	主营业税金及附加	主营业务利润	其他业务利润
			职工		国家资本金								
总　计	**27 626**	**45 763**	**13 841**	**413 788**	**15 924**	**381 547**	**344 381**	**5 114**	**455 799**	**230 209**	**51 203**	**174 387**	**1 066**
北　京	--	--	--	--	--	--	--	--	--	--	--	--	--
天　津	--	--	--	--	--	--	--	--	--	--	--	--	--
河　北	12	3	--	100	--	50	30	--	15	5	1	9	--
山　西	--	--	--	--	--	--	--	--	--	--	--	--	--
内蒙古	882	1 480	222	14 643	222	13 209	12 240	24	18 741	10 752	2 467	5 522	2
辽　宁	2 606	5 465	2 064	43 226	944	42 123	30 666	830	41 881	21 846	4 488	15 547	15
其中:大连	998	2 306	1 134	13 110	335	14 073	16 651	409	14 588	7 874	1 034	5 680	-31
吉　林	1 723	3 607	1 013	22 306	181	24 878	24 133	240	25 443	10 126	3 135	12 182	--
黑龙江	1 619	2 724	445	14 871	1 342	17 880	14 045	71	27 143	9 977	4 691	12 475	217
上　海	--	--	--	--	--	--	--	--	--	--	--	--	--
江　苏	2 134	3 644	2 557	11 387	1 413	20 000	19 098	669	26 622	20 004	966	5 652	343
浙　江	1 920	2 937	662	30 303	152	25 790	24 426	376	33 479	14 746	3 302	15 431	26
其中:宁波	382	655	173	5 245	131	4 250	4 253	200	5 931	2 903	943	2 085	20
安　徽	1 097	1 618	1 006	5 446	148	7 301	4 347	74	10 445	4 811	1 222	4 412	21
福　建	375	484	100	6 203	17	5 101	4 738	10	7 432	3 938	757	2 737	--
其中:厦门	19	40	30	387	--	350	308	--	565	392	59	114	--
江　西	700	1 070	222	10 422	83	8 721	6 677	64	8 931	3 925	1 060	3 946	58
山　东	306	549	397	4 367	324	3 442	3 233	13	4 071	1 737	472	1 862	--
其中:青岛	--	--	--	--	--	--	--	--	--	--	--	--	--
河　南	599	955	370	10 958	304	9 054	6 881	219	9 585	4 530	1 130	3 925	41
湖　北	3 195	5 370	1 292	54 079	819	46 873	42 663	650	53 897	26 019	5 828	22 050	59
湖　南	958	1 758	418	21 956	393	20 992	19 161	56	20 124	8 614	2 058	9 452	2
广　东	967	1 777	118	40 842	1 045	28 849	32 107	380	50 758	28 614	5 939	16 205	141
其中:深圳	171	405	44	22 014	400	10 999	12 741	345	26 681	14 664	3 551	8 466	126
广　西	1 390	2 303	693	23 725	467	20 987	21 659	222	27 168	16 549	2 725	7 894	50
海　南	138	204	135	1 649	--	1 509	1 490	--	1 971	1 029	108	834	--
重　庆	68	107	--	939	--	817	954	--	1 008	513	214	281	--
四　川	3 248	4 570	760	41 169	266	34 454	33 266	303	36 962	19 443	4 731	12 788	2
贵　州	469	477	167	4 050	--	3 316	3 979	1	4 487	1 781	552	2 154	--
云　南	1 027	1 539	755	18 732	6 221	15 050	14 666	717	12 829	7 142	1 469	4 218	50
西　藏	--	--	--	--	--	--	--	--	--	--	--	--	--
陕　西	748	1 274	332	13 155	101	12 274	12 096	193	11 431	4 342	1 406	5 683	17
甘　肃	10	21	10	--	--	--	--	--	--	--	--	--	--
青　海	285	313	42	1 788	122	1 327	1 285	--	2 091	569	226	1 296	--
宁　夏	279	491	2	8 376	1 360	8 376	6 450	--	6 155	2 771	767	2 617	--
新　疆	871	1 023	59	9 096	--	9 174	4 091	2	13 130	6 426	1 489	5 215	22

租 业 基 本 情 况

单位：个、人、千元、千平方米

损益及分配									其他			增加值	房屋建筑面积
管理费用	税金	劳动待业保险	财务费用	补贴收入	投资收益	营业外收支净额	应交所得税	利润	从业人员劳动报酬	上交主办单位费用	上交文化市场管理费		
11 449	1 265	843	944	141	401	212	3 033	160 781	98 418	2 462	14 455	348 732	542
- -	- -	- -	- -	- -	- -	- -	- -	- -	- -	- -	- -	- -	- -
- -	- -	- -	- -	- -	- -	- -	- -	- -	- -	- -	- -	- -	- -
- -	- -	- -	- -	- -	- -	- -	- -	9	6	- -	- -	16	- -
- -	- -	- -	- -	- -	- -	- -	- -	- -	- -	- -	- -	- -	- -
995	3	- -	138	16	78	3	112	4 376	4 487	36	733	13 299	20
1 826	68	20	29	7	48	7	301	13 468	8 261	283	- -	29 492	47
1 740	44	16	16	6	47	7	299	3 654	3 239	126	- -	10 501	17
2	2	- -	- -	- -	- -	- -	78	12 102	8 723	73	788	25 551	37
1 162	22	46	181	67	118	89	262	11 361	2 897	127	998	21 510	27
- -	- -	- -	- -	- -	- -	- -	- -	- -	- -	- -	- -	- -	- -
2 530	366	577	268	33	36	67	212	3 121	4 367	76	2 573	14 583	25
425	- -	120	12	- -	- -	- -	17	15 003	8 017	351	1 429	28 895	31
224	- -	120	10	- -	- -	- -	5	1 866	1 635	143	157	5 217	7
431	177	- -	- -	- -	- -	- -	77	3 925	2 604	21	548	9 088	12
40	- -	- -	11	- -	- -	- -	3	2 683	1 364	85	1	4 954	10
- -	- -	- -	- -	- -	- -	- -	- -	114	167	72	- -	412	- -
29	10	2	2	- -	- -	3	15	3 961	2 167	33	366	7 712	14
124	- -	- -	- -	- -	- -	- -	1	1 737	1 130	7	- -	3 484	7
- -	- -	- -	- -	- -	- -	- -	- -	- -	- -	- -	- -	- -	- -
622	19	4	30	5	37	4	30	3 330	1 872	100	40	7 350	13
1 249	108	2	80	3	3	11	136	20 661	15 218	177	1 482	45 888	76
17	9	4	23	- -	28	- -	5	9 437	5 469	26	- -	17 072	25
843	8	41	82	2	6	9	1 597	13 841	5 782	67	329	28 810	22
704	3	38	68	- -	6	- -	1 575	6 251	1 336	- -	- -	13 827	3
470	275	8	72	3	5	8	55	7 363	5 881	269	1 048	18 442	30
- -	- -	- -	- -	- -	- -	- -	- -	834	593	- -	32	1 543	3
- -	- -	- -	- -	- -	- -	- -	- -	281	201	- -	122	818	1
441	145	8	5	- -	- -	- -	48	12 296	8 437	389	2 355	29 223	71
5	5	- -	- -	- -	- -	11	- -	2 160	1 671	21	304	4 722	6
175	47	11	11	5	42	- -	22	4 107	2 888	180	435	9 951	25
- -	- -	- -	- -	- -	- -	- -	- -	- -	- -	- -	- -	- -	- -
39	1	- -	- -	- -	- -	- -	20	5 641	1 627	56	439	9 424	15
- -	- -	- -	- -	- -	- -	- -	- -	- -	- -	- -	1	- -	- -
20	- -	- -	- -	- -	- -	- -	40	1 236	240	48	94	1 883	4
- -	- -	- -	- -	- -	- -	- -	- -	2 617	1 901	- -	- -	5 285	7
4	- -	- -	- -	- -	- -	- -	2	5 231	2 615	37	338	9 737	14

各 地 区 录 像 放

	机构数	从业人员		资本金合计		固定资产合计	固定资产原价	本年提取折旧					
			职工		国家资本金				主营业收入	主营营业成本及费用	主营营业税金及附加	主营业务利润	其他业务利润
总　计	**13 605**	**36 714**	**16 324**	**606 611**	**79 860**	**773 954**	**797 575**	**21 425**	**504 126**	**278 618**	**102 792**	**122 716**	**3 408**
北　京	79	414	359	7 243	2 509	4 586	6 306	223	1 389	1 177	83	129	466
天　津	18	164	153	988	40	1 842	960	- -	82	85	11	-14	-24
河　北	301	1 039	828	16 054	4 985	27 449	39 734	1 760	16 445	9 680	948	5 817	15
山　西	- -	- -	- -	- -	- -	- -	- -	- -	- -	- -	- -	- -	- -
内蒙古	583	1 015	224	9 709	548	10 883	10 863	18	12 001	7 093	1 407	3 501	- -
辽　宁	569	2 217	1 133	31 799	1 927	33 499	34 340	2 449	25 822	11 293	3 066	11 463	26
其中:大连	235	999	540	7 441	955	9 172	10 935	1 607	14 214	5 962	1 419	6 833	10
吉　林	176	512	71	13 318	280	15 891	15 067	26	7 188	4 024	833	2 331	- -
黑龙江	279	485	138	4 642	941	6 027	4 486	1 143	8 278	3 627	687	3 964	77
上　海	- -	- -	- -	- -	- -	- -	- -	- -	- -	- -	- -	- -	- -
江　苏	393	1 112	890	9 776	820	9 574	10 581	101	5 944	3 490	672	1 782	68
浙　江	906	2 538	704	33 114	1 159	26 440	21 231	187	22 060	11 205	2 253	8 602	5
其中:宁波	148	344	168	5 067	823	3 938	4 082	131	3 583	1 979	482	1 122	- -
安　徽	250	1 249	897	10 604	2 756	28 703	23 250	146	7 597	4 019	788	2 790	172
福　建	405	836	233	15 622	152	13 821	14 429	370	14 003	7 768	1 337	4 898	2
其中:厦门	65	163	82	2 099	135	2 060	2 031	103	1 635	1 106	218	311	- -
江　西	300	1 090	582	16 951	4 816	17 197	15 910	536	8 761	3 883	825	4 053	47
山　东	443	1 710	1 236	13 146	2 337	16 709	17 093	358	10 158	5 524	930	3 704	131
其中:青岛	- -	- -	- -	- -	- -	- -	- -	- -	- -	- -	- -	- -	- -
河　南	394	1 320	678	19 502	2 090	20 630	21 095	68	12 241	4 207	1 221	6 813	52
湖　北	755	2 134	785	35 010	3 414	30 675	30 687	343	26 986	13 381	3 251	10 354	47
湖　南	708	2 588	1 506	29 706	1 056	39 708	39 615	191	27 627	10 402	3 446	13 779	122
广　东	1 836	5 254	1 640	152 180	17 713	140 744	166 120	5 317	191 214	124 769	70 047	-3 602	62
其中:深圳	116	321	154	10 199	6 030	2 809	5 925	353	4 693	2 880	420	1 393	- -
广　西	410	1 686	832	42 133	6 936	58 210	59 612	206	18 539	11 592	1 619	5 328	45
海　南	80	207	141	3 079	- -	3 205	3 182	2	3 002	1 307	349	1 346	- -
重　庆	29	121	83	2 057	1 272	2 170	2 454	70	842	668	100	74	139
四　川	896	1 696	400	45 196	1 781	176 049	180 950	1 497	12 011	5 918	1 319	4 774	500
贵　州	382	852	270	11 747	1 300	7 247	9 888	101	8 144	4 373	999	2 772	- -
云　南	1 898	3 383	1 261	34 699	1 179	36 516	30 829	1 166	27 673	11 627	3 246	12 800	32
西　藏	- -	- -	- -	- -	- -	- -	- -	- -	- -	- -	- -	- -	- -
陕　西	459	1 344	617	18 003	6 496	16 038	17 124	2 504	16 610	8 477	1 565	6 568	50
甘　肃	25	43	28	93	7	93	93	- -	108	33	11	64	- -
青　海	272	351	128	2 589	52	2 739	2 563	- -	2 834	913	341	1 580	- -
宁　夏	155	312	84	4 522	- -	4 516	2 257	- -	3 436	797	223	2 416	- -
新　疆	604	1 042	423	23 129	13 294	22 793	16 856	2 643	13 131	7 286	1 215	4 630	1 374

映 业 基 本 情 况

单位:个、人、千元、千平方米

损益及分配									其他			增加值	房屋建筑面积
管理费用			财务费用	补贴收入	投资收益	营业外收支净额	应交所得税	利润	从业人员劳动报酬	上交主办单位费用	上交文化市场管理费		
	税金	劳动待业保险											
26 490	**1 281**	**1 765**	**3 906**	**309**	**1 074**	**1 105**	**1 690**	**96 526**	**98 121**	**5 030**	**56 351**	**411 046**	**1 108**
1 091	5	2	-1	--	64	5	--	-426	533	15	1	1 455	11
69	3	35	--	--	--	--	--	-107	84	10	9	79	7
3 338	--	12	577	--	--	--	20	1 897	2 223	1	74	10 847	34
--	--	--	--	--	--	--	--	--	--	--	--	--	--
694	--	--	139	3	16	2	51	2 638	2 401	151	441	7 930	29
2 579	54	96	42	1	50	9	225	8 703	6 507	716	--	24 281	43
2 472	45	92	12	1	50	9	220	4 199	3 294	238	--	13 446	15
12	--	--	8	--	--	--	173	2 138	1 542	--	126	4 860	12
416	13	11	115	22	37	20	117	3 472	960	130	1 538	8 521	13
--	--	--	--	--	--	--	--	--	--	--	--	--	--
543	146	180	-90	--	--	22	20	1 399	1 804	64	472	5 030	24
408	3	--	68	--	--	--	5	8 126	5 634	666	988	18 336	65
331	--	--	66	--	--	--	1	724	690	135	88	2 655	10
251	46	18	70	26	53	20	23	2 717	2 262	--	177	6 396	19
77	2	--	18	--	--	--	7	4 798	2 982	70	3	9 664	31
--	--	--	--	--	--	--	--	311	580	25	--	1 237	6
230	36	30	20	5	6	3	28	3 836	2 180	70	219	7 972	30
898	20	73	33	--	--	--	5	2 899	2 681	102	--	7 926	30
--	--	--	--	--	--	--	--	--	--	--	--	--	--
590	12	--	47	2	16	10	43	6 213	3 162	101	169	11 601	42
766	37	19	123	--	61	56	43	9 586	5 993	222	571	20 859	68
215	120	76	168	95	123	64	29	13 771	7 450	138	--	25 246	62
7 738	459	529	2 094	65	535	853	545	-12 464	27 179	1 887	3 570	104 932	247
1 459	49	61	15	--	175	31	--	125	1 301	18	--	3 534	21
1 340	59	46	155	53	76	3	31	3 979	5 167	104	288	12 816	62
--	--	--	--	--	--	--	--	1 346	744	--	106	2 556	10
223	3	84	3	--	--	--	--	-13	473	--	17	876	8
1 309	37	128	259	--	--	--	2	3 704	2 897	11	331	11 377	54
19	5	--	1	--	--	6	19	2 739	2 107	158	45 786	51 900	19
627	130	3	75	4	3	1	127	12 011	3 596	212	676	21 784	95
--	--	--	--	--	--	--	--	--	--	--	--	--	--
975	67	159	51	33	34	49	110	5 598	2 506	60	434	13 741	29
--	--	--	--	--	--	--	--	64	11	--	11	101	1
33	--	--	--	--	--	--	63	1 484	669	87	70	2 717	9
--	--	--	--	--	--	--	--	2 416	1 182	--	--	3 821	8
2 049	24	264	-69	--	--	-18	4	4 002	3 192	55	274	13 422	46

各地区演出经纪

	机构数	从业人员	职工	资本金合计	国家资本金	固定资产合计	固定资产原价	本年提取折旧	主营业收入	主营业成本及费用	主营业税金及附加	主营业务利润	其他业务利润
总　计	102	1 025	665	39 784	18 899	44 120	39 337	677	23 431	16 449	1 397	5 585	640
北　京	--	--	--	--	--	--	--	--	--	--	--	--	--
天　津	--	--	--	--	--	--	--	--	--	--	--	--	--
河　北	--	--	--	--	--	--	--	--	--	--	--	--	--
山　西	--	--	--	--	--	--	--	--	--	--	--	--	--
内蒙古	1	10	--	50	--	100	100	--	30	10	3	17	--
辽　宁	--	--	--	--	--	--	--	--	--	--	--	--	--
其中:大连	--	--	--	--	--	--	--	--	--	--	--	--	--
吉　林	--	--	--	--	--	--	--	--	--	--	--	--	--
黑龙江	2	4	--	--	--	--	--	--	--	--	--	--	--
上　海	--	--	--	--	--	--	--	--	--	--	--	--	--
江　苏	1	6	6	--	--	--	--	--	--	--	--	--	--
浙　江	33	226	192	11 577	6 572	4 650	4 698	60	10 722	7 681	511	2 530	638
其中:宁波	--	--	--	--	--	--	--	--	--	--	--	--	--
安　徽	4	64	--	--	--	72	--	--	165	22	17	126	--
福　建	--	--	--	--	--	--	--	--	--	--	--	--	--
其中:厦门	--	--	--	--	--	--	--	--	--	--	--	--	--
江　西	--	--	--	--	--	--	--	--	--	--	--	--	--
山　东	4	32	27	120	--	110	110	2	80	58	4	18	--
其中:青岛	--	--	--	--	--	--	--	--	--	--	--	--	--
河　南	5	21	12	887	--	893	933	--	119	38	25	56	--
湖　北	15	189	67	8 423	6 075	9 431	6 789	120	1 207	618	38	551	2
湖　南	--	--	--	--	--	--	--	--	--	--	--	--	--
广　东	--	--	--	--	--	--	--	--	--	--	--	--	--
其中:深圳	--	--	--	--	--	--	--	--	--	--	--	--	--
广　西	11	232	203	8 854	3 354	18 701	18 942	71	5 002	4 519	490	-7	--
海　南	--	--	--	--	--	--	--	--	--	--	--	--	--
重　庆	13	118	115	3 418	1 398	4 065	3 617	3	353	313	1	39	--
四　川	--	--	--	--	--	--	--	--	--	--	--	--	--
贵　州	--	--	--	--	--	--	--	--	--	--	--	--	--
云　南	--	--	--	--	--	--	--	--	--	--	--	--	--
西　藏	--	--	--	--	--	--	--	--	--	--	--	--	--
陕　西	--	--	--	--	--	--	--	--	--	--	--	--	--
甘　肃	--	--	--	--	--	--	--	--	--	--	--	--	--
青　海	--	--	--	--	--	--	--	--	--	--	--	--	--
宁　夏	10	80	--	5 800	1 000	5 800	3 950	400	4 460	1 950	260	2 250	--
新　疆	3	43	43	655	500	298	198	21	1 293	1 240	48	5	--

机 构 基 本 情 况

单位:个、人、千元、千平方米

损益及分配									其他			增加值	房屋建筑面积
管理费用	税金	劳动待业保险	财务费用	补贴收入	投资收益	营业外收支净额	应交所得税	利润	从业人员劳动报酬	上交主办单位费用	上交文化市场管理费		
3 097	**32**	**151**	**45**	**68**	**- -**	**31**	**294**	**2 888**	**4 253**	**5**	**29**	**12 619**	**58**
- -	- -	- -	- -	- -	- -	- -	- -	- -	- -	- -	- -	- -	- -
- -	- -	- -	- -	- -	- -	- -	- -	- -	- -	- -	- -	- -	- -
- -	- -	- -	- -	- -	- -	- -	- -	- -	- -	- -	- -	- -	- -
- -	- -	- -	- -	- -	- -	- -	- -	- -	- -	- -	- -	- -	- -
17	- -	- -	- -	- -	- -	- -	- -	- -	10	- -	1	31	- -
- -	- -	- -	- -	- -	- -	- -	- -	- -	- -	- -	- -	- -	- -
- -	- -	- -	- -	- -	- -	- -	- -	- -	- -	- -	- -	- -	- -
- -	- -	- -	- -	- -	- -	- -	- -	- -	- -	- -	- -	- -	- -
- -	- -	- -	- -	- -	- -	- -	- -	- -	- -	- -	- -	- -	- -
- -	- -	- -	- -	- -	- -	- -	- -	- -	- -	- -	- -	- -	- -
- -	- -	- -	- -	- -	- -	- -	- -	- -	- -	- -	- -	- -	- -
2 287	32	147	29	36	- -	32	292	628	1 116	4	10	4 901	7
- -	- -	- -	- -	- -	- -	- -	- -	- -	- -	- -	- -	- -	- -
- -	- -	- -	- -	- -	- -	- -	- -	126	- -	- -	1	144	- -
- -	- -	- -	- -	- -	- -	- -	- -	- -	- -	- -	- -	- -	- -
- -	- -	- -	- -	- -	- -	- -	- -	- -	- -	- -	- -	- -	- -
- -	- -	- -	- -	- -	- -	- -	- -	- -	- -	- -	- -	- -	- -
- -	- -	- -	- -	- -	- -	- -	- -	18	9	- -	- -	33	- -
- -	- -	- -	- -	- -	- -	- -	- -	- -	- -	- -	- -	- -	- -
- -	- -	- -	- -	- -	- -	- -	- -	56	69	- -	3	153	1
117	- -	- -	3	- -	- -	- -	- -	433	377	1	9	1 099	6
- -	- -	- -	- -	- -	- -	- -	- -	- -	- -	- -	- -	- -	- -
- -	- -	- -	- -	- -	- -	- -	- -	- -	- -	- -	- -	- -	- -
- -	- -	- -	- -	- -	- -	- -	- -	- -	- -	- -	- -	- -	- -
486	- -	1	13	- -	- -	- -	2	- 508	1 579	- -	5	2 138	34
- -	- -	- -	- -	- -	- -	- -	- -	- -	- -	- -	- -	- -	- -
137	- -	3	- -	31	- -	- -	- -	-67	76	- -	- -	119	8
- -	- -	- -	- -	- -	- -	- -	- -	- -	- -	- -	- -	- -	- -
- -	- -	- -	- -	- -	- -	- -	- -	- -	- -	- -	- -	- -	- -
- -	- -	- -	- -	- -	- -	- -	- -	- -	- -	- -	- -	- -	- -
- -	- -	- -	- -	- -	- -	- -	- -	- -	- -	- -	- -	- -	- -
- -	- -	- -	- -	- -	- -	- -	- -	- -	- -	- -	- -	- -	- -
- -	- -	- -	- -	- -	- -	- -	- -	- -	- -	- -	- -	- -	- -
- -	- -	- -	- -	- -	- -	- -	- -	- -	- -	- -	- -	- -	- -
- -	- -	- -	- -	- -	- -	- -	- -	2 250	850	- -	- -	3 760	1
53	- -	- -	- -	1	- -	-1	- -	-48	167	- -	- -	241	1

各 地 区 美 术

	机构数	从业人员	职工	资本金合计	国家资本金	固定资产合计	固定资产原价	本年提取折旧	主营业收入	主营业成本及费用	主营业税金及附加	主营业务利润	其他业务利润
总　计	**424**	**1 444**	**419**	**32 548**	**4 746**	**15 464**	**16 505**	**573**	**17 063**	**8 902**	**1 692**	**6 469**	**29**
北　京	--	--	--	--	--	--	--	--	--	--	--	--	--
天　津	--	--	--	--	--	--	--	--	--	--	--	--	--
河　北	1	--	--	--	--	--	--	--	--	--	--	--	--
山　西	--	--	--	--	--	--	--	--	--	--	--	--	--
内蒙古	29	54	--	670	--	812	812	--	536	354	93	89	--
辽　宁	14	150	85	3 665	--	2 319	2 319	--	380	261	31	88	7
其中:大连	--	--	--	--	--	--	--	--	--	--	--	--	--
吉　林	13	44	--	303	--	303	303	--	278	94	40	144	--
黑龙江	35	66	--	537	--	470	463	5	865	303	122	440	--
上　海	--	--	--	--	--	--	--	--	--	--	--	--	--
江　苏	1	28	26	6 000	4 500	5 200	6 834	451	3 684	1 421	537	1 726	--
浙　江	12	48	28	14 469	--	1 201	1 249	74	4 690	3 300	230	1 160	5
其中:宁波	1	4	4	200	--	67	67	--	15	3	12	--	--
安　徽	1	--	--	--	--	--	--	--	--	--	--	--	--
福　建	2	7	2	45	--	15	18	3	52	21	8	23	--
其中:厦门	--	--	--	--	--	--	--	--	--	--	--	--	--
江　西	6	8	2	29	--	35	6	--	57	17	7	33	--
山　东	125	317	166	3 243	246	1 754	1 992	35	2 370	1 193	191	986	--
其中:青岛	1	5	2	300	--	--	223	--	96	42	--	54	--
河　南	23	96	31	444	--	235	248	--	657	312	48	297	--
湖　北	--	--	--	--	--	--	--	--	--	--	--	--	--
湖　南	29	50	17	721	--	681	734	5	886	492	75	319	2
广　东	1	3	3	--	--	--	--	--	--	--	--	--	--
其中:深圳	1	3	3	--	--	--	--	--	--	--	--	--	--
广　西	--	--	--	--	--	--	--	--	--	--	--	--	--
海　南	3	9	9	180	--	120	120	--	240	75	15	150	--
重　庆	--	--	--	--	--	--	--	--	--	--	--	--	--
四　川	41	49	10	234	--	183	204	--	172	81	16	75	--
贵　州	7	15	--	27	--	27	31	--	107	55	--	52	--
云　南	37	395	4	113	--	921	79	--	675	258	152	265	--
西　藏	--	--	--	--	--	--	--	--	--	--	--	--	--
陕　西	8	28	14	626	--	383	314	--	310	96	22	192	15
甘　肃	12	36	22	920	--	467	440	--	592	390	60	142	--
青　海	--	--	--	--	--	--	--	--	--	--	--	--	--
宁　夏	--	--	--	--	--	--	--	--	--	--	--	--	--
新　疆	24	41	--	322	--	338	339	--	512	179	45	288	--

公 司 基 本 情 况

单位:个、人、千元、千平方米

损益及分配									其他			增加值	房屋建筑面积
管理费用	税金	劳动待业保险	财务费用	补贴收入	投资收益	营业外收支净额	应交所得税	利润	从业人员劳动报酬	上交主办单位费用	上交文化市场管理费		
1 936	**693**	**266**	**269**	**- -**	**- -**	**4**	**471**	**3 826**	**3 152**	**49**	**100**	**12 759**	**57**
- -	- -	- -	- -	- -	- -	- -	- -	- -	- -	- -	- -	- -	- -
- -	- -	- -	- -	- -	- -	- -	- -	- -	- -	- -	- -	- -	- -
- -	- -	- -	- -	- -	- -	- -	- -	- -	- -	- -	- -	- -	- -
- -	- -	- -	- -	- -	- -	- -	- -	- -	- -	- -	- -	- -	- -
56	- -	- -	3	- -	- -	- -	3	27	177	- -	12	372	1
- -	- -	- -	- -	- -	- -	- -	- -	95	50	- -	- -	176	42
- -	- -	- -	- -	- -	- -	- -	- -	- -	- -	- -	- -	- -	- -
- -	- -	- -	- -	- -	- -	- -	- -	144	530	- -	10	726	1
- -	- -	- -	- -	- -	- -	- -	- -	440	185	- -	37	792	1
- -	- -	- -	- -	- -	- -	- -	- -	- -	- -	- -	- -	- -	- -
877	628	249	257	- -	- -	- -	467	125	406	- -	- -	3 748	1
855	56	- -	- -	- -	- -	4	1	313	167	- -	4	1 696	1
26	2	- -	- -	- -	- -	- -	1	- 27	22	- -	- -	36	- -
- -	- -	- -	- -	- -	- -	- -	- -	- -	- -	- -	- -	- -	- -
- -	- -	- -	- -	- -	- -	- -	- -	23	9	- -	- -	43	- -
- -	- -	- -	- -	- -	- -	- -	- -	- -	- -	- -	- -	- -	- -
- -	- -	- -	- -	- -	- -	- -	- -	33	28	- -	- -	68	- -
67	7	17	8	- -	- -	- -	- -	911	508	35	- -	1 762	4
48	7	17	8	- -	- -	- -	- -	- 2	35	- -	- -	96	- -
77	- -	- -	- -	- -	- -	- -	- -	220	241	- -	11	597	1
- -	- -	- -	- -	- -	- -	- -	- -	- -	- -	- -	- -	- -	- -
2	- -	- -	1	- -	- -	- -	- -	318	183	- -	- -	584	1
- -	- -	- -	- -	- -	- -	- -	- -	- -	- -	- -	- -	- -	- -
- -	- -	- -	- -	- -	- -	- -	- -	- -	- -	- -	- -	- -	- -
- -	- -	- -	- -	- -	- -	- -	- -	- -	- -	- -	- -	- -	- -
- -	- -	- -	- -	- -	- -	- -	- -	150	90	- -	2	258	- -
- -	- -	- -	- -	- -	- -	- -	- -	- -	- -	- -	- -	- -	- -
- -	- -	- -	- -	- -	- -	- -	- -	75	53	- -	4	146	- -
- -	- -	- -	- -	- -	- -	- -	- -	52	31	- -	1	83	- -
- -	- -	- -	- -	- -	- -	- -	- -	265	- -	- -	5	417	2
- -	- -	- -	- -	- -	- -	- -	- -	- -	- -	- -	- -	- -	- -
- -	- -	- -	- -	- -	- -	- -	- -	207	162	14	4	409	- -
2	2	- -	- -	- -	- -	- -	- -	140	138	- -	- -	342	1
- -	- -	- -	- -	- -	- -	- -	- -	- -	- -	- -	- -	- -	- -
- -	- -	- -	- -	- -	- -	- -	- -	- -	- -	- -	- -	- -	- -
- -	- -	- -	- -	- -	- -	- -	- -	288	194	- -	10	540	1

各地区艺术品

	机构数	从业人员	职工	资本金合计	国家资本金	固定资产合计	固定资产原价	本年提取折旧	主营业收入	主营业成本及费用	主营业税金及附加	主营业务利润	其他业务利润
总计	75	719	409	195 039	49 916	93 710	61 722	2 777	120 144	100 826	2 904	16 414	4 856
北京	--	--	--	--	--	--	--	--	--	--	--	--	--
天津	--	--	--	--	--	--	--	--	--	--	--	--	--
河北	--	--	--	--	--	--	--	--	--	--	--	--	--
山西	--	--	--	--	--	--	--	--	--	--	--	--	--
内蒙古	--	--	--	--	--	--	--	--	--	--	--	--	--
辽宁	2	11	--	230	200	230	230	--	31	8	--	23	--
其中:大连	2	11	--	230	200	230	230	--	31	8	--	23	--
吉林	--	--	--	--	--	--	--	--	--	--	--	--	--
黑龙江	1	5	5	--	--	--	--	--	--	--	--	--	--
上海	--	--	--	--	--	--	--	--	--	--	--	--	--
江苏	3	53	53	16 000	6 500	12 026	14 249	1 206	6 692	3 565	1 098	2 029	--
浙江	3	31	26	15 000	1 500	670	890	--	829	465	34	330	26
其中:宁波	--	--	--	--	--	--	--	--	--	--	--	--	--
安徽	--	--	--	--	--	--	--	--	--	--	--	--	--
福建	3	10	--	--	--	--	--	--	--	--	--	--	--
其中:厦门	--	--	--	--	--	--	--	--	--	--	--	--	--
江西	--	--	--	--	--	--	--	--	--	--	--	--	--
山东	2	87	34	1 726	1 716	1 236	1 272	85	989	809	37	143	5
其中:青岛	--	--	--	--	--	--	--	--	--	--	--	--	--
河南	15	53	22	990	--	429	455	--	216	24	26	166	--
湖北	4	18	--	11 700	--	--	--	--	2 300	750	250	1 300	--
湖南	6	47	36	2 000	1 000	2 400	2 400	12	600	80	120	400	--
广东	13	142	56	91 210	22 000	63 067	27 623	900	101 805	90 923	985	9 897	4 825
其中:深圳	--	--	--	--	--	--	--	--	--	--	--	--	--
广西	5	65	19	5 907	1 000	314	1 217	230	2 295	1 888	131	276	--
海南	3	32	31	14 800	--	9 653	9 753	153	354	264	30	60	--
重庆	3	31	28	11 615	6 000	1 262	1 262	13	1 457	25	6	1 426	--
四川	4	27	24	15 001	10 000	602	676	74	313	216	14	83	--
贵州	1	--	--	--	--	--	--	--	--	--	--	--	--
云南	--	--	--	--	--	--	--	--	--	--	--	--	--
西藏	--	--	--	--	--	--	--	--	--	--	--	--	--
陕西	4	84	70	6 000	--	969	1 043	104	1 510	1 689	85	- 264	--
甘肃	2	15	5	2 060	--	52	52	--	353	20	38	295	--
青海	--	--	--	--	--	--	--	--	--	--	--	--	--
宁夏	1	8	--	800	--	800	600	--	400	100	50	250	--
新疆	--	--	--	--	--	--	--	--	--	--	--	--	--

拍卖公司基本情况

单位:个、人、千元、千平方米

损益及分配									其他			增加值	房屋建筑面积
管理费用			财务费用	补贴收入	投资收益	营业外收支净额	应交所得税	利润	从业人员劳动报酬	上交主办单位费用	上交文化市场管理费		
	税金	劳动待业保险											
8 838	726	441	833	130	124	150	2 673	9 330	3 207	80	53	31 018	15
--	--	--	--	--	--	--	--	--	--	--	--	--	--
--	--	--	--	--	--	--	--	--	--	--	--	--	--
--	--	--	--	--	--	--	--	--	--	--	--	--	--
--	--	--	--	--	--	--	--	--	--	--	--	--	--
--	--	--	--	--	--	--	--	--	--	--	--	--	--
--	--	--	--	--	--	--	--	23	12	--	--	35	--
--	--	--	--	--	--	--	--	23	12	--	--	35	--
--	--	--	--	--	--	--	--	--	--	--	--	--	--
--	--	--	--	--	--	--	--		--	--	1	1	--
--	--	--	--	--	--	--	--	--	--	--	--	--	--
947	711	236	235	127	120	226	1 033	287	588	--	--	5 632	1
93	3	--	-10	--	--	--	52	221	261	80	5	739	1
--	--	--	--	--	--	--	--	--	--	--	--	--	--
--	--	--	--	--	--	--	--	--	--	--	--	--	--
--	--	--	--	--	--	--	--	--	--	--	--	--	--
--	--	--	--	--	--	--	--	--	--	--	--	--	--
--	--	--	--	--	--	--	--	--	--	--	--	--	--
27	2	1	1	3	4	2	1	128	225	--	--	497	1
--	--	--	--	--	--	--	--	--	--	--	--	--	--
--	--	--	--	--	--	--	--	166	54	--	24	270	5
--	--	--	--	--	--	--	--	1 300	--	--	9	1 559	1
--	--	--	--	--	--	--	--	400	--	--	--	532	--
7 414	--	204	591	--	--	-78	1 586	5 053	1 243	--	--	17 850	3
--	--	--	--	--	--	--	--	--	--	--	--	--	--
276	--	--	--	--	--	--	1	-1	130	--	3	770	1
--	--	--	--	--	--	--	--	60	154	--	--	397	1
19	--	--	--	--	--	--	--	1 407	88	--	--	1 533	1
59	10	--	5	--	--	--	--	19	--	--	1	183	--
--	--	--	--	--	--	--	--	--	--	--	--	--	--
--	--	--	--	--	--	--	--	--	--	--	--	--	--
--	--	--	--	--	--	--	--	--	--	--	--	--	--
3	--	--	11	--	--	--	--	-278	189	--	1	115	--
--	--	--	--	--	--	--	--	295	63	--	9	405	--
--	--	--	--	--	--	--	--	--	--	--	--	--	--
--	--	--	--	--	--	--	--	250	200	--	--	500	--
--	--	--	--	--	--	--	--	--	--	--	--	--	--

各地区画店、

	机构数	从业人员		资本金合计		固定资产合计	固定资产原价	本年提取折旧	主营业收入	主营营业成本及费用	主营营业税金及附加	主营业务利润	其他业务利润
			职工		国家资本金								
总　计	**1 521**	**5 800**	**3 300**	**95 169**	**16 482**	**69 199**	**74 882**	**9 363**	**143 678**	**113 544**	**5 378**	**24 756**	**2 601**
北　京	175	2 116	1 781	23 434	9 952	20 952	30 271	8 678	90 507	78 075	1 450	10 982	2 257
天　津	--	--	--	--	--	--	--	--	--	--	--	--	--
河　北	17	11	5	79	--	81	81	--	53	15	10	28	--
山　西	--	--	--	--	--	--	--	--	--	--	--	--	--
内蒙古	12	27	19	195	--	214	174	--	324	240	26	58	--
辽　宁	186	861	412	21 185	1 090	9 691	8 435	173	4 481	3 649	354	478	--
其中:大连	9	78	56	988	300	268	288	--	228	62	5	161	--
吉　林	6	13	--	69	--	99	99	--	92	27	8	57	--
黑龙江	9	11	2	49	--	50	46	1	69	26	10	33	--
上　海	--	--	--	--	--	--	--	--	--	--	--	--	--
江　苏	174	487	347	8 298	40	6 065	4 949	--	3 599	2 522	262	815	8
浙　江	109	472	220	11 818	106	3 645	3 835	365	11 891	8 184	370	3 337	2
其中:宁波	10	27	15	560	--	280	182	--	348	207	39	102	2
安　徽	17	47	32	421	--	922	755	10	1 390	796	127	467	--
福　建	28	58	32	2 420	1 180	2 177	2 471	1	2 305	1 362	378	565	--
其中:厦门	16	29	28	737	--	613	905	1	1 739	1 132	354	253	--
江　西	60	166	79	3 533	65	3 431	3 104	2	2 567	1 751	352	464	17
山　东	294	694	142	7 679	55	7 024	7 164	12	6 075	4 199	369	1 507	--
其中:青岛	--	--	--	--	--	--	--	--	--	--	--	--	--
河　南	44	91	41	1 265	--	1 119	1 045	8	1 041	310	79	652	--
湖　北	7	12	--	101	--	101	77	10	113	69	18	26	--
湖　南	25	47	17	170	--	550	646	--	685	371	34	280	--
广　东	68	79	16	731	--	161	195	5	1 092	847	88	157	--
其中:深圳	11	22	1	315	--	61	75	--	660	513	62	85	--
广　西	58	126	23	1 503	50	927	1 007	5	2 816	1 562	572	682	--
海　南	--	--	--	--	--	--	--	--	--	--	--	--	--
重　庆	26	75	29	755	--	1 180	1 193	--	1 362	824	171	367	--
四　川	72	144	53	1 758	160	1 124	1 121	2	1 340	945	136	259	1
贵　州	7	7	1	22	--	7	12	--	36	7	2	27	--
云　南	64	94	5	1 552	--	1 557	1 428	5	3 725	2 126	181	1 418	--
西　藏	--	--	--	--	--	--	--	--	--	--	--	--	--
陕　西	2	9	6	50	50	50	50	--	--	--	--	--	--
甘　肃	11	22	7	103	--	103	103	--	91	37	12	42	--
青　海	11	13	1	94	--	85	86	--	119	50	25	44	--
宁　夏	27	79	--	4 518	450	4 518	3 180	--	3 649	1 717	210	1 722	--
新　疆	12	39	30	3 367	3 284	3 366	3 355	86	4 256	3 833	134	289	316

画 廊 基 本 情 况

单位:个、人、千元、千平方米

损益及分配									其他			增加值	房屋建筑面积
管理费用	税金	劳动待业保险	财务费用	补贴收入	投资收益	营业外收支净额	应交所得税	利润	从业人员劳动报酬	上交主办单位费用	上交文化市场管理费		
13 625	**386**	**349**	**338**	**- -**	**165**	**- 226**	**3 214**	**10 119**	**13 746**	**488**	**219**	**56 909**	**69**
12 170	295	326	203	- -	135	- 264	3 136	- 2 399	6 931	448	22	31 064	26
- -	- -	- -	- -	- -	- -	- -	- -	- -	- -	- -	- -	- -	- -
- -	- -	- -	- -	- -	- -	- -	- -	28	8	- -	- -	46	- -
- -	- -	- -	- -	- -	- -	- -	- -	- -	- -	- -	- -	- -	- -
47	- -	- -	2	- -	- -	- -	1	8	143	- -	5	229	1
11	- -	- -	- -	- -	- -	- -	3	464	53	- -	- -	1 058	9
11	- -	- -	- -	- -	- -	- -	3	147	51	- -	- -	217	- -
- -	- -	- -	- -	- -	- -	- -	- -	57	43	- -	3	109	- -
- -	- -	- -	- -	- -	- -	- -	- -	33	19	- -	4	67	- -
- -	- -	- -	- -	- -	- -	- -	- -	- -	- -	- -	- -	- -	- -
150	55	13	1	- -	- -	- -	2	670	972	2	51	2 160	4
335	4	1	- 2	- -	- -	4	4	3 006	690	26	27	4 815	3
10	- -	- -	- 1	- -	- -	- -	- -	95	64	- -	1	207	- -
4	- -	- -	- -	- -	- -	- -	- -	463	134	- -	7	744	- -
146	- -	- -	77	- -	- -	- -	12	330	488	- -	- -	1 432	1
- -	- -	- -	- -	- -	- -	- -	- -	253	415	- -	- -	1 023	1
23	11	1	2	- -	- -	1	12	445	551	- -	23	1 420	3
41	- -	- -	6	- -	30	- -	- -	1 490	1 110	5	- -	3 003	8
- -	- -	- -	- -	- -	- -	- -	- -	- -	- -	- -	- -	- -	- -
52	- -	- -	5	- -	- -	- -	- -	595	177	- -	6	921	1
- -	- -	- -	- -	- -	- -	- -	- -	26	40	- -	4	97	- -
- -	- -	- -	- -	- -	- -	- -	- -	280	202	- -	- -	516	1
10	- -	- -	- -	- -	- -	- -	- -	147	114	- -	1	365	1
- -	- -	- -	- -	- -	- -	- -	- -	85	97	- -	- -	244	- -
137	12	- -	6	- -	- -	- -	2	537	285	6	29	1 588	3
- -	- -	- -	- -	- -	- -	- -	- -	- -	- -	- -	- -	- -	- -
30	- -	- -	- -	- -	- -	- -	- -	337	279	- -	1	818	2
83	- -	6	- -	- -	- -	- -	15	162	379	- -	19	793	2
- -	- -	- -	- -	- -	- -	- -	- -	27	13	- -	1	42	- -
5	2	- -	- -	- -	- -	- -	- -	1 413	201	- -	11	1 817	2
- -	- -	- -	- -	- -	- -	- -	- -	- -	- -	- -	- -	- -	- -
- -	- -	- -	- -	- -	- -	- -	- -	- -	- -	- -	- -	- -	- -
12	3	- -	- -	- -	- -	- -	- -	30	25	- -	- -	82	- -
1	- -	- -	- -	- -	- -	- -	2	41	36	1	1	106	- -
- -	- -	- -	- -	- -	- -	- -	- -	1 722	833	- -	- -	2 765	2
368	4	2	38	- -	- -	33	25	207	20	- -	4	852	- -

各地区文化部门教

地区	机构数（个）	从业人员（人）		毕业生数（人）	招生数（人）	在校				
			职工				戏剧类	戏曲类	舞蹈类	音乐类
总计	**220**	**15 578**	**13 879**	**20 773**	**27 116**	**83 931**	**4 485**	**7 165**	**23 067**	**19 334**
中央	1	175	175	449	789	817	－－	－－	157	136
地方	219	15 403	13 704	20 324	26 327	83 114	4 485	7 165	22 910	19 198
北京	3	404	404	260	378	1 053	30	217	374	176
天津	4	573	381	183	296	1 239	79	490	155	71
河北	7	750	618	482	1 157	3 289	130	348	1 045	892
山西	18	1 663	1 496	1 303	2 939	7 635	182	976	1 090	2 355
内蒙古	10	683	683	512	1 023	3 317	224	217	843	1 240
辽宁	6	519	519	653	708	2 326	435	72	814	361
其中：大连	1	45	45	57	68	272	21	52	137	22
吉林	－－	－－	－－	－－	－－	－－	－－	－－	－－	－－
黑龙江	10	338	288	411	244	1 349	159	－－	426	469
上海	4	458	431	122	265	1 553	120	259	370	36
江苏	21	889	821	1 689	1 761	5 991	339	318	976	827
浙江	8	444	414	354	728	2 058	224	214	331	391
其中：宁波	1	37	32	29	86	109	－－	－－	67	－－
安徽	7	483	455	918	909	2 827	275	241	606	485
福建	3	376	280	187	358	1 349	134	357	232	415
其中：厦门	1	38	38	30	5	164	－－	20	110	－－
江西	9	499	440	698	1 079	3 279	192	113	1 365	625
山东	9	1 084	1 084	2 444	2 312	8 261	131	328	2 528	2 620
其中：青岛	－－	－－	－－	－－	－－	－－	－－	－－	－－	－－
河南	22	1 530	1 239	3 271	3 651	11 400	337	1 666	1 973	2 458
湖北	10	741	659	1 074	964	3 279	98	151	1 310	915
湖南	7	652	555	1 560	1 302	4 557	516	184	1 296	1 184
广东	10	779	692	997	1 281	3 588	114	393	1 449	987
其中：深圳	1	148	146	32	52	305	－－	－－	55	184
广西	12	417	311	592	907	2 936	21	55	1 519	505
海南	1	113	113	98	189	544	－－	89	230	42
重庆	1	104	86	7	234	546	35	20	274	177
四川	10	434	386	1 123	1 447	2 930	129	－－	1 764	332
贵州	－－	－－	－－	－－	－－	－－	－－	－－	－－	－－
云南	7	387	335	374	539	1 823	160	221	183	229
西藏	1	－－	－－	－－	－－	－－	－－	－－	－－	－－
陕西	10	526	505	631	733	3 533	368	120	617	838
甘肃	3	170	155	140	220	721	27	116	324	111
青海	2	112	91	35	146	444	－－	－－	234	111
宁夏	1	112	100	61	152	423	－－	－－	160	126
新疆	3	163	163	145	405	864	26	－－	422	220

育 机 构 基 本 情 况（一）

生数(人)			培训干部(人)	本年收入合计（千元）						
美术类	电影放映	其他			财政补助收入	上级补助收入	事业收入	经营收入	附属单位上缴收入	其他收入
15 122	**1 202**	**13 556**	**7 277**	**626 764**	**304 482**	**17 404**	**257 531**	**10 093**	**1 654**	**35 600**
142	– –	382	– –	11 110	4 130	– –	6 420	– –	– –	560
14 980	1 202	13 174	7 277	615 654	300 352	17 404	251 111	10 093	1 654	35 040
65	– –	191	300	22 344	13 097	500	7 601	1 066	– –	80
339	– –	105	450	14 455	8 499	– –	4 880	– –	– –	1 076
358	– –	516	– –	19 485	11 234	97	8 048	– –	– –	106
1 349	553	1 130	– –	46 107	22 852	10	21 537	– –	– –	1 708
325	– –	468	643	17 095	8 477	– –	7 998	– –	– –	620
294	27	323	– –	22 411	10 269	5 998	6 143	– –	– –	1
13	27	– –	– –	3 024	2 200	– –	824	– –	– –	– –
– –	– –	– –	– –	– –	– –	– –	– –	– –	– –	– –
138	– –	157	180	12 716	5 252	24	6 302	– –	– –	1 138
– –	– –	768	– –	51 232	22 094	8 099	8 933	5 401	1 364	5 341
1 811	– –	1 720	1 550	45 987	26 130	204	17 439	375	– –	1 839
164	185	549	56	32 664	18 262	350	10 815	– –	– –	3 237
– –	– –	42	56	1 638	701	– –	746	– –	– –	191
615	– –	605	2	17 400	8 149	441	8 102	21	106	581
143	– –	68	– –	15 509	9 792	318	4 925	92	– –	382
– –	– –	34	– –	3 681	2 997	94	482	– –	– –	108
590	– –	394	– –	16 613	4 983	25	4 360	– –	– –	7 245
2 047	100	507	– –	39 170	17 874	– –	17 613	– –	– –	3 683
– –	– –	– –	– –	– –	– –	– –	– –	– –	– –	– –
2 589	77	2 300	100	44 223	24 056	1 003	18 476	91	– –	597
559	92	154	406	21 699	8 423	100	10 803	1 332	– –	1 041
519	– –	858	– –	27 329	5 905	160	17 774	340	– –	3 150
580	– –	65	3 037	58 602	29 981	20	27 383	1 053	– –	165
66	– –	– –	– –	12 086	10 483	– –	1 603	– –	– –	– –
536	– –	300	13	19 302	5 973	2	13 184	– –	– –	143
158	– –	25	– –	5 192	3 225	– –	1 967	– –	– –	– –
– –	– –	40	– –	5 029	1 215	– –	3 769	– –	45	– –
246	31	428	504	22 211	11 713	53	8 384	42	139	1 880
– –	– –	– –	– –	– –	– –	– –	– –	– –	– –	– –
234	137	659	36	8 291	6 468	– –	1 668	– –	– –	155
– –	– –	– –	– –	– –	– –	– –	– –	– –	– –	– –
990	– –	600	– –	15 831	6 865	– –	8 194	– –	– –	772
54	– –	89	– –	4 450	3 395	– –	1 046	– –	– –	9
17	– –	82	– –	3 058	1 971	– –	1 024	– –	– –	63
120	– –	17	– –	2 491	1 717	– –	771	– –	– –	3
140	– –	56	– –	4 758	2 481	– –	1 972	280	– –	25

各地区文化部门教

地区	本年支出合计								
		事业支出	经营支出	对附属单位补助支出	在支出合计				
					从业人员劳动报酬	职工工资总额	税金支出	社会保障费	修缮费
总计	**614 381**	**590 506**	**2 624**	**1 911**	**203 826**	**177 333**	**1 658**	**68 647**	**60 474**
中央	10 030	9 180	－－	－－	2 970	2 970	－－	1 338	616
地方	604 351	581 326	2 624	1 911	200 856	174 363	1 658	67 309	59 858
北京	22 907	21 933	974	－－	7 920	4 546	237	3 011	1 417
天津	14 186	14 186	－－	－－	5 939	4 945	88	2 880	1 036
河北	19 477	19 077	－－	－－	7 505	7 501	－－	3 422	626
山西	47 427	45 805	－－	－－	15 943	14 516	184	5 281	3 806
内蒙古	15 679	15 657	－－	22	5 879	5 566	6	1 110	1 820
辽宁	22 911	22 587	324	－－	8 618	6 408	157	2 745	2 670
其中:大连	3 417	3 417	－－	－－	580	580	－－	52	418
吉林	－－	－－	－－	－－	－－	－－	－－	－－	－－
黑龙江	11 542	11 542	－－	－－	3 627	3 440	－－	2 701	623
上海	43 091	42 090	－－	－－	13 147	8 612	531	3 121	4 511
江苏	52 764	41 737	439	27	16 268	14 005	11	7 639	4 530
浙江	31 861	31 861	－－	－－	6 879	6 523	71	3 294	6 746
其中:宁波	1 625	1 625	－－	－－	609	440	69	147	239
安徽	17 209	17 209	－－	－－	6 107	5 798	60	3 003	1 149
福建	15 017	15 017	－－	－－	4 475	3 948	1	1 957	1 352
其中:厦门	3 450	3 450	－－	－－	970	970	1	285	158
江西	16 536	13 931	－－	－－	5 312	4 732	－－	1 674	1 813
山东	39 719	39 719	－－	－－	13 300	12 540	－－	3 969	4 642
其中:青岛	－－	－－	－－	－－	－－	－－	－－	－－	－－
河南	42 573	42 489	84	－－	15 054	13 715	26	4 924	3 588
湖北	22 827	20 449	144	1 862	7 780	7 377	7	2 454	1 975
湖南	27 464	25 235	300	－－	7 576	6 473	30	2 673	4 911
广东	53 237	52 930	307	－－	18 221	16 661	173	3 200	6 173
其中:深圳	11 755	11 755	－－	－－	3 158	3 158	－－	297	528
广西	18 569	18 569	－－	－－	6 520	5 520	－－	1 983	1 744
海南	5 192	5 192	－－	－－	3 595	1 618	－－	495	258
重庆	3 964	3 964	－－	－－	982	876	－－	298	658
四川	20 202	20 202	－－	－－	5 223	5 167	－－	2 079	1 812
贵州	－－	－－	－－	－－	－－	－－	－－	－－	－－
云南	8 194	8 194	－－	－－	3 499	3 388	－－	490	570
西藏	－－	－－	－－	－－	－－	－－	－－	－－	－－
陕西	16 097	16 097	－－	－－	4 984	4 732	24	727	863
甘肃	5 189	5 189	－－	－－	2 264	2 132	－－	960	233
青海	3 257	3 257	－－	－－	1 259	1 017	－－	688	178
宁夏	2 098	2 098	－－	－－	1 165	792	－－	350	5
新疆	5 162	5 110	52	－－	1 815	1 815	52	181	149

育 机 构 基 本 情 况(二)

计 (千元)			年末固定资产原值(千元)	经费自给率(%)	劳动报酬占总支出比重(%)	当年提取修购基金(千元)	增加值(千元)	劳动生产率(元/人)	公用房屋建筑面积	
中									(千平方米)	
设备购置费	业务费	助学金								教学用房
41 650	**78 692**	**12 773**	**958 623**	**51.4**	**33.1**	**3 040**	**243 932**	**15 658**	**1 578**	**915**
779	707	– –	59 338	76.0	29.6	647	5 344	30 535	33	25
40 871	77 985	12 773	899 285	51.0	33.2	2 393	238 588	15 489	1 545	890
1 574	3 920	407	73 829	38.1	34.5	24	11 110	27 499	55	34
633	1 277	126	9 572	41.9	41.8	464	6 410	11 186	28	17
740	1 888	792	30 402	42.7	38.5	– –	8 720	11 626	40	22
3 459	4 812	1 299	63 891	50.7	33.6	139	18 685	11 235	145	89
1 059	934	287	30 379	55.0	37.4	– –	7 100	10 395	68	49
1 153	3 538	228	50 679	26.8	37.6	– –	10 802	20 812	58	33
64	1 058	1	10 413	24.1	16.9	– –	997	22 150	6	3
– –	– –	– –	– –	– –	– –	– –	– –	– –	– –	– –
556	1 559	399	4 574	64.4	31.4	– –	3 810	11 271	29	22
2 876	5 841	1 265	44 063	49.9	30.5	– –	15 440	33 711	25	12
2 265	2 946	462	71 356	46.5	30.8	38	19 233	21 634	92	56
3 698	3 824	730	33 620	44.1	21.5	279	8 296	18 684	48	23
50	410	– –	2 944	57.6	37.4	15	796	21 507	2	– –
1 090	1 779	163	17 802	51.1	35.4	1	6 880	14 244	55	48
1 406	2 417	473	25 460	35.9	29.7	16	5 495	14 613	26	20
503	854	32	13 414	17.1	28.1	– –	1 508	39 673	5	5
1 380	1 327	101	34 627	83.3	32.1	– –	6 697	13 420	61	36
2 730	7 011	1 319	85 121	53.6	33.4	178	16 704	15 409	146	78
– –	– –	– –	– –	– –	– –	– –	– –	– –	– –	– –
2 439	6 827	2 165	57 487	45.0	35.3	185	17 379	11 358	142	86
1 889	3 035	186	47 385	63.9	34.0	– –	9 682	13 065	89	43
1 958	4 641	195	45 509	83.2	27.5	– –	9 425	14 455	86	57
5 124	7 043	94	63 666	53.7	34.2	95	20 941	26 881	102	52
1 069	1 447	– –	22 955	13.6	26.8	– –	4 076	27 538	11	8
1 264	3 960	418	12 358	71.7	35.1	– –	7 015	16 822	45	31
29	656	159	7 583	37.8	69.2	– –	3 898	34 492	8	3
379	994	136	9 864	96.2	24.7	– –	1 377	13 239	15	6
1 209	4 365	886	23 929	51.7	25.8	872	6 180	14 239	27	16
– –	– –	– –	– –	– –	– –	– –	– –	– –	– –	– –
646	1 159	199	15 061	22.2	42.7	– –	4 101	10 596	61	20
– –	– –	– –	– –	– –	– –	– –	– –	– –	– –	– –
585	648	100	17 268	55.6	30.9	– –	5 700	10 836	40	15
454	483	22	4 896	20.3	43.6	– –	2 460	14 469	14	7
56	92	45	5 050	33.3	38.6	52	1 461	13 043	13	7
96	289	4	2 713	36.8	55.5	– –	1 274	11 373	17	7
124	720	113	11 141	44.1	35.1	50	2 313	14 189	10	1

各地区文化部门中等

地　区	机构数（个）	从业人员（人）		毕业生数（人）	招生数（人）	在　校				
			职　工				戏剧类	戏曲类	舞蹈类	音乐类
总　计	**137**	**13 371**	**11 901**	**18 047**	**23 080**	**73 895**	**3 673**	**6 620**	**20 201**	**17 135**
北　京	2	386	386	260	378	1 053	30	217	374	176
天　津	3	562	372	183	296	1 239	79	490	155	71
河　北	7	750	618	482	1 157	3 289	130	348	1 045	892
山　西	13	1 603	1 436	1 265	2 784	7 370	131	936	1 067	2 235
内蒙古	3	247	247	213	494	1 627	81	86	317	726
辽　宁	4	398	398	509	605	2 049	312	72	810	288
其中:大连	1	45	45	57	68	272	21	52	137	22
吉　林	－－	－－	－－	－－	－－	－－	－－	－－	－－	－－
黑龙江	4	210	175	305	154	1 102	128	－－	320	469
上　海	3	442	415	122	265	830	120	259	370	36
江　苏	9	705	679	1 428	1 527	5 295	327	318	868	686
浙　江	5	388	383	339	643	1 809	192	56	331	332
其中:宁波	1	37	32	29	86	109	－－	－－	67	－－
安　徽	4	407	407	668	731	2 186	275	241	268	356
福　建	2	368	272	187	358	1 349	134	357	232	415
其中:厦门	1	38	38	30	5	164	－－	20	110	－－
江　西	9	499	440	698	1 079	3 279	192	113	1 365	625
山　东	9	1 084	1 084	2 444	2 312	8 261	131	328	2 528	2 620
其中:青岛	－－	－－	－－	－－	－－	－－	－－	－－	－－	－－
河　南	16	1 372	1 083	3 128	3 388	10 831	294	1 536	1 845	2 314
湖　北	9	730	648	1 074	964	3 279	98	151	1 310	915
湖　南	5	598	512	1 504	1 302	4 525	516	184	1 274	1 174
广　东	7	675	590	918	1 185	3 334	114	307	1 379	889
其中:深圳	1	148	146	32	52	305	－－	－－	55	184
广　西	5	300	226	405	656	2 218	－－	55	944	458
海　南	1	113	113	98	189	544	－－	89	230	42
重　庆	1	104	86	7	234	546	35	20	274	177
四　川	3	340	309	808	826	2 078	129	－－	1 205	220
贵　州	－－	－－	－－	－－	－－	－－	－－	－－	－－	－－
云　南	3	226	219	227	302	1 132	92	221	－－	111
西　藏	1	－－	－－	－－	－－	－－	－－	－－	－－	－－
陕　西	3	375	362	394	328	2 304	80	120	550	340
甘　肃	2	157	142	140	220	721	27	116	324	111
青　海	1	101	80	35	146	444	－－	－－	234	111
宁　夏	1	112	100	61	152	423	－－	－－	160	126
新　疆	2	119	119	145	405	778	26	－－	422	220

专业学校基本情况（一）

生数(人)			培训干部(人)	本年收入合计（千元）						
美术类	电影放映	其他			财政补助收入	上级补助收入	事业收入	经营收入	附属单位上缴收入	其他收入
13 682	**1 182**	**11 402**	**63**	**553 822**	**264 895**	**17 069**	**228 987**	**9 101**	**1 515**	**32 255**
65	--	191	--	21 632	12 733	500	7 369	984	--	46
339	--	105	--	14 181	8 275	--	4 880	--	--	1 026
358	--	516	--	19 485	11 234	97	8 048	--	--	106
1 323	553	1 125	--	44 997	22 321	--	21 005	--	--	1 671
225	--	192	--	7 679	3 115	--	3 995	--	--	569
217	27	323	--	18 494	8 144	5 998	4 352	--	--	--
13	27	--	--	3 024	2 200	--	824	--	--	--
--	--	--	--	--	--	--	--	--	--	--
138	--	47	--	8 070	2 887	--	4 650	--	--	533
--	--	45	--	48 892	21 437	8 099	7 607	5 401	1 364	4 984
1 596	--	1 500	--	38 011	21 912	204	15 085	95	--	715
164	185	549	56	30 349	17 183	350	9 733	--	--	3 083
--	--	42	56	1 638	701	--	746	--	--	191
528	--	518	2	15 447	7 117	155	7 524	--	106	545
143	--	68	--	15 250	9 533	318	4 925	92	--	382
--	--	34	--	3 681	2 997	94	482	--	--	108
590	--	394	--	16 613	4 983	25	4 360	--	--	7 245
2 047	100	507	--	39 170	17 874	--	17 613	--	--	3 683
--	--	--	--	--	--	--	--	--	--	--
2 505	57	2 280	--	41 016	22 005	1 003	17 396	87	--	525
559	92	154	--	21 289	8 089	100	10 729	1 332	--	1 039
519	--	858	--	25 905	5 295	160	16 989	340	--	3 121
580	--	65	--	48 492	22 533	5	25 072	728	--	154
66	--	--	--	12 086	10 483	--	1 603	--	--	--
461	--	300	5	14 990	4 894	2	10 067	--	--	27
158	--	25	--	5 192	3 225	--	1 967	--	--	--
--	--	40	--	5 029	1 215	--	3 769	--	45	--
155	31	338	--	21 028	10 835	53	8 222	42	--	1 876
--	--	--	--	--	--	--	--	--	--	--
97	137	474	--	6 322	4 650	--	1 526	--	--	146
--	--	--	--	--	--	--	--	--	--	--
614	--	600	--	13 041	4 907	--	7 391	--	--	743
54	--	89	--	4 303	3 248	--	1 046	--	--	9
17	--	82	--	2 573	1 549	--	1 024	--	--	--
120	--	17	--	2 491	1 717	--	771	--	--	3
110	--	--	--	3 881	1 985	--	1 872	--	--	24

各地区文化部门中等

地区	本年支出合								
		事业支出	经营支出	对附属单位补助支出	在支出合计				
					从业人员劳动报酬	职工工资总额	税金支出	社会保障费	修缮费
总计	**544 223**	**523 239**	**1 843**	**1 862**	**180 485**	**156 008**	**1 289**	**61 243**	**53 279**
北京	22 200	21 304	896	- -	7 502	4 230	226	2 985	1 394
天津	13 912	13 912	- -	- -	5 819	4 833	80	2 795	1 036
河北	19 477	19 077	- -	- -	7 505	7 501	- -	3 422	626
山西	46 290	44 668	- -	- -	15 450	14 031	29	5 246	3 733
内蒙古	6 435	6 435	- -	- -	2 519	2 519	- -	502	1 387
辽宁	18 904	18 580	324	- -	7 204	4 994	157	2 150	1 848
其中:大连	3 417	3 417	- -	- -	580	580	- -	52	418
吉林	- -	- -	- -	- -	- -	- -	- -	- -	- -
黑龙江	6 910	6 910	- -	- -	2 278	2 160	- -	1 936	329
上海	41 122	40 121	- -	- -	12 685	8 150	531	2 965	4 425
江苏	44 846	35 451	45	- -	13 976	12 055	11	6 765	3 532
浙江	29 396	29 396	- -	- -	6 252	6 083	69	3 059	6 287
其中:宁波	1 625	1 625	- -	- -	609	440	69	147	239
安徽	15 337	15 337	- -	- -	5 482	5 359	58	2 762	1 044
福建	14 848	14 848	- -	- -	4 410	3 883	1	1 929	1 352
其中:厦门	3 450	3 450	- -	- -	970	970	1	285	158
江西	16 536	13 931	- -	- -	5 312	4 732	- -	1 674	1 813
山东	39 719	39 719	- -	- -	13 300	12 540	- -	3 969	4 642
其中:青岛	- -	- -	- -	- -	- -	- -	- -	- -	- -
河南	39 409	39 329	80	- -	13 683	12 394	26	4 642	3 577
湖北	22 443	20 065	144	1 862	7 650	7 247	7	2 324	1 975
湖南	26 069	23 840	300	- -	6 836	6 103	30	2 463	4 834
广东	44 467	44 413	54	- -	16 598	15 075	64	2 567	4 058
其中:深圳	11 755	11 755	- -	- -	3 158	3 158	- -	297	528
广西	14 295	14 295	- -	- -	5 158	4 255	- -	1 613	1 280
海南	5 192	5 192	- -	- -	3 595	1 618	- -	495	258
重庆	3 964	3 964	- -	- -	982	876	- -	298	658
四川	19 019	19 019	- -	- -	4 517	4 512	- -	2 014	1 772
贵州	- -	- -	- -	- -	- -	- -	- -	- -	- -
云南	6 200	6 200	- -	- -	2 494	2 469	- -	320	511
西藏	- -	- -	- -	- -	- -	- -	- -	- -	- -
陕西	13 041	13 041	- -	- -	3 556	3 414	- -	426	436
甘肃	5 042	5 042	- -	- -	2 148	2 016	- -	929	233
青海	2 763	2 763	- -	- -	1 132	890	- -	510	111
宁夏	2 098	2 098	- -	- -	1 165	792	- -	350	5
新疆	4 289	4 289	- -	- -	1 277	1 277	- -	133	123

专业学校基本情况（二）

计（千元）			年末固定资产原值（千元）	经费自给率（%）	劳动报酬占总支出比重（%）	当年提取修购基金（千元）	增加值（千元）	劳动生产率（元/人）	公用房屋建筑面积	
中										
设备购置费	业务费	助学金							（千平方米）	教学用房
37 631	**70 177**	**12 051**	**827 140**	**51.7**	**33.1**	**2 338**	**214 862**	**16 069**	**1 403**	**811**
1 571	3 860	407	71 445	37.8	33.7	8	10 586	27 424	52	34
624	1 275	126	9 462	42.4	41.8	464	6 278	11 170	27	17
740	1 888	792	30 402	42.7	38.5	－－	8 720	11 626	40	22
3 454	4 782	1 270	63 153	50.7	33.3	139	18 008	11 233	144	88
678	387	218	15 887	70.9	39.1	－－	3 154	12 768	32	32
1 006	3 232	228	44 417	23.0	38.1	－－	9 138	22 959	50	26
64	1 058	1	10 413	24.1	16.9	－－	997	22 150	6	3
－－	－－	－－	－－	－－	－－	－－	－－	－－	－－	－－
138	1 156	20	812	75.0	32.9	－－	2 311	11 004	22	19
2 769	5 205	1 265	43 109	48.2	30.8	－－	14 940	33 800	25	12
1 946	1 723	452	55 993	44.7	31.1	－－	16 226	23 015	74	43
3 279	3 506	730	32 094	43.5	21.2	279	7 605	19 600	44	21
50	410	－－	2 944	57.6	37.4	15	796	21 507	2	－－
929	1 225	163	17 052	53.3	35.7	1	6 223	15 289	50	45
1 406	2 416	473	25 184	36.3	29.7	16	5 419	14 725	26	20
503	854	32	13 414	17.1	28.1	－－	1 508	39 673	5	5
1 380	1 327	101	34 627	83.3	32.1	－－	6 697	13 420	61	36
2 730	7 011	1 319	85 121	53.6	33.4	178	16 704	15 409	146	78
－－	－－	－－	－－	－－	－－	－－	－－	－－	－－	－－
2 364	6 637	2 044	51 905	45.6	34.7	185	15 785	11 505	129	78
1 857	2 998	186	47 305	64.8	34.0	－－	9 549	13 080	88	43
1 935	4 364	195	43 905	84.7	26.2	－－	8 621	14 416	80	55
4 585	5 416	94	60 469	58.3	37.3	95	19 081	28 267	90	49
1 069	1 447	－－	22 955	13.6	26.8	－－	4 076	27 538	11	8
1 071	2 918	418	9 867	70.6	36.0	－－	5 553	18 509	37	24
29	656	159	7 583	37.8	69.2	－－	3 898	34 492	8	3
379	994	136	9 864	96.2	24.7	－－	1 377	13 239	15	6
1 198	4 223	886	22 413	53.3	23.7	872	5 413	15 920	24	14
－－	－－	－－	－－	－－	－－	－－	－－	－－	－－	－－
338	961	101	12 120	26.9	40.2	－－	2 979	13 180	58	17
－－	－－	－－	－－	－－	－－	－－	－－	－－	－－	－－
513	456	84	14 245	62.3	27.2	－－	4 126	11 002	34	11
454	483	22	4 852	20.9	42.6	－－	2 342	14 916	13	6
55	91	45	4 075	37.0	40.9	51	1 295	12 820	9	4
96	289	4	2 713	36.8	55.5	－－	1 274	11 373	17	7
107	698	113	7 066	44.2	29.7	50	1 560	13 108	8	1

各地区文化科技、科

地区	机构数(个)	从业人员(人)						本年完成科研项目(个)			
			职工						获国家奖	获省、部奖	获地、市奖
				科研人员总数							
					高级职称	中级职称	初级职称				
总计	**242**	**5 950**	**5 368**	**3 913**	**1 270**	**1 597**	**984**	**436**	**80**	**126**	**106**
中央	4	674	672	543	214	241	72	23	— —	— —	— —
地方	238	5 276	4 696	3 370	1 056	1 356	912	413	80	126	106
北京	4	130	125	89	23	36	30	7	— —	— —	2
天津	1	36	36	29	16	9	4	6	6	— —	— —
河北	14	275	264	230	85	90	54	30	6	11	13
山西	18	511	413	278	81	117	78	17	2	6	9
内蒙古	8	165	165	142	31	71	38	7	2	2	1
辽宁	14	269	266	185	47	91	40	6	2	2	2
其中:大连	1	24	21	10	2	6	— —	4	2	2	— —
吉林	11	209	180	132	42	53	37	13	3	2	3
黑龙江	3	58	58	46	17	23	6	9	3	6	— —
上海	2	78	73	47	10	26	11	3	— —	— —	— —
江苏	11	59	59	48	28	15	5	16	2	1	13
浙江	12	359	358	151	54	45	51	17	2	— —	— —
其中:宁波	2	10	10	7	2	3	2	— —	— —	— —	— —
安徽	7	121	115	105	41	31	22	17	9	8	— —
福建	12	117	109	89	30	37	22	5	— —	2	3
其中:厦门	1	19	17	9	5	4	— —	— —	— —	— —	— —
江西	19	195	195	155	52	65	38	54	14	28	11
山东	8	155	155	139	49	60	27	9	3	1	5
其中:青岛	2	18	18	16	5	8	3	9	3	1	5
河南	25	520	464	322	88	131	94	87	11	22	13
湖北	3	88	85	67	34	21	12	— —	— —	— —	— —
湖南	2	67	65	54	21	19	14	27	— —	8	19
广东	9	116	112	74	20	37	17	10	3	6	1
其中:深圳	— —	— —	— —	— —	— —	— —	— —	— —	— —	— —	— —
广西	10	91	80	64	32	21	10	7	1	3	1
海南	— —	— —	— —	— —	— —	— —	— —	— —	— —	— —	— —
重庆	1	13	13	11	6	3	2	8	— —	— —	— —
四川	7	261	193	132	44	59	29	21	1	5	6
贵州	5	41	41	39	12	13	9	4	4	— —	— —
云南	2	37	32	24	12	10	2	7	— —	2	— —
西藏	— —	— —	— —	— —	— —	— —	— —	— —	— —	— —	— —
陕西	16	350	340	225	64	105	56	12	3	3	4
甘肃	5	645	416	280	57	91	132	3	— —	— —	— —
青海	2	64	64	55	8	16	31	4	— —	4	— —
宁夏	3	78	74	44	17	20	7	7	3	4	— —
新疆	4	168	146	114	35	41	34	— —	— —	— —	— —

研　单　位　基　本　情　况（一）

所办刊物（种）	本年收入合计（千元）						
		财政补助收入	上级补助收入	事业收入	经营收入	附属单位上缴收入	其他收入
61	**319 914**	**134 054**	**10 416**	**165 030**	**763**	**146**	**9 505**
1	28 020	20 000	2 780	1 410	50	— —	3 780
60	291 894	114 054	7 636	163 620	713	146	5 725
— —	14 295	7 261	18	6 980	— —	— —	36
1	1 361	1 153	— —	— —	— —	— —	208
4	7 549	6 670	— —	686	— —	— —	193
4	22 294	7 096	— —	14 785	396	— —	17
2	3 881	3 165	— —	408	— —	— —	308
2	10 756	7 713	44	2 887	100	— —	12
1	503	503	— —	— —	— —	— —	— —
4	9 110	6 196	— —	2 684	— —	95	135
— —	1 910	1 861	28	— —	— —	— —	21
— —	7 301	1 170	1 071	5 031	— —	— —	29
4	2 436	2 100	130	95	— —	— —	111
1	39 859	6 911	1 088	31 628	— —	9	223
— —	661	444	50	164	— —	— —	3
4	5 278	2 797	30	2 359	— —	— —	92
2	6 540	6 248	206	6	32	— —	48
1	1 801	1 796	— —	4	— —	— —	1
— —	3 514	3 085	87	217	42	— —	83
— —	13 339	7 908	110	4 774	— —	42	505
— —	549	549	— —	— —	— —	— —	— —
7	23 415	8 749	1 339	13 228	— —	— —	99
— —	7 610	1 340	— —	5 796	— —	— —	474
2	4 606	1 578	— —	2 916	105	— —	7
2	16 943	5 006	350	11 410	— —	— —	177
— —	— —	— —	— —	— —	— —	— —	— —
4	2 286	2 111	71	30	— —	— —	74
— —	— —	— —	— —	— —	— —	— —	— —
1	398	270	— —	128	— —	— —	— —
3	25 816	3 507	240	21 881	38	— —	150
— —	703	661	— —	— —	— —	— —	42
— —	2 215	1 636	— —	571	— —	— —	8
— —	— —	— —	— —	— —	— —	— —	— —
9	11 304	5 369	684	5 229	— —	— —	22
2	39 616	7 303	971	28 834	— —	— —	2 508
— —	1 899	1 649	— —	250	— —	— —	— —
2	1 631	1 256	6	259	— —	— —	110
— —	4 029	2 285	1 163	548	— —	— —	33

各地区文化科技、科

地区	本年支出合计（千元）	事业支出	经营支出	对附属单位补助支出	在支出合计中：从业人员劳动报酬	职工工资总额	税金支出	社会保障费
总计	**315 722**	**312 882**	**763**	**－－**	**68 261**	**61 934**	**1 381**	**28 742**
中央	34 681	34 671	10	－－	7 389	7 389	10	5 969
地方	281 041	278 211	753	－－	60 872	54 545	1 371	22 773
北京	14 192	14 042	－－	－－	2 094	2 094	140	959
天津	1 374	1 374	－－	－－	557	557	20	507
河北	7 862	7 862	－－	－－	3 094	2 791	－－	1 707
山西	23 632	23 206	396	－－	5 186	4 144	62	1 809
内蒙古	4 435	4 435	－－	－－	1 498	1 498	－－	544
辽宁	10 756	10 656	100	－－	2 386	2 302	24	956
其中:大连	503	503	－－	－－	269	249	－－	－－
吉林	8 468	8 468	－－	－－	2 159	2 148	－－	1 438
黑龙江	1 801	1 801	－－	－－	710	710	－－	588
上海	7 017	7 017	－－	－－	1 666	854	178	380
江苏	2 314	2 314	－－	－－	988	946	－－	526
浙江	39 101	39 101	－－	－－	4 842	4 838	2	1 726
其中:宁波	566	566	－－	－－	186	186	－－	50
安徽	5 154	5 154	－－	－－	908	727	－－	733
福建	5 315	5 283	32	－－	1 625	1 604	2	825
其中:厦门	1 547	1 547	－－	－－	364	351	－－	146
江西	3 555	3 551	4	－－	1 735	1 715	10	760
山东	13 196	13 196	－－	－－	2 263	2 169	－－	1 069
其中:青岛	549	549	－－	－－	353	259	－－	118
河南	18 751	18 617	－－	－－	5 773	5 105	146	1 003
湖北	5 759	5 759	－－	－－	972	842	－－	62
湖南	4 704	4 599	105	－－	720	678	20	627
广东	13 109	13 107	2	－－	2 834	2 779	163	570
其中:深圳	－－	－－	－－	－－	－－	－－	－－	－－
广西	2 196	2 166	－－	－－	750	725	1	471
海南	－－	－－	－－	－－	－－	－－	－－	－－
重庆	398	398	－－	－－	128	116	－－	101
四川	28 966	28 966	－－	－－	3 312	1 778	－－	994
贵州	712	712	－－	－－	393	393	－－	62
云南	1 872	1 872	－－	－－	407	407	31	50
西藏	－－	－－	－－	－－	－－	－－	－－	－－
陕西	10 541	10 541	－－	－－	3 276	2 924	1	974
甘肃	38 445	36 830	114	－－	6 705	6 344	568	1 942
青海	1 907	1 907	－－	－－	931	931	－－	350
宁夏	1 632	1 400	－－	－－	850	676	3	303
新疆	3 877	3 877	－－	－－	2 110	1 750	－－	737

研 单 位 基 本 情 况(二)

修缮费	设备购置费	科研仪器设备	新产品开发费	年末固定资产原值(千元)	经费自给率(%)	劳动报酬占总支出比重(%)	当年提取修购基金(千元)	增加值(千元)	劳动生产率(元/人)	公用房屋建筑面积(千平方米)	科研房屋
2 468	**13 745**	**758**	**367**	**307 450**	**55.9**	**21.6**	**1 224**	**274 166**	**46 078**	**285**	**16**
803	1 092	- -	- -	21 527	15.1	21.3	- -	16 268	24 136	20	- -
1 665	12 653	758	367	285 923	61.0	21.6	1 224	257 898	48 881	265	16
271	341	- -	- -	4 978	49.9	14.7	213	16 906	130 036	2	- -
18	44	18	- -	214	15.1	40.5	- -	586	16 273	1	1
2	106	2	360	18 466	11.1	39.3	- -	7 214	26 231	17	2
10	1 037	199	- -	21 277	64.3	21.9	- -	24 319	47 590	26	3
13	43	- -	- -	9 011	16.1	33.7	- -	4 762	28 858	10	2
40	111	- -	- -	13 942	27.8	22.1	- -	8 192	30 452	3	- -
- -	- -	- -	- -	454	- -	53.4	- -	287	11 953	- -	- -
49	653	6	- -	7 932	34.4	25.4	- -	8 796	42 084	6	4
1	69	- -	- -	1 059	1.1	39.4	- -	752	12 963	1	- -
21	50	- -	- -	1 604	72.1	23.7	- -	1 908	24 458	- -	- -
2	40	- -	- -	1 428	8.9	42.6	4	1 131	19 166	- -	- -
531	638	- -	- -	8 682	81.4	12.3	909	9 170	25 542	12	- -
18	29	- -	- -	352	29.5	32.8	- -	200	19 980	- -	- -
- -	495	33	7	10 151	47.5	17.6	10	6 097	50 384	5	1
36	797	413	- -	5 079	1.6	30.5	- -	2 228	19 041	1	1
1	284	28	- -	1 970	0.3	23.5	- -	443	23 303	- -	- -
26	19	- -	- -	6 117	9.6	48.8	- -	3 500	17 947	6	- -
13	1 822	- -	- -	6 518	40.3	17.1	- -	16 803	108 399	6	- -
- -	- -	- -	- -	26	- -	64.2	- -	354	19 655	- -	- -
42	877	7	- -	11 314	71.5	30.7	85	21 505	41 354	36	- -
- -	- -	- -	- -	2 174	108.8	16.8	- -	6 918	78 604	7	- -
13	201	- -	- -	5 520	64.3	15.3	- -	4 418	65 930	4	1
26	1 225	- -	- -	3 513	88.3	21.6	- -	13 757	118 584	26	- -
- -	- -	- -	- -	- -	- -	- -	- -	- -	- -	- -	- -
41	152	67	- -	1 781	4.8	34.1	- -	823	9 042	2	- -
- -	- -	- -	- -	- -	- -	- -	- -	- -	- -	- -	- -
4	2	- -	- -	111	32.1	32.1	2	132	10 146	1	1
193	2 461	- -	- -	14 739	76.1	11.4	1	29 108	111 520	11	- -
2	32	- -	- -	295	5.8	55.1	- -	797	19 434	1	- -
- -	86	- -	- -	6 109	30.9	21.7	- -	3 549	95 893	2	- -
- -	- -	- -	- -	- -	- -	- -	- -	- -	- -	- -	- -
285	398	- -	- -	11 860	49.8	31.0	- -	12 183	34 807	19	- -
- -	825	- -	- -	102 679	84.8	17.4	- -	43 387	67 265	48	- -
13	17	- -	- -	2 247	13.1	48.8	- -	2 764	43 180	2	- -
13	30	13	- -	1 568	26.3	52.0	- -	1 610	20 638	2	- -
- -	82	- -	- -	5 555	14.9	54.4	- -	4 583	27 278	8	- -

各地区文化事业费列支的文化

地区	机构数(个)	从业人员(人)	职工	科研人员总数	高级职称	中级职称	初级职称	本年完成科研项目(个)	获国家奖	获省、部奖	获地、市奖
总计	**185**	**3 150**	**3 098**	**2 318**	**843**	**966**	**462**	**371**	**77**	**109**	**96**
中央	3	577	577	461	183	210	52	20	--	--	--
地方	182	2 573	2 521	1 857	660	756	410	351	77	109	96
北京	2	60	59	39	10	20	9	2	--	--	2
天津	1	36	36	29	16	9	4	6	6	--	--
河北	12	152	152	142	65	58	18	30	6	11	13
山西	13	194	194	130	42	59	27	17	2	6	9
内蒙古	6	102	102	97	20	48	27	7	2	2	1
辽宁	11	202	199	143	35	74	27	6	2	2	2
其中:大连	1	24	21	10	2	6	--	4	2	2	--
吉林	9	135	123	90	30	35	25	13	3	2	3
黑龙江	3	58	58	46	17	23	6	9	3	6	--
上海	2	78	73	47	10	26	11	3	--	--	--
江苏	10	56	56	48	28	15	5	12	2	1	9
浙江	10	299	299	133	36	45	51	17	2	--	--
其中:宁波	2	10	10	7	2	3	2	--	--	--	--
安徽	6	72	72	62	26	15	15	13	9	4	--
福建	11	109	101	85	29	36	20	5	--	2	3
其中:厦门	1	19	17	9	5	4	--	--	--	--	--
江西	17	148	148	123	45	48	30	54	14	28	11
山东	5	95	95	88	33	44	11	9	3	1	5
其中:青岛	2	18	18	16	5	8	3	9	3	1	5
河南	19	211	211	164	53	59	44	64	8	17	12
湖北	1	9	9	9	3	6	--	--	--	--	--
湖南	1	32	30	25	12	8	5	27	--	8	19
广东	7	60	56	38	10	17	11	10	3	6	1
其中:深圳	--	--	--	--	--	--	--	--	--	--	--
广西	10	91	80	64	32	21	10	7	1	3	1
海南	--	--	--	--	--	--	--	--	--	--	--
重庆	1	13	13	11	6	3	2	8	--	--	--
四川	4	91	91	59	24	26	9	11	1	3	1
贵州	4	28	28	26	8	8	7	4	4	--	--
云南	1	--	--	--	--	--	--	--	--	--	--
西藏	--	--	--	--	--	--	--	--	--	--	--
陕西	10	128	125	68	33	22	13	10	3	3	4
甘肃	1	20	19	14	6	6	2	--	--	--	--
青海	1	14	14	10	2	2	6	--	--	--	--
宁夏	2	34	34	29	13	11	5	7	3	4	--
新疆	2	46	44	38	16	12	10	--	--	--	--

科技、科研单位基本情况（一）

所办刊物（种）	本年收入合计（千元）						
		财政补助收入	上级补助收入	事业收入	经营收入	附属单位上缴收入	其他收入
49	**128 684**	**79 987**	**6 048**	**36 294**	**571**	**146**	**5 638**
- -	21 710	15 190	2 780	- -	- -	- -	3 740
49	106 974	64 797	3 268	36 294	571	146	1 898
- -	3 487	2 042	18	1 425	- -	- -	2
1	1 361	1 153	- -	- -	- -	- -	208
4	4 570	4 540	- -	- -	- -	- -	30
4	4 448	4 046	- -	- -	396	- -	6
1	2 037	1 975	- -	- -	- -	- -	62
2	6 313	6 248	44	19	- -	- -	2
1	503	503	- -	- -	- -	- -	- -
2	3 781	3 546	- -	5	- -	95	135
- -	1 910	1 861	28	- -	- -	- -	21
- -	7 301	1 170	1 071	5 031	- -	- -	29
3	2 231	2 100	30	1	- -	- -	100
1	36 180	5 365	1 088	29 527	- -	9	191
- -	661	444	50	164	- -	- -	3
3	1 352	1 230	30	- -	- -	- -	92
2	6 279	5 987	206	6	32	- -	48
1	1 801	1 796	- -	4	- -	- -	1
- -	2 290	2 179	29	- -	- -	- -	82
- -	3 152	2 627	- -	- -	- -	42	483
- -	549	549	- -	- -	- -	- -	- -
6	4 695	4 651	- -	- -	- -	- -	44
- -	144	136	- -	- -	- -	- -	8
1	1 199	1 075	- -	16	105	- -	3
2	3 019	2 559	350	- -	- -	- -	110
- -	- -	- -	- -	- -	- -	- -	- -
4	2 286	2 111	71	30	- -	- -	74
- -	- -	- -	- -	- -	- -	- -	- -
1	398	270	- -	128	- -	- -	- -
2	2 564	2 184	236	- -	38	- -	106
- -	445	403	- -	- -	- -	- -	42
- -	- -	- -	- -	- -	- -	- -	- -
- -	- -	- -	- -	- -	- -	- -	- -
7	2 637	2 504	61	61	- -	- -	11
1	476	476	- -	- -	- -	- -	- -
- -	485	485	- -	- -	- -	- -	- -
2	809	767	6	27	- -	- -	9
- -	1 125	1 107	- -	18	- -	- -	- -

各地区文化事业费列支的文化

地区	本年支出合计(千元)	事业支出	经营支出	对附属单位补助支出	在支出合计中：从业人员劳动报酬	职工工资总额	税金支出	社会保障费
总计	**134 575**	**133 846**	**535**	**－－**	**36 613**	**34 048**	**325**	**20 099**
中央	29 501	29 501	－－	－－	5 894	5 894	－－	5 389
地方	105 074	104 345	535	－－	30 719	28 154	325	14 710
北京	3 553	3 553	－－	－－	886	886	19	645
天津	1 374	1 374	－－	－－	557	557	20	507
河北	4 852	4 852	－－	－－	1 910	1 648	－－	954
山西	4 469	4 043	396	－－	1 822	1 710	62	823
内蒙古	1 953	1 953	－－	－－	979	979	－－	400
辽宁	6 313	6 313	－－	－－	2 201	2 118	－－	725
其中:大连	503	503	－－	－－	269	249	－－	－－
吉林	3 907	3 907	－－	－－	1 388	1 377	－－	1 113
黑龙江	1 801	1 801	－－	－－	710	710	－－	588
上海	7 017	7 017	－－	－－	1 666	854	178	380
江苏	2 215	2 215	－－	－－	974	932	－－	526
浙江	35 668	35 668	－－	－－	3 981	3 981	2	1 570
其中:宁波	566	566	－－	－－	186	186	－－	50
安徽	1 228	1 228	－－	－－	337	332	－－	367
福建	5 054	5 022	32	－－	1 522	1 501	2	819
其中:厦门	1 547	1 547	－－	－－	364	351	－－	146
江西	2 349	2 349	－－	－－	1 271	1 270	10	609
山东	3 326	3 326	－－	－－	1 505	1 411	－－	785
其中:青岛	549	549	－－	－－	353	259	－－	118
河南	4 511	4 377	－－	－－	2 799	2 329	－－	563
湖北	144	144	－－	－－	90	－－	－－	54
湖南	1 199	1 094	105	－－	347	305	20	491
广东	3 073	3 071	2	－－	1 068	1 061	8	327
其中:深圳	－－	－－	－－	－－	－－	－－	－－	－－
广西	2 196	2 166	－－	－－	750	725	1	471
海南	－－	－－	－－	－－	－－	－－	－－	－－
重庆	398	398	－－	－－	128	116	－－	101
四川	2 439	2 439	－－	－－	750	730	－－	635
贵州	454	454	－－	－－	265	265	－－	62
云南	－－	－－	－－	－－	－－	－－	－－	－－
西藏	－－	－－	－－	－－	－－	－－	－－	－－
陕西	2 641	2 641	－－	－－	1 300	1 146	－－	271
甘肃	476	476	－－	－－	191	191	－－	159
青海	519	519	－－	－－	192	192	－－	188
宁夏	810	810	－－	－－	486	326	3	199
新疆	1 135	1 135	－－	－－	644	502	－－	378

科技、科研单位基本情况(二)

修缮费	设备购置费		新产品开发费	年末固定资产原值(千元)	经费自给率(%)	劳动报酬占总支出比重(%)	当年提取修购基金(千元)	增加值(千元)	劳动生产率(元/人)	公用房屋建筑面积(千平方米)	
		科研仪器设备									科研房屋
2 468	**4 252**	**758**	**367**	**64 663**	**31.7**	**27.2**	**891**	**39 522**	**12 546**	**79**	**16**
803	282	– –	– –	9 837	12.6	19.9	– –	6 288	10 897	20	– –
1 665	3 970	758	367	54 826	37.0	29.2	891	33 234	12 916	59	16
271	51	– –	– –	1 073	40.1	24.9	10	948	15 797	– –	– –
18	44	18	– –	214	15.1	40.5	– –	586	16 273	1	1
2	2	2	360	3 858	0.6	39.3	– –	2 064	13 578	2	2
10	243	199	– –	4 673	9.0	40.7	– –	2 071	10 674	6	3
13	38	– –	– –	1 586	3.1	50.1	– –	1 043	10 224	3	2
40	36	– –	– –	2 067	0.3	34.8	– –	2 283	11 301	– –	– –
– –	– –	– –	– –	454	– –	53.4	– –	287	11 953	– –	– –
49	639	6	– –	4 927	6.0	35.5	– –	1 585	11 739	4	4
1	69	– –	– –	1 059	1.1	39.4	– –	752	12 963	1	– –
21	50	– –	– –	1 604	72.1	23.7	– –	1 908	24 458	– –	– –
2	38	– –	– –	1 427	4.5	43.9	– –	1 030	18 389	– –	– –
531	638	– –	– –	3 297	83.3	11.1	878	4 116	13 765	6	– –
18	29	– –	– –	352	29.5	32.8	– –	200	19 980	– –	– –
– –	344	33	7	4 574	7.4	27.4	– –	520	7 221	1	1
36	797	413	– –	4 486	1.7	30.1	– –	1 703	15 622	1	1
1	284	28	– –	1 970	0.3	23.5	– –	443	23 303	– –	– –
26	19	– –	– –	2 501	3.4	54.1	– –	1 382	9 337	3	– –
13	63	– –	– –	1 269	15.7	45.2	– –	1 555	16 366	2	– –
– –	– –	– –	– –	26	– –	64.2	– –	354	19 655	– –	– –
42	164	7	– –	1 748	1.0	62.0	– –	2 867	13 587	7	– –
– –	– –	– –	– –	– –	5.5	62.4	– –	90	9 988	– –	– –
13	25	– –	– –	1 069	10.3	28.9	– –	410	12 808	1	1
26	378	– –	– –	1 484	3.5	34.7	– –	1 136	18 930	– –	– –
– –	– –	– –	– –	– –	– –	– –	– –	– –	– –	– –	– –
41	152	67	– –	1 781	4.8	34.1	– –	823	9 042	2	– –
– –	– –	– –	– –	– –	– –	– –	– –	– –	– –	– –	– –
4	2	– –	– –	111	32.1	32.1	2	132	10 146	1	1
193	28	– –	– –	5 194	5.9	30.7	1	957	10 515	4	– –
2	32	– –	– –	295	9.2	58.3	– –	277	9 889	1	– –
– –	– –	– –	– –	– –	– –	– –	– –	– –	– –	– –	– –
– –	– –	– –	– –	– –	– –	– –	– –	– –	– –	– –	– –
285	38	– –	– –	2 744	2.7	49.2	– –	1 409	11 006	7	– –
– –	– –	– –	– –	369	– –	40.1	– –	206	10 294	6	– –
13	17	– –	– –	102	– –	36.9	– –	196	13 990	– –	– –
13	29	13	– –	828	4.4	59.9	– –	522	15 348	– –	– –
– –	34	– –	– –	486	1.5	56.7	– –	663	14 409	– –	– –

各地区其他文化产业

地区	机构数	从业人员		资本金合计		固定资产合计	固定资产原价	本年提取折旧	损			
			职工		国家资本金				主营业收入	主营业成本及费用	主营业税金及附加	主营业务利润
总计	**1 016**	**20 308**	**17 360**	**1 295 939**	**1 040 659**	**1 381 460**	**1 682 634**	**111 276**	**1 632 729**	**1 341 014**	**40 305**	**251 410**
中央	116	2 339	1 802	136 289	113 087	143 262	190 530	13 769	306 153	223 686	8 593	73 874
地方	900	17 969	15 558	1 159 650	927 572	1 238 198	1 492 104	97 507	1 326 576	1 117 328	31 712	177 536
北京	34	1 069	452	45 793	42 451	35 153	49 936	7 237	70 725	59 457	1 785	9 483
天津	56	744	567	28 532	23 933	13 829	20 702	1 442	38 614	28 694	932	8 988
河北	18	268	249	19 393	17 981	6 223	7 224	925	13 657	12 876	192	589
山西	27	287	282	4 193	2 289	2 857	4 203	196	9 632	8 595	131	906
内蒙古	1	12	12	329	329	913	913	42	364	378	18	-32
辽宁	19	512	484	17 178	12 968	24 102	23 632	1 298	41 181	33 178	300	7 703
其中:大连	8	187	184	10 382	6 172	13 681	14 849	739	35 252	28 263	153	6 836
吉林	30	377	340	8 757	7 338	8 894	12 761	654	10 248	9 028	392	828
黑龙江	11	108	105	1 629	1 026	3 635	4 349	906	7 242	7 006	51	185
上海	93	1 481	1 033	151 768	120 316	92 678	113 215	14 621	177 938	148 436	3 618	25 884
江苏	158	2 727	2 624	229 294	173 667	189 863	228 267	10 293	264 927	237 830	8 226	18 871
浙江	97	1 281	1 157	64 453	39 873	106 879	61 712	7 874	91 142	77 778	2 026	11 338
其中:宁波	15	223	210	16 576	2 587	59 941	14 231	4 287	12 313	7 672	299	4 342
安徽	19	324	300	1 661	1 311	8 206	10 069	1 417	6 908	6 000	451	457
福建	17	1 055	983	34 610	19 965	16 634	25 999	2 031	49 585	45 419	3 806	360
其中:厦门	4	115	113	1 673	500	422	3 948	879	9 569	7 904	666	999
江西	15	566	561	7 348	5 903	22 550	27 691	711	7 577	6 730	425	422
山东	41	872	809	25 833	20 932	28 572	40 317	2 686	21 750	18 032	880	2 838
其中:青岛	7	155	152	6 188	5 376	2 480	4 079	861	5 305	3 544	280	1 481
河南	15	285	263	8 249	1 685	2 072	2 396	180	3 542	2 723	152	667
湖北	34	640	526	63 467	58 160	51 276	60 235	1 770	29 683	23 165	446	6 072
湖南	20	256	238	6 827	5 959	5 055	6 043	966	7 753	6 882	100	771
广东	59	2 325	2 228	238 906	187 387	446 097	594 529	30 081	364 933	295 011	4 958	64 964
其中:深圳	14	1 165	1 165	158 087	114 687	374 509	470 174	19 191	259 239	214 215	1 592	43 432
广西	7	140	117	7 260	7 260	7 935	7 973	218	6 308	5 721	227	360
海南	--	--	--	--	--	--	--	--	--	--	--	--
重庆	30	853	811	52 146	49 278	70 288	69 374	3 770	29 537	22 007	838	6 692
四川	33	369	254	12 309	9 365	8 699	11 628	1 085	11 364	9 282	437	1 645
贵州	8	127	87	4 503	4 503	5 857	5 961	119	3 941	3 019	202	720
云南	9	263	215	31 235	31 235	16 135	23 723	895	8 876	8 395	325	156
西藏	--	--	--	--	--	--	--	--	--	--	--	--
陕西	10	344	274	29 366	29 366	32 970	43 385	973	4 820	2 642	250	1 928
甘肃	9	110	97	807	--	3 873	3 888	480	1 730	973	89	668
青海	7	158	138	1 574	775	2 725	5 900	3 332	6 608	5 191	236	1 181
宁夏	18	335	276	57 898	48 160	15 869	19 770	1 102	30 325	27 207	171	2 947
新疆	5	81	76	4 332	4 157	8 359	6 309	203	5 666	5 673	48	-55

和非文化产业基本情况

单位:个、人、千元、元/人

益及分配							其他			上交主办单位数	增加值	劳动生产率
其他业务利润	管理费用			财务费用	应交所得税	利润	从业人员劳动报酬	本年应付福利费总额	本年应交增值税			
		税金	劳动待业保险									
97 156	**327 630**	**9 273**	**22 073**	**18 063**	**23 161**	**5 226**	**177 875**	**23 278**	**31 672**	**20 309**	**739 276**	**36 403**
18 855	54 029	2 107	2 625	- 1 300	9 190	32 775	25 920	3 168	4 703	11 967	159 788	68 314
78 301	273 601	7 166	19 448	19 363	13 971	- 27 549	151 955	20 110	26 969	8 342	579 488	32 249
10 109	12 786	222	1 523	- 706	3 426	4 982	8 797	1 786	2 829	200	40 662	38 037
2 346	13 265	174	1 003	1 220	146	- 2 816	6 371	643	855	2 604	23 712	31 870
44	1 455	46	122	70	4	- 236	1 055	181	1 289	180	4 320	16 118
337	1 547	80	118	23	20	- 104	1 341	112	38	139	3 168	11 037
- -	17	2	- -	- -	- -	- 49	45	15	2	50	127	10 574
466	8 999	288	890	- 78	422	- 1 048	2 791	390	1 108	- -	13 954	27 253
149	6 240	277	884	- 75	422	375	1 986	307	1 105	- -	11 245	60 130
13	1 472	31	58	- 9	6	- 554	1 793	2	100	149	3 960	10 503
85	854	18	112	12	- -	- 543	965	34	90	165	2 465	22 821
2 514	24 412	479	1 012	- 15	3 145	2 014	16 121	1 422	3 271	1 371	67 879	45 832
6 101	32 958	338	3 047	3 191	174	- 9 386	20 954	2 947	2 003	1 911	68 697	25 191
1 849	17 424	365	1 108	3 871	441	- 8 347	13 334	1 609	1 314	243	38 343	29 931
298	4 206	12	97	3 847	67	- 2 727	2 984	186	12	7	12 241	54 889
92	1 192	16	120	305	1	- 870	2 573	194	41	- -	5 047	15 576
1 484	10 880	270	630	42	3	- 7 829	10 552	877	582	- -	19 085	18 089
13	1 624	1	46	30	3	- 661	1 572	53	18	- -	4 148	36 066
995	3 418	199	102	185	2	- 1 085	1 734	302	133	14	4 633	8 185
1 922	7 667	249	1 065	280	4	- 2 627	3 744	477	67	- -	12 386	14 203
- -	1 687	145	324	171	2	- 320	810	82	- -	- -	3 577	23 075
13	1 347	34	226	256	- -	- 915	869	134	55	24	1 994	6 996
1 301	8 654	535	1 700	371	174	- 550	4 410	414	136	157	14 827	23 166
413	1 549	6	233	- 42	- -	- 212	1 086	120	170	90	3 602	14 069
38 070	93 716	2 533	2 660	8 054	5 340	6 906	38 657	6 174	10 992	259	190 514	81 941
34 542	62 066	1 777	1 286	2 442	3 664	13 204	25 204	2 222	10 193	50	135 981	116 720
833	1 579	30	171	- 7	14	- 384	694	420	151	51	2 564	18 312
- -	- -	- -	- -	- -	- -	- -	- -	- -	- -	- -	- -	- -
5 576	14 591	261	2 570	1 375	117	- 2 086	4 387	478	337	5	21 866	25 633
1 022	1 364	126	12	300	81	928	1 806	140	172	674	6 967	18 880
2	788	- -	- -	40	2	- 158	669	63	27	- -	1 739	13 691
1 149	2 208	229	258	109	104	- 1 038	2 035	177	141	30	4 960	18 858
- -	- -	- -	- -	- -	- -	- -	- -	- -	- -	- -	- -	- -
905	3 363	238	174	106	11	- 124	1 154	315	40	8	5 496	15 976
- -	652	171	- -	12	10	- 6	100	37	42	4	1 554	14 125
61	1 045	13	- -	- 2	128	52	647	89	60	- -	5 530	34 997
598	3 506	182	514	- 41	196	- 155	2 899	499	857	14	8 770	26 178
1	893	31	20	441	- -	- 1 309	372	59	67	- -	667	8 233

各地区其他文化产业

地区	机构数	从业人员	职工	资本金合计	国家资本金	固定资产合计	固定资产原价	本年提取折旧	损			
									主营业收入	主营业成本及费用	主营业税金及附加	主营业务利润
总计	**115**	**3 339**	**2 704**	**102 000**	**64 884**	**67 942**	**78 687**	**4 731**	**151 169**	**129 983**	**6 530**	**14 656**
中央	9	99	72	9 941	9 881	6 701	7 080	229	18 519	16 357	618	1 544
地方	106	3 240	2 632	92 059	55 003	61 241	71 607	4 502	132 650	113 626	5 912	13 112
北京	8	610	114	6 719	6 267	3 924	5 525	699	18 854	15 888	607	2 359
天津	10	248	236	6 218	3 418	2 442	2 848	174	12 982	10 293	160	2 529
河北	--	--	--	--	--	--	--	--	--	--	--	--
山西	2	--	--	--	--	--	--	--	--	--	--	--
内蒙古	--	--	--	--	--	--	--	--	--	--	--	--
辽宁	2	75	75	5 000	5 000	3 737	3 130	95	2 918	2 690	79	149
其中:大连	--	--	--	--	--	--	--	--	--	--	--	--
吉林	5	180	180	1 302	1 000	720	1 290	97	4 515	4 112	136	267
黑龙江	--	--	--	--	--	--	--	--	--	--	--	--
上海	2	12	3	2 152	1 691	610	908	37	1 833	1 640	43	150
江苏	34	863	854	39 059	16 464	23 887	33 573	1 668	36 141	29 267	1 178	5 696
浙江	15	279	236	14 913	11 863	14 580	6 025	343	18 312	16 188	326	1 798
其中:宁波	--	--	--	--	--	--	--	--	--	--	--	--
安徽	--	--	--	--	--	--	--	--	--	--	--	--
福建	2	494	487	9 040	5 369	2 273	5 552	97	14 054	12 994	2 854	-1 794
其中:厦门	--	--	--	--	--	--	--	--	--	--	--	--
江西	--	--	--	--	--	--	--	--	--	--	--	--
山东	6	166	165	2 960	1 974	4 167	5 624	497	9 460	8 917	313	230
其中:青岛	--	--	--	--	--	--	--	--	--	--	--	--
河南	--	--	--	--	--	--	--	--	--	--	--	--
湖北	5	77	71	1 857	1 457	1 473	2 323	26	1 220	1 049	66	105
湖南	4	80	70	613	300	1 297	1 388	36	3 918	3 652	9	257
广东	3	53	45	980	200	780	830	22	1 773	1 636	38	99
其中:深圳	--	--	--	--	--	--	--	--	--	--	--	--
广西	--	--	--	--	--	--	--	--	--	--	--	--
海南	--	--	--	--	--	--	--	--	--	--	--	--
重庆	3	31	29	500	--	266	940	676	1 954	1 316	25	613
四川	3	54	51	516	--	850	1 538	--	3 488	3 324	33	131
贵州	--	--	--	--	--	--	--	--	--	--	--	--
云南	--	--	--	--	--	--	--	--	--	--	--	--
西藏	--	--	--	--	--	--	--	--	--	--	--	--
陕西	--	--	--	--	--	--	--	--	--	--	--	--
甘肃	--	--	--	--	--	--	--	--	--	--	--	--
青海	2	18	16	230	--	235	113	35	1 228	660	45	523
宁夏	--	--	--	--	--	--	--	--	--	--	--	--
新疆	--	--	--	--	--	--	--	--	--	--	--	--

和非文化产业基本情况（第二产业）

单位：个、人、千元、元/人

益及分配							其他			上交主办单位数	增加值	劳动生产率
其他业务利润	管理费用	税金	劳动待业保险	财务费用	应交所得税	利润	从业人员劳动报酬	本年应付福利费总额	本年应交增值税			
2 177	**25 478**	**351**	**2 534**	**1 687**	**586**	**-11 229**	**25 885**	**2 815**	**1 785**	**862**	**56 977**	**17 064**
12	2 092	42	- -	-12	- -	-535	525	46	10	60	3 040	30 703
2 165	23 386	309	2 534	1 699	586	-10 694	25 360	2 769	1 775	802	53 937	16 647
- -	2 737	26	- -	-15	60	-453	4 686	579	40	200	8 617	14 125
17	2 671	15	139	784	32	-940	2 664	209	548	11	6 118	24 668
- -	- -	- -	- -	- -	- -	- -	- -	- -	- -	- -	- -	- -
- -	- -	- -	- -	- -	- -	- -	- -	- -	- -	- -	- -	- -
- -	- -	- -	- -	- -	- -	- -	- -	- -	- -	- -	- -	- -
44	1 261	11	6	-2	- -	-1 069	527	42	- -	- -	905	12 065
- -	- -	- -	- -	- -	- -	- -	- -	- -	- -	- -	- -	- -
- -	277	4	20	- -	- -	-8	464	46	45	1	1 014	5 633
- -	- -	- -	- -	- -	- -	- -	- -	- -	- -	- -	- -	- -
137	278	- -	12	-1	- -	10	263	10	- -	- -	630	52 456
930	8 296	99	1 631	560	131	-2 186	6 878	857	577	450	17 476	20 250
695	3 357	61	452	6	132	-1 690	2 786	396	549	20	6 578	23 576
- -	- -	- -	- -	- -	- -	- -	- -	- -	- -	- -	- -	- -
- -	- -	- -	- -	- -	- -	- -	- -	- -	- -	- -	- -	- -
259	2 530	29	97	184	- -	-4 174	4 218	331	-477	- -	5 186	10 497
- -	- -	- -	- -	- -	- -	- -	- -	- -	- -	- -	- -	- -
- -	- -	- -	- -	- -	- -	- -	- -	- -	- -	- -	- -	- -
97	957	13	158	-9	1	-493	540	66	12	- -	1 702	10 252
- -	- -	- -	- -	- -	- -	- -	- -	- -	- -	- -	- -	- -
- -	- -	- -	- -	- -	- -	- -	- -	- -	- -	- -	- -	- -
- -	65	- -	- -	11	- -	29	161	15	- -	56	414	5 375
-14	291	- -	- -	17	- -	-66	107	2	54	50	499	6 236
- -	103	38	19	45	13	-62	1 274	141	- -	14	1 485	28 013
- -	- -	- -	- -	- -	- -	- -	- -	- -	- -	- -	- -	- -
- -	- -	- -	- -	- -	- -	- -	- -	- -	- -	- -	- -	- -
- -	- -	- -	- -	- -	- -	- -	- -	- -	- -	- -	- -	- -
- -	304	- -	- -	13	98	198	333	29	279	- -	1 926	62 108
- -	114	- -	- -	101	- -	-44	308	43	148	- -	620	11 479
- -	- -	- -	- -	- -	- -	- -	- -	- -	- -	- -	- -	- -
- -	- -	- -	- -	- -	- -	- -	- -	- -	- -	- -	- -	- -
- -	- -	- -	- -	- -	- -	- -	- -	- -	- -	- -	- -	- -
- -	- -	- -	- -	- -	- -	- -	- -	- -	- -	- -	- -	- -
- -	- -	- -	- -	- -	- -	- -	- -	- -	- -	- -	- -	- -
- -	145	13	- -	5	119	254	151	3	- -	- -	767	42 587
- -	- -	- -	- -	- -	- -	- -	- -	- -	- -	- -	- -	- -
- -	- -	- -	- -	- -	- -	- -	- -	- -	- -	- -	- -	- -

各地区其他文化产业

地区	机构数	从业人员	职工	资本金合计	国家资本金	固定资产合计	固定资产原价	本年提取折旧	损			
									主营收入	主营营业成本及费用	主营营业税金及附加	主营业务利润
总计	**901**	**16 969**	**14 656**	**1 193 939**	**975 775**	**1 313 518**	**1 603 947**	**106 545**	**1 481 560**	**1 211 031**	**33 775**	**236 754**
中央	107	2 240	1 730	126 348	103 206	136 561	183 450	13 540	287 634	207 329	7 975	72 330
地方	794	14 729	12 926	1 067 591	872 569	1 176 957	1 420 497	93 005	1 193 926	1 003 702	25 800	164 424
北京	26	459	338	39 074	36 184	31 229	44 411	6 538	51 871	43 569	1 178	7 124
天津	46	496	331	22 314	20 515	11 387	17 854	1 268	25 632	18 401	772	6 459
河北	18	268	249	19 393	17 981	6 223	7 224	925	13 657	12 876	192	589
山西	25	287	282	4 193	2 289	2 857	4 203	196	9 632	8 595	131	906
内蒙古	1	12	12	329	329	913	913	42	364	378	18	-32
辽宁	17	437	409	12 178	7 968	20 365	20 502	1 203	38 263	30 488	221	7 554
其中:大连	8	187	184	10 382	6 172	13 681	14 849	739	35 252	28 263	153	6 836
吉林	25	197	160	7 455	6 338	8 174	11 471	557	5 733	4 916	256	561
黑龙江	11	108	105	1 629	1 026	3 635	4 349	906	7 242	7 006	51	185
上海	91	1 469	1 030	149 616	118 625	92 068	112 307	14 584	176 105	146 796	3 575	25 734
江苏	124	1 864	1 770	190 235	157 203	165 976	194 694	8 625	228 786	208 563	7 048	13 175
浙江	82	1 002	921	49 540	28 010	92 299	55 687	7 531	72 830	61 590	1 700	9 540
其中:宁波	15	223	210	16 576	2 587	59 941	14 231	4 287	12 313	7 672	299	4 342
安徽	19	324	300	1 661	1 311	8 206	10 069	1 417	6 908	6 000	451	457
福建	15	561	496	25 570	14 596	14 361	20 447	1 934	35 531	32 425	952	2 154
其中:厦门	4	115	113	1 673	500	422	3 948	879	9 569	7 904	666	999
江西	15	566	561	7 348	5 903	22 550	27 691	711	7 577	6 730	425	422
山东	35	706	644	22 873	18 958	24 405	34 693	2 189	12 290	9 115	567	2 608
其中:青岛	7	155	152	6 188	5 376	2 480	4 079	861	5 305	3 544	280	1 481
河南	15	285	263	8 249	1 685	2 072	2 396	180	3 542	2 723	152	667
湖北	29	563	455	61 610	56 703	49 803	57 912	1 744	28 463	22 116	380	5 967
湖南	16	176	168	6 214	5 659	3 758	4 655	930	3 835	3 230	91	514
广东	56	2 272	2 183	237 926	187 187	445 317	593 699	30 059	363 160	293 375	4 920	64 865
其中:深圳	14	1 165	1 165	158 087	114 687	374 509	470 174	19 191	259 239	214 215	1 592	43 432
广西	7	140	117	7 260	7 260	7 935	7 973	218	6 308	5 721	227	360
海南	--	--	--	--	--	--	--	--	--	--	--	--
重庆	27	822	782	51 646	49 278	70 022	68 434	3 094	27 583	20 691	813	6 079
四川	30	315	203	11 793	9 365	7 849	10 090	1 085	7 876	5 958	404	1 514
贵州	8	127	87	4 503	4 503	5 857	5 961	119	3 941	3 019	202	720
云南	9	263	215	31 235	31 235	16 135	23 723	895	8 876	8 395	325	156
西藏	--	--	--	--	--	--	--	--	--	--	--	--
陕西	10	344	274	29 366	29 366	32 970	43 385	973	4 820	2 642	250	1 928
甘肃	9	110	97	807	--	3 873	3 888	480	1 730	973	89	668
青海	5	140	122	1 344	775	2 490	5 787	3 297	5 380	4 531	191	658
宁夏	18	335	276	57 898	48 160	15 869	19 770	1 102	30 325	27 207	171	2 947
新疆	5	81	76	4 332	4 157	8 359	6 309	203	5 666	5 673	48	-55

和非文化产业基本情况（第三产业）

单位：个、人、千元、元/人

益及分配							其他			上交主办单位数	增加值	劳动生产率
其他业务利润	管理费用	管理费用：税金	管理费用：劳动待业保险	财务费用	应交所得税	利润	从业人员劳动报酬	本年应付福利费总额	本年应交增值税			
94 979	**302 152**	**8 922**	**19 539**	**16 376**	**22 575**	**16 455**	**151 990**	**20 463**	**29 887**	**19 447**	**682 299**	**40 208**
18 843	51 937	2 065	2 625	-1 288	9 190	33 310	25 395	3 122	4 693	11 907	156 748	69 976
76 136	250 215	6 857	16 914	17 664	13 385	-16 855	126 595	17 341	25 194	7 540	525 551	35 681
10 109	10 049	196	1 523	- 691	3 366	5 435	4 111	1 207	2 789	- -	32 045	69 813
2 329	10 594	159	864	436	114	-1 876	3 707	434	307	2 593	17 594	35 471
44	1 455	46	122	70	4	- 236	1 055	181	1 289	180	4 320	16 118
337	1 547	80	118	23	20	- 104	1 341	112	38	139	3 168	11 037
- -	17	2	- -	- -	- -	-49	45	15	2	50	127	10 574
422	7 738	277	884	-76	422	21	2 264	348	1 108	- -	13 049	29 859
149	6 240	277	884	-75	422	375	1 986	307	1 105	- -	11 245	60 130
13	1 195	27	38	-9	6	- 546	1 329	-44	55	148	2 946	14 953
85	854	18	112	12	- -	- 543	965	34	90	165	2 465	22 821
2 377	24 134	479	1 000	-14	3 145	2 004	15 858	1 412	3 271	1 371	67 249	45 778
5 171	24 662	239	1 416	2 631	43	-7 200	14 076	2 090	1 426	1 461	51 221	27 478
1 154	14 067	304	656	3 865	309	-6 657	10 548	1 213	765	223	31 765	31 701
298	4 206	12	97	3 847	67	-2 727	2 984	186	12	7	12 241	54 889
92	1 192	16	120	305	1	- 870	2 573	194	41	- -	5 047	15 576
1 225	8 350	241	533	- 142	3	-3 655	6 334	546	1 059	- -	13 899	24 774
13	1 624	1	46	30	3	- 661	1 572	53	18	- -	4 148	36 066
995	3 418	199	102	185	2	-1 085	1 734	302	133	14	4 633	8 185
1 825	6 710	236	907	289	3	-2 134	3 204	411	55	- -	10 684	15 132
- -	1 687	145	324	171	2	- 320	810	82	- -	- -	3 577	23 075
13	1 347	34	226	256	- -	- 915	869	134	55	24	1 994	6 996
1 301	8 589	535	1 700	360	174	- 579	4 249	399	136	101	14 413	25 599
427	1 258	6	233	-59	- -	- 146	979	118	116	40	3 103	17 629
38 070	93 613	2 495	2 641	8 009	5 327	6 968	37 383	6 033	10 992	245	189 029	83 199
34 542	62 066	1 777	1 286	2 442	3 664	13 204	25 204	2 222	10 193	50	135 981	116 720
833	1 579	30	171	-7	14	- 384	694	420	151	51	2 564	18 312
- -	- -	- -	- -	- -	- -	- -	- -	- -	- -	- -	- -	- -
5 576	14 287	261	2 570	1 362	19	-2 284	4 054	449	58	5	19 940	24 257
1 022	1 250	126	12	199	81	972	1 498	97	24	674	6 347	20 148
2	788	- -	- -	40	2	- 158	669	63	27	- -	1 739	13 691
1 149	2 208	229	258	109	104	-1 038	2 035	177	141	30	4 960	18 858
- -	- -	- -	- -	- -	- -	- -	- -	- -	- -	- -	- -	- -
905	3 363	238	174	106	11	- 124	1 154	315	40	8	5 496	15 976
- -	652	171	- -	12	10	-6	100	37	42	4	1 554	14 125
61	900	- -	- -	-7	9	- 202	496	86	60	- -	4 763	34 018
598	3 506	182	514	-41	196	- 155	2 899	499	857	14	8 770	26 178
1	893	31	20	441	- -	-1 309	372	59	67	- -	667	8 233

各地区文化部门附营非

地区	机构数	从业人员		资本金合计		固定资产合计	固定资产原价	本年提取折旧	损			
			职工		国家资本金				主营业收入	主营营业成本及费用	主营营业税金及附加	主营业务利润
总计	**312**	**3 649**	**3 100**	**207 752**	**167 716**	**164 560**	**230 962**	**23 245**	**319 643**	**252 747**	**12 978**	**53 918**
中央	21	355	264	25 280	19 268	37 757	54 143	3 786	88 375	59 686	2 389	26 300
地方	291	3 294	2 836	182 472	148 448	126 803	176 819	19 459	231 268	193 061	10 589	27 618
北京	--	--	--	--	--	--	--	--	--	--	--	--
天津	36	395	309	14 835	11 430	6 373	8 615	631	21 544	16 511	606	4 427
河北	5	68	60	15 100	15 100	1 433	1 514	406	12 411	11 474	116	821
山西	20	239	234	3 227	1 987	2 236	3 198	178	3 847	3 278	79	490
内蒙古	1	12	12	329	329	913	913	42	364	378	18	-32
辽宁	--	--	--	--	--	--	--	--	--	--	--	--
其中:大连	--	--	--	--	--	--	--	--	--	--	--	--
吉林	12	41	38	2 518	1 461	1 329	2 484	202	768	662	47	59
黑龙江	7	70	67	1 244	641	2 097	3 573	906	6 225	5 714	20	491
上海	47	713	575	36 253	28 731	11 954	20 113	5 947	55 747	45 925	2 226	7 596
江苏	63	790	735	50 841	39 713	47 703	69 323	3 597	65 103	57 928	5 633	1 542
浙江	55	462	434	23 734	16 400	11 654	16 147	2 025	41 122	36 688	836	3 598
其中:宁波	3	62	60	1 547	100	4 886	4 886	144	1 655	687	122	846
安徽	8	87	71	714	714	808	768	36	1 363	931	59	373
福建	1	--	--	--	--	--	--	--	--	--	--	--
其中:厦门	--	--	--	--	--	--	--	--	--	--	--	--
江西	--	--	--	--	--	--	--	--	--	--	--	--
山东	--	--	--	--	--	--	--	--	--	--	--	--
其中:青岛	--	--	--	--	--	--	--	--	--	--	--	--
河南	--	--	--	--	--	--	--	--	--	--	--	--
湖北	1	20	18	174	174	29	73	3	904	763	23	118
湖南	8	36	36	543	520	279	401	43	842	811	48	-17
广东	5	59	59	21 163	21 163	31 929	36 680	1 337	8 809	1 493	454	6 862
其中:深圳	1	16	16	18 972	18 972	30 514	34 917	1 239	7 053	256	367	6 430
广西	--	--	--	--	--	--	--	--	--	--	--	--
海南	--	--	--	--	--	--	--	--	--	--	--	--
重庆	--	--	--	--	--	--	--	--	--	--	--	--
四川	10	99	40	5 629	5 036	4 306	4 777	669	2 787	2 457	130	200
贵州	--	--	--	--	--	--	--	--	--	--	--	--
云南	1	32	5	4 111	4 111	872	2 054	155	2 909	2 455	93	361
西藏	--	--	--	--	--	--	--	--	--	--	--	--
陕西	--	--	--	--	--	--	--	--	--	--	--	--
甘肃	--	--	--	--	--	--	--	--	--	--	--	--
青海	5	141	121	938	369	2 488	5 786	3 263	5 488	4 585	196	707
宁夏	5	25	19	819	269	90	90	4	1 005	1 008	4	-7
新疆	1	5	3	300	300	310	310	15	30	--	1	29

文化产业单位基本情况

单位:个、人、千元、元/人

益及分配							其他			上交主办单位数	增加值	劳动生产率
其他业务利润	管理费用	税金	劳动待业保险	财务费用	应交所得税	利润	从业人员劳动报酬	本年应付福利费总额	本年应交增值税			
4 634	**52 648**	**977**	**1 095**	**352**	**6 751**	**827**	**28 585**	**2 895**	**5 923**	**3 199**	**133 459**	**36 574**
361	9 776	68	40	- 614	5 815	12 566	4 916	1 081	1 430	164	39 414	111 022
4 273	42 872	909	1 055	966	936	- 11 739	23 669	1 814	4 493	3 035	94 045	28 550
- -	- -	- -	- -	- -	- -	- -	- -	- -	- -	- -	- -	- -
216	6 277	6	61	684	101	- 2 433	2 942	262	594	737	10 159	25 718
39	825	2	- -	43	- -	169	236	28	1 264	180	3 064	45 052
337	976	40	82	19	15	33	1 068	83	38	39	2 269	9 493
- -	17	2	- -	- -	- -	- 49	45	15	2	50	127	10 574
- -	- -	- -	- -	- -	- -	- -	- -	- -	- -	- -	- -	- -
- -	- -	- -	- -	- -	- -	- -	- -	- -	- -	- -	- -	- -
5	237	- -	- -	- 4	4	- 173	105	14	18	55	491	11 972
85	361	10	35	- -	- -	248	577	30	68	165	2 322	33 166
1 084	11 134	258	290	2	70	- 1 606	6 389	409	631	492	24 623	34 533
2 003	9 635	120	523	- 178	124	- 5 458	5 401	395	1 047	1 119	20 462	25 900
404	7 145	146	49	- 47	167	- 4 037	4 538	277	663	45	12 255	26 525
44	1 859	11	- -	- 14	19	- 1 126	543	- -	7	- -	1 717	27 689
- -	460	- -	4	- 1	1	- 87	160	17	26	- -	654	7 516
- -	- -	- -	- -	- -	- -	- -	- -	- -	- -	- -	- -	- -
- -	- -	- -	- -	- -	- -	- -	- -	- -	- -	- -	- -	- -
- -	- -	- -	- -	- -	- -	- -	- -	- -	- -	- -	- -	- -
- -	- -	- -	- -	- -	- -	- -	- -	- -	- -	- -	- -	- -
- -	- -	- -	- -	- -	- -	- -	- -	- -	- -	- -	- -	- -
- -	- -	- -	- -	- -	- -	- -	- -	- -	- -	- -	- -	- -
- -	148	- -	1	43	- -	- 48	94	10	- -	1	239	11 944
- -	163	- -	- -	- -	- -	- 180	73	47	6	40	193	5 359
4	3 629	235	3	359	444	2 411	770	34	8	- -	9 670	163 870
- -	3 114	189	1	361	439	2 489	632	20	7	- -	8 864	553 653
- -	- -	- -	- -	- -	- -	- -	- -	- -	- -	- -	- -	- -
- -	- -	- -	- -	- -	- -	- -	- -	- -	- -	- -	- -	- -
- -	- -	- -	- -	- -	- -	- -	- -	- -	- -	- -	- -	- -
62	397	77	- -	1	1	- 138	490	52	20	80	1 728	17 452
- -	- -	- -	- -	- -	- -	- -	- -	- -	- -	- -	- -	- -
- -	477	1	7	49	- -	- 157	293	19	48	30	981	30 646
- -	- -	- -	- -	- -	- -	- -	- -	- -	- -	- -	- -	- -
- -	- -	- -	- -	- -	- -	- -	- -	- -	- -	- -	- -	- -
- -	- -	- -	- -	- -	- -	- -	- -	- -	- -	- -	- -	- -
- 15	888	12	- -	- 5	9	- 205	470	82	60	- -	4 693	33 281
49	55	- -	- -	1	- -	- 10	- -	38	- -	2	52	2 079
- -	48	- -	- -	- -	- -	- 19	18	2	- -	- -	63	12 574

各地区文化部门附营非

地区	机构数	从业人员		资本金合计		固定资产合计	固定资产原价	本年提取折旧	损			
			职工		国家资本金				主营业收入	主营业成本及费用	主营业税金及附加	主营业务利润
总计	**35**	**376**	**359**	**21 720**	**17 245**	**4 450**	**7 601**	**518**	**21 029**	**18 060**	**394**	**2 575**
中央	1	－－	－－	10	10	－－	－－	－－	－－	－－	－－	－－
地方	34	376	359	21 710	17 235	4 450	7 601	518	21 029	18 060	394	2 575
北京	－－	－－	－－	－－	－－	－－	－－	－－	－－	－－	－－	－－
天津	7	194	186	4 030	1 530	1 006	1 228	93	8 668	7 084	93	1 491
河北	－－	－－	－－	－－	－－	－－	－－	－－	－－	－－	－－	－－
山西	－－	－－	－－	－－	－－	－－	－－	－－	－－	－－	－－	－－
内蒙古	－－	－－	－－	－－	－－	－－	－－	－－	－－	－－	－－	－－
辽宁	－－	－－	－－	－－	－－	－－	－－	－－	－－	－－	－－	－－
其中:大连	－－	－－	－－	－－	－－	－－	－－	－－	－－	－－	－－	－－
吉林	1	2	2	－－	－－	－－	－－	－－	－－	－－	－－	－－
黑龙江	－－	－－	－－	－－	－－	－－	－－	－－	－－	－－	－－	－－
上海	1	5	3	1 152	691	605	903	37	1 133	1 136	－－	－3
江苏	12	95	90	8 255	7 304	1 893	3 428	266	6 917	5 937	195	785
浙江	10	68	68	7 960	7 410	711	1 681	110	4 092	3 777	97	218
其中:宁波	－－	－－	－－	－－	－－	－－	－－	－－	－－	－－	－－	－－
安徽	－－	－－	－－	－－	－－	－－	－－	－－	－－	－－	－－	－－
福建	－－	－－	－－	－－	－－	－－	－－	－－	－－	－－	－－	－－
其中:厦门	－－	－－	－－	－－	－－	－－	－－	－－	－－	－－	－－	－－
江西	－－	－－	－－	－－	－－	－－	－－	－－	－－	－－	－－	－－
山东	－－	－－	－－	－－	－－	－－	－－	－－	－－	－－	－－	－－
其中:青岛	－－	－－	－－	－－	－－	－－	－－	－－	－－	－－	－－	－－
河南	－－	－－	－－	－－	－－	－－	－－	－－	－－	－－	－－	－－
湖北	－－	－－	－－	－－	－－	－－	－－	－－	－－	－－	－－	－－
湖南	2	6	6	313	300	235	326	12	111	72	4	35
广东	－－	－－	－－	－－	－－	－－	－－	－－	－－	－－	－－	－－
其中:深圳	－－	－－	－－	－－	－－	－－	－－	－－	－－	－－	－－	－－
广西	－－	－－	－－	－－	－－	－－	－－	－－	－－	－－	－－	－－
海南	－－	－－	－－	－－	－－	－－	－－	－－	－－	－－	－－	－－
重庆	－－	－－	－－	－－	－－	－－	－－	－－	－－	－－	－－	－－
四川	－－	－－	－－	－－	－－	－－	－－	－－	－－	－－	－－	－－
贵州	－－	－－	－－	－－	－－	－－	－－	－－	－－	－－	－－	－－
云南	－－	－－	－－	－－	－－	－－	－－	－－	－－	－－	－－	－－
西藏	－－	－－	－－	－－	－－	－－	－－	－－	－－	－－	－－	－－
陕西	－－	－－	－－	－－	－－	－－	－－	－－	－－	－－	－－	－－
甘肃	－－	－－	－－	－－	－－	－－	－－	－－	－－	－－	－－	－－
青海	1	6	4	－－	－－	－－	35	－－	108	54	5	49
宁夏	－－	－－	－－	－－	－－	－－	－－	－－	－－	－－	－－	－－
新疆	－－	－－	－－	－－	－－	－－	－－	－－	－－	－－	－－	－－

文化产业单位基本情况（第二产业）

单位：个、人、千元、元/人

益及分配							其他			上交主办单位数	增加值	劳动生产率
其他业务利润	管理费用	税金	劳动待业保险	财务费用	应交所得税	利润	从业人员劳动报酬	本年应付福利费总额	本年应交增值税			
429	**4 795**	**49**	**394**	**772**	**63**	**-3 110**	**3 263**	**312**	**673**	**411**	**8 312**	**22 105**
--	--	--	--	--	--	--	--	--	--	--	--	--
429	4 795	49	394	772	63	-3 110	3 263	312	673	411	8 312	22 105
--	--	--	--	--	--	--	--	--	--	--	--	--
--	1 678	--	60	786	5	-978	1 585	116	362	1	3 625	18 684
--	--	--	--	--	--	--	--	--	--	--	--	--
--	--	--	--	--	--	--	--	--	--	--	--	--
--	--	--	--	--	--	--	--	--	--	--	--	--
--	--	--	--	--	--	--	--	--	--	--	--	--
--	--	--	--	--	--	--	--	--	--	--	--	--
--	--	--	--	--	--	--	--	--	--	--	--	--
--	--	--	--	--	--	--	--	--	--	--	--	--
137	126	--	--	-1	--	9	143	--	--	--	314	62 674
9	1 687	12	288	-9	16	-882	854	88	145	410	2 676	28 165
283	1 234	25	46	-4	42	-1 273	654	106	166	--	1 553	22 834
--	--	--	--	--	--	--	--	--	--	--	--	--
--	--	--	--	--	--	--	--	--	--	--	--	--
--	--	--	--	--	--	--	--	--	--	--	--	--
--	--	--	--	--	--	--	--	--	--	--	--	--
--	--	--	--	--	--	--	--	--	--	--	--	--
--	--	--	--	--	--	--	--	--	--	--	--	--
--	--	--	--	--	--	--	--	--	--	--	--	--
--	--	--	--	--	--	--	--	--	--	--	--	--
--	--	--	--	--	--	--	--	--	--	--	--	--
--	33	--	--	--	--	2	27	2	--	--	78	12 978
--	--	--	--	--	--	--	--	--	--	--	--	--
--	--	--	--	--	--	--	--	--	--	--	--	--
--	--	--	--	--	--	--	--	--	--	--	--	--
--	--	--	--	--	--	--	--	--	--	--	--	--
--	--	--	--	--	--	--	--	--	--	--	--	--
--	--	--	--	--	--	--	--	--	--	--	--	--
--	--	--	--	--	--	--	--	--	--	--	--	--
--	--	--	--	--	--	--	--	--	--	--	--	--
--	--	--	--	--	--	--	--	--	--	--	--	--
--	--	--	--	--	--	--	--	--	--	--	--	--
--	--	--	--	--	--	--	--	--	--	--	--	--
--	37	12	--	--	--	12	--	--	--	--	66	10 981
--	--	--	--	--	--	--	--	--	--	--	--	--
--	--	--	--	--	--	--	--	--	--	--	--	--

各地区文化部门附营非

地区	机构数	从业人员		资本金合计		固定资产合计	固定资产原价	本年提取折旧	损			
			职工		国家资本金				主营业收入	主营营业成本及费用	主营营业税金及附加	主业务利润
总计	**277**	**3 273**	**2 741**	**186 032**	**150 471**	**160 110**	**223 361**	**22 727**	**298 614**	**234 687**	**12 584**	**51 343**
中央	20	355	264	25 270	19 258	37 757	54 143	3 786	88 375	59 686	2 389	26 300
地方	257	2 918	2 477	160 762	131 213	122 353	169 218	18 941	210 239	175 001	10 195	25 043
北京	– –	– –	– –	– –	– –	– –	– –	– –	– –	– –	– –	– –
天津	29	201	123	10 805	9 900	5 367	7 387	538	12 876	9 427	513	2 936
河北	5	68	60	15 100	15 100	1 433	1 514	406	12 411	11 474	116	821
山西	20	239	234	3 227	1 987	2 236	3 198	178	3 847	3 278	79	490
内蒙古	1	12	12	329	329	913	913	42	364	378	18	-32
辽宁	– –	– –	– –	– –	– –	– –	– –	– –	– –	– –	– –	– –
其中:大连	– –	– –	– –	– –	– –	– –	– –	– –	– –	– –	– –	– –
吉林	11	39	36	2 518	1 461	1 329	2 484	202	768	662	47	59
黑龙江	7	70	67	1 244	641	2 097	3 573	906	6 225	5 714	20	491
上海	46	708	572	35 101	28 040	11 349	19 210	5 910	54 614	44 789	2 226	7 599
江苏	51	695	645	42 586	32 409	45 810	65 895	3 331	58 186	51 991	5 438	757
浙江	45	394	366	15 774	8 990	10 943	14 466	1 915	37 030	32 911	739	3 380
其中:宁波	3	62	60	1 547	100	4 886	4 886	144	1 655	687	122	846
安徽	8	87	71	714	714	808	768	36	1 363	931	59	373
福建	1	– –	– –	– –	– –	– –	– –	– –	– –	– –	– –	– –
其中:厦门	– –	– –	– –	– –	– –	– –	– –	– –	– –	– –	– –	– –
江西	– –	– –	– –	– –	– –	– –	– –	– –	– –	– –	– –	– –
山东	– –	– –	– –	– –	– –	– –	– –	– –	– –	– –	– –	– –
其中:青岛	– –	– –	– –	– –	– –	– –	– –	– –	– –	– –	– –	– –
河南	– –	– –	– –	– –	– –	– –	– –	– –	– –	– –	– –	– –
湖北	1	20	18	174	174	29	73	3	904	763	23	118
湖南	6	30	30	230	220	44	75	31	731	739	44	-52
广东	5	59	59	21 163	21 163	31 929	36 680	1 337	8 809	1 493	454	6 862
其中:深圳	1	16	16	18 972	18 972	30 514	34 917	1 239	7 053	256	367	6 430
广西	– –	– –	– –	– –	– –	– –	– –	– –	– –	– –	– –	– –
海南	– –	– –	– –	– –	– –	– –	– –	– –	– –	– –	– –	– –
重庆	– –	– –	– –	– –	– –	– –	– –	– –	– –	– –	– –	– –
四川	10	99	40	5 629	5 036	4 306	4 777	669	2 787	2 457	130	200
贵州	– –	– –	– –	– –	– –	– –	– –	– –	– –	– –	– –	– –
云南	1	32	5	4 111	4 111	872	2 054	155	2 909	2 455	93	361
西藏	– –	– –	– –	– –	– –	– –	– –	– –	– –	– –	– –	– –
陕西	– –	– –	– –	– –	– –	– –	– –	– –	– –	– –	– –	– –
甘肃	– –	– –	– –	– –	– –	– –	– –	– –	– –	– –	– –	– –
青海	4	135	117	938	369	2 488	5 751	3 263	5 380	4 531	191	658
宁夏	5	25	19	819	269	90	90	4	1 005	1 008	4	-7
新疆	1	5	3	300	300	310	310	15	30	– –	1	29

文化产业单位基本情况（第三产业）

单位：个、人、千元、元/人

益及分配							其他			上交主办单位数	增加值	劳动生产率
其他业务利润	管理费用	管理费用：税金	管理费用：劳动待业保险	财务费用	应交所得税	利润	从业人员劳动报酬	本年应付福利费总额	本年应交增值税			
4 205	**47 853**	**928**	**701**	**－420**	**6 688**	**3 937**	**25 322**	**2 583**	**5 250**	**2 788**	**125 147**	**38 236**
361	9 776	68	40	－614	5 815	12 566	4 916	1 081	1 430	164	39 414	111 022
3 844	38 077	860	661	194	873	－8 629	20 406	1 502	3 820	2 624	85 733	29 380
－－	－－	－－	－－	－－	－－	－－	－－	－－	－－	－－	－－	－－
216	4 599	6	1	－102	96	－1 455	1 357	146	232	736	6 534	32 505
39	825	2	－－	43	－－	169	236	28	1 264	180	3 064	45 052
337	976	40	82	19	15	33	1 068	83	38	39	2 269	9 493
－－	17	2	－－	－－	－－	－49	45	15	2	50	127	10 574
－－	－－	－－	－－	－－	－－	－－	－－	－－	－－	－－	－－	－－
－－	－－	－－	－－	－－	－－	－－	－－	－－	－－	－－	－－	－－
5	237	－－	－－	－4	4	－173	105	14	18	55	491	12 586
85	361	10	35	－－	－－	248	577	30	68	165	2 322	33 166
947	11 008	258	290	3	70	－1 615	6 246	409	631	492	24 309	34 334
1 994	7 948	108	235	－169	108	－4 576	4 547	307	902	709	17 786	25 590
121	5 911	121	3	－43	125	－2 764	3 884	171	497	45	10 702	27 161
44	1 859	11	－－	－14	19	－1 126	543	－－	7	－－	1 717	27 689
－－	460	－－	4	－1	1	－87	160	17	26	－－	654	7 516
－－	－－	－－	－－	－－	－－	－－	－－	－－	－－	－－	－－	－－
－－	－－	－－	－－	－－	－－	－－	－－	－－	－－	－－	－－	－－
－－	－－	－－	－－	－－	－－	－－	－－	－－	－－	－－	－－	－－
－－	－－	－－	－－	－－	－－	－－	－－	－－	－－	－－	－－	－－
－－	－－	－－	－－	－－	－－	－－	－－	－－	－－	－－	－－	－－
－－	－－	－－	－－	－－	－－	－－	－－	－－	－－	－－	－－	－－
－－	148	－－	1	43	－－	－48	94	10	－－	1	239	11 944
－－	130	－－	－－	－－	－－	－182	46	45	6	40	115	3 832
4	3 629	235	3	359	444	2 411	770	34	8	－－	9 670	163 870
－－	3 114	189	1	361	439	2 489	632	20	7	－－	8 864	553 653
－－	－－	－－	－－	－－	－－	－－	－－	－－	－－	－－	－－	－－
－－	－－	－－	－－	－－	－－	－－	－－	－－	－－	－－	－－	－－
－－	－－	－－	－－	－－	－－	－－	－－	－－	－－	－－	－－	－－
62	397	77	－－	1	1	－138	490	52	20	80	1 728	17 452
－－	－－	－－	－－	－－	－－	－－	－－	－－	－－	－－	－－	－－
－－	477	1	7	49	－－	－157	293	19	48	30	981	30 646
－－	－－	－－	－－	－－	－－	－－	－－	－－	－－	－－	－－	－－
－－	－－	－－	－－	－－	－－	－－	－－	－－	－－	－－	－－	－－
－－	－－	－－	－－	－－	－－	－－	－－	－－	－－	－－	－－	－－
－15	851	－－	－－	－5	9	－217	470	82	60	－－	4 627	34 271
49	55	－－	－－	1	－－	－10	－－	38	－－	2	52	2 079
－－	48	－－	－－	－－	－－	－19	18	2	－－	－－	63	12 574

内地与香港文化交流往来项目

	总计		赴香港		来内地	
	起数	人次	起数	人次	起数	人次
总计	**335**	**3 646**	**264**	**3 152**	**71**	**494**
艺术演出	164	3 159	126	2 791	38	368
艺术展览	21	84	15	68	6	16
其他	150	403	123	293	27	110

内地与澳门文化交流往来项目

	总计		赴澳门		来内地	
	起数	人次	起数	人次	起数	人次
总计	**90**	**1 565**	**72**	**1 440**	**18**	**125**
艺术演出	36	1 215	34	1 154	2	61
艺术展览	29	146	14	87	15	59
其他	62	215	57	132	5	83

海峡两岸文化交流往来项目

	起数	人次
总计	**295**	**3 077**
赴台湾	217	1 800
来大陆	78	1 277

签订文化合作协定

国家	名称	时间	地点
南非	中国和南非文化协定	4月25日	南非比勒陀利亚
刚果(布)	中国和刚果(布)文化协定	3月20日	北京

签订文化合作协定执行计划

国家	时间	地点
德国	5月17日	北京
卢森堡	7月3日	卢森堡
意大利	6月21日	北京
厄瓜多尔	6月14日	北京
南斯拉夫	5月8日	北京
罗马尼亚	9月15日	布加勒斯特
克罗地亚	11月7日	北京
阿塞拜疆	7月12日	马库
捷克	7月17日	布拉格
亚美尼亚	7月4日	北京
爱沙尼亚	9月19日	塔林
斯洛伐克	5月23日	北京
苏丹	5月23日	北京
伊朗	6月22日	北京
印度	4月	北京
菲律宾	5月	北京
泰国	5月	曼古
尼泊尔	11月	北京
韩国	6月	汉城
马来西亚	10月	北京
博茨瓦纳	6月12日	北京
埃塞俄比亚	10月23日	北京
莱索托	11月6日	北京
尼日利亚	11月22日	北京
尼日尔	10月30日	北京
几内亚	8月11日	北京
刚果(布)	11月10日	北京

文化交流往来项目

	总计		派出		来访	
	起数	人次	起数	人次	起数	人次
总计	**1 433**	**22 355**	**838**	**12 159**	**595**	**10 196**
文化代表团	200	1 770	108	984	92	786
艺术表演团体	827	16 216	486	8 485	341	7 731
艺术展览	219	2 016	107	1 124	112	892
国际比赛	55	889	46	725	9	184
国际会议	64	874	49	465	15	409
其他	68	570	42	376	26	194

全国艺术表演团体分剧种按演出场次排序

单位:场

名次	单位名称	演出场次	名次	单位名称	演出场次
	一、话剧、儿童剧、滑稽剧团		32	辽宁省本溪市话剧团	108
1	浙江省杭州滑稽剧团	2412	33	江苏省南通市话剧团	107
2	辽宁省沈阳话剧团	670	34	贵州省话剧团	105
3	浙江省话剧团	441	35	天津市人民艺术剧院	103
4	辽宁省人民艺术剧院	433	36	广东省惠州市实验剧团	102
5	江苏省无锡市滑稽剧团	357	37	湖南省话剧团	101
6	广东话剧院	325	38	广东省高州市粤剧团	101
7	江苏省苏州市滑稽剧团	250	39	新疆伊犁地区话剧团	98
8	上海话剧中心	237	40	湖北省武汉话剧院	96
9	四川人民艺术剧院	231	41	陕西省人民艺术剧院	94
10	辽宁省丹东市话剧团	209	42	宁夏话剧团	90
11	中国青年艺术剧院	175	43	内蒙古话剧团	86
12	新疆伊犁州话剧团	172	44	广东省汕头市话剧团	86
13	上海青艺滑稽剧团	166	45	吉林市话剧团	84
14	山东省话剧院	159	46	江苏省连云港市话剧团	84
15	辽宁省抚顺市歌舞话剧院	158	47	黑龙江省佳木斯话剧团	80
16	云南省话剧团	155	48	安徽省话剧团	75
17	黑龙江省齐齐哈尔市话剧团	150	49	河北省承德话剧团	70
18	重庆市话剧团	150	50	广西壮族自治区话剧团	69
19	长春市话剧院	149		**二、歌剧、舞剧、歌舞剧团**	
20	山东省青岛市话剧院	145	1	黑龙江省鸡西市人民艺术剧院	604
21	黑龙江省牡丹江市话剧团	138	2	黑龙江省阿城市人民艺术剧院	520
22	江苏省常州市滑稽剧团	136	3	山西省繁峙县秧歌剧团	400
23	黑龙江省哈尔滨话剧院	132	4	四川省歌舞剧院	398
24	吉林省四平市话剧团	130	5	广东歌舞剧院	368
25	辽宁省朝阳市话剧团	129	6	辽宁省营口市歌舞团	345
26	上海滑稽剧团	121	7	黑龙江省哈尔滨歌剧院	320
27	上海市人民滑稽剧团	121	8	山西省襄垣县人民秧歌剧团	289
28	中央实验话剧院	120	9	山西省朔州市秧歌剧团	260
29	西藏自治区话剧团	120	10	湖北省黄石市歌舞剧院	238
30	青海省话剧团	120	11	上海歌剧院	231
31	福建省人民艺术剧院	111	12	湖南省郴州市歌舞剧团	227

全国艺术表演团体分剧种按演出场次排序

单位:场

名次	单位名称	演出场次	名次	单位名称	演出场次
13	江西省崇义县歌舞剧团	220	46	广东省兴宁市歌舞剧团	108
14	山东省歌舞剧院	218	47	贵州省贵阳市歌舞剧院	107
15	湖南省歌舞剧院	212	48	广东省蕉岭县山歌剧团	105
16	天津歌舞剧院	208	49	广东省梅县山歌剧团	103
17	山东省青岛市歌舞剧院	206	50	广东省平远县山歌剧团	103
18	江西省瑞金市歌舞剧团	205		**三、乐　团**	
19	吉林省歌舞剧院	202	1	江苏省南京民乐团	148
20	湖北省歌剧舞剧院	195	2	中央民族乐团	139
21	黑龙江省大庆歌舞话剧院	190	3	广州交响乐团	119
22	黑龙江省黑河市人民艺术剧院	184	4	中国交响乐团	114
23	湖北省来凤县南剧团	173	5	上海交响乐团	106
24	山西省阳高县民间歌剧团	170	6	广东省深圳交响乐团	93
25	重庆市歌剧院	163	7	北京交响乐团	89
27	湖北省枝江市歌舞剧团	162	8	上海民族乐团	88
28	黑龙江省歌舞剧院	156	9	天津交响乐团	84
29	辽宁歌剧院	153	10	河北省交响乐团	71
30	广东省广州市广州歌舞团	153	11	新疆木卡姆艺术团	60
31	湖北省当阳市歌舞剧团	152	12	湖北省武汉乐团	58
32	湖南省常宁市歌舞剧团	151	13	云南省昆明交响乐团	36
33	湖北省宜都市歌舞剧团	150	14	广东省阳江市歌舞团	20
34	新疆喀什地区歌舞剧团	146	15	陕西省乐团	18
35	陕西省西安市青年艺术团	145	16	中国电影乐团	0
36	中国歌剧舞剧院	142	17	辽宁乐团	0
37	山西省壶关县秧歌剧团	140		**四、文工团、文宣队、乌兰牧骑**	
38	湖北省武汉歌舞剧院	137	2	内蒙古库伦旗乌兰牧骑	600
39	广东省梅州市山歌剧团	130	3	甘肃省肃南县文工团	581
40	湖南省湘潭市歌舞剧团	128	4	陕西省子洲县文工团	457
41	湖南省长沙市歌舞剧院	126	5	广西恭城文工团	450
42	福建省武平县汉剧团	120	6	内蒙古喀拉沁旗乌兰牧骑	442
43	新疆石河子市歌舞话剧团	120	7	广西三江侗族自治县文工团	422
44	中央歌剧剧院	117	8	广东省白云区羊城艺术团	420
45	福建省龙岩市山歌剧团	110	9	内蒙古和林县乌兰牧骑	351

全国艺术表演团体分剧种按演出场次排序

单位：场

名次	单位名称	演出场次	名次	单位名称	演出场次
10	广西融水苗族自治县民族文工团	339	44	河南省开封市文工团	200
11	内蒙古阿旗乌兰牧骑	322	45	湖南省新化县文艺工作团	200
12	湖南省华容县艺术团	317	46	西藏穷结县文宣队	200
13	云南省瑞丽市艺术团	316	47	陕西省清涧县人民剧团	200
14	内蒙古宁城县乌兰牧骑	301	48	辽宁省辽阳市艺术团	188
15	陕西省榆林地区文工团	300	50	甘肃省高台县文艺工作团	184
16	陕西省佳县剧团	300		**五、戏曲剧团**	
17	新疆岳普湖县文工团	300	1	河北省香河县评剧团	1200
18	内蒙古兴和县乌兰牧骑	280	2	北京京剧院	963
19	陕西省靖边县文工团	280	4	福建省尤溪县闽剧团	897
20	甘肃省成县文工团	280	5	河北省保定市河北梆子团	752
21	吉林省辽源市艺术团	279	6	山西省太原市实验晋剧院	658
23	云南省宁蒗县文工团	260	7	北京市河北梆子剧团	621
24	陕西省榆林市文艺工作团	260	9	安徽省宿州市省坠子剧团	600
25	江苏省淮阴县文工团	252	10	陕西省绥德县晋剧团	600
26	陕西省横山县文工团	250	11	辽宁省鞍山市戏曲剧院	590
28	湖北省郧西县郧西艺术团	246	12	甘肃省西和县秦剧团	563
29	内蒙古伊金霍洛旗乌兰牧旗	241	13	陕西省韩城市人民艺术剧院	560
30	河北省深泽县文工团	240	14	河北省井陉县晋剧团	530
31	云南省福贡县石月亮艺术团	231	16	江苏省淮剧团	522
32	新疆库车县文工团	230	17	山西省沁源县晋剧团	520
33	新疆乌什县文工团	230	18	山西省介休市晋剧团	512
34	新疆喀什市文工团	222	19	河南省鄢陵县豫剧团	504
35	吉林省舒兰市文工团	221	20	山西省平定县晋剧团	500
36	内蒙古清水河县乌兰牧骑	220	21	山西省盂县晋剧团	500
37	湖南省双峰县文艺工作团	220	22	山西省兴县晋剧团	500
38	湖南省冷水江市文艺工作团	216	23	江苏省建湖县淮剧团	500
39	甘肃省庆阳县文化团	209	24	甘肃省陇西县秦剧团	500
40	湖南省张家界民族艺术团	208	25	河南省尉氏县豫剧团	498
41	内蒙古达旗乌兰牧骑	206	26	山东省鱼台县青年豫剧团	490
42	湖南省益阳市艺术团	205	27	陕西省礼泉县剧团	481
43	吉林省艺术团	200	28	河北省安国市老调剧团	460

全国艺术表演团体分剧种按演出场次排序

单位:场

名次	单位名称	演出场次	名次	单位名称	演出场次
29	山西省岚县晋剧团	460	14	黑龙江省杂技团	1580
31	山西省榆次市晋剧团	459	15	江苏省常州市评弹团	1464
33	山西省方山县晋剧团	450	16	江苏省张家港市评弹团	1436
34	陕西省凤县剧团	450	17	上海市闸北区新艺评弹团	1272
35	河北省定州市河北梆子团	446	18	江苏省扬州市木偶剧团	1191
36	河北省保定市河北梆子一团	442	19	新僵杂技团	1181
37	四川省新都县川剧团	442	20	广东省广州市广东音乐曲艺团	1007
38	河北省玉田县评剧团	430	21	辽宁省沈阳杂技团	1002
39	河北省保定市河北梆子二团	430	22	河南省漯河市杂技团	1000
40	河南省长垣县豫剧团	430	23	广西防城港市杂技团	930
41	河北省正定县河北梆子剧团	426	24	江苏省扬州市曲艺团	800
42	河北省丰润县评剧团	424	25	辽宁省大连市杂技团	750
43	河北省武安市剧团	420	26	贵州省遵义市杂技团	743
44	河北省保定市老调二团	420	27	上海杂技团	718
45	福建省泰宁县梅林剧团	420	28	北京市中国木偶艺术剧团	710
47	河南省封丘县豫剧团	420	29	天津市杂技团	676
49	陕西省周至县秦腔剧团	420	30	山东省济南市杂技团	673
50	陕西省旬邑县人民剧团	420	31	江苏省吴江市评弹团	645
	六、曲、杂、木、皮团		32	湖南省杂技团	640
1	江苏省苏州市评弹团	7254	33	上海木偶剧团	612
2	安徽省涌桥区动物表演艺术团	5580	34	福建省福州市曲艺团	570
3	江苏省吴县市评弹团	2715	35	湖北省武汉市杂技团	546
4	上海评弹团	2707	37	安徽省杂技团	523
5	上海市杨浦区东方评弹团	2668	39	广西博白县杂技艺术团	503
6	江苏省太仓市评弹团	1880	40	内蒙古杂技团	492
7	江苏省江阴市评弹团	1814	41	河南省郑州市杂技团	464
8	上海市黄浦区新长征评弹团	1760	42	河北省沧州市吴桥杂技团	450
9	江苏省启东市评弹团	1750	43	河南省开封市杂技团	440
10	浙江曲艺杂技总团	1716	44	广东省木偶剧团	436
11	北京市宣武区北京杂技团	1680	45	河北省沧州市杂技团	432
12	江苏省常熟市评弹团	1665	46	河南省鄢陵县说唱团	420
13	北京市中国杂技团	1617	47	重庆市渝中区重庆喜剧艺术团	420

全国艺术表演团体分剧种按经费自给率排序

单位：%

名次	单位名称	经费自给率	名次	单位名称	经费自给率
	一、话剧、儿童剧、滑稽剧团		32	辽宁省抚顺市歌舞话剧院	24.4
1	上海青艺滑稽剧团	100.4	33	重庆市话剧团	24.0
2	上海市人民滑稽剧团	86.7	34	四川省成都市话剧院	23.3
3	江苏省无锡市滑稽剧团	72.3	35	黑龙江省哈尔滨话剧院	22.0
4	江苏省苏州市滑稽剧团	67.3	36	吉林省延边话剧团	21.6
5	上海话剧中心	58.9	37	山东省青岛市话剧院	20.8
6	江苏省南通市话剧团	57.5	38	云南省话剧团	20.7
7	上海滑稽剧团	55.2	39	宁夏话剧团	20.6
8	新疆伊犁州话剧团	51.5	40	陕西省人民艺术剧院	20.4
9	辽宁省沈阳话剧团	48.8	41	吉林省长春话剧院	20.1
10	湖南省话剧团	48.3	42	安徽省话剧团	19.9
11	浙江省杭州滑稽剧团	47.2	43	贵州省话剧团	19.1
12	广东省高州市粤剧团	46.3	44	吉林省吉林市话剧团	18.9
13	广东省惠州市实验剧团	43.1	45	江苏常州市滑稽剧团	17.6
14	天津人民艺术剧院	42.4	46	山西省太原市话剧团	17.5
15	辽宁省大连市话剧团	40.9	47	甘肃省话剧团	16.3
16	中国青年艺术剧院	40.4	48	辽宁省本溪市话剧团	15.6
17	吉林省四平市话剧团	37.8	49	浙江话剧团	15.6
18	山东省话剧院	36.0	50	江苏省人民艺术剧院	15.0
19	陕西省西安话剧院	35.4		**二、歌舞、舞剧、歌舞剧团**	
20	辽宁省丹东市话剧团	34.6	1	山西省壶关县秧歌剧团	99.9
21	浙江省杭州话剧团	33.0	2	山西省繁峙县秧歌剧团	91.8
22	河南省话剧团	31.4	3	陕西省汉中市歌舞团	86.6
23	江苏省连云港市话剧团	30.6	4	重庆市歌剧院	69.7
24	广东省汕头市话剧团	29.8	5	湖南省郴州市歌舞剧团	60.9
25	广东省佛山市话剧团	28.9	6	陕西省西安市青年艺术团	55.6
26	江西省话剧团	28.4	7	广东省梅州市山歌剧团	55.5
27	陕西省宝鸡市话剧团	27.9	8	山西省阳高县民间歌剧团	53.8
28	河北省话剧院	26.7	9	黑龙江省鸡西市人民艺术剧院	52.2
29	中央实验话剧院	26.6	10	中央芭蕾舞团	51.8
30	辽宁人民艺术剧院	25.9	11	湖南省湘潭市歌舞剧团	51.8
31	湖北省武汉话剧院	24.9	12	湖南省歌舞剧院	51.5

全国艺术表演团体分剧种按经费自给率排序

单位：%

名次	单位名称	经费自给率	名次	单位名称	经费自给率
13	中央歌剧剧院	51.2	46	四川省攀枝花市歌舞剧团	21.8
14	湖北省黄石市歌舞剧院	49.5	47	湖南省长沙市歌舞剧院	21.6
15	广东歌舞剧院	48.3	48	福建省武平县汉剧团	21.4
16	新疆昌吉州民族歌舞剧团	47.6	49	湖南省衡阳市歌舞剧团	21.3
17	上海芭蕾舞团	43.9	50	山东省青岛市歌舞剧院	20.8
18	广东省平远县山歌剧团	43.2		**三、乐　　团**	
19	湖北省歌剧舞剧院	42.7	1	中国交响乐团	67.3
20	中国歌剧舞剧院	40.6	2	天津交响乐团	51.6
21	天津歌舞剧院	40.1	3	中央民族乐团	50.1
22	湖北省赤壁市歌舞剧团	39.5	4	上海民族乐团	42.8
23	广东实验现代舞团	39.4	5	上海交响乐团	42.3
24	广东省广州歌舞团	38.4	6	北京交响乐团	40.6
25	贵州省贵阳市歌舞剧院	38.0	7	广州交响乐团	38.0
26	山西省朔州市秧歌剧团	37.4	8	广东省深圳交响乐团	33.6
27	山西省襄垣县人民秧歌剧团	35.2	9	江苏省南京民乐团	28.3
28	广东省蕉岭县山歌剧团	35.2	10	新疆木卡姆艺术团	22.8
29	上海歌剧院	34.6	11	河北省交响乐团	21.7
30	新疆歌剧团	34.5	12	湖北省武汉乐团	20.1
31	辽宁省营口市歌舞团	33.1	13	云南省昆明交响乐团	12.0
32	江西省崇义县歌舞剧团	32.4	14	广东省阳江市歌舞团	6.1
33	山东省歌舞剧院	31.6	15	陕西省乐团	5.4
34	湖南省常宁市歌舞剧团	31.5		**四、文工团、文宣队、乌兰牧骑**	
35	辽宁芭蕾舞团	31.2	1	吉林省桦甸市文工团	116.1
36	新疆石河子市歌舞话剧团	31.2	2	陕西省横山县文工团	99.9
37	湖北省宜都市歌舞剧团	28.4	3	陕西省清涧县人民剧团	99.9
38	陕西省安康地区歌剧团	27.8	4	陕西省靖边县文工团	83.3
39	福建省龙岩市山歌剧团	27.3	5	陕西省佳县剧团	83.3
40	山西省长治市歌舞剧团	26.3	6	陕西省子洲县文工团	80.9
41	吉林省歌舞剧院	25.2	7	广西武鸣县文工团	77.6
43	辽宁歌剧院	23.9	8	内蒙古和林县乌兰牧骑	76.3
44	湖南省株洲市歌舞剧团	23.6	9	江苏省淮阴县文工团	74.8
45	广东省兴宁市歌舞剧团	23.2	10	广东省白云区羊城艺术团	74.1

全国艺术表演团体分剧种按经费自给率排序

单位:%

名次	单位名称	经费自给率	名次	单位名称	经费自给率
11	重庆市云阳县奉节县文工团	74.0	48	福建省永定县土楼艺术团	38.8
12	内蒙古察右中旗乌兰牧骑	71.4	49	云南省石林县阿诗玛艺术团	37.6
13	陕西省榆林市文艺工作团	71.4	50	湖南省张家界民族艺术团	35.9
14	河南省开封市文工团	65.5		**五、戏曲剧团**	
15	吉林省延边艺术剧团	62.2	2	云南省盘龙区昆明人民曲剧团	167.0
16	湖北省宜城市艺术团	62.1	3	陕西省黄陵县剧团	141.1
17	内蒙古喀旗乌兰牧骑	59.9	5	陕西省府谷县晋剧团	121.7
18	内蒙古兴和县乌兰牧骑	59.9	6	河南省开封市豫剧二团	111.3
19	湖南省益阳市艺术团	58.2	8	河北省涉县平调落子剧团	108.4
20	甘肃省高台县文艺工作团	57.4	9	河南省商丘市豫剧二团	108.0
21	河北省保定市文工团	56.8	10	广东省鹤山市粤剧团	105.4
22	吉林省辉南县艺术团	55.3	11	河北省保定市河北梆子团	105.3
24	甘肃省两当县文工队	54.5	12	山西省和顺县晋剧团	104.1
25	广西恭城文工团	53.8	13	山西省离石市晋剧团	103.4
26	河南省汝阳县文工团	51.3	14	河北省新乐市河北梆子剧团	99.9
27	广西上思县文工团	50.8	15	河北省临漳县豫剧团	99.9
29	贵州省遵义市文工团	47.9	16	河北省临城县豫剧团	99.9
30	甘肃省成县文工团	47.8	17	河北省内丘县豫剧团	99.9
31	云南省南涧县文工队	47.2	18	河北省涞水县河北梆子团	99.9
32	西藏穷结县文宣队	47.0	19	河北省阜平县老调剧团	99.9
33	新疆皮山县文工团	46.9	20	河北省望都县河北梆子剧团	99.9
34	四川省宣汉县文工团	46.3	21	河北省曲阳县评剧团	99.9
36	广西邕宁县文工团	44.9	22	河北省高碑店市河北梆子团	99.9
37	黑龙江省讷河市艺术团	44.2	23	河北省香河县评剧团	99.9
38	湖北省南漳县文工团	44.2	24	山西省岚县晋剧团	99.9
40	湖南省冷水江市文艺工作团	43.7	25	山西省介休市晋剧团	99.9
41	西藏自治区安多县无兰牧奇	43.4	26	山西省昔阳县晋剧团	99.9
42	内蒙古巴林左旗乌兰牧旗	42.8	27	内蒙古临河市晋剧团	99.9
43	新疆岳普湖县文工团	42.2	28	辽宁省辽阳市地方戏剧团	99.9
45	湖南省新化县文艺工作团	40.4	29	吉林省永吉县地方戏曲剧团	99.9
46	河北省深泽县文工团	39.9	30	吉林省梅河口市地方戏团	99.9
47	广西融水县民族文工团	39.6	32	福建省长乐市闽剧团	99.9

全国艺术表演团体分剧种按经费自给率排序

单位：%

名次	单位名称	经费自给率	名次	单位名称	经费自给率
34	河南省伊川县豫剧团	99.9	18	河南省鄢陵县说唱团	93.4
35	广东省鹤山市青年粤剧团	99.9	20	河北省沧州市杂技团	86.4
36	广东省海丰县白字戏剧团	99.9	21	上海市杨浦区东方评弹团	85.1
37	海南省东方市东方县琼剧团	99.9	22	安徽省宿州市杂技团	84.9
38	陕西省礼泉县剧团	99.9	23	四川省资中县木偶剧团	84.7
39	陕西省彬县彬县剧团	99.9	24	上海市黄浦区上海魔术团	80.9
41	陕西省神木县晋剧团	99.9	25	河南省清丰县杂技团	79.1
42	陕西省定边县秦腔团	99.9	26	河南省清丰县说唱团	77.7
44	广东省茂名市茂南区粤剧团	99.3	27	湖北省浠水县杂技团	74.9
45	广东省茂名市南方轻音乐队	99.3	28	江苏省张家港市评弹团	72.1
46	陕西省乾县剧团	98.1	29	黑龙江省鸡西市曲艺团	71.2
47	广东省揭东县潮剧团	97.4	30	江苏省吴江市评弹团	68.9
48	河南省鄢陵县豫剧团	96.3	31	上海市黄浦区新长征评弹团	68.5
49	河南省汤阴县豫剧团	96.1	32	辽宁省大连市杂技团	67.7
50	河北省定州市河北梆子团	94.6	33	山东省杂技团	65.9
	六、曲、杂、木、皮团		34	广西壮族自治区杂技团	65.9
1	浙江省温州市曲艺团	223.2	35	辽宁省沈阳杂技团	65.7
2	安徽省宿州市动物表演艺术团	124.5	36	北京杂技团	65.6
3	浙江省海宁市评弹团	111.9	38	江苏省如皋市木偶艺术团	63.7
4	河南省夏邑县艺术团	106.3	39	河南省宜阳县曲艺队	62.4
6	河北省邢台市杂技团	101.7	40	江苏省扬州市木偶剧团	62.1
7	河北省沧州市吴桥杂技团	99.9	41	河南省南阳市说唱一团	61.7
8	河北省肃宁县杂技团	99.9	42	重庆市曲艺团	61.4
9	山东省夏津县庆云杂技团	99.9	43	黑龙江省曲艺团	61.0
10	河南省南阳市说唱二团	99.9	44	江苏省如东县杂技团	61.0
11	广东省越秀区音乐曲艺团	99.9	45	广东省澄海市潮剧团	60.8
12	广东省中山市粤剧团	99.9	46	江苏省江阴市评弹团	60.5
13	云南省弥渡县杂技团	99.9	47	广东省汕头市曲艺团	58.5
14	上海杂技团	98.8	48	河南省开封市杂技团	57.3
15	北京长城杂技艺术团	98.5	49	山西省孝义市木偶剧团	56.9
16	江苏省太仓市评弹团	97.3	50	四川省成都市曲艺团	55.7
17	河南省南乐县杂技团	95.9			

全国艺术表演团体分剧种按演出收入排序

单位:千元

名次	单位名称	演出收入	名次	单位名称	演出收入
	一、话剧、儿童剧、滑稽剧团		34	广东省广州话剧团	153
1	上海话剧中心	2094	35	江苏省连云港市话剧团	150
2	江苏省苏州市滑稽剧团	1917	36	重庆市话剧团	140
3	上海市人民滑稽剧团	1910	37	内蒙古话剧团	127
4	上海青艺滑稽剧团	1802	38	安徽省话剧团	123
5	浙江省杭州滑稽剧团	990	39	黑龙江省牡丹江市话剧团	118
6	江苏省无锡市滑稽剧团	893	40	广东省汕头市话剧团	99
7	辽宁省沈阳话剧团	878	41	河北省承德话剧团	90
8	中国青年艺术剧院	760	42	湖南省话剧团	87
9	上海滑稽剧团	735	43	四川人民艺术剧院	83
10	辽宁人民艺术剧院	696	44	甘肃省话剧团	80
11	浙江话剧团	609	45	河北省话剧院	73
12	山东省青岛市话剧院	578	46	江苏省人民艺术剧院	73
13	江苏省南通市话剧团	556	47	陕西省人民艺术剧院	73
14	河南省话剧团	539	48	陕西省宝鸡市话剧团	61
15	辽宁省抚顺市歌舞话剧院	530	49	黑龙江省齐齐哈尔市话剧团	59
16	天津人民艺术剧院	528	50	四川省成都市话剧院	59
17	广东省惠州市实验剧团	505		**二、歌剧、舞剧、歌舞剧团**	
18	新疆伊犁州话剧团	472	1	中央芭蕾舞团	5392
19	福建省人民艺术剧院	354	2	广东省广州歌舞团	3724
20	山东省话剧院	350	3	上海歌剧院	3502
21	中央实验话剧院	330	4	湖北省歌剧舞剧院	2579
22	广东话剧院	315	5	上海芭蕾舞团	2521
23	辽宁省丹东市话剧团	276	6	广东歌舞剧院	2068
24	新疆话剧团	244	7	吉林省歌舞剧院	1879
25	吉林省长春话剧院	241	8	中国歌剧舞剧院	1844
26	广东省高州市粤剧团	241	9	辽宁芭蕾舞团	1818
27	湖北省武汉话剧院	235	10	天津歌舞剧院	1549
28	吉林省延边话剧团	212	11	湖南省歌舞剧院	1297
29	吉林省吉林市话剧团	204	12	辽宁歌剧院	1185
30	宁夏话剧团	191	13	山东省歌舞剧院	897
31	辽宁省朝阳市话剧团	181	14	广东省广州芭蕾舞团	806
32	黑龙江省哈尔滨话剧院	159	15	四川省歌舞剧院	693
33	云南省话剧团	154	16	湖北省武汉歌舞剧院	647

全国艺术表演团体分剧种按演出收入排序

单位：千元

名次	单位名称	演出收入	名次	单位名称	演出收入
17	黑龙江省哈尔滨歌剧院	620	1	广东省广州交响乐团	4529
18	黑龙江省歌舞剧院	598	2	中国交响乐团	4100
19	山东省青岛市歌舞剧院	596	3	上海交响乐团	2973
20	湖北省黄石市歌舞剧院	540	4	中央民族乐团	2688
21	黑龙江省鸡西市人民艺术剧院	536	5	北京交响乐团	2430
22	广东实验现代舞团	453	6	上海民族乐团	1446
23	重庆市歌剧院	444	7	广东省深圳交响乐团	1406
24	湖南省长沙市歌舞剧院	319	8	天津交响乐团	683
25	山西省长治市歌舞剧团	300	9	新疆木卡姆艺术团	492
26	山西省歌舞剧院	283	10	湖北省武汉乐团	396
27	甘肃省歌剧团	249	11	河北省交响乐团	324
28	湖南省郴州市歌舞剧团	220	12	云南省昆明交响乐团	214
29	湖北省宜昌市歌舞剧团	195	13	江苏省南京民乐团	196
31	山西省繁峙县秧歌剧团	170	14	陕西省乐团	132
32	新疆石河子市歌舞话剧团	160	15	中国电影乐团	0
33	新疆歌剧团	140	16	辽宁乐团	0
34	湖北省宜都市歌舞剧团	125	17	广东省阳江市歌舞团	0
35	湖南省株洲市歌舞剧团	121		**四、文工团、文宣队、乌兰牧骑**	
36	福建省龙岩市山歌剧团	113	1	吉林省延边艺术剧团	1476
37	湖南省湘潭市歌舞剧团	112	2	吉林省辽源市艺术团	279
38	山西省襄垣县人民秧歌剧团	109	3	山西省运城地区文工团	265
39	湖北省当阳市歌舞剧团	102	4	江苏省淮阴县文工团	262
40	四川省攀枝花市歌舞剧团	81	5	陕西省佳县剧团	250
41	山西省阳高县民间歌剧团	70	6	陕西省靖边县文工团	200
42	湖北省枝江市歌舞剧团	70	7	河北省保定市文工团	197
43	福建省武平县汉剧团	62	8	辽宁省辽阳市艺术团	197
44	山西省朔州市秧歌剧团	60	9	黑龙江省伊春市林业文工团	190
45	青海省西宁市歌剧团	60	10	河南省开封市文工团	188
46	江西省崇义县歌舞剧团	50	11	新疆莎车县文工团	180
47	新疆昌吉州民族歌舞剧团	50	12	湖南省益阳市艺术团	178
48	新疆喀什地区歌舞剧团	50	13	陕西省横山县文工团	170
49	山西省壶关县秧歌剧团	45	14	陕西省子洲县文工团	170
50	湖南省常宁市歌舞剧团	42	15	云南省石林县阿诗玛艺术团	162
	三、乐　　团		16	广西邕宁县文工团	159

全国艺术表演团体分剧种按演出收入排序

单位:千元

名次	单位名称	演出收入
17	内蒙古喀旗乌兰牧骑	150
19	陕西省榆林市文艺工作团	150
20	广西武鸣县文工团	144
21	湖南省张家界民族艺术团	143
22	吉林省辉南县艺术团	131
23	新疆伊宁县文工团	130
25	山西省吕梁地区文工团	124
26	陕西省榆林地区文工团	123
28	云南省宁蒗县文工团	120
29	陕西省清涧县人民剧团	120
30	贵州省铜仁地区文工团	118
31	新疆皮山县文工团	118
32	甘肃省成县文工团	110
34	内蒙古察右中旗乌兰牧骑	100
35	内蒙古伊金霍洛旗乌兰牧旗	100
36	吉林省和龙市艺术团	100
37	湖北省郧县艺术团	100
38	河南省汝阳县文工团	98
39	广西恭城文工团	98
40	新疆喀什市文工团	92
41	福建省上杭县客家艺术团	90
42	新疆岳普湖县文工团	90
43	吉林省舒兰市文工团	85
44	内蒙古和林县乌兰牧骑	84
45	广西壮族自治区文艺辅导团	80
46	湖北省南漳县文工团	79
47	新疆乌什县文工团	75
48	内蒙古乌兰牧骑	73
49	湖南省新化县文艺工作团	70
50	福建省永定县土楼艺术团	65
	五、戏曲剧团	
1	北京京剧院	5708
2	上海京剧院	2926
3	广东粤剧院	2856
4	广东潮剧院	2407
5	上海越剧院(含红楼)	2343
6	广东省普宁市潮剧团	1856
7	广东省饶平县潮剧团	1770
8	山西省太原市实验晋剧院	1743
9	福建省东山县潮剧团	1673
10	广东省广州粤剧一团	1622
11	广东省潮州市潮剧团	1490
12	中国评剧院	1475
13	广东省广州粤剧二团	1309
14	广东省开平市粤剧团	1250
15	浙江省小百花越剧团	1197
16	广东省广州红豆粤剧团	1117
17	福建省福清市闽剧团	1080
18	广东省顺德市粤剧团	1078
19	辽宁省大连市京剧团	1063
20	广东省江门市粤剧团	1012
21	广东省深圳市粤剧团	980
22	北京市河北梆子剧团	960
23	福建省厦门市金莲升高甲剧团	958
24	吉林省京剧院	954
25	浙江省宁波市越剧团	934
26	山西省吕梁地区晋剧团	902
27	海南省琼剧院	896
28	河北省河北梆子剧院	887
29	广东省珠海市粤剧团	864
30	广东省台山市粤剧团	850
31	广东省珠海市歌舞团	847
32	广东省惠来县潮剧团	837
33	河南省豫剧三团	834
34	广东省新会市粤剧团	833
35	浙江省嵊州市越剧团	818
36	浙江省绍兴市浙江绍剧团	817
37	山西省京剧院	815

全国艺术表演团体分剧种按演出收入排序

单位:千元

名次	单位名称	演出收入	名次	单位名称	演出收入
38	山东省潍坊市京剧团	799	19	河北省杂技团	1009
39	福建省平潭县闽剧团	789	20	吉林省长春市杂技团	986
40	广东省揭东县潮剧团	780	21	黑龙江省杂技团	961
41	江苏省淮剧团	774	22	河南省南乐县杂技团	920
42	山东省京剧院	769	23	四川省成都市杂技团	906
43	山东省潍坊市吕剧团	763	24	上海木偶剧团	863
44	浙江省杭州越剧团	756	25	广西壮族自治区杂技团	792
45	广东省佛山市青年粤剧团	741	26	河北省沧州市杂技团	754
46	福建省福州闽剧院一团	725	27	江苏省扬州市木偶剧团	730
47	湖北省襄樊市京剧团	722	28	广东省中山市粤剧团	700
48	山东省淄博市京剧团	720	29	贵州省遵义市杂技团	690
49	广东省潮阳市潮剧团	716	30	江苏省苏州市评弹团	682
50	浙江省越剧院团	711	31	广东省木偶剧团	662
	六、曲、杂、木、皮团		32	北京长城杂技艺术团	660
1	上海杂技团	12245	33	重庆市杂技团	639
2	中国杂技团	4161	34	重庆市曲艺团	633
3	上海市黄浦区上海魔术团	3599	35	广东省澄海市潮剧团	604
4	广东省广州杂技团	3298	36	河北省肃宁县杂技团	600
5	山东省杂技团	2947	37	内蒙古杂技团	596
6	辽宁省沈阳杂技团	2824	38	河南省漯河市杂技团	552
7	辽宁省大连市杂技团	2503	39	江苏省如东县杂技团	546
8	安徽省宿州市动物表演艺术团	2226	40	四川省成都市曲艺团	514
9	北京市宣武区北京杂技团	1885	41	黑龙江省曲艺团	494
10	浙江省曲艺杂技总团	1738	42	河南省开封市杂技团	484
11	中国木偶艺术剧团	1677	43	江苏省射阳县杂技团	477
12	湖南省杂技团	1612	44	山东省济南市杂技团	465
13	湖北省武汉市杂技团	1608	45	四川省南充市杂技团	452
14	广东省广州市广东音乐曲艺团	1474	46	广东省汕头市曲艺团	437
15	天津市杂技团	1391	48	河北省心连心艺术团	430
16	浙江杭州杂技总团	1347	49	上海评弹团	426
17	新疆杂技团	1181	50	江苏省南京市杂技团	413
18	安徽省杂技团	1066			

全国艺术表演场所按艺术演出场次排序

单位：场

名次	单位名称	艺术演出场次	名次	单位名称	艺术演出场次
1	福建省建阳市影剧院	1 672	26	湖北省黄鹤楼剧场	340
2	福建省龙海市角美影剧院	1 500	27	中央北京音乐厅	338
3	广东省澄海市澄城影剧院	1 075	28	江苏省常熟市春来书场	322
4	浙江省江山市剧院	1 045	29	北京市中国木偶剧院	321
5	上海市卢湾区雅庐书场	1 008	30	云南省昆明市昆明剧院	320
6	广东省潮安县庵埠影剧院	920	31	浙江省海宁市硖石书场	319
7	陕西省铜川市川口影剧院	865	32	上海市兰心大戏院	316
8	广东省澄海市大众影剧院	647	34	河南省商丘市梁园区豫东影剧院	280
9	福建省晋江市大剧院	598	35	甘肃省黄河剧场	268
10	江苏省苏州市评弹团梅竹书苑	535	36	湖南省攸县戏剧院	262
11	云南省楚雄市影剧院	528	37	福建省福州市文艺影剧院	260
12	浙江省平阳县剧院	510	38	浙江省杭州市东坡大剧院	254
14	上海市天蟾京剧中心逸夫舞台	483	39	上海市宛平剧院	253
15	广东省潮阳市影剧院	480	40	广西柳州市东风剧场	240
16	北京市长安大戏院	478	41	广东省广州市南方剧场	235
17	北京市西城区北京朝阳剧场	426	42	广东省星海音乐厅	220
18	浙江省桐乡市崇福大戏院	397	43	浙江省嘉善县影剧院	218
19	吉林省吉林市江城剧场	360	44	北京市音乐堂	216
20	江苏省苏州市苏州文化广场	360	45	上海市黄浦区共舞台	214
21	广西桂林市艺术馆影剧院	360	46	上海市虹口区群众影剧院	207
23	浙江省杭州大华书场	352	47	上海音乐厅	206
24	浙江省嘉兴市人民剧院	352	48	浙江省温岭市影剧院	204
25	天津市长虹乐园	351	49	黑龙江省北安市曲艺团剧场	200

全国艺术表演场所按经费自给率排序

单位：%

名次	单位名称	经费自给率	名次	单位名称	经费自给率
1	上海市华光文化娱乐总汇	753.1	26	四川省乐山市文化影视馆	177.7
2	上海市静安区大都会欢乐园	534.6	27	广东省五华县华侨戏院	177.6
3	安徽省黄山市影剧院	514.6	28	湖南省湘潭市前进影剧院	176.7
4	广西桂林市艺术馆影剧院	329.6	29	甘肃省兰州市安宁区影剧院	175.8
5	重庆市铜梁县铜梁剧场	299.9	30	湖北省荆门市海会影剧院	175.5
6	云南省迪庆州文化局	299.4	31	安徽省宿松县剧场	170.2
7	北京市音乐堂	258.4	32	河南省中牟县官渡影剧院	166.6
9	新疆博尔塔拉影剧院	247.5	34	广东省四会市影剧院	164.6
10	陕西省绥德县剧院	236.7	35	福建省连城县影剧院	162.1
11	四川省新都县新都影剧院	236.0	36	广东省友谊剧院	159.7
12	河北省鹿泉市剧场	229.3	37	上海文化广场实业公司	156.3
13	江苏省丹阳市人民大会堂	225.6	38	江苏省兴化市人民影剧院	153.8
14	重庆市江北区嘉陵江剧场	224.3	39	辽宁省旅顺口区旅顺剧场	151.0
15	陕西省汉中市汉台区京剧团	215.6	40	湖南省隆回县影剧院	149.3
16	广西钟山县剧场	214.6	41	山东省莒县影剧院	149.2
17	陕西省韩城市金城电影院	199.9	43	重庆市人民剧场	147.5
19	山西省长治市潞州剧院	193.6	44	浙江省嵊县嵊州剧院	145.4
20	河北省正定县常山影剧院	190.2	45	安徽省定远县定远影剧院	143.7
21	宁夏隆德县影剧院	185.4	46	湖南省郴州市苏仙影剧院	141.6
22	云南省曲靖市艺术剧院	184.8	48	浙江省台州市黄岩区影剧院	141.1
23	江苏省江苏紫金大戏院	184.7	51	浙江省萧山市人民剧院	138.1
24	云南省滇剧场	184.2	53	江苏省灌云县人民剧场	137.4
25	山西省灵丘县影剧院	181.6	54	吉林省梨树县影剧院	137.1

全国公共图书馆分级别按总藏量排序

单位:册(件)

名次	单位名称	总藏量	名次	单位名称	总藏量
	一、省级公共图书馆		34	上海市少儿图书馆	414892
1	上海图书馆	46894550	35	重庆市少年儿童图书馆	290944
2	江苏省南京图书馆	7268042	36	广西少年儿童图书馆	166897
3	四川省图书馆	4747026		**二、地市级公共图书馆**	
4	山东省图书馆	4310061	1	辽宁省大连市图书馆	2209114
5	广东省中山图书馆	4262205	2	广东省广州图书馆	2196882
6	浙江图书馆	4215713	3	黑龙江省哈尔滨市图书馆	2014682
7	湖北省图书馆	3975697	4	辽宁省沈阳市图书馆	1591202
8	重庆市图书馆	3574939	5	吉林省长春市图书馆	1406013
9	天津图书馆	3442492	6	广东省深圳图书馆	1357065
10	辽宁省图书馆	3355752	7	四川省成都市图书馆	1328663
11	湖南图书馆	3337514	8	吉林省吉林市图书馆	1255266
12	吉林省图书馆	2846602	9	江苏省苏州市图书馆	1204296
13	北京市首都图书馆	2761364	10	辽宁省鞍山市图书馆	1170195
14	甘肃省图书馆	2648532	11	江苏省无锡市图书馆	1162314
15	陕西省图书馆	2510479	12	黑龙江省齐齐哈尔市图书馆	1150011
16	河南省图书馆	2505603	13	江苏省常州市图书馆	1122430
17	黑龙江省图书馆	2456755	14	山东省济南市图书馆	1122148
18	福建省图书馆	2356196	15	山东省青岛市图书馆	1098033
19	云南省图书馆	2270523	16	江苏省南京市金陵图书馆	1043736
20	安徽省图书馆	2266648	17	江苏省扬州市图书馆	869859
21	山西省图书馆	2191322	18	浙江省杭州图书馆	844027
22	贵州省图书馆	2172835	19	江苏省徐州市图书馆	830325
23	江西省图书馆	2025000	20	福建省厦门市图书馆	817413
24	广西桂林图书馆	1842657	21	江西省南昌市图书馆	811000
25	广西自治区图书馆	1500679	22	河北省石家庄市图书馆	808213
26	内蒙古图书馆	1499215	23	重庆市北碚区图书馆	792917
27	青海省图书馆	1458593	24	江苏省南通市图书馆	783647
28	宁夏图书馆	1357273	25	四川省泸州市图书馆	753428
29	河北省图书馆	1223064	26	辽宁省抚顺市图书馆	743821
30	新疆图书馆	943572	27	湖北省黄石市图书馆	725546
31	天津市少年儿童图书馆	860593	28	浙江省温州市图书馆	721902
32	湖南省少年儿童图书馆	689657	29	浙江省宁波市图书馆	694310
33	北京市少年儿童图书馆	471689	30	辽宁省锦州市图书馆	680247

全国公共图书馆分级别按总藏量排序

单位:册(件)

名次	单位名称	总藏量	名次	单位名称	总藏量
31	江苏省镇江市图书馆	665615	16	山东省青州市图书馆	310865
32	河北省保定市图书馆	664697	18	云南省个旧市图书馆	298532
33	山东省淄博市图书馆	664333	19	四川省雅安市雨城区图书馆	289698
34	河北省唐山市图书馆	641974	20	四川省达县达县图书馆	278227
35	河南省南阳市图书馆	613922	21	广东省梅县梅县图书馆	277500
36	辽宁省丹东市图书馆	612077	22	山东省沂水县莒南县图书馆	269221
37	山西省太原市图书馆	605335	23	上海市奉贤县图书馆	262194
38	西藏图书馆	598438	24	江苏省宜兴市图书馆	259128
39	河南省郑州市图书馆	585798	26	广东省三水市图书馆	252405
40	河南省新乡市图书馆	584496	27	浙江省海宁市图书馆	251636
41	湖北省宜昌市图书馆	581621	29	浙江省平湖市图书馆	247403
42	广西柳州市图书馆	573055	30	上海市南汇县图书馆	244847
43	河北省张家口市图书馆	567207	31	江苏省江阴市图书馆	242860
44	湖南省衡阳市图书馆	558993	32	广东省顺德市图书馆	242792
45	辽宁省本溪市图书馆	554526	33	山东省文登市图书馆	240200
46	贵州省贵阳市图书馆	554339	34	广东省深圳南山图书馆	240021
47	广东省广州少儿图书馆	550000	35	浙江省萧山市萧山图书馆	239804
48	河南省洛阳市图书馆	545361	36	江苏省海安县图书馆	237920
49	广东省佛山市图书馆	538263	37	陕西省咸阳市秦都区图书馆	234800
50	辽宁省辽阳市图书馆	536380	38	江苏省吴江市图书馆	229284
	三、县市级公共图书馆		39	四川省西昌市图书馆	226363
1	湖北省江岸区武汉图书馆	1549104	40	广西博白县图书馆	222190
2	广东省四会市图书馆	1221000	41	河南省商丘市粱园区图书馆	220000
3	江苏省常熟市图书馆	650618	42	四川省简阳市图书馆	218074
4	湖北省恩施州图书馆	636095	43	广东省番禺市图书馆	217382
5	湖北省武汉市少儿图书馆	517524	44	山东省滕州市图书馆	214830
8	上海市崇明县图书馆	392162	45	广东省普宁市图书馆	212000
9	广东省新会市图书馆	360000	46	重庆市开县图书馆	211970
11	浙江省临海市图书馆	330000	47	陕西省延安市中山图书馆	211000
12	广东省南海市图书馆	329000	48	江苏省武进市图书馆	210839
13	江苏省江宁县图书馆	328649	49	江苏省昆山市图书馆	209891
14	山东省平度市图书馆	318990	50	福建省龙岩市图书馆	207075
15	宁夏固原县图书馆	312491			

全国公共图书馆分级别按外借册次排序

单位:千册次

名次	单位名称	外借册次
	一、省级公共图书馆	
1	上海图书馆	1677
2	辽宁省图书馆	1311
3	山东省图书馆	974
4	重庆市少年儿童图书馆	772
5	浙江图书馆	685
6	天津图书馆	612
7	湖北省图书馆	573
8	天津市少年儿童图书馆	548
9	河南省图书馆	521
10	湖南图书馆	511
11	福建省图书馆	503
12	广东省中山图书馆	474
13	河北省图书馆	454
14	上海市少儿图书馆	432
15	广西桂林图书馆	385
16	四川省图书馆	380
17	湖南省少年儿童图书馆	364
18	江苏省南京图书馆	348
19	北京市首都图书馆	332
20	广西自治区图书馆	328
21	山西省图书馆	289
22	宁夏图书馆	259
23	甘肃省图书馆	242
24	云南省图书馆	236
25	新疆自治区图书馆	235
26	江西省图书馆	202
27	陕西省图书馆	180
28	吉林省图书馆	173
29	黑龙江省图书馆	169
30	青海省图书馆	168
31	内蒙古图书馆	149
32	重庆市图书馆	144
33	安徽省图书馆	141
34	北京市少年儿童图书馆	107
35	贵州省图书馆	81
36	广西少年儿童图书馆	61
	二、地市级公共图书馆	
1	福建省厦门市图书馆	2525
2	广东省广州图书馆	1227
3	浙江省温州市少年儿童图书馆	1068
4	江苏省无锡市图书馆	920
5	黑龙江省哈尔滨市图书馆	897
7	宁夏银川市图书馆	863
8	安徽省铜陵市图书馆	821
9	辽宁省大连市图书馆	805
10	上海市卢湾区图书馆	733
11	江苏省苏州市图书馆	719
12	广西南宁市图书馆	714
13	江苏省徐州市图书馆	672
14	吉林省长春市图书馆	628
15	云南省玉溪市图书馆	544
16	浙江省温州市图书馆	530
17	辽宁省沈阳市儿童图书馆	528
18	上海市闵行区图书馆	523
19	河南省郑州市图书馆	508
20	重庆市江北区图书馆	492
21	江苏省南京市金陵图书馆	474
22	上海市嘉定区图书馆	462
23	辽宁省沈阳市图书馆	452
24	上海市杨浦区少儿图书馆	451
25	辽宁省大连市少年儿童图书馆	424
26	云南省昆明图书馆	412
27	浙江省杭州图书馆	398
28	广东省广州少年儿童图书馆	390
29	广东省潮州市谢慧如图书馆	382

全国公共图书馆分级别按外借册次排序

单位：千册次

名次	单位名称	外借册次	名次	单位名称	外借册次
30	北京市西城区图书馆	381	14	广东省黄埔区图书馆	343
31	广东省东莞市图书馆	380	15	广东省顺德市图书馆	339
32	北京市东城区图书馆	370	16	广东省番禺市番禺区图书馆	310
33	福建省福州市图书馆	370	17	陕西省汉中市汉台区图书馆	310
34	上海市浦东新区川沙图书馆	366	18	上海市崇明县图书馆	307
35	广西钦州市图书馆	365	19	重庆市长寿县图书馆	306
36	湖北省黄石市图书馆	360	20	黑龙江省肇州县图书馆	301
37	广东省江门市五邑图书馆	352	22	浙江省永加县图书馆	280
38	江苏省镇江市图书馆	339	23	云南省楚雄市图书馆	280
39	重庆市涪陵区少儿图书馆	339	24	湖北省江岸区武汉图书馆	274
40	北京市西城少儿图书馆	338	25	辽宁省旅顺口区图书馆	273
41	北京市海淀区图书馆	329	26	浙江省临海市图书馆	271
42	上海市黄浦区图书馆	325	27	福建省上杭县图书馆	271
43	浙江省绍兴图书馆	320	28	四川省绵竹市图书馆	271
44	上海市南市区图书馆	315	29	江西省于都县图书馆	265
45	上海市闸北区图书馆	310	30	上海市南汇县图书馆	263
47	河南省安阳市图书馆	300	31	重庆市石柱县图书馆	258
48	北京市崇文区图书馆	295	32	江苏省宿迁市宿城区图书馆	256
49	云南省楚雄彝族州图书馆	294	35	江苏省江阴市图书馆	250
50	湖南省株洲市图书馆	289	37	广东省罗湖区图书馆	243
	三、县市级公共图书馆		38	广东省花都市图书馆	240
1	浙江省象山县图书馆	1161	39	广东省南海市图书馆	240
3	河北省晋州市图书馆	900	40	上海市奉贤县图书馆	238
4	河南省夏邑县图书馆	720	41	江苏省张家港市图书馆	220
5	辽宁省沈阳市和平区图书馆	648	42	辽宁省甘井子区图书馆	219
6	湖北省枣阳市图书馆	562	43	江苏省常熟市图书馆	218
7	吉林省梅河口市图书馆	516	44	浙江省椒江市椒江区图书馆	217
8	安徽省青阳县图书馆	400	45	辽宁省普兰店市图书馆	210
9	广东省新会市图书馆	389	46	广东省台山市图书馆	210
10	浙江省宁海县图书馆	380	47	广东省深圳南山图书馆	201
11	宁夏贺兰县图书馆	370	48	江苏省大丰市图书馆	200
12	江苏省启东市图书馆	359	49	湖北省石首市图书馆	200
13	江西省贵溪市图书馆	355	50	新疆鄯善县图书馆	200

全国公共图书馆分级别按购书费占总支出比重排序

单位：%

名次	单位名称	购书费占总支出比重	名次	单位名称	购书费占总支出比重
	一、省级公共图书馆		33	新疆维图书馆	5.6
1	上海图书馆	57.2	34	宁夏图书馆	3.6
2	湖北省图书馆	35.7	35	辽宁省图书馆	0.0
3	江苏省南京图书馆	34.2	36	广西少年儿童图书馆	0.0
4	天津图书馆	33.6		**二、地市级公共图书馆**	
5	甘肃省图书馆	32.6	1	河北省石家庄市少儿图书馆	99.9
6	山西省图书馆	30.6	2	福建省福州市图书馆	66.1
7	广西自治区图书馆	28.5	3	安徽省合肥市少儿图书馆	65.9
8	河北省图书馆	27.7	4	湖北省孝感市图书馆	44.1
9	广东省中山图书馆	27.2	5	福建省南平市图书馆	43.0
10	北京市少年儿童图书馆	26.9	6	四川省绵阳市图书馆	40.9
11	广西桂林图书馆	24.9	7	辽宁省铁岭市儿童图书馆	40.6
12	黑龙江省图书馆	24.8	8	福建省福州市少儿图书馆	40.1
13	浙江图书馆	24.4	9	河南省濮阳市图书馆	38.8
14	北京市首都图书馆	24.0	10	广东省广州少儿图书馆	36.4
15	山东省图书馆	23.3	11	广东省茂名市图书馆	35.2
16	吉林省图书馆	22.5	12	江苏省苏州市图书馆	34.1
17	重庆市图书馆	22.1	13	山东省青岛市图书馆	33.8
18	福建省图书馆	21.3	14	辽宁省大连市少儿图书馆	33.6
19	云南省图书馆	20.9	15	云南省丽江地区图书馆	33.5
20	四川省图书馆	20.1	16	安徽省铜陵市图书馆	32.9
21	湖南图书馆	19.4	17	湖北省随州市图书馆	32.8
22	天津市少年儿童图书馆	18.8	18	重庆市黔江县图书馆	31.7
23	上海市少儿图书馆	17.9	19	广东省湛江市图书馆	31.3
24	安徽省图书馆	17.6	20	湖北省黄冈市图书馆	31.1
25	江西省图书馆	16.2	21	安徽省合肥市图书馆	30.4
26	重庆市少年儿童图书馆	16.2	22	福建省泉州市图书馆	30.2
27	贵州省图书馆	14.9	23	浙江省绍兴图书馆	30.1
28	青海省图书馆	12.9	25	广东省湛江市少儿图书馆	29.6
29	陕西省图书馆	11.9	26	吉林省长春市少儿图书馆	29.5
30	湖南省少年儿童图书馆	11.5	27	宁夏石嘴山市图书馆	29.4
31	内蒙古图书馆	11.0	28	广东省中山市图书馆	28.2
32	河南省图书馆	10.5	29	天津市河东区少儿图书馆	28.1

全国公共图书馆分级别按购书费占总支出比重排序

单位:%

名次	单位名称	购书费占总支出比重	名次	单位名称	购书费占总支出比重
30	广东省广州图书馆	27.9	12	广西那坡县图书馆	46.5
31	河南省三门峡市图书馆	27.5	13	四川省绵竹市图书馆	46.0
32	江苏省无锡市图书馆	27.3	14	四川省江安县图书馆	46.0
33	广西南宁市图书馆	27.3	15	黑龙江省塔河县图书馆	45.4
34	北京市石景山少儿图书馆	27.1	17	广东省阳东县图书馆	44.8
35	河南省安阳市少儿图书馆	26.8	18	山东省曲阜市图书馆	44.5
36	辽宁省铁岭市图书馆	26.4	20	广东省清新县图书馆	43.0
37	广东省东莞市图书馆	25.8	21	河北省馆陶县图书馆	41.6
38	吉林省长春市图书馆	25.6	22	山东省淄博市周村区图书馆	40.5
39	四川省成都市图书馆	25.6	23	广东省越秀区图书馆	40.4
40	贵州省贵阳市图书馆	25.6	24	广东省龙川县图书馆	39.0
41	广东省河源市图书馆	25.5	26	重庆市武隆县图书馆	38.4
42	江苏省南京市金陵图书馆	25.4	27	福建省厦门市思明区图书馆	38.2
43	新疆巴音郭楞蒙古州图书馆	25.3	28	广西西林县图书馆	38.1
44	陕西省咸阳图书馆	24.4	29	辽宁省文圣区图书馆	37.4
45	湖北省黄石市图书馆	24.3	30	浙江省慈溪市图书馆	37.3
46	辽宁省沈阳市图书馆	24.0	31	广东省仁化县图书馆	36.3
47	辽宁省鞍山市少儿图书馆	23.1	32	四川省崇州市图书馆	36.3
48	重庆市市中区图书馆	23.0	33	河北省深泽县图书馆	35.9
49	浙江省宁波市图书馆	22.9	34	黑龙江省南岗区图书馆	35.8
50	北京市顺义区图书馆	22.6	35	江苏省南京市白下区图书馆	34.9
	三、县市级公共图书馆		36	云南省昆明市西山区图书馆	34.4
1	山西省太原市尖草坪区图书馆	76.9	37	湖北省武汉市青山区图书馆	34.0
2	浙江省龙湾区图书馆	61.9	38	湖南省汝城县图书馆	33.9
3	江苏省无锡市郊区图书馆	57.6	39	内蒙古杭锦旗图书馆	33.3
4	山西省繁峙县图书馆	56.0	40	黑龙江省五营区图书馆	33.3
5	海南省陵水县图书馆	54.9	42	辽宁省中山区图书馆	32.2
6	山西省大同市南郊区图书馆	51.7	43	云南省普洱县图书馆	31.9
7	河北省桥西区图书馆	49.9	44	江西省新余市渝水区图书馆	31.8
8	黑龙江省南岔区图书馆	49.9	45	辽宁省锦州市古塔区图书馆	31.5
9	贵州省晴隆县图书馆	49.9	46	湖北省京山县图书馆	31.5
10	广东省雷州市李纪妙图书馆	47.8	47	黑龙江省嫩江县图书馆	31.2
11	山西省离石市图书馆	47.5	49	广东省荔湾区图书馆	31.1

全国公共图书馆分级别按经费自给率排序

单位:%

名次	单位名称	经费自给率
	一、省级公共图书馆	
1	重庆市少年儿童图书馆	51.7
2	湖南省少年儿童图书馆	41.1
3	福建省图书馆	39.1
4	湖南图书馆	32.7
5	广西自治区图书馆	26.8
6	广东省中山图书馆	26.7
7	浙江图书馆	25.4
8	上海市少儿图书馆	25.2
9	安徽省图书馆	25.2
10	新疆图书馆	24.2
11	天津市少年儿童图书馆	23.0
12	云南省图书馆	21.3
13	江西省图书馆	21.2
14	贵州省图书馆	19.9
15	重庆市图书馆	19.9
16	河北省图书馆	16.5
17	湖北省图书馆	16.0
18	天津图书馆	15.1
19	辽宁省图书馆	14.9
20	青海省图书馆	14.7
21	四川省图书馆	13.9
22	河南省图书馆	11.8
23	江苏省南京图书馆	11.7
24	上海图书馆	11.0
25	山西省图书馆	10.1
26	广西桂林图书馆	10.0
27	北京市首都图书馆	5.8
28	内蒙古图书馆	4.6
29	吉林省图书馆	4.5
30	山东省图书馆	3.7
31	甘肃省图书馆	3.7
32	黑龙江省图书馆	2.0
33	陕西省图书馆	1.6
34	北京市少年儿童图书馆	0.3
35	广西少年儿童图书馆	0.0
36	宁夏图书馆	0.0
	二、地市级公共图书馆	
1	重庆市巴南区图书馆	81.6
2	安徽省合肥市少儿图书馆	71.3
3	广东省揭阳市榕城区图书馆	71.2
4	重庆市南岸区图书馆	64.3
5	天津市南开区少年儿童图书馆	55.0
6	天津市河北区少儿馆	53.9
7	湖南省湘潭市少儿图书馆	53.2
8	河南省信阳市图书馆	52.3
9	浙江省嘉兴市图书馆	50.7
10	浙江省湖州市图书馆	50.4
11	上海市普陀区少儿图书馆	49.4
12	上海市长宁区图书馆	46.1
13	山东省泰安市图书馆	45.6
14	北京市东城区图书馆	44.1
15	天津市河北区图书馆	44.0
16	天津市河东区图书馆	43.8
17	浙江省绍兴图书馆	42.6
18	湖北省黄石市图书馆	39.8
19	上海市徐汇区图书馆	39.4
20	江苏省南通市少儿图书馆	38.3
21	贵州省贵阳市图书馆	38.0
22	云南省昆明图书馆	37.8
23	上海市普陀区图书馆	36.5
24	天津市红桥区图书馆	36.3
25	重庆市大渡口图书馆	35.6
26	湖南省邵阳市松坡图书馆	35.3
27	北京市石景山图书馆	34.6
28	天津市红桥区少儿图书馆	34.6
29	广东省湛江市少儿图书馆	34.1
30	北京市西城少儿图书馆	33.4

全国公共图书馆分级别按经费自给率排序

单位:%

名次	单位名称	经费自给率	名次	单位名称	经费自给率
31	上海市闸北区图书馆	31.6	16	江苏省南京市建邺区图书馆	76.1
32	安徽省淮北市图书馆	30.5	17	辽宁省沈阳市和平区图书馆	72.0
33	重庆市南桐区图书馆	30.0	19	江苏省宿迁市宿城区图书馆	68.6
35	湖北省随州市图书馆	29.6	20	湖北省监利县图书馆	67.7
36	北京市海淀区图书馆	29.5	21	四川省朝天区图书馆	65.6
37	北京市崇文区图书馆	29.4	22	云南省马关县图书馆	64.8
38	重庆市北碚区图书馆	29.4	23	江苏省无锡市南长区图书馆	61.8
39	天津市北辰区少儿图书馆	29.1	24	湖南省平江县图书馆	61.6
40	上海市杨浦区延吉图书馆	28.7	25	湖南省炎陵县图书馆	61.0
41	上海市闵行区图书馆	28.3	26	河北省玉田县图书馆	60.6
42	重庆市沙坪坝图书馆	27.9	27	浙江省临安县图书馆	60.5
43	江苏省常州市图书馆	27.7	28	广东省新丰县图书馆	59.9
44	广西贵港市图书馆	27.7	29	重庆市潼南县图书馆	59.3
45	四川省南充市图书馆	27.6	30	安徽省旌德县图书馆	59.1
46	浙江省杭州图书馆	27.5	31	天津市蓟县图书馆	58.0
47	新疆喀什地区图书馆	27.5	32	广东省雷州市李纪妙图书馆	57.4
48	浙江省衢州市图书馆	27.4	33	湖北省沙洋县图书馆	57.1
49	山西省阳泉市图书馆	27.2	35	江苏省句容市图书馆	55.4
50	重庆市江北区图书馆	27.1	36	吉林省安图县图书馆	55.1
	三、县市级公共图书馆		37	广西巴马瑶族自治县图书馆	54.4
1	广东省清城区图书馆	532.1	38	湖北省孝南区图书馆	54.3
2	湖北省蕲春县中医药图书馆	274.8	39	湖南省绥宁县图书馆	54.3
3	浙江省金华县图书馆	223.6	40	湖北省安陆市图书馆	53.1
4	江西省崇义县图书馆	148.4	41	江苏省江都市图书馆	52.6
5	安徽省铜陵县图书馆	99.9	42	沈阳市皇姑区少儿图书馆	52.4
6	湖南省岳阳县图书馆	99.9	43	湖北省罗田县图书馆	52.4
7	四川省南溪县图书馆	99.9	44	安徽省太湖县图书馆	52.3
9	甘肃省庆阳县图书馆	99.9	45	广东省高州市图书馆	52.2
10	陕西省留坝县图书馆	99.8	46	湖北省嘉鱼县图书馆	51.4
11	湖北省荆州市荆州区图书馆	92.7	47	河北省丰宁县图书馆	51.3
12	福建省云霄县图书馆	90.3	48	河南省睢县图书馆	51.2
13	湖北省洪湖市图书馆	87.4	49	福建省福州市台江区图书馆	50.9
14	湖南省溆浦县图书馆	79.7	50	四川省岳池县图书馆	50.9
15	江苏省盐城图书馆	78.0			

全国其他文化产业(企业)按劳动生产率排序

单位:元/人

名次	单位名称	劳动生产率	名次	单位名称	劳动生产率
1	广东省深圳特区图书贸易中心	553.6	26	天津泥人张彩塑工作室经营部	111.9
2	江苏省南京东方康乐园有限公司	499.0	27	浙江省海盐县电器工贸公司	110.8
3	上海星际投资发展有限公司	463.6	28	浙江省杭州国美饭店	107.6
4	北京中演文化娱乐公司	454.9	29	北京中演客货运输代理公司	105.4
5	上海市好运城娱乐有限公司	391.1	30	北京图书馆出版社	104.0
6	浙江省慈溪东方娱乐发展有限公司	386.1	31	福建省福州闽影磁头有限公司	103.3
7	中演环球艺术制作有限公司	341.1	32	中央青艺东单大酒店	102.0
8	中国儿童艺术剧院舞台电子服务部	310.9	33	北京图书馆服务公司	101.7
9	广东省深圳文化企业发展公司	307.4	34	天津市文化艺术音像出版社	96.2
10	上海市创导广告有限公司	229.5	35	中演北京中端装饰工程有限公司	93.5
11	上海市美术设计公司浦东分公司	215.3	36	上海市埃迪霓虹电器有限公司	93.0
12	上海故事杂志社	213.5	37	上海市上海南方文化发展有限公司	92.4
13	黑龙江省文化印刷厂	205.9	38	江苏省扬州广陵书社	91.2
14	广东省深圳市电影发行中心	203.5	39	四川省成都市演出公司器材经营部	90.3
15	北京图新技术开发总公司	195.2	40	辽宁省金州区新华书店	89.4
16	浙江省余杭市装璜广告公司	168.2	41	广东省深圳市文化娱乐交流中心	89.2
17	江苏省张家港市家用纺织品进出口公司	164.5	42	江苏省沸点广告传播公司	88.3
18	上海明园贸易有限公司	160.8	43	江苏省苏州市文化局房管站	84.6
19	广东省广州市美术公司	154.5	45	安徽省文华园招待所	83.2
20	广东省演出公司	147.7	46	北京中演东方营销策划有限公司	83.1
21	广东省深圳南国影联股份有限公司	142.0	47	浙江省宁波市北仑海晨艺都	81.3
22	广东音像出版社	138.0	48	福建省厦门艺术广告公司	80.6
24	广东省深圳市新华书店	119.3	49	上海雅集艺术品有限公司	79.3
25	浙江省杭州奥星钟表眼镜公司	113.4	50	上海宏华实业总公司	78.2

全国其他文化产业(企业)按利润排序

单位:千元

名次	单位名称	利润	名次	单位名称	利润
1	广东省深圳市新华书店	14 265	26	浙江省余杭市装璜广告公司	282
2	中演环球艺术制作有限公司	8 028	27	浙江省宁波市天一阁古建筑维修有限公司	282
3	北京中演文化娱乐公司	3 845	28	上海故事杂志社	271
4	广东省深圳南国影联股份有限公司	3 513	29	江苏省张家港市家用纺织品进出口公司	256
5	广东省深圳特区图书贸易中心	2 489	30	青海省博源古代建筑股份合作公司	242
6	广东省广州市美术公司	1 237	31	中央青艺东单大酒店	237
7	上海市黄浦区黄艺呢绒公司	1 208	32	江苏省苏州市演出管理处	226
8	广东音像出版社	1 067	33	上海市三彩艺术发展公司(美术馆)	202
9	广东省广州市演出公司	1 052	34	江苏省南京优美复印机设备公司	200
10	上海明园贸易有限公司	1 011	35	河北省新闻图片社	199
11	广东省深圳市电影发行中心	1 011	36	重庆市艺光机械塑料厂	198
12	江苏省通州市文化产业办公室	823	37	天津泥人张彩塑工作室经营部	193
13	广东省演出公司	819	38	江苏省南京市美术公司	191
14	北京中演客货运输代理公司	712	39	浙江省慈溪新都娱乐有限公司	183
15	福建省闽艺贸易有限公司	602	40	广东省徐闻县文化城	178
16	辽宁省金州区新华书店	493	41	北京文化艺术音像出版社	170
17	宁夏银川市新华书店	384	42	天津市文化艺术音像出版社	166
18	中央北京图书馆出版社	370	43	济南市文化局房产管理修建公司	166
19	辽宁省庄河市新华书店	361	44	重庆市沙坪坝文化实业开发公司	161
20	湖北省电影总公司	353	45	浙江幻灯制片厂	156
21	云南省文化物资供应站	341	46	湖北省枣阳市文化招待所	150
22	北京图新技术开发总公司	340	47	北京远东文化经济开发总公司	148
23	福建省电影机械厂	313	48	吉林省白城市白城翠玉斋文物店	141
24	四川省达川市荷华坛美容美发厅	300	49	安徽省文华园招待所	124
25	黑龙江省文化印刷厂	287	50	湖北省沙洋县影视发展总公司	115

全国其他文化产业(企业)按应付各种费用排序

单位:千元

名次	单位名称	应付各种费用	名次	单位名称	应付各种费用
1	广东省深圳市新华书店	13 183	26	中央青艺东单大酒店	595
2	中演环球艺术制作有限公司	6 745	27	浙江省杭州市美术总公司	558
3	江苏通艺广告装饰公司	3 507	28	湖北省电影总公司	551
4	广东省广州市美术公司	2 693	29	江苏省苏州市演出管理处	528
5	广东省演出公司	2 251	30	中演文化娱乐公司	527
6	广东省深圳南国影联股份有限公司	2 193	31	上海市美术设计公司浦东分公司	523
7	广东省深圳博雅艺术公司	1 894	32	上海市埃迪霓虹电器有限公司	512
8	广东省广州市演出公司	1 850	33	浙江幻灯制片厂	507
9	上海市黄浦区黄艺呢绒公司	1 681	34	广东省深圳文化企业发展公司	501
10	江苏省南京市美术公司	1 649	35	陕西省西安市儿童影剧院	498
11	江苏省通州市文化产业办公室	1 642	36	北京市电影器材公司	489
12	广东省友谊文化合作公司	1 555	37	福建省省幻灯制片厂	468
13	宁夏银川市新华书店	1 499	38	山东省青岛市广告公司	462
14	福建富华电子有限公司	1 495	39	广东省广州文化器材公司	458
15	中央北京图书馆出版社	1 421	40	上海明园贸易有限公司	439
16	辽宁省金州区新华书店	1 267	41	重庆艺光机械塑料厂	431
17	福建省福州闽影磁头有限公司	1 242	42	福建省电影公司	399
18	河北省新闻图片社	1 170	43	江苏沸点广告传播公司	393
19	北京文化艺术音像出版社	1 120	44	天津泥人张彩塑工作室经营部	371
20	广东省深圳特区图书贸易中心	1 022	45	江苏省苏州市文化局房管站	356
21	重庆电影公司	930	46	上海市宝松美术广告公司	355
22	福建闽艺贸易有限公司	867	47	重庆市市美术公司	345
23	辽宁省庄河市新华书店	766	48	天津市舞台设备厂	341
24	中演客货运输代理公司	738	49	天津杨柳青文化发展公司	339
25	湖北省黄石市文化艺术公司	720	50	云南文化商务发展有限公司	337

全国其他文化产业(企业)按上交主办单位数排序

单位:千元

名次	单位名称	上交主办单位数	名次	单位名称	上交主办单位数
1	天津市和平文化宫娱乐中心	940	27	江苏省南京优美复印机设备公司	70
2	天津人艺大厦	700	28	浙江省杭州时代公关礼仪公司	65
3	北京图书馆服务公司	615	29	浙江省杭州蓝图综合经营部	62
4	天津市文化艺术品公司	600	30	天津市文化艺术音像出版社	60
5	上海明园贸易有限公司	430	31	黑龙江省文化印刷厂	60
6	江苏省江宁县锡剧团助剂厂	387	32	黑龙江省哈尔滨市文发家俱制造厂	60
7	江苏省张家港市家用纺织品进出口公司	350	33	江苏省南京书画院服务部	60
8	上海故事杂志社	271	34	吉林省戏剧创作评论室电脑打印部	55
9	河北省摄影发展总公司	180	35	江苏省扬州广陵书社	53
10	浙江省杭州华艺贸易公司	160	36	内蒙古文化图片社	50
11	上海宏华实业总公司	150	37	江苏文化音像出版社	50
12	江苏省文华演出器材公司	150	38	湖南省益阳市湘中电子元件厂	50
13	江苏省吴江市图书馆文化用品服务部	150	39	广东省深圳市电影发行中心	50
14	四川省攀枝花市鸿运娱乐公司	129	40	上海市崇明县摄影图片社	41
15	上海市崇明县伟达百货商行	120	41	广西百色地区百花园招待所	41
16	江苏省美术馆艺术服务部	117	42	江苏省苏州市文化艺术用品厂	40
17	江苏省苏州市华夏实业总公司	115	43	江苏省苏州市文化经济发展总公司	40
18	上海市崇明县县明宝商场	113	44	湖北省枣阳市文化招待所	40
19	山西省华艺实业总公司	100	45	湖北省宜城市文华实业总公司	40
20	江苏省苏州市文化国际旅行社	100	46	江苏省徐州市电影剧场公司招待所	38
21	广东省东莞市广告公司	95	47	天津市古文化街天妃文化艺术总汇	36
22	吉林市朝鲜族艺术馆文化娱乐站	93	48	浙江省德清县美术装潢广告公司	36
24	四川省成都市演出公司器材经营部	80	49	江苏省盐城胜利剧场招待所	35
25	北京中歌时装研制中心	78	50	黑龙江省舞台艺术电子工厂	34
26	北京图书馆出版社	74			

全国群众文化业按经营收入排序

单位：千元

名次	单位名称	经营收入	名次	单位名称	经营收入
1	重庆市沙坪坝文化馆	9 863	26	湖北省钟祥市文化馆	256
2	上海市虹口区曲阳文化馆	3 760	27	吉林省德惠市文化馆	244
3	重庆市北碚区文化馆	2 011	28	云南省澄江县文化馆	240
4	北京市西城区文化馆	1 958	29	河北省承德市群艺馆	230
5	湖北省武汉市群众艺术馆	1 168	30	山东省淄博市张店区文化馆	228
6	湖北省黄石市群众艺术馆	1 100	31	重庆市长寿县文化馆	225
7	浙江省嘉兴市群众艺术馆	792	32	四川省合江县文化馆	223
8	四川省成都艺术中心	730	33	江苏省常州市戚墅堰区文化馆	220
9	辽宁省沈阳市朝鲜族文化馆	667	34	四川省绵竹市文化馆	218
10	上海市闸北区彭浦文化馆	554	35	江苏省海门市文化馆	210
11	浙江省台州市黄岩区文化馆	482	36	辽宁省盘锦市群众艺术馆	203
12	上海市奉贤县文化馆	406	37	山东省青岛市市南区文化馆	186
13	福建省福清市文化馆	352	38	宁夏群众艺术馆	186
14	湖北省长阳县文化馆	350	39	湖南省临武县文化馆	173
15	北京市密云县文化馆	346	40	湖北省宜都市文化馆	168
16	湖南省湘潭市岳塘文化馆	345	41	湖北省襄樊市群众艺术馆	168
17	湖北省桥口区文化馆	336	42	云南省宁蒗县文化馆	163
18	山西省群众艺术馆	329	43	福建省浦城县文化馆	160
19	天津市塘沽区文化馆	324	44	湖南省湘乡市文化馆	160
20	广东省台山市文化馆	300	45	四川省隆昌县文化馆	160
21	湖南省南县文化馆	298	46	福建省厦门市群众艺术馆	159
22	吉林市群众艺术馆	289	47	重庆市开县文化馆	159
23	江苏省连云港市群众艺术馆	282	48	浙江省慈溪市文化馆	158
24	辽宁省锦州市群众艺术馆	274	49	河南省武陟县文化馆	154
25	广西北海市群众艺术馆	261	50	浙江省群艺馆	151

全国群众文化业按经费自给率排序

单位：千元

名次	单位名称	经费自给率	名次	单位名称	经费自给率
1	陕西省蓝田县文化馆	1 272.6	27	上海市杨浦区九颂文化馆	101.1
2	西藏错那县文化馆	348.2	28	上海市闸北区彭浦文化馆	100.5
3	西藏扎达县文化馆	333.1	29	内蒙古东乌珠穆沁旗文化馆	99.9
4	广西合山市文化馆	326.0	30	吉林省辽源市西安区文化馆	99.9
5	浙江省金华县文化馆	223.2	31	上海市普陀区真如文化馆	99.9
7	浙江省武义县文化馆	135.3	32	上海市普陀区桃浦文化馆	99.9
8	西藏普兰县文化馆	133.2	33	河南省洛阳市洛龙区文化馆	99.9
9	西藏日土县文化馆	124.9	34	河南省商城县汤泉池文化分馆	99.9
10	西藏尼马县文化馆	121.7	35	湖北省江陵县文化馆	99.9
11	江苏省常州市戚墅堰区文化馆	121.1	36	湖北省来凤县文化馆	99.9
12	安徽省合肥市东市区文化馆	120.5	37	广东省陆河县文化局	99.9
13	湖南省岳阳县文化馆	119.9	38	四川省南溪县文化馆	99.9
14	上海市杨浦区九歌文化馆	114.0	39	西藏自治区扎朗县文化馆	99.9
16	四川省成都艺术中心	105.0	40	陕西省咸阳市渭城区文化馆	99.9
17	内蒙古土左旗文化馆	104.5	42	山西省迎泽县文化馆	98.5
18	江苏省江阴市文化馆	104.4	43	山东省文登市文化馆	98.4
19	上海市虹口区文化馆	104.3	44	上海市普陀区甘泉文化馆	94.8
20	上海市杨浦区九赋文化馆	103.3	45	上海市杨浦区鞍山文化馆	94.8
21	湖南省湘潭市岳塘文化馆	102.9	46	上海市徐汇区文化馆	93.1
22	上海市静安区文化馆	102.6	47	浙江省海曙区文化馆	92.9
23	重庆市沙坪坝文化馆	102.2	48	湖北省石首市新厂文化馆	92.0
24	上海市徐汇区宛南文化馆	102.1	49	江苏省扬州市郊区文化馆	91.9
25	北京市怀柔县汤口文化馆	101.9	50	上海市杨浦区延吉文化馆	91.3
26	上海市杨浦区文化馆	101.6			

全国文化市场经营单位按劳动生产率排序

单位:元/人

名次	单位名称	劳动生产率	名次	单位名称	劳动生产率
1	广东省深圳为食欢乐城有限公司	69 471	26	上海南新雅大酒店	1 941
2	河北省郊区瑞普音像店	67 873	27	黑龙江省鸡西市卓越电脑	1 922
3	广东省深圳市大富豪歌舞厅	15 669	28	黑龙江省哈尔滨市秦淮酒店	1 890
4	上海市浦东新区顾路影剧院	12 645	29	黑龙江省哈尔滨市高阳园娱乐有限	1 791
5	广东省南海市桂城风彩投影厅	11 444	30	黑龙江省哈尔滨市烧鹅佬美食城	1 691
6	广东省汕头市金山旅游实业有限公司	11 381	31	辽宁省中山区四川豆花饭庄	1 690
7	广东省南海市松岗康乐机室	6 965	32	广东省南海市明珠音像店	1 633
8	广东省佛山市石湾影剧院	5 644	33	广东省南海市金都大酒店	1 554
9	广东省深圳市红番区娱乐有限公司	3 676	34	上海市景雅娱乐有限公司	1 499
10	上海佳华歌舞厅有限公司	3 662	35	黑龙江省鸡西市宏大电脑	1 486
11	广东省南海市丹灶仙湖娱乐俱乐部	3 413	36	贵州省黔南州大礼堂投影厅	1 354
12	广东省南海市永安电子游戏机室	3 118	37	黑龙江省哈尔滨市波特曼西餐厅	1 343
13	广东省达产通讯公司皇岗口岸门市部	3 082	38	黑龙江省哈尔滨市黑天鹅名人俱乐部	1 248
14	浙江省江干区杭州明月书店	2 987	39	云南省安宁市郁金香卡拉 OK 厅	1 244
15	广东省南海市官窑侨苑大酒店	2 546	40	黑龙江省哈尔滨市东方保龄球有限公司	1 201
16	上海浦东新区绿珠卡拉喔凯厅	2 487	41	四川省金牛区恒申度假村	1 147
17	省哈尔滨市千手佛国际休闲俱乐部	2 338	42	广东省宝安区宝安新华深科技书店	1 129
18	山东省威海市环翠区威海甲午海战馆	2 265	43	广东省深圳投影录像供片精彩租赁店	1 119
19	黑龙江省滴道区永业游戏厅	2 189	44	广东省福田区南华娱乐城	1 112
20	河北省郊区一笑茶园	2 113	45	河北省郊区鹏华茶座	1 096
21	上海浦东百灵鸟卡拉喔凯厅	2 076	46	浙江省温州市雪山饭店	1 041
22	北京聚福全商贸中心	2 001	47	深圳中电新科图公司中电第一分店	1 019
23	云南省西山区云达电子游戏室	1 995	48	广东省深圳市开卷图书贸易有限公司	1 009
24	广东省南海市桂城吉祥音像店	1 980	49	重庆市巴南区陈付仕电游室	1 006
25	云南省大理县亚星大饭店	1 953	50	重庆市巴南区浪琴酒吧厅	1 003

全国文化市场经营单位按利润排序

单位：千元

名次	单位名称	利润	名次	单位名称	利润
1	广东省深圳茂业商厦有限公司	65 842	25	广东省观兰供销社观兰酒店	5 394
2	广东省深圳茂业商厦有限公司	65 542	26	广东省深圳市深房百货有限公司	5 293
3	上海市浦东新区顾路影剧院	40 000	27	福建省福州市永德信保龄球馆有限公司	5 253
4	广东省南海市盐步凯旋门卡拉 OK	29 000	28	湖南省怀化市锦溪宾馆	5 000
5	深圳市富苑置地有限公司富苑酒店	24 326	29	陕西省富平县盛源大酒店	4 870
6	广东省汕头市金山旅游实业有限公司	23 410	30	广东省福田区云鹏大酒店中餐厅	4 839
7	上海太阳岛国际俱乐部有限公司	17 113	31	福建省厦门宝龙娱乐有限公司	4 467
8	深圳市新华书店深圳书城购书中心	16 362	32	黑龙江省哈尔滨市千手佛国际休闲俱乐部	4 344
9	重庆市渝中区重庆银河大酒店	15 107	33	广东省番禺市番禺飞图梦幻影有限公司	4 317
10	广东省深圳市新华书店	9 609	34	广东省深圳市廷苑有酒店有限公司	4 282
11	广东省深圳茂业和平商厦有限公司	9 241	35	四川省什邡市四川金桥酒店有限公司	4 196
12	广东省深圳茂业和平商厦有限公司	9 241	36	黑龙江省大庆市新华书店	4 059
13	广东省湛江市开发区中国城文化娱乐美食中心	9 137	37	广东省福田区本色酒吧	4 000
14	安徽省滁州市天长印刷厂	9 000	38	上海第一智乐有限公司罗杰娱乐室	3 977
15	广东省达产通讯公司皇岗口岸门市部	7 592	39	广东省揭阳市特美思大酒店有限公司	3 961
16	广东省电白县水东镇华宇大酒家	7 400	40	内蒙古包头市邮电大厦堡龄球馆	3 875
17	辽宁省沈阳华新夏宫经理公司	6 731	41	上海巾帼园有限公司	3 750
18	广东省南海市黄岐金萍果酒城	6 558	42	江苏省苏州市西部飚歌城	3 711
19	上海协通大酒店有限公司	6 177	43	黑龙江省哈尔滨市秦淮酒店	3 642
20	湖南省怀化市金苑宾馆	6 000	44	广东省深圳市图书发行公司	3 638
21	云南省西山区云达电子游戏室	6 000	45	西安市莲湖区福兴娱乐城	3 600
22	重庆市江津市新华书店	5 612	46	广东省华侨城海景酒店有限公司	3 589
23	佛山市珠江饮食有限公司珠江大酒店	5 561	47	中国嘉德广州国际拍卖有限公司	3 520
24	西安市碑林区立丰帝豪歌剧院	5 500	48	广东省东莞市聚富溜冰場	3 430

全国文化市场经营单位按应付各种费用排序

单位：千元

名次	单位名称	应付各种费用	名次	单位名称	应付各种费用
1	广东省深圳市红番区娱乐有限公司	296 977	25	陕西省咸阳市太阳岛保龄球馆有限公司	4 000
2	河北省郊区瑞普音像店	136 413	26	广东省深圳市银湖旅游中心	3 912
3	广东省汕头市金山旅游实业有限公司	116 620	27	北京翰海艺术品拍卖公司	3 743
4	广东省南海市桂城风彩投影厅	60 004	28	广东省百年华有限公司人添酒楼	3 741
5	广东省南海市丹灶仙湖娱乐俱乐部	25 601	29	江苏省金陵娱乐发展实业有限公司	3 733
6	广东省南海市官窑侨苑大酒店	14 600	30	云南省安宁市郁金香卡拉 OK 厅	3 702
7	上海市普陀区锦星大酒店	10 000	31	福建省厦门外贸酒店	3 611
8	贵州省黔东南州大礼堂投影厅	9 419	32	黑龙江省鸡西市渡假村夜总会	3 607
9	四川省金牛区恒申度假村	8 477	33	湖南省长沙市新天地娱乐城	3 600
10	广东省南海市桂城叠北新艺电子游戏	8 420	34	江苏省韵之星娱乐有限公司	3 505
11	深圳市富苑置地(深圳)有限公司富苑酒店	7 842	35	江苏省洋益保龄球俱乐部	3 444
12	广东省深圳百佳超级市场中山花园分店	7 211	36	广东省珠海市三越歌舞城娱乐有限公司	3 332
13	广东省天河区实惠坚酒楼	6 000	37	广州金碧大世界饮食娱乐有限公司	3 329
14	广东省云鹏大酒店中餐厅	5 761	38	广东省深圳市西丽大富豪卡拉 OK	3 210
15	广东省深圳茂业商厦有限公司	5 455	39	河南省新乡宾馆歌舞厅	3 185
16	广东省深圳茂业商厦有限公司	5 455	40	江苏省南京普天大酒店有限公司	3 094
17	上海南新雅大酒店	5 444	41	广东省南海市东方明珠娱乐城	3 078
18	广东省深圳熙龙阁桑拿有限公司	5 379	42	广东省东山区华泰保龄球馆	3 000
19	广东省惠州市长荣卡拉 OK 歌舞厅	5 073	43	广东省深圳书城购书中心	2 967
20	浙江省临安县钱王大酒店	5 012	44	广东省湛江市开发区中国城文化娱乐美食中心	2 888
21	广东省番禺区市桥镇龙泉大酒店	4 587	45	天津市天麟娱乐有限公司	2 853
22	山西省迎泽宾馆歌舞厅	4 188	46	上海好乐迪音乐娱乐有限公司淮海	2 841
23	广东省依米酒吧娱乐有限公司	4 100	47	广东省深圳福青龙大酒楼有限公司	2 831
24	广东省客家王海鲜酒家	4 009	48	广东省深圳庐山国际大酒店有限公司	2 830

全国文化市场经营单位按上交主办单位数排序

单位：千元

名次	单位名称	上交主办单位数	名次	单位名称	上交主办单位数
1	广东省汕头市金山旅游实业有限公司	90 020	26	云南省文山县李志恒台球	500
2	广东省天河区实惠坚酒楼	6 000	27	湖北省南航(集团)公司湖北航空大酒店	480
3	云南省安宁市郁金香卡拉OK厅	3 690	28	辽宁省沈阳市沈阳皇姑影剧院	461
4	江苏省南京普天大酒店有限公司	3 000	29	广东省达产通讯公司皇岗口岸门市部	456
5	广东省南海市东方明珠娱乐城	2 900	30	重庆市沙坪坝区嘉陵集团嘉陵宾馆	450
6	广东省南海市丹灶仙湖娱乐俱乐部	2 040	31	湖北省武汉聚龙苑娱乐有限公司	400
7	辽宁省大连市华宫新夜总会	1 280	32	新疆昌吉州百大电玩世界	400
8	江苏省南韩秦淮区秦虹娱乐中心	1 200	33	江苏省吴县市银河卡拉ok厅	400
9	江苏省洋益保龄球俱乐部	1 000	34	辽宁省大连海鲜火锅城	360
10	四川省锦江区锦图音像	960	35	云南省云龙县田园歌舞厅	360
11	广东省深圳市报刊实业发展公司	900	36	广东省东莞市金龙酒店十六楼荷东歌舞厅	360
12	上海新世界股份有限公司	856	37	广东省东莞市东海浪漫卡拉OK厅	360
13	广东省深圳市开卷图书贸易有限公司	750	38	上海文化实业有限公司	351
14	广东省云鹏大酒店中餐厅	750	39	辽宁省大连万恒影剧院	350
15	北京华强娱乐有限公司	728	40	浙江省菱湖粮油实业公司歌舞厅	350
16	云南省安宁市碟业总公司打字室	718	41	广东省深圳市桑吧酒吧有限公司	350
17	江苏省扬州市新世纪大酒店有限责任公司	692	42	广东省广州金马娱乐发展有限公司	333
18	广东省东莞市中国皇宫夜总会	678	43	广东省东莞市石碣豪华大酒店	323
19	北京好世界阳光酒店	675	44	广东省佛山市东亚俱乐部	302
20	云南省兴昭商贸有限公司	660	45	湖北省汉南区南郊宾馆舞厅	300
21	江苏省南京瑞迪大酒店	651	46	天津市南开区天塔宾馆歌舞厅	300
22	广东省深圳市福田区新天地书店	601	47	上海旅游品商厦	300
23	广东省南海市平洲东海岸海鲜酒家	600	48	浙江省金华市华都夜总会	300
24	广东省汕头经济特区服装城卡拉OK歌舞厅	540	49	浙江省永康市泛星夜总会	300
25	山东省青岛市黄海饭店	534	50	江苏省吴县市佳乐卡拉ok厅	280

文化部第九届文华奖获奖名单

（按艺术品种分类排列，各艺术品种以得票多少为序）

一、综合奖类

（一）文华大奖（11 个）

戏曲

《骆驼祥子》　江苏省京剧院
《迟开的玫瑰》　陕西省戏曲研究院青年团
《金子》　重庆市川剧院
《马陵道》　湖南省湘剧院

话剧

《厄尔尼诺报告》　南京军区政治部前线话剧团
《生死场》　中央实验话剧院
《父亲》　辽宁人民艺术剧院
《洗礼》　解放军总政治部话剧团

歌剧

《原野》　中国歌剧舞剧院

舞剧

《阿炳》　无锡市歌舞团

儿童剧

人偶剧《鹿回头》　海南省人偶剧团

（二）文华新剧目奖（53 个）

戏曲

《风雨同仁堂》　北京京剧院
《瘦马御史》　云南省昆明市滇剧团
《乡里警察》　湖南省花鼓戏剧院
《荆钗记》　浙江省温州市越剧团
《舞台姐妹》　上海越剧院
《闹龙舟》　湖北省荆门市艺术剧团
《徽州女人》　安徽省安庆市黄梅戏二团、三团
《大脚皇后》　山西省京剧院
《孔乙己》　杭州茅威涛戏剧工作室有限公司 浙江越剧团
《老子·儿子·弦子》河南省郑州市豫剧团
《中国公主杜兰朵》四川省自贡市川剧团
《皂隶与女贼》　福建省梨园戏实验剧团
《还魂后记》　江西省赣剧团
《满都海斯琴》　内蒙古民族剧团
《代国情》　河北省蔚县晋剧团
《初定中原》　山西省晋城市上党戏剧院一团
《范仲淹》　贵州省贵阳市京剧团
《大棚情缘》　宁夏青铜峡市文工团
《苏东坡在海南》　海南省琼剧院
《西门豹》　大连市京剧团
《金色的黎明》　青海省藏剧团

话剧

《圣旅》　河北省承德话剧团
《岁月风景》　广州军区政治部战士话剧团
《绿荫里的红塑料桶》北京军区政治部战友话剧团
《绿色的阳台》　广东话剧院
《世纪彩虹》　江苏省人民艺术剧院
《北方的湖》　沈阳话剧团
《工人世家》　青岛市话剧团
《三毛钱歌剧》　中国青年艺术剧院
《秦淮人家》　南京市话剧团
《古井巷》　江西省话剧团
《寻迹唐古拉》　西藏自治区话剧团

歌剧

《素馨花》　福建省泉州歌剧团

音乐剧

《白莲》　柳州市歌舞团
《未来组合》　四川人民艺术剧院

歌舞

《好一朵茉莉花》　江苏省歌舞剧院、常州市歌舞团
《祖国，请检阅》　解放军总政歌舞团
《东方之花》　东方歌舞团
《山父水母》　新疆克孜勒苏柯尔克孜自治州歌舞团

舞剧

《傲雪花红》　山西省歌舞剧院
《干将与莫邪》　苏州市歌舞团
《阿姐鼓》　杭州歌舞团
《星海·黄河》　广州市歌舞团
《深圳故事·追求》深圳歌舞团
《悠悠雪羽河》　甘肃敦煌艺术剧院
《山水谣》　武汉歌舞剧院　武汉有线电视台
《白鹿额娘》　辽宁歌舞团

儿童剧

《我要做好孩子》　常州市滑稽剧团
《宝贝儿》　济南儿童艺术剧院
《尼玛·太阳》　天津儿童艺术剧院
《少年岳飞》　福建省漳州市木偶剧团
《红地球，蓝地球》成都市木偶皮影艺术剧院
《小凤》　湖北省京剧二团、湖北省鄂州市艺术创作研究所

二、单项奖类

(一)文华剧作奖(18个)

戏曲

《骆驼祥子》　钟文农
《迟开的玫瑰》　陈　彦
《金子》　隆学义
《马陵道》　陈健秋
《瘦马御史》　盛和煜　文建民　王之墀
《乡里警察》　冯　之
《大脚皇后》　梁　波

话剧

《厄尔尼诺报告》　姚　远　邓海南　蒋晓勤
《生死场》　田沁鑫
《父亲》　李保群
《圣旅》　孙德民
《岁月风景》　唐　栋
《绿荫里的红塑料桶》孟　冰
《古井巷》　陈伦元

儿童剧

《鹿回头》　孙　凯　王　勇
《宝贝儿》　永　涓　田　牛　在　呈　乃　棼

歌剧

《原野》　万　方

(二)文华导演奖(19个)

戏曲

《骆驼祥子》　石玉昆
《迟开的玫瑰》　谢平安　徐小强
《金子》　胡明克
《马陵道》　黄天博
《荆钗记》　杨小青　王灵南　李珍珍
《闹龙舟》　张曼君
《徽州女人》　陈薪伊　曹其敬
《孔乙己》　郭小男
《初定中原》　孙丽清

话剧

《厄尔尼诺报告》　郝　钢
《生死场》　田沁鑫
《洗礼》　王遵熹
《三毛钱歌剧》　陈　颙

儿童剧

《鹿回头》　彭　林　孙　凯
《尼玛·太阳》　马　路
《少年岳飞》　洪惠君

歌剧

《原野》　李稻川

歌舞

《好一朵茉莉花》　徐　康　束中发　张晓苏　杨丽娟
《祖国,请检阅》　左　青

(三)文华编导奖(5个)

音乐剧

《白莲》　张继刚　赵叶叶　杨世萍　何晓彬
任银玲　张瑞静　朱　毅

舞剧

《阿炳》　门文元　刘仲宝　张　弋　杨　威
贾秀全　尤进华　王言平　杨民麟
《干将与莫邪》　马家钦
《阿姐鼓》　崔　巍
《傲雪花红》　刘兴范　韩建东　孙晋南　张友铭

(四)文华音乐创作奖(11个)

戏曲

《迟开的玫瑰》　王　激　谭建春　周福田
《金子》　陈安业　李　冰　郭莘舫
《马陵道》　陈飞虹　朱德明
《风雨同仁堂》　陆松龄　配器:张　磊
《瘦马御史》　刘俊伟　王艺华　向美庆
赵嘉禄　马艺维
《满都海斯琴》　美丽其格　格·恩和
配器:张建民　索伊洛图

儿童剧

《鹿回头》　莫　柯　王兆京　张拔山

歌剧

《原野》　金　湘

音乐剧

《未来组合》　李海鹰

舞剧

《深圳故事·追求》叶小纲
《阿炳》　刘廷禹

(五)文华舞台美术奖(18个)

戏曲

《马陵道》　曾泽强
灯光设计　张曼之
服装设计　刘　彩
化装设计　彭俐伶
道具设计　张　亚
盔头设计　杨罗生
《乡里警察》　谭国强
《荆钗记》　朱喜庆
灯光设计　周正平　王朝聪
服装造型设计　兰　玲
练左明
《满都海斯琴》　服装设计　郭　健
道具设计　吴　穹　朱学根
张日升
化装设计　郭陶然
《范仲俺》　沈　皋
灯光设计　张效中

《徽州女人》 灯光设计 邢 辛
服装设计 史延芹
化装设计 雷茨美

话剧

《生死场》 薛殿杰
灯光设计 周正平 马文光
服装设计 盖 燕
《父亲》 王继厚 张 杰
人物造型 王丽丽
《洗礼》 孙东风

儿童剧

《少年岳飞》 造型设计 杨君炜
《宝贝儿》 布景设计 边文彤 韩 鲁
《小凤》 服装设计 谭忠萍 李显明

音乐剧

《白莲》 张继文 王瑞国

歌舞

《好一朵茉莉花》 王立庆 肖 和 张 珏
《祖国,请检阅》 樊 跃 刘和平 沈庆平
沙晓岚 杨卫东

舞剧

《阿炳》 周本义 张知二
《深圳故事·追求》 王志强 梁永森 麦 青
《阿姐鼓》 灯光设计 肖丽河

(六)文华表演奖(51个)

戏曲

陈霖苍 《骆驼祥子》饰祥子
黄孝慈 《骆驼祥子》饰虎妞
李 梅 《迟开的玫瑰》饰乔雪梅
沈铁梅 《金子》饰金子
唐伯华 《马陵道》饰孙膑
赵葆秀 《风雨同仁堂》饰乐徐氏
周卫华 《瘦马御史》饰钱南园
汤丽芳 《荆钗记》饰王十朋
钱惠丽 《舞台姐妹》饰邢月红
单仰萍 《舞台姐妹》饰竺春花
韩再芬 《徽州女人》饰女人
茅威涛 《孔乙己》饰孔乙己
简小丽 《中国公主杜兰朵》饰柳儿
陈 莉 《还魂后记》饰杜丽娘
其其格 《满都海斯琴》饰满都海斯琴
额尔德木图 《满都海斯琴》饰乌嫩博罗特
韩金香 《代国情》饰公主
张保平 《初定中原》饰多尔衮
曹剑文 《范仲淹》饰范仲淹
杨 赤 《西门豹》饰西门豹

话剧

陈国典 《厄尔尼诺报告》饰郭海
倪大宏 《生死场》饰二里半
宋国锋 《父亲》饰父亲
翟万臣 《洗礼》饰李东海
王友来 《圣旅》饰二世班禅
林永健 《岁月风景》饰曹克明
吴 军 《绿荫里的红塑料桶》饰一班长
李邦禹 《绿色的阳台》饰戴国浩
蔡 伟 《世纪彩虹》饰石松生
孙海英 《北方的湖》饰肖北
赵秀云 《工人世家》饰潘立英
张秋歌 《三毛钱歌剧》饰麦克易斯
张燕燕 《秦淮人家》饰秋月
洛桑群培 《寻迹唐古拉》饰扎强

儿童剧

殷延平 《我要做好孩子》饰金亦鸣
周 蕾 《我要做好孩子》饰金铃
朱荣利 《小凤》饰小凤
张淑婕 《尼玛·太阳》饰达杰

歌剧

万山红 《原野》饰金子
张晓玲 《原野》饰焦母
李海珍 《素馨花》饰赛玉妲
严东东 《素馨花》饰康海生

歌舞

《东方之花》排箫演奏员林文增
《东方之花》女声独唱演员郭蓉

舞剧

黄启成 《深圳故事·追求》饰夸父
张娅君 《傲雪花红》饰刘胡兰
胡淮北 《干将与莫邪》饰干将
张润华 《星海·黄河》饰星海
刘 震 《阿炳》饰阿炳
李 青 《阿炳》饰母亲
山 翀 《干将与莫邪》饰莫邪

文华新节目奖

（排名不分先后）

(一)文华新节目奖(21个)

曲艺《中华神韵》 中国武警文工团
清音表演唱《搬上新居迎太阳》重庆市曲艺团
小品《盖章》 吉林省曲艺团
二人转《胡知县断案》 吉林市戏曲剧团
相声《换包装》 中国煤矿文工团
梅花大鼓《二泉映月》 天津市曲艺团
单弦《将军的情怀》 天津市曲艺团
四川清音《蜀绣姑娘》 成都市曲艺团
相声《百听不厌》 沈阳曲艺团
喜剧小品《今夜更有情》 苏州市滑稽剧团

苏州评弹《永远的江南》　江苏省歌舞剧院
苏州弹词《姑苏水巷》　苏州市评弹团
小品《随礼》　河北大厂县评剧团
小品《熄灯号响过之后》　济南军区政治部前卫话剧团
小品《小时工》　解放军总政治部话剧团
木偶剧《五里长虹》　福建省晋江市掌中木偶戏剧团
小品《办公室的故事》　陕西人民艺术剧院
苏州评弹《搬家乐》　苏州评弹学校
中篇评弹《孙庞斗智》　上海评弹团
小品《巡堤》　解放军总政治部歌舞团
小品《瓜女子》　陕西省戏曲研究院秦腔团

(二)文化新节目创作奖(6个)

小品《盖章》　张　弘
相声《换包装》　赵小林
相声《百听不厌》　白纪元　孟松良　王志涛　陈连仲
苏州评弹《搬家乐》　邢晏春
小品《小时工》　阎志秋
苏州评弹《永远的江南》　秦　逸　戴晓权

(三)文华新节目导演奖(1个)

小品《熄灯号响过之后》　胡宗琪

(四)文华新节目表演奖(12个)

二人转《胡知县断案》　闫学晶
相声《换包装》　王谦祥
相声《换包装》　李增瑞
相声《百听不厌》　王志涛
相声《百听不厌》　陈连仲
苏州评弹《永远的江南》　黄霞芬
苏州评弹《搬家乐》　邢晏芝
四川清音《蜀绣姑娘》　程永玲
小品《小时工》　薛　勇
小品《盖章》　王润菁
小品《办公室的故事》　石国庆　刘　远
小品《瓜女子》　魏青艳

第十届"群星奖"群舞获奖作品名录

金奖:36个

北　京　红扇
重　庆　山野小曲
广　东　桅杆上的凉帽
浙　江　大海告诉我
北　京　托起神剑
江　苏　织
广　东　老火靓汤
广　东　醒莲
河　北　交警爸爸们
广　东　守望桑田
辽　宁　捻船的汉子
重　庆　天堂
西　藏　扎西热巴
总　政　生命之舟
西　藏　卓舞
总　政　荔枝飘香
武　警　少林扇
云　南　洗麻歌
浙　江　水乡三月天
浙　江　海风吹来时
山　西　晋南花鼓
湖　北　三棒鼓
武　警　送你一首四季歌
吉　林　浪里人
江　苏　上梁
江　苏　耕绿
广　东　渔女船歌
总　政　受阅在明天
武　警　小溪边
福　建　偶趣
山　西　娶亲
浙　江　悠悠楠溪江
广　东　根情—寄给海峡对面的同胞
福　建　海网渔歌
河　南　愚公魂
总　政　英雄战士李向群

银奖:69个

重　庆　山城女棒棒
浙　江　看三月
广　东　剪春歌
湖　南　枯滴
重　庆　望夫石
甘　肃　马铃舞
山　西　簸
浙　江　田间风景线
北　京　向往
浙　江　开渔时节

广　西　警中骄子
重　庆　巴山槐花
云　南　闪亮的银泡
广　东　客家母亲
重　庆　三峡榨房汉子们
北　京　雨
湖　南　山的语言
浙　江　网络上的士兵
福　建　好年冬
武　警　欢乐家园
广　西　满江红
江　苏　花香鼓
河　南　杨门巾帼
浙　江　春江女
山　西　山妹
湖　北　托起明天的太阳
河　北　快乐的双休日
黑龙江　红手绢
浙　江　山里妹子看大海
四　川　山寨妮苏玛
重　庆　醉芦笙
贵　州　声光谣
武　警　铁骑雄风
武　警　木鼓声声
福　建　山菊花
四　川　卓嫫
河　南　扇韵
云　南　山鼓
总　政　野练
河　北　越扭越精神
湖　南　山的女人
重　庆　峡江诗情
江　苏　苏韵
广　东　担水妹
陕　西　大辫子
辽　宁　高粱红了的时候
湖　北　垒
云　南　扇鼓舞
山　东　揽秋
重　庆　三峡女儿情
云　南　跳花腰
总　政　木棉情深
总　政　青春光缆线
海　南　调声缘
上　海　红韵
云　南　山哥哥
西　藏　那曲热巴舞
全　总　娘
全　总　吉祥如意
河　南　闹丰年
甘　肃　欢腾的女儿节
辽　宁　满乡乐
河　北　接海
天　津　月儿圆
江　西　客家女人·背
西　藏　炒青稞
宁　夏　小荷尖角
福　建　丰年祭
辽　宁　鄂家恋歌

铜奖:33 个

西　藏　果谐舞
海　南　化绿
山　东　绿了母亲河
天　津　嬉莲图
湖　北　薅草锣鼓
西　藏　阿谐
海　南　海上花
甘　肃　秦陇云阳
西　藏　山南热巴
山　东　喊　秋
四　川　太阳出来喜洋洋
江　西　山里人
云　南　山女
河　北　金秋柿子红
河　南　丹江汉子
安　徽　光源
甘　肃　织彩虹
西　藏　嘎巴舞
湖　南　捣衣情歌
甘　肃　陶鼓祭
全　总　路桥情
宁　夏　情系黄河
内蒙古　天使情
黑龙江　蒲棒舞
浙　江　脉
新　疆　春柳季节
四　川　欢乐的扎溪卡
青　海　卓　舞
北　京　赛格女焊工
山　西　压不弯的脊梁
山　东　鱼水情深
新　疆　欢乐多浪人
总　政　南疆雷霆

第十届“群星奖”单人舞获奖作品名录

金奖:3个

武 警　手中枪
广 东　自梳女
山 东　跋

银奖:5个

新 疆　天山之女
吉 林　雪 娘
吉 林　田园鼓声
辽 宁　梨园秋娘
青 海　阿姐鼓

铜奖:3个

新 疆　牡丹
辽 宁　抽冰陀螺
辽 宁　渔家嫂子

第十届“群星奖”双人舞获奖作品名录

金奖:3个

上 海　同行
广 东　梦戏
黑龙江　送情郎

银奖:6个

山 西　野山七月七
山 西　迓鼓打的火辣辣
湖 北　野山
山 东　海恋云 南　瑶寨楼
吉 林　探亲到军营

铜奖:4个

河 南　月圆
安 徽　月儿挂柳梢
陕 西　红纱巾
辽 宁　热恋蒙古贞

第十届“群星奖”三人舞获奖作品名录

金奖:2个

全 总　门神与小鬼
江 西　人·水·魂

银奖:3个

广 西　粘
江 苏　竹海人家
湖 北　苗女嬉炊

铜奖:1个

新 疆　故乡的托布秀尔

第十届“群星奖”老年舞获奖作品名录

金奖:12个

山 西　秧歌情
内蒙古　孟克珠岚
新 疆　布伦湖畔夕阳情
浙 江　渔舍夜话
河 北　俏夕阳
湖 北　土家老么妹
四 川　欢乐的老姆苏
河 北　晚霞新韵
贵 州　婆婆趣
四 川　老姐妹
陕 西　黄河黄
天 津　松涛鹤舞

银奖:4个

四 川　老姐妹
全 总　小油灯
福 建　元宵圆
江 苏　婆媳姑

铜奖:4个

云 南　彝山乐
云 南　娜海大妈的婚礼
青 海　吉祥
黑龙江　喜满今朝

第十届“群星奖”广场舞蹈类获奖作品名录

金奖 10 个

河 北　狮舞
江 苏　海安花鼓
浙 江　百叶龙
内蒙古　高高的兴安岭
浙 江　海安花灯
总 政　龙腾盛世壮军威
甘 肃　旋鼓舞
湖 北　长阳巴山舞
北 京　欢天喜地
重 庆　二龙戏珠

银奖:9个

甘 肃　鼓舞太平
陕 西　西歧转鼓
北 京　北京伊妹
河 南　锣龙
辽 宁　太平盛世
安 徽　得胜鼓
上 海　欢乐滚灯
河 北　麒麟舞
河 南　锣鼓闹秧

铜奖:9个

贵 州　夜乐舞
广 东　蜈蚣舞

云　南　　梅依格之光
云　南　　南涧跳菜
黑龙江　　拜天射柳
福　建　　水仙情韵
山　东　　唱起来、跳起来
山　东　　夕阳红似火
安　徽　　又是丰收年

第十届“群星奖”个人组织奖名单

北京市　阮兰玉　马瑞增
河北省　马维彬　靳鸿书
山西省　党富华　向　阳
内蒙古自治区　白景岚　高　茹
辽宁省　舒晓燕　鲁　滨
吉林省　邱高羽　高秀珠　马庆华
黑龙江省　江　漾　李春盛
上海市　沈伟民　梁建敏
江苏省　牛小艾　王爱国
浙江省　董俊飞　邵小眉
安徽省　崔宏生　孙以宽
福建省　陈世雄
江西省　黄明光　邓美华
山东省　高鼎铸　冯庆东
河南省　周　鸿　张春梅
湖北省　郭贤栋　童德元
湖南省　曹　伟　肖革生
广东省　徐　彬　杨素贤
广西壮族自治区　万立仁　陈柳新
海南省　吴圣彪　吴小淑
重庆市　王明凯　朱嘉林
四川省　张小帆　胡世全　杨蔚川
贵州省　李桂英　陈爱莲
云南省　彭朝阳　蔡薏萍
陕西省　谢　林　刘爱芳
甘肃省　梁世俊　曹　锐
宁夏回族自治区　李金声　赵继祥
新疆维吾尔自治区　闫恩辉　徐　彬
新疆生产建设兵团文化广播电视局　苏玉蓉　郭晓敏
解放军总政治部宣传部　王世同　李汉才
全国总工会宣教部　丁开华　杭　园
中国人民武装警察部队政治部文化部　张吉义　宋朝晖

第十届“群星奖”集体组织奖名单

北京市文化局
天津市文化局
河北省文化厅
山西省文化厅
内蒙古自治区文化厅
辽宁省文化厅
吉林省文化厅
黑龙江省文化厅
上海市文化广播影视管理局
江苏省文化厅
浙江省文化厅
安徽省文化厅
福建省文化厅
江西省文化厅
山东省文化厅
河南省文化厅
湖北省文化厅
湖南省文化厅
广东省文化厅
广西壮族自治区文化厅
海南省文化广播体育厅
重庆市文化局
四川省文化厅
贵州省文化厅
云南省文化厅
西藏自治区文化厅
陕西省文化厅
甘肃省文化厅
青海省文化厅
宁夏回族自治区文化厅
新疆维吾尔自治区文化厅
新疆生产建设兵团文化广播电视局
解放军总政治部宣传部
全国总工会宣教部
中国人民武装警察部队政治部文化部

第六届中国艺术节获奖名单

(按艺术门类分别排列,各门类按得票多少为序)

一、中国艺术节大奖

戏曲类

京剧《骆驼祥子》 江苏省京剧院
川剧《金子》 重庆市川剧院
川剧《变脸》 四川省川剧院
京剧《贞观盛事》 上海京剧院
京剧《宰相刘罗锅》(一、二本) 北京京剧院北京艺术创作中心、北京长安大戏院
眉户剧《迟开的玫瑰》 陕西省戏曲研究院青年团
吕剧《苦菜花》 山东省吕剧院
豫剧《香魂女》 河南省豫剧院三团
黄梅戏《徽州女人》 安庆市黄梅戏二、三团
蒙古剧《满都海斯琴》 内蒙古民族舞剧院

话剧类

《虎踞钟山》 南京军区政治部前线话剧团
《生死场》 中央实验话剧院
《洗礼》 中国人民解放军总政治部话剧团
《"厄尔尼诺"报告》 南京军区政治部前线话剧团
《秦淮人家》 南京市话剧团
《父亲》 辽宁人民艺术剧院
《沧海争流》 福建人民艺术剧院

儿童剧、曲艺、木偶、杂技类

儿童滑稽戏《一二三,起步走》 苏州市滑稽剧团
人偶剧《鹿回头》 海南省人偶剧团

歌剧、音乐、舞蹈类

民间歌舞《好一朵茉莉花》江苏省歌舞剧院
大型乐舞《珠穆朗玛》 西藏自治区歌舞团

舞剧类

舞剧《阿炳》 无锡市歌舞团
舞剧《月牙五更》 沈阳歌舞团
舞剧《虎门魂》 广州军区政治部战士歌舞团
舞剧《干将与莫邪》 苏州市歌舞团
民族舞蹈诗《长白情》 延边歌舞团

二、优秀剧目奖

戏曲类

越剧《荆钗记》 温州市越剧团
花鼓戏《乡里警察》 湖南省花鼓戏剧院
花鼓戏《闹龙舟》 荆门市艺术剧团
赣剧《还魂后记》 江西省赣剧团
龙江剧《梁红玉》 黑龙江省龙江剧院
婺剧《昆仑女》 浙江省婺剧团
京剧《西门豹》 大连市京剧团
昆剧《桃花扇》 江苏省昆剧院

话剧类

话剧《世纪采虹》 江苏人民艺术剧院
话剧《商鞅》 上海话剧艺术中心
话剧《古井巷》 江西省话剧团
话剧《工人世家》 青岛市话剧院

儿童剧、曲艺、木偶、杂技类

儿童滑稽戏《我要做好孩子》常州市滑稽剧团
木偶剧《琼花仙子》 扬州市木偶剧团
儿童剧《尼玛·太阳》 天津市儿童艺术剧团
大型魔术《玄光》 河北省杂技集团

歌剧、音乐、舞蹈类

民族音乐会《金色旋律》 中央民族乐团
歌剧《沧海》 辽宁省歌剧院
歌舞《祖国,请检阅》 中国人民解放军总政治部歌舞团
民族音乐《智美更登》 青海省民族歌舞团
民族歌舞剧《多浪之花》 新疆阿克苏地区歌舞团

舞剧类

舞剧《妈勒访天边》 南宁市艺术剧院
舞剧《傲雪花红》 山西省歌舞剧院
舞剧《山水谣》 武汉市歌舞剧院
舞剧《悠悠雪羽河》 甘肃敦煌艺术剧院
舞剧《星海·黄河》 广州歌舞剧院
民族舞剧《泼水节》 云南省歌舞团
芭蕾舞剧《胡桃夹子》 中央芭蕾舞团

三、优秀演出奖

戏曲类

越剧《国色天香》 宁波市小百花越剧团
京剧《吏治惊天》 贵州省京剧院

话剧类

话剧《抓壮丁》 四川人民艺术剧院
话剧《走向胜利》 太原市话剧团
话剧《脊梁》 哈尔滨话剧院

儿童剧、曲艺、木偶、杂技等

儿童音乐剧《太阳童谣》桂林歌舞团
曲艺歌舞《中华神韵》 中国人民武装警察文工团

歌剧、音乐、舞蹈类

民族歌舞《塞上花儿情》宁夏回族自治区歌舞团

附录：

历届全国博物馆十大陈列展览精品名录

1997 年陈列精品

陈列展览名称	单位
鲁迅生平陈列	北京鲁迅博物馆
中华民族的抗日战争	中国人民抗日战争纪念馆
近代上海城市发展陈列	上海市历史博物馆
深圳经济特区改革开放成就展览	深圳博物馆
古城古国古蜀文化陈列	四川三星堆博物馆
战国中山国陈列	河北省博物馆
长沙三国吴简暨历年出土文物精品展	长沙市文化局
六朝历史文化陈列	南京市博物馆
驰骋北方的中国古代游牧民族展	内蒙古自治区博物馆
羊城文物精品展	广州市文化局

1998 年陈列精品

陈列展览名称	单位
周恩来百年诞辰纪念展览	中国革命博物馆
彭德怀生平业绩陈列	湖南湘潭彭德怀纪念馆
基本陈列	河北平山西柏坡纪念馆
金上京历史陈列	黑龙江阿城金上京历史博物馆
楚国青铜器艺术展	河南博物院
中国历代书法绘画展及其它	上海博物馆
古瓷珍品及重要窑址标本展	故宫博物馆
闽台民俗文物展	厦门市博物馆
恐龙与海洋动物精品陈列	浙江自然博物馆

基本陈列	天津自然博物馆

1999年陈列精品

陈列展览名称	单位
孙中山先生生平陈列	广东翠亨孙中山纪念馆
内蒙古古代岩画陈列	包头市博物馆
江汉平原楚汉文化展	湖北荆州博物馆
满城汉墓陈列	河北省博物馆
洛阳文物精品陈列	河南洛阳博物馆
西夏历史文化陈列	宁夏西夏博物馆
西藏历史文化陈列	西藏博物馆
巴蜀寻根展	四川省博物馆
清代宫廷包装艺术展	故宫博物院
艺术陈列馆陈列	南京博物馆

2000年陈列精品

陈列展览名称	单位
百色风雷	广西百色起义纪念馆
敦煌艺术展	中国历史博物馆与甘肃省敦煌艺术研究院
恐龙陈列展览	四川自贡恐龙博物馆
抗美援朝战争	中国人民解放军事博物馆
南阳汉画像石	河南南阳汉画像石博物馆
太平天国历史陈列	江苏省南京太平天国历史博物馆
(大连自然博物馆)新馆陈列	大连自然博物馆
新四军在皖南	安徽泾县新四军军部旧址纪念馆
中国现当代文学展	中国现代文学馆
浙江七千年	浙江省博物馆

历届中国艺术节概览

届 次	时 间	地点	演 出 数 量
第一届	1987.9.5—9.24	北京	共44台、168场(节)目
第二届	1989.9.15—10.5	北京	共58台剧目
第三届	1992.2.18—3.3	昆明	以少数民族艺术为主,有38台专业和9台业余演出
第四届	1994.8.18—8.28	兰州	共32台剧、节目演出,其中国内27台,国外和港台地区5台
第五届	1997.10.25—11.5	成都	共32台剧(节)目,其中内地24台,香港特别行政区和澳门、台湾地区4台,国外4台
第六届	2000.9.28—10.13	南京 苏州 无锡 扬州 常州	共62台国内参评剧目,港、台地区及国外艺术团体的8台展示剧目,5台群众文艺演出

2000年全国十大考古新发现

(1)福建三明万寿岩旧石器遗址

(2)江苏连云港藤花落龙山时代城址

(3)河南新密古城寨龙山时代古城

(4)广东博罗横岭山先秦墓地

(5)湖北潜江龙湾宫殿遗址

(6)四川成都古蜀国大型船棺独木棺墓葬遗址

(7)山东章丘洛庄汉墓陪葬坑和祭祀坑遗址

(8)南京钟山六朝坛类建筑遗迹

(9)浙江杭州南宋临安府治遗址

(10)河南宝丰清凉寺汝官窑遗址。

金狮奖第五届全国杂技比赛获奖名单

节目综合奖类

金狮奖(32个)

节目	单位
《对手顶——东方的天鹅》	广州军区战士杂技团
《车技》	山东省杂技团
《灯上芭蕾·梦幻香格里拉》	成都军区战旗杂技团
《托起明珠——顶碗》	大连杂技团
《空中飞人》	上海马戏学校　上海杂技团
《逐日——荡爬杆》	广州杂技团
《女子抖杠》	沈阳军区前进杂技团
《现代男女软功》	广州军区战士杂技团
《群钗嬉春·抖空竹》	南京市杂技团
《顶碗》	中国杂技团
《绸调——蓝色遐想》	成都军区战旗杂技团
《皮条林的钟声》	天津杂技团
《滚环》	广州军区战士杂技团
《草帽》	山东省杂技团
《玩草帽的苗娃》	遵义市杂技团
《狮林春光》	河南省杂技团
《流星闪烁》	重庆杂技艺术团
《跳板蹬人》	上海马戏学校
《群虎戏舞——转动地圈》	大连杂技团
《空竹》	中国杂技团
《双人双秋千——阿昌射日》	成都军区战旗杂技团
《大阳之子——大飞人》	广州杂技团
《转碟》	山东省杂技团
《流星》	河北省杂技团
《绿影婆娑·转碟》	南京市杂技团
《金色畅想·球技》	广州杂技团
《芭蕾顶技》	沈阳军区前进杂技团
《繁星奏鸣曲——水流星》	大连杂技团
《醉狐·滚杯》	太原市杂技团 太原市文化艺术学校
《陶艺》	天津杂技团
《雁塔情——女子大排椅》	陕西省杂技艺术团
《浪桥飞人·摘月亮》	云南省杂技团

银狮奖(21个)

节目	单位
《扬帆远航·地圈》	南京市杂技团
《千年中幡·中国功》	北京杂技团
《三层晃板》	沈阳军区前进杂技团
《双人单臂倒立技巧》	江西省杂技团
《壮乡大跳板》	广西艺术学校
《飞雪迎春·飞板》	大连杂技团
《飞旋》	重庆杂技艺术团
《双爬杆》	中国杂技团
《矫健的男孩——爬杆》	大连杂技团
《博克勇士》	内蒙古自治区杂技团
《彩绸魂》	杭州杂技总团
《椅子顶》	台湾省高等戏曲专科学校
《藤藤乐·皮条》	太原杂技团
《舞中幡》	新疆生产建设兵团杂技团
《海韵——手技》	大连杂技团
《飞叉》	蒲公英聊城少儿杂技基地
《蹬转》	濮阳市杂技艺术学校
《春之芽》	成都市文化艺术学校
《星光灿烂·空中软功》	黑龙江省杂技团
《郭煌梦幻》	甘肃省杂技团
《生日礼赞·软功技巧》	银川市杂技团

铜狮奖(10个)

节目	单位
《蹬技——山花烂漫》	云南省杂技团
《嬉鼓童趣·钻筒》	陕西省杂技艺术团
《新顶缸》	广州杂技团
《草原踏歌·顶碗》	黑龙江省杂技团
《空中体操》	齐齐哈尔马戏团
《小吊子》	长春市杂技团
《狮子舞》	锦州市杂技团
《蹦床情趣》	贵州省杂技团
《蹬花环》	甘肃省杂技团
《寻》	贵阳市杂技团

魔术、马戏类

金狮奖(1个)

节目	单位
魔术《变鸟》	上海杂技团

银狮奖(2个)

节目	单位
魔术《移形换影》	中国杂技团
《驯猩猩》	上海杂技团

铜狮奖(2个)

节目	单位
魔术《喜庆满堂》	武警总部文工团
《山花怒放》	青海省杂技团

2000年全国艺术歌曲比赛获奖名单

获奖选手名单

一等奖(3名)

霍　勇　成都军区战旗歌舞团
雷　岩　山东歌舞剧院
王　莉　中国音乐学院

二等奖(6名)

曲　波　总政歌剧团
孙媛媛　中央音乐学院
尤泓斐　中央歌剧院
宋立忠　总政歌舞团
有德乡　南京师范大学
项绪文　南京军区前线歌舞团

三等奖(9名)

李　岚　中央歌剧院
杨列京　四川省舞蹈学校
何　月　沈阳音乐学校附中
郑家琴　中国交响乐团
韩丽君　中央歌剧院
于丽娜　二炮文工团
金磊鑫　总政歌剧团
张　艳　广州交响乐团
魏立娟　河北省歌舞剧院

演唱奖(19名)

赖　丽　四川省舞蹈学校
吉玲洁　空政歌舞团
白　云　成都军区战旗歌舞团
陈春茸　武汉市武钢文工团
张建平　二炮文工团
杜万成　哈尔滨市歌剧院
李　天　黑龙江省歌舞剧院
王利华　济南军区前卫歌舞团
陈　勇　西安音乐学院
刘　阳　解放军艺术学校
闫　峰　中国音乐学院
邹淑珍　兰州军区政治部战斗歌舞团
张慧勇　南京艺术学院
张　咏　解放军艺术学院
张晓辉　中国交响乐团
曲　凯　哈尔滨市歌剧院
朴美花　延边歌舞团
逯　璐　陕西省歌舞剧院
殷丛丛　济南军区前卫歌舞团

新作品获奖名单

一等奖(2首)

《绿色的承诺》　作词:高　峻　作曲:孟卫东
《春雨》　作词:刘志文　作曲:王西麟

二等奖(4首)

《走进敦煌》　作词:邵永强　作曲:杜　滨
《鸟儿在风中歌唱》　作词:樊孝斌　作曲:刘　聪
《我的月亮》　作词:林　朗　作曲:张玉晶
《西部放歌》　作词:屈　塬　作曲:印　青

三等奖(8首)

《见鬼》　作词:屈　原　作曲:叶小纲
《让孩子找见亲娘》　作词:铁　名(台湾)　作曲:李云涛
《山里女人喊太阳》　作词:甘茂华　作曲:王原平
《蔚蓝色的童年》　作词:徐长嵬　作曲:韩兰魁
《吊脚楼的传说》　作词:陈国瑞　作曲:彭昌兴
《秋叶》　作词:刘　薇　作曲:马　烁
《母亲的手》　作词:孙立生　作曲:刘振球
《又见到你啊,嘉陵江》　作词:金　干
作曲:金　干、霍　勇

全国第十届“孔雀奖”少数民族舞蹈比赛获奖者名录

单人舞表演一等奖

云南省　《他—深深地怀念傣族民间舞蹈家毛相》　杨　洲(壮)
云南省　《水中月》　洪　红(拉祜)
中央民族大学　《搏回蓝天》　万玛尖措(藏)
新疆维吾尔自治区《戴面纱的女人》　阿曼古丽司地克(维吾尔)
内蒙古自治区　《母爱》　娜　娜(蒙古)

单人舞表演二等奖

内蒙古自治区　《马头琴声》　阿拉腾巴根那(蒙古)
新疆军区政治部文工团《百灵》　米克拉姆(维吾尔)
广西壮族自治区　《姑娘不穿鞋》　苏　敏(壮)
重庆市　《飞铰》　段　波(土家)
中央民族大学　《飒韵》　薛一村子(朝鲜)
甘肃省　《鼓艺》　刘海燕(回)
中国歌舞团　《串串响》　杨榆红(白)
中央民族歌舞团　《阿呷姆》　姜美红(朝鲜)
中国铁路文工团　《俏皮的孙女》　金海英(朝鲜)

单人舞表演三等奖

西藏自治区　《天鼓》　加永江村(藏)
内蒙古自治区　《飞舞天堂》　乌兰高娃(蒙古)
东方歌舞团　《白鹇鸟》　王亚男(彝)
广西壮族自治区　《网歌》　韦慧梅(壮)
中国歌舞团　《猎·鬣·翅》　才　君(满)
甘肃省　《追忆》　肖继元(回)
中央民族歌舞团　《剑兰赋》　洪　艳(畲)
重庆市　《打谷娃》　吴　维(苗)
中央民族歌舞团　《腾飞》　徐晓坤(回)
四川省　《彝家女》　阿扎蓓蓓(彝)

单人舞编导一等奖

云南省　《水中月》　刘　玲
云南省　《他—深深地怀念傣族民间舞蹈家毛相》张来善
广西壮族自治区　《姑娘不穿鞋》　郭玉华、秦克烈、李紫君
内蒙古自治区　《马头琴声》　哈　斯

单人舞编导二等奖

内蒙古自治区　《母爱》　扎　那
新疆维吾尔自治区《戴面纱的女人》　提力曼
广西壮族自治区　《网歌》　朱　江、秦克烈、李紫君
中央民族大学　《飒韵》　池福子
内蒙古自治区　《飞舞天堂》　扎　那、包　峰
重庆市　《飞铰》　梅永刚

单人舞编导三等奖

新疆军区政治部文工团　《百灵》　吾买尔
中央民族歌舞团　《阿呷姆》　李　青、姜铁红
中央民族大学　《搏回蓝天》　万玛尖措
东方歌舞团　《白鹇鸟》　王亚男
中国歌舞团　《猎·鬣·翅》　丁　伟
中央民族歌舞团　《剑兰赋》　邓兰英
甘肃省　《鼓艺》　郎永春
中国铁路文工团　《俏皮的孙女》　池福子
西藏自治区　《天鼓》　卫　东
中国歌舞团　《串串响》　周培武

单人舞优秀编导奖

甘肃省　《追忆》　郎永春
重庆市　《打谷娃》　梅永刚
中央民族歌舞团　《腾飞》　陶绍全
四川省　《彝家女》　吉布阿鸽

双人舞表演一等奖

广西壮族自治区　《担》　刘　缓(回)、温海夫(汉)
西藏自治区　《珞巴人的刀》　普　布(藏)、德吉曲珍(藏)

双人舞表演二等奖

中央民族大学　《天唱》　崔　涛(壮)、翟娅琴(汉)
海南省　《鼻箫悠悠叮咚响》　陈丹娅(黎)、莫青桥(汉)
云南省　《清清傣家水》　王伟军(白)、向小姗(傣)
湖南省　《淌过心田的月光》　王　昕(回)、段国辉(汉)

双人舞表演三等奖

内蒙古自治区　《鹿鸣》　王　颖(蒙古)、马志萍(汉)
云南省　《哀牢风韵》　马志红(哈尼)、马小丽(回)
贵州省　《哟嗬》　陶　媛(仡佬)、杨　军(苗)

湖北省 《龙船调》 汪　艳(汉)
谭绍权(土家)

中央民族歌舞团 《悠悠岁月》 郭晓莉(回)
苏　昊(汉)

广西壮族自治区 《弦》 陈　军(京)
王维娜(汉)

青海省 《踏雪》 单康乐(土)
徐　芳(满)

双人舞优秀表演奖

广西壮族自治区 《竹楼情》 陈继兴(壮)
潘柔君(壮)

宁夏回族自治区 《回乡恋情》 王蓓蓓(回)
叶凌飞(满)

贵州省 《磨》 万光伟(苗)
游　妮(苗)

贵州省 《水中月》 刘　彦(水)
吴胜强(水)

双人舞编导一等奖

广西壮族自治区 《担》 温国鸣、温海夫

西藏自治区 《珞巴人的刀》 亚　依

双人舞编导二等奖

海南省 《鼻箫悠悠叮咚响》
蒙麓光、吴　勇

中央民族大学 《天唱》 色　尕、苏自红

湖南省 《淌过心田的月光》
谢晓泳

云南省 《清清傣家水》 歹　磊

双人舞编导三等奖

云南省 《哀牢风韵》 王佳敏

贵州省 《哟嗬》 丁　伟

湖北省 《龙船调》 徐小平

广西壮族自治区 《弦》 曾　强、钟丽春

内蒙古自治区 《鹿鸣》 厚瑞杰

广西壮族自治区 《竹楼情》 郑秋静、殷宏光

宁夏回族自治区 《回乡恋情》 郑苏平

双人舞优秀编导奖

中央民族歌舞团 《悠悠岁月》 邓　林

青海省 《踏雪》 王国栋

贵州省 《磨》 甘　瑜

贵州省 《水中月》 杨燕芹、刘　彦

三人舞表演一等奖

内蒙古军区文工团《漠柳》 鲍丽玛(蒙古)
姚晓楠(蒙古)
哈　斯(蒙古)

云南省 《高原蒙古人》 杨旭康(白)
李剑超(白)
邓建新(白)

云南省 《高原女人》 何文婷(黎)
张艳华(彝)
段秉媛(白)

三人舞表演三等奖

海南省 《种山兰的女人》 蒲惠珍(回)
符晓艳(汉)
马　娟(回)

中央民族大学 《猎人》 韩　庚(赫哲)
王　涛(回)
宋　飞(藏)

广西壮族自治区《铜鼓·传说》 白　桦(回)
阳艳平(壮)
刘志辉(壮)

甘肃省 《大漠日出》 旺　钦(藏)
杨　瑾(汉)
杨成龙(东乡)

三人舞表演二等奖

云南省 《布朗花》 赵豫霞(白)
马　莎(白)
刘　敏(汉)

重庆市 《野山椒》 王　娅(土家)
陈　捷(汉)
颜万龙(羌)

内蒙古自治区 《牛角饰》 赛汉娜(蒙古)
达古拉(蒙古)
陈小丽(蒙古)

广西壮族自治区《走出瑶山》 柴门森(回)
叶苗壮(回)
吴冠华(汉)

宁夏回族自治区《花儿美在盖头里》 陈丽云(回)
杨　艺(回)
王　娟(满)

广西壮族自治区《山野图画》 李福远(壮)
李健民(壮)
韦慧梅(壮)

贵州省　《糍粑乐》　莫红燕(布依)
安　平(回)
张江宏(水)

三人舞优秀表演奖

云南省　《同一个月亮》　赵豫霞(白)
洪　红(拉祜)
罗　霞(彝)
中央民族大学　《玫瑰·少女》　李　荣(苗)
刘轶智(汉)
谢　凡(维吾尔)
新疆维吾尔自治区《爷爷的琴声》　阿米娜(维吾尔)
热汗古丽(维吾尔)
阿丽娅(维吾尔)
内蒙古自治区　《蓝绿白畅想》　嘎毕拉(蒙古)
白　昆(蒙古)
齐　虹(达斡尔)
新疆维吾尔自治区《胡尔登沙吾尔登》　乌　兰(蒙古)
莎　仁(蒙古)
欧登高娃《蒙古》

三人舞编导一等奖

海南省　《种山兰的女人》　蒙麓光
内蒙古军区文工团《漠柳》　何燕敏
云南省　《高原女人》　候　耀

三人舞编导二等奖

云南省　《布朗花》　马文静、刘　玲
广西壮族自治区《铜鼓·传说》　白　桦、阎红恩
白韵荻
中央民族大学　《猎人》　毛　磊
重庆市　《野山椒》　刘玲丽

三人舞编导三等奖

云南省　《高原蒙古人》　钱东凡、歹　磊
广西壮族自治区《山野图画》　刘　江
内蒙古自治区　《牛角饰》　李力兵
云南省　《同一个月亮》　陈　瑞、杨卫疆
甘肃省　《大漠日出》　郎永春
广西壮族自治区《走出瑶山》　何晓彬、杨世萍
宁夏回族自治区《花儿美在盖头里》　冯雅丽、白金峰
魏　刚

三人舞优秀编导奖

贵州省　《糍粑乐》　莫红燕、安　平
中央民族大学　《玫瑰·少女》　帕　夏
新疆维吾尔自治区《爷爷的琴声》　阿布都妮
内蒙古自治区　《蓝绿白畅想》　朱朝霞
新疆维吾尔自治区《胡尔登沙吾尔登》　巴音达来

作曲一等奖

云南省　《水中月》　晓　耕

作曲二等奖

云南省　《他——深深地怀念傣族民间舞蹈家毛相》　万　里
内蒙古军区文工团《漠柳》　潘建华
内蒙古自治区　《马头琴声》　查　干

作曲三等奖

海南省　《种山兰的女人》　倪承为
内蒙古自治区　《母爱》　查　干
云南省　《高原女人》　万　里
新疆维吾尔自治区《戴面纱的女人》　依克木
西藏自治区　《珞巴人的刀》　旦增边洛

全国首届蒲公英奖暨全国新苗奖第四届少儿京剧邀请赛获奖名录

（按分数排序）

蒲公英奖
（表演与辅导）
金奖(46个)

戏剧(小品)：

浙江省	少年闰土
贵州省	母女之间
江西省	小主人
山东省	猫咪钓鱼
广东省	花季雨季网站
河北省	贺卡
福建省	公鸡生蛋
广东省	比比谁的本领大
浙江省	官、打、捉、贼

典艺(故事)：

河北省	宠儿的自白
重庆市	枪挑小梁王
天津市	放歌天津卫
河南省	学文化
辽宁省	望子成龙
江苏省	美丽的小公鸡
湖北省	公鸡与狐狸
山东省	压岁钱
贵州省	生日的礼物
山西省	卖火柴的小男孩
广东省	一个缺席的升旗手
江苏省	糖心山芋
重庆市	采花调

舞蹈：

安徽省	我真棒
湖南省	龙舟乐
贵州省	风铃
重庆市	放牛娃
甘肃省	小卓玛
浙江省	小巷记忆
江苏省	二小放牛郎
贵州省	小萝卜头
宁　夏	沙窝雨
重庆市	小猴与老头
江西省	小小男子汉
四川省	放飞希望(专业)
安徽省	我和小鸟拉勾勾
陕西省	顽皮的大枕头
广　西	扁担谣
西　藏	打墙舞
重庆市	小小三峡石
辽宁省	小公鸡
湖北省	土家花背篓
河南省	蜜蜂飞舞
甘肃省	背鼓子
新　疆	帕米尔小花蕾
山东省	鼓韵
广　东	咪咪和吱吱

银奖(46个)

戏剧(小品)：

湖北省	小马过河
江苏省	守株待兔
北京市	百灵
重庆市	新伙伴
广东省	各尽所能
山东省	卖报的小哥哥
江西省	生日
辽宁省	心愿
云南省	露珠
江西省	贝贝的奇遇
河南省	玲玲的小牙
山东省	小萝卜头

曲艺(故事)：

河南省	龟兔赛跑
福建省	青蛙卖泥塘
云南省	蜜蜂和蝴蝶
浙江省	大元帅和小棋手
山东省	爱吃糖的猫
浙江省	闪光的小脑袋
浙江省	孔子拜师
河南省	夸家乡
天津省	郝阿姨
湖北省	谢天谢地
贵州省	夸爸爸
海南省	龟兔赛跑
黑龙江省	街头哨兵

舞蹈：

贵州省	鼓乐

贵州省	春铃
四川省	糖人(专业)
广东省	BB 仔
广　西	板凳龙
新疆兵团	甜甜的草莓
海南省	儋州娃戏调声
内蒙古	褐色的小马驹
广　西	骑青马
贵州省	风车谣
安徽省	踢踏十分钟
北京市	小猫钓鱼
广东省	狮乡童谣
山东省	娃娃高跷
海南省	那娃、那猴
河南省	我爱足球
陕西省	朱鹮
辽宁省	满童乐
北京市	童心锁
湖南省	飞
贵州省	野炊
安徽省	挡马
辽宁省	东郭先生和狼
辽宁省	生日
江苏省	这就是孩子
江苏省	珍贵的教科书
黑龙江省	夸爸爸

曲艺(故事)：

辽宁省	家庭拍卖会
福建省	少年冰心的故事
河北省	万百千
天津市	背课文
海南省	小老虎过生日
辽宁省	一盆水
吉林省	一堂课
吉林省	孔子住店
吉林省	孙悟空四调芭蕉扇
湖南省	百兽自夸
黑龙江省	铁人颂
云南省	云南十八怪
浙江省	小宝吃苦
湖南省	悄悄话
湖南省	月亮巴巴
陕西省	多心的妈妈
海南省	我想有个家
重庆市	七颗豆子
江苏省	量词
广东省	今天我当妈妈
黑龙江省	新百吹图
湖北省	小傻的呼唤
安徽省	超常儿童
江西省	反正话
福建省	台湾阿姐嫁我家
山西省	三顾毛屋
江西省	火中的凤凰
江西省	谦虚的狐狸
广东省	争功
安徽省	高楼上坠下的惊叹号
山西省	想唱就唱
云南省	妈妈，别这样
河北省	卖火柴的小男孩

舞蹈：

新　疆	追求
山西省	枣儿红红
江西省	傩风
福建省	火盆光好春光
贵州省	山娃乐
湖北省	磨
湖北省	做泥人
浙江省	友爱
浙江省	玩拨浪鼓的小女孩
北京市	小海螺
天津市	龙子龙孙
内蒙古	小雄狮
云南省	田海边上小金花
新疆兵团	快乐的克孜巴郎
山西省	故事王
江苏省	木勺舞
湖南省	我也要当兵
西　藏	果谐
黑龙江省	戏雪
山西省	果园妞妞乐悠悠
黑龙江省	雪花开了
海南省	青青椰子树
江苏省	喊山

天津市	快乐的节奏
内蒙古	快乐的小羊羔
江西省	金蓑衣
福建省	竹卜惊雀
福建省	醉茶
黑龙江省	欢乐卓玛
云南省	棕扇与小木雀
西　藏	弦子舞
山东省	白鸽传友谊
陕西省	打鼓向天歌
新疆兵团	西部农场娃
辽宁省	压岁钱
云南省	小和尚
贵州省	斗蟋蟀
新　疆	请你停一停
甘肃省	竹林深处
河南省	编花篮
四川省	数蛤蟆
天津市	小海军
河北省	踩雨
河北省	枣儿甜妞妞乐
河北省	秋歌
宁　夏	宁夏川
宁　夏	加减乘除
青海省	快乐的尕撒拉
青海省	憧憬

蒲公英奖

（创作）

戏剧：

浙江省	少年闰土
浙江省	官、打、捉、贼
江西省	贝贝的奇遇
山东省	猫咪钓鱼
贵州省	武松和虎
福建省	公鸡生蛋
河南省	玲玲的小牙
辽宁省	心愿
山东省	卖报的小哥哥
重庆市	新伙伴
山东省	小萝卜头
江西省	生日
广东省	花季雨季网站
广　西	谁美
广东省	比比谁的本领大
湖北省	小马过河
广　西	礼物
贵州省	童心

曲艺：

辽宁省	望子成龙
湖北省	谢天谢地
浙江省	小宝吃苦
陕西省	多心的妈妈
广东省	一个缺席的升旗手
浙江省	大元帅和小棋手
贵州省	生日的礼物
河南省	龟兔赛跑
湖北省	公鸡与狐狸
天津市	郝阿姨
江苏省	美丽的小公鸡
天津市	放歌天津卫
河南省	夸家乡
河北省	宠儿的自白
重庆市	采花调

舞蹈：

重庆市	小猴与老头
宁夏	沙窝雨
甘肃省	小卓玛
广东省	BB 仔
安徽省	踢踏十分钟
安徽省	我真棒
北京市	小猫钓鱼
河南省	蜜蜂飞舞
浙江省	小巷记忆
河南省	我爱足球
辽宁省	满童乐
广东省	狮乡童谣
江西省	小小男子汉
湖南省	龙舟乐
贵州省	风铃
山东省	鼓韵
西　藏	打墙舞
山东省	娃娃高跷
海南省	那娃、那猴
广　西	骑青马
江苏省	二小放牛郎

安徽省 我和小鸟拉勾勾
广东省 咪咪和吱吱
湖北省 做泥人
湖南省 飞
贵州省 鼓乐
江苏省 木勺舞

银奖(73个)

戏剧:

江西省 小主人
江苏省 宁株待兔
福建省 救命粮
山西省 苦柚
广东省 各尽其能
贵州省 母女之间
云南省 露珠
安徽省 半夜鸡叫
海南省 狐狸和乌鸦
福建省 鸟笼
安徽省 春风暖融融
海南省 还我家园
湖北省 半夜鸡叫
黑龙江省 老狼请客
河北省 贺卡
河南省 外星朋友
云南省 减负
河南省 机器爸爸
海南省 美丽的公鸡
河北省 树的故事
北京市 百灵

曲艺:

山东省 压岁钱
河南省 学文化
山东省 爱吃糖的猫
黑龙江省 街头哨兵
重庆市 枪挑小梁王
辽宁省 家庭拍卖会
辽宁省 一盆水
湖南省 月亮巴巴
贵州省 夸爸爸
云南省 蜜蜂和蝴蝶
吉林省 一堂课
湖南省 悄悄话
吉林省 孙悟空四调芭蕉扇
湖南省 百兽自夸
江苏省 糖心山芋
广东省 今天我当妈妈
天津市 背课文
江苏省 量词
安徽省 超常儿童
江西省 谦虚的狐狸
广东省 争功
江西省 火中的凤凰

舞蹈:

青海省 跳吧,草原
陕西省 顽皮的大枕头
重庆市 放牛娃
甘肃省 背鼓子
广 西 板凳龙
陕西省 朱鹮
贵州省 春铃
贵州省 小萝卜头
北京市 童心锁
广 西 扁担摇
山西省 枣儿红红
天津市 龙子龙孙
海南省 儋州娃戏调声
福建省 火盆光好春光
江西省 傩风
新 疆 帕米尔小花蕾
贵州省 风车谣
浙江省 友爱
浙江省 玩拨浪鼓的小女孩
湖北省 土家花背篓
山西省 果园妞妞乐悠悠
福建省 竹卜惊雀
北京市 小海螺
湖南省 我也要当兵
湖北省 磨
重庆市 小小三峡石
内蒙古 小雄狮
云南省 田海边上小金花
山西省 故事王
贵州省 山娃乐

铜奖(72 个)

戏剧:

山西省	伸出你的手
山西省	小猴子下山
河北省	流星
云南省	小鱼的梦
黑龙江省	狼和小羊
贵州省	野炊
安徽省	挡马
辽宁省	东郭先生和狼
辽宁省	生日
江苏省	这就是孩子
江苏省	珍贵的教科书
黑龙江省	夸爸爸

曲艺:

安徽省	高楼上坠下的惊叹号
山西省	三顾毛屋
山西省	想唱就唱
山西省	卖火柴的小男孩
吉林省	孔子住店
海南省	龟兔赛跑
海南省	小老虎过生日
海南省	我想有个家
山东省	压岁钱
山东省	孔子拜师
云南省	云南十八怪
云南省	妈妈,别这样
福建省	少年的冰心的故事
福建省	青蛙卖泥塘
福建省	台湾阿姐嫁我家
浙江省	闪光的小脑袋
河南省	学文化
重庆市	七颗豆子
河北省	卖火柴的小男孩
河北省	万百千
湖北省	小傻的呼唤
江西省	反正话
黑龙江省	新百吹图
黑龙江省	铁人颂

舞蹈:

新疆兵团	甜甜的草莓
新疆兵团	快乐的克孜巴郎
西　藏	果谐
黑龙江省	戏雪
黑龙江省	雪花开了
江苏省	咕山
海南省	青青椰子树
陕西省	顽皮的大枕头
天津市	快乐的节奏
福建省	醉茶
陕西省	打鼓向天歌
江西省	金蓑衣
云南省	棕扇与小木雀
西　藏	弦子舞
山东省	白鸽传友谊
黑龙江省	欢乐卓玛
天津市	小海军
内蒙古	快乐的小羊羔
新　疆	追求
河北省	枣儿甜妞妞乐
云南省	小和尚
新疆兵团	西部农场娃
内蒙古	褐色的小驹
河北省	踩雨
甘肃省	竹林深处
四川省	数蛤蟆
辽宁省	压岁钱
贵州省	斗蟋蟀
河南省	编花篮
辽宁省	小公鸡
河北省	秋歌
新　疆	请你停一停
宁　夏	宁夏川
宁　夏	加减乘除
青海省	快乐的尕撒拉
青海省	憧憬

新苗奖第四届少儿京剧邀请赛获奖名单

专业组(22 个)

一等奖

上海市	三家店
辽宁省	击鼓骂曹
北京市	上天台
辽宁省	天女散花
上海省	挡马
甘肃省	石秀探庄
中直	林冲夜奔

单位	节目
天津市	杀四门

二等奖

单位	节目
上海市	二进宫
河北省	盘肠战
中　直	二进宫
山东省	九江口
中　直	扈家庄
山东省	石秀探庄
天津市	探皇陵
黑龙江省	拾玉镯片段

三等奖

单位	节目
辽宁省	扈家庄
山西省	贵妃醉酒
吉林省	盗仙草
山西省	巡营
甘肃省	钓金龟
甘肃省	探阴山

业余组(33 个)

一等奖

单位	节目
河北省	沉香下山
北京市	铡美案
贵州省	刑场
山东省	空城计
湖北省	拾玉镯
吉林省	挑滑车

二等奖

单位	节目
安徽省	盗御马
天津市	八大锤
江西省	卖水
湖北省	贵妃醉酒
贵州省	打虎上山
浙江省	自己的队伍来到面前
湖北省	海港
山西省	夜奔

三等奖

单位	节目
江苏省	沙家浜．奔袭
云南省	打焦赞
北京市	战太平
河北省	草原英雄小姐妹
上海市	将相和
上海市	智取威虎山—打虎上山
黑龙江省	坐官
浙江省	捉放曹
黑龙江省	盗仙草
安徽省	铡美案
江苏省	珠帘寨．昔日有个三大贤
浙江省	霸王别姬
江苏省	打虎上山
吉林省	迎来春色换人间
安徽省	辕门斩子
河南省	捉放曹
云南省	打虎上山
云南省	群猴嬉戏
贵州省	卖火柴的小女孩

组织奖(22 个)

贵州省文化厅

天津市文化局

重庆市文化局

山西省文化厅

河北省文化厅

黑龙江省文化厅

辽宁省文化厅

山东省文化厅

江苏省文化厅

浙江省文化厅

安徽省文化厅

福建省文化厅

江西省文化厅

河南省文化厅

湖北省文化厅

广东省文化厅

海南省文化广播电视体育厅

云南省文化厅

广西壮族自治区文化厅

陕西省文化厅

甘肃省文化厅

西藏自治区文化厅

中国青少年艺术大赛第六届“桃李杯”舞蹈比赛获奖名录

芭蕾舞一等奖：

李娜(北京舞蹈学院)

黄震(上海市舞蹈学校)

姚伟(上海市舞蹈学校)

芭蕾舞二等奖：

祁欢(北京舞蹈学院)

郝勃(北京舞蹈学院附中)

黄怡(上海市舞蹈学校)

方仲静(上海市舞蹈学校)

袁雯琪(上海市舞蹈学校)

芭蕾舞三等奖：

魏巍(沈阳音乐学院附属舞蹈学校)

董雪(北京舞蹈学院)

刘程(沈阳音乐学院附属舞蹈学校)

刘正华(沈阳市艺术学校)

沈圆(上海市舞蹈学校)

鲁娜(北京舞蹈学院附中)

张静(上海市舞蹈学校)

余晓伟(上海市舞蹈学校)

中国古典舞一等奖：

武巍峰(北京舞蹈学院)

王迪(解放军艺术学院)

李倩(解放军艺术学院)

张宇(解放军艺术学院)

万盛(解放军艺术学院)

中国古典舞二等奖：

张志(解放军艺术学院)

汪子涵(北京舞蹈学院)

庄丽(北京舞蹈学院)

柴明明(北京舞蹈学院附中)

谭昊(北京舞蹈学院附中)

姚弦(山西省文化艺术学校)

郭娜(北京舞蹈学院附中)

姜瑗(北京舞蹈学院附中)

中国古典舞三等奖：

柯志勇(广东舞蹈学校)

欧思维(北京舞蹈学院)

唐黎维(解放军艺术学院)

吴佳琦(上海师范大学表演艺术学院)

许瑾(解放军艺术学院)

霍曼迪(沈阳音乐学院附属舞蹈学校)

陈海劲(广东舞蹈学校)

邢桑(上海市舞蹈学校)

李进(山西省文化艺术学校)

吴芸(北京舞蹈学院附中)

黄茜茜(上海市舞蹈学校)

吴晓娜(吉林艺术学院)

民间舞一等奖：

全露(北京舞蹈学院)

廖雪静(解放军艺术学院)

杨怡孜(北京舞蹈学院)

毛侃(北京舞蹈学院附中)

伍晶晶(北京舞蹈学院附中)

民间舞二等奖：

王舸(北京舞蹈学院)

万玛尖措(中央民族大学)

唐怡(北京舞蹈学院)

谢茵(北京舞蹈学院)

王旭(大庆艺术学校)

刘福洋(沈阳音乐学院附属舞蹈学校)

明丽(上海市舞蹈学校)

郑绚(解放军艺术学院)

民间舞三等奖：

于大雪(北京舞蹈学院)

张云鹏(中央民族大学)

胡志伟(北京舞蹈学院附中)

薛一村子(中央民族大学)

郝娜(中央民族大学)

成方圆(上海市舞蹈学校)

赵帅(中央民族大学)

骆毅(广东舞蹈学校)

袁佳(北京舞蹈学院附中)

包红(内蒙古艺术学院)

王晓凤(北京舞蹈学院附中)

黄爱萍(上海市舞蹈学校)

中国舞少年乙组一等奖：

陈文(解放军艺术学院)

陈颖洁(北京舞蹈学院附中)

中国舞少年乙组二等奖：

孙锐(北京舞蹈学院附中)

王佳俊(上海市舞蹈学校)

罗莎莎(四川省舞蹈学校)

郑敏(四川省舞蹈学校)

中国舞少年乙组三等奖：

刘震杰(上海市舞蹈学校)

田栋栋(沈阳音乐学院附属舞蹈学校)

秦超(武汉艺术学校)

巴嫣嫣(解放军艺术学院)

宋欣欣(四川省舞蹈学校)

赵天瑗(北京舞蹈学院附中)

群舞表演一等奖：

阿嫫惹牛(四川省舞蹈学校)

群舞表演二等奖：

剽牛(厦门戏曲舞蹈学校)

国风(上海市舞蹈学校)

群舞表演三等奖：

卓嫫(四川省舞蹈学校)

盘龙祭(北京舞蹈学院附中)

二月二(北京舞蹈学院)

群舞创作一等奖：

阿嫫惹牛(四川省舞蹈学校)

群舞创作二等奖：

剽牛(厦门戏曲舞蹈学校)

国风(上海市舞蹈学校)

群舞创作三等奖：

卓嫫(四川省舞蹈学校)

盘龙祭(北京舞蹈学院附中)

二月二(北京舞蹈学院)

评委会特别奖(个人)：

杨惠如(台北精华舞集)

张嘉(台北精华舞集)

秦澍(国立台湾台北师范学院)

胡笳(周洁徐利舞蹈学校)

肖继元(甘肃省民族歌舞团)

次仁旺堆(西藏自治区艺术学校)

娜迪娅(北京市盛基舞蹈学校)

朴香梅(延边艺术学校)

谢琳(广西艺术学院中专部)

评委会特别奖(剧目)

海之吻(澳门演艺学院)

评委会特别奖(创作)

《手舞足蹈心狂跳》(广东舞蹈学校)

《窦娥》(解放军艺术学院)

《神明·舞剑》(北京舞蹈学院附中)

教学剧(节)目创作一等奖：

《秋海棠》(北京舞蹈学院)

《师徒春秋》(四川省舞蹈学校)

《胡笳十八拍》(解放军艺术学院)

《猎·趔·鬣》(北京舞蹈学院)

教学剧(节)目创作二等奖：

《繁漪·药》(北京舞蹈学院)

《九歌·山鬼》(上海师范大学表演艺术学院)

《十面埋伏》(解放军艺术学院)

《一片绿叶》(北京舞蹈学院)

《锦鸡嫫》(北京舞蹈学院)

《喜雪》(上海市舞蹈学校)

《无心悬浮》(北京舞蹈学院)

教学剧(节)目创作三等奖：

《秋瑾》(解放军艺术学院)

《良家妇女》(解放军艺术学院)

《苏武》(解放军艺术学院)

《醒狮》(广东舞蹈学校)

《有喜》(北京舞蹈学院)

《博回蓝天》(中央民族大学)

《走向香巴拉》(北京舞蹈学院)

《荞麦花开》(北京舞蹈学院附中)

《心中的太阳》(北京舞蹈学院附中)

《中国娃》(北京舞蹈学院附中)

舞蹈音乐创作一等奖：

《荞麦花开》(北京舞蹈学院附中)

舞蹈音乐创作二等奖：

《九歌·山鬼》(上海师范大学表演艺术学院)

舞蹈音乐创作三等奖：

《秋瑾》(解放军艺术学院)

《良家妇女》(解放军艺术学院)

第一批全国重点文物保护单位

(一)革命遗址及革命纪念建筑物(33处)

编号	分类号	名　　称	时　代	地　址
1	1	三元里平英团遗址	1841年	广东省广州市三元里
2	2	金田起义地址	1851年	广西壮族自治区桂平县金田村
3	3	太平天国忠王府	1860—1863年	江苏省苏州市东北街
4	4	韶山冲毛主席旧居	1893年	湖南省湘潭县韶山冲
5	5	江孜宗山抗英遗址	1904年	西藏自治区江孜县
6	6	黄花岗七十二烈士墓	1911年	广东省广州市
7	7	武昌起义军政府旧址	1911年	湖北省武汉市
8	8	北京大学红楼		北京市东城区沙滩
9	9	上海中山故居	1919	上海市香山路
10	10	中国社会主义青年团中央机关旧址	1920—1921年	上海市淮海路渔阳里
11	11	中国共产党第一次全国代表大会会址	1921年	上海市兴业路
12	12	广州农民运动讲习所旧址	1926年	广东省广州市中山四路
13	13	“八一”起义指挥部旧址	1927年	江西省南昌市
14	14	秋收起义文家市会师旧址	1927年	湖南省浏阳县
15	15	海丰红宫、红场旧址	1927—1928年	广东省海丰县中山西路
16	16	广州公社旧址	1927年	广东省广州市维新路
17	17	井冈山革命遗址	1927—1929年	江西省宁冈县
18	18	古田会议会址	1929年	福建省上杭县古田村
19	19	中山陵	1929年	江苏省南京市紫金山
20	20	瑞金革命遗址	1931—1934年	江西省瑞金县
21	21	遵义会议会址	1935	贵州省遵义市
22	22	泸定桥	1935年	四川省甘孜藏族自治州泸定县
23	23	延安革命遗址	1937—1947年	陕西省延安县
24	24	卢沟桥(包括宛平县城)	1937年	北京市丰台区
25	25	平型关战役遗址	1937年	山西省繁峙县
26	26	八路军总司令部旧址	1938年	山西省武乡县
27	27	新四军军部旧址	1938—1941年	安徽省泾县
28	28	八路军重庆办事处旧址	1938—1946年	四川省重庆市红岩村及曾家岩
29	29	冉庄地道战遗址	1942年	河北省保定市
30	30	天安门		北京市

编号	分类号	名称	时代	地址
31	31	鲁迅墓		上海市虹口公园
32	32	中苏友谊纪念塔	1957年	辽宁省旅大市
33	33	人民英雄纪念碑	1958年	北京市天安门广场

(二)石窟寺(共14处)

编号	分类号	名称	时代	地址
34	1	云冈石窟	北魏	山西省大同市
35	2	莫高窟	北魏至元	甘肃省敦煌县
36	3	榆林窟	北魏至元	甘肃省安西县
37	4	龙门石窟	北魏至唐	河南省洛阳市
38	5	麦积山石窟	北魏至明	甘肃省天水市
39	6	炳灵寺石窟	北魏至明	甘肃省临夏回族自治州临夏市
40	7	响堂山石窟	东魏北齐至元	河北省邯郸市
41	8	克孜尔千佛洞	唐至宋	新疆维吾尔自治区拜城县
42	9	库木吐喇千佛洞	唐至宋	新疆维吾尔自治区库车县
43	10	皇泽寺摩崖造象	唐	四川省广元县
44	11	广元千佛崖摩崖造象	唐、宋	四川省广元县
45	12	北山摩崖造象	唐、宋	四川省大足县
46	13	宝顶山摩崖造象	宋	四川省大足县
47	14	石钟山石窟	南诏、大理(公元649—1094年)	云南省大理白族自治州剑川县

(三)古建筑及历史纪念建筑物(共77处)

编号	分类号	名称	时代	地址
48	1	太室阙	东汉	河南省登封县
49	2	少室阙	东汉	河南省登封县
50	3	启母阙	东汉	河南省登封县
51	4	冯焕阙	东汉	河南省登封县
52	5	平阳府君阙	东汉	四川省绵阳县
53	6	沈府君阙	东汉	四川省渠县
54	7	孝堂山郭氏墓石祠	东汉	山东省肥城县
55	8	嘉祥武氏墓群石刻	东汉	山东省济宁市

编号	分类号	名　称	时　代	地　址
56	9	高颐墓阙及石刻	东汉	四川省雅安县
57	10	褒斜道石门及其摩崖石廖	汉至宋	陕西省汉中市
58	11	安济桥(大石桥)	隋	河北省宁晋县
59	12	安平桥(五里桥)	南宋	福建省晋江县
60	13	永通桥(小石桥)	金	河北省宁晋县
61	14	嵩岳寺塔	北魏	河南省登封县
62	15	四门塔	东魏	山东省历城县
63	16	大雁塔	唐	陕西省西安市
64	17	小雁塔	唐	陕西省西安市
65	18	崇圣寺三塔	唐、五代	云南省大理白族自治州大理市
66	19	房山云居寺塔及石经	隋、唐、辽、金	北京市房山县
67	20	兴教寺塔	唐	陕西省长安县
68	21	苏州云岩寺塔	五代	江苏省苏州市
69	22	佑国寺塔(铁塔)	北宋	河南省开封市
70	23	定县开元寺塔(料敌塔)	北宋	河北省定县
71	24	佛宫寺释迦塔(应县木塔)	辽	山西省应县
72	25	六和塔	南宋	浙江省杭州市
73	26	广惠寺华塔	金	河北省正定县
74	27	妙应寺白塔	元	北京市西城区
75	28	真觉寺金刚宝座(五塔寺塔)	明	北京市海淀区
76	29	海宝塔	清	宁夏回族自治区银川市
77	30	义慈惠石柱	北齐	河北省易县
78	31	赵州陀罗尼经幢	北宋	河北省宁晋县
79	32	南禅寺大殿	唐	山西省五台县
80	33	佛光寺	唐至清	山西省五台县
81	34	大昭寺		西藏自治区拉萨市
82	35	昌珠寺		西藏自治区乃东县
83	36	光孝寺	五代至明	广东省广州市
84	37	独乐寺	辽	河北省蓟县
85	38	晋祠	宋	山西省太原市
86	39	奉国寺	辽	辽宁省义县
87	40	清净寺	宋	福建省泉州市
88	41	善化寺	辽、金	山西省大同市
89	42	隆兴寺	宋	河北省正定县
90	43	保国寺	北宋	浙江省宁波市

编号	分类号	名　　称	时　代	地　址
91	44	华严寺	辽、金、清	山西省大同市
92	45	白马寺	金至清	河南省洛阳市
93	46	永乐宫	元	山西省芮城县
94	47	武当山金殿	元、明	湖北省光化县
95	48	萨迦寺	元	西藏自治区萨迦县
96	49	广胜寺	元、明	山西省洪洞县
97	50	观星台	元	河南省登封县
98	51	居庸关云台	元	北京市昌平县
99	52	曲阜孔庙及孔府	金至清	山东省曲阜县
100	53	故宫	明、清	北京市
101	54	万里长城—八达岭	明	北京市延庆县
102	55	万里长城—山海关	明	河北省秦皇岛市
103	56	万里长城—嘉峪关	明	甘肃省酒泉市
104	57	西安城墙	明	陕西省西安市
105	58	天坛	明	北京市崇文区
106	59	北海及团城	明、清	北京市西城区
107	60	布达拉宫	明至民国	西藏自治区拉萨市
108	61	噶丹寺	明初至清	西藏自治区拉萨市
109	62	扎什伦布寺	明初至清	西藏自治区日喀则县
110	63	智化寺	明	北京市东城区
111	64	塔尔寺	明	青海市湟中县
112	65	沈阳故宫	清	辽宁省沈阳市
113	66	国子监	清	北京市东城区
114	67	雍和宫	清	北京市东城区
115	68	普宁寺	清	河北省承德市
116	69	普乐寺	清	河北省承德市
117	70	普陀宗乘之庙	清	河北省承德市
118	71	须弥福寿之庙	清	河北省承德市
119	72	武侯祠	清	四川省成都市
120	73	杜甫草堂	清	四川省成都市
121	74	拙政园	明、清	四川省成都市
122	75	颐和园	清	北京市海淀区
123	76	避暑山庄	清	河北省承德市
124	77	留园	清	江苏省苏州市

(四)石刻及其他(共11处)

编号	分类号	名　　称	时　代	地　址
125	1	西安碑林	汉至近代	陕西省西安市
126	2	爨宝子碑	东晋	云南省曲靖县
127	3	爨龙颜碑	南朝	云南省陆良县
128	4	药王山石刻	隋至明	陕西省铜川市
129	5	段氏与三十七部会盟碑	大理(公元937—1094年)	云南省曲靖县
130	6	重修护国寺感应塔(西夏碑)	西夏(公元1032—1277年)	甘肃省武威县
131	7	苏州文庙内宋代石刻	南宋	江苏省苏州市
132	8	溪州铜柱	五代	湖南省湘西土家族苗族自治州永顺县
133	9	峨眉山圣寿万年寺铜铁佛像	宋至明	四川省峨眉县
134	10	沧州铁狮子	后周	河北省沧县
135	11	保圣寺罗汉塑像	北宋	江苏省吴县

(五)古遗址(共26处)

编号	分类号	名　　称	时　代	地　址
136	1	周口店遗址	旧石器时代	北京市房山县
137	2	丁村遗址	旧石器时代	山西省临汾县
138	3	仰韶村遗址	新石器时代	河南省渑池县
139	4	半坡遗址	新石器时代	山西省西安市
140	5	城子崖遗址	新石器时代	山东省章丘县
141	6	郑州商代遗址	商	河南省郑阳市
142	7	殷墟	殷	河南省安阳市
143	8	丰镐遗址	周	陕西省长安市
144	9	临淄齐国故城	周	山东省益都县
145	10	曲阜鲁国故城	周至汉	山东省曲阜县
146	11	侯马晋国遗址	东周	山西省侯马市
147	12	楚纪南故城	东周	湖北省江陵县
148	13	郑韩故城	东周	河南省新郑县
149	14	赵邯郸故城	战国	河北省邯郸市
150	15	燕下都遗址	战国	河北省易县
151	16	阿房宫遗址	秦	陕西省西安市
152	17	汉长安城遗址	西汉	陕西省西安市
153	18	汉魏洛阳故城	东汉至北魏	河南省洛阳市

编号	分类号	名　　称	时　代	地　址
154	19	高昌故城	高昌(公元500—640年)	新疆维吾尔自治区吐鲁番县
155	20	雅尔湖故城	高昌(公元500—640年)	新疆维吾尔自治区吐鲁番县
156	21	大明宫遗址	唐	陕西省西安市
157	22	太和城遗址	南诏（公元649—902年）	云南省大理白族自治州大理市
158	23	渤海国上京龙泉府遗址	渤海(公元698—926年)	黑龙江省宁安县
159	24	辽中京遗址	辽	内蒙古自治区巴林左旗
160	25	辽中京遗址	辽	内蒙古自治区宁城县
161	26	古格王国遗址	约为公元十世纪前后	西藏自治区扎达县

(六)古墓葬(共19处)

编号	分类号	名　　称	时　代	地　址
162	1	黄帝陵		陕西省黄陵县
163	2	孔林	东周	山东省曲阜县
164	3	秦始皇陵	西汉	陕西省临潼县
165	4	茂陵	西汉	陕西省兴平县
166	5	霍去病墓	西汉	陕西省兴平县
167	6	辽阳壁画墓群	汉至晋	辽宁省辽阳市
168	7	洞沟古墓群	高句丽(公元前37—公元668年)	吉林省集安县
169	8	封氏墓群	北魏至隋	河北省吴桥县
170	9	昭陵	唐	陕西省乾县
171	10	乾陵	唐	陕西省乾县
172	11	顺陵	唐	陕西省咸阳市
173	12	六顶山古墓	渤海（公元698—926年）	吉林省延边朝鲜族自治州敦化县
174	13	藏王墓	公元七世纪	西藏自治区穷结县
175	14	王建墓	五代前蜀	四川省成都市
176	15	岳飞墓	南宋	浙江省杭州市
177	16	明孝陵	明	江苏省南京市
178	17	十三陵	明	北京市昌平县
179	18	清东陵	清	河北省遵化县
180	19	清西陵	清	河北省易县

第二批全国重点文物保护单位

(一)革命遗址及革命纪念建筑物(共10处)

编号	分类号	名称	时代	地址
1	1	林则徐销烟池与虎门炮台旧址	1839年	广东省东莞县
2	2	太平天国天王府遗址	1853至1864年	江苏省南京市
3	3	义和团吕祖堂坛口遗址	1900年	天津市
4	4	安源路矿工人俱乐部旧址	1922年	江西省安源市
5	4	八七会议会址	1927年	湖北省武汉市
6	6	西安事变旧址	1936年	陕西省西安市
7	7	白求恩模范病室旧址	1938年	山西省五台县
8	8	西柏坡中共中央旧址	1948年	河北省平山县
9	9	北京宋庆龄故居	1963年	北京市北河沿
10	10	宋庆龄墓	1981年	上海市万国公墓

(二)石窟寺(共5处)

编号	分类号	名称	时代	地址
11	1	巩县石窟	北魏至宋	河南省巩县
12	2	须弥山石窟	北朝至唐	宁夏回族自治区固原县
13	3	乐山大佛	唐	四川省乐山市
14	4	柏孜克里克千佛洞	唐至元	新疆维吾尔自治区吐鲁番县
15	5	飞来峰造象	五代至元	浙江省杭州市

(三)古建筑及历史纪念建筑物(共28处)

编号	分类号	名称	时代	地址
16	1	修定寺塔	唐	河南省安阳县
17	2	玉泉寺及铁塔	宋	湖北省当阳县
18	3	万部华严经塔	辽	内蒙古自治区呼和浩特市
19	4	华林寺大殿	宋	福建省福州市
20	5	开元寺	宋至清	福建省泉州市
21	6	灵岩寺	唐至清	山东省长清县
22	7	玄妙观三清殿	宋	江苏省苏州市
23	8	岩山寺	金	山西省繁峙县
24	9	北岳庙	元	河北省曲阳县
25	10	紫霄宫	明	湖北省均县

编号	分类号	名　　称	时　代	地　址
26	11	显通寺	明至清	山西省五台县
27	12	哲蚌寺	明	西藏自治区拉萨市
28	13	色拉寺	明	西藏直治区拉萨市
29	14	皇史宬	明	北京市
30	15	悬空寺	明	山西省浑源县
31	16	天一阁	明至清	浙江省宁波市
32	17	古观象台	明至清	北京市
33	18	经略台真武阁	明	广西壮族自治区容县
34	19	瞿昙寺	明	青海省乐都县
35	20	北京市城东南角楼	明	北京市
36	21	都江堰	秦至清	四川省灌县
37	22	蓬莱水城及蓬莱阁	明	山东省蓬莱县
38	23	太和宫金殿	清	云南省昆明市
39	24	豫园	明至清	上海市
40	25	恭王府及花园	清	北京市
41	25	网师园	清	江苏省苏州市
42	27	程阳永济桥	民国	广西壮族自治区三江县
43	28	拉卜楞寺	清	甘肃省夏河县

(四)石刻及其他(共2处)

编号	分类号	名　　称	时　代	地　址
44	1	常德铁经幢	宋	湖南省常德市
45	2	地藏寺经幢	大理(公元937—1094年)	云南省昆明市

(五)古遗址(共10处)

编号	分类号	名　　称	时　代	地　址
46	1	元谋猿人遗址	旧石器时代	云南省元谋县
47	2	蓝田猿人遗址	旧石器时代	陕西省蓝田县
48	3	大汶口遗址	新石器时代	山东省泰安县
49	4	河姆渡遗址	新石器时代	浙江江省余姚县
50	5	周原遗址	西周	陕西省扶风县、岐山县
51	6	铜录山古铜矿遗址	周至汉	湖北省大冶县
52	7	丸都山故城	高句丽(公元前37—公元668年)	吉林省集安县
53	8	湖田古瓷窑址	五代至明	江西省景德镇
54	9	金上京会宁府遗址	金	黑龙江省阿城县
55	10	明中都皇故城及皇陵石刻	明	安徽省凤阳县

(六)古墓葬(共7处)

编号	分类号	名　称	时　代	地　址
56	1	司马迁墓和祠	西汉至宋	陕西省韩城县
57	2	杨粲墓	宋	贵州省遵义市
58	3	宋陵	北宋	河南省巩县
59	4	李明珍墓	明	湖北省蕲春县
60	5	郑成功墓	清	福建省南安县
61	6	清昭陵	清	辽宁省沈阳市
62	7	成吉思汗陵	1954年迁建	内蒙古自治区伊金霍洛旗

第三批全国重点文物保护单位

(一)革命遗址及革命纪念建筑物(共41处)

编号	分类号	名　称	时　代	地　址
1	1	洪秀全故居	清代中期	广东省花县
2	2	林则徐墓	1826年	福建省福州市
3	3	堂字街太平天国壁画	1853—1864年	江苏省南京市
4	4	大沽口炮台	1858年	天津市塘沽区
5	5	太平天国侍王府	1861年	浙江省金华市
6	6	望海楼教堂	1869—1904年	天津市河北区
7	7	黄兴故居、墓	1874年、1917年	湖南省长沙县、长沙市
8	8	绍兴鲁迅故居	1881—1898年	浙江省绍兴市
9	9	刘公岛甲午战争纪念地	1888—1895年	山东省威海市
10	10	李大钊故居	1889年	河北省乐亭县
11	11	孙中山故居	1892年	广东省中山市
12	12	朱德故居	1895年—1907年	四川省仪陇县
13	13	茅盾故居	1896—1910年	浙江省桐乡县
14	14	周恩来故居	1898—1910年	江苏省淮安市
15	15	刘少奇故居	1898—1916年	湖南省宁乡县
16	16	任弼时故居	1904—1915年	湖南省汨罗市
17	17	秋瑾故居	1907年	浙江省绍兴市
18	18	云南陆军讲武堂旧址	1909—1928年	云南省昆明市
19	19	辛亥秋保路死事纪念碑	1913年	四川省成都市
20	20	国民党“一大”旧址	1924年	广东省广州市
21	21	黄埔军校旧址	1924—1927年	广东省广州市
22	22	中华全国总工会旧址	1925—1927年	广东省广州市

编号	分类号	名　　称	时 代	地 址
23	23	北伐汀泗桥战役遗址	1926 年	湖北省咸宁市
24	24	红安七里坪革命旧址	1927 年—1934 年	湖北省红安县
25	25	龙华革命烈士纪念地	1927—1937 年	上海市徐汇区
26	26	雨花台烈士陵园	1927—1949 年	江苏省南京市
27	27	平江起义旧址	1928 年	湖南省平江县
28	28	中国工农红军第七军、第八军军部旧址	1929—1930 年	广西壮族自治区百色市、龙州县
29	29	长汀革命旧址	1929—1933 年	福建省长汀县
30	30	湘鄂西革命根据地旧址	1930—1932 年	湖北省洪湖市、监利县
31	31	宁都起义指挥部旧址	1931 年	江西省宁都县
32	32	鄂豫皖革命根据地旧址	1931 年	河南省新县
33	33	红四方面军总指挥部旧址	1932—1935 年	四川省通江县
34	34	平顶山惨案遗址	1932 年	辽宁省抚顺市
35	35	瓦窑堡革命旧址	1935 年	陕西省子长县
36	36	八路军西安办事处旧址	1937—1946 年	陕西省西安市
37	37	中共中央中原局旧址	1938—1939 年	河南确山县
38	38	陈嘉庚墓	1953 年	福建省厦门市
39	39	冯玉祥墓	1953 年	山东省泰安市
40	40	郭沫若故居	1963—1978 年	北京市西城区
41	41	聂耳墓	1980 年	云南省昆明市

(二)石窟寺(共 11 处)

编号	分类号	名　　称	时 代	地 址
42	1	孔望山摩崖造像	东汉	江苏省连云港市
43	2	北石窟寺	北魏至宋	甘肃省西峰市
44	3	南石窟寺	北魏至唐	甘肃省泾川县
45	4	万佛堂石窟	北魏	辽宁省义县
46	5	驼山石窟	北周至唐	山东省青州市
47	6	南龛摩崖造像	隋至宋	四川省巴中县
48	7	千佛崖造像	唐至明	山东省济南市历城区
49	8	大佛寺石窟	唐	陕西省彬县
50	9	卧佛院摩崖造像	唐	四川省安岳县
51	10	钟山石窟	北宋	陕西省子长县
52	11	通天岩石窟	宋至明	江西省赣州市

(三)古建筑及历史纪念建筑物(共111处)

编号	分类号	名　称	时　代	地　址
53	1	丰塘(芍陂)	春秋	安徽省寿县
54	2	灵渠	秦	广西壮族自治区兴安县
55	3	它山堰	唐	浙江省鄞县
56	4	木兰陂	北宋	福建省莆田县
57	5	桑海井	清	四川省自贡市
58	6	金山岭长城	明	河北省滦平县
59	7	南京城墙	明	江苏省南京市
60	8	平遥城墙	明	山西省平遥县
61	9	崇武城墙	明	福建省惠安县
62	10	兴城城墙	明至清	辽宁省兴城市
63	11	正阳门	明至清	北京市
64	12	清远楼	明	河北省张家口市宣化区
65	13	光岳楼	明	山东省聊城市
66	14	岳阳楼	清	湖南省岳阳市
67	15	观音桥	宋	江西省星子县
68	16	洛阳桥	宋至明	福建省泉州市
69	17	广济桥	宋至明	广东省潮州市
70	18	古纤道	明至清	浙江省绍兴市
71	19	直隶总督署	清	河北省保定市
72	20	卓克基土司官寨	清	四川省马尔康县
73	21	大屯土司庄园	清至民国	贵州省毕节县
74	22	白鹿书院	清	江西省九江市
75	23	岳麓书院	清	湖南省长沙市
76	24	西秦会馆	清	四川省自贡市
77	25	聊城山陕会馆	清	山东省聊城市
78	26	社旗山陕会馆	清	河南省社旗县
79	27	胡庆余堂	清	浙江省杭州市
80	28	太庙	明至清	北京市
81	29	社稷坛	明至清	北京市
82	30	北京孔庙	元至清	北京市东城区
83	31	孟庙及孟府	明至清	山东省邹县
84	32	龙川胡氏宗祠	明至清	安徽省绩溪县
85	33	陈家祠堂	清	广东省广州市
86	34	泰宁尚书第	明	福建省泰宁县

编号	分类号	名　　称	时　代	地　址
87	35	丁村民宅	明至清	山西省襄汾县
88	36	潜口民宅	明	安徽省歙县
89	37	东阳卢宅	明至清	浙江省东阳县
90	38	祥集弄民宅	明	江西省景德镇市
91	39	崇礼住宅	清	北京市东城区
92	40	牟氏庄园	清至民国	山东省栖霞县
93	41	寄畅园	明至清	江苏省无锡市
94	42	环秀山庄	明至清	江苏省苏州市
95	43	十笏园	明至清	山东省潍坊市
96	44	罗布林卡	清	西藏自治区拉萨市
97	45	何园	清	江苏省扬州市
98	46	个园	清	江苏省扬州市
99	47	南通博物苑	清	江苏省南通市
100	48	樊敏阙及石刻	东汉	四川省芦山县
101	49	“治世玄岳”牌坊	明	湖北省丹江口市
102	50	许国石坊	明	安徽省歙县
103	51	大士阁	明	广西壮族自治区合浦县
104	52	增冲鼓楼	清	贵州省从江县
105	53	开元寺钟楼	唐至清	河北省正定县
106	54	法兴寺	唐	山西省长子县
107	55	天台庵	唐	山西省平顺县
108	56	风穴寺及塔林	唐至清	河南省临汝县
109	57	昭仁寺大殿	唐	陕西省长武县
110	58	青莲寺	唐至清	山西省晋城市
111	59	镇国寺	五代至清	山西省平遥县
112	60	大云院	五代至清	山西省平顺县
113	61	玉皇庙	宋至清	山西省晋城市
114	62	大庙飞来殿	宋至元	四川省峨眉县
115	63	云岩寺	宋至清	四川省江油县
116	64	天宁寺大殿	宋至元	浙江省金华市
117	65	崇福寺	金	山西省朔县
118	66	夏鲁寺	元至清	西藏自治区日喀则市
119	67	法海寺	明	北京市石景山区
120	68	双林寺	明	山西省平遥县
121	69	殊像寺	清	河北省承德市

编号	分类号	名称	时代	地址
122	70	安远庙	清	河北省承德市
123	71	广允缅寺	清	云南省沧源县
124	72	景真八角亭	清	云南省勐海县
125	73	岱庙	宋至清	山东省泰安市
126	74	西岳庙	明至清	陕西省华阴县
127	75	北镇庙	明至清	辽宁省北镇县
128	76	玄贞观	明	辽宁省北镇县
129	77	万荣东岳庙	元至清	山西省万荣县
130	78	解州关帝庙	清	山西省运城市
131	79	花戏楼	清	安徽省亳州市
132	80	青龙洞	清	贵州省镇远县
133	81	泉州天后宫	清	福建省泉州市
134	82	牛街礼拜寺	明至清	北京市宣武区
135	83	西安清真寺	明至清	陕西省西安市
136	84	同心清真大寺	清	宁夏回族自治区同心县
137	85	净藏禅师塔	唐	河南省登封县
138	86	云龙寺塔	唐	广东省仁化县
139	87	凌霄塔	唐至宋	河北省正定县
140	88	朝阳北塔	唐至辽	辽宁省朝阳市
141	89	灵光塔	渤海	吉林省长白朝鲜族自治县
142	90	闸口白塔	五代	浙江省杭州市
143	91	栖霞寺舍利塔	五代	江苏省南京市
144	92	三影塔	北宋	广东省南雄县
145	93	广教寺双塔	北宋	安徽省宣州市
146	94	崇觉寺铁塔	北宋	山东省济宁市
147	95	瑞光塔	北宋	江苏省苏州市
148	96	飞英塔	南宋	浙江省湖州市
149	97	释迦文佛塔	南宋	福建省南蒲县
150	98	天宁寺塔	辽	北京市宣武区
151	99	崇兴寺双塔	辽	辽宁省北镇县
152	100	辽阳白塔	辽至金	辽宁省辽阳市
153	101	银山塔林	金至元	北京市昌平县
154	102	拜寺口双塔	西夏	宁夏回族自治区贺兰县
155	103	一百零八塔	元	宁夏回族自治区贺兰县
156	104	广德寺多宝塔	明	湖北省襄樊市

编号	分类号	名　称	时 代	地 址
157	105	曼飞龙塔	清	云南省景洪县
158	106	金刚座舍利宝塔	清	内蒙古自治区呼和浩特市
159	107	苏公塔	清	新疆维吾尔自治区吐鲁番市
160	108	旅顺监狱旧址	1898—1945 年	辽宁省大连市
161	109	息烽集中营旧址	1937—1946 年	贵州省息烽县
162	110	上饶集中营旧址	1941—1942 年	江西省上饶县
163	111	“中美合作所”集中营旧址	1943—1949 年	重庆市

(四)石刻及其他(共 17 处)

编号	分类号	名　称	时 代	地 址
164	1	将军崖岩画	新石器时代	江苏省连云港市
165	2	花山岩画	战国至东汉	广西壮族自治区宁明县
166	3	亚沟石刻	金	黑龙江省阿城市
167	4	南京南朝陵墓石刻	南朝	江苏省南京市
168	5	丹阳南朝陵墓石刻	南朝	江苏省丹阳市
169	6	老君岩造像	宋	福建省泉州市
170	7	云峰山、天柱山摩崖石刻	北魏	山东省掖县、平度县
171	8	铁山、岗山摩崖石刻	北周	山东省邹县
172	9	白鹤梁题刻	唐至清	四川省涪陵市
173	10	浯溪摩崖石刻	唐至清	湖南省祁阳县
174	11	袁滋题记摩崖石刻	唐	云南省盐津县
175	12	怡亭铭摩崖石刻	唐	湖北省鄂州市
176	13	九日山摩崖石刻	宋	福建省南安县
177	14	焦山碑林	南朝至清	江苏省镇江市
178	15	大金得胜陀颂碑	金	吉林省扶余市
179	16	松江唐经幢	唐	上海市松江县
180	17	南诏铁柱	南诏	云南省弥渡县

(五)古遗址(共 49 处)

编号	分类号	名　称	时 代	地 址
181	1	腊玛古猿化石地点		云南省禄丰县
182	2	西侯度遗址	旧石器时代	山西省芮城县
183	3	金牛山遗址	旧石器时代	辽宁省营口县
184	4	和县猿人遗址	旧石器时代	安徽省和县
185	5	水洞遗址	旧石器时代	宁夏回族自治区灵武县

编号	分类号	名　称	时　代	地　址
186	6	穿洞遗址	旧石器时代	贵州省普定县
187	7	大窑遗址	旧石器时代	内蒙古自治区呼和浩特市
188	8	磁山遗址	新石器时代	河北省武安县
189	9	大地湾遗址	新石器时代	甘肃省秦安县
190	10	马家窑遗址	新石器时代	甘肃省临洮县
191	11	马厂塬遗址	新石器时代	青海省民和县
192	12	陶寺遗址	新石器时代	山西省襄汾县
193	13	平粮台古城遗址	新石器时代	河南省淮阳县
194	14	屈家岭遗址	新石器时代	湖北省京山县
195	15	牛河梁遗址	新石器时代	辽宁省凌源县、建平县
196	16	昂昂溪遗址	新石器时代	黑龙江省齐齐哈尔市
197	17	里头遗址	夏商	河南省偃师县
198	18	尸乡沟商城遗址	商	河南省偃师县
199	19	盘龙城遗址	商	湖北省黄陂县
200	20	三星堆遗址	商周	四川省广汉县
201	21	琉璃河遗址	西周	北京市房山区
202	22	薛城遗址	东周	山东省滕县
203	23	淹城遗址	东周	江苏省武进县
204	24	秦雍城遗址	东周	陕西省凤翔县
205	25	禹王城遗址	东周至汉	山西省夏县
206	26	中山古城遗址	战国	河北省平山县
207	27	秦咸阳城遗址	战国至秦	陕西省咸阳市
208	28	姜女石遗址	秦汉	辽宁省绥中县
209	29	居延遗址	汉	内蒙古自治区额济纳旗、甘肃省金塔
210	30	玉门关及长城烽燧遗址	汉	甘肃省敦煌市
211	31	楼兰故城遗址	汉至晋	新疆维吾尔自治区若羌县
212	32	西海郡故城遗址	汉至南北朝	青海省海晏县
213	33	邺城遗址	曹魏至北齐	河北省临漳县
214	34	嘎仙洞遗址	北魏	内蒙古自治区鄂伦春自治旗
215	35	平城遗址	北魏	山西省大同市
216	36	隋唐洛阳城遗址	隋唐	河南省洛阳市
217	37	北庭故城遗址	唐	新疆维吾尔自治区吉木萨尔县
218	38	北宋东京城遗址	北宋	河南省开封市
219	39	蒲与路故城遗址	金	黑龙江省克东县
220	40	元上都遗址	元	内蒙古自治区正蓝旗

编号	分类号	名　　称	时　代	地　址
221	41	圆明园遗址	清	北京市海淀区
222	42	上林湖越窑遗址	东汉至宋	浙江省慈溪县
223	43	什邡堂邛窑遗址	隋至宋	四川省邛崃县
224	44	长沙铜官窑遗址	唐至元	湖南省望城县
225	45	涧磁村定窑遗址	唐至元	河北省曲阳县
226	46	黄堡镇耀州窑遗址	唐至元	陕西省铜川市
227	47	钧台钧窑遗址	宋	河南省禹县
228	48	大窑龙泉窑遗址	宋至明	浙江省龙泉县
229	49	屈斗宫德化窑遗址	宋至明	福建省德化县

(六)古墓葬(共29处)

编号	分类号	名　　称	时　代	地　址
230	1	八岭山古墓群	东周至明	湖北省江陵县
231	2	擂鼓墩古墓群	战国	湖北省随州市
232	3	田齐王陵	战国	山东省淄博市
233	4	长陵	西汉	陕西省咸阳市
234	5	杜陵	西汉	陕西省长安县
235	6	中山靖王墓	西汉	河北省满城县
236	7	广武汉墓群	汉	山西省山阴县
237	8	张衡墓	东汉	河南省南阳县
238	9	麻浩崖墓	东汉至南北朝	四川省乐山市
239	10	打虎亭汉墓	东汉	河南省密县
240	11	张仲景墓及祠	东汉	河南省南阳市
241	12	阿斯塔那古墓群	晋至唐	新疆维吾尔自治区吐鲁番市
242	13	磁县北朝墓群	北朝	河北省磁县
243	14	桥陵	唐	陕西省蒲城县
244	15	龙头山古墓群	渤海	吉林省和龙县
245	16	南唐二陵	五代	江苏省江宁县
246	17	司马光墓	北宋	山西省夏县
247	18	辽陵及奉陵邑	辽	内蒙古自治区巴林右旗
248	19	西夏陵	西夏	宁夏回族自治区银川市
249	20	僰人悬棺葬(墓)	宋至清	四川省珙县
250	21	伊斯兰教圣墓	元	福建省泉州市
251	22	奢香墓	明	贵州省大方县
252	23	苏禄王墓	明	山东省德州市
253	24	显陵	明	湖北省钟祥县

编号	分类号	名　　称	时　代	地　址
254	25	徐光启墓	明	上海市徐汇区
255	26	李自成墓	清	湖北省通山县
256	27	永陵	清	辽宁省新宾满族自治县
257	28	福陵	清	辽宁省沈阳市
258	29	阿巴和名麻札(墓)	清	新疆维吾尔自治区喀什

第四批全国重点文物保护单位

(一)古遗址(共56处)

编号	分类号	名　　称	时　代	地　址
1	1	龙骨坡遗址	更新世	四川省巫山县
2	2	许家窑—侯家窑遗址	旧石器时代	山西省阳高县、河北省阳原县
3	3	鸡公山遗址	旧石器时代	湖北省荆州市
4	4	大洞遗址	旧石器时代	贵州省盘县特区
5	5	西阴村遗址	新石器时代	山西省夏县
6	6	兴隆洼遗址	新石器时代	内蒙古自治区敖汉旗
7	7	查海遗址	新石器时代	辽宁省阜新蒙古族自治县
8	8	良渚遗址	新石器时代	浙江省余杭市、德清县
9	9	薛家岗遗址	新石器时代	安徽省潜山县
10	10	北庄遗址	新石器时代	山东省长岛县
11	11	丹土遗址	新石器时代	山东省五莲县
12	12	西山遗址	新石器时代	河南省郑州市
13	13	王城岗及阳城遗址	新石器时代—东周	河南省登封市
14	14	莠里城遗址	新石器时代、商、周	河南省汤阴县
15	15	石家河遗址	新石器时代	湖北省天门市
16	16	雕龙碑遗址	新石器时代	湖北省枣阳市
17	17	城头山遗址	新石器时代	湖南省澧县
18	18	石佛洞遗址	新石器时代	云南省耿马傣族佤族自治县
19	19	卡若遗址	新石器时代	西藏自治区昌都县
20	20	姜寨遗址	新石器时代	陕西省临潼县
21	21	齐家坪遗址	新石器时代	甘肃省广河县
22	22	大甸子遗址	青铜时代	内蒙古自治区敖汉旗
23	23	白金宝遗址	青铜时代	黑龙江省肇源县
24	24	旌介遗址	商	山西省灵石县
25	25	吴城遗址	商	江西省樟树市

编号	分类号	名　称	时　代	地　址
26	26	曲村—天马遗址	周	山西省曲沃县、翼城县
27	27	大工山—凤凰山铜矿	西周—宋	安徽省南陵县、铜陵市
28	28	蔡国故城	西周、春秋	河南省上蔡县
29	29	酒店冶铁遗址	战国、汉	河南省西平县
30	30	戚城遗址	春秋	河南省濮阳市
31	31	郑国渠首遗址	战国	陕西省泾阳县
32	32	魏长城遗址	战国	陕西省华阴市、大荔县、韩城市
33	33	北戴河秦行宫遗址	秦	河北省秦皇岛市
34	34	固阳秦长城遗址	秦	内蒙古自治区固阳县
35	35	秦代造船遗址、南越国宫署遗址及南越文王墓	秦、西汉	广东省广州市
36	36	五女山山城	高句丽(公元前37-668年)	辽宁省桓仁满族自治县
37	37	凤凰山山城	高句丽(公元前37-668年)	辽宁省凤城市
38	38	城村汉城遗址	汉	福建省武夷山市
39	39	甘泉宫遗址	汉	陕西省淳化县
40	40	骆驼城遗址	汉—唐	甘肃省高台县
41	41	尼雅遗址	西汉—西晋	新疆维吾尔自治区民丰县
42	42	洪州窑遗址	东晋—唐	江西省丰城市
43	43	统万城遗址	十六国	陕西省靖边县
44	44	磁州窑遗址	北齐、隋宋、元	河北省邯郸市、磁县
45	45	苏巴什佛寺遗址	南北朝—唐	新疆维吾尔自治区库车县
46	46	邢窑遗址	隋—五代	河北省内丘县、临城县
47	47	隋大兴唐长安城遗址	隋、唐	陕西省西安市
48	48	隋仁寿宫唐九成宫遗址	隋、唐	陕西省麟游县址
49	49	灞桥遗址	隋—元	陕西省西安市
50	50	锁阳城遗址	隋、唐	甘肃省安西县
51	51	渤海中京城遗址	渤海(公元698—926年)	吉林省和龙市
52	52	扬州城遗址	隋—宋	江苏省扬州市
53	53	华清宫遗址	唐	陕西省临潼县
54	54	缸瓦窑遗址	辽	内蒙古自治区赤峰市
55	55	钓鱼城遗址	宋、元	四川省合川市
56	56	敖伦苏木城遗址	元	内蒙古自治区达尔罕茂明安联合旗

(二)古墓葬(共22处)

编号	分类号	名　称	时　代	地　址
57	1	大伊山石棺墓	新石器时代	江苏省灌云县
58	2	石棚山石棚	青铜时代	辽宁省盖州市

编号	分类号	名　　称	时　代	地　址
59	3	虢国墓地	周	河南省三门峡市
60	4	纪山楚墓群	东周	湖北省荆门市
61	5	献县汉墓群	汉	河北省献县
62	6	帽儿山墓地	汉	吉林省吉林市
63	7	汉楚王墓群	汉	江苏省徐州市、铜山县
64	8	汉梁王墓群	西汉	河南省永城市
65	9	合浦汉墓群	汉	广西壮族自治区合浦县
66	10	妻江崖墓群	汉	四川省三台县
67	11	曹植墓	三国	山东省东阿县
68	12	武侯墓	三国	陕西省勉县
69	13	泰陵	隋	陕西省咸阳市
70	14	永陵	西魏	陕西省富平县
71	15	热水墓群	唐	青海省都兰县
72	16	下八里墓群	辽	河北省张家口市
73	17	明祖陵	明	江苏省盱眙县
74	18	潞简王墓	明	河南省新乡市
75	19	海瑞墓	明	海南省海口市
76	20	明蜀王陵	明	四川省成都市
77	21	大禹陵	清	浙江省绍兴市
78	22	炎帝陵	清	湖南省炎陵县

(三)古建筑(共110处)

编号	分类号	名　　称	时　代	地　址
79	1	龙脑桥	明	四川省泸县
80	2	仙游寺法王塔	隋	陕西省周至县
81	3	治平寺石塔	唐	河北省赞皇县
82	4	开福寺舍利塔	北宋	河北省景县
83	5	兴圣教寺塔	北宋	上海市松江县
84	6	罗汉院双塔及正殿遗址	北宋	江苏省苏州市
85	7	怀圣寺光塔	唐	广东省广州市
86	8	美榔双塔	元	海南省澄迈县
87	9	妙湛寺金刚塔	明	云南省昆明市
88	10	娲皇宫及石刻	北齐、明、清	河北省涉县
89	11	初祖庵及少林寺塔林	唐—清	河南省登封市
90	12	桑耶寺	789—799年	西藏自治区扎囊县
91	13	正定文庙大成殿	五代	河北省正定县
92	14	龙门寺	五代—清	山西省平顺县

编号	分类号	名 称	时 代	地 址
93	15	府州城	五代—清	陕西省府谷县
94	16	戒台寺	辽—清	北京市门头沟区
95	17	阁院寺	辽	河北省涞源县
96	18	开善寺	辽	河北省高碑店市
97	19	晋城二仙庙	宋	山西省晋城市
98	20	崇庆寺	宋	山西省长子县
99	21	关王庙	宋	山西省阳泉市
100	22	则天庙	金	山西省文水县
101	23	南、北吉祥寺	宋—清	山西省陵川县
102	24	孔氏南宗家庙	南宋—清	浙江省衢州市
103	25	元妙观三清殿	宋	福建省莆田市
104	26	青、白礁慈济宫	宋—清	福建省厦门市、龙海市
105	27	赣州城墙	宋、明	江西省赣州市
106	28	广饶关帝庙大殿	南宋	山东省广饶县
107	29	济渎庙	宋—清	河南省济源市
108	30	龙兴寺	宋—清	湖南省沅陵县
109	31	梅庵	北宋	广东省肇庆市
110	32	托林寺	宋	西藏自治区扎达县
111	33	扎塘寺	1081—1093 年	西藏自治区扎囊县
112	34	张掖大佛寺	西夏、清	甘肃省张掖市
113	35	北京东岳庙	元—清	北京市朝阳区
114	36	慈云阁	元	河北省定兴县
115	37	姬氏民居	元	山西省高平市
116	38	牛王庙戏台	元	山西省临汾市
117	39	绛州大堂	元	山西省新绛县
118	40	榆次城隍庙	元—清	山西省榆次市
119	41	霍州州署大堂	元	山西省霍州市
120	42	真如寺大殿	元	上海市普陀区
121	43	延福寺	元	浙江省武义县
122	44	南阳武侯祠	元—清	河南省南阳市
123	45	南岩宫	元、明	湖北省丹江口市
124	46	德庆学宫	元	广东省德庆县
125	47	七曲山大庙	元—清	四川省梓潼县
126	48	韩城大禹庙	元	陕西省韩城市
127	49	兴国寺	元	甘肃省秦安县

编号	分类号	名　　称	时　代	地　址
128	50	大高玄殿	明	北京市西城区
129	51	历代帝王庙	明、清	北京市西城区
130	52	北京鼓楼、钟楼	明、清	北京市东城区
131	53	蔚州玉皇阁	明	河北省蔚县
132	54	万里长城—紫荆关	明	河北省易县
133	55	毗卢寺	明	河北省石家庄市
134	56	千佛庵	明	山西省隰县
135	57	美岱召	明	内蒙古自治区土默特右旗
136	58	万里长城—九门口	明	辽宁省绥中县、河北省抚宁县
137	59	彩衣堂	明	江苏省常熟市
138	60	诸葛、长乐村民居	明、清	浙江省兰溪市
139	61	蒲壮所城	明	浙江省苍南县
140	62	镇海口海防遗址	明—近代	浙江省宁波市
141	63	棠樾石牌坊群	明、清	安徽省歙县
142	64	老屋阁及绿绕亭	明	安徽省黄山市
143	65	罗东舒祠	明	安徽省黄山市
144	66	东山关帝庙	明、清	福建省东山县
145	67	漳州石牌坊	明、清	福建省漳州市
146	68	归德府城墙	明	河南省商丘县
147	69	太昊陵庙	明、清	河南省淮阳县
148	70	比干庙	明、清	河南省卫辉市
149	71	襄阳“古隆中”	明、清	湖北省襄樊市
150	72	荆州城墙	明、清	湖北省荆州市
151	73	许附马府	明	广东省潮州市
152	74	佛山祖庙	明、清	广东省佛山市
153	75	莫土司衙署	明、清	广西壮族自治区忻城县
154	76	靖江王府及王陵	明	广西壮族自治区桂林市
155	77	丘濉故居及墓	明	海南省琼山市、海口市
156	78	平武报恩寺	明	四川省平武县
157	79	真武山古建筑群	明、清	四川省宜宾市
158	80	张桓侯祠	明、清	四川省阆中市
159	81	大宝积宫与琉璃殿	明	云南省丽江纳西族自治县
160	82	白居寺	明	西藏自治区江孜县
161	83	西安钟楼、鼓楼	明	陕西省西安市
162	84	水陆庵	明	陕西省蓝田县

编号	分类号	名　　称	时　代	地　址
163	85	武威文庙	明	甘肃省武威市
164	86	鲁土司衙门旧址	明、清	甘肃省永登县
165	87	南堂	清	北京市西城区
166	88	觉生寺	清	北京市海淀区
167	89	万荣后土庙	清	山西省万荣县
168	90	袄神楼	清	山西省介休市
169	91	五当召	清.	内蒙古自治区包头市
170	92	盂城驿	清	江苏省高邮市
171	93	玉海楼	清	浙江省瑞安市
172	94	二宜楼	清	福建省华安县
173	95	魏氏庄园	清	山东省惠民县
174	96	丁氏故宅	清	山东省龙口市
175	97	开封城墙	清	河南省开封市
176	98	周口关帝庙	清	河南省周口市
177	99	内乡县衙	清	河南省内乡县
178	100	马田鼓楼	清	湖南省通道侗族自治县
179	101	宁远文庙	清	湖南省宁远县
180	102	满堂围	清	广东省始兴县
181	103	雷祖祠	明、清	广东省雷州市
182	104	东坡书院	明、清	海南省儋州市
183	105	德格印经院	清	四川省德格县
184	106	夕佳山民居	明、清	四川省江安县
185	107	杨升庵祠及桂湖	清	四川省新都县
186	108	中心镇公堂	清	云南省中甸县
187	109	隆务寺	明、清	青海省同仁县
188	110	伊犁将军府	清	新疆维吾尔自治区伊宁市

(四)石窟寺及石刻(共10处)

编号	分类号	名　　称	时　代	地　址
189	1	森木塞姆千佛洞	晋—宋	新疆维吾尔自治区库车县
190	2	马蹄寺石窟群	十六国—清	甘肃省南裕固族自治县
191	3	灵泉寺石窟	东魏—宋	河南省安阳县
192	4	龙山石窟	元	山西省太原市
193	5	贺兰山岩画		宁夏回族自治区贺兰县
194	6	龙兴观道德经幢	唐	河北省易县
195	7	天护陀罗尼经幢	唐	河北省石家庄市

编号	分类号	名　称	时　代	地　址
196	8	瑞岩弥勒造像	元	福建省福清市
197	9	千唐志斋石刻	西晋—民国	河南省新安县
198	10	草庵石刻	元	福建省晋江市

(五)近现代重要史迹及代表性建筑(共50处)

编号	分类号	名　称	时　代	地　址
199	1	天津利顺德饭店旧址	清—民国	天津市和平区
200	2	南开学校旧址	清—民国	天津市南开区
201	3	大连俄国建筑	清	辽宁省大连市
202	4	瞿秋白故居	清	江苏省常州市
203	5	马江海战炮台、烈士墓及昭忠祠	清	福建省福州市
204	6	胡里山炮台	清	福建省厦门市
205	7	烟台福建会馆	清	山东省烟台市
206	8	青岛德国建筑	清	山东省青岛市
207	9	谭嗣同故居	清	湖南省浏阳市
208	10	魏源故居	清	湖南省隆回县
209	11	广州沙面建筑群	清	广东省广州市
210	12	康有为故居	清	广东省南海市
211	13	梁启超故居	清	广东省新会市
212	14	大邑刘氏庄园	清、民国	四川省大邑县
213	15	纳楼长官司署	清	云南省建水县
214	16	南甸宣抚司署	清、民国	云南省梁河县
215	17	广州圣心大教堂	1888年	广东省广州市
216	18	镇江英国领事馆旧址	1889—1890年	江苏省镇江市
217	19	向警予故居	1895年	湖南省溆浦县
218	20	硇州灯塔	1899年	广东省湛江市
219	21	庐山会议旧址及庐山别墅建筑群	1902—1937年	江西省九江市
220	22	上海外滩建筑群	1906—1937年	上海市黄浦区、虹口区
221	23	张学良旧居	1914年	辽宁省沈阳市
222	24	蒋氏故居	民国	浙江省奉化市
223	25	李宗仁故居	1921、1948年	广西壮族自治区临桂县、桂林市
224	26	李济深故居	民国	广西壮族自治区苍梧县
225	27	哈尔滨颐园街一号欧式建筑	1922年	黑龙江省哈尔滨市
226	28	上海邮政总局	1924年	上海市虹口区
227	29	圣索菲亚教堂	1923—1932年	黑龙江省哈尔滨市

编号	分类号	名　　称	时　代	地　址
228	30	哈尔滨文庙	1926—1929年	黑龙江省哈尔滨市
229	31	武汉国民政府旧址	1926—1927年	湖北省武汉市
230	32	湘南年关暴动指挥部旧址	1928年	湖南省宜章县
231	33	右江工农民主政府旧址	1929年	广西壮族自治区田东县
232	34	广州大元帅府旧址	民国	广东省广州市
233	35	国立紫金山天文台旧址	1931年	江苏省南京市
234	36	湘赣省委机关旧址	1931—1934年	江西省永新县
235	37	闽浙赣省委机关旧址	1932—1934年	江西省横峰县
236	38	红十五军长征出发地	1934年	河南省罗山县
237	39	会宁红军会师旧址	1936年	甘肃省会宁县
238	40	晋察冀边区政府及军区司令部旧址	1938—1948年	河北省阜平县
239	41	南岳忠烈祠	1938—1942年	湖南省衡阳市
240	42	八路军桂林办事处旧址	1938年	广西壮族自治区桂林市
241	43	晋绥边区政府及军区司令部旧址	1939年	山西省兴县
242	44	八路军一二九师司令部旧址	1940年	河北省涉县
243	45	八路军前方总部旧址	1941—1943年	山西省左权县
244	46	八路军一一五师司令部旧址	1941—1945年	山东省莒南县
245	47	新四军五师司令部旧址	1942—1945年	湖北省大悟县
246	48	国殇墓园	1945年	云南省腾冲县
247	49	中国共产党代表团办事处旧址(梅园新村)	1946—1947年	江苏省南京市
248	50	渡江战役总前委旧址	1949年	安徽省肥东县

(六)其他(共2处)

编号	分类号	名　　称	时　代	地　址
249	1	泸州大曲老窖池	明	四川省泸州市
250	2	延一井旧址	清	陕西省延长县

与现有全国重点文物保护单位合并项目(共12处)

序号	名　称	时代	地　址	备　注
1	镇朔楼	明	河北省张家口市	归入清远楼
2	沉香阁	清	上海市南市区	归入豫园
3	梁南康简王肖绩墓石刻	南朝	江苏省句容市	归入丹阳南朝陵墓石刻
4	戚继光牌坊	明	山东省蓬莱市	归入蓬莱水城及蓬莱阁
5	辟雍碑	西晋	河南省偃师市	归入汉魏洛阳故城
6	繁塔	宋	河南省开封市	归入宋东京遗址
7	延庆观	元	河南省开封市	归入宋东京遗址

序号	名　称	时代	地　址	备　注
8	南山—石篆山摩崖造像及多宝塔	宋	四川省大足县	归入北山摩崖造像
9	石门山摩崖造像	宋	四川省大足县	归入宝顶山摩崖造像
10	岭山寺塔	宋	陕西省延安市	归入延安革命遗址
11	中国共产党六届六中全会旧址	1938 年	陕西省延安市	归入延安革命遗址
12	东千佛洞石窟	北魏—西夏	甘肃省安西县	归入榆林窟

第五批全国重点文物保护单位(共计 518 处)

(一)古遗址(共 144 处)

编号	分类号	名　　称	时　代	地　址
1	1	金中都水关遗址	金	北京市丰台区
2	2	泥河湾遗址群	旧石器时代	河北省阳原县
3	3	南庄头遗址	新石器时代	河北省徐水县
4	4	西寨遗址	新石器时代	河北省迁西县
5	5	代王城遗址	春秋至汉	河北省蔚县
6	6	井陉窑遗址	隋至清	河北省井陉县
7	7	元中都遗址	元	河北省张北县
8	8	柿子滩遗址	旧石器时代	山西省吉县
9	9	东下冯遗址	新石器时代至商	山西省夏县
10	10	晋阳古城遗址	春秋至五代	山西省太原市
11	11	蒲津渡与蒲州故城遗址	唐至明	山西省永济市
12	12	曲回寺石像冢	唐	山西省灵丘县
13	13	萨拉乌苏遗址	旧石器时代	内蒙古自治区乌审旗
14	14	岱海遗址群	新石器时代	内蒙古自治区凉城县
15	15	庙子沟遗址	新石器时代	内蒙古自治区察哈尔右翼前旗
16	16	架子山遗址群	青铜时代	内蒙古自治区喀喇沁旗
17	17	大井古铜矿遗址	青铜时代	内蒙古自治区林西县
18	18	城子山遗址	青铜时代	内蒙古自治区敖汉旗
19	19	和林格尔土城子遗址	汉至唐	内蒙古自治区和林格尔县
20	20	黑山头城址	金、元	内蒙古自治区额尔古纳市

编号	分类号	名　　称	时　代	地　址
21	21	金界壕遗址	金	内蒙古自治区呼伦贝尔盟、兴安盟、通辽市、赤峰市、乌兰察布盟、包头市、黑龙江省甘南县、龙江县、齐齐哈尔市
22	22	应昌路故城遗址	元	内蒙古自治区克什克腾旗
23	23	海城仙人洞遗址	旧石器时代	辽宁省海城市
24	24	新乐遗址	新石器时代	辽宁省沈阳市
25	25	东山嘴遗址	新石器时代	辽宁省喀喇沁左翼蒙古族自治县
26	26	汉书遗址	青铜时代	吉林省大安市
27	27	西团山遗址	青铜时代	吉林省吉林市
28	28	万发拨子遗址	战国至晋	吉林省通化市
29	29	二龙湖古城遗址	战国	吉林省梨树县
30	30	罗通山城	汉至魏、晋	吉林省柳河县
31	31	八连城遗址	唐、五代	吉林省珲春市
32	32	宝山—六道沟冶铜遗址	唐、五代	吉林省临江市
33	33	塔虎城	辽、金	吉林省前郭尔罗斯蒙古族自治县
34	34	三江平原汉魏时期遗址	汉、魏	黑龙江省佳木斯市、双鸭山市、友谊县、宝清县、富锦市
35	35	奥里米城址	金	黑龙江省绥滨县
36	36	八里城遗址	金	黑龙江省肇东市
37	37	福泉山遗址	新石器时代	上海市青浦区
38	38	龙虬庄遗址	新石器时代	江苏省高邮市
39	39	罗家角遗址	新石器时代	浙江省桐乡市
40	40	马家浜遗址	新石器时代	浙江省嘉兴市
41	41	下菰城遗址	春秋	浙江省湖州市
42	42	临安城遗址	南宋	浙江省杭州市
43	43	铁店窑遗址	宋、元	浙江省金华市
44	44	陈山遗址	旧石器时代	安徽省宣城市
45	45	凌家滩遗址	新石器时代	安徽省含山县
46	46	尉迟寺遗址	新石器时代	安徽省蒙城县
47	47	寿春城遗址	战国	安徽省寿县
48	48	寿州窑遗址	南朝至唐	安徽省淮南市
49	49	柳孜运河码头遗址	唐至宋	安徽省濉溪县
50	50	繁昌窑遗址	宋	安徽省繁昌县
51	51	万寿岩遗址	旧石器时代	福建省三明市

编号	分类号	名　　称	时　代	地　址
52	52	昙石山遗址	新石器时代至商、周	福建省闽侯县
53	53	建窑遗址	唐至宋	福建省建阳市
54	54	仙人洞、吊桶环遗址	新石器时代	江西省万年县
55	55	筑卫城遗址	新石器时代至东周	江西省樟树市
56	56	铜岭铜矿遗址	商、周	江西省瑞昌市
57	57	吉州窑遗址	宋、元	江西省吉安县
58	58	西河遗址	新石器时代	山东省章丘市
59	59	桐林遗址	新石器时代	山东省淄博市
60	60	丁公遗址	新石器时代	山东省邹平县
61	61	景阳岗遗址	新石器时代	山东省阳谷县
62	62	安邱堌堆遗址	新石器时代至商	山东省菏泽市
63	63	即墨故城遗址	东周至北齐	山东省平度市
64	64	裴李岗遗址	新石器时代	河南省新郑市
65	65	贾湖遗址	新石器时代	河南省舞阳县
66	66	八里岗遗址	新石器时代	河南省邓州市
67	67	北阳平遗址	新石器时代	河南省灵宝市
68	68	庙底沟遗址	新石器时代	河南省三门峡市
69	69	大河村遗址	新石器时代	河南省郑州市
70	70	孟庄遗址	新石器时代至商、周	河南省辉县市
71	71	古城寨城址	新石器时代	河南省新密市
72	72	府城遗址	商	河南省焦作市
73	73	番国故城遗址	东周	河南省固始县
74	74	城阳城址	东周	河南省信阳市
75	75	古荥冶铁遗址	汉	河南省郑州市
76	76	黄冶三彩窑址	唐	河南省巩义市
77	77	清凉寺汝官窑遗址	宋	河南省宝丰县
78	78	鹿邑太清宫遗址	宋、金	河南省鹿邑县
79	79	学堂梁子遗址	旧石器时代	湖北省郧县
80	80	关庙山遗址	新石器时代	湖北省枝江市
81	81	门板湾遗址	新石器时代	湖北省应城市
82	82	走马岭遗址	新石器时代	湖北省石首市
83	83	阴湘城遗址	新石器时代	湖北省荆州市
84	84	磨盘山遗址	东周	湖北省当阳市
85	85	龙湾遗址	东周	湖北省潜江市
86	86	鄂王城城址	东周	湖北省大冶市

编号	分类号	名　　称	时　代	地　址
87	87	季家湖城址	东周	湖北省宜昌市
88	88	楚皇城城址	东周至秦、汉	湖北省宜城市
89	89	湖泗瓷窑址群	五代至明	湖北省武汉市
90	90	玉虚宫遗址	明	湖北省丹江口市
91	91	玉蟾岩遗址	新石器时代	湖南省道县
92	92	彭头山遗址	新石器时代	湖南省澧县
93	93	八十垱遗址	新石器时代	湖南省澧县
94	94	老司城遗址	五代至清	湖南省永顺县
95	95	石峡遗址	新石器时代	广东省曲江县
96	96	莲花山古采石场	西汉至清	广东省广州市
97	97	笔架山潮州窑遗址	宋	广东省潮州市
98	98	落笔洞遗址	旧石器时代	海南省三亚市
99	99	百谷和高岭坡遗址	旧石器时代	广西壮族自治区百色市、田东县
100	100	甑皮岩遗址	新石器时代	广西壮族自治区桂林市
101	101	顶蛳山遗址	新石器时代	广西壮族自治区邕宁县
102	102	高家镇遗址	旧石器时代	重庆市丰都县
103	103	罗家坝遗址	新石器时代至东汉	四川省宣汉县
104	104	成都平原史前城址	新石器时代	四川省新津县、郫县、温江县、都江堰市、崇州市
105	105	十二桥遗址	商至西周	四川省成都市
106	106	汉庄城址	汉	云南省保山市
107	107	黔西观音洞遗址	旧石器时代	贵州省黔西县
108	108	可乐遗址	战国至汉	贵州省赫章县
109	109	拉加里王宫遗址	13 世纪至 18 世纪	西藏自治区曲松县
110	110	甜水沟遗址	旧石器时代	陕西省大荔县
111	111	花石浪遗址	旧石器时代	陕西省洛南县
112	112	元君庙—泉护村遗址	新古器时代	陕西省华县
113	113	康家遗址	新石器时代	陕西省西安市
114	114	老牛坡遗址	新石器时代至商	陕西省西安市
115	115	栎阳城遗址	战国至汉	陕西省西安市
116	116	京师仓遗址	西汉	陕西省华阴市
117	117	良周遗址	秦、汉	陕西省澄城县
118	118	东渭桥遗址	唐	陕西省高陵县
119	119	玉华宫遗址	唐	陕西省铜川市

编号	分类号	名　　称	时　代	地　址
120	120	南佐遗址	新石器时代	甘肃省西峰市
121	121	大堡子山遗址及墓群	西周至春秋	甘肃省礼县
122	122	黑水国遗址	汉至魏、晋	甘肃省张掖市
123	123	悬泉置遗址	汉至魏、晋	甘肃省敦煌市
124	124	许三湾城及墓群	汉至唐	甘肃省高台县
125	125	白塔寺遗址	元	甘肃省武威市
126	126	喇家遗址	新石器时代	青海省民和回族土族自治县
127	127	塔温搭里哈遗址	青铜时代	青海省都兰县
128	128	开城遗址	元	宁夏回族自治区固原县
129	129	奴拉赛铜矿遗址	青铜时代	新疆维吾尔自治区尼勒克县
130	130	圆沙古城	汉	新疆维吾尔自治区于田县
131	131	克孜尔尕哈烽燧	汉	新疆维吾尔自治区库车县
132	132	孔雀河烽燧群	汉至晋	新疆维吾尔自治区尉犁县
133	133	罗布泊南古城遗址	汉至晋	新疆维吾尔区若羌县
134	134	莫尔寺遗址	汉至唐	新疆维吾尔自治区疏附县
135	135	托库孜萨来遗址	汉至唐	新疆维吾尔自治区巴楚县
136	136	米兰遗址	汉至唐	新疆维吾尔自治区若羌县
137	137	安迪尔古城遗址	汉至唐	新疆维吾尔自治区民丰县
138	138	石头城遗址	晋至清	新疆维吾尔自治区塔什库尔干塔吉克自治县
139	139	七个星佛寺遗址	晋至宋	新疆维吾尔自治区焉耆回族自治县
140	140	热瓦克佛寺遗址	南北朝	新疆维吾尔自治区洛浦县
141	141	白杨沟佛寺遗址	唐	新疆维吾尔自治区哈密市
142	142	大河古城	唐	新疆维吾尔自治区巴里坤哈萨克自治县
143	143	乌拉泊古城	唐至元	新疆维吾尔自治区乌鲁木齐县
144	144	台藏塔遗址	唐至宋	新疆维吾尔自治区吐鲁番市

(二)古墓葬(共50处)

编号	分类号	名　　称	时　代	地　址
145	1	景泰陵	明	北京市海淀区
146	2	赵王陵	战国	河北省邯郸县、永年县
147	3	汉中山王墓	汉	河北省定州市

编号	分类号	名 称	时 代	地 址
148	4	逯家庄壁画墓	东汉	河北省安平县
149	5	北齐高氏墓群	北朝至隋	河北省景县
150	6	梳妆楼元墓	元	河北省沽源县
151	7	马茂庄墓群	东汉	山西省离石市
152	8	方山永固陵	北魏	山西省大同市
153	9	马村砖雕墓	宋、金	山西省稷山县
154	10	宝山、罕苏木墓群	辽	内蒙古自治区阿鲁科尔沁旗
155	11	析木城石棚	青铜时代	辽宁省海城市
156	12	叶茂台辽墓	辽	辽宁省法库县
157	13	干沟子墓群	战国至西汉	吉林省长白朝鲜族自治县
158	14	完颜希尹家族墓地	金	吉林省舒兰市
159	15	普哈丁墓	宋	江苏省扬州市
160	16	浡泥国王墓	明	江苏省南京市
161	17	浙南石棚墓群	商、周	浙江省瑞安市、平阳县、苍南县
162	18	印山越国王陵	春秋、战国	浙江省绍兴县
163	19	临安吴越国王陵	五代	浙江省临安市
164	20	皖南土墩墓群	西周至春秋	安徽省南陵县、繁昌县
165	21	曹氏家族墓群	东汉、三国	安徽省亳州市
166	22	朱然家族墓地	三国	安徽省马鞍山市
167	23	仙水岩崖墓群	春秋、战国	江西省鹰潭市
168	24	汉济北王墓	西汉	山东省济南市
169	25	北寨墓群	东汉	山东省沂南县
170	26	汉鲁王墓	西汉	山东省曲阜市、邹城市
171	27	邙山陵墓群	汉至北魏	河南省洛阳市、孟津县
172	28	恭陵	唐	河南省偃师市
173	29	后周皇陵	五代	河南省新郑市
174	30	朱载堉墓	明	河南省沁阳市
175	31	明楚王墓	明	湖北省武汉市
176	32	成都古蜀船棺合葬墓	东周	四川省成都市
177	33	江口崖墓	汉	四川省彭山县
178	34	安丙家族墓地	南宋	四川省华蓥市
179	35	石寨山古墓群	战国至汉	云南省晋宁县

编号	分类号	名　　称	时　代	地　址
180	36	李家山古墓群	战国至汉	云南省江川县
181	37	烈山墓地	唐	西藏自治区朗县
182	38	吉堆吐蕃墓群	唐	西藏自治区洛扎县
183	39	西汉帝陵	西汉	陕西省咸阳市、西安市
184	40	唐代帝陵	唐	陕西省富平县、蒲城县、三原县、泾阳县、礼泉县、乾县
185	41	果园—新城墓群	魏至唐	甘肃省酒泉市、嘉峪关市
186	42	汪氏家族墓地	元至明	甘肃省漳县
187	43	雷台汉墓	东汉	甘肃省武威市
188	44	三海子墓葬及鹿石	青铜时代	新疆维吾尔自治区青河县
189	45	焉不拉克古墓群	青铜时代	新疆维吾尔自治区哈密市
190	46	察吾乎古墓群	青铜时代至春秋	新疆维吾尔自治区和静县
191	47	切木尔切克石人及石棺墓群	青铜时代至汉、魏	新疆维吾尔自治区阿勒泰市
192	48	扎滚鲁克古墓群	青铜时代至魏、晋	新疆维吾尔自治区且末县
193	49	山普拉古墓群	汉至晋	新疆维吾尔自治区洛浦县
194	50	吐虎鲁克·铁木尔汗麻扎	元	新疆维吾尔自治区霍城县

(三)古建筑(共248处)

编号	分类号	名　　称	时　代	地　址
195	1	潭柘寺	清	北京市门头沟区
196	2	可园	清	北京市东城区
197	3	孚王府	清	北京市朝阳区
198	4	景山	明、清	北京市西城区
199	5	白云观	清	北京市西城区
200	6	万佛堂、孔水洞石刻及塔	隋、唐至明	北京市房山区
201	7	法源寺	清	北京市宣武区
202	8	先农坛	明、清	北京市宣武区
203	9	碧云寺	明、清	北京市海淀区
204	10	大慧寺	明	北京市海淀区
205	11	十方普觉寺	清	北京市海淀区
206	12	清净化城塔	清	北京市朝阳区
207	13	天津广东会馆	清	天津市南开区
208	14	临济寺澄灵塔	金	河北省正定县
209	15	药王庙	明、清	河北省安国市

编号	分类号	名　　称	时　代	地　址
210	16	昭化寺	明	河北省怀安县
211	17	鸡鸣驿城	明	河北省怀来县
212	18	幽居寺塔	唐	河北省灵寿县
213	19	定州贡院	清	河北省定州市
214	20	溥仁寺	清	河北省承德市
215	21	源影寺塔	金	河北省昌黎县
216	22	泊头清真寺	明	河北省泊头市
217	23	普利寺塔	北宋	河北省临城县
218	24	涿州双塔	辽	河北省涿州市
219	25	南安寺塔	辽	河北省蔚县
220	26	释迦寺	元、明	河北省蔚县
221	27	腰山王氏庄园	清	河北省顺平县
222	28	古莲花池	金至清	河北省保定市
223	29	庆化寺花塔	辽	河北省涞水县
224	30	万荣稷王庙	金	山西省万荣县
225	31	大同九龙壁	明	山西省大同市
226	32	广济寺大雄宝殿	元	山西省五台县
227	33	介休后土庙	明、清	山西省介休市
228	34	正觉寺	金至明	山西省长治县
229	35	龙岩寺	金、明	山西省陵川县
230	36	荆庄大云寺大雄宝殿	金	山西省浑源县
231	37	窦大夫祠	元至清	山西省太原市
232	38	观音堂	明	山西省长治市
233	39	潞安府城隍庙	元至清	山西省长治市
234	40	阿育王塔	元	山西省代县
235	41	边靖楼	明	山西省代县
236	42	淳化寺	金	山西省平顺县
237	43	明惠大师塔	五代	山西省平顺县
238	44	九天圣母庙	北宋至清	山西省平顺县
239	45	慈相寺	北宋至清	山西省平遥县
240	46	平遥文庙	金至清	山西省平遥县
241	47	兴东垣东岳庙	金至清	山西省石楼县
242	48	大悲院	宋、金	山西省曲沃县
243	49	太符观	金至清	山西省汾阳县
244	50	沁县大云院	宋至清	山西省沁县

编号	分类号	名　　称	时　代	地　址
245	51	觉山寺塔	辽	山西省灵丘县
246	52	资寿寺	明	山西省灵石县
247	53	清凉寺	元	山西省芮城县
248	54	广仁王庙	唐	山西省芮城县
249	55	芮城城隍庙	北宋至清	山西省芮城县
250	56	泛舟禅师塔	唐	山西省运城市
251	57	洪福寺	金	山西省定襄县
252	58	洪济院	金至清	山西省武乡县
253	59	武乡县大云寺	宋至清	山西省武乡县
254	60	会仙观	金至清	山西省武乡县
255	61	大王庙	金至明	山西省盂县
256	62	临晋县衙	元至近代	山西省临猗县
257	63	香严寺	金至明	山西省柳林县
258	64	洪洞玉皇庙	元	山西省洪洞县
259	65	浑源永安寺	元	山西省浑源县
260	66	太阴寺	金	山西省绛县
261	67	三嵕庙	金至清	山西省壶关县
262	68	乔家大院	清	山西省祁县
263	69	泽州岱庙	宋至明	山西省泽州县
264	70	安国寺	明	山西省离石市
265	71	小会岭二仙庙	北宋至清	山西省陵川县
266	72	崔府君庙	金至清	山西省陵川县
267	73	西溪二仙庙	金至清	山西省陵川县
268	74	崇明寺	北宋至明	山西省高平市
269	75	开化寺	北宋至清	山西省高平市
270	76	游仙寺	北宋至清	山西省高平市
271	77	定林寺	元至清	山西省高平市
272	78	福胜寺	元、明	山西省新绛县
273	79	稷益庙	明	山西省新绛县
274	80	柏山东岳庙	元至清	山西省蒲县
275	81	青龙寺	元	山西省稷山县
276	82	原起寺	宋	山西省潞城市
277	83	汇宗寺	清	内蒙古自治区多伦县
278	84	福会寺	清	内蒙古自治区喀喇沁旗

编号	分类号	名　称	时代	地址
279	85	喀喇沁亲王府及家庙	清	内蒙古自治区喀喇沁旗
280	86	和硕恪靖公主府	清	内蒙古自治区呼和浩特市
281	87	开鲁县佛塔	元	内蒙古自治区开鲁县
282	88	广济寺古建筑群	辽至清	辽宁省锦州市
283	89	徐霞客故居及晴山堂石刻	明	江苏省江阴市
284	90	退思园	清	江苏省吴江市
285	91	宝带桥	明	江苏省苏州市
286	92	耦园	清	江苏省苏州市
287	93	龙王庙行宫	清	江苏省如皋县
288	94	水绘园	清	江苏省宿豫县
289	95	古月桥	宋	浙江省义乌市
290	96	黄山八面厅	清	浙江省义乌市
291	97	国清寺	清	浙江省天台县
292	98	刘基庙及墓	明	浙江省文成县
293	99	南阁牌楼群	明	浙江省乐清市
294	100	庆安会馆	清	浙江省宁波市
295	101	湖镇舍利馆	宋	浙江省龙游县
296	102	如龙桥	明	浙江省庆元县
297	103	通济堰	南朝至清	浙江省丽水市
298	104	凤凰寺	元至清	浙江省杭州市
299	105	文澜阁	清	浙江省杭州市
300	106	俞源村古建筑群	元至清	浙江省武义县
301	107	八字桥	宋	浙江省绍兴市
302	108	吕府	明	浙江省绍兴市
303	109	功臣塔	五代	浙江省临安市
304	110	台州府城墙	宋至清	浙江省临海市
305	111	桃渚城	明、清	浙江省临海市
306	112	郑义门古建筑群	清	浙江省浦江县
307	113	盐官海塘及海神庙	清	浙江省海宁市
308	114	绮园	清	浙江省海盐县
309	115	斯氏古民居建筑群	清	浙江省诸暨市
310	116	时思寺	元至清	浙江省景宁畲族自治县
311	117	永昌堡	明	浙江省温州市

编号	分类号	名　　称	时　代	地　址
312	118	嘉业堂藏书楼及小莲庄	清	浙江省湖州市
313	119	庙沟后、横省石牌坊	宋、元	浙江省鄞县
314	120	水西双塔	宋	安徽省泾县
315	121	亳州古地道	宋、元	安徽省亳州市
316	122	白崖寨	元至清	安徽省宿松县
317	123	程氏三宅	明	安徽省黄山市
318	124	呈坎村古建筑群	明、清	安徽省黄山市
319	125	渔梁坝	唐至清	安徽省歙县
320	126	宏村古建筑群	明、清	安徽省黟县
321	127	西递村古建筑群	明、清	安徽省黟县
322	128	寿县古城墙	宋至清	安徽省寿县
323	129	查济古建筑群	元至清	安徽省泾县
324	130	天中万寿塔	宋	福建省仙游县
325	131	安贞堡	清	福建省永安市
326	132	陈太尉宫	宋至清	福建省罗源县
327	133	蔡氏古民居建筑群	清	福建省南安市
328	134	泉州府文庙	宋至清	福建省泉州市
329	135	宝山寺大殿	元	福建省顺昌县
330	136	崇妙保圣坚牢塔	五代	福建省福州市
331	137	漳州府文庙大成殿	明	福建省漳州市
332	138	江东桥	宋	福建省漳州市
333	139	赵家堡—诒安堡	明、清	福建省漳浦县
334	140	流坑村古建筑群	明、清	江西省乐安县
335	141	关西新围、燕翼围	清	江西省龙南县
336	142	颜庙	元至清	山东省曲阜市
337	143	临清运河钞关	明、清	山东省临清市
338	144	宝轮寺塔	金	河南省三门峡市
339	145	山陕甘会馆	清	河南省开封市
340	146	康百万庄园	清	河南省巩义市
341	147	天宁寺三圣塔	金	河南省沁阳市
342	148	妙乐寺塔	五代	河南省武陟县
343	149	嘉应观	清	河南省武陟县
344	150	小商桥	宋	河南省临颍县
345	151	南阳知府衙门	清	河南省南阳市
346	152	潞泽会馆	清	河南省洛阳市

编号	分类号	名称	时代	地址
347	153	大明寺	元至清	河南省济源市
348	154	奉仙观	金至清	河南省济源市
349	155	荆紫关古建筑群	清	河南省淅川县
350	156	慈胜寺	元	河南省温县
351	157	汤阴岳飞庙	明	河南省汤阴县
352	158	安阳天宁寺塔	五代至清	河南省安阳市
353	159	明福寺塔	宋	河南省滑县
354	160	会善寺	元至清	河南省登封市
355	161	永泰寺塔	唐	河南省登封市
356	162	法王寺塔	唐	河南省登封市
357	163	中岳庙	清	河南省登封市
358	164	百泉	明、清	河南省辉县市
359	165	四祖寺塔	唐、宋、元	湖北省黄梅县
360	166	大水井古建筑群	清	湖北省利川市
361	167	襄阳城墙	明	湖北省襄樊市
362	168	襄阳王府绿影壁	明	湖北省襄樊市
363	169	柳子庙	清	湖南省永州市
364	170	屈子祠	清	湖南省汨罗市
365	171	邵阳北塔	明	湖南省邵阳市
366	172	岳阳文庙	宋至清	湖南省岳阳市
367	173	张谷英村古建筑群	明、清	湖南省岳阳县
368	174	芋头侗寨古建筑群	明、清	湖南省通道侗族自治县
369	175	东莞可园	清	广东省东莞市
370	176	南华寺	明、清	广东省曲江县
371	177	东华里古建筑群	清、民国	广东省佛山市
372	178	元山寺	明、清	广东省陆丰市
373	179	大鹏所城	明、清	广东省深圳市
374	180	悦城龙母祖庙	清	广东省德庆县
375	181	肇庆古城墙	宋至清	广东省肇庆市
376	182	潮州开元寺	唐至清	广东省潮州市
377	183	已略黄公祠	清	广东省潮州市
378	184	岜团桥	清	广西壮族自治区三江侗族自治县
379	185	临贺故城	汉至清	广西壮族自治区贺州市

编号	分类号	名　　称	时　代	地　址
380	186	张桓侯庙	清	重庆市云阳县
381	187	石宝寨	明、清	重庆市忠县
382	188	丁房阙—无铭阙	东汉	重庆市忠县
383	189	宝光寺	清	四川省新都县
384	190	直波碉楼	清	四川省马尔康县
385	191	石塔寺石塔	宋	四川省邛崃市
386	192	松潘古城墙	明	四川省松潘县
387	193	觉苑寺	明	四川省剑阁县
388	194	阆中永安寺	元至清	四川省阆中市
389	195	五龙庙文昌阁	元	四川省阆中市
390	196	隆昌石牌坊	清	四川省隆昌县
391	197	富顺文庙	清	四川省富顺县
392	198	观音寺	明	四川省新津县
393	199	德阳文庙	清	四川省德阳市
394	200	棒托寺	明、清	四川省壤塘县
395	201	罨画池	清	四川省崇州市
396	202	天台山伍龙寺	明、清	贵州省平坝县
397	203	石阡万寿宫	明	贵州省石阡县
398	204	云山屯古建筑群	明	贵州省安顺市
399	205	福泉城墙	明	贵州省福泉市
400	206	郎德上寨古建筑群	明、清	贵州省雷山县
401	207	海龙屯	宋至明	贵州省遵义县
402	208	地坪风雨桥	清	贵州省黎平县
403	209	安顺文庙	明	贵州省安顺市
404	210	喜洲白族古建筑群	明、清	云南省大理市
405	211	建水文庙	明、清	云南省建水县
406	212	筇竹寺	清	云南省昆明市
407	213	朗色林庄园	明	西藏自治区扎囊县
408	214	曲德寺、 卓玛拉康、 大唐天竺使出铭	10世纪 1274年 658年	西藏自治区吉隆县
409	215	色喀克托寺	1080年	西藏自治区洛扎县
410	216	科迦寺	996年	西藏自治区普兰县
411	217	小昭寺	641年	西藏自治区拉萨市
412	218	吉如拉康	唐至清	西藏自治区乃东县
413	219	三原城隍庙	明	陕西省三原县

编号	分类号	名　称	时　代	地　址
414	220	鸠摩罗什舍利塔	唐	陕西省户县
415	221	公输堂	明	陕西省户县
416	222	仓颉墓与庙	明、清	陕西省白水县
417	223	泰塔	北宋	陕西省旬邑县
418	224	香积寺善导塔	唐	陕西省长安县
419	225	西安城隍庙	明、清	陕西省西安市
420	226	白云山庙	明、清	陕西省佳县
421	227	八云塔	唐	陕西省周至县
422	228	泾阳崇文塔	明	陕西省泾阳县
423	229	彬县开元寺塔	北宋	陕西省彬县
424	230	韩城普照寺	元	陕西省韩城市
425	231	韩城文庙	明	陕西省韩城市
426	232	韩城城隍庙	明	陕西省韩城市
427	233	党家村古建筑群	明、清	陕西省韩城市
428	234	耀县文庙	明	陕西省耀县
429	235	澄城城隍庙神楼	明	陕西省澄城县
430	236	伏羲庙	明、清	甘肃省天水市
431	237	胡氏古民居建筑	明、清	甘肃省天水市
432	238	凝寿寺塔	五代、宋	甘肃省宁县
433	239	圆通寺塔	明、清	甘肃省民乐县
434	240	圣容寺塔	唐	甘肃省永昌县
435	241	东花池塔	北宋	甘肃省华池县
436	242	武康王庙	明、清	甘肃省崇信县
437	243	贵德文庙及玉皇阁	明、清	青海省贵德县
438	244	藏娘佛塔及桑周寺	北宋至清	青海省玉树县
439	245	昭苏圣佑庙	清	新疆维吾尔自治区昭苏县
440	246	艾提尕尔清真寺	明	新疆维吾尔自治区喀什市
441	247	五公祠	宋至清	海南省海口市
442	248	长城	春秋至明	北京市、河北省、山西省、内蒙古自治区、陕西省、山东省、宁夏回族自治区、辽宁省
	(1)	齐长城遗址	春秋、战国	山东省济南市、章丘市、肥城市、泰安市、莱芜市、淄博市、沂源县、临朐县、安丘市、诸城市、沂水县、莒县、五莲县、胶南市、青岛市

编号	分类号	名称	时代	地址
	(2)	秦长城遗址	战国	内蒙古自治区伊金霍洛旗、宁夏回族自治区彭阳县、西吉县、固原县
	(3)	燕长城遗址	战国	辽宁省建平县
	(4)	司马台段	明	北京市密云县
	(5)	乌龙沟段	明	河北省涞源县
	(6)	雁门关段	明	山西省代县
	(7)	清水河段	明	内蒙古自治区清水河县
	(8)	镇北台	明	陕西省榆林市

(四)石窟寺及石刻(共31处)

编号	分类号	名称	时代	地址
443	1	大观圣作之碑	宋	河北省赵县
444	2	大唐清河郡王纪功载政之颂碑	唐	河北省正定县
445	3	天龙山石窟	东魏至唐	山西省太原市
446	4	国山碑	三国	江苏省宜兴市
447	5	千佛崖石窟及明征君碑	六朝、唐	江苏省南京市
448	6	仙都摩崖题记	唐至近代	浙江省缙云县
449	7	宝成寺麻曷葛剌造像	元	浙江省杭州市
450	8	东钱湖石刻	宋至明	浙江省鄞县
451	9	梵天寺经幢	五代	浙江省杭州市
452	10	天柱山山谷流泉摩崖石刻	宋至清	安徽省潜山县
453	11	鼓山摩崖石刻	宋至近代	福建省福州市
454	12	泰山石刻	北齐至唐	山东省泰安市
455	13	白佛山石窟造像	隋、唐	山东省东平县
456	14	鸿庆寺石窟	北魏	河南省义马市
457	15	小南海石窟	北齐	河南省安阳县
458	16	大丕山摩崖大佛及石刻	北朝至明	河南省浚县
459	17	受禅碑与受禅台	三国	河南省临颍县
460	18	大唐嵩阳观纪圣德感应之颂碑	唐	河南省登封市
461	19	七星岩摩崖石刻	唐至近代	广东省肇庆市
462	20	桂林石刻	唐至清	广西壮族自治区桂林市
463	21	毗卢洞石刻造像	宋	四川省安岳县
464	22	元世祖平云南碑	元	云南省大理市
465	23	沧源崖画	新石器时代	云南省沧源佤族自治县
466	24	重阳宫祖庵碑林	元至清	陕西省户县

编号	分类号	名　　称	时　代	地　址
467	25	慈善寺石窟	隋、唐	陕西省麟游县
468	26	西峡颂摩崖石刻	汉	甘肃省成县
469	27	水帘洞—大像山石窟	北朝至唐	甘肃省武山县、甘谷县
470	28	天梯山石窟	北朝至唐	甘肃省武威市
471	29	文殊山石窟	北朝至西夏	甘肃省肃南裕固族自治县
472	30	克孜尔尕哈石窟	北朝至唐	新疆维吾尔自治区库车县
473	31	平定准噶尔勒铭碑	清	新疆维吾尔自治区昭苏县

(五)近现代重要史迹及代表性建筑(共40处)

编号	分类号	名　　称	时　代	地　址
474	1	东交民巷使馆建筑群	近代	北京市东城区
475	2	未名湖燕园建筑	近代	北京市海淀区
476	3	清华大学早期建筑	近代	北京市海淀区
477	4	天津劝业场大楼	1928年	天津市和平区
478	5	大连中山广场近代建筑群	近代	辽宁省大连市
479	6	东北大学旧址	近代	辽宁省沈阳市
480	7	瑷珲新城遗址	清	黑龙江省黑河市
481	8	大庆第一口油井	1959年	黑龙江省大庆市
482	9	上海宋庆龄故居	1948年至1981年	上海市徐汇区
483	10	张闻天故居	近代	上海市浦东新区
484	11	薛福成故居建筑群	清	江苏省无锡市
485	12	原国民政府旧址	1912年至1949年	江苏省南京市
486	13	西泠印社	近代	浙江省杭州市
487	14	蔡元培故居	近代	浙江省绍兴市
488	15	南浔张氏旧宅建筑群	1899年至1906年	浙江省湖州市
489	16	龙山虞氏旧宅建筑群	1916年至1929年	浙江省慈溪市
490	17	新四军苏浙军区旧址	1943年至1945年	浙江省长兴县
491	18	福建船政建筑	清	福建省福州市
492	19	青岛八大关近代建筑	近代	山东省青岛市
493	20	龙港革命旧址	1927年至1930年	湖北省阳新县
494	21	武汉农民运动讲习所旧址	1927年	湖北省武汉市
495	22	大智门火车站	1903年	湖北省武汉市
496	23	江汉关大楼	1924年	湖北省武汉市
497	24	武汉大学早期建筑	近代	湖北省武汉市
498	25	詹天佑故居	1912年	湖北省武汉市
499	26	彭德怀故居	近代	湖南省湘潭县

编号	分类号	名　　称	时　代	地　址
500	27	中山纪念堂	1931年	广东省广州市
501	28	余荫山房	近代	广东省广州市
502	29	开平碉楼	近代	广东省开平市
503	30	叶剑英故居	近代	广东省梅州市
504	31	北海近代建筑	近代	广西壮族自治区北海市
505	32	刘永福、冯子材旧居建筑群	清	广西壮族自治区钦州市
506	33	桂园	近代	重庆市渝中区
507	34	赵世炎故居	1904年至1914年	重庆市酉阳土家
508	35	邓小平故居	近代	四川省广安市
509	36	洛川会议旧址	1937年	陕西省洛川县
510	37	杨家沟革命旧址	1947年至1948年	陕西省米脂县
511	38	哈达铺会议旧址	1935年至1936年	甘肃省宕昌县
512	39	第一个核武器研制基地旧址	1957年至1995年	青海省海晏县
513	40	中共琼崖第一次代表大会旧址	1926年	海南省海口市

(六)其他(共5处)

编号	分类号	名　　称	时　代	地　址
514	1	水井街酒坊遗址	明、清	四川省成都市
515	2	四堡书坊建筑	明、清	福建省连城县
516	3	南风古灶、高灶陶窑	明	广东省佛山市
517	4	四连碓造纸作坊	明	浙江省温州市
518	5	花鸟灯塔	1870年	浙江省嵊泗县

与现有全国重点文物保护单位合并项目
(共计23处)

序号	名　　称	时　代	地　址	备　　注
1	黑城遗址	西夏至元	内蒙古自治区额济纳旗	归入居延遗址
2	采石场遗址	汉至魏、晋	吉林省集安市	归入洞沟古墓群
3	国内城	汉至魏、晋	吉林省集安市	与丸都山城合并名称：丸都山城与国内城
4	高岭瓷土矿遗址	元至清	江西省浮梁县	归入湖田窑遗址
5	兆伦铸钱遗址	汉	陕西省户县	归入汉长安城遗址
6	怀陵及奉陵邑	辽	内蒙古自治区巴林右旗	归入辽陵及奉陵邑
7	长川古墓群	汉至魏、晋	吉林省集安市	归入洞沟古墓群

序号	名　称	时　代	地　址	备　注
8	交河故城沟西沟北墓地及雅尔湖石窟	汉至唐	新疆维吾尔自治区吐鲁番市	归入雅尔湖故城
9	骆驼城墓群	汉至唐	甘肃省高台县	归入骆驼城遗址
10	绛州三楼	明	山西省新绛县	归入绛州大堂
11	泰宁尚书第建筑群	明、清	福建省泰宁县	与泰宁尚书第合并 名称:泰宁尚书第建筑群
12	苏州文庙	明	江苏省苏州市	与苏州文庙内宋代石刻合并 名称:苏州文庙及石刻
13	赵家村汉阙、王家坪汉阙、蒲家湾汉阙	汉	四川省渠县	与冯焕阙、沈府君阙合并 名称:渠县汉阙
14	水宁寺摩崖造像、西龛北龛摩崖造像	隋至宋	四川省巴中市	归入南龛摩崖造像
15	清源山石造像群	宋至元	福建省泉州市	与老君岩合并 名称:清源山石造像
16	庐山河东路175号别墅	近代	江西省九江市	归入庐山别墅建筑群
17	廖仲恺、何香凝墓、邓演达墓、谭延闿墓、国民革命军阵亡将士公墓	1931年至1935年	江苏省南京市	归入中山陵
18	张謇墓	1926年	江苏省南通市	归入南通博物苑
19	中共代表团驻地旧址	1945年至1946年	重庆市渝中区	归入八路军重庆办事处旧址
20	《新华日报》营业部旧址	1940年至1946年	重庆市渝中区	归入八路军重庆办事处旧址
21	秦氏支祠	近代	浙江省宁波市	归入天一阁
22	嘉兴南湖中共“一大”会址	1921年	浙江省嘉兴市	归入中国共产党第一次全国代表大会会址
23	福建土楼	清至近代	福建省永定县、南靖县、平和县	与二宜楼合并 名称:福建土楼

中华人民共和国县级以上行政区划统计表

（截止2000年12月31日止）

序号	省级		地级		县级	
	合计	行政区域单位	合计	行政区域单位	合计	行政区域单位
	34	4 直辖市 23 省 5 自治区 2 特别行政区	333	259 地级市 37 地区 30 自治州 7 盟	2861	787 市辖区 400 县级市 1503 县 116 自治县 49 旗 3 自治旗 2 特区 1 林区
1	北京市				18	13 市辖区 5 县
2	天津市				18	14 市辖区 4 县
3	河北省		11	11 地级市	173	35 市辖区 23 县级市 109 县 6 自治县
4	山西省		11	10 地级市 1 地区	119	22 市辖区 12 县级市 85 县
5	内蒙古自治区		12	5 地级市 7 盟	101	17 市辖区 15 县级市 17 县 49 旗 3 自治旗
6	辽宁省		14	14 地级市	100	56 市辖区 17 县级市 19 县 8 自治县
7	吉林省		9	8 地级市 1 自治州	60	19 市辖区 20 县级市 18 县 3 自治县
8	黑龙江省		13	12 地级市 1 地区	130	64 市辖区 19 县级市 46 县 1 自治县
9	上海市				19	16 市辖区 3 县
10	江苏省		13	13 地级市	109	51 市辖区 28 县级市 30 县
11	浙江省		11	11 地级市	88	26 市辖区 24 县级市 37 县 1 自治县
12	安徽省		17	17 地级市	106	45 市辖区 5 县级市 56 县
13	福建省		9	9 地级市	85	25 市辖区 14 县级市 46 县
14	江西省		11	11 地级市	99	19 市辖区 10 县级市 70 县
15	山东省		17	17 地级市	139	47 市辖区 31 县级市 61 县
16	河南省		17	17 地级市	158	48 市辖区 21 县级市 89 县

	省　级	地　级		县　级	
17	湖北省	13	12 地级市 1 自治州	101	35 市辖区 24 县级市 39 县 2 自治县 1 林区
18	湖南省	14	13 地级市 1 自治州	122	34 市辖区 16 县级市 65 县 7 自治县
19	广东省	21	21 地级市	122	45 市辖区 31 县级市 43 县 3 自治县
20	广西壮族自治区	14	9 地级市 5 地区	110	29 市辖区 10 县级市 59 县 12 自治县
21	海南省	2	2 地级市	20	3 市辖区 7 县级市 4 县 6 自治县
22	重庆市			40	14 市辖区 4 县级市 18 县 4 自治县
23	四川省	21	18 地级市 3 自治州	180	40 市辖区 14 县级市 123 县 3 自治县
24	贵州省	9	4 地级市 2 地区 3 自治州	87	9 市辖区 9 县级市 56 县 11 自治县 2 特区
25	云南省	16	4 地级市 4 地区 8 自治州	128	8 市辖区 11 县级市 80 县 29 自治县
26	西藏自治区	7	1 地级市 6 地区	73	1 市辖区 1 县级市 71 县
27	陕西省	10	9 地级市 1 地区	107	20 市辖区 4 县级市 83 县
28	甘肃省	14	5 地级市 7 地区 2 自治州	86	10 市辖区 9 县级市 60 县 7 自治县
29	青海省	8	1 地级市 1 地区 6 自治州	43	4 市辖区 2 县级市 30 县 7 自治县
30	宁夏回族自治区	4	3 地级市 1 地区	24	7 市辖区 2 县级市 15 县
31	新疆维吾尔自治区	15	2 地级市 8 地区 5 自治州	96	11 市辖区 17 县级市 62 县 6 自治县
32	香港特别行政区				
33	澳门特别行政区				
34	* 台湾省				

注:台湾省行政区划资料暂缺。